巨鹿县志

1979~2008

巨鹿县志编纂委员会　编

方志出版社

图书在版编目(CIP)数据

巨鹿县志:1979~2008/邢台市巨鹿县地方志编纂委员会 编.—北京:方志出版社,2013.4

ISBN 978-7-5144-0934-5

Ⅰ.①邢… Ⅱ.①邢… Ⅲ.①县(城市)—地方志—巨鹿县—1979~2008
Ⅳ.①K·750

中国版本图书馆 CIP 数据核字(2013)第 052318 号

巨鹿县志(1979~2008)

编　　者:邢台市巨鹿县地方志编纂委员会
责任编辑:盖　克

出 版 者:方志出版社
(北京市东城区夕照寺14号院富瑞苑公寓6层)
邮编:100061
网址:http://www.fzph.org
发　　行:方志出版社发行部
(010)67120966-6008
经　　销:新华书店总店北京发行所
法律顾问:北京市大禹律师事务所
印　　刷:郑州方志印务有限公司

开　　本:889mm×1194mm　1/16
印　　张:44.25 印张
字　　数:1275 千字
版　　次:2013 年 7 月第 1 版　　2013 年 7 月第 1 次印刷
印　　数:0001~2500 册

ISBN　978-7-5144-0934-5/K·750　　**定价**:560.00 元

巨鹿县地方志编纂委员会（2007～2009）

名誉主任　徐兰军

主　　任　王素平

副 主 任　刘华山　薄东平　李步信　王耀民　乔敬科　乔英立　宋光华

成　　员　高登伦　郭芹磊　张蔚霞　张　民　李　锋　吉存善　田文平　张忠琪
王国敏　张平奎　樊存格　王西川　吴建民　杜忠超

巨鹿县地方志编纂委员会（2009～2010）

名誉主任　王素平

主　　任　孙保祥

副 主 任　薄东平　赵志华　李步信　王耀民　乔敬科　董瑞强　宋光华

成　　员　滑春改　张蔚霞　张　民　赵洪义　吉存善　苑广华　薛辰良　王国敏
张平奎　樊存格　王西川　吴建民　李恒波

巨鹿县地方志编纂委员会（2010～2012）

名誉主任　王志伟

主　　任　孙保祥

副 主 任　赵泽波　周　建　李步信　刘君红　乔敬科　张　民　张文山　宋光华

成　　员　滑春改　张蔚霞　潘　雷　赵洪义　王克非　苑广华　李振普　武志江
贾文涛　李恒波　杨胜军

县志编辑室人员名单

顾　　问　刘增朴　周绍印

主　　编　滑春改

副 主 编　张平奎　李忠印

编　　辑　王运平　梁秀丽　卢改焕　孟运晓

校　　对　滑春改　张平奎　王运平　杨胜军　梁秀丽　卢改焕　孟运晓
滑绍标　刘慧茹　张立双　王　立

曾参加修志人员　李峰奇　王麟本　李计波　郭芹磊　司建普　张绍国　薛志豪
王立伟

《巨鹿县志》终审组人员名单

杨洪进　王广才　许振彪　徐振田　阴记东　王　蕾　任丽英　杨胜旗

《巨鹿县志》全国专家评审组人员名单

张英聘　王广才　孟朋文　任丽英　尹延奇　常海成　张西服　李　靖

《巨鹿县志》供稿人员名单（排名按姓氏笔画）

丁　涛　于瑞强　马军芳　马子民　马现周　马彩会　王占肖　王占恩
王立峰　王运周　王朋菲　王志强　王麟本　王会见　王运平　王世伟
王振勇　王灵君　王庆璞　王树领　王胜路　牛现峰　白苏军　白计科
左宝珍　左会勇　卢文涛　卢德方　卢改焕　田二英　刘庆霞　刘国青
刘鹏飞　刘改平　刘国兵　刘　立　刘书朋　刘彦良　刘景国　刘华杰
孙彦霞　孙清斌　孙中伏　孙西林　孙恒广　孙宪峰　孙忠辉　李　丽
李玉梅　李平彩　李占雨　李红峰　李志广　李明广　李晓慧　李书恩
李向英　杨海云　杨兰英　杨　猛　杨　杰　杨彦超　杨彬权　陈　静
陈怀明　陈国英　陈孟云　郭卫鹿　郭丽华　苑永亮　张绍磊　张　播
张坤英　张现锋　张学立　张彩云　张晓燕　张平强　张殿飞　张洪波
张敬新　张书魁　张建宁　张士峰　张志波　张朝磊　张振先　齐登雨
高绍儒　高　强　沈莉娜　胡占科　胡仁锋　解跃东　解凤岭　解跃峰
唐立忠　商志侠　魏新志　党自孔　党自彪　贾红军　贾书军　谢文亮
吴建民　夏令方　夏殿印　夏会莹　崔敏娜　赵志民　赵冠来　赵永祥
赵怀忠　赵士磊　赵丽梅　赵志霞　韩书谦　程旭标　宋光华　武墨达
武金波　徐要行　徐雷虎　闫培斌　闫　晖　闫利平　樊兰婷　姚　星
钱彦兵　祝长义　路会平　潘　雷　董　瑜　董跃峰　董　芳　霍印平

封面题字：张府云

序一

中共巨鹿县委书记　王素平

巨鹿县人民政府县长　孙保祥

编史修志是一项艰巨复杂的文化建设工程。《巨鹿县志(1979～2008)》编委会和总编室全体同志本着高度负责的精神，广搜博采、集思广益、数易其稿，完成了编纂工作。她的付梓面世，是巨鹿政治、文化生活中的一件大事，也是精神文明建设的一个壮举。在此，对付出辛勤劳动的全体修志工作者和所有关心、支持、帮助修志工作的社会各界人士表示衷心感谢。

巨鹿历史悠久，文化厚重，五千年前即有先民在此繁衍生息，唐尧禅位虞舜亦于此，并为秦始皇当年册封的三十六郡之一。置县以来，修志古风绵延不绝。据志书记载，巨鹿从明万历二十一年(1593年)撰写县志到1994年的401年间，共有六部志书传世，为当代38万巨鹿人民留下了宝贵的文化遗产。

上轮《巨鹿县志》通贯古今，下限断于1990年。此次续修紧承前志，时限为1979～2008年。这30年正是改革开放的30年，在县委、县政府的领导下，全县人民开拓创新，艰苦奋斗，经济建设和各项社会事业蓬勃发展，城乡面貌焕然一新，人民物质、文化生活得到显著改善。盛世修志，以史鉴今，洞烛县情，教益后代。2007年11月开始，县委、县政府决定续修《巨鹿县志》，对限内历史和所获得的伟大成就，以及蕴含于其中的丰富经验，及时记载，显现其在历史长河中的价值，无疑具有重大的“资政、存史、启迪、教化”作用。

本志以记为主，述、记、图、表、录、照片等并用，百万余言间，集30年县情为一册。既总揽巨鹿全貌，又突出地方特色；既贯穿历史纵线，又显现时代风貌；既记录成功，又叙述失误。整部志书观点明确、资料翔实、体例完备，特点突出、文风质朴，它既可为当代及后世子孙留存丰富、可贵的史料，又可为决策机关提供历史借鉴，必将在全县经济建设和社会发展中发挥重要的作用。

历史证明，只有在实践中创造出辉煌成就，才能在志书中留下灿烂华章。衷心希望全县人民重视读志、用志，以志为鉴，继往开来，团结一心，励精图治，为建设“幸福新巨鹿”做出更大贡献，谱写出更加辉煌绚丽的篇章。

中共巨鹿县委书记　王素平

巨鹿县人民政府县长　孙保祥

2010年7月16日

序二

中共巨鹿县委书记　王志伟

《巨鹿县志（1979～2008）》的问世，是告慰前人、有益今人、惠及后人的一大好事，是全县政治、经济、文化生活中的一大喜事。

巨鹿历史悠久，人杰地灵。五千年前唐尧在此禅位于虞舜；秦代设巨鹿郡，著名的“巨鹿之战”、“黄巾起义”发生于此；诞生了农民起义领袖张角、大唐名相魏徵、杰出天文学家僧一行（张遂）、明代通政使张绍先等著名人物，他们为巨鹿的历史书写了光辉灿烂的篇章。

盛世修志，志载盛事。改革开放后，全县经济社会面貌发生了巨大变化。这三十年，是巨鹿壮丽史诗中一个值得回味的乐章，融汇着巨鹿人民在建设自己美好家园中的辛勤耕耘。完整地记下这段历史，可以印证前世，激励当代，其“资政、教化、存史”三大功能必将予后世以积极的影响。

《巨鹿县志(1979～2008)》以邓小平理论、“三个代表”重要思想和科学发展观为指导，以实事求是为原则，经慎重取舍，去伪存真，精心编纂而成。全志二十六编，百万余字，全面、客观、翔实地记述了巨鹿县三十年来自然、政治、经济、文化和社会领域发展变化的历程，既总揽了全貌，又突出了地方特色；既贯串历史的纵线，又显示出时代的风貌。它的出版对人们深入了解巨鹿的昨天、认识巨鹿的今天、展望巨鹿的明天起着重要作用。

本轮修志，集众人之识，仗众手之笔，过众目之关，千人动口，百人动手，辛勤耕耘，四载有余，终成大业，不胜欣慰。当人们开卷之时，不会忘记编写人员所付出的辛勤劳动，不会忘记各级领导、专家、学者的关心、支持和帮助。在此，我代表县委、县政府向所有参与、支持本志编纂的各界人士，表示诚挚的感谢！

巨鹿不但有引以为豪的过去，更有锦绣辉煌的明天，让我们齐心协力、开拓进取，在前进中谱写巨鹿更加壮丽的新篇章！

中共巨鹿县委书记：王志伟

2012年4月18日

中共巨鹿县委办公楼（2012 年 4 月　樊要建摄）

巨鹿县人民政府办公楼（2012 年 4 月　樊要建摄）

中国共产党巨鹿县第十次代表大会（2011 年 9 月信景茹摄于文化中心）

巨鹿县第十五届人民代表大会第一次会议（2012 年 1 月路会平摄于文化中心）

巨鹿县三级干部会议（2012 年 2 月信景茹摄于文化中心）

巨鹿县政协第十一届委员会第一次会议（2009 年 12 月夏令方摄于县委六楼）

巨鹿县城一角（2012 年 5 月　程蕴昭摄）

魏徵铜像（2009 年 5 月　信景茹摄）

巨鹿公园（2013 年　靳德祥摄）

千年古郡魅力新城巨鹿县城（2011 年 9 月　程蕴昭摄）

巨鹿文化中心（2012年2月　信景茹摄）

巨鹿县广播电视大楼（2008年9月　周建摄）

巨鹿县华丰宾馆（2012年5月　信景茹摄）

巨鹿县新华学校（2005年10月　秦国卫供）

1 金银花（2008 年 5 月　信景茹摄）

2 枸杞（2007 年 6 月　信景茹摄）

3 串枝红杏（2008 年 6 月　程蕴昭摄）

4 银花枸杞市场（2008 年 7 月）

5 杂交谷（2008 年 8 月　樊要建摄）

6 方田（2004 年 12 月　樊要建摄）

河北汇工机械设备有限公司机加工车间（2013 年　王晓栋摄）

喜德来家具公司卧室系列家具

巨鹿县昌盛纺织有限公司牛仔布车间（2008 年 7 月）

邢台市众开制动器厂（2006 年 12 月）

神州巨电顶封车间（2011 年 1 月　武志宽摄）

邢台市市长姜德果在四川汶川地震灾区慰问巨鹿县援建队队员（中间白色衣服为姜德果 2008年6月 程蕴昭摄）

2006年6月杏节乡艺游演（程蕴昭摄）

2006年6月第15届杏节开幕式（程蕴昭摄）

李春造画（2012年3月）

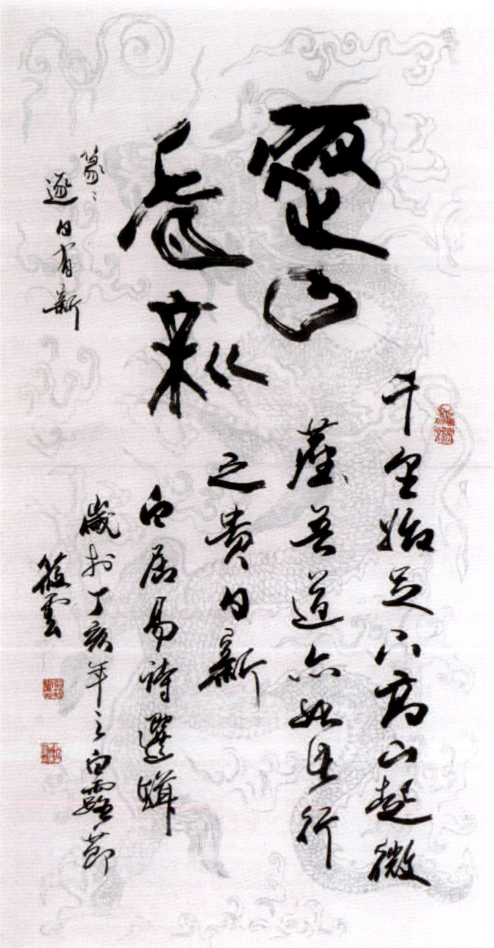

张筱云书

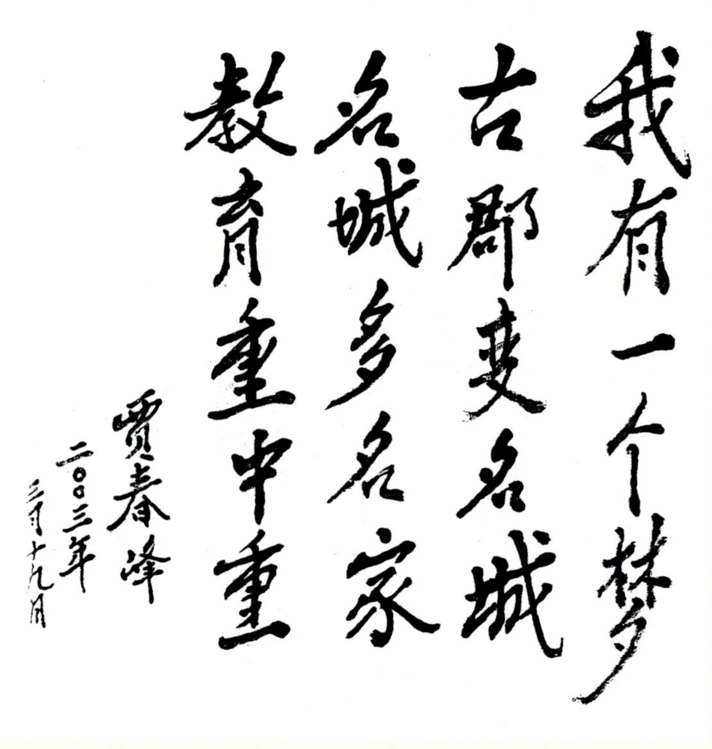

贾春峰书

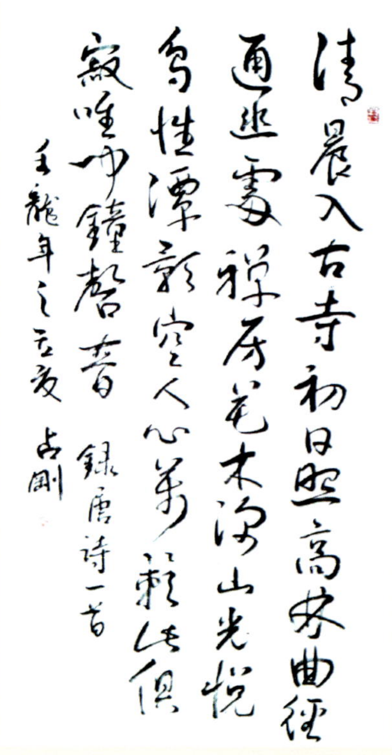

高占刚书

前排左起周　建、李　靖、李国民、常海成、孟朋文、孙保祥、王广才、王志伟、任丽英、尹延奇、潘孟申、张西服、赵泽波，后排左起孟运晓、卢改焕、滑春改、周绍印、乔敬科、李步信、李所宁、梁秀丽、张平奎（马　军摄）

前排左起周　建、李国民、孙保祥、王志伟、潘孟申、赵泽波、滑春改，后排左起孟运晓、卢改焕、乔敬科、李步信、李所宁、梁秀丽、张平奎（马　军摄）

前排左起梁秀丽、武丽珍、滑春改、孟朋文、周绍印、张西服、王耀民、刘增朴、耿增华、董景园，中排左起于茹红、宋帅民、孙小林、李　靖、谷华池、戴旺学、马计军、刘孟海，后排左起李忠印、耿尚斌、王怀敏、胡福祥、杨军放、李玉钊、王立伟、卢改焕（马　军摄）

凡　　例

一、指导思想　本志以马克思列宁主义、毛泽东思想、邓小平理论、“三个代表”重要思想和科学发展观为指导，全面客观真实地记述巨鹿县改革开放30年间自然和社会的发展变化，力求做到思想性、科学性和资料性的统一。

二、记述范围　本志以巨鹿县2008年政区范围为记述地域范围，时限范围为1979～2008年。为全面记述改革开放成果，时限与上一部《巨鹿县志》下限1990年重叠交叉12年，重大事件适当下延，记述到付梓出版为止。

三、结构层次　本志坚持横排门类，以类为聚。采用中编结构，按编、章、节、目依次编排。首设限前史略、概述、大事记，末设附录（志补、文件选辑、限后辑要）、编后记，正文依次为政区建置、自然环境、人口、基础设施与环境保护、经济总情、开发扶贫、农业、特色种植业、工业与建筑业、商贸服务业、金融业、综合经济管理、中国共产党地方组织、地方人民代表大会、地方人民政府、政协地方组织、社会团体、民政与劳动人事、司法、人民武装、教育科技、文化体育、卫生、社会生活、人物、乡贤魏徵共26编。为体现巨鹿特色，特将开发扶贫、特色种植业（杏、枸杞、金银花）、乡贤魏徵升格为编。

四、体裁形式　本志采用述、记、志、传、图、表、录7种体裁，以志为主。除地图、部分照片集中志首外，其余图、表、照片随文设置。

五、语言文体　本志采用现代语体文、记述体。力求客观、简洁、规范，除综述、无题序外，一般述而不论。大事记以编年体为主，辅以纪事本末体。

六、人地称谓 本志采用第三人称。所记地域、机构、团体、组织、会议、文件等以当时称谓为准。人名，直书其姓名，必要时冠以职务。称谓过长者，同时括注简称，之后兼用简称。

七、记述人物原则 本志坚持“生不立传”原则。对巨鹿县有重大贡献的巨鹿籍和客籍人物均予收录，立传人物以生年为序。人物表为有重大影响的人物。对有特殊贡献的仍在世的人物采用“以事系人”方法散记于相关部类。

八、纪年方法 本志1949年10月1日中华人民共和国成立前采用历史纪年，括注公元纪年，之后采用公元纪年。所称年代如未标注所属世纪，均指20世纪。

九、特殊规范 本志所用地名均为规范地名；数字使用遵循国家技术监督局1995年发布的《出版物上数字用法的规定》；标点符号使用遵循国家技术监督局1995年发布的《标点符号用法》；计量单位名称和符号使用遵循国务院1984年发布的《中华人民共和国法定计量单位》。

十、限外纪要 前志受时代、时间和资料的限制，有些重要历史资料未能记述或记述不全。为完善资料，本志设限外纪要于附录中，以补前志之遗，记限后之要。

十一、限前史略 为承前启后，本志特设限前史略。简要记述限前主要的政治、经济、社会发展脉络。

十二、资料来源 本志所需资料主要来源于历史档案、资料汇编、机关书目以及各承编单位部门档案及调查记录。所用数据来自统计部门，统计部门无则以承编部门提供为准。

目　　录

第一编　政区建置

第二编　自然环境

第三编　人　口

第四编　基础设施与环境保护

第五编　经济总情

第六编　开发扶贫

第七编　农　　业

第八编　特色种植业

第九编　工业　建筑业

第十编　商贸服务业

第十一编　金融业

第十二编　综合经济管理

第十三编　中国共产党地方组织

第十四编　地方人民代表大会

第十五编　地方人民政府

第十六编　政协地方组织

第十七编　社会团体

第十八编　民政　劳动人事

第十九编 司 法

第二十编 人民武装

第二十一编　教育　科技

第二十二编　文化　体育

第二十三编　卫　　生

第二十四编　社会生活

第二十五编　人　　物

第二十六编　乡贤魏徵

附　录

限前史略

巨鹿县地处太行山前冲积平原，属黑龙港流域。呈东北西南向不规则长方形，东西宽 28.2 千米，南北长 31 千米，总面积 631 平方千米。全县地势较为平坦，由南向北略有倾斜。海拔 25.5 米～31 米。属暖温带湿润季风气候，具有大陆性季风显著、四季分明的特点。

巨鹿始于五帝唐虞之世，周属邢国，春秋属卫，战国属赵。秦置巨鹿郡，汉初增置南䜌县（巨鹿县前身），属巨鹿郡，东汉复为巨鹿郡，三国属魏，仍为巨鹿郡。北魏改南䜌县为巨鹿县。宋、元两朝，巨鹿县先属信德府，后属顺德路。明、清属顺德府。民国隶属直隶省大名道。1945 年 7 月巨鹿县解放。1949 年中华人民共和国建立后，归属邢台专区。1958 年 12 月将平乡、南和、广宗、任县划归巨鹿县后，隶属邯郸专区。1961 年 7 月又将四县划出后，复归邢台地区管辖。

巨鹿县历史悠久，名人辈出。东汉末年农民起义领袖张角、唐初政治家魏徵、著名天文学家僧一行（张遂）、明吏部考功马允中、明通政使及清工部侍郎张绍先、四川布政使扬思圣等，都出身于巨鹿之域。从“五四”运动到新中国建立，又涌现出了一大批为新民主主义革命而勇于献身的优秀儿女。1932～1949 年为了中国人民的解放事业而英勇捐躯的烈士达 1423 人。

历史上，巨鹿县是单一农业经济，生产落后，基本无农业基础设施设备，且十年九旱，自然灾害频繁。仅 1949 年至 1978 年，全县发生较大旱灾 20 余次、洪水灾害 2 次、地震灾害 1 次。特别是 1956 年和 1963 年的两次较大洪水灾害、1966 年的 7.2 级地震灾害给巨鹿县的工农业生产和人民生命财产造成严重损失。自然灾害是影响巨鹿县农业发展的主要因素之一。粮食产量低而不稳。解放后，巨鹿县不断加大农业基础设施建设，增加农业投入，增强抗御自然灾害的能力，全县农业基础条件逐步得到改善。到 1978 年全县有水泥管机井 5000 余眼，水浇地面积达到 13852.8 万平方米。粮食总产量由 1949 年的 2286.5 万千克增加到 1978 年的 7145 万千克，人们的温饱问题初步得到解决。

解放前，巨鹿县林木主要以西沙河古道及部分沙丘天然生树木为主，林果业十分萧条。解放后，巨鹿县把发展林果业作为国民经济的重要组成部分，有组织、有领导、有规划地开展植树造林运动，全县林果业迅速发展。大面积植树造林主要有：1958 年团城 911 万平方米林场建设和西沙河一带万亩造林，1970 年西校场洼植树及全县农田林网建设，1975～1978 年老漳河 10 千米造林绿化工程等。到 1978 年，全县有林地面积 3727 万平方米。同时以枸杞、杏、苹果、梨、桃为主的经济林也得到较快发展。

县域工业白手起家，经历了一个从无到有，从小到大的发展过程。解放以前，巨鹿县工业主要为酿酒、糕点、豆腐、榨油、磨粉、轧花、弹花、铁木匠等自给自足的手工业，且生产落后，规模狭小。解放后，县办工业逐步发展。1958 年“大跃进”时期，县办工业企业迅速增加，但因缺乏经验，形成了办办停停、起起落落的局面。最终发展起来的企业主要集中在纺织、酿酒、橡胶、化肥、造纸、印刷、塑料、水泥、煤炭、机械加工、食品加工、油棉加工等行业。特别是县纺织机械厂研制的1332系列槽筒机、县酒厂生产的水仙花牌系列白酒、县橡胶厂生产的传动带和三角带等，曾先后被评为河北省优质产品，名噪一时，产品供不应求。全县工业总产值由1952年的318.3万元增加到1978年的2885.4万元。

巨鹿县商贸服务业在清代及以前均为私人经营，城内店铺仅有20多家，以粮油、日杂、百货、饮食、白酒、药材、理发、照相等为主。直至民国时期，由于战事频繁，商贸服务业一直十分萧条。1945年县抗日民主政府迁入县城后，私营商户不断增加，县城商户达到210户，从业人员450多人。1949年后，巨鹿县以国营、私营等多种经济成分共存的商贸服务业发展较快。后经对私营商业的社会主义改造及1966年“文化大革命”的冲击，私营商业几乎全被挤垮。全县形成国营和集体商业一统天下的局面。

巨鹿县的交通于秦统一中国后就为驰道的主要驿站和枢纽。明、清时期，通往县外的交通进一步发展，初步形成县城通往德州、正定、顺德府、临清的4条官道和大道。解放初期，县内交通仍为土路或沙石路。最早的沥青公路为1972年铺设的省道——邢德公路巨鹿段。其后，县内交通进入快速发展阶段。到1978年境内形成邢德、冯南、巨新3条沥青公路，巨常、巨广、宁官3条碎石简易公路；其邮电起始于元代在各驿站间设的急递铺，由铺兵传递公文。明、清时期，由驿卒经驿道传递，没有专门的邮路。到清光绪三十一年（1905年），巨鹿才成立了邮政代办支局，信息传递略有改善。至1953年巨鹿县邮电局成立后，县邮政业务逐渐发展起来；其电力事业始于1959年8月县委、县政府为解决照明而建的一座63千瓦发电机组。1966年12月平乡柳渠10千伏线路接通送电后，自发电停止，网电建设迅速发展。到1978年，全县形成10千伏线路2条68.5千米，35千伏安变电站3座，基本满足全县工农业生产和照明需要。

巨鹿县的教育在清朝以前仅有学宫、私塾、书院、义学四种教育形式存在，无统一的学制和系统的学校教育。学校教育始于清光绪末年，中华民国初年巨鹿县广泽书院改为“巨鹿县第一高级小学”之后，初级小学教育得到较快发展。到1937年，全县共有初级小学约30所，在校学生3600人。抗日战争时期，大部分学校遭到破坏。直到巨鹿解放以后，教育事业得到了全面恢复和发展。1951年后相继开办普通中学教育、职业技术教育、师范教育、学前教育等。到1978年，全县共有小学262所，在校生41537人；普通中学189所，其中高中46所、初中143所，在校生27932人。文化事业，清代由县教谕和训导管理，民国时期由县教育科兼管，且较为单一。文学艺术主要有民间戏曲、鼓乐、文艺、道教音乐、书画、武术等。解放以后，全县文化事业全面发展。不仅传统民间文化得以保留和发展，且现代文化事业日新月异，传统和现代及外来音乐、民间和现代艺术及书画、摄影、文学创作共荣；其医疗卫生事业，在解放以后才得以迅速发展。到1978年，全县共有县级医疗机构3个，中心卫生院3个，乡镇卫生院14个，农村合作医疗站268个，赤脚医生387名。爱国卫生运动和卫生防疫工作的广泛开展，一些常见流行传染病得到遏制，全县人民的健康水平明显提高。

全县基层组织建设进一步发展壮大，从1929年中共巨鹿县地方组织创建到1949年的237个党支部4400名党员，发展到1978年的18个基层党委、8个总支部、278个基层党支部、9065名党员。

从中华人民共和国建立到1978年，巨鹿县由起初的单一农业经济，转变为农工商各业全面发展的多种经济体系，尤其是工农业生产有了长足进步。1949~1978年，工业年产值递增率为11%。1978年，全县实现生产总值3367万元；财政收入452万元，是1949年47万元的近10倍；总人口由1950年初的160504人增长至1978年的25万余人。特别是1978年中共十一届三中全会后，改革开放为巨鹿县城乡经济发展注入了活力，全县各项建设事业呈现出快速发展的良好态势。

概　　述

巨鹿县位于河北省南部、邢台市东部，地处华北平原腹地。介于北纬37°7′～37°25′、东经114°50′～115°13′之间。东临南宫、南接平乡、西与任县接壤、北与宁晋毗邻，东北、西北、东南分别和新河、隆尧、广宗交界，幅员631平方千米。县城距省会石家庄市中心105千米，距邢台市中心65千米。县人民政府驻地巨鹿镇，位于县城新华北街。2008年底，辖6镇4乡，291个行政村，户籍人口381053人，人口密度每平方千米603.89人。全县人口大部分为汉族，回、壮、满、蒙古、彝等少数民族占总人口的0.017%。耕地面积41477.33万平方米，人均耕地1087平方米。

全县地势起伏和缓，东南部和中部稍高，西部和北部略低，海拔高度25.5米～31米。属暖温带半湿润大陆性季风气候，四季分明。土质分潮土、盐土和风沙3个类型。地理位置优越，交通便利，京广铁路、京九铁路及京深高速公路三条交通大动脉东西怀抱，国家二级公路邢德线、南郝线和宁魏线“两横一纵”贯穿境内。新建乡村公路四通八达，覆盖全境。

巨鹿历史悠久，人杰地灵。五千年前，唐尧在此禅位于虞舜；秦代为三十六郡之一，秦末著名的“巨鹿之战”、“破釜沉舟”、“置之死地而后生”流传后世；东汉末年“黄巾起义”发生在这里；农民起义领袖张角、大唐名相魏徵、杰出天文学家僧一行（张遂）、明代通政使张绍先等著名人物均诞生此地，这些名人为巨鹿厚重历史写下了光辉绚丽的篇章。

中共十一届三中全会后，改革开放推动县域经济快速发展，县委、县政府先后提出“三年跨越”、“开展乡镇企业升级竞赛活动”、“工业化率先突破”、“培育创业文化推动全民创业”、“富民强县，建设幸福新巨鹿”等重大决策，千年古郡焕发勃勃生机。经济建设突飞猛进，城乡建设日新月异，社会各项事业健康发展。2008年实现生产总值32亿元，财政收入1.21亿元，分别是1979年初的94倍、30.8倍；全社会固定资产投资33.9亿元，比1979年初增长9575倍。工业总产值实现523226万元，是1979年初的218倍，逐步形成以食品、纺织、机械制造、橡胶制品等为主的工业发展体系。

2000年后，县委、县政府致力全民招商，把项目建设作为发展经济的着力点。特别是动员机关干部采取“走出去、请进来”的办法，千方百计招商引资，并利用网络和各种媒体及红杏、银花商务节，广交朋友、积极宣传展示巨鹿。2007年建成了巨鹿招商网，逐步完善网上服务平台，通过现代化媒介对巨鹿县的投资环境开展全方位宣传。2008年第17届中国巨鹿红杏商务节期间，创新举办第四届世界魏氏宗亲恳亲大会，吸引大批客商到县考察项目、投资置业。至2008年底，累计招商上百家，总投资近百亿元，全县项目建设方兴未艾。

进入20世纪90年代后，县委、县政府审时度势，下大力引导农民调整农业结构，粮食作物与经济作物比例由7∶1变为1.3∶1，形成以粮食作物为基础，枸杞、金银花、红杏三大经济作物为主导的发展格局。金银花种植面积由1979年的133.2万平方米，发展到2008年的4815.18万平方米；枸杞、红杏种植面积分别比1979年的1841.29万平方米、209.79万平方米增长2.4倍、22倍。2002年、2004年，巨鹿县先后获“河北省枸杞种植基地县”、“河北省杏种植基地县”、“河北省金银花种植基地县”等称号。三种特色农产品年收益达到7.28亿元，占农民年人均收入的65%。农业开发效果显著。自1988年被省政府定为农业开发试点县以后，历经20年，农业基础设施大为改善，累计投资1.5亿元，项目区打深井690眼，铺设防渗垄沟214.12万米。农作物优种率由开发前的56%上升到100%，粮食平均单产比开发前增长10倍。项目开发给农民带来巨大实惠，农民年人均收入增长11%。2006年巨鹿县被命名为“国家级生态示范区”。2008年底，农业总产值实现110908万元。

商贸服务业协调发展，市场繁荣，购销两旺。1979年后，巨鹿县商贸服务业经历由计划经济向市场经济转轨变型，以国营商业垄断市场的计划经济逐步被以个体、私营经济为主导的市场经济所取代。1985年建成巨鹿县商品批发街，增添商品零售批发门店80余家；1996年古郡市场建设竣工，市场内增加经营门店370多家；2000年建成了县商贸城，增设经营门店100余家。同时，枸杞、金银花等专业交易市场相继出现。2006年国家商务部启动“万村千乡”市场工程，以现代物流连锁经营为机制的商业营销模式进入巨鹿县。到2008年底，在全县乡村共建立福源德系列“农家店超市”210家，从业人员800人，年商品销售总额4200万元。全县民营商业企业、门店已达2600多家，商品批发、零售、专卖、代购代销等销售网点遍布城乡。大中小型超市星罗棋布，五金交电、家用电器、服装鞋帽、日用百货、粮油副食及餐饮、照相、洗浴、理发、维修等门店林立，金银花、枸杞、槐米等专业市场日益壮大，农村庙会、集市交易活跃。

县城建设速度加快，人居环境不断改善。1979年，县城房屋大多为两层以下建筑，街道两侧建筑参差不齐，县城街路只有两纵三横，既弯曲又宽窄不一。1997年，县城依托旧城区向北偏东方向“滚动发展”。特别是县委、县政府城区改造、集中征地、集中建设决策实施后，城镇建设明显提速。2006~2008年，县城基础设施年均投资相当于1979年的8万倍。县城人口由1979年的1.0414万人扩大到10万人，面积由不足2平方千米扩大到11.09平方千米。县电力调度大楼、财政集中支付中心、人才劳动力培训中心、广电中心、县医院病房楼等拔地而起。“人和绿色家园”、“世纪康城”、“第一城”、“联邦花园”、“康乐庄园”等十几个花园式居民小区相继建成。县城公园、街头游乐园、街道亮化、城市绿化、垃圾处理等市政设施不断加强。至2008年底，新开大街10条，加宽顺直大街14条，县城路网已形成六纵六横格局。六横即黄巾大道、邢德新线、风清路、健康路、南华路、南外环路；六纵为定魏线、新华街、西平街、三号路、西外环路、东安街。城市功能日趋完善，品位日益提高，居民幸福指数大幅上升。县城建设管理跨入全市先进行列。

改革开放30年，巨鹿城乡居民衣、食、住、行等生活水平明显提高。2008年，全县职工、农民人均收入由1979年初的533元、44元增至19214元、3172元，分别提高35倍和72倍；居民储蓄存款余额289360万元，社会消费品零售总额151815万元，分别比1979年初增加288657万元、148807万元；教育、科技、卫生、文化、广播等各项社会事业全面进步，全县幼儿园已由1980年的1所增至128所，农村办学条件已由昔日的“破房子、土台子”变为教学楼、花园式校园，小学入学率、毕业合格率由1994年的97%、96%均达到100%；职业技术教育快速发展，县职教中心晋升为国家级重点中等职业学校；科学发展观深入人心，先后获10项国家专利、8项省级专利、17项市级专利；农民科学种田、企业科学管理、新技术推广已被人们普遍接受；卫生事业进入一个新的发展时期，全县有90.22%的农民参加农村合作医疗，农民看病难、因病致贫问题得到缓解；文化、体育长足发展，2007年投资2000多万元、建筑面积1.5万平方米的全市唯一一家功能齐全的文化活动中心投入使用，农村电影“2131”工程的实施，使农民月月能看到电影，乡镇普遍建起文化站，实现了文化资源共享，全民健身运动开展有声有色，6所学校被命名为省、市传统项目学校，县城老年健身队在省、市比赛中屡屡获奖，广电事业发展迅速，农村有线电视入户率已达55%；全县实现村村通公路、村村通公交车、户户通自来水；摩托车、三轮车、拖拉机、轿车已进入百姓家，“出门柏油路，抬脚上汽车”的梦想成为现实；移动、固定电话拥有率达到97%以上；电力用电量由1979年的1635万千瓦时增至2008年的27920万千瓦时，电力供应基本得到保障；职工保险逐步规范，在全国第一个实施“政府花钱买岗位，村村设立救助员”的社会救助新机制，在河北省国家级贫困县中第一个建立农村最低生活保障机制，农村养老保险开始施行。

改革开放向纵深发展，巨鹿人的思想观念发生了深刻变化，与时俱进、科学发展被越来越多的群众所接受。巨鹿人正以执着、担当、包容、诚信、务实、创新的人文精神，紧紧围绕建设幸福新巨鹿、构建和谐社会奔小康的目标，自强不息，携手同心，勇往直前！

大事记

1979 年

2 月 邢台地区行政公署批准巨鹿县成立中国人民建设银行巨鹿县支行。

2 月 县政府招待所占用的原城关校区育红小学校舍重新划归教育系统，并在其址成立职工子弟学校一所，命名为“巨鹿县育红小学”。

3 月 城关公社革命委员会改为公社管理委员会。到 1982 年 6 月其余 16 个公社相继改为公社管理委员会。

4~5 月 整修常巨公路（平乡常河镇—巨鹿）巨鹿段路基 11 千米，建筑小桥涵 8 座（道），投资 73868 元。

6 月 县委对“文化大革命”中受迫害的 140 名中小学教师组织复审，平反冤、假、错案。

8 月 县调整中学布局，初、高中分别减为 123 所和 14 所，初中学制由二年制改为三年制。

12 月 中国人民银行巨鹿县支行与中国农业银行巨鹿县支行分设。中国人民银行巨鹿县支行据国务院文件，将全县 17 家农村信用社交由中国农业银行巨鹿县支行管理。

1980 年

1 月 14 日 中共巨鹿县纪律检查委员会建立，同时在全县 17 个公社和部分县直局级单位配备纪律检查委员。

4 月 全县中小学教师实施学历达标活动，要求高中教师达到大学本科学历，初中教师达到专科学历，小学教师达到中师学历。

4 月 20 日 县革委下发《关于杞果经营问题的通知》，规定除医药公司（或委托基层供销社）外，其他任何单位和个人不得收购经营，所产杞果不准私自外销。

7 月 15 日 宁官线（宁晋—巨鹿官厅）巨鹿段 6.9 千米路段铺设沥青路面，路基宽 10 米，油面宽 7 米，投资 28870 元。

8 月 18 日 邢德公路（邢台—德州）巨鹿西段 16 千米沥青面翻修工程动工，10 月 1 日竣工，总投资 427350 元。

9 月 洪水口桥加固并接长 2 孔，投资 101700 元。

11 月 1 日 巨鹿县开始实行新的财政管理体制：“划分收支、分级包干、分炉吃饭、一定五年不变”。

12 月底 中国农业银行巨鹿县支行在全县分设营业网点 21 个：城关、小吕寨、官亭、阎疃镇设立营业所 4 个、17 个乡镇政府所在地分设 17 个信用社。

1981 年

3 月 团城林场哄抢盗伐林木案件破获，查出盗伐林木团伙10个，涉及232户，查获被盗林木2198棵，收回赃款及赃物折合共1万余元，逮捕3名首犯，拘留8名影响较大的盗窃分子。

3月 巨鹿县恢复基干民兵独立团，县武装部部长任团长、政治委员任团政委。

3月26日 县公安局在堤村公社挖出一个16人的重大盗窃团伙，一举破获案件39起，共清缴赃物折款8000余元。

4月8日 巨广公路（巨鹿—广宗）巨鹿段路基工程动工，6月底完工。

5月 税务、财政分设单列，县财政局独立办公。

9月10日~11月10日 完成冯南公路（隆尧冯村—南宫）无尘桥接长加固工程，总投资10.4万元。

10月 巨鹿县扫盲工作取得重大突破，经邢台地区验收被确定为无盲县。由此全县农民教育工作的重点，由扫盲转向主要学习农业生产科学知识。

1982年

2月23~26日 县政协第五届委员会第一次会议在县礼堂召开，选举党三省为县政协主席。

2月26日 巨鹿县革命委员会撤销，建立巨鹿县人民政府。

2月26日~3月1日 县第七届人民代表大会第一次会议在县礼堂召开，选举孙品光为县人大常委会主任、滑福恒为县人民政府县长、许登浯为县人民法院院长、谷保清为县人民检察院检察长。

3月4日 中共巨鹿县第三届代表大会第一次会议在县礼堂召开，选举李银河为县委书记。

5月22日 各公社分别建立派出所，其工作人员称为公安员，各公社公安员编制一律划归县公安局。

6月13日 县政府发布《关于切实加强枸杞、银花市场管理的通告》，对枸杞、金银花经销加以规范。

7月1日 全县第三次全国人口普查登记工作结束。截至7月1日零时，全县总人口为271627人。

9月 “巨鹿电大工作站”招收第一届专科学员。

10月8日 县建设银行分别投资8万元，帮助苏家营（团城村）、何寨建起两家乡镇影院。

1983年

2月 城关公社管委会改为城关乡人民政府。

4月 调整中学布局。全县保留县一中、三中、四中3处县办高中、40处初中。

5月 在县城南关创建县师范学校。

6月 县第二中学（驻阎疃）改为县农业技术中学。

7月 县政协机关在健康中路征地6793.2平方米，修建政协机关办公场所。

8月7日 全县开展集中打击刑事犯罪第一次行动，抓获刑事犯罪嫌疑人95人。

10月11~17日 县党史征集办公室在县政府招待所召开党史资料征集座谈会，征集第二次国内革命战争、抗日战争、解放战争时期的有关资料。岳纪纲、徐百年、杨杰、李泊（女）、刘凤鸣等60多位巨鹿籍在外地工作或外地在巨鹿工作过的老干部参加。

12月 中共巨鹿县纪律检查委员会定为副县级单位。

12月 新建巨广公路堤村、法市庄和宁官线董营道班房3处。

12月30日 巨鹿县人民政府颁发《巨鹿县公路路政管理条例》。

1984年

1月1日 中国工商银行巨鹿县支行建立，负责由原中国人民银行巨鹿县支行办理的工商信贷和城镇储蓄业务。中国人民银行巨鹿县支行与中国工商银行巨鹿县支行实行“一个机构，两块牌子，资金分开，两套账目”。

同日 中国人民保险公司巨鹿县支公司从中

国人民银行巨鹿县支行列出，独立办公。

1月16日 巨鹿县开展严厉打击刑事犯罪第二次行动，抓获犯罪嫌疑人19名。

4月 中国国画家李春造（娄师白得意门徒）在县城举办个人优秀作品展，展出作品100余件，展期15天。展出期间周边5个县的书画专业人员暨业余爱好者500人到场观看。

5月 城关除外的16个公社管委会同时改称乡人民政府。各生产大队革命委员会改为管理委员会。

8月底 县公、检、法、司部门为期一年的严厉打击刑事犯罪活动联合行动圆满结束，共计批准逮捕198人，摧毁各种犯罪团伙19个98人，向分院移送起诉11案26人，判处死刑并枪决5人。

9月6日 巨鹿县农村信用合作联合社挂牌成立。该社与中国农业银行巨鹿县支行合署办公，主任由中国农业银行巨鹿县支行行长兼任。

9月24日 邢德公路巨鹿城关段总长3.3千米路面翻修工程开始动工，11月2日完工，总投资21.19万元。

10月 巨鹿县实施国营企业“利改税”改革。对县属国营企业由上缴利润改为征收国营企业所得税，税后利润归企业支配。

10月 县投资22万元在县城建成巨鹿县民兵训练基地。

11月 巨广公路（巨鹿—广宗）巨鹿段11千米沥青路面工程竣工通车。油面宽7米，总投资51.8198万元。

12月23～26日 县政协第六届委员会第一次会议在县社招待所召开，选举孙清田为县政协主席。

12月24～26日 县第八届人民代表大会第一次会议在影院召开，选举袁永田为县人大常委会主任；马德俊为县政府县长；许登浯为县人民法院院长；谷保清为县人民检察院检察长。

1985年

1月1日 中国人民银行巨鹿县支行人员、固定资产并入中国工商银行巨鹿县支行管理。业务由中国工商银行巨鹿县支行代理。

4月 中共巨鹿县第四届代表大会第一次会议在县影院召开，选举赵恒西为县委书记。

6月30日 韩庄、官亭、阎疃变电站由市电力局直辖改由县电力局管理。

9月10日 县委、县政府召开表彰大会，庆祝中华人民共和国建国后第一个教师节。对在教育工作中做出突出贡献的教师给予表彰。

9月 全县各乡、镇分别建立财政所。同时，县还出台相关政策，健全乡级财政管理体制，调动乡级政权当家理财积极性。

12月 县组织饮用水氟普查，普查显示全县超国家标准的高氟村116个，涉及10.96万人，占全县总人口的39.4%。全县开始实施改水降氟工程。

1986年

4月 巨鹿一中、三中（驻地官亭）实行校长招聘制。

4月 巨鹿县人民武装部划归地方编制，属邢台军分区和巨鹿县委、县政府双重领导。

4月 在新华南街东侧建成古郡新市场并投入使用，市场占地面积161450.52平方米。

5月3日 动工修建县城至张王疃乡第一条“民办公助”乡间沥青公路，公路长6.5千米，油面宽4米，总投资24.3万元。

6月 中国京剧院京剧团到县影院演出“龙凤呈祥”，“沙家浜”等折子戏，谭元寿、马长礼献艺主演。

7月4日 中国人民银行巨鹿县支行复建，人员从中国工商银行巨鹿县支行列出。

8月 县委宣传部对县直126名局级干部组织时事政策测验，针对存在问题提出强化干部时事政策教育具体意见，并上报省委宣传部，省委副书记李文珊阅后批示：“这个情况请宣传部和省干部轮训办公室的同志注意，最好通过巨鹿这个实例，给全省的各级领导打招呼，让大家清醒清醒，以便更自觉地去抓时事政策教育。”

12 月 省武警总队召开经验交流会，县公安局长作为全省公安系统两名特邀代表之一，出席会议并作典型发言。

12 月 县交通局交通监理站移交县公安局管理。

1987 年

1 月 12 日 110 千伏变电站巨鹿站投入运营。

4 月 巨鹿县建立“国防教育办公室”，列入地方编制。

5 月 县妇幼保健站“民主上党课”经验受到省、地领导高度重视，省委书记邢崇智批示：“书记当导演、民主上党课，督促大家共同遵守党的纪律，要这样搞”。省委宣传部《宣传动态》、三级党报、省《共产党员》和电台、电视台分别刊登播发这一经验。

5 月 2～5 日 县政协第七届委员会第一次会议在县社招待所召开，选举孙清田为县政协主席。

5 月 4～6 日 县第九届人民代表大会第一次会议在影院召开，选举袁永田为县人大常委会主任；曹能仁为县人民政府县长；夏和盛为县人民法院院长；张迎春为县人民检察院检察长。

9 月 中国社会科学院语言文字委员会宋军、佟乐全、季恒铨、张一青和中国科学院心理研究所研究员张梅玲等到县育红小学检查指导“注音识字、提前读写”和“现代小学数学”教改实验。

9 月 隶属财政部举办的中华会计函授学校巨鹿函授站在县财政局挂牌建立，主要培训在职初级会计，该站为邢台地区四个县级站点之一。

10 月 1～30 日 县公安局对官亭一带车匪路霸实施专项治理，挖出犯罪团伙一个，涉案成员 19 人，破案 37 起。

1988 年

1 月 30 日 巨鹿县监察局建立，归属县政府序列。

5 月 15 日 按照“公开、平等、民主、择优”原则，全县公开招聘中小学及校区校长。

7 月 全县各级各类学校教师首次开展业务职称评聘。

7 月下旬 全县暴雨成灾，农作物成灾面积 13986 平方米，直接经济损失 2300 万元。为使受灾群众减灾脱困，县发放救灾款 39 万元，粮食 77.5 万千克，煤炭 700 吨，救济灾民 6217 户 24625 人次。

7 月 以县中医门诊部为基础组建县中医院，列局级事业单位。

9 月 县育红小学被国家教委定为“全国德育实验学校”，并荣获“全国德育先进学校”称号。

9 月 10 日 县教委、劳人局、财政局联合下发《关于年老病残民办教师生活补助费的暂行规定》，同时开始实施。

10 月 县第一职业技术中学由县城东关迁至县城西北，原校舍划归县育红小学。

12 月 县电力局被省人民政府授予“河北省节能先进集体”称号。

12 月 古郡新市场荣获“河北省文明集贸市场”称号。

12 月 县民兵装备仓库实施正规化管理，按要求完善安装国际先进水平技术防范设备，民兵训练基地被评为省级先进单位。

12 月 县财政收入首次突破千万元大关。

1989 年

4 月 10 日 县成立“关心下一代协会”。

4 月 省教育委员会在县职业技术中学地毯技术培训中心召开全省勤工俭学经验交流会，推广其教学、生产、科研、经营、服务五位一体勤工俭学经验。

5 月 巨鹿县被省政府定为世界卫生组织人口基金会、儿童基金会同中国签订的《加强中国基层妇幼卫生、计划生育服务》合作项目县。

5 月 县委统战部召开黄埔同学会议，为巨鹿县9名黄埔同学颁发会员证书。

7月15日 县政府出台扶持重点乡镇企业的规定，明确技改项目、所需原材料、流动资金贷款优惠，利息上浮不得超过基本利率的50%；乡镇企业的柴油指标由县计划委员会直接安排到主管部门，用于支持重点企业；电力部门优先安排重点企业用电等。

7月21日 全县暴雨成灾，80%校舍漏雨，67处校舍、3000米围墙、88个厕所倒塌。县委、县政府组织人员整修补救。

11月 中共巨鹿县第五届代表大会第一次会议在县供电局四楼会议室召开，选举蔡志斌为县委书记。

12月 县政协年度累计接待回县探亲台胞8户15人。

12月5日 市供电局将巨鹿110千伏——阎疃35千伏线路11.2千米（总值247478.48元），无偿调拨巨鹿县电力局。

12月 华北电业管理局、省电力工业局分别授予县电力局“华北地区农电系统先进单位”、“节能用电合理用电先进单位”。

12月19日 巨鹿县残疾人联合会成立，编制7人，由县民政局代管。

1990年

3月 县委宣传部联合县文明办、团县委、县妇联等部门组织开展“雷锋精神在巨鹿”和“学雷锋、见行动、为经济建设做贡献”活动。活动中教育系统发动中小学生收集酒瓶6万多个，赠送给县酒厂；金融部门筹措资金1358万元支持企业发展；公、检、法、司积极为企业保驾护航，追回货款107万元。

4月1～3日 县政协第八届委员会第一次会议在县商业局北关旅馆召开，选举王存录为县政协主席。

4月2～4日 县第十届人民代表大会第一次会议在县影院召开，选举秦庆恩为县人大常委会主任；赵海成为县人民政府县长；刘再坦为县人民法院院长；赵新法为县人民检察院检察长。

4月7日 省教委副主任周治华、团省委副书记王淑灵到县育红小学，传达国务院总理李鹏对育红小学的关怀和对“双洁”（戴洁净红领巾、做廉洁小公民）活动的批示。

5月30日 团省委、省教委在巨鹿县召开育红小学少先队“戴洁净红领巾、做廉洁小公民”活动现场会，省委副书记吕传赞、团省委书记栗战书及副书记张力、王淑玲、省教委副主任周治华、地委书记李明珠、专员徐金在、各地市和邢台地区各县市团委书记、教委主任及县委主管书记等省、地领导共计130人参加大会。省委副书记吕传赞代表省委、省政府讲意见。会议要求在全省推广学习育红小学开展“双洁”活动经验。

6月1日 省长岳岐峰为县育红小学题词：“小学德育一枝花”。

6月5日 县“民办公助”工程——王虎寨乡级公路王虎寨至大寨段竣工剪彩，该路段全长8千米，路基宽8米，沥青路面宽5米。

7月1日 巨鹿县第四次全国人口普查登记工作结束。普查显示，截至7月1日零时全县总人口为321013人。

9月1日 县公安局全力投入北京第十一届亚运会安全保卫工作，检查内部单位162个，收缴黑火药28.5千克。

11月 县投资4万元用于民兵装备仓库软硬件建设，经省军区验收，授予省级“标准化仓库”称号。

12月 《人民日报》、《北方物价报》报道巨鹿县推行农村综合电价经验，该经验经国家能源部及国家物价局批准在全国推广。

1991年

4月21～23日 国家物价总局、能源部在巨鹿县召开全国三北地区整顿农村电价现场会，国家物价总局局长罗植龄、能源部副部长史大祯、河北省副省长郭洪岐参加，巨鹿县县长赵海成以“大胆改革，造福于民，下大力整顿农村电价”为题发言。

5月7日 海军某部参谋长范朝福和大校侯

又白、张宝仓等就德育教育第二次到县育红小学考察。

5月19日 全县开展“全国助残日”宣传活动，全县各界共2000多人参加，发放宣传资料5000份。

5月22日 王六村乡级公路一期工程竣工剪彩。全长4千米，路基宽6米，沥青油面宽5米。

6月12日 举办首届“中国巨鹿杏节”，布置了鲜杏市场和以杏加工产品为主的土特产品一条街，举办了信息发布会和业务洽谈订货会，游览杏基地。省委副书记李炳良，地委、行署主要领导到场祝贺，组织文艺节目及大鼓、秧歌、旱船、龙灯、狮子等乡艺游演，为节日助兴。

10月8日 县公安局破获一起拐卖妇女团伙案，该犯罪团伙拐卖妇女38人，其中6名妇女被先奸后卖，该案被列为全省大案。

1992年

5月11～14日 由省、市专家和全市各县方志办主任及主编组成的第一轮《巨鹿县志》省级评审会在县政府招待所召开。

9月5日 由于持续干旱，全县17个乡镇306702人遭受旱灾，农作物受灾面积29090.88万平方米，其中重灾26080.56万平方米，巨鹿县获准减免“当年农业税”109.16万元。

9月 巨鹿县被河北省政府确定为联合国开发计划署援助的“加强谷子良种和原种繁殖能力”项目基地。

11月10～25日 县公安局集中对观寨一带路边店卖淫嫖娼实施清理整顿，共清理饭店69家，查处案件28起，查出卖淫妇女及嫖客26人。

11月23～24日 中共巨鹿县第六届代表大会第一次会议在县影院召开，选举刘新年为县委书记。

12月 能源部授予县电力局“全国电力系统营业工作先进单位”。

12月 县城中心市场（古郡新市场）被国家工商总局命名为“国家级文明集贸市场”。

1993年

1月7～10日 县政协第九届委员会第一次会议在县社招待所召开，选举杲东阁为县政协主席。

1月8～10日 县第十一届人民代表大会第一次会议在县影院召开，选举张庆波为县人大常委会主任；杜福贞为县人民政府县长；刘再坦为县人民法院院长；牛保辰为县人民检察院检察长。

4月16日 县纪律检查委员会与县监察局合署办公，实行一套机构两个名称，履行纪检监察两种职能。

5月 县委选派12名优秀科级干部到经济发达的山东青岛市所属县、市、区挂职锻炼。

7月8日下午 县城北部遭受特大暴雨冰雹袭击，风力10级以上，灾害涉及5乡69个村，官亭玛钢厂1700多平方米厂房在风暴中倒塌，53人被砸埋，其中重伤11人，死亡2人，农作物受灾严重，全县直接经济损失2亿余元。

8月 县育红小学下属的北街小学、一里庄小学、西街小学三所分校独立，定为县教委直属小学，分别命名为育英小学、育才小学、育杰小学。

10月2日 县棉纺厂财务室保险柜被盗，盗走现金399800元。

12月 电力工业部授予县电力局“县级电网调度自动化系统实用化达标单位”。

1994年

2月2日 震惊全省的棉纺厂保险柜近40万元现金被盗案告破，追回现金31万元，犯罪分子马某被抓获归案。

5月 新中国建立后第一部《巨鹿县志》出版发行。该县志上限追溯巨鹿历史发端，下限到1990年底，共128.5万字。

6月16日 何寨路北段工程竣工通车剪彩。工程南起邢德路，北至何寨乡政府，全长6千米，路基宽7米，沥青面宽4米。至此全县实现乡乡通公路。

6月 县育红小学被中国社会科学院语言文字工作委员会定为“注音识字、提前读写”试验点。

6月 二月花集团党支部获得省“先进基层党支部”称号。

7月25日 《巨鹿县1994—2000年扶贫攻坚计划》经县五套班子联席会审议通过，并以县委巨发［1994］17号文下发实施。

11月 巨鹿县实行税制、分税制财政体制及国有企业利润分配制度改革，统称为“三项改革”。

12月5日 国家外汇管理局副局长许斌、机关党委书记窦建中一行4人，在省、市人行领导陪同下，到巨鹿县调查研究指导扶贫工作，听取县扶贫工作汇报，并与县委、县政府领导座谈，探讨脱贫大计。

1995年

1月1日 成立“中国工商银行巨鹿县支行”。原县人民银行人员、固定资产、业务交由县工商银行管理。

2月29日 省委常委、组织部长赵世居到特困村西辛庄调研指导扶贫工作，提出“扶贫先扶志，关键在于配好班子，建好队伍”。

3月 县电力公司卷铁芯单相变压器通过省科委技术鉴定。省电力工业局在巨鹿县召开“单相卷铁芯变压器”鉴定会，并推广应用。

3月24日 经县委、县政府批准，恢复乡镇派出所，全县17个乡镇均设派出所。

5月 县育红小学被中国科学院心理研究所定为“现代小学数学”实验基地。

6月9日 县建设银行被评为全国建设银行“储蓄工作先进集体”。

7月 县农业局从武汉大学生命科学院引进生物农药除治棉铃虫新技术，武汉大学生命科学院教授汪涛带领师生29人到巨鹿县传授技术和示范指导，推广面积1332万平方米。

9月7日 国家外汇管理局在特困村洪水口投资45万元建设的“中汇希望学校”举行奠基仪式。同时，救助失学儿童53人。

11月5日 县委制定《关于对离休干部实行统一管理的通知》(【1995】11号)，将离退休干部纳入老干部局统一管理。

1996年

1月24日 巨鹿县合乡并镇，由6个镇、11个乡，改为6个镇，4个乡。

6月1日 国家外汇管理局在洪水口村捐资兴建的“中汇希望学校”开学剪彩。剪彩仪式上又向该学校捐助价值10多万元的微机、教学仪器、图书及部分体育器材等。

6月 巨鹿县实施第一次政府机构改革，政府常设工作部门由34个改为22个，事业、企事业单位15个，双重领导单位由11个改为15个。

6月 巨鹿县人民武装部收归中国人民解放军序列，受邢台军分区和县委、县政府双重领导。

7月1日 县成立老年大学。

7月19日 由巨鹿县公路站工程队施工的宁常线官亭至巨鹿县城段大修拓宽改造工程竣工。路长14.5千米，路基宽11米，沥青油面宽7米。

8月2日 县公安局开展收缴社会散失枪支专项行动，共收缴各类枪支525支。

8月22日 巨鹿县农村信用合作联合社与中国农业银行巨鹿县支行脱钩，成为具有独立法人资格、独立承担民事责任的合作制地方性金融企业。

9月1日 县政府印发《关于扶持保护蜜枣加工业快速发展的意见》，鼓励建立产业市场，实行优惠政策，收费减、免、缓等，扶持蜜枣加工业健康发展。

9月16日 因当年农业生产遭受冰雹、特大暴风雨等自然灾害，灾情涉及17个乡镇32万人口，受灾面积17331.6万平方米，巨鹿县获准减免“1996年农业税”147.6万元。

9月20日 为落实《国务院关于环境保护若

干问题的决定》，严格控制环境污染和生态破坏加剧趋势，县政府决定，9月30日前取缔污染严重的小企业邢台商贸公司巨鹿造纸厂和阎疃、林庄、杨寨等9家造纸厂。

10月25日 祁南线（隆尧祁村——南宫）老漳河无尘（巨鹿）大桥竣工。大桥是邢台市首次采用桥面坚曲线设计的桥梁，结构为摩擦桩柱式钢筋混凝土空心预制梁，共10孔，全长163.74米，宽12米，载重级为汽车20T、挂车—100T。

10月 县人民检察院经济检察科改为县人民检察院反贪污贿赂局。

11月11日 巨鹿县第一个高标准中心大道班—官亭道班建成投入使用。该道班坐落在宁常线38+900千米处，主体建筑乳白色3层楼房，建筑面积759.9平方米，投资34.9万元。

12月 巨鹿县顺利通过邢台市政府“普及初等教育”（普六）验收。

12月 中国农业发展银行巨鹿县支行挂牌成立。

1997年

1月25日 县公安局成立“1·25”旱白鸭专案组，对在全省造成重大影响的涉嫌“旱白鸭”诈骗案展开集中侦破，犯罪嫌疑人被抓获。为369户“旱白鸭”养殖户挽回经济损失900多万元。

3月8~10日 县政协第九届委员会第五次会议在县社招待所召开，选举贾春英为县政协主席。

3月31日 县联运公司租赁门市加油站卸油时突发火灾，造成两名雇员死亡，5个油罐及油料、库中货物烧毁，石油公司一辆解放141送油车和一辆旧伏尔加轿车被烧毁，送油车司机轻度受伤。

6月 建立县老年体育协会。

6月27日 县公安局110报警服务台成立，下设巡警一、二、三中队。

7月 由县电视台采写的新闻《巨鹿银花香飘海外》在中央电视台新闻节目中播出。

7月8日 巨鹿县被确定为全省十个小额信贷扶贫试点县之一。

8月20日 河北省交通厅扶贫项目—巨广线11.8千米翻修拓宽工程竣工通车。

10月21日 县政府召开企业产权制度改革会议，开始对全县企业进行产权制度改革。

1998年

2月17~19日 县政协第十届委员会第一次会议在县社招待所召开，选举贾春英为县政协主席。

2月17~19日 县第十二届人民代表大会第一次会议在县影院召开，选举潘孟申为县人大常委会主任；营新月为县人民政府县长；刘汝海为县人民法院院长；谭景春为县人民检察院检察长。

2月19日 县扶贫办获1997年度“河北省扶贫工作优秀单位”。

2月13~14日 中共巨鹿县第七届代表大会第一次会议在县政府招待所三楼会议室召开，选举苑宝运为县委书记。

3月30日 草迷杨村发生特大凶杀案，该村3户10人5死5伤。县公安局民警仅用7个小时将犯罪嫌疑人侯某某在河南新乡县抓获。

4月 巨鹿县民兵武器装备仓库将武器弹药移交军分区武器弹药库集中保管。

4月4日 巨鹿县荣获全省脱贫工作先进县。

4月14日 召开全县项目建设工作会议，会议确定在全县实施“三立”工程（立县、立乡、立村），要求全面发动、人人参与，锲而不舍地开展抓项目、增收入、打基础、增活力活动。

5月11日 巨鹿县串枝红杏扶贫广告开始在中央电视台第二、三、四、七、八五个频道同时免费播出，并连续播放三个月。该广告的播出产生直接经济效益4000万元。

5月 巨鹿县开始实行城镇居民最低生活保障制度。

6月21日10时20分~20时05分 城关、

后辛庄等乡镇遭受大面积特大风雹灾害，风力9至10级，风速24米/秒，冰雹直径最大40毫米，降雨量50毫米，林木倒断1万棵，砸坏房屋10万平方米，死1人，伤7人，直接经济损失2.55亿元，受灾人口21万人，成灾16万人。

9月1日 国家外汇管理局为小留庄希望小学捐款25万元。

9月 因南方几个省份遭受特大洪灾，巨鹿县组织开展了“心系灾区，奉献爱心”救援活动，发动社会各界共计捐款19.67万元、方便面1000箱、棉衣10000多件、学生用品8000多件，并及时运往灾区。

12月16日 县建设银行ATM自动柜员机投入运行，这是县内第一台自动柜员机。

1999年

1月 县农业开发与区划办公室列为独立机构。

6月 天津市西青区城乡建设委员会团员青年代表，向巨鹿县希望工程领导小组办公室捐赠“希望工程”资助款10000元及价值3000余元的学习用品，资助63名贫困小学生。

7月13日 河北省农业厅纪检书记王世存带领种子、土肥、植保、栽培、农机等方面的专家60余人，到巨鹿县赶科技大集。共发放科技书刊、杂志10000册；“科技明白纸”18种16000份；并以优惠价格向农民提供优质小麦种子1000千克，白菜、萝卜等蔬菜种子600千克。

7月14日 河北省农业厅种子总站投资8万元为其帮扶的特困村王举庄村建小学一所。省委副书记赵金铎为该校题写校名为“王举庄育苗希望小学”。

7月30日 邢德路洪水口公路桥竣工。桥长105米，桥面由12块跨径20米预应砼空心板组成，其上设10厘米防水砼及5厘米沥青砼铺装层，桥面宽11米，下部采用两柱式墩及肋板埋置式桥台，墩帽为双臂双跨连续。

8月17日 中国人民银行巨鹿县支行根据上级决定解散合作基金会，并将其资产、负债并入农村信用社。原合作基金会净资产负522万元（由政府注资522万元补平），各类存款266.4万元，各类贷款1895万元。并入贷款不良率100%。

9月28日 国家外汇管理局为其捐资25万元帮扶小留庄村修建的进村沥青路面举行通车剪彩仪式。

12月7日 由县政府申报制作的金银花、枸杞和串枝红杏系列产品扶贫广告，在中央电视台二、三、四、七、八频道同时播出。

12月 巨鹿县顺利通过省政府“普及九年义务教育”验收。

12月28日 县政府决定，“河北巨龙饮料有限公司”因经营不善关闭，履行破产手续。

2000年

1月19日 巨鹿县在1999年度河北省扶贫系统目标管理责任制考核中，总分名列第一，获优秀等次。

2月1日 邢德路巨鹿收费站建成开始收费。

4月 县纪律检查委员会成立机关效能投诉中心，当年受理机关效能案件24起。

5月16日 巨鹿县创办《巨鹿晚报》，由县委宣传部主办。

6月18~20日 第十届“中国巨鹿杏节暨枸杞银花交易会”举行。来自全国各地的889位客商云集巨鹿，进行实地考察和项目洽谈。3天共签订经贸合作合同68项，交易总额5.7亿元。其中，利用外资合同8项，合同引进外资1342万美元，鲜杏交易额1765万元，枸杞交易额1810万元，银花交易额520万元。

6月30日 县建设银行储蓄专柜当选为全国建设银行“巾帼文明示范岗”。

7月17日 县建设银行被评选为全国建设银行“思想政治工作先进集体”。

7月 县育红小学被国家教育部授予“全国中小学德育工作先进集体”。

8月20日 县建设银行被授予全国建设银行系统“青年文明号”。

11月1日 巨鹿县第五次全国人口普查登记工作结束。普查结果显示，截至7月1日零时全县人口总数为356054人。

11月24日 省委书记王旭东到巨鹿县农业综合开发示范区调研。

12月 巨鹿县被定为河北省首批农村税费改革试点县。农业税由原来的按人口征收改为按地亩征收，改革后取消了乡统筹、村提留，只剩下农业税，农民人均负担减轻34.2%，亩均负担下降33.2%，全县农民一年减少负担937万元。

12月 巨鹿县实行政府集中支付制度，设立"政府集中支付中心"，将县直所有预算内、外供给经费的行政事业单位，全部纳入集中支付中心管理。

2001年

1月13日 中国人民银行巨鹿县支行电子联行系统建立，异地汇兑业务实现电子化。

3月 县扶贫办在县长孙学良等带领下，赴宁夏实地考察枸杞种植情况，并引进"宁杞1号"枸杞新品种。

4月18日 由中国农技协会和中国兔业协会主办，巨鹿县政府承办的"21世纪首届国内外兔业交流暨培训大会"在巨鹿县召开。农业部原常务副部长王振阳、中国农技协会常务副秘书长周俊秀、省科协常务副主席赵纪琛、省畜牧局副局长李景华、副市长李英民等领导到会。全国18名兔业专家、教授及各省、市兔业企业、养兔专业户和相关企业及韩国客商等2000余人参加会议。会议期间签订兔业合作协议30多项，交易额5600万元。同时，巨鹿黄兔被专家认定为极好的地方优良品种，建议向全国推广。

5月 县质量技术监督局上划省垂直管理，机构正科级。

5月31日 王虎寨镇南原庄、大寨、田寨、前路寨、后路寨、杨寨、枣园、西郗寨等8个村小麦遭受吸浆虫害，轻者减产50%，重者收不回种子。受灾面积578.87万平方米，占全镇小麦播种面积的60%，受灾1633户，8288人。直接经济损失166万元。

6月9日 河北省委、省政府授予中共巨鹿县委、巨鹿县人民政府"八七扶贫攻坚先进单位"。

6月21日~7月20日 定魏线官亭—巨鹿县城14.5千米公路封面、罩面工程完工。

8月 县人大首次对28名"一府两院"任命人员实行百分制评议。

8月 省政协主席吕传赞到巨鹿县调研农业结构调整工作。

9月 占地10.66万平方米、建筑面积3.4万平方米、12轨制的巨鹿县第二中学建成并投入使用。

10月16日 巨鹿县金银花种植被国务院扶贫办批准为"国家科技扶贫示范县"，并下拨扶贫资金150万元用于发展金银花项目。

11月 县一期电力农网改造工程全部竣工，总投资6531.86万元。新建110千伏变电站和35千伏变电站各2座；改造变电站2座；完成10千伏线路改架工程99.3千米；对291个行政村实施低压改造。

2002年

3月 巨鹿县被河北省农业厅授予"河北枸杞之乡"。

3月 巨鹿县被河北省农业厅授予"河北杏之乡"。

4月 巨鹿县实施第二次政府机构改革，政府常设工作部门由22个改为21个，新增议事协调部门2个，事业、企事业单位由15个变为6个，新增政府直属事业单位6个，双重管理单位保留18个。

5月1日 巨鹿公园开园剪彩。该公园占地15.72万平方米，园内建有运动广场、健身广场、萤火广场、花卉广场、人工湖、生肖园、儿童乐园，设有假山、喷泉、主题雕塑、步行桥、碑林等。

5月20日 县公安局打掉西下疃一盗窃团伙，抓获犯罪团伙成员38人，批捕29人，破获盗窃案件120起。追回耕牛20余头、拖拉机11台、三轮车9辆、摩托车25辆、汽车3辆。

6月 县医院迁至健康东路，占地50000平方米，建筑面积18600平方米。

6月28日 全省黑龙港流域扶贫工作现场会在巨鹿县召开，省扶贫办主任李正文等和邯郸、邢台、衡水、沧州4个市的扶贫办主任及地处黑龙港流域的20多个县扶贫办主任参加会议。

10月15日 县政府设立“企业发展县长热线”，负责协调解决企业发展中的占地、办证等热点、难点问题。

12月 巨鹿中学通过省示范性高中验收。

12月 县人民武装部参加《人民日报》等34家新闻单位组织的全国国防知识竞赛活动，获全国第二名。

2003年

3月26日 县工商联整理编撰的《中国·巨鹿投资合作项目》一书，其中43个项目被《河北省工商联经济技术合作项目》收录并以中英文两种文字印刷向海内外发行。

4月23～25日 中共巨鹿县第八届代表大会第一次会议在华丰宾馆召开，选举孙学良为县委书记。

4月 县委、县政府出台《关于建立农村最低生活保障机制的暂行办法》，率先在全省贫困县中实施农村低保制度。

4月 县卫生系统在抗击“非典”工作中，完成了对全县9472名外地返乡人员的流行病学调查，并对60名疑似发热患者及时进行了隔离、流调、跟踪观察工作，流调率100%。为疫区返乡人员、发热病人住所及公共场所消毒3709间，防护服消毒4100套次，车辆消毒1026车次，无偿提供消毒用药5557千克，印发宣传材料7万余份，业务培训800余人次。有效控制了“非典”在巨鹿县的传播。

4月28～29日 县政协第十一届委员会第一次会议在巨鹿宾馆召开，选举贾春英为县政协主席。

4月28～30日 县第十三届人民代表大会第一次会议在县影院召开，选举潘孟申为县人大常委会主任；徐兰军为县人民政府县长；刘汝海为县人民法院院长；曹振义为县人民检察院检察长。

5月 巨鹿县农业综合开发2002年度项目荣获“河北省红旗县”称号。

6月 巨鹿县抗击“非典”专题片在中央电视台第七频道“乡村大世界”中播出。

6月9日 因“非典”在我国部分地区流行，县政府决定2003年度中国巨鹿杏节暂时停办。

6月13日 国家外汇管理局投资49万元，援建县扶贫信息中心网站，为该网站装修机房并购置相关设备。

6月25日 县委、县政府为公安机关新招录48名巡防队员，经过严格培训后，24小时轮流在街道和住宅区巡逻。

7月1日 县建设银行被中国建设银行评选为“先进基层党组织”。

7月9日 县委召开全县民营经济工作会议。会议要求进一步提高认识，把发展民营经济放到发展县域经济的战略地位，重点发展食品、棉纺两大支柱产业，努力实现工业化、民营化、国际化、城镇化的经济发展目标。

7月29日 国家测绘局第二测绘大队驾驶卫星定位自动测量车，到县测量县级公路和乡级公路。

7月 规范县城街、路名称，将东西走向的街道统一定为“路”、“里”作通名；南北走向的街道统一定为“街”、“巷”作通名。

8月 贾庄乡赵庄村被省科技厅确定为省级科普示范基地。

9月8日 全县大部分乡镇遭受大风与冰雹袭击，灾害涉及10个乡镇32万人，农作物受灾面积累计18648万平方米，直接经济损失2.4亿元。经上级批准减免当年农业税191.4万元。

10月1日 离休干部左宝珍自筹资金30多万元，在巨鹿公园建起爱国主义教育基地——“爱华翰苑”碑林。碑林分民族之魂、勿忘国耻、中华墨宝、古郡沧桑四个主题，树碑246方。

10月26日 县供电局十二层生产调度大楼竣工剪彩。

11月11日 国家外汇管理局派员到巨鹿县调研扶贫网络运行情况，同时捐赠电脑36台用于乡村网络站点建设。

11月 县政协组织医疗、教育等人员到苏家营乡神堂坡村开展送医、送药、义诊、助教活动。为该村200余名贫困群众义诊，捐赠日常药品2箱，为学校捐赠图书12000余册，微机一台，课桌30套，为村党支部、村委会捐办公桌凳25套。

11月 中央电视台第七频道“聚焦三农”栏目报道巨鹿县农村价格监督网络管理经验。

2004年

1月8日 在全县开展防治高致病禽流感工作。县专门成立了防治高致病禽流感工作指挥部，制定了《巨鹿县重大动物疫病防治应急预案》。

3月 巨鹿县被河北省农业厅授予“河北金银花之乡”。

4月6日 省委副书记冯文海到阎口村调研农民增收、粮食直补、优种补助、农机补贴等落实情况。

4月 “巨鹿文化中心“奠基剪彩，该“文化中心”占地73433.16平方米，建筑面积1.4万平方米，总投资2500万元。

4月15日 县建设银行417平方米的新营业大厅竣工投入使用。

5月 全县取消农林特产税。同时，改为给农民发放种粮补贴，粮食直补标准为6.2元/亩。

5月 巨鹿县扶贫领导小组办公室成立，挂靠县民政局。民政局长兼任办公室主任。

9月 县医院投资280万元，建成建筑面积1100平方米的传染病病房区。

11月4日 河北省政府在巨鹿县召开农业综合开发现场会，巨鹿县作为平原农业综合开发项目典型县接受现场观摩。

12月 巨鹿县第二高中通过省示范性高中验收。

12月 巨鹿县经济普查办公室被国家经济普查办授予“第一次全国经济普查先进集体”称号。

12月底 巨鹿县实现“村村通公路”。

2005年

1月1日 中国征管信息系统正式成功运行，巨鹿县国税税收实现信息化管理。

3月10日 全县第一批40个重点贫困村中，35个村实现脱贫。

6月 巨鹿县实施第三次政府机构改革，政府常设工作部门由21个改为20个，部门管理机构1个，机构编制委员会为县委、县政府双重领导部门，政府直属事业机构5个，事业、企事业单位6个，双重管理单位18个。

6月18日 中央电视台第一频道新闻联播节目头条报道巨鹿县农业综合开发项目建设及效益。

6月28日 县工商联撰写的“河北海斯德橡胶制品有限公司”、“河北喜德来家具实业有限公司”、“巨鹿县昌隆纺织有限公司”三家企业及董事长简介被编入《世界华人工商企业大全》一书。

7月5日 县电视台与中央电视台共同录制的专题片《魏徵故里谱新篇》在中央电视台第七频道播出。

9月 县疾控中心建立艾滋病病毒抗体初筛实验室，并通过省验收，随后对1990年以后的有偿献血人员和羁押劳教人员免费筛查艾滋病抗体。

10月31日 巨鹿县2004年、2005年度农业开发项目代表邢台市接受全省农业开发项目建设观摩评比，获全省第一名，成为全省农业综合开发最优项目县。

11月 县妇幼站通过河北省县级妇幼保健院规范化建设达标验收，更名为县妇幼保健院。

11月 投资1600万元，在新华北街建成巨鹿县广电中心大楼并投入使用。占地5330平方米，主体11层，内设新闻中心、社教中心、文艺中心、广告中心、广播电视节目制作中心、发射播控中心、有线电视网络传输中心、技术保障中心、1号演播大厅，装配中央空调、电梯、自动报警及喷淋灭火消防系统。

12月 县人民检察院被最高人民检察院评为“全国先进检察院”。

12月 县建设银行为“三昌纺织品有限公司”办理20年来的首笔固定资产贷款7000万元。

12月 巨鹿县被河北省政府评为“农业开发红旗县“。

12月 县公安部门破获一起非法制售烟草案，查获假冒卷烟2200条、烟丝4吨、滤棒10箱、盘纸25箱、ZYV14—23卷烟机一套。6名犯罪嫌疑人被判刑，其中有期徒刑1年的2人，缓刑1人，拘役4个月的4人。

2005年 巨鹿县全面取消农业税。

2006年

1月6日 市广电事业建设观摩暨巨鹿广电中心落成典礼在县广播电视局举行。

3月28～29日 县政协第十一届委员会第四次会议在县委六楼会议室召开，选举李国民为县政协主席。

3月29～30日 县第十三届代表大会第四次会议在巨鹿影院召开，补选王素平为县人民政府县长。

3月 省政府召开农业综合开发工作总结表彰大会，巨鹿县第六期项目获省“农业综合开发土地治理项目优胜红旗县”，这是巨鹿县连续三年荣获“红旗县”称号。

3月 巨鹿县完成合乡并镇，辛庄办事处并入巨鹿镇、董营办事处并入官厅镇、林庄办事处并入阎疃镇、楼张镇办事处并入苏家营乡、王六村办事处并入张王疃乡、贾庄办事处并入堤村乡、何寨办事处并入观寨乡，原小吕寨镇、西郭城镇、王虎寨镇保持不变。至此，全县由设办事处之前的17个乡镇（6镇11乡）合并为10个乡镇（6镇4乡）。

3月 县国税局荣获2004年、2005年度省级“文明单位”称号。

4月17日 县建设银行荣获全国2005年度建设银行系统“文明单位”称号。

5月11日下午17时30分 县城西街一村民因非法制造爆炸物品操作不当发生爆炸，造成3死1伤、3间房屋倒塌重大案件。

5月18日 巨鹿县健身球体操队代表邢台市参加河北省健身操表演赛获优秀奖。

6月14～15日 中共巨鹿县第九届代表大会第一次会议在华丰宾馆召开，选举徐兰军为县委书记。

6月 堤村乡纪家寨村“四股弦”列为河北省非物质文化遗产。

6月 全县对个体诊所和村卫生室统一实施标准化建设和管理，实行诊室、治疗室、药房“三室独立”，并统一制作门牌。

6月 主体9层、建筑面积6341平方米的巨鹿县财政局办公大楼竣工并投入使用。

6月20日 河北省扶贫办主任会议在邢台市召开期间，参加会议的省扶贫办处级以上干部、各市扶贫办主任和15个重点县的扶贫办主任观摩了巨鹿县职教中心、县信息扶贫中心。

7月 巨鹿县实现“村村通自来水”。

8月 投资1000多万元，建筑面积6000多平方米的六层县检察技术侦查大楼落成投入使用。

8月 经河北省验收小组验收，巨鹿县被国家环保总局列入“国家级生态示范区”。

10月30日 全国黄河故道防沙治沙现场会在巨鹿县召开。

11月16日 投资1418万元的县国税局9层办公大楼竣工投入使用。

12月30日 因全县先后遭受干旱、风雹等自然灾害，给人民群众生产生活造成困难，为帮助困难群众渡过难关，县政府在全县组织“送温暖、献爱心”社会捐助活动，共捐助136134.1元，衣被3521件。随即发放到受灾群众手中。

12 月 省财政厅决定将农业财政资金整合、打捆使用。巨鹿县被定为试点县。“整合农业财政资金发展中药材及其深加工产业项目”立项，总投资 10339 万元，三年完成。

12 月 县财政收入完成 10199 万元，同比增长 25.74%，巨鹿县财政收入首次突破亿元大关。

2007 年

1 月 6 日 巨鹿县被河北省政府列为新型农村合作医疗新增试点县。新型农村合作医疗初始为每人由国家、省、市、县四级财政拿 40 元，农民个人自筹 10 元，集中使用。参合农民看病医药费按一定比例报销。

3 月 16 日 县委、县政府出台《关于进一步完善社会救助工作运行机制的意见》，构筑县、乡、村三级社会救助服务网络，采取“政府购买服务岗位”办法，聘请农民担任社会救助员，民政部 2007 年第 3 期《社会救助工作简报》介绍了巨鹿县做法。

同日 县政府县长王素平被国家妇联评为全国“三八红旗手”。

4 月 6 日 县政府确定从 2007 年起每年在全县范围开展一次“博爱一日捐”募捐活动，筹集慈善基金，为需要帮助的困难群众提供帮助。

4 月 10 日 河北省贫困地区“万人培训、万人输出、万户脱贫”活动启动仪式在巨鹿县举行，省扶贫办领导扈双龙、徐阔庭、郑建平等和各市扶贫办主管劳动力转移培训工作的副主任、省级劳动力转移培训示范基地负责人、承德技师学院、沧州职业培训学校、临城职教中心负责人及巨鹿、武邑、灵寿县扶贫办主任等参加了会议。与会人员还参观了巨鹿县职教中心。

4 月 26 ~ 27 日 县政协第十二届委员会第一次会议在县委六楼会议室召开，选举李国民为县政协主席。

4 月 26 ~ 28 日 县第十四届人民代表大会第一次会议在巨鹿中学召开，选举潘孟申为县人大常委会主任；王素平为县人民政府县长；董英辰为县人民法院院长；曹振义为县人民检察院检察长。

5 月 巨鹿县实现“户户通自来水”。

5 月 12 日 ~ 8 月 20 日 县妇幼保健院组织实施妇女病普查普治扶贫项目。对全县已婚至 60 岁的妇女 33589 人进行了免费检查，占受检范围妇女总数的 14%。

5 月 《巨鹿县实施村村通自来水工程》在中央电视台第七频道和河北电视台“新闻联播”中播出。

5 月 上级财政投资 521 万元新建小吕寨、阎疃、苏家营、张王疃、堤村、王虎寨、西郭城、观寨、巨鹿镇等 9 所乡镇卫生院。

6 月 县建立农业开发稽查大队。成为全省第一支专职农业开发管护机构。

6 月 18 日 第十六届“中国巨鹿红杏商务节”举行。国内外客商 50 余人参加，当天签约合资合作项目 28 个，其中超亿元项目 5 个，协议总投资 19.92 亿元。

6 月 成立了巨鹿县老区建设促进会。

7 月 县育红小学被教育部授予“全国中小学德育工作先进集体”。

7 月 官亭中心卫生院与石家庄市第一医院合作投资 800 万元，新建 9000 平方米门诊病房楼。

7 月 19 ~ 21 日 国务院扶贫办调研组刘玉森教授一行 6 人在省扶贫办领导陪同下，就“扶贫开发贫困劳动力培训转移和农村贫困人口最低生活保障”问题到巨鹿县调研。

8 月 11 日 成功排除西郭城镇辖区原二月花集团冷库冷藏设备制冷剂残留液氨 3 吨，确保了周边群众安全。

9 月 开始实施义务教育经费保障机制，全县义务教育阶段全部免除学生学杂费及课本费。

9 月 3 日 中央电视台第七频道确定，连续两个月每天分四个时段为巨鹿县免费播放金银花、枸杞招商广告。

9 月 5 日 全省扶贫开发工作座谈会在邢台市召开期间，参加会议的省扶贫办领导、11 个市的主管副书记及 52 个重点县（区）扶贫开发领导小组组长、扶贫办主任、省直有关单位分管扶贫工作的副职、部分中直帮扶单位驻县扶贫干部和省直扶贫工作队队长共计180多人，到巨鹿县职教中心实地参观考察。

10月26～29日 “世界魏氏宗亲第四届恳亲大会”在巨鹿县文化中心召开。

12月5日 第二轮《巨鹿县志》编纂动员大会在县政府招待所三楼会议室召开。县长王素平参加会议并讲话，县委、县人大、县政府、县政协有关领导出席会议，各乡镇、县直各单位的主要领导及办公室主任计260人参加会议。

12月 县医院投资3500万元、建筑面积18950平方米的11层外科病房楼竣工投入使用。

12月 投资2500万元的县文化活动中心竣工投入使用。

12月 县检察院控申接待工作连续三年被评为“全国文明接待室”。

12月 县财政局连续六年（2002～2007年）获省级“文明单位”称号。

2008年

2月 县书协理事长张府云主编的《张府云书法选》，由中国文联出版社出版发行，国家统一书号，并入存中国新闻出版总署图书出版版本数据库。

2月23日 《人民日报》以“巨鹿新增粮食产量3340万公斤”为题，报道县农业综合开发显著成果。

4月8日 全省农业综合开发土地治理项目工程监理现场观摩会在巨鹿县召开。

4月17日 在全省农村工作会议上，巨鹿县长王素平代表全省农业开发系统作了题为《实施农业开发 加强基础建设》的典型发言。

5月20日 汶川发生8.0级特大地震后，县委、县政府组织开展抗震救灾募捐活动。并在县工商银行设立抗震救灾捐助站，负责办理各机关、企事业单位、群众团体及个人大笔捐款手续；在县民政局设立了抗震救灾募捐活动办公室，负责接待来民政局捐款的各界群众；同时在新华街设立两个抗震救灾捐助站，负责接收过往热心群众捐款。活动期间全县共接受社会各界捐款200万元，被褥8床，衣服210件。

5月24日 汶川发生特大地震后，县城建局局长程蕴昭带领60人的巨鹿县援建突击队赶赴四川，援建四川省崇州市怀远镇，突击队奋战一个月，建造怀远镇2号、3号工地过渡安置房基础170套、崇州市大北街幼儿园过渡房基础和配套工程1200平方米。

6月 投资60万元的观寨乡卫生院建成竣工并投入使用，其中台湾慈心基金会捐资15万元。

6月 堤村乡纪家寨村“四股弦”剧种被国务院批准为国家级第二批非物质文化遗产。

6月13日 蒙古人民共和国财政部经济政策协调司司长贾格赛克罕一行10人到巨鹿县考察扶贫监测工作。国务院扶贫办邓业涛、省扶贫办副主任哈增友、邢台市副市长刘劲松、巨鹿县县长王素平等领导陪同考察了县扶贫监测点张长路村，详细了解监测样本户数据监测和生产生活情况，并听取了巨鹿县扶贫监测工作情况介绍。

7月30日 中央电视台第七频道确定在8～10月份，免费为巨鹿县金银花深加工和枸杞应急销售播放广告，据测算该时段可节省广告费用230多万元。

8月16日 县政府印发《巨鹿县城市建设“一年一大步、三年大变样”实施方案》。确定实施“753”工程，即七个方面各五项工程，三年一抓到底，以优化城市功能，提升建设品位，改善人居环境。

9月1日 县停止征收集贸市场管理费和个体工商管理费。

9月2日 省委副书记、代省长胡春华莅临巨鹿县视察“联村集中供水”工程，并就巨鹿县的做法作出指示：“这个经验很好，以人为本就是要这样为群众一件一件办实事，在有条件的地方可逐步推广”。

9月26日 省人大常委会副主任马兰翠、市人大常委会主任宋文等有关领导到巨鹿县调研农口资金整合与使用情况。

9月26日、27日 在国务院召开的全国救灾救助工作会议上，巨鹿县作为唯一一个县级单位参加会议作大会发言，并获“社会救助工作探索创新”奖。

10月28日 河北省政协副主席赵文鹤带领省开发办领导一行到巨鹿县视察农业综合开发项目建设情况。

11月21日 县供电公司通过省文明办考评验收，连续16年获“文明单位称号”。

12月1日 中央电视台第七频道确定巨鹿县金银花深加工和枸杞应急销售免费广告延长播出两个月。至此，免费广告为巨鹿县累计节约费用500多万元，带动和产生经济、社会效益约1000多万元。

12月 官亭明德小学、曹辛庄明德小学被省教委确定为河北省明德种子学校。

12月 县实施“千名医师支援农村卫生工程”。累计派出下乡巡回医疗队6支，医务人员443人；诊疗（咨询）病人2320人次，赠送药品价值597元。县级医院对口支援乡镇卫生院医务人员12人，累计586天；诊疗（咨询）病人784人，手术15例；帮助开展新技术项目2项；免费接培进修人员14人次；举办培训班14期，培训乡村医生726人次；赠送医疗设备器械10台件，价值3.25万元。

12月 河北省劳动和社会保障厅、省总工会、企业家协会授予县供电公司“AAA级劳动关系和谐企业”。

12月 县建设银行被评为第二届全国建设银行“文明单位”。

第一编

政区建置

巨鹿县历史悠久，原本为“大麓”（也作大陆），因地处古大陆泽而得名。大陆（巨鹿县前身），始于五帝唐虞之世。汉、隋曾名南蠻县、唐时又称白起县，之后均为巨鹿县。1979 年 3 月至 1982 年 6 月，17 个公社革命委员会相继改为公社管理委员会。1984 年，17 个公社相继改为乡、镇；1996 年合乡并镇，部分乡改为办事处；2006 年全县合为 10 个乡镇。

第一章　行政区划

第一节　地理位置

一、位置

巨鹿县位于河北省南部，邢台市东部，北纬 37°7′～37°25′，东经 114°50′～115°13′之间。地处太行山前冲积平原，属黑龙港流域。东与南宫市、广宗县接壤，西与隆尧县、任县相连，北邻宁晋县、新河县，南接平乡县。县政府驻地巨鹿镇，距邢台市中心 65 千米，距省会石家庄市中心 105 千米，距首都北京市 395 千米；境内邢德（邢台—德州）、南郝（南宫市南便村—临城县郝村）两条国家二级公路横穿东西，定魏（定州—魏县）公路纵贯南北；境外京广（北京—广州）、京九（北京—九龙）铁路和京深（北京—深圳）、青银（青岛—银川）高速公路四条交通大动脉东西环抱。

二、面积

2008 年巨鹿县勘界总面积 631 平方千米，南北长 31 千米，东西宽 28.2 千米。

第二节　建置沿革

1949 年 8 月 1 日，河北省人民政府成立，同年 12 月建立巨鹿县人民政府，隶属河北省邢台专区。1958 年 4 月 28 日，撤销邢台专区，巨鹿县改属邯郸专区，同年 12 月，将南和、广宗、平乡、任县并入巨鹿县。1960 年 5 月，撤销邯郸专区改设邯郸市（省辖市），巨鹿县随归邯郸市。1961 年 5 月 23 日，邢台专区复置，巨鹿县又改属邢台专区，同年 7 月，南和、广宗、平乡、任县划出，巨鹿县恢复原建制。1970 年邢台专区改为邢台地区，巨鹿县仍在其属内。1993 年 7 月 1 日，邢台地区与邢台市合并为邢台市，巨鹿县属邢台市管辖至 2008 年底。

1979 年 3 月，城关公社革命委员会改为公社管理委员会。到 1982 年 6 月，其余 16 个公社相继改为公社管理委员会。

1983 年 2 月，城关公社管理委员会改称城关乡人民政府。1984 年，全县其余 16 个公社管理委员会同时改为乡人民政府。各村生产大队革命委员会改称管理委员会。同年6月，城关乡人民政府改为城关镇人民政府。1986年12月，小吕寨、官亭两个乡人民政府改为镇人民政府。1988年，实行民主选举产生村级政权组织，称村民委员会。1989年9月，城关镇改名为巨鹿镇。1994年9月，阎疃、西郭城两个乡人民政府同时改为镇人民政府。1995年，王虎寨乡人民政府改为镇人民政府。其间后辛庄乡、后董营乡、林庄乡、堤村乡、贾庄乡、张王疃乡、王六村乡、观寨乡、何寨乡、苏家营乡、楼张镇乡政权组织无变化。1996年1月，巨鹿县并乡扩镇，由6个镇、11个乡改为6个镇（巨鹿镇、小吕寨镇、官亭镇、阎疃镇、西郭城镇、王虎寨镇）、4个乡（观寨乡、堤村乡、张王疃乡、苏家营乡）、7个办事处。其中，巨鹿镇辖后辛庄办事处、官亭镇辖后董营办事处、阎疃镇辖林庄办事处、观寨乡辖何寨办事处、堤村乡辖贾庄办事处、张王疃乡辖王六村办事处、苏家营乡辖楼张镇办事处。2005年3月，巨鹿镇、小吕寨镇、王虎寨镇辖区内36个村改为居委会。2006年，巨鹿县取消乡镇办事处，实施合乡并镇，由17个乡镇办事处改为6镇、4乡，分别为巨鹿镇、小吕寨镇、王虎寨镇、官亭镇、阎疃镇、西郭城镇、堤村乡、张王疃乡、观寨乡、苏家营乡。到2008年底，全县共有6镇、4乡、255个村委会、36个居委会。

第三节　勘　界

巨鹿县地名办公室为县民政局下属单位，主要负责行政区划、勘界、地名管理。农村地名除了因政区变化外，各村村名及道路名称均未发生变更。

一、县界

勘界工作以实际耕地为界，尊重惯线为界线的原则。据1997年、1998年勘界显示，巨鹿县与周围隆尧县、任县、平乡县、广宗县、南宫市、新河县和宁晋县7个县市相接壤，涉及全县9个乡镇。

西郭城镇、小吕寨镇、观寨乡、官亭镇4个乡镇与隆尧县莲子镇、牛家桥、千户营3个乡镇接壤，总长33.9千米。

西郭城镇、王虎寨镇2个乡镇与任县邢家湾、天口、辛店3个乡镇接壤，总长17.6千米。

堤村乡、王虎寨镇2个乡镇与平乡县节固、寻召2个乡镇接壤，总长25.7千米。

阎疃镇、张王疃乡、堤村乡3个乡镇与广宗县大平台、东召、件只、核桃园4个乡镇接壤，总长41千米。

苏家营乡、阎疃镇2个乡镇与南宫市南便村、大村2个乡镇接壤，总长28.3千米。

苏家营乡与新河县寻寨镇接壤，总长2.9千米。

苏家营乡、官厅镇2个乡镇与宁晋县耿庄桥镇接壤，总长10.6千米。至2008年未变。

二、县城街路规范命名

2003年7月，规范命名县城街、路名称。将东西走向的街道统一定为“路”、“里”作通名；南北走向的街道统一定为“街”、“巷”作通名。东西路以新华街为界，以东称东路，以西称西路；所有南北街，以健康路为界，以北称北街，以南称南街。

此次命名中，保留原命名的街、路10条：建设街、水市街、幸福街、光明街、杨氏街、朝阳路、健康路、富强路、新兴路、清平路。

街、路名通用的4条：莲花盆街通名为莲花盆路、文庙街通名为文庙路、双桥东路通名为双桥东街、双桥西路通名为双桥西街。

新更命名的街、路12条：西环路更名为西平街；西一街更名为霞光街；西二街更名为春晓街；富强北路更名为迎宾街；四通街、北关街、北大街、南大街、南关街更名为魏徵街；新华北街、新华街、政府街、商品街更名为新华街；杏茶街更名为万盛街；东环路更名为东安街；北纬路更名为北荣路；北环路更名为风清路；西关街、西大街、东大街、东关街、和平路命名为秦泽路；南环路更名为南华路。

2006年，邢德路过城段更名为黄巾大道，黄巾大道西至西平街，东至定魏线。

三、县城街、路设标

2004年，城区各街、路的“巷”和“里”统一编号挂牌；机关、团体、企事业单位及居民住宅统一编挂门牌。县城街、路设标136个（块）；编挂巷牌197块；编挂门牌4117块，其中大牌47块，中牌1486块，小牌2210块，楼牌374块。2004年、2005年度县民政局分别获河北省“地名设置先进单位”、“县乡镇地名标志设置工作先进单位”。

第二章　乡镇概况

第一节　巨鹿镇

巨鹿镇位于巨鹿县中南部，西与王虎寨镇、小吕寨镇、观寨乡毗邻，南与堤村乡、东与张王疃乡和阎疃镇、北与官亭镇相接壤，总面积86.6平方千米。巨鹿镇政府设在县城新华街。境内滏、漳灌渠横贯东西，洪溢河由西侧贯穿南北，土壤主要为白土，红土。2008年，巨鹿镇辖52个行政村（居委会），16575户，总人口58867人。

巨鹿镇的前身是巨鹿镇政府和后辛庄办事处。1992年，巨鹿镇辖38个行政村，人口27284人；后辛庄办事处辖14个行政村，人口21879人。1996年1月，后辛庄撤乡成立办事处，合并到巨鹿镇，人财物、辖区未变。2006年3月，撤乡并镇时后辛庄办事处合到巨鹿镇。巨鹿镇是巨鹿县城所在地。

2005年3月25日西街、南街、北街、一里庄、南贾庄、庙王庄、付庄、湾子、菜园、柳林、柴尚庄、东韩庄、西韩庄、西张庄、西徐庄、西王杨、木匠庄、梁园、东张庄、东王庄、东徐庄、司庄、东郭庄、东马庄、尼庄、高邓庄、东刘庄、东杨庄、辛寨、西阎庄、草迷杨、上疃等32个村由村民委员会改为居民委员会。

种植业以小麦为主，棉花、蔬菜为辅。全镇耕地面积4067.86万平方米。果林面积及收益占种植业的比重较大，2008年果林面积1790.21万平方米，果园主要集中在西张庄、东韩庄、夏旧城、上疃、菜园、小马庄等村，果品主要有梨、苹果、枣、杏、桃等。2008年，省电视台农民频道摄制组举办“红杏擂台赛”，上疃村的串枝红杏一举夺得冠军。同年，巨鹿镇生猪存栏16906头，出栏11854头；牛存栏4910头，出栏3425头；蛋产量1798吨；水产品产量28吨，乡镇农业总产值30191万元。

巨鹿镇地理位置优越，商户多。2008年，全镇有民营企业190家，其中棉纺行业64家，橡胶行业10家，机件加工行业14家，家具行业5家，建筑行业3家，其他行业94家，从业人员13200人，资产总额94370万元。全镇个体工商户2781家，其中食品行业44家，家具行业95家，其他行业2642家，从业人员7400人，资产总额30957万元，企业总产值286346万元。税收分别为国税1853万元、地税926.5万元，农民人均收入3146元。

至2008年，全镇已硬化街道47609米。拥有变压器511台、固定电话12877部，建有移动、联通通信塔27座，有线电视用户6300户。东韩庄、柴尚庄、东张庄、西张庄、东王庄等村均建有文化广场，扭秧歌、玩狮子、跑旱船、拉太平车、敲锣鼓等文化活动丰富多彩。全镇有初中2所，小学20所，初中在校生2361人，小学在校生2050人，教职工481人。全镇医疗保健由县中医院承担，该院设病床55张，有B超、X光机、白球计数仪、半自动生化仪、脑超、微量元素分析仪等医疗设备。52个村（居委会）卫生室，配备乡村医生52人。农村合作医疗点45个。参合率86.7%。

1979年和2008年巨鹿镇行政村基本情况一览表

表1－2－1

村名	户数（户）		人口（人）		耕地面积（平方米）		粮食总产量（吨）		人均生产性纯收入（元）	
	1979年	2008年	1979年	2008年	1979年	2008年	1979年	2008年	1979年	2008年
东王庄	102	191	449	739	626706	337662	193.8	318	70	3645
东徐庄	98	161	410	599	519480	504162	162.4	262	92	3691
尼　庄	52	141	273	492	328338	365634	90.7	188	60	3768
东郭庄	122	207	539	705	729936	615384	171	320	57	3800
司　庄	15	28	66	115	113220	24642	21.4	121	48	3396
东刘庄	33	83	162	304	241758	142524	47.6	241	67	3669
东张庄	126	245	598	896	823176	618714	222	363	63	3688
高邓庄	133	223	573	816	879786	745254	202.1	353	76	3515
东马庄	51	95	240	350	253746	225774	87.6	272	68	3360
东杨庄	211	376	953	1318	1347318	1010988	295.8	384	60	3701
柳　林	205	427	887	1619	1216782	635364	322.9	405	69	3602
柴尚庄	174	391	805	1399	1174824	348984	353.5	385	127	3655
梁　园	110	263	532	997	1051614	442224	203.4	351	76	3362
木匠庄	138	296	607	1021	1091574	560772	163	388	82	3392
东韩庄	122	257	552	926	823842	131868	233.5	318	83	3573
西韩庄	68	193	355	650	422910	203130	155	254	198	3435
西王杨	98	183	423	707	520146	71262	108.9	362	87	.3117
西张庄	201	381	947	1480	1180818	843822	260.5	414	76	3404
西徐庄	151	308	715	1104	1078254	1330002	187.9	376	34	3693
一里庄	96	203	392	684	406260	133200	68	35	156	2515
北　街	200	565	833	1789	960372	13986	130.3	－－	58	3580
西　街	205	462	825	1651	1352646	436896	238.8	290	56	3404
南　街	199	412	792	1389	1185480	211122	215.9	253	53	3584
湾　子	39	105	179	353	260406	240426	59.1	67	82	3633
菜　园	136	263	619	959	758574	17982	128	96	39	3561
付　庄	118	244	568	840	636030	270396	230.9	287	98	3618
庙王庄	140	271	658	936	444222	686646	156.1	393	54	3515
小马庄	104	210	518	729	464868	175158	191.2	131	90	3548
南贾庄	42	82	186	273	251082	25974	61.7	215	61	3531

续表

村　名	户　数（户）		人　口（人）		耕地面积（平方米）		粮食总产量（吨）		人均生产性纯收入（元）	
	1979 年	2008 年	1979 年	2008 年	1979 年	2008 年	1979 年	2008 年	1979 年	2008 年
大屯头一	150	243	623	899	1006992	1573092	256.2	337	58	3178
大屯头二	163	263	752	1102	1279386	927072	272.3	371	75	3177
大屯头三	157	270	663	970	1110888	1276056	196.2	333	38	2970
大屯头四	73	121	292	473	500166	248418	77.7	357	49	2753
小屯头	138	266	642	890	1044954	656676	215.4	377	42	2530
辛　寨	152	331	752	1197	1006992	825840	164	441	42	3139
草迷杨	141	273	608	981	1080252	779886	214.1	355	66	3090
老马庄	98	196	475	696	606726	127206	105	337	42	2453
西阎庄	29	55	122	214	209124	233766	31	84	37	2450
后辛庄	302	883	1150	3105	4143852	3710286	700.4	2607	43	2857
东辛庄	302	495	1150	3105	2107890	1662336	382.7	1795	46	3045
西辛庄	392	754	1792	2499	2921742	2102562	717.2	2187	58	2982
屈　庄	116	257	587	820	950382	668664	246.2	549	57	2976
姚　庄	190	338	746	923	1074258	917748	225.3	533	49	3081
大官庄	144	255	646	844	1064934	703962	209	489	46	2452
路　街	84	144	383	540	645354	413586	245.9	360	61	3035
小官庄	300	613	1343	1849	2612052	1582416	405.3	1556	61	2449
夏旧城	559	1049	2360	3498	3876120	1722942	690.6	2660	44	2626
上　疃	454	919	2021	3116	3052944	1617048	721.9	1799	82	2625
东下疃	364	579	1449	2059	3782880	3321342	385.2	1916	32	3018
西下疃一	160	322	728	1070	1524474	1844820	258.2	581	43	3080
西下疃二	164	297	645	980	1531800	1125540	249.1	563	48	3026
西下疃三	177	386	849	1197	1750248	1267398	285.6	815	34	2620
合　计	8298	16575	36434	58867	60028578	40678614	12217.5	29244		

第二节　西郭城镇

西郭城镇位于巨鹿县西部，西与任县邢湾镇毗邻，北同隆尧县莲子镇镇搭界，东与小吕寨镇接壤，南与王虎寨镇相连。南北长 8 千米，东西宽 6.5 千米，总面积 37.7 平方千米，平均海拔 27.5 米，镇政府驻地西郭城村。邢德公路横穿全境，新滏阳河由南向北贯穿境内，其支流二干渠由西向东与小漳河交汇。境内土壤西半部以红黏土为主，东半部多为白沙土。2008 年该镇辖 12 个行政村，3380 户，总人口 13499 人。

1979 年 10 月，西郭城人民公社革命委员会改为人民公社管理委员会。1984 年 5 月，人民公社管理委员会改称乡人民政府。1994 年 9 月撤乡建镇，乡人民政府改为镇人民政府，名称变化期间辖区未变。

种植业主要以小麦、玉米、棉花为主。全镇耕地面积 2605.86 万平方米。共有机井 210 眼，有效灌溉面积 2331 万平方米。养殖业主要有猪、牛、羊，农民人均纯收入 3318 元。

西郭城镇民营经济发达。2008 年，全镇企业 58 家，从业人员 3374 人，总产值 125330 万元。其中，燕南食品集团拥有总资产 6.25 亿元，员工 1460 人，占地面积 22.977 万平方米，建筑面积 13 万平方米，自 1992 年建厂以后累计纳税超亿元。方正钢板集团总资产 2.98 亿元，职工 800 余人，占地面积 19.98 万平方米，建筑面积 5 万平方米，主要生产专用薄板、型材等，年产量 6 万吨，产值 3.6 亿元。20 世纪 80 年代初，西郭城、大小张庄、河北庄有 60% ~80% 的户开始从事制糖业。以白砂糖为原料，经加工制作大块冰糖、单晶冰糖、各种奶糖、水果糖等，产品销往河北、河南、山东、北京、天津等省市，90 年代末，因市场原因制糖户逐渐减少。2008 年，全镇个体工商户 612 家，从业人员 1495 人；国民生产总值 179801 万元，其中工业总产值 160943 万元，占总产值的 89%，农业总产值 4863 万元；民营经济总产值 174938 万元，占经济总产值的 97%，国地税 1457 万元。

至 2008 年，各行政村均与县有线电视联网，有线电视用户 917 户；拥有固定电话 2290 部，境内建有中国移动、联通通信塔 7 座；全镇有 2 所完全小学，8 个教学点，8 所幼儿园，小学在校生 632 人，入园幼儿 240 人，教职工 107 人；2008 年投资 46 万元兴建门诊、办公、住院于一体的镇医院综合楼，建筑面积 700 平方米，设病床 15 张，有 X 线放射、B 超、心电图等医疗设备；12 个村卫生室，乡村医生 24 人，防疫医生 12 人。

1979 年和 2008 年西郭城镇行政村基本情况一览表

表 1－2－2

村　名	户　数（户）		人　口（人）		耕地面积（平方米）		粮食总产量（吨）		人均生产性纯收入（元）	
	1979 年	2008 年	1979 年	2008 年	1979 年	2008 年	1979 年	2008 年	1979 年	2008 年
西郭城	287	427	1177	1796	2235762	3638358	457.3	1468	54	3005
东郭城	345	461	1366	1838	4221774	5052276	468.8	1710	48	3250
进虎寨	288	382	1053	1469	3359970	3373956	469.7	1598	50	3118
马家营	166	262	371	1031	1736262	1939392	334.6	1054	54	3085
吕家庄	139	190	371	795	1218780	993672	229.4	717	41	3119
大张庄	226	297	859	1266	1779552	1449882	268.4	662	43	3365
小张庄	146	251	655	975	1006992	827172	228.4	399	54	3385
河北庄	66	88	255	366	404928	207792	115	166	65	10680
南盐池	213	312	944	1230	2422242	2787876	334.9	1021	41	2920
北盐池	61	90	282	337	476190	1055610	64.7	320	33	3590
小韩寨	214	281	868	1154	1498500	1952046	218	885	27	2825

续表

村 名	户 数（户）		人 口（人）		耕地面积（平方米）		粮食总产量（吨）		人均生产性纯收入（元）	
	1979 年	2008 年	1979 年	2008 年	1979 年	2008 年	1979 年	2008 年	1979 年	2008 年
柳 洼	233	339	990	1242	1964700	2780550	334.1	964	56	2939
合 计	2384	3380	9191	13499	22325652	26058582	3523.3	10964		

第三节 小吕寨镇

小吕寨镇位于巨鹿县城西部，东与巨鹿镇毗邻，西同西郭城镇、隆尧县莲子镇镇搭界，南与王虎寨镇接壤，北与观寨乡相连。东西长 8.8 千米，南北宽 5 千米，总面积 40.5 平方千米，占全县总面积的 6.5%。平均海拔 27 米。耕地面积 2514.95 万平方米，全部为水浇地。2008 年，该镇辖 15 个行政村（居委会），5518 户，总人口 22713 人，辖区藏族、蒙古族各 1 人，壮族 4 人，其余皆为汉族，镇政府驻地小吕寨村。邢德路贯穿全境 10 千米。境内有小漳河、洪溢河、二干渠、滏漳灌渠 4 条河流经过，有水闸两座。河渠春夏有水时可供浇地。土壤以潮土类为主，次为沙土和碱土。全镇共有配套机井 126 眼。

1979 年为小吕寨人民公社革命委员会。1982 年改为人民公社管理委员会。1984 年 5 月 15 日，人民公社管理委员会改为乡人民政府。1986 年 11 月，乡人民政府改为镇人民政府，至 2008 年，名称及所辖区域未变。2005 年 3 月 25 日，白家寨村和瓜刘庄村由村民委员会改为居民委员会。

全镇粮食种植以小麦为主，秋季农作物有谷子、大豆、红薯等。2008 年，粮食总产 837.70 万千克，棉花总产 68.40 万千克，油料总产 1430 万千克。经济作物有枸杞、金银花、棉花，果树有梨、苹果、串枝红杏等。用电总量 780 万千瓦时，10 千伏高压线路 71 千米，变压器 220 台。全镇拥有固定电话 2000 余部，宽带用户 756 户，手机用户 4000 多户，建有联通、移动通信基站 3 座，营业网点 12 家。

2008 年，全镇共有工业企业和个体户 313 家，年工业总产值 6.06 亿元。其中，服务业商户 69 家，理发及美容保健服务 12 家，洗浴服务 2 家，照相及扩印服务 5 家，修理及居民服务 16 家，文化体育娱乐 8 家，网吧 2 家，个体运输 202 家。2004 年西大韩寨村建起集贸市场，到 2008 年拥有固定摊位 600 多个，门市 100 多家，服务行业 30 多户，吸引邢台、任县、隆尧等周边 7 个县市群众前去经商购物，日交易额 260 万元，成为巨鹿乡村第一集。2008 年 5 月，引进一家超亿元大项目，即巨鹿县第一家高科技产品生产合资企业——河北神州巨电新能源科技有限公司。全镇财政总收入 166 万元，农民人均纯收入 3150 元。

小吕寨镇是枸杞、金银花和串枝红杏种植面积较大的镇。1999 年，小吕寨、前大吕、中大吕、后大吕、南大韩、北大韩、西大韩等村枸杞种植总面积迅速增到 209.79 万平方米，年最高产量 15.8 万千克，2006 年因市场价格下跌不少农民将生长多年的枸杞树刨掉，面积下降 36%。2008 年枸杞尚存 133.20 万平方米，年产量 13 万千克，收益 390 万元。串枝红杏面积 666 万平方米，年产红杏 10000 吨，收益 350 万元。金银花面积 106.56 万平方米，收益 1600 万元。三项年总收益 2340 万元，占种植业总收入的 45%。农林牧渔业总产值 6821 万元。

2008 年，全镇有秧歌、旱船、军乐队、大鼓、武术等文艺表演队 15 支。西大韩村设有 3000 平方米的文化广场，安装健身器材 10 套，有秧歌队、军乐队、武术队，还有篮球队、乒乓球队。全镇有中学 1 所，小学 9 所，拥有标准教室 150 间，在校生 1800 人，教职工 103 人。另有私立学校 6 所。小吕寨卫生院 1988 年改为巨鹿县肿瘤医院，建有门诊楼及住院部，建筑面积 600 平方米。有医护人员 40 人，病房 16 间，病床50张。村医疗点11个，人员52人。有个体诊　所20家。

1979年和2008年小吕寨镇行政村基本情况一览表

表1－2－3

村　名	户　数（户）		人　口（人）		耕地面积（平方米）		粮食总产量（吨）		人均生产性纯收入（元）	
	1979年	2008年	1979年	2008年	1979年	2008年	1979年	2008年	1979年	2008年
小吕寨	587	919	2672	3787	3586410	3320676	647	1424	50	3149
屯　里	266	429	1169	1781	1915416	2283714	288.9	628	38	3136
瓜刘庄	95	157	441	630	777888	1148184	74.9	285	31	2881
白家寨	292	455	1403	1999	2113218	1912752	362	720	80	3080
刘家寨	136	196	573	782	986346	878454	104.8	318	26	3047
胡林寨	445	601	1843	2633	3031632	2970360	482.5	746	43	3092
西孟庄	274	343	1178	1454	1534464	1115550	349.6	553	62	3033
北大韩	323	430	1235	1741	2054610	2171826	294.1	628	29	2978
南大韩	270	411	1169	1755	2010654	1122876	307.5	628	32	2978
西大韩	206	305	913	1234	1688976	1815516	269.9	444	37	3527
后大吕	204	299	817	1165	1753578	1248750	167.3	486	31	3106
中大吕	126	168	550	666	1156176	1027638	139.8	285	31	2902
前大吕	123	179	502	695	1158174	1021644	137.2	285	37	2984
油　房	45	70	195	290	347652	304362	61.2	84	42	2880
张　威	369	556	1473	2101	2881782	2807190	342.1	863	38	3347
合　计	3761	5518	16133	22713	26996976	25149492	4028.8	8377		

第四节　王虎寨镇

王虎寨镇位于巨鹿县西南部，东与巨鹿镇、堤村乡毗邻，西同西郭城镇和任县天口乡相连，北与小吕寨镇接壤，南同平乡县搭界。总面积41.8平方千米。镇政府驻地王虎寨村，距县城6.8千米。平均海拔28.2米。土壤以潮土为主，有褐化土、沙土。境内小漳河南北流向从西部经过，旧小漳河（也称八路河）从镇西南部蜿蜒向北出境。1990年修建从杨家寨到小吕寨南北线防洪撤退路一条。2008年，该镇辖23个行政村（居委会），6049户，总人口26033人。

1979年为王虎寨公社革命委员会，1982年改为公社管理委员会，1984年5月15日改称乡人民政府，1996年乡人民政府改为镇人民政府，其间辖区未变。2005年3月25日，前塔寺口村和后塔寺口村民委员会改为居民委员会。

农作物有小麦、玉米、高粱、山药、大豆、棉花、花生、芝麻、油菜、各种瓜果和金银花、枸杞等中药材。2008年，收获金银花250吨，枸杞1300吨。镇内机井42眼，防渗管道6万多米。建有寻虎、西坚台、田寨三座供水站，村村通自来水，村村通电话。全镇拥有固定电话2530部，

21个村2100户通有线电视。

2008年，全镇有商业户20余家，工业企业92家，建筑业12家（个体），交通业12家，其他行业195家，年产值50672万元。全镇企业以机件加工为主，产品涉及橡胶制品、橡塑制品、垫片制品、密封制品、模具加工、铁路配件、工程机械、铝制品等八大类。工农业总产值173156万元，其中工业总产值50672万元，农业总产值122484万元，比1996年分别增长121%、96%。税收分别为国税760万元，地税270万元。农民人均收入3176元。纸房村龙灯队已有百年历史，2000年以后寻虎、后塔寺口、王虎寨村相继成立秧歌队。2008年，中小学开始实施远程教育工程，建有多媒体教室、微机室、卫星接收系统。王虎寨镇卫生院新建有卫生综合楼，设药房、化验室、X光室、外科、妇科、儿科、中医科等科室，有病房10余间，床位20张。村村建有卫生室。

1979年和2008年王虎寨镇行政村基本情况一览表

表1－2－4

村名	户数（户）		人口（人）		耕地面积（平方米）		粮食总产量（吨）		人均生产性纯收入（元）	
	1979年	2008年	1979年	2008年	1979年	2008年	1979年	2008年	1979年	2008年
王虎寨	466	650	2042	2801	3754908	3251412	626.7	663	44	2989
前塔寺口	114	171	522	755	939726	433566	158	109	26	3084
后塔寺口	315	519	1441	2185	2953044	1985346	357.4	318	28	3149
铁刘庄	31	46	133	212	227772	330336	27.3	57	28	3114
张家庄	112	141	449	614	818514	433566	148.5	218	39	2627
西宋庄	225	349	1045	1509	1793538	1688976	287.6	582	27	2674
寻虎寨	466	696	2142	3020	3365298	3242088	476.5	310	26	2278
纸房	191	314	912	1333	2264400	2190474	248.2	322	34	2838
王义寨	68	111	339	460	843156	974358	130.8	365	40	2409
东郗寨	72	124	334	492	787878	698634	131.4	464	48	3772
西郗寨	124	196	567	864	1186812	1119546	258.3	647	52	3772
北坚台	81	128	393	528	727272	610722	209.4	397	66	3132
田寨	249	330	1044	1391	2271726	1947384	432.7	1200	72	3825
大寨	135	215	572	882	961038	1037628	224.8	826	56	4410
前路寨	147	248	650	1001	1211454	1222776	200.7	667	23	4026
后路寨	102	160	464	696	729936	928404	182.1	638	41	3450
杨家寨	340	520	1529	2212	3379950	3268062	916.5	1783	78	3961
南原庄	303	383	1216	1769	3104226	3245418	758.3	1688	80	3291
枣园	94	128	435	574	872460	839160	160.6	408	47	2442
辛庄	79	116	360	550	949050	819180	126	444	40	3166

续表

村　名	户　数（户）		人　口（人）		耕地面积（平方米）		粮食总产量（吨）		人均生产性纯收入（元）	
	1979 年	2008 年	1979 年	2008 年	1979 年	2008 年	1979 年	2008 年	1979 年	2008 年
董坚台	108	167	532	749	907092	746586	150. 9	229	33	2246
袁坚台	79	129	342	547	727272	548784	140	358	70	3061
西坚台	135	208	620	889	1301364	1114218	275. 5	863	40	3969
合　计	4036	6049	18083	26033	36077886	32676624	6628. 2	13556		

第五节　观寨乡

观寨乡位于巨鹿县境西北部，东与官亭镇为邻，南与小吕寨镇相连，西北与隆尧县莲子镇镇、牛家桥乡接壤。南北长 12 千米，东西宽 8 千米，总面积 58. 6 平方千米，占全县总面积的 9. 4%。乡政府驻地观寨村，距县城 15. 1 千米。全乡地势平坦，东南部略高，西北部较低，平均海拔 26 米。小漳河由南向北流经乡西南隅。洪溢河南北向贯穿全境，省级公路南郝线横穿北部。

观寨乡前身是观寨乡人民政府和何寨办事处。原观寨乡人民政府辖 14 个行政村，何寨办事处辖 13 个行政村。1982 年，观寨、何寨人民公社革命委员会分别改为人民公社管理委员会。1984 年 5 月，改为观寨乡人民政府与何寨乡人民政府。1996 年 1 月，撤乡并镇时原何寨乡、观寨乡合并，撤销何寨乡人民政府，改为办事处，人财物、辖区未变。2006 年 3 月合乡并镇时，何寨办事处并入观寨乡。2008 年，观寨乡辖 27 个行政村，9444 户，35564 人。民族有回族 2 人，藏族、土家族各 1 人，其他均为汉族。

观寨乡是一个传统农业乡。2008 年有耕地 4985. 08 万平方米，机井 243 眼，已配套 239 眼，灌溉面积 3563. 10 万平方米。粮食作物有小麦、玉米、高粱、谷子等，经济作物有棉花、花生、蔬菜、西瓜等。20 世纪 90 年代调整种植结构，全乡推广瓜棉间作和大棚西瓜新技术，扩大金银花、枸杞、杏种植面积。到 2008 年，金银花种植面积 506. 16 万平方米，产量 456 吨；枸杞种植面积 959. 04 万平方米，产量 1584 吨。

养殖业发展迅速。沙井、东铜马、石佛店的养鸡，大河道的养兔，小寨的养羊初具规模。小寨村还建成三千头奶牛养殖场。鑫磊、泰峰、京花、益发等棉花加工企业和瑞田、信达、长发等肉食品加工企业渐成规模。

2008 年，全乡有企业 27 家，其中工业企业 7 家、建筑业 10 家、农产品加工业 4 家、其他 6 家，从业人员 930 多人。个体工商户 233 家，从业人员 600 人，商品零售总额 12700 万元。全乡总产值 60434 万元，其中工业总产值 24950 万元，农业总产值 9964 万元，乡镇企业总产值 25520 万元。财政收入 63. 36 万元，其中国税 23. 36 万元，地税 40 万元。农民人均纯收入 2560 元。

乍补寨村的芦苇编织和小寨村的羊肉是该乡的特色。小寨村是全县人口最多的村庄，自 20 世纪 60 年代开始，全村一半以上的屠宰户宰羊售肉，产品除当地销售外还远销广东等省市，多时年产值达 3 亿元，占人均收入的 40%。到 2008 年，羊屠宰和肉食品加工私营企业仍有 50 家，是羊牛屠宰和肉食品加工专业村。乍补寨是传统的芦苇编制专业村，20 世纪 80 年代家家户户用高粱秸劈开编制大小拍子、锅圈、秫秸箔、苇箔等，2000 年后因用户改用其他编织品，加工户及产量逐渐减少。

2008 年，乡级公路 3 条全长 21. 36 千米，村级公路 14 条全长 18. 3 千米，通车里程 39. 66 千米，村硬化街道 176 平方千米，实现村村街道硬化，村村通自来水。手机用户 8000 余户，固定电话用户2620户，宽带用户645户。

2008年，乡文化站、图书室有图书1100册，乡艺表演团队33个，其中秧歌队15个、鼓乐队14个、军乐队2个、舞狮队1个、武术队1个。小寨村的大鼓乐、何寨村的武术、西冯寨村的舞狮、东铜马和崔寨村的女子军乐队在县内小有名气。全乡有完全小学3所、小幼一体教学点8所、初小3所、幼儿园1所、教学点2所、民办学校1所，在校生2426人，教职工226人。观寨乡卫生院是台湾慈心基金会捐资15万元兴建的，有医务人员9人，病床10张。全乡拥有新农合定点诊所48个，农村医生48人。

1979年和2008年观寨乡行政村基本情况一览表

表1-2-5

村名	户数（户）		人口（人）		耕地面积（平方米）		粮食总产量（吨）		人均生产性纯收入（元）	
	1979年	2008年	1979年	2008年	1979年	2008年	1979年	2008年	1979年	2008年
观　寨	590	887	2371	3150	4232430	4534794	767.2	1238	52	2302
小　寨	705	1081	2864	4195	4135860	4193802	607.4	1401	44	2548
乍补寨	273	446	1177	1688	2123208	2695968	245.8	1076	22	2301
肖　庄	277	465	1219	1805	2525472	2386278	291.2	967	22	2179
大王庄	233	395	1101	1498	2453544	2435562	378.8	868	41	2281
小王庄	99	143	402	521	992340	885780	152.1	265	70	2197
张文言	141	221	648	932	1596402	1525806	194.3	669	71	2464
北乔庄	78	125	347	446	548118	507492	72.8	266	22	2301
刘　营	76	134	349	474	517482	493506	125.9	290	45	3022
马旺营	206	326	945	1213	1629702	1796868	283.1	912	33	2260
石佛店	242	390	1036	1415	1707624	2245752	255.7	1097	18	2299
大河道	195	284	834	1047	1391940	1573092	214.7	1396	33	2254
二河道	66	106	271	414	549450	545454	82.8	215	42	2546
三河道	94	123	410	488	838494	795204	149.9	244	52	2395
何　寨	483	709	1907	2679	3539124	3252744	557.2	1145	39	2821
崔　寨	241	329	952	1202	2586744	2356308	325.6	584	45	2681
南哈口	315	405	1175	1516	3092904	2254410	372.4	723	40	2672
西乔庄	185	300	801	1097	1571760	1607724	172.2	417	20	2687
小马房	75	98	347	428	754578	800532	61.8	321	18	2870
大马房	251	369	1060	1367	3052278	2765232	288.4	865	32	2799
西铜马	132	186	554	690	1204128	707292	176.2	352	38	2836
东铜马	142	215	600	777	2102562	1055610	168.9	388	36	2761
沙井村	242	448	1159	1667	1117548	1868796	341.8	587	34	2868

续表

村　名	户　数（户）		人　口（人）		耕地面积（平方米）		粮食总产量（吨）		人均生产性纯收入（元）	
	1979 年	2008 年	1979 年	2008 年	1979 年	2008 年	1979 年	2008 年	1979 年	2008 年
柳茂村	312	447	1261	1743	2676654	2647350	331.2	698	33	2730
路　庄	86	145	365	552	713952	625374	99.3	254	42	3185
刘　庄	97	151	435	597	715284	734598	86	234	38	2701
西冯寨	398	516	1731	1963	2993670	2559438	455.9	905	45	2800
合　计	6234	9444	26321	35564	51363252	49850766	7258.6	18377		

第六节　官亭镇

官亭镇位于巨鹿县北部偏东，镇政府驻地官亭村，距县城 15.6 千米，辖区东与苏家营乡、阎疃镇毗邻，西同观寨乡搭界，北和宁晋县耿庄桥镇交界，南与巨鹿镇接壤。南北长 13.9 千米，东西宽 7 千米，总面积 69.5 平方千米。地势平坦，南略高北偏低，平均海拔 26.2 米，土壤属潮土类，分褐化潮土和盐化潮土两种。老漳河、一支渠自南而北从镇东部经过，至镇北部商店村南与洪溢河交汇，从商店村北流入宁晋县。南郝线、定魏线公路于官亭村南十字路口交汇，东去南宫，西至冯村、隆尧，北到宁晋、新河，南到县城。2008 年 7 月，全镇实现村村通公路。

官亭镇的前身是官亭镇人民政府和后董营办事处。原官亭镇人民政府辖 17 个行政村，后董营办事处辖 16 个行政村。1979 年官亭镇人民公社革命委员会和后董营人民公社革命委员会分别改为公社管理委员会，1984 年 5 月，官亭镇人民公社管理委员会和后董营人民公社管理委员会分别改为人民政府。1996 年 1 月县撤乡并镇时，后董营乡人民政府合并到官亭镇人民政府，建立后董营办事处，人财物、辖区未变。2006 年 3 月合乡并镇时，后董营办事处并入官亭镇。2008 年，全镇辖 33 个村，9574 户，36172 人，其中回族 3 人，蒙古族、土家族、彝族各 1 人。耕地面积 4825.04 万平方米，机井 203 眼，水浇地 2849.15 万平方米，农副产品加工机械 161 部。

粮食作物主要有小麦、玉米、高粱、红薯、谷子、大豆、绿豆；经济作物有棉花、花生、芝麻、枸杞、银花；蔬菜有大葱、大蒜、清水藕等。农业注重调整种植结构，先后成立绿色蔬菜种植协会和大蒜、清水藕种植合作社等组织。特色种植有陈者营等村的清水藕，前董营、后董营等村的大蒜，安庄、进头营等村的大葱。张长路村有着多年的大蒜种植历史，由于地处偏僻、信息闭塞，每年收获的大蒜卖不出去或者价格较低，农民收入没有保障。2008 年 2 月，由县扶贫办投资 20 万元，建设占地 3500 平方米的蔬菜交易市场，市场辐射周边几个村，吸引了山东及石家庄的客商前来收购，日交易额达到 15 万元，人均增收 300 余元。

官亭镇鱼营工业园区，有各种企业 56 家，其中销售收入在 500 万元以上的 12 家。以输送带为主，形成了托辊、支架、纺纱、织布一条龙产业链。2007 年，全镇完成固定资产投资 8700 万元，引进 19 个工业项目。共有输送带制品、机制砖厂、橡胶厂、托辊厂、皮件厂、纺纱织布厂等各类民营企业 825 个，其中工业企业 80 个，建筑企业 20 个，交通运输企业 342 个，商业饮食业 381 个，大型砂石料场 2 个。官亭南北大街拓宽后，沿街门市有 200 余家，涉及五金交电、土产日杂、服装鞋帽、日化、药材批发零售等门类。每逢农历一、四、七集日，集市贸易辐射宁晋、隆尧、新河等周边县。

2008 年，全镇总产值 236390 万元。其中，工业总产值 98790 万元，农业总产值 123700 万元，乡镇企业总产值 13900 万元，税收分别为国税 7400 万元，地税 5821 万元，年人均纯收入 2795 元。

2008 年，官亭镇文化站藏书 2000 余册，备有娱乐、健身器材等。全镇有大鼓队、秧歌队 20 个，业余京剧戏班 1 个。有中学 2 所，小学 7 所，小学一、二年级和幼儿园一体化学校 9 所，在校生 2864 人，教职工 235 人。官亭镇中学占地面积 4200 平方米，有教学楼、实验楼、宿舍楼各一幢。官亭卫生院西楼 3 层为门诊楼，北楼 5 层为住院部。设床位 150 张，医生 80 人，医护人员 18 人。村合作医疗点 43 个，有医务人员 90 人。

1979 年和 2008 年官亭镇行政村基本情况一览表

表 1－2－6

村　名	户　数（户）		人　口（人）		耕地面积（平方米）		粮食总产量（吨）		人均生产性纯收入（元）	
	1979 年	2008 年	1979 年	2008 年	1979 年	2008 年	1979 年	2008 年	1979 年	2008 年
官　亭	674	982	2737	3618	4440888	3836826	814.5	1719	31	2759
常　营	236	367	1086	1396	2539458	2265732	258.4	993	36	3047
北马庄	119	165	493	669	1069596	1002996	176.1	598	33	2934
凌石屯	265	394	1120	1593	1717614	1488510	480.3	798	46	3055
张起营	351	546	1536	2191	2453544	2145852	586.6	934	57	3056
董家庄	154	274	678	1002	1267398	1177488	229.9	573	35	2831
段升营	193	309	929	1213	1778886	1742256	401.5	845	38	2667
北赵庄	100	150	429	549	925740	805860	157.2	506	42	2854
高家庄	354	556	1614	2120	2631366	2390940	539.8	972	35	2628
台　头	231	328	1044	1300	2858472	3096234	508.7	922	55	2688
樊家村	318	519	1427	1919	2554776	2464866	461.6	969	36	2674
魏家庄	273	490	1308	1838	2666664	2242422	530.1	907	49	2767
鱼营村	244	392	1087	1486	1876122	1502496	453.9	962	36	3187
北贾庄	224	314	913	1155	1990008	1953378	342.6	841	43	2763
进头营	178	275	818	1024	1541124	1415916	322.8	748	48	2718
安家庄	124	192	598	713	950382	911088	237.2	535	39	2933
周于庄	340	549	1620	2068	2350980	2089908	498	1203	48	2703
商　店	185	241	685	912	1362636	1902096	215.8	610	28	2777
袁长路	84	129	386	532	564768	730602	114.2	359	39	2782
张长路	172	260	747	972	1217448	1523142	248.2	570	35	2606
公长路	66	108	288	370	293040	398268	61.5	271	30	2858
韩长路	113	184	493	689	979686	987012	167	430	48	2834

续表

村 名	户 数（户）		人 口（人）		耕地面积（平方米）		粮食总产量（吨）		人均生产性纯收入（元）	
	1979 年	2008 年	1979 年	2008 年	1979 年	2008 年	1979 年	2008 年	1979 年	2008 年
后董营	180	263	817	982	1340658	1254744	185.7	621	22	274
前董营	121	197	555	719	1109556	1062936	153.4	441	20	2858
李吾营	78	110	349	396	659340	567432	85.2	287	30	2753
北官亭	99	144	431	576	981684	914418	181.2	386	49	2750
大潘庄	132	224	613	816	1268064	1270728	177.4	428	26	2533
小潘庄	74	142	340	481	673992	647352	78.9	271	19	2731
普盛营	60	92	264	335	717948	570096	108.8	267	42	2839
韩家营	72	158	437	596	844488	803862	119.6	400	27	2627
陈者营	100	147	475	606	1118214	891108	106.2	369	41	2493
北刘庄	60	114	291	381	628038	544122	108.8	274	31	2808
解田庄	160	259	749	955	1453212	1649682	169.8	566	24	2638
合 计	6134	9574	27357	36172	50825790	48250368	9280.9	21575		

第七节 堤村乡

堤村乡位于巨鹿县南部，东与广宗县东召、大平台两乡毗邻，西同王虎寨镇接壤，南与平乡县寻召乡搭界，北与巨鹿镇、张王疃乡为邻。东西长 15 千米，南北宽 5 千米，总面积 73.2 平方千米。乡人民政府驻堤村集村，距县城 7.7 千米。地势较平坦，中部有零星沙丘。海拔 29 米 ~31 米，为全县地势最高乡镇。土壤以潮土类为主，其次为风沙土。镜内中部洪溢河南北穿过，公路有定魏线、巨广线过境。

堤村乡前身是堤村乡和贾庄办事处。原堤村乡辖 20 个行政村，贾庄办事处辖 26 个行政村。1982 年，堤村人民公社、贾庄人民公社革命委员会分别改为堤村、贾庄人民公社管理委员会。1984 年 5 月 15 日，堤村、贾庄人民公社管理委员会同时改称乡人民政府。1996 年 1 月，撤销贾庄乡人民政府，成立贾庄办事处，隶属堤村乡人民政府，人财物、辖区未变。2006 年 3 月，撤销贾庄办事处，并入堤村乡人民政府。

2008 年，该乡辖 46 个行政村，11811 户，总人口 46420 人，其中回族 4 人，藏族 9 人，其余均为汉族。耕地 3464.93 万平方米，有机井 291 眼，灌溉面积 3431.03 万平方米。农作物有小麦、谷子、玉米、油料和棉花等。该乡金银花种植面积 1478.52 万平方米，总产量 2220 吨，枸杞 572.76 万平方米，总产量 516 吨，杏 767.90 万平方米，总产量 10752 吨。刘酒务、法市庄是蜜枣加工专业村，每年秋季，全村一半以上户购进大量青枣加工乌枣、蜜枣，产品销往全国各地，后因市场原因有所下降。堤村集有贸易街一条，主要商品有日杂、食品、布匹、服装等，商户摊位 100 多个，个体工商户 847 家，坐落在堤村集村北西贾线和县道巨广线两侧，辐射平乡、广宗县相邻乡镇，商品零售总额 28523 万元。2008 年，全乡总产值 160604 万元。其中，工业总产值 25390 万元，农业总产值 25669 万元，乡镇企业总产值 109545 万元。农民人均纯收入 3010 元。

2008 年，全乡拥有固定电话 2210 部，宽带用户 1500 户。联通、移动营业网点遍布全乡 46

个村。乡文化站藏书3600册，村体育健身设施5处，乡村文艺队40个。传统节目有大鼓、舞狮子、划旱船、大秧歌、柔力球等。全乡中学3所，完全小学11所，小学幼儿园一体化学校4所，单独幼儿园7所，初中在校生834人，小学在校生2280人，学龄儿童入学率100%。乡卫生院是集门诊、住院、办公于一体的综合楼，建筑面积800平方米，设病床20张。村卫生所46个，有医生53人。

1979年和2008年堤村乡行政村基本情况一览表

表1-2-7

村名	户数（户）		人口（人）		耕地面积（平方米）		粮食总产量（吨）		人均生产性纯收入（元）	
	1979年	2008年	1979年	2008年	1979年	2008年	1979年	2008年	1979年	2008年
堤村集	322	546	1389	2108	2193804	1008990	598.3	174	68	3466
前堤村	127	183	547	727	796536	813186	178.3	230	38.5	3293
王堤村	104	130	416	567	891774	847818	155.3	289	47.5	3044
塔堤村	187	286	895	1144	1457208	1421910	313.7	297	54.5	3244
张　庄	144	443	1277	1822	2275722	2299032	353.5	389	38	2804
杨堤村	81	147	357	566	599400	388944	122.0	105	53	3014
野　场	339	577	1510	2248	2344986	1678320	602.0	391	56	2994
张　村	144	235	654	946	905094	789210	194.8	182	40	2844
陈　庄	113	199	507	830	700632	528804	124.9	59	32	3042
楼里村	115	236	564	911	643356	452214	164.0	52	53	2849
赵　村	75	236	343	450	382950	308358	77.5	108	41	2869
锞王庄	81	167	387	622	295704	245754	107.3	68	35	2744
法市庄	66	112	288	408	223110	206460	93.3	56	47	3414
刘酒务	189	330	833	1245	696636	963036	240.8	340	48	3114
任　庄	121	208	552	801	353646	424908	135.2	88	67	2944
卢家庄	81	134	344	481	446886	343656	163.4	123	102	2894
大王路	238	429	1052	1647	1463868	882450	222.6	77	47	2858
小王路	338	518	1471	2071	2528136	1856808	530.4	392	43	3124
西柏社	178	249	794	1036	1526472	1156842	219.3	284	36	2590
王柏社	233	391	1050	1458	1779552	1748916	336.6	489	34	3024
贾　庄	541	793	2339	3354	4072590	2696634	907.0	750	66	2836
前　屯	56	86	273	423	473526	121212	76.4	44	34	2935
南刘庄	166	290	829	1259	1378620	659340	237.5	27	61	3080
白伏一	165	265	737	1098	1092240	336996	288.5	12	74	3181

续表

村名	户数（户）		人口（人）		耕地面积（平方米）		粮食总产量（吨）		人均生产性纯收入（元）	
	1979 年	2008 年	1979 年	2008 年	1979 年	2008 年	1979 年	2008 年	1979 年	2008 年
白伏二	159	252	768	1105	1060272	321012	283.0	8	58	2809
白伏三	163	241	701	983	1088244	446220	207.9	70	45	3001
白伏四	143	197	597	922	1016982	819180	188.5	327	56	2766
孔寨	464	711	2118	2886	1964034	1856142	784.3	540	72	2961
东甄庄	47	63	216	268	176490	157842	71.0	26	66	2899
西甄庄	121	151	473	627	504828	381618	106.8	77	38	2892
金玉庄	44	74	178	288	75924	32634	37.5	45	38	3089
纪家寨	271	435	1176	1915	1988676	321012	375.5	134	82	3190
南张庄	38	60	182	251	322344	162504	58.7	15	47	2983
田庄	74	114	311	438	708624	343656	95.8	102	53	3024
安庄	57	106	263	423	513486	291708	101.0	56	106	3080
李庄	144	399	399	560	856476	542124	101.5	158	30	3023
南乔庄	71	122	351	485	594072	361638	58.5	85	26	3043
薄庄	209	301	910	1225	1480518	839160	223.5	61	37	3005
东佛寨	150	230	688	953	853812	358308	141.5	146	23	2986
西佛寨	223	352	987	1456	1341990	547452	256.9	102	30	3094
野井村	45	62	207	266	369630	525474	74.6	252	75	3022
后安子	100	167	458	737	1089576	730602	139.2	215	38	3049
前安子	65	95	296	392	540126	852480	100.0	202	39	3100
姜家庄	84	146	373	578	1007658	1066266	171.5	272	63	2976
南赵庄	57	99	285	387	584082	618048	96.3	268	43	3161
午时村	161	244	736	1053	1300032	894438	215.2	212	37	3084
合计	7094	11811	32081	46420	48960324	34649316	10331.3	8399		

第八节 张王疃乡

张王疃乡位于巨鹿县东南部，东邻广宗县件只乡，西接巨鹿镇，南临堤村乡，北与阎疃镇接壤，总面积 71.6 平方千米，辖 34 个行政村，9477 户，总人口 43324 人。乡政府驻地张王疃村，距县城 5 千米。全乡地势平坦，南部略高，北部微低，平均海拔 30.5 米，土壤属潮土类，老漳河自南而北从东部经过。境内省级公路邢德线、县级公路杨官线（南宫垂杨—内丘官庄）横贯东西。

张王疃乡前身是张王疃乡人民政府和王六村办事处。原张王疃乡人民政府辖 21 个行政村，王六村办事处辖13个行政村。1979年，张王疃、王六村人民公社革命委员会分别改为张王疃、王六村人民公社管理委员会。1984年5月，张王疃、王六村人民公社管理委员会分别改为张王疃、王六村乡人民政府。1996年1月，撤乡并镇时撤销王六村乡人民政府，设立办事处，隶属张王疃乡人民政府，人财物独立、辖区没变。2006年3月，撤销王六村办事处，并入张王疃乡人民政府。

2008年，该乡耕地面积5221.64万平方米，其中水浇地4442.89万平方米，机井287眼。粮食作物有小麦、玉米、高粱、谷子等；经济作物有棉花、花生、枸杞、金银花、苹果、梨、串枝红杏、蔬菜、食用菌、瓜果等。其中，苹果及梨树面积199.80万平方米、食用菌栽培面积33.30万平方米、金银花种植面积271.40万平方米、枸杞种植面积86.65万平方米、杏树面积552.38万平方米。农业总产值14780万元，工业总产值30530万元，财政收入310万元，人均收入3188元。

2008年，该乡民营企业已形成食品、纺织、橡胶、机件、家具等特色工业产业格局。新上宏福、龙星橡胶、宏志儿童玩具等规模工业企业25家。

该乡民间文化有杨武乡乱弹、八里庄太平鼓、大孟庄秧歌、阎桥二鬼摔跤等。张王疃乡历来崇文重教，为国家培养大量有用之才，原交通部部长杨杰、原省交通厅厅长程玉琳等，都是张王疃人的杰出代表。张王疃乡有中学1所（张王疃中学），小学13所，幼儿园10所，教职工251人，初中在校生380人，小学在校生1948人。2008年投资150万元建成曹辛庄明德中心小学。2009年2月，全国教育年会在曹辛庄召开。2008年投资200万元建成张王疃乡卫生院综合楼，配有X放射、B超、心电图等设备，设病床8张。全乡有村级卫生室59个，合作医疗点56个，医务人员59人。

1979年和2008年张王疃乡行政村基本情况一览表

表1-2-8

村名	户数（户）		人口（人）		耕地面积（平方米）		粮食总产量（吨）		人均生产性纯收入（元）	
	1979年	2008年	1979年	2008年	1979年	2008年	1979年	2008年	1979年	2008年
西张王疃	158	216	723	1007	1305360	1232766	262.3	572	63	3187
中张王疃	182	228	796	1166	1557108	1507824	206	582	51	3186
东张王疃	181	249	832	1207	1407924	1302696	285.7	574	62	3189
杨武乡	195	283	908	1267	1465200	1257408	365.3	595	61	3188
大孟庄	369	443	1674	2140	2899764	2592738	490.1	1140	49	3189
阎桥	457	648	2058	3096	3420576	2682648	835.6	1200	50	3189
八里庄	93	157	455	718	550782	478854	235	401	98	3190
梁庄	207	307	943	1316	1162170	1091574	299.8	453	43	3188
武庄	190	238	786	1184	1119546	1087578	213.3	598	22	3187
武窑	104	146	494	784	614052	619380	175.2	471	52	3186
厦头	282	382	1296	1889	1499166	957042	404.4	628	79	3188
曹辛庄	238	309	1078	1454	1541790	1266732	491.3	837	105	3189

续表

村名	户数（户）		人口（人）		耕地面积（平方米）		粮食总产量（吨）		人均生产性纯收入（元）	
	1979年	2008年	1979年	2008年	1979年	2008年	1979年	2008年	1979年	2008年
后柳行	142	211	652	952	805860	676656	186.4	411	82	3186
前柳行	136	161	576	762	786546	646020	171.4	447	53	3188
苏　屯	118	129	533	669	977688	709290	188.1	387	41	3186
吉　屯	230	149	1084	727	1113552	1042290	168	404	47	3188
二郎庙	118	319	534	1535	2053944	1755576	369.3	788	51	3188
南花窝	284	373	1289	1751	2482848	1884780	490	697	46	3186
高马庄	142	173	623	779	1281384	1168830	175.6	568	37	3187
琉璃寺	165	191	714	945	1551780	1426572	247.7	530	50	3186
辛　集	360	449	714	2071	3330000	3044952	516.7	975	50	3187
王六村	425	645	1955	2801	4394268	3854808	634.4	1465	48	3189
郭家庄	118	158	502	722	1188144	1078254	171.7	642	37	3188
苗　庄	180	298	815	1076	1998666	1918746	332.8	712	58	3186
任李乡	108	162	507	674	893106	760572	154.4	615	37	3189
大留庄	225	308	1004	1241	2099232	2022642	331.4	789	41	3189
小留庄	630	806	2497	3202	5937390	5657004	679.9	1870	31	3188
大前屯	169	223	688	938	2049282	1669662	331.4	678	74	3187
张毛庄	163	216	727	955	1408590	1390608	274.9	639	54	3188
王举庄	68	90	298	418	720612	582084	117	483	67	3189
阎家口	177	236	808	1176	1550448	1328670	297.4	757	32	3188
苏家口	161	203	685	941	1573092	1401264	258.3	704	87	3185
洪水口	199	248	889	1183	1914750	1465200	355	828	70	3186
北陈庄	101	123	425	578	873126	654678	142.8	515	49	3188
合　计	7075	9477	30562	43324	59527746	52216398	10858.6	23955		

第九节　苏家营乡

苏家营乡位于巨鹿县东北部。北部、东部分别同宁晋县耿庄桥镇、新河县寻寨镇、南宫市南便村乡搭界，西部、南部分别与官亭镇、阎疃镇接壤。东西长 11 千米，南北宽 9 千米，总面积 73.9 平方千米。平均海拔 27.2 米。乡政府位于苏家营三村，距县城 25 千米。全乡地势平坦，北部呈东高西低状，东部有带状沙丘环绕团城、南孟村。土壤以潮土类为主，兼有沙土。南北走向的老漳河和东西走向的神仙渠流经辖区。2008 年，辖 29 个行政村，11179 户，41075 人，居民中有回族 5 人，藏族 6 人，其余均为汉族。

苏家营乡的前身是苏家营乡和楼张镇办事处。原苏家营乡辖19个行政村，楼张镇办事处辖10个行政村。1984年撤销苏家营、楼张镇人民公社管理委员会，改称苏家营、楼张镇乡人民政府。1996年楼张镇乡合入苏家营乡，改为楼张镇办事处，人财物、辖区没变。2006年3月，楼张镇办事处合并到苏家营乡。省级公路南郝线（南宫市南便村—临城县郝庄）横贯东西，新河县至巨鹿县公路由东北向西南穿过西部。已实现"村村通"公路。

辖区种植业以小麦、玉米、谷子、山药等农作物为主，高粱、绿豆、大豆等为辅。拥有机井120眼，供水站3座。2008年耕地面积5654.24万平方米，其中水浇地2530.80万平方米。农民人均收入3065元。团城村团城林场总面积253.08万平方米，种有速生杨19万棵。

20世纪80年代，苏家营乡山药种植面积较大，苏家营、东旧城等村每年种植山药1600万平方米，产量4810万千克，年加工粉条320万千克。每到山药收获季节，户户打山药（机械打碎）、滤淀粉（用水过滤沉淀）、漏粉条（手工用瓢漏），加工的湿粉条挂满村边、房顶、家庭院落。此项收入占全乡年人均收入的60%。后因市场原因和种植结构调整，山药种植面积逐年下降，粉条加工渐少。进入21世纪，棉花种植面积增大，棉花收入成为农民的主要经济来源。

辖区内吉陈庄村的木材市场、神堂坡村的废品换购和瓷器经销市场、团城的废品购销、东旧城的酱菜制作等都具有一定规模。

2000年该乡建成1个预制板厂、3个沙石场，供本县和新河县、南宫市等部分乡村建筑使用，年销售砂石15万吨。

2008年，全乡有变压器262台，总容量10825千伏安。有固定电话1970部，宽带用户367户，联通、移动通信营业网点遍布全乡。该乡文化站有图书3345册。传统文化活动有旱船、龙灯、高跷、狮子舞、大秧歌等。全乡有中学2所、小学13所，在校学生2486人，教师216人。中学配有理化仪器室、实验室、图书室、语音室、微机室等。乡卫生院设病床18张，村卫生所（室）50个，有医务人员61人，合作医疗点45个。

1979年和2008年苏家营乡行政村基本情况一览表

表1-2-9

村名	户数（户）		人口（人）		耕地面积（平方米）		粮食总产量（吨）		人均生产性纯收入（元）	
	1979年	2008年	1979年	2008年	1979年	2008年	1979年	2008年	1979年	2008年
苏家营一	182	330	836	1168	2023974	1782882	233.7	710	44	3272
苏家营二	249	430	1156	1714	2596068	1598066	351	895	37	3370
苏家营三	251	381	1125	1548	2499498	2490174	298.1	491	35	3233
西旧城	271	387	1254	1464	2502162	2406258	279	545	35	3424
东旧城一	209	300	828	1084	1278720	1252080	282.9	378	61	5571
东旧城二	160	268	680	958	1179486	1256076	206.3	342	32	2613
东旧城三	110	163	470	599	836496	726606	117.6	208	35	3022
东旧城四	182	275	785	1052	1341990	1246086	183.6	326	27	2944
东旧城五	157	297	756	1112	1164168	1131534	197.2	328	35	2954
齐石鹿	103	204	512	746	858474	767898	134.5	228	37	2399

续表

村　名	户　数（户）		人　口（人）		耕地面积（平方米）		粮食总产量（吨）		人均生产性纯收入（元）	
	1979 年	2008 年	1979 年	2008 年	1979 年	2008 年	1979 年	2008 年	1979 年	2008 年
苏石鹿	109	176	478	667	770562	859806	127.2	214	42	3264
岳石鹿	59	93	253	343	398934	375624	120.3	122	85	3092
左石鹿	58	102	260	414	464202	463536	75.6	128	37	2786
北张庄	310	517	1530	1992	2599398	2247750	463.9	972	41	3025
北郭庄	74	115	321	417	566766	514152	121.4	152	57	2436
团　城	375	629	1718	2499	2709954	2699964	450.5	759	31	3034
南孟村	334	645	1587	2038	2588076	3377952	336.7	1276	33	3039
大陆村	402	589	1688	2188	3412584	3178152	409.1	1518	35	2777
吉陈庄	216	396	1047	1418	2365632	2066598	311.3	1145	39	3441
楼张镇	640	1085	2716	3705	5861466	6121206	768.1	3693	37	3242
孙家屯	271	407	1156	1475	2088576	2049948	351.7	1266	38	2286
神堂坡	430	749	1929	2692	3481848	3305358	529.4	1467	37	2671
北仁庄	68	93	265	355	691308	733266	111	331	45	2976
西孟村	470	678	1942	2492	3632364	3653010	634	1652	34	3100
里神仙	206	349	909	1353	2197800	2301696	282.6	1564	32	2902
贾家街	129	186	539	705	1060272	1116882	127.5	536	28	2701
外神仙	189	392	932	1438	1967364	2135196	292.6	1636	38	2826
前无尘	288	464	1219	1679	2173824	1984014	538.2	1701	60	3540
后无尘	258	479	1167	1760	2146518	2700630	404.1	1451	42	3109
合　计	6760	11179	30058	41075	57458484	56542400	8739.1	26034		

第十节　阎疃镇

阎疃镇位于巨鹿县东部偏北，东与南宫市南便村乡、广宗县核桃园乡搭界，西与巨鹿镇、官亭镇毗邻，南与张王疃乡接壤，北同苏家营乡相连，总面积 63.7 平方千米。镇政府驻地宋家庄村，距县城 12.5 千米。辖区地势和缓，土壤以潮土为主，东南部有零星沙丘，平均海拔 28.5 米。境内有神仙渠、西沙河、老漳河南北通过。2008 年，辖 20 个行政村，8844 户，32144 人。省级公路邢德线东西横穿辖区，全镇实现村村通公路。

阎疃镇前身是阎疃镇人民政府和林庄办事处。原阎疃镇人民政府辖 10 个行政村，林庄办事处辖 10 个行政村。1979 年，阎疃、林庄人民公社革命委员会分别改为阎疃、林庄人民公社管理委员会。1984 年 5 月，阎疃、林庄人民公社管理委员会分别改为阎疃、林庄乡人民政府。1994 年 9 月，阎疃撤乡改为镇人民政府。1996 年 1 月，撤乡并镇时撤销林庄乡人民政府，建立林庄办事处，人财物、辖区未变。2006 年 9 月，撤销林庄办事处，并入阎疃镇。

2008年，辖区耕地面积4564.63万平方米，机井95眼，供水站2座，全部水浇地。粮食作物有小麦、玉米、高粱、红薯、谷子和大豆，经济作物有棉花、花生、芝麻、油菜籽、金银花、枸杞，兼种蔬菜、西瓜、甜瓜等，果林有杏、桃、苹果、梨等。养殖业有养猪场163家、养牛场2家、养鸡场46家、养鹌鹑1家。杏树46.35万平方米、梨树19.05万平方米、桃树10.26万平方米。杏产量3979吨、梨产量690吨、桃产量204吨。

该镇有工业企业和个体工商户519家。镇政府所在地宋家庄村系商业新区，常住人口1000余人，商户65家，辐射半径4千米。2008年，全镇总产值24952万元，其中农业总产值8001万元，工业总产值7326万元，乡镇企业总产值9625万元，农民人均收入2758元。

该镇各村主要街道均为水泥路面，面积592平方千米。拥有国定电话5910部，建有中国移动、中国联通通信塔20座。

2008年，镇文化站有图书2056册。文化活动传统节目有旱船、龙灯、高跷、狮子舞、大秧歌等。全镇有初中1所，中心小学1所，完全小学4所，教学点4个，初中在校生198人，小学在校生1356人，教职工198人。镇卫生院建筑面积800平方米，职工16人，病床30张，配有X光、B超、心电图等医疗设备。有30个村级卫生室，村合作医疗点34个，乡村医生35人。

1979年和2008年阎疃镇行政村基本情况一览表

表1－2－10

村名	户数（户）		人口（人）		耕地面积（平方米）		粮食总产量（吨）		人均生产性纯收入（元）	
	1979年	2008年	1979年	2008年	1979年	2008年	1979年	2008年	1979年	2008年
阎　疃	455	714	1978	2642	3718944	3690306	512.1	907	45	2683
东阎庄	147	235	672	971	1332000	1202796	230.2	332	52	2745
黄家屯	189	328	875	1170	2097900	1973358	273	555	50	3013
宋家庄	171	228	701	897	1418580	1477854	229.3	432	43	2915
王家庄	90	117	402	519	1036296	791208	123.6	246	42	3063
黄马庄	236	376	1089	1456	1999998	2017980	277	553	47	2700
东冯寨外	195	313	902	1243	2285046	1849482	262	490	43	2901
东冯寨里	411	642	1755	2514	4277718	3782214	573.2	1020	49	2764
柴　城	296	567	1355	2018	2644686	3315348	351.5	836	34	2740
新建庄	164	225	748	871	1668330	1724274	170.6	456	33	2789
孙河镇	587	925	2372	3137	4175154	3965364	803.3	1011	50	2729
于　庄	625	1102	2838	4097	5191470	5009652	697.2	1377	36	2599
赵　庄	570	887	2511	3212	4313016	4644684	676.4	1361	40	2828
郝　鲁	330	520	1388	1752	2458872	2248416	386.3	541	43	2892
孟家庄	310	476	1282	1670	2578086	2450880	334.4	686	27	2819

续表

村名	户数（户）		人口（人）		耕地面积（平方米）		粮食总产量（吨）		人均生产性纯收入（元）	
	1979年	2008年	1979年	2008年	1979年	2008年	1979年	2008年	1979年	2008年
林　庄	116	201	514	666	1010322	646020	207.3	246	60	2890
范　街	189	337	794	1082	1659006	1546452	224.8	418	33	2646
苑　街	88	137	382	479	740592	654678	127.9	197	48	2766
李　街	130	238	553	798	1098900	1068264	238.8	310	49	2680
樊家堂	163	276	744	959	1406592	1587078	331.9	320	75	2563
合　计	5462	8844	23855	32144	47111508	45646308	7030.8	12294		

第二编
自然环境

巨鹿县四季气候适宜，日照时间长，除水和矿物资源外，农业、野生动植物等资源丰富。大的自然灾害较少，但时有旱涝、霜冻、风雹、虫灾等侵袭。随着科技的进步，充裕的光热资源成为人们生产生活的重要新能源，同时人们对自然灾害的预测、预报、抗御能力和改造自然能力、保护环境意识都进一步提高。

第一章　地质地貌

巨鹿县位于华北大平原腹地，地质构造体系属新华夏构造体系的第二沉降带。地势平坦，土层深厚、质地松软，河渠相间、水流舒缓，稍有沙丘，间有洼地。是典型的平原地势地貌特征。

第一节　地　质

一、地层

县域西部上层土层为河湖冲积为黏土及淤泥层亚黏土，东部主要是古黄河冲积形成的条带状细粉砂，含水层间多为黏质亚黏土。底板埋深180米~240米，水层岩性为中细砂，厚度10米~20米；底板埋深340米~400米为中细砂间粉粗砂；底板埋深500米为中细砂黏土，亚黏土与含水砂层交替，砂层分布少，单层厚度小。

二、构造

属邢台断块区东部，东有冀县——南宫市断裂，南有巨鹿县——平乡县断裂，西与隆尧县北北东和北西西二断层相邻，北有百咫——巨鹿县北东向断裂。

第二节　地　貌

一、地势

由于历史上黄河决口、洪水泛滥流经巨鹿县，再加风力等因素，全县地势基本平坦，海拔高度25.5米~31米，中部和南部略高，西部和北部略低，地势逐步形成南高北低，地上水流向由西南向东北，1963年发洪水时自西南入境向北及东北流出。堤村集村北为制高点，海拔31米，最低点在商店村，海拔25.5米。

二、地貌

微观地貌多有不平。近年来通过农业开发，平整土地，水浇地面积增加，沙丘小洼地减少。微地貌中小不平状况大大改善。目前，沙丘主要分布在巨鹿镇、堤村乡、阎疃镇、小吕寨镇部分村。但六个较大洼地仍然存在。（一）纪寨洼。位于纪家寨、孔寨、甄庄、小马庄村之间，历史上雨量大时有南来客水滞留，洪溢河挖成后，已不见滞留客水。（二）校场洼。巨鹿县城西，辛寨、西徐庄村周围，洪溢河及商店渠清淤加宽后再无积水。（三）小吕寨洼。位于屯里村西，小吕寨村东，寻虎村北，原来雨季有积水。由于近年农业开发、灌溉将部分沙丘平到洼地，加上排水沟渠联网，雨季亦无积水。（四）屯里洼。在屯里村南，瓜刘庄村西，铁刘庄西北，西与小吕寨洼相连，近年也不见积水。（五）古大陆泽。以大、小张庄、河北庄为中心，面积逐步缩小。（六）神仙洼。在里、外神仙以南，后无尘以北，1965年神仙渠开宽加深后，十年九涝终于改变。

第二章 气 候

巨鹿县的气候属于暖温带半干旱气候，位于亚洲东部季风气候区，具有四季分明的特点。年平均日照2506.1小时，年日照百分率为60.3%。年平均气温13.5℃，极端最高气温42.4℃，极端最低气温-23.0℃；一年中7月份最热，1月份最冷，初霜冻日在10月26日，终霜日在4月9日，无霜期平均为215天；年平均降雨量493.4毫米，雨量多雨年是少雨年的2.9倍。

第一节 四季特征

巨鹿县四季特征分明，具有春易旱、夏易涝、秋雨连绵、冬季干冷的特点。

春季（3～5月） 风多雨少，气温回升较快，蒸发量大，气候干燥，易出现干旱。一般3月初平均气温为3℃，4月初为10℃，到5月下旬常有高温天气出现，35℃以上日数平均3天。季雨量63.9毫米，占全年的12%。风沙日数多，风速平均3.6米/秒，为全年之冠，多南风。由于上述原因形成春季十年九旱。

夏季（6～8月） 炎热多雨，气象灾害较为频繁。季平均气温26.2℃；季雨量339毫米，占全年的66%；空气相对湿度均高于其他三季。7、8月日照百分率56%至57%，为全年最低值，主要气象灾害有旱涝、大风、冰雹、暴雨等。

秋季（9～11月） 天气晴朗、日照充足，冷暖适中。大气层结稳定，不易起风。9月后，由于太阳南移，气温下降很快，到10月底气温已在10℃以下，降水日数渐少，季平均雨量93.3毫米，占全年的18%。

冬季（12～2月） 气候寒冷而干燥。季平均气温为-0.7℃，季雨量平均为14.6毫米，占全年的2%；空气干燥，最长连续无雨日达78天。多偏北风，平均风速2.6米/秒，负积温平均为244.7℃，基本可以保证冬小麦越冬。

第二节 日照和太阳辐射

日照是指太阳在一地实际照射的时间。巨鹿县日照较充裕，据1979～2008年资料统计，年平均日照时数为2506.1小时，平均日照百分率为60.3%，5月份最高，12月份最低。

1979～2008年巨鹿县历年年、月日照时数统计表

表2-2-1 单位：小时

年份＼月份	1	2	3	4	5	6	7	8	9	10	11	12	全年
1979	152.7	197.4	223.9	180.9	332.3	276.2	223.7	215.1	226.9	261.7	226.5	171.5	2688.8
1980	230.7	218.4	205.1	263.1	308.9	278.3	282.8	252.3	259.5	218.0	219.2	238.1	2974.4
1981	216.7	203.9	271.6	301.1	335.6	247.1	250.2	230.3	229.4	237.1	207.6	227.4	2958.0
1982	227.0	172.0	225.7	304.0	310.9	280.1	203.6	194.5	238.8	211.8	160.6	209.5	2738.5
1983	204.2	222.6	246.1	267.9	242.2	271.4	218.4	267.9	226.0	162.1	211.6	234.7	2775.1
1984	217.2	159.8	240.9	229.6	248.5	229.2	216.5	247.7	162.6	238.7	134.0	155.0	2479.7

续表

年份＼月份	1	2	3	4	5	6	7	8	9	10	11	12	全年
1985	176.7	135.6	208.9	270.3	200.8	279.7	251.9	194.8	134.7	136.2	188.3	188.7	2366.6
1986	236.7	211.4	211.6	259.5	307.2	293.8	254.6	258.1	256.6	198.9	158.1	138.1	2784.6
1987	171.8	187.7	206.7	260.3	280.0	249.8	293.2	249.7	276.5	202.5	164.8	217.7	2760.7
1988	180.9	184.6	191.0	245.3	243.5	265.0	124.0	179.4	216.1	175.2	249.5	174.2	2428.7
1989	102.2	193.5	240.4	232.6	295.1	266.7	187.7	213.6	197.8	234.9	183.9	100.3	2448.7
1990	126.2	123.3	204.8	258.6	265.0	246.0	200.6	243.4	217.6	259.9	140.4	197.6	2483.4
1991	194.6	179.1	157.5	241.0	265.5	271.2	219.5	262.6	187.4	241.9	191.8	114.1	2526.2
1992	194.9	240.7	152.7	256.1	268.7	278.5	257.0	196.7	173.7	208.3	212.4	139.3	2579.0
1993	162.1	191.3	240.3	254.1	240.3	228.0	138.6	162.1	205.2	185.6	124.3	193.2	2325.1
1994	216.8	154.7	224.2	204.4	279.7	214.1	235.0	232.6	254.0	203.2	86.3	96.8	2401.8
1995	232.8	218.7	255.5	264.4	302.0	253.7	230.2	186.0	179.6	198.4	235.5	205.8	2762.6
1996	185.1	238.4	214.6	232.5	303.7	235.5	184.0	181.2	210.6	191.5	160.6	186.2	2523.9
1997	202.5	198.9	222.9	252.4	291.9	287.7	310.9	283.9	239.7	284.2	103.7	155.9	2834.6
1998	172.1	186.4	212.2	206.8	248.7	269.2	225.2	235.4	239.6	188.5	189.7	180.6	2554.4
1999	200.8	201.2	150.0	240.5	254.6	261.9	232.5	253.5	177.0	167.2	173.5	208.5	2521.2
2000	113.1	148.5	240.7	233.3	265.6	244.1	228.7	221.7	240.9	132.9	117.9	132.3	2319.7
2001	96.8	127.3	273.1	237.8	294.9	226.0	196.0	223.9	166.9	163.2	181.0	127.0	2313.9
2002	191.7	156.7	192.5	173.2	183.2	177.6	232.7	265.5	219.1	187.8	180.1	63.6	2223.7
2003	159.4	133.1	139.5	210.7	226.1	240.0	166.7	160.8	141.9	195.3	94.2	147.6	2015.3
2004	160.7	202.0	197.8	255.6	268.6	199.9	194.9	188.0	202.4	209.6	155.9	102.2	2337.6
2005	175.1	107.4	229.7	245.3	259.0	249.1	213.5	232.8	195.2	195.8	156.5	151.0	2410.4
2006	67.6	134.8	240.1	239.5	233.1	280.9	171.1	147.8	215.6	154.2	143.9	120.2	2148.8
2007	135.6	145.4	154.1	275.0	298.0	205.7	183.9	203.4	195.6	143.2	161.3	114.4	2215.6
2008	125.5	207.1	219.5	226.7	253.0	185.3	164.4	169.0	169.1	174.4	203.5	184.1	2281.6

第三节　气　温

气温是指离地面高 1.5 米处的空气温度。据 1979～2008 年资料统计，年平均气温为 13.5℃，年极端最高气温为 42.4℃，出现在 1979 年 6 月 13 日，年极端最低气温 -23.0℃出现在 1981 年 2 月 26 日。

1979～2008年巨鹿县历年平均气温统计表

表2-2-2 单位:℃

年份＼月份	1	2	3	4	5	6	7	8	9	10	11	12	年平均
1979	-2.8	1.0	6.4	12.3	20.3	26.0	25.8	24.8	19.4	15.3	4.3	0.0	12.7
1980	-3.4	-1.1	5.6	12.9	21.7	26.5	26.8	24.4	20.2	14.2	8.0	-2.5	12.8
1981	-5.7	-0.1	8.7	16.4	21.8	25.7	27.7	25.1	20.7	12.7	3.5	-1.6	12.9
1982	-3.6	0.4	8.0	16.1	23.2	25.0	26.0	25.4	19.4	15.8	5.9	-1.1	13.4
1983	-3.1	-1.0	7.1	16.0	21.5	27.0	26.9	26.0	21.5	13.4	6.1	-0.5	13.4
1984	-4.8	-2.3	5.0	14.5	20.2	25.1	25.4	25.4	19.3	13.8	6.1	-4.3	12.0
1985	-3.7	-1.1	4.4	15.4	19.3	26.8	27.5	25.4	18.1	13.5	4.6	-3.4	12.2
1986	-3.3	-1.6	6.9	15.0	21.2	26.6	27.3	24.8	20.2	12.4	4.0	-1.2	12.7
1987	-2.7	1.1	5.9	14.6	21.0	24.3	27.6	25.5	21.4	14.8	4.6	-0.5	13.1
1988	-2.5	-0.8	5.2	15.5	20.2	26.8	25.6	24.8	21.1	14.7	6.2	-0.8	13.0
1989	-2.4	1.5	7.8	15.7	21.2	25.7	26.1	24.8	20.2	14.4	5.2	-0.5	13.4
1990	-4.5	-0.9	7.4	13.7	19.7	25.5	26.6	25.5	20.7	15.0	6.9	-0.6	12.9
1991	-1.6	1.0	4.4	13.9	19.5	24.8	27.0	25.8	21.4	14.2	5.2	-1.5	12.8
1992	-1.6	2.0	6.2	16.0	20.6	25.4	28.9	25.5	20.5	12.2	4.4	-0.7	13.3
1993	-3.9	3.2	8.2	14.7	20.3	25.9	25.2	24.7	21.1	14.0	3.7	-0.2	13.1
1994	-0.9	1.3	5.8	16.6	21.9	26.6	28.2	26.8	21.1	14.0	6.5	-0.7	13.9
1995	-0.8	2.2	8.1	14.6	20.5	25.0	26.0	25.0	19.5	15.1	7.5	0.1	13.6
1996	-1.7	0.4	6.3	14.1	21.3	25.4	26.4	24.3	20.9	14.5	5.7	1.4	13.3
1997	-2.4	2.3	8.8	14.6	20.8	26.5	29.7	27.9	19.6	15.2	5.5	-0.2	14.0
1998	-2.3	3.5	8.7	16.2	19.9	26.2	27.7	26.1	23.7	16.5	7.3	1.0	14.5
1999	-0.6	3.9	7.1	16.2	21.0	26.0	27.8	25.6	22.4	14.1	7.0	0.6	14.3
2000	-5.4	0.3	10.0	16.2	21.5	26.6	28.3	26.5	21.7	13.6	4.6	1.2	13.8
2001	-3.7	1.0	10.1	15.3	23.2	27.2	27.8	26.0	21.5	15.6	6.6	-1.5	14.1
2002	1.7	6.0	11.1	15.4	21.0	25.5	28.0	26.6	20.7	13.0	4.4	-2.0	14.3
2003	-2.8	2.3	7.4	15.1	21.7	25.8	26.2	24.9	20.8	14.1	5.1	0.5	13.4
2004	-1.1	5.0	9.4	17.0	21.1	24.5	26.2	24.6	21.5	14.4	6.9	-0.6	14.1
2005	-2.5	-1.7	7.1	17.8	21.1	28.0	28.0	25.8	21.6	15.0	8.9	-1.6	14.0
2006	-1.5	1.2	9.6	15.2	20.9	27.3	27.0	26.1	21.5	17.6	7.9	-0.4	14.4
2007	-1.2	5.2	8.0	16.0	23.1	26.4	26.9	26.2	21.5	14.0	6.3	-1.0	14.5
2008	-2.6	0.9	10.3	16.5	22.2	24.7	26.8	25.9	21.3	14.5	6.4	-0.5	13.9
平均	-2.6	1.2	7.5	15.3	21.1	26.0	27.0	25.5	20.8	14.4	5.8	-0.7	13.5
合计	-77.4	35.1	225.0	459.5	632.9	778.8	811.4	766.2	624.5	431.6	175.3	-20.1	403.6

1979—2007 年历年平均气温折线图

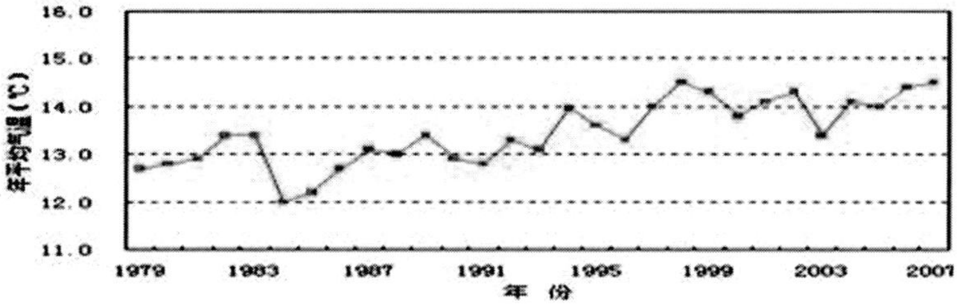

由上图可以看出，受全球气候变暖的影响，巨鹿县历年年平均气温呈逐年上升趋势。

1979～2008 年巨鹿县部分年（月）极端气温及时间变化统计表

表 2-2-3

月份＼项目	最高气温	出现时期	最低气温	出现日期
1	19.3	1979.1.25	-23.0	1981.2.6
2	24.8	1993.2.5	-17.4	1979.2.1～1990.2
3	28.6	1998.3.28	-10.0	1988.3.3
4	34.6	1988.4.28	-1.5	1985.4.4
5	41.6	1982.5.25	3.6	1980.5.16
6	42.4	1979.6.13	11.2	1997.6.1
7	41.1	2002.7.14	16.1	1979.7.5
8	38.3	1979.8.5	13.5	1979.8.29
9	38.0	2002.9.1	5.4	1987.9.26
10	36.0	1980.10.7	-3.7	1981.10.3
11	27.3	1991.11.2	-13.2	1986.11.29
12	22.5	1989.12.3	-20.6	1985.12.8

1979～2008 年巨鹿县各界限温度变化统计表

表 2-2-4　单位:℃

界限温度	项　目	平均值　日/月
≥0℃	初日	18/2
	终日	3/12
	期间日数	288
	积温	5004.3
≥5℃	初日	13/3
	终日	14/11
	期间日数	246
	积温	4785.0

续表

界限温度	项目	平均值 日/月
≥10℃	初日	2/4
	终日	28/10
	期间日数	210
	积温	4513.0
≥15℃	初日	22/4
	终日	8/10
	期间日数	171
	积温	3921.1
≥20℃	初日	16/5
	终日	13/9
	期间日数	121
	积温	3042.0

第四节 降水

据1979～2008年资料统计，历年平均降水量为493.4毫米，年最大降水量714.1毫米，为1993年；最少年降水量为247.9毫米，为1997年；一日最大降水量为185.6毫米，为1993年8月4日。降水集中在夏季（6～8月），且年际变化较大。

1979～2008年巨鹿县累年平均降水量统计表

表2－2－5　　单位：毫米

年份＼月份	1	2	3	4	5	6	7	8	9	10	11	12	全年
1979	7.1	23.1	35.2	32.4	10.4	41.9	185.3	102.0	15.0	0.2	2.3	12.5	467.4
1980	1.3	0.3	25.9	48.3	26.8	80.4	98.2	42.9	14.2	20.4	4.9	0.0	363.6
1981	9.0	0.7	5.8	3.7	21.6	64.9	109.7	206.2	8.1	10.8	6.9	0.0	447.4
1982	0.0	25.1	2.4	8.4	32.9	108.8	155.4	231.7	49.5	8.1	9.1	0.0	631.4
1983	0.0	0.6	32.6	54.9	50.4	1.9	151.2	11.3	169.8	72.2	1.7	0.0	546.6
1984	0.2	1.1	5.5	3.7	29.1	60.6	70.9	154.4	56.3	12.7	10.3	16.1	420.9
1985	0.9	2.1	8.5	1.1	110.7	14.5	62.2	147.2	118.8	61.3	0.7	3.1	531.1
1986	0.4	5.6	9.6	6.8	33.2	59.7	18.6	76.1	79.0	18.6	0.7	5.3	313.6
1987	6.2	4.0	7.0	28.0	21.6	136.1	42.1	171.2	13.7	42.8	21.9	0.0	494.6
1988	0.8	0.1	8.6	0.1	95.0	10.3	122.7	92.4	27.8	5.2	0.0	0.4	363.4
1989	7.6	0.0	16.1	19.2	16.6	56.5	456.5	40.8	36.0	8.6	5.9	8.0	671.8
1990	15.8	44.8	56.6	49.2	48.0	26.5	275.4	71.1	29.8	4.0	24.5	2.5	648.2
1991	1.1	0.7	32.7	38.7	41.4	112.8	156.2	29.8	28.0	30.1	5.4	7.6	484.5
1992	0.3	0.0	15.6	1.1	32.7	17.8	15.7	161.5	17.3	6.3	12.6	0.1	281.0
1993	3.6	2.4	3.5	5.5	16.3	78.6	138.2	304.8	46.2	42.6	72.3	0.1	714.1

续表

年份＼月份	1	2	3	4	5	6	7	8	9	10	11	12	全年
1994	0.7	2.8	2.3	29.5	12.3	112.8	254.0	76.9	26.3	28.2	38.7	16.4	600.9
1995	0.0	0.6	16.5	20.9	24.5	122.9	199.0	145.6	75.8	37.8	1.3	0.0	644.9
1996	0.5	0.0	4.1	19.3	74.1	43.5	163.8	225.5	13.7	21.4	2.6	0.5	569.0
1997	0.5	19.7	48.1	19.8	4.8	4.2	32.9	18.7	68.7	15.2	8.7	6.6	247.9
1998	1.5	15.3	11.2	45.8	81.4	56.1	180.2	118.6	0.3	9.5	0.6	1.6	522.1
1999	0.0	0.0	4.3	17.4	30.5	66.1	117.5	159.3	12.2	22.3	7.4	0.0	437.0
2000	9.5	1.0	0.3	5.3	7.9	29.7	296.6	81.6	81.3	105.8	8.6	0.0	627.6
2001	20.3	17.5	0.0	13.6	0.5	21.8	228.5	8.0	13.6	24.1	9.4	1.9	359.2
2002	0.1	0.5	2.9	21.4	49.6	108.9	151.4	25.3	44.7	8.8	0.0	14.5	428.1
2003	0.2	3.1	19.0	44.2	36.7	49.5	56.0	87.4	156.4	131.6	34.7	0.6	619.4
2004	0.0	8.7	0.0	24.8	43.2	81.5	250.5	42.2	38.5	1.0	10.1	9.9	510.4
2005	0.0	17.5	0.0	6.4	44.4	17.1	169.8	117.2	78.4	5.8	4.7	0.8	462.1
2006	1.1	3.9	0.0	14.1	49.3	115.2	46.7	176.4	16.5	0.6	24.7	5.0	453.5
2007	0.0	6.2	51.3	1.3	53.8	36.9	137.3	72.0	75.5	20.1	2.2	0.6	457.2
2008	5.3	3.8	3.8	45.2	49.2	69.4	144.2	67.0	57.7	37.0	0.4	0.0	483.0

第五节 风

一、风向

由于受季风环流影响，巨鹿县偏南风最多，而偏东风和偏西风出现频率很小。

1979～2008 年巨鹿县风向频率玫瑰图（单位：1%）

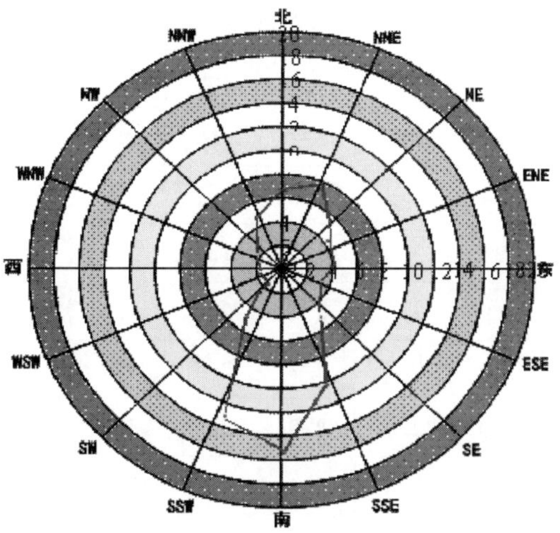

二、风速

历年平均风速为 2.3 米/秒。历年极端最大风速为 17.0 米/秒，夏季多雷雨大风，冬春季多寒潮大风。据县气象观测站观测统计，巨鹿县年平均风速呈逐年减少趋势（有受县观测站周围环境影响因素）月平均风速最大是 4 月份。

1979～2008 年巨鹿县累年平均风速统计表

表 2-2-6　　单位：米/秒

年份＼月份	1	2	3	4	5	6	7	8	9	10	11	12	年平均
1979	3.1	3.5	3.4	4.1	4.3	3.2	2.8	2.6	2.6	2.5	3.0	2.6	3.1
1980	2.6	2.6	3.7	4.0	4.7	4.2	2.6	2.0	2.2	2.7	2.6	2.6	3.0
1981	1.6	2.9	4.0	3.6	4.0	4.0	2.8	2.3	2.6	2.3	2.0	2.4	2.9
1982	2.4	2.4	3.6	4.0	4.2	2.8	2.6	1.4	2.2	2.2	2.1	2.4	2.7
1983	2.3	2.8	3.2	4.3	3.7	3.9	2.6	2.2	2.2	2.2	2.0	2.1	2.8
1984	2.6	2.1	3.1	4.7	3.4	3.3	2.6	2.1	2.0	2.2	2.3	2.2	2.7
1985	2.2	2.4	3.7	4.3	3.4	3.3	2.2	2.0	1.9	2.5	2.4	2.1	2.7
1986	2.4	2.2	2.7	4.1	3.6	3.1	2.9	2.3	2.1	2.3	2.1	2.5	2.7
1987	2.5	2.8	3.9	4.6	3.8	3.0	2.5	1.8	2.6	2.8	2.6	2.2	2.9
1988	2.1	2.3	2.5	3.4	3.2	3.1	2.2	1.8	2.1	2.2	2.1	2.1	2.4
1989	1.8	2.4	3.1	2.8	3.6	3.1	2.7	1.9	2.0	2.4	2.2	2.2	2.5
1990	1.8	2.2	3.3	3.5	3.5	3.3	2.5	2.0	2.2	2.0	2.2	1.9	2.5
1991	1.6	1.8	2.8	3.6	3.1	2.7	2.3	1.7	1.6	2.2	1.8	1.8	2.3
1992	1.6	1.9	2.1	3.8	2.5	2.9	2.4	1.6	2.3	1.8	2.2	1.4	2.2
1993	1.4	2.1	2.7	3.1	3.3	2.6	2.0	2.0	2.0	1.8	2.2	1.7	2.2
1994	1.8	1.5	2.5	2.7	3.3	2.7	2.3	1.5	1.6	1.1	1.4	1.0	2.0
1995	1.1	1.6	2.2	3.1	3.2	2.1	2.5	1.9	2.3	2.2	1.9	1.2	2.1
1996	1.4	1.7	2.4	2.6	2.4	2.7	1.9	1.7	2.3	2.2	1.7	1.9	2.1
1997	1.4	1.7	2.2	2.4	3.2	2.4	2.6	2.4	2.8	2.1	1.9	1.6	2.2
1998	1.5	2.0	3.0	3.4	2.8	2.7	1.9	1.9	2.2	1.9	2.1	1.4	2.2
1999	1.6	2.1	3.1	3.1	3.1	2.7	1.7	2.2	1.7	1.6	1.6	1.6	2.2
2000	1.6	1.7	2.5	2.9	2.8	2.2	2.2	1.6	1.4	1.7	1.7	1.5	2.0
2001	1.9	2.4	3.0	3.0	2.8	2.7	2.2	1.7	1.4	1.8	1.4	1.4	2.1
2002	1.7	1.8	2.7	3.0	2.4	2.5	2.0	1.9	2.0	2.0	1.5	1.5	2.1
2003	1.6	1.7	2.5	2.7	2.8	2.4	1.7	1.8	2.0	2.1	1.6	1.6	2.0

续表

年份＼月份	1	2	3	4	5	6	7	8	9	10	11	12	年平均
2004	1.7	2.3	2.6	3.0	2.5	2.0	2.1	1.5	1.6	1.6	1.4	1.4	2.0
2005	1.3	1.8	2.4	2.9	2.3	2.2	1.7	1.7	1.4	1.4	1.1	1.4	1.8
2006	1.4	1.8	2.2	2.6	2.5	2.1	2.0	1.6	1.3	1.3	1.5	1.3	1.8
2007	1.2	1.7	2.1	2.5	2.5	2.1	2.0	1.4	1.4	1.4	1.3	1.2	1.7
2008	1.2	1.4	2.0	2.4	2.3	2.1	1.5	1.7	1.6	1.7	1.8	2.5	1.9

第六节　湿度蒸发

一、湿度

据1979～2008年资料统计，巨鹿县年平均相对湿度为66%。夏季最高，春季最低。年平均绝对湿度为11%。

1979～2008年巨鹿县累年平均相对湿度统计表

表2－2－7　　单位:%

年份	项目＼月份	1	2	3	4	5	6	7	8	9	10	11	12	年最小
1979	极值	3	10	0	6	6	8	35	34	24	10	7	18	0
	日期	25	16，18	19	8	2	13	14	5	1	21	28	1	19/3
1980	极值	4	8	10	2	4	17	19	34	11	14	9	9	2
	日期	7	9	1	19	3	3	5	31	24	7	13	9	19/4
1981	极值	8	1	0	3	0	4	29	30	20	4	12	9	0
	日期	1	25	6，7	25	29	6	1	26	26	8	9，15	19，20	6－7/3、29/5
1982	极值	4	8	3	0	0	10	20	34	15	15	13	7	0
	日期	20	10	9	23	6	3	16	29	27	5	10，22	21，22	6/5
1983	极值	3	5	9	4	12	4	18	16	28	22	7	11	3
	日期	7	18	17	16	1	13	15	29	24，25	13	16	2	7/1
1984	极值	5	0	2	2	12	9	26	34	23	11	12	11	0
	日期	8，9	26	20	21	16	9	20	14	10，11	17，22	3	1	26/2
1985	极值	16	4	6	0	13	9	20	40	26	15	9	13	0
	日期	13，14	1	28	21	7	13	17	31	29	2，6	24	1，2	21/4
1986	极值	4	6	7	3	9	11	8	16	16	12	1	8	1
	日期	23	3	3	5	14	18	14	24	30	29	9	3	9/11
1987	极值	1	8	7	9	7	17	19	25	18	18	20	24	1
	日期	16	3	4	21	5	8，20	23	9	25，26	22	18	22	16/1

续表

年份	项目	1	2	3	4	5	6	7	8	9	10	11	12	年最小
1988	极值	7	2	9	2	9	8	24	35	23	16	5	9	2
	日期	22	17	5	17	10	16	2	30	28	24	9	9	17/4
1989	极值	9	7	5	6	3	9	18	40	23	16	16	15	3
	日期	26	13	8，14	16	20	1	12	28	19	30	27	2	20/5
1990	极值	18	31	10	12	15	13	26	37	24	18	14	9	9
	日期	23	25	14	14	20	12	17	22	30	25	30	1，21	1/12、21/12
1991	极值	10	4	23	12	12	14	15	32	22	3	7	20	3
	日期	4	20	26	29，30	2	30	1	21	18	26	2	2，28	26/10
1992	极值	14	4	15	2	10	9	15	31	14	11	16	11	2
	日期	31	14，27	2	22	21	4	1	25	28	29	3	23	22/4
1993	极值	12	6	8	1	10	11	40	33	15	11	25	5	1
	日期	26，27	27	3	9	23	18	14	24	27	30	12	25	9/4
1994	极值	8	10	6	9	7	17	34	34	12	8	8	33	6
	日期	22	8，20	13，14	14	5	4	2	25	27，28	5	2	1	13－14/3
1995	极值	9	7	2	7	8	18	38	40	18	9	5	12	2
	日期	24，26	6，27	11	6，24	5	5	4，6	18	23	30	7	29	11/3
1996	极值	0	3	6	5	11	20	24	52	30	21	5	8	0
	日期	29	29	17	19	7	12	1	31	19	28	25，30	5	29/1
1997	极值	7	8	16	19	10	15	22	23	18	13	18	22	7
	日期	26	10，15	6	28	17	9，11	8	9	21	26	17	8，12	26/1
1998	极值	8	8	12	14	16	13	31	41	22	15	10	13	8
	日期	5	8	28	16	26	19	2	11，27	21，30	15	8	14	8/2
1999	极值	10	7	12	7	9	17	21	30	18	13	12	9	7
	日期	25	2，18	1	5	4	19	12	4	26	17	27	22	5/4
2000	极值	20	11	5	7	14	13	16	38	28	27	20	22	5
	日期	7	15	23	25	18	13	1	27	7，8	13	4	20	23/3
2001	极值	19	20	5	9	12	9	24	23	25	22	19	5	5
	日期	29	15	9	15	31	1	12	22	30	9	26	13	9/3，3/12
2002	极值	48	45	51	54	64	62	71	74	68	60	57	82	45
	日期	20	10	22	8	25	4	15	6	22	5	2	25	22/3，8/4
2003	极值	68	62	63	63	66	57	78	81	82	68	78	64	57
	日期	27	4	3	12	26	25	8	11	10	21	3	19	3/3
2004	极值	8	3	4	9	12	20	24	34	20	16	18	13	3
	日期	2	6	4	8	13	12	6	31	18	21	27	6	6/2

续表

年份	项目	1	2	3	4	5	6	7	8	9	10	11	12	年最小
2005	极值	14	14	6	0	10	13	30	29	31	13	13	6	0
	日期	31	1	23	19	1	15	7	20	3	31	3	2	19/4
2006	极值	10	8	4	6	11	11	37	30	25	18	14	16	4
	日期	7	16	2	19	14	8	21	18	18	28	14	16	2/3
2007	极值	8	8	10	8	9	19	33	34	22	22	14	9	8
	日期	31	13	11	1	12	11	10	23	22	16	2	2	3
2008	极值	12	10	4	10	11	24	44	34	25	15	14	10	4
	日期	3	2	1	3	21	7	2	31	26	26	2	22	1/3

注：空气中实际所含水汽密度和同温度下饱和水汽密度的百分比为空气的相对湿度。

1979～2008年巨鹿县历年年、月最大绝对湿度及出现日期统计表

表2－2－8　　单位：mb

年份	项目	1	2	3	4	5	6	7	8	9	10	11	12	年最小
1979	极值	7.1	9.7	11.0	17.6	16.0	30.8	36.7	35.5	23.4	17.1	13.9	8.9	36.7
	日期	7	21	27	22，23	21	30	29	8	1	16	9	19	29/7
1980	极值	4.8	7.9	11.0	18.2	26.8	31.5	34.8	29.6	24.6	18.8	12.0	6.6	34.8
	日期	27	29	30	4	25	29	27	1	1	15	20	1	27/7
1981	极值	4.9	5.8	10.6	14.0	22.2	28.3	37.2	34.0	25.9	15.4	9.9	5.0	37.2
	日期	31	14，21	19	23，28	27	26	19	7	1	7	1	28	19/7
1982	极值	4.5	9.9	10.5	16.4	25.0	30.2	31.7	35.4	22.6	20.1	13.4	5.4	35.4
	日期	2	28	13，31	22	26	20	30	9	1	3	5	3，10	9/8
1983	极值	6.0	7.2	9.6	21.6	22.8	26.1	36.4	35.1	26.9	21.4	12.5	6.6	36.4
	日期	6	28	31	25	30，31	28	29	5	1	1	8	6	29/7
1984	极值	4.6	5.2	9.6	16.6	21.5	30.1	33.3	36.9	24.8	18.6	12.9	6.9	36.9
	日期	2	22	15	25	10	24	13	11	7	2	5	13	11/8
1985	极值	5.1	8.0	8.4	17.9	23.9	26.5	32.7	35.4	27.7	18.2	12.9	5.9	35.4
	日期	21	5	24	25	2	29	23	6	8	10	5	29	6/8
1986	极值	6.0	6.2	11.3	16.6	21.4	34.3	32.8	35.1	26.4	18.0	9.2	7.7	35.1
	日期	19	19	29	19	13	27	29	12	7	7	13	13	12/8
1987	极值	6.1	7.3	9.7	17.8	23.9	30.5	33.7	34.3	29.9	22.5	12.0	8.1	34.3
	日期	8	9	19	30	22	25	11	17	2	9	9	27	17/8
1988	极值	6.1	5.9	9.6	13.8	24.0	26.3	35.0	37.0	28.6	19.2	9.2	6.7	37.0
	日期	13	22	27	27	20	29	22	4	8	1	1	23	4/8

续表

年份 \ 项目 \ 月份		1	2	3	4	5	6	7	8	9	10	11	12	年最小
1989	极值	6.7	6.7	9.6	17.5	20.1	25.9	36.2	35.5	25.0	16.9	13.8	7.5	36.2
	日期	9	27	20	20，21	21	26	19	12	1	2	4	5	19/7
1990	极值	6.1	8.1	13.9	16.0	24.0	29.3	40.1	35.9	28.6	15.2	12.4	6.9	40.1
	日期	17	20	31	27	12	29	24	6	7	3	14	9	24/7
1991	极值	5.4	7.0	15.0	18.0	24.5	30.1	39.5	30.9	29.6	18.6	11.1	7.1	39.5
	日期	21	10	19	24	22	8，10	20	16	1，2	1	6	6	20/7
1992	极值	5.3	8.4	14.3	16.7	22.9	23.9	34.5	33.6	32.1	22.1	11.6	7.7	34.5
	日期	29	28	31	27	29	2	23	4	4	2	7	7	23/7
1993	极值	6.3	7.5	9.9	14.3	20.8	24.6	33.5	32.5	25.5	17.6	12.3	7.0	33.5
	日期	1，2	5	14	30	23	11	11	4	20	4	6	1	11/7
1994	极值	5.2	6.9	8.4	21.9	23.3	34.0	36.0	39.7	33.1	16.9	10.7	8.5	39.7
	日期	16	19	7，31	29	13	29	21	4	3	14	8	1	4/8
1995	极值	6.4	6.1	10.2	17.1	24.8	28.3	37.4	32.7	29.0	21.1	10.2	7.3	37.4
	日期	7	11	30	30	31	24	14	2，10	2	1	18	1	14/7
1996	极值	5.1	5.5	9.4	19.6	22.2	28.1	37.6	37.9	26.4	17.1	12.5	7.2	37.9
	日期	6	12	30	30	26	28	30	7	1	22	5	26	7/8
1997	极值	5.5	8.2	13.6	19.7	23.8	26.4	35.0	34.5	29.4	18.5	11.8	7.4	35.0
	日期	31	34	29	27	15	25	22	8	1	2	11	18	22/7
1998	极值	5.1	9.1	14.1	24.8	23.7	29.0	39.0	35.3	33.8	21.4	11.2	7.6	39.0
	日期	10	25	29	22	20	29	14	13	7	11	5	20	14/7
1999	极值	5.7	7.1	10.9	18.4	22.0	26.9	34.6	33.5	32.7	18.9	12.5	6.5	34.6
	日期	1	24	4	22	22	14	31	14	9	13	6	3	31/7
2000	极值	4.8	6.4	9.1	18.5	23.9	30.4	37.3	35.1	29.2	21.9	11.9	7.1	37.3
	日期	5，11	12	14	19	23	30	22	16	3，4	1	5	1	22/7
2001	极值	6.1	10.1	11.0	18.6	23.8	30.6	33.9	37.5	25.7	17.8	11.0	6.0	37.5
	日期	8	21	14	19	23	28	9	6	17	25	3	1	6/8
2002	极值	6.2	7.7	14.1	19.3	22.5	27.4	35.6	37.1	31.7	16.8	9.0	9.0	37.1
	日期	15，20	21	29	22	12	17	31	1	1	17	6	4	1/8
2003	极值	5.6	7.7	17.1	21.9	24.2	29.3	37.7	34.9	28.9	18.8	15.7	6.8	37.7
	日期	25	24	30	27	31	22	30	22	16	9	1	2	30/7
2004	极值	5.5	9.9	12.3	23.4	22.1	33.1	36.6	35.9	27.4	16.3	13.1	8.4	36.6
	日期	6	19	29	20	25	29	29	9	2	17	9	3	29/7
2005	极值	5.3	6.3	10.1	24.5	22.6	31.1	35.5	39.9	28.0	21.6	15.1	5.0	39.9
	日期	2	28	28	30	30	30	1	11	1	1	4	2	8/11

续表

年份	项目 \ 月份	1	2	3	4	5	6	7	8	9	10	11	12	年最小
2006	极值	5.5	8.4	14.0	27.6	22.9	35.2	38.3	35.5	27.1	20.9	10.7	6.2	38.3
	日期	27	13	31	30	4	30	13	13	3	16	2	1	13/7
2007	极值	5.5	10.4	10.9	19.3	23.2	30.8	36.5	37.0	25.9	19.8	11.2	6.7	37.0
	日期	5	21	23	19	15	27	18	2	16	4	7	1	2/8
2008	极值	4.7	5.2	11.1	16.9	26.9	28.8	34.5	32.4	26.1	19.5	11.3	6.2	34.5
	日期	2	20	18	30	3	29	29	8	7	3	2	10	29/7

二、蒸发

年平均蒸发量为1873.8毫米，远远大于降水量，容易发生干旱现象。尤其是春季蒸发量为一年中最大。

1979～2008年巨鹿县累年平均蒸发统计表

表2-2-9　　单位：毫米

年份 \ 月份	1	2	3	4	5	6	7	8	9	10	11	12	全年
1979	53.9	78.4	147.6	185.9	406.0	365.2	183.1	188.9	175.9	185.7	109.9	44.7	2125.2
1980	59.5	80.7	142.6	235.6	432.6	351.9	231.4	180.4	190.0	147.1	105.9	72.4	2230.1
1981	47.0	82.6	210.9	327.1	441.6	401.4	245.1	192.8	191.7	162.7	82.1	63.5	2448.5
1982	61.5	60.9	178.2	320.9	484.7	345.9	268.5	164.3	173.4	142.2	72.2	73.6	2346.3
1983	55.6	84.5	162.6	303.6	275.0	426.5	264.9	232.0	145.6	91.6	77.1	52.5	2171.5
1984	48.1	65.3	176.5	235.2	292.0	301.5	179.1	190.4	133.9	156.5	77.8	36.9	1911.2
1985	43.3	49.6	133.5	328.2	206.6	371.1	262.5	159.2	96.4	95.1	65.7	37.4	1848.6
1986	52.8	63.6	127.2	285.0	331.6	359.2	273.8	204.3	170.7	127.6	76.9	47.3	2120.0
1987	43.5	84.4	161.9	251.2	327.3	283.8	250.4	195.3	183.9	142.1	64.4	38.7	2026.9
1988	50.9	72.5	126.3	308.9	277.9	374.1	161.0	169.4	175.5	143.5	117.1	53.1	2030.2
1989	25.5	85.0	197.1	243.1	341.9	340.9	211.3	168.3	152.9	152.7	71.3	39.6	2029.6
1990	22.7	25.6	124.5	194.2	236.7	299.7	188.9	160.1	143.6	132.2	52.8	48.4	1629.4
1991	47.5	61.8	84.7	184.1	243.0	267.0	223.0	182.2	145.4	178.4	95.5	34.5	1747.1
1992	48.9	111.6	121.6	323.3	296.4	385.2	373.6	208.2	173.6	142.1	75.0	33.7	2293.2
1993	33.6	99.4	182.7	276.0	306.4	336.3	186.6	163.9	161.4	129.6	44.8	53.3	1974.0
1994	57.5	66.4	154.7	204.6	348.8	319.8	212.6	170.9	196.4	132.0	69.6	18.8	1952.1
1995	45.6	71.4	154.1	242.4	302.9	252.3	196.3	136.8	127.5	115.5	101.6	44.9	1791.3

续表

月份/年份	1	2	3	4	5	6	7	8	9	10	11	12	全年
1996	51.6	88.7	134.5	199.6	274.1	268.3	165.9	128.8	139.0	121.8	71.6	53.4	1697.3
1997	46.7	78.3	125.3	168.4	276.5	334.6	324.3	261.9	194.4	182.8	42.8	24.7	2060.7
1998	42.3	81.9	147.3	181.2	203.4	291.6	191.9	172.4	203.6	137.8	94.5	40.8	1788.7
1999	54.3	95.0	118.7	222.5	250.6	287.9	212.8	192.5	140.9	101.7	61.1	50.4	1788.4
2000	23.8	56.8	185.2	243.9	259.0	276.5	232.4	172.2	138.9	76.8	40.8	33.9	1740.2
2001	26.3	38.4	199.4	202.4	272.4	282.6	233.9	170.3	133.6	101.7	67.1	41.5	1769.6
2002	71.4	107.5	180.1	204.7	214.5	246.2	221.0	206.7	177.1	148.6	74.0	20.2	1872.0
2003	36.4	53.2	116.5	201.1	225.0	277.1	184.3	148.7	111.8	113.0	35.4	40.6	1543.1
2004	45.4	102.4	145.1	216.6	241.6	211.6	189.7	154.3	145.9	125.5	60.2	27.1	1665.4
2005	32.7	38.2	132.9	252.5	233.9	305.7	189.4	142.3	124.9	99.5	65.6	38.4	1656.0
2006	23.2	56.8	162.6	180.5	198.9	264.4	150.2	133.8	103.8	81.1	55.7	25.9	1436.9
2007	32.6	53.2	79.8	173.8	237.9	189.1	147.5	118.3	102.4	57.5	41.7	23.2	1257.0
2008	23.4	54.9	121.5	153.3	197.6	152.5	126.8	126.3	102.4	84.3	63.6	57.7	1264.3

第七节　霜雪冻

霜冻分为秋初霜和春终霜。秋季初霜冻来得早，能使尚未成熟的夏播玉米植株受到冻害，造成秕粒而减产；对已进入裂铃吐絮期的棉花，不仅产量下降，还能使棉花的纤维品质下降。春季的终霜冻主要对棉花播种、出苗有影响，近几年对杏花和麦苗也有影响。终霜早的年份，影响较小，终霜较晚年份，使棉播期推迟，有时使刚刚出苗的早播作物遭受冻害，造成缺苗断垅。初终霜冻还不同程度地限制作物的生长期和热量资源的利用。

限内霜冻的平均初日为 10 月 24 日，最早初日为 2004 年 10 月 2 日，最晚初日为 2002 年 11 月 26 日；平均终日为 3 月 23 日，最早终日为 1999 年 2 月 20 日，最晚终日为 1980 年 4 月 14 日。无霜期平均为 215 天，最短为 193 天，最长为 240 天。

1979～2008 年巨鹿县历年初终霜日统计表

表 2－2－10

项目/年份	初霜日（日/月）	终霜日（日/月）	无霜期（日）
1979	21/10	3/4	200
1980	25/10	14/4	193
1981	9/10	26/3	196
1982	24/10	18/3	219
1983	1/11	26/3	219

续表

年份＼项目	初霜日（日/月）	终霜日（日/月）	无霜期（日）
1984	20/10	19/3	214
1985	1/11	4/4	210
1986	29/10	19/3	223
1987	19/10	31/3	201
1988	13/10	26/3	200
1989	17/10	25/3	205
1990	9/11	5/4	217
1991	19/10	2/4	199
1992	24/10	26/3	211
1993	23/10	4/4	201
1994	21/10	26/3	208
1995	1/11	18/3	227
1996	26/10	25/3	214
1997	25/10	4/4	203
1998	27/10	2/4	207
1999	17/10	20/2	238
2000	13/10	19/3	207
2001	5/11	28/3	221
2002	26/11	3/3	267
2003	15/10	22/3	206
2004	2/10	7/3	208
2005	30/10	18/3	225
2006	5/11	9/3	240
2007	30/10	11/3	232
2008	24/10	27/2	239

1993 年 3 月 31 日，县内出现霜冻天气，杏树和小麦受冻严重，遍及全县各乡镇，农业（含林业）损失达 1400 万元。

2006 年 4 月 11 日、12 日，全县降小雨，雨量 9.7 毫米，到 12 日凌晨 3 时至 6 时温度降到零下 2 度，出现了雨夹雪，形成霜冻。时值油菜、梨树、桃树盛花授粉期，小麦正在小花分化期，对温度比较敏感，此次冻害农作物不同程度受到了损失。据统计灾害涉及全县 10 个乡镇 291 个村，受灾面积 11322 万平方米、成灾面积 4995 万平方米，受灾人口 17 万人、成灾人口 7.4 万人。其中：梨树 299.7 万平方米，桃树 106.56 万平方米，小麦 4302.36 万平方米，油菜 2.06 万平方米，棉花 99.9 万平方米。均减产 3～5 成。直接经济损失1500万元。

第三章　自然资源

巨鹿县自然资源主要为土地、水资源和农、林、畜、牧及野生动植物资源。随着新科技的推广和应用，以太阳能、沼气为主的新能源资源，被广泛应用于人们的日常生活和生产之中。

第一节　土　地

一、面积

2008年，全县土地总面积6.29亿平方米，构成为四项：一是农业耕地4.12亿平方米。其中旱地2.23亿平方米、水浇地1.89亿平方米。林业用地545万平方米，林业用地中有林地444.04万平方米、蔬林地5.57万平方米、未成林地（小树苗）11.42万平方米、苗圃83.98万平方米；二是交通用地主要为公路占地，面积为324.48万平方米。其中省级公路占地81.80万平方米，县级公路占地124.25万平方米，乡镇村级公路占地118.43万平方米；三是居民建筑及工业用地，面积为6652.52万平方米，其中居民点：建制镇（不包括村）占地894.58万平方米，特殊用地面积30.16万平方米，农村居民点占地5160.73万平方米，独立工矿占地566.39万平方米；四是未利用土地3926.67万平方米，其中芳草地344.75万平方米，盐碱地746.85万平方米，沙地817.38万平方米，其他未利用土地2017.69万平方米。

二、土壤

土壤有3个土类，即潮土类、盐土类和风沙类。5个亚类：（一）潮土亚类。面积19532.58万平方米，占土地总面积的31.39%。主要分布在城关、小吕寨、王虎寨、阎疃、西郭城、堤村、官亭等乡镇，零星不集中，多在平坦地段或洼地。地下水位偏高。（二）褐土化潮土亚类。面积18258.86万平方米，占土地总面积的29.34%，呈条状分布在堤村、城关、张王疃、阎疃等乡镇的部分乡村地形略高的缓岗和准缓岗上。排水条件较好，土层厚多壤质，土体中有较黏性的鲜褐色粘化层。（三）盐化潮土亚类。面积19863.38万平方米，占土地总面积的31.92%．主要分布在王虎寨、小吕寨、西郭城、观寨、官亭、阎疃、苏家营等乡镇的小漳河、洪溢河和老漳河两侧，地位较浅，地下水矿化度在3克/升以上。（四）风沙土亚类。面积2965.23万平方米，占土地总面积的4.77%，主要分布在堤村、城关、王虎寨、小吕寨、苏家营等乡镇部分村。特点为土壤疏松，植物稀少。（五）内陆盐土亚类。面积1603.73万平方米，占土地面积的2.58%，主要分布在苏家营、观寨乡。地表土层适中，因含盐量大于1%，农作物不易生长。通过开渠、平整土地和种植耐碱枸杞、向日葵、高粱等植物，加上随着时间的推移变化，这类土地有70%已开始生长农作物。

第二节　水资源

随着工业和生活用水不断增加，水源污染已由点扩散到面。地上水、地下水水质恶化，有的水利用形成恶性循环，可利用水量相应减少，只能开采300米~500米的深层水灌溉和饮用。

一、地上水

（一）降水

因受季风影响，降水量年际间变化很大，年平均降水量为493.4毫米。1979~2008年期间，最大年降水量714.1毫米（1993年），最小年降水量247.9毫米（1997年），最大年降水量是最小年降水量的2.9倍。且年内分布极不均匀，降雨量的53%集中于七、八月，7月下旬至8月上旬20天时间内的降雨占七、八两个月的43%，历年4~5月春播时期降水量偏少，多年平均55.5毫米，占年平均雨量的11%，大多年份春旱秋涝。

（二）客水

巨鹿县境内现有河渠（包括干支斗农毛渠）共70条，长415.34千米。按照河渠划界分级管理，县级主管河渠有8条，它们分别是滏阳河、小漳河、洪溢河（商店渠）、一支渠、老漳河、神仙渠、二干渠、滏漳渠。这8条主干河渠配之以62条支斗农毛渠形成了一个纵横交错的排灌网络。

老漳河　老漳河上起曲周县东水疃（支漳河汇入口）流经平乡、广宗、巨鹿至宁晋孙家口小漳河排水涵洞处与滏东排河相接，全长65.7千米，流域面积2366平方千米，排水能力230立方米/秒~390立方米/秒。老漳河在巨鹿县境内全长27千米，由广宗县板台村北南花窝村南入巨鹿县境，流经张王疃、阎疃、苏家营、官亭等4个乡镇14个村至商店村北入宁晋县境。老漳河在县境内的排水能力为340立方米/秒~390立方米/秒。河底宽38米~63米，水深4米~5米，边坡1∶4，纵坡1/6000~1/13700，河底高程为19.76米~22.5米。老漳河各项技术指标在境内分为三段：1. 东冯寨南至平巨边界，其河底高程在22.5米~21.22米之间，流量为340立方米/秒，底宽38米，水深4米，边坡1∶4，纵坡1/8000。2. 东冯寨至商店，河底高程在21.22米~19.81米之间，流量为340立方米/秒，底宽44米，水深5米，边坡1∶4，纵坡1/10000。3. 商店以北至宁巨边界河底高程在19.81米~19.76米之间，底宽63米，水深5米，边坡1∶4，纵坡1/13700。

在老漳河上有各类桥梁15座，其中公路桥3座，水利桥12座。在位于商店村建有拦河闸一座，流量为340立方米/秒，属Ⅳ级建筑物，蓄水库容为680立方米。建有扬水站5处，扬水能力45立方米/秒，属中型建筑物。老漳河上还建有2座涵洞，分别是商店涵洞流量为77立方米/秒，洪水口涵洞流量为5.6立方米/秒。

小漳河　小漳河南起邯郸地区曲周县流经上寨向北流经平乡、巨鹿、隆尧等县，全长842千米，流域面积570.3平方千米，属排涝河系。小漳河属省定较大排水支流，自王虎寨镇杨寨村南入巨鹿县境，经过王虎寨 、小吕寨、观寨3个乡镇至南哈口北入隆尧境地，在县境内全长4.5千米，流域面积63平方千米，排流量为14.5立方米/秒~25.5立方米/秒，其河底宽11米~12米，河底高程一般在25.4米~23.7米之间，以邢南公路为界，以南底宽11米，以北底宽12米，水深一般在4米左右，设计边坡为1∶3，边坡为1/6000~1/10000。

小漳河上建有1座拦河闸（即大韩寨村拦河闸）和5座涵洞，10座桥梁。大韩寨拦河闸，其蓄水库容为160万立方米，其闸底高程为23.5米。5座涵洞分别是：杨寨涵洞、纸房涵洞、前大吕涵洞、大韩寨涵洞、崔寨涵洞。桥梁10座，其中公路桥2座，水利桥8座，为2000年新建。

滏阳河　滏阳河古称滏水，为子牙河系两大支流之一。滏阳河由任县邢家湾东流入巨鹿，经过小张庄、河北庄、北盐池等村流入隆尧县，境内段长1.2千米，设计流量30立方米/每秒，平均水深4米，河口宽30米，边坡1∶2，原是一条防洪灌溉、航运等综合利用的骨干河道。现为防洪河道。

2002~2003年邢家湾开卡工程实施竣工后，滏阳河由吕庄村南入巨鹿县，经过东郭城、西郭城、南盐池、北盐池等村出境，2004年巨鹿县境内取直，境内段长约8.5千米，底宽10米，边坡1∶3，左右各10米宽的滩地，河底高程为25.0米。

洪溢河　洪溢河又称商店渠，是一条除涝排洪渠道，自堤村乡前屯村东入境经过纪家寨、金玉庄、老马庄、西乔庄、胡林寨、观寨、韩长路等村汇入老漳河。长37.3千米，控制流域面积405.5平方千米，一般水深3米~3.9米，边坡1∶4，纵坡1/2000~1/15000，流量40.5立方米/秒。底宽4米~14米。底宽为渐变段，纪家寨至巨平界底宽为1米~4米，纪家寨至西乔庄底宽为4米~9米，西乔庄至观寨底宽为9米~11米，观寨至老漳河底宽11米~14米，洪溢河上建有一座拦河闸（何寨拦河闸）和26座桥梁。

一支渠　一支渠是商店渠的一个支渠。该渠南起北陈庄，向北汇入商店渠。是一条除涝排洪渠道，全长17千米，底宽1米~4米，水深3

米，边坡1∶2，纵坡1/8000，流量13.5立方米/秒，其底宽为渐变段，东下疃以南底宽1米，马庄以南底宽2米，以北底宽3米，河底高程为24米~21.78米。

二干渠 西起任县澧河闸向东进巨鹿县大张庄到小漳河退水闸止，是一条除涝排涝渠道，全长10.7千米，底宽6米，水深2.5米，边坡1∶2，纵坡为1/10000，流量10.5立方米/秒，高程为26.3米~23.98米。

神仙渠 神仙渠位于老漳河以东，南起东孟庄与宋庄渠连接处的公路桥向北至袁长路闸汇入老漳河，是巨鹿东部除涝排洪的主要渠道，全长17.5千米，底宽2米~3米，以苏家营为界，苏家营南底宽2米，苏家营北底宽3米，水深2.5米，边坡1∶2，流量9.2立方米/秒，纵坡为1/8000~1/10000，河底高程为25.4米~21.5米。

滏漳渠 滏漳渠位于巨鹿县中部东西走向渠道，西起滏阳河向东穿过旧、新小漳河，商店渠一支渠于洪水口南汇入老漳河，是县境内唯一一条贯穿东西的河渠，起着东水西扬、西水东调的作用，可实现一河有水各渠皆可利用的目的，还负担着除涝排洪等重要任务。该渠全长24.7千米，其中新小漳河至老漳河段长18千米为平底渠，底宽2米，水深2.5米，边坡1∶25，流量10.5立方米/秒，河底高程为24.0米。新小漳河至滏阳河段长6.7千米，底宽2米，水深2.5米，边坡1∶2，纵坡1/5000，流量5立方米/秒，河底高程为26.1米~24.0米。

1990年以前，老漳河水量较丰，水质良好，沿河群众可用来灌溉。1990年以后，河水渐少，后经常干涸，有时下游商店闸回流过来的石家庄方面的生活污水，可用于农田灌溉。1998年县委、县政府组织受益乡镇，抽调大批劳动力，由县水利局牵头对县境内的老漳河、小漳河、洪溢河（商店渠）、二干渠等主要河渠疏浚和清淤，对商店、大韩寨、何寨3座拦河闸和20余座扬水站（点）检查维修。使全县所有河道上下贯通，形成“南水北截、北水南引、西水东调、东水西扬”的灌溉体系。实现了“一河有水，各河能用”，为调蓄水打下基础。通过疏浚二干渠、维修和充起任县澧河橡胶坝、澧河二干渠退水闸，实施错季节调引外域水，每年从澧河调水和汛期拦蓄雨水3000万立方米，可浇地2亿平方米，降低农民浇地成本600万元。

二、地下水

境内地下水按深度可分为浅层和深层水。因深层水补给困难，故未计算在可利用水资源内。

（一）浅层水

浅层水矿化度小于2克/升的面积为87平方千米，主要分布在中东部古河道带；矿化度在2~3克/升的面积为137平方千米，分布在浅层淡水外缘及底部；矿化度在3~5克/升的面积为385平方千米，在境内占优势，矿化度大于5克/升的面积为14平方千米，呈点片状分布。浅层淡水总储量为8800万立方米，每年开采810万立方米，后来开采少的原因主要是：浅层淡水呈点片分布，有的储量少，不易开采；有的沙层薄，出水量少；浅层水咸淡间杂分布，采水时稍有不慎即变苦。其储量见表2-3-12。

2008年巨鹿县浅层水静储量计算成果一览表

表2-3-11　　单位：亿立方米

分区＼矿化度	2克/升	2-3克/升	3-5克/升	备注
1	0.27	0.44	5.12	
2	0.13	0.18	16.61	
3	0.49	0.84	19.47	
合计	0.89	1.46	41.20	

（二）深层淡水

据第四纪各含水组水文地质特征，深层淡水主要指第三、四含水组的地下水资源。第三含水组底板埋深 340 米～400 米，单位涌水量 5 立方米/小时～10 立方米/小时。第四含水组底板埋深 500 米，由于砂层分布少，单层厚度小，故富水性较差，单位涌水量 5 立方米/小时。深层淡水的开采层位一般在 150 米～400 米之间，含水岩性以细砂、中砂为主，中砂层分布面积占全县面积的 30%，是工业、农业、生活等各方面的主要水源。到 2007 年底，全县有深机井 1900 眼，井深大部分在 300 米～500 米之间，单井出水量为 50 立方米/小时～80 立方米/小时，由于深层淡水补给困难，地下水位连年下降，形成以巨鹿镇、张王疃为中心的常年性漏斗区。

（三）水质

地上水主要是天然降水和汛期过境客水，水质较好，河渠坑塘蓄水也为天然降水，存蓄时间短，可灌溉农田，但混浊，含微生物较多，不宜饮用。

地下水水质优劣差别很大。深层地下水（埋深在 350 米以下），矿化度小于 1 克/升，但有的含氟量偏高；浅层水咸淡间杂分布，矿化度大于 2 克/升的咸水，占总面积的 37.3%，矿化度小于 2 克/升的淡水，分布在境内中东部主河道，底板埋深 10 米～70 米，占总面积的 13.8%。

浅层淡水，水化学类型以氟化物—硫酸盐、硫酸盐—氯化物为主，阳离子以镁、钙、钠为主，适宜长期灌溉。

微咸水（矿化度为 2～3 克/升），水化学类型和浅层淡水相同，与浅层淡水分层分布，一并开采，经多年灌溉农田，未发现有明显不良反映。

半咸水（矿化度为 3～5 克/升），水化学类型以氯化物或硫酸盐为主，味道苦咸，不宜长期灌溉作物。

咸水（矿化度大于 5 克/升），水化学类型与半咸水相似，不可作为灌溉用。含氟区的阎疃、张王疃、巨鹿镇等乡镇的部分村，面积约 100 余平方千米，地下水含氟量 2 毫克/升～4 毫克/升，超过卫生部关于饮用水标准。

2008 年巨鹿县浅层地下水矿化度分区情况统计表

表 2－3－12　　单位：平方千米

面积 矿化度 分区	矿化度				面　积
	小于 2 克/升	2～3 克/升	3～5 克/升	大于 5 克/升	总面积
Ⅰ	26.2	40.8	42.7	7.2	113.2
Ⅱ	12.4	17.0	155.9	6.1	189.6
Ⅲ	48.4	79.2	186.4	1.7	320.2
合计	87.0	137.0	385.0	15.0	623.0

（四）供需状况

水资源的匮乏，制约县域经济发展。全县地下水资源多年平均为 5560 万立方米，其中浅层地下水可利用量为 1560 万立方米，深层地下水可利用量 4000 万立方米，人均占有水资源量 152 立方米，为全国水资源人均占有量的 6.3%，县内老漳河、洪溢河、小漳河、滏阳河等河流，除老漳河丰水年汛期有水流经外，其余基本上是枯河，地下水位越来越低且难以补充。其他河流基本无过境水，地上水资源匮乏。

全县农业年需水量 7709.35 万立方米；工业需水量 330 万立方米；城乡生活用水量，非农业人口用水按 80 千克/人・日，农业人口按 40 升/人・日，大牲畜按 60 升/头・日，小牲畜按 9 升/头・日，家禽 0.5 升/只・日，年需水量 716.38 万立方米。

农业、工业、生活及环境用水共需 8761.48 万立方米/年，与目前全县地下水资源总量 5560

万立方米相比，尚缺水3201.48万立方米，供需矛盾较为突出。

（五）开发利用

为满足全县生活用水和工农业生产需求，近年来，积极开发利用地表水资源，先后整治老漳河、小漳河、滏阳河等主要河流3条，开挖、疏通、清淤神仙渠、一支渠、滏漳灌渠、商店渠（洪溢河）等主要干渠21条，开挖支、斗、农渠45条。为尽量减少每年汛期大量水源白白流失，20世纪七八十年代，县水利局先后在小漳河上修建大韩寨拦河闸，在洪溢河上修建何寨拦河闸和在老漳河上修建商店拦河闸等，这些水利设施先后建成，增强了拦蓄河水的能力，水滞蓄时间拉长，总拦蓄能力达到2000万立方米，使沿河村庄农民大大受益。每年可浇灌农田6660余万平方米。同时还先后建成洪水口、阎疃、苏家营、无尘、柴城等较大型扬水站11座，扬水点29座，灌溉面积达到3330万平方米。

由于工农业、生活等各方面的用水量逐渐增加，县电力公司于2003年投资150万元，打1700米深井地热井，靠水温用于宾馆和办公场所等。县城一些居民小区，在自家院里打一、二眼小井，一般在20米~30米，冬、夏两季利用水的常温循环节约能源，大型场所安装水冷热中央空调等。

（六）水资源保护

1. 开展水资源保护宣传　利用“世界水日”、“中国水周”等节日多种形式广泛开展宣传活动，不断提高公众的水患意识和节水意识。

2. 征收水资源费　自1999年开始征收水资源费。征收标准为：生产经营性用水（地下水）0.30元/立方米，生产经营性自备井（地下水）0.30元/立方米，生产经营性用水（地上水）0.04元/立方米。

3. 提高用水价格　2007年12月县城和农村自来水价格调整，城镇居民生活用水由1.35元/吨调整到2.32元/吨；行政事业用水由2元/吨调整为2.90元/吨；工商企业用水由2.50元/吨调整到3.60元/吨；宾馆餐饮服务业用水由3.20元/吨调整为4.40元/吨；特殊行业8.00元/吨；农村生活用水1.70元/吨。

4. 开发利用地下浅层微咸水　2004年、2005年投资30万元，先后在小吕寨、西郭城、观寨、堤村等乡镇村打井50眼，实施咸淡混浇灌溉农田。

5. 调整农业种植结构　发展低耗水、高效益、抗旱能力强的旱作物，减少高耗水、低效益、不耐旱的粮食作物。在选择工程节水措施的基础上，推广平整土地、土壤深耕深松、平衡施肥技术、秸秆覆盖和保护性耕作措施。

第三节　野生动植物

农作物种植和家禽饲养、林木资源已在农业编记叙。本章只记野生部分。

一、蒿草

原来有到2008年尚存的有荠菜、麦蒿、麦杂、茅草、扫帚苗、碱蓬，2004年县内出现黄顶菊，2005年增多，不少路旁、沟渠到处可见，县城小街两旁也泛滥成灾，2007年开始组织环卫工人打除草剂灭害，后逐步减少。

二、中草药类

苍耳子（桑棵蒺藜）、瓜蒌、薄荷、白蒺藜、马生菜、紫地丁、益母草（天麻草）、艾叶、槐花、槐角（槐连豆）、铃铛秧、蒲公英、车前子（猪耳朵草）等。

三、动物

（一）爬行类有野兔、黄鼬、獾、刺猬、鼢鼠、鼠、蛇、蝎虎、壁虎等。（二）鸟类有喜鹊、布谷、燕子、猫头鹰、鸠、啄木鸟、麻雀、鹰、百灵、鹦鹉、鹌鹑、山鸡、水鸡、野鸭、蝙蝠等。（三）水中有青蛙、蟾蜍、鲫鱼、鲤鱼、鲢鱼、鲶鱼、鳝鱼、泥鳅、虾、蚌、田螺、蜗牛、水蛭、马鳖（蚂蟥）、蚯蚓等。（四）昆虫类有蝴蝶、蜻蜓、蝈蝈、蟋蟀、螳螂、蝉、蝗虫、蝼蛄、蜘蛛、虻、瓢虫、金龟子、苍蝇、蚊子、跳蚤、虱子、黄蜂（马蜂），蚂蚁、臭姑娘、屎壳郎、蟑螂、蝎子、蚰蜒、蜈蚣、蚜虫、橡皮虫、棉铃虫、钻心虫等。

第四节　新能源

一、太阳能

巨鹿县日照时间较长，有充裕的太阳热能。太阳能作为取之不尽、用之不竭的环保能源，越来越被人们所重视。到2008年，太阳能热水器已在城镇家庭普及，日光温室大棚已广泛应用于瓜果蔬菜种植。

二、沼气

沼气，即利用作物秸秆和牲畜粪便等为原料，发酵后生成沼气，用于燃烧做饭、照明。每个沼气池每年可节煤1吨，为农民节支1000元。2003年开始推广沼气，到2008年末，全县累计建沼气池8500个，每年节煤8500吨，为农民节约开支850万元。

第四章　自然灾害

巨鹿县自然灾害主要有旱涝、风雹、雷暴、水灾等气象灾害和病虫害等生物灾害。随着科学技术的不断进步，自然灾害的预测预报技术不断提高，人们防御自然灾害的能力也不断增强。

第一节　管理机构

一、气象局

巨鹿县气象站（局）为正科级事业单位，属邢台市气象局和县政府双重领导，成立于1959年，名称巨鹿县气象站。1989年9月18日，巨鹿县气象站改称巨鹿县气象局。2008年县气象局内设地面测报股、科技服务股2个股室。

二、地震局

1976年3月成立巨鹿县地震办公室，1999年6月改为县地震局。自成立办公室时在巨鹿县城幸福街。2007年7月因房屋年久失修搬至莲花盆东街县社办公楼，直到2008年底。

1979年至2008年间共发生3级以上地震6次，最大一次ML4.3级，时为1989年7月23日03时15分。无ML4.5级以上震级，未形成灾害。

第二节　旱　涝

巨鹿县由于是半干旱大陆性季风气候，降水受季风影响特别大，降水集中且年际变化较大，所以旱涝是农业生产的主要气象灾害。旱年的发生频率达30%，涝年发生频率7%。

1979～2008年巨鹿县旱涝灾害统计表

表2－4－13　　单位：毫米

年均降水	级别	标准降水量	出现年份（年）	合计	发生频率
	大旱年	≤275.4	1997	1	3%
	偏旱年	275.5～440.5	1980，1984，1986，1988，1992，1999，2001，2002	8	27%
	正常年	440.6～660.8	1979，1981，1982，1983，1985，1987，1990，1991，1994，1995，1996，1998，2000，2003，2004，2005，2006，2007	18	63%
	偏涝年	660.9～826.0	1989，1993	2	7%
	大涝年	＞826.1		0	0

根据旱涝出现的不同时段，旱涝分六种类型， 即春旱、初夏旱、伏旱、秋旱、夏涝、秋涝。

1979～2008 年巨鹿县各季旱涝情况统计表

表 2－4－14 单位：毫米

类型	时段（月旬）	降水标准	出现年份（年）	合计	频率
春旱	3～5 月	≤100	1979，1981，1982，1984，1986，1987，1989，1992，1993，1994，1995，1996，1997，1999，2000，2001，2002，2003，2004，2005，2006，2008	22	77%
初夏旱	6 月下旬～7 月上旬	≤41.8	1981，1985，1989，1991，1992，1997，2001，2005，2007	9	30%
伏旱	7 月中旬～8 月上旬	≤99.0	1979，1980，1981，1983，1986，1987，1997，1998，2003，2006，2008	11	37%
秋旱	8 月中旬～9 月下旬	≤61.7	1980，1991，1992，1993，1994，1996，2001，	7	23%
夏涝	7 月中旬～8 月中旬	≥260.0	1981，1982，1989，1993，1994，1996，2005	7	23%
秋涝	8 月下旬～9 月下旬	≥183.4	2003	1	3%

春旱的发生频率最高，几乎是十年八旱，故 一直把抗旱放在重要位置。

1979～2008 年巨鹿县干旱较重灾情统计表

表 2－4－15

出现年份	强度	受灾程度
1980	夏秋连旱，7～12 月降水量 180.6 毫米比历年偏少 200.5 毫米	严重影响夏秋作物的生长
1981	春季干旱：1～5 月共降雨 40.8 毫米比历年偏少 33.3 毫米	严重影响小麦生长和大秋作物的春播工作
1997	年降水量 247.9 毫米比历年平均值 522.4 毫米偏少 274.5 毫米，由于 5～8 月份降水极少，比常年偏少 314.2 毫米，而 7 月、8 月份温度偏高，日照偏多。	给大秋作物的收成造成严重减产，甚至绝收

第三节 水 灾

1979～2008 年，30 年中县内共出现暴雨 54 次，平均每年 1.8 次；大暴雨 8 次，平均三、四年一遇。暴雨出现在 4～10 月之间，7～8 月出现最多，占总次数的 74%。

巨鹿县暴雨频率图

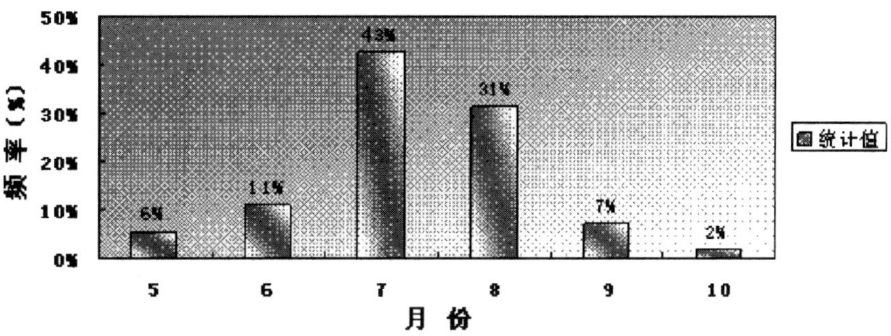

1979～2008 年暴雨灾害情况统计表

表 2－4－16　　单位：毫米

出现时间	强度	受灾程度
1982 年 7 月 30 日～8 月 5 日	过程降水量达 221.5	造成局部沥涝
1988 年 7 月下旬	县城 58.6	农作物成灾面积 1.40 亿平方米，绝收 5261.4 万平方米，损坏房屋 3.9 万间，倒塌 1.6 万间，直接经济损失 2300 万元。
1989 年 7 月 21 日 08 时～14 时 30 分，23 日又有暴雨。	暴雨：从 08 时～14 时 30 分降雨量 169.8 堤村、张王疃降雨量在 300 以上，城关、阎疃降雨在 150～200 其余乡镇降雨量在 100 以下	雨量较大的乡镇地面积水深达 1 米以上，邢南公路以南漳河东侧至林庄西侧至张毛庄一带大面积的水面连成一片。积水 1.80 亿平方米。损坏房屋 39467 间，倒塌 16361 间，危房 231061 间，倒塌学校 35 所，围墙倒塌 3 万多米，损坏树木 9500 余棵，倒地高压电杆 36 根，11 万变电站电缆进水，巨鹿镇高邓庄因房屋倒塌砸伤一人，6660 万平方米棉花、谷子、山药等秋作物受灾。
1993 年 8 月 4 日 10 时～5 日 3 时	降水量达 291.8	造成低洼地区积水成灾。
2005 年 8 月 1 日 23 时 30 分至 0 时 15 分	遭受大风，冰雹、暴雨强对流天气袭击。	致使玉米、谷子大面积倒伏，棉花、山药成片被砸成光杆，果树的果实全部落地，公路两旁和村庄内 25 厘米～30 厘米粗的大树和通信电杆有的连根拔起，有的拦腰折断。据调查折断电杆 160 根，树 1.6 万棵，倒塌房屋 11 间，电缆落地长达 8 千米。全县受灾人口 66116 人；成灾面积 7972 公顷，其中玉米 3760 公顷，谷子 1188 公顷，棉花 1787 公顷、果树 371 公顷、枸杞 427 公顷，金银花 40 公顷；5～8 成 5417 公顷，8 成以上 2067 公顷，造成经济损失 10865.84 万元。

第四节 雷 暴

限内平均每年出现雷暴28天，3～11月均有发生，其中7月份最多，占年雷暴次数的30%。出现雷暴的最早时间为1998年3月30日，最晚出现在2005年11月份。曾多次发生雷电致死伤人畜事件，事故多寡与雷电强弱、避雷装置安装完善与否、防雷意识高低有关。

1987年8月26日10时，县城一单位2名值班员被球形雷击中，送往医院救治。

2001年8月，前大吕寨一名60岁老人在路上，被雷击断的电线砸中遇难身亡。

2002年，东旧城5组1人被雷击遇难。

2003年6月，张毛庄一村民在西瓜地遭雷击遇难。

2004年7月，东旧城2组村民干农活回家途中被雷击中，遇难2人，伤1人。

2006年，前大吕寨村遭雷击死驴一头。

2007年7月，苏家营中学遭受雷击，卫星远程接收系统与空调损坏，村里变压器及多台电视机损坏。

2008年6月，前大吕寨村一块棉花地受雷击，青苗全部烧焦。

2008年7月，西郭城村遭受雷击，一台变压器、多台电视机损坏，直接损失5000元。

第五节 风 雹

冰雹天气具有突发性，一般伴有大风、雷阵雨，由于正值农作物生长季节，极易成灾。轻者使作物茎叶被砸劈砸落、果树掉果，重者庄稼全部砸毁以致绝收，人畜伤亡，房屋被毁。1993年7月8日下午16时40分到18时45分，县域北部出现10级大风，刮倒树木5600多棵，电杆355根，砸伤1941人，重伤368人，官亭玛钢厂1700平米厂房在风暴中倒塌，砸伤53人，其中重伤11人，死亡2人。1998年6月21日10时，出现9～10级大风，风速24米/秒，刮倒树木1万棵，电杆折断102根。

1979年后，共出现冰雹12次，时间大都在4～10月，其中6月份出现最多，占年出现冰雹次数的33%。一般都在下午14～18时。历史上一年中最早出现冰雹时间为1997年4月28日。

冰雹路径主要有5条：（1）官亭、苏家营、阎疃一线；（2）观寨、官亭、阎疃、巨鹿镇、张王疃一线；（3）西郭城、小吕寨、巨鹿镇、张王疃一线；（4）西郭城、小吕寨、堤村一线；以上四条均是西北路径，（5）官亭、观寨、小吕寨、王虎寨一线为东北路径。

1979～2008年巨鹿县冰雹灾情情况统计表

表2－4－17

发生时间	地点范围	强度	受灾情况
1980年10月24日	全县，雹线有两条：一条是观寨、巨鹿镇、张王疃一带；另一条是官亭、苏家营、阎疃一带。	最大冰雹有枣样大，最多的地方有3厘米多厚，第二天才溶化完。	对晚秋作物山药、棉花、白菜等造成不同程度危害。
1982年6月16日16时	西郭城、小吕寨、王虎寨、巨鹿镇和堤村5个乡镇。	堤村乡贾庄成灾，贾庄降雹持续时间长达20分钟左右，最大冰雹核桃大。	玉米532.8万平方米，谷子199.8万平方米，花生和豆类266.4万平方米，山药199.8万平方米，棉花499.5万平方米，大部分棉株砸成光杆。

续表

发生时间	地点范围	强度	受灾情况
1985年7月4日15时47分~15时49分	由北向南6个乡镇：观寨、官亭、小吕寨、巨鹿镇、张王疃、堤村。	最大风速大于20米/秒，县城到辛庄西部有宽约1.5千米、长约8千米的雹带，最多地方雹厚达40毫米，最大冰雹直径约16毫米。	棉花2664万平方米，山药1998万平方米，芝麻532.8万平方米，玉米266.4万平方米，谷子66.6万平方米，杂粮333万平方米，瓜菜666万平方米，枸杞599.4万平方米。果树532.8万平方米，成材树折断1000棵，电杆折断50根，围墙倒塌900米。
1986年6月22日17时20分~19时45分；6月24日18时30分~18时54分	堤村、巨鹿镇、张王疃、官亭、观寨、王虎寨、苏家营、阎疃8个乡镇，69个村，成灾35个村。	堤村、苏家营最重，直径25毫米，大的40毫米，地表厚20毫米~60毫米。	成灾面积3776.22万平方米，棉花砸成光杆，芝麻折断，果子落掉，棉花532.8万平方米，芝麻95.90万平方米，花生119.88万平方米，枸杞26.64万平方米，瓜菜113.22万平方米，果林140.93万平方米，其他213.12万平方米，经济损失750万元。
1986年8月4日21时~22时30分	观寨、小吕寨、西郭城、王虎寨4个乡镇，31个村。	每平方米800多个，厚100毫米，直径20毫米~30毫米。	受灾2863.8万平方米，成灾3.2万平方米，损坏部分玻璃窗，棉花、芝麻、山药受灾严重。
1986年9月1日19时32分~19时50分	从西北到东南9个乡镇，188个村，严重的有观寨、小吕寨、王虎寨、西郭城。	最大直径5毫米	农作物严重减产，棉花被砸成光杆，重灾处每平方米落桃25~30个，谷子、山药等农作物大量倒伏。总受灾面积为1.72亿平方米，其中棉花3063.6万平方米，谷子5461.2万平方米，玉米399.6万平方米，山药532.8万平方米，豆类399.6万平方米，芝麻532.8万平方米，果木799.2万平方米，其它932.4万平方米，造成直接经济损失达1500万元。
1990年9月16日16时41分~16时47分	巨鹿镇、堤村、张王疃乡，3个乡镇11个村。	冰雹直径5毫米~20毫米。	涉及4750户，23637人。受灾3330万平方米，成灾面积1964.7万平方米，其中棉花932.4万平方米，谷子333万平方米，山药399.6万平方米，果林133.2万平方米，白菜99.9万平方米，其他66.6万平方米；减产3~5成的1665万平方米，5~8成的199.8万平方米，8成以上的99.9万平方米。部分城镇建筑物玻璃砸坏。
1991年7月8日16时36分~16时42分	小吕寨、阎疃、张王疃、官亭4个乡镇，25个村。	最大直径4毫米。	小吕寨镇是重点。受灾总面积912.62万平方米，其中棉花638.03万平方米，林果159.84万平方米（包括枸杞），芝麻48.15万平方米，瓜菜66.6万平方米。成灾面积447.75万平方米，减产3~5成的有346.32万平方米，其中棉花259.74万平方米，瓜菜19.98万平方米，果林66.6万平方米；减产5~8成的有101.43万平方米，棉花73.26万平方米，瓜果13.32万平方米，芝麻14.85万平方米。直接损失3000万元。

续表

发生时间	地点范围	强度	受灾情况
1991年7月12日19时~20时	巨鹿镇、官亭、张王疃、阎疃，受灾最严重的是巨鹿镇的东下疃和张王疃乡的洪水口一带。	冰雹最大的如鸡蛋。	总面积5068.26万平方米，成灾面积3796.2万平方米，减产3~5成1132.2万平方米，5~8成的1951.38万平方米，8成以上的712.62万平方米。其中棉花成灾2264.4万平方米，减产3~5成的199.8万平方米，5~8成的1665万平方米，8成以上的399.6万平方米；山药成灾599.4万平方米，谷子399.6万平方米，瓜菜199.8万平方米，杂粮199.8万平方米，油料133.2万平方米。部分树木、电线杆被大风刮倒，洪水口村有一棵直径33厘米大树被连根拔出。
1993年7月8日16时40分~18时45分	官亭、苏家营、观寨。	大风10级以上，冰雹大的直径约100毫米，地面冰雹厚约30毫米~100毫米。	暴风刮断、刮倒树木56000多棵，电杆355根，损坏房屋2978间（其中倒塌620间），围墙27739米。砸伤1941人，重伤368人，死亡3人。大牲畜受伤457头，丢失36头，死亡18头。棉花被砸为光杆，山药、瓜果、豆类叶光茎断。直接经济损失2亿多元。
1994年6月26日22时05分	小吕寨、西郭城、官亭、阎疃、张王疃、巨鹿镇、堤村、观寨、王虎寨9个乡镇。	大风10级以上，冰雹最大直径200毫米。	刮倒树木13025棵，电杆24根，损坏房屋113间，围墙31015米，农作物受灾面积5968.69万平方米，全县造成直接损失2600多万元。
1998年6月22日20时~20时23分	小吕寨、巨鹿镇、张王疃、阎疃4个乡镇，162个村。	大风瞬时风速达24米/秒，最大冰雹直径40毫米，最大重量15.7克。	农作物受灾面积2.53亿平方米，刮断树木1万多棵，砸坏房屋10多万平方米，刮倒电杆102根，损坏电线4700米，电器1800件，死1人，伤7人，造成直接经济损失25.5万元。
2000年7月10日17时30分~17时38分	西郭城、小吕寨、官亭、阎疃、苏家营、观寨6个乡镇，17个村。	冰雹最大直径10毫米，最大风速17米/秒以上。	刮断电杆85根，刮倒树木50棵，受灾面积917.74万平方米，成灾面积773.23万平方米，受灾人口27300人，直接经济损失196万元。
2002年9月27日02时52分~02时58分	官亭，苏家营，阎疃，张王疃。	最大直径20毫米。	损失42万元。
2004年5月15日到7月7日5次	10个乡镇，163个村。	部分农作物被毁。	受灾人口190761人，死亡1人，受灾面积1.66亿平方米，经济损失24278万元。

续表

发生时间	地点范围	强度	受灾情况
2005 年 7 月 31 日 23 时 50 分到 8 月 1 日 0 时 15 分	巨鹿镇、小吕寨、西郭城、阎疃、堤村、张王疃，观寨 7 个乡镇，122 个村。		刮倒电杆 160 根、树木 11600 棵，倒塌房屋 11 间，电缆落地 8 千米，受灾 6616 人，成灾 797.87 万平方米，直接损失 10865 万元。
2006 年 6 月 25 日下午 17 时 34 分	小吕寨、西郭城、王虎寨 3 个镇，27 个村。	冰雹最大直径 15 毫米，密度每平方米 30 ~ 40 粒。	受灾主要农作物是棉花、西瓜，部分经济作物等。受灾人口 25668 人，受灾面积 412.92 万平方米，受灾程度，棉花 33.3 万平方米减产 1 ~ 3 成，379.62 万平方米减产 3 ~ 7 成，西瓜 93.24 万平方米减产 8 成以上，毁坏树木 83 棵，造成直接经济损失 500 万元。

第六节　雾（霾）

雾是大量微小水滴浮游在空中，常呈乳白色，使水平能见度小于 1 千米。霾也是一种视程障碍现象。它是大量极细的干尘粒等均匀的浮游在空中使水平能见度小于 10 千米的空气普遍混浊现象。据 1979 ~ 2008 年历年统计数据：雾为 33.6 天，霾为 20.1 天，各月霾出现频率最高的是 12 月份。

1979 ~ 2008 年巨鹿县历年年、月雾日数统计表

表 2 - 4 - 18　　单位：天

年份＼月份	1	2	3	4	5	6	7	8	9	10	11	12	全年
1979	5	1		1					1	3		9	20
1980	1	2		1				2	4	1	9		20
1981	3	2		1				2	2		2		12
1982		4		1			1	2	2	5	4		19
1983	1		1		2			1	5	2	7		19
1984		1	2	1		2	1	2	1	3	5	7	25
1985	5	5	4		1		2	1	2	10	5	7	42
1986	4	1	3	1		1		2	1	4	3	5	25
1987	9		1	3	2	1	3	5	2	1	3	5	35
1988	6		1		2	1	1	3	1	7	1	5	28
1989	13	1		1	1		1	2		2	1	3	25
1990	9	12	2	2		1	1	2	2	1	14	5	51
1991	2	3	5	1	2		2	3	4	1	4	9	36
1992	7		1	1	1	1	1	2	1	3	3	11	32
1993	13	3			2	1	2	3	4	5	7	8	48

续表

年份＼月份	1	2	3	4	5	6	7	8	9	10	11	12	全年
1994	2	5	1	1				2	2	4	9	18	44
1995	2	1		2	1	1		1	2	4	3	4	21
1996			2				3	3	9	2	4	6	29
1997	2	1		1	1		1		3		15	14	38
1998	2		1	5		2	5	2	5	6	2	10	40
1999	4	1	2	1		1		3	1	6	7	3	29
2000	7	3		1		1		4	2	9	9	8	44
2001	6	7					1	3	3	7	3	3	33
2002	1		4	3			3	1		2	5	17	36
2003	8	2	3	2			1	5	6	5	8	10	50
2004	1	3				1	2	3	5	5	7	13	40
2005	6	2	2	1		2		2	1	5	8	1	30
2006	9	1	1		1		1	3	3	10	9	9	47
2007	6	6	4			4	1	4	3	12	7	15	62
2008	2		1	1		1	4	3	1	10	5	1	29
合计	136	67	41	32	16	21	37	71	78	135	169	206	1009

1979～2008年巨鹿县雾霾日数统计表

表2－4－19　　单位：天

年份＼月份	1	2	3	4	5	6	7	8	9	10	11	12	全年
1979	2	3	2								1	1	9
1980	1		1								2	1	5
1981	2											2	4
1982	4	4				1					3	3	15
1983	1				1		1			1	6	11	21
1984	10	8	1	3	3					2	5	4	36
1985	8	1	5	4						1	3	3	25
1986	7	3	4	1						1	4	2	22
1987	1	4	1						1	4	5	8	24
1988	3	4	3							1	5	5	21
1989	1	4	1	5						4	4	2	21
1990	1		2	2						3	5	9	22

续表

年份＼月份	1	2	3	4	5	6	7	8	9	10	11	12	全年
1991	2	3	1						2	1	8	5	22
1992	10	1	4							2	5	7	29
1993	1	1								4	5	5	16
1994	10	7	2	5		1			1	4	3	1	34
1995	4	9	3	2	1				2	4	6	3	34
1996	4	5	3	2						3	1	3	21
1997	7	1	1						1	1	2	3	16
1998	1	1	2	1						3	7	7	22
1999	5	5	5	3		1			4	1	5	8	37
2000	1	7	3			1			1	4	3	5	25
2001	1	2		2		3			1	4	6	4	23
2002	4	3	1			1				2	8	2	21
2003													0
2004	6	2	3						1	8	6	3	29
2005	2	1	1								3	3	10
2006	3	3	2		1				1		1	2	13
2007	4	4	4	2		3	1				2	6	26
2008													0
合计	102	86	53	32	6	11	2	0	13	58	115	118	596

第七节　虫　灾

一、棉铃虫

1992～1996 年棉铃虫连续多次发生，尤其是 1992 年、1993 年的大暴发（1993 年 6 月 21 日黑光灯诱蛾量 47383 只），不仅对棉花造成毁灭性灾难（1992 年棉花单产仅 12.01 克/平方米），对玉米、大豆、花生等棉铃虫寄主作物也有较大影响。

二、蝗虫

1998 年蝗虫偏重发生，发生面积 1.33 亿平方米，县委、县政府成立除蝗领导小组，县农业局组成除虫专业队，乡镇和村级配合，在规定时间内除虫专业队负责除治沟渠及道路两旁的蝗虫，农户负责除治大田蝗虫，统一指挥、统一用药，蝗虫危害迅速得到控制。

三、小麦吸浆虫

2002 年小麦发生吸浆虫，在王虎寨镇和西郭城镇发生较重，对当年的小麦产生较大影响，个别地块绝收。此后连续几年在两镇仍有发生，由于县农业局植保站预报及时、指导得法，通过科学防治减小损失。

第三编
人　口

改革开放30年，巨鹿县委、县政府认真贯彻计划生育政策，人们的生育观念逐渐发生改变，大部分育龄妇女坚持计划生育，人口增长逐渐趋于稳定。随着经济的快速发展，教育投资不断增加，人口素质不断提高。

第一章　数量与分布

1979～2008年，巨鹿县人口增加109203人，年均增加3640人。以自然增长为主，其次为婚姻和就业增长等。县内人口密度1979年为每平方千米417人，2008年达到每平方千米603.89人。从全县人口分布来看，巨鹿镇人口密度相对较大，东北部人口密度相对较小，其他人口密度适中。

第一节　数　量

1979年，全县共有人口259982人，其中男130462人，女129520人。随着社会发展和人们生活水平的提高，尤其在农村，由于受传统重男轻女、传宗接代意识影响，仍存在盲目超生现象，加上医疗条件及社会保障改善，人均寿命提高，出生率大大高于死亡率，人口数量逐年上升。2008年，全县人口达到381053人。

1979～2008年巨鹿县人口数量一览表

表3－1－1　　　　单位：人

年度＼指标	户数（户）	人　口	非农业人口	其中	
				男	女
1979	58458	259982	7572	130462	129520
1980	59426	264494	7996	133254	131240
1981	60603	270524	8434	136288	134236
1982	62050	277556	8878	139739	137817
1983	63762	282591	9054	143427	139164
1984	64572	287366	9066	144882	142484
1985	65554	290968	10087	147012	143956

续表

指标 年度	户数 （户）	人口	非农业人口	其中	
				男	女
1986	65989	293784	11037	148583	145201
1987	67236	296570	11781	150034	146536
1988	68867	300910	12907	152038	148872
1989	70280	303564	13672	154365	149199
1990	73200	321696	14387	162826	158870
1991	73982	325079	15003	164623	160456
1992	77161	329201	17011	166333	162868
1993	77964	332864	16695	167699	165165
1994	77248	337032	17181	170622	166410
1995	83881	339537	18920	173124	166413
1996	83664	339976	19407	171276	168700
1997	83903	342550	21378	175627	166923
1998	84974	348300	20689	175424	172876
1999	86018	351420	20449	176872	174548
2000	92555	354748	22927	178446	176302
2001	92145	354920	25241	179496	175424
2002	92377	355880	25660	179200	176680
2003	93041	357524	50763	180071	177453
2004	93382	360387	48885	181593	178794
2005	95495	362764	25680	183092	179672
2006	98885	365229	52453	184565	180664
2007	102218	373917	77728	189095	184822
2008	106769	381053	28633	193024	188029

注：2004～2007年镇所在地村委会人口按非农人口统计

第二节　分　布

东北部以苏家营乡为主，人口密度较小，中部巨鹿镇人口密度偏大，其余为中等正常密度。近年，随着人口的增多，人口密度越来越大，尤其是城乡建设步伐加快，建设占地、工业占地、商业占地逐渐增加，人均耕地面积越来越少。城区四街及一里庄、柴尚庄、柳林等村，人均耕地只有333平方米左右，全县人均耕地不足1332平方米，农村大批农业生产劳动力转移到二、三产业。

1979～2008 年巨鹿县人口密度一览表

表 3－1－2　　单位：人/平方千米

年度	人口	密度	年度	人口	密度
1979	259982	417.31	1994	337032	540.98
1980	264494	424.55	1995	339537	545.00
1981	270524	434.23	1996	339976	545.70
1982	277556	445.52	1997	342550	549.84
1983	282591	453.60	1998	348300	559.07
1984	287366	461.26	1999	351420	564.08
1985	290968	467.04	2000	354748	569.42
1986	293784	471.56	2001	354920	569.70
1987	296570	476.04	2002	355880	571.24
1988	300910	483.00	2003	357524	573.87
1989	303564	487.26	2004	360387	578.47
1990	321696	516.37	2005	362764	582.29
1991	325079	521.80	2006	365229	586.24
1992	329201	528.41	2007	373917	592.58
1993	332864	534.29	2008	381053	603.89

第二章　人口变动

巨鹿县人口变动主要为自然变动和机械变动。自然变动主要为自然出生和死亡，为人口变动主因。机械变动主要为人口迁入、迁出，受多方因素影响，个别年份变动较大，但总的变动差别不大，迁入略大于迁出。

第一节　自然变动

1979 年后，由于计划生育工作逐年加强，人口自然增长逐步得到控制，1979 年出生率为 13.18‰，自然增长率为 6.99‰；1989 年人口出生率为 13.68‰，自然增长率为 8.09‰，此时出生率和自然增长率都高于 1979 年，仍为人口出生高峰。1994 年后，县委、县政府把计划生育工作与发展经济放在同等地位，人口增长得到进一步控制。1996 年，全县人口自然增长率为 1.4‰，2008 年自然增长率上升为 9.82‰。而 2004 至 2008 年间，出生率偏高不稳的主要原因是适逢全国第四次生育高峰（1979～1983 年出生的男女青年数量多在 2004 年后正值婚育年龄）。

1996～2008年巨鹿县人口增长情况统计表

表3-2-3 单位：人

年度	出生	死亡	出生率‰	自增率‰	死亡率‰
1996	2254	1784	6.6	1.4	5.2
1997	2580	1632	7.6	2.8	4.6
1998	2709	923	7.8	2.9	4.9
1999	2556	1292	7.3	3.6	3.7
2000	4016	1496	11.21	6.21	5.00
2001	2507	1493	7.1	4.2	2.9
2002	2984	1520	8.4	4.1	4.3
2003	3291	1877	9.2	4.0	5.3
2004	4917	3028	13.42	4.98	8.44
2005	5015	2558	13.87	6.8	7.07
2006	5490	3954	15.03	4.20	10.83
2007	5040	1839	13.58	8.63	4.96
2008	3327	1853	14.77	9.82	4.95

第二节 机械变动

正常年份迁入主要为大中专毕业生分配、志愿兵和军转干部安置及婚姻嫁入；迁出主要是学生升入大中专院校、战士入伍及婚姻嫁出。

1984年迁入迁出变动较大，其主要原因为当年大中专毕业生回县增多、受服兵役期满后安排工作吸引、入伍名额增加。

2000年迁出较多，主要受花钱买商品粮户口影响，外地人买后又迁出、或本县人在外县买户口迁出。

2007年迁入较多，主要是2005年以后大中专毕业生不再包分配，毕业生双向选择，待确定岗位后办理迁入多。1979～2008年，全县迁入人口80923人，迁出人口73182人。

1979～2008年巨鹿县人口机械变动统计表

表3-2-4 单位：人

年 度	迁 入	迁 出
1979	1290	2863
1980	866	2028
1981	953	3440
1982	1063	1968
1983	3805	2579
1984	6840	4929

续表

年 度	迁 人	迁 出
1985	3041	2606
1986	2527	2027
1987	2545	2202
1988	1217	796
1989	2612	2422
1990	3371	3049
1991	2536	2117
1992	4215	1959
1993	3105	3145
1994	2974	1455
1995	3223	1916
1996	2738	2769
1997	3163	1549
1998	3226	3986
1999	2208	3047
2000	3157	4288
2001	1464	2515
2002	1271	2063
2003	1950	2696
2004	3167	2600
2005	2417	2346
2006	2663	1744
2007	6492	1754
2008	824	324
合计	80923	73182

第三节 流动人口

中共十一届三中全会后，由于政策开放，外出、外来务工、经商人员逐渐增多，流动人口计划生育问题越来越突出。1991 年 12 月，国家计生委颁布了《流动人口计划生育管理办法》，县计划生育部门开始加强对流动人口的计划生育管理。1995 年，《河北省流动人口管理暂行办法》出台后，县计生、公安、工商、民政、卫生等部门联合对流动人口实行综合管理，县计生局专门成立了流动人口管理股，使流动人口纳入了规范管理。

2005～2008年巨鹿县登记流动人口统计表

表3－2－5　　单位：人

年度	流出人数	流入人数	流动人口总数
2005	7015	74	7089
2006	9508	70	9578
2007	11421	48	11469
2008	14433	65	14498

附：巨鹿县苏家营乡楼张镇村外出打工人员情况调查

楼张镇村是位于县城东北部最偏远的一个行政村，现有1168户，3755口人，4376亩耕地。2005年，人均年纯收入1907元。外出打工人员人均年收入1.2万元，比全乡人均收入高5.6倍。

1980年后，由于楼张镇村远离县城，且极大多数土地为旱地，土质差，加之人均耕地不多，至1990年，外出打工人员达到500人。1990年后，由于外出人员收入可观，带动了大批人员外出。到2008年，全村85%以上户都有人外出打工，主要分布在内蒙古、石家庄、北京、天津等地。

外出人员主要是18～50岁青壮年，男性比例高于女性。这些人常年在外，农忙季节不再回村种地，少部分人春节也在打工地度过，个别未婚女青年干脆在当地结婚落户。打工人员家中的责任田多由留在家中老人妇女管理，部分家中无劳动力者，责任田承包给他人耕种。2000年，全村有150户的责任田全部转包给他人耕种，成为专业打工户。因此，全村土地转包金比全乡平均额低30%左右，由于地力不同大约每年每亩50～180元不等。

外出打工人员除个别新手月入1000～1500元外，熟练工大都在2000～3000元。有的打工者已成为厂家技术骨干和管理人员，还有自办企业成为厂长、老板。45岁的王祥军现在北京搞建筑装饰工程，年收入达20万元以上。据调查，每年春节前全村外出打工人员汇往家中的现金达500万元以上，全年达1200多万元。

外出打工人员不仅为楼张镇村带来丰厚的经济收入，还带回了技术，促进了当地乡村企业和个体私营企业的发展。而且已有老板在县城工业园区投资千万办厂置业，拉动了当地经济发展。

第三章　人口构成

人口构成系指年龄构成、性别构成、姓氏构成、民族构成、文化构成、婚姻构成和职业构成等。随着人们物质文化生活、卫生医疗水平的不断提高和经济的不断发展，全县呈现60岁以上老人增多、人口文化水平提高较快、人们职业多元化、以汉族为主和个别少数民族稍有增加的特点。

第一节　年龄构成

1979～2008年巨鹿县进行了三次人口普查，分别为1982年、1990年和2000年。

1982年巨鹿县第三次人口普查年龄统计表

表3－3－6　　单位：人

年龄段	人数	占总人口%	男	女	性别比%
0～4	32184	11.85	16388	15796	103.75
5～9	26041	9.59	13435	12606	106.58
10～14	32685	12.03	16733	15952	104.90
15～19	31679	11.66	15583	16096	96.81
20～24	20496	7.55	9962	10534	94.57
25～29	25231	9.29	12636	12595	100.33
30～34	19307	7.11	9824	9483	103.60
35～39	12387	4.56	6196	6191	100.08
40～44	11030	4.06	5552	5478	101.35
45～49	14362	5.29	7162	7200	99.47
50～54	11232	4.14	5830	5402	107.92
55～59	10190	3.75	5104	5086	100.35
60～64	7441	2.74	3667	3774	97.16
65～69	7284	2.68	3630	3654	99.34
70～74	5366	1.98	2566	2800	91.64
75～79	3105	1.14	1433	1672	85.71
80～84	1127	0.41	441	686	64.29
85～89	402	0.15	116	286	40.56
90～94	71	0.03	15	56	26.79
95～99	7	—	2	5	40.00
100及以上	—	—	—	—	—
合计	271627		136275	135352	100.68

1990年巨鹿县第四次人口普查年龄情况统计表

表3－3－7　　单位：人

年龄段	人数	占总人口%	男	女	性别比%
0～4	39532	12.31	20170	19362	104.17
5～9	42875	13.36	21852	21023	103.94
10～14	26193	8.16	13266	12927	102.62
15～19	28203	8.79	14220	13983	101.69

续表

年龄段	人数	占总人口%	男	女	性别比%
20～24	30636	9.54	15601	15035	103.76
25～29	24349	7.59	12184	12165	100.16
30～34	25189	7.85	13117	12072	108.66
35～39	22847	7.12	11844	11003	107.64
40～44	17497	5.45	9065	8432	107.51
45～49	9358	2.92	4600	4758	96.68
50～54	12395	3.86	6246	6149	101.58
55～59	12616	3.93	6322	6294	100.44
60～64	9367	2.92	4803	4564	105.24
65～69	7462	2.32	3543	3919	90.41
70～74	5714	1.78	2658	3056	86.98
75～79	4071	1.27	1893	2178	86.91
80～84	2029	0.63	840	1189	70.65
85～89	568	0.18	182	386	47.15
90～94	99	0.03	24	75	32
95～99	12	0.00	4	8	50
100及以上	1	0.00		1	
合计	321013		162434	158579	102.43

2000年巨鹿县第五次人口普查年龄情况统计表

表3－3－8　　单位：人

年龄段	人数	占总人口%	男	女	性别比%
0～4	20505	5.76	11056	9449	117.01
5～9	25774	7.24	13322	12452	106.99
10～14	41490	11.65	20670	20820	99.28
15～19	41393	11.62	20307	21086	96.31
20～24	26808	7.53	13372	13436	99.52
25～29	25806	7.25	12858	12948	99.30
30～34	33762	9.48	17305	16457	108.15
35～39	26746	7.51	13185	13561	97.23
40～44	24920	7.0	12962	11958	108.4

续表

年龄段	人数	占总人口%	男	女	性别比%
45～49	23169	6.51	11924	11245	106.04
50～54	17965	5.05	9122	8843	100.16
55～59	9849	2.77	4876	4973	98.05
60～64	11731	3.29	5896	5835	101.05
65～69	10732	3.01	5124	5608	91.37
70～74	7163	2.01	3451	3712	92.97
75～79	4539	1.27	1951	2588	75.39
80～84	2397	0.67	931	1466	63.51
85～89	1048	0.29	378	670	56.42
90～94	248	0.07	72	176	40.91
95～99	40	0.01	7	33	21.21
100及以上	—	—			
合计	356085		178769	177316	100.82

从三次人口普查情况看，少年儿童数量变化较大。1982年第三次人口普查，0～14岁的少年儿童为90910人，占总人口的33.47%；1990年第四次人口普查，0～14岁的少年儿童为108600人，占总人口的33.83%；2000年第五次人口普查，0～14岁的少年儿童为87769人，占总人口的24.65%。15～59岁，1982年为155914人，占总人口的57.41%，1990年为183090人，占总人口的57.05%，2000年为230418人，占总人口的64.72%。说明劳动人口适龄人口2000年比1982年增加74504人。随着生活物质条件及医疗水平的提高，80岁以上老人1982年为1607人，2000年为3733人，增加2126人，高龄老人数额不断增长。

附：巨鹿县人口老龄化现状

20世纪80年代以来，巨鹿县人口发展态势发生了根本性的变化，人口再生产类型实现了由“高出生、高死亡、高增长”到“低出生、低死亡、低增长”的历史性转变，这表明全县人口控制工作取得了巨大的成就。但随着人口再生产类型的转变，人口老龄化问题也逐步显现。现根据第五次人口普查资料，对全县的人口老龄化问题做一简要的分析。

（一）巨鹿县人口结构步入老龄化

人口老龄化是指老年人口在全部人口中所占比重不断增加的过程。按人口年龄结构的不同，可以将人口划分为年轻型、成年型和老年型。根据国际通用标准，老年型人口是指65岁及以上占总人口7%以上，0～14岁人口占30%以下，老少比30%以上，年龄中位数30岁以上。如果一个国家和地区的类型已成为老年型，那么我们称之为进入了老龄化社会。

反映人口老龄化程度的常用指标值

表3－3－9　　单位:%

人口类型	0～14岁人口	65岁以上人口	老少比	年龄中位数
年轻型	40以上	4以下	15以下	20岁以下
成年型	30～40	4～7	15～30	20～30岁
老年型	30以下	7以上	30以上	30岁以下

“五普”结果显示，2000年7月1日零时，全县0～14岁人口为87769人，占总人口的比重为24.65%；15～59岁人口为230418人，占总人口的比重为64.72%；60岁及以上人口为37898人，占总人口的比重为10.6%。其中，65岁及以上人口为26167人，占总人口的比重为7.3%，总人口老少比为30.1%，年龄中位数为32.8岁。与表3－3－9对照可以看出各项指标均突破了老年型的标准，说明巨鹿县人口类型已成为老年型，进入了老龄化社会。

（二）老龄人口增长迅速

2000年，全县60岁及以上老年人口达37898人，相当于巨鹿县一个大乡镇的人口，占全县总人口的10.6%，而且从表3－3－10可以看出，10年中巨鹿县低龄老人、中龄老人、高龄老人分别增长了33.45%、19.5%和37.75，随着生活条件和生活环境的不断优化，高龄老人所占的比重增长较快，其中85岁以上的老人由“四普”时的680人增加到1336人，增长95.2%。

巨鹿县老龄人口年龄结构

表3－3－10　　单位：人

年龄组（岁）	1990年		2000年		增长	
	人数	%	人数	%	人数	%
合计	29323	100	37898	100	8575	29.2
60～69（低龄）	16829	57.3	22463	59.2	5634	33.4
70～79（中龄）	9785	33.3	11702	30.8	1917	19.5
80及以上（高龄）	2709	9.4	3733	9.8	1024	37.7

（三）各乡镇情况各有不同，边远乡镇老龄化严重

从分乡镇的情况看，60岁以上人口占总人口的比重低于全县平均数的乡镇有王虎寨镇、阎疃镇、巨鹿镇、小吕寨镇、西郭城镇，这些乡镇大部分集中在公路沿线，交通便利且经济发达的地区，老年人口系数高的乡镇大部分分散在县边界，交通不便且经济相对落后的地区，偏远地方的青壮年大都涌入县城务工和经商，而退休或失去劳动能力的老年人又都返回乡村养老，以上两种因素使巨鹿镇的老年人口系数居全县最低，而苏家营乡是县较偏远的地区，耕地土质差，水利设施简陋，经济上的落后使得凡是有能力的青壮年大都寻求外出之路，因此，该项老年人口系数高居全县首位。另一方面，生存环境和生活质量也决定人的寿命。

第二节　性别构成

历次人口普查结果显示，男性略高于女性，尤其是1990年第四次人口普查显示，男162434人，女158579人，男性比女性多3855人，性别

比102.43，第三、五次人口普查性别比正常。

巨鹿县第三、四、五次人口普查性别比统计表

表3－3－11 单位：人

普查年份	总人口数	男	女	男占人口比%	女占人口比%	性别比
1982	271627	136275	135352	50.17	49.83	100.68
1990	321013	162434	158579	50.60	49.40	102.43
2000	356085	178769	177316	50.20	49.80	100.82

第三节 姓氏构成

县内姓氏起源于魏、莫。现魏姓以魏庄居多，莫姓已绝迹。全县姓氏由152个组成。而人口最多的姓氏依次为张、王、李、刘四大姓。

姓氏有3个特征：部分姓氏以村庄集居为主，如英姓主要集中在王六村，潘姓主要集中在西冯寨村；张、王、李、刘遍布全县；历史上出现的复姓有的改为单姓，如司马改为司姓，南宫改为南姓。

全县姓氏有152个（以姓氏拼音为序）：

安、白、鲍、贝、毕、薄、薛、蔡、曹、柴、常、陈、成、程、楚、褚、崔、代、单、党、邓、刁、了、董、杜、段、樊、范、方、冯、付、高、杲、郜、葛、宫、谷、郭、韩、郝、何、贺、赫、侯、胡、滑、黄、霍、吉、纪、贾、姜、蒋、焦、解、靳、景、康、孔、雷、李、刘、罗、卢、芦、路、吕、栾、骆、马、孟、潘、苗、穆、缪、乜、南、尼、宁、牛、钮、庞、裴、彭、齐、钱、乔、秦、邱、曲、屈、任、荣、商、尚、申、沈、绳、盛、师、施、石、史、司、宋、苏、孙、谭、唐、田、汪、王、位、魏、吴、武、郗、夏、肖、谢、辛、信、邢、熊、徐、许、薛、阎、羊、杨、姚、伊、尹、英、莫、尤、于、袁、苑、岳、翟、张、赵、甄、郑、郅、钟、周、朱、祝、左、藏

第四节 民族构成

第五次人口普查显示，全县共有13个民族，汉族人数最多。全县汉族356020人，其他民族12个65人。

巨鹿县第三、四、五次人口普查各民族人口数量统计表

表3－3－12 单位：人

民族名称	1982年人口普查	1990年人口普查	2000年人口普查
合　计	271627	321013	356085
汉　族	271618	320964	356020
回　族	2	3	8
藏　族	4	12	7
壮　族	1	12	13
满　族	2	5	7
蒙古族		2	9

续表

民族名称	1982 年人口普查	1990 年人口普查	2000 年人口普查
苗　族		4	3
彝　族			3
布依族			1
朝鲜族		5	6
侗　族		1	1
土家族		1	4
维吾尔族		1	3
东乡族		1	
撒拉族		1	
毛南族		1	

第五节　文化构成

1982 年，具有大学文化程度的 369 人（资料不显示专科、中专），2000 年为 739 人。而文盲、半文盲人口则由 1982 年的 71521 人降到 36464 人。

巨鹿县第三、四、五次人口普查文化程度统计表

表 3－3－13　　单位：人

文化程度＼普查时间	1982	1990	2000
年龄（6 岁以上）	234531	272878	352757
研究生、本科	369	157	739
在　校	45	－－	－－
专　科	－－	784	3750
中　专	－－	2542	4790
高　中	18041	15534	39717
初　中	47858	71160	192182
小　学	96697	119961	75115
文盲、半文盲	71521	62740	36464

注：第三次人口普查文化程度未统计大学专科和中专，第四、五次人口普查文化程度中未统计在校人数。

第六节 婚姻构成

1982年、1990年两次人口普查显示，全县15周岁以上的未婚人数呈下降趋势，15周岁以上有配偶人数呈上升趋势，离婚基本持平。

巨鹿县第三、四、五次人口普查婚姻状况统计表

表3－3－14 单位：人

婚姻状况＼时间		1982	1990	2000
15岁及以上人口	合计	180717	212413	268316
	男	89719	107146	133721
	女	90998	105267	134595
未婚人数	合计	47229	44620	65928
	男	27374	26544	36108
	女	19855	18076	29820
有配偶	合计	118043	152129	185702
	男	56804	75053	91267
	女	61239	77076	94435
丧偶	合计	14327	14567	14920
	男	4576	4634	4670
	女	9751	9933	10250
离婚	合计	1118	1097	1766
	男	965	915	1258
	女	153	112	508

第七节 职业构成

1979年改革开放后，随着党的富民政策实施，职业结构变化较大，就业渠道拓宽，农村劳动力减少，成就了一个新的就业时代。多元就业比例呈明显增长趋势，尤其是各类专业技术人员，1982年为3882人，1990年为4830人，增加近千人；商业服务人员，1982年为1684人，1990年为3665人，增加近两千人。女性就业比例也有显著变化，1982年从事专业技术、商业服务的女性为1556人，1990年为2822人。妇女劳动力就业不断增长。

巨鹿县第三、四、五次人口普查职业构成统计表

表3－3－15 单位：人

项目＼时间		1982	1990	2000
在业总人数	合计	144991	177844	222135
	男	76080	95447	115469
	女	68911	82397	106666
其中各类专业技术人员	合计	3882	4830	8252
	男	2761	3079	4724
	女	1121	1751	3528

续表

项目＼时间		1982	1990	2000
其中机关、党、群、组织、企事业负责人	合计	1017	1340	1058
	男	969	1287	968
	女	48	53	90
其中办事及有关人员	合计	972	1390	2871
	男	821	1182	2058
	女	151	208	813
其中商业工作人员	合计	1080	2694	5264
	男	758	1857	3425
	女	322	837	1839
其中服务业工作人员	合计	604	971	2751
	男	491	737	865
	女	113	234	1886
其中农、林、牧、渔劳动者	合计	133926	160379	201939
	男	67660	82668	103429
	女	66266	77711	98510

第四章　计划生育

改革开放以后，巨鹿县委、县政府认真贯彻执行党和国家有关计划生育的方针政策，人口无序增长得到控制，人们的婚育观念发生改变。自愿晚婚晚育、崇尚少生优育，人口素质和质量明显提高。

第一节　机构经费

1979年，巨鹿县革命委员会计划生育办公室为局级单位，有工作人员5人，各公社配有专职计划生育协助员。1984年4月，改为县计划生育委员会。先后组建宣传站、技术服务站、药具站、办公室（简称三站一室）。全县17个乡镇均成立了计划生育办公室，配备了1至2名专职人员。1989年3月，河北省颁布《河北省计划生育条例》后，计划生育工作继续加强。随即县明确主管计划生育工作的副书记、副县长，8月明确了书记助理和县长助理。各乡（镇）也分别配备了主管计划生育工作的副书记、副乡（镇）长；县、乡镇招聘的计生人员，全部实行合同制管理。县直单位配备兼管人员。1990年，县计划生育委员会有工作人员21人，技术服务站25人。1994年8月，增设政策法规股、规划统计股及宣传站等机构。1997年，县计划生育委员会改为县计划生育局。1999年，县计划生育局增设下属县直计划生育分局，县计划生育局一名副局长兼任分局长。2006年，改名为巨鹿县人口和计划生育局，原内设机构未变。

随着计划生育工作不断加强，人口与计划生育工作队伍不断壮大，2000年，县计划生育局迁入投资300万元新建的办公大楼，县技术服务站更名为计划生育医院。

2008年，县人口和计划生育局共有工作人员及技术服务人员108人，全县各乡镇计生专职人员180人，除主任、副主任外，其余人员为合同制工人、自收自支，工资由计生部门办公经费中支付。乡镇计生委主任为正科级，各村也分别设有村计划生育办公室，配有主任、副主任及宣传统计员各1人，每个生产队有育龄妇女小组长、送药员各1人。全县共有育龄妇女小组长480人，建立了一套计划生育工作网络。

计划生育事业经费，主要为县财政拨付和罚没收入返还。1990年后按人均0.8元拨付计划生育事业经费，1995年后人均1.5元，2005年后人均7.5元，2007年人均10元，2008年按人均不低于10.5元拨付。用于计划生育工作各项开支，如计划生育宣传培训、“民心工程”建设、计划生育技术服务和乡村计划生育干部报酬等。

第二节　政策措施

一、控制人口增长

1979年，计划生育工作提倡“一对夫妇终生只要一个孩子”。全县一孩育龄夫妇3171对中有2545对报名终生只要一孩，并采取相应节育措施，占一孩育龄夫妇的80.26%。

1980年9月，新《婚姻法》颁布和中共中央发出关于控制人口增长问题《致全体共产党员、共青团员的公开信》发布后，规定结婚年龄男22周岁，女20周岁。党员、团员积极响应号召，带头报名要一孩，有的坚持晚婚、晚育、少生、优生。同年，全县晚婚、晚育人数增长较快，晚婚率达到99.4%。，3592对育龄夫妇中有2913对报名终生要一孩。1983年早婚早育现象有所抬头，晚婚率出现反复，降至82.3%。

1994年后，开展以多种形式宣传教育为主，辅以党员干部包户等一些行政手段，加强计划生育工作。

二、奖励

积极落实对独生子女的奖励扶助政策，逐步建立人口与计划生育工作利益导向机制。

对实行晚婚者（男满25周岁，女满23周岁），干部、职工婚假延长至15天，工资照发。对实行晚育者（女满23周岁9个月以上）的干部、职工产假延长至半年，工资照发。1999年，河北省对独生子女参加高考者，实行加10分奖励。2003年，按《河北省人口与计划生育条例》，对持有《独生子女父母光荣证》的独生子女户，每月奖励20元，直到子女18周岁。2005年，按照国家规定，对同时具备下述条件的进行奖励扶助：（1）本人及配偶均为农业户口或界定为农村居民户口。（2）1933年1月1日以后出生，1973～2001年间没有违反计划生育法规、规章和政策规定生育。（3）现存一个子女或两个女孩或子女死亡现无子女。（4）年满60周岁。

符合上述条件的，按每人每月50元，年人均600元的标准发放奖励扶助金，直到亡故为止，对369名符合条件者发放奖励，2007年对655个符合条件者发放奖励。自2005年开始，根据《邢台市人口与计划生育救助公益金筹集、管理、使用办法》，对独生子女意外伤残家庭进行救助。2007年，阎疃村一独生子女意外死亡，获得救助金1万元。

第三节　计划生育服务

1999年，全县开展计划生育全员人口信息、长效节育措施和出生信息、期内（外）和全员流动人口信息“四项清理”活动，要求党员干部带头实行计划生育，做到自身清、身边清、亲属清。此后计划生育工作步入正常化轨道。县乡村重点开展经常性多种形式的计划生育宣传教育，引导群众少生优生。各乡镇均建立人口学校、文化大院，村村普及人口学校，部分村建起生育文化大院，对育龄夫妇实施生殖健康、避孕节育、致富技术培训。在计划生育工作上积极推进“民心工程”，对农村已婚育龄妇女生殖健康免费检查服务。推行“知情选择”，即在计划生育合格村，已婚育龄妇女自愿选择避孕措施。

1994～2008 年巨鹿县节育情况统计表

表 3－4－16　　单位：人

年度	已婚有生育能力人数	出生人数	计生率%	采取节育措施人数	综合节育率%	领取独生子女证人数
1994	62765	4414	84.66	55311	88.12	
1995	64792	2891	94.36	61035	94.2	1542
1996	64993	2633	93.26	61135	94.28	1688
1997	66510	2838	95.52	62321	93.7	4558
1998	67166	3277	88.53	62532	93.1	5730
1999	70742	3156	90.94	64879	91.71	6512
2000	71848	4016	91.28	66539	92.61	6732
2001	70679	4079	91.59	66129	93.54	6687
2002	70919	3943	91.4	66143	93.27	14812
2003	68068	4253	92.62	63772	93.29	13258
2004	69641	3840	91.67	62982	90.44	9994
2005	71252	5068	90.65	63804	89.55	1506
2006	71708	5590	92.22	65762	91.71	1342
2007	72657	5040	91.43	96936	90.86	1359
2008	72539	5527	87.57	63295	90.01	7355

第四节　计划生育管理

一、宣传

主要形式有书写标语、乡村广播、组织文艺队表演节目、印发明白纸、宣传册。1980 年 9 月，《中共中央致全体共产党员、共青团员的公开信》发表以及新《婚姻法》的颁布，这些内容的宣传使人们婚育观念逐步发生转变。1989 年 3 月，《河北省计划生育条例》出台，全县开展较大规模的宣传活动，之后计划生育宣传工作步入经常化、制度化轨道。各乡镇陆续配备宣传员，村设专职宣传员，县宣传站配备电影机、幻灯机、广播喇叭等声像设备。1999 年，县宣传站被评为省计划生育优秀宣传站。2002 年 9 月，开始举办生育文化节，其后每年举办 1 次。2003 年，开始创建新型生育文化县活动，各乡镇村普遍建设新型生育文化大院。在 2003 年、2006 年邢台市计划生育宣传工作竞赛中，巨鹿县获第二名。2007 年，获市宣传竞赛总项第一名（单项奖 1 个第一、1 个第二）。

二、工作考核

1979 年始，县对公社的计划生育工作开始年度考核，年终表彰先进，通报批评后进。1992 年，县成立人口调查队，隶属统计局管理，不定期对乡村解剖调查。1995 年，加大考核力度，对乡镇实施计划生育工作创优升位暂行规定，年度考核中，排位后三名的乡镇，给予“黄牌警告”。此后，县每年召开一次总结表彰会，对在省市县年终考核排名先进的乡镇予以表彰。1997 年，改为对乡镇、县直单位计划生育工作实行晋档升级制，设“先进、达标、基本达标、不达标”四个档次。2000年3月，实施“目标责任制”，即在年度总结表彰会上，县委书记、政府县长同乡镇书记、乡镇长及县直部门主要负责人签订年度《计划生育目标管理责任书》，内容包括年度出生率、计生率、合法结婚率、求实率等，年终考评排位，按责任书内容落实奖惩。

2000年后，邢台市开始对全市乡镇实行检查大排队，县对乡镇也实施季度考核，考核结果列入年终考核总分。此后考核力度逐年加大。

2002年，县计划生育工作跨入邢台市一档先进县行列。2004年，苏家营乡在全市排位中列前21位。2007年，计划生育工作出现滑坡，在市年终考核中，倒退五个位次。为扭转落后局面，2008年5月，县委、县政府提出“突出工作重点，摆脱落后局面”的任务目标，着力在全县抓好计划生育工作。

三、证件办理

县计划生育部门核发的证件有：一胎、二胎《准生证》、《独生子女证》、《流动人口婚育证明》、《奖励扶助光荣证》和《结扎证》。

农业户口一胎《准生证》（2003年10月后改为《生育证》），由乡镇办理。二胎《准生证》（《生育证》），自1982～1990年由村、乡镇申报，县审批。1990年后由乡镇申报、县审核、报市主管部门审批。申报条件依照《河北省计划生育条例》执行。非农户口办理一胎《生育证》，由县计生部门审批。

《独生子女证》办理，农业户口由乡镇负责，非农业户口由县计生部门负责。2002年始，外出务工、经商的夫妇，由县和乡镇分别填发《流动人口婚育证明》。1993年前，育龄夫妇可在县医院、妇幼站、中医院及阎疃、官亭、小吕寨乡镇医院做结扎术并出具证明。1993年8月，县规定乡镇医院不再实施结扎术和出具证明。2005年，对农村实行计划生育年满60周岁、符合国家规定奖励条件的，由县报市审批后发放《奖励扶助光荣证》。

四、技术服务

1979年，县计划生育技术服务站有工作人员5人，设备简单，只从事“四术”（结扎、刮宫、上环、人流）服务。1987年，各乡镇配备“四术”员，但只从事上环。1992年，各乡镇均建起技术服务站，主要职能是为育龄妇女提供季服务，即查环、查孕、发放避孕药具、开展生殖健康与优生优育宣传咨询和服务等。2000年后，县技术服务站迁入新建大楼，改为县计划生育医院，时有主任医师、副主任医师2人，主治医师9人，医护人员40人，并配有B超、透视、心电检查仪、精液分析仪等先进的医疗设备和完善的医疗住院设施，装备了技术服务车。计生医院及乡镇技术服务站不断拓展服务职能，经常组织医疗服务队到乡村免费为育龄妇女查病、治病，举办生殖健康知识培训班，开展“民心工程”服务。2002～2004年，分别同省二院、石家庄和平医院建立了协作关系，在提供各种计划生育技术服务的同时，还为广大群众提供优良的医疗服务。全县10个乡镇均有技术服务员4至8人，配有波姆光、B超等设备。

五、优生优育

（一）优生

随着形势的不断变化及人民群众观念的转变，计划生育政策也由原来的处罚多生向奖励少生转变，大力倡导晚婚晚育、优生优育，将优生优育工作逐步纳入经常化工作重点。自2007年开始，县妇幼保健院每月农历十一日孕妇学校开课，有高年资妇产科、妇保医师讲授保健、胎教知识，同时落实孕期检查。至2008年底，已为全县4000名孕妇实施保健教育和指导。2001年，县妇幼保健院、县医院加强孕产妇孕期保健，除落实孕期保健外，坚持对孕妇定期实施产前检查诊断，发现羊水过多过少的、胎儿发育异常或有可疑畸形的、孕早期接触可能导致胎儿先天缺陷的、有遗传家族史或曾经分娩过先天缺陷儿的、初产妇年龄超过35周岁的，经反复检查确诊后终止妊娠，至2008年底已终止78例。1996年，县妇幼保健站建立“婚前医学检查”科，婚前对男女双方影响结婚和生育疾病实施医学检查，开展婚前卫生指导和咨询。1999年至2002年累计婚检10000余对，婚检率90%以上，4年通过婚检查出不宜结婚或推迟结婚的38例。2003年10月国家规定坚持自愿后，婚检逐步减少，年平均婚检率为千分之二。

（二）优育

巨鹿县实施了孕妇“增补叶酸”计划，对办理一胎证、二胎内办证的生育对象接受优生四项监测、增补叶酸。1998年县爱婴医院建立后，全力推行0～6个月婴儿纯母乳喂养，至2008年，母乳喂养率已达到97%，比1998年提高17%。2003年开始对全县新生儿实施“苯丙酮尿症”“先天性甲状腺功能低下”和听力筛查，早发现早治疗。至2008年底，已筛出有问题婴儿38例，均及时施行加助听器和药物治疗，确保其健康成长。

巨鹿县对全县从事技术服务人员开展经常性的业务培训，并积极鼓励专业人员到大专院校进修、考评职称。专门从外地招来高学历的毕业生，充实到计生队伍中。

巨鹿县在搞好出生缺陷干预工程、实施孕妇增补叶酸计划、优生四项监测等项重点工作的基础上，还切实加大了宣传教育工作力度，经常组织县、乡技术人员利用技术服务车深入乡村、农户开展大型技术服务、义诊咨询活动，向广大育龄群众发放优生优育知识、生殖健康常识等宣传资料，免费为她们开展健康检查。

第四编

基础设施与环境保护

改革开放后，巨鹿县城乡建设、交通、电力、通信设施发生了翻天覆地的变化。县城设施更加完善，城市生态、人居环境明显改善。1998年后，邮电通信业经历了一系列改革重组，邮政、电信、移动、联通各自独立运营，先后引进程控电话、无线寻呼、移动电话等高新通信设备。通信、互联网和宽带数据业务迅速发展。公路在县境内形成"一纵三横""丰"字形干线主骨架，国省干线公路扩宽改造，更加宽敞、亮丽。2004年12月，全县实现"村村通公路"，里程达到468千米。2007年5月全县实现"户户通自来水"。送变电设施更加完善，2008年全县完成购电29980万千瓦时，售电27920万千瓦时。基础设施建设的不断改善，推进了县域经济的快速发展。

第一章　城乡规划

自1985年始，巨鹿县几经修改县城远景规划，1995年完成县城总体规划修编。2004～2010年，县城规划人口规模17万人，用地规模18.6平方千米，远景用地规模38平方千米，容纳人口30多万人。2008年3月，巨鹿县新一轮村镇规划编制全面启动。

第一节　管理机构

1982年前，城乡规划职能由县计划委员会负责，1982年县建设局建立后归其管理。2007年8月，县城乡规划局从建设局分离单设。局设办公室、规划股、村镇规划股、规划监察大队、规划建设技术服务中心5个股室。各乡镇一名副职负责规划管理工作，并建立规划建设管理办公室，有专职人员。各村（居委会）设有规划管理员，形成县、乡、村三级管理网络。

第二节　县城规划

1985年，巨鹿县综合考察县城区地理、地貌、水文、地质，制定了总体规划。1985～1991年县城用地规模为2.03平方千米，人口达到2.2万人；同年6月，省政府批准巨鹿县城总体规划。县政府印发《关于执行县城总体实施规划的规定》和《关于加强县城建设管理工作的暂行规定》，并制订《关于城镇建筑管理实施细则》。

1986～1994年间，修改印发《关于城镇建设和管理暂行规定》，编制《县城抗震防灾规划》及官亭镇、小吕寨镇城镇规划和旧城区部分主要街道细部规划，界定县城规划区面积15.9平方千米。完善了建设项目审批"一书两证"制度。1993年，城区建成面积由1985年的1.75平方千米发展到3.3平方千米。

1995年投资10万元，聘请河北省城乡建设学校技术人员及师生30余人，历时两个多月外业测绘、测量和社会调查分析，完成县城总体规划修编，制订了1995～2015年总体规划和远景规划。其规划县城人口规模为11万，用地规模为13平方千米。规划用地发展方向向北，适当向东和向西北方向发展。规划建设用地范围：北至邢德新线，南至南环路，西至民兵基地，东至宁常路。总面积13平方千米。规划结构：依托旧城区，发展新区，道路采用方格网式布局，以政府街、新华街作为纵贯城市南北的生活性主轴线，其两侧布置主要公共设施，并在主轴线与富强路、纬二路（黄巾大道）交叉地段布置大型公共建筑，形成县城两个中心，公共建筑沿新华街、政府街贯穿南北。1995年6月，巨鹿县人大第十一届十七次会议审议通过《巨鹿县城总体规划修编纲要》。同年10月，邢台市政府批复。年底论证、研讨县城编制总体规划，多次征求专家、教授意见，绘出十年建成“贸工型”巨鹿县（市）宏伟蓝图。投资20万元编制县城15平方千米规划区内1：1000地形图。

1997年，县城依托旧城区向北偏东方向“滚动发展”。聘请省、市专家为县城建设常年技术顾问。1998～2000年，编制县城北半部新华街两侧，东环路和南环路东半部路网控制性详细规划。同时，编制官亭、小吕寨、西郭城、王虎寨、堤村、阎疃、苏家营等乡镇总体规划。以县城为中心，以官亭镇为次中心，以邢德、宁魏、邢南三条主干公路为基础，以乡镇企业和区域经济为依托，以农民进城造城为主体，将县城、官亭镇、西郭城镇及大、小张庄工贸区、王虎寨镇、阎疃镇、小吕寨镇等建成基础设施完备、城市功能齐全、特色经济繁荣的区域性政治、经济、文化中心。

2001～2003年，县编制“两廊”（新华街、政府街、商品街和建设大街）建设规划。先后制定政府院广场、六路口小游园、城市综合广场的规划设计方案和县城水环境、供热、供气专项规划设计方案；制定《新华北大街规划建设管理实施意见》；编制观寨、张王疃两个乡的总体规划和河北庄、东韩庄、梁园、东阎庄等9个生态文明村的详细性建设规划。西郭城镇河北庄村定为规划编制试点示范村，聘请市勘察测量管理处为河北庄村测绘0.4平方千米1：1000地形图。

2004年，县投资50万元聘请北京中华建设规划设计院修编新一轮县城总体规划。规划2004～2010年，县城人口规模达到10万人，用地规模11.09平方千米；2004～2020年，规划人口规模17万人，用地规模18.6平方千米；远景用地规模38平方千米，容纳人口30多万人。县域城镇体系规划到2020年形成以县城为中心，官亭、西郭城、阎疃为中心镇，小吕寨、王虎寨、观寨、苏家营、张王疃、堤村为建制镇的三级城镇体系结构，全县人口42万人，城镇化水平达到57.6%。城市建设用地发展方向向北发展，适当向东、西两侧扩展。东面扩至定魏公路新线，部分到东杨庄为止，控制向南发展。西北工业小区先发展西平北街和迎宾北街之间用地，后向东、西延伸。之后重点向西面、北面发展，适当向南发展，严格控制向定魏公路新线（东马庄以南）以东发展。县城主干路网按方格网布置，五横六纵。南北以新华街、万盛街为县城发展主轴线，东西以富强路、秦泽路、健康路为发展主轴线，居住、商业、工业、行政办公按组团式发展。县城居住用地分：城市中部新区、老城区大居住组团（四个居住小区：迎宾、万盛、古城、光明）；商业中心组团，即秦泽路以北、富强路以南、万盛街以西地区，商业中心区沿新华街向北延伸；行政办公规划在北部新区邢德新线以北；工业仓储规划西北、东北两个工业区；交通规划向东迁移定魏公路，南华路规划为杨官线过境路。西部以西平街为本规划期过境路。2005年4月，巨鹿县县城总体规划经市政府批准实施。

第三节　乡村规划

1998年官亭镇完成总体规划编制，1999年小吕寨镇完成总体规划编制，2000年阎疃、王虎寨、堤村、苏家营完成乡镇域总体规划及乡

(镇）区建设规划编制。2008 年 3 月，巨鹿县新一轮村镇规划编制全面启动。同年 12 月，小吕寨镇、西郭城镇完成规划；官亭、阎疃、王虎寨、张王疃、观寨、苏家营、堤村等乡镇和巨鹿镇县城以外村庄在规划编制中。

第二章　城区建设

城乡建设是人民群众生活水平高低的重要标志之一。1979 ~ 2008 年巨鹿县城乡建设发展较快，县城面貌日新月异。县城街道相继拓宽改造，使县城交通日趋便利，亮化绿化工程的实施，使县城更加美观亮丽，各项市政工程建设的加快，使城市功能日渐完善。县城面积和城区人口均比 1979 年增加近 9 倍。

第一节　管理机构

1982 年，巨鹿县计划委员会城乡建设环境保护科升格建立县建设局。1984 年又合并到县计划委员会。1987 年，县建设局列出，独立办公。同年 7 月，县建设局成立建筑安装公司。9 月所属供水站改称自来水公司。1988 年 5 月，设立建筑工程质量监督站和建筑设计室（事企管单位)。1992 年，增设办公室、规划股、村镇建设管理股、建筑管理股和环境保护股。同年 12 月，建立环境卫生、城管监察大队。1994 年 12 月，建筑安装公司改为股份制企业更名第四建筑工程公司与县建设局脱钩。1997 年，撤销环境保护股，建立县环境保护局，与县建设局合署办公。1998 年 9 月，设城区管理办公室，下设城管监察大队、环境卫生队，县建设局城区管理、县城绿化、环境卫生等职能划归城区管理办公室。2001 年县环境保护局列出，独立办公。2004 年成立建筑节能办公室，隶属县建设局管理。2007 年 4 月，自来水公司编制及城乡供水职能从县建设局划归县水务局。同年 8 月规划职能从县建设局列出，建立县城乡规划局。

2008 年，县建设局设办公室、建设管理股 2 个行政股室及建设工程招投标管理办公室、市政维护处、建筑工程质量监督站、建筑设计室 4 个事业单位。

第二节　县　城

一、城区面积及人口

巨鹿县城驻巨鹿镇。改革开放以后，随着经济的不断发展，县城建设加快，城区面积和人口迅速扩张。1980 年县城面积为 1.2 平方千米，人口 1.1 万人。2008 年发展到 9.5 平方千米，人口增至 8.5 万人。成为全县政治、经济、文化中心。

二、街道及建筑

1979 年，县城房屋大多为两层以下建筑，街道两侧建筑参差不齐。县城街路只有 2 纵 3 横，纵街是老北街和政府街，横贯县城的只有北关路（邢南公路)、当时的东大街、永红路（后来的健康路)，既弯曲又宽窄不一。有的街路无下水道，排水不畅，街道无垃圾箱，高层建筑物仅有二、三座小楼，最高的是北关旅馆楼三层。

2008 年，县城路网已形成六纵六横格局，六横即黄巾大道、风清路、富强路、健康路、南华路、南外环路；六纵为定魏线、新华街、西平街、三号路、西外环路、东安街。六横中最宽的路为黄巾大道宽 100 米，六纵中最宽的为西外环路宽 80 米。公益建筑有一园、三广场，即巨鹿公园、明珠广场、万盛广场、新华广场。五层以上高层建筑越来越多，十层以上建筑物已有 3 座（县电力局电力调度大楼、县医院病房楼、县广播电视局广电中心大楼)，最高为县电力调度大楼 14 层，面积最大为县医院病房大楼 18950 平方米。

三、住宅小区建设

1979 年，县城住宅多为平房，之后相继兴建职工家属院，多为一户一院平房。20 世纪 90 年代末，商品住宅小区建设加快。至 2008 年底，相继建成新苑小区、万盛小区、人和绿色家园、育红教师公寓、方圆安居小区、世纪康城小区、阳光家园、联邦花园小区、北街居民住宅楼、鸿泰家园小区、康乐庄园、风华小区、欣欣苑小区等一批样式新、各具特色的住宅小区，总投资3.25亿元，建筑面积50多万平方米。住宅小区多为单元式或别墅式。其中，5个小区建筑面积均在3万平方米以上。广播电视花园小区为11层电梯楼。

四、商贸市场及门店分布

1979年，县城商贸以临街商铺门店为主，主要集中在原老北街和东大街。随着县城建设的加快，其县域经济中心地位已经形成。至2008年，县城主要街道商户门店林立，商贸活跃。其商户店铺、摊点主要分布在新华街、建设街等4条街，秦泽路、健康路等4条路。新华街主要有饭店、食品、五金、床上用品、服装销售门店及县工商银行、农业银行、华丰宾馆、新华广场、明珠广场等；建设街主要为汽车装饰、婚纱摄影、洁具门店和集市、土产、蔬菜等销售聚集地，家乐园超市、县建设银行、商贸城等；四通街主要有家电、生活用品销售、饮食摊点等；万盛街主要有烧烤、足疗、家居装修材料（瓷砖、铝合金塑钢门窗制作）等；富强路主要有饭店、管件、土产、机电销售门市，汽车站、万盛广场等；健康路主要有蔬菜、生熟肉食销售、洁具装修材料门店、饭店、县医院等；秦泽路主要有电动车、自行车销售及服装门店、育红小学、巨鹿宾馆等；莲花盆街主要有服装床单被罩加工、饮食摊点等。

城内五大交易市场相间分布。其中，银花枸杞交易市场坐落在健康东路南侧，为枸杞银花交易中心；家具市场坐落在商贸城内，为各种家具销售集散地；古郡中心市场坐落在新华南街，以经营布料及服装加工为主；明珠广场坐落在新华街中段，集中经营服装鞋帽；煤炭建材市场坐落在南华路东段两侧，主要为煤炭、水泥、木材、砂石等建筑材料。

第三节 市政建设

一、市政

（一）街道。1979年以后，县城街道建设进入一个快速发展时期。一是新开新建，二是适时进行旧街道拓宽、延伸、翻新改造等，使县城街道四通八达。

1979年，巨鹿县城主要街道第一次拓宽取直，铺设石子渣油路面。其中，北大街（后改为魏徵街）、东大街、西大街（后改为秦泽路）等街道，由原来的宽7米，拓至17米。

1983年，顺直规范政府街（后改为新华街）富强路至秦泽路段，长800米，宽15米；拓宽顺直健康路，由原来的部分地段2米至3米加宽到10米；投资9万元铺设政府街、水市街、健康路、幸福街，健康路至富强路段沥青路面11920平方米。

1985年，原政府街和秦泽路交界点南侧，投资3.1万元建一座牌坊。同时建成全长1100米、宽26.4米商品街（后改为新华南街）。街中间设隔断式长廊、背靠背售货棚亭，两侧铺设柏油路面，各宽6米，总面积1.08万平方米。

1988年，征地8800平方米，拆迁房屋227间，政府街由原宽15米向东拓至26.4米。

1989~1995年间，先后返新、修补、铺设育红街（后改为秦泽路）、政府街、富强路等街道路面29条。其中，柏油路面20条、水泥路面9条，总长1.6万米，面积11.9万平方米。硬化人行便道8条，面积4.27万平方米。城区道路长度达到3.5万米。

1996年，建成长850米、宽40米的健康东路。同时新华街东半部油路面挖补、富强西路罩面1.3万平方米。翻修富强北路、富强西路7400平方米（部分油路面坏后改为水泥路面）。同年搬迁居民18户，拆迁房屋面积1243.7平方米开通拓宽东关街，由宽6米拓至17米，全长420米，面积2926平方米。

1997年，筹资4300多万元拓宽建设大街

（由原规划红线30米拓宽到40米）。拆除商品街牌坊和长廊及售货棚亭。修铺政府街、新华街、建设大街、纬二路（邢德路）等14条街道，铺设路面16万平方米，路基垫土6.4万立方米，安装路沿石2.53万米，硬化人行便道1.6万平方米，拆迁各类房屋9910.9平方米。

1998～2001年，新华街、建设大街向北延伸至黄巾大道。投资200多万元，改造新华北街1206米，水泥硬化便道2.3万平方米，两侧自行车道、便道合为一体，出入口与路面平接便于人行。健康西路向西延伸至西环路（后改为西平街）。同时硬化城区健康东路、健康中路、朝阳路、新兴路、富强北路、一里庄西街、文庙街、物价小街等18条街道路面。拆迁各类房屋9491.6平方米，刨掉各种树木9016棵，迁坟25座，铺设水泥路面9.25万平方米，柏油路面23350平方米，安装路沿石6082米，硬化便道50463.9平方米。投资500万元，建成设施配套，较高标准的“样板街”健康东路。

2002年，县勘察测量定线西环路，全长2400米，控制红线40米；建设东安街北段（富强路至黄巾大道）5.79万平方米、宽30米的路面铺设工程，将长1048.6米路基垫土和路床整形；铺设万盛街路面长25.38万平方米；修补建设大街、魏徵南街、秦泽东路等街道沥青路面1760平方米。投资38.5万元，建成新华街迎宾街道总长2515米宽3米的绿化带，绿化面积7545平方米。

2003年，投资413.59万元，铺设健康中路路面和翻修魏徵街部分水泥路面1.55万平方米，安装路沿石1839米；投资288.93万元，建设新华街秦泽路至风清路段，沥青路面1.51万平方米，便道铺装青石板1.3万平方米，安装路沿石3160米。

2004年，县成立县城建设管理指挥部，抽调县委督查室、县政府办公室、建设局、国土局、财政局等单位人员组成办公室。投资280多万元，铺设风清路水泥路面1.4万平方米（长2035.6米、宽7米）；投资260多万元，升级改造全长1247米的富强路，更换两侧石质路沿石2334米，彩砖铺设便道1.66万平方米；投资160万元，配套建设万盛街，路畔用彩色水磨石砖硬化1150平方米，同时铺设盲道；铺设万盛中街西侧水泥路面463.5平方米；投资749.345万元，铺设东安街水泥路面5.46万平方米（长1929米，宽28.5米）。同年，县政府印发关于《县城道路分级管理暂行规定》。按照道路功能及所处地理位置，结合红线控制宽度，将县城道路分为四级。明确城区各条街道建设维护资金来源渠道、牵头单位、责任单位，并细化各条街道建设目标任务。所需资金由沿街居民捐一点，单位出一点，县财政补一点办法筹建。

2005～2008年，县利用国家开发银行贷款，投资1.27亿元，建设总长12.9千米的县城四条环城道路和其他街道路段。同时，县财政投资1000多万元，治理改造小街小巷50余条。其中，（1）2006年更名的黄巾大道西平街至东安街段升级改造工程，全长2714.8米，红线宽55米，三块板结构，机动车道22.5米，双向六车道，非机动车道各5.5米，机动车道与非机动车道之间设5米绿化隔离带；2007年，向东延伸至定魏线，延长420米。垫土方15万余立方米，铺设沥青路面7万多平方米，便道1.8万平方米，2008年9月全线竣工。（2）西平街南华路至黄巾大道段建设工程，全长3600米，红线宽55米，两块板结构，机动车道各宽11.25米，总宽22.5米，双向六车道，中间10米绿化隔离带。（3）2006年，建设街南段（南华路—风清路），长2300米，铺设水泥路面5万余平方米，预埋过街管线37道，垫土方5万余立方米；2007年建设街北段（风清路—黄巾大道），长1296米，水泥路面浇筑10000平方米，2008年5月10日实现全线贯通。（4）东安街、富强路至黄巾大道段建设工程，全长1929米，投资1000多万元，拆迁富强路口东北角11户，拆迁面积2400平方米，铺设水泥路面5.46万平方米，2006年7月通过验收并全面通车。（5）杨官线过县城段建设工程，全长3200米，路面宽9米，红线控制25米，清障涉及74户，房屋60间，5600平方米，2008年铺设水泥路面长2800米、宽9米，面积

2.52 万平方米。(6) 建设街改造，2008 年，升级改造建设街，长 1600 米，铺设便道 2.56 万平方米。

1983～2008 年底，新开大街 10 条，加宽顺直大街 14 条，新修沥青路面 20 万平方米，水泥路面 55 万平方米。

(二) 饮水。1979 年，县城仅有两眼机井一座供水塔。北大街、南大街、东大街、西大街四条主要街道铺设 5000 米输水管道，有 11 个供水点供应县城，在主要机关企事业单位安装自来水，日供水量 150 立方米。四街居民及人口较少的机关单位靠专人从供水点取水用于日常生活。在用水集中时间，有时排队取水。为防止断水，许多单位备有大水缸。

1982～1993 年，随着改革开放和经济发展，县城供水设施不断升级改造逐步完善提高。1982 年县自筹资金 8.9 万元，打成 3 号井，水管入户、安表，实行计量收取水费，基本满足县直机关、单位、工厂、门店及城区居民用水。1986 年，城区工业发展迅速，工业和生活用水量增至 2695 立方米，城区 3 眼深机井日供水量仅 1800 立方米。同年连续增打 500 余米深井 2 眼。供水面积扩大到 12 平方千米，年供水达到 80 余万立方米，满足城区单位、企业和居民生活用水。1989 年，城区扩大，供水管道增长 6 万余米，全年供水增至 100 万立方米。1990 年，县城自来水供水范围扩大到一里庄、西韩庄、柳林、湾子、尼庄等村，城区年供水量由初建时的 5.4 万立方米增加到 100 多万立方米，日供水量 3000 立方米。1991 年，县聘请技术人员编制县城供水总体规划。同时增打机井 1 眼并配套。1993 年打机井和配套 2 眼，采用无塔供水方法。

1994～1996 年，铺设城区供水管道 6132 米，更换主管道 700 多米，维修表闸 380 个，维修率 99%，水费征收率 99.5%，全年供水达到 115 万立方米，自来水普及率 100%，城区供水面积 13 平方千米。

1997 年在县城区新华街、建设街铺设 PN200—PN300 铸铁管道 1.2 万米，安装消防栓 12 个，自动排气阀 2 个，闸井 45 个。1998 年，城区达到 8 眼机井供水，日供水能力 1.3 万立方米。

2000 年县开始规划筹建水厂，选址在新华街东侧，设计规模每天 2.2 万立方米，概算投资 1497.5 万元，占地面积 2.60 万平方米。设有 8 眼水源井、清水池、加氯间、送水机房、控制室、化验室等配套设施。同时对县城原供水主管道连续更新换代，对健康中路、东路供水管道实施改造，埋设 PN200 铸铁主管道 1777.7 米。设计已通过论证，并通过省、市批准立项，2008 年水厂正式开工建设。

(三) 排水。1979 年，城区街道雨水、污水排水无定向，基本依地势高低自然分流排入自然坑内。同年，县委发动县直机关干部职工参加义务劳动，修挖湾子排水渠引入洪溢河。1983 年，加大兴建排水设施力度，修筑铺设县城政府街西侧、外贸加工厂至北街大坑、幸福街东侧、新华南街、春晓街等主要街道排水沟、管 7100 米，除部分沟段砖砌水泥抹外，大部分用直径 0.9 米～1 米的水泥管铺设，每隔 50 米设检查井一座，内设防淤池，水泥予制盖面。1984 年，从北街大坑穿过二轻局至西酒厂南侧，用石头砌筑宽深各 1 米、长 240 米的排水沟。

1986～1988 年，随着县城规模迅速扩大，筹集 3.7 万元修建排水沟 2600 米，涵洞 17 处，开挖 2000 多米长的排水渠，健康路、魏徵街、建设街、新华街、幸福街两侧铺设地下管道 2826 米，砌筑县农业局至春晓巷地下排水管道 1766 米，同时修整、清理排水沟 3850 米。

1989～1991 年，铺设安装新华南街、新华中街、秦泽路、魏徵街、富强路、府后街、健康路南侧等街道的地下排水沟和管道。新建排水沟 8786 米，整修 980 米，修建桥涵 8 座。连续三年组织 9000 多名县直机关、企事业干部职工对城区排水工程开展义务劳动，共动土 2 万余立方米，清淤规整狼窝渠、湾子渠、中心渠等 4 条排水沟渠。

1993～1996 年，先后用片石砌筑 532 米的中心排水渠和富强路南侧棉纺厂至建设街 950 米排水沟；建幸福街、富强路、湾子渠 3 座桥涵；砌筑建设街西侧和育红街排水沟 1557 米；铺设府后街水泥排水路面 365 平方米。4 年间年年修整、清淤城区主要街道排水沟和管道。

1997～2001 年，建成新华街南头和新华街狼窝渠钢筋混凝土桥梁 2 座；建设街六路口修建双排涵洞 1 座（长 42 米，直径 1.4 米）；城区 20 多条主要街道修建排水沟、管 23839 米，砌筑污水井 40 个，清淤修整排水沟、管 1.36 万米，更换盖板 1620 块。修建湾子渠、中心排水渠桥涵 3 座。清挖改造狼窝渠、湾子渠排水渠道。

2003 年 5 月 24 日，"非典"疫情过后，县委、县政府针对群众反映排水沟裸露、蚊蝇孳生、污水排放不畅等问题，召开千人动员大会，发动全县干部职工、社会各界、城乡居民、企业门店捐款，改造治理县城排水设施。当年完成两项工程，一是中心渠排污整治工程，全长 1939.45 米，投资 106.8 万元。改造紧邻居民区段 316 米沟，由砖砌敞口改为内宽 4 米的石头砌沟加盖水泥板。将原石头砌沟 564.05 米清淤后全部加盖盖板，同时建沉淀池 7 座，拆迁房屋 457.68 平方米，改造 2 座简易桥和魏徵街过街涵洞为内宽 4 米的桥梁和涵洞。加宽加深下游土沟 1059.4 米。挖掘土方 1 万余立方米。二是湾子渠排污整治工程。全长 2541.9 米，投资 88 万元。将紧邻居民区段 589.75 米排污土沟改为内宽 3 米石头砌沟并加盖板。将石头砌沟 652.15 米清淤后加水泥盖板；同时建 7 座沉淀池，改造 2 座严重阻水的小型拱桥。同年 6 月，挖掘全长 1300 米的下游排水渠。

2004～2008 年，铺设风清路、万盛街等街道排水设施，埋设排水管道 11756 米，改暗沟为明沟 1597 米，砌筑检查井 306 余座，清淤、整治两侧排水沟和管道 3200 米。黄巾大道西延埋设排水管道 820 米，砌筑检查井 14 座。铺设西平街两侧排水沟上加盖板 3600 米，埋设直径 0.8 米排水管道 4072 米、直径 1 米排水管道 2908 米，新砌检查井 120 座。

（四）亮化。1979 年，原北大街（魏徵街）、东关街、邢南路等街道由普通灯改装为水银照明灯。1985 年，投资 1.5 万元，县城主要街道改装水银灯 260 盏，部分小街小巷安装路灯。1995 年投资 26 万元，建设街装配变压器 1 台，架线 800 余米，安装自控灯 18 盏。同时逐步更新改造城区照明线路。1997 年县城主要街道重新调改高低压线路 5500 米，拆移变压器 10 台，埋设地下电力电缆 5000 米，新栽六条街道路灯标杆 316 基，安装路灯 400 盏。同时，投资 50 万元，主要街道两侧 18 栋楼房安装霓虹灯或灯箱。

2008 年县城新华北街夜景图（靳德祥摄）

1998 年、1999 年，新华街北段、健康东路栽埋路灯标杆 106 基，安装路灯 254 盏。沿街机关、企事业单位及门店安装或修整霓虹灯、镭射灯、灯箱，油饰城区全部的内路灯杆。安装大型广告灯箱 100 个。2000 年安装建设北街两侧灯杆 64 基，路灯 128 盏，新安公益广告灯箱 200 块，39 个单位的临街建筑分别安装了镭射灯、轮廓灯和霓虹灯，建成 18 座彩虹桥，17 基礼花灯，沿街门店安装形状各异的灯箱、匾牌、镭射灯 30 多处。

2001 年、2002 年，城区小街小巷增安部分路灯，26 个主要街道沿街单位实施楼体亮化工程。2003 年，新华街 77 基路灯全部更换为华灯。健康中路安装华灯 31 基。2004 年，富强路万盛街至幸福街段升级改造，更换安装路灯 45 基。美化、亮化新建的万盛广场，安装高杆灯 1 座，景观灯 12 基，庭院灯 14 基。

2006～2008 年，黄金大道、新华北街、建设街等主要街道升级改造，更换新安路灯 256 基。全城小街小巷安齐路灯。

二、基本建设

（一）行政办公。行政办公区位于城区北部

黄巾大道沿线。总占地16.65万平方米。概算投资6000多万元，建筑面积3.8万平方米。2008年底，县政府集中支付中心、国税大楼、技术侦察大楼、审判大楼和人才劳动力市场全部建成并入驻。

（二）商贸。2000年县商贸城和新华批发市场开工建设。县政府动员社会筹资2600万元，建成占地4.53万平方米，建筑面积1.5万平方米的巨鹿县商贸城（位于建设中街路东）。新华批发市场位于新华北街西侧，占地1.89万平方米，建筑面积1.4万余平方米。两地容纳商户270家。2001年将原县政府院改建为明珠广场，广场位于新华南街西侧。工程占地9157平方米，总投资1500万元。中心小广场占地4995平方米。小广场南、北、西三面为欧式建筑商贸楼，2002年，广场竣工投入使用，可纳商户40多家。2005年总投资1500万元，在原县医院旧址健康中路北侧改建批发零售市场，占地10656平方米，建筑面积7500平方米，2007年建成并投入使用。

（三）教育卫生。育红实验学校，位于健康西路北侧，世纪康城对面，总投资1300多万元，建筑面积2.09万平方米，2005年建成并投入使用。县医院病房楼，位于健康路与东安街交叉口，投资2500万元，高11层（当时是邢台市县级规模最大，标准最高的县医院外科病房楼），建筑面积18950平方米，2008年建成投入使用。

2008年县医院的外科病房楼（靳德祥摄）

（四）文化体育。常青园建于1999年，位于县城六路口南侧，建设街西侧。占地2678平方米。种植冬青、龙爪槐等树木。园内设有石桌、石凳和仿古亭一座，供游客休憩。电力局小游园，建于2004年，位于新华北街，电力局北侧。占地面积1680平方米，园内种植冬青、龙爪槐等树木，花砖砌筑小路纵横交错，为游客夏日休息、乘凉之场所。万盛广场建于2004年。位于县城富强东路北侧坐北向南，广场占地面积1万平方米，东、西、北侧商用门店100余间，北侧门店三楼装有报时钟，每时一报，钟声传至整个县城城区。广场总投资1000余万元，建筑面积为1.26万平方米。北侧装有秋千、单双杠、七星桩等体育器材。广播电视中心，位于新华北街与黄巾大道交叉口，投资1500万元，主楼11层，建筑面积7600平方米，2005年建成并投入使用。文化活动中心建于2007年，总投资2500万元。中心位于新华北街与黄巾大道交叉处，南邻巨鹿公园。建筑面积1.4万平方米，高22米，四层框架结构，内设影剧院、青少年活动中心，文化馆、图书馆、魏徵纪念馆等。

（五）生活设施。

（1）垃圾场　2000年建成县城垃圾填埋场，位于县城东北5千米处（原上疃村村东砖厂土坑），占地6660平方米。2007年在原垃圾填埋场建设垃圾处理厂。项目占地面积11.65万平方米，总投资3152.2万元，使用年限14年。一期工程投资850万元，其中利用国债资金400万元，县财政投入450万元。占地5.53万平方米，建成填埋坑4.48万平方米。2008年10月投入使用。

（2）城市燃气　2007年，邢台市煤气热力总公司独资施工向县城铺设天然气管道。工程总投资4720万元。2007年11月开工建设，首期投资1500万元。公司供气站设在黄巾大道与迎宾街“十”字路口东北侧。占地3330平方米，并设汽车加气供应设施。县城黄巾大道、建设街、健康路、东安街等主要街道铺设输气主管道1.3万多米。2008年11月，广电花园、鸿泰家园、世纪康城、北街住宅小区、联邦花园、第一城等居民住宅小区及风清大酒店相继使用管道天然气。

（3）出租车　2001年，县建立“巨鹿县吉祥出租车服务中心”。纳入服务中心挂靠车辆58辆。车型主要是长安、五菱、松花江、昌河面包车。服务中心有人员8人。注册资金10万元,流动资金5万元,办公面积80平方米、停车场地1.2万平方米。服务中心属于松散型管理模式,后因管理不善,58辆出租车办理《道路运输证》后,再未进行年度审验和车辆等级鉴定、二级维护,中心自行解散。2004年,“巨鹿县鑫生出租车有限公司”成立,公司投资180万元,投放吉利轿车30辆,车辆拥有顶灯、门徽、计价器、无线对讲机等设备,管理人员10人,场地2000平方米。至2008年底正常营运。

第四节 园林绿化

一、街道绿化

1979年,在县城原北大街、东大街和邢南路,统一设计、统一标准,种植泡桐500余棵、国槐320棵、柳树380棵。

1988年,邢南路(后富强路)两侧便道修建花池46个,种植雪松、桧柏、黄杨1600余棵。邢南公路、健康路、财政街、北大街、橡胶厂街种植毛白杨、法桐、泡桐、国槐800余棵。

1990~1995年,县城建设花园式单位28个。政府街、邢南路、建设北街,种植法桐、垂柳、国槐、黄杨、桧柏等树木11960余棵,种植百日红、木槿、紫荆、碧桃等多种观赏树木、花卉18064棵。

1998年,城区12条主要街道种植黄杨、桧柏、国槐、法桐等树木3558棵,种植绿化带草坪3190平方米。1999年,种植乔木2万余棵,花灌木3万余棵,培育绿地1.5万平方米,新增街头绿地7处,新建省级园林式街道1条,省级园林式单位1个,市级园林式单位5个,花园式单位15个。2008年对城区各街道实施高标准绿化。共植树7053棵,其中国槐5705棵,法桐638棵,合欢200棵,补栽各种苗木710棵。新增绿化带面积11142平方米。

二、景点绿化

(一)常青园(六路口南侧)。种植花卉、金银花、法桐、桧柏等200余棵,绿化面积400余平方米。(二)电力局小游园。种植花卉、龙爪槐、桧柏等300余棵,草坪300余平方米,绿化面积500平方米。(三)粮食局南侧小绿地。种植国槐、冬青等花草,绿化面积350平方米。

三、巨鹿公园

巨鹿公园位于新华北街西侧、县文化活动中心南邻,2000年5月奠基,总投资1300余万元,占地15.72万平方米。一期工程动土方68.5万立方米,硬化地面1.1万平方米,埋设供、排水管道2857米,供电、音响线路5500米,安装水晶灯、草坪灯59盏,修建东门广场3800平方米,萤火广场1895平方米,运动广场852平方米,全民健身广场1300平方米,花卉广场4076平方米,花坛、花架600平方米;人工湖16156平方米,生肖园900平方米,儿童乐园1800平方米;种植乔木2240棵,灌木、常青3万余株,花卉1.3万株,草坪1.5万平方米。种植江南槐、垂柳、龙爪槐、雪松、草坪等树木植被。同时种植白三叶草坪、冬青球、紫叶李、金叶女贞、红叶小卜等,绿化面积186760平方米,绿化率30%。园内设有假山、喷泉、主题雕塑和步行桥4座。还有仿真植物、占地6600余平方米的碑林、1.9万余平方米的花卉苗圃园、魏徵广场等人造景观。2002年5月1日正式开园。同年10月,欧式包装公园门前水塔,形成高标准亮化公园。2006年又引进报废的歼击机一架,营造环境优美、功能齐全的娱乐场所。2003年、2004年、2007年曾先后三次举办春节元宵灯会。2007年又投资220万元,修建县文化体育休闲广场。2008年在公园门口内两侧新建10根文化柱,柱子名字分别为:道教音乐、古城风貌、鼓子造舟、黄巾起义、巨鹿八景、巨鹿之战、破釜沉舟、魏徵、尧舜禅让、僧一行。

四、单位绿地

县委、县政府大院种有草坪、冬青、木槿

等。建成高低错落有致、三季有花、四季常青绿地，绿化面积4280平方米。县电信局种植雪松、桧柏、草坪等，庭院绿化面积2356平方米，绿化率36.2%。县地税局种植云杉、银杏、百日红、月季、小叶黄杨等，绿地面积1022平方米，绿化率38.6%。

至2008年底，人均公共绿地面积达6.31平方米，县城园林绿化面积达到273.45万平方米。

第五节 环境卫生

1979年，县城街道环境卫生实行“门前三包”清扫制度。但因管理不严，城内街道两旁出现私搭乱建简易棚亭，“门前三包”清扫制度落实不好，环境卫生存有脏、乱、差现象，影响城区交通和市容。1984年，县委、县政府组织有关部门拆除县城主要街道两侧违章建筑物，拆迁37户，拆除87间，停建19起。1987年1月，将城区6条街道全长3445米清扫任务分解，实行分段包干，责任到人，每天清扫两次。

1990年，投资8.3万元，建政府街、商品街、健康路三座公厕。购置、修建垃圾箱34个，果皮箱15个。1991～1994年，投资3万元，建成汽车站一座公厕；投资5.25万元，增添垃圾箱100个，果皮箱100个；投资1.88万元，购置垃圾、粪便运输车1辆。处理纠正各种违章3000余起，清理施工现场23处，划线理顺违规马路边存储商品103起，发放摆摊设点定点证件167个。

1996年，清理违章摊贩1700余人（次），清除违章占道台球案14个。1998年，处理各种违章事件2000余件；强行拆除非法建筑、非法装修30余处；清理搬迁乱搭乱建棚亭50多处。2000年，外运垃圾9200立方米，就地填埋3500立方米，平整路畔13200多平方米。2005年，县城清扫面积增加到63万多平方米，保洁面积由20万平方米增至43万平方米。县城区管理办公室将城区清扫保洁范围划为4片，向社会公开竞争承包，清运车辆由原来的8辆增加到12辆，清扫清运人员增至125人。2008年全城街道清扫面积扩大到93万平方米，全天保洁面积53万平方米，垃圾清运车已增至13辆。

第三章 村镇建设

改革开放以后，巨鹿县域经济进入一个快速发展时期，但在开放初期全县村镇建设相对滞后，村街道路泥泞，村内普遍脏、乱、差。20世纪90年代末期，县委、县政府着手加强村镇建设，小康村和文明村镇建设以及村镇规划的实施，推动了全县村镇建设步伐。至2008年，全县村村通公路，村村街道硬化、亮化、绿化。农村卫生状况得到较大改善。

第一节 建制镇建设

1999年投资1288.8万元，拓宽修建官亭、小吕寨、西郭城等镇区的主要街道，共拆迁29921平方米，铺设路面7万余平方米。2000年4月3日召开全县小城镇建设工作会议，制定《巨鹿县邢德路两侧规划建设管理暂行规定》等规范性文件，制定促进小城镇建设各项优惠政策，利用各种形式广泛宣传，出动宣传车沿主要公路干线广播宣讲，发放明白纸3000余份，各种资料300余册，同时设计农村优秀住宅样本60套。2001年，全县各建制镇依据总体规划加快建设步伐。官亭镇所在地官亭村加大对市政公用基础设施建设力度，投资850万元新建商品楼1.2万平方米；投资35万元新修农贸街，铺设砼路面5600平方米，整修自来水管道3000米；先后修建村委办公楼、教学楼，将有线电视接通各村并投入使用。年底，全县各建制镇共建设住宅1.286万平方米，商业门店1.62万平方米，行政办公设施500平方米，铺设管道1.64万平方米，安装路灯19基。西郭城镇新建、扩建企业19家，基建投资2730万元，建筑面积52000万平方米；县支柱企业天帅、燕南分别投资800万元、1000万元实施二期扩建工程。2002年观寨、张王疃两个乡的总体规划编制已全部完成。全县各建制镇依据总体规划加快建设步伐，至2008年底共建设住宅2.5万平方米，商业门店8300平方米，行政办公设施4000平方米，铺设街道砼路面1.72万平方米，修建排水沟5000米，桥涵6座。

第二节　村级街道硬化

2008年，巨鹿县委、县政府在全县农村实施"村村街道硬化"工程。县交通局按照县政府安排实施乡村集资、交通项目支持、单位帮扶、财政奖补政策，总投资4306万元完成了120个行政村连村路和街道硬化任务，总长215.3千米。其中，硬化街道164.5千米；修建连村路50.8千米。县交通局完成连村路和街道硬化46个村，长度59.6千米，项目支持资金596万元（其中负债支持项目35个，长42.1千米）；县财政对村内街道硬化按每公里4万元实行奖补，总奖补658万元；县发改局、水务局等41个行政执法、服务部门和龙头企业对口帮扶46个行政村，长度126.7千米，帮扶资金667.5万元；乡村自筹资金2384.5万元，独立完成28个行政村，29千米的修建任务。

第四章　交通运输

改革开放30年，巨鹿县交通运输业快速发展。邢德、定魏、南郝三条干线公路是邢台市东八县连贯南北、西联东进的交通枢纽。经过几次升级改造，运输能力进一步增强。杨官公路开通后，构建了境内第三条重要的东西通道。至此，在巨鹿县境内"一纵三横""丰"字形干线公路主骨架形成。国、省干线公路陆续拓宽改造，使道路更加宽敞、亮丽。"村村通公路"里程468千米。至2008年底，境内有省级公路3条，县级公路3条，乡级公路20条，村级公路196条。全县10个乡镇291行政村，村村通公路通汽车。公路通车里程760千米，比中华人民共和国建立初期增长10倍，比1979年初增长7倍。全县已开通客运线路32条，投入道路客运、货运车辆1991辆。公路的发展促进了运输工具的变化，汽车成为主要运输工具，乘摩托、汽车、打的成为人们出行代步主要交通方式。

第一节　管理机构

1979年，县交通局内设人事秘书股、计划财务股、审计股3个股室。另设交通监理站，负责全县车辆入户挂牌、签证手续办理、车辆各部技术状况的年度审验；驾驶员管理；公路交通标志设置、路检路查、交通事故处理和安全教育，包括印发交通规则宣传材料、印发通告、书写标语等形式开展安全宣传教育。1980年，县建立机关企事业汽车管理办公室。1983年改称车辆管理办公室，隶属县交通局领导。1984年，公路管理站更名为公路管理股。1985年征费职能从计划财务股列出，建立县交通局养路费稽征站，车辆管理办公室改为县交通局运输管理股。同年10月，公路管理股改为县交通局公路管理站，运输管理股改为县运输管理站。1986年监理站移交县公安局管理，改为巨鹿县公安局交通警察大队。1988年撤销计划财务股，1989年12月恢复建立，同时撤销审计股增设地方道路股。1990年前巨鹿县设有客运汽车站，隶属县交通局，1990年汽车客运站移交邢台市运输总公司，归属邢台运输总公司巨鹿县分公司管理。1993年10月人事秘书股改为办公室，增设公路工程队和企业股，1996年10月设立综合运输股。1997年12月设立地方道路管理站，撤销企业股，其职责划入综合运输股。至2008年底县交通局内设3个科室：办公室、计划财务股、综合运输股。

县交通局所属企业包括搬运站、加油站、联运公司、汽修厂。

搬运站　1990年拥有干部职工68人，其中固定工25人，合同协议工43人；汽车12部、房屋35间；固定资产33万元。2000年因企业改制，解除与县交通局的隶属关系。

加油站　建于1993年，位于县城富强东路南侧，时有职工9人，2000年企业改制，解除与县交通局隶属关系。

联运公司　建于1988年，位于县城富强东路南侧，拥有职工19人，其中固定工4人，城镇合同制工人6人，农民合同制工人9人，2000年企业改制解除与县交通局的隶属关系。

汽修厂　前身是1975年由胶轮马车组织起来的运输合作社，1975年、1976年分别组建汽车队和汽车修理厂，1978年经邢台地区汽车运输总站批准定名为汽车总成修理厂，1996年省运管局评定验收晋升为汽车大修厂。1999年改制为县交通汽车大修股份合作公司，并与县交通局解除隶属关系。时有干部员工56人，其中工程师、技师和高级技术人员25人，占地面积6800平方米，内设大修、钣金、喷漆、轿车保养等车间。2007年经省级验收建成二级维护作业站，承担全县营运货车、客车和轿车的二级维护业务。

第二节　公路线路

一、省级公路

（一）邢德公路。西起邢台市，经任县、巨鹿、南宫、故城到达山东省德州市，全长193千米。巨鹿段从任县邢湾入境，穿越西郭城镇、小吕寨镇、巨鹿镇（巨鹿县城）、阎疃镇4个镇入南宫市境内。巨鹿县境内全长38.5千米。桩号为K33+532m~K69+300m，有桥梁12座365米，涵洞13道231.6米。1980年、1984年，巨鹿县修路指挥部和地区公路工程队先后翻修县城西16千米和县城3.3千米段。1986年县交通局投资10.8万元，翻修西郭城大街水泥路面3500平方米。1999年，邢德线35.768千米全线翻修。县交通公路工程队和邢台市路桥公司三处、四处施工，建设标准为平原二级，路基宽17米，路面宽12米，公路桥梁大修改建为邢台市水利工

2008年邢德公路小吕寨镇白寨西段（靳德祥摄）

程处承担。2006年，邢德线26.3千米（K43~K69+300m）罩面处理，由邢台市公路处道路开发中心和巨鹿县公路工程处施工。

（二）祁南公路。从临城县祁村开始，经临城县城、隆尧县冯村、隆尧县城、巨鹿县观寨、官亭、团城村，到南宫市南便村，与邢德线相接为终点，全长81.7千米，路基宽8米，路面宽6米，标准为平原三级。巨鹿县境内桩号为K56+800m~K76+300m全长19.5千米。1991年，巨鹿县公路站施工翻修巨鹿段官亭至无尘4.3千米。1996年全线大修南郝线，建设标准为平原二级，路基宽11米，路面宽9米，沈阳市政工程处施工。2003年，唐山工程队修巨鹿县全段4厘米沥青罩面。2004年，冯南公路（西起隆尧县冯村途径隆尧县城、观寨、官亭、团城到达南宫市南便村与邢德相接）、冯祁公路（隆尧冯村—内丘祁村）升级为祁南公路，路线延伸至临城县郝庄，更名为南郝线。2006年南郝线巨鹿县境内大修8.815千米（K5+585m~K14+400m），2007年大修11.056千米（K14+400m~K25+456m），巨鹿县交通局工程队施工。

（三）定魏公路。保定定州至邯郸魏县，途径巨鹿县董营、官亭、辛庄、巨鹿县城、贾庄出境。由原巨常线、巨新线、宁官线合并而成。宁常线是自宁晋县城308线平交开始，经巨鹿县官亭、县城、平乡县城到达平乡县常河镇，与邢临线相交结束，全长81.5千米，巨鹿段桩号为K31+400m~K65+600m，境内全长30.9千米，有

桥梁9座190.5米，涵洞3道45米。1994年延长至邯郸魏县，改名宁魏线。2004年，路段延伸至保定市定州，更名为定魏线。1996年宁常线官亭段至巨鹿县城段翻修K38＋300m～K52＋800m，路基由原来的8.5米拓宽为10米，路面由原来的6米拓宽为7米，巨鹿县公路站施工。1997年宁常线穿越巨鹿县城段K52＋800m～K4＋100m加宽改为12米。巨鹿县公路站施工。其中K54＋100m～K56＋100m段路基拓宽为40米，路面24米。2000年9月9日，定魏线官亭北段翻修工程验收合格，建设标准为平原二级，路基宽15米，路面宽11米，邢台路桥公司五公司施工。2001年定魏线官亭至巨鹿县城14.5千米两层封面，巨鹿县公路站工程队施工。2007年定魏线大修24.375千米（K142～K166＋375m），部分路段改建，邢台道桥四处和道桥五处施工。

二、县级公路

（一）巨广线。巨鹿——广宗路段，全长11.1千米，建于1981年，3厘米沥青表处，路面宽9米，技术等级二级，全线绿化。1997年改建。

巨广公路巨鹿县城东南2千米处（靳德祥摄）

（二）神无线。新河县夏神首村——巨鹿县后无尘村，与祁南线相接。巨鹿段全长7.7千米，建于2001年，三级路设计标准，沥青路面，全线绿化。其中巨鹿县界到前无尘村段，建于2003年。

（三）杨官线，南宫市垂杨村——内丘县官庄村，途径王虎寨镇、巨鹿镇（巨鹿县城）张王疃乡。巨鹿县境内路段总长28.97千米，其中县城东段11.14千米，西段12.5千米，过巨鹿县城段5.33千米，技术等级为二级。东段于2006年竣工，2008年春，东段植树11500棵；西段2007年竣工，冬季植树12700多棵，过城段长5.33千米，路面宽15米。

三、乡级公路

全县乡级公路20条，全长169.18千米。

（一）西贾线。起于广宗县西召屯，止于巨鹿县贾庄村，途经白伏、孔寨、塔堤村。路长8.60千米，路基宽6米，路面宽4米，沥青表处，技术等级四级。建于1998年。

（二）邢南线。起于邢德线至南哈口村，途经胡林寨、何寨，路长10.38千米，路面宽4米，沥青表处，技术等级四级，建于1980年。

（三）吉宋线。吉陈庄村（祁南线）至阎疃镇宋庄（邢南线），途经阎疃、新建庄、西旧城、苏家营，路线长10.03千米，路面沥青表处，技术等级四级，建于1988年。

（四）大阎线。大留庄村至阎桥村（接邢德线），途经阎桥、王六村、苗庄、大留庄，路长10.69千米，路面沥青表处，技术等级四级，建于1996年。

（五）吕韩线。小吕寨村至西郭城镇小韩寨村，途经小吕寨、西大韩、小韩寨，路线长4.99千米，路基宽6米，路面宽4米，结构为0.15米灰土一层，0.18米水泥路面，技术等级四级，建于2001年。

（六）邢河线。邢德线至孙河镇村，途经孙河镇村，路长5.54千米，路基宽6米，面宽4米，结构为0.15米灰土一层，0.18米水泥路面。技术等级为四级，建于2002年。

（七）城后线。巨鹿县城至后董营村，途经夏旧城、沙井、大河道、观寨、肖庄村，路长21.13千米。路基宽6米，路面宽4米，结构为0.15米灰土一层，0.18米水泥路面，技术等级四级，建于1996年。

（八）北杨线。北盐池村至杨官线，途经北盐池、西郭城、马营、田寨，路线长13.38千米，路基宽6米，路面宽4米，水泥路面，结构为0.15米灰土一层，0.18米水泥路面，技术等级四级。建于1999年。

（九）杨西线。杨官线至西坚台村，途经大屯头、东坚台、西坚台，路长7.33千米，路面沥青表处，技术等级四级，建于1999年。

（十）定北线。定魏线至北官亭村，途经董营、北官亭，路长2.01千米，路基宽6米，路面宽4米，结构为0.15米灰土一层，0.18米水泥路面，技术等级四级。建于2004年。

（十一）沙刘线。何寨乡沙井村至刘庄村，途经路庄、刘庄，路长3.78千米，沥青表处，技术等级四级，建于1995年。

（十二）邢杨线。邢德线至杨寨，途经张威、王义寨、东郗寨，路长7.04千米，路基宽6米，路面宽4米，结构为0.15米灰土一层，0.18米水泥路面，技术等级四级，建于1999年。

（十三）杨洪线。杨官线至洪水口村，途经王六村，路长7.44千米，路面沥青表处，技术等级四级，建于1996年。

（十四）定高线。定魏线至官亭镇高庄村，途经董庄、赵庄，路长3.86千米，路面沥青表处，技术等级四级，建于1987年。

（十五）定南线。定魏线至王虎寨镇南原庄村，途经安庄、田庄、后安子、姜庄、南原庄，路长8.72千米，路基宽6米，路面宽4米，结构为0.15米灰土一层，0.18米水泥路面，技术等级四级，修建于2000年。

（十六）南东线。南郝线至阎疃镇东孟庄村，途经苏石鹿、于庄，路长8.99千米，路基宽6米，路面宽4米，结构为0.15米灰土一层，0.18米水泥路面，技术等级四级，建于2000年。

（十七）南城线。南花窝村至巨鹿县城，途经张王疃、曹辛庄、东郭庄，路长9.13千米，路面沥青表处，技术等级四级，建于1986年。

（十八）邢柴线。邢德线至柴城村，途经黄马庄、东冯寨外、柴城，路长6.47千米，路基宽6米，路面宽4米，结构为0.15米灰土一层，0.18米水泥砼路面，技术等级四级，建于1989年。

（十九）杨广线。杨官线至广宗西板台村，途经西张王疃、二郎庙、路长4.70千米，路基宽6米，路面宽4米，结构为0.15米灰土一层，0.18米水泥砼路面，技术等级四级，建于2000年。

2008年巨鹿县乡级公路王虎寨段（靳德祥摄）

（二十）老杨官线路段。途经后塔口、王虎寨、杨寨、大寨村，长12千米。路面沥青表处。

四、村级公路

2004年12月，全县实现“村村通公路工程”，总投资2660万元。至2008年底，全县修建农村公路231条，累计662.53千米。

第三节 桥梁 涵洞

随着公路建设速度加快，桥梁相应增加。1979年前县域内只有4座，1979～2008年建成17座。至2008年底，巨鹿县境内公路桥梁共21座、其中邢德线9座、南郝线5座、定魏线7座。

2008年巨鹿县公路桥梁基本情况一览表

表4－4－1　　单位：米

序号	桥梁	所在路线	桩号	长度	宽度	荷载（吨）	结构类型		建成时间	备注
							上部	下部		
1	西郭城桥	邢德线	K37＋216	30	12	汽20－挂100	现浇板	双柱式墩	1999.10	一类
2	小吕寨桥	邢德线	K41＋040	73	12	汽20－挂100	简支板梁	双柱式墩	1999.10	一类
3	小吕寨桥	邢德线	K41＋836	28.9	12	汽20－挂100	简支板梁	双柱式墩	1999.10	一类
4	白寨西桥	邢德线	K46＋022	13	12	汽20－挂100	简支板梁	双柱式台	1999.10	一类
5	白寨南桥	邢德线	K48＋176	30	12	汽20－挂100	简支板梁	三柱式墩	1997	一类
6	陈庄桥	邢德线	K58＋430	16	12	汽20－挂100	简支板梁	双柱式台	1999.10	一类
7	洪水口桥	邢德线	K59＋564	104	12	汽20－挂100	简支板梁	双柱式墩	1999.10	一类
8	黄屯桥	邢德线	K63＋808	16	12	汽20－挂100	简支板梁	双柱式台	1999.10	一类
9	孟庄桥	邢德线	K65＋570	29.7	12	汽20－挂100	简支板梁	三柱式墩	1999.10	一类
10	团城桥	南郝线	K5＋612	39	12	汽20－挂100	简支板梁	双柱式墩	1999.10	一类
11	吉陈庄桥	南郝线	K12＋388	13	12	汽20－挂100	简支板梁	双柱式台	1996.9	一类
12	老漳河桥	南郝线	K14＋500	127.4	12	汽20－挂100	简支板梁	三柱式墩	1996.9	四类
13	马庄桥	南郝线	K16＋285	26	12	汽20－挂100	简支板梁	双柱式墩	1996.9	一类
14	官亭桥	南郝线	K23＋302	39	12.2	汽20－挂100	简支板梁	双柱式墩	1996.9	一类
15	商店桥	定魏线	K134＋866	40	13	汽20－挂100	简支板梁	三柱式墩	1999.	一类
16	董营桥	定魏线	K138＋178	30	13.3	汽20－挂100	简支板梁	三柱式墩	1969	一类
17	鱼营桥	定魏线	K143＋684	16.5	7.9	汽20－挂100	单拱桥	三柱式墩	1969	四类
18	辛庄桥	定魏线	K150＋982	29.04	12	汽20－挂100	简支板梁	双柱式墩	2002.9	一类
19	杨庄桥	定魏线	K153＋815	11	7	汽20－挂100	现浇板	双柱式台	1969	二类
20	纪寨桥	定魏线	K161＋149	38.6	9	汽20－挂80	现浇板	双柱式墩	1982	三类
21	凌石屯桥	定魏线	K142＋223	5.4	7	汽20－挂100	简支板梁	承重墙		三类

县级乡村级公路19座。（公路桥以外的其他桥梁234座在第五章水利设施中记述）

第四节　公路养护

一、省、县级路

1993年以前，邢德、冯南、巨新、宁官、巨常、巨广6条公路线养护，由巨鹿县14个道班区实施分段养护。其中，邢德线5个，小吕寨、白寨、杨庄、宋庄、郝鲁；定魏线4个，董营、官亭、辛庄、纪寨；巨广线2个，堤村、法市庄；南郝线3个，张庄、观寨、楼张镇。1997年成立官亭、城东、城西3个公路养护工区，养护工区替代原14个养护道班的职责。1998年改为官亭、城关2个养护中心，替代原3个养护工区职责。养路工待遇1980年前为亦工亦农代表工，以后改为集体食宿代表工，每人每月补助36元，发副食补贴 2.5 元，交所在生产队 12 元，由生产队记 25.5 天工分分配口粮，每月国家补助粮食 10 千克；分散食宿代表工每月发生活补助 15 元，1983 年集体食宿代表工工资提高到 43 元，分散食宿代表工取消。1986 年 1 月，集体食宿代表工在原月工资 43 元的基础上，按工龄档次调整，工龄满 15 年以上的，每人每月增加生活费 25 元，满 5～10 年增加 13.5 元，不满 5 年增加 7.5 元。1990 年 1 月，据冀劳人机薪复【1990】36 号文规定，1989 年 12 月 31 日以前，连续工作满 20 年及其以上的，每人每月调到 89 元；满 15 年不满 20 年的每人每月调到 82 元；满 10 年不满 15 年的，每人每月调到 76 元；满 5 年不满 10 年的，每人每月调到 70 元；不满 5 年的每人每月调到 64 元。1993 年 10 月至 2006 年 10 月，实行职级工资制，2006 年 10 月以后实行薪级工资制，月平均工资 900 元。

二、乡村级公路

2005 年，巨鹿县乡村公路建设和养护管理实行乡道乡养，村道村管和以树养路、以路促树分段承包养护办法。全县 10 个乡镇均建有养管所，实行养护人员岗前培训，建立养管制度和检查评比奖惩制度。同时地方道路站与养护工签订养护协议书，明确双方权利义务。至 2008 年未变。

第五节　费用征收

一、养路费征收

1984 年 12 月，按照河北省交通厅颁发的《关于调整公路养路费征收标准规定的通知》规定，对交通部门公路运输企业的营运车辆及出租车，按营运收入 12% 计征；对企业、事业、合作社、个体户、联户的车辆及公路运输的非营运车辆，每月每吨征费 90 元。1986 年，巨鹿县养路费稽征站成立。1988 年，征费标准调整，汽车每月每吨征费 110 元、拖拉机 77 元。1992 年，客车每月每吨 110 元提高到 160 元；货车每月每吨 110 元提高到 150 元；侧三轮每月每辆 10 元；二轮每月每辆 5 元；畜力胶轮大型车每月每辆 10 元；畜力胶轮小型车每月每辆 5 元。1996 年，客车每月每吨收费由 160 元提高到 210 元；货车每月每吨收费由 150 元提高到 190 元。2008 年底，全县征费车辆 1991 辆，年征费金额 1722.5 万元。

1979～2008 年巨鹿县养路费附加费征收情况统计表

表 4－4－2　　单位：万元

年 份	养路费			附加费（元）
	计划任务	完成情况	超额率（%）	
1979	19	19.43	2.3	
1980	14	19.30	37.8	
1981	16	20.90	30.6	
1982	20	21.60	8	
1983	20	23.60	18	
1984	23.4	36.40	56.5	
1985	36	85.20	150.5	
1986	64.5	85.5	132.5	
1987	80	111.49	139.4	
1988	90.3	125.96	139.4	
1989	131	203	155	
1990	191	181	94.76	
1991	19	200.5	104.97	2.5

续表

年份	养路费			附加费（元）
	计划任务	完成情况	超额率（%）	
1992	汽 241	307	127	2.7
	拖 9	28	311	
1993	汽 346	404.80	116.99	3.3
	拖 28	28.87	103.11	
1994	汽 338	456	134.9	3.6
	拖 29	32	110.34	
1995	汽 364	565.2	155	4.8
	拖 25	32	128	
1996	汽 594	765	128	5.1
	拖 32	34.8	108	
1997	汽 708	797.26	113	5.1
	拖 37	42.17	114	
1998	汽 731	794	108	5.8
	拖 42	48	115	
1999	汽 731	776	106.15	5.2
	拖 42	43	102.38	
2000	汽 731	789.48	108	8.2
	拖 27	29.35	108.7	
2001	汽 783	827.14	105.64	3.5
	拖 27	39.99	148.12	
2002	汽 761	807.4	106.09	1.6
	拖 27	50.26	186.14	
2003	汽 769	846.4	110.06	0.3
	拖 35	74.8	114	
2004	汽 820	1001.55	122.14	
	拖 35	66.58	190.22	
2005	汽 919	1385.60	142.50	
	拖 35	75.60	216.20	
2006	汽 1210	1471.88	121.60	
	拖 30	71.82	239.3	
2007	汽 1360	1608.74	119	
	拖 30	52.10	177	
2008	汽 1550	1705.5	110	
	拖 17	25.2	148	
合计	14187.2	17266.89		51.7

注：表中汽为汽车；拖为拖拉机。

二、车辆购置附加费征收

1985 年 4 月 1 日始，开征新购车辆交通建设附加费，当时车辆购置附加费征收标准为：国产车征收车价的 10%；进口车辆征收车价的 15%；1993 年国产车、进口车统一改为车价的 10%。1999 年 12 月底停止征收。2003 年，此项业务移交县国税局办理。

第六节 运输管理

一、交通工具

1979年，全县拥有各种机动车辆1672辆。其中，县交通局汽车1队、2队和联运公司汽车30辆、国营汽车91辆、集体汽车152辆、个体汽车249辆、拖拉机1150台。随着经济发展，个体汽车随之增多。2008年，全县拥有各种机动车辆3975辆。其中，大货车712辆，小货车647辆，挂车149辆，大客车95辆，小客车2127辆，农用车240辆，专用车1辆，特种车4辆。

二、客运

（一）长途。随着经济发展客流量增大，客运线路、通车班次逐步增加，1980年，邢台—天津班车开通，路经巨鹿县城，每天两班次。1982年，巨鹿—石家庄班车开通，每天往返1次。1984年，民营客车运输兴起，1985年邢台—北京班车开通（民营），路经巨鹿县城，每天往返1班次。至1987年民营客车发展到65辆，大部民营客车营运在巨鹿—邢台、巨鹿—石家庄线路上。1989年“邢台运输总公司巨鹿分公司（巨鹿县汽车站）自筹资金从河北客车厂购置3部客车，1992年购置5部客车，全部投放到巨鹿—石家庄线路上运营。1990年，省交通厅投资114万元，对巨鹿县汽车站改建，1992年投入使用。2002年，邢台运输总公司实行股份制改造，巨鹿县公司更名为“河北省邢台交通运输有限公司巨鹿分公司”。巨鹿县汽车站日发班车150部，日发班次200余个，日发送旅客4000余人次。其中，巨鹿—邢台每隔10分钟发一班车；巨鹿—石家庄每隔15分钟发一班车；南宫—邢台过路巨鹿站班车每天达60多个班次。巨鹿站始发或过路的跨省市班车也迅速增加，主要有邢台（巨鹿）至北京、天津、沈阳、邯郸、衡水、唐山、廊坊、沧州、济南、烟台、青岛、德州、聊城、西安、十堰、昆山、运城、太原、大同、包头等地。至2008年，省际客运班车18辆，10条班线；市际客运班车53辆，17条班线；县际客运班车57辆，11条班线；县内客运班车55辆，28条班线。

（二）城乡公交。2007年县在招商引资中同河北长安客车洽谈引进城乡客运班车30辆，成立“巨鹿长安城乡客运有限公司”，新增城乡客运班线15条，县城—平乡、县城—甜水张庄、县城—辛集、县城—苏家营、县城—东旧城、县城—柴城、县城—孙河镇、县城—赵庄、县城—大寨、县城—南原庄、县城—寻虎、县城—杨寨、县城—二郎庙、县城—石佛店、县城—苗庄。城乡客运公交车投入运营后，经调查乘客420余人，满意度达到98%以上。村村通客车后，投资360万元筹建四级汽车站1个，位于巨鹿镇东张庄村南。农村客运站5个，法市庄、官亭、小吕寨、王虎寨、琉璃寺。候车亭20个，建站牌50个。

三、货运

1979年以后，民营汽车运输逐步发展。1980～1985年，货车发展到145辆、拖拉机353台、总吨位1000多吨。1985～1990年，县货物运输以县交通局汽车队和地区运输公司巨鹿县分公司为主体、各企事业单位汽车辅助、个体汽车为补充的全方位服务货运形式。1985年运管站统计，每年货运量以30%的幅度增长，营运货车车辆以每年20%的幅度增长。搬运装卸，1977年，搬运站购置第1部汽车。1985年汽车增至9辆，成立交通局汽车2队，搬运站成为一个以运输业为主，人工装卸为辅的搬运企业。

第五章 邮电设施

改革开放以后，巨鹿县邮政、电信业发展较快。由改革初期单一的邮政、电信业务，相继发展起移动、联通、电信、互联网等无线和有线通信业务。日渐完善和发达的无线通信及网络传输业务，为县域经济的发展和人们的生产生活提供了便利。

第一节　管理机构

1953 年，巨鹿县邮电局成立。1998 年，县邮电局邮政科列出建立巨鹿县邮政局，隶属邢台市邮政局管理。局设办公室和经营服务部，下设阎疃、官亭、小吕寨 3 个支局和西坚台、王虎寨两个代办处。办公场所仍在邮电大楼（富强路与新华街交叉路口东南角）。同年 9 月，邮政、固定电话、移动、寻呼分离，成立中国电信公司巨鹿县电信局，下设办公室、市场经营部、机线班、程控班、支局维护班、营业班、112 机房、工程队和西郭城、官亭、小吕寨、路街、楼张镇、阎疃、张王疃、西坚台、堤村 9 个支局。

1999 年 8 月，移动通信巨鹿县分公司从县电信局分离，成立移动公司巨鹿县营业部。2002 年 5 月 1 日，县邮政局迁至健康东路。同年，县电信局更名为河北省通信公司巨鹿县分公司，下设综合办公室、营销服务部、运行维护部、机线班、机务班、营业班、设备维护班、工程队和西郭城、官亭、小吕寨、路街、楼张镇、阎疃、张王疃、西坚台、堤村支局。2003 年更名为河北移动通信有限公司巨鹿县分公司。

2004 年 9 月，通信业重组，网通公司、通信公司、吉通公司合并，更名为中国网通（集团）有限公司巨鹿县分公司，下设办公室、市场经营部、机线班、程控班、支局维护班、营业班、112 机房、工程队和西郭城、官亭、小吕寨、路街、楼张镇、阎疃、张王疃、西坚台、堤村支局。2006 年更名为中国移动通信集团河北有限公司巨鹿县分公司（以下简称巨鹿分公司）。

2008 年 6 月，邮政储蓄银行巨鹿县支行成立，按市局安排官亭支局储蓄所划分给邮储银行巨鹿县支行。同年 10 月 15 日，中国网通与中国联通合并改为中国联合网络通信有限公司巨鹿县分公司。

第二节　邮　政

一、邮路

1998 年，县境内设置 18 条投递线路，安排 18 名投递员，每线行程 50 千米～60 千米。其中县局 10 条投递线路，县城以新华街和健康路为界，分为 4 条投递线路，辐射乡邮 6 条投递线路。三个支局 8 条，其中官亭支局 3 条投递线路，阎疃支局 3 条投递线路，小吕寨支局 2 条投递线路。2004 年，随着城区规模扩大，城区邮件业务量逐步增大，城区投递线路由 4 条增至 5 条。1998～2008 年，县邮政局利用三轮车，每天将邮件投递到 3 个支局，由支局投递人员二次分发投递。

二、业务

邮政业务分基本业务和兼营业务两种。基本业务包括函件、包裹、邮政汇兑和报刊发行。兼营业务是与邮政基本业务相关的社会需要经办的业务，如邮政储蓄、速递、代办业、集邮、机要、物流等。

（一）函件。函件包括信函、明信片、印刷物、盲人读物 4 种。1998 年县邮政局完成函件寄递 39.84 万件。2003 年县邮政局开始商业信函的开发。2007 年 4 月新增个性化邮资封业务（可把公司简介、图片、宣传口号等印刷在邮政信封上的业务）。2007 年 5 月，针对学生节日礼品市场，以感恩为主体完成“母亲节”个性化邮资封的开发。随着电话、手机、互联网等通信手段普及，普通信件逐年减少，函件业务逐年降低。2008 年完成函件寄递 4.66 万件，比 1998 年减少 35.18 万件。

（二）包件。1998 年，县邮政局完成包件寄递 5.24 万件。随着铁路、速递等运输部门在城区出现，包裹业务逐渐分流。2008 年，县邮政局完成包件寄递 0.73 万件，比 1998 年减少 4.51 万件。

（三）报刊发行。1998 年，县邮政局完成报纸发行累计份数33.36万份，杂志11.16万份。零售0.35万份（全部在城区），报刊流转额101万元。其中私费订阅38万元。随着经济发展，文化信息需求逐渐增长，报刊私费订阅量逐年增加，零售报刊量增大。2002年报刊零售高达1.67万份。同时，县城出现“智源书屋”等多个个体邮政报刊零售网点。个人零售网点利用长途客运运送报刊，畅销报刊比邮政零售报刊更早上市销售。2008年，县邮政局完成报纸发行累计123万份，杂志30.3万份，报刊流转额126万元。其中私费订阅量达到80万元。

（四）汇兑。1998年，县邮政局完成汇款0.84万笔。2001年7月1日邮政电子汇兑系统开通，电子汇兑比邮政汇兑手工处理方式更具时效性、便捷性和安全性。2007年8月电子汇兑系统全网升级，新系统上线后，差错减少，实现全国通兑，免填单、入账汇款账号和户名相匹配等功能，服务更便捷同时简化内部操作流程，但因各家银行电子汇兑业务不断升级，2008年巨鹿县邮政局完成汇兑0.68万笔，比1998年下降0.16万笔。

（五）储蓄。1998年全县设4个储蓄网点，储蓄从业人员23人，储蓄余额3603万元。2002年12月，邮政储蓄计算机系统完成银联卡改造，实现绿卡跨行取款、查询和消费。2004年12月邮政储蓄统一版本工程切换上线，实现全国实时联网。2005年完成邮政储蓄与电子汇兑系统两网互通工程上线，实现账户到账户、现金到账户等多种汇款方式，邮政金融电子稽查系统上线，可利用信息技术对业务操作风险监控。2007年2月新增健康东路储蓄网点，同年新增入账汇款业务、小额质押贷款业务、短信业务。至2008年，县邮政局共有储蓄网点5个，储蓄从业人员43人，储蓄余额24218万元，比1998年增长20615万元。累计发放贷款49万元，短信用户1200户。

（六）速递。1984年，邮政开办国内特快专递业务。同时提供多种形式的邮件跟踪查询服务。1998年县邮政局完成速递2.7万件。2003年8月，国内调整特快专递邮件资费。2006年增加二代身份证快递业务。2007年“中通速递”、“圆通速递”、“申通快递”、“宅急送快递”等一些快递公司进入巨鹿县市场，邮政速递业务受冲击。同年邮政实施改革，县邮政局速递营业部运行。至2008年底完成速递8.82万件，累计妥投二代身份证7.5万件。

（七）代办。1998县邮政局开办代办业务，主要代理保险、代收代缴话费等。2000年新增代发工资业务。随着2005年、2006年股票市场升温，全县一度出现投资热潮，同时各种理财产品纷纷出现，基金销售火爆。2007年7月县邮政局开始基金销售，至2008年累计完成基金销售678万元，代理保险完成806万元。

（八）集邮。1998年完成集邮销售9.75万枚。2003年集邮品价格提升较快，随后价格开始下降。2007年4月开始办理个性化邮票业务，个人形象第一次可以出现在邮票上。至2008年底，县邮政局共销售各类邮票1.27万枚。

（九）物流。2006年县邮政局开始经营集封装、配送、加工、运输和信息服务于一体的综合服务物流业务。随后县境内包括“铁路快运”等已增加几十个物流公司，尤其在工业比较发达的县城西部，部分村镇甚至一个村有2家或3家物流公司，其大部分为个人代办。至2008年底县邮政局建立“三农（农业、农村、农民）服务站”120个，配送白酒1300件，种子14吨，化肥300吨，洗衣粉6500件。

第三节 联 通

中国联合网络通信有限公司巨鹿县分公司前身是中国网通和中国联通，主营固定电话和联通移动电话等业务。原网通公司于1978年10月10日淘汰磁石交换机，905纵横式自动交换机投入运行。2008年10月和联通公司合并。1979年底，全县固定电话226部。2002年，巨鹿县开通ADSL（宽带）业务。2003年4月开通小灵通业务，至2003年底，全县开通500MW基站52个，发展小灵通用户2500户，2006年用户最多时达到7000户，2007年用户数量开始下降，2007年底4999户，至2008年底小灵通用户3000户，全县宽带用户0.63万户，无线市话基站72个，固定电话4.5万户，联通移动电话用户3万户。

第四节　移　动

1999年8月移动通信巨鹿县分公司从县电信局分离后，主营移动通信业务。公司建有5个基站，2008年增加到87个，覆盖全县所有自然村，自办营业厅9个，特许营业厅114个，农村服务站296个，用户达到11万户。

1999年分营初期主要经营“全球通”数字移动电话和模拟移动电话业务，客户仅有2380户。2000年模拟移动电话由数字移动通信取代。主要经营移动电话通信（包括话音、数据、多媒体等）、IP电话及互联网接入服务等业务。拥有“全球通”、“神州行”、“动感地带”三大服务品牌。用户号码段从“139”发展到“138”、“137”、“136”、“135”、“134（0～8号段）”和“159”、“158”、“151”、“150”、“188（3G专属）”。2007年，公司增加移动信息服务，推广集团行业信息化和农信通、校信通、气象通、警务通、银信通、供销通等重点行业应用业务。

第五节　电　信

中国电信巨鹿县分公司成立于2006年5月，主要经营固定电话、移动通信、互联网接入及应用等综合信息服务。2008年5月23日，中国联通分拆两网，其中CDMA网络并入中国电信，从2008年10月1日正式开始分拆，133和153号段正式并入中国电信，2008年10月1日原中国联通CDMA的经营主体正式变更为中国电信。同年12月，在原中国电信133、153号段的基础上，189号段正式启用。到2008年底，覆盖用户固定电话5000部，宽带6000户，手机3万部。

第六节　互联网

1989年3月，中国网通在县局建成微波通信塔一座、开通微波24路。1990年，固定电话安装进口西班牙SL1240数字程控交换机6144门；安装官亭、小吕寨、阎疃支局200门程控交换机，全县实现电话自动化。

1996年，新增华为数字程控交换机门4000门，增加三方通话、来电显示、呼叫等待、闹钟等功能。同年，架设改造官亭、小吕寨、西坚台、阎疃、楼张镇、堤村、西郭城、路街支局通信架空电缆1500多皮长/千米，实现全县村村通程控电话。1998年、1999年，扩建通信电缆线路2000皮长/千米。

2000年，建成环绕全县区域的东西三个SDH传输光环路，架设24芯通信光缆246皮长/千米，改扩建县局、小吕寨、阎疃、官亭、路街、西郭城支局交换设备，建设无人值守交换点51个，安装交换机51台，扩容3.57万门和配套设备。交换点有辛寨、富强西路、八里庄、法市庄、上疃、东郭庄、后塔口、西佛寨、纪寨、贾庄、韩寨、胡林寨、何寨、南盐池、进虎寨、大张庄、南花窝、辛庄、夏旧城、张王疃、大留庄、寨里、石鹿、苏家营、东旧城、孙河镇、林庄、王六村、张毛庄、楼张镇、大陆、无尘、神堂坡、张起营、高庄、魏庄、董营、观寨、小寨、肖庄、坚台、王虎寨、田寨、屯头、郗寨、原庄、万盛小区、县城西街、人和小区、胡林寨、南街。

2001年修建城区新华街地下通信管道22千米，管孔99.19千米。至2008年底，全县拥有联通通讯塔47座，其中县城8座，乡村39座。交换机34488门。移动通讯1999年分出后，当时建有通讯塔5座，至2008年，全县发展到通讯塔87座，其中县城9座，乡村79座。中国电信2008年建有通讯塔26座，其中自己的有18个，7个和联通共享，1个和移动共享；其中县城4座，县城边3座，乡村19座。当时联通固定电话、手机，中国移动手机，中国电信固定电话、手机用户内部通话，交叉通话均可，三方宽带均正常运行。

第六章　水利设施

改革开放后，巨鹿县委、县政府始终从人民群众的根本利益出发，把除水患、兴水利当做发展生产、摆脱贫困、安定社会秩序、保障人民生活的基本措施。修筑堤防、开渠引水、打井灌溉，经过艰苦不懈的努力，巨鹿县水利建设取得了巨大成就。

第一节　管理机构

1982年3月，巨鹿县革命委员会水利局改称县人民政府水利局。当年7月，县根治海河指挥部合并到县水利局。1984年2月至1991年5月，局设秘书股、工程股（下设东围堤管理所）、农水股、财务股、打井队、钻机修配厂。1991年6月至1998年4月，局增设水利物资供应站。

1999年12月县水利局改为县水务局。2000年10月钻机修配厂破产，2007年5月自来水公司由县建设局划归县水务局。2008年局内设办公室、水利管理股、水政水资源股、水利工程管理站、农田水利管理站、水务管理站、抗旱服务站，水利物资供应站、打井队、自来水公司。

2003年、2004年、2006年县水务局先后获河北省人民政府“农田水利基本建设海河杯竞赛”一等奖、二等奖荣誉称号。

第二节　农田设施

一、水井

1979年，全县有水泥管机井5000余眼（200米井深较多）。地下水位受自然环境影响和人为过度开采逐年下降，大部分机井出水量逐渐减少。1980年开始转向深层地下水开采，井深逐步延伸到320米左右。至1990年全县拥有机井1234眼，其中钢筋水泥管555眼，铁管679眼，井灌面积13120.2万平方米。2007年，全县农用灌溉机井增至1970眼，井灌面积26640万平方米。

县内机井权属施行集体出资归集体、个人出资归个人两种。管理方式有集体所有集体管理、集体所有出资雇人管理、集体所有承包到户管理、个人出资个人管理四种。农户浇地时，管理者按用户所用时间定量或用电定量收费。

二、节水灌溉

1980年，农村弃用土垄沟灌溉，开始使用水泥筑构垄沟。1990年起采用地下埋设低压管道浇地。2008年，全县农田低压管道能用量达到210万米。发展防渗渠道2.6万米。同时，实施小畦灌溉、低压输水软管等措施，全县年节水1680万立方米。

1999年，推广农业喷灌、微灌节水技术，建立国家以工代赈节水灌溉项目河北省节水农业综合技术示范区，先后在堤村建成国家级节水增效示范区，发展低压管道输水灌溉19380.6万平方米，微灌、喷灌1298.7万平方米；投资260万元，在辛庄乡后辛庄、东西辛庄、东下疃等村实施河北省推广节水灌溉示范项目。发展节水灌溉面积532.8万平方米，其中喷灌333万平方米，管灌199.8万平方米。2001年4月通过省级验收。2006年5月省级节水农业综合开发技术示范项目在堤村项目区竣工，项目总投资214.552万元，其中省补100万元，项目区群众自筹114.552万元（含群众以物抵资96.95万元），共建设高标准节水农业示范区面积399.6万平方米，安装防渗管道4.85万米、出水口755个、防护池755个、机井取水控制器20个，建机井房20座。

三、引水工程

全县有大、小扬水站（点）35处，其中较大扬水站2座，（洪水口村、外神仙扬水站）。其他扬水点的扬水机具随用随安，位置不确定。洪水口村扬水站，始建于1993年，坐落在洪水口村东老漳河桥南西侧，占地面积3996平方米，建有配电室2间，机泵房6间，宿办室5间，安装机泵5组，装机容量395千瓦，提水能力4.5个流量。初期暂配100千瓦变压器2台，5台机组暂启用2台，设计4.5个流量提水能力，能提2个流量。外神仙扬水站，建于1998年，坐落在东围堤以外，老漳河右岸，外神仙村南。蜗壳式混流泵3台，200千瓦变压器1台，灌溉垄沟并排3条。其中一条主干沟长460米，为地下埋管直径900毫米的暗式管道。2007年5月，改建扬水站，拆除原地下管道460米；改建进水池、出水池各一座；修建一条地上输水明渠，渠长460米，渠宽2.3米，渠深1米；修建路渠交叉桥一座、灌溉调节池一座。扬水站辐射灌溉面积涉及里神仙、外神仙、贾街、后无尘、楼张镇、西孟村、孙屯等7个村，保浇耕地面积1161.90万平方米。

第三节　防洪设施

巨鹿县属滏阳河中游洼地滞洪区，区内有8个乡镇，229个村，27.3万人，32967万平方米耕地，滞洪面积450平方千米，设计淹没水深为1.5米~5.75米。其中处在1.5米水深以下的有17个村，2.02万人；处在1.5米~3.0米水深的有67个村，7万人；处在3.0米水深以上的有145个村，17.3万人。滞洪标准为50年一遇，巨鹿县城是邢台市唯一一座处于滞洪区又无任何设防的县城。

一、堤防

（一）滏阳河右堤。滏阳河右堤属国家Ⅳ级堤防工程，为滏阳河中游洼地滞洪区第一道防线。此堤在境内长约7千米，2002年开始修建，2003年秋季竣工。设计滞洪水位29.5米，堤顶高程为32米~33米，堤顶宽6米，内外边坡均为1∶3。堤功能设计保证20年一遇，上游洪水淹没范围控制在滏阳河（旧小漳河）以西。至2008年未经洪水考验。

（二）小漳河右堤。小漳河右堤是防御西来洪水的第二道防线，全长41千米，修建于1966年冬，县境内长14.35千米，南起杨家寨，北至崔家寨。1999年、2000年分两期加固，加固后小漳河堤顶高程30.5米，（大韩寨以北堤顶高程31米），堤顶宽度6米，内外边坡均为1∶3。河道右滩地宽度不小于6米。设计滞洪水位29.5米，其功能是将30年一遇洪水淹没范围控制在小漳河以西，减少小水大淹机率，降低滞洪区滞洪损失，保护小漳河以东及县城人民群众生命财产安全。

（三）东围堤。1966年建成老漳河左堤即东围堤。巨鹿县境内长27千米。堤外坡脚距老漳河口80米左右，碾压段堤顶宽8米，堤顶高程32.8米，迎水坡在堤顶以下2.5米处为变坡点，以上坡比1∶3，以下坡比1∶5。地面以上1.5米高为宽10米的平台。1979年扩挖老漳河时，被水坡贴放弃土，其顶宽增至28米，被水坡比1∶3。王六村以上堤高程为32.8米~33米，全部弃土宽80米左右．东围堤与北围堤用于调蓄宁晋泊滞洪区洪水。

（四）分洪口门。1995年，省政府投资150万元，经专家论证在台头村南建一分洪口，可使巨鹿县城及以南的部分村庄适当降低滞洪水位，缩短滞洪时间，减少水淹损失；也可少淹老漳河以东近3330万平方米耕地。分水口在邢德公路洪水口桥北5.0千米处至官亭镇台头村东南。上口宽1000米，下口宽980米；口门底高程29.0米；口门边坡1∶3，口门处增设土质子埝一道，其顶高程为30.0米，顶宽2.0米；子埝左、右边坡均为1∶2。分洪口门的功能是将大陆泽、宁晋泊滞洪区50年一遇洪水阻挡在东围堤以西，如水位超过50年一遇洪水时，洪水自然向区外分洪。

二、水利桥

即县域内公路桥以外的桥梁，1980年国家投资103.3万元，在老漳河上建桥10座（邢南公路洪水口桥未计算），拖拉机桥8座，大车桥2座。动土石方26.14万立方米。1981年春，国家投资6598元，生产队承包施工，维修加固段升营、后大吕、苏家营、老马庄、袁长路、贾街、里神仙、刘路庄、乔庄村9座桥梁。同年9月至

1982年春，国家投资9.6万元，扩建北无尘公路桥，接长27.3米。至2008年底，隶属县水利行政主管部门管理的有商店、大韩寨、何寨3座闸桥，隶属所在地乡镇看护管理的桥梁234座。（公路桥在第四章交通设施中记述）

三、滞洪区设施

（一）防洪撤退路。1998～2008年，总投资2259.2万元，其中国家投资2696.18万元，地方配套资金913.02万元，在滞洪区修筑防洪撤退路9条，全长72.65千米；同时修建渠系交叉桥3座和涵洞桥2座。巨鹿县直接受益村50个，61474人。届时解决防洪撤退人口17018人。

1999～2008年巨鹿县防洪撤退路建设情况统计表

表4－6－3

名称	建设年度（年）	总投资（万元）	长（米）	宽（米）	村庄	受益人口（人）	撤退人口（人）
杨寨至邢德路段	1999	213	9000	4	杨寨、东郗寨、西郗寨、王义寨、纸房、张威	7041	2347
马家营至邢德路段	2000	266.25	6210	4.5	马家营、进虎寨、吕家营、东郭城、西郭城	6508	2169
小韩寨至邢德路	2001	262.65	5600	4.5	小吕寨、西大韩、北大韩、南大韩、小韩寨	9000	3000
大河道至祁南路	2002	105.8	4000	4.5	大河道、二河道、三河道、马旺营、石佛店	4330	1446
祁南路至宁魏路	2006	525	9500	4.5	观寨、大王庄、小王庄、肖庄、大潘庄、小潘庄、李吾营、北官亭、前董营、后董营	10341	3447
寻虎至邢德路	2007	212.54	4140	4.5	寻虎、小吕寨	6579	2193
野井至巨广路	2007	419.49	8000	4.5	野井、薄庄、纪寨、任庄、刘酒务	4500	1500
北坚台至马营	2008	254.47	4200	4.5	北坚台、东郗寨、西郗寨、马营	2748	916

（二）防洪村台、避水楼（房）。1967年巨鹿县开始建防洪村台，至1979年共建192座，面积19.20平方米。因当时建设质量较差、管理不善和村宅基不断加高等因素，一些村台在滞洪时不能避险。1990～1997年，国家出资对滞洪区内的105座村台实施加固，加固面积13.06万平方米，并在东辛庄、上疃、胡林寨、柳洼、董坚台5个村中新建村台5座，面积1.09万平方米，1997年底滞洪区内村台共有197座，面积20.29万平方米。

1966年，县组织在村台上建避雨房，共建成4965间，避雨房所属乡、村负责管理、维修和使用。因避雨房标准低土方不实、管理不善、维修不及时，到1982年有51间房屋发生歪斜拆除。同时有98间房屋裂缝。1989年，国家实施适度补贴政策，鼓励富裕农户修建高标准避水楼（房），到1998年，全县共建成砖砼结构，屋顶高程为31.75米～33.25米高标准防洪（楼）房2108间，总面积4.5万平方米。2008年村台上所有原规划20世纪70年代前建筑的房屋均已报废。

第四节 农村饮水设施

一、饮水设施

20世纪70年代后期，全县大部分乡村村民饮水靠田间机井，定时抽水存于露天水泥池；有少部分村庄村内有机井，如观寨村井旁建一座高于地面水泥池，底部安装水嘴。群众取水靠人担或用大铁桶自制水车拉水存入家中水缸。

1998年，国家实施农村人畜饮水解困工程，以国家投资为主，村集资为辅的方式，为项目村打饮水井。2001年县制定解决农村人口饮水困难实施方案。先后为大屯头一、后辛庄、堤村集、苏口、西郭城、西郗寨、北坚台、神堂坡、里神仙、外神仙、何寨、崔寨、孙河镇、孟庄、范街、北张庄等16个村打深井16眼；2005年9月，先后为西徐庄、东王庄、安庄、西佛寨、吕庄、南盐池、前路寨、枣园、辛庄、纸房、鱼营、东铜马、东冯寨外、贾街、东旧城四村等15个村打井15眼。至2006年，巨鹿县共争取国家人畜饮水项目资金941.2万元，全县新打和整修饮水井233眼，解决211个村饮水困难问题。虽然实施“农村人畜饮水工程”中，新打不少机井，但由于地域水质条件限制、供水管理不善等原因，一直没有从根本上解决农村饮水问题。

2006年6月，县委、县政府通过深入调发现全县有72个村7.4万人饮用高氟水，53个村5.7万人饮用苦咸水，209个村25.8万人饮用卫生无保障水窖水。群众迫切要求解决饮水问题。面对群众关心的热点，县委、县政府决定把解决农村群众饮水问题作为巨鹿县民生问题的“头等大事”，在认真总结经验教训的基础上，提出在全县实施“户户通自来水”工程。省、市水利部门积极支持，按照“农村供水城市化、城乡供水一体化、供水经营规模化、供水管理专业化”的总体要求，以“联网供水”为主导形式，自2006年7月开始施工，到2007年5月结束，建设联村供水站7处，增打专用饮水井25眼，埋设管道460余万米，投入资金5300多万元，使267个村、80545户、30万人实现了户户通自来水。其余24个村、8824户、3万人口实行单村供水。建设资金采取“政府补一点、企业投一点、银行贷一点、群众集一点”多渠道、多元化筹资办法。（一）政府将以工代赈、水利、扶贫等各类农村饮水项目资金有效整合，用于自来水建设。（二）采用供水企业职工入股、向银行贷款等方法，筹集发展资金。（三）群众筹资，据各村实际一事一议，每户不超过200元。在工程建设上，坚持“明晰所有权、开放建设权、搞好经营权”原则，建立有偿供水以水养水机制，确定县自来水公司、抗旱服务站为供水市场经营主体。公司负责工程建设、水费管理、配套设施的维修维护等，政府根据企业投入情况和回收期预计，经过群众听证，确定了每吨水1.7元～2.0元的水价，给企业收回投资吃“定心丸”；群众摆脱以往由村干部管理的种种弊端，供水不因农村干部更替而受到影响，长远利益得到充分保障。县水务局抗旱服务站负责阎疃、王虎寨、官亭、观寨四个乡镇98个村的供水工程建设管理，服务人口11万人。自来水公司负责城关、小吕寨、西郭城、堤村、张王疃、苏家营等六个乡镇167个村的供水工程建设管理，服务人口20万人。县政府依据有关法律法规，出台了《巨鹿县户户通自来水实施意见》和《巨鹿县城乡供水管理办法》，明确供水企业和用水户双方的权利和义务，使供水管理有章可循，有法可依。

巨鹿县户户通自来水得到上级领导肯定与各级媒体的关注。2007年1月8日和2008年4月9日，副省长宋恩华和张和先后对巨鹿县户户通自来水工作作出批示：总结巨鹿县经验，并在全省推广。2008年2月5日、11月3日，时任巨鹿县县长的王素平先后两次在全省水利工作会议上，就户户通自来水工作做典型发言。同年3月12日，水利部农水司司长李代鑫在巨鹿县调研时，对巨鹿县户户通自来水工作给予高度评价，称巨鹿县走出一条平原县实施联村供水的新路子。4月10日、5月15日市委老干部局组织离退休老干部到巨鹿县考察调研，原邢署专员徐金在代表市级老干部对巨鹿县村村通自来水的考察调研向市委、市政府撰写专题调研报告。9月2日，时任省委副书记、代省长胡春华就邢台“联村集中供水”工程在巨鹿县调查时作出指示：“这个经验很好，以人为本就是要这样为群众一件一件办实事，在有条件的地方可逐步推广”。

中央电视台、新华社、河北电视台、《河北日报》等多家新闻媒体对巨鹿县联村供水工作进行报道。《河北日报》头条刊登（2007年2月4日），新华通讯社《国内动态清样》（2007年3月30日），河北省省委、省政府内刊《新农村建设要情》（2007年3月2日）、河北省委办公厅编印的《河北快报》（2007年2月6日）、河北省政府研究室主办的《报送件》（2007年3月2日）等多家刊物均对巨鹿县户户通自来水建设情况进行了详细报道。

附：巨鹿30万人告别“吃水难”

全县267个村、30万农民用上自来水

近日，随着阎疃镇林庄村家家户户的水龙头流出涓涓清水，巨鹿县实施的“户户通自来水”工程基本告捷。该工程使全县267个村通上自来水，占全县行政村总数的90%，解决了8.1万户、30万人的饮水问题。

结合新农村建设，2006年3月，巨鹿县委、县政府在全县开展了民情大调查，上千名干部进村入户，广泛征求群众意见和建议。通过调查发现，67%的村吃水困难，近30万人饮用水不安全。“上项目是政绩，给老百姓办实事更是政绩。”县委、县政府结合实际统一了思想认识：要把群众最关心、最迫切需要解决的吃水问题放在各项工作的首位。

2006年7月，该县决定实施“户户通自来水”工程。巨鹿是国家级扶贫开发县，而户户通自来水需投资5000多万元。面对资金困难，他们不等不靠，集中全县财力、人力办大事。通过压缩行政机关开支挤出200多万元，同时又整合水利、扶贫等各类资金600多万元，加上群众集资、企业垫资，最终筹齐了工程款。

为避免出现饮水设施建成不久就瘫痪的情况，该县采取市场化运作、公司化运营方式，建立了有偿供水、以水养水机制，由县水务局和自来水公司承建工程和管理运营。政府确定每吨水价为1.7元，确保让企业收益，公民受益。为保证用水安全，该县新打机井15眼，水质全部达到一级标准，并实行供水城乡一体化，联村供水，多井相连。

摘自2007年2月4日《河北日报》第一版

二、降氟改水

1984年，县成立地方病防治领导小组开展降氟工作。当年组织打降氟改水试验井4眼。1985年12月，县政府组织人员普查县内高氟区，查出超国家标准的高氟村116个，10.96万余人，占全县总人口的39.4%。高氟村中，被定为氟病区的48个村，受氟害患病者11万人。2003～2005年，城区改水降氟工程不断加快进度，新打机井8眼，修建了2000立方米清水池2个，铺设输水管道4.1千米。2006年10月，城区改水降氟工程完工投入运行，供水能力达到设计标准2.2万立方米/日，同时实施县城水厂扩网工程，使巨鹿镇、小吕寨镇、堤村、张王疃乡等四个乡镇120个村的群众和县城居民吃上放心水。

第七章　电力供应

改革开放后，巨鹿县电业发展速度加快，至2008年，县电力公司拥有固定资产2亿元，境内有220千伏变电站1座，容量330MVA，110千伏变电站3座，容量194MVA，35千伏变电站17座，容量1318.8MVA。其中，民营自建35千伏变电站9座，容量58.38MVA。10千伏配变4299台，容量256MVA，10千伏配电线路1276千米，低压线路1215.73千米。2008年完成购电2.998亿千瓦时，售电2.792亿千瓦时，综合线损6.87%，比1979年购电量2051万千瓦时、售电量1635万千瓦时分别增加13.6倍、16倍。

第一节　管理机构

1979年，县电力局隶属县工业办公室，局设办公室、财务组、生产组。1984年1月，县电力局改为县供电局，隶属县经委。局设秘书股、财务股、生产技术股。同年4月，县供电局改为县电力公司，仍隶属县经委。公司设秘书股、财务股、生产股。下设城关、官亭、阎疃、小吕寨4个电力管理站。1986年5月，县电力公司改为县电力局，局设秘书股、财务股、供电股、用电股。下设城关供电分局、官亭、阎疃、小吕寨3个供电所。2000年1月，县电力局改制为县供电有限责任公司，隶属县经贸委。2005年6月机构改革时县经贸委并入县政府办，县供电有限责任公司为县政府和市电力局双重管理单位，至2008年底未变。

1989年，县电力公司获华北电管局“华北地区农电系统先进单位”；1991年，被河北省人民政府授予省级先进企业；1992年获能源部先进单位；同年12月，获“全国电力系统电力营业工作先进单位”。1992～2007年，连续16年被河北省电力公司授予电力系统双文明单位；2006年，被河北省劳动和社会保障厅、河北省总工会、河北省企业家协会联合授予“AAA级河北省劳动关系和谐企业”，同时被省总工会评为三星级“河北省职代会星级企业”。2007获国家电网公司“一流县供电企业”。

第二节　发　电

1979年，巨鹿县只有农机修配厂和邮电局100千瓦、40千瓦发电机组各一台。随着县域经济持续发展，国家供电满足不了生活生产需要，1980～2008年部分单位先后购进发电机组7920千瓦/25台，作为生产备用。至2008年，全县自发电容量达到29907千瓦。

1980～2008年巨鹿县发电情况统计表

表4－7－4　　单位：台

发电单位	投运时间	千瓦/机组	备　注
邮电局	1980年换	96千瓦/2	柴油机发电（自用）
	1989年换		柴油机发电（自用）
	1995年换	120千瓦/2	柴油机发电（自用）
巨鹿县暖通设备厂	1984年10月	100千瓦/2	柴油机发电（自用）
水咀厂	1984年10月	100千瓦/2	柴油机发电（自用）
电缆电力附件厂	1987年3月	75千瓦/1	柴油机发电（自用）
河北燕南食品集团有限公司			
一期	1996年10月	750千瓦/3	柴油机发电（自用）
二期	2001年10月	750千瓦/3	柴油机发电（自用）
三期	2005年6月	12000千瓦/2	煤气轮机发电（自用）
沼气电	2007年10月	500千瓦/1	沼气机发电（自用）

第三节 送变电

一、送电工程

因高、低压线路投运时间较长老化，供电瓶颈日益显现。1998年7月开始，县电力公司开始实施国家对农村电力实行的“两改一同价”改造工程。

1998年7月~2001年7月，实施农村电网第一期建设与改造，省、市投资6531.86万元，其中110千伏工程投资2413.58万元。2002年，投资744.05万元，完成10千伏线路新建与改造工程214.81千米；同年投资2467.82万元，完成291个村建设与改造。

2002年5月~2003年4月，投资490.7万元，完成第一、二期农网建设与改造10千伏线路工程166.24千米；投资335.45万元，完成农业排灌10千伏线路改造79.95千米；投资106.5万元，实施农业排灌试点乡镇改造，架设10千伏线路16.625千米，农村低压电网改造39个村；投资32.14万元，实施17个乡镇所在地电网改造低压线路15.36千米。

2003年9月~2005年10月，投资386.44万元，完成35千伏项目巨韩输变电改造工程，其中架设线路3.16千米；投资320.34万元，新建苏家营35千伏输变电工程，其中架设线路7千米；投资50.81万元，新建郭王线输电工程，其中架设线路4.24千米；投资367.66万元，新建张王疃输变电工程，架线6.12千米。投资851.31万元，完成10千伏新建和改造工程，其中新建10千伏线路35.65千米，改造10千伏线路23.25千米。投资481.28万元，完成低压电网改造工程其中低压线路63.686千米。

2005年10月完成一、二期农网全部项目，农村电网建设与改造完成后，年供电能力达到10亿千瓦时。同时2001年城网改造分期实施。

2008年底，全县有高压杆19166根，高压线路1276千米；低压杆21402根，低压线路1215.73千米。高低压线路分别比1979年增长1076千米、815.7千米。其中，2000年以前建成并投运的高压11条，18.63千米，低压1263条，862.15千米。全县电网布局较合理，安全可靠，供电能力大幅提高。

1979~2008年巨鹿县送变电线路建设情况统计表

表4-7-5

35千伏线路名称	导线型号	长度（千米）	投运时间	投资（万元）	备　注
凌闫线	LGJ-70	10.461	1972.03.23	235.343	公司建设
原巨韩线	LGJ-70	3.069	1984.04	9.6	公司建设
巨闫线	LGJ-70	11.626	1987.03.13	34.38	公司建设
巨寨线	LGJ-70	12.069	1988.02.10	45	公司建设
巨凌线	LGJ-70	12.593	1989.10.21	92.423	公司建设
郭吕线前身吕郭线	LGJ-120	5.625	2001.01.12	150.51	公司建设
韩庄T接线	LGJ-70	8.44	2001.10.13	109.43	公司建设
胡何线	LGJ-70	3.523	2002.12.13	89.61	公司建设
贾王线	LGJ-120	12.358	2004.03.08	366.57	公司建设
郭王线	LGJ-120	8.923	2005.01.10	204.35	公司建设

续表

35千伏线路名称	导线型号	长度（千米）	投运时间	投资（万元）	备　注
巨韩线	LGJ－120	3.158	2005.05.10	285.01	公司建设
凌苏线	LGJ－70	7	2005.05.15	89.92	公司建设
贾堤线	LGJ－120	5.062	2005.08.10	147.1	公司建设
堤张线	LGJ－120	9.637	2005.09.10	114.7	公司建设
巨张线	LGJ－120	5.356	2005.09.10	68.86	公司建设
凌何线	LGJ－120	9.059	2006.12.29	255	公司建设
冯苏线	LGJ－120	4.583	2007.02.13	121.5	公司建设
亨瑞			建好未投运		公司建设
巨凌线T接鱼营	GLJ－70	0.18	1984.11.13	第一次建设6.8	用户自建
郭燕线	LGJ－120	4.073	2001.09.23	118.49	用户自建
郭燕线T接燕南（三期）	3×120	高压电缆0.107	2003.08.13	2.9	用户自建
郭吕线T接方正	3×120	电缆0.06	2005.06.23	6	用户自建
郭王线T接方正	3×120	电缆0.08	2005.06.23	8	用户自建
巨凌线T接韩一昌宇	LGJ－120	0.8	2006.05.30	80	用户自建
巨寨线T接三昌	LGJ－120	1.69	2006.05.8	208	用户自建
郭燕线T接今麦郎	3×75	高压电缆0.12	2006.06.12	15.5	用户自建
韩王线T接益雅	LGJ－120	26.675	2008.03.10 建成未投运	294	用户自建
合计		166.327		3152.196	

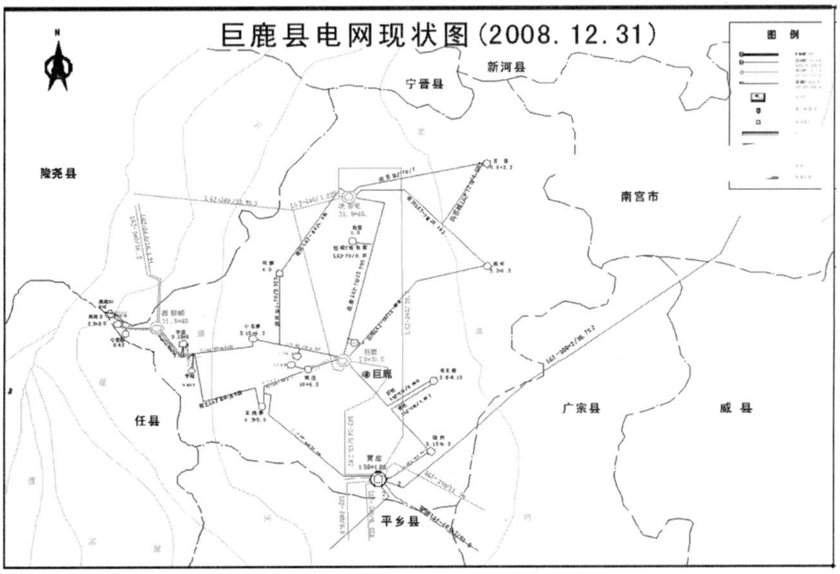

输电线路地理接线情况附图

二、变电工程

1998年，实施县城及农网改造，35千伏工程总投资765.11万元。其中，第一批官亭变电站改造投资129.78万元，阎疃变电站改造投资144.41万元。1999年，投资1543.98万元，110千伏架线1.5千米，新建凌石屯110千伏变电站一座，主变1×31500千伏安；2000年，110千伏架线16千米，新建西郭城110千伏变电站，主变1×31500千伏安；同年，投资267.71万元，建堤村35千伏变电站一座，主变1×3150千伏安；投资223.21万元建王虎寨35千伏变电站一座，主变1×3150千伏安。

2002年5月~2003年4月，投资45.1万元实施第二期农网建设与改造工程，其中第一期遗漏项目改造5128户。

2003年9月~2005年10月，投资2520.51万元实施城网建设与改造工程，按电压等级分4部分。其中完成35千伏项目巨韩输变电改造工程，主变1×6300千伏安；新建苏家营35千伏输变电工程，主变1×4000千伏安；新建郭王线输电工程；完成新建张王疃输变电工程，主变1×6300千伏安。完成10千伏新建改造工程。低压电网改造工程改造台区23个，新建台区121个。投资62.67万元完成光纤通讯工程。

至2008年底，全县有220千伏变电站1座，110千伏变电站3座，35千伏变电站16座（其中自建8座）。

1979~2008年巨鹿县变电站分布情况统计表

表4-7-6

变电站位置	变电站名称	主变台数	千伏安	220千伏线路名称	投运时间
贾庄村南	贾庄220千伏变电站	2	330000	康南220千伏、破口、康贾线	2004.03.08
柳林村东定魏公路东侧	巨鹿镇110千伏变电站	2	51500	平巨线一次	1987.01.12
凌石屯村南定魏公路西侧	凌石屯110千伏变电站	2	71500	隆巨线	1998.12
西郭城村西邢德公路南侧	西郭城110千伏变电站	2	71500	隆巨线T接凌石屯	2000.12.01
				隆郭一线	2002.01.22
				隆郭二线	2005.11.05
				贾巨线	2004.03.11
				贾凌线	2007.12.18
韩庄村南邢德公路西侧	韩庄35千伏变电站	2	16300		1975.01.06
吕寨村西邢德公路北侧	吕寨35千伏变电站	2	9450		1988.03.02
阎疃东南邢德公路北侧	阎疃35千伏变电站	2	9500		2003.02.25
堤村西北角巨广公路东侧	堤村35千伏变电站	2	9450		2001.11.10
王虎寨镇乡建公路西侧	王虎寨35千伏变电站	2	8150		2001.10.02
何寨村南乡建公路东侧	何寨35千伏变电站	1	4000		2003.04.09
张王疃东北杨官公路北侧	张王疃35千伏变电站	2	9450		2005.09.15
苏家营村北乡建公路西侧	苏家营35千伏变电站	2	7200		2005.05.15
鱼营村南	鱼营	1	1000		1984.11.13
西郭城村南乡建公路西侧	方正站前身西郭城35千伏站	2	8150		2005.06.23

续表

变电站位置	变电站名称	主变台数	千伏安	220千伏线路名称	投运时间
燕南院内	燕南二期	2	5000		2001. 09. 23
	燕南三期	2	8000		2003. 08. 13
今麦郎院内	今麦郎	1	630		2006. 06. 12
三昌院内	三昌	1	8000		2006. 05. 08
韩一昌宇院内	韩一昌宇	1	6300		2006. 05. 30
益雅院内	益雅	1	6300		已验收合格，未投运
合计		34			

因线路改造调整，将部分变电站拆除。已拆除的35千伏变电站有官亭35千伏、原阎疃35千伏、西郭城35千伏和县城10千伏开关站。

1979～2008年巨鹿县变电站拆除情况一览表

表4－7－7

名称	座或条	投运时间与拆除时间
平乡11万站供贾庄051路	1	1984年11月投运。1988年停运拆除。
官亭35千伏变电站	1	1972年3月23日投运。2000年12月1日拆除。
西郭城35千伏变电站	1	1997年11月26日投运。2002年1月22日拆除。
（原）阎疃35千伏变电站	1	1983年4月投运。2003年2月25日停运。
坚台至阎疃35千伏线路	1	1972年3月23日投运。2004年8月拆除。
10千伏开关站	1	1992年9月28日投运。2007年8月拆除。

第四节　配　电

2002年5月，巨鹿县实现村村通电和井井、户户通电。计量全部改为JP柜及单变计量箱、集户表箱，每户一表。期间投资181.19万元，改造高耗能配变241台，容量11150千伏安。至2003年4月，实施第二期农网建设与工程改造期间，投资189.25万元更换高耗能配变23台/960千伏安；投资80.04万元新增配变39台/1950千伏安；投资91.43万元，建设农电光纤通讯工程，架设光纤72千米。投资317.42万元，改造高耗能配变120台，容量5440千伏安。110千伏新建改造工程新增配变23台，分段开关23台，新增配变65台，分段开关7台，重合器2台，改造高耗配变10台。

至2008年底，县110千伏配电线路56条，全长1276千米，变压器4299台，256120千伏安，覆盖全县。110千伏配变4299台全部为节能型。

第五节　电　价

1989年前，电费收取为光0.15元/千瓦时，力0.085元/千瓦时，水0.06元/千瓦时。1990年，全县农村统一实行光（照明）、力（工业）、水（农业）综合电价，统一按0.30元/千瓦时。1991年，国家物价总局、能源部在巨鹿县召开全国“三北”地区推广综合电价现场会，时任巨鹿县长赵海成在大会上发言，《人民日报》、《河北日报》、《北方物价报》等新闻媒体相继报道。实施综合电价后，全县电价、电费步入规范管理。购、售电量逐年增加，综合线损连年下降。2008年综合线损6.87%，比1979年综合线损20.26%下降13.39个百分点。

1998年，投资26.05万元，先后购进微机18台，改过去手填单据为微机收费。同时投资25.95万元，购进第一批磁卡表。

1979～2008年巨鹿县电量电价执行情况一览表

表4－7－8

项目 年度	购电量（万千瓦时）	售电量（万千瓦时）	光（元/千瓦时）	力（元/千瓦时）	水（元/千瓦时）	大工业用户（元/千瓦时）	综合线损%
1979	2051	1635	0.15	0.085	0.06		20.26
1980	2584.2	2069.4	0.15	0.085	0.06		19.92
1981	2450	2013.5	0.15	0.085	0.06		17.82
1982	2335.4	2075.6	0.15	0.085	0.06		11.12
1983	2447.8	2130.6	0.15	0.085	0.06		12.96
1984	2776.9	2536.5	0.15	0.085	0.06		8.66
1985	3093.2	2811.6	0.15	0.085	0.06		9.1
1986	4055.5	3517.3	0.15	0.085	0.06		13.27
1987	4365.9	3876.8	0.15	0.085	0.06		11.31
1988	4900.3	4494.2	0.15	0.085	0.06		8.29
1989	5329.3	4946.8	0.15	0.085	0.06		7.51
1990	4623.1	4253.3	县批综合电价0.30				8
1991	5653.72	5190.48	县批综合电价0.30				8.19
1992	7459.27	6902.2	市批综合电价0.41				7.47
1993	6499.8	5980.5	市批综合电价0.41				7.99
1994	7277.5	6861	0.45	0.45	0.12		8.47
1995	8263	7675.6	0.45	0.45	0.12		7.11
1996	9908.5	9305.4	0.34	0.67	0.19		6.09
1997	12100	11348.5	0.48	0.65	0.20		6.2
1998	11818	10990	0.48	0.65	0.20		7
1999	13792	12764	0.54	0.66	0.345		7.45
2000	14053	12036	0.54	0.66	0.345	0.347	14.36
2001	15235	13403	0.575	0.71	0.378	0.396	12.02
2002	18051	16008	0.575	0.71	0.378	0.396	11.32
2003	19058	16998	0.49	0.71	0.378	0.4047	10.81
2004	20007	17851	0.49	0.76	0.378	0.4237	10.78

续表

项目 年度	购电量（万千瓦时）	售电量（万千瓦时）	光（元/千瓦时）	力（元/千瓦时）	水（元/千瓦时）	大工业用户（元/千瓦时）	综合线损%
2005	25769	23016	0.49	0.8148	0.378	0.4785	10.68
2006	26075	23644	0.49	0.7199	0.378	0.5125	9.32
2007	27050	24837	0.52	0.7299	0.407	0.5125	8.18
2008	29980	27920	0.52	0.7695	0.407	0.5125	6.87

第八章　环境保护

改革开放以后，为加速发展县域经济，建企业、上项目已成为发展经济的重要措施之一，但同时也带来了严重的环境污染问题。为此，县委、县政府在立足经济发展的同时，通过行政执法，不断加大污染治理力度，通过广泛宣传，增强全民的环境保护意识。县域环境质量不断改善。2006年国家环保总局组织专家验收组到巨鹿县考察验收，巨鹿县环境质量达标，并被列为“国家级生态示范区”。

第一节　管理机构

1984年12月县成立环境保护委员会，办公室设在县建设局。1992年7月，县建设局设环保股（股级事业单位）。1995年5月，建立环境保护局（副局级机构），局长由县建设局一名副局长兼任，编制从县建设局内部调剂，仍在县建设局办公，对外挂县建设局、环保局两个牌子。

1996年12月，县环境保护局定为县政府局级工作机构。1997年12月环保股改为环境监理站（股级事业单位）。

2002年6月县机构改革，环境保护单列建局，内设办公室、管理股、环境监理站。2004年12月环境监理站改为环境监察大队，为局下属股级事业单位。

第二节　环境质量

改革开放后，全县工业及乡镇企业迅猛发展。环境污染随之突出。

一、大气污染

大气污染主要源于煤炭燃烧。燃烧设备设施主要有工业、取暖锅炉、居民饮炊炉灶。1994年，全县有污染的企业250家。其中，燃煤230家，年燃煤2万吨，排放烟尘1120吨，废气17400万标立方米，排放二氧化硫320吨。1995年，工业及生活用煤10万吨，排放烟尘5600吨、二氧化硫2.16万吨。污染源以县城为中心各乡镇均有。县城主要是县直单位取暖锅炉、茶炉、城区工业锅炉等，乡镇主要有西郭城制糖业，阎疃、鱼营造纸厂，堤村、张王疃等乡的蜜枣加工，官亭等乡镇的砖厂、橡胶三角带厂、水嘴、玛钢厂等。到2000年，全县有锅炉108台，年排放烟尘1488.04吨，二氧化硫477.28吨。2008年，主要污染物排放总量为烟尘1340吨、二氧化硫1120吨、氨氮140吨、COD1100吨，工业固废利用率99%，主要污染物排放量均控制在市下达指标以内。

二、水污染

1995年，排放工业废水22万吨，大部分未经处理直接排入渗坑沟渠、河流。污染水的行业主要有酿造、电镀、制革、棉纺、造纸等。医院及生活污水年排放量80万吨。2008年，排放工业废水总量292.46万吨，污染行业有食品加工、棉纺、造纸、医疗单位。生活污水年排放量173万吨。老漳河、小漳河、洪溢河不同程度地受到污染。

三、噪声污染

主要来源交通、工业生产、建筑施工以及商

业、娱乐场所等高音扩音装置产生的噪音。

四、固体废弃物污染

固体废弃物构成主要为炉碴、生活和建筑垃圾等。1998 年，全县工业固体废弃物产生 4.5 万吨，综合利用量 4.5 万吨，综合利用率 100%。其中生活、建筑垃圾 1.5 万吨。随着生活水平提升，生活垃圾渐增，且有机成分比重加大，大量不易降解的塑料、泡沫等物质，增加了环境污染程度。

第三节 污染治理

一、大气污染治理

1996 年，国务院统一部署“一控双达标”（实施污染物排放总量控制，到 2000 年全国所有工业污染源排放污染物要达到国家或地方规定的标准，直辖市及省会城市、经济特区城市、沿海开放城市和重点旅游城市的环境空气、地面水环境质量，按功能分区分别达到国家规定的有关标准）。到 2000 年，全县治理烟尘、二氧化硫排放企业 35 家，同时根据邢台市取缔 1 吨/时以下燃煤锅炉实施方案，取缔小锅炉 9 台，2004 年更换治理锅炉 18 台，基本实现达标排放。

农作物秸秆禁烧，防治秸秆焚烧污染空气。1996 年加大禁烧力度，县委、县政府堵疏结合，连年采取措施引导农作物秸秆综合利用，实行县级领导包乡镇，乡镇干部包村、村干部包户、包地块责任制，强力禁烧。夏秋季节乡镇、环保、公安相关部门昼夜巡逻检查。1996 年以来，多次被市委、市政府评为农作物秸秆禁烧暨综合利用工作先进县。

二、水污染治理

1995 年，据国务院环境保护若干问题的决定，对境内污染严重的“十五小”企业清理整顿。1996 年，取缔阎疃东方造纸厂、阎疃纸箱厂、阎疃东造纸厂、宏光造纸厂、杨寨巨龙造纸厂、杨寨造纸厂、林庄造纸厂、邢台市经协商贸公司巨鹿县造纸厂 8 家。2000 年，一控双达标活动中，除保留阎疃造纸厂停产实施项目改造外，十五小企业全部取缔。基本消除造纸水污染。

2005 年后，邢台市对县实行污染总量控制，新上企业新增污染量靠对老企业治理减排解决。

三、重点企业治理

河北海斯德橡胶制品公司生产橡胶机带，主要污染物为锅炉烟尘、车间及锅炉除尘器废水，车间废水排放量 320T/D，锅炉除尘器废水 500T/D，2002 年被列入省污染治理专项资金补助项目，实施清洁生产，生产废水、锅炉烟尘分别采用气浮过滤、水磨除尘、回水沉淀等方法，经治理，废水达到使用标准，循环使用实现零排放，烟尘浓度 1 级以下。

河北喜德来家具有限公司，生产中年排放粉尘 12.99 万千克、甲醛 8158 千克、游离苯 1.68 万千克。2004 年实施清洁生产项目，粉尘采用“引风吸取”处理后，日回收 252 千克，年回收 8.31 万千克，空气中的粉尘飘浮率降为 5.9 千克/小时。漆气（雾）经喷涂干燥机处理，回收后再利用，甲醇排放量由原来的每小时 1.03 千克，降到 0.43 千克，年回收甲醛 4752 千克；游离苯排放量由原来的每小时 2.13 千克，降到 0.9 千克，年回收游离苯 9742 千克。生产过程中有机化合物排放量符合《大气污染物综合排放》GB16297—1996 标准。

河北建登纺织有限公司棉花深加工，公司自备深井供车间空调用水，年用量 237.6 万立方米，水经空调冷却后，一次性排走。2003 年实施空调排水循环回用治理项目，年节水 226.8 万吨，空调排水回用率达到 95% 以上。

河北燕南食品有限公司生产淀粉，2001 年日排放废水 600 吨，COD 含量 3500 毫克/升，BOD1500 毫克/升，企业规模扩大后，2005 年日排废水 8400 吨，COD80 吨～100 吨。2001 年使用水膜除尘治理烟尘，采取“预处理 + 厌氧 + 好氧”工艺，废水经治理后回收利用，排放达到国家二级标准，每年 COD 排放量减少 1086 吨，BOD 减少 687 吨。2004 年投资 1500 万元，建成日处理 8400 立方米污水治理场和三套水膜除尘器，并安装污水在线监控仪、二氧化硫在线监控仪，污染源控制在规定范围。2005年又投资1000万元建成邢台市最大的日处理1万吨的污水处理厂。

第四节　生态示范区建设

2002年6月，巨鹿县被国家环境保护总局定为第七批国家生态示范区建设试点县（全市2家，巨鹿县和邢台县）。当年成立县生态示范区建设小组，县长任组长。2003年初，聘请河北师范大学资源与环境研究所专家实地考察，编制《巨鹿县生态示范区建设总体规划》，组织专家论证后，经县人大常委会审议批准实施，纳入全县国民经济与社会发展计划。随后，将示范区建设目标任务分解到各相关部门，各负其责。生态示范区创建期间，全县投入建设资金4.7亿元，环保投入比比试点前增加0.17个百分点。2005年，全县生产总值达到23.1亿元，工业增加值9.9亿元，农业增加值4.1亿元，农民人均收入2816元，分别比2002年增长42.6%、25.3%、46.4%和28.8%，主要指标超过全国生态示范县建设试点验收（三类）标准：农业产业化发展加快，累计投资5458.5万元，建成连片农业综合开发示范区9990万平方米，建成种植、养殖一条龙的辛庄农业高科技示范园53.28万平方米；农村环境明显改善，投入资金1932万元，建成文明生态示范村30个，硬化街道13.5万平方米，建成农村文化活动场所15处；清洁生产，逐步形成棉花种植特色农产品加工产业链、玉米深加工循环经济产业链、家具制造无污染企业链等一批绿色环保型企业；生态县城建设逐步完善，修建环城路64500平方米。治理小街小巷20条，建成日供水2.2万立方米的给水降氟水厂。2006年国家环保总局组织专家验收组到县考察验收达标，被顺利列入“国家级生态示范区”。

第五节　专项资金

2000年，县环保部门开始注重争取国家环保专项资金，年年着力组织规模企业“跑”项目，加大污染治理力度，既鼓励企业不断增加污染治理资金投入，也争取了上级补助（实施项目中投资自筹70%，省补30%）。截至2008年，累计争取省级专项补助资金1601万元。

1995～2008年巨鹿县争取省级环保专项资金项目一览表

表4-8-9　　单位：万元

时间	项目名称	承办企业	总投资	上级补助	环境效益及经济效益
2001	河北省天帅集团公司循环水处理	宜兴市彬鹏环保设备有限公司	87.8	30	COD400mg/150/L BOD260mg/60/L SS1000mg/200/L，（治理前后比照）年可节资金3.6万元
	河北燕南食品集团有限公司污水处理	福建连江龙山花岗厂制品厂	252	30	COD600mg/150/L BOD350mg/100/LSS2000/50/L（治理前后比照）可节省水费150万元
	阎疃造纸厂污水处理	巨鹿县阎疃造纸厂	486	20	每年污染物削减量COD0.59万吨，BOD0.17万吨，SS0.27万吨，年增加收27.98万元，企业整体效益达515.7万元

续表

时间	项目名称	承办企业	总投资	上级补助	环境效益及经济效益
2002	河北海斯德橡胶制品有限公司废水烟尘治理	河北海斯德橡胶制品有限公司、宜兴环发环保设计研究院	116	30	COD400mg/150/L BOD250mg/60/LSS400mg/70/L，（治理前后比照）年节水费 19.03 万元，避免污水烟尘外排污染环境，带来经济效益 26.63 万元
	河北建登纺织有限公司空调回用废水	宜兴市环发设备制造公司、宜兴市环发设计研究院	336.29	30	悬浮物 500～700/ <50PH6～7 <5～7 色度（倍）30～50/20（治理前后比照）年节水费 115.6 万元
2003	河北喜德来家具有限公司	宜兴市环保设备厂	240	50	回用节约 1320 万元
2006	河北燕南食品有限公司废水处理中副产沼气综合利用项目	南京南顺环保科技有限公司	188	50	年可节约标煤 8700 吨，增加效益 313.2 万元，年可削减 $SO_2$5.57 吨，烟尘 19.5 吨
2007	河北海斯德橡胶制品有限公司汽油回收项目	河北海斯德橡胶制品有限公司	131	40	非甲烷总烃年减少 429 吨，年回收汽油 273 吨，年节资金 132.99 万元
2008	河北科达橡胶制品有限公司汽油回收项目	宜兴市彬鹏环保设备有限公司	196	50	年可节约资金 400 万元
	巨鹿县城污水处理厂	邢台市政公司	5700	1221	正在建设中

第五编

经济总情

1979年后，巨鹿县宏观经济健康快速发展，经济总量持续增长，经济结构不断优化，经济投入不断加大，投资与消费协调拉动，多种经济成分竞相发展，财政收入大幅增长，人民生活水平日益提高。经济体制由计划经济逐渐转变为社会主义市场经济，消费品市场及物价由计划调配和统一定价逐步走向市场调节，根据社会需求市场自然进行资源配置的机制日趋成熟，消费品市场繁荣活跃。全县经济社会逐步由农业社会向工业社会转化。

第一章　经济总量

1979年至2008年，巨鹿县经济经历了一个由恢复、整顿到转型和快速发展的特殊阶段，经济总量连续翻番，主要经济指标成倍增长，年财政收入由几百万元增长到突破亿元，县域经济实力明显增强。

第一节　主要经济指标

1979年初，全县实现生产总值3367万元，1996年生产总值超过10亿元，2008年生产总值达到32亿元，是1979年初的94倍。人均生产总值从1979年1月的131元增加到2008年同期的8678元，增长66倍，年均增长15.5%。30年间，全县经济稳步发展，综合实力不断提升。其经济发展分为三个阶段，也称“三个十年”。

第一个阶段（1979～1990年）　社会主义市场经济体制初步确立，巨鹿县经济摆脱长期以来体制性制约因素束缚，经济发展潜力进一步释放，发展活力不断增强。1990年，全县生产总值实现3.7亿元，财政收入达到2062万元，和1979年相比年均分别增长18.9%、12.5%（1979年财政收入452万元）。

第二个阶段（1990～2000年）　社会主义市场经济体制逐步完善，完成由计划经济向市场经济转轨，经济开始全面增长。1996年全县生产总值首次超过10亿元，2000年生产总值达到17亿元，年均增长18.1%；财政收入达到6949万元，是1990年财政收入2062万元的3.4倍。

第三个阶段（2000～2008年）　“十五”时期以后，全县经济进入持续快速发展阶段，主导产业日益突出，经济结构日益优化，特别是工业、服务业发展迅速。2008年生产总值、人均生产总值和1979年初相比，年均分别增长17.0%、15.5%。2008年财政收入达到1.2亿元，是1979年初财政收入452万元的26.8倍，年均增长为12%。

生产总值增长情况为1996年10亿元，2004年达到20亿元，2008年突破30亿元。从10亿元到20亿元用了8年时间，年平均增速8.9%，从20亿元到30亿元用3年时间，平均增速

14.5%。财政收入增长情况为2005年8111万元，2006年达到10199万元，2007年12099万元，2008年达到12109万元。

第二节 财政收入 财政支出

中共十一届三中全会后，随着改革开放的深入发展，巨鹿县的财政收入和支出增长速度明显加快。

一、财政收入

1979年初，全县财政收入452万元，1990年财政收入2062万元，比1979年增长356%，2000年为6949万元，比1990年增长237%，2008年财政收入达到12109万元，比2000年增长74%，比1979年增长2579%。

二、财政支出

1979年初，全县财政支出为558万元。1990年财政支出2062万元，比1979年增加269%。2000年为8649万元，比1990年增加319%。2008年为40164万元，比2000年增加364%，和1979年相比增加7098%。

第三节 金融机构储蓄

随着经济的快速发展，人民生活水平不断提高，金融机构储蓄余额增长较快，全县金融机构储蓄余额1979年初为703万元，1990年增至12333万元，年平均增幅为27%。2000年为130930万元，年平均增幅达到26.6%。2008年增至346920万元，比2000年增长215990万元，年平均增幅为13%。比1979年初增长346217万元，年平均增幅23%。

1978～2008年巨鹿县经济总量指标一览表

表5－1－1

指标	单位	1978	1980	1985	1990	1995	2000	2001	2002	2003	2004	2005	2006	2007	2008
全县生产总值	万元	3367	4230	12480	37103	71798	171580	162360	161927	184702	204394	230965	272015	311464	320222
其中：一产	万元	1686			11988	17107	29340	29601	27788	35436	50355	55733	61418	63449	60484
二产	万元	1043			12303	33328	96877	88333	87776	97770	100016	113941	137204	162083	162557
三产	万元	638			7812	21363	45363	44426	46364	51496	54023	61291	73393	85932	97181
全社会固定资产投资	万元	104	2509	279	2213	11364	59233	61751	68022	100577	126198	164007	217964	283905	338765
其中：城镇投资	万元						10710	11413	14857	21815	36650	65800	117089	173865	241235
社会消费品零售总额	万元	3008	2827	3089	5611	22531	42734	47912	54125	60920	71140	85340	102320	122546	151815
实际利用外资	万美元						202	94.2	152	242.8	380	550	1051	1152	189
财政收入	万元	452	368	896	2062	2873	6949	6893	7105	7888	7698	8111	10199	12099	12109
财政支出	万元	558	539	896	2062	3694	8649	11880	12308	14278	15052	18893	22858	35544	40164
存款余额	万元	703	575	6937	12333	35251	130930	140537	151448	172980	195446	213890	236031	274349	346920
贷款余额	万元	2602	1670	10214	24673	51112	118766	137112	147968	135013	146066	153230	163556	174238	158822

续表

指标	单位	1978	1980	1985	1990	1995	2000	2001	2002	2003	2004	2005	2006	2007	2008
农民人均纯收入	元	44	30	259	412	987	2125	2120	2187	2316	2601	2816	2980	3094	3172
全部职工平均工资	元	533	581	802	1530	3188	5823	6989	7555	8121	8997	9813	11025	14924	19214

注：（1）绝对数据为当年现行价格同比增长以可比价计算。（2）表中空格为当年无同口径数据。

第四节 固定资产投资

改革开放以后，巨鹿县始终重视投资对经济增长的拉动作用，不断加大固定资产投资力度，千方百计增上项目，为经济发展注入活力。特别是进入“十五”时期后，通过建设特色园区、实施全民创业、领导分包项目、绩效考核等一系列措施，以项目建设为抓手，不断增加投资总量，改善投资结构，实施大项目带动战略。

一、投资规模

1979 年至 2008 年，累计完成固定资产投资 133.4 亿元，其中，2008 年完成投资 33.8 亿元，比 1979 年到 2000 年固定资产投资总和还多。2001～2008 年，累计完成固定资产投资 114.5 亿元，占改革开放以后固定资产投资总额的 85.5%，是 1979～2000 年投资总额的 5.8 倍。在固定资产投资力度加大的同时，投资结构也进一步优化，2008 年全县固定资产投资 80% 以上都集中在四大主导产业，为县财政收入提供了强有力的保障。

二、重点项目

1979 年，巨鹿县固定资产投资无百万元以上项目。20 世纪 90 年代后，随着经济的发展，全县大项目投资不断涌现。1994 年利用外资 155 万美元建成巨鹿县建登纺织有限公司，协进协出物资总额 1.8 亿元。随后相继建成了燕南、方正集团、三昌、韩一、宏鑫棉纺等一批立县大项目。2003 年，新建超千万元项目 12 个，超亿元项目 2 个。2006 年，燕南二期和三期、方正、三昌、科达、昌隆二期、喜德来二期开工建设；2007 年 10 月，注册资金 5000 万元的神州巨电、军科陶瓷、方盛塑业等一批大项目建成投产，为经济持续发展提供了强有力的支撑。固定资产投资呈现规模、速度、结构和效益同步发展的良好局面。

第二章 经济结构

中共十三届三中全会以后，随着改革开放步伐的逐步加大，巨鹿县的私营经济得到恢复和发展，逐渐形成了国有、集体和其他多种经济成分并存的所有制结构形式。

第一节 所有制结构

一、全民所有制

1979 年初，巨鹿县全部工业企业为 47 家，实现总产值 2885.4 万元。按所有制及隶属关系分，全民所有制工业 17 家，全部属于县属企业；国有及国有控股企业 15 家，实现工业总产值 4564 万元；1998 年国有及国有控股企业 11 家，实现工业总产值 12937 万元；2008 年，巨鹿县仅剩一家国有控股企业，资产总计 18312.1 万元，工业总产值 12515.5 万元。

二、集体所有制

1979 年，集体所有制工业 30 家，其中县属 13 家、公社属 17 家。20 世纪 80 年代，巨鹿县提倡兴办国营、集体工业企业，不断调整工业布局，国营、集体工业基本建设投资规模加大，发展速度一度加快。包括机械、纺织、电力、化工、建材等门类比较齐全的工业体系初步形成，产品种类逐步增多，产值、利润稳步上升。但到20世纪80年代后期仍然存在技术水平低、设备落后、原材料及能源浪费、产品单一、质量不稳、经济效益不理想等问题。到1997年，全县工业企业达到5890家，集体经济企业58家，实现工业总产值42958万元；村及村以下企业个数达到5817家，实现工业总产值201080万元。1998年，统计口径为国有及产品年销售收入500万元以上工业企业30家，实现工业总产值46037万元。2008年，巨鹿县入统工业企业单位个数25家，实现工业总产值256308.8万元。按登记注册类型看，内资企业24家，实现工业总产值255080.6万元；外商投资企业1家，实现工业总产值1228.2万元。

三、其他经济

改革开放以后，乡镇企业和民营企业也迅速发展。2008年，巨鹿县民营工业企业已发展到532家。

第二节　产业结构

1979年以后，县委、县政府始终坚持“重工不轻农”原则，在加快农业结构调整、大力发展特色农业前提下，积极发展第二产业和第三产业，促使三次产业结构日趋合理优化。

三次产业增加值在宏观经济总量中的比例：1978年为50.1∶31∶18.9；1990年为37.3∶38.3∶24.4；2008年为18.1∶54∶27.9。与1979年初和1990年相比，2008年三次产业增加值与第一产业的比重分别下降32个和19.2个百分点，第二产业比重分别上升23个和15.7个百分点，第三产业比重分别上升9个和3.5个百分点。从三次产业增加值比重看，第二产业稳步提高、第三产业逐渐提升。一产增加值比重虽然逐步下降，但其绝对值由1979年初的1686万元，上升到2008年的60484万元。表明全县农业也得到稳步发展提高，但相比而言，速度不如二产、三产发展迅猛。

1978～2008年巨鹿县部分年度三产结构发展情况统计表

表5－2－2　　单位：%

年　度	第一产业	第二产业	第三产业
1978	50.1	31	18.9
1990	37.3	38.3	24.4
1995	23.8	46.4	29.8
2000	17.1	56.5	26
2005	24.1	49.4	26.5
2006	22.6	50.4	27
2007	20.4	52	27.6
2008	18.1	54	27.9

第三章　民营经济

国家对商品经营的放开和市场经济的建立，促进了巨鹿县民营经济快速发展。到2008年，民营经济逐步成为全县经济主体。

第一节　发展历程

一、起步阶段（1979～1984）

农村实行联产承包责任制以后，农民的劳动生产率迅速提高，使一大批农民从农业生产中解放出来，转向专营或兼营个体工商业。民营经济因经营灵活的优势，在社会主义市场经济的最初阶段显示出较强的适应性。

1979年底，县域工商服务业基本是国家和集体生产经营，县办企业主要有巨鹿县酒厂、巨鹿县纺织机械厂、巨鹿县橡胶厂及县二轻局几家集体企业等；商贸服务业也只有饭店、旅馆、理发等8家，澡堂3家，照相7家，自行车、摩托、家电修理15家。中共十一届三中全会以后，随着国营和集体企业体制改革，民营经济在食品加工、棉纺织、机械制造、橡塑、皮革加工、家具制作、餐饮服务等行业发展逐步加速。

二、发展阶段（1985～1996）

1985年前后，为适应开放搞活的经济形势，全县集贸市场逐步恢复和完善，个体工商户呈现稳步发展的势头，专职经商户大量出现，私营企业应运而生。

1991年，巨鹿县个体工商户已有3912户，从业人员9513人，注册资金1348万元；私营企业20户，注册资金141万元。

三、壮大阶段（1997～2008）

经过十多年的成长与发展，民营资本有效积累，市场份额明显提高，民营经济进入第二个发展高潮。县委、县政府因势利导，立足县情，确立大力发展非公有制经济的方向和目标，提出放宽市场准入条件，简化登记注册手续，支持个体私营企业参与国有、集体企业改制，鼓励和支持有一定实力的个体私营企业租赁、兼并、承包、收购国有和集体亏损企业，参与国有、集体企业财产重组，并制定相关的优惠政策等。

（一）个体工商户发展速度与效益同步提高。到1999年个体工商户发展到12636户，从业人员达到31929人；民营企业发展到390家。全县个体户注册资金由1999年的378632万元，增至2008年的1152106万元，个体经济已经成为家庭致富的重要来源。

（二）民营资本参与国有与集体企业的体制改革。1997年，县委、县政府对国营工业企业先后实施体制改革，县橡胶厂改为“巨鹿县兆龙橡胶有限公司”（民营），后整体出售给河北海斯德橡胶制品有限公司。同年，县社棉纺厂改为巨鹿县昌盛纺织有限公司，成为民营股份制企业；2001年，巨鹿县纺织机械厂改制为国有控股股份制企业，命名为“巨鹿县巨龙纺织机械有限公司”，2004年改为股份制民营企业。围绕人们日常生活需要的其他个体私营经济如维修、餐饮、理发、美容美发、婚纱摄影、洗浴、住宿、足疗、保健按摩、废品回收等遍及城乡，多达500余家，从业人员增至2500多人。

在传统的集贸市场发展壮大的同时，枸杞交易市场、金银花交易市场、建材交易市场、服装市场等一系列专业市场相继出现。

1997～2008年巨鹿县民营工商企业（个体工商户）发展情况一览表

表5－3－3

年　度	企业个数（个）	从业人员（人）	总产值（万元）
1997	1504	20544	154640
1998	4037	26654	293605
1999	3837	29722	378632
2000	4685	31383	473951
2001	4686	32441	550461
2002	3803	37743	602455
2003	4497	39441	709691
2004	8950	50909	852839
2005	9233	53129	1003699
2006	9191	53905	1137510
2007	9132	56238	1282068
2008	9150	57190	1152106

第二节　经济效益

随着市场经济的建立和人们生产生活需要，民营工商企业门店快速发展。民营企业改变了计划经济时期国营企业的管理模式和经营方式，促进了生产力的发展，不断满足人们的生产生活需要，逐步发展成为县域经济的重要支柱。

1980年，全县各工商企业服务业仅有100家，从业人员5000人（大部分为国营）工商各税税收286.9万元，固定资产投资2509万元，生产总值4230万元。

到2008年底，民营工商企业门店已达9150家，民营企业门店占全县数额的99.99%；从业人员达到57190人，是1980年的11倍；固定资产投资338765万元，年纳税额11446万元，占县财政收入的94.5%，无疑对县域经济发展起到举足轻重的作用。

一、民营经济缓解了就业压力

巨鹿县的民营经济消化了大量的农业剩余劳动力，还缓解城镇待业青年和国有企业下岗职工的就业压力，增加就业岗位52000多人。

二、民营经济繁荣活跃了市场

1980年，全县社会消费品零售总额0.28亿元。2005年全县社会消费品零售总额完成8.5亿元，25年平均递增14.8%。2006年，社会消费品零售总额增长17.6%，达到10亿元。2008年已达到15亿元，比1980年增加14.89亿元，增长52.7倍，对繁荣市场起到了积极的作用。

此外，民营经济在其成长壮大的过程中，还推动了巨鹿县的对外联系，扩大了巨鹿县的社会知名度，进一步拓宽了招商引资渠道，造就了一大批经营管理型人才。

第四章　对外开放

随着市场经济的不断发展，县委、县政府制定符合县情的开放政策、规定和措施，扩大开放。为了把巨鹿县的对外开放做大做强，1999年后，县委、县政府注重利用产业、园区、亲情等招商牌，广泛与国内外人士建立往来关系，使巨鹿县的知名度不断扩大，外商在巨鹿县的投资越来越多。至2008年，全县规模以上工业企业30余家。

第一节 横向经济联合

改革开放以后，巨鹿县实施招商引资政策，加大对外开放，鼓励和扶持外来项目建设，有力地推动了县域经济发展。2008年全县共达成县外项目25个，总投资15亿元，签订协议引进资金额9亿元，引进县外资金5.8亿元，引进国外资金589万美元。

一、引进项目

巨鹿县立足工业立县，加快工业化进程。从外地引进的项目中，工业项目占较大份额。先后引进了由天津宏保物流有限公司和香港福美国际有限公司合资建设的河北宏福塑料制品有限公司、北京神州远望科技有限公司投资的河北神州巨电新能源科技有限公司等18个项目。同时，针对巨鹿县四大支柱产业的加工升值，自主开发了淀粉糖、金银花茶、橡胶配件等一大批名优产品。

二、引进客商

通过放宽政策、治理经济环境、广开渠道招商，促进第三产业的发展。每年有五六十批次外地客商到巨鹿县考察洽谈，投资开发第三产业。先后有江苏南京客商投资的明珠超市、太平洋服饰广场等一批外地客商在巨鹿县投资置业、生意兴隆。

第二节 招商引资

一、优惠政策

随着对外开放工作不断深入，县对招商活动越来越重视。1996年6月建立县招商局，负责全县的对外开放和招商引资工作。主要起草适合县情的开放政策、规定和措施，谋划、组织、检查全县对外开放，为县政府提供决策依据，制订全县涉外活动计划并组织举办招商洽谈活动。

1999年，县委、县政府开始实施“全民招商”战略，并不断加大力度。同年6月，出台《关于进一步推进内外开放工作加快招商引资步伐的若干规定》（简称63条）和《巨鹿县招商引资工作的考核奖惩办法》。随后制定出台了项目建设、招商引资绩效考核办法，大打产业、园区、亲情三张招商牌，充分利用国内国外两个市场、两种资源，以大开放促进大发展、大调整。

在2008年举办17届中国巨鹿红杏商务节期间，特邀世界魏氏宗亲恳亲与会，吸引大批客商到县考察项目、投资置业。2008年初，召开招商引资奖励大会，县委、县政府拿出300万元重奖上一年度在招商引资工作中做出突出贡献的单位和个人，使全县人民的招商引资热情更加高涨。

二、招商活动

为实施开放带动战略，努力形成全方位、多层次、宽领域的内外开放格局。先后开展各种形式的宣传活动，在县电视台和《巨鹿晚报》上开辟招商引资专栏，发布最新招商进度，展示招商成果。印制精美招商宣传画册、招商投资指南、招商项目等。举办中国巨鹿红杏商务节期间，邀请中央少儿频道、河南梨园乡音栏目等在国内外有影响的艺术团体来县演出录制节目，提高巨鹿县知名度。2007年建成了巨鹿招商网，逐步完善网上服务平台，通过现代化媒介对巨鹿县的投资环境开展全方位宣传。

1996年以后，先后组织参加香港经贸洽谈会、厦门经贸洽谈会、东北亚暨环渤海国际商务节、吴桥国际杂技艺术节暨经贸洽谈会、天津经贸洽谈会等。2004年10月，受台湾魏氏宗亲总会邀请组团参加在马来西亚举行的第三届魏氏恳亲大会，并组织“巨鹿之夜”晚会，在其晚会上发放巨鹿县宣传画册1000余册，发布招商项目36个，搜集整理了100多家魏氏企业老板详细联系方式，诚邀其到巨鹿县考察投资。2005～2008年期间，陆续召开北京、天津、太原、上海等地老乡联谊会。成立北京巨鹿商会和云南昆明巨鹿商会，聘请经济顾问及招商代理26人，成员大都是台湾魏氏宗亲有关人士和巨鹿籍在外知名人士。通过老乡联谊会编纂整理巨鹿县在外人员通讯录，详细记录巨鹿县在外人员1568人的住址、单位、职务、电话等联系方式。同时两次组织乡镇人员、企业老板赴江浙一带先进地区考察学习。

2006年，学习借鉴邳州招商引资经验，分解招商引资任务，全县各单位均有任务，每月一调度，单位汇报自己的招商引资做法和进度。还把招商引资完成情况作为年终考核的主要指标。专门建立招商引资绩效考核办公室，检查敦促单位招商引资工作。在全县范围掀起人人谈招商，个个想招商的热潮。

2007年10月26～29日，承办第四届世界魏氏恳亲大会。来自印度尼西亚、新加坡、马来西亚等魏氏侨胞和台湾、四川、广东、河南、江西、福建、山东、湖南、湖北、北京、安徽等地的360位魏氏宗亲和魏氏文化企业界人士共500多人，齐聚魏徵故里巨鹿县，共叙亲情，同议发展。大会期间举行了魏氏族谱研讨会、魏徵思想研讨会、

巨鹿县第四届世界魏氏宗亲恳亲大会（2007年10月摄）

祭祖大典等活动。魏氏宗亲参观了巨鹿县的棉纺织、橡胶、食品、机件加工等四大支柱产业和枸杞、金银花、串枝红杏三大特色农业种植基地。海内外的魏氏宗亲企业家纷纷表示到巨鹿县投资置业，把祖先发祥之地建设的更加美好。

另外，每年邀请国内外客商到巨鹿县实地考察投资。台湾客商洪义欣、香港龙华集团、石家庄常山集团第三实业公司、上海宝钢集团、河北公路工程建设集团、福建客商、江浙客商纷纷前来考察洽谈。

三、招商成果

围绕棉纺织、食品、橡胶、机件加工4大支柱产业，实施“走出去、请进来”的招商战略，引进建成一批规模企业，大部分被列为省、市、县重点项目。其中有河北燕南食品集团淀粉加工、河北韩一纺织有限公司、河北益雅纺织有限公司、河北三昌棉纺织公司5万纱锭纺织、河北燕升生物制品有限公司药品项目等。同时，一批外资企业神州巨电锂离子电池、阿维菌素、宏福医疗手套、方盛塑业项目等纷纷在巨鹿县落户。

河北宏福塑料制品有限公司年产30亿支一次性PVC手套项目，2007年开始动工建设，2008年开始试生产；河北神州巨电新能源科技有限公司年产5000万AH聚合物锂离子电池生产线项目，2006年开始动工建设，2007年开始投产；福建莆田客商郑洪春租赁巨鹿县明珠商城，投资550万元举办大型超市，于2003年8月正式营业；苏家营乡政府和河北公路工程建设集团签约，对方投资2200万元，承包团城林场土地199.8万平方米，用于林业、农业、畜牧业综合开发及深加工。有11家企业办理了直接进出口权，全县的纺织、橡塑、机件等产品远销美国、英国、日本、东南亚、非洲等多个国家和地区。2007年，进出口总值达到4003万美元，比上年增长152.6%。其中，出口总额达到2658万美元，居全市第4位，是2000年的531倍，年均增长145.1%。

实际利用县外资金由1998年的6729万元增长到2008年的5.8亿元，是1998年的8.63倍，年均增长24%；从1998年至2008年共利用外资4372.21万美元，年均利用外资397.47万美元。

1998～2008年巨鹿县引进内外资情况统计表

表5－4－4

年 度	外 资 （万美元）	市排名	市外国内资金 （万元）
1998	271.11	12	6729
1999	188.1	10	10232.8
2000	202	10	10109
2001	94.2	10	11630
2002	152	11	15992
2003	142.8	11	17925
2004	380	9	25110
2005	550	11	32880
2006	1051	8	33300
2007	1152	9	45790
2008	189	16	58058

第六编

开发扶贫

巨鹿县历史上土地多风沙盐碱，农业基础条件较差，农民收入普遍较低。1988 年，巨鹿县被国务院列为农业综合开发项目县，加强对农业基础设施的扶持力度。1994 年，巨鹿县被国务院定为国家重点扶持贫困县，全县有 136 个贫困村，其中特困村 16 个，不同程度获得国家资金支持。2001 年国家对贫困地区加大投入力度，巨鹿县又被定为国家级扶贫开发重点县，划定全县 109 个村为扶贫开发重点村，相继获得国家政策和资金扶持。

1994～2008 年，国家累计向巨鹿县投入扶贫资金 8000 万元，社会投入 5 亿多元。通过项目扶贫、科技扶贫和信息扶贫，有 227 个贫困村实现政策性脱贫，覆盖全县总村数的 78%。农业基础条件发生翻天覆地变化，农作物单产成倍增长。自 2000 年开始，巨鹿县连续 7 年获河北省农业开发红旗县称号，成为全省农业开发的一面旗帜，外地考察观摩者络绎不绝。更重要的是唤起了民众脱贫致富的信心和决心。

第一章 农业开发

巨鹿县被确立为农业综合开发项目县以后，按计划分阶段对全县中低产田实施开发改造，不断加强农田水利基本建设，改善农业生产条件，促使农业增产、农民增收，推动了农村经济的长足发展，获得了显著的开发成果。

第一节 管理机构

县农业开发办公室是县政府农业综合开发事业机构，负责农业开发项目的规划设计、申报立项、工程实施、检查验收等工作。

县农业开发办公室于 1988 年 5 月建立，时属县政府农业科管理。1991 年 3 月，县政府成立农业办公室，外挂四套牌子：县政府农业办公室、农业开发办公室、农业区划办公室、利用外资项目办公室。县农业开发办公室内设生产股、秘书股、资金管理股、农业开发股、农业开发物资服务站。

1996 年 10 月，县农业开发与区划办公室，列为县政府直属事业机构。1997 年县农业开发与区划办公室单独办公，隶属不变。内设综合股、农业开发股、农业区划股和农业开发物资服务站。1999 年 1 月，县农业开发与区划办公室列为独立机构。2002 年 4 月，机构改革后撤销县农业开发与农业区划办公室，农业开发和区划编制分别纳入县财政局和县发展计划局。设立相对独立的县农业开发办公室，为县财政局管理事业机构，仍承担农业开发与区划职能，内设综合股、开发股、区划股。2003 年 4 月，农业开发物资服务站改为农业综合开发服务中心。

第二节　开发项目

1988年后，国家将巨鹿县列入农业综合开发项目县。截至2008年底，内外资项目总投资1.5亿元。其中，内资项目累计投资1.31亿元，市级以上财政资金6778.4万元、县财政配套资金642.3万元、农行贷款689.9万元、群众自筹4997.8万元。实施项目：一是投资9886.4万元，完成土地治理面积22544.1万平方米，种草1198.8万平方米、开荒532.8万平方米，改造低产梨园666万平方米，建设大棚150个；二是产业化经营项目投资3222万元，实施产业化项目4个。外资项目总投资1941.3万元，其中世界银行贷款1122.7万元、省市财政配套资金537.4万元、群众自筹281.2万元。主要用于农田水利改善、科技投入、畜牧养殖。

项目经历四个时期。1988～1993年，开发重点区域，改善基础设施，改造中低产田、梨园、种草养畜；1990年开始实施世界银行贷款项目。

1994～1998年，重点改造中低产田，1995年农业开发项目因故暂停，世界银行贷款项目结束。1998年重新恢复开发立项。

1999～2007年，开发重点转回中低产田改造、加强基础设施建设、调整产业结构、提升综合生产能力，平均每年开发土地面积1332万平方米。坚持“统一规划、连片开发”，2003年制订9057.6万平方米农业综合开发区规划，2005年制订农业综合开发“十一五”规划。外拓13320万平方米，形成19980万平方米农业开发示范区。实施土地治理项目10656万平方米，建成6660万平方米农业综合开发示范区，成为全省连片开发面积最大的高标准示范区。

2008年，国家、省、市严格控制在黑龙港流域新打机井，保护地下水资源，发展节水、高效农业，打造节水型高标准农业综合开发示范区。制定3330万平方米地上水农业综合开发规划，当年投资816万元，在全省率先实施地上水节水项目建设452.88万平方米，灌溉效率提高10倍，年节约地下水340万立方米。

1988～2008年巨鹿县农业综合开发项目工程建设统计表

表6－1－1

<table>
<tr><th>时间</th><th>项目名称</th><th>规模（万亩）</th><th>投资（万元）</th><th>主要建设内容</th></tr>
<tr><td rowspan="5">第一阶段（1988～1993）</td><td>中改</td><td>13</td><td>1378.2</td><td rowspan="3">建扬水站13座，新打机井178眼，维修旧井47眼，桥涵91处，变压器115台套，输变电线路79千米，埋设防渗管道465.9千米，修渠12千米，修路295千米，植树39.8万株，技术培训73.27万人次，建标志碑78个。</td></tr>
<tr><td>种草</td><td>1.8</td><td>94.4</td></tr>
<tr><td>开荒</td><td>0.5</td><td>105.3</td></tr>
<tr><td>梨园</td><td>1</td><td>66.5</td><td rowspan="2">改造低产梨园666万平方米，建设温室大棚150个。</td></tr>
<tr><td>大棚</td><td>150</td><td>45</td></tr>
<tr><td rowspan="2">第二阶段（1994～1998）</td><td>中改</td><td>2.5</td><td>462.5</td><td>新打机井30眼，维修旧井3眼，桥涵187处，变压器23台套，输变电线路11.1千米，埋设防渗管道59千米，修路88千米，植树9万株，技术培训9.8万人次，建标志碑18个。</td></tr>
<tr><td>多经</td><td>1</td><td>350</td><td>实施河北燕南集团麦芽糖技改项目。</td></tr>
</table>

续表

时间	项目名称	规模（万亩）	投资（万元）	主要建设内容
第三阶段（1999～2007）	中改	15.29	5777.5	新打机井176眼，维修旧井55眼，桥涵405处，变压器171台套，输变电线路75.2千米，埋设防渗管道692.3千米，修渠22.15千米，修路556.2千米，植树60.3万株，技术培训35.7万人次，建标志碑57个。
	开荒	0.3	146	
	节水	0.5	300	
	多经	3	2872	祥运金银花加工扩建，燕南口服结晶葡萄糖生产线扩建和年产2万吨玉米全糖粉扩建项目。
第四阶段（2008～）	中改	1.76	1511	建扬水站3座，新打机井14眼，维修旧井6眼，桥涵4处，变压器25台套，输变电线路5.4千米，埋设防渗管道65千米，修渠13.6千米，修路35.7千米，植树5.9万株，技术培训0.8万人次，建标志碑13个。

1990～1995年巨鹿县农业开发外资项目主要内容统计表

表6－1－2　　单位：万元

年　度	投　资	主要建设内容
1990～1995	1941.3	新打机井192眼，埋设防渗管道849千米，发放化肥1950吨，购置薄膜250吨，良种场改造1座，改建轧花厂1座，改建县中心1座，新建乡中心2座，改建乡中心2座，技术培训9491人次，发展苜蓿养羊30户，苜蓿养牛10户，发展繁育和育肥牛60户，高产育肥牛20户，新建屠宰场1座。

第三节　开发成果

农业综合开发项目实施，促进了全县农业基础条件的明显改善。截至2008年底，累计改造中低产田21678.30万平方米，建成全省连片面积最大的12554.10万平方米高标准方田林网示范区，增加灌溉面积10576.08万平方米，改善灌溉面积11968.02万平方米。项目村和开发前的1988年相比，年增产粮食3564万千克、棉花188万千克、油料474万千克；新增产值9450万元，亩均增收350元，年新增生产能力折粮6979.6万千克。涉及全县80个行政村、12万人。昔日盐碱风沙地变成田成方、林成网、路相通、渠相连、基础设施完善的高产稳产田。

项目区开发前后灌溉设施对比（刘美瑞摄）

项目区麦田（刘美瑞摄）

同时依托农业综合开发区，引进、推广农业新技术、新品种、新工艺 80 项次，培训农民 12 万人次，使项目区新品种、新技术普及率达到 100%，比非项目区高出 10 个百分点。项目区实施林网建设中，共植树 114 万株，改善了区域生态小环境。农业开发与新农村建设统一规划，协调实施。项目区农村基础设施明显优于其他村，建成市级文明生态示范村 29 个，小吕寨镇西大韩被列为省级文明生态示范村。

小吕寨镇西大韩村（刘美瑞摄）

在农业开发中巨鹿县一直走在全省前列，第五期项目（2000 ~ 2002 年）被评为“项目建设先进县”，2001 年被省开发办评为“项目督查先进县”，自 2002 年连续七年被评为全省农业综合开发“红旗县”、“项目资金管理先进县”、第六期项目建设“优胜红旗县”，2003 年后连年被省开发办评为“项目建设示范县”、“项目建设重点县”。

2004 年和 2005 年，巨鹿县连续两年成功承办全省农业综合开发现场观摩会，并在 2005 年现场观摩评比中荣获第一名。2007 年在全省农业

项目区夏谷（刘美瑞摄）

新挂果的串枝红杏（刘美瑞摄）

综合开发系统会议上汇报发言，2008 年在省委、省政府召开的全省农村工作会议上，代表农业综合开发系统典型发言，2008 年全省农业综合开发项目监理现场会在巨鹿县召开。省领导多次来视察，先后有内蒙古、河南、安徽等省内外 132 个县市区来考察交流。

2004 年河北省农业开发现场观摩会
在巨鹿县农业综合开发示范区举行（刘美瑞摄）

2000年11月省委书记王旭东（右二）在农业综合开发示范区视察（刘美瑞摄）

中央电视台、中央人民广播电台、《人民日报》、省市日报、电视台、新华网、人民网、中国农业网、《中华儿女》杂志等媒体对巨鹿县农业开发做法及成效多次报道，在全省乃至全国产生较大影响。

第二章　扶　　贫

1994年巨鹿县被定为国家级重点扶持贫困县后，县委、县政府依据县内各村实际情况，制定相应的扶贫规划和奋斗目标；县扶贫办按照规划，积极实施科技信息扶贫、产业扶贫等扶贫措施，取得了显著的经济效益和社会效益。2001年，省委、省政府先后授予巨鹿县“脱贫工作先进县”、“扶贫攻坚先进单位”。2006年，县扶贫办获省“扶贫先进单位”称号。

第一节　扶贫规划

一、机构

1994年9月，建立巨鹿县扶贫开发工作领导小组，下设办公室，属县政府局级直属事业单位。1996年10月，县扶贫开发工作领导小组办公室设秘书动员股和项目规划股，事业编制9人。2002年4月，县扶贫开发工作领导小组办公室由县政府直属事业机构改为政府议事协调办事机构，内设综合股（对外保留秘书动员股和项目计划股），行政编制6人。

二、目标规划

1992年巨鹿县全县工农业总产值5.4亿元，其中农业总产值1.2亿元，工业总产值4.2亿元，财政收入1876万元，农村人均纯收入353元，在全省排序108位。全县有贫困户58572户、249684人，人均收入450元以下的贫困乡镇占88.2%。其中，人均收入320元以下的特困乡镇7个，人均收入400元以下的贫困村231个，占农村总数的80%，人均收入200元以下的特困村16个，3307户，14124人。30个村人畜饮水困难，碘缺乏症、氟中毒等地方病严重。全县15.3万个劳动力中，文盲、半文盲率占18.1%。

依据1992年国民经济状况，1994年巨鹿县被国务院定为国家重点扶持贫困县，1994年和2001年，县委、县政府先后制订了《巨鹿县“八七”扶贫攻坚计划》和《巨鹿县2001～2010年扶贫开发规划》，确立了对口帮扶和扶贫干部分村包片制度，提出扶贫开发工作奋斗目标：到2010年底，巨鹿县贫困人口年人均收入全部超过国家贫困线，所有贫困村全部脱贫出列。同时研究制订完善扶贫措施和资金扶持规划，陆续出台实施扶贫电价、减免税收、加强农业结构调整以及开展科技扶贫、产业扶贫、劳动力转移等一系列措施，不断加大扶贫开发力度。

（一）“八七”扶贫攻坚计划。“八七”扶贫攻坚主要是国家向贫困县实施科技扶贫、项目扶贫、社会扶贫，在人力、物力、财力上给予扶持，使全县农村贫困人口温饱问题基本解决。目标是到2000年实现小康，农民纯收入达到1206元，人均粮食占有量400千克，转移劳动力10万人，大力发展乡镇企业和第三产业，力争实现一村一品，一乡一品，加快商品流通，改善贫困乡教育文化落后状况，100%贫困乡镇基本普及初级义务教育，适龄儿童入学率达到98%，90%以上的贫困乡镇基本普及九年义务教育，100%的乡和90%以上的贫困村都能及时收听收看到中央和省级广播电视节目，实现村村通电、通路，基本解决人畜饮水问题等。

巨鹿县“八七”扶贫攻坚特困村统计表

表6-2-3

乡镇名称	特　困　村
王六村乡	大留庄、小留庄、郭家庄、王举庄、洪水口、任李乡、阎口
辛庄乡	西辛庄
观寨乡	张文言、刘营、乔庄
官亭镇	普盛营、韩家营、大潘庄、小潘庄、陈者营

（二）新时期扶贫开发规划。由于历史、自然、经济和社会等方面原因，乡与乡、村与村之间贫富差距仍在拉大，已经解决温饱的贫困群体标准不高，仅仅解决吃饭问题；受大经济形势影响，农业效益、农民收入速度提高不快，有些村生产条件和基础设施差，发展缓慢，贫困问题依然严峻，扶贫任务仍很艰巨。通过2001年对全县291个行政村1997～2000年四年人均纯收入摸底调查，到2000年底全县人均收入在865元以下的低收入人口和贫困人口尚有11.01万人。其中，人均收入在650元以下的贫困人口3.1万人，有重点村109个。巨鹿县再次被定为国家级扶贫开发工作重点县。截止到2008年，安排投入财政扶贫资金共计4283万元。

2001～2010年巨鹿县特困村脱贫规划表

表6-2-4　　　单位：个

乡、镇	第一批（2002～2004）		第二批（2005～2007）		第三批（2008～2010）	
	小计	村名	小计	村名	小计	村名
合计	40		35		34	
巨鹿镇	2	小屯头、东下疃	4	草迷扬、辛寨、西下疃一、西下疃三	4	老马庄、阎庄、大官庄、小官庄
堤村乡	4	西柏社、野井、姜庄、后安子	4	张庄、锞王庄、白伏四、午时村	6	张村、南陈庄、楼里村、西甄庄、东甄庄、贾庄
张王疃乡	5	辛集、琉璃寺、苏口、苗庄、王六村	4	二郎庙、苏屯、张毛庄、北陈庄	4	前柳行、后柳行、吉屯、郭庄
小吕寨镇	2	西孟庄、后大吕	2	北大韩、屯里	2	瓜刘庄、油坊
王虎寨镇	2	后塔口、寻虎	1	王虎寨	2	王义寨、枣园
西郭城镇	1	柳洼	2	小韩寨、南盐池	1	西郭城
官亭镇	5	周于庄、樊村、李吾营、北官亭、普盛营	5	安庄、贾庄、韩家营、前董营、小潘庄	4	段升营、台头、张长路、公长路
观寨乡	6	大王庄、马旺营、三河道、西乔庄、西铜马、何寨	4	肖庄、乍补寨、崔寨、大马房、	4	小王庄、石佛店、南哈口、小马房
阎疃镇	6	寨外、黄马庄、赵庄、范街、于庄、苑街	4	柴城、新建庄、孙河镇、李街	3	王庄、寨里、孟庄

续表

乡、镇	第一批（2002～2004）		第二批（2005～2007）		第三批（2008～2010）	
	小计	村名	小计	村名	小计	村名
苏家营乡	7	南孟村、东旧城三、苏石鹿、郭庄、西孟村、神堂坡、前无尘	5	东旧城四、齐石鹿、岳石鹿、贾街、北仁庄	4	东旧城二、左石鹿、团城、里神仙

巨鹿县新时期财政扶贫开发资金年度投入计划统计表

表6－2－5　　单位：万元

项目＼年度	2001	2002	2003	2004	2005	2006	2007	2008
财政扶贫资金	306	423	447	506	569	661	592	779

第二节　扶贫措施

一、科技信息扶贫

1994～2008年，先后聘请省以上专家100多人次、组织本地技术骨干500人次，围绕种养、加工对贫困村农民实施技术培训26万人次，建立科技扶贫网络3个、开通科技扶贫热线5条、组建科技扶贫“大篷车”下乡300多次，新技术普及利用率达到53%，实现了每户都有1位技术明白人。引进小麦、谷子、甘薯、金银花、杏、枸杞等换代优良品种200多个，主要农作物优种率从40%提高到96%。建立农业科技扶贫示范园区20个，吸引科技人员200人开展新技术组装配套，示范、培训、带动更多群众靠科学技术种田。帮助40多家企业挂靠大专院校、科研单位和大型企业，引进、消化、吸收先进技术126项，使企业技术水平和经济效益明显提高。

2003年8月，投资49万元建成开通巨鹿县扶贫信息网（www.julu.cn），开设新闻快递、扶贫交流、专家讲座等20多个栏目，访问量累计30万人次，发布新闻资讯和农产品购销信息6万条，图片3000幅，收到反馈信息9000条，为用户查询信息3万条。2004年，建成“巨鹿县政府网”，完成县政府大楼65个科室布线工程，提供上网端口200个，实现县政府大楼互联网接入与局域网系统服务建设。2006年3月，开设“视频新闻”专栏，实现录制、编排、配音、播放一条龙全序独立完成。网络开通强化了巨鹿县与国内、国际市场沟通，缓解信息闭塞和农副产品销售难问题。2003～2008年，北京、山西等地120家客商通过网络服务与巨鹿县建立合作关系。同时，承担国家扶贫监测工作，对贫困村住户实施抽样调查，依托信息网络上报各类急需数据200万个。2006年，多次和中央电视台联系，争得中央电视台扶贫项目，投资2000万元连续3年播出巨鹿县金银花、枸杞、串枝红杏等应急销售广告，拓宽产品销售渠道，使巨鹿县特色农产品价格得以提升，创直接经济效益1亿元。2008年6月13日，巨鹿县扶贫办代表中国接待由蒙古财政部经济政策协调司司长贾格赛克罕带领的考察团，向考察团介绍巨鹿县扶贫监测情况，为蒙古国即将开展的扶贫监测工作给予指导和业务培训。

二、产业扶贫

（一）发展特色高效种养业。2003年，县委、县政府以建设“6660万平方米枸杞带”和“6660万平方米金银花带”为目标，在资金、技术、服务等方面给予大力扶持。2003～2005年，先后争取“国家级科技扶贫示范县金银花种植项目”、“国家科技扶贫示范县枸杞种植项目”，投入1000万元，新发展金银花3996万平方米，改良枸杞3330万平方米、杏666万平方米，亩增加收入0.5万元。巨鹿县先后被省政府命名为“河北金银花之乡”、“河北枸杞之乡”、“河北杏之乡”。随后围绕金银花、枸杞、杏等主导产业，培植壮大龙头加工企业13个，投资1300万元改建县城农贸交易市场，形成万人参与农产品购销盛况。另外，先后投资800万元建设53.28万平方米的高效农业科技示范园30个，示范园区建有高标准日光温室大棚、连栋大棚、高效种植、养殖、种苗场等6个区，被市委、市政府定为“邢台市高效农业科技扶贫示范基地”。

2007年、2008年为发展设施农业，利用财政扶贫资金在全县大力发展大棚瓜菜产业。累计向贫困户发放小额贷款700万元，扶持贫困户新建蔬菜大棚333万平方米，带动农民年增收5000万元。

自2002年开始，6年投入财政扶贫资金、以工代赈资金和信贷资金2000万元，扶持养殖示范户1000个，培育1个千头奶牛养殖场、5个万头猪场、15个万只蛋鸡养殖小区。

（二）对口扶贫。国务院和省委、省政府先后安排中直机关和省、市部分部门对口扶贫，国家外汇管理局、省农业厅、河北省民主促进会（省民进）、河北医科大学、中国银行河北省分行、邢台兴泰发电有限公司和沙河市、藁城市等40个单位对口帮扶巨鹿县贫困村。

1994～2008年，累计直接投入、协调资金3亿元，引进外资项目2个，利用外资5亿元。1996年、1998年国家外汇管理局援建了中汇希望学校和慧民希望学校。省农业厅三任厅长多次带领各科室到巨鹿县指导帮扶，平时派员常驻。2005～2008年，孙东法、张保起两任帮扶队长为巨鹿燕南食品集团引进了有机污水处理沼气工程发电项目和活性炭项目，帮助建成北京灏銮科技有限公司巨鹿县分公司，协调国家商务部“中国农业无偿支援非洲”项目组成员到巨鹿县考察，议定向非洲出售谷种和棉纺织品等协议。实施小麦、玉米、谷子补贴项目和小杂粮育种基地项目、沼气建设项目等36个，直接为对口帮扶村硬化道路25500平方米，打深井1眼，铺设防渗管道1000米，整理土地66600平方米，建沼气池100个，种植金银花、枸杞20万棵，种植大棚蘑菇、大蒜等66.60万平方米。为巨鹿县争取、创收和节约资金1亿多元，河北省民主促进会为对口帮扶村捐资5万元，捐赠校服300套，电视、电脑各10台，水泥30吨。河北医科大学为对口帮扶村协调机井配套2眼，开展义诊活动20多次。中国银行河北省分行向对口帮扶村捐资10万元，电脑10台，帮助对口帮扶村建起两委办公室。邢台兴泰发电有限责任公司投资80万元，为对口帮扶村打井配套5眼，硬化村内街道1.05万平方米，捐赠校服、桌凳50套。藁城市向对口帮扶村捐款10万元，改善其基础设施。沙河市委、市政府组织协调4个帮扶部门，为对口帮扶贫困村瓜刘庄、王义寨、吉屯、前柳行捐资10万元，解决这些村基础设施薄弱、经济发展缓慢问题。

（三）劳务输出。2006年，县委、县政府启动“万人培训、万人输出、万户脱贫”工程。用直补学费方式，依托省、市培训基地、县职教中心集中培训，连续3年转移劳动力12000人，年劳务收入上亿元。巨鹿县贫困劳动力培训转移基地——县职业技术教育中心，2006年、2007年被确定为“河北省扶贫办劳动力转移就业培训示范基地”、“河北省阳光工程办公室农村劳动力转移培训品牌基地”。荣获教育部、国务院扶贫办等七部委颁发的“全国农村青年转移就业先进单位”和省政府命名的“河北省职业教育先进集体”荣誉称号。2006年，《中国教育报》、河北电视台等新闻媒体对巨鹿县扶贫开发劳动力培训转移工作进行了连续报道。

第三节　扶贫成效

一、经济效益

实施《“八七”扶贫攻坚计划》以后，累计争取上级扶贫资金12905多万元，打深井560眼，铺设防渗管道56万米，建成基本高产农田17316万平方米；修公路8条，46.15万平方米；扶持各类种养贫困示范户3500个，各类企业230家；举办各类培训班1000多次，受训20余万人次，发放宣传资料10余万份，放科技录像片300多场；引进农业实用技术26项，新品种30个。2000年、2001年全县科技贡献率达到50%以上。上级对口帮扶部门及领导共捐赠协调款物800多万元，修建学校11所，救助贫困学生800多人。

巨鹿县“八七”扶贫攻坚扶贫资金到位情况统计表

表6－2－6　　单位：万元

项目＼年度	1994	1995	1996	1997	1998	1999	2000
扶贫贷款	600	550	1600	1350	1920	2010	1830
财政扶贫资金	50	45	66	183	281	167	280
以工代赈资金	170	230	320	320	370	320	424
合　计	820	825	1986	1853	2571	2497	2534

新时期扶贫期间，共争取国家财政扶贫资金3922.4万元，省奖励扶贫资金66万元。接受帮扶单位和社会各界捐款、捐物折款724.65万元，协调资金1976万元，帮打深井72眼，铺设防渗管道10.4万米，修筑公路43.4万平方米，修建学校10所，建科技扶贫文化阅览室17个，培训转移农村剩余劳动力4200多人，新建沼气池2000多座，发展枸杞、金银花、杏等2664万平方米，出栏羊1100只、牛1250头、猪1000多头。举办各类培训班400多次，接受培训者12万余人次，发放宣传资料13万余份，播放科技录像片70多场，引进农业实用技术20多项，新品种26个，建成千亩示范方10个。109个重点村脱贫出列75个。其中有：小屯头、草迷杨、辛寨、东下疃、西下疃一、西下疃三、西柏社、张庄、锞王庄、野井、姜庄、后安、白伏四、午时村、辛集、琉璃寺、二郎庙、苏屯、苏口、苗庄、王六村、张毛庄、北陈庄、西孟庄、后大吕、北大韩、屯里、后塔口、寻虎、王虎寨、柳洼、小韩寨、南盐池、周于庄、樊村、安庄、贾庄、李吾营、北官亭、普盛营、韩营、前董营、小潘庄、大王庄、马旺营、三河道、肖庄、乍补寨、西乔庄、西铜马、何寨、崔寨、大马房、寨外、黄马庄、柴城、新建庄、赵庄、范街、于庄、苑街、孙河镇、城李街、南孟村、东旧城三、苏石鹿、郭庄、东旧城四、齐石鹿、岳石鹿、西孟村、神堂坡、前无尘、北任庄、贾街。

二、社会环境效益

1990年前，全县林木覆盖率不足13%，1994年全县贫困外出人员仅有300多人，年劳务收入不足20万元。经过扶贫开发和农用林网建设，至2008年底，绿化实际控制率达到56.3%，被市政府确定为“邢台市平原地区最绿县之一”。通过扶贫培训输出贫困劳动力1万多人，年劳务收入2亿多元。“八七”扶贫攻坚有效缩小了贫困面，广大农民生活水平不断提高，2000年全县农民人均纯收入与1992年相比增长3.5倍。同时，增强了各级党委、政府的凝聚力，密切了党群、干群关系，全县出现了空前的政治稳定、社会安定、人心向上、人人思富的好局面。2001年6月，县扶贫办获省委、省政府“扶贫攻坚工作先进单位”。洪水口、郭庄、任李乡、大留庄、小留庄、王举庄、阎口、西辛庄、乔庄、刘营、张文言、大潘庄、小潘庄、普升营、韩家营、陈者营等16个特困村脱贫出列。

新时期扶贫开发工作有效改善了重点村贫困状况，提升了贫困群众脱贫致富思想观念。2002

年10月，根据国务院扶贫办安排，在对全省52个扶贫开发工作重点县检查中，巨鹿县以出色的工作实绩，赢得检查组成员的一致好评，取得了99分优异成绩，名列河北省前茅。2006年12月，县扶贫办被省扶贫办授予“规范化建设先进单位”荣誉称号。到2008年底，贫困村实现村村通公路、通自来水、通电话、通有线电视。

三、扶贫典型

（一）南哈口村。隶属于观寨乡，是第三批扶贫开发工作重点村，位于县城西北15千米处，全村392户、1464人。2008年，该村司敬活等“八大勇士”率先搞起了大棚西瓜种植，当年每亩大棚在收回成本的基础上盈利2000多元。

在省扶贫办主任扈双龙的关心指导下，县扶贫办在南哈口村开展了“两个组织”试点工作，成立了南哈口村果蔬大棚诚信自律者联谊会和巨鹿县扶贫信贷担保自愿者组织，协调县联社现场向27个会员发放贷款5.4万元，此举使南哈口村7.33公顷西瓜大棚顺利丰收，实现经济效益70多万元，“两个组织”试点工作取得了圆满成功！

南哈口村依托“两个组织”扶贫模式，累计贷款500余万元，发展蔬菜大棚140公顷左右，村容村貌发生了翻天覆地的变化；“两个组织”扶贫模式的顺利推行，使得南哈口村诚信观念深入人心，村风文明、邻里和谐，形成了信誉至上、创业致富的良好风气。

同时，观寨乡启动了以南哈口村为中心的万亩瓜菜大棚扶贫产业区建设，带动周边村发展瓜菜大棚产业，逐步实现共同富裕，稳定脱贫。

（二）孟庄村。隶属于阎疃镇，是第三批扶贫开发工作重点村。位于县城东15千米处，有人口407户、1608人，其中贫困户有284户、1125人，有耕地245.33公顷。农户主要从事农作物种植，投入高，收益低。

为解决贫困户贷款难问题，县扶贫办对孟庄村进行了深入而全面地调查，发现该村班子战斗力强，发展农业基础条件较好，群众脱贫致富愿望强烈，发展潜力较大，孟庄村人心思富，干部群众发展大棚蔬菜产业的劲头十足。该村在县扶贫办的指导下，组织成立了孟庄村瓜菜大棚诚信自律者联谊会，依托县公职人员成立的扶贫信贷担保自愿者协会担保，在县农业银行争取贷款70多万元，大力发展大棚蔬菜产业，新建瓜菜大棚14公顷左右。

第三章 革命老区建设促进会

巨鹿县1929年4月建立党组织，1930年正式成立中共巨鹿县委。抗日战争时期，巨鹿县已建立基层党支部226个，拥有党员3800多人。1935年，在上级党组织的领导下，以巨鹿县为中心，联合周边20多个县发起了“冀南农民暴动”。新中国成立后，巨鹿县被国家确定为革命老区。2007年6月，根据上级要求，经县委批准，成立了巨鹿县老区建设促进会（以下简称县老促会），挂靠县扶贫办公室。

第一节 管理机构

县老促会是非营利性的社会团体，其主要职能是协助县委、县政府动员社会力量支援老区建设。老促会由退休老干部和热心老区建设的社会知名人士组成。入会自愿，退会自由。第一届老促会有会员120人，会员单位54个，理事24人。通过会员选举产生了会长、副会长。同时，根据工作需要，于2008年3月，建立了妇女工作委员会。

第二节 主要工作

县老促会建立后，积极协调、组织各方面力量，为老区人民办实事，促进经济社会发展。

先后为10多家企业协调贷款1.6亿元，联系省以上专家6人，客商23家，解决生产销售中的困难和问题。

为提高农民科技素质，先后聘请外地知名专家4人和县内科技人员，对64个村农民实施种植、养殖技术培训。组织撰写《金银花生产管理技术资料》，印发全县。

指导妇工委建立“女性创业俱乐部”，带动广大妇女更新观念、学习技术、大胆致富，并培养10名妇女创业典型在全县推广其经验。

举办“巾帼创业经验交流暨论坛”，引起各级老促会重视。国家老促会妇工委主任宋红蕾，省老促会副会长、妇工委主任李玉珍莅临指导，邢台市老促会推广了巨鹿县经验。

多次组织退休老干部深入县直和乡镇，以自身经历对党员干部进行党的传统教育。

第七编

农　　业

巨鹿县是传统的农业县，农业资源丰富。中共十一届三中全会后，党和政府对农业更加重视。全县普遍实行了家庭联产承包责任制，农民有了生产自主权，种田积极性提高，农业连年增产。通过农业综合开发、种植结构调整、农业科技推广等，农业基本条件大大改善，服务体系逐步完善，特色农业显现强大优势，经济作物面积大幅度增加，优良品种不断更新，机械化作业程度大大提高。林业、畜牧养殖业得到较快发展，农业效益成倍增长。

第一章　农村经济体制改革

中共十一届三中全会前，党的农村管理体制为“三级所有，队为基础”（即公社、大队、生产队所有，以生产队为基本核算单位）。从1979年开始，对农村经济体制实施以土地经营承包责任制为主的体制改革，极大地调动了农民的积极性，促进了农业机械化的快速发展，农作物产量不断增加，品质逐步改善，农民收入也不断增加。

第一节　家庭联产承包

一、种植业

1979年开始，巨鹿县推行农业生产责任制。首先推行了联产到组，后又实行了“联产到劳”。到1981年6月，全县1395个生产队全部实行了不同形式的生产责任制。其中，专业承包联产计酬的13个生产队，占总队数的1%，联产到劳动力的447个生产队，占总队数的32%，“双包”（包产到户、小段包工）到户的共929个生产队，占总队数的66.6%（其中包产到户的522个生产队），有6个生产队实行小段包工（田间管理责任制）定额计酬。

实行责任制后均产生明显效果。贾庄公社薄庄大队枸杞生产，在未实行责任制前，每年收枸杞1万千克，收益6万元，1980年实行联产责任制后，同样面积产量达到3万千克，比原来增长两倍，收益达到22万元，是原来的3.67倍。仅此一项，全大队人均增收200元，一年生活大变样，当年全队社员买自行车30多辆，缝纫机30多台，收音机140多台，户均1件。且有一半户盖了新房，收入千元以上的户有一半多，还有部分户超过2000元，个别户达到了3000元以上，同时，也巩固发展了集体经济，1980年这个大队集体提留实现30000多元，人均30多元。

1982年，全县普遍实行土地家庭联产承包责任制。1998年全县17个乡镇，291个行政村全部实行二轮土地延包。将承包期延长为30年。并签订了土地延包合同，办理了土地经营权证书。

二、林业

种植业实行家庭联产承包责任制后，林业也开始尝试。至1982年底，全县有成片果林的56个大队，先后实行承包责任制。大致有三种：（一）专业队（组）承包。定出目标，纯收入包干，超减产全奖全赔，或超减产按比例奖赔。（二）专业队（组）承包。定目标、定管理、定奖惩，统一指导管理、统一销售、统一核算。（三）按人分包到户。产值包干，超减产全奖赔。

责任制使农民积极性提高。因承包期限短（时定1～3年），部分承包者只追求当年收入，忽视果树培育。后经完善，订立合同，承包期增加到15年，后又一定30年不变。最后演变成大户承包和联产到户责任制。

1982年，实施林木确权发证。1984年有14个公社276个生产大队1290个生产队完成发证任务，发林权证书48884张，执照210张，确权发证林业用地面积452.88万平方米。

2007年，实施集体林业产权制度改革。结合本县实际制定林业改革实施方案，编制《巨鹿县林地保护利用规划》，明晰产权、确权发证，组织人员下乡摸底调查，当年完成林地登记9557.10万平方米，发证8604.72万平方米。

第二节　税费改革

1982年，全县实行土地联产承包责任制后，农业税征收由生产大队负担改由按户交纳，采取定购粮食结算扣除办法，统一到公社结算。1985年各乡镇政府成立财政所，由各乡镇财政所统一到粮站结算。“三提六统”（即三项村提留包括公积金、公益金和管理费；六项乡统筹费包括乡村两级办学、计划生育、优抚、民兵训练、修建乡村道路、农村卫生事业筹费），从1999年起实行总额控制。总额以村为单位计算，不超过上年农民人均纯收入的5%，并以1997年预算为基数一定三年不变，其中村提留所占比例不少于总额的50%。在此期间全县共收取“三提六统”1366万元。

2000年5月，巨鹿县被邢台市委、市政府定为河北省首批农村税费改革试点县。农业税由原来的按人口征收改为按地亩征收，全县计税面积以二轮承包用于农业生产的土地面积为准，农业税计税以常年产量295千克为标准。改革后的农业平均税率为6.85%，农业税附加为征税的20%，计税价格按省定米价1.24元计算。改革后取消了乡统筹、村提留。农民只负担农业税，人均负担减轻34.2%，全县农民年减负937万元。2004年国家实行粮食流通体制改革，农民种地实行直接补贴，粮食直补标准为0.0093元/平方米（6.2元/亩）。同年，农业税税率下调3%，2005年全面取消农业税。

1987年开始征收枸杞、苹果、梨等农林特产税。其中，70%由乡镇支配用于发展农村种植业和养殖业，县留30%用于农林科研。2004年取消了农林特产税。

第三节　社会化服务

一、种植业服务

（一）农民培训。2000年后，惠农项目有新型农民培训工程、良种补贴等。2004年县农业局自己编写跨世纪青年农民科技培训系列教材《无公害疏菜》、《畜禽饲养》、《土壤肥料知识》及《良种及农业新兴产业技术》等，加强农民培训。2006～2008年新型农民培训项目连续运行，累计培训农民8万多人次。

（二）良种补贴。2000～2008年底，小麦、玉米良种补贴面积累计46620万平方米、补贴资金700万元，实现了小麦、玉米优质化，优种供给率90%以上。

（三）农机补贴。从2005年开始，农民购置农业机械给予补贴，分为国补和省补，以项目形式由县农机部门落实。当年省补20万元，拉动农民投资101.57万元。以后国家和省投入力度逐步加大，补贴资金逐年增加。

2005～2008 年巨鹿县农机购置补贴统计表

表 7－1－1

年　份	补贴资金（万元）		拉动农民投资（万元）	机具名称（台）						
	国补	省补		大型拖拉机	玉米联合收获机	旋耕机	秸秆还田机	小麦播种机	青贮铡草机	花生收获机
2005		20	101.57	12	4	20	24			
2006	50		214.6	30	4	47	49			
2007	110		370.69	36	22	40	31	16		
2008	110	14.7	413	28	19	37	29	26	4	1

（四）农业技术服务体系。1986 年创建“三级一户”型农业技术推广体系，即县建农业技术推广中心、乡建农技服务站、村建农技服务组和发展科技示范户。乡镇农技站农技员编制原属县农业局，1992 年改归乡镇后，“三级一户”体系逐渐弱化，农业技术推广由农技推广中心人员直接对农民实施培训。

（五）良种服务体系。1997 年以前，县由原种场繁育良种，种子公司经营粮、棉、油料和瓜菜种子，良棉厂担负棉花优良品种繁育、收购、加工和供应。以后，县种子公司独立提供良种服务。2000 年 12 月 1 日《中华人民共和国种子法》颁布，国有种子机构不再垄断经营，具备资质的个体和股份制企业开始经营。至 2008 年末，县、乡、村各级种子代销点 300 个。

（六）农民专业合作组织。2002 年，国家鼓励农民成立合作组织，提高市场竞争力。至 2008 年底，在县民政局注册金银花、枸杞、蔬菜、棉花等与农业相关的协会 120 多个，在县工商局注册的专业合作社 20 多个。2005 年，巨鹿县成立杂交谷子专业合作社，通过“公司＋合作社＋农户”的合作经营模式对种植户进行扶持。发挥加工企业和收储企业资金、信息、仓储、加工和销售等优势，将谷子专业服务合作社的产业链扩展到生产、加工和销售一条龙。由于消费者对农产品的需求重心由量的增加向质的提高转变，市场上的农产品也由价格竞争为主转向质量竞争为主。2007 年，巨鹿县新建 10 家杂交谷子加工厂，年加工 1500 万千克谷子，由合作社统一销往北京、天津、山西、河南等地，实现了农产品和市场的有效接轨，农民增收 5000 万元。

（七）农资市场管理。2003 年前，县植保站、种子监督检验站对县内经销网点农药、种子独立检查、处理。2003 年县农业局根据《中华人民共和国农业法》规定，整合种子监督检验站、农药管理站和土壤肥料站，建立农业综合执法大队，负责全县种子、农药和肥料市场管理整顿。截至 2008 年底，共查处假劣种子、农药和肥料案件 240 多起，为农民挽回经济损失 850 多万元。

（八）农业信息服务。2003 年县农业局成立农业信息中心，建立农业信息网，负责农业信息收集、整理、发布及农情调研。2007 年开通了“三农”免费服务热线，内容涵盖农业政策法规、种植技术、农业生产资料、新能源、种养大户典型、农产品行情等。

（九）农村合作基金会。1990 年巨鹿镇成立第一个农村合作基金会，到 1995 年 7 月，全县共建立农村合作基金会 14 个，由县农业局农经站负责管理，融资规模达到 9000 万元，促进了种植业、畜牧业和乡镇企业发展。1999 年 5 月 11 日，农村合作基金会转交县农村信用联社。

二、林业服务

（一）队伍。1986～1991 年，开展杏基地建设，县政府先后聘请辽宁果树研究所、河北农业大学等 6 家单位的 11 名专家、教授为果树技术顾问。在 12 个林果重点乡镇配备了半脱产林业技术员，后转为财政全额发薪。1991 年绿化达标时，其余5个乡镇也按每乡1人配齐。1990年，全县分6个片区设林业站，巨鹿镇林业站，辖巨鹿镇、辛庄、张王疃3乡镇；贾庄乡林业站，辖贾庄、堤村2乡；小吕寨镇林业站，辖小吕寨、王虎寨、西郭城、何寨4乡镇；林庄乡林业站，辖林庄、阎疃、王六村3乡镇；苏家营乡林业站，辖苏家营、楼张镇2乡；官亭镇林业站，辖官亭、观寨、董营3乡镇。工作站共配备人员18人，人员、房屋、制度、目标四落实。1991年县林业局抽组3人，建起林业物资服务站，经营种子、苗木、化肥、农药、药械等，提供技术并供应物资，2008年撤销。

（二）培训。1987年，县林业局建立林业技术推广服务中心。每年利用培训班、现场指导、发放技术资料等形式进行林果技术培训。内容有杏树管理、枣树嫁接、枸杞修剪、金银花无公害管理和病虫害防治等。1990～2008年，每年举办培训班20期左右，培训1万多人次，发放资料2万份，累计推广实用技术20多项。

（三）新品种、新技术引进。县林业局先后多次派员外出引进杏树红丰、金太阳、紫核、骆驼黄、蜜香杏、美国凯特杏等，引进丰产优质枸杞宁杞1号，引进葡萄美国地球红、日本美人指、克伦生等；引进晚秋黄梨、中华寿桃、重阳红桃、美国李子、梨枣、三倍体毛白杨、107杨等新品种，并组织一些品种的繁育。

（四）科技下乡。县林业局把技术人员分成四个科技下乡小分队，深入基层、果园、田间地头，做新技术示范，进行面对面指导。对项目造林、重点工程实行技术分包责任制，从规划、设计、栽种、管理等环节实行全程负责。

三、养殖业服务

2004年前，全县每乡镇有一名自收自支防疫人员，负责畜禽防病治病。2004年县对上述人员集中整顿经考试筛选后，于2005年将乡镇防疫员工资全部纳入县财政。

2007年，巨鹿县生猪养殖户2882户，存栏由2006年的8.67万头降到8.44万头，能繁母猪7898头，当年国家实施对能繁母猪发放补贴。每头能繁母猪补贴50元，共补资金39.49万元。2008年11月，补贴标准每头猪由50元提高到100元。

第二章 农业生产力

全县农业劳动力主要集中在农村，多为农村人口。其从事工作包括农作物种植、林果种植、畜牧水产养殖等行业。20世纪90年代前，以农作物种植业用工最多，以后随着机械化使用、普及，农村剩余劳动力逐渐进入城市打工，农村搞种植的以年老体弱者居多。

第一节 劳动力

1979年，巨鹿县农村人口25.2万人，占总人口的97%，劳动力10.3万个，占农村人口的40%。其中，男劳动力5.5万个，女劳动力4.8万个，外出打工者有200多人。到1999年全县农村人口33.1万人，占总人口的94.2%，农村劳动力17.5万个，占农村人口的52.9%。2008年全县农村人口达35.4万人，占总人口的93%，农村劳动力19万个，占农村人口53.7%，农村人口和农村劳动力分别比1979年增加10.2万、8.7万个。2008年农村劳动力中初中及以上文化程度的占94%，90%以上的劳动力可掌握1种、2种实用技术，劳动强度大大降低。外出打工人数逐渐增多，2008年底达8.3万人。

第二节 耕地

1979年全县有耕地46205.73万平方米。2008年，因各种非农业占地增加，耕地面积降为41477.33万平方米。按一级地类统计，农用地49868.95万平方米，占辖区总面积的79.3%；未利用地5634.91万平方米，占辖区总面积的9%。按二级地类统计，农用地中耕地41180.42万平方米、园地5424.68万平方米、林地545.01万平方米、其他农用地2718.85万平方米，分别占农用地的82.6%、10.8%、1.1%、5.5%；水利设施用地 404.36 万平方米。

由于化肥使用连年增加，农家肥使用逐步减少，土壤有机质含量降低，部分地块出现土壤板结。地膜使用，废弃农膜难以降解，对土壤污染加重。2001 年开始，农村逐步推广秸秆还田，土壤板结现象有所缓解。

第三节　农业机械

中共十一届三中全会以后，农村土地实行家庭联产承包，农田地块由原来的集体大片变成个体经营小块，大中型农机具闲置，国营、社营和队营农机站先后解体．农民逐渐开始自购农机具。各种新型农机具应运而生。

一、农业机械作业

（一）翻耕播种机械

1. **机引犁**　耕地犁原来多为铧式犁，耕后人力平墒沟，耙压坷垃。1990 年开始使用旋耕犁，先与手扶拖拉机配套使用，1995 年与大中型拖拉机配套使用。粉碎土块较好，作业平整，不用平整垄沟，发展较快。2000 年大型旋耕犁机有 404 台，2008 年达到 1165 台，铧式犁基本淘汰。

2. **播种机**　1979～1989 年，农民多用畜力播种。1989 年开始推广半机械化畜拉播种耧。1990 年开始使用播种机机播小麦、玉米，当年发展到 30 台。1994 年，出现了精量、半精量播种机、免耕播种机。机播玉米采用穴播，下籽少，合理密植，不用手工定苗，比传统人力播种每亩增产 150 千克。同年棉花专用播种机和铺膜机出现，后两机合体，前播棉种后铺膜，一机两用，复式作业，每亩减少作业成本 10 元，工效是原来的两倍。2000 年后，推广使用施肥播种机、免耕覆盖施肥播种机、节水穴灌铺膜棉花精播机等新机型，到 2008 年全县播种机械发展到 3635 台，普及了机播。

3. **秸秆粉碎机**　1991 年，县农机局从赵县引进一台玉米秸秆粉碎机实验，因机器质量不佳常出故障暂停。1999 年从临清引进锤爪式玉米秸秆粉碎机，试验成功，当年发展到 23 台。2000 年秸秆粉碎还田机增添了“甩刀式”、“切割式”新机型，2008 年达到 395 台。秸秆还田面积达到 7260 万平方米。

（二）排灌机械

1979 年机电灌溉面积 15591 万平方米，到 1990 年达到 28113 万平方米，增加 12522 万平方米。以后，随着每年的降雨量大小而变化。2008 年，机电灌溉面积为 27160 万平方米。排灌动力机械从 1979～2008 年 30 年全县总量平稳变化，略有下降。

1. **排灌动力机械（动力和水泵配套）**

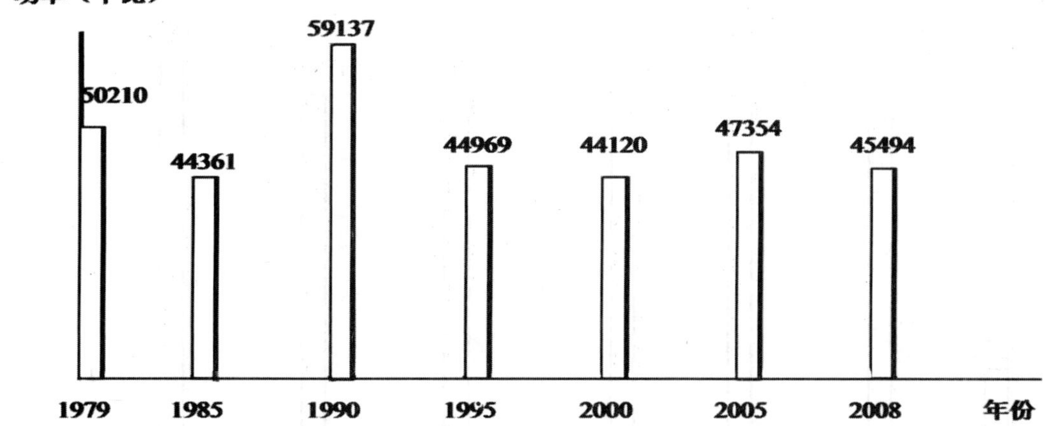

2. **水泵**

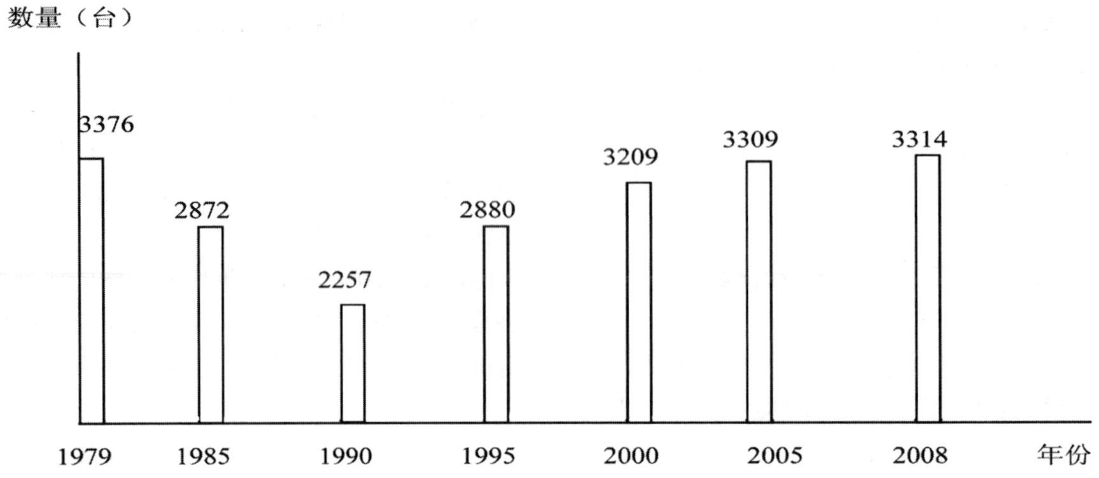

（三）收获机械

1. **小麦割晒机** 1988 年，农民开始购置小麦割晒机。当年购机 50 台，收割小麦 261 万平方米；1990 年达到 1400 台，收割 7200 万平方米；2000 年达到 2365 台，收割 12000 万平方米。

2. **小麦联合收获机** 1992 年，外地小麦联合收割机来巨鹿县王虎寨、观寨、西郭城等乡镇经济条件较好的村收获小麦，因收割、脱粒一条龙，大大减轻劳动强度，深受欢迎。1995 年开始个人购置联合收割机 6 台，与大中型拖拉机配置作业。2008 年，全县联合收割机发展到 264 台。其中，自走式 159 台，背负式 85 台，主要型号有河北双箭，新疆 4LZ－2A、富田谷神－2 系列等。1992 年，联合收割机收割小麦 7333 万平方米，2008 年达到 15280 万平方米，基本实现小麦收割机械化。

3. **玉米联合收获机** 2000 年只有东郭城农场一台。2004 年增添了小型机 6 台。2005 年国家实施购机补贴政策后，到 2008 年，玉米联合收获机发展到 47 台。主要机型有背负式山东大丰 4YW－2 型，自走式有河北富路 4YZ－3 型、山东时风 4LZ－2 型（更换割台后可收获小麦）等。2000 年机械收割面积为 67 万平方米，2008 年达到 2440 万平方米。

（四）农副产品加工机械（动力、加工机械配套）

1. **动力机械**

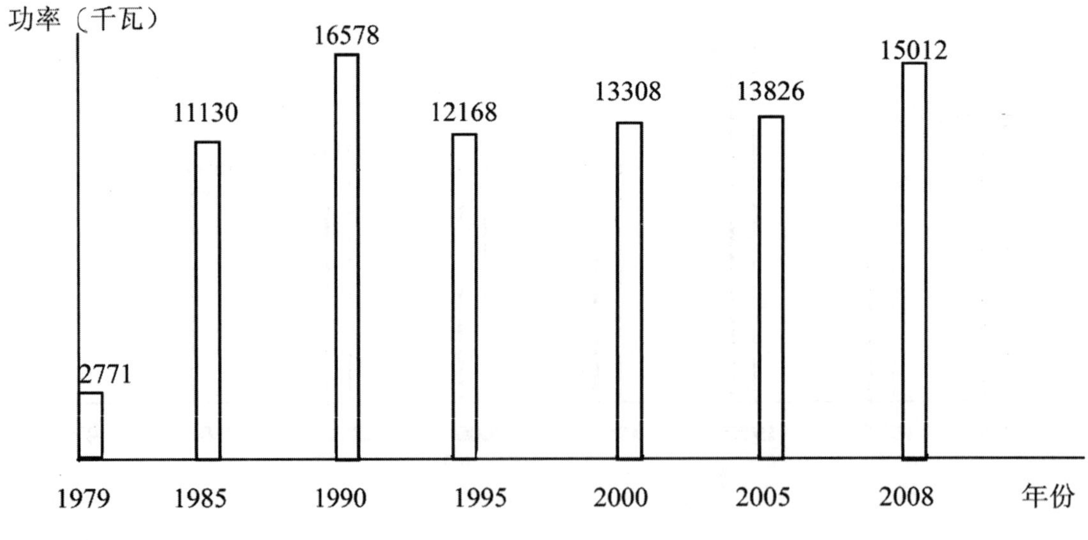

2. 加工机械

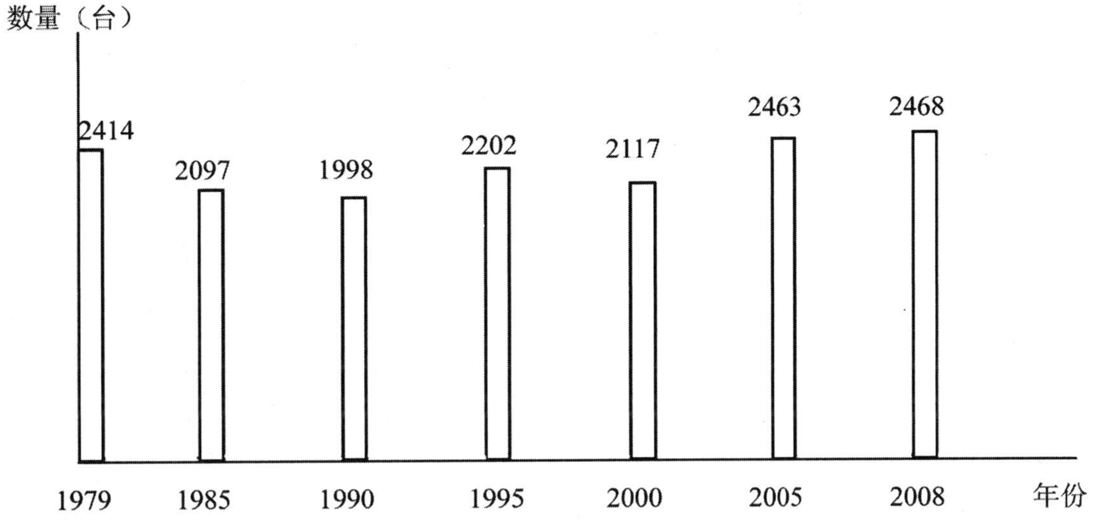

（五）运输机械

1979 年，巨鹿县共有大型拖拉机 134 台，小型拖拉机 137 台。1990 年，大、中型拖拉机增加到 1413 台，小型拖拉机 2600 台。2008 年，大、中型拖拉机增加到 1947 台，小型拖拉机增到 1.5 万台。大、中型拖拉机主要机型有：上海 －50、铁牛 55 －65 等，小型拖拉机型号有：东方红 －12、东方红 －16 等。1990 年农用三轮、四轮运输车上市，因速度快，价位适中，运输方便、快捷，加上农民积蓄增加，部分农户做买卖，经销蔬菜、粮食、棉花、化肥、农药等农用物资，形成购车热。2008 年，三轮车、四轮车分别由 1990 年的 12 台、2 台发展到 2.53 万台、261 台。

巨鹿县 1979 ~2008 年部分年份农机化作业情况统计表（一）

表 7 －2 －2

项目 / 年份	机耕面积（万平方米）		机播面积（万平方米）	其中		机电灌溉（万平方米）	机械植物保护（万平方米）	机械加工农副产品（万平方米）	其中			农机运输作业（吨千米）
		其中深松深耕		机播小麦（万平方米）	机播玉米（万平方米）				加工粮食（吨）	加工棉花（吨）	加工油料（吨）	
1979	19803	14566	5646.6	5186.6		15591						626000
1985	8600	8600	125	66.7		25124	2140					747600
1990	27846	16146	7200	7200		28113	1566	64498				1210700
1995	29500	6870	11167	8670	160	36200	2000	11000				5012100
2000	28667	8667	16700	12000	2000	22000	2667	69526	68830	32	664	5668800
2005	30270	3440	39988	15333	8255	22960	4600	74026	73110	74	842	7605400
2008	28390	311	45350	16000	13570	27160	6200	80363	79300	123	940	764000000

巨鹿县1979～2008年部分年份农机化作业情况统计表（二）

表7－2－3

年份＼项目	机收（万平方米）	其中（万平方米）		精量半精量播种（万平方米）	免耕播种（万平方米）	其中（万平方米）		其中：免耕覆盖播种（万平方米）	机械铺膜（万平方米）	机械深施化肥（万平方米）	机械化秸秆还田（万平方米）	其中（万平方米）		机械脱粒粮食（吨）
		小麦	玉米			玉米	小麦					玉米	小麦	
1979	4.6	4.6												21845
1985														12250
1990	4666.6	4666.6												25300
1995	7333	7333		8667					1000	2066	333	333		75000
2000	13400	13333	67	8667	1333	1333			3000	8667	2667	2667		57000
2005	14817	14150	667	15333	8255	8188	67	67	5990	2000	8670	7337	1333	66250
2008	17720	15280	2440	27830	13570	13570			6420	8750	7260	5705	1555	80100

二、农业机械修理

1979年，县、乡、村农机管理机构健全，县农机局常年举办农机技术培训班，为乡、村培养农机技术人员。农机具维修主要依靠乡、村两级，小修不出村，中修不出乡，大修不出县（到县农机修造厂）。1982年后，农业机械逐步由个体经营，乡村管理组织先后解体，个体农机维修点兴起。农机维修主要靠乡村农机维修点及生产厂家跟踪服务。2008年，全县拥有个体修理点96个，从业人员193人。维修项目主要有调试喷油泵，维修拖拉机、柴油机、潜水电泵、农用三轮等。

巨鹿县1979～2008年部分年份农机维修情况统计表

表7－2－4

年份	维修点（个）	修理人员（人）	维修（台、次）
1979	18	30	4019
1985	10	19	2675
1990	22	60	11610
1995	38	62	13240
2000	45	75	12186
2005	89	176	44201
2008	96	193	46810

第三章 农作物种植

巨鹿县是农业大县，以小麦、玉米、红薯等大粮作物和棉花、花生、油菜及枸杞、金银花等经济作物为主，瓜果蔬菜和小杂粮为辅，农作物种类较为丰富。在市场经济和县委、县政府相关决策引导下，农作物种植结构不断调整优化，农民收入不断增加。

第一节 种植结构

1979年全县粮食种植面积49284万平方米。棉花3549.78万平方米、油料892.44万平方米。以后棉花和油料种植面积逐年增加，粮食种植面积逐年减少。1996年全县农作物播种总面积58341.60万平方米。其中，粮食45088.20万平方米、棉花4928.4万平方米、油料5727.60万平方米，三种作物分别占总面积的77.3%、8.4%、9.8%，主要农作物形成“粮棉油”三元种植结构。

1999年县政府制定“压粮、保棉、增油、扩菜、上药材”的结构调整方针，2001年农作物播种面积57009.6万平方米，其中粮食37296万平方米、棉花7459.2万平方米、油料7192.80万平方米、药材5061.60万平方米，四种作物占播种总面积的比例分别为65.4%、13.1%、12.6%、8.9%，“粮棉油药”四元种植结构逐步形成。

2008年，全县农作物播种总面积58141.80万平方米。其中，粮食32833.80万平方米、棉花11588.40万平方米、油料4462.20万平方米、药材9257.40万平方米，四种作物占播种总面积比例分别为56.5%、19.9%、7.7%、15.9%。

1979～2008年巨鹿县种植结构变化示意图

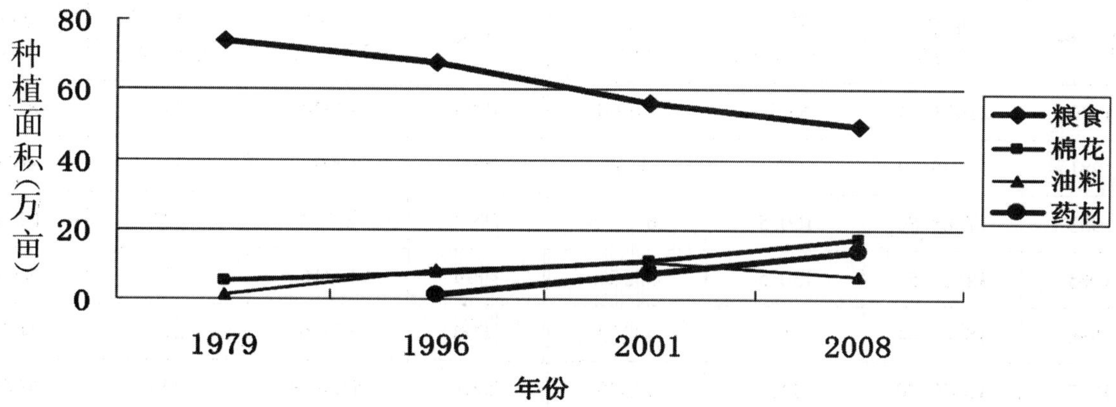

2006年，农田水浇地面积由1979年的13852.80万平方米，增加到29503.80万平方米；农业机械化水平大大提高，田间已很少看到人拉车、牛耕地；种子、肥料、农药等新产品的推广使用，既降低劳动强度，又提高了劳动效率和作物产量。2008年粮食平均单产量和总产量由1979年的108千克/亩、80045吨，提高到351千克/亩、172838吨，分别提高了2.25倍和1.2倍；棉花平均单产量和总产量由1979年的9千克/亩、490吨，提高到77千克/亩、13453吨，分别提高了7.6倍和26.5倍。

第二节 农作物

一、农作物品种

粮食类主要有小麦、玉米、谷子、高粱、红薯、豆类（黄豆、绿豆、黑豆、豇豆、红小豆、绿里黑豆）黍等；油料类有花生、芝麻、油葵、蓖麻子、油菜等；经济作物有棉花、苜蓿、芦苇等；中药材类有金银花、枸杞、菊花、板蓝根、艾、牛蒡、瓜蒌、大青叶、甘草等；蔬菜类有白菜、韭菜、葱、姜、蒜、菠菜、油麦、茄子、蘑菇、银耳、辣椒、西红柿、瓜类（冬瓜、西瓜、南瓜、北瓜、甜瓜、脆瓜、苦瓜、菜瓜、黄瓜）、西葫芦、萝卜（红萝卜、白萝卜、紫萝卜、心里美萝卜）、苤蓝、长豆角、丝瓜、眉豆、洋姜、蔓菁、土豆、芥菜、芸豆、芫荽。果类有杏、桃、苹果、梨、李、柿子、核桃、葡萄等。

二、主要农作物

大面积种植的主要农作物有小麦、玉米、棉花以及金银花、枸杞等，常年种植面积占总耕地面积的90%以上。各种农作物种植面积受自然、栽培条件以及经济效益等因素影响波动较大；小麦、玉米、油葵、棉花、蔬菜和中药材总体种植面积上升，高粱、豆类等小杂粮以及红薯面积下降。

（一）小麦。小麦是居民的主要口粮。常年播种面积在13320万平方米以上，占全县粮食总面积的40%以上，最少年份2004年播种面积13453.20万平方米，1998年播种最多达到21312万平方米。除1992、1993年因冬春大旱减产外，平均单产量逐年提高，1991年206千克/亩，2008年360千克/亩，提高了74.8%；总产量受面积及增产情况影响，总体呈平稳增长趋势，1991年58020吨，2008年达到87815吨，增长51.4%。

平均单产量和总产量连年平稳增长主要得益于新品种推广、水肥条件改善和科学管理水平提高。1991年后，县内推广的小麦品种主要有花521、4185、新冀麦7、冀麦26、冀麦31、71—3、石家庄8号、石新733、良星99、冀丰703、观35、石麦15等优良品种。

巨鹿县1979～2008年部分年份小麦生产情况统计表

表7－3－5

年份	面积（平方米）	单产（千克/亩）	总产（吨）	年份	面积（平方米）	单产（千克/亩）	总产（吨）
1979	21971.34	88.7	27600	1996	19314	281	81521
1981	17395.92	17	4437	1997	19980	321	96300
1983	17788.86	100.5	26833.5	1998	21312	323	103360
1985	18128.52	130.5	35555	1999	17316	328	84942
1986	18541.44	156	43322	2000	17316	271	66432
1987	16450.20	115	28335	2001	15384.60	306	70686
1989	16436.88	150	36898	2002	14851.80	320	71452
1990	18648	203	57500	2003	14052.60	325	68579
1991	18714.60	206	58020	2004	13453.20	333	67433
1992	19713.60	169	50060	2005	16250.40	336	82049
1993	16050.60	166	39890	2006	16650	336	84086
1994	18648	209	66628	2007	16983	345	87931
1995	18714.60	238	69305	2008	16250.40	360	87815

（二）玉米。玉米曾经是巨鹿县人民的主要口粮。随着小麦单产量大幅提高和面积增加，玉米种植面积一度减少，且主要用于工业原料及饲料。1972 年，农村开始推广玉米杂交品种，平均单产比一般品种提高一倍，因对水肥条件要求较高，种植面积一直较小。水利条件改善后，播种面积逐年增加，1999 年全县种植面积达到 6526.80 万平方米。此后一直保持在 6660 万平方米以上。2008 年达到 13586.40 万平方米，平均单产量 450 千克/亩，比 1972 年提高两倍以上，总产量达到 74603 吨。从 1991 年开始先后推广的杂交玉米品种有烟单 14、农大 60、丹玉 13、掖单 2 号、登海 9 号、郑单 958、浚单 20 等。

（三）棉花。1991 ~ 1999 年，因受自然灾害、收益低等因素影响，棉花种植面积、单产量和总产量波动较大。1992 年棉铃虫大暴发，单产 8 千克/亩，全县 9133.33 万平方米棉花仅收获皮棉 1040 吨。1993 年面积迅速下降到 2197.80 万平方米。1995 年植棉 10133.33 万平方米，当年粮食价格涨幅较大，棉花出口受阻。1996 年全县棉花种植面积降到 4928.40 万平方米。2000 年后，种植面积常年在 6660 万平方米左右，2008 年达到 11588.40 万平方米，平均单产量 77 千克/亩，总产量 13453 吨，单产、总产量均创历史新高。丰产主要得益于抗虫棉引进推广和普及、农田基础设施改善和田间管理水平提高。抗虫棉不仅对鳞翅目害虫有抗性，丰产性也好于常规品种，1999 年开始推广，2001 年基本普及。推广品种主要有新棉 33B、DP99B、冀 668、邯 333、邯 4849、国欣 3 号等。

1979 ~ 2008 年巨鹿县棉花生产情况统计表

表 7 - 3 - 6

年份	面积（万平方米）	单产（千克/亩）	总产（吨）	年份	面积（万平方米）	单产（千克/亩）	总产（吨）
1979	3549.78	9	490	1994	10522.80	27	4053
1980	3496.50	12.5	655	1995	10133.33	30	4770
1981	2597.40	12.5	500	1996	4928.40	26	1910
1982	8817.84	21.5	2870	1997	6260.40	9.9	581
1983	9324	34	4760	1999	3862.80	45	2617
1984	9457.20	52.5	7470	2000	6127.20	50	4600
1985	9320.76	22	3060	2001	7459.20	53	5966
1986	9403.92	22	3020	2002	6526.80	58	5651
1987	9417.24	29	4050	2003	8191.80	54	6722
1988	10196.46	33	4985	2004	9923.40	57	8562
1989	10842.48	27	4395	2005	8991	64	8662
1990	9623.70	46	5255	2006	9923.40	73	10867
1991	11322	37	6260	2007	10855.80	76	12326
1992	9133.33	8	1040	2008	11588.40	77	13453
1993	2197.80	24	780				

（四）花生。为食用油的主要原料。起初因粮食紧缺，吃饭困难，花生种植面积一直较小。1988年种植面积2424.24万平方米。1992年以后，花生面积开始增加，1996年增加到4262.40万平方米，平均单产量145千克/亩，总产量9278吨。2003年面积达到6193.8万平方米，平均单产量129千克/亩，总产量12000吨。2000年以后，品种主要有冀花2号、冀油4号和冀油7号，2008年从省农科院引进冀花4号，比冀花2号产量更高，花生种植面积1797.20万平方米，平均单产量228千克/亩，总产量9655吨。

（五）红薯。又名山药、地瓜。2000年以前常年种植面积6660万平方米左右。以后因红薯栽种、加工、储藏费时、费力，收益不高，又多年连续发生病害，面积急速下滑。1999年播种面积6060.60万平方米，总产量21720吨；2004年降到1265.40万平方米，总产量5403吨；2008年降为466.20万平方米，总产量2329吨。

三、小杂粮

巨鹿县小杂粮以谷子为主，其他有黍子、绿豆、黑豆、黄豆，豇豆等。巨鹿县居民有喝小米粥习惯，农户每年都或多或少地种谷子。但是，种植传统品种的谷子费工费时、产量低，建国以后至1998年，全县常年谷子种植面积在6660万平方米上下起伏不定，黍子、绿豆等种植面积1998万平方米左右。1998年部分农民开始种植谷子新品种“张杂谷8号”。这种谷子不仅省工、省时、便于管理，而且产量高，碾出来的米粒大、色黄、味香，比普通谷子出米率高出5%，因此种植面积逐年提高，1999年谷子种植面积达到8857.80万平方米，平均亩产159千克，总产量21219吨；绿豆等小杂粮常年种植面积2331万平方米，平均亩产200千克。

2005年起，以邢台市杂粮协会为龙头，巨鹿县建立了30多家加工厂，开展小米深加工，并注册了“名相”牌商标。“名相”牌小米在第十届中国（廊坊）农产品交易会上被评为名优农产品。2006年，经农业部批准，在巨鹿县实施优质小杂粮良种繁育基地项目。项目投入资金451万元，先后建起种子加工厂、种子繁育基地及种子检验、检测室等。种子加工领域为农民提供了广阔的增收平台。后因绿豆、豇豆等小杂粮虫害多、产量低，种植面积逐年下降。但由于谷子单产提高以及绿豆、黑豆价格不断上升，2008年全县谷子种植面积由2007年的3196.80万平方米回升到4262.4万平方米，平均单产达到232千克/亩，比1979年平均亩产120千克增收112千克，总产达到5113吨。绿豆、豇豆等2464.20万平方米，平均单产200千克/亩，比1979年平均亩产150千克，增收50千克，总产达到740万千克。

第三节
耕作制度及新技术新品种

一、种植模式

1990年以前主要采用轮作、间作、套作、混种等劳动强度较大的复种模式；1991年后，农田水肥条件逐步改善、农作物新品种推广、大量劳动力外出务工，大部分改为较省工的轮作。主要种植模式有以下几种：

小麦和玉米、谷子、花生、黑豆、黄豆等秋作物轮作。一年两熟，占巨鹿县耕地面积的三分之一左右。黍子、高粱多在地头地边儿种植。

棉花、花生等春播作物一年一熟。传统棉花种植是在春季气候转暖时节（县内流传着枣芽发，种棉花的谚语），播种前精耕深翻，造墒整地、施足底肥、选择优良品种。1983年后，农村陆续推广地膜棉，由于地膜种植保墒、防止风刮、且温度高等优点，也陆续推广到地膜小麦、棉瓜间作、油葵等作物种植。农耕作业中新品种和新技术的应用，使农民人工劳动强度逐年减小，更多的劳动力解放出来。2008年春播棉花和花生面积占总面积的三分之一左右。

棉、瓜间作。一年两熟，收益好，但费工费时，且产量及价格不稳，面积不断下降。油菜与玉米、谷子、花生、大豆等秋作物轮作，一年两熟，面积较小。

蔬菜作物轮作。蔬菜生产主要为农民自用，常年种植面积1332万平方米左右。蔬菜生长期短，一年至少两熟。

二、新技术

1990年开始，推广的新技术有地膜小麦、地膜棉花、棉瓜间作、小麦节水稳产栽培、“两晚”等30多项。

地膜棉 1991年开始推广，地膜覆盖植棉可提高地温、减少水分蒸发、改善土壤结构、促苗早发，产量显著提高，且解决了棉花“一播难全苗”难题。与非地膜棉相比，亩增效益80元左右。2000年后，全县春播棉花均为地膜棉，常年种植面积9990万平方米左右。

小麦节水稳产栽培 巨鹿县水资源极度匮乏，小麦是本地主要农作物，且耗水量大，若采用节水品种和栽培技术，每亩可节水50立方米~100立方米。2007年、2008年采用节水品种栽培技术，面积均为9990万平方米。

“两晚”技术 2007年省农业厅倡导推广玉米晚收、小麦晚种。玉米晚收产量高、品质好，小麦适当延后播期、足墒播种可免浇冻水，降低成本。玉米晚收、小麦晚种每亩可增加收益60元以上。2008年玉米晚收面积6660万平方米，小麦晚种面积13320万平方米，全县增加收益900多万元。

三、新品种

1991年以后，主要推广小麦良星99、玉米郑单958、棉花新棉33B、谷子张杂谷8号、无腥大豆、冀豆12号、冀绿9802、花生冀花2号等80多个新品种，单产提高，投入减少、品质提升。

玉米郑单958 2003年引进试验，耐密性好、抗倒伏性强、产量高。2005年种植面积3330万平方米，占玉米总面积的36%。2008年仍为巨鹿县玉米主导品种。

棉花新棉33B 在棉铃虫暴发，常规药剂及防治措施难以奏效时，1996年引入转基因抗虫棉33B品种，进行试验。表现抗棉铃虫效果好，产量高、品质优，2000年全县发展到6127.20万平方米。2004年冀668出现，产量更高、抗病性更好，33B逐渐退出。

四、新肥料

农用肥料主要有：有机肥料、无机肥料和有机无机复合（混）肥。有机肥料含农家肥、作物秸秆及工业下脚料等。无机肥料有单元素肥料、二元复合肥、三元复合（混）肥等。1990年以前施肥主要是农家肥、单元素或二元复合肥等肥料。1991年以后，有机肥有农家肥、作物秸秆、工业下脚料等。2000年后，牲畜数量下降，农家肥减少，开始推广秸秆还田。当时无机肥料品种很丰富，有尿素等单元素肥料、磷酸二铵等二元复合肥，和氮磷钾三元复合（混）肥，以及硼、锌等各种微量元素肥料；还有有机无机复合（混）肥。通过连续施用无机肥料，土壤氮磷钾明显改善，2005年对部分村地块取土检测，与1984年土壤普查结果相比，全氮和速效磷的含量明显增加，而速效钾含量明显下降。

五、新农药

1991年后，推广的农药主要有拟除虫菊酯类、阿维菌素类、吡虫林、啶虫脒、甲维盐、氟乐灵、莠去津、精喹禾灵等新产品。拟除虫菊酯类针对棉铃虫开发，阿维菌素对红蜘蛛效果好，吡虫啉和啶虫脒防治蚜虫，甲维盐用于对盲蝽象的防治。氟乐灵、莠去津和精喹禾灵是棉花、玉米等作物的专用除草剂。

六、新能源

新能源主要是沼气。即利用作物秸秆和牲畜粪便等为原料，发酵后生成沼气，用于燃烧做饭、照明。每个沼气池每年可节煤1吨，为农民节支1000元。2003年开始推广沼气，到2008年末，全县累计建沼气池8500个，每年节煤8500吨，为农民节约开支850万元。

第四节　植物保护

一、病害

在巨鹿县对农作物危害最大的病害，主要为小麦白粉病、锈病和赤霉病，玉米大、小斑病和粗缩病，谷子白发病、黑穗病、谷锈病等。防治办法是拔掉病株烧掉，选用抗病品种。棉花主要有枯黄萎病、早衰病。2000 年开始，种植抗虫棉面积逐年增加，对棉花枯黄萎病、早衰病亦有遏制，但每年或轻或重仍有发生。

二、虫害

棉铃虫　1992 ~ 1996 年棉铃虫连续发生。1992 年因棉铃虫危害使棉花单产量每亩降到 8 千克，且影响玉米、大豆、花生等棉铃虫寄主作物生长。1993 年棉铃虫暴发（1993 年 6 月 21 日黑光灯诱蛾量达 47383 只），使棉花平均单产量比丰产时减少 2/3。

谷子线虫、粘虫、钻心虫　2000 年谷子线虫病发生，对产量和品质影响较大，虫害严重地块平均单产下降 30%。钻心虫一般常有发生，一般年份造成枯心苗 7% 左右，严重时可达 20% 以上。20 世纪 70 年代，抓住有利时机，撒施“666”或“1605”颗粒剂除治，2006 年使用甲胺磷等农药，后推广毒死蜱等高效低毒农药，效果都比较明显。

蝗虫　1998 年 13320 万平方米作物发生蝗虫，县委、县政府成立除蝗领导小组，县农业局组成专业队，乡镇和村组织农民积极除治，县除虫专业队除治沟渠及道路两旁，农户除治大田，统一指挥、统一用药，迅速控制了蝗虫危害。

小麦吸浆虫　2002 年小麦吸浆虫传入，王虎寨、西郭城等镇发生较重，个别地块绝收。此后连续几年部分地块仍有发生，但因县农业局植保站预报指导及时、防治科学，造成损失不大。

三、草害

20 世纪 80 年代，田间除草主要采用锄头、手工拔草及犁铧翻土，比较费力费时，效果不好，如遇阴天连雨，除掉的草还会再次扎根生长。20 世纪 90 年代后，农民开始针对不同杂草用不同农药进行喷药除草。2005 年后县内出现黄顶菊，此为外国入侵生物，适应性很强，一旦入侵，迅速大量繁殖，其他植物很难生存，有“生态杀手”之称。2006 年仅一年时间发生面积达到 2664 万平方米，经 2006 年、2007 年连续两年除杀，大部消除，部分道旁零星尚存。

四、综合防治

对病虫害防治县一直坚持“预防为主，综合防治”方针。1991 年以后，在化学防治、生物防治的基础上，进一步加强了对病虫害的预测预报。县植保站定期发布病虫情报，为农民防治病虫害及时提供信息，提出防治时间、方法、用药品种及药量等指导意见，效果更加明显。

第五节　综合区划

1980 年开始对全县农业自然资源、土地、农、林、畜牧业、水利、气象、农机、能源等实施全面调查，1981 年 5 月调查汇总完毕。1982 年撰出《粗线条综合农业区划》及专题报告。1984 年，《综合农业区划》、《统计资料汇编》整理出版。基本摸清自然、经济资源现状及利用，理出了中华人民共和国建国以后巨鹿县农业发展方面的经验教训，从战略上对农业发展方向、途径、措施实施定性、定向分析和论证，客观评价有利条件和不利因素，找出农业发展缓慢的主要原因，最后科学规划，初步确立全县农业生产布局，划分西、西北部粮棉区，东部棉粮区、中南部果林、花生、经济作物区。成为全县第一部资料准确、阶段性规划合理的区划专著。

巨鹿县综合农业区划图

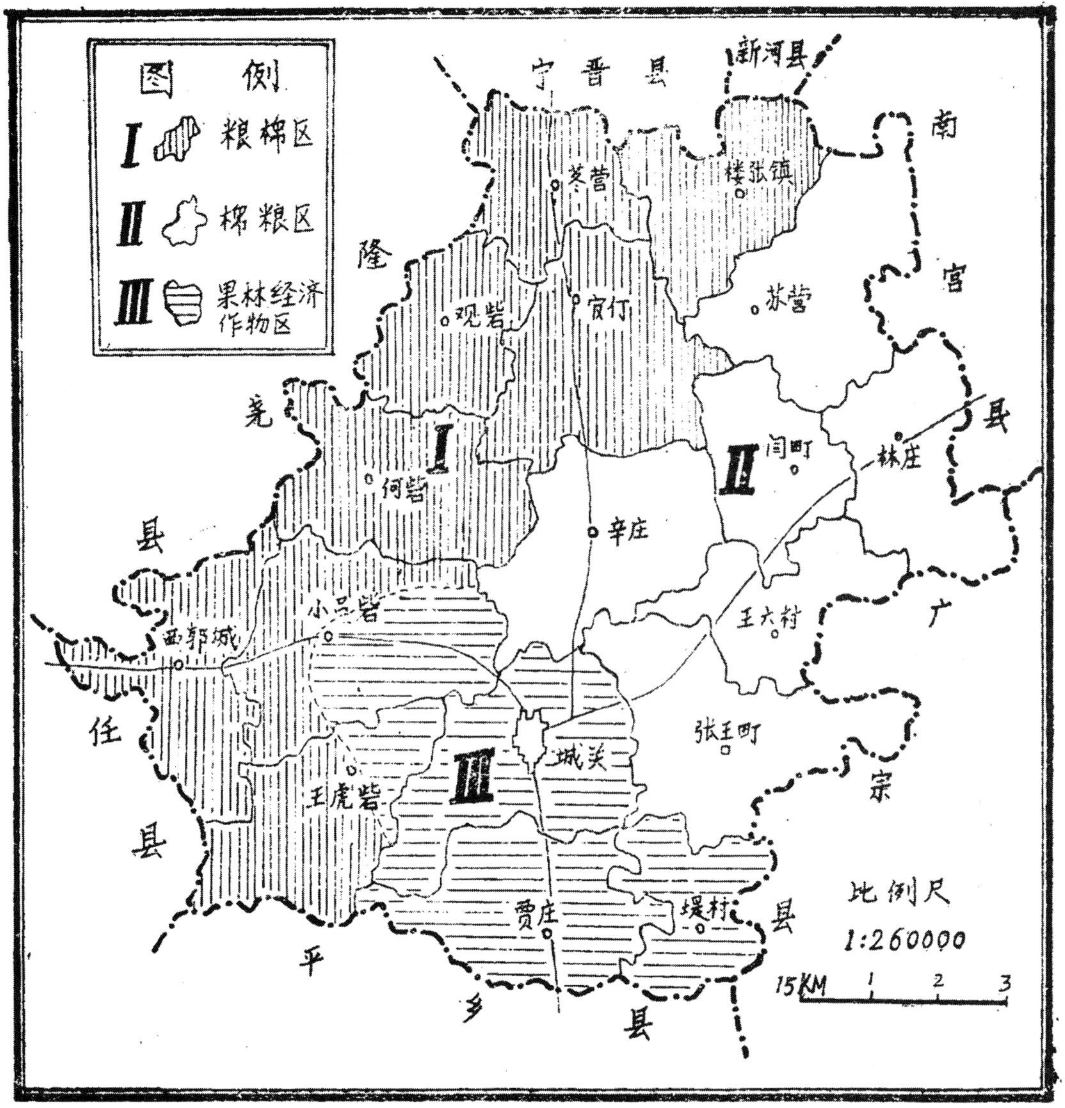

第六节　分类区划

一、种植业

1985年对全县农作物小麦、玉米、谷子、棉花、花生、红薯等主要农作物开展调查，将1981~1983年六大作物数据、效益、品种逐年对比，找出增减产的规律及原因。1986年撰出《种植业综合区划报告》，对农作物种植提出科学合理的布局及发展需要采取的主要措施，科学指导全县种植业发展。

二、林业

1982年对全县宜林地、四旁树、零星树实施野外调查，据野外测量记录，图表分析，1983年5月撰出《林业资源调查报告》、《林业区划报告》，重点分析枸杞、串枝红杏等主导特色产业，摸清栽培历史及生产现状，对其生物学特点和适宜条件提出科学见解，使全县“两红”（即枸杞、杏）生产健康发展。

三、畜牧水产业

1982年开始对全县畜牧、家禽资源调查。

1983年撰出调查与区划图例及部分专题报告，同年撰写《畜牧水产综合区划报告》、《水产资源调查报告》，取得市区划畜牧验收成果证。该报告对综合现状和前景进行分析、论证，提出畜禽发展方向、途径和措施，对加强畜禽科学养殖，改良品种，提高畜禽生产效能及防病防疫作了较详尽的论述。2003～2008年，根据发展情况对畜牧水产业重新区划。

四、水利区划

1983年，在充分调查后撰出《水利区划综合报告》。报告对地表水资源、地下水资源、可利用水资源和工农业生活用水量等反复测算，对水资源供需关系及旱、涝、碱、洪等灾情详尽分析，多方评述全县水资源情况，并根据不同自然地理特点、主要水利问题和水资源开发利用条件分类区划，按照自然规律和经济规律，提出各区水利建设和发展农业生产的主攻方向和治理措施，科学指导全县水利基础建设。

1996年后，区划工作重点逐步转向动态监测和专题研究。先后开展后备土地资源调查与废弃地利用、庭院经济发展模式、土地流转现状、劳动力转移、种植结构调整、粮食安全生产等专题调查，为全县农村经济阶段性发展提供依据。截至2008年，县区划办建立了一套完善科学的监测网络，建立档案240卷，形成涉及面广、调查细、数据准确的系统信息资料。

第四章　林果业

1979年后，县委、县政府每年组织植树造林，同时有计划调整结构，发展杏、枸杞、金银花特色产业，综合治理沙荒，推进农田林网建设，实施退耕还林工程，把普遍种植和重点绿化有机结合起来，逐步形成网、带、片相连，经济林、用材林、防护林结合的绿化格局。经济林、果树林既起到了防风固沙作用，又为人民创造了经济价值。

第一节 林木资源

一、树种林地

经济树种有杏、枸杞、金银花、苹果、梨、枣、桃、葡萄、柿子、石榴等。1990年后引进树种有冬青、女贞、金叶女贞、紫叶小檗、白蜡、雪松、桧柏、金太阳、宁杞1号等。

用材树种有榆树、国槐、刺槐、臭椿、香椿、旱柳、垂柳、泡桐、法桐、苦楝、毛白杨、加拿大杨、大官杨、107杨、小叶杨、合欢、侧柏、桑、杜梨及紫穗槐、柽柳、杞柳、毛子柳等。

2008年底，巨鹿县林业面积20379.60万平方米。其中，林地18714.60万平方米，苗圃地66.6万平方米，宜林地1598.40万平方米。林地中材林1998.80万平方米，防护林1665万平方米，经济林15850.80万平方米。

二、果林分布

1979年前，经济林较少，改革开放后发展速度加快。1990年前以梨、苹果、杏树为主，以后梨树、苹果树老化、衰退，杏树、枸杞、金银花发展较快。1995年梨树面积有1731.60万平方米，总产量1500万千克。主栽品种有鸭梨、雪梨和酸梨，主要分布：堤村乡39.96万平方米，巨鹿镇26.64万平方米，阎疃镇13.32万平方米。1997年，外贸出口停止，价格下降，梨树被大面积砍伐。到2008年，梨树面积减少到119.88万平方米。1995年，苹果树面积1500万平方米，到2008年，苹果树面积减少到93.24万平方米。苹果树主要分布：巨鹿镇6.66万平方米，堤村乡6.66万平方米，张王疃乡73.26万平方米。2008年杏树面积5394.6万平方米，主要分布：巨鹿镇1665万平方米，堤村乡799.20万平方米，小吕寨镇732.60万平方米，张王疃乡532.80万平方米。

第二节 植树造林

1990年全县林木覆盖率13%，1991年被原林业部命名为全国绿化先进县，2002年被河北省林业局命名为省林果产业结构调整十佳县，2005年被河北省绿化委员会办公室定为全省绿化先进县。经过长期努力，2006年全县林木覆盖率增加到24.97%，被列为邢台市平原地区最绿一县。

一、绿化达标

1990～1992年，按照省、地林业工作会议精神，全县动员，开展绿化达标活动。县成立绿化指挥部，县委书记、县长分别任政委、指挥长，各乡村也成立相应组织。乡镇和县直包乡单位主要领导与县委、县政府签订达标责任状。70个县直单位分包70个大村或难度大的村。县政府对17个乡镇按照绿化达标五项标准，逐乡逐村逐路逐渠研究制定规划，制定达标规划任务图表。1990年冬至1991年春，全县两次开展修路复堤活动。修路720条，870千米，复堤125条段，413.5千米。共动土117.6万立方米，为植树造林创造了良好条件。1991年2月下旬至4月底，全县组织大规模植树造林。行署专员徐金在在辛庄乡夏旧城驻村搞试点，从沙河林场购进大杨9000多株，一年实现了林网达标。县委书记蔡志斌、县长赵海成分别深入上疃、楼张镇村和群众一起植树。在各级领导带动下，上至六七十岁的老人，下至八九岁的儿童都参加植树，当年成为有史以来参加植树人数最多的一年。县集中使用1990～1992年三年的绿化费，投入资金199.9万元，植树236.8万株。1991年7月25日～30日，河北省绿化达标验收组一行到巨鹿县，分九个小组验收，深入样点和样村逐项实地丈量测算，经验收五项标准全部达标。1992年4月，邢台地区组织联查评比，巨鹿县获绿化达标先进县，堤村乡、林庄乡被评为绿化达标先进乡。

二、沙化地综合治理

历史上黄河多次改道，形成大面积沙化地，

巨鹿县境内分布东南—西北向、南北向两条沙带，沙化土地9457.20万平方米。沙化区，沙丘起伏，土壤贫瘠，风沙危害严重，制约农业发展。县委、县政府制定了分步骤实施综合治理规划。

西沙河沿岸沙化土地治理涉及林庄、苏家营两个乡29个行政村和团城林场，面积999万平方米。1986年制定治理规划并实施，奋斗5年，共平整土地426.88万平方米，清理林木采伐迹地426.24万平方米，打深井30眼，铺设防渗管道6万米，营造防风林带5万米，植材树5万株，种果树932.40万平方米。到1991年完成预定任务，风沙危害基本遏制。

2002年实施黄河故道沙化土地综合治理，项目累计投资497.30万元，治理面积1332万平方米（其中农林复合经营333万平方米）。营造防护林999万平方米、防护林带199.80万平方米、灌木林133.20万平方米、经济林199.80万平方米。涉及6个乡镇的44个村和1个国营林场，直接受益人口达6.5万人。2006年10月30日，全国黄河故道防沙治沙现场会在巨鹿县召开。国家、省、市林业局领导和与会专家对巨鹿县沙化土地综合治理给予高度评价。2007年10月项目通过国家林业局、财政部检查验收。

三、农田林网

1981年以前，林网控制面积39960万平方米，基本实现林网化。1982年后，农村实行联产承包责任制，树为集体所有，地为农户承包经营，树地权属矛盾使农田林网遭到破坏，林网树木仅存1998万多平方米。1991年绿化达标活动和1995年开始实施的农业综合开发项目，使农田林网得以恢复。2008年底，控制面积达到23443.20万平方米，控制率为56.8%。

四、退耕还林

2003年实施退耕还林项目，冬、春两季完成退耕还林1065.6万平方米。其中，退耕532.80万平方米，重点分布在邢德路两侧，匹配造林532.80万平方米，重点安排给造林大户。2004年实施退耕匹配造林项目666万平方米，重点安排在道路、河渠两侧闲散地和沙荒地上。2006年对退耕不合格地块重新进行调整，完成补植补造133.2万平方米。2008年完成退耕还林补植补造2200万平方米。

第三节 病虫害防治

1985年，县建立森林病虫害防治检疫站（未列编），设专职检疫员2人、兼职检疫员4人。2006年，检疫站正式列编，配备专职检疫员5人，兼职检疫员3人。对调入调出的林产品严格检疫，确保林业生产安全。

林木病害主要有枣疯病，泡桐丛枝病，梨黑星病、腐烂病，枸杞黑果病、炭疽病、根腐病、轮纹病等。虫害主要有金龟子、尺蠖、榆兰金花虫、天牛、木蠹蛾、蝉、食心虫、红蜘蛛、象鼻虫、蚜虫椿象、梨木虱、黄粉虫等。在防治方法上采取物理防治、生物防治与化学防治相结合。1980年后重点推广菊酯类、水胺硫磷、硫悬浮剂等低残留农药。1995年，县林业部门加强了病虫预测预报，指导农民及时防治，收效明显。1998年后推广使用灭幼脲、吡虫啉等生物农药。水果、枸杞、金银花不用有机磷类农药。

第五章 养殖业

巨鹿县畜禽业属中等县，水产较少。改革开放以后，涌现一批养殖大户。至2008年底，各类畜禽量达到1137900头（只），比1990年的731900头（只）增长64.2%。部分村畜牧养殖已成为农民增收的主要来源。养殖“专业户”不断增多，有养殖大户5658户，其中存栏1000只以上的蛋鸡专业户756个，存栏50头以上的养猪专业户3065个，存栏300头的奶牛场1个。同时畜禽品种不断改良。

第一节 家畜家禽

一、家畜

牛 1979年初，农村实行家庭联产承包，耕牛需要量增大，市场对牛肉需求量增加。1989年增至28900头，2008年底饲养量33900头。主养冀南黄牛、西门塔尔牛、利木赞牛、短角牛，有少量黑白花奶牛。冀南黄牛，属华北役用品种，饲养历史悠久，适应性强，2008年存栏22800头，占牛总量的67.26%。西门塔尔牛，是大型奶、肉、役兼用品种，原产瑞士，体长、身高，后躯较宽大，毛为红白花，头及腹下部为白色，肌肉发达脂肪少，一般成牛重800千克～1000千克，2008年存栏9100头，占总量的26.84%。黑白花牛，乳用，2000年百头左右，2008年增至2000头，占存栏总量的5.9%。

驴 多为太行驴，有少量关中驴、渤海驴。太行驴体型小，体格匀称，食量小，爬坡能力强。关中驴、渤海驴，体格较大，神清目秀，主要作种畜。1987年驴存栏23889头，役用为主。随着机械化发展，饲养量渐少，2008年存栏降至12500头。

骡 是由驴、马互为母、父本杂交繁殖而成，比马耳朵大，比驴耳朵小，耐粗饲、抗病强、力气大、耐力强。1980年存栏1529匹，2008年存栏1200匹。

猪 1980年开始，一些规模养猪户陆续出现，饲养量增速较快。因当地品种弱点多，生长慢，饲养量减少，从外地陆续引进大约克夏、长白、杜洛克、斯格、皮特兰配套系。2008年存栏5万头。

羊 分山羊、绵羊两类，2008年存栏33300只。绵羊主养大尾寒羊，品种优良，肉皮毛兼用，尾大多脂，生长发育快，繁殖率高，羊毛、裘皮品质好。成公羊平均体高73.6厘米，体长74.1厘米；成母羊平均身高64.05厘米，体长68.47厘米。小尾寒羊，夹杂大尾寒羊和蒙古羊产区之间。小尾寒羊肉、皮、毛兼用，头与大尾寒羊基本相似。公羊平均身高67.01厘米，体长74.16厘米；母羊平均身高61.37厘米，体长66.36厘米。山羊属小型肉毛皮兼用品种，头大小适中，耳小前伸。公母均有髯、有角，少数无角或有角基。公羊角圆粗长，母羊角扁细短。

兔 巨鹿县养兔历史悠久，主要品种有巨鹿黄兔、新西兰兔、塞北兔等品种，其中巨鹿黄兔占80%以上。巨鹿黄兔适应性强，繁殖率高、耐粗饲、生长快、肉质好，而且外表橘黄色、被人们誉为吉祥色，备受人们青睐。2001年，全国11名著名兔业专家对该兔进行了现场测定，被评为极好的地方品种，建议向全国推广。

由于养兔投资小，见效快，改革开放以后，全县养兔业有较大发展。到2000年，全县兔出栏达400多万只。村村有养兔户，兔存栏在千只以上的规模兔场有18家。较大规模的有：田自兴、王俊申、王荣国、邱书发、刘怀西、县供销社等养兔场。兔产品有王老五、陈老五等扒兔、熏兔等，畅销北京、上海、西安等大城市。

巨鹿黄兔

2001年4月18～23日，由中国农业技术协会和全国兔业协会主办的“21世纪首届国内外兔业交流暨培训大会”在巨鹿县召开。农业部原常务副部长王振阳，中国农技协会常务副秘书长周俊秀，省科协、畜牧局和市政府有关领导及部分省市18位著名兔业专家教授到会，中央电视台、人民日报社等26家新闻单位及28个省、市、自治区的养兔企业，韩国客商2000多人参加会议。会议安排了信息交流、产品展示、技术培训、贸易洽谈，会议期间签订合作协议30项，达成协议40个，金额5600万元。

狗、猫 20世纪90年代因忽视防疫，死亡率较高，狗的饲养量较少。2000年后，防疫水平提高，死亡率下降，2008年全县养狗约3.6万只。品种有本地笨狗、黑贝、狼青、藏狗、哈巴狗等。养猫约1.8万只。

二、家禽

鸡 分蛋鸡、肉鸡。中共十一届三中全会以后，实行联产承包责任制，农业连年丰收，农民开始有余粮，县畜牧部门选派技术干部深入农村开展技术咨询、服务，养鸡发展较快。1990年以前，除养本地笨鸡外，还有海兰、星杂579、伊莅褐。这3个品种羽毛颜色黄褐色，蛋红褐色，年产蛋250枚。以后饲养来亨鸡、单冠，羽毛纯白，年产蛋300~315枚。21世纪引进AA、爱维因两个肉鸡品种，均为白色羽毛，皮肤黄色，体型高大，出肉率高，生长快。2008年底存栏总量79.95万只，当年出栏59.65万只。

鹌鹑 饲养鹌鹑，蛋、肉两用，大多养北京鹌鹑，头小尾秃，嘴脚均短，背浓褐色，有黑斑，腹赤白色，笼养分三、四层。每只年产蛋280~290个。养量不大，集中在小吕寨镇白家寨村。

鸭 鸭多为白色，一般在农户有少量养殖，且以食蛋为主。随着人们生活的提高，肉鸭养殖专业户、场兴起，1996年引进“旱白鸭”，发展养殖户300多家，每户养殖几十只到上百只不等，曾红火一时。2008年存栏33100只。

蜜蜂 中共十一届三中全会后，巨鹿县养蜂事业发展较快。到1998年，全县有60多户蜂农。县畜牧局于1998年10月在水务宾馆召开了“巨鹿养蜂研究会”成立大会，34名会员参加，选举三代养蜂世家、瓜刘庄村蜂农祝国栋为会长，厦头村蜂农李锁平为副会长。研究会成立后，积极组织蜂农交流经验，共同提高管理水平。对养蜂新手提供蜂种和技术，进行现场技术指导，帮助购买养蜂用品，销售产品。2008年，新增养蜂户40余家，蜜蜂600多群。

1979~2008年巨鹿县主要畜禽饲养情况统计表

表7-5-7

年份	大牲畜存栏（百头）	猪存栏（百头）	羊存栏（百头）	禽存栏（百只）	兔存栏（百只）	肉总产量（千克）	禽蛋产量（千克）	奶产量（千克）
1979	200	543	351					
1984	302	443	211	4320		2461000	1461000	
1985	324	493	276	4478		2655000	1702000	
1986	342	493	312	4200	1124	2834000	1700000	11000
1987	355	469	358	4372	1339	3356000	1817000	14000
1988	379	536	395	4812	1013	4145000	2258000	10000
1989	386	539	364	4560	970	4330000	2162000	10000
1990	405	554	343	5244	773	4794000	2509000	14000
1991	416	609	350	5420		5121000	1717000	51000
1992	430	559	366			6296000	3040000	49000
1993	465	553	358		1021	6389000	3069000	

续表

年份	大牲畜存栏（百头）	猪存栏（百头）	羊存栏（百头）	禽存栏（百只）	兔存栏（百只）	肉总产量（千克）	禽蛋产量（千克）	奶产量（千克）
1994	535	560	442	5746		7108000	3712000	156000
1995	589	609	517	5927		8202000	4202000	
1996	619	600	544	6317		9156000	4554000	
1997	636	635	554	6632	1122	9425000	5164000	366000
1998	602	640	546	6861		10433000	5414000	331000
1999	625	659	568	7204		10575000	5739000	
2000	623	672	569	7986		11156000	6344000	203000
2001	632	686	586	8266	31502	11547000	6597000	201000
2002	657	744	610	8532	41828	12933000	7050000	448000
2003	683	778	745	8988		14006000	7333000	592000
2004	720	809	770	10400		14872000	8263000	1012000
2005	728	829	803	10579		15877000	8704000	1108000
2006	734	867	842	11273		16536000	9021000	1459000
2007	720	844	760	12154	1226	15916000	9287000	1488000
2008	489	500	515	8628	1247	9726000	8626000	2048000

第二节 水产养殖

巨鹿县水产业较缺乏。1984 年有可养鱼的坑塘 304 个，水面 120.06 万平方米，实际利用坑塘 17 个，人工养殖水面 33.22 万平方米，占可养水面的 27.7%，年产鱼 35000 千克，产值 4.3 万元。近年有部分坑塘养鱼主要目的是食用或休闲垂钓。2008 水产品总产量 78000 千克。

第三节 疫病防治

1979 年后，畜禽传染病流行较多。为切实加强疫病防治，1999 年开始，县畜牧局每月召开防疫员碰头会，有时组织专家解析预警，寻找疫病特点和流行规律，评估潜在风险、影响范围，预测流行态势，提出防控对策。每阶段防疫人员深入基层查看，乡不漏村，村不漏户，（场）不漏畜（禽）。到 2008 年，每年防疫、检疫率均达 100%。

一、鸡新城疫

鸡新城疫（ND）又称亚洲鸡瘟。是由禽副流感病毒型新城疫病毒（NDV）引起的一种主要侵害鸡、火鸡、野禽及观赏鸟类的高度接触传染性、致死性疾病。发病后呼吸困难，下痢，伴有神经症状，产蛋率下降，感染率和致死率高。防治措施是饲养管理、防疫、消毒、免疫及监测五环节缺一不可。加强饲养管理和卫生管理，提高鸡群的整体健康水平；强调全进全出和封闭式饲养。严格防疫消毒制度，杜绝强毒污染和入侵。建立科学的免疫程序，把握好母源抗体水平，疫苗种类及毒力，最佳剂量接种途径，品种及年龄。随时调整，使鸡群始终保持有效抗体水平。一旦发生非典型ND，立即隔离淘汰早期病鸡，全群紧急接种3倍剂量的LaSota（Ⅳ系）弱毒活疫苗，必要时注射Ⅰ系弱毒活疫苗。对发病鸡群投服电解多维和适量抗生素，增加抵抗力，控制细菌感染。

二、猪瘟

猪瘟（HC）是由黄病毒科，瘟病毒属的HCV引起的一种以急性、亚急性、慢性型，非典型为主要特征的高度接触性传染病。各个日龄均可感染，多发于春、秋两季。引进新猪时，应从非疫区引入，及时进行免疫接种，并对其隔离观察2至3周。平时加强猪群饲养管理，改善饲养环境，禁止非工作人员、外来车辆及其他动物进入场区。

三、口蹄疫

口蹄疫是由口蹄疫病毒引起的偶蹄类动物共患的急性、热性、接触性传染病。其临床特征为口腔粘膜、乳房和蹄部出现水泡。确诊后及时上报兽医站和监督机关，及时扑杀病畜和同群畜只，对尸体作无害化处理；严格封锁疫点疫区，消灭疫源，杜绝疫病向外扩散。场内定期全面消毒；疫区内最后1头病畜扑杀后，经一个潜伏期观察，确无新病畜时，经彻底消毒，报有关部门批准，解除封锁。

四、巴氏杆菌病

巴氏杆菌病由多杀性巴氏杆菌引起，各种家畜、家禽、野生动物和人类共患的一种传染病。动物急性病例以败血症和出血性炎症为主要特征，人病例罕见，且多呈伤口感染。主要措施是采取隔离、紧急免疫、药物防治、消毒等，将已发病或体温升高的动物全部隔离，健康动物立即接种疫苗或用药物预防，对已污染环境彻底消毒。内脏及病变显著的肉尸作工业原料或销毁，无病变或病变轻微且被割除的肉尸血液，高温处理后作工业用料，皮毛、羽毛消毒后出场。

第四节　饲草　饲养

一、饲草

饲草主要有农作物秸秆、青草、树叶、秧蔓四大类，共有66科、200多种。秸秆类有玉米秸、谷草、麦秸等。青草类数量较多的有白羊草、虎尾草、狗尾草等10多种；树叶类有杨树、槐树叶等；秧蔓类有花生秧、红薯蔓、豆秸等。20世纪90年代后期大力推广紫花苜蓿种植，2008年已有1000.5万平方米。

二、饲料

饲料分为精料（玉米、豆类）、代精料（醋糠、粉渣、豆腐渣）、饼类（豆饼、花生饼、菜籽饼）和配合饲料4大类。养殖业发展使饲料加工应运而生，2008年全县规模饲料场3家，生产总量4.5万吨，年消耗玉米2.8万吨，总产值9000万元。

饲草饲料青贮是利用微生物发酵保持饲草饲料青绿多汁和营养成分的一种方法。青贮饲料气味芳香，柔软多汁，营养丰富，牲畜喜食。大力倡导和扶持玉米秸青贮示范，提供技术服务。2008年，全县青贮池达120个。

三、喂养

巨鹿县农村主要畜禽喂养分类：（一）牛、马、驴、骡等耕畜。在农忙季节除青草、秸秆（谷草、豆秸、玉米秸）饲养，外加高粱、玉米、黑豆等精料。农忙多加，农闲则少。春天气候干燥适当多饮水，或在槽中放置小块白矾祛火。冬季加些棉籽饼、黑豆以增加热量。分娩役畜精料加量。夏、秋天热，拴在树下或凉棚下，冬天、早春、晚秋户内喂养。饲养肉牛主要喂配合饲料。（二）猪吃杂食。饲料广泛，地上长的，水里生的，树叶、藤蔓、茎叶皆可作饲料。1988年后，猪饲养量增加，饲养户开始选用科学配方，用玉米、花生饼、添加剂配制饲料。20世纪90年代后，市场上养猪专用饲料（分仔猪、育肥期、妊娠期等不同配方）增多，养殖大户多购买专用饲料。（三）家养的鸡称笨鸡。主要喂谷子、玉米、麦子等。一般农户养5～10只左右。20世纪90年代后，陆续出现养鸡专业户，采用圈养或室内笼养，喂专用饲料。（四）羊一般牧养。主要食草，每群在30～50只之间，多则近百只，夏秋及晚春夜间露天为圈，冬天、早春入室过夜。2000年后，一般以家庭饲养为主，少则几只，多则几十只。

第六章 管理机构

巨鹿县农林畜牧业管理机构主要为县农业局、林业局、畜牧局、农机局及农业区划办公室。1979～2008年，随着农业产业化经营和县情的需要，先后进行了一系列的变革。其职能由重行政管理到重全方位服务，促进了全县农林畜牧业的快速发展。

第一节 农业局

1979年1月设巨鹿县农业局，下设办公室、农业技术站。1982年建立中央农业广播电视学校巨鹿分校，为正科级事业单位，隶属县农业局管理，县农业局长兼校长。1984年1月，农业、林业、畜牧三局合并为县农林局。1986年2月农业单独列出称巨鹿县农业局，局下设农业技术推广中心（副科级事业单位）、经营管理站和会计辅导站。1988年11月经营管理站和会计辅导站合并，改为经营管理会计辅导站。

1996年6月第一次机构改革，县林业局、县畜牧水产局与县农业局合并，成立巨鹿县农林畜牧局，保留县农业局、县林业局、县畜牧水产局名称，对外挂巨鹿县农业局、巨鹿县林业局、巨鹿县畜牧水产局牌子。局下设农业技术推广中心、农业技术站、植保植检站（虫情测报站、农药监督管理站）、土壤肥料站、种子监督检验站、经营管理会计辅导站、良种繁育经营经销管理站、种子公司、原种场、良棉厂。1997年种子公司因经营不善，实行“自由结合、分灶吃饭、自筹资金、自主经营、自负盈亏”政策，由公司员工独立运营；原种场也因经营不好，当年部分土地向外承包，1999年全部承包；良棉厂因管理亏损2001年停产。

2002年第二次机构改革，县农业局、畜牧水产局和农业机械管理局合并称巨鹿县农业局，畜牧、农机改称巨鹿县畜牧兽医管理办公室和巨鹿县农业机械行业管理办公室（人财物未变）。2003年县经贸局能源办公室新能源职能划归县农业局，成立新能源办公室，股级事业单位。2008年底，县农业局有农业技术人员26人。其中，高级农艺师5人，农艺师5人，助理农艺师12人、助理农经师1人，技术员3人。具有技术职称的农民23人，其中农艺师3人、助理农艺师15人、技术员5人。

2005年第三次机构改革，县农业局和林业局合并，称巨鹿县农业局，增设林业股，对外保留县林业局名称。2007年农业技术推广中心降为股级，其他机构未变。

第二节 林业局

1979年县农业局、林业局、畜牧局分设。1984年1月，农、林、牧三局合并为巨鹿县农林局。1986年2月，林业列出，改称巨鹿县林业局，下设秘书股、果树股、材林股、林产品公司、林场（下属股级事业单位）等。2002年6月，县林业局定为县政府直属事业机构，行使全县林业管理职能，设办公室和资源林政股。2005年9月，县林业局合并到县农业局，对外保留县林业局名称。2006年5月，局内成立林业综合执法队和林木病虫害防治检疫站。2008年，县林业局内设机构五个，办公室、资源林政股、林业综合执法队、林果技术推广服务中心、林木病虫防治检疫站，下属2个企业单位。

团城林场 原由邢台地区林业局管理，1982年交巨鹿县林业局，当时林场占地面积441.03万平方米。1984年因林场人员少、缺资金，无力经营，将部分土地分别有偿承包给当地农民（团城村 119.88 万平方米，南孟村 266.44 万平方米），后因土地承包费收取困难被放弃收取，林场职工靠县财政每年 1 万元差额补贴和 92574 平方米果树收入维持。1995 年，林场遭暴风雨、冰雹袭击后，树木被采伐。1997 年，向县财政借款 40 万元、自筹 20 万元，造林 59.94 万平方米，主要品种为梨、苹果。但因土质沙碱、水源少，成活率低，保存率不足 20%。2002 年 3 月，林场将当地农民承包所剩 57.94 万平方米土地承包给邢台公路工程有限公司，承包期 50 年。另外，将林场原承包给两村的 199.80 万平方米土地委托苏家营乡政府收回转包给邢台公路工程有限公司。承包确定后，平整土地、改善条件，三年内全部造林。

林产品公司 1987 年，林产品公司所属四厂有木器加工厂、服装加工厂、橡胶机带厂，冀南果品厂。前三厂因管理不善，严重亏损，资不抵债，1994 年先后倒闭。冀南果品厂（杏茶厂）1991 年引进杏果肉饮料生产项目，1992 年投产，当年生产杏茶 1000 吨，产品供不应求，盈利 190 万元。后因管理等原因，产品滞销，1996 年停产。2002 年，资产被拍卖 42 万元。2004 年用拍卖款为职工办理了养老保险。

第三节 畜牧兽医管理办公室

1979～1986 年，县畜牧水产局独立办公，1986 年 2 月机构改革时县畜牧水产局与县农业局合并，更名为巨鹿县畜牧兽医管理办公室，直到 2008 年名称未变。办公室下设畜牧技术推广中心、兽医技术服务中心、饲料工业办公室、兽医卫生监督检验所、动物检疫站和四个乡镇级动物防、检监督分站。城关动物防检分站：辖巨鹿镇、堤村乡、张王疃乡。官亭动物防检分站：辖官亭镇、观寨乡。小吕寨动物防检分站：辖小吕寨镇、西郭城镇、王虎寨镇。阎疃动物防检分站：辖阎疃镇、苏家营乡。

肉联厂为县畜牧兽医管理办公室下属企业，投资 600 万元，占地 8658 平方米，是利用世界银行贷款建设的外资开发项目。1989 年立项，1991 年初筹建，1998 年竣工并通过验收。经几年运作，因产品成本价高销售不畅，后无力偿还贷款，县政府于 2003 年将肉联厂（含屠宰场资产、债务、人员）整体收回破产，从县财政拨付资金 49 万元，解决该厂 6 名干部职工养老保险、经济补偿、补发拖欠工资。

第四节 农业机械行业管理办公室

1979 年称巨鹿县农业机械革命委员会。1982 年撤销县农业机械革命委员会，改为巨鹿县农业机械管理局。同年成立农业机械安全监督管理站，撤销机务科。农机培训班更名农业机械化技术学校，局与所属厂、站等企事业单位人、财、物分离，农业机械修造厂定为企业，拖拉机站定为事业单位企业化管理。1983 年，县农业机械管理局辞退乡镇农机管理员，从县拖拉机站为每乡镇选派一名职工，负责乡镇农机管理。1989 年，县农业机械管理局增设“机务油料股”。

1996 年机构改革，县农业机械管理局改为政府直属事业局。2002 年，第二次机构改革更名为“农业机械行业管理办公室”，隶属县政府领导，下设秘书股、财务股、机务油料股。至 2008 年未变。下属 8 个农机技术服务机构。

一、事业单位

（一）县农业机械化技术推广站。2000 年，县农业机械化研究所更名巨鹿县农业机械化技术推广站，负责农业机械技术普及、咨询和服务，新型农机具引进、示范和推广。主要推广小麦机收跨区作业、机械化保护性耕作实验、机械化秸秆粉碎还田、机械化棉花铺膜播种、机械化玉米联合收获、机械化节水穴灌精量播种等系列新技术、新机具。

（二）县农业机械化技术学校。建于 1982 年，前身是农机培训班。1982 年有教职员工 8 人，负责培训乡、村农机管理干部及拖拉机驾驶员、农机操作等，年培训 500 人。1995～2000 年培训小麦割晒机机手1230人次；2000～2008年培训小麦联合收割机机手630人次、玉米联合收割机机手120人次；举办机械化玉米秸秆粉碎还田技术培训班8期，培训340人次；举办棉花穴灌、精播技术培训班2期，100人次。

（三）县农业机械安全监督管理站。建于1982年12月，股级机构，财务独立。负责农机注册登记、技术状态检验、牌证管理、年度检验、农机驾驶、安全教育、技术考核、证照办理、年度审验和农机事故现场勘察、处理及上报等。1990年后，农机驾驶员日益增多，年注册登记由原来300台上升到600台，年培训考核驾驶员由原来300人上升到500多人，年度检验由原来700多台上升到1300台，年度审验由原来的700人上升到1200多人。最高年份1995年新车上牌1250台，年度检验2350台，考核新增驾驶人员860人，年度审验驾驶员1840人。此后，年度检验约在1900台，驾驶员审验1800人左右。

2004年，国家新道路交通安全法颁布实施。农用三轮和四轮运输车划归公安交警大队管理，农机监理只管理拖拉机、联合收割机牌证，管理量大幅下降。2008年农业机械年检930台，对驾驶员进行安全教育和审验1020人。

二、事业型企业化管理单位

（一）县国营拖拉机站。1979年，县国营机站有干部职工47人，农机具总值23.6万元。年作业量8238.42万平方米。1982年后，农村实行家庭联产承包，拖拉机卖出，购2辆货运汽车和1辆客车，经营运输。1990年机站房地产卖给县农业银行，搬迁柳林村南经销小型拖拉机及农机具，后卖掉运输车，购买2辆油罐车，经销农用柴油，在县城、阎疃镇宋庄、西郭城镇大张庄建立3个供应点。因管理不善，连年亏损，2002年破产。

（二）县农业机械化服务中心。建于1990年，有干部职工23人。拥有汽车、大型拖拉机、联合收割机等，固定资产总额20.8万元。在商店、董营、外神仙、西郭城设4个柴油供应点。主要经营农用物资运输、农机作业、农用柴油等。1998年，因经营亏损，将汽车、拖拉机、联合收割机等卖掉，关闭柴油供应点，职工下岗待业。

三、企业单位

（一）县农业机械供应公司。建于1960年，原为县农机供应站。1975年扩建改名为县农业机械供应公司，并增添2个农机排灌销售门市，经营商品增加机井铁管、系列潜水泵、发电机组、机引犁、播种机、农用三轮、柴油、农用汽车配件等。1989年，人员由初建时的37人增到60多人，在官亭镇设立一农机供应站，经营柴油、机油及农机零配件。公司年经销额350万元。1993年公司职工增到108人，开始连年亏损。1998年改制，卖给私营业主经营。

（二）县农业机械修造厂。建于1971年，原为县农业机械修造第二厂，1980年更名为县农业机械修造厂。占地面积16383.6平方米，建筑面积2164平方米。设有车工、铸工、冲床、锻打、拖拉机大修等五车间，建有柴油机、电动机维修门市和电气焊门市等。固定资产26万元，干部职工123人。1979～1984年主要生产柴油机平衡块、拖拉机后轮毂、主轴瓦、镇压器、拖拉机拖斗等。维修拖拉机、柴油机、大中型农机具等。年均生产总值13.2万元。1985年后，产品销路不畅，积压停产，协议工下放，固定工分到车间、门市。1989年领导班子调整，除生产马拉播种机、脱粒机、镇压器、割晒机等农机具外，分设纺织机械器材厂和消防器材厂，生产纺织机械配件和灭火器。1992年因亏损停产，职工下岗待业。

（三）县农机物资公司。原名县农机物资供应站，1991年更名为县农机物资公司。公司有干部职工40人，房屋791.46平方米。其中，楼房603.72平方米，固定资产43.85万元。设有农机招待所、两个经销门市。主要经营柴油机、电动机、农机配件、润滑油、汽车拖拉机、排子车轮胎、排子车配件等。因市场竞争激烈，管理不善，连年亏损，1996年破产。

第五节　农业区划办公室

巨鹿县农业区划办公室1979年11月建立，当时为临时机构，正科级事业单位。1982年4月建立县农业区划委员会，下设办公室，定为政府常设机构（局级事业单位）。1991年10月合并到县政府农业办公室，对外仍挂县农业区划办公室牌子。1996年10月县机构改革，农业区划和农业开发合并，设立县农业开发与区划办公室，列为政府直属事业机构。2002年4月机构改革，撤销了县农业开发与区划办公室，分别划归县财政局、发展计划局内部科室，实施农业开发与区划职能。

第八编
特色种植业

巨鹿县民间自古就有种植杏、枸杞、金银花的传统，至近代自发形成特色种植产业。特别是中共十一届三中全会后，农村实行家庭联产承包责任制，农民有了生产经营自主权，加之社会主义市场经济的发展，农民发展特色种植的积极性更高。同时，县委、县政府立足当地资源优势，引导农民调整农业结构，发展高效农业，先后把杏、枸杞、金银花作为发展重点，采取了一系列政策措施给予扶持。县科技、林业、农业、档案等部门积极服务于特色种植业，先后组织技术人员编写技术指导性资料《枸杞》、《串枝红杏》、《金银花》、《中药材无公害亩产栽培及加工技术》、《杏优质高产园管理》等。使以杏、枸杞、金银花为主的特色种植业在巨鹿县得到迅速发展。至2008年，全县种植红杏5394.6万平方米，年产鲜杏7000万千克，成为全国最大的红杏生产基地；枸杞种植面积4462.20万平方米，产量993万千克，成为全国最大的枸杞集散地；金银花种植面积4815.18万平方米，年产量824.6万千克，其产量和品质雄居全国之首。巨鹿县先后被河北省命名为“河北杏之乡”“河北枸杞之乡”“河北金银花之乡”；被国家确定为“全国杏良种示范推广基地”、“红杏之乡”、“国家级串枝红杏标准化示范区、“中国枸杞之乡”、“中国金银花之乡”。

第一章　杏

杏又称杏子，属蔷薇科李属李亚属杏种植物。杏果肉有防癌、抗癌功效。甜杏仁有润肺、止咳、滑肠作用，苦杏仁对因伤风感冒引起的多痰、咳嗽气喘、大便燥结等症有治疗功效，是常见的食用、药用果品。

第一节　种植资源

一、种植历史

巨鹿县栽培杏树历史悠久。特别是南半部的100多个村庄，由于历史上土壤沙薄，有很多大沙丘，种植粮食作物收成无几，故多种有果树。其中杏树就为其之一，种植较多的村有孔寨、纪家寨、白家寨、贾庄、菜园、上疃、夏旧城等村。据曾任孔寨村党支部书记的卢保禄和巨鹿县杏树“土专家”卢风昌提供：孔寨村有明崇祯年间的一块石碑（现碑文文字已经损坏斑驳难辨），碑文记载，该村于明永乐二年（1404年）已有杏树栽培。由此推断巨鹿县种植杏树的历史至今已在600年以上。

二、种植品种

巨鹿县杏树栽培不但历史悠久，而且品种繁

多。1957 年，果树专家、河北农业大学园艺系教授曲泽洲曾带领学生到巨鹿县实地考察，在巨鹿县境内发现民间种植的杏树品种有 86 个之多，其中很多品种在全国属于珍贵杏种。主要品种有串枝红、大红杏、大黄杏、桃杏、关爷脸、砘子杏、小满红、小满白、麦黄杏、太阳杏，白水杏等。随着杏树种植的不断发展，后来又先后引进了山东、辽宁等地的骆驼黄、香白杏、日本的 5 号、美国的美无名。目前，全县共有 102 个品种。

三、杏果品质

巨鹿县杏果品种多，品质优良，很多杏种兼备口感好、营养丰富的特点。其中，尤以串枝红杏为最。串枝红杏原产于巨鹿县孔寨村，距今已

巨鹿县串枝红杏

（2008 年 6 月靳德祥摄）

有 300 多年的历史。该杏为鲜红色，成串地长在树枝上，俗称“一串红”。后来杏树专家曲泽洲将其命名为“串枝红”。串枝红杏树冠半圆形，株型紧凑，嫁接后两年挂果，五六年进入盛果期，抗逆性强，稳产、高产。果实鲜艳，肉厚核小，个大整齐，平均单果重 52.5 克，最大可达 80 克，亩产可达 2000 千克，而且耐储运。

“串枝红”既可鲜食，也可加工制作杏脯、杏干、杏罐头、杏汁等。据 1986 年北京市果林研究所对杏肉鉴定：该品种含可溶性固形物 16%，可溶性糖 5.16%，可滴酸 1.66%，维生素 C7.4 毫克/100 克，胡萝卜素 1.76 毫克/100 克。据 1992 年全国食品工业产量质量检测中心、北京中医学院等单位分析测定：此杏果肉中含有天门冬氨酸、谷氨酸、草丙氨酸、苏氨酸、解氨酸和胱氨酸等多种氨基酸；VB_1、VB_2、VPP、VB_{17}、VE 等维生素物质和钙、磷、钾、镁、铁等矿物质。该果品还有较高的药用价值，在中医临床应用上，具有温肺、健脾、止泻之功效。脏虚体衰者食用，可酸甘化阴，阴阳双补，具有增强免疫之功能。杏果中的 VE 可延缓衰老，VB_{17}则有防癌抗癌之效。据辽宁省果树研究所 1992 年对全国 400 个杏加工品种鉴定，原产巨鹿县的串枝红杏名列第二，被确定为宜鲜食、宜加工的名优品种。

第二节　种植基地

一、基地创建

1985 年，县委、县政府因地制宜，在全县推行农业种植结构调整。县委农工部、县农林局通过调查研究、分析论证，撰写了题为《发展串枝红杏，势在必行》的调查报告。该报告得到县委、县政府领导的高度重视，并研究决定在全县推广串枝红杏农业种植项目。同时，创建串枝红杏种植基地。为做好启动动员，时任县委书记赵恒西以个人名议用县委办公室文件向全县各乡镇、县直各单位印发了《给各乡党委书记、乡长的一封信》，明确提出：把建设串枝红杏基地作为造福巨鹿人民的大事来抓，争取两三年内发展 3~5 万亩。县政府专门成立了杏基地建设领导小组，制订了《串枝红杏基地建设实施细则》。先后多次召开发动会、现场会、座谈会、调度会，并从资金、技术、水利等方面给予扶持。县委、县人大、县政府、县政协四套班子领导成员亲自分包乡镇，有关部门及林业技术人员包村、包地块。省、市专门在巨鹿县召开现场会，推广巨鹿县调整农业结构的经验。省科委，省林业厅先后拨专款 20 万元，支持帮助巨鹿县杏基地建设。全国著名杏树专家、辽宁省果树研究所研究员张加延、河北农业大学园艺系吕增仁教授也多次到巨鹿县进行实地考察指导，并通过省林业厅申报国家农业部，于 1986 年把巨鹿县确定为全国杏良种示范推广基地。2002 年 3 月，又被河北省农

业厅授予“河北杏之乡”。该种植基地还先后被原农牧渔业部、林业部、国家计委确定为全国串枝红杏生产基地、出口基地。

二、发展规模

从1985年，县委、县政府确定创建串枝红杏基地后，经过三年奋战，到1988年全县共发展杏树3335万平方米，涉及13个乡镇，130个村庄。千亩以上的果园4个，500～1000亩以上的14个。面积较大的村有上疃、夏旧城、孔寨、小王路、白伏村等。至此，巨鹿县已成为全国最大的红杏基地。由于杏树耐瘠薄，适应能力强，适合当地土壤、气候条件，宜于田间管理，省工省力。而且随着人们生活的不断提高，对果品的需求量越来越大，市场上的串枝红杏往往被抢购一空，杏树种植年年有新发展。到2008年，全县杏树面积达到5394.6万平方米。

巨鹿杏林
（2007年6月程蕴昭摄于夏旧城）

三、基地效益

发展杏树，当年育苗，当年嫁接，二、三年后结果，四、五年进入盛果期。亩产可达1000千克，效益是粮食作物的3～5倍。

1994年巨鹿县组织力量对种杏村进行抽样调查。调查结果显示：辛庄乡夏旧城村种植杏树86.71万平方米、约40万棵。年产鲜杏60万千克，按每千克售价0.70元计算，实现销售收入42万元，人均收入135元，占当年人均收入的20%；辛庄乡上疃村种植杏树60.03万平方米，年产鲜杏总产约100万千克，按每千克售价0.8元计算，实现销售收入80万元，人均296元，占全村人均收入的三分之一。上疃村党支部书记段忠义全家种植杏树1000平方米，年产鲜杏4000多千克，销售收入4000元，占全家收入的40%；贾庄乡刘庄村，种植杏树26.68万平方米，1.2万棵，年产鲜杏60万千克，年实现销售收入40万元，人均300元，占全村经济收入的35%；该村党支部书记刘现考一家五口，种植杏树1334平方米，共80棵，年产鲜杏5600千克，年实现收入4000余元，人均800多元，占全家收入的50%。串枝红杏发源地孔寨村，种植串枝红杏33.35万平方米、1.5万棵，1994年鲜杏总产30余万千克，纯收入20多万元。

基地效应辐射周边多个村庄，不仅增加了收入，又起到了防风固沙、改善田间小气候的作用，一举多得。2008年，全县鲜杏年总产量达7000万千克，实现产值0.98亿元。

第三节 杏树研究

一、组织状况

为提高杏栽培管理技术水平，1986年3月，县林业局和上疃村联合建立了“巨鹿县杏树研究所”。该所位于上疃村东北，占地6.67万平方米，配有干部职工15人，其中中级职称科研人员5名。自成立之后，该所先后与辽宁果林研究所、河北省农林科学院、河北农业大学园艺系、石家庄果林研究所建立密切联系，并先后从国内外选择了102个杏树品种进行了全方位试种。其中，县内传统品种78个，包括串枝红、大红杏、大黄杏、大明杏、白水杏等，从国内外引进品种24个，有张公元、大接杏、骆驼黄、香白杏，日本的“5号”、美国的“美无名”等。

二、研究成果

县杏树研究所以杏树种植中的相关问题为研究课题，先后开展了“杏焦边病”发病规律观察和防治、杏品种选优、杏快速育苗、杏早果丰产优质综合栽培技术、杏品种对比、杏实生苗选育、串枝红杏小冠密植栽培、串枝红杏生长修剪反应、杏栽植密度试验、不同杏苗建园效益、串枝红杏开花结果习性、提高串枝红杏半成品苗栽培成活率等16项科研课题研究。在开展研究的同时，积极推广应用，指导杏基地建设健康发展。在品种选优方面，从75个优良品种中选出了5个适合本地生长的新品种进行培育推广。在快速育苗方面，先后育苗20多万株，实现当年播种、当年嫁接、当年培育成品苗，并向农户发售。在栽培管理技术的研究、传播和推广方面，成功引进并推广了杏早果丰产优质综合技术，实现了一年出花、二年见果、三年亩产超过500千克、四年亩产达到2000千克，被国内同行专家誉为杏树高产的奇迹。

县杏树研究所在全县杏树生产管理技术基本普及后，于1990年撤销。

第四节　销售和深加工

一、销售

杏基地建设之前，巨鹿县传统民间杏树种植区域基本集中在巨鹿镇、贾庄、堤村等乡镇的沙、薄、闲散土地上，面积小，产量低，杏成熟后基本在当地销售。随着杏基地建设的推进，杏树面积扩大，产量骤增。杏成熟季节，大多数杏农开始从事长途贩运，他们独自或结伙北上南下，把杏推销到全国各地。不仅增加了收入，还提高了巨鹿县在全国各地的知名度。每到收获季节，外地客商也云集巨鹿县坐庄采购。在巨鹿县的重点村庄，公路两旁出现大大小小30多个鲜杏交易市场。四面八方的杏农把鲜杏拉到市场上出售。较大的交易市场有上疃、夏旧城、南刘庄、菜园等。到2008年，杏果及产品出口日本、俄罗斯、韩国、德国等国家，国内主要销往北京、黑龙江、上海、南京、山东等17个省市。

二、加工

鲜杏的丰收带动了杏加工企业的蓬勃发展。1985年，巨鹿县外贸公司成立了第一个杏果脯加工厂，当年加工杏脯2万多千克。1986年，贾庄、小吕寨等村先后建立个体、民营杏脯、杏罐头加工厂20多家。到1995年，全县已有大大小小杏制品加工厂200余家，产值2亿多元。较大的有河北巨龙饮料有限公司、冀南果品厂、华鹿饮料厂、瑞达饮料公司。其产品有杏茶、杏汁、杏酒、杏罐头、杏脯、杏干、杏丹皮、杏话梅、杏酱等。串枝红杏罐头曾被第十一届亚运会确定为指定产品。河北巨龙饮料有限公司生产的中华杏茶曾夺得全国高新科技食品博览会唯一一项金奖和全国星火计划成果展览会金奖，被誉为果茶之王，深受广大消费者所青睐。

第五节　杏　节

一、举办概况

为提高巨鹿县杏产业知名度、促进杏产品销售、招商引资、加快经济发展步伐。从1991年开始，巨鹿县委、县政府确定每年6月中旬举办巨鹿杏节。2000年，改为邢台市人民政府主办，巨鹿县政府承办。2004年改为“中国巨鹿杏节暨银花枸杞交易会”，2006年改为中国巨鹿红杏商务节。到2008年，已成功举办17届（2003年因非典型肺炎流行停办一届）。

二、首届杏节

1991年，县林业局建议举办巨鹿杏节，得到县委、县政府肯定。当年6月12日巨鹿县举办了首届巨鹿杏节。首届“杏节”投资5万元，搭起两座牌坊，举办书画展览，邀请外地客商、新闻单位、行政领导、专家学者100余人。11日晚，来宾和居民观看了大型灯花烟火。12日上午，组织200余人参加了县直机关节目汇演和民间乡艺游演。县城张灯结彩，锣鼓喧天，热闹壮观。同时，布置了鲜杏市场和以杏加工产品为主的土特产品一条街，举办了信息发布会和业务洽谈订货会，游览杏基地。省委副书记李炳良，地委、行署主要领导到场祝贺。省、地新闻单位报道“杏节”盛况。节后，外地客商纷纷来联系业务，鲜杏被抢购一空。

三、第四届巨鹿杏节

1994年6月18～20日，举办了第四届巨鹿杏节。该届杏节设计推出节徽、节旗、节歌。组织了大型文艺游演。邀请中央电视台节目主持人白燕升和笑星李金斗、李琦、歌星付笛生现场演出。开幕式当天，省、市领导及部门负责人，中央及省、市新闻单位及全国18个省市的客商共2000多人云集巨鹿县城，各宾馆、饭店爆满。有的单位、企业邀请的客人因住不上旅馆，找不到饭店，只好在单位、家庭接待。节日期间举办新闻发布会6次，项目洽谈会26次，签订协议520多项，金额1.6亿多元。

第四届杏节首用节徽

附：杏节之歌

作词 石祥 演唱 田毅

六月里来飘彩虹 巨鹿杏节迎宾朋
串枝红杏果满园 喜庆丰收齐欢腾
呀吱咿吱呦哇啊咿呀咿吱呦 喜庆丰收齐欢腾
巨鹿特产是红杏 产量全国第一名
建设红杏基地县 以果促工又养农
呀吱咿吱呦哇啊咿呀咿吱呦 以果促工又养农
六月里来飘彩虹 巨鹿杏节结友情
共同开发杏资源 富民强县乐无穷
呀吱咿吱呦哇啊咿呀咿吱呦 富民强县乐无穷

四、第十七届中国巨鹿红杏商务节

2008年6月18～20日，举办第十七届中国巨鹿红杏商务节。该届杏节以“形式从简，内容丰富”为原则，围绕“和谐、开放、发展”这一主题，开展了多种文艺活动，参观了杏园、枸杞园和金银花基地，举办了新闻发布会、项目洽谈会。

2008年杏节开幕式

（中间为修改后节徽节旗 信景茹摄）

为扩大杏节效果，节前开展了为期一个月的“杏节活动月”。组织若干红杏商务节活动团，分赴京、津、唐、浙江丽水、山西大同等地，进行项目推介、招商引资活动，组织招商推介会13场，达成投资意向20个，协议投资额达12.58亿元。还举办了纺织行业发展战略研讨会、银企合作论坛、特色产业深加工产品发展论坛、企业管理培训等活动，邀请多位国家、省、市相关领导、专家为巨鹿县经济发展把脉问诊。中国纺织信息中心主任孙准滨，河北农业大学教授孙纪录，中国人力资源研究中心教授马超等分别就巨鹿县棉纺织工业、企业拓宽融资渠道、特色农产品深加工、打造企业核心竞争力等问题，做了精彩报告。

第二章 枸 杞

枸杞又称枸杞子、为茄科枸杞属枸杞子种，枸杞属于灌木或经栽培后而成大灌木，果实味甘、性平，具有补肝益肾之功效。《本草纲目》

中说："枸杞，补肾生精，养肝，明目，坚精骨，去疲劳，易颜色，变白，明目安神，令人长寿。"近年来，随着科学技术的发展，枸杞深加工产品不断增多，广泛应用于饮料、药酒、茶等行业。

巨鹿县境内原有的枸杞为藤状，产量低，未引起人们重视。20 世纪 60 年代引进了新树种。由于该树种生长习性适宜当地的自然条件，产量高、效益好，很快便大面积种植。1973 年，巨鹿县被河北省医药公司命名为"河北省枸杞生产基地"。20 世纪 90 年代，巨鹿县将枸杞种植作为富民强县的重要举措加以推广，大力发展种植基地，全县种植面积和产量大幅度增长。2002 年，巨鹿县被省农业厅命名为"河北枸杞之乡". 至 2008 年底全县种植面积已达 4462.20 万平方米、产量达 993 万千克，实现行业年产值 2.1 亿元，面积和产量均占全国四分之一左右。

第一节 种植历史

一、引进种植

巨鹿县地处黑龙港流域，地势低洼，土壤盐碱现象严重。全县 46690 万平方米耕地，盐碱地占 20010 多万平方米。其中，6670 多万平方米只长碱草不长庄稼。枸杞为真盐生植物，耐碱性较强。栽种枸杞不仅可获得较好的经济效益，也可充分利用并改良盐碱地。1962 年，巨鹿县从治理盐碱愿望出发，从天津引进枸杞种子在盐碱地面积较大的西郭城乡试种了 10 多亩。但 1963 年全县遭受大洪水，枸杞树全部被淹死。

二、再次试种

1965 年，时任县委农工部长的魏辛志参加了河北省在冀县召开的多种经营现场会。会上有个村介绍在盐碱地种了一亩枸杞收入 1200 元（是粮食收益的 10 倍），引起了魏辛志的重视，回县后，他安排筹资 1000 元，派县药材公司李西保、景恒森到内蒙古五原、临河购买种子 25 千克，并安排小吕寨村曾任支部书记解文章在本村育苗 13320 平方米。成苗后，首先在白家寨栽培 2668 平方米，当年收杞果 250 千克，实现产值 2250 元。之后发展到纪家寨、台头、西韩寨、大马房、刘寨、柳洼、梁园等村。到 1968 年共栽培 80040 平方米。

三、推广发展

由于农民从种枸杞中得到实惠，开始利用本县的成年树采种育苗大力推广。到 1970 年，全县大部分村庄种有枸杞，种植枸杞面积达到 299.7 万平方米。枸杞总产量达到 23500 千克。1973 年，河北省医药公司把巨鹿县定为"枸杞生产基地"。纪家寨村为发展枸杞等药材生产，专门建立了 19980 平方米的小农场，由曾在药材公司工作的解凤岭任技术员，经反复探索，较好地掌握了种、管技术，枸杞亩产从 50 余千克提高到 200 多千克。国家商业部医药处和省药材公司专门派人总结推广其经验。进入 20 世纪 90 年代，由于树龄老化产量降低、品种混杂、市场波动等原因，枸杞生产有回落。1993 年，县林业局和有关乡镇负责人赴宁夏考察学习，引进新品种，在何寨村建起 333 万平方米示范方，小吕寨村建起万亩生产基地，枸杞种植面积、产量又有发展。

四、科研鉴定

巨鹿枸杞品质优良、颜色鲜艳。1978 年经国家有关部门鉴定，品质为全国第二，被命名为"血杞"，出口代号为"01"。河北省中医院院长、教授李恩复曾到巨鹿县亲自考察，并对巨鹿枸杞进行了专门研究，写下了《枸杞子记》。在这篇文章中，李恩复教授从中医的角度，详细介绍了枸杞子的药用价值，还从西医的角度分析了枸杞子的营养成份和化学构成，讲解了它对人体健康的重要作用，并指出：枸杞子中含有多种对人体有用的营养成分，如胡萝卜素、核黄素、抗坏血酸、亚油酸等。药理实验证明，其有降血脂、降血糖、强身壮体、促进肝细胞新生的作用。

并进一步测定巨鹿产枸杞子微量元素含量，其中 Cu（铜）1.39（微克/克，下同）、Zn（锌）3.15、Fe（铁）27.37、Ca（钙）363.58、Mg（镁）155.72、Cd（钴）0.078、Ni（镍）

0.13、Se（硒）0.17 等。

李教授还指出：宁夏枸杞子被视为“地道药材”或枸杞子之真品，实际津枸杞，又名津血杞之枸杞子主要产于河北，而巨鹿实乃枸杞之乡焉。

第二节　种植基地

自1962年引进试种枸杞开始，巨鹿县历届县委、县政府高度重视枸杞种植和杞果加工产业的发展，坚持把大力发展枸杞生产作为富民强县的重要举措。特别是随着改革开放的深入，枸杞销售打破了单纯由医药部门独家收购的计划经济模式，县委、县政府一方面鼓励农民扩大种植面积，一方面鼓励有关部门和个人经销枸杞，促进销售，

巨鹿县枸杞（2009年7月周建摄）

增加收入。全县枸杞生产出现了快速发展的局面。到1993年，全县种植面积达到3335万平方米，291个行政村中，有230个村3万多农户种植枸杞。巨鹿镇、小吕寨等6个乡镇成了枸杞专业乡镇。其中贾庄、王虎寨、小吕寨三个乡镇集中连片种植面积达1334万多平方米。

纪家寨、薄庄、菜园、刘家庄等十几个村发展成为枸杞生产专业村。1995年，纪家寨村人均收入1000元，仅枸杞一项人均收入就达800元。2002年3月，巨鹿县被河北省农业厅授予“河北枸杞之乡”。2008年种植面积已达4462.20万平方米，产量993万千克，产值2.1亿元，面积和产量均占全国的四分之一左右，全县经销人员近万人。枸杞收入已占到全县种植业收入的24%，成了巨鹿县农民“不离土，不离乡，种地奔小康”的重要经济来源。

第三节　产品购销

一、杞果购销概况

随着枸杞种植规模的不断扩大，县委、县政府及时确立“大市场、大流通”的指导思想。坚持立足本地，面向国内外市场，开展了多渠道，多形式的枸杞购销业务。一是组织县商业、供销、外贸、物资、药材等部门，常年在县城设点收购。采摘旺季还深入到集中产区收购。然后把产品销往全国各地的药材批发单位和各家药厂。二是积极引导农民由单纯生产型向生产经营型转变，鼓励农民短途或长途运销。在全县迅速形成了枸杞经销大军。据不完全统计，20世纪80年代，全县从事枸杞经营的人员达8万多人，村村有经营枸杞的个体户，其中长途贩运商户达4000多人。他们不仅将枸杞销到安国、亳州、成都等国内各大中药材市场以及东南沿海地区，有的还直接与外商联系，销往美国、日本、韩国、东南亚各国及台湾、香港等地区。广州是巨鹿县枸杞重点销售地，巨鹿县经销人员常年在广州做枸杞生意的有300多人。他们在那里设办事处，建销售网点。不仅经营巨鹿枸杞，还收购宁夏、内蒙古、新疆产的枸杞。巨鹿县成了闻名全国的枸杞生产基地和北方最大的枸杞集散地。

二、购销专业市场

为方便经营，1983年初，巨鹿县工商局在县城医药公司门前开辟了5000平方米的枸杞专业市场。由于前来交易的人员不断增多，经销量不断扩大。1990年，县政府又在县广宗路口开辟了一个半封闭式的枸杞专业市场，该市场占地18000平方米，建筑面积1880平方米，共容纳客商200家，临时摊位550家。市场内建有法律服务处、旅馆、饭店、典当行等服务设施。每当收购旺季，日人流量达1万多人，日成交量750吨以上，平时成交量也达10吨以上，该市场吸引了广东、福建、浙江、安徽、山东、山西、天津、内蒙古、宁夏等

省市自治区的杞果经销商前来交易，形成了以专业市场为依托，农民运销为主体，国家、集体、个人一齐上的流通格局，年杞果吞吐量在400多万吨，占全国购销总量的一半以上，成为全国规模最大的枸杞专业市场。

第四节　深加工

为充分利用枸杞资源，提高经济效益，在县委、县政府的大力扶持下，巨鹿县从1985年开始，组织有关科技人员对枸杞子深加工进行研制，最初由县医院主治医师、药剂师赵冬初为主，研制了枸杞保健酒，1986年，建立了巨鹿枸杞酒厂。之后又涌现出了多家利用枸杞进行深加工的生产厂家。到1995年，全县利用枸杞进行深加工的企业达23家。其中规模较大的有“河北枸杞发展总公司”和“巨鹿县枸杞保健营养品厂”。主要产品有中华枸杞酒、枸杞口服液、枸杞晶、枸杞豆浆晶、枸杞延龄露、枸杞枣茶、枸杞保健茶、枸杞参、枸杞珍等。年加工枸杞100多吨，年产值近亿元。其中，“中华枸杞酒”填补了国内外空白，具有“味美醇香，滋阴补肾，健脑益智，青春健美”之美誉。该产品于1986年、1987年分别获河北省和轻工部优秀新产品；1991年，又荣获首届中国国际饮酒节“金爵杯”奖。

第三章　金银花

金银花又称银花、双花、二宝花。系忍冬科忍冬属忍冬种植物，为半常绿多年生藤本缠绕灌木，是一种常用中药材。金银花全身是宝，叶、蔓、花均可入药。具有清热解毒、抗菌消炎、保肝利胆等功效。随着科学的发展，金银花还广泛应用于饮料、啤酒、牙膏、泡茶、化妆品、饲料等行业。

巨鹿县民间自古就有种植金银花的传统，但过去由于受小农经济束缚，较为零散。20世纪70年代，有部分村开始发展金银花。由于金银花需求量大、效益高，引起县委、县政府重视，在全县进行了大力推广，种植规模不断扩大。至2008年全县金银花种植面积达到4815.18万平方米，年产干花在1000万千克左右。

第一节　种植历史

巨鹿县金银花源远流长。清光绪十二年《巨鹿县志》记载：“药类：金银花、紫地丁、槐角子……”21种中药材，将金银花列在首位，可见，在清光绪之前，巨鹿县民间就有金银花种植，至今至少有130多年的历史。

巨鹿县全县推广种植金银花源自于一则故事带来的机遇。1973年，县委书记郭秀堂因感冒医生给他开了三剂中药，其中一味药材是金银花。当时该药材全国性紧缺，全县各医院均找不到此药。为此，县医药公司特派解凤岭到邢台地区（今邢台市）药材公司求购，但地区药材公司也只有半斤（250克）库存，虽经再三恳求，也只给了三副的药量。此事引起了县药材公司种植金银花的强烈愿望。于是派解凤岭、李西保去山东平邑亲自考察种植金银花技术，并购回200棵枝条，分种在纪家寨、苏屯等村。初种时品种差、产量低，只在春季开花，采摘费时费力，不少人放弃。为提高巨鹿县种植金银花的技术水平，谢凤岭不辞辛劳潜心研究，他结合外地种植品种反复试验，最终培育出花形粗大的优质高产品种，陆续发展到纪家寨、付庄、厦头、南刘庄等村种植，后又扩展到巨鹿镇、张王疃、堤村集等村庄。经过多年种植，技术日渐成熟。解凤岭逐步总结了一套完整的种管加工技术，成为金银花的种植行家。1997年全县种植面积已有133.20万平方米。2001年面积达到352.98万平方米。2003年全国非典型性肺炎流行，鉴于金银花在“非典”防治中作用明显，其市场需求量迅速增加，呈供不应求之势，销售价格成倍增长，刺激全县金银花种植面积迅速扩大。2004年3月3日，巨鹿县被河北省农业厅授予“河北金银花之乡”。至2008年底，金银花种植面积达到4815.18万平方米，成为全国最大的金银花种植区和集散地。

第二节　种植产业化

一、优种培育

巨鹿县1973年引进的金银花品种均为蔓型，只有春季开花，花少，花小，而且必须在太阳出来前采摘（否则花蕾张开，品质降低），产量低，费工费时，因此不少农户放弃种植。后经本县农民技术员解风岭精选优种并经多年培育改良，成功培育出一种花型粗大、稠密、四季开花、品质优良、全天可采摘的新品种。该品种盛花期亩产干花达200千克，比其他地区的产量高出2~3倍。1994年县林业局将该金银花品种命名为“巨花一号”。此后，“巨花一号”大面积推广至纪家寨、付庄、厦头、南刘庄等村种植。

二、产业化发展

种植金银花收益良好，引起了县委、县政府的高度重视。经市场调查，发现当时全国年需求量在1700万千克，而年产量仅有800万千克，缺口很大，市场前景广阔。县委、县政府决定把发展金银花生产作为实现农民增产增收的一条有效途径，作为全县经济新的增长点和富民强县的德政工程来抓。在县委、县政府大力倡导和扶持下，巨鹿县金银花种植面积迅速扩大。1997年种植面积达133.20万平方米，一般亩产可达200千克左右，扣除成本，亩收益在3000元以上，是粮食作物的十几倍。

1999年6月16日，巨鹿县专门召开四套班子联席会，听取了副县长赵子庆、周绍印《关于大力发展特色产业的调查与建议》，经会议研究决定，以县委、县政府正式文件的形式下发了《关于大力发展金银花产业的意见》。成立了巨鹿县发展金银花产业领导小组，层层下达指导性种植计划。同时，通过召开各种会议、利用电视台举办专题节目，组织种植能手和技术员到各村巡回演讲等形式，在全县进行了广泛宣传，形成了“要发家种银花”的舆论氛围。同时，县还从苗木、管理、加工技术等方面进行全方位服务。至2001年，全县已发展金银花种植352.98万平方米。2003年在“非典”防治中，金银花成了抢手货，用量骤增，价格飙升，每千克金银花由原来的60~80元狂涨至400~600元，枝、叶也全被抢光。“非典”过后价格虽然有所下降，但每千克仍维持在150~200元之间，亩收益均在2万元以上。很多农户靠种金银花发了家。纪家寨村435户，1915人，2008年仅金银花收入达3000多万元，人均1.1万元，当年添置轿车76辆，空调260台。扩大金银花种植面积成了群众自觉行动。2008年底，全县银花种植面积达到4815.18万平方米，年产量达到824.6万千克，占全国金银花总产量的60%以上，实现产值4.2亿元。

巨鹿县金银花
（2001年程蕴昭摄于堤村乡付庄村）

三、附加收入

采摘金银花需要大批劳动力，带动不少闲散人员从事金银花采摘而增加收入。从5月中旬到10月中旬的采摘季节，来自县城的闲散人员，邻县的农民纷至沓来，每天有几万人到巨鹿县采摘金银花。从最初采摘工费每千克2元，增至2008年的每千克10多元，采摘人员的日收入可达100多元。

第三节　销售与加工

一、销售

1996年前，巨鹿县生产的金银花主要靠外地客商收购，有的直接卖给药店、医院。1996年后，随着面积扩大、产量增加，本地部分农民也开始从事金银花经营。他们收购后直接送往安国、亳州等药材市场和制药厂。为方便他们经营，1996年县政府投资600多万元在县城健康东路南侧建起了金银花、枸杞交易专业市场。该市场占地4万多平方米、建门市1万多平方米，有230多家商户入驻市场常年经销金银花。同时，县委、县政府从1996年起每年与杏节一起举办一期金银花商务节。邀请各大药厂、新闻单位参加，扩大对外宣传，使巨鹿县种植金银花的知名度不断提高。吸引全国各地制药厂、客商前来收购金银花，收购旺季从事金银花购销交易的临时人员多达1万多人。

二、加工

金银花采摘后，一般靠农户自然晾晒，但费工费时。2003年后，县政府先后投资100多万元，扶持2000多农户建起标准化烤房，每户补助500元，有40户购买了红外线烘烤机，有效提高了干花品质和集中烘干能力。

2006年，巨鹿县被列为“河北省整合农业财政资金发展中药材及其深加工产业试点县”，县财政投资3000多万元对中药材基地、中药材市场、科技服务体系和中药材深加工企业等进行了大力扶持，成立了巨鹿县金银花协会、特色中药材协会和20个村级合作社，依托“企业+协会+农户”的经营模式，推进金银花种植的标准化、规模化。同时，扶持初加工企业69家，深加工企业21家。培育出了灏华、巨水、鑫苑、三丰银杞、超达、伟科等一批金银花深加工龙头企业。引进投资10亿元的富华安德金银花生物医药科技园产业化基地项目，开发出了银花含片、金银花茶、金银花冰糖、金银花饮料及绿原酸、草榍素、肌醇提取等20多个品种和工艺，年加工金银花1000吨左右，实现产值3亿多元。

附：巨鹿县发展特色种植业相关文件、新闻报道、领导题词

巨鹿县委、县政府及相关部门，在发展特色种植业过程中，进行了大量调查研究，出台了一系列有影响的文件、调查报告。新闻单位进行了一系列报道。省市领导考察题词。对特色种植业发展起到了重要作用，现从中选出几例记述于后。

一、文件：1999年6月16日中共巨鹿县委、巨鹿县人民政府《关于大力发展金银花产业的意见》（巨字【1999】20号）

银花是一种重要的常用药材，也是新兴起的保健饮品，是目前我县农业效益最高的一大特色产业。发展银花是现实农民增收的一条有效途径，是新的经济增长点，是一项富民、富县的德政工程。为加快发展步伐，尽快形成我县新的支柱产业，特提出如下意见：

统一思想，形成共识

银花的优点十分突出，主要表现在五个方面：一是适应性强，抗旱、抗涝、耐瘠薄、耐盐碱，在我县不同立地条件均能生长，且管理简单，家家户户都可种植；二是见效快，产量高。只要管理跟得上，春天种植，当年可见花，第二年便可形成40～50千克的产量，三年后进入盛花期，一般亩产200多千克，最高亩产可达300千克；三是效益高。常年市场价格每千克22～40元，目前每千克24～26元，按此价格计算，栽后第二年亩收入就可达到1000元，进入盛花期亩收入都在五六千元以上，高的甚至达到近万元，是粮食作物的10～15倍；四是市场前景广阔。据有关资料和市场调查，目前国内外银花总需求量在1700万千克，而实际产量仅有500～700万千克，远远满足不了市场需求。我县银花在国内外享有盛誉，已具有较高的知名度，每到收获季节，来我县采购银花的客商很多；五是银花为多年生植物，一经种植可多年收益。因此，大力发展银花是广大农民快速致富的好项目，是目前调整农业种植结构的最好选择。县五套班子联席会研究决定，要加快发展步伐，今年力争新发展银花3万亩，今明两年全县银花面积要达到5万亩。全县各级干部要提高认识，统一思想，明确目标，抢抓机遇，强化措施，把它作为发展农业农村经济实施第二次跨越工程的一项关键性措施，认真抓好落实。

广泛发动，加快发展

这项工作能不能抓好，关键在于能不能把群众发动起来。因此，各乡镇要利用不同形式进行广泛发动。乡镇、村要召开不同类型的会议，电视台要办专题节目。村边路、桥要刷写醒目的标语，还可组织现场参观、考察或邀请银花种植能手、技术权威到各村召开巡回报告。通过宣传发动在全县形成“要发家，种银花”的强大舆论氛围，使广大农民都知道银花的效益、市场前景等，把发展银花变成农民的自觉行动。在此基础上各乡镇、村要制定自己的发展规划，要做到既成方连片又覆盖所有的农户，尽量不留白点。其目的是：既便于形成基地进行各方面的服务，又便于户户致富奔小康。发展银花生产落实苗木是关键。为了确保都能够买上苗，特别是优种苗，原则上由林业局统一安排育苗。要求各乡镇以乡镇为单位，同林业局签订育苗合同，签订合同时，按每棵苗0.25元预交价款。林业局要抽调精兵强将，全力以赴，认真负责地组织好育苗这一关，保证育出壮苗、优种苗。要建立严格的育苗、供苗责任制，哪个环节出了问题要追究哪个环节的责任，造成损失的予以赔偿，并追究责任。

加强领导，明确奖惩

为切实加强对此项工作的领导，县成立了发展银花产业领导小组，由县政府副县长赵子庆任组长，副县长赵郁强、县政府督导员周绍印任副组长，下设办公室，办公室地点设在林业局，要求各乡镇也要建立相应的组织，书记、乡镇长要亲自抓，要实行乡镇干部包村、包地块责任制，明确任务，卡死责任。要突出重点，下大力抓好大方、大片。为鼓励成方连片发展，县委、县政府决定，对于在300亩以上的大方，每建成一个县奖励乡镇3000元。要求各乡镇也要制定一些激励措施，确保如期完成县下达的任务。具体要求是：6月25日前要制定好实施方案，确定哪个村种多少苗，共需多少苗木；7月10日前签订苗木预约合同，缴足价款；11月20日前县将组成验收小组实地丈量验收。完成情况列入年终考核。

二、调查报告：1999年6月巨鹿县政府副县长赵子庆、周绍印《关于大力发展特色农业的调查与建议》（摘要）

巨鹿县是农业县，农业应如何发展，带着这一问题，我们用一个多月的时间，通过召开座谈会、下村入户，咨询国家有关部门进行了一次深入调查。通过调查，使我们清楚地看到，巨鹿县农业发展潜力巨大，关键是，在不放松粮食生产的前提下，必须突出抓特色。

（一）特色农业现状

巨鹿县发展特色种植业有较好的基础。一是资源丰富，二是历史悠久。目前主要是杏杞。杏种植历史可追溯到明永乐年间，距今已有600多年的历史，而且品种繁多，品质优良。在全国面积之大，品种之多，独一无二。巨鹿县目前已形成三大类别，八大特色。三大类别即果、药、菜；八大特色即：杏、枸杞、金银花、鸭梨、桃、苹果及各类杂果、各类蔬菜，总面积达16万亩。其中：杏3.5万亩，枸杞3.3万亩，银花0.3万亩，桃0.2万亩，苹果1.4万亩，各类杂果0.2万亩（包括枣树、葡萄、李子、柿子等），各类瓜菜4万亩。果品产达5000万千克，产值达5000万元，枸杞总产达180万千克，产值达2700万元，银花总产达30万千克，产值达600万元，各类瓜菜总产达5200万千克，产值达4800万元。特色农业的发展，带来了三大化。

一是大幅度提高了种植业的比较效益。特色种植与粮棉相比，一般一亩顶3至5亩。比如杏树，进入壮果期一般亩产可达3000斤，卖1500元左右，高的可收到5000斤，卖2500元左右，是种小麦的5倍；种银花一般亩产300斤干果，收入3000元左右，高的在一万元以上，是小麦的6～20倍。巨鹿镇付庄李计宣，1997年0.3亩地银花收入4000元，亩效益达到了13300元，纪寨解凤岭，种2亩银花，常年亩效益在6000～7000元。

二是带动了二三产业的发展。一是上企业。目前有杏加工企业30多家（主要生产杏茶、杏脯等）。枸杞加工企业11家（主要生产枸杞珍、枸杞浆、枸杞茶、枸杞等）。二是涌现出了一大批销售队伍。常年经销枸杞、金银花的有4000多人，经营水果、蔬菜的1200人。三是形成了一大批市场，除枸杞专业市场外。还有杏、银花、桃、梨、槐米等市场。四是安排了大批劳动力就业，特别是给县城一些家属、下岗职工找到了出路。突出的是枸杞、银花。采摘季节经常有2～3万多人到农户采摘，县城下岗和退休职工常有上千人参加。还有广宗、平乡邻县的农民也到巨鹿县采摘枸杞、银花。以果牵线，最近两年，广宗、平乡采摘枸杞、银花的姑娘嫁到巨鹿的有20多名，仅纪寨村就3名。

三是增加了财政收入。农林特产税税率为10%，一亩特色种植业一般要顶10亩粮棉的农业税，今年县财政局充分留有余地，按4万亩特色种植安排了120多万元，平均每亩达30元，是一般种植的近4倍。如果全县发展特色种植20万亩，每亩按1000元产值计算，全县可收农林特产税2000万元，显著增加财政收入。

（二）存在问题

巨鹿县特色农业尽管发展较快，但也存在一些问题。

一是品种急需调整、选优。突出的是杏、杞。目前杏树大面积是串枝红，占90%，鲜食和早熟品种少，只占10%。从实际情况看，鲜食品种、特别是早熟品种效益较好，比串枝红杏能高1~2倍，按今年的价格，鲜食白杏一般一块钱一斤，早熟品种像麦黄杏一般在1.5元以上，刚刚下来卖2元，而串枝红杏一般平均在五六毛，一斤早熟鲜食杏可顶2~3斤串枝红，因此，应加大鲜食、早熟品种的种植。

枸杞品种更为突出，多年靠实生苗繁殖，品质退化，表现为个小、肉少、粒多、产量也低。因此急需改良品种。去年我县成立的枸杞研究所，搞了25个品种试验，发现最好的是宁杞一号，个大色红产量高，比现有的产量可提高50%，应以此为当家品种。

二是对一些发展潜力较大的产业没引起足够重视，指导力度不够。突出的是金银花，目前仅有3000亩，应大力发展。因为金银花的效益比种什么都高，一般亩产在四五千元，是粮食作物的10到20倍；同时，市场潜力巨大。我们到国家中医药管理局咨询，目前，全国年需求量在1700万千克以上，但实际产量仅有800万千克，缺口相当大。同时，金银花在巨鹿县已摸索出了成熟的生产管理加工技术，而且又培育出了好品种——巨花1号，产量高，品质好，如果加强指导，会很快形成一大产业，潜力无穷，是新的经济增长点。因此，应作为特色产业的重中之重。

三是管理水平不适应，一是科技水平低，有大部分果农、药农、菜农不掌握先进的管理技术，别人怎么干就怎么干，因此，产量低，品质也上不去。二是投入不够。特色种植基本上都是高产作物，都需要高水肥，从目前情况来看，大部分农民和种大田作物一样投入，达不到作物需求，因此，达不到理想的产量。今春，巨鹿县邀请邯郸农校著名蔬菜专家蔡德存教授来巨鹿县培训蔬菜技术，他专门讲了要树立投入意识。他说，邯郸出现了一些高产大户，黄瓜亩产5万斤，西红柿5万斤，豆角2万斤，都是高投入。没有投入就没有产出。谁舍不得投入谁就不能高产，按投入产出比计算，投到土地上是合算的。我们应当加以指导。

四是发展不平衡，布局不合理。发展不平衡是说全县还有近70个村基本没有或根本没有特色种植，这些村都是些穷村。布局不合理是说已发展起来的村多乱杂，哪一样也形不成规模。因此难以形成市场，难以搞好服务，难以互相交流帮助，因而影响效益。如南孟村的杏、进虎寨的杏因为少，客户不去，得拉到上疃村卖，在本村很难卖到好价钱。还有蔬菜，有的种茄子，有的种黄瓜，有的种西红柿。上一次请邯郸农校的专家讲课，打算给曹辛庄讲一讲，结果一看把专家难住了。因为品种多乱杂，很难讲。大菜贩子也来不了。

（三）今后发展设想

我们的指导想法是，要在现有的基础上，加快发展步伐。全县每人至少发展半亩特色田，狠抓三年，特色种植面积达到20万亩以上，实现巨鹿县特色产业的第二次腾飞。在具体指导上，一是要稳定杏、杞，二是快速扩大金银花、棚菜面积。金银花现在有多少销多少，而且价格较高。目前巨鹿是缺菜户，巨鹿县城有40户，农村有10户，常年从事贩菜业务，每年大约从外地进菜8000万吨，特别是冬春季缺的更厉害。目前全国蔬菜面积2亿亩，人均2分，而巨鹿只有4万亩，赶不上全国的水平，因此需要大发展，特别是各类棚菜。三是要积极发展一些新的特色，如桃、李子、国槐、甘草等，作为主导产业杏、杞、银花的补充。

为了实现上述目标，要努力抓好以下工作。

一是在全县进行特色种植的大宣传、大讨论，主要宣传典型，讨论特色效益，使广大干部群众增强特色意识，看到特色就是知名度，特色就是市场，特色就是财富，同时也要认识到，在巨鹿大力发展特色既是必要的，也是可能的。因为（一）巨鹿有丰富的特色资源。（二）有传统的种植习惯。（三）有一大批特色致富的典型。已经具备了大发展的条件，从而增强广大干部群众发展的自觉性。

二是要在大宣传、大讨论的基础上制定发展计划，按照因地制宜、发挥优势的原则，确定自己对路品种，做到村村有特色，户户有种植。而且在规模上要尽量实现一村一品，或一品一片，形成规模化布局，专业化生产，以至于形成市场，搞好各种服务。

三是为了实现规划目标，要建立领导干部特色种植目标考核责任制，列入年度考核内容，以激励基层干部抓好特色种植的积极性。

四是要进一步加大对外宣传力度。今年中央电视台给巨鹿县无偿作了两个月的扶贫广告，专门宣传巨鹿红杏，效果非常明显。一是客户增多，涉及17个省市520多家企业到巨鹿购杏，比往年增了8个省市150多家客户。二是今年进市早，麦前已有一大批客户来购杏，今年很多杏未成熟就卖出去了。三是价格比往年能高一二毛钱，按2000万斤算，可多收200~400万元。不仅卖了杏，而且还在国内外提高了巨鹿的知名度，因此，今后要加大对外宣传力度。

三、新闻报道："两红"相映富农家——巨鹿县开发红杏、枸杞纪实

秋后算收入账，这是农民的传统习惯。

1993年刚刚收完秋，巨鹿县一家一家农户的算盘一响，顿时乐了。夏旧城村年方四旬的农民夏敬国点着手中的票子不住地盘算：1994年在4亩杏树上再下点功夫，少说也得收入4000元。1995年杏树进入盛果期，可收入1.6万元。算罢，他美滋滋地推起两袋尿素，一溜烟奔向果园。

这是巨鹿县开发红杏、枸杞，将资源优势转化为商品优势后出现的新景象。

巨鹿是串枝红杏的故乡。1988年，全县杏树面积达到5.2万亩，占全省杏树总面积的1/2.。串枝红杏个大味美，营养丰富，被专家誉为"水果之冠"。巨鹿还是枸杞生产基地，种植面积占全国枸杞总面积的1/4，产量是全省枸杞产量的1/2，且色泽艳丽，药用价值高，曾被中国医药研究所命名为中华"01"血杞。

然而，多年来，独特的"两红"并没有使农民的日子过"红"。每年一到杏熟季节，杏农就望着那一堆堆销售不出去的红杏而发愁，有时价格降到三角钱一千克也无人问津。眼看着一批批红杏烂掉，杏农们心凉了。丰产不丰收，红杏换不成钱，于是，很多杏农便无心再去管理杏树，有的干脆大兴砍伐，腾地种粮。枸杞的销路也是如此，每年收获下来便堆在家中。坐等买主上门。有时实在没有办法，便以值不了仨瓜俩枣的价钱卖出去了事，经济上蒙受很大损失。面对丰富的资源，县委、县政府确定了把"两红"优势充分发挥出来，引导农民致富的思路。

1992年6月，经过紧锣密鼓地规划、筹借，仅有70天时间便建成了"中华杏茶"一期工程，当年实现利税150万元，投资100万元的"枸杞珍"一期工程也仅用了50多天就正式投产，年生产能力1500吨，创利税500万元。更令人欣慰的是"两红"产品一投放市场，立刻受到了消费者的青睐。在1992年全国新科技食品博览会上，"中华杏茶"一举夺得了优质产品奖。"枸杞珍"也在不久前结束的第七届全国科技发明展览会上一举夺魁，荣获名优特新产品优质奖。栽上梧桐树，自有金凤来。自"中华杏茶"、"枸杞珍"一炮打响以来，国内外订货单雪片似的飘来。新加坡一客商品尝"中华杏茶"后，特意追踪到巨鹿，当场签订了4000吨购货合同。到目前，"两红"产品已打入国内20多个大中城市及新加坡等国家和香港地区。

随着杏茶、枸杞珍在市场上的走俏，昔日销路不畅的串枝红杏，枸杞也身价倍增。1993年杏熟时节，产品不仅没有滞销，而且价格打着滚地往上蹿，两元一千克、3元一千克，最高时涨到了4元一千克。看着自己的劳动成果得到了丰厚的报偿，农民们一扫多年的愁容。夏旧城村60

多岁的老农贺双岐，全家7口人，种了400棵杏树。前两年由于红杏卖不上价，他想管干不上劲，想看不忍心，用他自己的话说就是“半死不活地呆着”。1993年他家收了3500千克杏，收入近万元。这回他来劲了，封冻前对400棵杏树全部浇了水，施了肥。日前，我们特意到他家里走访，问他今后的打算，他乐得胡子直翘：“1994年可收它1.5万千克杏，少收也能挣3万块。只要杏茶这个龙头企业摆得欢，俺农家的日子就会一截一截往上蹿。”

农民算账心里乐，县领导算账心更甜。县委书记刘新年说：“从正常年份看，我们巨鹿一年可收800万千克红杏、5000万千克枸杞干果。按1993年收购价计算，全县30万农民人均收入可增收近500元。而且随着市场经济发展，农民的实际收入还会大幅度提高，这不就是实实在在的奔小康吗?”县长杜福贞算得更鼓舞人心。他说“立足本地资源发展龙头企业，不仅富了农民，而且带动了县域经济的腾飞。眼下，我们投资5000多万元兴建的杏茶二期工程已竣工投产，年产量达1万多吨，年产值2.4亿元，利税4600万元。”巨鹿“两红”的开发，促进了其他的企业的发展。目前，儿童保健杏茶厂已投入生产，投资300万元与天津联营的玻璃厂也已上马，投资200万元的纸箱厂已开工，还有运输业、印刷业等也都红红火火开展起来。这真是“两红”龙头一摆，经济直上云霄。

周金香　杨威力　孙宪彬

原载《河北日报》1994年1月6日

四、领导题词

（一）1992年12月，河北省长叶连松考察巨鹿县中华杏茶厂时题词：

（二）1994年4月，河北省人大常委会主任吕传赞考察巨鹿县题词：

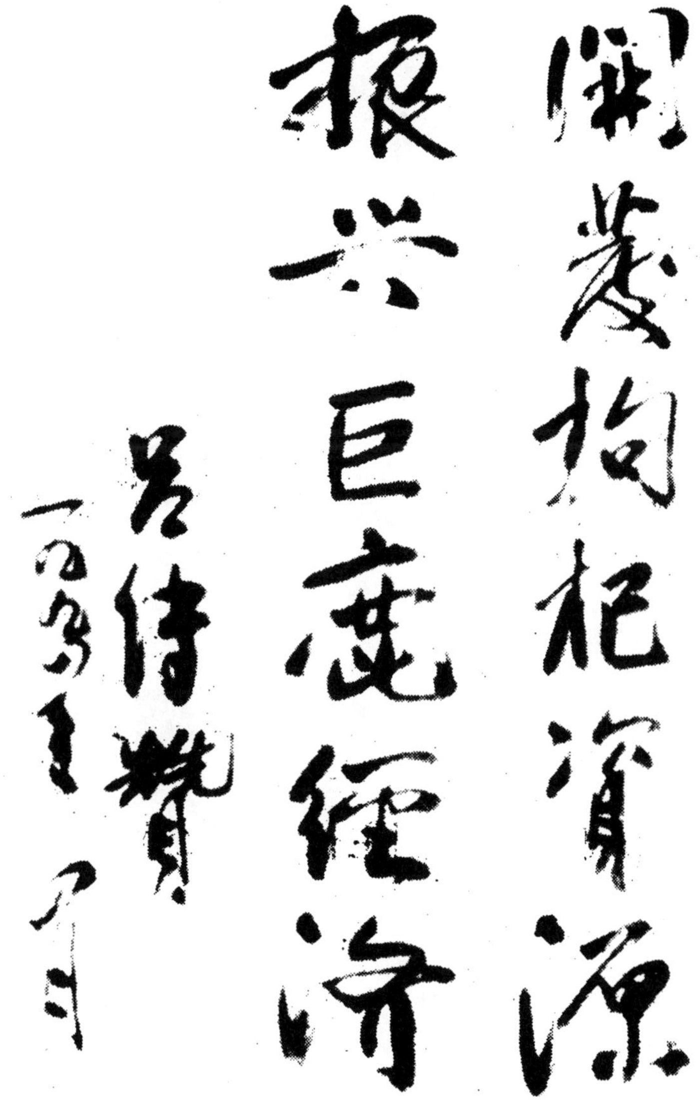

（三）1994 年 4 月，河北省副省长郭洪岐考察巨鹿县题词：

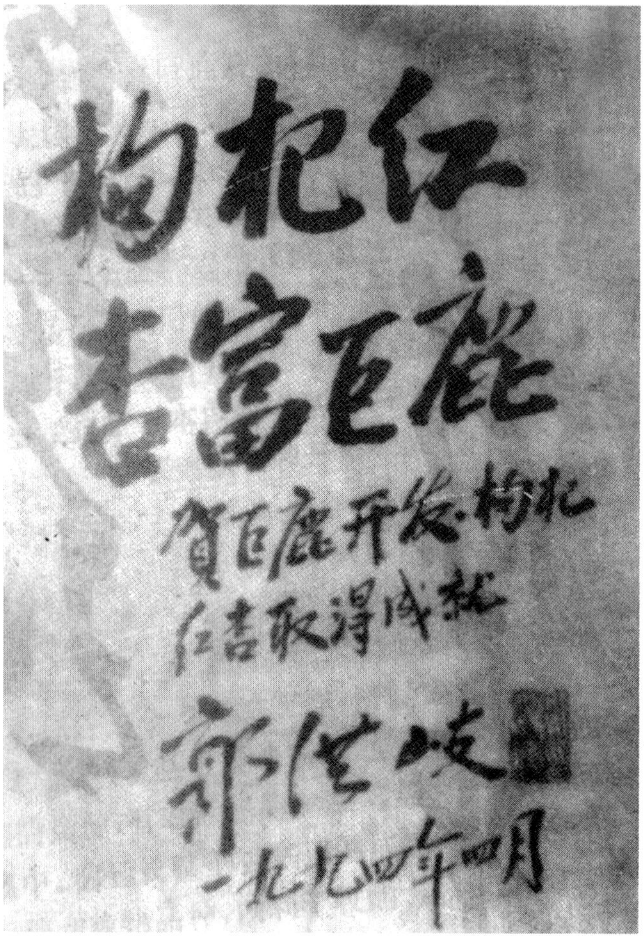

（四）1995 年 5 月，河北省人大常务副主任李永进考察巨鹿县题词：

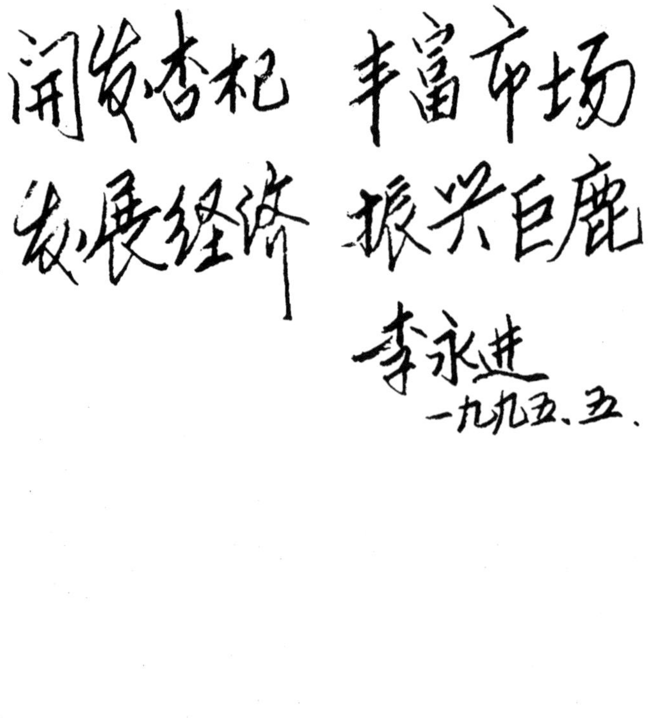

第九编

工业　建筑业

改革开放初期，巨鹿县工业企业以国有和集体企业为主。随着改革开放的不断深入，至20世纪90年代起国有工业企业通过改制逐步退出县域工业领域。与此同时，民营工业企业逐渐成为县域工业企业的主力，县城和西部乡镇，尤为突出。尔后全县工业企业规模日益壮大，效益逐年提高，逐渐形成具有县域经济特色和地域资源优势的棉纺生产、食品生产、机件加工、橡胶生产与加工等支柱产业。这一时期，随着经济的发展和城镇建设的加快，县域建筑业迅速发展，城镇基础设施建设水平迅速提高。

第一章　工业综述

改革开放以后，全县工业企业不断实施技术改造、技术革新，加强企业管理，促进生产发展，企业效益不断提高。1983年全县工业总产值2530万元。1986年达到11175万元，增长近四倍。1987～1992年间全县工业总产值年均增幅约30%。1993年后，由于国家紧缩银根及发展政策向乡镇企业倾斜，国营和集体工业一度出现流动资金紧缺，大部分工业企业处于停产半停产状态，效益下滑。面对经营困局，国营、集体工业企业多数走上改革之路，通过破产、租赁、转让、实行股份制改造等逐步转为民营，传统国营和集体工业逐步退出工业企业领域，而民营企业成为全县重要的经济支柱。但全县工业总体水平仍在不断提高，至2008年底全县工业总产值达到2563088万元。

第一节　劳动力

一、职工素质

改革开放初期，县属企业职工文化水平以小学、中学毕业生为主，专业技术人员缺乏，全县工业企业专业技术人员不足百人。随着改革深入，民营企业逐步增多，职工职称恢复评聘制度，同时随着用工形式改革，新招收工人大都以中学毕业生为主，特别是国家对大中专毕业生不包分配后，一些大中专毕业生陆续进入民营规模企业，专业技术人员不断增多。同时，企业更加重视职工培训、企业文化建设等，企业职工文化素质、技术熟练程度和劳动积极性不断提高。

二、用工形式

20世纪80年代初，县属工业企业用工形式主要是固定工、劳动合同制工和临时工。企业用工由县劳动部门按计划统一招收工人，分配给企业，企业没有招工自主权。改革开放后，用工形式不断改革，1986年7月以后，停止招收固定工，企业招工一律实行劳动合同制。企业有招工自主权，并在县劳动部门指导下，采取向社会公开招聘，自愿报名、全面考核、择优录用、双向选择办法。用工主要来源有大中专毕业生、城镇待业青年、农村剩余劳动力等。

三、职工数额

2008 年，全县工业企业有职工 25272 人，基本都是初中文化程度以上。其中大学专科及以上毕业的 1300 余人，专业技术人员 1570 余人。

第二节　工业结构

一、所有制结构

20 世纪 80 年代初，全县工业企业主要有县属国营工业企业和二轻集体企业。其中，国营企业 9 家，二轻集体企业 16 家。1979 年，工业总产值 2397.2 万元，利税 380.1 万元。改革开放后，国营和集体工业企业改革加快，通过改制、破产、租赁、转让、实行股份制改造等，国营集体企业逐步从中退出。而个体私营和民营企业逐年增多，到 2008 年，全县仅剩一家国有控股企业，民营工业企业已发展到 532 家。固定资产 242448 万元，工业总产值 2563088 万元，利税 12938 万元。

二、行业结构

1979 年前，全县工业行业主要有食品加工、棉纺织加工和橡胶制品等生产行业。改革开放后，机件加工、家具制作、建筑施工、新能源材料制造等行业不断涌出。到 2008 年底，全县主要工业行业有机件加工、棉纺织加工、服装加工、食品加工、橡胶制品生产、机器制造业、建筑业等。全县有规模以上工业企业 527 家。其中：棉纺织企业 104 家；食品加工企业 21 家；机件加工企业 140 家；橡胶加工企业 55 家；家具企业 12 家；建筑企业 15 家；其他行业 180 家。

三、工业布局

1980 年前，全县工业企业主要集中在县城。改革开放以后，随着乡镇企业和民营企业迅速崛起，企业大都建在交通便利、基础配套设施较为健全的乡镇驻地和县城工业园区。2008 年底，全县规模以上工业企业有 370 家集中在县城和乡镇驻地。按工业行业分类，其分布情况为，棉纺织企业：巨鹿镇 64 家，小吕寨镇 8 家，官亭镇 28 家，阎疃镇 4 家；食品加工企业：西郭城镇 9 家，张王疃乡 2 家，观寨乡 3 家，苏家营乡 7 家；机件加工企业：巨鹿镇 14 家，王虎寨镇 69 家，堤村乡 4 家，张王疃乡 2 家，小吕寨镇 17 家，西郭城镇 1 家，官亭镇 29 家，阎疃镇 4 家；橡胶制品企业：巨鹿镇 10 家，堤村乡 15 家，张王疃乡 2 家，小吕寨镇 2 家，官亭镇 23 家，阎疃镇 3 家；家具企业：巨鹿镇 5 家，堤村乡 3 家，张王疃乡 3 家，苏家营乡 1 家；建筑企业：巨鹿镇 3 家，张王疃乡 1 家，观寨乡 10 家，阎疃镇 1 家；县城工业园区进驻企业 23 家。

第三节　工业规模

1978 年底，全县工业企业有 27 家，从业人员 4151 人，年总产值约 2885 万元，总资产 1198 万元。2003 年工业企业发展到 533 家，从业人员 18944 人，年总产值 287969 万元，总资产 174040 万元。其中棉纺织企业 68 家，从业人员 4156 人，年总产值 52440 万元，资产总额 33391 万元。食品加工企业 58 家，从业人员 2913 人，年总产值 47791 万元，资产总额 42990 万元。橡胶企业 64 家，从业人员 2222 人，年总产值 39068 万元，资产总额 16717 万元。机件加工企业 83 家，从业人员 1371 人，年总产值 24148 万元，资产总额 16831 万元。家具加工企业 9 家，从业人员 759 人，年总产值 11283 万元，资产总额 7220 万元。建筑企业 37 家，从业人员 2967 人，年总产值 50663 万元，资产总额 20333 万元。其他企业 214 家，从业人员 4556 人，年总产值 62576 万元，资产总额 36557 万元。

2007 年，巨鹿县大力实施“工业化率先突破建设纺织食品产业强县”的发展战略，民营工业企业规模进一步发展壮大，至 2008 年底，民营工业企业从业人员达到 25272 人，总产值 548939

万元，资产总额242448万元。总产值、资产总额比2003年分别增长90.62%、39.3%。其中，棉纺织企业109家，从业人员9673人，总产值143313万元，资产总额达72560万元。食品加工企业达21家，从业人员2222人，年总产值86967万元，资产总额53594万元。橡胶企业55家，从业人员1811人，年总产值30766万元，资产总额18545万元。机件加工企业140家，从业人员2939人，年总产值98811万元，资产总额55825万元。家具企业12家，从业人员1015人，年总产值26285万元，资产总额7636万元。建筑企业15家，从业人员3323人，年总产值80769万元，资产总额25466万元。其他企业180家，从业人员4289人，年总产值82028万元，资产总额8822万元。

第四节 工业效益

一、经济效益

1978～2008年间，巨鹿县县域工业出现了“国退民进”的格局变化。1978年前，国营和集体企业是县域工业的总体。20世纪80年代中后期，县域民营企业迅速崛起，对全县经济发展起到了强大的支撑作用。至2000年，民营经济已成为巨鹿县税收的支柱财源。

1987～2008年巨鹿县部分年度民营工业经济效益一览表

表9－1－1 单位：万元

年　度	年生产总值	上缴税金
1987	15979	217
1988	19353	272
1989	22308	292
1997	187327	830
1998	346746	3532
1999	388821	4447
2000	484200	5303
2001	538200	5928
2002	602455	6610
2003	709691	7768
2004	852839	9710
2005	1003699	11074
2006	1137510	12018
2007	1282068	13146
2008	1152106	12938

二、社会效益

1979年，农村实行联产承包责任制后，促进了生产力发展，同时也形成大量剩余农村劳动力。随着工业企业的深入发展，农村剩余劳动力不断向工业企业转移。1997年工业企业从业人员达到24708人，1998年增长到33056人，1999年为34322人，2000年为36550人，2008年达到56238人，就业人数比1997年增加31530人，增长127.6%。农民收入增加后，生活水平不断提高，安居乐业。各种行业产品融入市场中，对国家发展生产、人民生活提高起到一定作用。

第五节 名优产品

1979～2008年，巨鹿县工业产品获部优称号的3个，获省优称号的13个。

一、部优产品

县枸杞制品厂生产的枸杞发酵酒1989年荣获轻工部优质产品称号。1985年，巨鹿暖通设备厂生产的钢制闭式对流散热器被评为部优产品称号。1989年，县二轻局下属企业——县水嘴厂生产的冷水嘴获轻工业部优质产品称号。

二、省优产品

县纺织机械厂1981年研制成功的1332SJ型松式络筒机，于1982年获河北省优质产品称号，生产的1332络筒机槽筒机1989年荣获河北省优质产品称号；县橡胶厂生产的传动带、三角带，分别于1988年和1989年获河北省优质产品称号；县橡胶厂生产的平带、V带1985年荣获河北省优质产品称号；巨鹿暖通设备厂生产的钢制闭式对流散热器在1985年9月全省行业评比中，获得第一名；县酒厂生产的水仙花大曲酒，1982年、1983年和1987年三次获河北省优质产品称号；1989年，县二轻局下属企业玛钢厂生产的玛钢管件和水嘴厂生产的冷水嘴分获省优产品称号。喜德来家具公司生产的“喜德来”牌家具系列产品，2004年荣获河北省名牌产品称号。燕南食品集团生产的玉米淀粉，2006年10月荣获河北省名牌产品称号，生产的淀粉糖2007年10月荣获河北省名牌产品称号。

三、出口创汇产品

1978～2008年间，全县工业水平不断提高，产品质量不断提升。部分产品还走出国门，进入国际市场。至2008年底，全县工业产品中，有10多种产品为外汇产品。其中燕南食品集团生产的国标特级玉米淀粉、高麦芽糖产品，出口泰国、印度、朝鲜、俄罗斯。科达橡胶制品有限公司生产的高强度聚酯线绳V带产品，出口美国、巴西、墨西哥、伊朗、埃及、巴勒斯坦、泰国、新加坡、印尼、越南。海斯德橡胶制品有限公司生产的普通V带、汽车V带出口越南。韩一昌宇纺织有限公司生产的中高档纯纺、混纺纱钱，全部出口，70%出口韩国、日本，30%出口中东、非洲、俄罗斯。喜德来家具公司生产的家具系列产品，出口韩国、日本。宏鑫纺织集团生产的棉纱出口东南亚国家。

到2008年，全县进出口总额达4003万美元，实现出口额188280万元。进出口额是2000年的531倍，年均增长145.1%。

第六节 工业园区建设

2001年，县设立工业园区，划定县城西北，东至夏旧城路、西至白寨桥、南至新邢德线、北至职教中心以北为工业园区范围，总占地为239.76万平方米。园区内规划道路“三横四纵”，60米宽主干道总长10余千米，呈网格状，可容纳中型企业40家，整个工业区建设期计划10年。

第一期开发时间4年（2001～2004年），第二期开发时间6年（2005～2010年）。到2008年12月底，入驻企业已有23家，其中投资亿元的有6家：河北神州巨电新能源科技开发有限公司、河北宏福塑料制品有限公司、河北通用机械有限公司、河北三昌纺织有限公司、河北鑫泰纺织有限公司、河北宏鑫纺织有限公司。至此，县工业园区已聚集棉纺织、机械配件制造、橡塑制品、新能源四大支柱产业。2008年，经省政府调研组考察，县工业园区被列入全省发展势头较好的园区。

2008 年底巨鹿县入驻园区企业情况一览表

表9－1－2　　　　单位：万元

企业名称 \ 项目	法人代表	企业性质	入驻时间	固定资投资	主要产品
河北科达橡胶制品有限公司	张建辉	民营	2001.09	5000	普通 V 带
巨鹿县泰峰棉花有限公司	刘雪敏	民营	2002.04	1300	棉花
北京鑫桑海热能设备有限公司巨鹿分公司	冯润涛	民营	2004.03	1500	常压热水锅炉
巨鹿县金鑫动力机械配件厂	邱双坤	民营	2004.11	302	铁路配件
河北神州巨电新能源科技有限公司	张云	民营	2005.03	32800	聚合物锂离子电池
巨鹿县新时代布业有限公司	王芳辰	民营	2005.03	1250	灯芯、绒布
河北三昌纺织有限公司	孙广军	民营	2005.04	42000	革基布、棉布
河北鑫泰纺织有限公司	徐文学	民营	2005.04	18500	纺纱、棉布
河北宏鑫纺织有限公司（原益雅公司）	陈殿雄	民营	2005.04	10000	纺纱、棉布
河北中通密封件有限公司（通用集团）	赵须印	民营	2005.06	8000	橡胶配件
河北光阳机车配件有限公司（通用集团）	成胜杰	民营	2005.6	250	过滤器材
河北昌达帘子布厂（通用集团）	王建华	民营	2005.6	330	橡胶工业用布
邢台市红旗铁路器材有限公司	邱书彬	民营	2006.3	602	陶瓷、轨端绝缘体
河北宏福塑料制品有限公司	刘宝印	民营	2007.1	20280	塑胶手套
河北治海农业科技有限公司	王彦廷		2007.3	285	杂粮制种及深加工
河北汇工机械设备有限公司（通用集团）	孙西岭	民营	2007.6	12000	变速箱
河北双龙机械配件有限公司（通用集团）	马子强	民营	2007.6	3260	机车齿轮
邢台市黑一橡胶制品有限公司（通用集团）	吴朋中	民营	2007.6	500	汽车 V 带
巨鹿县永辉棉纺织有限公司（原通达公司）	赵永喜	民营	2007.6	1200	坯布
邢台市瑞普机车车辆有限公司	张群超	民营	2007.6	170	电力机车配件

注：按时间顺序排列，民营为股份或个体。

第二章　工业体制改革

中共十一届三中全会后，随着改革开放的深入和社会主义市场经济体系的建立，巨鹿县工业企业的计划经济经营管理体制逐渐不能适应市场经济发展的需要，企业生产经营一度陷入困境。为此，巨鹿县根据上级有关规定和县域企业实际情况，对企业管理体制、产权制度等进行了一系列改革。以盘活企业生产经营，提高企业科学管理水平，适应市场经济需要，与国际市场接轨。

第一节　承包经营责任制

1982 年，在国营工业企业改革中，首先推行承包经营责任制。1984 年，县政府制定了搞活国有和集体企业的具体规定，提出企业独立核算、自负盈亏；企业有权自行招工、自行辞退；企业工资可采取浮动工资、计件工资；在国家多收、企业多留前提下，厂长经理可以多得的政策措施。对生产经营好的企业按“八级超额累进税”缴纳所得税后的利润，经县政府批准可全部留给企业，亏损企业和微利企业实行照章纳税、自负盈亏，实行职工奖金与上缴利税挂钩的办法实行奖金浮动，且“上不封顶、下不保底”。随后进一步扩大企业自主权，实行责、权、利相统一。企业逐渐由单纯生产型变为生产经营型，由计划经济产供销改为市场经济产供销。

1986年，在推行厂长（经理）负责制基础上，实行厂长（经理）任期目标制或厂长经理承包。后又针对承包经营状况，为解决承包者短期行为、企业积累少等问题，在全县企业中大力推行滚动承包办法。企业承包经营责任制的实施，有效调动了厂长、经理和职工积极性，促进了企业生产经营的快速发展。

第二节 管理体制改革

1990年后，随着市场经济的建立，国营工业企业管理不能很好地适应市场经济发展，难与快速崛起的民营企业竞争。1994年开始，县委、县政府对有市场发展前景的县属国营工业企业先后实施管理体制改革。其管理体制逐步向市场导向型的现代化管理体制转变；单纯的生产型工厂向生产经营型公司转变；以企业厂长负责制为主的管理体制向以企业董事长、经理、企业法人负责的现代管理体制转变。

县纺织机械厂改为巨鹿县巨龙纺织机械有限公司，为国有控股企业；县橡胶厂改为巨鹿县兆龙橡胶有限公司；县棉纺厂改为巨鹿县昌盛纺织有限公司，实行民营股份合作制；县杏茶厂改为股份制企业——巨鹿县串枝红饮料有限公司等。对资不抵债、没有市场前景的企业，实行破产、转卖等改革措施，退出国营企业序列。较好地盘活了一些企业，使企业尽快与市场接轨。但也造成不少国有企业职工下岗待业。

第三节 产权制度改革

1997年起，根据中央和省市要求，对工业企业采取股份制、股份合作制、兼并租赁、破产、出售等改革形式，全面推进产权制度改革。当年县委、县政府制定了《关于加快县办工商企业产权制度改革的实施意见》，对企业产权制度改革范围和任务、改革形式、方法步骤和劳动用工、社会保险、工资制度都做出明确具体规定。县政府建立由县长任组长、有关部门领导为成员的县办企业产权制度改革工作领导小组，组成由主管副县长挂帅的经委、二轻、县社、商贸粮食和农口5个工作队，统一领导全县产权制度改革，解决改革中的重大问题。为避免国有、集体资产流失，县纪委、监察局制定了《关于在企业改制工作中严明纪律的十条规定》。

2003年，根据县工商企业产权制度改革中进展缓慢、转制不到位、运作不规范等问题。县委、县政府又制定了《关于县属企业产权制度改革的实施意见》，进一步明确企业产权制度改革的范围和任务、企业改制的形式、步骤、改制企业和职工享受的优惠政策。同时，根据企业改制工作中出现的新问题，县政府适时发出《关于县属企业产权制度改革有关问题的补充意见及办理程序的通知》；针对企业改制中职工安置分流、维护职工合法权益出台了《巨鹿县企业改制职工安置的若干规定》，对各类人员的安置分流做了具体规定，以确保改制企业职工合法权益和改制工作顺利进行。

企业产权制度改革中，采取因企制宜方法，对多年经营亏损、扭亏无望、资不抵债的依法办理破产手续；对常年停产、瘫痪、产品无竞争力的实施关闭；对生产要素基本完善、产品有一定市场生命力的企业，面向社会整体出售，并鼓励个体工商户、民营、私营企业参与国有、集体企业的嫁接和兼并，对国有集体企业职工身份置换。根据企业实际情况，解决了县冀南果品厂因前38名职工离退休人员劳动保险金1万元的上访问题、县物资局137名职工集资问题、县外贸局土地遗留问题、县煤矿拖欠14名退休职工退休金问题、县畜牧种禽厂土地转让29名职工身份置换问题、巨龙纺机公司的207万元国有股权退还职工问题的解决与兑现问题等。

到2005年底，全县需要改制的79家企业已有76家基本完成改制任务，另有3家企业（棉织厂、水泥厂、砖瓦厂）尚有遗留问题待解决。其中，破产重组的48家，抵贷还租的2家，实施股份制的2家，实施出售、拍卖的24家。

第三章　工业门类

1978年底，巨鹿县传统的工业门类有酿酒业，木器制做、校胶制品加工，机器制造等。1978～2008年间，新兴工业门类有食品加工、机件加工、棉纺织、服装加工、建筑施工等。至2008年底，全县工业有八大类20多子类。产品多达1800多种。

第一节　食品加工业

一、概况

巨鹿县是一个农业大县，具有丰富的粮食资源和食品加工传统，食品加工业一直是县域经济发展的重点之一。1979年后，县内食品加工业主要是白酒、饮料及食糖加工。至2008年，全县食品加工企业21家，年营业收入达8.7亿元。白酒主要生产企业有河北水仙花酒业有限公司、巨鹿县中原酒厂等；饮料生产企业主要有二月花集团、河北巨龙饮料有限公司后改为河北串枝红饮料有限公司；淀粉生产企业主要有河北燕南食品集团。另外，还有比较集中的食糖加工、蜜枣加工、粉条加工专业村等。

二、制糖专业村——大张庄

1979年，西郭城镇大张庄村不少农户利用传统的加工技术，搞起家庭糖块加工，随着社会需求量加大，生产规模发展很快。全村230户，除8家搞运输和挂面加工外，其余家家户户搞食糖加工，每年营业收入500～600万元。其中，常年有71个制糖点。同时还吸收邻村入股150户，常聘用邻村2000多人包装纸糖，每月加工食糖500吨以上。食糖品种由原来的糖块逐步发展到纸糖、冰糖、酥糖、水果糖、玩具糖等10多个花色品种，远销北京、天津、河北、山东、山西、青海、四川等11个省市和地区，是远近闻名的制糖专业村。由于受食品卫生加工条件限制，家庭作坊式的生产方式逐渐被机械化的规模生产取代。2003年，传统家庭作坊式个体加工退出，糖果加工生产规模企业应运而生。到2008年，全村有糖果加工企业8家，西郭城镇共有糖果加工生产企业12家，产品也不断更新换代，有奶糖、单晶体、水果糖、大块冰糖等几十个品种。

三、蜜枣加工专业村——刘酒务

刘酒务村位于巨鹿县城东南，距县城5千米，全村400户，1400口人，耕地96.30万平方米，加工青枣已有30多年历史。1976年由大队集体从南方请来加工师傅，开始加工乌枣，1981年后逐步改为加工蜜枣。2000年后发展枣厂最多，开始是多股合资，大厂经营，后来转为一家一户个体经营，产品畅销江苏、山东等地。鼎盛时期全村建有100多个加工点，年加工蜜枣500多吨，人均增收3000元。为扶持蜜枣加工业，县、乡两级政府在政策、信贷等方面给予大力支持，坚持在质量和卫生上严格把关，确保质量、卫生不符合国家标准不出场；坚持诚信经营，赢得了广大客户欢迎，促进蜜枣加工业健康发展。

四、粉条加工专业村——东旧城

苏家营乡东旧城村，土质以沙土为主，20世纪80年代机井少，不适宜种植粮食作物，东旧城及周边西旧城、苏家营、石鹿、于庄等村，耕地大都种植红薯，亩产2000多千克，种植面积最大时达1332万平方米。当时家家户户种红薯，收获后加工成粉条，用粉条去周边县、市如宁晋县、辛集市等地换玉米、小麦等。当时红薯及红薯加工业占农民收入的90%以上。随着农田水利设施的改善，小麦、玉米、棉花等农作物种植得到推广，红薯不断出现病害，种植面积1990年后逐步减少。2008年东旧城村红薯种植面积

13.32万平方米左右。传统的粉条加工方法也被机械加工替代，分散的经营方式转变为规模化生产。

第二节 纺织工业

巨鹿县具有丰富的棉花资源，发展棉纺织工业具有得天独厚的优势。县委、县政府把建设纺织强县作为工业发展的战略目标之一，积极扶持棉纺织企业的发展。县内棉纺织企业发展迅速，已成为县域经济发展的支柱产业之一。1979年，县内国有纺织工业企业主要有县织染厂、县纺织机械厂。改革开放以后，县内民营纺织企业迅速崛起，至2008年，全县有棉纺织企业109家，其中万锭以上规模企业40余家，年生产总值达14.3亿元。代表企业有河北三昌纺织有限公司、韩一昌宇纺织有限公司、宏鑫纺织集团等，规模都在3万锭以上，其产品大都以出口为主。

第三节 橡胶工业

巨鹿县有橡胶加工的传统，县委、县政府把发展橡胶工业也作为经济发展的重点之一，鼓励橡胶企业的发展，县域橡胶企业迅速发展。1990年前，巨鹿县橡胶工业以县橡胶厂为龙头，主要产品有三角带、传动带、力车内外胎、自行车内外胎、胶管、胶版及各种橡胶产品。改革开放以后，县内民营橡胶企业不断增多，到2008年底，全县橡胶企业已达55家，年生产总值达3.1亿元。涌现出了一批如科达橡胶制品有限公司、海斯德橡胶制品有限公司、耐威特橡胶制品有限公司等出口创汇型橡胶企业和鱼家营橡胶制品专业村。

第四节 机械设备

巨鹿县机件加工业起步于乡镇企业，改革开放以后主要以民营为主，至2008年，全县共有机件加工企业140家，年营业收入达9.9亿元。代表企业有巨鹿宏伟密封电器配件有限公司、河北堡垒活塞工业有限公司及王虎寨镇个体机件加工企业等。

王虎寨镇机件产业自20世纪70年代开始，从田寨兴起，发展到2008年一般纳税人企业达到53家，从事机件加工销售的企业和摊点1109家，在外营销人员2000余人，全镇形成以机件加工、销售为主的特色行业。产品涉及铁、铜、铝、橡塑、石棉等各种质地机件3000多种，主要产品有各种密封件及活塞、缸体、手刹、变速箱、汽车推力杆、电子绝缘器等千余个品种，产品高中低档次齐全，广泛应用于汽车、摩托、轮船、大型机械、农机具等各种机械，销售网络遍及全国各地，并出口欧、美、亚、非等国家和地区。

20世纪80年代从田寨向周边村辐射，到20世纪90年代，有了较大发展，部分企业迁至石家庄、邢台等地。2000年以后，随着政策的调整，环境的优化，机件行业再获发展，2005年，机件产业年纳税5万元以上的企业34家，上缴税金492万元；特别是2006年以后，机件行业进入“二次创业”，扩规模，建厂房，上档次，迅速扩张，2008年机件企业由2000年的589家发展到1106家，企业上缴税收由2003年的220万元，增至1039万元，5年翻了两番多。在世界经济萎缩、发展不利因素增加、大批中小企业倒闭停产环境下，机件产业仍保持良好发展势头，2008年国地税收入首次突破千万元大关。

第五节 二轻工业

巨鹿县二轻工业在县域工业中具有重要地位。改革开放后，全系统下属共有16个集体企业，是当时县域工业的主力。其中，县玛钢厂，以生产水暖管件为主，县阀门厂主要生产低压阀门，正品率达98%以上。县水嘴厂生产的冷水嘴获省和轻工业部两级优质产品称号。县地毯厂生产的地毯获轻工业部铜牌奖。县机修厂研制的“自动跟踪无功率补偿器”，得到省、地、县有关领导的重视和肯定。1994年，县机修厂与县五金线材厂合并，更名为巨鹿县轻工机械厂，主要生产自行车零部件。县明胶厂自1987年10月筹建动工，于1988年5月14日正式试车成功，1988年9月30日产品质量经省、地、县检验达到国家标准，之后与县骨胶厂合并。县皮革厂，1984年更名为巨鹿县制革厂，主要生产再生革、车马辕具、肥皂。县二轻系统还有木器厂、印刷厂、塑料厂、职工医院、供销公司、建筑公司、服装厂等。随着国家政策的调整和市场经济的发展，截至1998年底，二轻集体企业陆续解体或转化。县塑料厂、印刷厂、水嘴厂、机修厂已变为民营或股份企业。县建筑公司、服装厂等已破产。

第六节　其他工业

巨鹿县的化肥、水泥、煤炭生产等工业，在改革开放初期均具有一定规模，后由于受国家政策和其他因素的影响等，相继停产。

巨鹿县化肥厂1975年建厂，主要生产碳铵，于1982年关闭。县水泥厂始建于20世纪70年代，主要生产矿渣硅酸盐水泥，至1988年累计缴纳税金52万元，1988年后企业停产。县煤矿于1970年开始建井，1972年投产，1987年7月由于开采活动已经超过矿井原定年限，全部可采储量已经采完，深部因煤层薄效果差，失去开采价值而关闭，至1987年7月份累计生产原煤45.2万吨，上交利税40多万元。

第七节　重点企业

全县规模以上工业企业30余家，2008年，重点企业年产值25. 3亿元，纳税3200余万元，占全县税收总额的26. 42%。重点企业为巨鹿县经济发展做出了重大贡献。公司记述以建厂时间为序。

一、河北水仙花酒业有限公司

该公司建于1958年，主要生产各类白酒和酒精。1980年以后年生产能力为白酒3000吨、酒精5000吨，主要产品为水仙花系列白酒。1982年、1983年、1987，县酒厂生产的水仙花大曲酒三次获河北省优质产品。1986年1月，巨鹿酒厂分为酒厂和古郡酒厂，1990年3月两个酒厂合并。产品畅销北京、天津、山东、广东、四川、河南等省市。随后开发了53%水仙花特曲，55%水仙花三杯醉，53%水仙花白酒，55%水仙花头曲四种产品。1997年酒厂面积达55597. 68平方米，建筑面积24608平方米。拥有酒精塔全套设备，微机、灌装机、容器等共计131台件。干部职工328人。同年11月，据县委、县政府巨发〔1997〕9号、10号文件精神实施产权制度改革，1998年5月巨鹿县酒厂依法破产。

二、巨鹿县橡胶厂

县橡胶厂于1969年11月建厂，1982年企业拥有干部职工551人，固定资产224. 7万元，占地27677平方米，年产值5000万元，是河北省化工厅定点厂家。主要产品有三角带、传动带，力车内外胎、自行车内外胎、胶管、胶版及各种橡胶产品。其中传动带和三角带分别于1988年和1989年被评为河北省优质产品，产品销往北京、天津、内蒙、甘肃、山东等11个省、市、自治区。1997年11月根据县委、县政府巨发〔1997〕9号、10号文件精神，实行产权制度改革，1998年1月更名为“巨鹿县兆龙橡胶有限公司”。2001年整体出售给河北海斯德橡胶制品有限公司。

三、二月花集团

其前身为1970年的乡办铁木厂，西郭城镇镇办企业，主要加工黑白铁制品、生产小型农机具。1982年改为巨鹿暖通设备厂，主要生产木梭、暖气片及从事粮油加工。其产品钢制闭式对流散热器在1985年9月全省行业评比中，获得第一名。1985~1987年连续三年被评为地优、省优、部优产品。1992年，成立营养制品厂，开始涉足食品饮料行业。主要生产活性枸杞、枸杞枣精茶。产品曾畅销北京、天津、石家庄、济南、青岛、郑州、太原等城市，远销香港地区及新加坡等国家。其产品活性枸杞、枸杞枣精茶曾荣获1992年中国旅游购物节金杯奖，1993年获得河北省青年博览会银牌奖。1993年6月在天津轻工学院的帮助下，“二月花”牌枸杞珍试车成功，并正式投产。其“二月花”枸杞珍在1993年第七届全国发明博览会上被评为“名优新特高最佳奖”，在天津召开的首届中国天津果茶交流交易会上获“最佳新产品奖”，在1994年8月武汉全国保护消费者合法权益优秀成果博览会上被评为金奖，获得“市场精品”称号。

1995年，建立“河北二月花集团”。集团总占地8800平方米，职工500余人，固定资产2350万元。下属巨鹿县营养制品厂、巨鹿县暖通设备厂、巨鹿县纺织器材厂等企业。产品有枸杞珍、银花珍、活性枸杞、钢串片散热器等十几个品种。1995年完成产值6000万元，实现利税760万元。1996年以后由于市场和管理等原因，企业生产经营逐渐下滑，于2000年停产。

四、河北方盛塑业有限公司

该公司建于1972年，原为县二轻局所属塑料厂，是邢台市最早的一家塑料管材、薄膜加工企业。1978年曾被河北省轻工厅、水利厅、省计划委员会列为农用排灌管材定点生产厂家。1989年列为国家水利部农灌管定点厂，产品在1991年全省17家聚乙烯农用管材质量行业评比中获第一名，被命名为“河北省优质产品”。1994年在国家农业部产品质量标准司、中国消费者协会举办的全国亿万农村消费者信得过产品评比中荣获金奖。1995年加入中国排灌公司，1996年在水利部147家定点企业中被评为“水利部农灌管材十佳优秀定点企业”。2002年改制后为民营股份制企业，更名河北方盛塑业有限公司，公司与北京工商大学合作，联合开发水溶性聚乙烯醇（PVA）薄膜，项目为聚乙烯醇干法造粒及吹膜技术，于2003年获得国家财政支持，已获得国家专利5项，国际专利2项。到2008年，公司已建立了年产量500吨的PVA造粒和吹膜生产线，实现生产工艺与设备的定型化。成为华北地区生产聚乙烯、聚氯乙烯、改性聚乙烯、聚丙烯、ABS等节水管材及配套管件产量大、品种多、质量上乘的大型综合性塑料管材生产基地。

五、巨鹿县织染厂

县织染厂建于1976年1月（前身为巨鹿县色织厂），1979年增布机100台，主要生产32×21S华达昵，工业总产值78万元，利税5.4万元。1987年布机增至170台，纺毛设备一套。主要生产灯芯绒布、平绒布、毛线。工业总产值282万元，利税23万元。1988年4月新上1万纱锭棉纺项目，形成纺、织一条龙生产。同年10月改为巨鹿县棉纺织厂。1990年增上1万锭棉纺项目，企业固定资产达到700万元，职工由1979年的100人增至800多人，完成工业总产值400万元，利税38万元。1993年11月列出巨鹿县织染厂，变为两个独立企业（巨鹿县棉纺织厂、巨鹿县织染厂）。巨鹿县织染厂1994年实行租赁经营，1997年11月根据县委、县政府巨发〔1997〕9号、10号文件，实施产权制度改革，因改制不到位停产。县棉纺织厂于1998年改制为民营。

六、巨鹿县纺织机械厂

该厂建于1979年，当年试制成功1332系列槽筒机，并通过省级鉴定，被中纺部定为重点厂家。1980年将“巨鹿机械厂”更名为“河北省巨鹿县纺织机械厂”。1981年，研制成功1332Sj型松式络筒机，填补中国筒子纱直接染纱空白，1982年荣获中国科教成果4等奖。1984年，增设水暖、化工、汽修等3个分厂。1988年巨鹿县纺织机械厂跨入省先进企业行列。发展成为具有干部职工997人，固定资产1000万元，年产主要产品槽筒机1000台的大厂。1997年11月，据县委、县政府巨发〔1997〕9号、10号文件，实施产权制度改革。于2001年改制为国有控股股份制企业，更名为“巨鹿县巨龙纺织机械有限公司”。2004年改为股份制企业。

七、河北堡垒活塞工业有限公司

该公司建于1983年，座落于前路寨村南，占地2664平方米。2008年建设二期工程，总投资2600万元，其中固定资产投资2200万元，占地面积达到2万平方米，建筑面积1万平方米，项目建成后，年产汽车、摩托车活塞360万只，预计年产值3000万元，创利税400万元，安置就业人员200余人。公司专业生产经营各种机械活塞、滤芯，主要制造、销售汽车活塞、摩托车活塞、压铸铝件、机车配件、橡胶制品、机车燃油滤芯、空气滤芯、排气管垫、电力机车配件。引进内径机、镗孔机、环沟机、精外径机等先进设备共计44余台套，同时新上浇注机、活塞软靠模检测仪、光谱分析仪、环槽测仪、超声波检测仪、大型金相显微镜、布氏硬度计、坐标测量仪等先进检测设备，产品质量上乘，主要销往河北、山东、湖北、重庆、上海等二十多个省、市、自治区，出口东南亚、非洲、美国等国家和地区。

八、河北天帅集团

该集团始为1988年10月由王山堂、王敬申、王遂法三人发起，7名股东筹资10万元组建的一家以生产单晶体冰糖、水果糖和大块冰糖为主的天新食品有限公司。1992年引进方便面生产线，1993年建立河北天帅食品有限公司。之后相继建起河北巨鹿县天帅包装有限公司、河北巨鹿县天帅糖果有限公司、河北巨鹿县天帅调料有限公司。1998年组建河北天帅集团，下属7个子公司、分公司和分厂。到1998年底拥有员工1200人，总资产8000万元，占地7.46万平方米，建筑面积3.8万平方米，年销售收入2亿元，利税1200万元，主导产品为天帅牌方便面，拥有国内最先进的10条方便面生产流水线，年产天帅牌大众系列、精品系列、小少爷系列、香酥系列、双胞胎系列、108系列、天帅王系列等方便面8万吨。到2001年河北天帅集团发展成为集方便面、调料、包装、糖果、彩印、运输为一体的大型企业集团，拥有员工1500人，年销售收入3.2亿元，上缴税金600万元，公司先后荣获省、市明星企业、先进企业、重合同守信用企业、县重点保护企业、龙头企业等荣誉称号，其产品先后获得中国优质名牌产品、河北省优质产品、河北省质量免检产品、河北省消费者信得过产品、中国食品上榜暨质量信得过品牌、河北省食品工业推荐品牌、河北省工商局认定知名商品、国际食品博览会（澳门）金奖。2004年，因市场和管理等原因，企业被河北燕南食品集团收购。

九、喜德来家具公司

该公司建于1988年，是一家集设计、研发、生产、销售于一体的大型家具企业，主要生产古典、板式及软包系列家具，产品涵盖卧室、客厅、餐厅、书房及办公家具。公司位于巨鹿县城西部，研发中心设在石家庄市，工厂占地面积133200平方米，建筑面积90000平方米，员工600余人，是中国长江以北最大的板式家具生产基地之一。2008年实现产值8798万元，销售收入8973万元，纳税316万元，累计纳税2580万元。公司现为“中国家具协会理事单位”，“河北省家具协会副理事长单位”，已通过“ISO9001质量管理体系”和“ISO14001环境管理体系”认证，并被评为“中国十八省市家具行业‘诚信’企业”，“河北省AAA级劳动关系和谐企业”，系列产品已成为“河北省名牌产品”、“中国十省市‘环保’家具知名品牌”、“绿色环保推介产品”。销售网络已遍及大江南北，产品畅销二十多个省、市、自治区，并已连续六年出口韩国，受到国内外客户信赖和好评。

该公司董事长王广波为邢台市第十二届人大代表，巨鹿县第十、十一届政协常委，巨鹿县第十一届、十二届工商联副会长，私营企业协会副会长，并先后荣获“巨鹿县优秀企业家”、“邢台市社会主义先进建设者”、“邢台市光彩事业先进个人”、“巨鹿县村村通工程建设先进个人”等荣誉称号。

十、河北海斯德橡胶制品有限公司

该公司由东张庄张朝中于1989年创建。原名冀南石峰橡胶制品厂，经过四次技改扩建，到1996年由朝阳路迁至县城东官亭路口东侧，更名为“河北海斯德橡胶制品有限公司”，2002年公司实现产值3700万元，完成销售收入3600万元，实现利税300余万元，年产销量位居全国同行业第四位，质量居全国第三。同年9月，顺利通过ISO9001：2000国际质量体系认证。产品质量一次抽签合格率达到100%，顾客满意率97%以上，在全国范围内设立90多个销售网点，覆盖全国二十多个省、市、自治区，并远销越南及东南亚国家和地区。2003年上半年在“非典”特殊时期，仍完成产值2200万元，实现利税200万元，其中产品自营出口200万元。公司连年被评为“邢台市明星企业”、“河北重合同守信用企业”、“河北省科技企业”。

十一、巨鹿宏伟密封电器配件有限公司

该公司建于1991年，位于王虎寨镇大寨工业区，2008年已发展到占地30000平方米，主要产品有橡胶油封、密封件，各种规格多达1500多种，能生产各种铜垫、水堵、水封、组合垫、包胶垫、防尘套及发动机配件、汽车火花塞、摩托车火花塞等。公司拥有先进的生产设备和精密的检测仪器。产品工艺精良，技术力量雄厚，集研制、开发、生产于一体。产品远销俄罗斯、埃及、阿尔及利亚、叙利亚、利比亚、土耳其、哥伦比亚、马来西亚等多个国家。2008年企业有员工100多人，总资产2500万元，年产值为3000万元，销售额1500万元，纳税70万元，累计纳税500万元。

该公司董事长杨敬敏（女），为巨鹿县第十四届人大代表，邢台市第十二届政协委员。

十二、河北燕南食品集团有限公司

该公司建于1992年，位于河北省邢台市巨鹿县燕南工业园，属股份合作企业。企业以玉米深加工为主导产业，集科、工、贸于一体，产品涵盖玉米淀粉及其副产品、淀粉糖、糖果、口服葡萄糖粉、包装等五大系列近百个花色品种。工艺技术、设备、生产管理水平、产品质量、人均创利税均居同行业领先地位，是河北省最大的玉米淀粉深加工企业，已通过ISO9001质量体系认证，拥有自主进出口经营权。

2008年集团占地面积229770平方米，建筑面积128900平方米，总资产3.2亿元，有员工1680多人，高级企管和技术人员260多人。企业下设玉米淀粉、变性淀粉、淀粉糖、糖果、包装五个分厂，五个营销公司，一个运输车队，一个联合研究所。产品包括五大系列近百个品种，年加工玉米50万吨，生产国标特级玉米淀粉31万吨、高麦芽糖12万吨、各类高、中档糖果2万吨。年创产值5.5亿元，利税5800万元。企业以“公司+基地+农户”的经营方式较好地带动了巨鹿、隆尧、任县、平乡、南宫等周边县、市的玉米种植，有力地促进了地方经济发展，促使了农业增产、农民增收，加快了农民的致富步伐。

集团玉米淀粉生产工艺全部采用国内最先进的机器设备，引进国际现代化先进的热闭环湿磨生产工艺，玉米淀粉回收率高，品质好，以良好的性价比赢得国内外客商的青睐和消费者的认可，产品畅销20多个省、市、自治区，并出口泰国、印度、朝鲜、俄罗斯等国家和地区。2002年6月集团与天津科技大学食品与生物工程学院联合组建“天津科技大学——河北燕南食品集团有限公司研究所”。校企双方实行“强强联合、优势互补”，推进新产品研究和开发能力，加快新产品更新换代速度，增强企业活力。开发的新产品——交联酯化玉米淀粉荣获第五届国家专利技术“发明奖”特等奖、第五届国家科学技术最佳成果“进步奖”一等奖，并取得国家专利。企业连续四年被省农行评为“AAA级信用单位”、“河北省农业产业化重点龙头企业”，两度荣获“河北省重合同守信用企业”称号，并被评为“河北省科技企业”、“河北省食品行业龙头企业”、“农业部全面质量管理达标企业”、“全国乡镇企业创名牌重点企业”、入选“淀粉糖行业二十强”。产品被评为“河北省用户满意产品”、“河北省优质产品”、“河北省名牌产品”。

该公司董事长王永计为邢台市第九、十、十一届政协委员，巨鹿县第十届政协常委。2001年被邢台市政协评为“第九届政协优秀委员”；2002年5月被河北省乡镇企业局授予“河北省乡镇企业家”；同年同月获河北省乡镇企业局、人事局、总工会“河北省劳动模范”；2004年12月被中华人民共和国农业部授予“全国乡镇企业家”；2005年4月被河北省人民政府授予“2003年、2004年度河北省优秀民营企业家”；2006年

6月被河北省食品工业协会授予“河北省杰出食品企业家”荣誉称号。

十三、巨鹿县串枝红饮料有限公司

其前身是1993年6月创办的河北巨龙饮料有限公司，为合资企业。总投资6500万元，年产饮料2万吨、果浆5000吨。主要产品中华杏茶。1993年、1994年分别荣获新加坡国际食品博览会金奖、全国星火计划新产品金奖、全国第七届产品发明展览会最佳奖、中国保护消费者基金会“信得过产品”。1995年5月，公司将全部固定资产租赁给“二月花”集团经营。1997年4月又将固定资产收回，实行体制改革，债权变股权，将部分有效资产分割重组，同年6月，由河北省建设投资公司、河北省粮油贸易公司、巨鹿县信用合作联合社营业部、巨鹿县经济技术开发公司4家股东改组重建，改为河北串枝红饮料有限公司。公司主要产品有串枝红牌杏浆、桃浆、梨浆、苹果浆、胡萝卜汁等产品及系列饮品。2005年5月因经营不善依法破产。

十四、华新橡胶密封件有限公司

该公司由大寨村吴同科于1996年创建，公司拥有真空硫化机、大型冲床、压胶机、预成型机、切条机、车床等橡胶制品加工设备30余台件。主要产品有汽车专用橡胶件、密封胶条、密封圈、油封、“O”型胶圈。产品远销上海、北京、大连、重庆、北京汽车制造厂、上海大众等城市和厂家。2008年将原有旧厂房全部拆除改扩建，总投资1800万元，其中固定资产投资1500万元，建筑面积2000平方米，建成后预计年产值7000多万元，利税600多万元。

十五、河北方正集团

该集团原为1996年成立的巨鹿县恒盛面业有限公司，主要生产面粉。2000年6月，郭占勋筹资8000万元，购进两台1200轧机，创建了邢台市方正薄板有限公司，实现跨行业经营，年产热轧薄板15万吨，填补了巨鹿县无重工业的空白。2004年11月，联合沙河五矿投资1.2亿元，组建邢台鹏兴钢铁有限公司，年产槽钢、方钢、扁钢、齿条钢等中型型材60万吨。有效延伸了产业链条，提高了企业抗风险能力。2005年5月，正式组建河北方正钢板集团。2008年4月，投资2.6亿元，组建巨鹿县亨瑞机械轧辊有限公司，年冶炼普碳钢坯100万吨、精炼优特合金钢坯70万吨。至2008年底，集团共完成工业总产值4亿元。方正集团是既无铁又无煤矿资源的平原县成功发展重工业的一个典型。

该公司董事长兼总裁郭占勋曾先后被评选为“全国农村青年创业致富带头人”、“河北省杰出青年企业家”、“河北省十大杰出青年”、“邢台市劳动模范”，为邢台市青年联合会副主席、邢台市第十届政协委员、巨鹿县第十四届人大常委。2005年10月，当选中国青年乡镇企业家协会副会长，2008年1月当选为政协河北省第十届委员会委员。

十六、巨鹿县中原酒厂

该厂建于1997年，位于县城光明街，民营股份企业，中原酒厂原隶属河北二月花集团，2000年迁移县城光明街，2007年实行整体转让，企业法人由路月坤改为王志忠，聘王林霞为厂长。同年4月陆续投资500万元，扩建生产车间和办公室、化验室等，增加生产设备，完善检测手段。王林霞又专程赴四川宜宾、绵竹等地学习酿酒工艺和操作技术，结合巨鹿传统酿酒技术，由原来单一高粱改为五种粮食酿酒。目前生产“中原纯粮”、“魏徵故里”十几个品种的系列白酒。2007年“魏徵故里酒”被第四届魏氏宗亲大会指定为专用酒。被邢台市委、市政府指定为“邢台市政务接待酒”。除生产白酒外，还依托当地资源优势，开发生产滋补型低度果酒——“杞缘”枸杞发酵酒。产品已覆盖河北、山西、内蒙、福建、陕西等地。2008年，占地面积10640平方米，建筑面积1280平方米，总资产860万元，其中固定资产350万元，有职工60人，其中中级职称6人，高级职称2人，年生产白酒1500吨，年销售收入212万元，利润18.2万元，上缴税金6.5万元，累计纳税金66万元。

该厂厂长王林霞（女），为巨鹿县第十一届、第十二届政协委员，河北省“双学双比女能手”协会副会长，邢台市“双学双比女能手”联谊会会长，巨鹿县“女企业家”协会会长，2004年被授予“邢台市劳动模范”称号。

十七、河北三昌纺织有限公司

该公司建于2000年2月，位于县工业园区，注册资金9000万元，民营股份企业。公司占地276390平方米，总资产4.5亿元，员工2200人，其中高级技术人员86人、高级管理人员45人。主要设备有轧花机、皮棉清理机、籽棉清理机、集棉机、400型打包机及配套设备；拥有国内最先进的纺纱设备清梳联和与其配套的并条机、电脑控制粗纱机、细纱机、络筒机等5万枚纱锭生产能力；以及国内先进的梭织机、浆纱机等整套设备，生产各种规格的革基布、玻璃丝布和民用布；还有国际上最先进的高档剑杆织机、束染生产线、浆纱机、整理设备及配套设施，产品主要有牛仔布，其中有竹节、弹力、提花、天丝、麻棉、彩色、丝光、高支高密等八大系列，形成重量在3.5OZ～15.5OZ之间，各种颜色、不同重量的百多种牛仔布面料。是棉花加工、纺纱、浆纱、织造、整理为一体的综合型纺织企业。至2008年底，总资产从建立时1.2亿元增至4亿多元。公司年销售收入5亿多元，实现利税6000多万元。产品质量通过ISO9001质量体系认证，有自主进出口权，获银行AAA级信用企业；产品畅销美国、印度、韩国及国内北京、天津、广州、浙江、辽宁、福建、湖南、江苏、河南、河北等地，是内外销兼营并逐步走向以出口为主导的生产企业。

该公司董事长李国豪为邢台市第十三届人大代表，2006年获邢台市委、市政府“邢台市建设功臣”荣誉称号。

十八、河北宏鑫纺织集团公司

该公司建于2000年，位于县城工业园区，公司占地19.6万平方米，其中建筑面积10.2万平方米，现有员工1360人，注册资金4675万元，公司拥有10万纱锭，年生产能力15000吨。主要设备有FA224、FA231A梳棉机、FA423粗纱机、FA306并条机、FA506－028－480＋180型细纱机、EPSERO型自动络筒机、RFRS10－192型气流纺、F1268型精梳机等国产先进设备。主要生产6支～120支等各种规格的纯棉、涤棉纱。产品质量达到UST公报25%水平，精梳40支、60支、120支等可达到UST公报5%水平，产品销往江苏、浙江、天津、广东等省市，并出口东南亚等国家，深受用户好评。2003年，通过ISO9001质量体系认证。产品优等品率98%以上，下游客户扩大到吉林、辽宁等省市。2006年度实现销售收入3000万元，利税2646万元，其中利润2126万元。2005年度公司被评为“五星级民营企业”、“河北省纺织十强企业”、“邢台市五十强企业”；2006年度获“全国纺织工业先进集体”、“河北省纺织行业优势企业”、“邢台市五十强企业”、“邢台市纺织行业排头兵”、“邢台市AA级劳动关系和谐企业”。

河北三隆泰纺织有限公司 隶属河北宏鑫纺织集团，建于2004年，是一个集棉花收购、加工、经营于一体的大型棉花加工企业，公司位于巨鹿县工业园区，交通便利，共有土地10.06万平方米，建筑面积22860平方米，其中生产加工车间6800平方米，办公楼1800平方米。公司主要设备有6MY88－17轧花机，6MPQ400－1500皮棉清理机，6MJM140总集棉机，6MHQ6重杂物清理机等设备，为当时国内一流，性能好，效率高。公司有员工102人，其中棉检师6人，加工车间维修技术人员16人，高级棉检师2人，技术力量雄厚。公司年可加工皮棉16000吨，实现利润1175万元。主要为整个集团生产提供优质原材料和对外经营，充分利用地处重点棉区的地理优势，通过大量收购、储存棉花，确保棉纺织业保持足够资源，减少外购原棉中间环节，降低成本，增加效益。

巨鹿县鑫泰纺织有限公司 隶属河北宏鑫纺织集团，建于2006年，位于巨鹿县工业园区，注册资金1000万元，主要从事各种牛仔布、高档服装面料的生产、销售。公司占地面积87912平方米，建筑面积43500平方米，其中生产车间

12700平方米，材料、成品仓库17710平方米，办公室2000平方米。公司总投资1亿元，其中固定资产投资7000万元，主要设备有200台剑杆织机，2条印染生产线，年可生产环锭纱牛仔布、竹节纱牛仔布、纬向弹力牛仔布、特种色牛仔布、套色牛仔布及高档服装面料、高档装饰布等系列产品1200万米。2008年销售收入1.9亿元，利税1400多万元。

十九、河北科达橡胶制品有限公司

该公司2002年5月建成投产，位于县城工业园区，公司占地50000平方米，员工600多人，总资产6800万元，是县域橡塑行业的龙头民营企业，也是巨鹿县产品出口额最大的规模企业。企业通过ISO9001质量管理体系认证，具有自营进出口资格。主要产品是高强度聚酯线绳V带、输送带、联组带、窄V带。年生产能力8000万A米，年产值1.2亿元。经过发展，已成为国内长江以北最大的普通V带生产企业。

公司采用国际领先水平的台湾大象技术，配备国内最先进的数控制造设备，在国内首家率先使用直口模具，既提高产品外观质量，又能将使用期平均延长30%，全面实施ISO9001：2000国际质量管理体系认证，采用先进的管理模式，产品达到国际先进标准，在畅销国内市场同时，90%的产品出口亚洲、非洲及南、北美洲等30多个国家和地区。至2008年已拥有美国、巴西、墨西哥、伊朗、埃及、巴基斯坦、泰国、新加坡、印度尼西亚、越南等国家较固定客商30多家。累计完成产量2.6亿万A米，实现产值5亿多元，出口总值达到4.5亿多元，上缴税金1300多万元。曾先后荣获“河北省科技企业”、“河北省信用优良企业”、“河北省第七届消费者信得过单位”、市级“文明单位”等荣誉称号。

该公司董事长、总经理张建辉为巨鹿县第十四届人大常委会常委、县工商联副会长、县企业家协会副会长、邢台市第十一届人大代表、市工商联第十六届执委、市国际商会理事等。先后获得“邢台市优秀党务工作者”、“邢台市劳动模范”称号，并获得邢台市“五一奖章”。

二十、河北新时代布业有限公司

该公司建于2005年，民营纺织企业。公司坐落县工业园区，占地面积15000平方米，建筑面积8000平方米，拥有固定资产2000万元，年产值800余万元，以生产灯芯绒为主导产品。拥有成套生产设备GA615型织机268台，员工260人，年产灯芯绒坯布300万米，具有雄厚的技术力量，企业产品以其稳定的质量，良好的信誉远销广东、浙江、江苏、天津等省市。2008年实现利税300万元。

二十一、河北韩一昌宇纺织有限公司

该公司建于2006年6月，是一家现代化大型毛纺织企业，注册资金2000万元，总资产1.7亿元，其中固定资产1.2亿元。公司占地127320.6平方米，建筑面积50000平方米，标准型现代化车间32000平方米。公司是华北地区3万锭生产规模的大型毛纺织生产企业，年生产能力8000吨，产值1.2亿元。其生产设备丝束拉断机、再割机、针梳机、粗纱机、细纱机、络筒机、并倍机等全部由德国、日本、意大利、韩国等国家进口，技术先进、设备精良。其所需原材料睛纶丝束、毛条及其他纤维全部从韩国、日本、墨西哥、澳大利亚等国家和台湾地区引进。产品主要定位于中高档精纺纱线，2/16、2/32、2/26、2/37、2/48等有光、无光纯纺、混纺腈纶纱，广泛应用于服装、装饰工业、生活用品、毛毯、地毯、毛绒布、毛绒玩具等领域。公司具有自营进出口权，建有较完善的销售信息网络，拥有稳定的销售渠道。其产品60%～70%出口韩国、日本；20%间接出口中东、非洲、俄罗斯；国内畅销河北、山东、江苏、广东、浙江等地，“韩一”品牌在国内外享有较高声誉。

二十二、河北神州巨电新能源科技开发有限公司

该公司建于2007年10月，位于县工业园区，注册资金5000万元，占地199980平方米。

是一家拥有核心技术自主知识产权、专门从事新材料动力型电池技术研发、生产、销售的高新科技企业，国家动力锂电池标准起草委员会核心成员。生产技术是国家科技部“火炬计划”项目之一。产品分别荣获2008年和2009年国家优秀设计和最佳应用金奖。

公司拥有国内最大规模的动力型电池生产线，年可产聚合物锂电池3500万AH，产品涵盖10AH—500AH，已通过欧洲CE、UN38.3、美洲UL、国家工信部指定的北京201研究所的检测和认证。其产品具有超高倍率放电、超低温放电等特性，被广泛应用于军事舰艇、各种武器装备、电动大巴、电动汽车和各种移动通讯基站及电网电站等环保的电源领域。

二十三、河北宏福塑料制品有限公司

该公司建于2007年，2008年8月正式投产，位于县城工业园区，是由天津宏保物流有限公司与香港塔普美德国际有限公司共同投资兴建的一家合资公司。主要产品为各种类型的一次性PVC手套，拥有先进的现代化生产线12条。公司秉承质量第一、客户至上、持续改进、社会责任的核心价值观念，产品质量已获得美国FDAASTMD5250和欧洲EN455认证证书。产品广泛应用于医院、医疗护理及检查、食品加工业、实验、家务劳动、电子工业等，系个人防护、医疗卫生的首选用品，远销欧美、日、韩等国家和地区。当年年底实现总产值835万元，销售916万元。

第四章　企业管理

改革开放以后，巨鹿县企业主管部门积极指导县域企业管理体制改革、学习借鉴先进的经营管理模式，加强和规范企业内部管理，使企业管理逐步实现规范化、标准化和现代化。

第一节　管理机构

一、巨鹿县工业促进局

1979年1月~1982年6月，县国营工业企业由县工业局管理。1982年6月建立巨鹿县经济委员会（简称县经委）。县经委设办公室、劳人科、生产科、技术科、企业管理科、审计科、职教科。1982年10月，撤销县工业局，原职能所属国营企业业务由县经委接管。1994年3月，增设食品包装工业办公室。1996年6月，县经委改名为巨鹿县经济局（简称县经济局），县乡镇企业局并入县经济局，对外仍挂县乡镇企业局牌子。局设办公室、规划调度股、科技改造股（挂食品办公室牌子）、资产产权股、经营信息股、人事教育股、乡镇企业股、项目开发股。2002年6月，县经济局更名为巨鹿县经济贸易局。原县贸易局和县轻工总会的行政管理职能由县经济贸易局承担。2005年7月，更名为巨鹿县工业促进局。至2008年底，局设办公室、经济运行综合股。

二、巨鹿县轻工行业管理办公室

1979年县二轻主管部门为县第二轻工业局。1984年更名县第二轻工业公司，隶属县经委领导。1994年改为巨鹿县轻工总会，下属16个企业。2002年改称巨鹿县轻工行业管理办公室，一直到2008年。

三、巨鹿县工业园区办公室

2000年9月19日，巨鹿县“巨鹿工业园”建设领导小组成立，领导小组下设办公室，负责工业园区建设的日常工作。

2005年5月27日，“巨鹿县工业园”更名为“巨鹿县县城工业区”，并建立“巨鹿县县城工业区管理委员会”（简称县工业区管理委员会）。2006年2月，设县城工业区派出所，派出所受县工业区管理委员会和县公安局双重领导，负责工业区治安环境。同年7月，组建经济护卫大队，

由工业区派出所管理，自负盈亏，负责工业区内各企业日常警卫治安和治安联防工作。

第二节 经营管理

一、管理体制

改革开放后，县属国有工业企业由县委、县政府和主管部门直接任命厂长（经理），实行经理负责制。企业管理体制改革中，大部改为股份制企业，实行董事会领导下的总经理负责制，实现所有权与经营权分离。乡镇和民营个体企业在国家统一领导和指导下，独立开展生产经营活动，独立核算，自负盈亏，企业依照法律规定，实行民主管理，选举和罢免管理人员，决定经营管理重大问题。至2008年，除县电力公司外，全县均为民营企业，形式有股份制企业、个人独资企业、中外合资企业等。

二、管理形式

（一）生产经营。1979年以后，县属国有工业企业先实行承包经营责任制，随着企业经营管理不断改革，现代企业经营管理模式广泛应用，生产管理、质量管理、安全管理等经营管理体系不断健全。乡镇民营企业多实行：一是，定人员、定任务、定开支、定报酬、定利润及超任务、利润奖励的“五定一奖”等多种形式责任制；二是，推行经营承包责任制。1984年以后出现了各种合伙股份经营和个体民营企业，经营管理主要为承包经营、合股经营、委托经营、家庭经营等形式。

（1）承包经营 生产资料所有权不变，按照所有权和经营权分离原则，发包方与承包方通过签订合同，明确责权利关系，为发包方完成一定的生产任务、工程建设项目、技术设计任务等，可自主经营。根据平等自愿原则，签订承包合同，明确规定承包形式、承包期限、各项承包指标、利润分配形式、债权债务处理、双方权利、义务、违约责任等。20世纪80年代初期，全县大部分企业均实行个人、集体承包或合伙承包等经营管理形式。在当时，对调动经营者的积极性、提高经济效益起到了一定作用。

（2）委托经营 1979年以后乡村集体企业，由于经营管理尚未纳入正规，一般采取委托经营方式，条件成熟后转为承包经营。

（3）合股经营 规模较大的，一般由入股者推举股份较大且有经营管理能力者任厂长（经理）等职，受入股者委托全权管理企业。

（4）家庭经营 个体企业一般由家长或家长认可的家庭成员负责，所有家庭成员均参与经营管理。

（二）质量管理。20世纪80年代初期，县属企业普遍建立专门质量管理部门，配备专门管理人员对产品、原材料、生产过程等实施质量控制。随着市场经济的建立，市场竞争日趋激烈，对产品的质量要求更加严格。20世纪90年代以后，企业不断引进新技术、新工艺、新设备和现代化质量管理体系，加强质量管理。同时，不断进行全员培训，强化职工的质量意识。特别是中国加入世界贸易组织以后，不少企业的质量管理体系逐步与国际市场接轨。2000年以后，喜得来家具公司、河北科达橡胶制品有限公司、河北三昌纺织有限公司、海斯德橡胶制品有限公司等先后通过“IS09001 质量管理体系”认证或“IS09001：2000 国际质量管理体系”认证。喜德来家具公司还获ISO14001环保认证。

（三）安全管理。1980年后，多数企业设有安全组织，建立健全安全管理制度，配备相应安全设施、器械。实行承包经营责任制后，一般由厂长（经理）为安全生产第一责任人，并纳入岗位责任和目标考核。2000年后，各企业更加重视安全生产，安全组织、管理制度、设施设备进一步健全和完善，职工的安全意识进一步增强，至2008年未出现大的安全事故。

（四）财务管理。1980年后，各企业设立财务科，配备总会计、会计、出纳人员，有健全的财务制度。财会人员业务上受县财政局指导，负责企业年度、季度预决算财务报告编制、企业日常财务收支管理。20世纪90年代后，审计工作纳入企业管理，加强企业财务审计监督并建立年度审计制度、离任审计制度。县审计部门对厂长

（经理）例行离任审计、专项审计等。2000年以后，企业普遍购置微机和财务管理软件，2008年各企业全部实现微机网络化管理，企业财务管理日趋规范。

第五章　建筑业

巨鹿县较早从事土木工程建筑业的团队，多属季节性的临时组织。1981年后，各乡镇陆续建有规模不一的建筑公司。1985年，全县有60个乡村建筑工程队，办理了县建筑公司营业手册。随着城镇建设的加快，建筑业迅速发展，正规而有资质的建筑企业应运而生，不少农村都有临时季节性建筑队，成为城镇建设的主力。

第一节　建筑企业

1979年，县二轻局设有建筑公司，对外承揽工程建筑，1998年企业破产停止活动。同时，私营建筑企业不断增多，并逐步向规范化、标准化、现代化发展。到2008年较大规模的建筑公司主要有三个。

河北省巨鹿县中原建筑安装有限公司　建于1958年，至2008年底注册资金2000万元，固定资产800万元，流动资金1200万元，年产值8000万元。有大型机械设备280多套、台、件，二级资质，能承揽资质内的各项较复杂工程。公司下设5个驻外办事机构，四个分公司，分布全国十几个城市。

河北省巨鹿县顺达水利建设工程有限责任公司　其前身为巨鹿县打井队，于2006年6月建立，资产总额669.54万元，其中固定资产408.76万元，流动资金260.78万元。主要承揽水利建设工程。

巨鹿县天成建筑安装有限责任公司　建于1994年，固定资产1283万元，流动资产3449万元，二级资质。2000年以后主要在巨鹿县城建造办公楼及开发居民楼较多。

第二节　建筑业管理

1987年，县建设局聘请省讲师团和省建委技术人员，对73名工长以上的技术骨干集中进行了半月培训。组建了建筑设计室和建筑工程质量监督站，当年创产值约2000万元。1988年组织了五期建筑岗位培训班，培训人数86人。承揽了6个较大工程的建筑设计任务，设计面积11850平方米。1989年至1990年，对本县原有的21个公司、队逐个进行资质审查，合并为5个建筑企业，其中3级企业2个，4级企业3个。对两个等级外的建筑队和两个预制件厂实施资质审查，颁发资质证书。强化了在建工程的质量监督，监督工程24个，监督面积2.2万平方米。先后设计了县计量局、县粮食局等12个单位的办公楼，设计面积4366平方米。

1991～1994年，对各建筑公司经理、队长，各种在岗专业技术人员开展工程质量和安全生产教育，多次举办各种类型培训班。1991～1994年共监督工程项目94个，监督面积20多万平方米，总投资7587万元，工程监督覆盖率100%，一次校验合格率达85%，设计面积4.2万平方米。1995年，召开了两次全县建筑市场整顿大会。对1994年以来19个投资在20万元以上，建筑面积500平方米以上的建设项目进行执法检查。印发了《巨鹿县建设工程招、投标程序》，建立了建设工程招、投标管理办公室，统一建设工程开工程序，同时组织了县工商局办公楼和县一中教学楼建设工程招、投标。1997年，县纪检、监察局与建设局联合，对全县5年来53个竣工、在建工程实施拉网式审查，对21项违章建设工程给予通报批评、罚款处理。建设工程公开招、投标率达到41.7%。监督工程42个，监督面积13.8万平方米，工程监督覆盖率、一次交验合格率均达到100%。

1998年，先后两次组织建筑企业负责人及技术骨干50余名到任丘参观学习，聘请专家和工程技术人员15人次来本县建筑工地现场指导，聘请市建工局技术人员培训各公司建筑技术骨干

103人，组织举办了特殊工种岗位人员培训班，持证上岗培训班。管理工程建设23项，建筑面积51698平方米，总投资2804万元。新开工程中12项为普九工程，建筑面积233329平方米，新开工程均办理了开工手续，报建率、建档率、建设工程公开招、投标率达到100%。

1999年，成立了建设工程质量检查领导小组。在全县认真开展工程质量安全大检查。投资38万元设立了工程质量检测站。2000年，利用集日、庙会、电视、张贴标语、设立咨询台等各种形式开展宣传，散发宣传传单10000余张，张贴标语100多条；举办《招标投标法》培训班两次。原第四建筑安装公司改制为股份制企业。同时全县三个施工企业的固定资产进行了清产核资。2001年，对所有建筑面积在500平方米以上，投资在20万元以上的工程一一造册登记，建档管理。2002年、2003年，对全县27个施工现场开展安全检查，下达限期整改通知书38份，清除事故隐患63项，当场纠正事故隐患113处。新购塔吊2座、龙门架6套、混凝土搅拌机9台。钢脚手架、钢模板120余吨、挖掘机1台、铲车1台，总投入280余万元。2004年、2005年，强行拆除旧塔吊10台（件），新购塔吊10台，各种车辆机具20余台（辆），钢脚手架模板160余吨，安全防护用品总投入达500余万元，建设领域安全生产率达100%，无重大事故。共管理工程55个，面积23.19万平方米，竣工工程交验合格率达100%，推荐省级、市级文明工地各一项。

2006年，在一线举办全县建筑企业安全生产培训班10余次，培训安全技术骨干500人。对全县范围内14个续建工程、18个新开工程实行动态管理。省建设厅正式批准巨鹿县建设工程交易中心设立，县劳动局人才市场综合办公楼、县广电局家属住宅楼、县建行营业楼、新华北街配套工程等17项工程的招投标监督工作在交易中心进行。2007年，共监督工程43项，建筑面积40.45万平方米，其中续建工程18项，新开工程25项。建设工程招投标是廉政建设的重点区域，招标工程招投标率、监督率、招标备案率实现100%。2008年，共监督工程39项，建筑面积33.4万平方米，无重大事故。

第三节　建筑节能

一、外墙保温

县城内世纪康城小区、阳光家园小区、北街居民住宅小区、联邦花园、中央馨府、欣欣苑小区、风华小区、建华小区、县广播电视局住宅楼、县电力公司、张王疃供电所营业楼工程均采用外墙保温技术。

二、粉煤灰加气砌块技术

县医院外科病房楼、县广电局职工住宅楼、县人事局办公楼、县文化活动中心等10余个建设工程，全部采用粉煤灰加气砌块，取代黏土实心砖。

三、水源热泵制冷取暖

县城欣苑住宅小区采用制冷取暖工程，被国家建设部评为“可再生能源示范项目”，2007年取暖期测试、核算，比采用燃煤锅炉取暖每平方米年节约资金5.5元。世纪康城住宅小区，全部采用地源热泵地板辐射取暖，工程被省建设厅评为“省级可再生能源示范项目”。

四、推广节能新技术、新材料、新产品

至2008年底，全县18个工程项目、63个单项工程全部采用中空玻璃、塑钢门窗；建设工程按图纸设计标准安装使用太阳能热水系统。县医院外科病房楼，第一个安装太阳能热水系统。

第十编

商贸服务业

改革开放以后，巨鹿县商贸服务业经历由计划经济向市场经济转轨变型过程，改革力度逐步加大，其体制、主体、规模等方面都发生了深刻变化，市场机制资源配置基础性作用逐步形成并完善。以国营商业垄断市场的计划经济逐步被以个体、私营经济为主导的市场经济所取代。个体、私营商贸服务业在人们生产、生活中发挥着越来越重要的作用。

第一章　商贸流通体制改革

中共十一届三中全会后，商贸流通领域体制改革开始起步，到2005年，逐步完成了由国有到个体、由国营到民营的转变，计划经济被市场调节所代替。

第一节　商业体制改革

自1979年开始，商业流通体制改革经历了由封闭型分配体制向开放型流通体制转变和不断深化的过程。大体分为三个阶段：

一、计划经济为主，市场调节为辅阶段（1979～1984年）

1979年，按照中共中央关于计划经济为主，同时充分重视市场调节辅助作用的基本改革思路，巨鹿县商业流通体制改革主要体现在三个方面：（一）由单一经济成分向多元化经济成分转变，传统的统购统销、统一计划分配流通模式被改变，国营商业独家经营的局面被打破，商品流通主体、流通渠道和经营方式由单一化向多元化转变，初步形成了多种经济成分、多种流通渠道、多种经营方式的流通格局。（二）商品批发由封闭分配体制向开放批发体制转变。1980年开始，逐步打破原来按固定供应区域、供应对象、倒扣定价的“三固定”批发办法，多种形式的批发模式、批发市场开始建立。批发体制改革，对减少流通环节、疏通流通渠道、加快商品流转、方便商业门店进货，发挥了积极作用。（三）国营流通商业企业开始实行经营责任制。改变国家对企业统负盈亏、企业对职工平均分配的“吃大锅饭”现象。1981年底，县糖烟酒批发部首先实行“利润包干、超额分成”责任制，全县有17家商业企业实行定额管理、专业划细、利润包干、超额分成、百分计奖的经营责任制。各企业根据自身经营特点，实行不同的责任制形式。1982年下半年县饮食服务公司、服装皮毛加工厂等相继实行“经营承包”责任制。至1988年3月，各企业全部实施责任制，调动了职工积极性，利润额、销售额均有增长，理顺了国家、企业和职工三者利益关系。

二、有计划的商品经济阶段（1984～1992年）

1984年10月，中共十二届三中全会制定了《中共中央关于经济体制改革的决定》，把计划商品经济作为经济体制改革的目标。首先，市场体系逐步完善。1985年取消主要农副产品统购统销制度。粮食、食油、棉花由统购改为订购；生猪不再派购，实行上市交易；蔬菜市场全部放开。同时，国家有步骤地减少指令性计划管理商品品种，商品流通领域出现国营、个体“双轨制”。个体商业在社会商品零售总额中的比重持续上升。其次，市场建设步伐加快。随着商品经营逐步放开，各类专业批发零售市场相继出现。1985年建成县城商品批发街，增添商品零售批发门店80余家；1996年古郡市场建设竣工，市场内增加经营门店370余家；2000年县商贸城开工建设，增设经营门店100多家。同时，枸杞、金银花等专业交易市场相继出现。第三，按照所有权、经营权分离原则，逐步深化企业改革。1986年实行招聘经理制；1988年企业实行承包经营责任制；1990年后实行“国有民营”、“社有民营”体制等。以两权分离、扩权让利为基本特征的企业改革，对激发经营者的积极性、挖掘企业潜力、提高企业经济效益起到推动作用。

三、社会主义市场经济阶段（1992年以后）

1992年，邓小平南方讲话和中共十四大明确提出建立社会主义市场经济体制改革目标。在调整流通所有制结构、培育市场发展体系、完善市场调控机制、建立现代企业管理制度等方面，有了新的突破。

（一）商品经营成分和结构逐步与市场经济体制相适应。流通企业于1993年完全被推向市场，计划分配宣告结束；个体私营商业如雨后春笋，由少到多，由小到大；生产企业直接进入市场，运用直销方式开展商品交易，多种所有制经济共同发展局面基本形成。

（二）市场建设规模扩大。大商场、大市场相继建立，大型零售商业入驻县城。2002年位于县城新华街的明珠广场、明珠购物中心、太平洋服饰广场相继开业。

（三）各种新型营销方式应运而生。1993年后，总代理、总经销、物流配送、连锁经营等营销方式逐步兴起。超市、加盟连锁店、专卖店、邮购、网购网销等现代商业模式逐步引进、普及。总代理、总经销在汽车、农用车、摩托车、电动车、家用电器、服装、鞋类、酒类等几十个领域中广泛开展。

（四）政府市场调控功能日臻完善。在认真贯彻整顿市场经济秩序法律法规中，严厉打击假冒伪劣活动；实行激励机制，开展评选“诚信企业”、“诚信个体工商户”活动，倡导诚信经营；政府出面承办各种商品交易会、展销会、订货会等。从1991年开始，县委、县政府每年6月12日（后改为6月18日）举办“杏节”，开展招商引资、产品促销活动。

（五）以建立现代企业制度为目标，深化国合流通企业改革。1997年实行国营商业企业产权制度改革，核心是改革产权制度，完善法人治理结构，建立产权清晰、权责明确、政企分开、管理科学的现代企业管理制度等。县委、县政府制发“关于加快县办工商企业产权制度改革的实施意见”，根据企业的资产、债务、人员状况，采取拍卖、破产、重组等形式，分批实施产权制度改革。到2005年，全县14家国有商业企业相继完成了产权制度改革。至此商业流通中的国有资产全部退出。

第二节　供销社经营体制改革

1980年，县供销合作社初试改革。1981年第四季度，土产公司和17个基层供销合作社陆续实行经营责任制。1983年7月，县供销合作社召开第一次体制改革会议。随后各基层社先后召开社员代表大会，讨论通过供销合作社章程，选举产生理事会、监事会。1984年7月，召开第四届社员代表大会，选举县社理事会、监事会主任、副主任，同时将“巨鹿县供销合作社”改为“巨鹿县供销合作联合社”。随后开始实行“目标管理承包经营责任制”，零售单位取消工资制，全社113个班组实行利润“大包干”。

1985年，县供销合作联合社各公司、工厂、基层供销社实行企业承包经营责任制，人员实行“工资浮动制”。承包人完成利润按工资总额提取综合奖金，超利润部分按比例分成，拉开收入档次，鼓励创收。当年全社165个承包班组，实行利润大包干的108个，定额包干超额分成的8个，计件工资的8个，执行浮动工资的40个，实行百元利润含工资奖金的1个。

1986年8月，县长召集工商、税务、财政、银行等部门，研究解决影响供销社改革的有关问题。明确县供销合作联合社有权任命经理、厂长、基层社主任，发展社办工业优先贷款，现场解决建冷库占地问题，税收方面给予照顾扶持，对县供销合作联合社下辖企业实行目标承包经营责任制；企业班子完成利润和上缴数额允许执行年终奖，正职280元、副职245元、会计210元，集体奖拉开档次，最高数额不超过7000元，亏损单位免发补贴，再扣发20%基本工资。

1987年3月，全面实行目标效益工资制。即县政府对县供销合作联合社定利润、定工资总额，考核所得税增加额、甩包袱数额、税前还贷、依法纳税；本年效益工资额，以上年实际利润为基数，利润每增长1%，工资额增0.7%，所得税比上年增加10万元；完成全年目标，主任、副主任工资比照经理级略高，科、股级人员略低实施。对企业承包经营者实行定目标考核制度。完成年度目标允许经理、厂长、基层供销社主任个人收入高于职工平均收入的1～3倍，最高不超过3.5倍。

1989年，全面实行“全员抵押承包制”。全社在职人员按岗位不同交纳抵押金，由县供销合作联合社统一管理支配，全员交纳抵押金50.1万元；干部职工实行优化劳动组合，实行合同制管理、工效挂钩，重组班组162个，其中实行利润定额超额分成的146个、实行大包干的14个、实行租赁经营的2个。

1990年，县供销合作联合社实行企业上缴利税与工资总额“总提总挂”，年利税每增长1%，工资总额增长0.53%；保上缴利税、保提留、保还贷还欠、工效挂钩；实行销售额、销售收入、资金周转、费用水平、上缴利税、利润额、服务指标、发展目标、精神文明、安全、个人收入和员工福利等项指标考核，完成指标正职可高于职工平均工资的1至2倍。承包班组实行“利润定额，超额分成”。同时实行资金使用报批制度，控制固定资产增长和盲目购置。

1991年全社有147个班组落实承包责任制，开始1991～1993年的第二轮承包。1992年县供销合作联合社推行放开经营范围、放开价格、放开用工、放开分配的“四放开”改革措施。基层单位实行正职向县供销合作联合社立军令状形式承包责任制，半年审计，年底落实奖惩。同时执行承包人资金抵押，承包者将年度承包利润、经费、以私人现金一次性上缴县供销合作联合社。其中油棉厂、棉麻公司向县供销合作联合社各交抵押金10万元。同年7月，造纸厂、化工厂、县社招待所、林庄基层分社，通过竞标重新确定承包者，按比例交抵押金。

1997年开始，利用两年时间，对资不抵债、经营不景气、前途无望企业，采取资产剥离、整体或部分出售、企业破产等多种形式改革。企业在改革中解除对职工无限责任，甩掉债务包袱。通过资产置换变现，解决人员安置、离退休人员工资保障等问题，避免县供销合作联合社资产流失和债务继续增加，维护企业内外稳定。1984年，全社有人员780人。1988年招收合同制职工1230人，年底各类人员2200多人。1992年，清退挂名的合同制和临时招用人员1200人，全社尚留近千人，其中固定工、计划内合同工860人。通过对原企业职工解除劳动合同、挂职不在册、买断工龄、出资参与购买企业等形式自谋生路或自主创业，此次置换身份620人。

1999年，对重点企业棉纺厂、棉麻公司、生产资料公司等实施企业改制。同年4月，采取向机关人员和企业领导班子成员个人借款方式，筹资134万元，解决欠发34名离休人员的27万元工资；同时，处置部分企业资产，筹资350万元，补交全部退休人员的养老保险金。

2003年12月，除盐业公司、烟花爆竹公司、物资回收公司外，4个基层社、再生资源公司、棉花中心（铜板厂）、副食果品公司、棉麻公司、科达公司、县供销合作联合社机关和原改制不到位所有企业，将集体资产和集体股权全部从企业退出，置换职工身份。将企业资产出售，解决职工身份置换经济补偿，补交养老保险金、补齐过去企业拖欠退休人员工资及支付改制费用、解决改制时挂职不在册人员的养老失业保险和退还职工个人集资等。2004年，解决4个基层社资产置换、职工身份置换和拖欠综合服务楼建设款项，同时解决棉麻公司、副食果品公司职工身份置换问题。2005年县供销合作联合社所有职工人员分流和经济补偿全部完成。

2006～2008年间，县供销合作联合社继续承担农业生产资料（主要是化肥、农药）供应服务、盐业经营和管理、烟花爆竹统一归口经营等项业务。

第三节　粮油经营体制改革

1979年后，全县粮油经营由县粮食局负责，实行“三定一奖”（定数量、定品种、预付订购金，超购加价奖励），油料实行定产定购、一年一定、丰产多购、欠年少购的经营模式。

1985年，取消粮油定购定销经营模式，实行合同订购。分为统购和议购，统购即对农民生产的粮食、油料由国家按政策统一收购；议购是对农民完成统购任务后的余粮，由国家按购销双方协商议定价格收购。粮食市场形成计划与市场结合的双轨制。

1993年5月1日起，除军粮供应外，粮食价格全部放开。实行市场收购，取消向农民平价定购粮食任务。

1998年，巨鹿县执行敞开收购、顺价销售、资金封闭运行的粮食购销政策，对粮食收购实行保护价。

2004年5月，巨鹿县正式执行国家《粮食流通管理条例》，加强对粮食流通领域的领导，按粮食工作行政首长负责制要求，负责本行政区域内粮食总量的平衡和安全。

第四节　物资流通体制改革

县物资流通领域体制改革大体分四个阶段：

一、1979～1983年

1979年，巨鹿县物资局针对企业内部长期存在的“干不干一个样、干好干坏一个样”的平均主义弊病，率先在企业内部制订了“经济责任制”和“经济承包超额分成办法”，实行以人定岗、以岗定责、以责联利。

二、1984～1988年

1984年，根据中共十二届三中全会做出的《关于经济体制改革的决定》，县物资局在前五年改革实践基础上，针对企业“大锅饭、铁饭碗”及工资奖金分配上的平均主义，参照农村家庭联产承包责任制和建筑、煤炭行业实行工资含量包干做法，采取“责、权、利”相结合、职工劳动所得与劳动成果相联系等一系列改革措施，在河北省物资系统率先实行以效益工资为中心内容的分配、人事、流通、管理四项改革措施。县物资系统五年累计节约各种费用和避免经济损失60多万元。1988年完成销售收入10104万元，实现利润66万元，分别比1983年增长23倍、19倍，固定资产达到570万元。

三、1989～1991年

针对企业经营管理上存在的财务和人事管理不规范、责任不明确等问题，县物资局陆续制订和推出新的改革措施。对有疑点的业务往来实施专项审计调查，对造成业务拖欠和悬案的，责成相关人员负责清理，直到追回。

四、1992年以后

1992年邓小平南方讲话后，县物资局主要实施四项改革：

（一）扩大经营机构。积极探索物、工、贸综合发展路子，新增商贸实业、木业开发、建材、协作、汽车经销、物资宾馆6个公司，经营机构由原来的14个扩展到20个。

（二）扩大经营范围。由过去只经营生产资料，向经营生活资料、生产加工、运输通讯、饮食服务等多种领域延伸，多种经营利润占利润总额的三分之一。

（三）扩大经营规模。实行多形式、跨行业联营协作，积极与部属公司、国家级或省级金融部门建立联营、联销、代购代销关系。

（四）转换内部机制。全面深化人事、用工、工资三大制度改革。对原物资企业实施股份制改造，调动全员积极性。1992年销售收入比历史最高的1991年增长32%、上交利税突破200万元，1993年销售收入突破两亿元。2000年后，各种物资全部放开，县物资局各公司在改革中逐步退出解体。

第二章　商业所有制结构

改革开放初期，全县商业企业主要以国有商业、合作商业为主。随着流通体制改革的不断深入，县属国合商业企业逐渐退出商业流通领域，个体、私营商业企业逐步成为商业流通的主体。

第一节　国有商业

20世纪80年代初期，全县国有商业企业14家，主要有百货公司、五金公司、食品公司、煤炭公司、饮食服务公司等。随着商业流通体制的改革，国有商业企业经营状况出现新的生机，但到1990年，随着个体，私营商业企业不断增加，国有商业企业的市场份额渐趋萎缩。1979年全县国有商业企业商品零售总额为1741万元，1988年4217万元，而到1997年降至1256万元。全县14家国有商业企业账面资产总额804万元，负债2297万元，已资不抵债。1997年按照县委、县政府“关于加强县办工商企业产权制度改革的实施意见”，通过账务审计、资金评估等，根据企业资产、债务、人员状况分批实施产权制度改革。1998年拍卖百货公司、五交化公司、经贸公司、综合购销公司；同年县人民法院依法宣告食品公司破产；1999年饮食服务公司不堪重负，以资抵债；2000年瑞达饮料厂改建重组为县生猪定点屠宰厂；同年破产拍卖出售服装皮毛厂、人民商场；2001年拍卖出售荣华冷冻厂、巨鹿旅馆、食品肉联公司；2005年拍卖出售糖酒公司、纺织品公司。拍卖企业资金主要用于支付175名置换身份人员经济补偿255.45万元，交纳职工养老保险金228.10万元，交纳失业保险金3万元，支付拖欠离退休人员工资73.6431万元，支付拖欠职工工资97.8351万元，支付职工集资56.4639万元，支付社会集资251.56万元。全县国有商业除国家专项管理商品外，全部退出商业流通。

1979～1997年巨鹿县国营商业企业经营情况明细表

表10－2－1　　单位：万元

项目＼年度	1979	1980	1981	1982	1983	1984	1985	1986	1987	1988	1989	1990	1991	1992	1993	1994	1995	1996	1997
商品销售总额	1741	1588	1665	1464	1667	1764	1636	2284	2405	4217	2633	3521	3422	2711	1755	2069	1566	1351	1256
商品销售毛利	177	167	235	182	197	124	133	152	110	171	201	245	201	200	136	119	99	93	84
毛利率%	10.17	10.52	14.11	12.43	11.82	7.03	8.13	6.65	4.57	4.06	7.63	6.96	5.87	7.38	7.75	5.75	6.36	6.85	6.70

续表

年度 项目	1979	1980	1981	1982	1983	1984	1985	1986	1987	1988	1989	1990	1991	1992	1993	1994	1995	1996	1997
商品流通费	121	120	155	156	148	126	100	117	98	124	154	179	138	158	108	128	99	88	83
费用率%	6.95	7.56	9.31	10.66	8.89	7.14	6.11	5.12	4.07	2.94	5.85	5.08	4.03	5.83	6.15	6.19	6.32	6.51	6.62
交纳税金总额	15	12	11	13	12	26	18	25	11	39	45	51	47	56	11	17	17	2	4
利润总额	40	30	21	-6	37	-20	16	13	2	35	45	45	45	42	31	14	16	16	15
利税总额	55	42	32	7	49	6	34	38	13	74	90	96	92	98	42	31	33	18	19
职工人数（人）				436								644						393	231

1997~2005年巨鹿县国营商业企业改制情况统计表

表10-2-2　　单位：元

企业名称 项目	1997年末人数		改制		变现资金支付									时有在册人员
	固定工	离退人员	时间	形式	职工身份置换		拖欠离退人员工资	职工养老保险金	失业保险金	拖欠			合计	
					人数	金额				职工工资	职工集资	社会集资		
百货公司	25	6	1998.07	拍卖出售	24	211725	35545	153358	3250	20533			424411	
五交化公司	26	12	1998.07	拍卖出售	27	303840	48631	206190	3380	19776			581817	
经贸公司	21	9	1998.07	拍卖出售	21	179776	44957	96864	2730				324327	
综合经销公司	11	8	1998.07	拍卖出售	10	107712	35937	72229	1430				217308	
食品公司	14	8	1998.12	破产	9	194400	44053	189082	1820	57386	10645		497386	
饮食服务公司	5	5	1999.02	以资抵赁	1	21600	16934	49058	650	33576	3000		124818	
人民商场	44	7	2000.04	破产拍卖	31	597600	159628	638999	5690	34780	39184	1720000	3195881	4
服装皮毛厂	16		2000.08	破产拍卖	12	138600		2080		113000			253680	
瑞达饮料厂	5	5	2000.12	改建重组	2	28800	12812	57745	650	208879	238383		547269	
荣华冷冻厂	4		2001.12	拍卖出售	3	64800		69497	520	6600	48000	189417		
巨鹿旅馆	14	12	2002.12	拍卖出售	13	280800	90437	196334	1820	84952			654343	1
食品肉联公司	4	26	2002.12	拍卖出售	4	57600	194851	82560	520	121410	30000	535573	1022514	
纺织品公司	17	5	2005.12	拍卖出售	10	208800		130755	2210	42154	40203	260000	684122	1
糖烟酒公司	25	15	2005.12	拍卖出售	8	158400	52646	338370	3250	235305	155224		943195	3
总计	231	118			175	2554453	736431	2281041	30000	978351	564639	2515573	9660488	9

第二节　合作商业

一、基层供销合作社

1979年，依照人民公社所在地设置城关、辛庄、贾庄、堤村、张王疃、阎疃、王六村、林庄、苏家营、楼张镇、官亭、董营、观寨、小吕寨、何寨、西郭城、王虎寨17个基层供销社。1985年1月，按经济区域将原17个基层供销社合并，设立城关、官亭、阎疃、小吕寨4个基层中心供销合作社。1997年四个基层中心社先后实行人员分流、资产处置等企业改制，到2003年基层供销社全部停止经营活动。

二、商贸公司

1984年12月，巨鹿县供销合作联合社成立劳动服务公司、农副产品公司。1985年1月，城关供销合作社成立运输公司、饮食公司（兴合饭庄）；7月，县供销合作联合社将业务科与物价科合并，成立综合贸易服务中心。1986年1月，县供销合作联合社成立经销公司；4月，成立综合贸易公司；6月，原副食公司分解，成立副食公司、果品公司（果品公司主要筹建冷库项目）；12月，县供销合作联合社拥有18个下属独立核算单位：其中直属公司11个（棉麻公司、生产公司、副食公司、果品公司、土产公司、畜产公司、物资回收公司、劳动服务公司、农副产品公司、经销公司、综合贸易公司）；工厂3个（油棉厂、油棉二厂、罐头厂）。1988年1月，成立棉花中心，下辖棉麻公司、油棉厂、油棉二厂。棉花中心本身也独立经营业务；11月，经贸中心与生产公司合并，经贸中心撤销。果品公司筹建的棉纺厂独立经营，果品公司撤销。1989年1月，成立加油站，同年8月，城关基层供销合作社下属饮食公司改为县供销合作联合社直属单位，实行独立核算（对外也称作县社招待所）。1991年5月，综合贸易公司更名为城镇供销合作社，劳动服务公司更名为生活资料公司。1993年1月，以副主任级干部为法人代表，分别办起供销实业公司、太星实业公司、工农贸实业公司、农工产品经贸公司、农工贸供销公司、房地产开发公司及国贸物资公司、棉花中心等。同年2月，新设土产果品公司、土产日杂公司、土产饭店、再生资源开发公司、皮毛厂、宋庆珍公司、荣西敏公司、商贸公司、张现英公司、张志文公司、鑫泰公司、副食果品公司、副食盐业公司。

三、巨鹿县供销合作联合社所属工厂

1985年，县供销合作联合社选择走“亦商亦工”的发展道路，将兴办工业项目作为主攻目标之一，社办工业企业迅速发展壮大。1987年以后，工业成为县供销合作联合社经济的重要组成部分。除原有的油棉厂、油棉二厂、副食加工厂（1989年5月破产）外，先后兴办了10多家工业企业。

（一）织物厂。1985年7月兴建，1986年3月投产。当年实现产值140万元，获利润13.2万元。1987年扩建后，当年实现利润50多万元，成为当时经济效益最好的工业项目。1988年实现利润72.1万元，1989年实现利润40.13万元，1990年实现利润33.7万元。产业政策调整和受“三角债”牵扯，生产受到影响。1990年产品销售形成外欠230万元，挤占全部流动资金，生产逐步下滑，1993年停产。

（二）罐头厂。1986年在原副食加工厂基础上利用85天时间建成罐头厂。当年6月投产，半年生产罐头800吨，产值190万元，实现利润8万元。1987年扩建，1994年1月停产。

（三）棉纺厂。1985年1月，棉纺厂兴建一期工程，生产能力为3000支纱锭，7月投产。1988年8月，投资457万元扩建，由3000锭生产规模扩大到1万锭。1989年6月，1万支纱锭工程建成投产。1990年4月转纺21支纱。1991年投资299万元实施技术改造。1992年，投资1440万元新建纺纱车间，由1万锭生产规模扩大到2万锭，1993年9月建成并投产。1994年，50%产品出口，1~7月产量1240吨，实现利税113万元。经过几次技改扩建，棉纺厂成为县社

的“龙头”企业、全县重点企业之一。2001 年 6 月，棉纺厂在企业改制中实行产权制度改革，脱离县社序列。

（四）造纸厂。1987 年 2 月，县化肥厂（驻官亭镇鱼营村）采取“以产抵债”的方式，将原化肥厂东院厂房及所有资产作价 48.15 万元转交县供销合作联合社兴建造纸厂。该项目投资 200 多万元，设计年生产薄型纸 2000 吨、产值 370 万元。1988 年 8 月试生产成功，当年生产白纸 200 吨。1993 年停产、半停产。1994 年 3 月，邢台造纸厂对其实行租赁经营，后“以资抵债”，划归银行。

（五）纸箱厂。1988 年经销公司兴办纸箱厂。1993 年 10 月，纸箱厂独立核算。同年经国务院生产办批准，与省包装公司联合改建，投资 457 万元更新厂房、生产设备，扩大生产能力。1994 年 1 ~7 月，生产纸箱 43 万套。

1985 年以后，县供销合作联合社及所属公司还先后兴办了一些小型工业企业。小吕寨基层社香辣油厂、城关基层社橡胶制品厂、油棉二厂与天津市南开区粮食局联建榨油厂、劳动服务公司毛纺厂、贸易公司彩砖厂、生产公司农具厂、经销公司礼帽厂、回收公司铜板厂、畜产公司皮毛厂（皮剪绒厂）和服装厂、农副产品公司化纤制品厂、副食品加工厂转建粘合剂厂（化工厂）、罐头厂关闭后改建枸杞保健茶厂等。

1985 ~2001 年部分年度县供销合作联合社工业企业经营情况明细表

表 10 -2 -3 单位：万元

年　度	工业产值	利　润
1985	1142	28.6
1986	1550.4	63.72
1987	1708	100.4
1989	2258.6	145.3
1990	2580.6	162.7
1991	5042	129
1993	1747.7	-21.6
1996	8885.8	83.5
1999	7502.8	97.9
2000	11409.9	190.8
2001	1296.33	143.9

第三节　民营商业

20 世纪 80 年代初，随着改革开放不断深入，国家对商品经营逐步放开，全县民营商业快速发展。2006 年国家商务部启动“万村千乡”市场工程，以现代物流连锁经营为机制的商业营销模式进入巨鹿县。6 月 1 日，巨鹿县申请成为“万村千乡”工程试点县，规范农村零售市场，其商品由“福源德商贸有限公司”统一配送。到 2008 年底，福源德系列“农家店超市”达到 210 家，就业人员达到 800 人，年商品销售总额 4200 万元。全县民营商业企业、门店已达 2600 多家，商品批发、零售、专卖、代购代销等销售网点遍布城乡，涉及日用百货、家用电器、五交化、文化、家饰用品、副食品加工销售、餐饮、住宿、美容美发、摄影化妆、维修服务、洗浴保健等各种行业。

第三章　商品经营

改革开放初期，全县商品经营主要由国合商业企业计划供应，随着商业流通体制改革的深入，国家对商品经营逐步放开。计划供应的经营模式逐步被以市场调节为主的市场经济所取代，形成以个体、私营商业企业经营为主，国有商业企业部分专营的市场经济体系。

第一节　工业生产资料经营

20世纪80年代初，主要由县物资局及所属企业计划供应木材、钢材、水泥、机电、轮胎、煤炭等工业生产资料。1987年以后，按照计划供应为主、市场调节为辅的经营原则，积极组织计划外货源，以满足生产、生活需要，计划外物资购销额占经营总额的82%。90年代初，随着市场经济发展，除民用爆破物品外，其余物资全部实施市场调节、自由采购。一大批经营物资的民营企业、商户快速发展起来，成为市场主体。其中木材、钢材、水泥、煤炭、机电产品等尤为突出。苏家营乡吉陈庄木材市场，经营商户20余家，年销售木材多达2900立方米，经营额140万元。2008年县城经营水泥及制品的商户就有60家，全县经营煤炭商户100多家，县城经营机电产品的商户40多家，各乡镇所在地也均有3～5家。

第二节　农业生产资料经营

20世纪80年代初，县供销合作联合社在全县建立17个生产资料服务部、135个生产资料服务站，从业人员330人。通过部、站直接把农资供应服务送到千家万户和田间地头。同时，积极开展测土施肥、印发科学种田资料、新式生产工具租赁等综合服务。1993年取消农药、化肥等农业生产资料计划供应。

一、化肥

化肥供应以氮肥、膦肥为主，20世纪90年代以后复合肥、钾肥、磷肥等需求量不断上升。2008年市场化肥供应主要有复合肥、有机肥等。

二、农药

农药供应品种主要有呋喃丹、敌杀死、久效磷、甲胺磷、氧化乐果、速灭杀丁等高效、低毒、低残留菊酯类农药。传统农药敌敌畏、敌百虫、1605、3911、1059等高残留农药逐步被淘汰。20世纪90年代以后除草剂、矮壮素等植物生长激素类农药品种不断增多。

三、农机具

农机具供应主要是七寸步犁、喷雾器等简单农业机具。20世纪90年代以后，拖拉机、三轮车、收割机、播种机等现代大型农机具成为农机具市场主要品种。2008年，联合收割机、联合播种机的使用，对提高农业生产效率，减轻农民劳动强度发挥重要作用。

四、农膜

20世纪80年代随着农业技术不断推广，地膜覆盖、蔬菜大棚逐步兴起，农膜需求逐步上升，2008年全县销售农膜30万千克。

第三节　粮油棉花购销

一、粮油购销

（一）粮油收购。1985年，巨鹿县取消粮油统购统销经营模式，改为合同订购。（1）粮食。1979～1984年实行“三定一奖”（定数量、定品种、预付定购金、超购加价奖励），鼓励农民多向国家交售余粮，超过定购任务部分按统购价加价30%，但超购不能超过超产部分的40%。小麦最高价0.46元/千克，最低价0.28元/千克。1985年10月～1986年3月，县政府以行政管理方式向各乡镇下达定购任务，与农民签订“粮食定购合同”收购粮油。定购以外的粮食允许自由上市，巨鹿县粮食市场形成计划与市场相结合的双轨制。1987年，实行合同定购粮油“三挂钩”（粮油定购和化肥、柴油、预购定金）政策，50千克粮食（小麦、玉米）奖售平价标准化肥12千克，柴油6千克，并可根据需求领取预付订购金。1993年5月11日除军粮供应外，巨鹿县粮食和粮食制品价格全部放开。1998年，巨鹿县执行粮食“三项政策”（敞开收购、顺价销售、资金封闭运行），按保护价常年敞开收购农民余粮，规定不得以任何理由限收、拒收和停收。保护价为中等白麦1.14元/千克。2001、2002年秋季前巨鹿县坚持按保护价敞开收购农民余粮。2002年秋粮上市，玉米、谷子退出保护价收购范围，价格由市场调节。2003年小麦取消保护价收购。2004年5月，巨鹿县按照国家《粮食流通管理条例》，加强对粮食流通工作的领导，实行粮食工作行政首长负责制，负责本行政区域内粮食的总量平衡和粮食安全。2006年巨鹿县开始实行小麦最低收购价，中等白麦1.44元/千克，2008年1.68元/千克。（2）油料。1979年油料执行定产定购，一年一定、丰年多购、欠年少购原则。1985年取消油料统购，实行比例计价，敞开收购。花生、芝麻、油菜籽按“倒四六”（40%按原统购价，60%按加价后价格）比例计价，棉籽按“正四六”比例计价。以城镇供应时价为收购价实行购销同价。1992年取消油脂定购。

（二）粮油销售。（1）粮食。1979～1993年非农业人口按工种分类，一户一粮本，凭本购买。行政干部每人每月14.5千克粮食，其他工种15千克，细粮60%，粗粮40%。1996年6月，粮食开放，停止非农业供应。（2）油料。非农业人口凭粮本每人每月供成品油250克。1981年6月，巨鹿县食品业用油按所供平价粮数额的3%到4%供应，糕点业用油按所供平价粮数额的10%到13%供应。1992年前巨鹿县粮库担负城镇居民、非农业、监狱服刑人员、军供和粮食加工企业的粮油供应。1992年5月取消城镇居民食用油供应，下半年取消城镇非农业、服刑人员粮油供应，只供军粮。2005年军粮供应转移到平乡军供站。（3）粮油票证。凭证供粮始于1960年，1996年6月取消凭证供粮。凭证供粮期间，县城实行的粮油票证有以下4种：城镇居民粮食供应证、工商行业用粮供应证、城镇居民（非农业）粮食供应转移证、农村居民（农业）粮食转移证。同时实行粮票、粮条形式保障流动人员用粮需要。粮票分为全国通用粮票、河北省地方粮票，粮条仅在巨鹿县内使用。1993年粮票、粮条停止使用。

（三）议购议销公司。1983年，巨鹿县成立粮油议购议销公司，隶属县粮食局，股级单位。粮油购销实行双轨制，农民完成国家订购任务后，剩余粮油可议价销售给国家。1984年，国家允许粮食多渠道经营，但国家粮食主管部门仍为粮食经营主渠道。议购议销粮食品种主要有玉米、小麦、豆类、薯片。购销范围逐渐扩大到黑龙江、辽宁、山西、山东、广东、广西等地。县粮食局设监管人员，负责监管当日上市粮油价格，掌握随行就市收购情况，并按巨鹿县城集日价上报。

1985年巨鹿县油脂油料收购价格一览表

表10－3－4　　单位：元／50千克

品　种	原统购价	比例收购价
油菜籽油	106.00	137.80
棉籽油	72.00	86.40
卫生油	84.00	100.80
生胡麻油	107.00	139.10

续表

品　　种	原统购价	比例收购价
热胡麻油	113.00	146.90
花生果	34.30	44.60
花生仁	48.00	62.40
棉　籽	10.50	12.60
油菜籽	35.00	45.50
胡麻油	35.00	45.50
花生油	115.00	149.50

（四）粮油储运。（1）保管。20世纪80年代，各粮库开始建设砖木结构仓库，最多存粮9.5万吨，最低存粮2.8万吨。1998年实行敞开收购后，由于数量剧增，粮仓不够，粮食大部分露天存放。2005年压库促销，降低库存，缓解了库存压力。20世纪80年代后期，采用药剂缓释密闭、结合塑膜密封、沙子压顶的低氧、低温、低药量密闭保管方法。增建机械通风仓，采用密闭、机械通风、降温、降水，同时用低剂量磷化药剂和防虫磷防护。实行家庭联产承包责任制后，农村储粮变队储为户储。县粮食局转向技术咨询服务，印发保粮手册、举办短期培训班、协助农户检查存粮、提供防治药品。油脂用钢制涂铅刷漆的大型储油罐存放，全县最大储油容量50吨，最小容量20吨。（2）检测。20世纪80年代初，用烘箱、干燥箱，20世纪90年代使用电子测水仪，2000年后用快速测水仪，用微机检测温度、谷物杂质、水分、等级和油脂的杂质、水分、析出物、挥发物、酸价等项目。（3）储备粮。20世纪70年代末，全县中央储备粮尚存1025吨。1979年实行农村家庭联产责任制后，将储备粮清理分配给农民。（4）粮油装具。传统的粮食装具为100千克麻袋、面粉为25千克布制面袋。1998年，开始用25千克塑料编织袋，以后逐渐散装。油脂装具以160千克铁桶为主。

2008年巨鹿县粮仓容量分布情况统计表

表10－3－5　　　　单位：吨

公司名称	总仓容	分站名	分站仓容	合计仓数	仓数
巨鹿镇粮油购销有限责任公司	19500	辛　庄	18000	21	10
		张王疃	1500		11
贾庄粮油购销有限责任公司	9300	贾　庄	5000	37	19
		中　心	1000		3
		堤　村	1500		3
		苏　营	1800		12
小吕寨粮油购销有限责任公司	13500			23	
官亭粮油购销有限责任公司	7800	官　亭	6300	19	15
		董　营	500		4

续表

公司名称	总仓容	分站名	分站仓容	合计仓数	仓数
城镇粮油购销有限责任公司	12970	粮　库	8000	37	20
		面粉厂	2170		5
		王虎寨	2800		12
阎疃粮油购销有限责任公司	11133	阎　疃	7300	41	19
		王六村	2470		11
		辛　庄	1363		11
合　　计	74203			178	

二、棉花收购

1979 年，农民种植棉花有了自主权，国家上调棉花收购价格，调动了农民种棉积极性。按照国家棉花专营政策，棉花统一归县供销合作社棉麻公司经营。1980 年全县共有 4 个棉花收购站，后新建、扩建达到 18 个。1984 年，县棉麻公司收购皮棉 8760 吨，创历史最高记录。1985 年，国家调整棉花收购政策，缩小加价比例，收购任务减少。随后几年，皮棉收购量多在 5000 吨左右。2001 年以后，国家放开棉花市场，县供销合作社不再行使棉花专营职能。

1984～2008 年巨鹿县供销合作社棉花经营情况明细表

表 10－3－6　　单位：万元

年　　度	购进额	销售额	利　润
1984	4158	1811	46.8
1985	2646	4830	111
1986	4159	3781	151.5
1987	4522	4369	235.2
1988	6810	6189	327.9
1989	5362	6189	253.7
1990	7224	3584	259.3
1991	9930	10974	162.7
1992	4945	8715	－564
1993	6569	6721	199
1994	5501	6002	147
1995	6440	1582	235.8
1996	7996	8732	248.8
1997	9250	9454	270.2
1998	10690	10939	206.4
1999	10726	10891	188.2

续表

年　度	购进额	销售额	利　润
2000	12823	13866	316.5
2001	15602	16747	287.6
2002	13465	13793	187.9
2003	13544	15774	129.4
2004	14257	16189	139.6
2005	14173	16054	89.2
2006	12600	10714	67.6
2007	15060	18379	140
2008	20487	22479	95

第四节　副食品经营

20世纪80年代初，副食品经营主要由县商业局食品公司、糖烟酒公司和县供销合作社副食公司、基层供销社负责。1989年以后，烟、酒、食盐相继实行专营。其他副食品逐步放开，由国营变为个体、集体、国营三足鼎立。随着群众生活的需要和改革开放的不断深入，个体、私营副食品商户日益增多。2008年全县经营副食品的商户发展到500余家，经营品种日渐增多。

第五节　日用工业品经营

一、百货、针纺织品

1980年，按照国家国民经济实行“调整、改革、整顿、提高”的方针，巨鹿县商业经营实行统一指导、分级核算、定额管理、专业划细、利润包干、超额分成、百分计奖、奖罚严明的经营责任制。商业局系统批发、零售商店的11个部组，销售总额比1979年增长6.5%、利润增长8.7%。1986年3月，县城北关商场从县百货公司分出，成为独立核算单位，改为“巨鹿县人民商场”。1989年，县百货公司、人民商场拥有4个批发部、4个零售门市（人民商场、早晚门市、百货商场、商品街零售门市）18个营业部组，除担负县内百货、文化用品、针织品、纺织品4大类商品供应外，同时担负全县各基层供销社、部分个体商贩商品批发业务。

20世纪80年代，化纤产品需求量不断攀升，1981年10月国家调低化纤品价格，品种增多，供求紧张局面得到缓解。1983年，巨鹿县取消凭布票供应棉布办法。1989年3月，针织品、纺织品从百货公司列出，成立“纺织品公司”，下设批发部1个（租用原巨鹿县礼堂，面积1500平方米）、零售门市1个，总经营品种720种，销售各种布类20万米，销售总额74万元。其中，化纤类8.1万米，金额48万元，占销售总额的65%。

1993年始，由于国有商业企业经营机制呆滞，经营市场逐渐萎缩。而个体经营机制灵活，日渐兴旺。商品品种繁多，除传统的日用百货、针纺织品外，毛纺织品、皮革制品、羽绒制品、纯棉制品等衣着、家饰用品成为市场的新宠。

1978～1997年巨鹿县国有商业企业百货类商品销售情况明细表

表10－3－7

类别 年份	职工人数（人）	商品类别（种）	销售额（万元）	资金周转率（天/次）	劳动率（万元/人）	利润（万元）
1978	86	1720	780	130	9.07	23
1989	105	1400	450	180	4.29	9.3
1990	121	1650	480	178	4.00	9.9
1993	120	1210	165	176	1.38	9
1997	81	600	51	251	0.63	3.9

二、五金、交电、化工

1979年成立“五金交电化工公司”，下设批发部1个、零售门市1个，从业人员17人，经营品种2000多种。1982年，按商品种类分设交通门市、五金门市、化工门市、电器修理门市。1986年，在邢德公路北侧，建五交化商场一处，营业面积187平方米，后因经营不佳，1987年关闭停业。至1989年，从业人员48人，经营品种增至2200多种，营业面积440平方米。

20世纪80年代，电扇、电视机、收录机、洗衣机、彩电、电冰箱等家电开始经营。20世纪90年代，县城向东、北扩建，位于县城西街的五交化公司门市日显偏僻，经营冷淡。同时，自行车、化工原料等18种主要商品允许个体经营。国营商业客户日渐减少，销售下降。国营商业开始实行门店与柜台租赁，职工自筹资金自主经营，部分职工离店自主经营。

2000年以后，随着人民群众生活水平的提高，空调、冰箱、液晶数字大屏彩电、全自动洗衣机、电动车、摩托车等高档家电、交通工具及整体厨房用品等已成为多数家庭的必需品，全部由个体经营。2008年县城经营门店100多家，乡镇部分大村也有门店。

第六节　农副产品经营

一、干鲜果品

20世纪80年代初，干鲜果品主要由县国合商业企业经营。鲜果品种以本县产的苹果、梨、杏、桃为主，干坚果品大多以外购核桃、大枣、瓜子等为主。品种类别较少。80年代后期，个体经营商户逐渐增多，国合商业的经营日渐衰落，2005年国合商业停止经营农副产品活动，干鲜果品全部为个体、私营商户经营。经营品种丰富多样，西北部山区的核桃、栗子等干坚果品，南方的荔枝、龙眼、猕猴桃、芒果、香蕉、柑橘，进口的榴莲、蛇果、槟榔等海外果品，四季不断。

二、肉蛋食品

肉蛋经销主要由县商业局食品公司负责。1979年，农民饲养生猪增多，生猪出栏由1979年的8630头增至1980年的12880头。1980年，改过去的派购派销、统负盈亏为议购议销。1985年生猪市场放开，收购价格提高。实行联产承包责任制后，粮食增收，价格下降，全县涌现出了116个养猪专业户。1994年，食品公司分为“食品公司”、“食品肉联公司”、“荣华冷冻厂”，食品肉联公司、荣华冷冻厂肩负县城的生猪定点屠宰。

三、枸杞、槐米、红枣、辣椒

枸杞、槐米、红枣、辣椒的购销是县供销合作联合社的传统经营项目，由专业公司和基层供销社负责。1988 年全社经营枸杞 625 吨、槐米 4160 吨、红枣 1340 吨、辣椒 825 吨。随着市场经济的发展，经营渠道增加，县供销合作联合社系统的经销量逐步减少。1990 年，全社加工蜜枣 1195 吨、收购枸杞 150 吨、槐米 150 吨。

第七节　成品油经营

20 世纪 80 年代，成品油经营实行中央和省两级管理体制，县石油公司按照国家“统一政策、统一价格、统一调拨、统一质量”的原则，主要负责县域成品油的计划调拨、品种余缺调剂和批发供应业务。1994 年，石油流通体制改革，实行中央、省、市三级管理体制。2000 年后，石油销售站、点逐步增多，允许有资质的私营企业经营石油零售业务。2005 年 12 月，县商务局接手管理县域成品油市场。至 2008 年县域拥有中石化加油站 6 个、中石油加油站 3 个、社会加油站 26 个，其中农村加油站点 18 个。

第八节　烟草专卖

一、卷烟营销

1991～2003 年，邢台市和巨鹿县烟草公司组合销售（据货源情况将畅销烟和滞销烟，指定搭配比例销售），邢台市烟草公司负责宏观调控和适度管理。县烟草公司作为卷烟三级批发机构，接受市公司指导。2004 年，取消县烟草公司法人资格。由邢台市烟草公司统一购销、统一专卖标识、统一制定价格、统一专卖管理。2006 年，统一卷烟零售价格，实行一货一签，明码实价。到 2008 年，县域拥有卷烟零售户 1182 户，覆盖全县 97% 的村庄，年销售 46995 件，实现利润 1846 万元。

1989～2008 年巨鹿县烟草专卖卷烟经营情况明细表

表 10－4－8

年　份	销售数量（万支）	实现利润（万元）
1989	2031	30
1990	1044	31
1991	5846	28
1992	5358	79
1993	7225	9.4
1994	5415	3.8
1995	9925	3.6
1996	10623	106
1997	10016	50
1998	6124	77.5
1999	5221	27
2000	4491	65
2005	33558	786

续表

年份	销售数量（万支）	实现利润（万元）
2006	45786	1123
2007	44853	1293
2008	46995	1846

二、烟草专卖管理

对烟草专卖市场，巨鹿县卷烟营销部采取发动群众、明察暗访、广布眼线、拉网式大检查等措施常年进行整治。对假冒、走私、非法经营、私制烟丝等非法行为，依法进行严惩，没收非法所得、查扣加工机械和产品，对有关人员进行罚款、刑拘、判刑等，加大处罚力度。2008 年 8 月，集中销毁劣质烟叶 10 吨、假冒卷烟 3760 条。

1990～2008 年巨鹿县卷烟营销部查获案件情况统计表

表 10－4－9

年份	案件数（件）	查获卷烟（条）	烟丝（吨）	烟机（台）	烟叶（吨）	处罚（万元）	罚款（万元）	刑拘（人）	判刑（人）
1990	7	110				7			
1991	11	150							
1992	11	145							
1993	14	185							
1994	16	175							
1995	21	195							
1996	15	1700							
1997	17	230							
1998	20	225							
1999	16	950							
2000	48	256							
2001	1		0.2	4	1				
2003	1	1750	1.1		0.5		4.9		
2004	4	3800	2				1.07	2	
2005	275	3500	8.5	1				10	6
2006	124	3003	0.05				1.125		
2007	306	3930	0.005					2	
2008	108	3760	0.03		10				
合计	1015	24064	11.885	5	11.5	7	7.095	14	6

三、卷烟销售品牌

河北省省内品牌主要有新石家庄、软硬盒石家庄、灵芝、北戴河、菊花、荷花、西柏坡、官亭、玉兰、佳宾、驰鹿、华光、热河、兰草、山海关、迎宾、海狮、钻石、丰收、丛台、百灵、赵都等。

外省品牌主要有云南省的玉溪、阿诗玛、红梅、翡翠、红山茶、石林、吉庆、五朵金花、红河、桂花、红塔山、金版纳、红河等，上海市的中华、红双喜、牡丹、熊猫、凤凰、飞马、大前门等，天津市的恒大、大前门，江苏省的苏烟，陕西省的猴王、金丝猴，江西省的庐山、金圣，北京市的恒大、中南海，河南省的黄金叶、许昌、沙河、红旗渠、金许昌，湖北省的红双喜、黄鹤楼、来凤、红金龙，重庆市的龙凤呈祥，黑龙江省的老仁义、林海灵芝，福建省的七匹狼，浙江省的利群，四川省的娇子、五牛、攀枝花、天下秀、骄子，辽宁省的亨通、人民大会堂，浙江省的大红鹰、雄狮，山东省的将军、琥珀哈德门、泰山、一支笔，安徽省的迎客松、丰收、前进、黄山、都宝，贵州省的黄果树、银杉、贵烟，湖南省的白沙、芙蓉、芙蓉王、银象，广西壮族自治区的真龙（娇子）。进口卷烟有三五、万宝路等。

四、烟草专卖零售许可

1983 年实行持证销售烟草。由个人申请、巨鹿县卷烟营销部审核办理烟草专卖零售许可证。至 2008 年底，持证经营户 1182 户。

第九节　盐专卖

1994 年以前，县供销合作联合社副食品公司负责食盐供应。1994 年建立巨鹿县盐业公司，随即发证设点 96 个，专门负责县内食盐供应。1995 年国家确定每千克食盐加碘 25 微克 ~ 35 微克，全年销售食盐 1150 吨，人均年摄盐 3 千克。随着人们保健意识的增强，不少家庭开始控盐，人均年摄盐量降至 2.5 千克（未计人口增长和外出打工人口）。

县盐业公司建有稽查大队，专门查处私盐。1997 ~ 2000 年因盐产区源头管理不严，年年有私盐流入县内，稽查队经常深入门店，发现一起处理一起，每年查处私盐百吨左右。按有关规定没收、罚款。对没收私盐或加碘销售、或改为工业畜牧用盐。2000 年后，未发现偷运私盐现象。

第十节　民用爆炸物品

1997 年，县供销合作联合社成立烟花爆竹专营公司，专门负责烟花爆竹经营与批发业务。建设贮存仓库、配备灭火器材等安全设备。设置专人昼夜值班看守仓库，在购进、运输、储存、批发等环节坚持规范经营，各零售商持证经营。2008 年，全县农村持证零售点 76 个，县城春节、集日期间设零售点 25 个，年销售各种鞭炮和烟花价值 400 ~ 450 万元。其中，家庭消费 220 万元。全县 9 万户年均购买 25 元烟花爆竹；年结婚 4500 ~ 5000 对，消费 100 万元，户均燃放 200 元；每年开业、庆典等需要 50 万元左右。

第十一节　废旧物资回收

改革开放以后，巨鹿县废旧物资回收业务经历了一个由县物资局和县供销合作联合社回收为主，到全部为个体户经营的发展过程。废旧物资的再生利用技术相对薄弱。

一、回收

1985 年前，县供销合作联合社土产公司和基层供销社从事日用生活废旧物资的回收业务。1986 年 1 月，县供销合作联合社废旧物资回收公司成立后，专门从事此项业务。当年开始在团城、神堂坡设点，扶持废旧物资回收市场，年底收购总额 250 万元。并通过瓷器换购、广设网点，全县废旧物资回收形成较大规模。1988 年购销废旧物资 11330 吨，县回收公司成为全国同行业先进单位。后由回收公司分离建立国贸公司，在石家庄经营焦炭、生铁业务，利用石家庄钢铁厂客户，以废钢铁串换钢材，成为同行业龙头企业之一。2006年，购进1.02亿元，销售额1.03亿元，实现利润90万元，纳税180万元。

2000年前，废旧金属材料的回收主要由县物资局金属回收公司负责。2000年后，从事废品回收的个体户逐渐增多，原县供销合作联合社增设的收购站点也转由个人经营，个体收购站点遍及城乡。尤以神堂坡废品回收市场较为活跃，先以单纯废品回收发展为瓷器换购，回收范围由近县扩展到省外，带动不少周边农民利用农闲时节外出进行废品回收换购，增加收入。

二、利用

20世纪80年代初，巨鹿县回收的废旧物资主要销往外地。20世纪90年代初，县供销合作社回收公司建立铜板厂，把回收的废铜简单加工冶炼，做成铜板销售，年加工废铜100多吨。90年代末，企业改制停工。2000年初，纪家寨村建立了塑料制品厂，开始对废旧塑料制品实施再加工、再利用，制成塑料日用品，不仅创造经济效益，而且有效防止资源再流失、能源再浪费、环境再污染。至2008年，县内废品再利用加工量有限，全县大部分回收的废旧物资仍以外销为主。

第四章　生活服务业

改革开放初期，县内生活服务业主要由县商业局所属企业经营，经营范围以餐饮、住宿、理发、洗浴、照相为主。随着企业体制改革的不断深入，国有商业企业相继退出，个体、私营企业逐步成为县域服务行业的主体。服务领域涉及人们生活的方方面面，县域服务行业较为繁荣。

第一节　餐饮业

1979年，在县城主要经营餐饮的企业是县商业局饮食服务公司。饮食服务公司采取“走出去、请进来”举办厨师培训班和以师带徒、就地培训等形式，不断提高厨师的技术水平。20世纪80年代初期，经省、地考核批准，命名晋升特级厨师1人、一级厨师1人、二级厨师3人、三级厨师6人。1984年，饮食业实行“国家所有、集体承包、照章纳税、自负盈亏”的管理体制，饭菜花样品种不断增多，高、中、低档均有，企业经济效益逐年增加。1993年后，个体、集体餐饮业门店、摊点日益增多。饮食服务公司经营机制不灵活，效益急剧下降，到1999年不堪重负，企业关闭，以资抵债。同时，个体、民营餐饮业迅速发展，至2008年，饭店、酒楼、特色小吃遍及城乡。

第二节　住宿业

20世纪70年代中期，经营住宿的主要是饮食服务公司所属的巨鹿县北关旅馆和马车店。1975年，在县城北关建成一座全县唯一的3层旅馆服务大楼，建筑面积2300平方米，客房60间，可容纳旅客160人。设小卖部、会议室，可就餐、停车。1986年，马车店撤销，只剩北关旅馆1家，从业人员30人。巨鹿县政府招待所主要负责上级领导及工作人员的公务接待。

1987年，饮食服务公司分为3家，即饮食服务公司、服装皮毛加工厂、北关旅馆。1988年，实行经营承包制。1993年后，个体民营及家庭旅馆遍及县城各街道。北关旅馆设备陈旧，更新资金不足，效益逐年下滑，1999年关闭停业。之后，巨鹿宾馆（原巨鹿县政府招待所）、华丰宾馆成为全县集对外招待、餐饮、住宿、娱乐于一体的较高档服务企业。

附：华丰宾馆简介

华丰宾馆位于巨鹿县城新华北街，2003年7月开业，是一家集餐饮、住宿、娱乐、会议于一体的综合性旅游涉外宾馆，环境幽雅，交通便利。2005年6月被国家旅游局正式评为三星级宾馆。至2008年，工作人员150人，宾馆拥有各类客房47间，总统套房1套，宴会包间23个，宴会厅华丰食府1个，会议室4个，其中1号会议室可容纳400人左右，温泉游泳池1个。

客房房间均采用可控制的中央空调系统、数字电视、国内长途直拨电话、宽带网络接口、电子门锁、数字化客房系统，24小时提供温泉水洗浴。其中数字客房配有免费电脑，入住的宾客可24小时无限宽带上网。

宴会包间可承接各种宴会、冷餐酒会、团队产品展示、会议就餐等团队活动。餐饮特色主要以湘菜、粤菜、河北菜、本地特色菜和创新菜为主。

温泉游泳池和宾馆所有洗浴用水，均出自1700米深的地下热水，出水温度46度，含有丰富的钙、钾、镁、硒等矿物质，可以增加人体免疫力，对身体十分有益。

第三节　其他服务业

一、理发业

1981年，县城理发业只有北关、西街两个国营理发店。改革开放后，个体理发业迅速发展，门店增多，理、吹、烫、染等新技术、新工艺普遍采用，由单纯理发到美容美发，不断满足人们对美的需求。至2008年仅县城理发、美发门店就有80多家，从业人员300多人。各乡镇所在地及部分农村均有理发门店。

二、照相

1979年，县城内只有县商业局所属的北街、西关两个照相馆，实行分店核算，单独经营。1980年后，个体照相进城，照相网点增多，原照相门市业务量减少，1985年西街照相馆撤销，1999年北关照相馆因从业人员青黄不接，经营不善，关闭停业。同时，个体、私营照相业迅速发展，技术水平提高，由单纯照相不断发展成为集摄影、化妆、婚庆等多项服务的营业性影楼，到2008年已发展到20多家。

三、洗浴

1980年，县城内只有饮食服务公司北关澡堂一家，营业面积250平方米，职工8人。因连年亏损，无法经营，1989年停止营业。1990年以后，不同档次的个体澡堂相继出现。到2008年，城内有华丰、海阔天空等中高档洗浴中心和南街、一里庄等一般洗浴场所8家，从业人员100余人。部分农村也建有营业性澡堂。

四、维修业

20世纪80年代初，维修业主要以汽车、摩托车、自行车等交通工具及电视机、录音机等小型家电类。随着人民生活水平的提高，汽车、电动车迅速增加，各种家用电器和手机很快普及，相应的维修业迅速发展。个体和私营汽车、自行车、电动车、手机、家电维修保养门市、站点遍及城乡。2008年底县城从事各种维修业的门店有40多家，村镇有100多家。

第五章　房地产业

巨鹿县房地产管理主要为公有和私有住房产权管理、出售、交易等。改革开放以后，巨鹿县房地产业由职工自建住房到商品房建设、住宅小区开发，县域房地产业迅速发展，居民居住条件得到较大改善，城镇化进程步伐加快。

第一节　房地产开发

1985年6月，成立巨鹿县房产管理公司，后改为巨鹿县房地产管理局。负责公有住房的出售管理、营建商品住房。1987～1990年，有112个单位征地388407平方米，解决机关办公和职工住宅；有5个单位用自有资金垫付营建职工住宅；1616户城镇居民自建住宅10.44万平方米。

1992年5月，巨鹿县房地产管理局从巨鹿镇尼庄村征地9245平方米，用于建造商品房解决干部职工住房。1992～1994年，有16个企事业单位利用原有自用空闲土地，采取单位统一组织、职工共同集资的方式，建造住宅4.8万平方米。1995～2004年，公路站、县医院等12个单位征地103277平方米营建住宅小区，建筑面积11万平方米。至2008年底，开发建设具有一定规模的住宅小区18个，占地32.03万平方米，建筑面积60万平方米。

2008年，县正在实施的经济适用住房项目，一是河北万达房地产开发有限公司承建的“方圆安居小区”，占地8.6247万平方米，建筑面积10.37万平方米，总投资9936万元。二是由邢台建设房地产开发有限公司承建的“锦绣花园”小区，占地10.7892万平方米，建筑面积13.93万平方米。2008年底，全县城镇住房总建筑面积208万平方米。其中通过基本建设及更新改造方式建造住房（含政府兴建政策性住房）49.4万平方米，通过房地产开发公司以预售后建方式建造商品住房60万平方米，城镇居民个人建设住宅和其他自建住房98.6万平方米，城镇人均住房面积为24.4平方米。

第二节　住房公积金及房产管理

一、住房公积金

1996年5月县政府开始在全县行政机关、企事业单位实施住房公积金制度。12月经县编委批准成立“巨鹿县住房资金管理中心”。1997～2007年9月，有14个单位建立住房公积金制度，累计归集公积金330万元。2007年10月县政府研究决定将住房资金管理中心分列出来，更名为邢台市住房公积金管理中心巨鹿县管理部，为科级单位，业务由市住房公积金管理中心直接管理。同时为全县财政供养人员建立了住房公积金制度，归集住房公积金87万元。到2008年底，全县共累计归集住房公积金826万元。

二、房产管理

1985～1990年，巨鹿县行政事业单位共出售旧住房1078间（包括企业单位138间），建筑面积1.04万平方米。1989年6月开始对县城镇管辖区内的各类房屋进行产权登记，核发《房屋所有权证》，到1990年底，共发放《房屋所有权证》804本。县城共有公产房12.2万平方米，私有房10万平方米。1992年5月，县政府下发《城镇房屋管理的暂行规定（试行）》，对县城房屋产权产籍、房屋租赁、房屋交易管理作出具体规定。6月，组建“巨鹿县房地产交易所”，负责县城镇房屋租赁、房屋交易管理工作。1993年10月，县房地产管理局、物价局、工商局联合下发《关于城镇房屋租赁有关问题的通知》，对县城镇生产经营性房屋租赁执行勘估价格。到1995年底，累计办理房屋确权发证3685本，建筑面积32.4万平方米（其中住宅14.3万平方米，非住宅18.1万平方米）。1996年12月，房屋产权产籍档案管理工作被省档案局批准为“省三级”。1998年7月，经县编委批准成立“巨鹿县房屋产权产籍监理所”。至2008年底，为12个商品房开发项目办理商品房预售许可证，预售面积40.5万平方米，3700多套。同时实行按揭贷款，共为1832户居民办理按揭贷款手续，解决购房资金2.58亿多元。至2008年底，共为县内支柱企业和个体经营者办理房产抵押登记2007份，抵押面积146.2万平方米，为企业利用房地产抵押贷款解决生产经营所需资金12.1亿元。2001～2008年，共办理房屋安全鉴定79起，建筑面积3.24万平方米。至2008年12月底，共累计办理房屋权属登记9348本（其中公产599本），建筑面积288.2万平方米（其中公产162.1万平方米，私产126.1万平方米）；房屋租赁登记备案4447份；房产交易登记2104份，交易面积42.9万平方米，房产交易额3.7亿元。

第六章　商贸市场

20世纪80年代初，巨鹿县商品贸易市场主要为县商业、供销、物资系统国有和集体商品零售商场、门店和民间集市、庙会。随着市场经济的建立和县城建设的加快，各类商场、门店林立，各种大型专业交易市场相继形成，县域商贸市场日渐繁荣。

第一节　商场　商铺

一、商场

1979年，县城只有北关人民商场和老十字街百货商场，均属国营企业。随着商业企业改革不断深入，国营商场逐步退出，个体私营商业快速发展，大型私有、股份制商场、超市、购物中心陆续入住巨鹿县。至2008年底，大型商场有明珠购物中心、太平洋购物广场、欧特福超市等，年销售额4000多万元。

二、商铺

改革开放前，县城主要是国合商业部门所属商业店铺，个体店铺不多。改革开放后，个体私营商业店铺迅速兴起，日用百货、食品、水果、服装、鞋帽、玩具、餐饮、五金交电、家用电器、家居装修等门店，遍及县城各个街道。2008年，县城各种民营商业店铺已有2000多家。

第二节　专业市场

一、槐米市场

槐米专业市场坐落在县城健康东路以南万盛南街，占地6660平方米。是全县农民和外地客商槐米自由交易的集散地。农民除采集当地资源外，每年有5000多人外出采购外地槐米，范围多达周围100多个县。经营较好的1987年，整个市场成交槐米415吨，仅城关供销社就经营260吨，占总交易量的62%，经营总额450万元，为农民增加收入170万元。

二、枸杞市场

枸杞市场坐落在县城健康东路以南南段，占地5328平方米，收购摊位80多个。全县枸杞产量占全国总产量的25%，枸杞市场兴盛时，参与交易者5000多人，全县外采、自销人员多达2万余人，涉足宁夏、内蒙、新疆等地。20世纪80年代中、后期，枸杞市场年经销量1200吨，仅县供销合作联合社经销近1000吨，经营额1100多万元，为农民增加收入600多万元。

三、金银花市场

金银花交易市场坐落在县城健康东路以南北段，占地46620平方米，常驻商户230家。2003年“非典”之后，金银花价格不断攀升，激发了农民种植金银花的积极性。到2008年，全县种植面积48150.18万平方米，年产干花800多万千克。每年金银花上市，四方客商云集，从事购销人员上万人，年交易额超过10亿元。

四、蜜枣加工市场

蜜枣加工市场主要集中在县城及城关、堤村等乡镇，曾发展到49个村，140个加工厂，聘请外地技术人员1200余人，购销和加工人员1.5万余人，年购鲜枣8000多吨，相当于当地枣产量的7倍，年加工蜜枣6500吨。2000年以后，蜜枣加工主要为个体企业。2008年，个体加工企业有100多家，年加工鲜枣2500吨。

五、废品回收市场

20世纪80年代初期，废品回收主要以神堂坡、团城为中心。县供销合作联合社为扶持市场，成立专营公司在市场中心设点，1987年，县供销合作联合社回收公司收购废旧物资15400吨。1996年又在石家庄市钢厂专设经销处，负责收购废旧钢材，提供瓷器供应，鼓励农民开展瓷器换购废品活动。到2008年废品回收从业人员2万余人，年经营量4万余吨。不少农民通过从事废品换购实现了脱贫致富。

第三节　农村集市庙会

巨鹿县集市庙会贸易历来兴盛。明、清时期，已有巨鹿县城、团城、堤村、官亭、何寨、观察、西孟村、闫疃等几个大集市，部分村庄还有庙会、上市物资多与民众生产、生活相关联，以粮食、土布、棉线、食盐、瓜果、蔬菜、牲畜等为主。中共十一届三中全会后，农村集市贸易进一步活跃。1984 年，成交额由 1983 年的 603 万元增加到 703 万元，增长幅度为 16.6%，占社会商品零售额的 15.2%。上市主要商品为小百货、服装、布匹、鞋帽、粮食、蔬菜、瓜果、牲口、农机具等。随着农村商业网点增多，交通事业的快速发展，至 2008 年农村集市庙会明显减少，成交额呈下降趋势。

1983～1989 年巨鹿县部分年份集贸市场成交额统计表

表 10－8－10　　单位：万元

年　份	社会商品零售额	集贸市场成交额	集贸占社会的%
1983	3658	603	16.5
1984	4629	703	15.2
1985	5011	907	18.1
1986	5715	961	16.8
1987	8204	1609	19.6
1988	8737	1738	19.9
1989	7577	3044	40.2

附：县委书记赶集

——记张贵联研究集市情况指导生产

河北省巨鹿县去年春天开放农村集市贸易以来，县委书记张贵联成了赶集的“常客”。张贵联为啥赶集，起初不少干部、群众并不摸底细。集市上，认识他的群众，往往向他投来疑惧的眼光。

张贵联赶集，当然有他的目的。

随着这位衣着简朴的县委书记频繁地赶集，全县农村集市贸易发生了许多新变化：全县九十五个古老传统的集市庙会陆续恢复了；插画集出现了；日益增多的农副产品上市了。城乡集市，成交活跃，秩序井然，一派生气勃勃的景象。

张贵联赶集，不仅是为了打开这个农村经济的流通渠道，更重要是想如何利用这个市场为发展繁荣农村经济服务。

今年夏季，巨鹿县小麦比去年增长一成多，又赶上国家实行了粮食超购加价政策，张贵联满以为群众会踊跃向国家交售超购粮。可是，他在农村市场上了解的情况却出乎意料：新上市的小麦日益剧增，价格猛跌，甚至大大低于国家的超购价格。难道果真像有些人说的那样，农民分的粮食无处盛了吗？张贵联根本不相信这种“言过其实”的说法。他顺藤摸瓜，分别到有关生产队、粮站、信用社进行调查，发现集市上大量抛售的粮食主要来自那些丰收的穷队。这些队过去在林彪、“四人帮”极左路线干扰破坏下，生产靠贷款，社员分配不能兑现。今年丰收了，都想多卖给国家一些粮食，指望得到一笔收入。但是，有的信用社却把人家交售的超购粮款全部截留顶了贷款；粮站在小麦收购上也存在着压级压价现象。因此，这些穷队便宁肯忍痛到农村集市上低价卖，也不愿到国家粮站高价卖。张贵联认为，党的三中全会制订的一系列政策，目的是为了调动农民的劳动积极性。可是，一些主管经济部门的同志，还没有真正领会这项政策的精神实质。他们对待刚刚恢复了一点元气的穷队，不是添柴加火，而是釜底抽薪。于是，他着手解决粮食部门随意压级压价的做法，使之按照国家的规定，正确评级定价。同时通过和信贷部门协商，决定对穷队暂不扣还贷款，他们出售的超购粮全部付给现金。这样一来，各种满载小麦的车辆又向粮站涌来。

秋收以来，粮食上市又达到新的高峰。其中红薯干几乎充斥了整个粮食市场，价格要比国家超购价格低百分之三十。张贵联心里明白，今年全县红薯种植面积约占全县粮食作物面积的四分之一，产量占粮食总产量的百分之四十。按照国家征购粮食品种的规定，薯干不能超过交售总量的百分之二十。这样，大批薯干就只能上集了。看到集市上许多农民守着一袋袋白花花的薯干卖不出去发愁，张贵联心里十分不安。为了寻找薯干出路，他走访了基层供销社、粮站、生产队粉房，广泛听取干部、群众的意见。然后，主持召开专门会议，研究制定了三条措施：一是由粮站议价收购；二是由供销社组织生产队大力开展加工粉条副业；三是由粮食和供销部门与外地粮食部门、企业单位签订销售合同。这“三着”棋一走，打开了薯干销路，农民喜笑颜开。目前，在巨鹿的农村里，几乎队队绳索如网，粉条满挂，各粮站收购的薯干堆积如山。

一年来，张贵联通过赶集对农副产品价格的调查研究，还发现本县农业内部比例严重失调，在种植上存在着不少问题。集市开放以后，粮食大量上市了，但是不同粮种的价格相差很大。比如，一斤绿豆就相当于三斤小麦的价格，一斤香油要高出国家牌价的三点五倍，还有花生、黍稷等也特别贵。张贵联通过了解，进一步看到因地制宜种植小杂粮和经济作物的重要。于是，去年以来，县委根据本地风沙、盐碱地多的特点，重新调整作物种植布局，把粮食作物集中压缩到稳产高产田里，扩大了花生、棉花、油菜等经济作物的种植。同时根据一些大队的经验，号召全县在沟旁、渠边、玉米和红薯地里种植绿豆、豇豆、芝麻等作物。这样，今年全县粮食面积尽管比一九七六年减少两万多亩，而粮食总产量却增长了三成半，还多收了花生六十五万斤，棉花五十五万斤，油菜籽七万三千斤，芝麻两千多斤，苜蓿两千多万斤。如今，在巨鹿农村市场上，小杂粮的价格，都比去年同期下降了。

张贵联赶集尝到了甜头。他最近对记者说：“过去，我们发展社会主义农村经济，只重视计划，而忽视了市场的调剂作用，吃了不少苦头。如今，随着农村商品生产日益活跃，农村集市越来越成为反映全县经济发展状况的橱窗。作为一个领导干部，如果像天气预报员那样，能够准确地掌握市场行情变化，就会在指导生产上，增加自觉性，减少盲目性。”

摘自1979年12月20日《人民日报》第二版

第七章　对外贸易

改革开放初期，巨鹿县对外贸易主要为落实上级下达的进出口计划任务。中国加入世界贸易组织后，县属一些企业获得了进出口经营自主权，县域对外贸易逐渐活跃。

第一节　出口贸易

改革开放以后，巨鹿县对外出口主要为金银花、枸杞、纺织品、食品、机件、橡胶制品等6大主导产业，县内具有进出口自主经营权的民营企业主要有燕南食品集团、河北海斯德橡胶制品有限公司、科达橡胶制品有限公司、喜德来家具有限公司、河北昌隆纺织有限公司等17家企业。2007年巨鹿县申请成为全国“纺织品出口基地”，对县纺织品出口起到了积极地促进作用。

第二节　进口贸易

改革开放以后，巨鹿县进口贸易主要为机电产品、工业原材料、高新设备、农用化肥等。2008年，全县进出口总额为4541万美元。

第八章　商务管理

巨鹿县商务管理主要由县商务局、县供销合作联合社、县物资局、县粮食局、县烟草专卖局分口管理，重点加强市场体系建立、规范、许可、审批、监督和整顿。改革开放以后，县域商务管理日渐规范。

第一节 经营管理

一、酒类管理

1996年以前，巨鹿县仅有“水仙花”酒厂，生产“水仙花”牌系列白酒，畅销省内外。此后，相继增加了“金德利”酒厂、“二月花”酒厂、“中原”酒厂。2006年，巨鹿县依照《酒类流通管理办法》，全面实行酒类经营“随附单”（运输销售随附生产许可证、卫生许可证等）制度。至2008年，全县有5个酒类批发门市，个体酒类经营户610家。酒类市场畅销品牌各个时期不尽相同，其白酒类主要是“魏徵故里”、“水仙花”、“板城烧锅”、“山庄老酒”、“衡水老白干”、“白杨”、“塞罕坝”等中低档酒类。碑酒类主要有“青岛”、“雪花”、“哈尔滨”、“燕京”等。

二、畜禽定点屠宰管理

随着市场经济的发展，巨鹿县国营生猪购销及加工逐步由民营取代。一些不法商贩开始经营病害肉和注水肉（宰杀动物时用器具注水增加肉的重量），危及人们身体健康。为加强屠宰市场监管，县1996年成立了“巨鹿县畜禽屠宰管理办公室”。明确县荣华冷冻厂和食品肉联厂，为生猪定点屠宰厂。2007年5月合为“巨鹿镇生猪定点屠宰厂”。1999年，增设贾庄、小吕寨、官亭、楼张镇、阎疃5个村级生猪定点屠宰厂。2007年升级改造，2008年全县保留5个生猪定点屠宰厂。

1999～2008年巨鹿县生猪定点屠宰情况统计表

表10－10－12

年　份	工人（人）	屠宰量（头）	猪肉市场价格（元/千克）
1999	17	16800	6～7
2000	17	16900	6～7
2001	17	17000	7～8
2002	17	16850	7～8
2003	17	16000	8～9
2004	17	16300	9～10
2005	17	15000	10～12
2006	14	12100	12～16
2007	14	11190	16～28
2008	16	10808	20～26

第二节 管理机构

一、巨鹿县商业局

1979年，巨鹿县革委商业局分设为巨鹿县商业局、巨鹿县供销合作社。1991年3月，巨鹿县酒类商品专卖局（二级局）列出，对外挂巨鹿县糖酒公司（一套人马两个牌子）牌子，1995年，更名为巨鹿县酒类专卖管理局，一直隶属县商业局。1996年7月，撤销县商业局建立县贸易局（原县商业局、粮食局职能纳入贸易局）。2002

年6月，县贸易局更名为县贸易行业管理办公室。2005年9月，组建县商务局（原县贸易行业管理办公室、外贸局、招商局的职能纳入县商务局），负责商务流通和市场体系的规划、建设、规范、许可、审批、监督、管理与整顿。县商务局下设6个股（室）：办公室、财务股、商务管理股、开放管理办公室（即县招商局，暂独立开展工作）、酒类监督管理办公室、畜禽屠宰管理办公室。至2008年底。

二、巨鹿县供销合作联合社

1979年1月，县供销合作社机关设办公室、人事科、业务科、计财科、教育科、保卫科、物价科。辖棉麻、生产、副食、土产4个公司，油棉厂、油棉二厂、副食加工厂3个加工厂。依“人民公社”所在地设置城关、辛庄、贾庄、堤村、张王疃、阎疃、王六村、林庄、苏家营、楼张镇、官亭、董营、观寨、小吕寨、何寨、西郭城、王虎寨17个基层供销社。1984年7月，县供销合作社改为巨鹿县供销合作联合社。1985年，全县17个基层供销社合并为城关、官亭、阎疃、小吕寨4个基层中心供销社。1987年，县供销合作社机关将10个科室合并为办公室、人事科、计财科、生产科、基层科、保卫科6个科室。人员由64人减少为44人，20人充实基层。后又相继增加政工科、审计科、纪检室、监察室、工会、研究室、体改办、学白地办公室、工业科、老干部科、养老保险科、法制科。1993年1月，机关17个科室合并为4个，即办公室、政工科、计财科、保卫科（保安公司）。1997年以后，企业改制、人员分流，下属公司不断减少。到2003年12月，随着棉麻公司、再生资源开发公司、铜板厂、副食果品公司、国贸公司和阎疃、官亭、城关、小吕寨4个中心社先后改制停止经营活动，县供销合作联合社只存留办公室和盐业公司、废旧物资回收公司（国贸公司）、烟花爆竹专营公司。至2008年底。

三、巨鹿县粮食局

1979年，巨鹿县粮食管理机构为县革委粮食局，下属城关、贾庄、堤村、后辛庄、张王疃、小吕寨、何寨、王虎寨、西郭城、官亭、后董营、观寨、楼张镇、阎疃、苏家营、林庄、王六村等17个粮站，1个直属粮库、1个粮食加工厂（粮食加工厂建于1958年，属全民所有制粮食加工企业）。

1982年5月，改称巨鹿县粮食局，下设秘书、会计、保管、计调、人事、业务、购销、油脂等8个股室。1983年成立粮油议购议销公司，为局下股级单位。1985年1月增设审计股。1987年6月撤销油脂股，业务股合并到购销股。1987年7月1日，粮油议购议销公司实行独立核算，成为独立经济实体。1993年5月18日，17个粮站和直属库改为粮油公司，县粮食局增挂粮油总公司牌子。1994年粮食加工厂划归县直属粮库。2002年县粮食局机关设办公室、购销调控股。2003年，将18个购销企业和楼张镇、堤村、何寨、观寨、王六村5个粮油公司分别合并到苏家营、贾庄、小吕寨、官亭、阎疃五个大站。2004年机构改革，将13个国有粮食购销企业调整合并为阎疃、小吕寨、贾庄、官亭、巨鹿镇、城镇6家粮油购销有限责任公司。至2008年底。

四、巨鹿县物资局

1979年，巨鹿县物资局设一室三司，即办公室和木材、综合、服务三个公司。1988年，增加金属材料、木材、燃料、化轻建材、机电设备、生资服务、贸易中心、储运、物资购销、金属回收、建筑安装、汽车配件等公司和摩托专营商场、汽车大修厂等14个独立核算经营单位，固定资产620万元。1986年后，连续4年获省局先进单位，地委先后授予一等功、特等功、红旗党支部等称号。1996年12月，改为县物产总公司，设综合办公室、财务科。至2008年底。

五、巨鹿县房地产管理局

1985年6月，成立巨鹿县房产管理公司，属科级事业单位。1989年2月，改为巨鹿县房地产管理局，7月下设秘书股、业务股、房地产仲裁股和房地产交易所。1995年12月，建立巨鹿县住房委员会，所属办公室设在县房地产管理局。1996年8月，建立巨鹿县住房资金管理中心和巨鹿县经济适用住房发展中心，为局下属股级单位。1998年7月，建立巨鹿县房屋产权产籍监理所，为局下属股级单位。至2008年底。

六、河北省烟草公司邢台市公司巨鹿县卷烟营销部

1989年1月设立巨鹿县烟草专卖局，隶属县商业局。县烟草专卖局和县烟草公司一套人员两个牌子，下设办公室、财务科、专卖科和业务科。1991年5月，归属邢台市烟草专卖局垂直领导。1993年4月迁至朝阳路（后为光明大街）新办公楼。1998年增设网建办公室，下设5个批发部，即城区批发部和阎疃、西郭城、官亭、王虎寨网部。同年2月，增设纪检监察室，10月增设安保科。1999年改为邢台市烟草分公司巨鹿县经营部和巨鹿县烟草专卖局。2000年3月，设烟草专卖稽查大队。2004年撤销网建办公室及5个卷烟批发部，同年县烟草公司更名为河北省烟草公司邢台市公司巨鹿县卷烟营销部，并取消县级法人资格，人、财、物全部划归河北省烟草公司邢台市公司。营销部设办公室、专卖科、市场部、配送部。至2008年底。

第十一编　金融业

1979年，巨鹿县金融保险机构仅一家，即中国人民银行巨鹿县支行。随着改革开放不断深入，社会、经济等各项建设事业不断发展，金融、保险业务范围逐年拓宽，机构数量逐渐增多，各项存款、贷款及保险业务快速增长；保险业务已深入千家万户，成为社会保障的重要组成部分。1999年，县城兴起证券市场。

2008年底，全县有中国人民银行巨鹿县支行、中国银行业监督管理委员会邢台银监分局巨鹿县办事处、中国农业银行股份有限公司巨鹿县支行、中国建设银行股份有限公司巨鹿县支行、中国工商银行股份有限公司巨鹿县支行、中国农业发展银行巨鹿县支行、巨鹿县农村信用合作联社、中国邮政储蓄银行巨鹿县支行、中国人民财产保险股份有限公司巨鹿县支公司、中国人寿保险股份有限公司巨鹿县分公司及中华、太平洋、新华、民生保险公司等10余家金融保险机构。

第一章　金融体制改革

第一节　机构改革

1979年12月，中国人民银行巨鹿县支行与中国农业银行巨鹿县支行分设。1984年1月，中国人民保险公司巨鹿县支公司列出。1985年1月，县人民银行机构、人员、固定资产划归中国工商银行巨鹿县支行管理。并由其办理业务。1986年7月，县人民银行复建。1994年，县人民银行成立国家外汇管理局巨鹿县支局。2003年12月，中国银行业监督管理委员会邢台银监分局巨鹿县办事处（简称巨鹿县银监办）建立，从县人民银行列出分设。1979年，县人民银行下辖城关、官亭、小吕寨、阎疃4个营业所，17个农村信用社（城关、贾庄、堤村、辛庄、张王疃、阎疃、林庄、王六村、苏家营、官亭、观寨、董营、楼张镇、小吕寨、何寨、西郭城、王虎寨）。

1994年，巨鹿县有6家金融机构，下辖58个营业网点，109个储蓄代办机构，2004年移交巨鹿县银监办。当年12月，中国建设银行、中国工商银行实行股份制改造，中国建设银行河北省巨鹿县支行更名为中国建设银行股份有限公司巨鹿县支行。2005年12月中国工商银行巨鹿县支行更名为中国工商银行股份有限公司巨鹿县支行。2006年，巨鹿县农村信用合作社联合社，据河北银监局下发的《关于核准巨鹿县农村信用合作联社开业的批复》，实行一级法人。巨鹿县农村信用合作社联合社更名为巨鹿县农村信用合作联社，当年换发中华人民共和国金融机构许可证。2008年6月，中国邮政储蓄银行巨鹿县支行挂牌营业。健全和完善巨鹿县银行业组织体系，开辟邮政储蓄资金直接回流农村、服务当地的新渠道。

1990～2008 年巨鹿县金融机构基层网点设置情况明细表

表 11－1－1　　单位：个

年　份	工商银行	农业银行	建设银行	农业发展银行	农信社	城信社	典当行	邮政储蓄
1990	9	17	7		21	3	1	4
1991	9	17	7		21	3	1	4
1992	9	17	7		21	3	1	4
1993	9	17	7		21	3	1	4
1994	9	17	7		21	3	1	4
1995	9	18	8		21	3	1	4
1996	9	18	9	1	21	3	1	4
1997	9	18	9	1	21	3	1	4
1998	9	15	9	1	21	3	1	4
1999	9	13	9	1	21	3	1	4
2000	9	11	9	1	24			5
2001	7	9	7	1	24			5
2002	5	7	6	1	24			5
2003	2	6	4	1	24			5
2004	2	4	4	1	24			5
2005	2	4	3	1	24			5
2006	2	4	3	1	24			5
2007	2	4	3	1	24			5
2008	2	4	3	1	24			5

第二节　政策调控改革

改革划分三个阶段：1986 年及以前为计划信贷阶段，信贷资金由人民银行集中管理；1987～2004 年 11 月，执行《人民银行对专业银行贷款管理暂行办法》，实行“合理供给、确定期限、有借有还、周转使用”原则；2004 年底至 2008 年各专业银行先后完成股份制改造，信贷实行国家调控，据国家调控自我担责经营。

1979～1984 年国家实行“宽松”货币政策，信贷资金采用信贷计划指标管理模式。1984 年银行将拨款改为贷款和企业流动资金信贷，增发货币和贷款。当时信贷资金由人民银行集中管理。1985 年实行“从紧”货币政策，金融业“紧缩银根”，严格控制贷款规模和货币投放。由过去的指标管理改为信贷收支计划为依据的管理模式。1986～1988 年再次实施货币“宽松”政策。1987 年执行《人民银行对专业银行贷款管理暂行办法》，实行“合理供给、确定期限、有借有还、周转使用”的原则，理顺人民银行与专业银行的资金关系。1989～1997 年掌握“从紧”，减少固定资产投资和现金投放。1998～2002 年实行“稳健”、“稳中求松”、“紧中有活”的货币政策。2003～2004年“稳健”趋紧。2005～2007年上半年，继续实施“稳健”政策。2007年下半年实行“稳中适度从紧”货币政策，2008年再次“从紧”。当年11月，货币政策“适度宽松”。

第二章　银行业

第一节　机构网点

一、中国人民银行巨鹿县支行

中国人民银行巨鹿县支行（简称“县人民银行”）归属上级人民银行和县人民政府双重管理。1996～2008年间，县人民银行争创“一流班子，一流队伍，一流业绩”，扎实开展文明单位创建活动。1996～2001年间，三次被河北省委、省人民政府授予“省级文明单位”称号；2005年、2008年两次被中国人民银行天津分行授予“分行级文明单位”。

二、中国农业银行股份有限公司巨鹿县支行

1980年1月，中国农业银行巨鹿县支行（简称“县农业银行”）成立。内设综合办公室、财会监管部、信贷管理部、客户经理部、营业室、官亭营业所、新华街储蓄所、建设街储蓄所。2005年县农业银行获省分行“全省农业银行储蓄存款‘迎新春’优质服务竞赛十佳标兵单位”荣誉称号；2007年度获省总工会“省级模范职工之家”荣誉称号；2008年度被省分行评为“先进单位”。

三、中国建设银行股份有限公司巨鹿县支行

1979年，中国人民建设银行巨鹿县支行成立。1991年设立储蓄股。1994年更名为中国建设银行河北省巨鹿县支行。2004年更名为中国建设银行股份有限公司巨鹿县支行（简称“县建设银行”）。内设办公室、客户服务部、营业室、建设街分理处、富强路分理处。

20世纪90年代中后期，随着改革开放步伐加快，以经营基本建设拨款、贷款业务管理等职能为主的建设银行，开始转变为自主经营、自我约束、自负盈亏、自我发展的商业银行，2000年以后，利润总额持续稳步升高，由1985年的9.4万元发展到2008年末的2243万元。1995年，县建设银行首次荣获全国建设银行“储蓄工作先进集体”称号，迈入总行级先进单位行列。2000～2008年，先后荣获全国建设银行“青年文明号”、“巾帼文明示范岗”、“先进基层党组织”、“思想政治工作先进集体”、“文明单位”、“学习型组织先进单位”等总行级荣誉称号。

四、中国工商银行股份有限公司巨鹿县支行

1984年中国工商银行巨鹿县支行建立，2005年中国工商银行完成股份制改造，更名为中国工商银行股份有限公司巨鹿县支行（以下简称“县工商银行”）。内设机构有办公室、客户经理部。

1985年设2个营业网点，支行营业室及北街储蓄所；1986年增至6个，增设新市场储蓄所、金融服务所（后更名为新市场信用社）、北街储蓄所、北关储蓄所；1989年增至8个，新增南街储蓄所（6月更名为工商银行储蓄所）、建设街储蓄所；1993年增设房地产信贷部；1994年营业网点增设健康路储蓄所、朝阳路储蓄所。12月新市场信用社划归县信用联社，与县工商银行脱钩；2003年营业网点整合为2个，支行营业室、新市场储蓄所；2006年以后营业网点有中国工商银行股份有限公司营业室、巨鹿县新市场支行。

五、中国农业发展银行巨鹿县支行

1994年6月，县农业银行信贷股开始办理县农业银行和县工商银行划转的农业政策性信贷业务，各项贷款2.3亿元。1996年12月，中国农业发展银行巨鹿县支行（简称“县农发行”）成立，独立对外营业。内设办公室、会计出纳部、客户部。

六、巨鹿县农村信用合作联社

1979年，巨鹿县农村信用社归属县农业银行管理，在县农业银行设信用合作股。公社及大队建有17个信用社。1984年，县农村信用合作社联合社（以下简称“县联社”）列出挂牌成立。主任由县农业银行行长兼任。1996年县联社与县农业银行脱钩独立经营。内设人秘科（办公室）、信贷管理科、财务会计科、稽核监察科、保卫科、科技科、资产保全科和营业部。

1997年1月，县联社由县农业银行（新华北街）驻地迁入建设北街。1998年9月，新市场城市信用社（县工商银行组建）、邢南路城市信用社（县建设银行组建）、金融服务处（县人民银行组建）并入县联社序列管理。1999年，全县11个乡镇的民间金融合作组织“农村合作基金会”停止营业。清理净资产522万元（县政府注资522万元补平），各类存款266.4万元，各类贷款1895万元，并入县联社。

2005年3月，县联社以股份形式向社会公开募股，筹集资金16738万元。累计清收不良资产现金11674万元，置换不良资产9532万元，置换历年挂账4446万元，单位资本充足率达到23.89%，不良贷款大幅度下降。2006年6月，认购13978万元国家专项票据资金（已于2008年12月份顺利兑付）。同年11月28日，召开巨鹿县农村信用合作联社成立大会暨第一届社员代表大会，实行统一法人改革。由新成立的巨鹿县农村信用合作联社（简称“县农联社”），承担巨鹿县农村信用合作社联合社和各乡镇农村信用社的一切债权、债务。社址仍在建设北街。

2008年底县农联社辖24个营业网点，其中城区7个，即营业部、城关信用社、新市场信用社、邢南路信用社、城关分社、一里庄分社、政府街储蓄所。乡村17个信用社，即堤村、贾庄村、后辛庄村、张王疃村、小吕寨村、王虎寨村、西郭城村、官亭村、观寨村、楼张镇村、阎疃村、苏家营村、林庄村、王六村信用社和何寨村、董营村、田寨村分社。

1996年建起的县联社营业大楼

七、中国邮政储蓄银行有限责任公司巨鹿县支行

2008年6月，中国邮政储蓄银行有限责任公司巨鹿县支行建立（简称“县邮政储蓄”）。下设4个管理部，即综合管理部、综合业务部、会计核算部、信贷业务部；2个二级支行（巨鹿县富强路支行、巨鹿县官亭镇支行）、1个营业部和阎疃、小吕寨2个营业所。

第二节　中国银监会邢台监管分局巨鹿县办事处

2003年12月，中国银行业监督管理委员会邢台监管分局巨鹿县办事处建立（简称“县银监办”）。县银监办以“管风险、管法人、管内控、提高透明度”为监管理念；以“审慎有效的监管，保护广大存款人和消费者的利益，增进市场信心，促进金融稳定和金融创新共同发展”为工作目标，督促和帮助各银行业金融机构努力完成不良贷款双降任务，有效防范和化解金融风险。

一、监管范围

至2008年底，县银监办监管银行金融机构39家。其中县工商银行2家、县农业银行4家、县建设银行3家、县农发行1家、县农联社24家、县邮政储蓄5家。

二、银行监督管理

县银监办建立后，对被监管对象实行跟踪检测和动态监控。落实金融监管责任制，明确监管目标、责任及措施，逐步实现监管人员、对象、方法、责任四落实。每月审查银行业金融机构报表，发现问题随时处理。按照《银行业监管法》、《金融机构高级管理人员任职资格管理办法》，2003～2005年对辖区银行业金融机构高级管理人员任职资格、任期目标完成情况进行考核。审查金融机构高级管理人员学历、年限、职称、业务工作能力、现实表现等。期间否决一名因从事金融工作年限不足的高级管理人员。换发辖区24家农村信用社新版金融许可证。组织清理检查辖区内银行业金融机构“章、牌、证、照”及经营范围。据省银监局银监冀发【2004】44号文件和邢台银监分局要求，对农村信用社联合社民主管理组织规范工作进行了调查；同时，组织现场检查组，专项检查了辖区内工、农、建三家独资商业银行及农村信用社联合社营业部发放的钢铁、电解铝、水泥、房地产、汽车等行业的贷款投向、不良贷款情况、内部控制制度执行和降低不良贷款的措施，提出了降低不良贷款5条建议。

2006年，配合县政府改革农村信用社工作，协助督促农村信用社搞好清产核资、增资扩股、清收不良贷款。协助18家农村信用社中央银行票据认购申请获批，共认购专项票据13978万元；2008年，督促农村信用社1.4亿元中央银行专项票据顺利兑付；清查辖区内银行业金融机构案件风险隐患，与辖区内各银行业金融机构负责人签订承诺书。

2005～2008年巨鹿县金融机构经营指标情况统计表

表11－2－2　　单位：万元

年度＼项目	资产总额	贷款余额	存贷比例	不良贷款	不良贷款占比（%）	比年初	利润
2005	308081	144732	68%	61978	42.8%	－11.7%	－1192
2006	330310	163556	70%	61014	37.3%	－5.5%	1084
2007	346989	174239	64%	68606	39.4%	2.1%	2896
2008	436631	158800	46%	48352	30.4%	－9%	4123

第三节　金融行业管理

一、管理稽核

县人民银行定期、不定期召开行长联席会议，沟通金融经济运行情况，分析货币信贷政策执行效果，引导金融机构落实信贷规划，优化信贷结构。制订县域金融管理办法。30年间，召开行长联席会133次，先后研究制订《关于签发开户许可证制度的补充规定》、《巨鹿县金融系统同业公约》、《巨鹿县金融债权管理规定》、《巨鹿县企业改制监测制度》、《巨鹿县金融系统维护金融债权公约》等多项规章制度。并制订相应措施落实。

1979～2003年，县人民银行负责按照法律程序审批设立、撤并金融机构，审批金融机构名称、注册资本、所在地变更、调整业务范围、修改章程和变更其它事项。1991年，查出辖区内3个城市信用社存贷款超范围、超比例及放款超规模，罚款20918.5元；1998年，查出辖区内8个金融机构网点擅自或变相提高存、贷款利率，罚款6.3万元；1999年牵头清产核资、资产确认、分类处置全县14家基金会。中国人民银行天津分行验收审批，其中11家基金会并入县联社；

2000年，会同县联社组织人员对金融服务处、新市场城市信用社和邢南路城市信用社清产核资后，同年12月将其并入县联社。对县典当行实施停业整顿；2005年县人民银行会同县银监办，督查县联社工作。发现股权结构不合理，不良贷款清收缓慢，现金回收率低，抵贷资产占比相对高及社员代表大会、理事会、监事会“三会”落实不到位等问题，限期整改。责成县联社按2002年资不抵债额27956万元的50%，置换中央银行专项票据13978万元，2008年经人民银行总行审核同意县农联社票据兑付。

1979～2008年巨鹿县金融机构存贷情况统计表

表11－2－3 单位：万元

年度	存款余额	贷款余额	年度	存款余额	贷款余额
1979	1022	3187	1994	26935	48956
1980	992	2995	1995	35251	51112
1981	1223	3454	1996	43615	58394
1982	727	5097	1997	94307	102708
1983	846	5745	1998	107580	107982
1984	5832	9628	1999	120995	116052
1985	3116	9749	2000	130930	118766
1986	3809	12262	2001	140537	137112
1987	5816	14664	2002	151448	147968
1988	6594	17415	2003	172980	135013
1989	8159	19721	2004	195446	146066
1990	12333	24673	2005	213890	153230
1991	16275	31517	2006	236031	163556
1992	17950	38366	2007	274349	174238
1993	21634	41047	2008	346920	158822

二、信贷管理调查

（一）信贷管理

1985年由信贷计划指标管理模式改为信贷收支计划管理。1987年遵照“合理供给、确定期限、有借有还、周转使用”的原则，理顺县人民银行与专业银行的资金关系。当年县人民银行协助专业银行“清仓查库、挖掘资金潜力”，查出问题资金2897.6万元。其中，库存有问题商品491.5万元，资金水分1108.3万元，不合理贷款1297.8万元；1989年，清理“五项资金”（工业企业产成品资金占用、企业单位“三角债”、个人拖欠银行贷款、企业非正常占用银行贷款、财政到逾期周转金），县人民银行牵头清理企业单位“三角债”，清出外县欠756笔，金额2267.5万元，县内欠外县101笔，金额327.8万元，收回资金1548.8万元；1993年，组织专业银行清收到、逾期贷款及拖欠公款，收回非正常贷款2681.76万元，收回个人拖欠公款10.7万元。同年，清收违章拆借资金1538万元，收回金融系统自办第三产业注入的实体资金235万元。

1. **专项贷款**　1989年县人民银行发放"粮、棉、油"专项贷款1400万元；1992年发放专项技改贷款550万元；1993年发放粮食专项储备贷款971万元。1994年停止发放信用贷款。

2. **再贷款**　1987年，发放临时贷款1945万元，办理再贴现贷款113万元；1990年发放临时贷款6013万元；1991年发放临时贷款4335万元；1992年发放再贷款7040万元；1993年发放再贷款4614万元；2000年，发放再贷款400万元，办理商业银行临时调剂再贷款800万元，办理再贴现150万元。2002～2005年，累计发放支农再贷款8600万元。

（二）金融调查

县人民银行按月采集、归并银行业金融机构存贷款数据，按季撰写金融运行情况分析，报送地方政府部门和上级金融部门。采用贯彻落实情况调查、工业企业景气调查、企业家问卷调查、银行家问卷调查、农民收支生活状况调查等了解掌握金融动态，及时汇总上报。

2008年县人民银行召开中小企业厂长经理座谈会

三、支付结算

1993年1月开始实行电算化处理会计账务。2000年11月开始办理电子联行异地汇兑业务。2003年10月运行巨鹿县同城票据交换系统。2005年3月，成为邢台中支行的远程终端，运行会计集中核算系统。同年5月，开始运行大额支付系统，辖区内各金融机构通过支付系统办理跨行汇兑业务。6月开始运行人民币银行结算账户管理系统。2006年3月开始运行小额支付系统。同年12月，运行支票影像系统。2007年4月邢台市同城票据清算系统运行。

1989年和1990年清理多头开立账户，同时发放国营、集体、个体开户许可证958户。其中，县工商银行240户，县农业银行165户，县建设银行38户，县信用社515户；1995年，审核开户单位3250个，注销多头开户732户，死账户850户；2005年，清理核实结算账户2411户，其中保留749户，注销1516户，办理新开户146户；2007年运行公民身份信息联网核查系统；2008年，规范各类账户1700户，其中基本存款账户1311户，一般存款账户244户，专用存款账户137户，临时存款账户8户。

四、人民币管理

县人民银行设有发行基金库，办理辖区内商业银行、农村信用社及邮政储蓄机构的人民币出入库业务、大小票调剂业务和残币回笼业务。1993年，组织专业银行重新核定开户单位现金库存限额，抽查开户单位现金使用情况，收回超库存现金135万元。2002年，执行大额支现审批制度，50万元以上报县人民银行审批。2005年，县人民银行停止审批大额支现。同年11月，停办发行库业务，但仍负责监管现金流通，指导银行业金融机构落实现金收支计划，办理开户单位现金和残损、污损人民币兑换。2008年，选择县工商银行、县建设银行和5家企业（巨鹿县供电有限责任公司、河北宏鑫纺织集团有限公司、河北方正薄板集团有限公司、巨鹿县世星机械配件有限公司、巨鹿县桐泰棉麻橡胶有限公司）运行人民币流通状况监测预警系统；同年组织银行业深入农贸市场、学校、社区、农村设立咨询台，宣传人民币及反假知识。30年中，累计悬挂横幅180幅，制作流动宣传展板180块，发放反假币宣传材料15万份，依法收缴假币967张，金额61772元。

五、国库管理

1994年，县人民银行处理国库业务15579笔，金额8124万元；2004年，处理国库业务

11506笔，金额34336万元；2007年，处理国库业务21682笔，金额331100万元；2008年，处理国库业务19734笔，金额130400万元。

六、征信、反洗钱管理

1999年6月，县人民银行成立贷款证管理领导小组办公室，实施贷款证制度。7月发放第一本贷款证。同年12月，贷款证、贷款卡同时发放；2003年7月，取消使用贷款证改用贷款卡；2005年7月，实现企业和个人的信用信息数据全国联网，建立企业信用信息基础数据库和个人信用信息基础数据库，征集环保、电信、水电费、工资拖欠、司法诉讼等影响信用的信息；2007年68户中小企业开始使用中小企业信用信息数据库。1999～2008年，发放贷款卡570张，征信宣传方面累计发放宣传单、图片、条幅11200份。

2003年7月，建立金融机构反洗钱工作领导小组，办公室设在县人民银行国库会计股。每年制订落实反洗钱现场检查计划，组织有关人员现场检查金融机构反洗钱组织机构设立、内部制度建设、客户尽职调查、大额和可疑交易报告报送情况。2003～2008年，累计开展反洗钱和《中华人民共和国反洗钱法》宣传培训150人次，发放宣传材料6000份，未发现洗钱犯罪行为。

第四节　金融业务

一、农业信贷

（一）存款。县农业银行开业后，存款业务一直保持平稳较快增长。1984年开业15年后突破千万元大关。1990年，存款余额5001万元，是1979年的14.3倍，年底比年初增长1605万元。1994年存款余额突破亿元大关。2004～2008年，各项存款纯增40234万元，是前24年存款总量的2倍。其中，2005年、2006年、2007年连续3年存款增量居巨鹿县同业首位。2007年开始实现每年纯增超亿元。

1980～2008年巨鹿县农业银行存款情况统计表

表11－2－4　　单位：万元

年度＼项目	存款余额	比上年增减	年度＼项目	存款余额	比上年增减
1980	419		1995	13448	74
1981	474	55	1996	13019	－429
1982	604	130	1997	11460	－1559
1983	986	382	1998	13198	1738
1984	1281	295	1999	14352	1154
1985	1641	360	2000	14503	151
1986	2087	446	2001	16467	1964
1987	3068	981	2002	17281	815
1988	3214	146	2003	21209	3928
1989	3396	182	2004	23861	2653
1990	5000	1604	2005	29721	5860
1991	7012	2012	2006	36354	6633
1992	7576	564	2007	47187	10833
1993	9242	1666	2008	64087	16901
1994	13374	4132			

（二）贷款。1980～1984年，贷款余额由1739万元增加到6389万元。1985年，以“紧中求活”、“有保有压”，清资挖潜，搞活资金，支持工商业、农业生产和乡镇企业发展，支持农田基本建设、枸杞红杏商品基地建设和农副产品收购。1988年底，贷款余额达到11156万元，突破亿元；1990～1993年，贷款投向个体经济、私营经济，支持农村供销社，1993年年底贷款余额升至28588万元。1995年，县农业银行贷款按占用形态实行四级分类，即正常贷款、逾期贷款、呆滞贷款和呆账贷款。由于自然灾害、经济形势、信用环境、政策等因素影响，县农业银行形成大量不良资产。当年开始实行信贷紧缩政策。除发放少量政策性贷款外，主要是清收不良资产和政策剥离。2000年，按照上级银行政策，向长城资产管理公司剥离不良贷款12856万元。同时，贷款管理和国际惯例接轨，由四级分类变为五级分类，即正常类贷款、次级类贷款、关注类贷款、可疑类贷款、损失类贷款。2004～2008年，清收不良贷款本息1995万元。2008年，剥离不良资产1867笔，20761.81万元，贷款余额4859万元。2000～2008年，大力拓展个人生产经营贷款、住房按揭贷款等信贷业务。营销发放个人生产经营贷款773万元，营销联邦花园、方园小区、第一城小区等个人住房按揭贷款1791万元。

1980～2008年巨鹿县农业银行信贷资金变化情况统计表

表11－2－5　　单位：万元

项目/年度	存款余额	比上年增减	项目/年度	存款余额	比上年增减
1980	1739		1995	20457	－978
1981	1790	51	1996	21915	1458
1982	2311	521	1997	22860	945
1983	2697	386	1998	22825	－53
1984	6389	3702	1999	24550	1725
1985	6302	－87	2000	26646	－9970
1986	8410	2108	2001	25981	－666
1987	9318	908	2002	25935	－46
1988	11156	1838	2003	26115	180
1989	12748	1592	2004	25499	－615
1990	5000	1604	2005	25314	－186
1991	7012	2012	2006	23865	－1448
1992	7576	564	2007	26184	2318
1993	9242	1666	2008	4859	－21235
1994	13374	4132			

（三）中间业务。自2000年开始，县农业银行陆续开拓成本低、风险小、收益稳定的中间业务。服务项目含多种银行卡、代发工资、代理保险、代理基金、网上银行、电话银行、转账电话、国际结算业务、理财业务、代理发行国家债券、代收电话费等10多种业务。2008年底，中

间业务收入从2002年的13万元增加到305万元。银行卡发行量44328张，比年初纯增10239张；代理保险保费余额4625.5万元，比年初纯增2049.2万元，此项业务在巨鹿县银行业中始终保持首位，在全市各支行排序第二名。基金销售量1282万元，实现手续费收入26.5万元；营销网银个人客户268户、网银企业客户10户；实现国际业务结算量733万美元。

（四）金融产品。1998～2008年，县农业银行逐步推出贷记卡、借记卡、POS机、网上银行、电话银行、手机银行、转账电话、代理基金、代理保险、国际结算业务、短消息服务、承兑汇票、票据贴现、小额质押贷款等多种金融产品。设置了ATM自动取款机。

二、建设投资信贷

（一）存款

1. 企业存款　县建设银行成立初期以管理基本建设投资为主。存款业务有基本建设拨款、贷款资金筹集与核算。1995年，存款余额突破2000万元。2004年，首次突破亿元。2008年，企业存款余额达到14104万元。

2. 个人存款　1987年11月，储蓄专柜营业，首次开办储蓄业务，第一个储蓄所“建行储蓄所”开业。年底存款余额32万元。1988年巨平路储蓄所和邢南路储蓄所先后对外营业。1991年设立储蓄股，负责管理、发展个人储蓄存款业务。1993年，实现微机联网和同城通存通兑。年底个人存款当年新增3460万元，增额跃居巨鹿县同业第一位。随后个人存款增长连续十年为巨鹿县同行业第一。1998年，县内首家加入全国计算机城市综合网络，实现全国建设银行系统通存通兑。同年，推出“电子钱包”储蓄卡和ATM自动取款机。年底个人存款余额达到22223万元。1999年后，由传统储蓄业务向个人银行业务全面转移。2005年，营业网点由9家精减为3家。存款增长和业务发展未受影响。年底存款余额达到41165万元。2008年，个人存款余额63338万元。

（二）贷款

1. 企业贷款　1982年，投贷8万元建起团城、何寨两家乡镇影院。1996年，按照“大行业、大企业”的双大战略，贷款主要投向电力、交通等大行业，不良贷款率下降。1999年，率先支持当地民营企业，贷款投向燕南食品公司。2002～2005年，民营企业贷款投放额每年在1亿元以上。2006年，支持食品、纺织、钢铁、家具、橡胶等民营企业，贷款投放总额3.3亿元。2008年底企业贷款余额为28504万元。

2. 个人贷款　1996年开始经办小额质押贷款业务。1999年，小额质押贷款业务在全县储蓄网点铺开。年底发放小额质押贷款4568万元。2000年开始发放个人消费额度贷款。2000～2003年，小额质押贷款额攀升较快。2004年发放权集中，随后逐年减少。2005年加大个人住房贷款拓展力度，当年发放489万元。2008年，个人住房贷款余额达到3340万元。

（三）金融产品

1998年，推出首款金融产品——储蓄卡，至2008年，推出贷记卡、理财卡、POS机、网上银行、电话银行、手机银行、手机短信、代理基金、代理保险、黄金销售、外汇业务、承兑汇票、票据贴现、个人住房贷款、公积金贷款等多种金融产品。ATM自动取款机、查询机分别由1台增至各3台，存取款一体机1台。

三、工商信贷

（一）存款。县工商银行存款分对公存款与储蓄存款两类。1985年县工商银行各类存款1250万元。

1. 对公存款　1985年县工商银行成立初期，对公存款余额341万元；1990年突破1000万元，达到1039万元；2001年跨越发展，年末存款余额突破5000万元，达到5132万元；2002年电子化全国联网，存款余额6000万元；2005年存款余额突破1亿元大关，达到11499万元；2007年，实行行长包户办法，存款稳定增至21140万元，首次突破2亿元；2008年底对公存款余额29564万元。

2. 储蓄存款　1985年，开办定期、活期两个储蓄品种，年底储蓄存款909万元；1986年，新增“定活两便”储蓄；1988年，根据国家规定三年以上定期存款实行保值；1994年，结束手工记账历史，实行储蓄专业微机化，实现县域内联网；1996年，储蓄存款余额首次突破1亿元大关，达到10175万元。同年4月，国家取消保值储蓄；1998年，储蓄专业实现全国联网直通，县内所有储蓄代办站点全部撤销。但储蓄存款仍稳定增长，年底存款余额13830万元；2004年，储蓄存款突破2亿元，储蓄存款时点余额27873万元，日均余额26793万元；2008年储蓄余额35213万元。

（二）贷款。1985年实行“统一计划、划分资金、实贷实存、相互融通”管理办法。“统一计划”，即将信贷资金，纳入综合信贷计划；“划分资金”是县工商银行的自有资金和其他各种信贷资金，经县人民银行核准，作为营运资金，自主经营，独立核算；“实贷实存”为人民银行对工商银行的资金往来，实行上贷下存实贷实存办法；“相互融通”是允许资金的横向调剂。年末各项贷款余额3245.6万元。其中，工业贷款1904.3万元，商业贷款1104.2万元，技改贷款157.4万元；1988年，实行“统一计划、资金承包、分类调控、纵横融通、积极平衡”管理办法。依据全辖资金供求情况，确定计算基数，基础资金额、承包资金额，核定承包资金额度；择优供应资金，自主营运信贷资金；资金不足融资解决或自行拆借，资金有余可自行拆出；1992年各项贷款余额突破1亿元，达到10579万元；1997年底各项贷款增加1070万元，全部投向风险度0.6以下信用单位。同时，在开拓信用等级评定基础上承兑授信、抵贷返租、返卖等业务。个人贷款方面，有价证券质押贷款着力支持私营及个体工商业发展；2000年，增贷2700万元。其中，向优质客户县供电局增贷1800万元、燕南食品有限公司400万元、天帅食品有限公司200万元、县第二中学300万元。办理同兴物资有限公司贴现贷款150万元，直接增加利息收入5万元。为天帅食品有限公司、建登纺织有限公司、同兴物资有限公司等企业办理银行承兑汇票1690万元。增加开办汽车消费贷款业务；2003年，各项贷款余额达到10379万元；2005年，将损失贷款全部剥离、核销，不良贷款下降为205万元，占比2.3%。同时县工商银行与县计委、经贸委等宏观经济管理部门，等级评定36户信用企业；2007年，县人民政府提出建设“河北南厢纺织食品产业基地”，向食品企业新增贷款350万元；为纺织企业办理国际信用证74万美元，折合人民币555万元。新增个人住房贷款654万元，新增综合贷款77万元；2008年贷款余额10288万元。

1985～2008年巨鹿县工商银行存贷款情况统计表

表11－2－6　　单位：万元

项目/年度	存款余额			贷款余额	
	合计	储蓄	对公	合计	不良
1985	1250	909	341	3246	
1986	1618	1194	424	3960	
1987	2263	1719	544	5388	
1988	2997	2334	663	6206	
1989	3803	2844	959	7006	
1990	5117	4078	1039	8312	
1991	6228	4977	1251	9324	

续表

年度＼项目	存款余额			贷款余额	
	合计	储蓄	对公	合计	不良
1992	6629	5575	1054	10579	
1993	7385	6298	1087	11292	
1994	8383	7639	744	10560	
1995	11525	9837	1688	10293	
1996	12471	10175	2296	10827	
1997	15949	11829	4120	11527	8146
1998	17112	13830	3282	11849	7995
1999	18647	15231	3416	9247	7860
2000	19003	14545	4458	11644	5573
2001	20283	15151	5132	12643	4354
2002	21921	15921	6000	13223	3852
2003	25107	18072	7035	13739	3835
2004	28450	20118	8332	11085	1703
2005	33975	22476	11499	8734	1851
2006	38256	25042	13214	8423	388
2007	49013	27873	21140	8947	27
2008	64777	35213	29564	10288	0

（三）结算。1985 年开展提供存贷款、票据清算、委托收款、资金汇划、现金收付等结算服务；1998 年，对公结算实行微机化，实现河北省范围联网直通；2000 年，实施为客户提供更加方便快捷的金融服务，开通个人电话银行；2001 年，企业电话银行、网上银行、个人网上银行相继开通。同时开通 95588 客户服务电话，客户安坐家中，便能享受“足不出户、轻松理财”，办理查询、转账、购买基金、买卖外汇等业务服务。开通个人网上银行，可登录县工商银行网站 http：//www. icbc. com. cn，即可享受账户查询、账户转账、对外汇款、批量转账、B2C 网上购物、外汇买卖、基金业务、网上保险等全方位金融服务；2002 年，全国联网直通处理所有业务全部实现微机化，实现实时汇兑当时到账，批量业务 24 小时到账；2003 年所有营业网点全部实行柜员制。“非典”时期，电子银行可“足不出户，轻松缴（电话）费”。当年 11 月，县工商银行运行 NOVA 系统。

（四）效益。1985～2001 年期间，县工商银行效益主要来源于资金存储利息差和贷款利息收入；2002 年，实行自主经营、自担风险、自我约束、自求发展经营方式，加大贷款投放和清收企业欠息力度，扩大中间业务收入。各项收入 987 万元。其中，利息收入 799 万元，中间业务收入 30.5 万元。各项支出 831 万元。其中，利息支出 384 万元，同行业往来利息支出 51 万元，营业费用 332 万元。收支轧差后，实现账面利润 156 万元；2003 年引入国际审计，实现经营利润 465 万元；2004 年加强管理增收节支，实现利润 591 万元；2008 年实现利润 1142 万元，创历史最高水平。

四、农业政策性信贷

（一）信贷业务。1997年，县农发行贷款余额20002万元。其中，1996～1997年向枸杞发展总公司、利宏纺织公司等12家企业发放农业产业化贷款6970万元。发放扶贫贷款3150万元。扶贫贴息贷款2100万元、一般扶贫贷款1050万元，惠及1050户和枸杞保健茶厂、巨星饲料厂、恒鑫纸箱厂、维尔乐饮料厂、杨寨化工厂、风华气管公司、隆太药材公司、大寨铜材厂等18个乡镇企业。为贷款企业增加利润600余万元。

1998年县农发行发放夏、秋两季粮棉收购贷款5130万元，收购粮食2990万千克，收购皮棉100.2万千克。3月向县农业银行、县工商银行划转油棉厂、油棉二厂、再生资源开发公司、国贸物资经销公司、再生资源开发公司、有色金属压延厂等棉花附营业务贷款企业13家，共计金额6629.75万元，划转县粮食局粮油综合贸易部、议购议销公司、粮油综合购销部等粮食附属企业19家，金额2002万元。

1999～2003年间，累计向国有粮食购销企业投放信贷资金28258万元，支持国家对农民保护限价收购，入仓粮食25479万千克；累计支持棉花收储企业信贷资金8895万元，企业收购皮棉617.32万千克。2004～2008年，先后支持燕南食品集团有限公司、河北三昌纺织有限公司、泰峰棉花有限公司、超达食品有限公司、桐泰棉花公司、县棉麻公司、县域国有粮站（库）等县域粮棉购销、产业化龙头企业12家，累计投放资金81290万元。

1996～2008年巨鹿县农发行存贷款情况统计表

表11－2－7　　　　单位：万元

年度＼项目	贷款余额	存款余额
1996	22531	89
1997	28030	145
1998	27055	106
1999	29430	196
2000	29174	27
2001	11244	72
2002	30487	357
2003	25540	387
2004	25755	781
2005	32258	989
2006	39497	1141
2007	41913	1565
2008	38546	1695

注：存款余额为和农发行有业务关系的银行、企业结算时的临时余额

（二）支付结算。1996年县农发行成立后，为客户提供票据清算、委托收款、资金汇划、现金收付等业务；2001年1月开通电子联行系统，实现异地汇兑业务电子化，畅通结算渠道，缩短

了资金在途时间；2005 年 5 月实现大额支付系统运行、会计综合业务系统联网；2006 年 3 月实现小额支付系统运行；2007 年 1 月实现支票影像系统运行，4 月实现邢台市同城票据清算系统运行，6 月公民身份信息联网核查系统运行。

（三）效益。1996～1999 年，县农发行依据粮食流通体制改革政策扶持县域国有粮食收购储存企业，累计亏损 4926 万元；2000～2008 年，向县内河北燕南食品集团公司、三昌棉纺公司、泰峰棉花公司等县域支柱企业投放贷款支持；2008 年实现利润 584 万元，创历史最高水平。

五、农村信用合作

（一）存款。1984 年，全县农村信用社存款余额 903.7 万元。其中，集体企业存款 142.7 万元，占 15.79%；社员个人存款 714.7 万元，占 79.09%；其他存款 46.3 万元，占 5.12%。随着改革开放深入发展和城乡居民生活水平提高，农村信用社存款余额迅速增长。1990 年，县联社存款余额达到 5205 万元。其中，集体存款 208 万元，占 3.99%；城乡居民个人存款 4775 万元，占 91.73%；其他存款 222 万元，占 4.26%。10 年间，集体存款余额增加 110.6 万元，为 1980 年末余额的 2.135 倍，集体存款在全部存款中的比例下降 26.48%；个人存款纯增 4615 万元，在全部存款占比中增加 47.23%，是 1980 年末个人存款的 29.90 倍。1996 年，存款以年均 8054.5 万元的幅度增长。至 2008 年底，存款余额达到 113886 万元。其中，2008 年新增额 13751 万元，比 1996 年 12 月底纯增 96654 万元。

（二）贷款。1984 年县联社支持农村、农业、农民“三农”力度加大。1985～1995 年间，向农田水利基本建设、涉农项目、个体农户和个体企业（王虎寨镇机垫加工、西郭城镇糖果企业）累计投放各类贷款 2 亿多元；1996～2008 年间，累计向燕南食品公司、三昌纺织有限公司等 10 家涉农工业项目、企业和个体工商户、农户投放各类贷款 49.47 亿元。2007 年，把涉农企业、支农企业以及能够大量吸收农村劳动力的优质民营企业，与种植、养殖、农产品等传统“三农”项目一起列入支持和服务对象。当年扶持优质工业项目 6 个，累计投放贷款 7.13 亿元。县委致函省联社邢台办事处，通报表彰。《中国金融》、《经济金融》、《河北经济日报》等国家和省级刊物均报道。

2002～2008 年，承办生源地助学贷款业务，发放助学贷款 96.36 万元，帮助 241 名困难考生上大学。

1980～2008 年巨鹿县农村信用联社存贷情况统计表

表 11－2－8　　单位：万元

年度＼项目	存款余额	贷款余额	累计发放贷款
1980	320.6	76.6	
1981	380.5	90.3	
1982	452.9	90.2	
1983	596.1	86.8	
1984	903.7	336.6	
1985	907.9	387.3	
1986	1377.6	1211.2	
1987	2645.1	18385.2	
1988	3534.3	2345.3	
1989	4772.6	4263.6	

续表

年度＼项目	存款余额	贷款余额	累计发放贷款
1990	5205	4287	
1991	6573	5700	
1992	7772	6736	
1993	14346	7393	
1994	11549	8377	
1995	14035	10125	
1996	17232	12920	12168
1997	22924	12921	12131
1998	28882	16529	19481
1999	34244	24825	22677
2000	56362	44407	33281
2001	59352	44561	7838
2002	64648	47713	15109
2003	70725	51141	30544
2004	78512	58979	57378
2005	80880	52271	87435
2006	90203	56664	40706
2007	100135	63417	71369
2008	113886	72594	84597

（三）代理业务。1998年开始代理县财政局发放抚恤金、优抚款、城乡低保金、五保金、计生补助、村干部补助、公教人员工资业务。2003～2008年，代发粮补11200万元、低保金732万元、五保金378万元、计生补助264万元、村干部补助624万元、公教人员工资36000万元，代收电费3400万元。2004年国家级报纸《金融时报》刊载了其代发粮补报道。

六、邮政储蓄

2008年6月县邮政储蓄建立后，年底吸收公众存款24838万元，发放小额贷款641万元，从事银行卡业务19688张，开具汇票11190张、兑付汇票8757张；代收款项967.18万元，代付款项1877.46万元；代理保险业务2012万元，基金销售业务65万元。

第三章　保险　证券

第一节　保　险

一、财产保险

（一）机构

1984年1月，中国人民保险公司巨鹿县支公司成立。下设综合办公室、理赔科、业务科。1986年增设新小险种科、计财科；1996年更名为中保财产保险有限公司巨鹿县支公司；1999年恢复建立时名称；2001年增设核赔科、综合营业室、财务科，业务科分为一科、二科；2003年更名中国人民财产保险股份有限公司巨鹿县支公司；2007年增加县交警队远程出单点业务，增设屯里、官亭、堤村、阎疃等村营销服务部。

1986年公司住址由西街人民银行院内迁至新华南街。2003年由新华南街迁至健康东路。

（二）业务经营

1. 险种　企业财产险：1997年保费收入32.2万元，2004年保费收入87.6万元，2005年保费突破百万元大关，达到108.8万元。家财险：2001年公司推出家财新险种“金锁”家财系列保险（家安、家顺、家康、家泰），此险种从品牌包装到设计前所未有，更加有利于客户。同年12月推出“金牛”投资保障性家财险。2004年实现保费收入28.9万元。责任保险：2002年投保较多，2007年保费收入42.2万元，保险赔付11.5万元。机动车险：机动车险占公司业务的70%以上，主要有汽车保险、摩托车保险、拖拉机保险，1997年保费收入184.4万元，2004年保费收入557.6万元，2008年7家保险公司先后建起，竞争激烈，年底保费收入实现975.2万元。农业保险：2005～2007年保费逐步下降，2008年种植养殖业保险回升，年底实现保费收入266.5万元。货物运输保险：公路货物运输定额保险1998年保费收入最高时20.4万元（赔付12万元），2006年后逐年下降。意外伤害保险：2003年经营意外伤害保险，2004年保费收入27.1万元，2006年保费收入52.2万元。2008年开办健康险，保费收入75万元。

2. 理赔　大额理赔主要有三宗：2001年，阎疃东方造纸厂发生火灾，机器设备严重损坏。事故发生后，公司组织人员及时勘察现场核对事故损失，照章赔付75万元帮助企业恢复生产；2006年车号冀E27910油罐车发生交通事故，赔付车主27万元、第三者损失33万余元；2007年河北喜得来家具有限公司厂区内发生火灾赔付25万余元。

1997～2008年人保财险巨鹿县支公司业务经营情况统计表

表11-3-9　　单位：万元

项目 年度	企财险		家财险		责任险		机动车险		农险		货物运输险		意外伤害险	
	保费收入	理赔金额	保费收入	理赔金额	保费收入	理赔金额	保费收入	理赔金额	保费收入	理赔金额	保费收入	理赔金额	保费收入	理赔金额
1997	32.2	18.8	18.6	9.4	无	无	184.4	30.3	65	38.8	15.6	6.9	无	无
1998	37.4	19.6	18.6	8.4	无	无	206.2	116.3	57.3	26.3	20.4	12.9	无	无
1999	36.2	11.1	23.6	5.6	13.6	1.7	221.9	133.2	67.4	28.5	18.1	9.3	无	无
2000	35.2	25.7	20.8	11.3	13.4	7.9	267	160.1	58.3	25.1	16.4	9.1	无	无
2001	33.2	83.3	22.6	6.1	13.0	7.7	324.7	158.8	61.1	21	15.4	7.4	无	无
2002	45.6	16.9	28.5	13.5	49.3	20	275.2	165.6	45.7	20.8	15.4	9.3	无	无
2003	50.0	16.3	32.3	13.5	29.9	21.8	279.2	166.2	22.9	29.9	10.4	4.7	无	无
2004	87.6	51.2	28.9	13.3	22.4	17.6	557.6	227.6	7.3	1	13.1	9.2	27.1	22.8
2005	108.8	62.1	24.6	8.9	26.5	2.1	551.9	329	0.2	0.4	11.6	6.2	41.4	17.9
2006	108.6	85.7	22.7	3.9	28.4	5.4	574.5	357	无	无	10.4	10.4	52.2	14.9
2007	109.5	71.7	26.7	3.5	42.2	11.5	703.7	395.9	无	无	7.8	7.1	41.3	14.1
2008	91.4	80.9	12.1	3.1	36.4	22.3	975.2	593.5	266.5	36.1	8.9	5.2	34.6	18.3

二、人寿保险

（一）机构

1982年，中国人民银行巨鹿县支行信贷股开始代理人寿保险业务。名义是中国人民保险公司巨鹿县代理处。业务接受中国人民保险公司邢台分公司领导，行政受当地人民银行管理。保险险种仅有团体人身意外伤害险。1984年，中国人民保险公司巨鹿县支公司成立。1996年12月，中保人寿保险有限公司巨鹿县业务部从中国人民保险公司巨鹿县支公司列出，专营人身保险业务。1997年更名为中保人寿保险有限公司巨鹿县营业部。1999年改为中国人寿保险公司邢台分公司巨鹿县营业部。2002年变为中国人寿保险公司邢台中心支公司巨鹿县营业部。2003年更名中国人寿保险股份有限公司巨鹿县支公司（简称“县人寿保险公司”）。公司内设办公室、营业室、计财科、团险科、中介科、营销服务部、收展部。农村代理网点有：官亭营销服务部、西郭城营销服务部、王虎寨营销服务部、小吕寨营销服务部、张王疃营销服务部等五个。2008年，县人寿保险公司由开业初5人增至160人。

（二）业务经营

1. 险种　1982年，开办团体人身险、团体人身意外伤害险，附加意外伤害医疗险。1984年，开办简易人身险、学生平安险、公路旅客意外伤害险、中小学生和幼儿疾病住院医疗险、家庭成员平安险、厂长（经理）平安保险、人身意外伤害满期还本险、长效还本人身意外伤害险、金融干部职工人身险、公安机关人民警察职工长效还本人身险、有奖还本人身意外伤害险、个人养老金险。同年年底，承保人数由1982年的22人上升到1200人。保费收入由1982年0.22万元上升到3万元。1987年前，保费收入每年在1～5万元之间。1988～1990年，主推团体人身意外伤害险、学生平安险和养老金等险种。1990年，人身险业务收入达到30万元。

1990～1996年，公司开办独生子女险、福寿安康险、子女婚嫁金险、计划生育聘用人员养老金险、独生子女和双女户父母养老金险、集体养老金险、义务兵养老金险、养老金还本险等险种。1996年底，险种覆盖养老、健康、意外伤害类以及长期性的营销险种业务，当年开办99鸿福终身险、88鸿利终身险、66B鸿运险。保费收入达到40万元。

1999年，增加健康类险种，康宁终身险、康宁定期险以及国寿英才少儿险等险种。2001年，增加分红型产品，形成分红保险系列，业务重点转入分红保险。2002年，公司开办银行兼代理保险业务。代理银行主要为县农业银行，当年代收保费1200万元。全年保费总收入2300万元。2003年，县人寿保险公司开办国寿鸿鑫两全险（分红型）。同年，县人寿保险业务市场份额占同业额的85%以上，成为县境内经营人寿保险业务的龙头企业，唯一一家国家控股的县级公司。2006年，开办国寿金鑫两全险（分红型）。2007年，开办惠农第一险“国寿新简易人身两全保险”、国寿美满一生年金险（分红型）、金彩明天两全险（A、B款）（分红型）。2008年开办国寿瑞鑫两全险（分红型）、国寿附加瑞鑫提前给付重大疾病险。至2008年底公司全年保费收入5807.6万元，其中银行代理业务保费收入3400万元。这一年“5·12”汶川地震，公司在8月份开办“国寿安享一生两全保险（分红型）”，增加巨灾生命保障，明确涵盖地震责任。

2. 承保　1996年底中国人寿保险股份有限公司巨鹿县支公司分业经营后，保费收入增速加快。

1997～2008年巨鹿县人寿保险公司承保情况统计表

表11－3－10

年　度	承保（人次）	保费（万元）	税金（万元）
1997	50100	185	4
1998	54230	380	6
1999	59340	560	12
2000	61230	970	15
2001	64580	1400	17
2002	69760	2300	18
2003	75640	3400	21
2004	78360	4100	22
2005	79670	5300	24
2006	81753	5800	20
2007	86960	5800	25
2008	93682	5807.6	20

3. 理赔　1997年前，人身保险业务发展缓慢，险种少，业务量小，客户出险率较低，每年赔付金额在2～10万元之间。从1997年开始，理赔金额大幅增加。

1997～2008年巨鹿县人寿保险公司理赔情况统计表

表11－3－11

年度＼项目	出险（人次）	赔付（人次）	赔付额（万元）	拒赔（人次）	拒赔金额（万元）	赔付率%
1997	684	679	19.20	5	3.8	32
1998	874	866	32	8	5.6	41
1999	965	960	64	5	3.2	44
2000	1160	1151	165	9	8.6	54
2001	1320	1307	220	13	12.6	65
2002	1230	1214	275	16	15.8	53
2003	1100	1094	310	6	11	70
2004	1400	1392	360	8	9.8	63
2005	1730	1725	385	5	8	64
2006	2340	2325	415	15	13.6	65
2007	864	853	465	11	6.5	69
2008	784	764	487	20	12	54

管理方面每年举办业务学习培训班20期左右。经常实行“五上门”服务，即上门宣传、上门收费、上门赔付、上门听取意见、上门回访客户。工作时间挂胸牌上岗，客来有迎声，客问有答声，客走有送声。服务电话为客户提供咨询、投诉、理赔报案、保单挂失、客户回访等项目服务。

第二节　证　　券

1999年8月，王国平夫妇与河北证券石家庄北合街营业部合作，租用巨鹿县粮食局办公楼三、四层，开办河北证券巨鹿县股票信息中心。2001年5月，河北证券邢台西门里营业部整体收购河北证券巨鹿信息中心的资产及客户。并根据中国证监会批文成立河北证券邢台西门里营业部巨鹿县服务部，负责人变更。同年8月市场迁至新华南街488号。2007年3月，河北证券证券类资产被财达证券收购。服务部名称变为财达证券邢台西门里营业部巨鹿县服务部。随即购置服务器、无盘站微机、交换机等设备；铺设安装不同电信运营商的2条10兆光纤专线；购置5千瓦的柴油发电机组。2008年，客户开户2400户，托管市值6000余万元，年交易额12亿元。

2002年，县建设银行开始办理基金业务。2004年6月，县农业银行开始办理基金业务。2006年5月，县工商银行开始办理股票、基金业务。

第十二编
综合经济管理

改革开放后，随着相关法律法规的修订完善，巨鹿县计划、统计、环境保护、国土资源、工商行政、技术监督、审计、安全生产监督等宏观综合经济管理部门，适时调整内部机构、转变部门职能，逐渐由以执法管理为主向以搞好服务为主转变，在监督中服务，在服务中监督，为促进县域经济持续发展、提高人民生活水平发挥了重要作用。

第一章　计　　划

改革开放后，计划经济逐步向社会主义市场经济转变，指令性计划变少，指导性计划增多。计划管理开始以市场为导向确定国民经济和社会发展方向，调整重大经济比例及生产力布局，宏观控制经济产业结构，促进了县域经济持续、健康、协调发展。

第一节　体制改革

改革开放初期，巨鹿县对国民经济的计划与管理，以指令性计划为主、指导性计划为辅。1985 年以后，逐步转变为重视市场调节作用，实行“以指导性计划为主，以市场调节为辅”政策。

1992 年，市场经济开始占主导地位，管理手段主要依靠经济和法律两种，综合利用财政、税收、价格等经济杠杆调控经济运行，改善市场及投资环境，协调相关行为主体利益。

1998 年，依照“微观搞活、宏观搞好”原则，实行指导性计划管理，以市场预测为基础，测算社会需求总量，预测行业和重要产品发展态势，确定经济参数，提供市场需求信息。制订配套经济措施，指导行业、企业发展，促使微观经济活动遵循宏观调控运行；对重点项目采取考察、论证，增列前期项目工作计划等方法，以使每年有新项目建成投产。2008 年，全县计划管理体制基本转变为市场运行机制手段，宏观管理经济体制。

第二节　管理机构

1979 年，巨鹿县计划管理机构为县计划委员会，包括城市建设管理、物价管理、国土资源、审计、技术监督等职能。内设秘书、计划、外资、物价、城建 5 个科。1981 年 11 月，技术监督职能单列建所。1982 年 9 月，城建科列出，成立县城市建设局，1984 年 1 月重新并入县计划委员会，1987 年又列出复建县城市建设局。1986 年 7 月，物价职能列出，成立县物价局。1987 年 2 月，审计单独列出，成立县审计局。1987 年 3 月，国土列出，成立县土地管理局。1988 年 12 月，该委员会增设外资科。1989 年 5 月，外资科撤销，其职能划归县招商局。1990 年 11 月，增设经济信息中心（股级事业编制）。

1996 年 10 月，县计划委员会更名为县计划局，内设秘书股、计划股、重点项目建设领导小组办公室和经济信息中心。2002 年 6 月，县计划局改为县发展计划局，内设机构未变。

2005 年 9 月，县发展计划局更名为县发展改革局，原秘书科改为办公室，增设农村经济股、环境和资源综合。利用股、经济体制综合改革股。2008 年底其他股室机构未变。

第三节　计划编制与实施

一、计划编制

改革开放初期，巨鹿县编制国民经济计划侧重工业、农业、物资供应和基本建设。1982 年起，计划范围增加固定资产投资、财政收支、信贷、商品流通、对外贸易、交通运输、科技、文化教育、卫生、体育、广播电视、劳动工资、人民生活、社会购买力与商品可供量平衡、环境保护、经济技术协作、经济效益等内容，由侧重生产建设转为兼顾社会发展和人民生活。同时增加经济效益指标，将原来基本建设改为固定资产投资（包括基本建设和技术改造）。2005 年后，将建设和谐社会有关民生问题和发展循环经济作为重要内容纳入计划。编制方法实行自上而下、自下而上、上下结合，逐级上报与下达。

（一）自上而下下达控制数字。县计划部门会同相关单位调查研究，听取各方意见，在初步综合平衡基础上，制订控制数字，下达各有关单位执行。

（二）自下而上编制草案。各有关单位依据上级下达的控制数额，结合本单位实际情况编制计划草案，按照规定时间和隶属关系上报，经汇总平衡，编制草案，报送县发展改革局。在各部门计划草案基础上，经综合平衡，会同有关部门协商制定全县计划草案，上报县政府常务会会审查。

（三）计划批准、下达。县政府常务会审查同意后，提请县人民代表大会审议批准，下达各单位予以落实。同时，还编制中期计划，如“六五”至“九五”计划等。2008 年，五年中期计划改为五年发展总体规划。

二、计划实施

乡镇及职能部门依据县下达的计划制订措施方案，将重点建设项目和其他指标，分解落实目标任务，明确责任主体，跟踪督导。县政府组织县发展改革局、统计局、财政局、人劳局、计划生育局等相关部门检查计划落实情况，适时纠正偏离计划倾向或薄弱环节，并采取措施修订补充。检查评价方法：一是通过统计反映、检查计划执行情况，定期公布工作进度，报送上级部门；二是组织人员深入现场检查，掌握进度，实施督导。以月调度、季小结、半年观摩、定期核查、年终考核等形式，保障重大建设项目顺利实施，如期完成。

计划下达后，一般不再变更，在执行中遇到特大自然灾害、国家重大决策变化或市场供需情况发生重大改变时，修改调整。修改时间一般在第三季度后期。执行单位实施不力而落实有问题的，酌情追究责任。

第四节　中长期规划

中长期规划分为总体规划、专项规划和区域规划。总体规划包括工业、农业、财政、项目建设、科技、文化、卫生、教育、人民生活、社会就业等方面，指导全县社会经济发展。专项规划和区域规划服从服务于总体规划。中长期规划编制的程序、方法和年度计划相同。

一、五年发展规划

五年发展规划原称五年中期计划，“九五”计划后，五年计划改为五年总体规划。1980～2010 年，巨鹿县根据中央、省、市五年计划要求，分别制订了“六五”（1981～1985 年）、“七五”（1986～1990 年）、“八五”（1991～1995 年）、“九五”（1996～2000 年）、“十五”（2001

~2005 年)、“十一五”（2006~2010 年）计划。其内容包括经济增长速度、经济指标、固定资产投资规模、居民平均生活水平、人口自然增长率、能源利用及实现计划的重大措施等。“十五”、“十一五”规划除保留原五年计划中主要指标外，增添了能源利用和环境保护指标。

二、长远规划

根据国家和省、市远景规划，结合县情，制订巨鹿县长远发展规划。1985 年编制了“1985~2000 年远景规划”，1994 年编制了“1995~2010 年远景规划”，2004 年编制了“2005~2020 年远景规划”。各个时期的长远规划都有重大项目建设、生产力布局、产业结构、专门人才培养、重大技术改革、国民经济主要比例关系等项指标。

三、专项规划

巨鹿县根据县域特点和行业产业发展状况，适时编制专项规划。1993 年编制《巨鹿县第三产业发展规划》，确定 1993~2000 年第三产业发展目标、方向和任务。针对巨鹿县为全国枸杞、金银花、杏基地，2005 年就调整优化种植结构、发展“两红一白”（“两红”即枸杞和杏，“一白”指金银花）特色农业，编制了《巨鹿县现代农业示范项目建设规划（2005~2010 年)》。根据国家对贫困县“三农”扶持政策，综合乡村联网路、小型农田水利、人畜饮水、片区综合开发、中低产田改造、沙荒治理等项目，编制以工代赈“十五”、“十一五”规划。2006 年编制了：(一)《巨鹿县棉纺织产业发展规划（2006~2020 年)》，根据资源优势及市场需求，拟订全县棉纺织产业发展目标和步骤。(二)《巨鹿县食品行业发展规划（2006~2020 年)》，对食品行业发展做出部署。（三）《巨鹿县主体功能区划规划(2006~2020 年)》，依照优化、重点开发、限制和禁止开发区域定位，将县域划分为县城功能核心区、小城镇发展区和工业、农业发展保护区三个功能区域。明确了功能区域在城镇总体发展中的思路、方向及主要任务。

第五节　重点项目建设

改革开放初期，巨鹿县国有企业在项目建设中占主导地位。项目管理职能当时在县乡镇企业局。随着国有企业改制，个体民营企业逐渐增多，项目建设中不断出现新情况、新问题。1997 年，县成立重点项目建设领导小组，所属办公室设在县计划局。

1997~2008 年巨鹿县重点项目建设统计表

表 12-1-1

年度＼指标名称	县级以上重点项目个数（个）		当年竣工投产项目个数（个）	竣工投产率（%）	当年完成投资（亿元）
	总数	其中：省市重点项目			
1997	39		31	79	1.24
1998	86	7	69	80.2	2.4
1999	70		56	80	3.36
2000	87	2	52	60	2.41
2001	82	3	45	55	2.42
2002	45	4	31	69	2.15
2003	50	10	36	72	5.5
2004	56	5	35	59.2	6.6

续表

年度＼指标名称	县级以上重点项目个数（个）		当年竣工投产项目个数（个）	竣工投产率（%）	当年完成投资（亿元）
	总数	其中：省市重点项目			
2005	72	8	47	66.7	9.41
2006	102	9	74	72.5	17.2
2007	128	11	61	47.6	18.3
2008	54	6	40	74.1	14.98

第二章　统　　计

随着经济的发展，巨鹿县的统计体系逐渐健全。统计制度、统计内容不断完善；统计方法由过去定期逐级上报汇总变为常规调查、单项调查、专项普查。生产统计也由过去只重视进度，转向注重效益和质量统计，统计工作为制订县域发展规划，指导经济发展提供重要依据。

第一节　管理机构

一、机构

1979 年县计划委员会设计统科，1980 列出成立县统计局，下设秘书股、工业股、农业股、农村经济调查队。1991 年 1 月增设法规检查股，同年 7 月成立人口调查队。1992 年 8 月更名为县统计委员会。1996 年 6 月改称县统计局。2002 年 6 月秘书股更名办公室。2003 年 6 月人口调查队更名为普查中心。2008 年，县统计局设办公室、综合研究中心、企业调查队、农村经济调查队、城市调查队、普查中心、法规检查股、能源股 8 个股室。全县 10 个乡镇都建有统计站。

二、信息网络建设

1984 年贯彻落实《中华人民共和国统计法》，充实统计队伍，县直各局和企事业单位相继配备专兼职统计人员，逐步形成上下纵横统计信息网络。至 2008 年底，10 个乡镇统计站均配备专职统计人员 2 ~ 4 人，共计 34 人。各村也配有兼职人员，县、乡、村三级统计网络畅通。

1993 年，县统计局开始运用微机进行基层报表录入。1998 年采用程序录入报表。2008 年底，配有电脑 18 台，服务器 1 台，专业技术人员人手一机。全县 10 个乡镇统计站均配备统计专用计算机、打印机，开通国家、省、市、县、乡镇统计网络连接，专业报表均使用网络录入、汇总、上报。

第二节　统计调查

一、常规调查

（一）农村社会经济统计。调查内容包括种植业、林业、畜牧业、副业和农林牧渔业及劳动资源利用、农业生产成本和农业经济效益。调查方法有 4 种，即统计报表、抽样调查、重点调查及典型调查、农业普查。除半年报表和年终报表外，还有春播、夏播、秋播和夏收、秋收报表（秋收和夏收分预产、实产）。对农村人口、土地、农作物播种面积、大中型农具、大牲畜等调查；对夏秋预产，采取评估调查；对夏秋实产、收益分配，按账面数字统计。实行家庭联产承包后，采取抽样和选户调查，村会计或辅助人员定期到农户了解，填写统计卡片，推算全面情况。

（二）工业、商业、劳资和建筑业统计。调查内容有总产值、产量、生产设备、固定资产、经济效益、商品购进与售出、职工人数、工资总数及构成。根据基层单位月报、季报、年报等统计报表，逐级汇总上报，对私营工业、建筑业、服务业、商业采取抽样调查。

（三）农村住户监测。选取10个行政村为住户调查村，每村10户，共计100户，称百户调查。对现金、实物收支、基本情况逐级登记上报。实行季、年报。

（四）综合统计。县统计局根据各专业年报和县属单位提供数据，汇总上报。

二、单项调查

单项调查采用普查、重点调查、典型调查和抽样调查等方法。分定期单项调查和一次性专项调查。1995年以后，全国性单项调查主要有6次。（一）1995年12月全国工业普查。（二）1995年12月人口抽样调查。（三）1997年12月全国第一次投入产出调查。（四）2002年12月第二次全国投入产出调查。（五）2005年12月全国人口抽样调查。（六）2007年12月第三次投入产出调查。

三、专项普查

普查即全面调查，1990年以后，共进行了6次专项普查。（一）1993年12月全国第三产业普查。（二）1996年12月第一次全国农业普查。（三）1999年12月第一次全国基本单位普查。（四）2004年12月第一次全国经济普查。第一次经济普查的内容含单位基本标识、从业人员、财务状况、生产经营情况、能源消耗、科技活动情况等。在此次普查中，县普查办成绩突出，受到市普查办表扬，被国家普查办评为国家级先进集体。（五）2006年12月第二次全国农业普查。（六）2008年12月第二次全国经济普查。第二次普查增加了主要能源品种和水的消耗量，普查范围由规模以上工业扩大到全部第二、三产业。并将主要高耗能行业的主要耗能设备状况纳入普查范围。为制订切实可行的节能降耗措施提供依据。巨鹿县再次被评为国家级先进集体。

第三节　社会经济统计

改革开放后，全县农民人均纯收入逐年递增，1979年初为44元，1996年达1497元，1999年达2025元，2008年达到3172元。农民人均纯收入增长速度明显加快，由1979年初的44元到1996年超千元用了18年的时间。从1996年1497元到1999年2025元，年人均超两千元仅用3年时间。

收入增长改变了人们以吃、穿等生存资料为主的单一消费格局，住、用、行和文化娱乐等方面消费明显提高。1979年前，城乡居民吃、穿开支占全部生活费的95%以上。1990年，农民生活消费支出中，食品占40.1%，衣着占10.3%，医疗保健占3.7%。2008年，食品占22%，衣着占7.3%，医疗保健占8%，交通通讯占11.8%，文教娱乐占10.3%。食品、衣着及居住支出与1990年相比分别下降18.1个、3个和7.8个百分点。

第四节　资料整理及利用

县统计部门每年年终将上报表格资料分项、分行业审核汇总，整理编印《巨鹿县国民经济资料》，为县委、县政府决策提供参考依据，并归档保存。1979～2008年，对乡镇、县直单位、厂矿企业均建立台账，次年装订成册，整理归档。

统计资料以普查、专业调查、图表、统计资料分析等形式，为上级统计部门、县委、县政府提供数据。1985年始，统计资料的管理由封闭型逐步变为开放型，1985年及其以前的属于绝密，2007年及其以前的属于机密，2008年后统计资料对社会公开。统计工作由单纯为上级服务变为既为上级服务又为社会服务，由以统计报表形式为主改为报表和资料分析同报。

第三章　审　　计

审计是一项具有独立性的经济监督活动。依据国家有关法律规定，巨鹿县审计部门财政审计的范围主要为：县人民政府所属各职能部门、乡镇人民政府、驻县国家金融机构、国有企业和基本建设单位、国家给予财政拨款或补贴的单位、国有资产的中外合资企业和中外合资企业国内联营企业以及国家法律、法规规定应进行审计监督的其他单位。通过对县内财政经济运营的审计监督，使财政收支合理，企业经营有序，县域经济快速、健康发展。

第一节　管理机构

1984年2月建立县审计局，为县政府正科级部门。审计业务以上级审计机关领导为主，受县政府和上级审计机关双重领导。

县审计局下设办公室、工业交通审计组、财贸审计组。1988年7月，办公室改为秘书股，工交、财贸审计组改称股。1989年7月，增设行政事业审计股和社会审计事务所（股级事业单位）。1993年3月，增设内部审计指导股。2000年5月，增设经济责任审计股。2002年6月，财贸审计股更名财政金融审计股，取消内部审计指导股，至2008年底。

第二节　审计项目方式

审计程序分为准备、实施、报告、终结、特殊五个阶段。审计种类分为常规审计、重大案件审计。

一、常规审计

1984年建局后，按业务类型陆续开展财政财务收支审计、经济责任审计、审计调查、专案审计、预算执行审计、专项资金审计、政府投资审计、绩效审计等项目。审计方式采用就地审计和送达审计两种。随着微机的使用，审计手段由传统实物账册审计变为微机审计。2008年，个别单位开始使用电子账表计算机审计。

1984～2008年巨鹿县审计情况统计表

表12－3－2　　单位：万元

项目 / 年度	项目数量	查出违规违纪资金	上缴财政
1984	4	38.06	
1985	5	28.45	8.49
1986	9	304.6	5.62
1987	20	253.1	0.4
1988	18	254.88	14.22
1989	9	308.93	3.02
1990	13	101.38	17
1991	17	431.26	6.3
1992	16	176.45	8.78
1993	13	398.85	3.51
1994	17	294.99	6.08
1995	16	275	12
1996	25	522	25
1997	22	700	7.92

续表

年度＼项目	项目数量	查出违规违纪资金	上缴财政
1998	14	135	4.07
1999	17	740.7	7
2000	46	441	20
2001	49	735.4	18.5
2002	58	863	21
2003	62	1313	19.3
2004	43	3714	27
2005	42	4174	30
2006	54	4651	56
2007	50	5633	30
2008	35	5746	29
合计	674	32234.05	380.21

至2008年底，共完成审计项目674个。其中，财务收支审计209个、党政机关领导干部经济责任审计135个、预算执行审计19个、其他审计55个。查出违规违纪资金3.22亿元，其中自行纠正3.18亿元，罚款上缴财政380万元。

二、重大案件审计

1997年，根据省委领导批示，接受委托对省科学院一部门与巨鹿县多家养殖户签订合同放养定收“旱白鸭”经济诈骗案实施专案审计调查。历时两个多月审计，维护了养殖户利益，挽回经济损失900多万元。

第三节　审计事务所

1989年7月，成立县社会审计事务所，负责社会审计。审计事务所接受县审计局管理和业务指导，是国家审计体系组成部分。实行有偿服务、独立核算、自收自支。接受社会委托，受理审计查证、开展咨询服务等。1999年9月，县社会审计事务所与县审计局脱钩，主要受理查证会计报表、验证企业资本、基建工程预决算、企业改制鉴定等业务。经济独立，业务上仍受县审计局指导。

1989～1993年，实施企业资本验证130家，审验金额3205万元，核减149万元，收入3.8万元。1994年后，实施企业资本验证233家，审验金额6270万元，收入42.7万元；审计基建竣工决算项目7个，审计金额1345万元，审减88万元；清算破产改制企业8家。

第四章　物价管理

物价管理是国家国民经济宏观调控机制的组成部分，也是经济管理的一个主要方面。通过对物价的管理，使物价合理平稳运行，保证经济建设健康、快速、稳定有序地发展。1985～2008年，县商品价格变动总水平呈现明显周期性变化。其中，1985～1987年较平稳，1988～1989年出现物价暴涨，1990～1992年增长再现平稳，1993～1994年增长较快，1995～2000年负增长，2001～2006年保持基本稳定，2007～2008年受世界金融危机影响略有增长。

第一节　管理机构

1984年，巨鹿县计划委员会设物价科，建立物价检查所。1986年，物价科单列建立巨鹿县物价局，下设秘书股、物价股，保留物价检查所。1990年增设乡镇物价所。1992增设价格事务所。1995年，县物价局合到县工商局（人事、财务独立，仍挂物价局牌子）。1997年又与县工商局分离单列。2000年，价格事务所更名价格认证中心，增挂涉案物品价格鉴证中心牌子。2002年，县物价局增设价格举报中心。同年，县物价局定为县政府直属事业单位，设办公室、价格和收费管理股、物价检查所、价格认证中心（价格信息服务中心）、价格鉴证中心、乡镇物价所。至2008年底。

第二节　价格监督

一、专项检查

1987年，实行价格销售申报，放开自采化肥、柴油、汽油、农药、名牌自行车、缝纫机、议价粮油价格。1988年，对议价粮油、部分副食品和自采农业生产资料，施行提价申报。1990年，推行明码标价，发放标价签2万多张，县城门店基本统一标签化。1992年放开县管价权，重点检查生活资料、农资、粮食、棉花价格、医疗卫生收费。1993年，重点检查乱涨价、乱收费，社会商品零售价格及经营性收费市场调节比重达到90%以上，全县物价总水平控制在108.4%以下，低于邢台市平均水平。1994年，开展生活资料、农业挂钩化肥、综合电价、农用柴油、粮食棉花收购价格大检查。

二、案件查处

1986～1994年，每年组织1～2次较大规模物价检查，重点检查工农业生产资料、轻纺工业原材料、生活资料价格。对猪肉销售实施最高限价（瘦肉3元/千克、肥肉2.80元/千克）。以后重点检查缺尺短两、以次充好以及擅自提高收费标准、乱涨价、乱收费等现象。1996年，查处违法案件30多起，违纪金额601万元，没收其非法收入320万多元，罚款35万元，责令退还消费者98万元，上交县财政127万元。

20世纪90年代后，存在一些事业性乱收费和垄断行业乱涨价现象。对此类案件重点进行查处。

1995年，全县设立20个价格预警点，及时检测粮油、肉、蛋、化肥、农药、农膜、柴油、农电、农副产品价格变化，重点检查行政事业性乱收费和垄断性行业（包括交警、电力）乱涨价。全年查处违法违纪案件125起，违纪金额169.8万元，经济制裁164万元。1996年，物价部门协助县供电局将综合电价改为分类电价。1997～2006年，重点查处农资、石油、农电、邮电、粮食、药品乱涨价及学校、医院、计划生育、民政、土地收费违法案件。累计查处违纪案件676起，违纪金额699万元，经济制裁607万元。其中，罚款2万元，责令退还用户、消费者674万元，收缴财政49.5万元。

三、监督网络建设

2003年“非典”期间，举办4次价格举报宣传活动，发放《防治“非典”药品商品最高限价和零售价格表》及各种宣传资料5600份。县物价局制订并发布《农村价格监督网络管理暂行办法》，在全县农村建立价格监督网络，召开全县农村价格监督网络试点工作会，展示价格网络示意图，各项规章制度上墙情况，颁发乡镇站长、监督员聘书。中央电视台“聚焦三农”、河北电视台“世纪乡风”、《河北日报》、《邢台日报》报道了巨鹿县群众监督经验。同年，物价检查所被省物价局授予河北省“规范化物价检查所”称号。

2000年，设立12358价格投诉电话。2007年，检查学校“两免一补（免杂费、课本费，补寄宿生生活费）”情况，查处教育乱收费案件15起，经济处罚7万元，退还多收费41140元。同年，165个村农田排灌收费实施规范。

1985～2008 年，共受理群众举报价格案件 265 件。督促当事人退还款额 7 万余元。

第三节　价格审核

一、自来水价格

1987～2004 年间，巨鹿县水价调整方式由县供水公司向县物价局书面申请，县物价局进行成本调查后，报告县政府和市物价局审核批准后执行。2005 年以后调整水价实行召开听证会方式。2005 年，聘请县级领导、机关团体、退休人员、下岗职工、城镇居民、建筑服务业、工商企业等各界代表 40 人参加听证。此次听证会同意调整后的供水价格自 2007 年 3 月 1 日执行。

1987～2008 年巨鹿县自来水价格调整情况一览表

表 12－4－3　　单位：元/吨

种类＼年度	1987	1990	1995	1998	2002	2008
生活用水	0.14	0.35	0.7	0.9	1.35	1.8
工业用水	0.16	0.4	0.95	1.5	2.5	3.2
机关团体用水/行政事业用水			0.85	1.2	2	2.5
经营服务用水		0.6	1.4	2	2.4	3.2
新增特种用水					8	8

二、电价

1979～1986 年，光（照明电）0.15 元/千瓦时，力（动力电）0.085 元/千瓦时，水（农业灌溉电）0.06 元/千瓦时；1987～1989 年，光 0.14 元/千瓦时，力 0.083 元/千瓦时，水 0.058 元/千瓦时。1990 年，巨鹿县率先实行综合电价 0.30 元/千瓦时，《北方物价报》、《人民日报》相继报道巨鹿县创新实行农村“综合电价”经验。国家能源部及国家物价局予以推广，1992 年，被国家物价局收入《先进工作专辑》。此一项减轻农民负担 200 多万元。1993 年综合电价降至 0.195 元/千瓦时。1996 年 5 月，农村执行分类综合电价，县供电局收费到变压器，价格为光 0.34 元/千瓦时、力 0.56 元/千瓦时、水 0.16 元/千瓦时；电工收费到用户，价格为光 0.41 元/千瓦时、力 0.67 元/千瓦时、水 0.19 元/千瓦时。（加收县集资 0.02 元/千瓦时、变压器保险 0.01 元/千瓦时）。2000 年执行城乡同价。2006 年，普通工业、非生活、商业用电改为一般工商业及其他用电，综合电价 0.799 元/千瓦时。2008 年，一般工商业及其他用电价格为 0.7695 元/千瓦时。

三、主要农产品价格

小麦、玉米、棉花和巨鹿特产枸杞、金银花价格随市场起伏不定。

1986～2008年巨鹿县主要农产品年平均价统计表

表12－4－4　　单位：元/千克

品名＼年度	1986	1996	2006	2008
小　麦	0.40	0.98	1.44	1.44
玉　米	0.42	0.86	1.08	1.08
棉　花	4.20	6.24	6.80	6.84
枸　杞	5.80	7.60	24.00	30.68
金银花	32.00	52.00	120.00	130.00

2003年，受非典型肺炎在部分省份流行影响，巨鹿县金银花价格一度涨到360元/千克。

第四节　收费管理

1989年，开始实行行政事业收费许可证制度和建立收费单位档案登记制度。当年核发收费许可证315个。1992年，履行对单位证票审验和收费项目、标准审批职能。1994年，建立完善收费许可证台账。1996年，组织收费单位签订合法收费保证书。此后，每年审验单位收费许可证，年年检查收费项目，发现问题，随时处理纠正。

2000年，全县低压整改——农民购买所需电料器材，执行统一审批价格。同年，调整城乡用电价格，实行同乡同价收费到户。2003年，颁布县农村排灌施行规定。举办行政、事业收费培训班，收费工作纳入规范管理。

2004年，落实涉企收费“两证一书一卡（收费许可证、物价收费员证、进企业收费通知书、企业缴费明白卡）”，实行涉农收费公示。在全市率先建立向县委、县政府报送价格旬报制度，省物价局借鉴巨鹿县制订的《农村中小学收费一费制》方案，修改后作为全省统一收费标准。

2007年，县物价局出台个体工商户行政事业性收费及行政处罚试行办法，实行工商户缴费三年不变明白卡，邢台市物价局通报表扬并推广。2008年，巨鹿县取消收费许可证年审工本费。

第五节　价格认证管理

2000年建立价格认证中心后，采取物价、土管、房产部门联合办公办法，方便群众价格认证。2000～2005年，累计办理价格评估鉴证、物品鉴证、其他鉴证共1868件，总金额42641万元。2005年，巨鹿县物价、土地、房产联合办公一站式价格认证服务工作受到省、市肯定并推广。

2006～2008年，办理房地产、设备等抵押评估530件，鉴证标的金额2.85亿元，减免评估费90万元。办理各类价格鉴证1587件，资产涉及107232.18万元。

第五章　财　　政

巨鹿县1979年县财政收入380.1万元。2008年财政收入12109万元，比1979年增长30.8倍；2008年财政支出40164万元，相当于1979年的63倍。1986年和1994年，巨鹿县分别低于国家人均收入150元和400元，两次被确定为国家级贫困县。1979～2008年30年间，巨鹿县财政累计收入完成119632.6万元，其中上解中央、省财政37085.9万元，财政累计支出230577.8万元。随着改革开放，财政收入源于国有成分的比例明显下降，集体、私营、个体及其他经济成分，特别是第三产业的比例明显上升。财政供养人口增长较快，个人政策性增支因素增多，财政收入大部分用于工资性支出。进入21世纪，部门预算、国库集中支付、政府采购、农村税费和收支两条线等制度相继建立，财政预算管理体制步入科学化、规范化、精细化管理。特别是2003年后，县财政公共服务范围逐步扩大，财政支出更多地投向与人民群众直接相关的民生领域。

第一节　管理机构

1979年县财政、税务为同一单位。1981年，分为县财政局、县税务局，各自独立办公。县财政局设秘书股、预算股、企业财务股、农财股、监察股。1982年增设房管所。1985年，各乡、镇建立财政所。同年，县房产公司建立后，房管所撤销。1986年增设综合财政股。1989年增设财税检查室。1991年增设国债服务部。1992年，增设乡镇财政管理股和会计事务所。1993年，设会计事务股，成立巨鹿县国有资产管理局。1997年，成立县收费管理局（副局级单位隶属县财政管理）。1998年，县收费管理局设立收费管理股、征收管理股和稽查队；县财政局增设社会保障股、基本建设股；乡镇财政管理股改为行政事业财务管理股。1999年，撤销收费管理局稽查队，改设巨鹿县财政稽查大队。同年建立巨鹿县政府采购中心；2000年，县财政局设立预算执行股。设立副局级单位农业税征收管理局，内设综合股、征收管理股和稽查股；2001年，设立巨鹿县财政局政府集中支付中心。2005年，建立巨鹿县政府采购管理办公室；2008年，县财政局下辖两个二级局（农业税征收管理局和收费管理局）、10个乡镇财政所，局内设13个股室；2006年6月，在黄巾大道北侧投资1100万元、总建筑面积6341平方米的巨鹿县财政局9层办公大楼竣工并投入使用。

2006年建成的财政局办公大楼

第二节　体制改革

一、概况

1979年后，县财税体制进行了一系列改革。1980年，巨鹿县财政实行“划分收支，分级包干，一定五年”管理体制。行政事业单位和企业主管部门实行“收支包干、超支不补、结余归己”的管理办法。1985年建立县、乡两级财政管理体系，实行“划分税种、核定收支、分级包干”的管理体制。县财政实行各行政事业单位经费“包干管理、结余留用、超支不补”的方法。1994年，实行分税制改革。

二、预算收入级次划分

县财政收入包括：增值税的25%（除解省、市部分外）及营业税（除解省、市部分外）、县属企业所得税、个人所得税、城市维护建设税、固定资产投资方向调节税、房产税、车船税、印花税、屠宰税、契税、遗产税、土地增值税、土地使用税的50%；资源税、农业税、耕地占用税的60%；农业特产税及原属于县级的其他收入。

县确定乡财政收入包括：乡镇以内的营业税、集体企业所得税、个人所得税、城市维护建设税、房产税、土地增值税、车船使用税、屠宰税、土地使用税的50%，印花税、投资方向调节税、农业税、工商税滞纳金罚款的60%，农业特产税的50%，契税、集体企业上缴利润及其他收入等。

三、支出范围划分

县财政支出范围主要为：县内行政机关所需支出及县域经济、事业发展所需支出，对乡镇财政税收返还支出、体制补助支出、专项拨款补助支出、特殊拨款补助支出，体制上解支出，专项结算支出。

乡镇支出范围主要为：乡镇政权机关所需支出及乡镇经济、事业发展所需支出。2000 年，县财政实施预算管理改革，建立预算编制、执行、监督相互分离又相互制约的管理体制。实行预算管理、农村税费、收支两条线等改革，完善各项管理制度。2001 年，实行政府集中支付制度，县直所有预算内、外供给经费的行政事业单位，含一级会计单位及其下属基层单位全部纳入县集中支付中心管理。2002 年，建立和完善“乡财县管”和“村财乡代管”体制。

1979～2008 年巨鹿县财政体制改革进展情况一览表

表 12－5－5

年　度	财税体制
1979	定收定支，收支挂钩，总额分成，一年一定
1980～1981	划分收支，分级包干
1982	总额分成
1984	定收定支，收支挂钩，总额分成，一年一定，超支不补，结余留用
1985	划分税种，核定收支，分级包干，一定五年不变
1986～1988	划分税种，核定收支，分级包干，取消补贴，实行自收自支
1989～1991	划分税种，核定收支，定额补贴
1992、1993	划分税种，核定收支，取消补贴，实行包干
1994～1998	分税制，划分税种，核定收支范围和基数，超基数比例分成
1999	划分税种，分税分段分成，核定收支，转移支付，超收分成，短收自负
2000～2004	分税制财政体制
2005～2007	对乡财政实行统收统支加激励体制
2007、2008	全面实行“乡财县管”，“村财乡代管”制度

第三节　乡镇财政

1979～1985 年，各乡镇财政管理仅有一名财务会计，负责行政经费领报及农业税征收等项工作。财政收入来源有工商各税、农业税、契税、其他收入和乡属企业收入 5 种；支出权限有农业、畜牧、林业、水利、农机、文化教育、卫生、广播、计划生育、公费医疗、行政、财政所、工商所、税务所、公安派出所、法庭等 17 项。

1985 年，全县 17 个乡镇分别建立财政所。1986 年，县对乡镇实行“定收定支，收支挂钩，超收分成，超支不补，结余留用，一年一定”包干办法。1987 年，乡镇财政管理体制为“定收定支、分类包干、超收分成、短收自负、超支不补、结余留用、一年一定、按期结算”的办法。当年 17 个乡镇完成财政收入 145.1 万元。

1988 年，乡镇财政管理体制再次改革。将农村征收的工商各税、农业税、契税和其他收入划归乡镇财政收入。划归乡镇财政的农业税附加、农业税征收费、工商税收分成、公用事业附加等，列为乡镇财政预算外收入分项管理。乡镇财政收入的乡镇办企业上缴的利润（或提成）与乡镇本级教育、烈军属优待、建桥修路、计划生育等公共事业统筹费，列为乡镇财政自有资金分项管理。乡镇财政支出项目包括农村教育事业费和党政部门行政经费等，列为乡镇财政预算内支出管理。

1992年，实行“核定收支上解逐年递增，补贴逐年递减，超收县乡二八分成，超支自补”管理办法。1994年，实行分税制财政体制。1996年，实行“划定收支范围，核定收支基数，上解逐年递增，补贴逐年递减，上解分段比例返还，超收比例分成，短收超支不补”的办法。1998年，实行“划分税种，核定收支基数，上解逐年递增，补贴逐年递减，上解分段比例返还，超收比例分成，短收超支不补”办法。根据分税制体制政策，将乡镇财政划分三部分：中央收入（消费税）、中央与地方共享收入（增值税）和地方固有收入，并以所辖区域税源确定收入范围。当年，乡镇财政收入占县财政收入的一半以上。

1999年，实行“划分税种、分税分段分成、核实收支，转移支付，超收分成，短收自负”办法。2000年，实行“划分税种，分税分段分成，核实收支，转移支付，超收全留，短收自负”办法。

2001年，实行“一县两制”乡镇财政政策，即“一县两制，公平发展，适当调控，激励增收，确保平衡”；“参照税种，确定体制，分税分成，核定收支，定额上解或转移支付，增收分成，超收全留，短收自负”。

2002年，县制订《巨鹿县乡镇非税收入管理办法》，实行乡镇非税收入“收入分税分成，支出标准核定，超收比例分享，短收超支自负，教师离退休统一标准同步发放，乡镇、国税局、地税局、财政局责任捆绑，奖惩结合”的管理办法。

2006年，县实行“乡财县管”财政体制。即“预算共编、账户统设、工资统发、采购统办、票据统管、集中支付”的办法。凡2005年财政收入完成500万元以上的乡镇，实行“收入分享、支出零基核定，个人部分县管、增量分成，定额上解和补贴，自求平衡”的管理体制；凡收入完成不足500万元的乡镇，实行“收支统管，收入全划，支出零基预算，增、超收奖励、短收自补、节余留用”。

第四节　县级财政收入

1998年前，县财政收入主要包括工商税收、农业税收（农业税、农林特产税、耕地占用税、契税）、企业收入、专款收入及其他收入等。1998年，统计口径发生变化，县财政收入主要包括增值税、消费税、营业税、企业所得税、农业四税等。

一、历年收入概况

1980年，全县工农业总产值5301万元，其中工业总产值2509万元，农业总产值2792万元，财政收入369.7万元。1984年实行利改税后，大部分企业上缴利润改为征收国营企业所得税。1984年，县橡胶厂、纺机厂、供销系统等国营企业实行承包责任制，国营企业由亏损变为利税大户。当年，县财政投入50多万元资金支持农村养殖业、个体经济。全县26个企业完成利改税过渡。完成财政收入483.4万元。

1979～1987年巨鹿县财政收入情况统计表

表12－5－6　　单位：万元

项目＼年度	1979	1980	1981	1982	1983	1984	1985	1986	1987
合　计	380.1	369.7	401.7	380.9	427.5	483.4	597.6	690.9	811.5
（一）工商税收	286.9	297.9	312.8	286.4	310.4	318.5	423.5	519.8	668.3
（二）农业税收	50.0	19.0	60.0	64.0	87.0	95.0	116.0	104.9	117.2

续表

项目 \ 年度	1979	1980	1981	1982	1983	1984	1985	1986	1987
其中：农业税	50.0	19.0	60.0	64.0	87.0	95.0	116.0	104.9	117.2
特产税									
耕地占用税									
契税									
（三）企业收入	42.7	52.7	28	9.2	21.6	53.3	44.3	46.9	-3.9
（四）罚没收入									
（五）其他收入	0.5	0.1	0.9	21.3	8.5	16.6	13.8	19.3	29.9

1988～1990 年，受全国通货膨胀、经济过热、市场疲软、政策性增支因素影响，县财政收支困难。1993 年，对预算内 20 家企业实行“厂内银行”、“目标管理”、“责任会计”和“ABC 管理”管理办法，当年企业收入完成 103 万元，占地区分配任务的 151.5%。1995 年，将原预算外行政性收费纳入预算管理，同时加大罚没收入、预算外资金管理力度。

1988～1997 年巨鹿县财政收入情况统计表

表 12－5－7　　　　单位：万元

项目 \ 年度	1988	1989	1990	1991	1992	1993	1994	1995	1996	1997
收入合计	1033.2	1182.1	2061.6	1710.8	2754.6	2394.2	2638	2873	2372.4	4959
（一）工商税收	783.3	937.9	1075.5	1214.5	1349.5	1902	1516.5	2002	1102	1708
（二）农业税收	146.8	158.1	206.2	238.3	239.6	309.2	433	432	703.4	728
其中：农业税	121.7	113	206.2	238	239.6	173.2	253	250	432	422.5
特产税	7.6	36				88	121	84	167.7	166.4
耕地占用税	17.5	9.1				45.1	53	93	87.7	122.7
契税						2.9	6	5	16	16.4
（三）企业收入	74	54.3	93.7	73.9	50.6	98	88	186	250	203
（四）罚没收入					69.9		0	0	275	589
（五）其他收入	29.1	31.8	686.2	184.1	1045	85	600.5	253	42	1731

1998 年，企业经营困难，效益滑坡，实行综合财政预算管理，县财政收入仍达到 5768 万元，比上年增长 19.1%。1999 年，制订《巨鹿县行政事业性收费和罚没收入票款分离管理办法》，对预算外资金实行“收支两条线”管理。2001 年，向上级争取转移支付资金 1134 万元，县财政基本实现保工资、保稳定、保重点、保平衡。

1998～2001 年巨鹿县财政收入情况统计表

表 12－5－8　　单位：万元

项目＼年度	1998	1999	2000	2001
合　计	5768	6385	6949	6893
工商税	3612	3779	3915	3165
所得税	352	652	335	863
农业税	383	442	1446	1373
农业特产税	64	78	69	40
耕地占用税	233	57	0	22
契税	6	65	16	57
其他收入	949	643	756	912
专项收入	41	53	69	61
基金收入	128	616	343	400

2002 年，随着增值税分税制、农村税费及所得税收入分享改革的推进，县财政收入稳定增长机制基本形成。2004 年结束了 10 年工资改革发放不全的历史。自 2005 年开始，全面取消农业税。2006 年，县财政收入首次突破亿元大关。2007 年，县财政收入 12099 万元，同比增长 18.6%。2008 年，因受国际金融危机影响，县内中、小型企业生产形势恶化，财政收入与上年持平。

2002～2008 年巨鹿县财政收入情况统计表

表 12－5－9　　单位：万元

项目＼年度	2002	2003	2004	2005	2006	2007	2008
合　计	7105	7888	7698	8111	10199	12099	12109
（一）国税局	2569	2828	3334	4210	5262	6216	6396
增值税	2178	2349	3027	3936	4722	5589	5800
企业所得税		56	41	6	30	25	70
个人所得税	388	421	264	266	508	600	525
消费税	3	2	2	2	2	2	1
（二）地税局	2172	2357	2681	3339	4136	4892	5052
营业税	714	756	887	1004	1402	1980	2006
企业所得税	429	494	828	1540	1852	1696	1724
个人所得税	689	828	650	456	370	339	443
其他工商税	340	279	316	339	512	877	879
（三）财政局	2383	2721	1693	578	816	991	661

续表

项目\年度	2002	2003	2004	2005	2006	2007	2008
农业四税	1662	1571	854	120	210	50	100
其中农业税	1451	1485	806	全面取消农业税			
专项收入	62	69	78	103	160	287	243
其他收入	659	1081	761	355	446	654	318
（四）专员办退税	-19	-18	-10	-16	-15		

二、收入结构

（一）工商税收（包括上解中央、省）。1979年，巨鹿县工商税收计有11种。年收入283万元，占财政收入的75%以上。2001年，工商税收完成3165万元，占财政收入的45.8%，比1979年增长11倍。1979～2008年间，全县累计征收工商税81612.7万元。

（二）农业“四税”。指农业税、农林特产税、耕地占用税、契税。2004年“农业四税”收入806万元，比1979年的50万元增长15.1倍。1979～2004年，全县累计征收农业四税12509.3万元。

1. 农业税　1982年，全县实行土地承包责任制，农业税由生产队统一缴纳改为按户缴纳，采取定购粮食结算扣除办法，统一到公社结算。1985年各乡镇建立财政所后，由财政所统一到粮站结算缴纳。1994年，新增农业税任务按1993年统计的耕地亩数计算，新旧任务的和为新任务。同年，国家大幅度提高粮食价格，农业税额也作较大调整。2000年，巨鹿县作为河北省首批农村税费改革试点县，农业税由原来的按人口征收改为按地亩征收，以二轮承包用于农业生产的土地面积为准，以常年产量295千克为标准。改革后的农业平均税率为6.85%，农业税附加为征税的20%，计税价格按省定统一计税米价1.24元计算。改革后取消乡统筹、村提留，农民只负担农业税，人均负担减轻34.2%，全县农民年减负担937万元。2004年，国家实行粮食流通体制改革，农民种地实行直接补贴。同年，农业税税率下调3%，2005年全面取消农业税。

2. 农业特产税　1987年，开始征收枸杞、苹果、梨农业特产税。1988年所征收农业特产税70%由乡镇支配用于发展农村种植业和养殖业，县留30%用于农林科研。2004年取消农业特产税。

3. 耕地占用税　1987年开始征收耕地占用税，至1990年底征收数额较少。1997年耕地占用税征收额突破100万元。1998～2008年，累计征收1100余万元。

4. 契税　1984年恢复征收契税。1997年，开始执行《中华人民共和国契税暂行条例》。

1988～2008年巨鹿县耕地占用税、契税征收入库情况统计表

表12-5-10　　单位：万元

年度\项目	耕地占用税	契　税	合　计
1988	17.5	0	17.5
1989	9.1	0	9.1
1990			0

续表

年度 \ 项目	耕地占用税	契　税	合　计
1991			0
1992	38.5	3.5	42
1993	45.1	2.9	48
1994	27.1	6.8	33.9
1995	83.6	5.3	88.9
1996	87.7	16	103.7
1997	122.7	16.4	139.1
1998	255.3	6.6	261.9
1999	63.1	71.7	134.8
2000	0	17.7	17.7
2001	22.4	56.5	78.9
2002	106.3	104.5	210.8
2003	28	57.6	85.6
2004	28	20	48
2005	60	60	120
2006	53	157	210
2007	0	50	50
2008	0	100	100

（三）企业收入。1979 年，巨鹿县 19 家预算内企业上缴利润 42.7 万元，占财政收入的 11.2%。1984 年，国家实行“利改税”，国营企业由原来上缴国家的利润改为分别按税种向国家依法纳税。税后利润归企业支配。

（四）专项收入。1982 年，按照国家《征收排污费暂行办法》开征排污费，至 1984 年，排污费款项包含在其他收入内。1985 年开始按专项资金管理，单列收入款项。

第五节　县级财政支出

一、支出概况

1979～2001 年，县财政支出项目主要有经济建设费、文教卫生事业费、抚恤和社会福利救济费、行政管理费、国防支出、政策性补贴支出、专项及其他支出等。

1979～1987 年巨鹿县财政支出情况统计表

表 12－5－11　　单位：万元

项目 \ 年度	1979	1980	1981	1982	1983	1984	1985	1986	1987
合计	821.3	737.3	799.8	751.2	845.5	905.6	1089.9	1370.0	1399.7
支农支出	255	154.7	94.9	72	68.4	67.1	55.1	82.1	64.4

续表

项目 \ 年度	1979	1980	1981	1982	1983	1984	1985	1986	1987
行政事业费支出	343.8	364.9	490.5	426.9	486.3	555.1	647.9	831.5	860.3
文教卫生科学事业费	183.2	217.7	214.4	252.3	290.8	283.4	373.2	414.5	431.4
价格补贴支出							13.7	41.9	43.6
其他支出	39.3								

1988～1997 年巨鹿县财政支出情况统计表

表 12－5－12　　单位：万元

项目 \ 年度	1988	1989	1990	1991	1992	1993	1994	1995	1996	1997
支出合计	1869.7	2163.2	2061.6	2209.4	2754.6	2834	2939	3694	4301	5662
支农支出	145.4	173.7	199.1	276	227.9	200	190	80	59	100
行政事业费	1088.5	1308.8								
文教卫生科学事业费	587.4	631.8	751.4	791.6	994.5	1205	1446	1636	1550	1773
价格补贴	48.4	48.9	49.2	50.7	68.6	65			2	
其他支出										

1998～2001 年巨鹿县财政支出情况统计表

表 12－5－13　　单位：万元

项目 \ 年度	1998	1999	2000	2001
合　　计	7359	7468	8867	12292
支农支出	100	61	113	96
农林水事业费	181	203	240	262
文体事业费	201	197	208	305
教育事业费	1509	1778	1985	2959
抚恤事业费	223	240	285	344
行政经费	747	884	942	1135
卫生事业费	365	351	399	446
离退休经费	748	889	1014	1218
专项支出	68	92	62	100
其他支出	3080	2176	3401	5015
基金支出	137	597	218	412

2002年，县财政局依据县经济发展实际，提出“保工资、保运转、保重点、保平衡、促发展”工作目标。支出由“保障型”逐步向“公共型”转移。2008年财政支出规模达到40164万元，比1979年增长了62倍。

2002～2008年巨鹿县财政支出情况统计表

表12－5－14　　　　单位：万元

<table>
<tr><th>年度
项目</th><th>2002</th><th>2003</th><th>2004</th><th>2005</th><th>2006</th><th>2007</th><th>2008</th></tr>
<tr><td>合计</td><td>12308</td><td>14278</td><td>15052</td><td>18893</td><td>22858</td><td>35544</td><td>40164</td></tr>
<tr><td>农业支出</td><td>497</td><td>840</td><td>1066</td><td>1323</td><td rowspan="3">3640</td><td rowspan="3">7683</td><td rowspan="3">6158</td></tr>
<tr><td>林业支出</td><td>49</td><td>70</td><td>56</td><td>59</td></tr>
<tr><td>水利气象支出</td><td>40</td><td>80</td><td>110</td><td>139</td></tr>
<tr><td>工交流通事业</td><td>140</td><td>147</td><td>161</td><td>185</td><td>438</td><td>982</td><td>270</td></tr>
<tr><td>文体广播事业</td><td>392</td><td>370</td><td>543</td><td>466</td><td>168</td><td>227</td><td>282</td></tr>
<tr><td>教育支出</td><td>3046</td><td>3529</td><td>3596</td><td>4280</td><td>6887</td><td>9934</td><td>12406</td></tr>
<tr><td>卫生支出</td><td>619</td><td>662</td><td>621</td><td>780</td><td>833</td><td>2347</td><td>3578</td></tr>
<tr><td>抚恤和社会福利</td><td>392</td><td>532</td><td>594</td><td>622</td><td rowspan="2">3706</td><td rowspan="2">4835</td><td rowspan="3">4491</td></tr>
<tr><td>行政事业离退休支出</td><td>1353</td><td>1565</td><td>1716</td><td>2535</td></tr>
<tr><td>社会保障补助支出</td><td>283</td><td>584</td><td>432</td><td>368</td><td>2655</td><td>3383</td></tr>
<tr><td>行政管理费</td><td>1310</td><td>1516</td><td>1579</td><td>1795</td><td></td><td></td><td>5881</td></tr>
<tr><td>公检法司支出</td><td>949</td><td>894</td><td>970</td><td>839</td><td></td><td></td><td>2138</td></tr>
<tr><td>专项支出</td><td>110</td><td>88</td><td>143</td><td>81</td><td></td><td></td><td>3536</td></tr>
<tr><td>其他支出</td><td>3128</td><td>3401</td><td>3465</td><td>5421</td><td>4531</td><td>6153</td><td>1424</td></tr>
<tr><td>备　注：</td><td colspan="7">支出合计中不包含基金预算支出</td></tr>
</table>

二、经济建设支出

（一）企业挖潜改造资金。1979～1995年，企业挖潜改造资金靠上级专项拨付，用于国营企业挖潜改造和县办“五小”技术改造补助。1979年，邢台地区分配巨鹿县水仙花酒厂5万元，用于补充生产设备。1984～1988年，县财政多方筹集资金664万元支持县橡胶厂、纺织机械厂等21个企业30多个技改项目。1994～1998年，县对乡镇实行“分税制”财政管理体制，乡镇政府投入大量资金推动企业技术改造。

1993～2006 年巨鹿县经济建设支出统计表

表 12－5－15 单位：万元

年　度	1993	1994	1995	1996	1997	1998	1999
支　出	278	234	197	86	178	345	516
年　度	2000	2001	2002	2003	2004	2005	2006
支　出	786	154	457	763	501	1074	310

（二）科技三项费用。包括新产品试制费、中间试验费、重要科学研究补助费等科学技术三项费用。1979～1996 年间，每年投入不到两万元。1996 年后，大幅度提高对科技三项费用投入。

三、文教科学卫生事业支出

文教科学卫生事业费包括：文化、文物、教育、党校、卫生、公费医疗、体育、地震、广播、计划生育事业费和其他文教事业费。1979～2008 年文教科学卫生事业费支出逐年增多，占同期财政支出的 40% 左右。

四、抚恤和社会福利救济支出

1979～2008 年，巨鹿县用于抚恤和社会福利费的支出逐年增多。1983 年支出 46.6 万元，占总支出的 8.2%；2005 年达 622 万元，占总支出的 3.3%；2008 年提高到 983 万元，占总支出的 2.4%。

五、行政管理支出

1980～1999 年间，对行政单位实行"经费包干、超支不补、节余留用"的办法。2000 年，实行部门零基预算，公用小车、公费招待、公费电话、公费医疗、会议费及公用经费实行包干。2002 年，全县预算单位行政管理费纳入政府集中支付管理。

第六节　管理监督

一、预算管理

（一）预算体制改革。1980 年，预算管理改"吃大锅饭"为"分灶吃饭"。行政事业单位和企业主管部门实行"收支包干、超支不补、结余归已"管理办法。1985 年，地区财政取消"巨鹿县补贴"，定为"后收后支"县。对各行政事业单位经费实行"包干管理，节余留用，超支不补"。1986 年，实行经费"全年包干，分月按比例拨款"。1987 年、1988 年，对有罚没收入的单位实行经费与收入挂钩。即"收入补项经费，差额补贴"、"收入按比例分成"。同时，实行行政事业单位小汽车定点维修，大型会议财政派员监督，财政直接与招待单位结算。

1998 年，县政府出台《巨鹿县综合财政预算管理实施试行办法》和《巨鹿县行政事业性收费、罚没收入、基金、附加管理试行办法》，实行综合财政预算管理。当年完成非税财政收入 1501 万元。2000 年率先在全市推进收费征管体制改革，实行行政事业性收费、罚没收入"收支两条线"管理。即在银行设立收入和支出专门账户，将纳入预算管理的行政事业性收费、罚没收入、政府性基金、附加以及预算外收入的收缴统一核算与管理。县工商银行、县建设银行和县农业银行三家与财政联网运作。全县职能执法部门所涉及的 131 项行政事业性收费和 35 项罚没项目，全部实行"票款分离"。2001 年，将预算外供给经费的行政事业单位纳入集中支付中心管理。2002 年，乡镇收费纳入收支两条线管理。

2002 年，全县工资发放首次实现县、乡统一标准，同步发放。工资由按项目发放改为按比例发放，工资发放水平达到档案工资的 90%。2008 年建立和完善预算编制、执行、监督相对分离运行机制。

（二）预算编制。1979 年，县依据地区下达收支预算指标编制年度预算。1980 年实行“划分收支、分级包干”财政体制后，依据地区年度预算计划，结合实际情况安排预算编制。1986 年，乡一级财政实行“定收定支，收入上交，支出下拨，超收分档分成，短收按比例扣发”的乡级财政管理办法。1995 年，县财政预算采取“分级预算，分类负担，分流人员，分灶吃饭，分块管理”。支出首先保个人基本工资，其次视财力安排少量公用经费。

二、企业财务管理

1980～1982 年，实行县办工业、二轻企业、物资企业利润分成体制。留成比例按企业实现利润上交财政 45%，企业留 55%。1981 年，对全县 53 家国营企业和行政事业单位进行检查，查处违纪资金 17.5 万元。其中，乱摊成本费用 9.5 万元、乱发奖金 9500 元、私设小钱柜 900 元，偷漏税 6.2 万元，收缴偷漏税和违纪款 3.4 万元。

1983 年，实行第一步利改税。当年全县企业收入完成 21.6 万元，比上年增长 134.8%。1985 年，第二步利改税开始。国营企业原来上缴国家税金和利润改为分别按产品税、增值税、营业税、资源税、所得税等 11 个税种依法缴税。1986 年，企业的经营由封闭生产型向生产经营型发展，企业管理由行政管理型向科学管理型发展。国有企业管理水平低，财务管理乱等问题较为普遍，半数企业处于盈亏边沿。当年检查国有企业及粮、棉企业，查处违纪资金 113 万元，令其补缴财政入库 38.9 万元。县财政局选员进驻纺机、电力、酒厂、橡胶、水泥等企业。1987 年，预算内 21 家企业实行三项改革，即实行厂长（经理）任期目标责任制、计件工资和效益工资、企业目标成本管理，企业效益迅速提高。当年查处企业违纪金额 155.6 万元。1988 年，治理经济环境整顿经济秩序，全县 175 个单位自查违纪金额 176 万元，补交 38 万元，联查 70 个单位，查处违纪金额 32 万元全部入库。

1990～1997 年，税收、财务、物价大检查，对偷漏工商各税，企业所得税及侵占应交利润，虚报亏损骗取财政补贴等问题进行查处。八年共查处违纪资金 3395 万元，应入库 2487 万元，上缴财政 2418 万元，入库率 97.2%。1991、1992 年，为水嘴厂、杏茶厂等企业筹措资金 1700 万元增加后劲。1993 年帮助企业实行新财会制度，实行国有企业统一 33% 的所得税税率。1994 年，县财政局成立有偿资金使用所，专门争取筹措资金，支持效益好、利税双高企业。该年筹集投放资金 335 万元，支持 20 家企业 20 个项目，企业增加利税 31 万元。

1997 年，县国有企业、集体企业在市场经济冲击下，处于停产半停产状态，出现大企业小纳税人现象。县酒厂每月纳税不足 2000 元，纺机厂纳税额仅占年计划的 16.5%；二月花集团 1～9 月入库 13.84 万元，占年计划的 3.44%。1998～2002 年，县国有企业和集体企业实行政企分开，自负盈亏，自主经营，产权细化。2003 年，安排粮食企业申报补贴，锁定库存数量与成本，测算补贴粮食购销企业。2004～2008 年，利用税收、财政贴息、担保、零地价等优惠政策支持企业发展，5 年共为民营企业协调资金 6.7 亿元，缓解了全县大、中型企业资金紧张状况。

三、行政事业财务管理

1979 年后，对全额预算管理单位，除对有关人员进行经常性教育培训外，对不同时期不同阶层出现的不同的事件进行查处。1983 年，查处 23 个单位、58 万元违纪资金，收缴财政入库 21 万元。1984 年，清理全县 113 个单位，查出 294 名干部职工拖欠公款 7.9 万元，收回 6.7 万元。1987 年，实行“总额包干，结余留用，超支不补”的办法。1990 年，行政机关实行经费和人员编制双包干，人员增减经费不变。1995～2008 年，实行零基预算，个人部分打足，公用经费适当安排，包干到单位。实行定额或定项补助的单位，超支不补，结余留用。

1999 年，查处未缴财政资金 110 万元，入库 64 万元。2000 年，联合县纪检、物价部门开展“收支两条线”专项检查，查处违纪金额 29 万元，没收非法票据5本，取消自立收费项目2个。2001年，查出9个县直单位违纪资金52万元，罚款34万元，全部收缴财政。同时开展政府采购、粮食风险基金政策专项检查，查出违纪资金935万元，入库380万元，罚款38万元。2004～2008年，实行政府集中支付制度，拒付不合理开支470多万元。财政扶贫、农业综合开发等专项资金均实行县级报账制。建立财源监控网络，全程跟踪监控纳税10万元以上的企业。

此外，2004年县财政为城镇建设担保拨付资金1500万元。拨付县城改水降氟给水项目290万元。2005年，为建设县城环城路项目争取国家开发银行贷款5400万元。2007年支持宁魏线、杨官线公路项目资金2000万元。

四、外经财务管理

1979～1987年，县外贸企业仅外贸公司一家，一直实行由国家统收统支、统负盈亏财务体制。1988年，外贸企业下放地方管理，推行承包经营责任制。1992～2002年，全县累计利用世界银行贷款1766.3万元，其中用于农业开发1123.4万元、卫生人力开发104万元、结核病防治15.1万元、第三基础教育523.8万元。

五、控购和政府采购

1981年，县成立控制社会集团购买力办公室，实行“计划管理、指标控制、专项审批、定额供应”管理办法。1988年，进行控购检查，查出全县118辆小汽车中66辆未按规定办理控购手续。责成监理部门收回牌照和行车证，县财政、石油部门不拨款不供油。1995年，控购专项检查查出违纪单位32个，违控商品108件，总价值160万元，罚没16.5万元。

2000年，实行政府集中采购，制订《巨鹿县政府采购管理办法》和《巨鹿县办公设备购置和定点加油管理实施办法》。2002年，政府采购额达到1530万元，节约财政资金220万元。2003年，实行政府采购管理和执行机构分离。2005年，1710万元教育专项资金纳入政府采购，节约资金209万元。2008年，政府采购额5436万元，节约资金751万元。

六、金库和预算外资金管理

（一）金库管理。1985年7月，按照《中华人民共和国国家金库条例》，巨鹿县设支金库，由县人民银行管理。1990年，全县17个乡镇财政所建立乡镇金库，设在当地的专业银行办事处或营业所。

（二）预算外资金管理。1980年，实行国营企业利润留成制度，建立生产发展基金、职工福利金和奖励基金，列入预算外管理。1983年，进一步明确预算外资金范围：（1）财政自筹资金，包括工商税附加、公用事业费附加，集体企业折旧基金未纳入预算管理的项目。（2）行政事业单位管理的资金、房产管理及校办工厂收入、招待所收入、中小学学杂费及勤工俭学收入、基建单位收入等项目。（3）国营企业及主管部门的各项专项资金。

1987年，县实行预算外资金归口管理，专户储存。行政、事业单位和国营企业主管部门各项预算外资金，所有权不变，由财政部门专户储存。1989年，组织预算外资金大检查，查出应缴财政资金170万元。同年，将农业税附加、农业税征收费、工商税超收分成、专项资金和公用事业附加划为预算外收入。1993年，国有企业不再沿用预算外资金概念，企业主管部门资金不再按预算外资金管理。

实行财政资金专户储存管理，有效防止资金挪用、截留坐支。同时又出现另一种现象，有行政事业收费权力的单位用经费填充；无行政事业收费权力的无填充来源。

1987～2008 年巨鹿县预算外资金收支统计表

表 12－5－16　　单位：万元

年度	1987	1988	1989	1990	1991	1992	1993	1994	1995	1996	1997
收入	247	356	494	527	679	498	595	827	833	742	768
支出	231	318	551	527	658	481	548	752	760	801	736
年度	1998	1999	2000	2001	2002	2003	2004	2005	2006	2007	2008
收入	716.8	1067.5	1082.6	1592	3253	3314	4771	7358	6348	2359	2275
支出	704.8	1137	1082.6	1531	3213	3080	5015	7358	6348	2359	2069

七、国库券管理

1981 年，开始向单位发行国库券。1982 年发行对象扩大到城乡个人。1989 年国库券只向个人发行，不论金额大小，一律发给等额国库券。1999 年国库券发行移交县人民银行办理。

1982～1998 年巨鹿县国库券完成情况一览表

表 12－5－17　　单位：万元

年　度	发行任务	实际完成	备　注
1982	22	22.6	
1983	26.5	26.5	
1984	26.5	26.6	
1985	48.5	48.5	
1986	50	50.1	
1987	50	50	
1988	67	67	
1989	69.3	69.3	
1990	70	70	
1991	72	72	
1992	535	535	
1993	156	156	
1994	68	69	
1995	70	70	兑付 542
1996	35	35	
1997	467	467	
1998	56	56	

八、会计管理

（一）会计培训。1987年，国家财政部举办中华会计函授教育，巨鹿县为邢台地区4个县级函授站之一。至2000年，先后举办培训班14期，培训会计人员724人。2001～2008年，累计培训会计1200人次。

（二）会计证管理。1984年，依据财政厅试行会计证管理办法，首批核发101本会计证，其中工业会计25人、商业会计41人、预算会计31人、基建会计4人，占全县会计总数的69%。1991年、1992年，组织培训在职无证人员286人，经考试当年颁发会计证320本，评定会计专业技术职称18人。1997年，改为全省统一考试合格后颁发会计证。至1998年全县获会计证人员754人。2003年，根据相关法律规定，会计证置换为会计从业资格证书。会计人员实行网络化管理。

（三）专业技术资格管理。1982年，县成立“巨鹿县初级会计职称评审委员会”，下设办公室，县财政局负责会计人员材料初审。当年有31名会计人员通过初审并向上审报。1990年，会计人员技术职称评审由县职称改革领导小组办公室接管。1982～1992年，县财政局为452名会计人员审查报审材料。1992年，按财政部、人事部的规定要求，会计专业技术资格由评审改为考试。至2008年，审核证件5300本，3600人取得初审考试资格，789人通过考试取得专业技术资格。

（四）建账监管和电算化。1997年，实行建账监管。1998年，全县各系统和单位均纳入建账监管范围，县财政局统一管理，监管面100%。1999年，全面检查建账单位所使用账簿、凭证种类、数量，同时预测账簿、凭证需求量。2002～2005年，轮流培训县直、乡镇会计人员电算化知识，共8期、604人次。会计电算化成为取得会计证的必考科目。

九、社会保障金管理

社会保障资金包括养老基金、失业保障基金、再就业基金、城市居民最低生活保障资金四项。1979～1995年，社会保障面小，覆盖率低，对象主要有离退休人员、五保户（即无子女及无生活基本来源的孤、寡人员由政府保吃、保住、保医、保教、保葬）及“三红”（在乡退伍红军老战士、在乡西路红军老战士和红军失散人员）、“三属”（烈属、因公牺牲军人家属及病故军人家属）人员。1996年，社会保障工作由点向面，走近普通人群。同年制定实施《机关事业单位工作人员养老保险暂行办法》。按照“以支定筹，略有节余，留有部分积累”原则，统一由县社会保险所组织实施管理。个人养老保险基金实行国家、集体、个人共同负担。养老保险管理办法是参加养老保险人员，办理离（退）休手续后，按照县文件规定由养老保险机构按月下拨给单位，单位发给个人。机关、事业单位工作人员的养老保险项目包括13项：离休费、退休费、退职生活费、保留津贴、燃料补贴、职务津贴、政府特殊津贴、教龄津贴、护龄津贴、生活津贴、护理费、交通费、丧葬费。

1998年将社保基金纳入财政专户，实行收支两条线，专款专用，由县财政局统一管理。社保资金管理原则是“渠道不乱，用途不变，财政统管，分步实施”。2001年，实行社保资金专户管理、专款专用。全县失业参保人员6825人，征收保险金53万元，1234人的养老金全部按月发放；全县纳入城镇最低生活保障的315名低保人员全部按标准发放，共计309万元。2002年，全县实行行政人员基本医疗保险。2003年，医保扩面，财政人员应保尽保，事业人员实行基本医疗保险。同年，巨鹿县在邢台市率先建立农村低保制度。2003～2008年，最低保障标准由每人每年420元逐步提高到840元。保障人群由1174人增加到7818人，累计发放农村低保金756.6万元。

2006年社会保障资金2653万元。其中，发放养老金1845万元、城镇低保资金87万元、农村低保资金128万元、医保资金286万元、下岗职工再就业资金185万元、失业人员保险金122万元。

2007年，社会保障资金猛增到4238万元，其中基本养老金2101万元，机关事业养老金292万元，失业金115万元，再就业资金100万元，基本医疗保险金111万元，低保金141万元。全县医疗卫生支出2347万元，23.7万农民参加了合作医疗，参合率71%，年底报销医疗费966万元，医疗卫生增幅最大。2008年，社会保障资金达到5789万元。

第七节　国有资产管理

1989年，巨鹿县国有资产体制改革起步。1993年，成立县国有资产管理局，隶属县财政局。当年，组织清查全县行政事业单位财产，核实资产5972万元。2007年3～6月，重新清查全县109家行政事业单位国有资产，核实登记国有资产3.2亿元。

一、行政事业单位国有资产管理

行政事业单位国有资产管理包括产权登记、界定、变动和纠纷调处；资产的使用、处置、评估、统计报告和监督。1993年，按照国家统一部署，清查行政事业单位财产后，随即建立账表和资产管理制度，改变单位重购建、轻管理的现象。1997年，实行行政事业单位产权登记制度，其登记形式有设立产权登记、变动产权登记、撤销产权登记和产权登记年度检查。行政事业单位产权登记每年实行年度检查，核实增减情况并上报。

二、企业国有资产管理

1994年，开始国有企业清产核资试点。1995年，全面清理、核对和核实全县国有19个企业资产，国有资产总额16782万元。其中，固定资产1813万元，流动资产13778万元，长期投资44万元，递延资产1147万元。2001年，登记全县16个国有企业产权。核发国有资产产权登记证。2005年，国有资产管理局取消原有国有资产的各类企业产权登记证，改发启用新产权登记证。

三、收益管理

1998年，巨鹿县开征国有资产收益。当年收入23万元。1998～2008年，全县累计收缴国有资产收益775万元。

第八节　专项资金管理

一、农业财务管理

1979年，农林水利事业单位实行财务包干。1980年，推行农、林、水利事业单位企业化经营管理，简称“事改企”。1983年以后，全县“事改企”单位，全部实行“自收自支，节余留用，亏损不补”政策。2004年农口事改企工作基本完成。

二、支农周转金管理

1981年，县将财政支援农村社队发展资金，由无偿支援改为有偿无息周转使用。1985～1997年，县财政将立项支农资金在项目实施前，一次性拨付到项目主管单位。1998年，县制定实施《支农专项资金管理试行办法》，程序为填制《支农资金审批表》和详细编制《用款计划》，按不同审批权限，分别上报。县财政对支农资金采取报账制管理办法，实行“三先”、“一后”、“一扣留”报账制度，即先自筹、先上马、先验收、后拨款，在拨付资金时扣留10%的项目控制费，待项目经上级验收合格后一次拨清；大项目按工程进度拨款。2006年，省财政厅通知将农业财政资金整合，打捆使用，巨鹿县被定为试点县。

1985～1994年，县财政支持独立核算的乡镇企业、农村合作经济组织等项目，发放支农周转金9000余万元。1995年，停止发放支农周转金，转为支农周转金清理回收。2004年，组建清债办公室，至2008年清理回收支出周转金1000多万元。

三、农业开发资金管理

1988～1993年，先后支持林庄、堤村、张王疃、贾庄、官亭、何寨、西郭城、王虎寨、辛庄、小吕寨、城关11个乡镇进行农业开发，涉及188个村，4.7万农户，投入资金1660.8万元。用于改造中低产田9390.6万平方米，开垦宜农荒地种植、养殖、农田建设，培训科技干部和农民技术员。项目区效益明显，粮食累计增产2594.3万千克，产值增加2753.4万元，商品粮增加1080万千克。农民人均增收145元。1993年，巨鹿县被省财政厅评为“农发资金管理先进县”。1999年，向上争取支农资金850万元。2001年，各项支农项目总投资2762万元。2005~2008年，先后投入各种资金15652万元，用于改善农村基础设施建设。

2004~2008年县财政采取“一折通”形式累计发放粮食直补、综合直补资金5702.9万元。全县近8万种粮户受益。2006~2008年，县财政向中央、省有关部门争取筹集国债资金3042万元，用于村村通自来水工程。

第六章 税　务

改革开放后，巨鹿县税收体制按照国家统一部署多次变更。19世纪80年代前，县财政、税务为同一单位。1981年财政、税务分设。1994年税务又分设国家税务局和地方税务局。随着县域经济不断发展，财政税务经历几次改革，县财政收入、税收逐年增加，为巨鹿县经济和社会各项建设事业的全面进步发挥了重要作用。

第一节 管理机构

一、巨鹿县国家税务局

1994年8月，原巨鹿县税务局分列为县国家税务局（简称县国税局）和县地方税务局（简称县地税局）。县国税局内设办公室、税政股、政工股、涉外分局、征管股、稽查队、监察室、计划会计股、县直分局及4个中心国税所和5个国税所。城关中心所（辖堤村所）、小吕寨中心所（辖王虎寨、西郭城所）、官亭中心所（辖楼张镇所）、阎疃中心所（辖苏家营所）。

1996年8月，撤销楼张镇国税所，增设城镇国税所，张王疃国税所归城关中心所管辖，增设观寨国税所归官亭中心所管辖，局机关增设老干部股，稽查队改名为稽查分局。1996年12月，稽查分局改为稽查局，为副科级单位。

1999年3月，征管、机构、人事制度改革。县直分局改为县直国税所。税政股、涉外分局征管股合并为税政征管股。计划会计股改为计划财务股。撤销中心所及城镇、张王疃、观寨三个国税所。局机关设办公室、政工股、计划财务股、稽查局、监察室，下设县直、城关、堤村、王虎寨、小吕寨、西郭城、官亭、阎疃、苏家营9个国税所。2001年，稽查局由副局级降为直属正股级单位。政工股改为人事教育股。增加信息中心和票证管理所。同年6月，堤村国税所合并到城区国税所，撤销苏家营国税所，苏家营国税所和楼张镇国税所分别划归阎疃国税所和官亭国税所管辖。同年10月，县直、城区国税所，合并建立城区分局。12月建立巨鹿县国家税务局办税服务厅。2002年9月，王虎寨国税所与小吕寨国税所合并为小吕寨国税所。2003年撤销票证管理所，增设政策法规股。

2005年8月，撤销计划财务股、税政征管股和政策法规股，建立计划统计股、征收管理股和综合业务股；城区分局升格为副科级税务分局。2006年12月，撤销阎疃、官亭和小吕寨国税所，合入城区税务分局。

2008年局内设办公室、人事教育股、计划统计股、监察室、征收管理股、综合业务股、办税服务厅和城区税务分局、信息中心、稽查局。

经河北省国家税务局报国家财政部立项，2003年12月批准筹建新办税大楼，在黄巾大道北侧，总投资1418万元，2006年11月16日迁入办公。

二、巨鹿县地方税务局

1994年8月，县地税局从巨鹿县税务局列出。隶属邢台市地方税务局、巨鹿县人民政府双重领导。县地税局内设办公室、政工股、税政股、征管股、计划会计股、监察股、税警队，建立城关、堤村、阎疃、苏家营、官亭、楼张镇、小吕寨、王虎寨8个地税所。1995年5月，稽查队改为稽查局；8月，撤销监察股，增设税检室；9月，撤销楼张镇地税所，并入苏家营地税所。1996年1月，税政股、征管股合并为税政征管股。当年苏家营、王虎寨两个地税所分别合并到阎疃、小吕寨地税所，并改名为征收站。1997年9月，重设监察股，撤销税检室，改为公安局驻地税治安室。同年10月，改为公安局驻地税税警队。1998年9月，撤销堤村地税所。当年底，县地税局设办公室、政工股、税政征管股、计会股、监察股、税警队、县直分局、稽查局。2002年，增设社保办、计算机管理股。2004年，税政征管股分列为税政和征管法规股，计会股更名为征收计会股（管理办税厅）；县直分局、城关地税所撤销，成立管理股。2005年7月，撤销王虎寨地税所，同时在局内设管理股，管理股辖阎疃、官亭、小吕寨3个地税所。2006年6月，局实行集体办公集中征收，机关人员到县局办公楼集中办公。2007年10月，撤销官亭地税所，阎疃地税所、小吕寨地税所、管理股、办税服务厅（属计会股内）升格为税务管理分局。2008年，局设7个职能股室，下辖阎疃税务管理分局、小吕寨税务管理分局、城区管理分局、征收分局和稽查局。

第二节　国税业务及改革

一、税制改革

1978年，巨鹿县执行1973年改革工商税制。开征工商税、工商所得税、盐税、屠宰税、牲畜交易税、车船使用牌照税6个税种。1982年，开征燃油特别税。1983年，开征企业所得税和带有税收性质的国家能源交通重点建设基金。从1984年1月1日起，将企业上缴利润改为征收所得税，税后利润一部分上缴国家，一部分按核定的留利水平留给企业。当年10月，开征产品税、营业税、资源税、国营企业调节税、国营企业奖金税。20世纪80年代末期，除关税、农业税、耕地占用税和契税以外，工商税收共征工商统一税、产品税、增值税、盐税、营业税、资源税、国营企业所得税、国营企业调节税、国营企业奖金税、国营企业工资调节税、集体企业所得税、集体企业奖金税、事业单位奖金税、中外合资经营企业所得税、外国企业所得税、私营企业所得税、城乡个体工商户所得税、个人所得税、个人收入调节税、固定资产投资方向调节税、建筑税、燃油特别税、国家能源交通重点建设基金、特别消费税、屠宰税、牲畜交易税、车船使用税、城市维护建设税、集市交易税、印花税、房产税、筵席税、城市土地使用税。

1994年1月，工商税制改革后的税种由33个减少为18个。县国税局和县地税局分设后，县国税局负责征收的主要税种是增值税、消费税、部分企业所得税、进口产品消费税和增值税等；中央税的滞补罚收入；按中央税、共享税附征的教育费附加。

二、税率

1994年巨鹿县国家税务局建立后，适用税率为：增值税适用17%、13%和零税率；消费税设置11个税目、14档税率，税率分比例税率和定额税率；粮食白酒税率25%，薯类白酒税率15%，其他白酒税率10%；汽油税率为0.2元/升，柴油税率为0.1元/升；金银首饰（自1995年1月1日起改为在销售环节征收）税率为5%；鞭炮税率为15%；企业所得税税率为33%。另有两档优惠税率：年应缴纳所得税额在3～10万元的，按27%征收；3万元以下的，按18%征收。

三、税种

（一）增值税。1994年将增值税纳税人划分为一般纳税人和小规模纳税人。1995年实行《一申四附表管理办法》，强化增值税一般纳税人申报。对从事废旧物资经营的增值税一般纳税人实行增值税先征后返政策。1996年，实行增值税一般纳税人年检制度和分类管理制度。2000年，开展增值税期初存货已征税款余额抵扣工作，实行纳税评估。2001年，充实税收评估力量，完善评估办法。2002年，全县增值税一般纳税人告别手工开具发票，改用信息网络。2005年推行中国税收征管信息系统（CTAIS），实现现代化集中征收核算。

（二）消费税。1994年开展消费税纳税人认定，组织国家计划内统配汽柴油库存数量核定及金银首饰消费税纳税人认定。1995年，对全县酒类产品生产企业销售酒类产品收取包装物押金，并入酒类产品销售额中，依酒类产品的适用税率征收消费税。1996年开展酒类企业税源调查，加强日常管理。1997年要求企业按季报送《酒类产品计税价格季报表》，对酒类生产企业实施税源监控，开展全县消费税源情况调查活动。1998年，启用新的《消费税纳税申报表》。对达到汽油、柴油消费税规定标准的标号及非标号油一律征收消费税。

（三）个人所得税。1999年11月1日起，对全县从储蓄机构取得人民币、外币储蓄存款利息所得的个人，一律对所得利息按20%的税率征收个人所得税。

（四）企业所得税。1995年开展对所辖企业所得税税前扣除基础上的审核、审批。1997年对企业所得税汇算清缴由汇算清缴检查改为由企业自行核缴、税务机关实行汇算清缴。对农村信用合作社行政管理费提取和贷款呆账实施核销。1999年使用新企业所得税纳税申报表，报送一表九附表，组织实施企业所得税汇算清缴和汇总纳税企业所得税检查。2001年再次改换新的企业所得税纳税申报表，组织金融企业对应收未收利息核定。2002年1月1日起，在工商管理部门或监察行政管理部门办理登记，由国税部门负责其所得税的征收管理。

1994～2008年累计征收税款43014.82万元。

1994～2008年巨鹿县国家税务局征收情况统计表

表12－6－18　　　　单位：万元

年　度	小计	增值税	消费税	企　业所得税	外商投资企业所得税	个人所得税	车购税	其他（营业税）
1994	1023.80	1003.04	13.22	7.54				
1995	1100.65	1076.85	18.50	5.30				
1996	1243.39	1224.30	15.50	3.59				
1997	1441.01	1400.88	12.20	27.93				
1998	1627.53	1532.11	2.10	93.32				
1999	1769.36	1681.56	2.70			0.1		85
2000	1865.86	1587.98	4	2.80		215.32		55.76
2001	1800.61	1498.44	1.53			260.53		40.11
2002	2605.85	2177.82	3.29			387.98		36.76
2003	2837.05	2349.33	1.99	56.42		420.72		8.59
2004	3437.33	3128.75	2.30	40.86		265.42		
2005	4209.95	3935.74	2.17	6.07		265.97		
2006	5262.13	4721.58	2.42	－56.85	87	507.98		
2007	6253.62	5588.67	2.26	22.99	2.75	598.85	38.10	

续表

年　度	小计	增值税	消费税	企　业所得税	外商投资企业所得税	个人所得税	车购税	其他（营业税）
2008	6536.68	5800.10	0.89	70.45		525.01	140.23	
合计	43014.82	38707.15	85.07	280.42	89.75	3447.88	178.33	226.22

四、依法治税

（一）税法宣传。1994 年，新税制全面启动。县国税局组织开展新税制知识竞赛，进行深入宣传。1995 年以后，利用集日大规模上街宣传，积极开展“送税法下乡”活动，向农民传授税收法规。2000 年，开展以“依法诚信纳税，共建小康社会”为主题的宣传活动，发放宣传资料 2000 余份，为群众答疑 300 人次。2003 年，发放《巨鹿县国税局局长致纳税人的一封信》1000 份，邀请纳税人监督执法。县国税局每年制作税法宣传资料和印有税收知识的挂历、台历等宣传品，免费发放给纳税人。

（二）电子管理。1997 年以后，随着计算机的应用和税银联合进程的加快，逐步取消专管员管户的传统征管模式，变“管户”为“管事”，不断完善纳税人自行申报制度。办税服务场所设置税务登记、发售、税务咨询、申报征收、税款征收等窗口。建成与市国税局连接的县局、基层分局三级主干网，计算机初步应用于税收征管的主要环节。2002 年，一般纳税人实行网上报税，小规模纳税人电话报税。2005 年，业务全部实行计算机核算，相继完善 CTAIS 的各项功能。实行网上电子报税，推行基于 CTAIS 的纳税评估、个体双定户定额管理系统，逐步建立“多元申报、集中征收、分类管理、一级稽查”税收征管格局，实现管理服务、征收监控、税务稽查、税收执法四个系统税收管理与监控功能。全县电话、网上申报户达 99%。

（三）增值税票据管理。1994 年启用增值税专用发票，规范增值税专用发票的领购、开具和保管，开始使用改版大面额专用发票。1996 年，取消百万元版手写专用发票，实行防伪税控开票系统开具发票。票管人员经辅导、培训、考试合格后持证上岗。1997 年，清理作废 1994 年版增值税专用发票，健全增值税专用发票的启用及增值税专用发票管理制度。1998 年，强化对新版专用发票及增值税专用发票的日常检查。1999 年，停止发售使用手写 10 万元版增值税专用发票。开具 10 万元版专用发票的增值税一般纳税人全部纳入防伪税控系统。

（四）金税工程管理。2001 年 7 月 1 日，开始运行金税工程。全县 196 户增值税一般纳税人全部纳入防伪税控系统，认证、报税、稽核、协查四环节相互交叉制约，全年存根采集率达到 100%。

第三节　地税业务及改革

一、税种税率

（一）税种变化　1994 年县地税局建立后，开征税种有营业税、企业所得税、个人所得税、印花税、土地增值税、房产税、车船税、固定资产投资方向调节税、城市维护建设税、城镇土地使用税、屠宰税等 11 个税种和义务教育费、社会保险费、文化事业建设费、残疾人保障金等 10 种费金。1999 年，固定资产投资方向调节税取消。2002 年 1 月 1 日停止征收屠宰税。

（二）营业税。依照国家《营业税税目税率表》，交通运输业、建筑业、邮电通讯业、文化体育业税率为 3%；金融保险业、服务业、转让无形资产、销售不动产税率为 5%；娱乐业为 20%。个人出租房屋用于居住，税率 3%。从 2004 年 1 月 1 日起，农村信用社取得的金融保险业应税收入，税率 3%。从 7 月 1 日起，台球、保龄球税率减为 5%。

（三）企业所得税。按应纳税额计算，税率为33%。对年应纳税所得额在3万元（含）以下的企业，按18%的税率征收；年应纳税所得额在10万元（含）以下3万元以上的企业，按27%的税率征收。企业所得税按年计征、分期预缴、年终汇算清缴，多退少补。

（四）个人所得税。2000年1月1日起，个人独资企业和合伙企业不再缴纳企业所得税，改为只对投资者个人取得的生产经营所得征收个人所得税。2005年，工资薪金所得项减除费用由800元提高到1600元起征；2008年，工资薪金所得项减除费用由1600元提高到2000元。

（五）印花税。据1988年8月国务院发布《中华人民共和国印花税暂行条例》，征收商事、产权等行为所书立或使用的凭证印花税。

1998年后巨鹿县执行印花税税目税率表

表12－6－19

税目	范围	税率
购销合同	供应、预购、采购、购销、结合及协作、调剂、补偿、易货等合同	购销金额0.3‰
加工承揽合同	加工、定作、修缮、修理、印刷、广告、测绘、测试等合同	加工或承揽收入0.5‰
建设工程勘察设计合同	勘察、设计合同	收取费用0.5‰
建筑安装工程承包合同	建筑、安装工程承包合同	承包金额0.3‰
财产租赁合同	租赁房屋、船舶、飞机、机动车辆、机械、器具、设备等合同	租赁金额1‰。税额不足1元，按1元。
货物运输合同	民用航空、铁路运输、海上运输、内河运输、公路运输和联运合同	运输费用0.5‰
仓储保管合同	仓储、保管合同	仓储保管费用1‰
借款合同	银行及其他金融组织和借款人（不包括银行同业拆借）所签订的借款合同	借款金额0.05‰
财产保险合同	包括财产、责任、保证、信用等保险合同	保险费收入1‰
技术合同	包括技术开发、转让、咨询、服务等合同	所载金额0.3‰
产权转移书据	财产所有权和版权、商标专用权、专利权、专有技术使用权等转移书据	所载金额0.5‰
营业账簿	生产经营用账册	记载资金的账簿，实收资本和资本公积的合计金额0.5‰，其他账簿每件5元
权利、许可证照	政府部门发给的房屋产权证、工商营业执照、商标注册证、专利证、土地使用证	每件5元

（六）土地增值税。1994年1月1日，开征土地增值税。土地增值税实行四级超率累进，增值额未超过扣除项目金额50%部分，税率为30%；增值额超过扣除项目金额50%、未超过扣除项目金额100%部分，税率为40%；增值额超过扣除项目金额100%、未超过扣除项目金额200%部分，税率为50%；增值额超过扣除项目金额200%的部分，税率为60%。

（七）房产税。房产税税率依照房产余值计算缴纳的税率为 1.2%；依照房产租金收入计算缴纳的，税率为 12%。

（八）车船税。从事机动车交通事故责任强制保险业务的保险机构为机动车车船税的扣缴义务人，依法代收代缴车船税。

1986～2008 年巨鹿县车船税执行税率一览表

表 12－6－20

项　目	计税单位		年纳税额	备　注
载客汽车	每辆	大型 中型 小型 微型	540 元 516 元 480 元 300 元	含电车
载货汽车	自重每吨		96 元	含半挂牵引车挂车 三轮载货汽车 低速货车
摩托车	每　辆		36 元	
机动船	按净吨位每吨	净吨位小于或等于 200 吨 净吨位 201 吨至 2000 吨 净吨位 2001 吨至 10000 吨 净吨位 10001 吨及其以上	3 元 4 元 5 元 6 元	拖船和非机动驳船分别按机动船舶税额的 50% 计算
专项作业车、轮式专用机械车	自重每吨		96 元	

（九）固定资产投资方向调节税。1991 年起，征收固定资产投资方向调节税。2000 年 1 月 1 日起，新发生的投资额，已暂停征收。县对纳税人在 2000 年 1 月 1 日前实际完成投资额，依照规定的税率，按固定资产投资方向调节税应纳税款结算，多退少补。

（十）城市维护建设税。纳税人所在地在县城、镇的，税率为 5%；纳税人所在地不在县城或镇的，税率为 1%。

（十一）城镇土地使用税。1994 年起，县按每平方米年税额 0.2 元征收城镇土地使用税。2007 年 1 月 1 日起，县城、建制镇、工矿区按每平方米 1.5～6 元征收土地使用税。

二、税金征收

1994 年税收收入 732 万元；1995 年税收收入 732 万元；1996 年税收收入 1139 万元；1997 年税收收入 1571 万元；1998 年税收收入 2030 万元；1999 年税收收入 2299 万元；2000 年税收收入 2229 万元；2001 年税收收入 2160 万元；2002 年税收收入 2277 万元；2003 年税收收入 2480 万元；2004 年税收收入 2803 万元，征收社保费 585 万元，其他各费 74 万元；2005 年税收收入 3339 万元，完成社保费 1250 万元，其他各费 106 万元；2006 年税收征集 4136 万元，完成社保费 1012 万元，其他各费 177 万元；2007 年税收收入 4890 万元，征收社保费 1222 万元，其他各费 320 万元；2008 年税收收入 5050 万元，征收社保费 3777 万元，其他各费 291 万元。

三、费金征收

（一）教育费附加。教育费附加以各单位和个人实际缴纳增值税、营业税、消费税税额为计征依据，附加率 3%，分别与增值税、营业税、消费税同时缴纳。从事生产卷烟和烟叶的单位，减半征收。

（二）地方教育费附加。地方教育费附加按纳税人实际缴纳增值税、消费税和营业税税额的1%征收，分别与产品税、增值税、营业税同时缴纳，是继高等教育费附加之后起征的一项费。自2003年12月1日施行。

（三）高等教育费附加。县据省通知自1996年1月1日起，将教育费附加的计征率由“三税”（增值税、消费税、营业税）的3%提高到3.5%。2003年12月1日高等教育费附加废止，改为征收地方教育费附加。

（四）义务教育费。义务教育费自1995年6月1日起施行，凡在县行政区域内从事宾馆、饭店、招待所、旅馆以及其他经营住宿的单位和个人，均为义务教育费缴纳义务人。其征收标准为县客房营业收入的4%。2006年7月1日起，停征义务教育费。

（五）社会保险费。社会保险费含基本养老保险费，是指参加基本养老保险的单位和个人按时依照规定比例缴纳的费用。失业保险费是指参加保险的用人单位和职工个人按时依照规定缴费比例缴纳的费用。从2002年3月1日起，基本养老保险费和失业保险费由地税部门征收。基本养老保险费的计费是缴费单位月全部工资总额和缴费个人月工资总额的20%；失业保险费的计费依据是缴费单位月全部工资总额和交费个人月工资总额的8%；城镇个体工商户和自由职业者基本养老保险费率为20%；失业保险费率为2%；缴费个人为1%。

（六）文化事业建设费。巨鹿文化事业建设费从1997年1月起征。凡是在中华人民共和国境内依照《中华人民共和国营业税暂行条例》规定缴纳娱乐业、广告业营业税的单位和个人，为文化事业建设费的缴纳义务人。文化事业建设费征缴范围为按规定缴纳娱乐业、广告业营业税的单位和个人，其计税依据为应当缴纳娱乐业、广告业营业税营业额的3%。

（七）工会经费。从2006年7月1日起，县城区内各级各类企业和实行企业化管理的事业单位工会经费由县地税机关负责代征。县城区范围内，不论有无工会组织的各级各类企业和实行企业化管理的事业单位。征收标准是建立工会组织的企业和实行企业化管理的事业单位（工会自收单位除外），按全部职工工资总额的2%征收。开业满一年仍未依法建立工会组织的企业和实行企业化管理的事业单位，按照全部职工工资总额的2%代征工会筹备金。

（八）残疾人就业保障金。自2003年1月1日起，县各级各类企业和实行企业化管理的事业单位残疾人就业保障金由地方税务局代征。代征范围为县行政区域内未安置或安置残疾人就业达不到规定比例的各级各类企业和实行企业化管理的事业单位。安置残疾人就业比例以不低于上年度单位在职职工人数的1.5%。安排一名盲人或重度肢体残疾人，按两名计算。征收标准为单位上年度在职职工人数×（应安排比例数－在岗残疾人职工人数）×上年度当地年平均职工工资。残疾人就业保障金按年度征收，定期缴纳。每年的7、8月份申报和征收上一年度残疾人就业保障金。对未经批准，未申报和未按时足额缴纳残疾人就业保障金的单位，从9月1日起，按日加收5‰的滞纳金。

四、稽征管理

1995年后，先后制订了《发票违法、违规案件处罚及举报奖励办法》、《发票举报案件受理办法》，不断加强规范发票管理。建立和完善执法责任制、执法过错责任追究办法等规章制度，经常开展执法检查，实施内外监督考评，建立执法检查长效机制。每个岗位的工作职责、执法权限、操作程序、处理时限严格界定。年年实行跟踪考核岗位职责。至2008年累计查补各类偷逃税款1000万元，责任追究200多人次，对责任人罚款0.7万元。

第七章　工商行政管理

巨鹿县工商行政管理局依据国家关于工商行政管理的法规条例，加强工商业管理，引导工商业者遵纪守法、文明经营，严厉打击投机倒把、垄断市场等行为，开辟和规范商品市场，促进横向联合，促使巨鹿县域经济有序发展。

第一节 管理机构

1979年巨鹿县工商行政管理机构为巨鹿县革命委员会工商行政管理局。1983年，改设巨鹿县工商行政管理局（以下简称县工商局）。1984年2月设立秘书、市场管理、企业管理、经济合同管理、个体经济管理股。当年12月增设城关镇工商所。1986年6月增设计财股。1987年建立消费者协会。1988年11月增设个体劳动者协会办公室、消费者协会办公室。1990年11月增设经济检查股、商标广告股。1995年6月增设法制股、监察室，同年12月建立私营企业协会。1996年设立维修行业管理办公室。2007年建立经济监督检查大队。2008年设消费者权益保护股。

第二节 国营集体企业登记

中共十一届三中全会以后，企业登记管理逐步恢复加强。1983年底，全县登记国营集体企业342户。其中，国营企业135户，集体企业207户。1987年统一启用个体工商户营业执照，登记事项为名称、负责人、资金数额、经济性质、经营范围、期限、发照机关，个体私营企业登记量增加较快且逐步规范。1990年，对全县73家公司制企业清理整顿，保留48家，撤销、更名25家。1991年，制订支持企业搞活生产经营11条措施，当年发展法人企业20余家，全县增至190户。1993年，办理法人登记86户，营业登记127户，变更登记79户。1995年，简化登记办证手续，为185户企业办理经营范围变更登记，为10家企业冠省、市级名称。1996年，鼓励国有集体企业开放搞活，发展法人企业39户，独立企业30户，改建有限责任公司36户，变更企业183户。1997年，帮助国有集体企业改组、改制，新登记公司5家，法人企业11户，独立营业24户，办理变更登记50户，注销登记7户，年检企业636户，年检率85%。2001年，对成品油经营单位、棉花收购加工企业、废品回收企业等清理审查。2007年7月《农民专业合作社法》实施，至2008年底登记农民专业合作社20户。

第三节 个体私营企业管理

1991年，全县个体工商户达3912户，从业人员9513人，注册资金1348万元。私营企业发展到20户，注册资金141万元；1993年，推行企业登记受理、审查、核准、发照、公告“一条龙”服务，个体工商户达4568户，从业人员11400人；私营企业27户，从业人员608人，比上年增长3.5%；清理无照经营户483户，补办营业执照471户；1999年，个体工商户达12636户（包括无照经营），私营企业390家，法人企业23家，变更登记30家，直冠省、市级名称各5家；2001年，个体工商户3387户，私营企业114户，个人独资企业102户，合伙企业68户，企业年检率95%；2005年陆续为47名下岗职工免费办理了营业执照，免收登记费1081元，各种规费近5万元。

第四节 经济合同管理

1987年，巨鹿县签订经济合同3098份，处理仲裁合同13起。1989年处理合同纠纷案件103起，比上年增加30起，为企业追回欠款18.5万元，评出“重合同、守信用”企业12家。1990年，检查合同文本1678份，纠正不合格合同5份，监督经济合同当事人履行合同230份，为企业避免经济损失45.6万元；检查发现10家企业在对外签订合同时被对方钻空子，造成拖欠款150万元，有的陷入停产困境，在详细审查合同原件全面了解案情后，县工商局派人带领涉案企业负责人先后到山东、河南、陕西等地追欠，帮助企业收回130万元。同年，利用多种形式开展《经济合同法》宣传、培训。在县直和乡镇建立《经济合同法》宣传站，培训企业厂长、经理、业务员，经考试发放资格证书825份。

1992年11月，海南省海口市城建物资供销公司与县玛钢厂签订一份213万元玛钢件购销合同，合同规定1992年第二季度交货，第三季度托收承付。对方代表黄某某、毕某某提出先预付10万元，县工商局合同股得知情况后，感到涉额较大，主动向海口市工商局发函查询，得知该公司已被注销。县工商局将其定为无效合同并通知县玛钢厂停止履行，避免经济损失213万元，事迹被河北经济日报、河北电台刊播。

1995年，推选申报“重合同、守信用”企业28家，“枸杞珍”、“保健茶”等8种产品获河北省第四届消费者信得过产品荣誉称号。

1998年，鉴证合同144份，金额3768.4万元，抵押登记163份，金额8024万元。2005年，为64家企业办理抵押贷款手续，融资1.84亿元。2007年为56家企业办理抵押贷款突破2亿元，其中3000万元以上的贷款6笔。2008年为企业办理动产抵押物登记54件，从而融资4.2亿元；为河北三昌纺织有限公司、河北燕南食品集团有限公司等24家企业申办河北省“重合同、守信用”企业荣誉称号。

第五节　商标广告管理

一、商标管理

1979年11月全国恢复商标注册，县工商行政管理部门为县水仙花酒业有限公司重新申请注册了“水仙花”商标。截至1989年，全县注册商标累计202件，跨入河北省双百县先进行列。1990年改变“重注册轻管理工作方式”，深入企业宣传，强化保护注册商标专用权意识。1993年7月，为县电缆电力附件厂、南盐池食品厂等乡镇企业定型产品办理商标注册6件。1994年为水嘴厂、扒鸡公司等20家国营、集体、个体、私营企业办理核转注册商标24件，为3个到期商标办理续展手续，全县有效注册商标达到233件。

1995年11月，巨鹿县报批“水仙花”大曲为河北省知名商标。1996年申报“二月花”、“水仙花”商标参加省级选评，被定为河北省著名商标。1997年，枸杞珍被省政府命名为“河北五大名饮”。2007年7月，聘请省、市商标专家就商标注册知识在华丰宾馆与企业沟通交流开展商标战略研讨。

二、广告管理

1986年，清理整顿户外广告，制止乱贴乱画广告，在县城新建广告栏11个。1990～1994年建立广告牌20个。在县城和临城溶洞旅游区制作路牌广告223平方米；制作农村规范墙壁广告395平方米。1996年帮助企业运用广告策略占领市场，二月花集团、“天帅”方便面广告分别在中央电视台、山西电视台播出，做墙壁广告3000平方米。

1998年、1999年查处违法广告活动21起，收缴非法广告印刷品3.5万张。2007年组织清理城镇虚假广告，查处商标广告违法违规案件31起。2008年，以药品、医疗、保健品、农资等广告为监管重点，全面清查媒体广告，查处药品、医疗虚假违法广告5起，责令停播虚假违法广告32起。

第六节　市场监督管理

1985年，县工商局投资500万元在县城政府南街（后改新华南街）兴建古郡新市场，1986年10月投入使用。新市场设有牲口、家禽、木材及制品等十几个专业市场，占地161450.52平方米。在政府南街东侧建设1600平方米的中心贸易市场，新市场和中心市场共搭建棚台2万平方米。同时，组织建筑队统一标准在政府南街建设临街楼房门市1064间，总面积5.1万平方米，出售给个人，固定摊点和门市可容纳客商700余家，从业人员3000人，逢集日人流量6万人。高潮集日达10万余人，年成交额5000多万元。从业人员和成交额都比十年前增长十几倍。1989年完成投资24万元古郡新市场实施“一棚两台”建设，建成永久棚台860米，修下水道400米，安排小百杂工商户1299家，同时调整蔬菜、肉食、鸡蛋市场布局，实现整齐划一，规范管理。年终被省工商行政管理局授予“省级文明市场”。1992年古郡新市场有固定商户1077家，流动摊位2130个，吸引周围15个县（市）的客商，集日人流量11万人次，年成交额6000多万元，形成了一个行业齐全、门类繁多，集中与分散相结合的大型综合贸易市场。当年古郡新市场被国家工商局命名为“国家级文明集贸市场”。由于该市场地势低洼雨季常有积水、经营不便等因素，1997年春，县工商局组织拆除棚台，改建古郡中心市场。经公开向全县建筑队招标，中标建筑队带资建起8栋2层楼，面积1.12万平方米，出售给个人，扣除造价所余200多万元上交县财政。

1998年，新建郡南、郡北两个建材市场；培育王虎寨镇机垫市场和西郭城镇“中国食品城”两个专业市场；规范槐米市场，当年成交量达到300多吨，成交额4200万元。2001年根据国务院办公厅关于工商行政管理机关限期与所办市场彻底脱钩的规定，将市场交于县工商业者联合会市场管理委员会管理。

第七节　经济监督检查

1986年，县工商部门加大处理大案要案力度，查获大案要案21起，假冒钢材100.94吨，报废客车5部，货车72套，劣质化肥1801袋，进口服装215件，假银元397块，冒牌自行车574辆及其零部件1.8万件，违法金额420万元。1989年，查处各类违法案件253起。其中，大案要案44起，涉案金额110万元，为企业追回货款31万元。

1993年，工作重点由维护计划经济向维护市场经济转变，由打击投机倒把转向“打假”、“打私”，当年共查获假烟6100条，劣质柴油40吨，假农药30吨，变质饮料2000瓶，查处大量冒牌电闸、麦乳精、电池、洗发膏、柴油、啤酒等。

1995年加强市场监管，采取设立举报电话等形式重点保护县域企业枸杞珍、中华杏茶、水仙花、宇宙牌水咀、天王牌三角带等知名品牌产品。2001年1月，县工商局在县纺织厂捣毁一制售假冒纸箱窝点，当场查获“隆泉”、“泥坑”酒纸箱3600个及印版14个，“古顺头曲”、“故顺特曲”纸箱860个及印版4个，“朝阳自行车内胎”、“奇强洗衣粉”、“力车内胎”京字牌印版各1个，制假当事人被刑事拘留。

2008年，对全县食品市场开展拉网清查。张贴消费提示和消费警示9750份，下架封存问题乳制品1595千克；对9月14日前生产的乳制品5352千克下架返厂，集中销毁问题三鹿液态奶3.78千克，为消费者退换三鹿奶粉2255千克。

第八节　消费者权益保护

一、个体劳动者协会

1982年6月成立巨鹿县个体劳动者协会，旨在保护全县个体劳动者的合法权益。1986年1月召开第二次代表大会。当年，协会举办技术交流4次，参加人员120人次。1989年协会捐款2.8万元，组织慰问军人家属。1995年12月召开个体劳动者协会第三次代表大会和私营企业协会第一次代表大会。2008年，四川省汶川地震发生后，协会动员会员捐款8万多元支援灾区。

二、消费者协会

1987年成立巨鹿县消费者协会，主要为保护消费者的合法权益。1988年，该协会接待群众来访210人次，受理投诉190起，挽回群众损失3600多元。1990年，受理消费者投诉155件，接待来访44人次，受理咨询95件，挽回消费者损失6.56万元。在“国际消费者权益日”活动中，举办假冒商品展览。2007年举办“3·15”《中国消费者权益》大型宣传活动，在群众监督下销毁价值41万元的假冒伪劣、过期物品；与县移动公司协调打造信息管理平台。2008年，围绕“消费与责任”主题，举办3·15晚会，利用集市现场讲解辨假知识，发布农资消费警示。活动期间，受理消费者投诉86件，接受消费者咨询397人次，挽回消费者损失12.2万元。

第八章　质量技术监督

随着经济的发展，巨鹿县质量技术监督职能逐步加强。质量技术监督部门由原来单纯管理计量，扩大到监督产品质量、打击假冒伪劣及锅炉、压力容器等特种设备管理、开展企业产品标准化管理、办理组织机构代码证等。

第一节　管理机构

1981年建立巨鹿县计量所，1984年改为巨鹿县标准计量局，1990年更名为巨鹿县技术监督局。1998年改为巨鹿县质量技术监督局。2001年上划隶属省、市垂直管理。局设办公室、综合股、标准计量股、质量监督股（加挂锅炉压力容器安全监察股牌子）、稽查股（加挂打击假冒伪劣办公室牌子）、计划财务科学技术股、食品质量安全管理办公室、质量技术监督检验所，直到2008年底。

第二节　标准计量

一、计量监督

1986年，统一检查规范全县计量器具。1987年，强制检定县域衡器、压力表、血压计、加油机等计量器具，检定率92%，合格率85%，不合格的通知废除。1984～2008年，陆续为全县30个国营、集体企业计量定、升级。

二、组织机构代码管理

1993年，成立机构代码办公室。对县属各级组织机构实施代码管理，并配备电脑，与省代码中心联网。至2008年底，全县1063家国家机关、企业、事业单位、社会团体、村民委员会、民办非事业单位、个体工商户、专业合作社、宗教团体等全部办理组织机构代码证书。

三、标准化管理

1987年，依据国家标准化管理条例，深入企业调查摸底，完善44种产品标准。其中，国家标准25个、部标准11个、地方标准5个、企业标准3个。对调查中发现的问题，逐条提出改进意见，督促落实纠正。1987年5月，国家食品标签标准颁布后，与县计划委员会联合检查县域食品类产品标签设置，符合标准率95%。1988年，国务院颁布《中华人民共和国标准化法》，每年组织检查，敦促落实。到2008年，全县87家企业均依照产品标准安排生产。产品标准覆盖率97%，乡（镇）产品抽查合格率80%以上。为企业查询并提供产品标准215项，帮助企业制订产品标准28项，采用国际标准2项，标准备案18项，产品标准覆盖率90%。

四、生产许可制度

据国务院《工业产品生产许可证施行条例》、《食品生产加工企业安全监督管理实施细则（试行）》，县域均实行产品生产许可证制度。2008年，全县50家企业均持有生产许可证。

第三节　质量监督

一、产品样检

巨鹿县质量技术监督局依据《河北省产品质量监督条例》编制年度定期监督检验计划，确定企业产品、抽样批次、送检机构。经省局批准备案后，定期抽样检查企业产品，对不合格产品按《产品质量法》处理。逢重大节假日，实施重点产品风险检测，随即处罚纠正。1987～2008年底，抽样检验县境内面粉生产、面粉经销、红砖、预制件、管材、酒类、食用油、石油、油漆、煤炭、糕点、罐头、糖果及橡胶制品等30多种产（商）品。抽检率95%，合格率90%以上。

二、市场监督

1999年始，年年实施市场商品检查，检查大米、食醋、奶粉、“黑心棉”、散装白酒、液化气、化肥、农药、水泥、饲料、食品、化妆品、家用电子产品质量及标识；重点检查钢材、白酒、名烟、碘盐等产（商）品质量及计量违法行为。

至2008年底，检查产品3000余批次，现场处罚600余件，立案1000余件。查处假冒伪劣产（商）品价值600余万元，受理解决投诉案件200余件，挽回消费者损失300余万元。

三、专项整治

（一）食品。2007～2008年，实施食品质量安全整治，普查食品生产加工企业65家，获得食品市场准入证45家；持有卫生许可证或营业执照的小作坊20家，其中签订《质量安全承诺书》、并建立原辅料进货台账和销售记录的小作坊15家。全县没有“三无”（无生产许可证、无卫生许可证、无营业执照）企业、作坊。

（二）工业产品。2008年，重点检查10大类涉及人身健康和安全的工业产品。检查生产经营企业30户，抽查电器生产企业4家，产品6个批次，抽查率100%，合格率95%。建立14类产品企业质量资质、电子档案10户，占应建数量的90%。

（三）农资产品。2001～2008年，多次实施以化肥、农药、农用薄膜、种子、农用机械及配件、钢材、水泥、装饰材料等产品为重点的专项整治，打击各种掺杂使假、仿制冒用产品标识等坑农害农行为。2008年，出动行政执法人员80人（次），检查农资生产经营企业35家，建材装饰门市65个，处理违法案件32起，涉案金额10万元。

（四）“黑心棉”治理。2006年，重点打击和禁止、限用原料或非生活用絮纤维制品，查处以次充好、仿造假冒等典型案件。监督抽查城区宾馆、学校使用棉被、棉垫、军训服等纤维制品，合格率100%；同时对县内棉纺制品、纤维制品生产加工企业、作坊产品质量组织专项检查、处理。

第四节　特种设备安全监察

2000年，特种设备（锅炉、压力容器、管道、电梯、起重器械、客运索道、大型游乐设备）的安全监察，由县人事劳动局管理划归县质量技术监督局管理。至2008年，全县拥有锅炉105台，停产20台，季节性停工26台，发证59台，发证率70%，受检率80%。压力容器234台，停产82台，季节性停工101台，发证51台，发证率44%，受检率80%。电梯22部，发证22部，发证率100%，受检率100%。起重机械42部，发证40部，发证率95%，受检率100%。压力管道800余米，受检率90%。气瓶1万余只，受检率60%。

2001年，开通12365打假热线。截至2008年底，受理举报投诉电话507个，反馈率100%。

第九章　国土资源管理

随着改革开放的深入和市场经济的发展，社会对土地的利用日益迫切，同时对土地更加珍惜。巨鹿县采取行政、法律、经济等手段一方面严格控制审批，对违法占地加大处理力度，保护土地；另一方面对土地资源实施科学管理，按政策解决建设等项用地。

第一节　管理机构

1979～1982年，国土资源管理由县计划委员会土地管理股负责，1983年转由县农林局土地管理股负责。1987年1月列出建立县土地管理局，内设综合股、征管股、信访股。1989年增设土地咨询服务站。1990年，在城关、官亭、小吕寨、阎疃分设4个土地管理所（事业单位）。2002年6月，县土地管理局更名为县国土资源局，土地管理所更名为国土资源所。2003年底，国土资源系统实行省以下垂直管理。2008年，局设办公室（监察股）、地籍管理股、地价评估所、执法大队、土地储备中心、土地开发整理中心、土地市场管理中心、测绘管理办公室（科级）、测绘中心，巨鹿镇、小吕寨、官亭、阎疃仍分设国土资源所。兼管巨鹿公园。

第二节 国土资源调查

一、资源调查勘测

1988 年 3 月，对全县所有行政村土地数量、质量、类型、分布、利用现状实施详细调查勘测。经过外业调绘、航片转绘、面积量算与汇总，圆满完成《土地利用现状调查技术规程》中规定的全部内容。1989 年 11 月，通过省级验收鉴定。

二、后备资源调查

2003 年 4 月，实施土地后备资源实施调查。查清未利用土地 4435.56 万平方米，可复垦土地 4867114.68 平方米，旱地整理 27212.76 平方米。

三、利用现状调查

2004 年 4 月，实施土地利用现状更新调查，编绘县、乡（镇）土地边界接合图表及土地利用现状图。查清一级土地分类 17 个，二级 26 个，地类图斑 7.46 万个，线状地物 1.05 万条，零星地类块 8044 块。到 2005 年，完成 7 县临边界权属接边，乡外业地类调查，检查率、合格率均为 100%。完善数据库信息，划定各级行政界线，核准全县土地面积及土地利用结构。首批通过国土资源部核实验收。

四、分级分类调查

2007 年 7 月，巨鹿县按照国家统一部署，编制土地调查方案并实施。查清全县土地总面积 62857.08 万平方米，其中耕地面积 41477.33 万平方米。

第三节 国土资源规划

一、编制土地利用总体规划

1998 年 6 月，编制《巨鹿县土地利用总体规划（1997～2010 年）》，目标为：

（一）全县总人口控制在 38.5 万人，粮食总产量达到 23.2 万吨。

（二）完成补充耕地 1005.79 万平方米，各项建设占用耕地 282.33 万平方米，净增耕地 723.68 万平方米，耕地面积达到 42883.14 万平方米，实现耕地总量动态平衡有余。

（三）新增非农建设用地控制在 482.70 万平方米以内，保证能源、交通、水利等国家重点项目和基础设施建设用地。城镇村及工矿建设以盘活存量、内部挖潜为主。其中，城镇建设增加用地控制在 230.89 万平方米以内，工矿建设用地控制在 172.75 万平方米以内，各项建设占用耕地不得突破 282.33 万平方米。

（四）开发耕地 219.78 万平方米，土地复垦整理 786.01 万平方米，完成补充耕地指标。开发林果用地 699.30 万平方米，提高林木覆盖率，改善土地生态环境。

（五）保护基本农田。基本农田保护区面积稳定在 37522.44 万平方米，强化管理，提高土地生产力。至 2008 年基本实现目标。

2003 年，编制《巨鹿县土地开发整理规划》，规划基期 2000 年，规划目标 2010 年。近期规划为 2001～2005 年，远期规划为 2006～2010 年。确定 2000～2010 年实施土地开发整理项目 41 个，面积 6660 万平方米，总投资 1.5 亿元。其中，国家投资 1 亿多元。该专项规划荣获河北省国土资源厅科技成果二等奖。

二、土地开发整理

2002 年后，实施土地开发整理项目 37 个，面积 4815.18 万平方米，新增耕地 1391.94 万平方米，总投资 7440 万元。其中，国家投资项目 2 个，面积 2511.95 万平方米，新增耕地 359.04 万平方米（验收的 1 个，正在实施的 1 个）；省投资项目 10 个，面积 1614.38 万平方米，新增耕地 468.73 万平方米（验收的 8 个，正在实施的 2 个）；市投资项目 4 个，全部验收，面积 364.94 万平方米，新增耕地 343.19 万平方米；县投资项目 21 个，面积 322.67 万平方米，新增耕地 221.8 万平方米。2007 年 10 月，邢台市土地开发整理项目现场观摩会在巨鹿县召开。《中国国土资源报》、《西部时报》、《河北新闻联播》等媒体予以报道。连续 4 年被省厅和市局评为“土地开发整理先进单位”。

第四节　建设用地管理

20 世纪 80 年代前，在土地使用上，存在无偿、无流动、无期限使用状况，土地市场秩序较乱，国有资产常有流失，每年土地收益流失上百万元。1987 年后，取得城镇国有土地使用权需以出让、出租、入股等有偿方式，有偿取得使用权后才能依法转让、出租、抵押和继承。划拨土地使用权在补办出让手续、补交土地使用权出让金后，方允许转让或出租。

1987～1989 年，建设用地审批权限县级为：耕地 1998 平方米以下；非耕地 6660 平方米以下。1989 年以后，审批权收归省，县负责申报。1996 年，县建立制度，完善设施，成立县土地储备委员会、土地储备中心，同时制订土地供应管理办法、土地储备实施办法、土地储备中心章程、国有土地使用权挂牌出让、公开出让交易规则等文件。投资 30 多万元购置微机、复印机、全站仪等仪器设备，设立土地市场交易大厅、土地招拍挂大厅，修订完善相应制度、工作程序和管理办法。城镇国有土地，由县统一规划、征用、开发、出让、管理，国有土地使用权均由县国土资源局依法确认。经营性用地一律实行招拍挂，协议出让集体会审。

1987 年后县征收耕地补偿费执行 2.6 万元/亩，2007 年增至 4.996 万元/亩，所征土地全部按标准给予补偿。

1987～2008 年巨鹿县征地补偿费标准变化情况一览表

表 12－9－21

年　度	补偿费（万元/亩）
1987～2004	2.6
2005	3
2006	4.45
2007～2008	4.996

2002～2008 年底，巨鹿县办理国有土地出让手续 372 宗，面积 1393318.62 平方米，收取出让金 18589.84 万元。其中，办理招拍挂 117 宗，面积 371647.98 平方米，收取出让金 11754.08 万元。用于东安街北进工程建设 1000 万元，用于建设商业服务广场、修建杏茶北街和县城其他街道 1000 万元，偿还公园修建管理投资 300 多万元。2005 年，为保证项目建设用地，先后为河北三隆泰纺织有限公司、昌泰纺织、锂电池等重点项目办理了用地手续。

第五节　基本农田保护

巨鹿县随着人口增加，人均耕地面积稳中有降，中华人民共和国建立初期为 1651.68 平方米；2001 年为 1289.89 平方米；2006 年为 1117.66 平方米；2008 年为 1087 平方米。面对耕地不断减少的现状，县对耕地保护，特别是基本农田保护越来越重视。

2005 年 7 月，县政府组织县国土局、农业局等相关部门，开展基本农田保护大检查，查清全县基本农田数量、利用和变化情况。基本农田812块，面积37495.8万平方米。制订基本农田“五不准”，即不准占用基本农田植树造林、发展林果业和搞林粮间作或超标准建设农田林网；不准以农业结构调整为名，在基本农田内挖塘养鱼、建设用于畜禽养殖建筑物等严重破坏耕作层的生产经营活动；不准违法占用基本农田进行绿色通道和城市绿化隔离带建设；不准以退耕还林为名违反土地利用总体规划，将基本农田纳入退耕范围；不准非农业建设项目占用基本农田。制定基本农田保护规定、基本农田保护责任追究制等规章制度。县与乡、乡与村、村与农户分别签订基本农田保护责任卡，层层落实基本农田保护责任制。绘制基本农田保护区图，村、乡、县三级备案，图、表、卡、材料、档案齐备，形成基本农田保护网络体系。同时，投资20多万元，在基本农田保护区设置基本农田永久性保护标志碑150块，界址“高压红线”，明确专人监管。

第六节　执法与检察

县国土资源局建立4个执法大队，设立土地公安派出所、配备土地执法专用车、摄像机等办案工具。1987年实施非农业建设用地大清查、1997年土地执法大检查、2003年土地市场治理整顿、2007年7月土地执法“百日行动”等。2002~2008年，连续被省政府授予“国土资源执法模范县”。

第七节　农村宅基地管理

1985年7~9月，原县农林局土地股在王六村乡洪水口村建立宅基地清理试点，根据试点经验，制订“农村宅基地清理若干规定”。1986年3月，县政府召开清理农村宅基地动员会议。历时一年，核发农村宅基证6.8万个。2002~2007年，治理“空心村”，4个基层所深入到村，认真清理，对农村宅基实行“两图一表”规范管理。清理85个村，核发宅基证1.05万个。同时，受理宅基地纠纷120多件，办结率95%。

2006年投资40多万元为阎疃、小吕寨国土资源所建起办公用房。官亭、巨鹿镇国土资源所办公用房着手筹建。2007年7月，县国土资源局被省厅评为全省基层所规范化建设先进单位，阎疃国土资源所被评为全省规范化建设先进基层所。

第十章　安全生产监督

第一节　管理机构

1980年，巨鹿县成立安全生产委员会，县长兼主任，县公安、劳动人事、广播、商业等相关单位一把手为成员。下设办公室，地点在县劳动局，局长兼办公室主任。2002年6月，县安全生产委员会办公室职能从县人事劳动局划归县经济贸易局，办公室主任改由县经济贸易局局长兼任。2003年6月，组建县安全生产监督管理局（隶属经济贸易局），与县安全生产委员会办公室一个机构，两个名称。2004年12月，县安全生产监督管理局定为县政府行政局，设办公室、安全生产监督管理股、危险化学品监督管理股。2005年9月机构改革时，县安全生产监督管理局调整为县政府直属事业机构。同时，乡镇成立了安全生产管理办公室，办公室主任由乡镇政府一名副职兼任，配备安全生产监督管理人员。2006年6月，县安全生产监督管理局定为县政府行政直属局。2008年10月，成立安全生产监察大队。

第二节　宣传教育

巨鹿县主要利用3种形式实施经常性的有关法律、法规学习培训和安全生产宣传教育。一是利用“安全生产月”及“安全咨询日”等节日，在厂区悬挂安全标语，组织企业职工参观学习安全宣教展板和挂图。每年组织成员单位到县城、乡村集市设宣传点，悬挂过街横幅、摆放展板、发放各类宣传资料，解答群众咨询。二是事故多发期出动宣传车、增设公益宣传橱窗，利用电视、报纸等新闻媒体扩大教育面。三是举办安全生产培训班，2005～2008年，举办各类学习培训班18期，培训生产经营企业厂长、经理及安全管理人员530人次，特种作业人员600余人次，企业职工5000余人次。

第三节　安全生产监督

巨鹿县安全生产监督管理局建立后，组织成员单位分包乡镇和重点企业，在高温、寒冷季节和春节、元旦、“五一”、国庆等节假日对各成员单位和各乡镇履职情况，按照县政府制订的标准，进行考核、奖惩。对重点部门、重点环节，进行联合检查、发现问题敦促纠正，排除隐患。

2005年，实施安全生产集中整治方案，加强轻工、烟草、贸易、电力、机械、纺织等行业安全生产监督管理。机械及建筑施工、交通运输、信息产业、民间工程爆破等行业开展安全质量标准化工作、相关行业开展安全生产专项检查整治。共排除各类事故隐患583个，指导培育安全质量标准化达标企业2家。

2006年4月，县召开安全生产工作会议，各乡镇、县成员单位向县政府签订2006年度目标管理责任书，形成政府各口主管领导亲自抓、主管部门具体抓，一级抓一级、层层抓落实的安全生产责任制。摸清全县企业生产工艺、类型、特点及重点部位、设施、设备安全程度等底数。121家重点企业全部登记建档，2个隐患较大单位实施挂牌督办整改。同年10月，开展安全生产“双百日无重大事故行动”及“法人代表承诺活动”，68家重点企事业单位向县政府递交承诺书（每三年递一次）。随后组织5个督导组深入基层督导，敦促企业落实生产经营单位安全生产主体责任，增加安全投入，强化隐患治理，完善生产经营单位责任制度、操作规程。

2007年3月，开展专项整治，明确重点，抓住弱点，分解目标任务，实行“谁主管，谁负责；谁审批，谁负责；谁签字，谁负责”。严格责任追究。明确2007年为安全生产行政执法年，制订工作方案。期间4次调度，督促全县114家生产经营单位制定完善责任制及管理制度、操作规程，向市、县安监局备案。9月，组织“安全生产百日大会战”。11月，组织5个检查执法队，检查59家企业，排除隐患113处。12月，县长王素平亲自带队组织冬季安全生产大检查，检查、复查企业24家。

县长王素平（左一）带队检查方正钢板集团

2008年3月，县政府确定当年为安全生产隐患治理年、安全生产行政执法年、法人代表安全生产承诺落实年。4月，组织安全生产百日督查专项行动。北京奥运会开幕前，检查督查各类生产经营单位134家，排除事故隐患276处。7月，县举办安全生产暨“千（万）家企业保奥运安全签名”承诺活动，乡镇长、县直单位一把手、厂

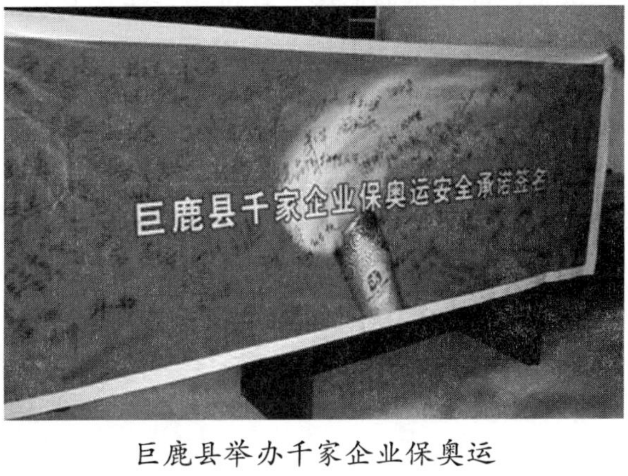

巨鹿县举办千家企业保奥运
安全承诺签名活动（2008年7月）

长、经理集体承诺宣誓签名，递交《奥运安保承

诺书》。奥运会期间县安全生产监督管理局全体人员全部深入分包企业督导，期间检查各类企业96家，排除事故隐患326处，责令2家企业停业整改，3家停业整顿，关停加油站点16家。11月，验收评估签订承诺书的企事业单位，达标率85%，不达标的限期整改。

第四节　特种商品管理

一、危险化学品管理

2005～2008年间，巨鹿县利用集中整治、专项治理、检查督导、联合执法等措施，严加监督管理。4年间先后印发“危险化学品生产经营单位专项整治实施意见”、“推进危险化学品生产经营储存单位安全标准化工作实施意见”等10个文件并逐项落实。至2008年底，全县取缔关闭非法加油站点24家，规范加油站34家；评价92家农资、油漆经营门店，指导整改，健全措施，经审查后颁发危险化学品经营许可证。

二、烟花爆竹管理

县安全生产监督管理局先后印发《巨鹿县烟花爆竹安全专项整治实施方案》、《关于进一步加强烟花爆竹安全监管的通知》等6个文件，理顺了经营管理渠道，明确管理责任。

（一）批发企业监管。县供销社土产品公司批发经营烟花爆竹。县安全生产监督管理局不定期检查仓库周边距离、安全管理制度、安全措施落实情况及仓库保管员、门岗培训持证情况，现场安全条件。2007年，督促其按照国家和行业标准新建A3级仓库一座，并配齐各类安全防护设施设备。

（二）零售经营监管。严格查验经营零售许可条件。拟经营负责人、销售员，必须经过培训。否则，一律不准从事经营活动。经营现场达不到法律法规要求标准的，一律不发经营（零售）许可证。无证经营的当场处罚取缔。2005年后，每年办理季节性零售点许可证80家左右。

（三）打击违法非法生产经营。2006～2008年，累计取缔烟花爆竹半成品非法制造窝点4个，收缴两响爆竹成品106箱、炮筒7800个和部分原材料，集中销毁半成品3万头。

第五节　应急救援

2004年12月，县政府发布《巨鹿县重特大安全生产事故应急救援处理预案》，成立应急救援指挥部。2008年8月，县政府印发《巨鹿县危险化学品事故灾难应急预案》。各乡镇政府、县安全生产管理委员会成员单位、生产经营单位，结合实际制定《安全生产事故应急救援处理预案》，建立兼职应急救援队伍。2005～2008年，组织企业、商场、学校等单位开展应急救援演练12次，参加5000多人次。基本健全全县应急救援机制。

第十三编

中国共产党地方组织

1979～2008年，中共巨鹿县第二届至第九届委员会，围绕“脱贫致富，富民强县，加快发展”、“实现跨越工程”和全面建设小康社会的总体目标，坚持改革开放，不断强化党的组织建设、思想建设、廉政建设、基层民主建设，在各项工作中有效发挥各级党组织的战斗堡垒作用和广大共产党员的先锋模范作用，全县各基层党组织的凝聚力、战斗力明显增强。

第一章　干部制度改革

中共巨鹿县委针对干部考察、任用和管理中存在的积弊，根据上级有关文件精神和外地经验，大胆进行了一系列探索和改革，逐步实现用人制度的合理、规范、透明。一大批德、能、勤、绩、廉突出又年轻有为的干部陆续走上各级领导岗位。

第一节　领导干部任用

一、拓宽用人渠道

20世纪80年代初，在机构改革和选举换届中，狠抓领导班子调整。在干部的选拔任用上，实行任期制、聘用制。改变了过去重经验轻知识、重资历轻才干、重印象轻实践的老习惯。采取群众推荐与组织考察相结合的办法，大胆起用了一批年轻有为的知识分子，县级中层领导班子的平均年龄42.2岁，比原来下降6.9岁，大专以上学历占30%，比原来提高16%。在配备企业领导干部中，特别注意专业知识和管理才能。在农村基层领导班子组建时，注意从知识青年和“两户一体”中选拔能人。调整后的村级领导班子成员平均年龄由49.4岁下降到44.4岁。其中，高中文化程度的509人，占43%，“两户一体”先进代表238人，占20%。

1987年，按照中共十一届三中全会提出的干部队伍“革命化、年轻化、知识化、专业化”的方针，选拔了一批优秀中青年干部充实到各级领导班子中。1988年5月，采取“自愿报名、公开竞争、演讲答辩”的办法，选聘了巨鹿中学校长。1989年后，选拔干部坚持把政治素质放在首位。一批批政治素质好、年富力强的中青年干部陆续进入各级领导班子，使年龄结构、文化结构、专业结构更趋合理。1992年，推行全员劳动合同制时，14名农民合同制工人走上领导岗位，拓宽了选拔领导干部的视野和渠道。

1990年，县委组织部《关于1985年以来直接分配到党政机关大、中专毕业生下基层锻炼的通知》要求，大、中专毕业生下基层两年锻炼期满，经考察德才兼备的可提拔使用，表现较差的延长锻炼时间。

二、凭实绩用干部

1996年初，围绕巨鹿县的稳定和发展，在干部工作中，坚持“德才兼备、任人唯贤、群众公认、注重实绩”原则，强调“用人看实绩，升迁靠政绩”、“有为就有位”。对班子年龄、文化、能力、气质等整体结构进行了合理配置，重视提拔、使用妇女干部和非党干部。县委先后制订了《关于干部管理工作的若干规定》、《关于建立乡镇领导干部激励约束机制的暂行规定》、《关于乡镇经济综合考核排位和奖惩办法的暂行规定》、《关于村级经济综合考核排位和奖惩方法的暂行规定》、《关于对县直局级单位和局级领导干部年度工作实绩考核奖惩的暂行规定》，凭党性看干部、凭实绩用干部。

第二节　领导干部公开选拔

一、坚持公开公示

1997年9月，按照“公开、平等、竞争、择优”的原则，在全县范围内公开选拔了三名团县委副书记和一名宣传部副部长。2000年，83名干部通过竞争上岗走上了股级岗位。公开选拔了26名30岁以下、大专以上文化程度的年轻干部晋升为副科级干部。其中，24人充实到乡镇党政领导班子，2人充实到团县委，使全县17个乡镇办事处党政领导班子全部配备了30岁以下年轻领导干部，年龄结构和知识结构得到改善。

二、扩大参与范围

2002年，在干部工作中变“一票定取舍”、“一推定终身”为多票、多角度定选，首创并实行“知情参与”机制，以多双知情的“眼睛”选人，扩大群众参与范围，取得很好的效果。这一做法被《河北日报》、《邢台日报》以《巨鹿以多双知情的“眼睛”选人》为题进行了报道，省、市委组织部予以推广。

三、推荐干部制度化

按照邢台市委和市委组织部的有关文件精神，巨鹿县研究制订了《关于科级领导干部民主推荐工作的暂行办法》和《关于科级领导干部民主推荐工作的实施细则》。同时，配合以民主推荐干部“百分测评法”和“四票、三荐、三依据、一调查”的方法，提拔68名科级领导干部。

四、强化干部监管机制

2004年，制订了《关于县委全委会成员民主提名科级重要职位考察对象人选的暂行办法》。2007年，研究制定了《关于建立科级干部全程化监督工作机制的意见》，建立了重大事项报告和请示制、任期经济责任审计制、廉政档案制、领导干部承诺制以及离任经济责任审计制、审计结果一票否决制、离任手续交接制等制度。

第二章　组织机构

1979年后，随着改革开放的深入和新形势的需要，县委工作机构不断调整和加强。党的基层组织逐步健全、完善和提高。

第一节　县委工作机构

一、行政类单位

1979年，县委行政类工作机构有县委办公室、纪律检查委员会、组织部、宣传部、政策研究室、统战部、信访科、档案局、县直机关党委会、打击经济犯罪办公室、政法委员会、老干部局、党史资料征集办公室、“五四三”（五讲、四美、三热爱）办公室（精神文明办前身）、直属单位纪律检查工作委员会、创业立功办公室。1986年9月，县信访科更名为县信访办公室，挂靠县委办。1988年11月，县直属机关党委会改为直属单位工作委员会。1989年1月撤销县信访办公室、创业立功办公室，同年6月，增设研究室。1990年5月县党史资料征集办公室改称县党史研究室，同年增设廉政办公室。1991年3月增设县委机关行政事务管理局，同年5月县委办公室机要室改为县机要局。

1996年6月，第一次党政机构改革，设常设机构6个：县委办公室、组织部、宣传部、统战部、农工部、政法委员会。机要局、政策研究室、信访办公室、督查室合并到县委办公室，设立县保密局，均为县委办公室内相对独立机构；县直属单位工作委员会、老干部局并入县委组织部，对外保留县直属单位工作委员会、县老干部局名称；县精神文明办公室并入县委宣传部；县对台工作办公室并入县统战部；设立县干部考核委员会办公室，挂靠在县委组织部。1997年6

月，县统战部挂县台湾工作办公室牌子，同年12月县信访办公室改为县信访局，隶属县委、县政府两办管理。1998年10月，撤销县委农村工作部，组建县委农村工作委员会。

2002年4月，第二次党政机构改革，县直属机关工作委员会由在县委组织部保留名称，改为县委工作部门；县政法委员会与社会治安综合治理委员会办公室合署办公；县委机要局（密码工作领导小组办公室）、保密委员会办公室（保密局）合在县委办公室内，对外保留名称；撤销原挂靠在县委组织部的县干部考核委员会办公室，职能并入县委、县政府相关职能部门；县精神文明委员会仍在县委宣传部内，对外保留名称，县国防教育办公室合到县人民武装部，工作由县委宣传部和县武装部共同负责；县委台湾工作办公室（县政府台湾事务办公室）设在县委统战部内，对外保留名称。

2005年4月，县委第三次党政机构改革，设置工作部门7个，县委办公室、组织部、宣传部、统战部、农村工作委员会、县直属单位工作委员会、政法委员会。直到2008年12月，县委工作机构未变。

二、县委机关事业类单位

1979年，县委直属事业单位有县委党校。1996年县委直属事业单位2个：县党史研究室、县委党校。

1996年第一次机构改革，县党史研究室、县委党校列为县委直属事业机构。保留县文联和县委机关行政事务管理局。

2002年第二次机构改革，县党史研究室、县委党校不再列入县委直属事业机构。县文联挂靠县委宣传部，县委机关行政事务管理局合到县委办公室。

2005年第三次机构改革，县党史研究室、县委党校列为县委直属事业单位。

第二节　县委领导机构

1979～2008年，中共巨鹿县委召开第三届至第九届委员会。各届设县委委员和常务委员，人员不等。

1982～1985年中共巨鹿县第三届委员会，设县委委员32人，常务委员9人。1985～1989年中共巨鹿县第四届委员会，设县委委员25人，常务委员9人。1989～1992年中共巨鹿县第五届委员会，设县委委员27人，常务委员9人。1992～1998年中共巨鹿县第六届委员会，设县委委员31人，常务委员10人。1998～2003年中共巨鹿县第七届委员会，设县委委员27人，常务委员11人。2003～2006年中共巨鹿县第八届委员会，设县委委员27人，常务委员11人。2006～2011年中共巨鹿县第九届委员会，设县委委员31人，常务委员11人。

各届党委全面贯彻党的方针政策，围绕“脱贫致富、加快发展、改善民生”和全面建设小康社会的总目标，结合县情和发展实际，不断完善工作思路，提高科学决策水平，团结带领全县广大干部群众以经济建设为中心，解放思想，与时俱进，抢抓机遇，经济快速发展，社会治安比较稳定，城市面貌不断改善，人民生活水平明显提高。

1982～2008年中共巨鹿县委常委会领导任职情况一览表

表13－2－1

届次	职　务	姓　名	性别	任职时间	籍　贯	备注
第三届	县委书记	李银河	男	1982.03～1983.11	平乡县	
		赵恒西	男	1983.11～1985.04	柏乡县	
	副书记	滑福恒	男	1982.03～1983.11	巨鹿县西旧城	
		张振南	男	1982.03～1985.04	巨鹿县东杨庄	
		孙品光	男	1982.03～1984.01	广宗县	
		李荣平	男	1983.11～1984.12	平乡县	
		霍万民	男	1983.11～1984.08	沙河市	
		马德俊	男	1984.12～1985.04	邢台县	
		任延廷	男	1984.12～1985.04	隆尧县	

续表

届次	职　务	姓　名	性别	任职时间	籍　贯	备注
第三届	常委	李银河	男	1982. 03 ~ 1983. 11	平乡县	
		滑福恒	男	1982. 03 ~ 1983. 11	巨鹿县西旧城	
		张振南	男	1982. 03 ~ 1985. 04	巨鹿县东杨庄	
		孙品光	男	1982. 03 ~ 1984. 01	广宗县	
		刘子波	男	1982. 03 ~ 1983. 11	广宗县	
		李贵堂	男	1982. 03 ~ 1983. 11	任县	
		杨书波	男	1982. 03 ~ 1984. 01	巨鹿县南街	
		霍继江	男	1982. 03 ~ 1984. 12	任县	
		张庆波	男	1982. 03 ~ 1985. 04	巨鹿县西下疃	
		秦庆恩	男	1983. 05 ~ 1983. 11	巨鹿县观寨	
		李荣平	男	1983. 07 ~ 1984. 12	平乡县	
		赵东志	男	1983. 11 ~ 1985. 04	柏乡县	
		赵恒西	男	1983. 11 ~ 1985. 04	柏乡县	
		霍万民	男	1983. 11 ~ 1984. 08	沙河市	
		杜洪兴	男	1983. 11 ~ 1985. 04	巨鹿县张王疃	
		董仁年	男	1983. 11 ~ 1985. 04	巨鹿县何寨	
		潘孟申	男	1983. 11 ~ 1985. 04	巨鹿县乍补寨	
		马德俊	男	1984. 12 ~ 1985. 04	邢台县	
		任延廷	男	1984. 12 ~ 1985. 04	隆尧县	
第四届	县委书记	赵恒西	男	1985. 04 ~ 1989. 03	柏乡县	
		蔡志斌	男	1989. 03 ~ 1989. 11	内丘县	
	副书记	马德俊	男	1985. 04 ~ 1985. 11	邢台县	
		任延廷	男	1985. 04 ~ 1987. 02	隆尧县	
		张振南	男	1985. 04 ~ 1989. 01	巨鹿县东杨庄	
		曹能仁	男	1985. 11 ~ 1988. 11	邢台县	
		潘孟申	男	1987. 09 ~ 1989. 11	巨鹿县乍补寨	
		赵海成	男	1988. 11 ~ 1989. 11	威　县	
		马保群	男	1989. 01 ~ 1989. 11	宁晋县	
	常委	赵恒西	男	1985. 04 ~ 1987. 10	柏乡县	
		马德俊	男	1985. 04 ~ 1985. 11	邢台县	
		任延廷	男	1985. 04 ~ 1987. 02	隆尧县	
		张振南	男	1985. 04 ~ 1987. 10	巨鹿县东杨庄	
		杜洪兴	男	1985. 04 ~ 1989. 03	巨鹿县张王疃	
		张庆波	男	1985. 04 ~ 1989. 11	巨鹿县西下疃	
		董仁年	男	1985. 04 ~ 1989. 03	巨鹿县何寨	
		潘孟申	男	1985. 04 ~ 1987. 10	巨鹿县乍补寨	
		温志成	男	1985. 04 ~ 1986. 04	沧州市黄骅市	
		曹能仁	男	1985. 11 ~ 1987. 10	邢台县	
		樊庆年	男	1986. 05 ~ 1989. 11	巨鹿县小韩寨	
		郭秋生	男	1987. 09 ~ 1989. 01	内丘县	
		李炳春	男	1989. 03 ~ 1989. 11	隆尧县	
		孙社英	男	1989. 03 ~ 1989. 11	任县	

续表

届次	职　务	姓　名	性别	任职时间	籍　贯	备注
第五届	县委书记	蔡志斌	男	1989. 11 ~ 1992. 09	内丘县	
		刘新年	男	1992. 09 ~ 1992. 12	河南省鄢陵县	
	副书记	赵海成	男	1989. 11 ~ 1991. 07	威　县	
		潘孟申	男	1989. 11 ~ 1992. 09	巨鹿县乍补寨	
		马保群	男	1989. 11 ~ 1992. 12	宁晋县	
		刘新年	男	1991. 07 ~ 1992. 09	河南鄢陵县	
		杜福贞	男	1992. 09 ~ 1992. 12	清河县	
		李文忠	男	1992. 12	巨鹿县何寨	
		李炳春	男	1992. 12	隆尧县	
	常委	蔡志斌	男	1989. 11 ~ 1992. 09	内丘县	
		赵海成	男	1989. 11 ~ 1991. 07	威　县	
		潘孟申	男	1989. 11 ~ 1992. 09	巨鹿县乍补寨	
		马保群	男	1989. 11 ~ 1992. 12	宁晋县	
		张庆波	男	1989. 11 ~ 1991. 04	巨鹿县西下疃	
		李炳春	男	1989. 11 ~ 1992. 12	隆尧县	
		樊庆年	男	1989. 11 ~ 1992. 12	巨鹿县小韩寨	
		孙社英	男	1989. 11 ~ 1992. 12	任县	
		郭秋生	男	1989. 11 ~ 1992. 12	内丘县	
		刘增朴	男	1991. 04 ~ 1992. 12	巨鹿县苏口	
		刘同怀	男	1991. 04 ~ 1992. 12	巨鹿县张起营	
		刘新年	男	1991. 07 ~ 1992. 12	河南鄢陵县	
		杜福贞	男	1992. 09 ~ 1992. 12	清河县	
		李文忠	男	1992. 12	巨鹿县何寨	
		王荣道	男	1992. 12	巨鹿县东徐庄	
		苏西安	男	1992. 12	宁晋县	
		岳万和	男	1992. 12	威县	
		于林杰	男	1992. 12	巨鹿县周于庄	
第六届	县委书记	刘新年	男	1992. 12 ~ 1995. 11	河南鄢陵县	
		苑宝运	男	1995. 11 ~ 1998. 02	清河县	
	副书记	杜福贞	男	1992. 12 ~ 1995. 04	清河县	
		李文忠	男	1992. 12 ~ 1998. 02	巨鹿县何寨	
		李炳春	男	1992. 12 ~ 1997. 11	隆尧县	
		营新月	男	1995. 04 ~ 1998. 02	南宫市	
		石长海	男	1997. 11 ~ 1998. 02	沙河市	
		孔祥友	男	1997. 11 ~ 1998. 02	清河县	
	常委	刘新年	男	1992. 12 ~ 1995. 11	河南省鄢陵县	
		杜福贞	男	1992. 12 ~ 1995. 04	清河县	
		李文忠	男	1992. 12 ~ 1998. 02	巨鹿县何寨	
		李炳春	男	1992. 12 ~ 1997. 11	隆尧县	
		王荣道	男	1992. 12 ~ 1995. 07	巨鹿县东徐庄	
		苏西安	男	1992. 12 ~ 1996. 03	宁晋县	
		岳万和	男	1992. 12 ~ 1997. 05	威县	
		樊庆年	男	1992. 12 ~ 1998. 02	巨鹿县小韩寨	

续表

届次	职　务	姓　名	性别	任职时间	籍　贯	备注
第六届	常委	刘增朴	男	1992.12～1997.11	巨鹿县苏口	
		刘同怀	男	1992.12～1998.02	巨鹿县张起营	
		营新月	男	1995.04～1998.02	南宫市	
		苑宝运	男	1995.11～1998.02	清河县	
		孔祥友	男	1996.03～1998.02	清河县	
		杨庆凯	男	1996.03～1997.11	平乡县	
		路建安	男	1996.03～1998.02	巨鹿县东冯寨里	
		刘建峰	男	1996.03～1998.02	巨鹿县苏口	
		刘国英	男	1997.04～1998.02	南和县	
		石长海	男	1997.11～1998.02	沙河市	
		孙林吉	男	1997.11～1998.02	宁晋县	
第七届	县委书记	苑宝运	男	1998.02～2001.06	清河县	
		孙学良	男	2001.06～2003.04	临西县	
	副书记	营新月	男	1998.02～2000.01	南宫市	
		李文忠	男	1998.02～2003.04	巨鹿县何寨	
		石长海	男	1998.02～2002.05	沙河市	
		孔祥友	男	1998.02～1999.01	清河县	
		王洪飞	男	1998.06～2003.04	广宗县	挂职
		孙学良	男	2000.01～2001.06	临西县	
		徐兰军	男	2001.06～2003.04	任县	
		孙林吉	男	2002.05～2003.04	宁晋县	
		杨少光	男	2002.05～2003.04	邯郸市大名县	
	常委	苑宝运	男	1998.02～2001.06	清河县	
		营新月	男	1998.02～2000.01	南宫市	
		李文忠	男	1998.02～2003.04	巨鹿县何寨	
		石长海	男	1998.02～2002.05	沙河市	
		孔祥友	男	1998.02～1999.01	清河县	
		孙林吉	男	1998.02～2003.04	宁晋县	
		樊庆年	男	1998.02～2000.01	巨鹿县小韩寨	
		刘同怀	男	1998.02～2003.04	巨鹿县张起营	
		路建安	男	1998.02～2002.05	巨鹿县东冯寨里	
		刘建峰	男	1998.02～2003.04	巨鹿县苏口	
		刘国英	男	1998.02～2003.04	南和县	
		潘建国	男	2000.01～2000.06	巨鹿县西冯寨	
		李国民	男	2000.01～2003.04	巨鹿县大前屯	
		尹福山	男	2000.06～2003.04	威县	
		郭振祥	男	2001.02～2003.04	邢台县	
		薄东平	男	2002.05～2003.04	巨鹿县寻虎	

续表

届次	职　务	姓　名	性别	任职时间	籍　贯	备注
第八届	县委书记	孙学良	男	2003.04～2006.01	临西县	
		徐兰军	男	2006.01～2006.06	任县	
	副书记	徐兰军	男	2003.04～2006.01	任县	
		王洪飞	男	2003.04～2004.12	广宗县	
		李国民	男	2003.04～2005.12	巨鹿县大前屯	
		王增耀	男	2003.04～2006.06	隆尧县	
		孙保祥	男	2004.11～2006.06	新河县	
		孙东法	男	2005.06～2006.06	保定市定州市	挂职
		王素平	女	2006.01～2006.06	隆尧县	
	常委	孙学良	男	2003.04～2006.01	临西县	
		徐兰军	男	2003.04～2006.06	任县	
		王洪飞	男	2003.04～2004.12	广宗县	
		李国民	男	2003.04～2005.12	巨鹿县大前屯	
		王增耀	男	2003.04～2006.06	隆尧县	
		李增瑞	男	2003.04～2005.10	宁晋县	
		刘建峰	男	2003.04～2006.04	巨鹿县苏口	
		赵子庆	男	2003.04～2006.01	临西县	
		孙保祥	男	2003.04～2006.06	清河县	
		李胜敏	女	2003.04～2006.06	保定市望都县	
		薄东平	男	2003.04～2006.06	巨鹿县寻虎	
		张晓东	男	2005.05～2006.06	任县	
		孙东法	男	2005.06～2006.06	保定市定州市	
		张宗立	男	2005.10～2006.06	柏乡县	
		王素平	女	2006.01～2006.06	隆尧县	
		刘华山	男	2006.04～2006.06	威县	
		贾立宁	男	2006.04～2006.06	宁晋县	
第九届	县委书记	徐兰军	男	2006.06～2008.12	任县	
		王素平	女	2008.12	隆尧县	
	副书记	王素平	女	2006.06～2008.12	隆尧县	
		王增耀	男	2006.06～	隆尧县	
		孙保祥	男	2006.06～	新河县	
	常委	徐兰军	男	2006.06～2008.12	任县	
		王素平	女	2006.06～	隆尧县	
		王增耀	男	2006.06～	隆尧县	
		孙保祥	男	2006.06～	新河县	
		张宗立	男	2006.06～	柏乡县	
		刘华山	男	2006.06～	威县	
		李胜敏	女	2006.06～	保定市望都县	
		薄东平	男	2006.06～	巨鹿县寻虎	
		贾立宁	男	2006.06～	宁晋县	
		张晓东	男	2006.06～	任县	
		陈国平	男	2006.06～	广宗县	

第三节 基层党组织

一、县直机关党组织

1979年，县直机关建有1个党委、4个党总支、139个党支部。共有党员2108人。（1978年县武装部建立党委，中国人民武装警察部队巨鹿县中队设立党支部。）1996年4月，县武装部收归军队建制，县武装部党委改称中国人民解放军巨鹿县武装部党委。1982年，县委掌握机关党组织不再领导业务，重点转向党员监督、协助行政领导搞好工作，同时随着党组织人员变动及党员人数变化，对机关党组织实施调整完善。同年2月，县人大常务委员会党组建立，3月，县人民政府党组和县政协党组建立。1984年9月县人民检察院党组建立。1992年3月增设县工商业联合会党组。至2008年，县直机关中党委5个、党组4个、党总支12个、党支部40个，党员共计3913人。

（一）发展新党员。1988年后，发展党员须由本人申请、组织考察、两名正式党员介绍、支部讨论通过后，报县直工委批准吸收为预备党员，预备期一年。若无问题，再批准转为正式党员。1991年后，改为先由本人申请、经支部确定为入党积极分子，介绍人对其培养考察一年，考察合格再批准为预备党员。1999年起，增加批准为预备党员时对外公示环节，党员发展程序更加规范。

1979年，党员中大学文化程度的只有64人，其余多数为初中以下文化程度。2008年，党员中具有研究生学历的9人，大学本科学历的450人，专科学历的1358人，中专学历的858人，初中以下学历的422人。县直党员文化素质明显提高。年龄结构35岁以下的959人、36～45岁的1021人、60岁以上的487人，与1979年相比，向年轻化方面发展。

（二）新党员教育。发展新党员在入党前普遍学习《中国共产党章程》，按党员标准对照自己。1997年后，预备党员均集中2～3天到县委党校学习党的知识，有时到西柏坡等革命圣地进行传统教育。根据上级精神随时召集党员学习讨论。2003年国家部分地区发生“非典”后，组织党员分把路口、在县城居民区喷洒药物消毒。2008年“5·12”四川强烈地震后，各单位党员带头捐款，并组织以党员为主的援建队伍奔赴四川支援灾区建设。

二、乡镇党组织

1979年初，中共巨鹿县委下辖城关、堤村、贾庄、后辛庄、张王疃、阎疃、苏家营、林庄、王六村、官亭、后董营、观寨、楼张镇、小吕寨、何寨、王虎寨、西郭城等17个人民公社党委。1983年以后，17个公社党委先后改为乡（镇）党委。1985年2月，城关乡党委改为巨鹿镇党委。1986年12月，官亭、小吕寨两个乡党委改为镇党委。

1996年1月机构改革，全县合为10个乡镇党委，辛庄乡合到巨鹿镇、何寨乡合到观寨乡、董营乡合到官亭镇、楼张镇乡合到苏家营乡、林庄乡合到阎疃镇、王六村乡合到张王疃乡、贾庄乡合到堤村乡。被撤并乡党委改为办事处党委，人财物未变，王虎寨、小吕寨、西郭城三个镇保留。县委辖6个镇党委，4个乡党委，7个办事处党委。2005年乡镇机构改革，由原来17个乡（镇）办事处包括人财物，全部合到相应10个乡（镇）党委。

到2008年，县委辖巨鹿镇、阎疃、官亭、小吕寨、西郭城、王虎寨6个镇党委和堤村、张王疃、苏家营、观寨4个乡党委。

三、农村党组织

1979年，全县农村建有党总支4个，党支部139个；1984年党总支增至6个，党支部456个；1987年党总支增至12个，党支部达到469个；2008年，全县农村党总支1个，党支部339个。

1995年初，县委成立“农村基层组织建设协调会”，开展以“六个好”（好班子、好队伍、好路子、好制度、好作风、好格局）为目标的创建优秀乡镇党委和以"五个好"（好班子、好队伍、好路子、好体制、好制度）为目标的创建优秀农村党支部活动。推动了农村两个文明建设和各项工作的开展。县委制订了《关于进一步加强基层党组织建设的意见》、《关于在全县农村党支部开展创先争优活动的实施意见》、《关于对农村主要干部实行系统化管理的试行意见》、《关于建立健全乡镇党委抓基层党组织建设责任制的意见》、《关于组建整顿农村后进党支部工作队的意见》等。1997年确定为"基层组织建设年"，从抓关键、抓重点、抓根本、抓薄弱环节入手，增强农村基层组织的整体功能，提高农村班子的内在活力。

四、非公有制企业党组织建设

1998年后，为了在非公有制企业建立党组织，发挥党员的先锋模范作用，在搞好调查研究，摸清底数的基础上，县委制订了《关于进一步加强非公有制企业党的建设工作的若干意见》和《关于非公有制企业党组织设置等有关问题的通知》等文件，对非公有制企业党建工作的指导思想、党组织的地位、作用和设置原则作出了明确的规定，使非公有制企业党建逐步走上了制度化、规范化轨道。2003年4月，全县共有2589家非公有制企业，有党员412人，到2008年已建立燕南、喜德来、昌隆等非公有制企业党组织11个，同时依托行业协会（市场商会）建立商会党支部3个。

第三章　党员和党员代表

各级党组织按照党员标准和程序，注重从一线专业知识水平较高的先进青年中吸收新党员，并运用各种方法切实加强对党员的教育和管理，使党员队伍不断发展壮大，战斗力不断增强，在社会主义各项建设事业中发挥了先锋模范作用。

第一节　党　　员

一、发展党员

1979年后，县委注重培养发展一线先进青年入党，一批优秀农村青年和企事业单位干部、职工成为党的新生力量。进入21世纪后，特别是2005年以后，注意党员中的知识结构和年龄结构，发展新党员重点放在知识型和35岁以下，向知识化、年轻化倾斜。

1979～2008年巨鹿县党员结构情况一览表

表13－3－2　　单位：人

项目/年度	党员总数	性别		年龄					文化程度					
		男	女	35岁以下	36～45岁	46～54岁	55～59岁	60岁以上	研究生	大学本科	大学专科	中专	高中	初中以下
1979	9065	—	—	—	—	—	—	—	—	—	—	—	—	—
1980	9123	—	—	—	—	—	—	—	—	—	—	—	—	—
1981	9186	—	—	—	—	—	—	—	—	—	—	—	—	—
1982	9257	—	—	—	—	—	—	—	—	—	—	—	—	—
1983	9312	—	—	—	—	—	—	—	—	—	—	—	—	—
1984	9388	—	—	—	—	—	—	—	—	—	—	—	—	—
1985	9501	—	—	—	—	—	—	—	—	—	—	—	—	—
1986	9562	—	—	—	—	—	—	—	—	—	—	—	—	—
1987	9655	—	—	—	—	—	—	—	—	—	—	—	—	—

续表

项目＼年度	党员总数	性别		年龄					文化程度					
		男	女	35岁以下	36～45岁	46～54岁	55～59岁	60岁以上	研究生	大学本科	大学专科	中专	高中	初中以下
1988	9742	—	—	—	—	—	—	—	—	—	—	—	—	—
1989	9846	—	—	—	—	—	—	—	—	—	—	—	—	—
1990	11963	11045	918	—	—	—	—	—	—	—	—	—	—	—
1991	12185	11249	936	—	—	—	—	—	—	—	—	—	—	—
1992	12269	11332	937	—	—	—	—	—	—	—	—	—	—	—
1993	12489	11525	964	—	—	—	—	—	—	—	—	—	—	—
1994	12784	11798	986	—	—	—	—	—	—	—	—	—	—	—
1995	12956	11940	1016	—	—	—	—	—	—	—	—	—	—	—
1996	13159	12075	1084	—	—	—	—	—	—	—	—	—	—	—
1997	13393	12267	1126	—	—	—	—	—	—	—	—	—	—	—
1998	13512	12314	1198	—	—	—	—	—	—	—	—	—	—	—
1999	13684	12430	1254	2436	3682	3687	1543	2336	7	374	954	1483	3284	7811
2000	13756	12450	1306	2658	3720	3719	1578	2081	7	386	1187	1567	3462	7683
2001	13984	12600	1384	2743	3796	3751	1599	2095	8	395	1468	1607	3584	7461
2002	14209	12784	1425	2869	3785	3721	1612	2222	8	406	1675	1665	3605	7153
2003	14536	13047	1489	3014	3805	3786	1624	2307	8	419	1823	1765	3659	6862
2004	14776	13264	1512	2963	3797	3798	1619	2599	10	432	1864	1806	3549	7115
2005	15137	13561	1576	3179	3739	3845	1752	2622	9	483	1897	1888	3743	7117
2006	15245	13644	1601	3026	3859	3915	2038	2407	9	598	2079	1748	3734	7077
2007	15575	13901	1674	3072	3851	3829	2230	2593	12	697	2179	1739	4116	6832
2008	15950	14148	1902	4407	3891	3829	2230	2593	3	759	2419	1769	4126	6862

注：空格为原始资料未标明

二、党员教育

对党员的教育以理论培训为主，普训、轮训、集中学习相结合，注重理论联系实际。1980年3月，以中央《关于党内政治生活的若干准则》的发布为契机，县委宣传部印发《关于组织广大党员学习＜准则＞的通知》。5～8月以《准则》为教材，对全县党员集中实施普训。1984年上半年以《整党决定》为主要内容对全县党员开展标准教育轮训。1986年初，结合学习宣传〔1986〕1号文件，指导和帮助17个乡镇党委举办党校培训班，培训村党支部成员、党员干部1600余人。

1987年，党员教育以中共十三大文件学习为主，共举办各种轮训班50多期、轮训党员7000人次，提高党员商品经济意识和政策水平。1989年，在全县1万多名党员中开展了“讲理想、讲贡献、讲廉洁、做表率”活动。1992年，以中宣部和中共党史研究室编辑的《中国共产党的七十年》和《马克思主义党的建设理论纲要》为基本教材，举办了三期乡局级干部培训班，加强干部队伍的党史党建理论学习。1993年，采取培训骨干、轮训局级干部等形式，组织全县党员干部深入学习《邓小平文选》、中共十四大精神。1995年，围绕“抓党建、换脑筋、正党风、振精神”举办两期党员教育培训班。1996年县委提出“实施跨越工程、富民强县争先”的奋斗目标，对全县党员进行教育，举办农村支部书记培训班两期，乡局级领导干部培训班一期，提高了干部理论素养。

2001～2008年，配合农村“三个代表”重要思想学教活动，在全县开展党员教育。妇幼保健站的“书记当导演、民主上党课”活动，受到省委的高度重视。

三、党员管理

1999～2008年，建立党员基本信息库，对全县党员实行微机化管理。2004年，对流动党员管理推行“外出党员委托制”。省委副书记刘德旺对此批示：“委托制就是用一根线把党员和党组织牵在一起，不因时空的变化使党的观念淡薄，甚至忘记了自己是一个党员，值得借鉴”。《人民日报》、新华社《内部参考》和《河北日报》分别刊发了巨鹿县“农村外出党员委托制”的经验，市委组织部下发文件在全市推广。2005年开始，依托协会（市场）建立了联合党支部和5个行业（市场）党支部、3个专业工业小区党支部。推行“支部＋协会”工作模式，推广西郭城镇党委、纪委“两委共创”活动，推广小吕寨镇“支部联建”、“建立跨村支部”等做法，促进了党组织工作规范化。

第二节　党员代表大会代表

一、中国共产党巨鹿县代表大会（以下简称县党代会）代表

出席县党代会党员代表由县委划分选区，根据党章按年龄、性别、职务、职业等确定名额，经党员民主选举产生。

选举出席县第三次党代会代表360人。其中，农民代表273人，脱产党员代表89人。在脱产代表中，工人2人，知识分子6人；解放军2人，妇女代表37人。

选举出席县第四次党代会代表301人。其中，各级领导干部187人，专业技术人员59人，各条战线的先进工作者53人。

选举出席县第五次党代会代表135人。其中，各级领导干部86人，占61.4%；科技、教育、文化、卫生等各类专业技术人员28人，占20%；工业、农业、财贸等战线先进模范人物25人，占17.8%。

选举出席县第六次党代会代表140人。其中，各级领导干部84人，占60%；各条战线的先进模范人物30人，占21%；科技、教育、文化、卫生等各类专业技术人员26人，占18.5%。

选举出席县第七次党代会代表229人。其中，各级领导干部137人，占60%；各类专业技术人员46人，占20%；各条战线先进模范人物41人，占18%；解放军、武警部队代表5人，占2%；妇女代表46人，占20%；45岁以下代表115人，占50%。

选举出席县第八次党代会代表240人。其中，各级领导干部157人，占65%；各类专业技术人员43人，占18%；各条战线先进模范人物39人，占16%；解放军、武警部队官兵2人，占1%；妇女代表47人，占20%；45岁（含45岁）以下的代表132人，占55%。

选举出席县第九次党代会代表238人。其中，领导干部143人，占60%；专业技术人员48人，占20%；各条战线先进模范人物45人，占19%；解放军、武警部队官兵2人，占1%；妇女代表47人，占20%；45岁（含45岁）以下的132人，占59%。

二、省、市代表

中共巨鹿县委出席省、市各届党代会的代表人数不等。出席省、市党代会的代表，按照省、市要求，采取自下而上、自上而下相结合的方法，充分酝酿协商，根据各级党组织和多数党员意见提出人选，经县委研究并报请上级确定。出

席2006年市第七次党代会的代表16人，出席省第七次党代会代表2人。

第四章 重要会议

中共巨鹿县委召开的重要会议主要指历届党的代表大会、常委会议。历届巨鹿县委按照党章规定和上级党委安排，及时召开党的代表大会。并根据议事范围和规则，适时召开县委常委会议，对重大事项和重要议题实行民主决策，确保党的各项工作正常开展。

第一节 历届代表大会

1979年中共巨鹿县委正值第二届委员会期间，至2008年，历时30年，依序召开第三至第九届共七届代表大会。

一、中共巨鹿县第三次代表大会

1982年3月4日在县礼堂召开，出席会议代表342人，缺席18人，列席33人。代表听取和讨论了上届委员会《加强党的建设，为建设高度的社会主义物质文明和精神文明而奋斗》的工作报告。大会选举产生了中共巨鹿县第三届委员会，随后县委全委会选举产生了县委常委、书记、副书记。大会选举产生了中共巨鹿县纪律检查委员会。

二、中共巨鹿县第四次代表大会

1985年4月23～25日在县影院召开，出席会议代表281人，缺席20人，列席代表104人。与会代表听取并审议了上届委员会《开拓创新，务实争先，为进一步开创社会主义现代化建设新局面而奋斗》的工作报告。大会选举产生了中共巨鹿县第四届委员会和中共巨鹿县纪律检查委员会。其中常务委员9人，委员25人，候补委员4人。

三、中共巨鹿县第五次代表大会

1989年11月23～24日在县供电局会议室召开，出席会议代表135人。大会听取和审议了第四届委员会工作报告，听取和审议了中共巨鹿县纪律检查委员会工作报告，大会通过了《关于党费收缴和使用情况的报告》、《关于加强马克思主义理论学习的决议》、《加强调查研究、切实改进领导作风的决议》。大会采取无记名投票方式和差额选举的方法，选举产生了中共巨鹿县第五届委员会和中共巨鹿县纪律检查委员会。其中，常务委员9人，委员27人，候补委员4人。

四、中共巨鹿县第六次代表大会

1992年11月23～24日在县供电局会议室召开，出席会议代表140人。会议审议通过了第五届委员会关于《全面贯彻十四大精神，为实现我县经济再上新台阶而奋斗》的工作报告。会议采取无记名投票方式和差额选举的方法，选举产生了中共巨鹿县第六届委员会和中共巨鹿县纪律检查委员会，选举常务委员10人，委员31人，候补委员5人。

五、中共巨鹿县第七次代表大会

1998年2月13～14日在县政府招待所三楼会议室召开。出席会议代表共229人。大会听取并审议通过了第六届委员会关于《高举邓小平理论伟大旗帜，为把巨鹿县建设成经济强县而奋斗》的工作报告，回顾过去五年取得的成绩及存在的问题，并对今后五年的工作做出了具体部署；审议并通过县纪律检查委员会工作报告。按照民主集中制的原则，与会代表经过充分酝酿，采取无记名投票方式和差额选举的方法选举产生了中共巨鹿县第七届委员会和中共巨鹿县纪律检查委员会。会议选举产生了常务委员11人，委员27人，候补委员5人。

六、中共巨鹿县第八次代表大会

2003年4月23～25日在华丰宾馆召开。出席会议代表240人，列席代表65人。大会听取第七届委员会题为《全面贯彻“十六大”精神，为推动经济跨越式发展和建设文明富裕的新巨鹿而努力奋斗》的报告，听取了中共巨鹿县委纪律检查委员会工作报告。大会审查并通过两个报告，做出了相应决议。根据《党章》和大会选举办法，全体与会代表充分发扬民主，以无记名投票和差额选举方式产生中共巨鹿县第八届委员会和中共巨鹿县纪律检查委员会。大会选举常务委员11人，委员27人，候补委员5人；选举中共巨鹿县纪律检查委员会委员15人。

七、中共巨鹿县第九次代表大会

2006年6月14～15日在华丰宾馆召开。出席会议代表238人。会议听取了第八届委员会题为《以人为本创业创新为实现巨鹿更好更快发展而努力奋斗》的工作报告，听取了中共巨鹿县委纪律检查委员会工作报告。大会审查并通过两个报告，做出相应决议。大会以无记名投票方式，差额选举产生中共巨鹿县第九届委员会和中共巨鹿县纪律检查委员会。选举常务委员11人，委员31人，候补委员6人；选举中共巨鹿县纪律检查委员会委员15人。

第二节　县委常委会

一、中共巨鹿县委常委会议内容及规则

1979年以后，中共巨鹿县委常委会议议事范围主要有研究贯彻党的路线、方针、政策和重大决策，传达党中央、国务院和省、市委及上级重要会议、文件精神，根据巨鹿县实际，制定工作方针和政策措施，并检查贯彻落实；组织实施县党代会和全委会决议，讨论决定全县经济建设、社会发展和改革开放政策；审议全县国民经济、社会发展中长期规划、年度计划、财政预决算、城市建设和管理规划、重大建设项目、重要改革方案以及其他重大事项；讨论决定全县党的思想、组织、作风建设和纪律检查方面的工作部署和重大事项；研究决定全县思想作风、精神文明建设、政法综治、民主法制建设、统一战线、老干部等工作中的重大问题和工作部署；按照干部管理权限和规定程序，审定县管干部推荐、提名、任免和奖惩；讨论需报请上级党委审批的人事事项；审议副科级以上机构（含副科级）设置与变动，镇级行政区划的调整方案；审核县委直接组织的先进评选、表彰、奖励事项和报送上级党委、政府表彰的先进单位及个人名单；审议县人大常委会党组、县政府党组、县政协党组、县纪律检查委员会、县法院党组、县检察院党组以及县人武部党委提出的重大事项，审议各乡镇党委、县委各部委办局和群众团体党组织报请县委研究的重大问题；讨论并决定以县委名义发布的涉及全县的工作部署、政策性文件和县委领导代表县委所作的重要工作报告、讲话；审定每年向市委、市政府及有关上级部门请示、报告反映的重要问题；负责召开县委全委会，提出议题建议并向全委会报告工作；审定有关召开县党员代表大会、县党员代表会议、县委全委会及其他重要会议事项，检查会议决定、决议的贯彻落实情况；讨论上级党委规定由党委集体研究决定的问题；书记、副书记和常委认为需要提交常委会讨论的其他重要议题；研究处理突发性事件和应由县委常委会决定的其他事项。

县委常委会议出席人员为县委常委。县人大常委会党组书记或主持工作的副书记、县政协党组书记列席会议。必要时其他有关人员列席会议。

县委常委会议由县委书记召集并主持。县委书记因故不能出席会议时，委托副书记召集并主持，一般每月召开2次，如遇紧急情况随时召开。

二、各届中共巨鹿县委常委会

（一）第二届中共巨鹿县委常委会。共召开164次常委会。其中1979年召开38次。1月11日，学习中央<1978>77号文件，即中央工作会议精神和中共十一届三中全会精神。1980年召开55次，2月28日，学习贯彻落实中共中央〔1980〕8号文件《邓小平同志关于目前形势和任务的报告》精神。9月24日，研究抗旱种麦情况和问题。1981年召开71次，2月1日，传达省委三干会概况和主要精神。

（二）第三届中共巨鹿县委常委会。共召开

187次。其中1982年召开48次。2月25日，讨论研究第三次党代会有关文件、材料；12月7日，听取县团代会筹备情况和召开团代会的意见。1983年召开57次。1月22日，研究三干会讲话材料及三干会准备。3月17日，讨论研究关于召开人大第二次代表大会的问题。1984年召开70次。2月7日，学习贯彻中央1号文件精神，开展春耕生产。8月13日，学习贯彻地委召开的编写县大事记会议精神，听取本县落实情况。1985年召开12次。1月7日，学习农村经济政策和有关规定材料。

（三）第四届中共巨鹿县委常委会。共召开158次。其中1985年召开32次。9月20日，讨论研究县委关于在全县党员干部中开展创业立功，为振兴巨鹿添光彩活动的决定（草案）。1986年召开37次。3月3日，传达地委创业立功表彰会精神，研究巨鹿县创业立功活动安排意见。10月4日，学习中共中央十二届六中全会文件和《人民日报》关于《把学好文件放在第一位》的社论。1987年召开20次。1988年召开53次。5月18日，讨论修改县委关于发展乡镇企业的几项具体规定。12月28日，学习贯彻地委农村工作会议精神，安排部署本县农村工作。1989年召开16次。2月18日，传达地委关于党的建设问题扩大会议精神。6月26日，学习中共十三届四中全会公报和《人民日报》“坚持立国之本，走好强国之路”社论。

（四）第五届中共巨鹿县委常委会。共召开43次。1990年，召开22次。7月24日，学习河北省第四次党代会报告。1991年，召开13次。3月22日，通过县委“1991年工作要点”。8月23日，讨论“关于在全县农村党支部中开展升级达标赛活动的意见”。1992年，召开12次。4月16日，学习贯彻地区组织工作会议精神，安排部署本县组织工作。

（五）第六届中共巨鹿县委常委会。共召开61次。1992年，召开1次。12月24日，宣布县委、政府领导分工。1993年，召开15次。12月9日，学习《中共中央关于建立社会主义市场经济体制若干问题的决定》。1994年，召开24次。2月28日，听取讨论县委领导在全县经济工作三干会议上的讲话材料。1995年，召开11次。3月21日，听取国民经济及社会发展计划草案。1996年，召开10次。4月10日，讨论议定关于加强政法系统干部管理的意见。6月27日，讨论研究党政机构改革问题。1997年，召开12次。4月24日，研究创建“三讲”文明机关事宜。9月19日，学习讨论、安排贯彻落实中共十五大精神。

（六）第七届中共巨鹿县委常委会。共召开65次。1998年，召开8次。1999年，召开10次。6月22日，安排部署“七一”模范党员表彰工作。2000年，召开13次。8月7日，讨论研究县委班子“三讲”整改方案。2001年，召开常委会12次。2月20日，听取县委组织部选拔年轻干部的安排意见。2002年，召开16次。7月5日，通报上半年主要经济指标完成情况。2003年，召开6次。1月27日，听取2002年度先进集体和先进个人考核情况。

（七）第八届中共巨鹿县委常委会。召开47次。2003年，召开10次。4月29日，听取全县“防非”工作情况，制定“防非”措施。2004年，召开12次。3月17日，听取第十三届中国巨鹿杏节暨枸杞银花交易会的实施方案（讨论稿）。2005年，召开15次。6月8日，讨论研究巨鹿县乡镇机构改革方案。2006年，召开10次。3月28日，研究议定关于干部工作的几项原则。

（八）第九届中共巨鹿县委常委会。共召开24次。其中2006年召开5次，2007年，召开13次，2008年，召开6次。2008年8月4日，研究讨论《巨鹿县招商引资项目建设考核暂行办法》修改补充意见。

1979～2008年，中共巨鹿县委常委会议共召开609次。

第五章　重要决策

县委重要决策主要是根据全县整体工作进展情况和涉及全局的重大问题。在认真调查研究，多方听取意见，反复分析论证的基础上，召开常委会、常委扩大会或县委全委会，及时作出决策，并狠抓决策落实，使全县工作得以健康有序运行。

第一节　经济建设

中共十一届三中全会后，县委把工作重点转移到社会主义现代化建设上来，加强对经济工作的领导，处理历史遗留问题。解放思想，破除旧模式，组织学习《政治经济学》，使全县干部群众在对社会主义的理解上实现了“四个突破”。即：突破了社会主义就是“一大二公”、高度集中的观念，认识到实行土地承包是改善管理的重大决策，不是权益之计；突破了全民所有制经济是社会主义、集体所有制是半社会主义、个体所有制是资本主义的观念；突破了农民种地是干社会主义，务工经商是搞歪门邪道的观念，认清了“无农不稳、无工不富、无商不活”的道理，促进了“农、林、牧、副、渔、工、商、运、建、服”十个轮子一起转；突破了平均主义、“大锅饭”是社会主义优越性，共同富裕就是同步富裕，收入上的差距就是两极分化的观念，认清了让一部分农民先富起来的道理。

1983 年，学习贯彻中共中央一号文件精神，调整产业结构，扩大经济作物种植面积，发展林、牧业。1984 棉、油、药材、瓜菜等作物比 1983 年扩大 5 万亩，收入增长 50%，牧业比 1983 年翻一番。在工业方面，把发展乡村企业作为农民致富的战略重点来抓，先后印发了“发展乡村企业，实现经济腾飞”等专题文件。组织干部进行农村扶贫调查，编写了《百名农村企业家》等册子进行发放，促进了农村经济的发展。

一、大力发展乡镇集体企业和民营企业

（一）支持乡镇集体和民营企业发展

1991 年，县委决定在全县开展乡镇企业达标升级活动和“质量、品种、效益年”活动。1 月，县委、县政府出台《关于支持发展乡村集体企业的暂行规定》，制订支持其发展的优惠政策。在深入调查全县乡镇企业发展现状的基础上，提出“四个轮子一起转、个体集体一起上、集体企业多支持、突出重点上规模、逐步引导个体企业走联合生产、联合经营”的发展思路。7 月 10 日，县委、县政府出台《关于乡镇企业达标升级实施办法（试行）》。把乡镇企业级别标准分为八级，按三项指标全面考核升级。

1993 年，为贯彻中共中央十四大精神，县委、县政府结合巨鹿县实际，在全县开展“1357”工程，即第八个五年计划后三年（1993～1995）县办工业重点培植发展一个年利税超 1000 万元企业，三个利税超 300 万元企业，五个利税超 100 万元企业，七个利税超 50 万元企业。2 月 4 日，县委、县政府出台《关于加快乡镇企业发展的试行意见》，进一步明确全县乡镇企业发展方向：以中共十四大精神为指针，解放思想，抢抓机遇，坚持四轮驱动，多轨运行，因地制宜，发挥优势，重点突破，梯次发展，走高科技、高效益、大规模的路子，争取乡镇企业在“八五”后三年内高速度、超常规发展。各项经济指标年均增长速度达到 30% 以上。发展目标：1993 年实现乡镇企业总产值 5.46 亿元，工业产值 4 亿元，总收入 4.4 亿元，利税 6800 万元，新上 10 个产值超 100 万元的企业，并集中精力抓好“活性枸杞”及其系列产品开发。1994 年实现乡镇企业总产值 7.1 亿元，工业产值 5.2 亿元，总收入 5.7 亿元，利税 8800 万元，新上 5 个产值超 200 万元的企业。“八五”期末要实现乡镇企业总产值 9.2 亿元，工业产值 6.7 亿元，总收入 7.4 亿元，利税 1.1 亿元，建成王虎寨、西郭城两个产值超亿元乡镇和四个年产值超 5000 万元乡镇，10 个产值超 1000 万元企业，建成 4 个配套工业小区和两个专业市场。新上 10 个年产值超 100 万元的企业。抓好阎疃、官亭、张起营、西郭城等四个工业小区建设。3 月 12 日，县委、县政府制定《加速县办工业发展的意见》。8 月 5 日，县委、县政府出台《关于对重点企业实行保护的办法》。实行由县纪委、监察局统一挂“巨鹿县重点保护企业”标牌，并颁发“保护证”等保护办法。11 月 10 日，县委、县政府出

台《关于实现乡镇企业超常规发展的补充意见》。确定实行乡镇企业月调度制度，充实加强县乡镇企业领导小组办公室力量，组织乡镇企业专项工作队。评选“信得过企业”和“十佳企业”，实行重点保护。完善“下评上”制度。1994 年 9 月 13 日，县委、县政府出台《关于对重点乡镇企业实行保护的办法》，使乡镇企业顺利、快速发展。

（二）重奖乡镇集体企业和民营企业

1993 年 8 月 10 日，县委、县政府出台《关于对工商企业实施重奖的办法》。1996 年 3 月 14 日，出台《关于在乡镇开展乡镇企业升级竞赛活动的暂行规定》，在保证完成下达的乡镇企业总产值和工商税收指标前提下，把各乡镇（办事处）的乡镇企业分为八个等级实行考核。奖励标准划分三个档次。1996 年 8 月 22 日，出台《关于考核奖励县办工商企业厂长、经理及企业主管部门的暂行规定》，对上交税金、固定资产投入达到一定数额的县办工商企业及企业主管部门和县办股份制企业单位兴办的经济实体给予经济、政治奖励。鼓励新项目、新产品开发。

（三）“龙虎计划”和“11244 工程”

1994 年，全县重点筛选一批支柱产业和重点企业，确定了“六条龙”和“十只虎”的“龙虎计划”发展战略。即以开放与开发并举，依托资源和传统优势，提高加工深度，搞好新产品开发，增加产品科技含量和附加值为主攻方向，大力培育一批在全市乃至全省有一定地位的骨干企业和拳头产品，形成以杏、枸杞、橡胶、皮革等系列产品为支柱产业的“六条龙”和以巨龙饮料有限公司为重点的“十只虎”，以此带动全县经济超常规、跳跃发展。

“11244 工程”，即重点抓好制糖、食用菌、皮革、果品饮料、机垫、蜜枣等 11 个行业；建设西郭城、王虎寨两个亿元乡镇；开发完善阎疃、西郭城、王虎寨、官亭镇四个工业小区；培植发展神堂坡陶瓷、王虎寨机垫、小吕寨农机配件、贾庄果品四个批发市场。

二、支持“农业、农村、农民”发展

（一）制订农村小康建设规划

1995 年 8 月 10 日，依据《邢台市农村小康建设规划》要求，结合巨鹿县实际提出分期实现小康的总体要求。县委、县政府出台了《巨鹿县农村小康建设规划》。以小康建设统揽全局，坚持两个文明一起抓，按照“开发杏杞、富民强县”发展战略，面向大市场，立足产业化，全面振兴经济，确保小康目标如期实现。到 2000 年，全县国民生产总值达到 17.6 亿元，年均递增 23.2%；人均国民生产总值 4888 元；农民人均纯收入达到 2491 元；第三产业增加值 5.5 亿元。

（二）实施“1114 工程”

1997 年 1 月 7 日，县委发出《中共巨鹿县委关于深入实施 1114 工程的通知》，以增强党群干群关系，保证政务公开顺利开展。“1114”即“突出一个主题，正确处理新形势下的人民内部矛盾；抓住一个关键，努力提高干部队伍素质；实现一个目标，深化村务政务公开，推进民主管理；开展四个专项治理，治理公款吃喝，财务混乱，违法施政和加重农民负担”。

（三）着力农业结构调整

1999 年 11 月 15 日，县委、县政府出台《关于加快调整优化农业结构的指导意见》。确定重点巩固杏、枸杞，大上银花、国槐，建立药材、果树基地。适度调减小麦，扩种花生、瓜菜，调整优化种植业内部结构。培植龙头，改良品种，加快畜牧业发展。

（四）鼓励农民进城置业

2000 年 5 月 16 日，县委、县政府出台《关于鼓励农民进县城定居置业的若干意见》，就承包土地、城建规划用地、户籍、子女入学、税收征管、工商管理等明确了优惠政策。

（五）实施农民增收“八动工程”

2004 年 3 月 19 日，县委、县政府出台《关于落实中央一号文件精神，实施农民增收“八动工程”的意见》。“八动工程”即：宣传发动工程、教育培训工程、产业促动工程、帮扶推动工程、基础设施带动工程、劳务输出牵动工程、项目拉动工程、组织保障和环境优化工程。

（六）充分发挥农村干部作用

2004 年 3 月 29 日，县委研究制定《关于加强“大学生村官”管理的意见》。着力强化“大学生村官”的管理，规范“大学生村官”的工作和行为，对“大学生村官”任职待遇、考核管理作出详细规定。2007年3月16日，县委出台《百名支书领富工程的意见》，在全县筛选100名有文化、有知识、有基础、有能力的农村党支部书记，利用2年时间，重点培养、支持、指导、鼓励其在发展工业中有所作为，新上或扩建项目100个，实现新增产值10亿元、税收1000万元、就业3000人的目标，带动乡村整体经济全面发展。

三、实施“跨越工程”

1996年3月1日召开的全县三级干部大会上，县委确定在全县实施“跨越工程”。

（一）目标。奋斗三年，抓出阶段性成果，整体工作跨入全市先进行列，乡镇企业作为县域经济增长点，其增长速度达到50%。对稳定工作提出“四个稳于”，即：群众稳于致富，干部稳于事业，经济稳于发展，社会稳于秩序。

（二）奖励考核办法。1997年，为确保跨越工程目标如期实现，县委、县政府提出了“五大”工作措施，即“思路观念大转变，乡镇企业跨上大台阶，特色农业实现大突破，县办企业进行大改革，打好城镇建设大战略。”并将这五方面工作列为1998年工作重点。年底得以全面落实，全县完成生产总值14.3亿元。

四、实施“二次跨越”

县委、县政府决定，从1999年开始实施“二次跨越”。内涵为高举邓小平理论伟大旗帜，认真贯彻中共十五大和中共十五届三中全会精神，富民强县争先，奋斗三到四年，建成邢台市经济强县。预期目标为全县生产总值达到16.2亿元，比1998年增长13%；乡镇企业总产值43.2亿元，比1998年增长25.2%；财政收入6548万元，比1998年增长13.5%；农民人均纯收入2100元，比1998年增长8.5%。

1999年6月22日，县委、县政府出台《关于进一步推进内外开放加快招商引资步伐的若干规定》；7月16日，制定《巨鹿县招商引资工作的考核奖惩办法》。7月27日，发出《关于进一步强化项目建设工作的决定》，明确全县项目建设工作指导思想：围绕全县经济长远发展和全面振兴，以立县、立乡大项目为重点，以建立完善动力机制为核心，发挥企业主体作用，健全管理机构，理顺管理体制，创造宽松环境，加大考核力度，大力营造想项目、干项目、服务项目的良好环境，奋斗三年，实现项目建设的大跨越和大突破。2000年2月15日，县委、县政府出台《关于加快乡镇企业发展的试行意见》，明确发展乡镇企业指导思想：以中共十五届三中全会精神为指针，大力实施“二次跨越”，围绕“扩大拥有总量，提高运行质量”中心，抓扩散，上规模，转机制，调结构，借外力，搞开放，走“大规模，高科技，外向型，名优特”发展路子。

五、项目与工业园区建设

县委、县政府把2001年定为“项目建设年”，确定在县级领导和县直部门分包企业基础上，充实调整领导及部门力量，加大对新兴企业帮扶力度。2002年4月18日，县委、县政府出台《关于工业园建设若干问题的决定》，确定规划建设县工业园位置在县城西北，东至夏旧城路，西至白家寨桥，南至邢德路，北至职教中心，分为18个区，可容纳中型企业60家。

六、抓经济上项目决策

县委、县政府把2005年定为“突破创新年”和“务实实干年”。具体为“五大重点”，即项目建设、招商引资、城市建设、环境建设、社会稳定；“三个十工程”，即十大工业项目、十大城建项目、十大民心工程。提出“全党抓经济，重点抓工业，突出抓招商，关键抓项目”的要求。3月28日，县委、县政府出台《关于设立重点项目建设“魏徵杯”表彰机制的决定》，实现以项目论政绩，以项目论英雄，以项目论奖惩。8月4日，县委、县政府出台《关于进一步加快棉纺织产业发展的决定》。利用3~5年时间，培育纺纱骨干龙头企业10家，培育织布龙头企业10

家。全县纺纱能力达到80万锭以上，年产优质棉纱能力达到18万吨，特色中高档面料生产能力达到3.5亿米，棉纺织产业总产值达到100亿元以上，实现利税18亿元以上。培育省级以上名牌产品3个。传统设备更新率达到90%以上。

七、治理经济环境

1999年4月2日，中共巨鹿县委成立治理经济发展环境领导小组，针对不法分子欺行霸市、经营假冒伪劣产品，行政管理随意增加或设立收费项目、随意提高收费标准，不具有收费资格而收费，收费不使用财政专用收费票据等违法违规现象，利用三年时间（截至2001年），大规模治理经济发展环境。

2000年4月8日，开始从三个方面着手治理经济发展环境。（一）召开各阶层、各行业（包括企业厂长、经理、个体、工商户、群众及学生家长在内）座谈会。采取明察暗访方式，深入市场、企业、门店、学校等走访群众，调查掌握影响巨鹿县经济发展的各种违法违纪行为。（二）打破常规程序，不下通知、不打招呼、不通气，抓影响经济发展的正反典型。（三）县城设立5个举报箱，举报箱上标印举报电话。组成5个检查组，按行业、区域明确任务，分头展开工作。同年4月24日，县纪律检查委员会出台《严禁主管部门随意进企业收费的规定》。安排调查教育系统、电信系统、土地管理局、酒类专卖局、公安系统、供电局等单位年内执收执罚。采取没收不合理收费、经济处罚、没收单位许可证等方法处理。5月又相继采取措施：监督公开。据国家、省、市相关文件规定，制订《巨鹿县收费项目和标准》，向社会公开，以利社会监督；印发文件组织审核。制发“关于进一步整治三乱优化经济发展环境的意见“，调整充实领导小组成员单位。研究制订“治理经济发展环境实施方案”。2000年8月，组织执收执罚单位自查自纠，针对存在问题修订完善实施方案。每月召开一次调度会，组织审核执收单位收费许可证，取消18项收费项目。8月6日，县委、县政府下发《关于进一步加强治理经济发展环境整改意见》，采用自查、监督、惩处、落实责任4种方法，重点查处群众反应强烈的各种乱收费、乱罚款，药费加价、电价偏高、市场欺行霸市、以次充好、质次价高；盗版书刊、不法光碟泛滥以及生产经营企业和个体门店开具违规票据或变通票据偷税漏税等。

至2000年10月，治理办接到群众举报37起，查处和向群众答复30起，次年查处7起。经济发展环境明显好转。

八、培育创业文化推动全民创业

2006年8月15日，县委制订《关于培育创业文化推动全民创业的意见》，2007年出台《中共巨鹿县委关于培育创业文化推动全民创业的意见》纲领性文件，确定“十一五”期间在全县深入持久地开展全民创业活动，着力培育创业文化，通过主动创业实践和不断实现阶段性目标，让创业观念深入人心，成为广大干部群众的思维习惯和自觉行动，初步形成具有巨鹿县特色的创业文化内涵。

2007年3月，县委组织开展“首届巨鹿县十大创业人物、创业标兵”评选活动，在县电视台连续播放推荐人物事迹，公开投票，最后对12名创业者授予“首届巨鹿创业标兵”荣誉称号。

九、工业化率先突破

2007年3月1日，中共巨鹿县第九届委员会第三次全体会议通过了《关于实施工业化率先突破的决定》，正式提出争取到2008年全部工业增加值达到18亿元，年均增长23%，占生产总值的49.3%，三产结构达到17.5∶55.9∶26.6，人均生产总值达到1271美元，进入中级工业化阶段。到“十一五”（国家第十一个五年计划）末，全部工业增加值达到28亿元，年均增长25%，占生产总值50%，三产结构达到12.5∶60.7∶26.8，人均生产总值达到2000美元，进入到工业化中期向后期过渡阶段。着力打造立县支柱产业，构筑工业化突破的强力支撑；加快工业区建设，搭建工业化突破广阔平台；重点培育核心企业，夯实工业化突破基础；超前推进县城建设，创优工业化突破的硬件环境；坚定不移地推进招商引资，增强工业化突破动力；突出村级组织带动，激发工业化突破基层活力。

第二节　城建及其他

一、加快城镇建设速度

2003年，县委、县政府加大城镇建设力度，提出“打好城镇建设大战役”，力促快速发展。6月6日，县委、县政府出台《关于加快城镇化进程的实施意见》，确定逐步提高城镇化水平，坚持县城和小城镇协调发展，推进城乡一体化进程。从基础设施建设、县城规划管理、房地产管理、城市容貌治理等方面着手，加快城镇化进程，建设良好经济建设环境。10月，为进一步加强县城区居民管理，改善人民生活和工作环境，县委、县政府专门建立城镇居民社区管理委员会领导小组，工作人员集中办公，有效推动了城镇建设步伐。

二、建设邢台次中心城市

2004年，根据县“十五”规划和邢台市委、市政府《关于大力推进城镇进程的指导意见》，提出到2007年把巨鹿县建成邢台市次中心城市的目标。2月10日，县委、县政府成立县城建设管理指挥部，下设办公室，负责督查各相关部门责任落实情况，协调解决工程建设中有关问题，确保各项工程顺利实施。

三、强化基层组织建设

1995年3月24日，县委出台《1995～1997年农村基层组织建设规划》。主要内容是建设一个团结、坚强、群众拥护的，能带领群众致富奔小康的好领导班子；培养锻炼一支富有战斗力的好队伍；选准一条适合当地经济发展的好路子；完善一个好经营体制；健全一套体现民主管理、依法管理、保证工作有效运转的好管理体制，作为基层组织建设三年的主要内容。

四、抗击“非典”

2003年中国部分城市出现非典型性肺炎，县委、县政府高度重视，多次召开会议专题研究部署。4月29日，县委、县政府出台《关于防治非典型性肺炎的实施方案》，发出《关于打好防治“非典”攻坚战》的通知。实行全县总动员，党、政、军、民、学齐上阵，通过严格控制返乡人员，对返乡人员实施隔离和医学观察，防止疫情扩散。在重要路口设置“非典”防控服务台；“非典”期间严控聚集集会等措施，最终做到非典疫情“不发生，不扩散”，取得全面胜利。6月27日，县委对在“防非”工作中做出优异成绩和突出贡献的33个先进基层组织和51名优秀共产党员予以表彰。7月15日，县委、县政府对100个“防非”先进集体和400名先进个人予以表彰，授予“抗击非典先进集体”和“抗击非典先进个人”荣誉称号。

第六章　纪律检查

在改革开放、发展社会主义市场经济条件下，党的纪律检查工作对于加强党的自身建设、不断增强战斗力、监督力；巩固党的执政地位，确保政治、经济的正确发展；维护人民群众的切身利益等，都具有十分重要的意义。中共巨鹿县纪律检查委员会（简称“县纪委”）在组织建设、党纪教育、廉政教育、案件查处、制度建设、优化环境等方面，做出了一系列富有成效的工作。

第一节　管理机构

中共巨鹿县纪律检查委员会实行一套工作机构，履行纪检、监察两种职能，接受县委、县政府（监察局对政府）和市纪委双重领导，对县委全面负责。县纪委实行常委会集体领导下的分工负责制。县监察局属政府序列，接受县政府领导，县监察局领导班子在工作上既对县纪委常委会负责，又对县政府负责。

1979年成立县纪律检查筹备组。1980年1月14日建立“中共巨鹿县委纪律检查委员会”，全县17个公社和县直大局配备纪律检查委员52人。1983年12月，中共巨鹿县委纪律检查委员会，定为县级单位，正式改为中共巨鹿县纪律检查委员会，下设办公室、信访科、纪检科、审理科。1987年10月，县纪委在县工商局、税务局、粮食局、经委、商业局、水利局、卫生局、二轻局、供销社、农机局、供电局、物资局等部分县直单位配备副局级纪检组长。1988年11月由四科一室改为五室：办公室、来信来访室、纪律检查室、案件审理室，经济案件检查科改为研究室，各室设主任一名为副局级干部。1988年1月30日，组建巨鹿县监察局。1989年1月，县监察局下设秘书股、监察股和审理股，同年7月增设信访股。1993年4月16日，县纪委与县监察局合署办公，一套机构两个牌子，履行两种职能。案件检查室更名为第一纪检监察室，又增设执法监察室、第二纪检监察室，宣传教育室、党风廉政建设室、干部管理室。1996年6月，党政机构改革，县直纪工委并入县纪委，更名为县直纪检监察室（后来改为监察室三室）。2008年县纪委、监察局共设10个科室，分别为：办公室、信访室、执法监察室、审理室、宣教室、研究室、党风廉政室、监察室一室、监察室二室、监察室三室。在全县10个乡镇设10个乡镇纪委，在县直单位设26个纪检组。

第二节　廉政制度建设

自1983年开始，县纪委、监察局坚持用制度规范和保障权力运行、约束和保护干部行为、预防和治理腐败现象，将制度建设贯穿于反腐倡廉的各环节，根据上级部署与党风廉政建设和反腐工作实际，至2008年，共制订各项廉政制度46项，主要制度42项。

1983～2008年中共巨鹿县纪律检查委员会廉政建设制度法规一览表

表13－6－3

年度	制度名称
1983	1.《关于健全党的纪律检查系统加强纪检队伍建设的暂行规定》 2.《关于在整顿社会治安中党员必须遵守的几项纪律》
1984	《关于对来访信件处理的暂行规定》
1985	1.《关于纠正新的不正之风的十项规定》 2.《关于实现党风根本好转的规划》
1986	《县委常委抓党风责任制》
1987	1.《关于严禁干部调动中大搞迎送铺张浪费及超标准招待上级来人的规定》 2.《关于处理群众来信的试行办法》
1988	1.《纪检干部职业道德规范》 2.《交办、转办信访件督办制度》
1991	《关于控制越级上访的规定》
1994	《关于加强查办案件工作的若干规定》
1995	1.《关于搞好乡（局）级领导干部廉洁自律的实施意见》 2.《关于彻底清理党员干部职工及其子女违反计划生育问题的意见》
1997	1.《关于在企业改制工作中严明纪律的十条规定》 2.《关于在乡局级单位推行政务公开的决定》 3.《中共巨鹿县纪律检查委员会机关、巨鹿县监察局职能配置、内设机构和人员编制方案》

续表

年度	制度名称
1999	1.《县减轻农民负担工作大检查实施方案》 2.《关于农村合作基金清产核资工作办法》 3.《县委、县政府领导成员党风廉政建设岗位职责》 4.《关于在全县开展机关行政效能监察的实施意见》
2000	1.《关于进一步整治“三乱”优化经济发展环境的意见》 2.《纪检监察干部“十要十不准”》
2001	《关于进一步改进机关作风严明工作纪律的暂行规定》
2002	《关于在全县范围内开展党风廉政建设先进个人评选活动的实施意见》
2003	1.《关于对全县乡村干部实行民主评议与监督实施办法》 2.《关于对乱收费、乱罚款、乱摊派处理的暂行规定》 3.《关于行政处罚的暂行规定》
2004	1.《关于学习宣传党内监督条例（试行）和〈纪律处分条例〉的意见》 2.《关于进一步优化发展环境的实施方案》和《巨鹿县2004年民主评议工作实施方案》
2005	1.《优化发展环境实施方案》 2.《建立健全教育、制度、监督并重的惩治和预防腐败体系实施方案》
2006	1.《关于“乡镇信访服务中心”工作管理暂行办法》 2.《关于开展行政权力公开透明运行的工作方案》 3.《关于领导干部事必躬亲、强化落实的十项规定》 4.《关于开展干部作风集中整顿活动的安排意见》 5.《关于开展治理商业贿赂专项工作实施方案》
2007	1.《关于加强机关干部作风建设的实施意见》 2.《关于政府采购违规行为处理的暂行规定（试行）》
2008	1.《关于在县直、乡镇组建纪工委、监察分局的实施方案》 2.《巨鹿县廉政预警防范暂行办法》 3.《巨鹿县建立健全惩治和预防腐败体系2008～2012年实施细则》

结合不同时期工作实际，对各项制度不断规范完善，切实加强对制度落实情况的监督检查，有效促进了党风廉政建设和反腐等工作的深入开展。

第三节　违法违纪案件查处

一、纠风整风

1983年，对党员干部建房分房、“农转非”、以工代干、拖欠公款中的四股不正之风进行清理。没收归公和退还非法占有土地31968平方米，217间非法建房全部折价归公，清退贪占公款6155元，清理拖欠公款42741元。

1985年对党政机关经商办企业开展专项清理，查处10个单位。1989年对“职称评定、建私房、农转非、专营生产资料、从企事业单位向党政机关调入干部”五类问题进行清理和抽查。1991年对“赌博、吃喝、赶庙会、滥发奖金和红白事大操大办”进行清理。1993年认真开展逾期贷款和个人拖欠公款“两清”活动，清收非正常贷款2681万元，从“两清”中发现案件线索立案查处5起。

1994年对公款吃喝、违控购车问题进行专项清理，共清理违反规定购车单位6个，小汽车8辆，清退个人占用公物20件。1996年清理领导干部超标准住房问题，查出16人超面积住房。1997年对领导干部乘坐小汽车、安装住宅电话、配备移动电话进行专项清理，取消3个单位更换小汽车计划，清除违反规定安装的住宅电话16部，查出不符合配备条件的移动电话21部。2000年大力纠正医药行业不正之风，关停和取缔证件不全和无证经营医药批发单位4家、诊所48家。

2006年，利用3个月时间对乡镇、事业单位编外人员进行清理，共清理编外人员652人。

二、查处案件

1979～2008年，全县纪检监察机关共立案查处违纪案件1303起，结案1291起，给予党纪处分1007人，政纪处分102人，双重处分20人。通过查办违纪违法案件，维护了党纪国法的严肃性，教育了广大党员干部，增强了人民群众对反腐败斗争的信心和决心。

1980～2008年巨鹿县纪律检查委员会违纪案件查处情况统计表

表13－6－4　　单位：人

项目 年度	立案件数	结案件数	处分人数	党纪处分						政纪处分							双重处分
				小计	警告	严重警告	撤销党内职务	留党察看	开除党籍	小计	警告	记过	记大过	降级	撤职	开除	
1980	24	24	6	6	2			3	1								
1981																	
1982	57	57	14	14	1	1	2		10								
1983	60	60	17	17	1	1	4		11								
1984	59	59	18	18	2	2	1	1	12								
1985	23	23	14	14		2	1	3	8								
1986	30	30	25	25	4	4	2	9	6								
1987	36	36	20	20	3	2	2	9	4								
1988	23	23	9	9		2		1	6								
1989	34	34	16	16	3	3		7	3								
1990	33	33	18	18	7	3	3	3	2								
1991	36	36	29	29	9	2	1	11	6								
1992	35	35	17	17	8	2		3	4								
1993	42	42	38	17	4	6		4	3	5		1	1	2	1		
1994	49	46	32	18	3	10		1	4	14		1	8		1	4	
1995	98	84	83	64						19							
1996	28	28	26	26													
1997	10	10	96	92	9	45		35	3	5	2	2				1	1
1998	88	88	84	73	29	17	1	22	4	3					1	2	
1999	90	90	46	84	32	34		9	9	3	2		1				1

续表

项目 年度	立案件数	结案件数	处分人数	党纪处分						政纪处分							双重处分
				小计	警告	严重警告	撤销党内职务	留党察看	开除党籍	小计	警告	记过	记大过	降级	撤职	开除	
2000	42	42	41	38	26	8		3	1	7	2		1			4	4
2001	71	71	67	61	32	11	3	8	7	12	1	1	1	6	2	1	6
2002	60	63	63	61	28	22	2	4	5	3			1	1		1	1
2003	57	56	56	51	25	19	2	1	4	5	1	3			1		
2004	52	53	51	42	23	14		1	4	11	5	3				2	2
2005	60	61	64	63	26	13	3	9	12	2		1		1			1
2006	24	24	27	24	11	10		2	1	3	2			1			
2007	34	35	48	47	22	16	3	4	2	1	1						
2008	48	48	48	43	11	16	3	6	7	9	4		1	1	3		4

三、受理举报

1979年，由县委直接组织专门班子开展信访举报受理工作，当年受理来信来访243件。1983年，县委、县纪委把信访工作作为联系群众、获得信息的重要纽带和渠道，列入重要议事日程，年内共接待来信230件，来访296人次，县纪委立案查处重大信访案件21件。1984年，制订了《关于对来访信件处理的暂行规定》。1987年制定《关于处理群众来信的试行办法》。1988年11月信访科改称“来信来访室”，建立了交办、转办信访案件督办制度，并对全县纪检干部开展专题培训，不断提高信访工作质量和效率。

2006年4～5月，按照“有访接访、无访服务”的原则，县纪委在全县十个乡镇建立“乡镇信访服务中心”，在农村基层搭建一个化解信访矛盾、提供涉农服务的综合性平台。当年全县“乡镇信访服务中心”共受理来信来访386件，解决121件，协调193起，有效防控越级集体访54批（次），查处违纪案件13件，给予党政纪处分5人，为群众提供各类咨询和信息服务825人（次），有效化解较大越级上访和集体上访苗头4起。

第四节　党风党纪教育

一、集中学习培训

1980年组织学习《关于党内政治生活的若干准则》，建立18个理论辅导站，举办四期学习培训班，由县主要领导亲自讲课辅导78次，共培训县、社、队党组织领导成员1600多人。1988年先后3次组织全县纪检干部对“审理、案件检查、信访”三个条例（细则）系统学习培训。

1990年“七一”前夕与县直工委共同组织“新时期党员形象演唱会”。1991年，组织13个单位18名局级干部举办了“党规党法知识竞赛”。1993年，利用《新中国第一大案》影视片，对全县党员干部实施“警示教育活动”。1997年开展以“讲学习、讲政治、讲正气”为主要内容的党性、党风、党纪教育。

二、自觉接受监督

1994年制订《乡局级干部廉洁自律若干规定》，1995年在全县副科级以上领导干部中集中开展了廉洁自律教育活动，各单位联系实际，召开专题民主生活会和不同类型座谈会，提高党员干部廉洁自律意识。2000年，在全县聘请21名党风廉政监督员，对党政机关存在的不正之风和腐败现象进行监督。同时利用胡长清、成克杰等典型违法违纪案件集中开展警示教育活动，引导领导干部联系实际自查。2001年，实行财产申报、礼品登记、重大事项报告三项制度，在工商银行开设“581”廉政账户。

三、解决实际问题

2002年，禁止婚丧事大操大办，同交警、民政部门明察暗访11次，对4起违规行为在电视台曝光。同时采取随机形式检查纠正乡镇领导干部“走读”现象（即白天去乡镇晚上回家来）。2003年，建立党风廉政建设宣传教育联席会议制度，形成了纪委、组织、宣传等部门合力抓廉政宣传教育的“大宣教”工作格局。2006年，针对“跑官要官、当官不作为、不干工作或蛮干、打麻将赌博酗酒”四种不正之风开展专项治理，查处参赌党员干部11人，党政纪处分4人。

四、创造廉洁氛围

2006年定为“廉政文化建设年”，开展了廉政文化“进机关、进社区、进家庭、进学校、进医院、进企业”活动。其中与县妇联举办的“家庭助廉”，与县地税局联合举办的“廉政文化小区”以及县国税局廉政文化进机关等项活动，受到市纪委表彰。与县国税局多次联合举办“廉政书画展”。2007年组织全县党员干部开展“为民、务实、清廉”主题教育活动和“读书明廉”、“访贫思廉”、“家庭助廉”等廉政教育活动。2007~2008年，先后建立廉政文化教育、预防职务犯罪警示教育、爱国主义道德教育三个廉政教育基地。

五、加强廉政体系建设

2005年，认真学习宣传、贯彻落实《关于教育、制度、监督并重的惩治和预防腐败体系建设实施纲要》，共举办辅导报告会、座谈会、经验交流会90余次，组织股级以上党员干部进行了《实施纲要》测试。2006年，结合巨鹿县实际制订了惩防体系建设《实施方案》和《分工方案》，按照“谁主管、谁负责、谁落实”的原则，将各项目标任务分解到具体部门，并成立惩治和预防腐败体系建设领导小组，对各单位进行指导检查。2007年，制订《进一步加大预防腐败力度实施方案》，对反腐倡廉教育、权力运行制约监督、干部选拔任用监督、预防腐败体制机制改革、加大惩治力度等五类22项预防腐败工作进行细化分解，具体落实到单位。

第五节 执法监督

一、整顿“七所八站”

1989年，对“七所八站”（七所：司法所、土管所、财政所、工商所、供电所、邮电所、国税所；八站：农技站、水利站、城建站、计生站、文化站、广播站、经管站、客运站）干部职工以权谋私、吃拿卡要、索礼受贿等问题进行专项整顿。1993年，开展对《全民所有制工业企业转换经营机制条例》贯彻落实监督检查，清理、废止、修改、完善各种文件规定312条。

二、清理整顿坑农问题

1994年，对棉花收购执法监察，集中整治私抬电价、棉花收购压级压价等坑农害农问题。1997年，开展纠风减负专项检查，清理不合理收费127.1万元；对建设工程项目开展专项清理，查处违法违纪案件2起。2001年对46个乡局级单位执行政府采购制度情况实施检查，查处违纪资金54.8万元。

三、检查清理“小金库”

2003~2004年，对全县96个行政事业单位落实“收支两条线”规定和私设“小金库”问题清理检查，共查出违纪资金395.5万余元，清理“小金库”9个，涉及金额29.5万元，对10个单位的“一把手”实施诫勉谈话，党政纪处分2人。2006~2007年，开展专项资金清理整顿活动，对2003~2005年度八个类别、25个重点项目的 7592.9195 万元专项资金使用情况进行清理，对发现的问题随查随纠，并修改、新建 16 项有关规定，堵塞了漏洞。

四、实施效能投诉

2000 年成立机关效能投诉中心，当年受理效能案件 24 起，在电视台曝光 2 起，通报批评 2 次，党政纪处分 4 人。2003 年，以查纠办事效率低、失职渎职、工作纪律松懈为重点，开展机关效能监察，受理投诉案件 18 起，立案查处 13 起，提出监察建议 26 件，协助建章立制 8 项，召开案件发布会 2 次，公开处理典型案件 13 起。2006 年召开全县工作纪律整顿会议，围绕"行政提速、服务提质"，整顿工作作风和工作纪律，组织明察暗访 4 次，受理投诉 8 件（次），发监察建议书 6 份，对存在问题的 11 个单位进行公开曝光。2007 年出台《巨鹿县机关效能监察工作实施方案》，制订完善重点项目建设效能责任追究机制。2008 年建成占地 1200 平方米的行政服务大厅，36 个有审批权和收费权的职能部门入驻集中办公。

第六节　优化发展环境

一、开展民主评议

发展环境的优劣取决于县直相关部门的全局意识、指导思想和工作作风。2001 年对 16 个县直单位行业风气实施民主评议，评出群众满意单位 5 个，基本满意单位 11 个。2002 年在全县 44 个执法机关、经济社会主管部门和社会服务单位，广泛开展民主评议行风活动，开通行风热线电话 48 部，发放行风建设宣传材料 3.6 万份，各参评部门共受理群众投诉 142 起，为基层群众解决打井、吃水、修路、办证等实事 106 件。2003 年完善评议程序，形成承诺、践诺、民主评议、行风展示等规范流程，当年 51 个参评单位通过电视向社会公开服务承诺，并在年底开展践诺展示活动。2006 年开展"百家企业评部门"活动，组织 124 家企业对 50 个职能部门进行综合评定，对被评为后三名的部门实施黄牌警告。

二、重点解决"三乱"

1993 年对乱收费、乱罚款、乱摊派（集资）进行专项清理，共清出"三乱"违纪资金 348.5 万元，对 18 个重点企业实行首批挂牌保护。2001 年成立了经济"110"，受理影响经济发展的群众举报。

三、建立监督网络

2003 年县委、县政府确定为"环境治理年"，把优化发展环境列为各单位"一把手"工程。构建"三员两点一工程"（三员即环境监督员、环境监测员和联络员；两点即环境联系点、环境监测点；一工程即把优化发展环境作为各单位的"一把手"工程），建立环境监管网络。全县聘请 56 名企业老板、个体业主、人大代表、政协委员、机关干部及离退休老干部担任"环境监督员"、"环境监测员"，规模企业和不同行业设立 26 个"环境联系点"和"环境监测点"，由纪检监察干部担任联络员，定期走访联系，共同对发展环境进行监督。共收到"三员"信息反馈卡 180 份，采纳意见建议 30 多条，查处干扰发展环境典型案件 2 起。2005 年制订《关于健全和完善发展环境监管网络的实施细则》，健全和完善乡镇区域和县直部门两个分支监管网络，全县"三员"人数增加到 176 人。各监管网络互联互动，信息互通，形成了"县、乡、村"三位一体的全方位发展环境监管体系。开展调查走访 375 人次，收集企业意见、建议 842 条，受理群众投诉 23 起，协调解决 19 起，查处影响发展环境案件 1 起，优化发展环境工作位于全市前列。

四、完善规章制度

2006 年制订出台"企业生产经营无干扰期、执法检查备案、首次告知不罚、处罚审核听证"四项制度，公开通报 5 起影响和破坏发展环境的典型案件。同年，对 42 个行政单位和 10 个乡镇的行政权力进行全面清理，共清理行政职权 1121 项。其中，县政府本级 68 项、职能部门 969 项、乡镇842项，绘制《行政职权目录》和《流程图》，实现行政权力运行公开透明。2007年，围绕涉及群众切身利益、反映强烈的热点、难点问题，认真清理教育、卫生、供水、供电等部门公用服务项目29项，进行修订、规范，全部实施动态公开。

第七章　党务工作

县委重视从立党为公、执法为民、廉正无私以及文化结构、年龄结构和工作作风、办事能力、思维方式等方面，不断加强县委机关的组织建设、思想建设，造就了一支务实高效的干部队伍，确保党的各项工作不断发展。

第一节　办公室工作

一、机　构

中共巨鹿县县委办公室是县委的综合工作机构。1979年设财务科，1987年11月增设行政科和资料科。1989年6月，资料科和行政科改为研究室和行政事务管理局，升格为局级工作机构。研究室主要负责围绕县委重大决策，开展超前调查研究工作；负责向县委提供科学决策依据。1990年12月，增设督查科和信息调研科。督查科主要围绕县委中心工作，督促检查，保证县委决策的顺利实施。信息调研科主要负责采集、反馈信息，为领导决策提供依据。1995年5月撤销督查科，设立县委督查室，为局级行政单位，挂靠县委办公室直到2008年底。

二、督导检查

2003年，共承办上级和本级领导批办件9个，办结率100%；围绕县委中心工作组织督查活动16次；开展督查调研5次，编发《督查通报》11期、《领导参阅》2期，上报市委《督查专报》25期，其中7期被市委《督查通报》刊发。在深入开展“整治环境、关注健康”爱国卫生活动中，积极对各乡镇、县直单位环境卫生情况进行督查。制订了《巨鹿县乡局级单位办大事实事和突破创新工作考核细则》，促进了乡镇和县直单位干部作风明显转变。

2005年，积极开展“夺杯争佳”、“督查工作规范化建设年”活动。紧紧围绕县域经济跨越发展和富民强县总体目标，以“突破创新年”和“务实干事年”为主线，以“五大重点”（项目建设、招商引资、城市建设、环境建设、社会稳定）和“三十工程”（十大工业项目、十大城建工程、十大民心工程）为重点，制订《关于开展“督查工作规范化建设年”活动实施方案》，辑印《督查工作手册》，有力地推动了县委决策和重大工作部署的贯彻实施。当年组织开展督查活动28次；承办领导批办件6个，办结率100%；开展督查调研活动5次，撰写调研文章3篇；编发《督查通报》8期、《督查专报》47期，其中上报市委督查室《督查专报》35期，被市《督查通报》、《督查简报》采用11期。

2006年，紧紧围绕项目建设、环境治理、作风建设、民心工程等县委重大决策部署，开展专项督查活动33次，承办市委领导批办件1个，县领导批办件2个，办结率100%；开展督查调研活动5次，上报市委督查室《督查专报》50期，被市《督查专报》、《督查业务专刊》等采用7期。特别是对县委、县政府确定的“三十工程”，进行了重点督办，通过分工协作、实地督查、重点座谈等形式，每季度对进展情况进行一次督查，对出现的问题认真研究，有针对性地提出解决办法，有效促进了工程进展。

2008年，开展专项督查活动32次，承办市委领导批办件2个，县领导批办件3个，办结率100%；上报市委督查室《督查专报》53期，被市《督查专报》、《督查业务专刊》等采用7期。特别是围绕落实全县经济工作会议、平安建设工作会议、新农村建设工作会议、城建“1235”重点项目、农村合作医疗等重点工作，开展大型督查活动16次，专题督查6项，编写《督查通报》12期，《督查专报》18期，撰写督查报告《关于城建“1235”工程进展情况的督查报告》、《关于各乡镇新型农村合作医疗工作进展情况的督查报告》等6篇，有效促进了县委决策贯彻落实。

三、信息服务

1999年8月，制定了“广开信息渠道，拓宽上报范围，找准信息亮点，加大上报数量，提高信息质量”的信息调研工作思路，不断加大工作力度。实行全员抓信息，明确目标任务，每季一公布。并选送一名骨干到市信息中心跟班学习。全年共上报各类信息、动态600余篇，被中办、省市采用200多篇，获省市领导批示的4篇。信息工作在全市上升2个位次。

2003年，共向省、市委上报各类信息732篇，其中《新机制带来新活力——巨鹿县项目建设的几点做法》被省委《河北快报》采用，受到副省长宋恩华的肯定和批示。《邢台信息》采用32篇，市委《情况交流》采用5篇，邢台信息网采用39篇；在全省非直报点中位居第15位，居全市19个县市区总分第五名，在全市13个非直报点中位居第一。当年印发《中共巨鹿县委办公室关于进一步加强信息反馈工作的通知》和《中共巨鹿县委办公室加强重大事件紧急情况上报制度的通知》两个专件，并在各乡镇和各单位明确专门信息员、主管领导，进一步规范信息上报工作。同时制订《巨鹿县实现机关信息化建设方案》和《县乡联网方案》，投资3万余元，配置1台服务器、建成中心机房、发布主页、实现13个科室的连接，并给各部门建立了邮箱，互传邮件，实现机关内部科室之间文件、材料无纸化传送；在电信部门协助下，12月底实现全县17个乡镇的联网工作。

2006年，共上报省、市委各类信息1800篇，被省市采用500余篇，上报信息的数量和质量名列全市前茅。同时，为更好服务本级领导，创办《社情专报》、《网络摘报》、《乡镇工作动态》等内刊，全年编发120余期。

2008年，围绕全县中心工作，不断规范和完善目标责任制、信息上报和信息值班制度，抓住上级决策部署与地方中心工作结合点，及时向省、市上报巨鹿县的特色工作、重要工作举措和重大工作进展，累计向省、市委上报各类信息272篇，网络信息1300多条，被省委信息刊物采用16篇，市委《每日快报》采用36条，市委《情况交流》采用1篇。编写《巨鹿信息》18期，《网络摘报》26期，获领导批示5篇。

第二节　组织工作

一、县直机构改革

1996年6月，县委根据中央、省、市关于县乡两级党政机构改革的总体安排部署，制订出台了《巨鹿县县直党政机构改革的实施意见方案》。10月份，完成了机关职能、内设机构和人员编制方案、党委部门参照试行公务员制度和政府推行公务员制度。2005年，优化班子结构，撤销了县发展计划局、经济贸易局、乡镇企业局、体改办、贸易办、外贸局，对新组建的县发展改革局、商务局、工业促进局领导班子进行了调整配备，调整领导干部27人。

二、思想政治建设

民主评议从1988年开始，县委每年开展一次民主评议党员、评议基层党组织活动。评议采取自评与互评、上评与下评及党外群众代表评议相结合的方法进行初评定类。对基本不合格党员，通过批评教育，限期改正。对不合格党员，经批评教育仍不改正的坚决清除出党。对于后进党支部，按照“充实、巩固、完善、提高”的原则，进行整顿调整，改变落后面貌。

第三节　政策研究

1989年6月，县委研究室建立后，一直围绕县委中心工作开展调研活动，为领导提供决策依据。1999年，县委研究室与市委政研室联合撰写调研文章《创造适应买方市场的经济发展模式》，市委书记臧胜业、市委副书记齐耀增和市委秘书长石玉春分别作出重要批示，并专门配发评论员文章在《邢台日报》头版头条予以刊登，《巨鹿县个体私营经济实现跨越式发展》在市委《办公室通报》刊发，均作为具有普遍指导意义的成功经验在全市推广。

2000年，撰写各类调研文章23篇，被省、市内刊及重要会议采用11篇。其中，参与市委政策研究室撰写的《创新使巨鹿县私营经济迅猛发展》一文被省委《决策参考》2000年第1期刊发，《创造适应买方市场的经济发展模式》被省委《县级综合改革通讯》第183期采用，撰写的《开债转股先河，变为利税大户——河北串枝红公司实行债转股情况的调查》被市委《决策参考》2000年第3期采用。

2001年，撰写各类调研文章32篇，被省、市内刊及重要会议采用24篇。其中，《加大综合治理力度，营造一流发展环境》得到市委书记柳宝全的肯定和批示；《认真学习贯彻“七一”讲话精神，全面推动学教活动深入开展》、《严格执行政策，创造性地工作，农村税费改革成效显著》、《发展民间经济组织，服务农业农村经济》、《盘活社会闲散资金，拓宽项目融资渠道》、《积极推进土地有偿流转，促进农业规模化经营》均获市委副书记王三堂批示，并在《情况交流》、《决策参考》、《邢台日报》发表；《正确对待群众上访，妥善处理突发事件》获市委秘书长王离湘批示，在市委《办公室通报》和《今日邢台》2001年5期、6期刊发；县委书记孙学良署名文章《坚持群众观点，实践“三个代表”》，在《河北日报》刊发；《巨鹿县委实施“十大工程”，扎扎实实为群众办实事》被省委办公厅《情况交流》第6期刊发；《以调整农业结构为切入点，扎实推进学教活动》在省委党刊《当代河北》2001年12期刊发。

2003年，立足“深挖掘、出精品、重实效”，坚持深入开展调查研究，一系列调研成果成功转化为领导决策和社会成果。当年共起草领导讲话、汇报、总结、调查报告、文件等238篇，其他材料17篇，编发内部期刊《办公室通报》21期，创办《领导参阅》、《综合与调研》等调研内刊多8期。专门刊登领导和社会各界关注之问题型、建议型文章。其中，通过调查撰写的《关于成立中小企业贷款信用担保公司的几点想法》、《关于当前影响巨鹿县重点项目建设用地的三个因素及建议》、《如何提升巨鹿县机件制造业》等文章，为县委领导决策提供服务，得到县委领导的肯定。撰写的《新机制带来项目建设新活力》文章，概括提炼出巨鹿县加快项目建设的政策导引、银企互信、投入促动、环境优化、激励考核五大工作体系，先后在省委《河北公报》、市委《综合与调研》上刊发。撰写的《密切农村干群关系“五个怎么办”》，在《邢台研究》和《今日邢台》刊发，引起市委书记董经纬的重视，作出“这‘五个怎么办’，对解决农村干群关系问题很有针对性”的肯定性批示。

2004年，撰写各类调研文章25篇，在省、市委内刊及党报刊发21篇。其中，省委《综合与调研》采用1篇、《河北日报》采用2篇、市委研究室采用8篇、市委综合调研科采用6篇、《邢台日报》采用3篇、市信访局采用1篇。其中《把工作着力点落在促进农民增收上》在省委《综合与调研》第7期刊发；市委发行的《落实科学发展观的实践与探索》百篇调查报告中，采用巨鹿县《遍地银花遍地金》、《燕南崛起的启示》、《巧解农村工作“五难”》、《德育立校育英才》等6篇调研文章，《构筑信息反馈快车道，跃上信访工作新平台》在市委《综合与调研》第35期刊发，市委书记董经纬、副书记刘鸿钦、秘书长王离湘分别做出批示。

2005年，在调查研究基础上，起草制定围绕农民增收办实事的72条具体措施，以县委文件下发，此做法得到市委书记董经纬和秘书长王离湘的肯定性批示。围绕如何促进县域经济跨越发展，随县考察团赴山东邹平学习考察，总结出邹平快速崛起的3点经验和指导巨鹿县发展的3点启示，为县委谋划“十一五”发展提供重要参考。

2006年，撰写各类调研文章29篇，被省市采用12篇。其中，《甜水送进千万户，党心连通百姓心》调研报告，分别在市委《综合与调研》和市委研究室《领导参阅》刊发。巨鹿县实施“户户通自来水”工程的做法，得到市委书记董经纬、市委副书记陈会新等领导的充分肯定和高度评价，并号召在全市推广。撰写的《剖析邳州现象，嫁接邳州经验》调研考察报告，引起县委主要领导的高度重视，为新一届县委研究制定今后发展思路提供决策参考。随后按照领导安排，组织各乡镇、县直有关单位领导赴邳州考察学习。县委依据邳州考察成果，经充分酝酿、认真研究讨论，制定并实施重点工作绩效考核机制，作出开展全民招商的重大决策部署，指明了今后一个时期乃至“十一五”加快巨鹿县发展的基本路径。

2007年，撰写各类调研文章31篇，被省市采用14篇。围绕“贯彻落实省、市第七次党代会精神巨鹿怎么办?”这一课题，积极开展调研。在深入调研基础上，制订出台《关于实施工业化率先突破的决定》，明确巨鹿县今后一个时期的经济发展主体战略。围绕贯彻实施这一战略，县委书记徐兰军提议，先后开展“百名支书领富工程”、“农村社会各阶层思想状况调查”等专题调研。在农村各阶层思想状况调查中，回收调查表9873份，其中农村干部1427份，群众8446份，达到了较高的覆盖面，形成《关于在农村实施“百名支书领富工程”的意见》、《农村各阶层诉求分析及做好稳定工作的着力点》、《推进工业化突破的“六个着力点”》、《当前农村群众反映集中、亟待解决的热点问题》等文件和调研报告，为县委提供较为详实的决策依据。同时针对农村一些热点问题如农村宅基问题，组织人员开展专题调研，撰写《关于巨鹿县农村宅基管理存在的问题及对策》的调研报告。

2008年，撰写各类调研文章35篇，在省、市委内刊及党报刊发12篇。其中，《当前经济形势对我县的影响及对策》，为巨鹿县企业顺利度过金融危机起到积极的促进作用；在工业化率先突破过程中，有针对性地引导各群体，在全县上下形成全民创业的新局面；《推进工业化应当率先突破“六个着力点”》署名文章在省委《综合与调研》第3期予以刊发。在县领导指导下撰写的《关于机件产业发展的调查与建议》一文，对巨鹿县机件行业的产业优势、发展前景、存在的问题和困难实施一系列辨证分析，为县委确立机件行业作为第三大县域经济支柱产业提供重要的决策依据；另外还先后到西郭城、王虎寨等乡镇和燕南、方正、锂电池等骨干企业及县工商局、法院、国土局等县直部门开展调查研究，对破解项目用地难题、搞好环境建设、推进招商引资、保护骨干企业等热点难点和中心工作提出针对性意见和建议。

附：新机制带来项目建设新活力

——关于欠发达地区如何推进项目建设的思考

近年来，我们把项目建设作为县域经济发展的突破口，积极构筑政策导引、银企互信、投入促动、环境优化、激励考核五大体系，建立健全项目建设联动新机制，有力推动了项目建设和经济发展。2001年以来，全县共建成重点项目94个，完成总投资7.95亿元。今年全县确定县级以上重点项目50个，总投资6.15亿元，其中投资1000万元以上的项目14个，列入省重点2个，市重点5个，市管项目3个，1～8月份，重点项目完成投资3.2亿元。近期我们新谋划了2003～2005年立县大项目12个，项目总投资7.2亿元，项目谋划、建设呈现出一派生机勃勃的新景象。

一、构建政策导引体系。

一是凝聚抓项目的合力。首先，县委通过召开常委会、党政联席会、四大班子扩大会等会议，统一四大班子成员齐心协力抓项目的认识，要求县级干部无论分管什么工作，都要把上项目作为头等大事来抓，带头谋划项目，积极引进项目，力促新上项目。同时，积极引导各部门、各级干部转变观念，为企业服务，为项目建设排忧解难。今年上半年，县委、县政府集思广益，解放思想，出台了《关于大力支持民营经济发展的决定》，明确提出“除环境和精神污染的项目外，上什么项目都可以，一律大开绿灯”的口号，凝聚了全县上下齐心协力抓项目的强大合力。二是健全项目建设制度。建立了县级干部包项目责任制，对全县32个重点项目实行“紧盯、紧贴、紧逼”式分包，把干部政绩和所包重点项目建设情况结合起来。建立了重点项目月调度制度。对大项目进展情况每月一调度，听取项目业主建设情况汇报，及时研究解决项目建设中存在的实际问题。实行县级干部带队招商。依托本地资源和行业优势，开展有针对性、有目的项目招商活动。目前，和新疆联系合作的红杏深加工项目等正在积极洽谈中。三是激活项目建设主体。(1)以骨干企业扩张为突破口上项目。食品加工龙头企业燕南集团，在2001年投资5600万元的玉米淀粉二期项目竣工投产后，企业规模翻番，效益大幅攀升，县委、县政府借势帮助企业分析形势，研究市场，引导企业树立大市场观念，站在全国市场去定位，抢抓发展机遇，谋划上马了总投资1.16亿元的玉米淀粉三期工程，列省重点项目，目前已基本竣工，投产后，将使燕南年加工玉米能力达到30万吨，可带动周边5县59940万平方米玉米种植。(2)以特色行业提升为突破口引项目。今年，我们依托县棉纺特色行业及龙头企业昌隆公司的规模优势，积极对外招商，寻求合作，成功引进了省棉纺行业龙头常山集团合作项目，合资兴建河北三隆泰纺织公司，项目总投资1.38亿元，被列为省重点项目。(3)以特色资源开发为突破口谋项目。立足全县银花、枸杞、红杏特色农业资源优势，在特色农产品深加工上做文章，近期谋划了总投资3800万元的枸杞深加工项目、总投资3000万元的银花深加工项目。(4)以完善城市功能、提高县城品位为突破口建项目。上马了总投资1497万元的水厂和总投资1500万元的广电中心项目，并谋划了总投资9936万元的方圆小区安居工程，重点项目建设不仅改善了县城的硬件基础、完善了城市功能、优化了居民生活环境，而且使县城的品位和对外招商能力、水平都有了大幅跃升。

二、构建银企互信体系。

一是打造诚信企业。通过会议、座谈等多种形式，反复向企业经营者灌输诚信思想，教育引导企业重视信誉，诚信经营；并通过身边的正反典型，在企业中树立“诚信兴企，欺诈垮台”意识，积极树立企业诚信形象，以诚信赢得银行支持已成为企业经营者共识。二是锻造诚信政府。政府诚信在社会诚信体系中起着导向作用，促银企互信，政府必讲诚信。首先，我们在机关干部中广泛开展诚信教育，开展了领导干部诚信修养“四个务必”（务必诚实做人，务必诚恳待人，务必诚心办实事，务必以诚取信）学习讨论活动，要求各级干部以诚信引导一方风气，以诚信取信于民。其次，努力做诚信政府，在公益性项目出现还贷难时，主动想办法协调解决，先后帮助巨鹿宾馆、县职教中心解决了还贷难题，政府带头讲诚信，不仅为企业经营者树立了榜样，也赢得了各银行的信任和拥护，激发了他们支持地方经济的积极性。三是着力构筑银企互信合作平台。由县委、政府牵头，定期召开银企恳谈会、联谊会、项目建设会等会议，创造银行与企业直接沟通交流机会，增进银企相互了解，促进银企双向选择，互利合作，共谋发展；在燕南玉米淀粉、方正薄板、三隆泰纺织、喜德来家具等重点项目建设上，从项目的谋划、考察、论证到建设，让银行全程参与，争得银行对重点项目的信任支持；定期组织企业金融知识培训，邀请金融机构人员进行金融知识讲座，使企业更加了解银行，熟悉信贷业务，提高企业申请贷款的针对性和成功率；政府将企业经营情况，包括企业资产结构、纳税等情况积极向银行通报，为银行提供最翔实，可信度最高的企业资信情况。2001年以来，全县各银行共累计投放贷款11.6亿元，为重点项目建设提供了强有力的支持。

三、构建投入促动体系。

近年来，我们在激活民间资金、社会资金方面采取了一系列积极的措施，着力构建投入促动体系。一是正确引导，转变群众投资观念。通过会议、电视、晚报等媒体，广泛宣传“谁富谁光荣、越富越光荣”的思想，积极引导，大力倡导群众把闲散资金投入生产领域，并对西郭城、王虎寨等乡镇群众把手中有限的钱投入到项目建设中，实现无限增值的典型事迹广泛宣传，促进了广大群众投资观念的转变，变储蓄为投资，努力实现资金增值的最大化正在成为群众的自觉行动。二是放宽准入领域。结合巨鹿县实际，创新思路，积极探索，最大限度地放宽民间资金的准入领域，除国家明令禁止的领域外，都允许民间资金进入。三是靠“四股”带动项目投入。即能人聚股、红利返股、企业吸股、项目引股。四是实施“凤还巢”工程。近年来，我们通过县领导带领有关部门走出去看望联络感情，请回来考察看家乡巨变，坐下来协商等办法，积极引导巨鹿籍在外经商办企业的老板回乡创业，先后吸引了方正薄板、北华制衣、蒙佳顿服装等十几家企业回乡创业、吸引资金4000多万元。

四、构建环境优化体系。

县委成立了由书记、县长挂帅的优化经济环境领导小组，定期听取环境建设情况汇报，分析形势，及时解决存在问题，研究部署下一步工作。县纪委成立环境优化专门机构，统筹负责全县环境治理工作，并在深入调查，认真讨论研究的基础上，制订《关于对乱收费乱罚款乱摊派进行处理的若干规定》、《关于行政处罚的若干规定》等专件，进一步明确了具体要求、严格了纪律。我们确定各单位、各部门一把手为优化发展环境第一责任人，对环境建设负总责，并建立健全了环境建设责任制和责任追究制。县设立经济环境“110”，向社会公开举报电话，全天候受理群众举报；确定10家门店、10家企业为环境建设联系点，定期召开座谈会，了解企业、商户实际负担，倾听他们对发展环境的意见和建议。2002年以来，全县共查处198起破坏发展环境案件，辞退临时执法人员82人，对24名行政执法人员给予了党政纪等处分。

五、构建激励考核体系。

一是健全奖惩制度。县委决定每年评选10名项目建设功臣，10个支持项目建设先进单位，给予大张旗鼓地表彰奖励。同时，对项目建设“下评上”、“行风评议”后三名的单位，给予黄牌警告，连续二年后三名的，部门主要负责人就地免职。二是对乡镇实行分类指导，分档考核。对各乡镇按基础条件划分为三档，提出具体奋斗目标，每年对各档按列入县重点项目实际固定资产投入数排名，评选“项目建设优胜乡镇”，给予政治、物质奖励。三是出台具体扶持激励政策。近期县委、县政府经认真研究充分讨论酝酿，制定出台了一系列项目建设扶持政策。如：对固定资产投资3000万元以上的新上项目，实行零地价，免交一切地方性收费；对固定资产投资1000万元以上的，享受政府出让金返还优惠政策，免交一切地方行政性收费。对新上固定资产投资2000万元以上的项目，自投产之日起一年内，其贷款由县财政贴息50%；对新上红杏、枸杞、银花特色产品深加工项目，固定资产投资2000万元以上的，自投产之日起一年内，其贷款由县财政贴息80%。在县工业园区新上项目，从纳税的第一年度起，三年内由县财政按纳税额分档奖励。年上缴税金在50万元以上的，奖励纳税额的2%；100万元以上的，奖励纳税额的2.5%；200万元以上的，奖励纳税额的3%等等。通过健全项目建设激励考核体系，在全县真正形成一个干部围绕项目转，企业争上新项目的生机勃勃的项目建设新局面。

摘自2003年9月河北省委《河北公报》

第四节　宣传工作

一、理论学习

1979年，重点学习宣传中共十一届三中全会和全国人民代表大会五届二次会议精神。1980年3月，县委宣传部下发文件，安排组织广大党员学习《关于党内政治生活的若干准则》。以《党内政治生活的若干准则》为教材，对全县党员集中实施普训。

1979年11月至1980年6月，重点组织学习五届二次会议通过的《刑法》、《刑事诉讼法》（以及彭真同志关于这两个法律草案的说明。）1982年1～5月主要组织干部学习、讨论《陈云文稿选编》，6月集中一个月对脱产干部开展经济理论辅导（每周半天），7月组织全县人民开展学习讨论宪法修改草案的活动。

1985年，县委建立理论学习中心组，各乡镇、县直各单位均建立理论学习小组，分别明确专（兼）职干部理论学习辅导员，组建一支干部理论学习队伍网络。1985～1987年，主要学习马克思主义基本理论。先后有序地学习了《政治经济学基础知识》、《科学社会主义》、《马克思主义基本原理》。形式为集中与分散相结合、上大课辅导与自学相结合，分层施教。

1988年，主要组织干部学习商品经济理论，主要有中央党校主编的《商品经济论纲》教材，采取集中与分散相结合、辅导与自学相结合方法。1993~1999年，组织干部学习《邓小平文选》。采用培训骨干、轮训局级干部、制订学习制度、单位每周半天集中辅导、分散自学和集中辅导相结合等方法，经常深入单位检查学习笔记，最后闭卷考试，公布结果。

2000~2008年，分级分批学习“三个代表”重要思想（代表中国先进生产力的发展要求，代表中国先进文化的前进方向，代表中国最广大人民的根本利益）。2000年6月初，第一阶段县级领导干部学习；2000年6月~2001年2月，乡局级领导干部学习；2001年以后组织全县党员干部学习。学习活动有具体要求、有笔记，有体会文章，能紧密联系实际，在实践中指导实际工作。调研文章《乡镇办事处党委干什么？怎么干?》一文被河北省委《共产党员》杂志、市委社科联《决策参考》刊载，市委副书记石玉春在巨鹿县上报信息《改传统庙会为科技庙会》一文中批示“要认真总结巨鹿县经验向全市推广”。

二、社会宣传

（一）时事政策教育。1981年，重点学习宣传《关于建国以来党的若干历史问题的决议》和胡耀邦《在庆祝中国共产党成立六十周年大会上的讲话》等。1982年，配合打击经济领域犯罪活动，编印了“保持共产主义纯洁性、坚决把反腐蚀斗争进行到底”党课教材。学习宣传贯彻《中共中央关于经济体制改革的决定》。年初，结合学习宣传中央【1986】1号文件，指导17个乡镇党委培训村党支部成员、党员干部1600余人。

1984年宣传工作围绕经济建设，清除和防止精神污染。1985年，成立普法教育领导小组。1986年，印发1600册传统教育资料《古郡英烈》。1987年，以改革精神抓好中共十三大文件学习，宣传中央1、2、3、4、6号文件精神，开展反对资产阶级自由化正面教育。1989年，深入宣传贯彻中共十三届三中全会确定的方针政策，使一个中心、两个基本点深入人心。1990年，以中共十三届四中、五中、六中全会精神为主，组织各种形势教育培训班、报告会43场，举办乡局级干部培训班6期，开展党员“三基”（基本理论、基本路线、基本知识）教育，分期培训党员6万多人次。1991年为庆祝党的七十岁生日，以“党在我心中”为题，面向全县征文，精选文章20多篇。1995年围绕县委提出的“抓党建、换脑筋、正党风、振精神”开展宣讲20场次。1998年编写了《学理论、学思路》读本和《可爱的巨鹿》一书。1999年重点学习《中共中央关于国有企业改革和发展若干重大问题的决定》。2003年组织全县党员干部学习胡锦涛“七一”讲话和中共十六届三中全会精神、再掀学习“三个代表”重要思想高潮。按照学习宣传、对照检查、落实整改三个阶段，对乡局级干部、一般干部、村干部的学习情况系统检查。

2004年，围绕中共十六届四中全会提出的新论断、新思想、新举措，全面贯彻“公民道德实施纲要”，推广全国先进德育学校——巨鹿县育红小学的德育教育经验。利用“爱华翰苑”碑林和县烈士祠两个爱国主义教育基地，组织学生开展道德实践活动。同年组织编写爱国主义教育乡土教材《可爱的巨鹿之撷英篇》。

2005年，把理论宣传与保持共产党员先进性教育活动紧密结合起来，组织全县党员干部认真学习中共十六大报告、《党章》、《保持共产党员先进性教育读本》、《构建社会主义和谐社会学习读本》等。邀请理论专家做专场报告。2006年在广泛调研基础上，制发《关于培育创业文化推动全民创业的意见》，随后出台配套文件。以“百姓创家业、干部创事业、能人创企业”为主旨，号召全县党员干部群众勇于创业，为县域经济发展做出贡献。

（二）社会宣传。1979年县剧团全年排演大、中型剧目9个、演出300余场；农村7个业余剧团演出500多场。23个业余曲艺队演出2500余场。1980年，利用257个大队，通广播的便利条件，创办“法制教育”、“农村经营管理”等6个专题节目。1982年全县业余剧团增至14个，常年活动的有西郗寨大队高台书、崔寨大队的豫剧等。全县有96名曲艺人员经常下乡演出。1993年，组织毛泽东百年诞辰纪念系列活动。1994年组织了中宣部等八部委联合举办的全国青少年“爱我祖国、爱我家乡、读书教育及作文大赛活动”，号召全县中小学生、青少年参加全国作文大赛活动，全县有840篇作文参加了比赛。评出一等奖1名、二等奖2名。1995年，组织抗战胜利暨巨鹿县解放50周年纪念活动，以《抗日英雄一件事》为题，在全县各级学校组织作文评比。1996年，协调县文化局、科协、农业局、司法局等部门，开展文化下乡，以“文明大集”为载体，为农民传授文化、科技、法律等方面知识。1997年，7月1日举办了“普天同庆——庆祝香港回归”大型文艺晚会。1998年组织纪念改革开放20周年暨“跨越工程”三周年书画展和文艺晚会。1999年，精心组织春节文化调演活动，相继开展了二月初二前无尘大鼓会、“五四”联欢晚会、国庆晚会等群众性文化活动。组织大规模文化、科技、卫生“三下乡”活动20次。2000年深入开展“三下乡”和读书兴农活动，帮助赵庄村建起科技书屋，藏书2000余种、报刊6种，赵庄村被省科院定为科技服务网络点，成为河北省农作物良种培育基地。成功举办“迎中秋大型歌舞演唱会”，观众万余人。2001年举行首届巨鹿县农民农业科技知识电视大赛。2003年元宵节举办“猜灯谜”、“彩色周末”活动。在县城规划了明珠广场、新华广场、巨鹿公园、颐年园、常青园、样板街等20余处文化活动场地。组织“三下乡”活动20次，举办了第六届“赵庄科技节”，创建“大韩寨科技大集”。组织东光艺术团和电影公司送文化下乡。2004年，举办“魏徵杯”全国书法邀请赛，从20多个省市500余幅应征作品中选出120幅精品于杏节展出，4000多人参观欣赏。2005年围绕纪念抗日、世界反法西斯战争和巨鹿县解放60周年开展有奖知识问答、采访被日军强行带走做劳工的3名老人、组织“抗日图片巡回展”等活动。2007年，组织送春联下乡活动和民间乡艺汇演。2008年围绕创业，组织星光之夜、事迹报告会等活动，组织七夕乞巧土布代表邢台市参加“5·18”东北亚暨环渤海国际商务节，将巨鹿县民间手工艺推向世界。

（三）对外宣传。1995年中央电视台来巨鹿县摄制道教音乐，在中央三台播放7次，提高了巨鹿县知名度。1996年印制《跨越中的巨鹿》画册1600份，在北京、石家庄、邢台等市散发。录制《今日巨鹿》专题片一部，随春节慰问团到京津各地播放。1997年补充摄制对外宣传专题片《今日巨鹿》。2001年在中央电视台推出反映巨鹿县特色种养（巨鹿黄兔、巨花1号银花）两个专题片。2002年，中央电视台7套节目《乡村大世界》到巨鹿县摄制了“巨鹿红杏出墙来”大型特别节目，8名全国知名演员与近3000名群众参与，节目长达85分钟，于7月6～7日两次在中央电视台7套播出。邢台市电视台拍摄巨鹿县农村文化活动专题宣传片，把巨鹿县推向全市、全省以及全国。2003年，“非典期间”在中央七套“乡村大世界”栏目，两次重播“巨鹿红杏出墙来”大型专题节目，共计170分钟；录制完成了巨鹿县金银花宣传片，在“抗非”特别节目“明天会更好”中播出；同年筹建“新华网河北频道巨鹿网页”。2004年，邀请中央、省、市电视台录制专题片、新闻片15个，对金银花、红杏、枸杞等三大特色种植业进行了深入宣传。配合中央电视台少儿频道《银河剧场》，录制特别节目《童心欢聚巨鹿城》，综合反映了巨鹿县的风土人情、文化艺术、特色农业。2005年，向市委、省委、中宣部上报杨绍秋先进事迹，得到各级领导的高度重视，省、市组成调查团深入调查后，决定将杨绍秋同志作为重大典型在全省宣传。以杏节为契机，与中央电视台七套《搜寻天下》栏目合作，录制了25分钟的电视专题片《魏徵故里行》，于7月5～6日在《搜寻天下》栏目播放，挖掘了魏徵这一历史人文资源，全面宣传了巨鹿县的三大特色农业以及民俗民风。2006年以第十五届中国巨鹿杏节及枸杞银花交易会为契机，邀请各类媒体记者30人到巨鹿县采访。杏节期间和邢台电视台联合录制的《魅力巨鹿》专题晚会在省、市、县三级电视台播出。

三、思想政治教育

1983年在全县开展以共产主义为核心的宣传教育活动，组织学习张海迪。1985年，对广大党员进行思想教育、纪律教育和全心全意为人民服务教育。

1991年编辑出版《党在我心中》一书。1993年初，按照中央决定认真组织开展农村社会主义思想教育活动，学习宣传社会主义市场经济理论，推动市场经济发展。1996年6月，以《农民思想政治教育读本》、《农民实用技术教育读本》为教材对全县农民开展思想教育。1998年在全县党员干部中广泛开展了“邓小平理论和县委发展思路”学习讨论活动，对乡村干部集中培训四期4000人次。2001年，组织县乡干部深入基层宣传党在农村的政策、科技信息、加入世贸组织知识。2002年宣传《公民道德实施纲要》，以《可爱的祖国，伟大的民族》为教材，以家庭为单位，广泛开展“崇尚科学，传播文明”的读书教育系列活动和“十佳读书家庭”评选活动。热爱读书、崇尚孝道、倡讲文明的好风气开始形成。

四、新闻报道

1987年，对全县84名通讯人员组织两期培训班。1998年聘请省、市专家、高级记者前来帮助培训通讯员队伍。2000年4月，邀请省、市高级记者对各乡镇、县直各单位通讯人员培训15天。2005年11月，邀请省高级记者和市委党校教授到巨鹿县培训通讯员队伍，就捕捉新闻热点和树立先进典型展开专题讲解。2007年10月，邀请省、市专家、记者到县培训通讯员队伍，重点讲解如何进行有效的对外宣传工作，扩大巨鹿县知名度、美誉度。

1987年，县妇幼保健站“书记当导演、民主上党课”党员教育的典型经验，在《邢台日报》、《河北日报》、《人民日报》、《共产党员》等报刊和省、地电视台报道。此经验在全区、全省、全国得到推广，受到各级领导的赞扬。县物资局在经济体制改革方面首先实行股份制、改革措施配套完善，县宣传部及时总结其经验在《河北日报》、河北电视台、《邢台日报》等新闻媒体实施系统宣传，当年全国有34个县市到县物资局考察学习。

1988年注意大角度、多视角报道巨鹿县的改革典型。宣传表彰县社主任孙存根、橡胶厂厂长刘玉珍、纺织机械厂厂长杨更需、酒厂厂长刘书朋、农民企业家李春录等5个改革先进人物。

1989～1990年，重点报道全县党的建设和经济建设方面的好典型、好经验和全县各条战线的新风貌，宣传改革和建设中涌现出的先进事迹和经验。

1997～1998年，重点报道乡镇企业和农村经济发展情况。1999年新闻报道围绕县委中心工作，发挥好舆论导向作用，对外宣传巨鹿县，对内凝聚民心，《河北日报》上稿量全市排名第二，省电视台上稿全市排名第一。

2001年重点围绕“以德治县”、环境治理、土地规模流转经营以及各行业涌现的典型，报道全县在农业结构调整方面所取得的成绩。

2004年，在《河北日报》重要版面刊登了《巨鹿县千名贫困农民生活无忧》、《巨鹿县向开发土地要效益》、《金银花开富万家》等重点稿件。展示了巨鹿县开放、繁荣、稳定、发展的良好形象。

2005年，在《邢台日报》做专版4个，全面报道了巨鹿县的农业、棉纺、低保等方面取得的成绩和经验。《邢台日报》头版刊发《把基石筑牢》、《三次思想跨越造就巨鹿县精品县城》、《河北日报》播发《人民教师的楷模杨绍秋》、《一个育人者的温良震撼》等。6月18日，中央电视台《新闻联播》头条播发有关“巨鹿农业综合开发先进经验”消息。

2006年重点报道了全县在建设社会主义新农村中采取的新举措、创造的新经验、出现的新典型和取得的新成绩。对“户户通自来水”等亮点工作，在省、市各级各类媒体进行了深入报道。在《邢台日报》做专版3个，《牛城晚报》做专版1个。2007年，《巨鹿县实施村村通自来水工程》在《河北日报》头版刊登，并在央视七套和省电视台《新闻联播》先后播出。获市电视台上稿综合一等奖，纪录片一等奖，异地采访一等奖。

第五节　农村工作

一、农村社教及民主政治建设

1991～1993年，按照中央要求巨鹿县委对社会主义思想教育工作全面部署，分三期在全县开展社会主义思想教育活动。活动中提出“抓班子、换脑筋、上经济”。1993年元月，对社会主义思想教育工作进行了总结表彰。

1996年，省委发出实施“鱼水工程”决定，在全县推行村务“六公开”。印发《巨鹿县委办公室、巨鹿县人民政府办公室关于实行村务工作“六公开”的意见》。确定“财务收支、计划生育、电价及电费收缴、宅基地发放、婚姻状况、粮棉油定购”等6项为村务公开内容。1999年，成立农村“两基”（农村基层组织建设协调会议和基层民主法制建设）建设领导小组。制订了《巨鹿县农村“两基”建设方案》，至此，全县291个行政村全部设立村务公开栏，实现了每季度公开。95%的村达到了“五规范一满意”（即：内容、程序、时间、形式、管理规范，公开的结果最终达到群众满意）。增加了农村工作透明度，促进了廉政建设。

二、减轻农民负担

1985年10月，县农经部派员深入到王六村乡小留庄、郭庄、苗庄三个村，对农民负担问题实施调查，并拟订了减轻农民负担的具体措施。当时受查村上年（1984年）人均收入90.48元，各种摊派19种，人均负担21.54元，占人均收入的28.7%。1989年全县农民人均负担44.96元，占1988年农业人口纯收入411.34元的10.93%，比规定标准5%高5.93%。因农民负担过重，征收难度加大，党群、干群关系紧张。县委、县政府对此专门研究，明确规定各级各部门不准随意向农民要钱，要精减干部，合理确定农村干部补贴，发展乡镇企业，增加农民收入，逐步从集体收入中直接支付各种摊派。

1989年，县委在全县开展“农村财务公开月”活动。下发《中共巨鹿县委关于开展“农村财务公开月”活动的意见》文件，确定将“农村财务公开月”时间定为每年1月和7月，并形成制度，坚持下去。凡涉及群众利益，均公布于众，接受监督。1990年县政府成立以县长任组长的农民负担预算管理领导小组，下设办公室，负责监督检查有关法律、法规的实施，农民负担逐年减轻。1996年开始，农民负担实行“一定三年不变”政策，一直控制在规定的标准5%以内。1996～1998年，全县农民每年的负担为1366万元，1999年继续执行。2000年，巨鹿县被定为费改税试点县，开始税费改革。2005年，巨鹿县取消农业税，使“皇粮国税”成为历史名词。同时，国家逐步实施粮食直补、良种补贴、农机补贴等项目，额度逐步加大。

三、小康建设

（一）建设指标。1994年，全面启动小康建设。1995年8月10日，依据《邢台市农村小康建设规划》要求，结合巨鹿县实际提出分期实现小康的总体要求，县委、县政府出台《巨鹿县农村小康建设规划》。目标为2000年全县生产总值达到17.6亿元，年均递增23.2%；人均生产总值4888元；财政收入5600万元；农民人均纯收入2491元；第三产业增加值5.5亿元，实现全县农村奔小康。措施主要有以小康建设统揽全局，坚持两个文明一起抓，“两手抓，两手都要硬”，按照“开发杏杞、富民强县”发展战略，面向大市场，立足产业化，全面振兴经济，确保小康目标如期实现。1998年县委、县政府对分年度实现小康乡（镇）村规划调整，1998年实现小康的乡镇是：巨鹿镇（城关办事处、后辛庄办事处）、堤村乡（堤村办事处、贾庄办事处）；1999年实现小康的乡镇是：小吕寨镇、官亭镇（官亭办事处、董营办事处）、张王疃乡（张王疃办事处、王六村办事处）；2000年实现小康的乡镇是阎疃镇（阎疃办事处、林庄办事处）、苏家营乡（苏家营办事处、楼张镇办事处）、观寨乡（观寨办事处、何寨办事处）。

（二）建设成果。自1994年底开展小康建设到2000年，巨鹿县域经济全面增速，综合实力明显增强。经抽样核查农民收入及消费水平，顺利通过省、市验收。全县80%的村、80%的乡镇达标（小康县认定标准为80%的乡镇达到小康标准）河北庄、东韩庄、尼庄、王虎寨、纪寨、吉陈庄等232个村达到小康水平，被省委、省政府命名为小康县。2002年11月中共第十六次全国代表大会后，省市政府对全面建设小康社会提出新的标准，县委、县政府带领全县人民按照新的标准向全面实现小康社会的目标前进。

第六节　统战工作

1980年3月，巨鹿县委统战部恢复建立。

一、党外人士工作

县委统战部门重视非党干部的培养和推荐，1982年12月有14名党外人士被提拔为科级干部（1980年10月份前科级1人）。1985年两次召开党外人士座谈会。至1993年底，党外干部已选配至19人。其中，政府副县长1人；县人大副主任1人；县政协副主席3人；正科级干部2人；副科级干部12人，另有46名党外干部被列为后备人选。全县非党干部达到1500多人。1998年3月，协同市政协对全县农业、教育、卫生、科技等方面的500多名非党技术人才分两期进行了统战知识和业务知识培训。1999年，将98名股级（含中级职称）以上的非党干部全部建起个人档案。

二、经济统战

2003年，县委统战部、工商联联合在非公有制经济人士中开展“光彩事业百、千、万爱心”活动，即为下岗职工和失业人员举办百期培训班，对口帮扶千个特困户，提供万个就业岗位等。2004年6月，开展“统一战线招商引资经贸洽谈周”活动，组织召开20多家企业座谈，收集非公企业在建或确定意向的投资项目17个。2006年，在统战对象中，开展“三增强、四热爱”（增强对中国共产党“三个代表”重要思想的认识，增强对社会主义制度优越性的认识，增强对中华民族凝聚力的认识；热爱中国共产党，热爱祖国，热爱社会主义，热爱人民）活动，教育统战成员自觉接受中国共产党领导，拥护党的基本路线，要在参政议政、建言献策、参与光彩事业等方面做出优异成绩。

2007年初，县统战部与县职教中心一起积极争取中央统战部监管的中华职教社“温暖工程”项目在巨鹿县立项。先后落实项目资金225万元，用于资助农民技术培训。同年，引导非公经济人士参与新农村建设。县政协常委燕南董事长王永计、喜德来集团公司董事长王广波，为乡亲打井修路、捐资助教。同时还在非公企业中开展与贫困村结对子活动，有8家非公企业与8个贫困村结成对子，为其捐助资金40万元。

2007年12月，由县统战部牵头，会同县工商联、税务、工商、统计、财政、科技等部门，对全县新的社会阶层业主进行摸底调查。新社会阶层有4个方面共1810人。其中，私营企业主213人，主要分布在棉纺织业，其次是机件加工、橡胶制品、食品行业及其他工业产品制造。从业人员占总数的60%，固定资产占70%，年收入占75%，纳税额占58%，安排就业人员6800多人，注册商标151家，知名度高的品牌一个，即“喜德来”家具；个体工商户从业人员1462户；中介机构4个，从业人员11人；自由职业人员共有124人，主要有个体医生，分布在全县城乡。2003～2008年，新阶层人士中有63人加入中国共产党。主要是通过工商联党总支（党总支下属三个街道、市场商会党支部）培养发展；有43人次先后受到各级政府及统战部、工商联的表彰。

三、民族宗教

2008年，巨鹿县有回族、藏族、壮族、蒙古族、苗族、朝鲜族、土家族、维吾尔族等12个少数民族65人，汉族和少数民族一直和睦相处。

宗教信仰在巨鹿县有佛教、道教、伊斯兰教、天主教、基督教，宗教活动场所26处。1984年，妥善处理了“文化大革命”期间占据基督教房产问题。1987年，成立以一名县委副书记和一名副县长分别为正副组长，县统战、民政、公安为成员的宗教领导小组。1998年，宗教工作开始实行目标责任制，县对乡镇、乡镇对村均签定目标责任书，对宗教工作目标实施量化细化管理。2002年在教徒中开展了以评选“文明户”和“文明宗教场所”为主要内容的文明创建活动。2005年，宗教干部深入到村，发放宣传材料3000份，对全县主管宗教工作的干部实施培训。2007年，在信教群众中开展了“爱家乡、做贡献”活动。

四、对台工作

巨鹿县对台湾工作办公室既是县委对台湾工作机构，又是县政府台湾事务工作部门，负责接待台胞回乡探亲、旅游、观光和访友的联络及做好台属与台湾亲人的通信联络等工作。1997年6月，增挂县委台湾工作办公室、县政府台湾事务办公室牌子，由县委统战部一名副部长兼任对台办主任。

1987年台湾放宽民众到大陆探亲政策后，陆续接待了回乡探亲、祭祖的台胞人员。

1990年9~10月，接待原籍赵庄村的台胞葛怀仁、原籍阎疃村的王振礼、前提村的郭锡恩回乡探亲。1991年4月接待原籍巨鹿县城南街的杨自祥（在台任南投市财政厅一科股长）、原籍堤村的苏汉杰回乡探亲。

2007年10月26~29日，第四届世界魏氏宗亲垦亲大会在巨鹿县举办，接待台北市回乡祭祖魏氏宗亲会理事长魏福田一行。

至2008年底，巨鹿县共有三胞57户286人，其中侨胞3户7人，港胞4户6人，台胞50户273人。

第七节　政法工作

一、政法委工作

1982年，中共巨鹿县委政法委员会成立。下设办公室。1988年，中共巨鹿县政法委员会撤销，成立中共巨鹿县政法领导小组。1990年，重新恢复中共巨鹿县政法委员会，隶属中共巨鹿县委领导，下设办公室。

（一）组织严打开展宣传。自1985年，县政法委围绕社会稳定连续五次召开“冬季攻势”会议，部署严打工作。1991年，组织召开公捕公判会五次，严厉震慑、打击各类刑事犯罪。组织召开政法委工作会议23次，协调处理各类重大案件28起，组织政法各部门开展35个专项治理活动，及时分析社会治安情况，探究存在的主要问题和苗头性动向。1991~2008年，开展法制宣传教育，创造良好的法治环境。在县电视台开办《法在身边》专栏，宣传民主法治建设，普及法律法规，营造人人遵纪守法，依法办事的法制氛围。

（二）法律服务。2004年，认真落实冀字〔2004〕1号文件《关于政法机关为完善社会主义市场经济体制创造良好环境的决定》，成立落实《决定》领导小组，组织政法部门制订服务经济发展具体措施。

2005年，组织联合大接访活动。采取集中接访与分散接访相结合，预约接访与日常接访相结合，群众上访与领导下访相结合等方式，当年接待群众涉法涉诉来访72人43起，解决39起。其中省市交办、督办10起，办结9起。

2007年，围绕“工业化率先突破”战略，拓展法律服务。组织开展为企业提供优质法律服务“六优先”，优先为招商引资项目和企业发展提供法律咨询；优先为企业代理各类诉讼案件；优先为引资项目和企业发展办理各类公证；优先调处引资项目中出现的各类纠纷；优先为项目、企业免费提供各类法律培训；优先安排律师、公证员参与企业各类经济合同的谈判活动。积极审理涉及企业的经济案件，支持企业的发展。共审理合同纠纷案263件，为企事业单位挽回经济损失2300万元。先后审理涉农纠纷案58件，促进了社会主义新农村建设。

（三）协调监督。1987年1月5日~2月14日对全县政法干警（191人）实施整顿，制订“政法干警职业道德规范守则”，组织全体干警认真学习，提高干警政治、业务素质和文化水平。

1988年，侧重协调政法各部门之间关系，帮助解决工作中的疑难问题，组建乡镇法律服务站，建立税务检查室和市场工商派出所。

2004年，组织协调政法系统开展“执法为民树形象”活动，制订实施方案，开展演讲、述评等项活动，组织观念、服务意识、严格执法意识明显增强，群众的满意度明显提高。

二、政法队伍建设

1997年，组织全县政法系统开展“三学四爱双文明”、和“三讲”教育活动，切实摸清政法队伍存在的主要问题和原因，组织干部学习“警察法”、“法官法”、“检察官法”等业务知识，做好政法队伍思想工作。

2003年，政法机关紧紧围绕公安部“五条禁令”和省政法委《约法三章》，深入开展“树正气、讲团结、求发展”教育活动，提高增强了政法队伍的法制观念和纪律观念。

2004年7月，在全县政法系统开展了“执法为民树形象”活动，政法各部门班子成员实事求是地找出了自身存在的问题，认真开展了批评与自我批评。共发放征求意见卡1200多份，征求群众意见1060条，散发法律法规宣传材料12000余份。

2005年2月，利用一个月时间，在全县政法系统开展思想作风纪律整顿，从制度上规范干警和法律工作者行为，增强了全员的责任心和政治敏感性。3月，县政法委制发《关于进一步加强对政法干部队伍监督管理的几项规定》，开展“述廉、评廉活动”，每半年召开一次全体干警会，单位一把手代表班子公开述廉，班子成员分别述廉，全体干警评廉。县政法委派人员参加，并组织开展民主测评活动，活动结果在县政法委备案。另外，会同县组织部每半年对政法机关中层以上干部实行民主评议，评议结果作为评优、晋级的依据归档管理。严格按文件规定程序执行免职、辞职、降职。组织开展执法大检查活动，采取定期大检查、自查、互查和抽查相结合。认真落实过错责任追究制，对参与办案的干警依责任大小实行过错追究，提高了政法队伍政治素质。

三、社会治安综合治理

1989年，建立巨鹿县社会治安综合治理领导小组。1991年，县委成立社会治安综合治理委员会，主管政法的县委副书记任主任，县直29个职能部门正职为委员，下设办公室。各乡镇、县直各单位建有相应的机构。同年，县委、县政府将各级综合治理工作纳入岗位考核，并实行社会治安工作“一票否决”。

社会治安综合治理工作初期，工作目标是“管好自己的人、看好自己的门、办好自己的事”。

1997~2000年，重点开展“平安家属院”“平安乡镇”“平安村”活动。

1999~2002年，按照县委要求，成立临时“治理经济环境办公室”，打击假冒伪劣，查处欺行霸市和农村电工、学校、公路及职能部门乱收费，查处无牌无证客车营运等，受到市委表扬。

2001~2004年，巨鹿县被评为邢台市社会治安综合治理先进单位，2006年评为全省平安建设先进县，2005~2008年获全省社会治安综合治理先进县称号。

（一）严打治理。1983年，组织县公安、检察院和法院开展严厉打击刑事犯罪，刑事犯罪率比1982年降低37%。1983~1984年期间，分三个阶段打击流氓强奸犯罪、盗抢劫犯罪专项治理。1993~1996年期间，境外不良文化渗透，县内偷盗抢等暴力案件明显上升，组织县公安、检察院、法院联合行动，采用“面、线、点”齐头并进方法，打击各种刑事犯罪。2001~2002年，实施打击入室盗窃、破坏生产生活秩序及恶势力，组织公安打击盗抢机动车辆、拦路抢劫和入室抢劫，破获作案窝点一个，追回全县被盗耕牛、羊110余只（头），拖拉机、机动三轮、摩托车125辆。2002～2007年重点开展“打黑除恶”、“侦破命案专项行动”“严打整治百日会战”等专项行动。

（二）防范管理，集中排查。1994年始，每年组织社会治安综合治理成员单位，开展大规模矛盾纠纷集中排查治理、打击假冒伪劣活动。重点治理流动人口、文化娱乐场所、枪支弹药、特种行业及商品市场。1995年，开展依法治村活动，县公安机关和乡镇政府召开动员会，利用以案讲法，制订乡规民约等措施，使乡镇、农村治安形势明显好转，发案率下降。1998年，重点开展矛盾纠纷排查，解决各乡镇治安隐患和信访苗头及干群之间、干部之间、群众邻里之间、违法施政等引起的矛盾纠纷，登记入档。2004年，组织开展公安民警“进社区、知社情”活动净化企业学校周边环境、打击赌博违法犯罪、清理出租房屋、排查重点人口等。

（三）推行“两个体系”、“三级会议”、“四力合一”。2005年，构建“两个体系”（社会治安防控体系和矛盾纠纷排查调处体系），在县城建立以治安岗亭为依托，建立治安警管片、巡警管线的管控网络，在做好人防的同时加大科技防控力度，组织有关部门在县城重点部位、重点场所、主要街道安装视频监控探头46个，并与110联网。2006～2008年，重点推行“三级会议、四力合一”（“三级会议”即民情恳谈会、乡镇稳定工作分析会、县级稳定工作联席会，“四力合一”即源头化解力、综合调处力、领导推动力、基础保障力四力合一）工作模式和“三位一体”（“三位一体”大调解体系即人民调解、司法调解、行政调解）工作法。实现第一时间发现纠纷，第一状态调处纠纷，第一现场化解纠纷，防止矛盾纠纷激化。

树立创建安全文明村典型。1997年9月，县委召开乡镇书记、乡镇长参加的全县社会治安综合治理会议。总结当年稳定工作和中国共产党第十五次代表大会安全保卫工作和创建文明乡镇、文明村、遵纪守法光荣户及开展红旗办事处、模范村和综合治理标兵活动情况。

1997～2000年，城区开展“平安家属院”活动，培育树立县交通局、二轻局等先进典型。农村开展“平安乡镇”、“平安村”活动，培育树立巨鹿镇、阎疃镇、小吕寨镇和阎疃村、东韩庄村、西大韩村等先进单位。2004年，积极探索“四个创新机制”（组织机制，排查机制，调处机制，激励机制）。切实解决好矛盾纠纷排调工作。（当年，全县未发生因调解不及时或调处不力而引发民转刑案件，信访总量明显下降，全年没有发生到市以上集体访，没有发生大的群体性事件）。“四个创新机制”得到市政法委、综治委的肯定。

清理整顿出租客运市场。2001年5月16日，中共巨鹿县委、县人民政府下发《关于成立治理整顿出租客运市场领导小组的通知》、《批转县交通局关于清理整顿出租车客运市场的实施方案》，建立县治理整顿出租客运市场领导小组，县委主管副书记任组长，县政法委、交通局、公安局、交警队主要领导参加。随后治理办制订《巨鹿县治理整顿出租客运市场实施细则》，重点治理整顿短途客运、公交车、出租车、三轮客运无牌、无证或报废车辆上路。采取抽组人员，集中行动，利用县电视台、《巨鹿晚报》造舆论，印发宣传材料5000余份，大力宣传、上路检查等措施。同时，交警队和交通运输管理部门对报废车辆实施暂扣，对应报废车辆强制报废。应办未办的限期补办牌证，纳入管理。

（四）宣传教育。1984年开始落实普及法律常识规划。1985～1990年，开展“一五”普法教育。“一五”普法期间培训全县干部职工8583人，普法覆盖率达到90%。“二五”普法，配备普法宣传员，深入农村、机关、工厂、学校开展普法教育。各单位建立3～5人普法小组，并确定和培育一镇、一厂、一校、两村的综合性试点和机关单位专业执法性试点。从1987年开始，在全县44所中学、244所小学全部开设普法教育课。

1994年，县成立法制教育学校，集中教育

“大法不犯，小法常犯，家庭管不住，乡村治不了”的社会闲杂人员。定期回访刑满释放人员、劳动改造人员及重点人口，以面见本人、家属、村干部、群众的方法教育本人。

从1995年开始，每年开展一次“普法宣传月”活动。2005年全县“四五”普法工作合格率达到95%以上。在2006～2007年“大接访”活动中，开展边接访、边搞法律宣传咨询服务活动，启动“五五”普法工作。

至2008年，组织公、检、法、司在县城和农村书写大字标语2000多条，建立宣传栏利用集日设立咨询宣传站、列出展板、印发资料等形式，宣传社会治安综合治理工作。

（五）基层基础建设。1985年，乡镇配备司法助理，建立民调委员会。1987年，各乡镇组织建立法律服务站。1991年，全县17个乡镇组建乡镇综治委，乡镇党委副职兼任综治委办公室主任。全县291个行政村全部建立治保会和民调组织，治保会主任由村委会主任兼任。1992年建立了县、乡、村三级治安巡逻队，其中县级3个、队员30人，乡级治安巡逻队17个、队员45人，村级治安巡逻队291个、队员435人。2005年，全县乡镇财政开始负担乡镇群防群治人员经费。县直局级单位组建61个（成员308人）社会治安综合治理委员会。

2003～2005年，全县乡（镇）综治办基础设施建设达到规范化标准。实施“二有三落实二健全”（有办公用房、有专项经费；人员、机构、任务落实；制度健全，档案健全）。乡镇司法所设立调解庭，配备2～3名工作人员。全县新建和扩建9个公安派出所。同时实现派出所、县局、市局微机联网，各派出所警力达到3～5人；基层人民法庭也由市中院统一设计、统一规划、统一标准，达到了最高人民法院要求标准。

第八节　老干部工作

一、机构和经费

巨鹿县老干部局成立于1982年10月，由县民政局调任一名副局长主持工作。1984年1月任命一名局长，局人员增至10人。同年4月局下设秘书科、服务科、干休所。干休所负责易地安置到巨鹿县的离休干部管理和服务工作。县直单位老干部管理由单位政工科室负责，17个乡镇由组织委员兼管，县文教局单独设立老干部科。5月改称“中共巨鹿县委老干部局”。1984年，县离职干部休养所在县城西北角建成投入使用。

1985年全县共拨经费52580元，1986年起离休干部公用经费按每年200元/人拨付，主要用于老干部报刊费、办公费、文体学习费、差旅费、健康疗养费等。1994年老干部经费由每年200元/人增加到433元/人，合计163000元。自1995年6月起经费拨付标准每年每人厅级提高到744元、县级456元、一般干部204元、合计193400元。2006年执行标准提高到厅级每年每人766元、县级478元、一般干部226元、退休干部80元。

除上述经费外另拨有特需费、交通费。自1983年开始，离休干部特需费标准为每年每人150元，至2006年标准提高到500元、退休干部50元。特需费由县财政拨付县老干部局统一使用，用于老干部管理、订阅老年刊物及为离退休干部办实事等项开支。交通费1984年离休干部每人供应名牌自行车一辆，1987年拨付交通费11500元。自1995年开始，交通费提高到厅级每人每月40元，县级每人每月24元，一般离休干部每人每月16元。用于支付老干部活动时交通开支。

二、老干部管理

离休干部指1949年10月1日以前参加革命工作的干部；退休干部是指男60周岁、女55周岁以上的退休干部。

1982～2008 年巨鹿县离退休干部统计表

表 13－7－5　　单位：人

项目/年度	离休	退休	合计	项目/年度	离休	退休	合计
1982	160		160	1996	334	667	1001
1983	238		238	1997	320	769	1089
1984	303		303	1998	308	836	1144
1985	370		370	1999	263	909	1172
1986	378		378	2000	247	971	1218
1987	425		425	2001	232	1038	1270
1988	415		415	2002	219	1082	1301
1989	401	197	598	2003	205	1120	1325
1990	426	234	660	2004	179	1191	1370
1991	409	280	689	2005	172	1271	1443
1992	385	323	708	2006	167	1141	1308
1993	363	356	719	2007	159	1180	1339
1994	381	407	788	2008	144	1250	1394
1995	337	594	931				

1986 年 5 月，县老干部局按照老干部“自我教育，自我管理，自我服务”工作原则，在全县建立老干部协助活动小组管理网络，全县设 5～6 个活动小组，城区协助员 4 人，乡协助员 21 人。1995 年根据县委《关于对离休干部实行统一管理(的通知)》，将离退休干部纳入县老干部局统一管理。1997 年县老干部局完成了 320 名离休干部和 769 名退休干部的 98 项基本信息的核档、修改，录入微机。离退休干部管理实现信息化、快捷化、网络化。

1983～1985 年，县财政拨款 8 万元为老干部建周转房 10 套。1983～1987 年，为 491 名回农村安家的离休干部发放建房补助费 917582 元，解决宅基 76 处；按规定将 124 名退休干部改为离休干部并予以安置；对 38 名外地安置的老干部全部妥善安排，其中离休干部 35 人。

三、老干部待遇

（一）政治待遇。1982～1984 年，为 338 名离休干部办理了荣誉证书。自 1984 年开始为全县离休干部订《河北日报》和《长寿杂志》各一份。1986 年为地级离休干部增订《邢台日报》一份。1995 年起按规定为离休干部调整了所订报刊，厅级三报一刊、县级二报一刊、一般干部一报一刊。自 1998 年开始又为全县每名退休干部订《老人世界》杂志一份、《巨鹿晚报》一份，夫妻同为退休干部的将其中一份杂志改订为《老年教育》，超价部分由个人补齐。1982～2008 年，坚持离退休党员干部定期开展活动，参加县重要会议、重大节日慰问座谈、重要工作征求意见、县领导向老干部通报情况等诸项制度。1984～2008 年，每年组织离退休干部到外地参观考察。

（二）生活待遇。1984 年县财政拨款 15000 元在县医院建老干部病房 8 间，专门设立老干部门诊，到 1986 年老干部病房增加到 11 间，病床 29 张，家庭病床 55 张，确定老干部保健医生 61 人，为所有离休干部建立了老干部健康档案。自

2003年起，全部离休干部看病就医由县医院老干部门诊统一负责，县医保中心负责审核报销。自1985年开始，每年组织一次免费为全县离休干部及县级退休干部健康体检。

1983年4月前，财政开支机关、事业单位的离休干部实行公费医疗，企业和差额事业单位实行据实报销。4月后，行政部门实行医药费包干，离退休干部每月5元，随工资发给本人，企业部门也陆续改为每人每月5~8元，文件规定对住院的报销比例为开支在300元以上的报销70%，500元以上的报销80%。1995年10月，为离休干部解决两费款89907元，为26名企业离休干部解决医药费拖欠款10.8万元，2001年6月15日解决医药费拖欠10.36万元。自2001年起，为企业干部提高医药费统筹金，由2000年的2000元/人·年，提高到2500元/人·年。自2003年起，企业离休干部的医药费实行全县统筹，按省级财政补助1000元、市级财政补助1000元、县级财政补助2500元，每年4500元/人统筹，县人劳局医保中心据实报销。

1992年前为卧床不起生活不能自理的离休干部发放护理费和困难补助。1992年根据县委《关于扩大离休干部护理费发放范围及标准的通知》和冀老字（1992）16号通知精神，将离休干部的护理费提高为51元/月，同时扩大护理费发放范围，对解放战争时期参加革命工作年满80周岁、厅局级年满70周岁的85名老干部按新标准发放护理费。1998年7月起，将81名离休干部护理费提高到100元/月。2000年又把住县城的老干部遗属补助由50元/月提高到180元/月。2002年护理费提高到每月51~150元，2005年提高到每月120~200元。

四、老干部活动

（一）活动中心室。1984年投资5万元在干休所建老干部活动室3间150平方米。1987年初，投资2万元在商品街购置了8间房160平方米，建立了阅览室、游艺室，备有报刊杂志资料、麻将、象棋、门球、吹拉弹唱乐器。1992年增加克郎棋、哑铃、拉力器、长胡和两个门球场。1997年活动室搬迁到原县委饭厅，有8间450平方米，并投资1.9万元装修。2002年活动室搬迁到原健康路县政协办公室，建筑面积300平方米。2007年春，活动室迁至路县文化局办公楼，设有办公室、阅览室、老年大学教室、活动大厅。活动中心每天向老干部开放。

（二）老年大学。1996年7月成立老年大学，开设戏曲、舞蹈班。2000年增加书画、武术班。2007年重阳节举办全县第一届老干部书画展。老年大学每年重阳节组织文艺、健身表演活动。2006年健身球体操队代表邢台市参加河北省健身操表演赛，获得优秀奖。2008年老年大学戏曲班、舞蹈班、健身运动队多次参加省、市、县比赛汇演，多次获奖。

（三）“关工委”活动。1989年4月成立县“关心下一代协会”，1991年9月改名为“关心下一代工作委员会”（简称“县关工委”）。县关工委组织老同志以学校为主阵地，担任校外辅导员，开展形式多样的关心教育下一代活动，每逢重大节日、纪念日，组织开展不同形式的活动。清明节期间，组织学生到县烈士祠祭扫革命先烈，并组织老干部、老八路、老教师报告团到学校作革命传统教育报告。2000年时任县关工委委员的左宝珍自费出资建成的“爱华翰苑碑林”，成为爱国主义教育基地，经常组织学生参观；以《未成年人保护法》、《预防未成年人犯罪法》为内容，组织司法战线离退休干部组成宣讲团，到机关、学校以案说法、以理喻人；联合县文明办、文化办等有关部门，对城区“网吧”游戏厅等违规违法经营活动实施集中整治。常年聘请老同志担任安全监督员、校外辅导员、网吧监督员、环境监督员等，为青少年成长保驾护航。

（四）发挥余热。离休干部樊进忠自费出版《健康集锦》一书，免费送给全县离退休干部每人一本，张西朝、张举先自费印制人生格言年画，免费送给全县离退休干部。2008年5月12日，汶川大地震发生后，原县级老领导张振南、樊进忠、李峰奇等老干部带头到县民政局捐款；离休老教师张西朝自己行动不便，派儿子到县老干部局捐款，不让留名。到5月27日共收到老干部捐款 60225 元（不含个人到县民政局捐款）。

第九节　信访工作

巨鹿县信访局（办公室）是县委、县政府负责接待群众来信来访的行政机构，隶属县委、县政府两办管理。1978 年，建立信访科（副科级）。1986 年 9 月更名为县信访办公室，挂靠县委办公室。1997 年 12 月县信访办公室改为县信访局，恢复县委、县政府两办管理。

一、接待查处

1980 年，贾庄、堤村、小吕寨等乡镇种植果树较为普遍，多数村将集体果树（苹果树、梨树为主）实行了联产或定额承包。1985 年，苹果价格从承包时每公斤 1 角左右涨至每斤 8 角左右，加上果农精心管理，产量增加，承包户收益大幅提高，有的农户心理不平衡。1985～1986 年，贾庄乡贾庄村、堤村乡野场村、小吕寨镇白家寨村相继发生了哄抢承包户苹果事件。事件发生后，县委、县政府依法治访，派遣县委办、县农工部、县林业局、县司法局等职能部门会同涉案乡镇迅速实施调查，深入了解哄抢事件发生原因，经过调解最后变更承包合同，适当提高承包费，平息了事态。

1994 年，河北省科学院生物所科技开发部与省人寿保险签订协议，由河北省科学院下属公司在巨鹿县设办事处放养旱白鸭，并负责回收。养殖户上千户，一年后委托者突然撤离，不予回收。当时养旱白鸭受损失者涉及 369 户，直接损失 900 余万元，涉及各乡镇。养殖户陆续到县、市、省上访，一度围堵省委、省政府，酿成群体性事件。事件发生后，县委、县政府积极引导上访人员走法律程序，向法院起诉。在省高院关注支持下，1999 年 10 月，依法从省人寿保险公司执行追回 900 多万元，弥补了巨鹿县旱白鸭养殖户的损失，化解了矛盾。

1997 年，县信访办公室改局后，全年共接待群众来信来访 149 件次，其中来信 25 件，来访 124 批次。之后，信访热点难点由土地承包、村干部处事不公等转移为企业改制遗留问题、土地流转及农村宅基问题、退役士兵转业安置问题等，信访量明显增加，集体访和群体性事件时有发生，信访老户增多。

2000 年，共接待群众来访 130 件次，其中来信 21 件次，包括来县集体访 20 批次。特别在人大、政协“两会”和国庆节、元旦等敏感期多次组织有关部门集中排查。同年 9 月，组织 78 个单位 600 多名干部深入到乡村、企业调查走访，宣传政策法规，解决矛盾纠纷。全年共排查各类信访隐患 320 起，同年信访总量较上年（1999 年）下降 16%。

2002 年，健全完善县、乡、村三级信访组织网络，在各乡镇设信访办公室，291 个行政村选配控防信息员 700 人，使信访神经线延伸到全县每一个角落，构筑了信访隐患迅速反馈机制。每月组织各乡镇、各单位搞一次拉网式排查，对发现的各类矛盾隐患实行“定措施、定人员、定解决时限”。

2003 年，共接待群众来访 149 件次。通过调度会和阅批信访案件解决多起重大疑难信访问题。如巨鹿县橡胶厂职工上访案，巨鹿镇东杨庄土地租用群众上访案，上疃群众因原砖厂欠砖上访案等。同年 8 月，县委出台《关于建立健全紧急信访应对机制的意见》，信访工作步入了科学化、规范化、法制化轨道。

2004 年，实行县四大班子领导包乡镇、包重大案件制度，乡镇成立由书记挂帅的信访领导小组，村村建立十户联防小组和排调电话，形成县乡村三级排调网络。同年 9 月，创建“书记、县长信访案首一刻钟”局域网。每天将“书记、县长热线”、“人民建议征集”、“群众来信情况”、“群众来访情况”、“上级要结果案件办理情况”、“最新信访动态”、“县领导信访接待日”、“提交书记、县长批示案件”等录入微机，输入局域网，为县领导及时、准确地掌握全县信访形势搭建信息平台。此项工作受到中共中央信访联席会议办公室、河北省信访局、邢台市委的高度评价，市委推广巨鹿县经验。

2005年，拓展“书记、县长案首信访一刻钟”局域网，增加“民情民难”专栏。在办理疑难案件中对上访老户诉求合理的，重新交办、重新调查、重新处理、重新结论。同时，对上访老户开展送温暖活动，积极帮助他们解决生产生活中的困难。

2006年，共受理群众来信、来访452批次。承办市以上要结果案件53件。其中国家信访局要结果案件11件。同时，切实加大矛盾纠纷排调力度，信访隐患实行专人负责，制定相关解决或监督方案，努力使矛盾纠纷化解在基层、解决在初始。

2007年8月15日~2008年12月，少数退役军人因安置不到位、未解决安置单位和“三险”，连续到县及市上访，造成较大影响。据了解，1990~2007年8月15日，全县累计接收退役军人863人，当时仍有292人未妥善安置到接收单位上班。县委、县政府连续召开会议。根据国发〔2005〕23号、国家七部委〔2006〕17号等有关文件精神及县委、县政府关于落实部分退役军人安置政策的意见，制订了解决办法：（1）完善手续。退役军人中129人由接收单位安排上岗并完善各种手续。（2）47名退役人员自愿自谋职业，按规定发给一次性经济补助款；12名安置对象自愿申请办理“三险”。（3）县政府在公益岗位上安排96人。（4）对参加对越防御战和反击战的11人，从退伍批准时间下个月起办理养老保险，并对本人办理农村低保。

2008年奥运前期，按照省、市委统一部署，开展“访民情、解民忧、帮民富、迎奥运”活动。全县抽调593名干部，驻村开展矛盾排查和调处工作。驻村干部帮助基层调解各类纠纷135起；帮助举办科技培训20余次；组建各类娱乐团队34个；协助争取资金238万元，硬化街道129千米，解决吃水、用电、行路、就医等群众困难1155件。全县共发生来县信访578批件次，其中群众来访485批次，来信93件。承办上级要结果的案件30件，均已按期结案。全年共排查出信访隐患486起，及时化解484起，化解率达95.4%。

二、领导接待日

1998年，县委、县政府建立接待日制度，每月15日、20日，县级领导到县信访接待室面对面接访。2001年3月，将每月两次调整为每月4日、12日、20日、28日4次。改为每周四由党政领导轮流接待上访群众。接待范围为县、乡党政主要领导曾接待过未按期限办结的和跨区域、行业、部门的复杂信访事项以及具有普遍性、倾向性、苗头性的重大信访事项并可能越级上访的信访事项。2003年党政领导信访接待日，全年累计接待群众来访64批次，其中橡胶厂职工、老煤矿退休工人工资欠发案等，在县领导接待日期间均得到有效解决。

2004年9月1日，县信访局创建“书记、县长信访案首一刻钟”局域网。2006年，进一步强化县级党政领导信访接待日制度，实行“包接待、包处理、包解决、包稳定”的“四包”责任制。使信访渠道更加畅通，信访秩序更加规范，因对信访事项受理、办理认真，大量纠纷获有效化解，实现了大局稳定。

2007年，进一步规范和完善“书记、县长信访案首一刻钟”局域网络。全年共录入信访信息510件（次），全部交办有关部门，结案率90%。县领导批示重大信访案件12件，全部妥善处理。在全国和省市人大、政协“两会”期间，共派驻4人次进京、赴省、到市现场值班，接待劝返上访人员8批次，有效保证了各级“两会”顺利召开。

2008年，积极开展“县长敞开接访周活动”，并建立县级领导轮流接访制度。全县党政领导干部共接待处理群众信访案件233起，接待上访群众481人次，解决信访案件202起。

第十节　党史研究

一、机构队伍

1981年巨鹿县党史资料征集办公室成立，

1990 年 5 月改称为县党史研究室，为县委直属事业单位，主要职能是党史资料征集、编纂研究和宣传教育。

1996 年各乡镇和县直单位设兼职、专职党史资料员，全县达到 107 人。1997 年在全县每村设一名党史宣传员，全县上下形成了近 400 人的党史工作队伍和网络。

二、征集党史资料

主要运用两种形式：1. 召开座谈会。1982 年 3 月召开党史资料征集座谈会。第二次国内革命战争时期参加革命工作的孙朝英、周华、高志忠（女）、杨中海等老同志 38 人参加。列出“砸团城局子”、“抗粮斗争”、“红枪会攻打巨鹿城”、“枪毙王文珍”等 38 个专题。着手撰写县党史资料选编。1983 年 10 月再次召开县党史资料征集座谈会。岳纪纲、徐百年、杨杰、陈化争、苗树人、李泊（女）、刘凤鸣等 61 人参会。征集范围扩大到抗日战争、解放战争时期，兼收集资料整理李德、薛振彦、程玉琳、杨秀峰（女）、潘宗正、司西成、宋华等人物传记。1985 年两次召开老干部座谈会，充实岳纪纲编写的《游击队的枪声——冀南二分区武装斗争回忆》和郗光华等合写的《巨鹿县八年抗战部分事情的回忆》，同时走访老干部 25 人次。2. 搜集整理专题。1985 年 10 月，调查核实抗日战争后区划沿革，编制汇总调查表格，为编写组织史提供资料。1986 年列专题搜集整理民主革命时期、抗日政权建立情况。（1）1938 年八路军东进支队留守处举办“战委会”协助员训练。（2）凌石屯战斗。（3）处决大汉奸王文珍经过。1989 年 5 月赴北京、天津，专程采访杨杰与张光弟，核实解决“巨鹿事件”的谈判地点及过程。2004 年为《冀南革命斗争史》第二卷、《邓小平与河北——纪念邓小平同志诞辰 100 周年》丛书征集资料。2005 年为《河北抗战三亲实录》、《邢襄之子》出版征集资料。2006 年 5 月，县启动抗战时期人口伤亡和财产损失调研统计，入户调查取证方法受到市委表扬推广，代表市接受省督导组验收。2007 年 6 月，走访曾参加根治海河的领导干部、工程技术人员、劳模和农民 50 多人，为省委党史研究室出版《根治海河系列丛书》征集资料。

三、编纂

1983 年 9 月编纂出版《巨鹿县党史资料选编》第一、二集。第一集载有王伯华、郭文庆、陈化争、王光华等在巨鹿县早期党组织建立和发展、红枪会活动、冀南东部农民开展武装斗争的回忆录。第二集刊载刘北斗、岳纪纲、党三省、李泊等人在巨鹿县抗日政权建立、游击队活动、妇救会初建时期回忆文章。。

1985 年 2 月，编纂出版《中共巨鹿党史大事记（1925～1945）》。

1986 年 9 月，整理李亚光、李德、程玉琳、薛振彦、杨秀峰等五人传略和 11 篇老干部回忆录，出版《巨鹿县党史资料选编》第三集。

1987 年 5 月筛选老干部回忆录 4 篇、抗日斗争故事 5 篇，编纂出版《巨鹿县党史资料选编》第四集（抗日斗争专辑）。同年《大汉奸张百奎罪恶史》定稿出版。

1988 年 1 月，撰写专题《巨北战役》、《王光华在冀南》、《游击队处决“西霸天”尹怀聚》、《巨鹿县党组织创建、发展及其主要活动》4 篇。《巨北战役》、《游击队处决“西霸天”尹怀聚》先后在《冀南党史通讯》刊登。

1989 年 2 月，整理编撰《巨鹿县红枪会两次攻打巨鹿县城经过》，刊在 1989 年《冀南党史通讯》第三期。

1990 年 6 月，编写《巾帼英雄杨秀峰》一文，当年《党史博采》第 8 期刊登。

1993 年编写 1992 年党史大事记。

1999 年 12 月，辑印《迎澳门回归祖国——优秀文选》一书。

2000 年 6 月，编纂出版《党史资料》第五期《巨鹿人民英雄谱》一书。

2007 年 9 月，编纂出版《古郡风采》。“古郡新篇”、“巨鹿之子”分别收录为巨鹿县建设做出突出贡献的先进集体、知名企业和社会管理、企业管理、科学技术、英模先进事迹。

四、管理与应用

1997年，在全县“建立横到边纵到底的党史工作队伍”“发挥‘征、编、研、用、存、报、宣’整体功能”，并取得明显成效，受到省、市党史研究室的表彰。1997～2002年连续5年党史系统被评为省、市先进单位。

1999年4月1日，创办《党史工作信息》简报。简报紧紧围绕县委中心工作，以史鉴今、资政育人，借鉴历史经验，研究重大现实问题，为领导决策服务。同时，用党的历史教育人、鼓舞人、启迪人、警示人，为领导从思想、理论、政策提供历史依据。曾开辟《邓小平论中共党史》、《江泽民论中共党史》、《胡平锷》、《杨秀锋》、“工作研究与动态”、“他山之石”、“信息短波”等专栏。

每年利用清明节、“七一”建党节、“八一”建军节、“十一”国庆节对军转干部、青少年、入党积极分子、预备党员等开展革命传统教育。利用上党课，讲解巨鹿县革命斗争史、老一辈英雄事迹，到烈士祠扫墓及开展知识竞赛等。1995年9月12日，联合县委办公室、组织部、宣传部、老干部局，组织参加过抗日战争的老同志，举办“巨鹿八年抗战暨巨鹿解放50周年报告会”，对党政机关干部、中小学生、企事业单位职工开展教育。2001年7月1日，举办了“关爱杯”党史知识竞赛、“颂歌献给伟大的党”革命歌曲演唱会、演讲比赛等。2002年“七一”前夕，举办学习《中国共产党简史》培训班，全县各乡镇党史资料员、校区辅导员及各党史教育联系点工作人员400多名接受了培训。2003年，组织全县广大党员干部、学生、离退休干部共计25000人参加由邢台市委举办的“临药杯”、“地税杯”党史竞赛。巨鹿县荣获“集体优胜奖”。2004年8月，为纪念邓小平诞辰100周年，开展“金隆杯”知识竞赛，共收答卷12000多份，获得邢台市委优秀组织奖奖杯。

2005年，与县电视台联合制作了纪念抗日战争胜利60周年专题系列节目——《血与火的记忆》。共分三部分：（1）《刘胡兰式的烈士胡平锷》；（2）《听老人讲那过去的事》；（3）《历史的审判——痛斥杀人魔王张百奎》。当年，县党史研究室举办的纪念抗战暨巨鹿解放60周年征文活动，获河北省党史编研成果优秀奖。

第十一节　党校教育

县党校建于1978年，主要负责培训和轮训科级、股级党员干部、村级主要党员干部，学习、贯彻党的重要思想和各项方针政策。1979年校址在团城林场。1986年组建17所乡镇党校（每乡镇一所）。

一、党校建设

1985年4月，县党校由团城林场迁至县委院内。1986年8月在农机公司北邻新建；1988年8月，迁至东大街原县委；2003年11月搬至民兵训练基地；2008年，县党校成为全省县级党校中8个重点扶持对象之一。当年11月迁到秦泽东路（原县电视大学办公大楼）。投资100万元改造综合教学楼，更新办公设施，改建配套多媒体教室、阅览室、微机室、餐厅、宿舍等设施。年底通过省委组织部达标验收。

1979年仅有6名高中、中专毕业的专职教师，至2008年6名专职教师中，全部为本科学历。教师平时注重学习积累，并积极参加上级组织的各种理论研讨会和培训会。全面提高自身素质，坚持经常针对普遍性问题，带课题下基层实施专题调查，对调查记录实行细分、整理、补充，作为教学实践资料备用，累计书写调研报告30余篇。在教学中实现了理论与实践有机结合，增强了针对性。

二、学员培训

1979～2008年12月，县党校举办、联办各种各类培训班110多期，培训党员干部11000人次。2003年以前，县党校经常与县组织部、县宣传部联合举办培训班。2003～2008年，改为联合职能部门办学成为党校教育的亮点。即党校负责政治理论课程，部门负责业务技术课程，学员素质双提高。曾与县技术监督局联合举办锅炉工培训班；与县保密局联合举办保密工作培训班；与县武装部联合举办武装部长培训班；与县妇联联合举办致富能手培训班等。

1979～2008年巨鹿县党校开展干部学员培训情况一览表

表13－7－6　　单位：人

年度＼项目	期数	内容	对象	人数	学习内容
1979	2	理论	农村青年干部、公社党委委员	615	五篇哲学著作
1980	4	党训	村党支部正副书记	1520	党的基础知识
1982	3	党训	村党支部正副书记	907	中共“十二大”文件
1985	2	党训	村党支部正副书记	294	四、五中全会文件
1986	3	理论	局级干部、辅导员	690	科学社会主义
1987	2	理论	局级干部、辅导员	560	哲学
1988	2	党训	乡党委委员、局级干部	700	中共“十三大”文件
1989	1	廉政	乡党委委员、股级干部	1080	廉政报告
	1	理论	乡党委委员、股级干部	298	中共四中全会文件
1990	4	普训	农村党支部正副书记、村主任	3080	农村政策、党的基本知识
	1	理论	乡局股级干部	1100	哲学
1991	3	党训	副局级干部	100	党的基本路线
1992	4	理论	乡镇主管副职、村党支部书记	360	邓小平南方讲话
1993	4	党训	村党支部书记、村主任	480	学习江泽民十四大报告
1994	3	党训	组织委员、村党支部书记、村主任	900	中共十四届三中全会 建立社会主义市场经济体制
1995	2	理论	乡党委委员、局级干部	560	学习“九五”规划
1996	2	理论	乡党委委员、局级干部	560	学习“九五”规划
1997	4	理论	企业经理	200	社会主义市场经济理论
1998	2	党训	副科级干部	200	社会主义初级阶段基本纲领
1999	4	理论	副科级以上干部	500	“三个代表”重要思想
2000	4	理论	副科级以上干部	500	WTO基本知识
2001	4	理论	副科级以上干部	500	“三个代表”重要思想
2002	4	党训	村党支部书记、村主任	480	中共十六届三中全会精神
2003	4	党训	村党支部书记、村主任	400	构建社会主义和谐社会
2004	3	理论	乡镇干部	330	科学发展观理论
2005	2	理论	副科级干部	240	市场经济、领导艺术
2006	2	理论	后备干部	100	党的知识

续表

年度＼项目	期数	内容	对　　象	人数	学习内容
2007	2	理论	入党积极分子	100	党的知识
2008	4	党训	村党支部书记、村主任	800	科学发展观、新农村建设

三、函授教育

1992 年，建立“邢台市委党校函授分院巨鹿函授站”，当年招收行政管理中专班学员 100 人。1993 年 9 月县党校被定为市党校函授点（站）。

1992～2008 年，党校陆续举办各种函授班 18 个，培养大专以上毕业生 2600 人。其中，行政管理专业中专班学员 100 人，经济管理专业大专班学员 1280 人，大专起点经济管理专业本科班学员 680 人，大专起点法律专业本科班学员 560 人。这些学员经过学习深造，综合素质和专业水平明显提高。

第十四编

地方人民代表大会

1982～2008年，共召开8届人民代表大会。历届县人大常委会依法坚持人代会制度，充分发挥评议、监督、视察、检查等职能，督促各届人大代表认真履行代表职权，发挥代表作用，有效地推进了全县民主和法制建设。

第一章 县人大常委会机构

第一节 工作机构

1982年2月26日，巨鹿县七届人大一次会议召开，选举产生县七届人大常委会，工作机构只设有办公室。1986年7月增设文卫政法科，1987年5月增设财经科，1989年12月撤销文卫政法科、分设教科文卫科和政法科，同时增设代表联络科。1996年、2002年机构改革，设办公室、法制室、代表工作室，财经科和教科文卫科挂靠办公室，至2008年底未变。

第二节 领导机构

县人大常委会由主任、副主任和委员组成，主任、副主任和委员由县人民代表选举产生。1995年前，每届任期三年，1995年后每届任期改为五年。

1982～2008年巨鹿县历届人大常委会主任、副主任任职一览表

表14－3－4

届次	职务	姓名	性别	任职时间	籍贯	备注
第七届	主任	孙品光	男	1982.03～1984.12	广宗县东董里	
	副主任	孙受田	男	1982.03～1984.12	巨鹿县孙河镇	
		史勇忠	男	1982.03～1984.12	巨鹿县小马庄	
		贺振铎	男	1982.03～1984.10	广宗县贺南苏	
		卢连增	男	1982.03～1984.12	巨鹿县孔寨	
		袁永田	男	1983.03～1984.12	巨鹿县西辛庄	增补

续表

届次	职　务	姓　名	性别	任职时间	籍　贯	备注
第八届	主　任	袁永田	男	1984.12～1987.05	巨鹿县西辛庄	
	副主任	杲东阁	男	1984.12～1987.05	南宫市小石柏	
		葛建民	男	1984.12～1987.05	巨鹿县赵庄	
		杨锡鹏	男	1984.12～1987.05	巨鹿县东杨庄	
		夏耀华	女	1984.12～1987.05	巨鹿县夏旧城	
第九届	主　任	袁永田	男	1987.05～1990.04	巨鹿县西辛庄	
	副主任	杲东阁	男	1987.05～1990.04	南宫市小石柏	
		葛建民	男	1987.05～1990.04	巨鹿县赵庄	
		杨锡鹏	男	1987.05～1990.04	巨鹿县东杨庄	
		夏耀华	女	1987.05～1990.04	巨鹿县夏旧城	
		杜洪兴	男	1989.04～1990.04	巨鹿县中张王疃	增补
第十届	主　任	秦庆恩	男	1990.04～1991.04	巨鹿县观寨	
		杜洪兴	男	1991.04～1993.01	巨鹿县中张王疃	增补
	副主任	杲东阁	男	1990.04～1993.01	南宫市小石柏	
		杜洪兴	男	1990.04～1991.04	巨鹿县中张王疃	
		夏耀华	女	1990.04～1993.01	巨鹿县夏旧城	
		谷保清	男	1990.04～1993.01	巨鹿县南大韩寨	
		韩希梦	男	1990.04～1993.01	巨鹿县中吕寨	
		李峰奇	男	1991.04～1993.01	巨鹿县范街	增补
		刘如林	男	1991.04～1993.01	巨鹿县大张庄	增补
第十一届	主　任	张庆波	男	1993.01～1997.03	巨鹿县西下疃三村	
		李炳春	男	1997.03～1998.02	隆尧县北甫	
	副主任	谷保清	男	1993.01～1997.03	巨鹿县南大韩寨	
		董仁年	男	1993.01～1998.02	巨鹿县何寨	
		夏耀华	女	1993.01～1998.02	巨鹿县夏旧城	
		李峰奇	男	1993.01～1998.02	巨鹿县范街	
		李春禄	男	1996.03～1998.02	巨鹿县西郭城	
第十二届	主　任	潘孟申	男	1998.02～2003.04	巨鹿县乍补寨	
	副主任	刘增朴	男	1998.02～2003.04	巨鹿县苏家口	
		李峰奇	男	1998.02～2003.04	巨鹿县范街	
		阎敬岭	男	1998.02～2003.04	巨鹿县阎桥	
		牛保辰	男	1998.02～2003.04	广宗县张葛集	
		李春禄	男	1998.02～2002.01	巨鹿县西郭城	
		张淑芳	女	1998.02～2003.04	巨鹿县大潘庄	

续表

届次	职　务	姓　名	性别	任职时间	籍　　贯	备注
第十三届	主　任	潘孟申	男	2003.04～2007.04	巨鹿县乍补寨	
	副主任	李文忠	男	2003.04～2004.02	巨鹿县何寨	
		张淑芳	女	2003.04～2007.04	巨鹿县大潘庄	
		王贵林	男	2003.04～2007.04	巨鹿县大王庄	
		高占刚	男	2003.04～2007.04	巨鹿县高庄	
		牛恒璞	男	2003.04～2007.04	隆尧县北哈口	
		刘同怀	男	2005.01～2007.04	巨鹿县张起营	增补
		李步信	男	2005.01～2007.04	巨鹿县大留庄	增补
第十四届	主　任	潘孟申	男	2007.04～	巨鹿县乍补寨	
	副主任	杨瑞坤	男	2007.04～	巨鹿县一里庄	
		高占刚	男	2007.04～	巨鹿县高庄	
		牛恒璞	男	2007.04～	隆尧县北哈口	
		李步信	男	2007.04～	巨鹿县大留庄	

第二章　县人大代表

第一节　代表普选

1982年、1984年、1987年、1990年、1993年巨鹿县分别进行第七届、第八届、第九届、第十届、第十一届县人大代表的换届选举工作。1995年，地方组织法修订，县级人民代表大会任期由三年改为五年，分别于1998年、2003年、2007年履行了第十二届、第十三届、第十四届县人大代表的选举。

1982～2008年巨鹿县历届人民代表大会代表选举情况一览表

表14－1－1　　　　单位：人

届　别	选举时间	宣传发动		选民登记		提名协商确定代表候选人		选举代表		代表名额	实选代表
		培训骨干（人）	发放选举材料（份）	选区（个）	选民登记数	第一轮提名	正式候选人数	选举日	参选率%		
第七届	1982.10.26～1982.12.25							1982.12.25	97.5	276	235
第八届	1984.06.25～1984.08.26	1517	5000	143	172990	394	353	1984.08.26	97	239	239
第九届	1987.01.20～1987.04.01	1880	7000	101	181228	390	348	1987.04.01	95	183	159
第十届	1990.01.12～1990.03.20	1750	10000	114	188743	829	312	1990.03.20	96	248	202
第十一届	1992.10.05～1993.01.10	2150	8500	105	19498	912	355	1993.01.10	97	211	212

续表

届别	选举时间	宣传发动		选民登记		提名协商确定代表候选人		选举代表		代表名额	实选代表
		培训骨干（人）	发放选举材料（份）	选区（个）	选民登记数	第一轮提名	正式候选人数	选举日	参选率%		
第十二届	1997.12.01～1998.02.10	2018	11000	92	208123	1147	954	1998.02.10	94	183	180
第十三届	2003.02.30～2003.04.26	2315	10000	116	231786	304	304	2003.04.26	96.5	188	187
第十四届	2007.02.25～2007.04.16	2000	12000	87	250930	264	264	2007.04.16	97	188	183

注：空格为原始资料未标明。

第二节 代表构成

在历届县人大代表选举过程中，均严格按照法律规定程序实施人大代表选举，并按照有关规定，结合本地实际，确定代表构成比例。

1982～2008年巨鹿县历届人大代表构成情况统计表

表14－1－2 单位：人

届别	选举日	代表数	代表构成										党派				其中妇女	
			工人		农民		知识分子		干部		解放军		中共党员		党外人士			
			数额	占比（%）	数额	占比（%）	数额	占比（%）	数额	占比（%）	数额	占比（%）	数额	占比（%）	数额	占比（%）	数额	占比（%）
第七届	1982.12.25	235															41	17
第八届	1984.08.26	239	11	4.6	129	54	48	20	48	20	3	1.3	113	47	126	53	49	21
第九届	1987.04.01	159	8	5	84	52.9	34	21.3	31	19.4	2	1.2	106	67	53	33	32	20.1
第十届	1990.03.20	202	12	6	102	50.5	46	22.6	40	20	2	0.9	139	68.9	63	31.1	41	20.2
第十一届	1993.01.10	212	16	7.5	106	50	48	22.6	40	19	2	0.9	146	69	66	31	48	22.6
第十二届	1998.02.10	180	15	8.3	90	50	39	21.6	34	18.8	2	1	119	66.1	61	33.9	41	22.8
第十三届	2003.04.26	187	17	9.1	90	48.1	43	22.9	34	18.1	3	1.6	134	71.6	53	28.4	37	20
第十四届	2007.04.16	183	38	20.7	54	29.6	36	19.7	55	30	112	61.2	71	38.8	39	21.3		

注：空格为原始资料未标明。

附：巨鹿县出席省市人大代表

根据选举法和省、市分配名额，出席省、市人代会的人大代表由县人民代表大会民主选举产生，各届不等，一般为省1～3人，市19～27人。2008年巨鹿县出席河北省第十一届人代会代表1人，为河北燕南食品集团董事长兼总经理王永计。

第三节　代表工作

一、提案与建议

1982年，县人大常委会出台“办理代表提案制度”，1998年改为“代表建议、批评、意见和办理办法”。1982～2008年历届代表共提出提案、建议1963件，实效性建议均被采纳，办结1866件，办结率95%以上。

巨鹿县第十三、十四届人大代表提案统计表

表14－1－3　　单位：件

届　次	交通	城管	企业	农业农村	公安司法	电力	水利	城建环保	土地	教育	卫生	水务	民政	其他	合计
十三届一次	14		7	8	4			13		6				18	70
十三届二次	15				6	17	5			6				26	75
十三届三次	12	6			7		5			12				33	75
十三届四次				9	3	3		26	8					8	57
十四届一次			8	5	5	6		18	4	8		4	3	7	68
十四届二次				3	6	2	2	12		9	4			6	44

二、视察与检查

1986年6月，县人大常委会组织县工商局、卫生局、计量局、农业局、广播局、防疫站等执法部门进行食品卫生执法大检查，抽查64个生产经营单位，当场按规定填发卫生监督表35份，责令3个冰糕加工点停业整顿，销毁变质啤酒、汽水330瓶，销毁不合格尺子5把、杆秤3杆、台秤8台；同年10月组织部分委员到7个乡的12所小学开展了尊师重教调查活动，发现个别乡镇有拖欠教师工资现象，随后督促县政府给予解决。

1990年6月，县人大常委会组织部分代表视察了210所中小学，作出《关于进一步加强中小学德育工作的决定》，在全县推广育红小学德育工作经验。同年10月，组织21个农村代表对63个村的用电收费情况实施调查，督促解决电价混乱、收费不合理问题，减轻农民负担200多万元。

1991年6月，县人大常委会组织部分委员对《义务教育法》、《食品卫生法》、《河北省乡镇财政管理条例》、《企业法》落实执行情况进行了执法检查，发现问题后督促县政府及时解决。

1994年，对县直33个单位预算外资金管理情况进行检查，查出违纪金额80余万元，按《条例》规定处罚58.9万元，上缴财政代管120万元。同年10月对《企业法》、《产品质量法》贯彻执行情况、反腐败斗争开展情况实施执法检查，对发现的问题随时纠正。

1995年针对群众反映强烈的乱收费、乱罚款、乱摊派“三乱”问题，县人大常委会组织县内省、市、县220多名代表分成三个调查组深入调查，对相关部门采取通报、限期整改、反馈等措施，使“三乱”现象得以扼制。同年8月联合县工商局进行执法检查，查获伪劣农药1000多瓶、假化肥24吨、冒牌三角带10千米、冒牌饮料4320瓶，保护了消费者的合法权益。

1999年，县人大常委会组织代表对“九八”教育年活动情况、教育费附加和财政拨款情况视察，对司法机关执法情况以及《土地管理法》、《环境保护法》、《公路管理法》、《建筑质量法》、

《科技成果法》等落实情况开展执法检查。

2003年11月，县人大常委会组织县内省、市、县三级人大代表对社会治安、农村扶贫、环境污染治理、人口与计划生育法落实情况开展执法检查。2004年，市、县人大联合对《中华人民共和国环境保护法》、《河北省环境保护条例》、《中华人民共和国招标投标法》和全县社会保障落实情况开展执法检查。

2005年12月，县人大常委会组织县内省、市、县三级人大代表对县法院立案、审判、执行情况，县检察院的反贪污、查办、渎职情况实施执法检查，促进“两院”司法公正。

2006年4月至7月，县人大常委会组织人大代表到县法院参加旁听和评议法院庭审活动，促进法院庭审整体水平提高。同年12月，人大代表联络科组织县内省、市人大代表对县信访工作、社会治安、综合治理等有关情况视察，并就地研究解决措施。

2007年1月，县人大常委会组织代表对规模企业贯彻落实《中华人民共和国劳动法》开展执法检查。

2008年6月，县人大常委会组织代表开展了《城乡规划法》、《中华人民共和国防洪法》、《安全生产法》三项执法检查。7月，组织代表开展《中华人民共和国中小企业促进法》和《河北省中小企业促进条例》执法检查。9月，省、市人大有关领导到巨鹿县对农口资金整合与使用情况开展了调研，提高了支农资金的使用效益。

三、评议与监督

1991年，县、乡人大代表结合执法检查对公、检、法、司及基层法庭、派出所、乡镇法律服务所、乡镇校区实施评议，提出意见、建议380多条，揭摆案件96起。1992年10月，县人大常委会组织县、乡代表评议县政府有关部门和基层“七所八站”（七所：司法所、土管所、财政所、工商所、供电所、邮电所、国税所；八站：农技站、水利站、城建站、计生站、文化站、广播站、经管站、客运站），同时参与对省、市“两院”的评议活动。1993年十一届三次人代会上，组织代表对县人大常委会和“一府两院”工作评议。1994年组织县、乡代表对县法院、检察院和3个行政部门及其“七所八站”进行评议；同年组织200多名代表对公、检、法、司实施投票评议，对基层站所存在素质不高、乱用械具、乱罚款的问题提出批评，并对36名不合格聘用人员解聘清退。1995年5月，县人大常委会组织部分人大代表对县工商、城建、教育三个部门进行评议，对存在的问题令其限期改正、彻底整顿。1999年，出台了《巨鹿县人大常委会关于对国家工作人员施行评议的暂行办法》。2001年首次对28名“一府两院”任命人员进行百分制评议，评议以无记名投票方式，评出优、良、可、差四个档次。此后的2002年、2004年、2005年、2006年、2008年均进行评议，并将评议结果通报全县。

第三章 县人民代表大会与常务委员会议

第一节 人民代表大会

1982～2008年，巨鹿县共举行8届29次人民代表大会。各次大会均在县委和大会临时党委领导下，由大会主席团主持。大会主要议程是：审议县人大常委会、县人民政府、县人民法院、县人民检察院等六项工作报告，并作出决议，同时按照大会选举办法，进行有关选举事宜。2006年，将《巨鹿县国民经济和社会发展计划执行情况与国民经济和社会发展计划草案报告》、《巨鹿县财政预算执行情况和财政预算草案的报告》由口头报告改为书面报告。

1982～2008 年巨鹿县历届人民代表大会一览表

表 14－3－4

届别	次别	召开时间	应到代表（人）	实到代表（人）	主要内容	代表提案（件）	备注
第七届	第一次会议	1982. 02. 26～1982. 03. 01	276	212	在巨鹿大礼堂召开 1. 听取和审议县人大常委会和“一府两院”6 项报告，作出相应决议 2. 选举孙品光为县人大常委会主任，孙受田、史勇忠、贺振铎、卢连增为副主任；选举刘宝山、刘玉珍、董振景、党三省、常胜、范惠才为县人大常委会委员 3. 选举滑福恒为县人民政府县长，杨锡鹏、张乐平、杨书波、廖栖凤、王存录、霍继江、张文泽、杲东阁为副县长 4. 选举许登浯为县人民法院院长；谷保清为县人民检察院检察长	65	
	第二次会议	1983. 03. 21～1983. 03. 23	277	236	在巨鹿大礼堂召开 1. 会议听取和审议县人大常委会和“一府两院”6 项报告，作出相应决议 2. 选举出席河北省第六届人大代表 3. 补选袁永田为县人大常委会副主任	74	七届一次会议后，补选代表 1 人，故二次会议应到代表 277 人
第八届	第一次会议	1984. 12. 24～1984. 12. 26	235	232	在巨鹿县城召开 1. 听取和审议县人大常委会和“一府两院”6 项报告，作出相应决议 2. 选举袁永田为县人大常委会主任，杲东阁、葛建民、杨锡鹏、夏耀华为副主任；选举温志成、李振江、秦更礼、孟钦、介燕生、陈东瀛、巩如彬、陈连杰为县人大常委会委员 3. 选举马德俊为县人民政府县长，秦庆恩、王存录、王荣道为副县长 4. 选举许登浯为县人民法院院长；谷保清为县人民检察院检察长	58	
	第二次会议	1985. 04. 28～1985. 04. 29	235	223	在巨鹿县城召开 听取和审议县人大常委会和“一府两院”6 项报告，作出相应决议	62	
	第三次会议	1986. 04. 07～1986. 04. 08	234	219	在巨鹿影院召开 1. 听取和审议县人大常委会和“一府两院”6 项报告，作出相应决议 2. 补选曹能仁为县人民政府县长 3. 补选刘德范为县人民法院院长	69	八届二次会议后，3 名代表调离巨鹿县，补选代表 2 人，故三次会议应到代表 234 人

续表

届别	次别	召开时间	应到代表（人）	实到代表（人）	主要内容	代表提案（件）	备注
第九届	第一次会议	1987.05.04～1987.05.06	159	150	在巨鹿影院召开 1. 听取和审议县人大常委会和“一府两院”6项报告，作出相应决议 2. 选举袁永田为县人大常委会主任，杲东阁、葛建民、杨锡鹏、夏耀华为副主任；选举王翠梅、巩如彬、朱延武、宋振、李振江、张良国、胡兰省、赵清选、秦更礼、樊庆年为县人大常委会委员 3. 选举曹能仁为县人民政府县长，王荣道、郝增波、秦庆恩、曹元奇为副县长 4. 选举夏和盛为县人民法院院长，张迎春为县人民检察院检察长	52	
	第二次会议	1988.03.28～1988.03.30	159	145	在巨鹿影院召开 1. 听取和审议县人大常委会和“一府两院”6项报告，作出相应决议 2. 选举出席河北省第七届人民代表大会代表3人	49	
	第三次会议	1989.04.11～1989.04.13	161	155	在巨鹿影院召开 1. 会议听取和审议县人大常委会和“一府两院”6项报告，作出相应决议 2. 补选赵海成为县人民政府县长 3. 补选杜洪兴为县人大常委会副主任	61	九届二次会议后，补选代表2人，故三次会议应到代表161人
第十届	第一次会议	1990.04.02～1990.04.04	202	202	在巨鹿影院召开 1. 听取和审议县人大常委会和“一府两院”6项报告，作出相应决议 2. 选举秦庆恩为县人大常委会主任，杲东阁、杜洪兴、夏耀华、谷保清、韩希梦为副主任；选举朱延武、秦更礼、李兰考、宋振、赵清选、巩如彬、胡兰省、马海满、孙丙辰为县人大常委会委员 3. 选举赵海成为县人民政府县长，郭秋生、王荣道、郝增波、董金月、阎敬岭、周绍印为副县长 4. 选举刘再坦为县人民法院院长，赵新法为县人民检察院检察长	98	
	第二次会议	1991.04.16～1991.04.18	201	197	在巨鹿影院召开 1. 听取和审议县人大常委会和“一府两院”6项报告，作出相应决议 2. 补选杜洪兴为县人大常委会主任，李峰奇、刘如林为副主任	110	十届一次会议后，3名代表调离巨鹿县，罢免代表1人，补选代表3人，故二次会议应到代表201人
	第三次会议	1992.03.26～1992.03.27	202	190	在巨鹿影院召开 1. 听取和审议县人大常委会和“一府两院”6项报告，作出相应决议 2. 补选刘新年为县人民政府县长 3. 补选王振勇为县人大常委会委员	102	十届二次会议后，1名代表调离巨鹿县，补选代表2人，故三次会议应到代表202人

续表

届别	次别	召开时间	应到代表（人）	实到代表（人）	主要内容	代表提案（件）	备注
第十一届	第一次会议	1993.01.08～1993.01.10	212	206	在巨鹿影院召开 1. 听取和审议县人大常委会和“一府两院”6项报告，做出相应决议 2. 选举张庆波为县人大常委会主任，谷保清、董仁年、夏耀华、李峰奇为副主任；选举秦更礼、孙丙辰、李文江、李景顺、周齐来、孙云增、马海满、胡兰省、李兰考、赵清选、张成如、徐克猛为县人大常委会委员 3. 选举杜福贞为县人民政府县长，王荣道、关立泽、董金月、阎敬岭、霍春书、李国民为副县长 4. 选举刘再坦为县人民法院院长；牛保辰为县人民检察院检察长	46	
	第二次会议	1993.08.08～1993.08.10	212	204	在县政府招待所三楼大会议室召开 1. 听取和审议县人大常委会和“一府两院”6项报告，作出相应决议 2. 选举出席邢台市第十届人民代表大会代表27人	49	
	第三次会议	1994.04.07～1994.04.09	214	207	在县政府招待所三楼会议室召开 1. 听取和审议县人大常委会和“一府两院”6项报告，作出相应决议 2. 补选王会民、董振录为县人大常委会委员	67	十一届二次会议后，补选代表2人，故三次会议应到代表214人
	第四次会议	1995.04.12～1995.04.14	213	189	在巨鹿影院召开 1. 听取和审议县人大常委会和“一府两院”6项报告，作出相应决议 2. 补选营新月为县人民政府县长	53	十一届三次会议后，2名代表调离巨鹿县，补选代表1人，故四次会议应到代表213人
	第五次会议	1996.03.29～1996.03.31	214	195	在巨鹿影院召开 1. 听取和审议县人大常委会和“一府两院”6项报告，作出相应决议 2. 补选李春禄为县人大常委会副主任	41	十一届四次会议后，补选代表1人，故五次会议应到代表214人
	第六次会议	1997.03.08～1997.03.10	215	201	在巨鹿影院召开 1. 听取和审议县人大常委会和“一府两院”6项报告，作出相应决议 2. 补选李炳春为县人大常委会主任，韩路标、杨绍秋、董志明为县人大常委会委员	55	十一届五次会议后，2名代表调离巨鹿县，补选代表3人，故六次会议应到代表215人

续表

届别	次别	召开时间	应到代表（人）	实到代表（人）	主 要 内 容	代表提案（件）	备 注
第十二届	第一次会议	1998. 02. 17 ~ 1998. 02. 19	180	173	在巨鹿影院召开 1. 听取和审议县人大常委会和“一府两院”6 项报告，作出相应决议 2. 选举巨鹿县出席邢台市第十一届人民代表大会代表 21 人 3. 选举潘孟申为县人大常委会主任，刘增朴、李峰奇、阎敬岭、牛保辰、李春禄、张淑芳为副主任；选举王会民、田朝芳、安胜国、孙云增、李志棉、李文江、张积善、张恒月、杨学存、郑瑞国、周齐来、韩路标为县人大常委会委员 4. 选举菅新月为县人民政府县长，孔祥友、李国民、董振录、贾月芳、赵子庆、刘华山、张云为副县长 5. 选举刘汝海为县人民法院院长，谭景春为县人民检察院检察长	45	
	第二次会议	1999. 03. 27 ~ 1999. 03. 29	187	184	在巨鹿影院召开 听取和审议县人大常委会和“一府两院”6 项报告，作出相应决议	48	十二届一次会议后，1 名代表调离巨鹿县，补选代表 8 人，故二次会议应到代表 187 人
	第三次会议	2000. 03. 01 ~ 2000. 03. 03	186	185	在巨鹿影院召开 1. 听取和审议县人大常委会和“一府两院”6 项报告，作出相应决议 2. 补选孙学良为县人民政府县长	39	十二届二次会议后，1 名代表调离巨鹿县，1 名代表去世，补选代表 1 人，故三次会议应到代表 186 人
	第四次会议	2001. 02. 27 ~ 2001. 03. 01	182	180	在巨鹿影院召开 1. 听取和审议县人大常委会和“一府两院”6 项报告，作出相应决议 2. 补选马海印为县人民政府副县长	42	十二届二次会议后，2 名代表调离巨鹿县，1 名代表去世，1 名代表暂停代表职务，故四次会议应到代表 182 人
	第五次会议	2002. 01. 24 ~ 2002. 01. 26	179	175	在巨鹿影院召开 1. 听取和审议县人大常委会和“一府两院”6 项报告，作出相应决议 2. 补选徐兰军为县人民政府县长	46	十二届四次会议后，2 名代表调离巨鹿县，2 名代表去世，补选代表 1 名，故五次会议应到代表 179 人

续表

届别	次别	召开时间	应到代表（人）	实到代表（人）	主要内容	代表提案（件）	备注
第十二届	第六次会议	2003.03.12～2003.03.13	175	174	在县政府招待所三楼大会议室召开 1. 听取和审议县人大常委会和“一府两院”6项报告，作出相应决议 2. 选举出席邢台市第十二届人民代表大会代表22人	37	十二届五次会议后，4名代表调离巨鹿县，第六次会议应到代表175人
第十三届	第一次会议	2003.04.28～2003.04.30	187	185	在巨鹿影院召开 1. 听取和审议县人大常委会和“一府两院”6项报告，作出相应决议 2. 选举潘孟申为县人大常委会主任，李文忠、张淑芳、王贵林、高占刚、牛恒璞为副主任；选举王花芬、贝庆芳、卢会峰、田朝芳、李国生、李俊广、张庆杰、张国华、张恒月、武国峰、梁密格、董志申、董国平为县人大常委会委员 3. 选举徐兰军为县人民政府县长，赵子庆、张良国、董振录、刘华山、秦绍伟、王耀民为副县长 4. 选举刘汝海为县人民法院院长，曹振义为县人民检察院检察长	70	
	第二次会议	2004.01.11～2004.01.13	185	182	在巨鹿宾馆东三楼大会议室召开 听取和审议县人大常委会和“一府两院”6项报告，作出相应决议	74	十三届一次会议后，2名代表去世，故二次会议应到代表185人
	第三次会议	2005.01.18～2005.01.20	183	183	在巨鹿县华丰宾馆四楼会议室召开 1. 听取和审议县人大常委会和“一府两院”6项报告，作出相应决议 2. 补选刘同怀、李步信为县人大常委会副主任，路会平为人大常委会委员 3. 补选马聚平为县人民政府副县长 4. 补选董英辰为县人民法院院长	78	十三届二次会议后，4名代表调离巨鹿县，2名代表去世，补选代表4人，故三次会议应到代表183人
	第四次会议	2006.03.29～2006.03.30	178	175	在巨鹿影院召开 1. 听取和审议县人大常委会和“一府两院”6项报告，作出相应决议 2. 补选王素平为县人民政府县长	65	十三届三次会议后，5名代表调离巨鹿县，1名代表去世，补选代表1人，故四次会议应到代表178人

续表

届别	次别	召开时间	应到代表（人）	实到代表（人）	主要内容	代表提案（件）	备注
第十四届	第一次会议	2007.04.26～2007.04.28	183	182	在巨鹿一中报告厅召开 1. 听取和审议县人大常委会和“一府两院”6项报告，作出相应决议 2. 选举潘孟申为县人大常委会主任，杨瑞坤、高占刚、牛恒璞、李步信为副主任；选举王花芬、田朝芳、吉增良、李国生、李国豪、李俊广、张廷波、张建辉、张恒月、陈殿雄、夏广军、郭占勋、梁密格、董兰敏、董志申、路会平、薛辰良为县人大常委会委员 3. 选举王素平为县人民政府县长，刘华山、贾立宁、刘会军、王耀民、赵志华、刘志刚为副县长； 4. 选举董英辰为县人民法院院长，曹振义为县人民检察院检察长	68	
	第二次会议	2008.03.12～2008.03.14	182	180	在巨鹿县文化中心召开 1. 听取和审议县人大常委会和“一府两院”6项报告，作出相应决议 2. 选举巨鹿县出席市第十三届人大代表22人 3. 补选王德志为县人民检察院检察长	46	十四届一次会议后，1名代表调离巨鹿县，故二次会议应到代表182人

第二节　常务委员会议

第七届县人大常委会（1982.03～1984.12），举行例会26次，听取“一府两院”工作报告25项。制定《关于干部任免的暂行办法》，建立起常委会例会、主任办公例会、请示报告制度、集体领导和个人分工负责制度、同代表和人民群众联系制度、办理代表提案制度。

第八届县人大常委会（1984.12～1987.05），举行例会19次，听取“一府两院”工作报告38项。作出关于进一步贯彻执行《食品卫生法》、加强物价管理工作的决议；研究出台了县人大常委会人事任免办法、县人大常委会和县政府“关于加强工作联系的办法（试行）”、“关于加强同县人大代表联系的办法（试行）”。县委组织县人大常委会、县政府、法院、检察院召开两次联席会议，第一次联席会议纪要，在省人大办公厅《工作通讯》上刊登。

第九届县人大常委会（1987.05～1990.04），举行例会22次，听取“一府两院”工作报告28项。通过县政府《关于依法治县实施方案》的决议、县政府《农村水利劳动积累工作制度试行办法》决议、县政府改革和加强中小学德育教育工作的决定；讨论通过县政府关于《水利工程管理的暂行规定》、《统计工作管理暂行规定》、《农村干部退休养老制度的暂行规定》、《实行综合电价的规定》；研究出台县人大常委会《实施监督的决定（试行）》、县人大常委会议事规则、县人大常委会机关干部廉洁勤政守则、主任办公会议制度、党组会议制度、文件传阅保密制度。

第十届县人大常委会（1990.04～1992.12），举行例会26次，听取“一府两院”工作报告30项。讨论通过了县政府《关于城镇建设管理的暂行规定》、县政府《关于乡镇财政管理体制的暂行规定》、县政府《水资源管理办法》、县政府

《关于违反水法规行政处罚的实施办法》、县政府《关于严禁红白事大操大办的布告》；作出了关于科技发展“八五”计划和十年规划纲要的决议、关于在公民中继续开展法制宣传教育的决议；研究出台了《乡镇人大主席团常务主席工作办法（试行）》、组织县乡人大代表评议县政府有关部门和基层“七所八站”工作的意见。开展村民代表会试点（贾庄乡白佛一村、纪家寨）和推广工作，“关于村民代表会议试点工作情况和推广意见的报告”，县委予以批转，为加强基层政权和民主政治建议开辟了一条路子。

第十一届县人大常委会（1993.01～1998.02），举行例会41次，听取“一府两院”工作报告33项。研究出台了县人大常委会议事规则、常委会组成人员守则、人事任免暂行办法及代表建议、批评和意见的提出和办理办法、乡镇人大工作规范化安排意见、县乡代表议政活动暂行办法、乡镇人大工作制度和职责；作出了关于推行错案和执法过错责任追究制的决议，听取了部分被任命人员的述职报告。组织开展纪念《代表法》颁布实施三周年活动，发放资料500份，县人大常委会主任发表电视讲话，县人大常委会机关门口设立法律咨询台。

第十二届县人大常委会（1998.02～2003.04），举行例会35次，听取“一府两院”工作报告26项。作出了关于农田水利基本建设、农业产业化经营、财政预算执行情况、城区秩序管理工作等报告的审议意见；讨论通过了《城市管理若干规定》；研究出台《重大事项和案件报告办法》、《监督工作暂行办法》、《国家工作人员评议暂行办法》、《代表议案、建议、批评和意见办理暂行办法》、《村提留乡统筹费征收管理暂行办法》、《对县直部门派驻乡镇基层单位进行民主评议的实施办法》。

从本届常委会开始，每年召开代表建议、批评和意见专门现场交办会，制发文件，理清人大代表与政府及部门的关系，以发挥人民代表作用。对拟任命干部表决方式也由举手表决改为无记名投票，任命表决前拟任命人员作表态发言，任命通过后作承诺发言；对提请拟任命人员不到会的不予任命。曾对2名不到会的拟任命人员暂不任命。这样不仅使人大常委会组成人员的意见依法得以表达，而且使人大常委会与被任命人员的关系得以正确体现。

针对个别单位不顾事实和法律，对所办错案不纠不改，对人大代表拟欲错误拘留，县人大常委会先后对8件个案和1件涉及代表权益案，据实依法实施监督，有效维护了法律的尊严和人大代表及人民群众的合法权益。县人大常委会主任潘孟申撰写的论文《依法治省的关键在治吏》入选《依法治省理论研究会》会刊，同时被河北省《地方人大建设》、《邢台人大》刊登；撰写的《把维护群众根本利益放在人大工作首位》被河北省《地方人大建设研讨文集》收录；撰写的《有作为才有权威》被邢台市《当好人大主任，做好人大工作》一书收录。

第十三届县人大常委会（2003.04～2007.04），举行例会29次，听取“一府两院”工作报告18项。作出关于加快县城改水降氟给水工程建设、建设生态示范县、财政预算执行情况、巨鹿县总体规划等报告的一系列审议意见；作出关于加强本级预算审查监督、县检察机关人民监督员试点工作的决定；作出对县政府委托邢台市城市建设投资开发有限公司向国家开发银行贷款有关情况请示的批复、对县政府局部调整学校规划用地请示的批复。本届常委会对“一府两院”被任命人员进行述职评议结束后，召开述职评议结果通报会，向被评议人员颁发评议意见书。2004年9月15日，举行人民代表大会制度建立50周年系列纪念活动。对“一府两院”由县人大选举任命的人员进行人民代表大会制度知识考试和培训、举办书画作品展览、召开离退休老干部和各界人士座谈会等。对3名不到会拟任命人员暂停任命、监督个案9件、保护代表权益案件2件。2005年将评议对象延伸到垂直管理部门和政府直属事业单位。每年召开代表建议、批评和意见现场交办会。

第十四届县人大常委会（2007.04～2008.12.31），共举行例会11次，听取“一府两院”工作报告6项。作出关于县政府城区秩序专项整治活动、财政预算执行情况和县政府加强县、乡、村公路路政管理意见以及生态县建设等报告的审议意见；出台县人大常委会交办信访事项暂行办法、县人大常委会信访工作制度、县人大常委会组成人员守则。

第四章 县人大常委会主要工作

第一节 干部任免

依照法律规定，县人大常委会有权任免人大办公室主任、副主任、科长、副科长；县人民政府代县长、副县长、办公室主任、政府各委办局主任、局长；人民法院代院长、副院长、庭长、副庭长、审判委员会委员、审判员；人民检察院代检察长，副检察长、检察委员会委员、检察员等。1982～2008年共任命人大干部46人、免去26人；任命县政府干部331人、免去114人；任命县人民法院代院长5人，免去院长、副院长17人，任命庭长38人、免去19人；任命县人民检察院代理检察长4人，免去检察长、副检察长18人，任命县反贪局局长、副局长11人，免去7人。

第二节 代表队伍建设

县人大常委会不断加强代表队伍建设，1985年3月，县人大常委会组织召开了各代表团团长和部分代表参加的座谈会，了解和分析代表的工作学习情况。1994年5月，组织县、乡代表认真学习《代表法》，增强代表的职责意识。1995年5月，评选出17名优秀代表，并利用报纸、广播电视广泛宣传其先进事迹，鼓励代表积极参政议政。2003年，县十三届人大常委会为提高代表参政议政水平，开展了三次以增强代表职责意识、发挥代表作用为主题的学习研讨活动。2004年评选出10名优秀代表，在十三届二次会议上给予表彰。2005年评选出20名优秀代表，在全县通报表彰。2006年、2007年、2008年代表大会期间，两会直通车对优秀代表的典型事迹连续现场报道。

第三节 指导乡镇人大工作

一、乡镇人大组织

1987年1月，乡镇人大设代表联组，受本级人民代表大会委托，负责闭会期间的日常工作。1987年4月，各乡镇召开人民代表大会，推举产生了乡镇人大代表联组组长17人（每乡镇一人）。1990年12月，在各乡镇第五届人民代表大会第一次会议上，撤销乡镇代表联组，改为乡镇人大主席团。1995年1月县机构改革，全县设6镇、4乡，乡镇人大主席团随乡镇合并，并设主席、副主席，负责闭会期间联系代表、组织代表活动、反映群众意见和建议。1999年9月24日，据《河北省乡镇人大代表大会条例》，乡镇人大主席团经人代会授权，在闭会期间负责保证宪法、法律、行政法规、地方性法规和上级人民代表大会及其常务委员会决议、决定在本行政区域内的遵守和执行；接受人民群众对本级人民政府和国家工作人员的申诉和意见，并督促有关部门办理；负责召集下一次本级人民代表大会会议，决定临时召集本级人民代表大会会议；审查和批准本级人民政府对本级人民代表大会通过的财政预算的部分变更，并向下次代表大会会议备案；听取和审议本级人民政府和有关部门工作情况的报告，监督本级人民政府和有关部门对本级人民代表大会决议、决定的贯彻实施情况等11项工作。2007年，乡镇人民代表大会任期由三年改为五年，与县人大常委会任期一致。

二、乡镇人大制度建设

1982年3月至1986年6月，乡镇人大工作各项制度建设处于探索阶段。1987年2月，县八届人大常委会第十次会议制定了《乡镇代表联组活动意见》和《关于乡镇人民代表开展活动的意见》。1990年2月，县人大制定了《巨鹿县乡镇人大主席团常务主席工作办法》，同时在小吕寨镇开展试点工作，先后建立主席团会议制度、人民代表监督制度、向党委请示汇报制度。1993年1月，县人大常委会帮助各乡镇人大修订和完善了《代表小组活动制度》、《代表联系选民制度》、《代表小组定期汇报制度》、《代表职责》、《组织代表视察制度》、《代表评议政府工作制度》、《主席团联系代表制度》、《代表小组活动记录薄》等项制度。1996年4月，县人大常委会第十三次会议制定了《关于加强乡镇人大工作规范化建设的安排意见》和《关于开展乡镇人大代表议政日活动的暂行办法》。

1987年8月，县九届人大常委会召开乡镇人大代表联组组长座谈会，就代表联组和乡镇代表如何开展工作讨论研究。1991年1月至2008年底，每年的乡镇人代会期间，都组织人大代表对乡镇“七站八所”实施评议。1992年，在白佛村和纪家寨村开展村民代表会试点工作，为乡镇人大提供经验。

1993年11月，县十一届人大常委会组织召开了全县乡镇人大主席会议，10个乡镇介绍工作经验。1994年4月，西郭城、何寨、官亭等乡镇人大主席团在县人大常委会的指导下，围绕农业开发、植树、修路、农田水利建设和计划生育工作，召开代表会议并作出了相应决议。1996年9月，县十一届人大常委会在全县乡镇人大工作规范化建设中，要求各乡镇人大做到“三到位”（乡镇人大的机构设置到位、人大主席的角色到位、乡镇人大的规格到位）、“四上墙”（乡镇人大的组织机构上墙，各项规则、规定上墙，人大工作制度上墙，乡镇人大及代表的职责上墙）、“五归档”（乡镇人大工作记录归档，总结经验归档，制发的文件、规定归档，代表的议案、建议、批评和意见及办理情况归档，评选的优秀人大代表、先进代表小组及先进村民代会的事迹材料归档）。

三、乡镇人大换届选举

乡镇人民代表大会先后于1987年4月、1990年2月、1993年2月、1996年4月、1999年1月、2002年4月、2004年4月、2007年4月历经8次换届。1987年，县九届人大常委会帮助指导辛庄乡完成了换届选举工作，其经验在全县推广。1996年，乡镇人大换届选举工作是在《选举法》、《组织法》修改和合乡并镇后进行的，情况比较复杂，县十一届人大常委会采取“一步一安排、一步一培训、一步一总结”的方法，严密组织，加强指导，圆满完成了乡镇人大换届选举工作任务。2007年4月，依照宪法和省、市委统一部署，县、乡两级人大换届选举同步进行，县十三届人大常委会采取县级领导包乡镇、乡镇干部包选区、村干部包选民小组方法，明确任务、卡死责任、加强督促，确保乡镇人大换届选举任务顺利完成。

第十五编

地方人民政府

1979年，巨鹿县党政分设，政权机构为革命委员会。1982年3月恢复组建巨鹿县人民政府，从1982年至2008年，历经第七至第十四届共八届。历届县政府牢记人民政府为人民的宗旨，坚持改革开放，紧紧围绕县委决策，充分发挥自身职能，带领全县人民发展县域经济，着力县城建设、环境保护，狠抓各项工作落实，使全县政治、经济、社会、县城建设等各项事业快速发展。

第一章　县政府机构

1979～2008年，巨鹿县人民政府先后于1996年、2002年和2005年对其工作部门进行了三次大的改革。通过改革，有效精简了政府工作机构，促进了政府职能转变，提高了政府工作效能，保障了政府工作部门的协调高效运转。

第一节　县政府机构改革

一、行政机构改革

1979年，巨鹿县党政分设，县委书记不再兼任县革命委员会主任。1982年3月恢复组建巨鹿县人民政府，设政府工作机构40个，即县政府办公室、人事局、劳动局、统计局、计划委员会、工业交通办公室、财贸办公室、城建局、科学技术委员会、计划生育办公室、标准计量局、地震办公室、财政局、税务局、工商行政管理局、工业局、交通局、邮电局、电力局、社队企业局、物资局、第二轻工业局、外贸局、商业局、供销合作社、农业局、林业局、畜牧局、农业机械管理局、粮食局、水利局、公安局、司法局、民政局、文教局、卫生局、广播电视局、中国人民银行巨鹿县支行、中国建设银行巨鹿县支行、中国农业银行巨鹿县支行。

1982年6月，县工业交通办公室改为县经济委员会，9月县城市建设局建立，10月县工业局撤销。1983年12月县人事局、劳动局合并称县劳动人事局，县财贸办公室撤销。

1984年1月县农业、林业、畜牧三局合并称县农林局，县电力局改称县供电局，县社队企业局改称县企业公司，县外贸局改为县外贸公司，县第二轻工业局改为县二轻公司，县城市建设局撤销，县体育运动委员会复设，中国人民保险公司巨鹿县支公司定编，同年2月县标准计量局撤销，增设县审计局，4月县计划生育办公室改为县计划生育委员会，5月县防疫站定为县局级单位，6月建县区划办公室，8月县企业公司改为县乡镇企业局，设县爱国卫生运动委员会。

1985年1月建中国工商银行巨鹿县支行，与县人民银行合署办公。1986年2月设县经济体制改革办公室，3月设县土地管理局，5月设县经济技术协作办公室，6 月县妇幼保健站定为县局级单位，县标准计量局、城建局复设，7 月设县物价局，同时县烟草专卖局设为二级局、县文教局改称县教育委员会、县广播电视局撤销、增设县房地产公司，9 月县广播电视局复设，11 月设县农业局副局级农业技术推广中心。

1988 年 1 月设县政府监察局，8 月原股级地名地方志办公室升格独立，更名为县政府地方志办公室，定为县局级单位，11 月设县计划生育协会为副局级群众团体组织，12 月县商业局下属烟草专卖局升格独立，为地区和县政府双重领导的局级企业单位。

1989 年 1 月县房产公司更名为县房地产管理局，6 月设县政府研究室，为局级机构；9 月县气象站改称县气象局；12 月设县残疾人联合会，副局级事业群众团体组织，挂靠县民政局。1990 年 11 月县经济体制改革办公室更名为县经济体制改革委员会。1991 年 3 月撤销县区划（农业开发）办公室和县政府办公室农业科，合并成立县农业办公室，为行政和事业双重性质的局级机构；县政府办公室行政科改为县政府机关行政事务管理局，为局级事业单位；5 月县石油公司，更名为河北省石油产品销售公司巨鹿县公司。1992 年 4 月，县物资公司改为县物资总公司；7 月城镇公安派出所（股级）改为城关公安分局，为副局级；8 月县统计局更名为县统计委员会。1994 年 5 月，建立县扶贫领导小组办公室，挂靠在县民政局，8 月改为县政府直接领导，仍为局级行政单位。

县直属工厂、学校和医院 10 个：县酒厂、纺织机械厂、橡胶厂、油棉厂、巨鹿中学、师范学校、农业技术中学、职业技术中学、中央农广学校巨鹿分校、县医院。

1996 年 6 月机构改革，县政府农业办公室、研究室、县经济体制改革委员会合到县政府办公室；县林业局、畜牧水产局合到县农业局，建立县农林畜牧局；县物价局并入县工商行政管理局；撤销县教育委员会、文化局、体育运动委员会，建立县教育文化体育局，设县文化办公室和县体育运动办公室；撤销县科学技术委员会，成立县科学技术局，县技术监督局和县科学技术局合署办公；撤销县计划委员会，成立县计划局，重点项目办公室设在县计划局；撤销县统计委员会，成立县统计局；撤销县经济委员会，成立县经济局，县乡镇企业局合入县经济局；撤销县计划生育委员会，成立县计划生育局；撤销县商业局，成立县贸易局，县粮食局并入县贸易局；县环境保护局保留名称合到县建设局；县劳动人事局更名为县人事劳动局；撤销县第二轻工业局，建立县轻工总会，列县政府直属事业机构；县农业开发办公室与农业区划办公室合并为县农业开发与农业区划办公室，列县政府直属事业机构；县扶贫办公室、档案局由县政府工作部门改为县政府直属事业机构；撤销县经济技术协作办公室，成立县招商局，与县开放办公室一个机构、两个名称，挂靠县政府办公室；县机构编制委员会办公室是县机构编制委员会的常设办事机构，为县委、县政府主管机构编制的工作机构挂靠县人事劳动局。第一次机构改革，常设工作部门由 34 个改为 22 个，事业、企事业单位 15 个，双重领导单位由 11 个改为 15 个。

1996 年机构改革后巨鹿县政府工作部门设置一览表

表 15 - 1 - 1

1. **常设工作部门 22 个**

- 办公室
- 计划局
- 经济局
- 人事劳动局
- 统计局
- 审计局
- 监察局
- 财政局
- 公安局
- 司法局
- 农林畜牧局
- 水利局
- 土地管理局
- 交通局
- 民政局
- 卫生局
- 计划生育局
- 工商行政管理局
- 建设局
- 贸易局
- 科学技术局
- 技术监督局

2. **双重领导单位 15 个**

- 邮电局
- 国家税务局
- 地方税务局
- 供电局
  - 电力局
- 中国人民银行巨鹿县支行
- 中国工商银行巨鹿县支行
- 中国农业银行巨鹿县支行
- 中国建设银行巨鹿县支行
- 中国农业发展银行巨鹿县支行
- 信用合作社联合社
- 中国人民保险公司巨鹿县支公司
  - 中保财产保险有限公司巨鹿县支公司
  - 中保人寿保险有限公司巨鹿县支公司
- 烟草专卖局
- 气象局
- 河北省石油总公司巨鹿县支公司

1998 年 9 月设县城区管理办公室。1999 年 4 月，中保财产保险有限公司巨鹿县支公司更名为中国人民保险公司巨鹿县支公司；6 月，县地震办公室改为县地震局；12 月县水利局更名为县水务局。2001 年 4 月，县环保局与县建设局分开办公。

2002 年 4 月机构改革，县政府法制办公室、经济体制改革办公室、开放办公室（招商局、重点项目办公室）合在县政府办公室内，对外保留名称；县人民防空办公室为县国防动员委员会的常设办事机构，也是县政府人民防空工作的主管部门，设在县政府办公室内，对外保留名称；撤销县计划局，成立县发展计划局，县农业区划办公室承担的农业区划职能划归县发展计划局；县人事劳动局更名为县人事劳动和社会保障局；县土地管理局更名为县国土资源局；县农林畜牧局更名为县农业局，县畜牧局对外仍保留名称，县农业机械管理局更名为县农业机械行业管理办公室（县农业局管理事业机构），其行政职能由县农业局承担；县粮食局、物价局、林业局由县政府工作部门改为县政府直属事业机构；县地震办公室更名为县地震局，设在县科学技术局内，对外保留名称；县经济局更名为县经济贸易局，县贸易局和轻工总会的行政管理职能由县经济贸易局承担，县贸易局更名为县贸易行业管理办公室，县轻工总会更名为县轻工行业管理办公室，改为由县经济贸易局管理的事业机构；县爱国卫生运动委员会办公室由县卫生局管理，对外保留名称；县环境保护局由在县建设局保留名称调整为县政府工作部门。

2002年机构改革后巨鹿县政府部门设置一览表

表15－1－2

1. 常设工作部门21个

- 办公室
- 发展计划局
- 经济贸易局
- 财政局
- 教育文化体育局
- 科学技术局
- 公安局
- 监察局
- 民政局
- 司法局
- 人事劳动和社会保障局
- 审计局
- 统计局
- 国土资源局
- 建设局
- 交通局
- 环境保护局
- 农业局
- 水务局
- 卫生局
- 计划生育局

2. 议事协调机构的办事机构2个

- 机构编制委员会办公室
- 扶贫开发领导小组办公室

3. **双重管理单位** 18 个

- 质量技术监督局
- 中保财产保险有限公司巨鹿县支公司
- 中国农业银行巨鹿县支行
- 国家税务局
- 电力局
- 地方税务局
- 烟草专卖
- 气象局
- 中国人寿保险公司巨鹿县营业部
- 移动通信巨鹿县分公司
- 中国人民银行巨鹿县支行
- 中国工商银行巨鹿县支行
- 中国建设银行巨鹿县支行
- 中国农业发展银行巨鹿县支行
- 巨鹿县信用合作社联合社
- 巨鹿县工商行政管理局
- 巨鹿县邮政局
- 河北省通信公司巨鹿分公司

2005 年 6 月机构改革，将县发展计划局、经济贸易局、乡镇企业局、经济体制改革办公室合并，设置县发展改革局。县工业促进局为县发展改革局管理的管理机构；重点项目办公室设在县发展改革局内，对外保留名称；将商业、外贸、物资管理职能整合，组建县商务局；将县农业局（畜牧局）与县林业局合并，综合设置县农业局，对外保留县林业局名称；将县计划生育局更名为县人口和计划生育局；县教育文化体育局增挂县新闻出版局（版权局）牌子；县安全生产监督管理局调整为县政府直属事业机构；县民政局增挂县民族宗教事务管理局牌子。通过职能整合和机构调整，至 2008 年 12 月，县政府工作部门 20 个，部门管理机构 1 个，议事协调机构的办事机构 2 个，直属事业机构 5 个。

2005 年机构改革后巨鹿县政府机构设置一览表

表 15－1－3

1. **常设工作部门** 21 个

- 办公室
- 发展改革局
- 商务局
- 财政局
- 教育文化体育新闻出版
- 科学技术局
- 公安局
- 监察局
- 民政局
- 司法局
- 人事劳动和社会保障局
- 审计局
- 统计局
- 国土资源局
- 建设局
- 交通局
- 环境保护局
- 农业局
- 水务局
- 卫生局
- 人口和计划生育局

2. 议事协调机构的办事机构 2 个

- 机构编制委员会办公室
- 扶贫开发领导小组办公室

3. 双重管理单位 18 个

- 质量技术监督局
- 中保财产保险有限公司巨鹿县支公司
- 中国农业银行巨鹿县支行
- 国家税务局
- 电力局
- 地方税务局
- 烟草专卖
- 气象局
- 中国人寿保险公司巨鹿县营业部
- 移动通信巨鹿分公司
- 中国人民银行巨鹿县支行
- 中国工商银行巨鹿县支行
- 中国建设银行巨鹿县支行
- 中国农业发展银行巨鹿县支行
- 巨鹿县信用合作社联合社
- 巨鹿县工商行政管理局
- 巨鹿县邮政局
- 河北省通信公司巨鹿分公司

县政府机关驻地：1982 年 3 月至 2002 年 2 月在巨鹿县城政府街 4 号，办公用房为一层瓦房；2002 年 2 月迁至县城新华北街 109 号南楼，到 2008 年 12 月底。

二、事业单位改革

1996 年机构改革，县二轻局撤销后建立县轻工总会，列县政府直属事业机构；县农业开发办公室与农业区划办公室合并改为县农业开发与农业区划办公室，列政府直属事业机构；县扶贫办公室、档案局由政府工作部门改为县政府直属事业机构。

学校和医院 6 个，巨鹿中学、师范学校、农业技术中学、职业技术中学、中央农广学校巨鹿分校，县医院。

1996 年机构改革企事业机构设立情况

事业、企事业单位 15 个

- 广播电视局
- 农业开发与农业区划办公室
- 扶贫领导小组办公室
- 档案局
- 农机局
- 轻工总会
- 地震办公室
- 地方志办公室
- 政府机关事务管理局
- 房地产管理局
- 物资总公司—物产总公司
- 对外贸易公司
- 卫生防疫站
- 妇幼保健站
- 供销合作联合社

2002 年机构改革，县农业机械管理局更名为县农业机械行业管理办公室，改成县农业局管理的事业机构，县粮食局、物价局、林业局由县政府工作部门改为县政府直属事业机构；县轻工总会更名为县轻工行业管理办公室，列县经济贸易局管理的事业机构；县政府机关事务管理局合到县政府办公室。第二次政府机构改革，常设工作部门由 22 个变为 21 个，新增议事协调部门 2 个，事业、企事业单位由 15 个变为 6 个，新增政府直属事业 6 个，双重管理单位保留 18 个。

2002 年机构改革事企单位设立情况

表 15－1－5

1. 议事协调机构的办事机构 2 个

- 机构编制委员会办公室
- 扶贫开发领导小组办公室

2. 政府直属事业 6 个

- 广播电视局
- 档案局
- 粮食局
- 物价局
- 林业局
- 乡镇企业局

3. **事企单位 6 个**

2005 年机构改革时，县安全生产监督管理局调整为县政府直属事业机构。

2005 年机构改革事企单位设立情况

表 15－1－6

1. **政府直属事业单位 5 个**

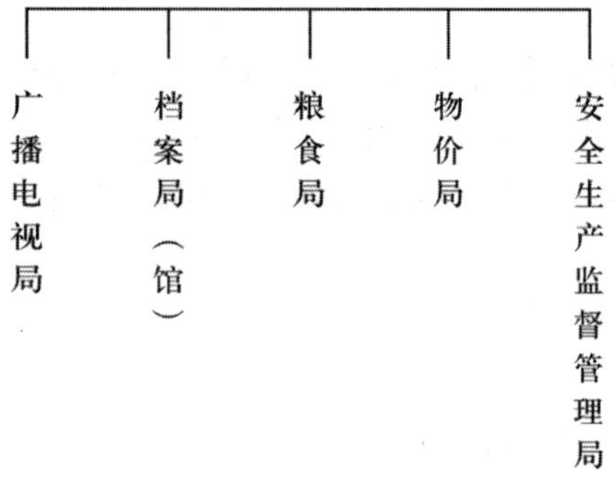

2. **企事业单位 6 个**

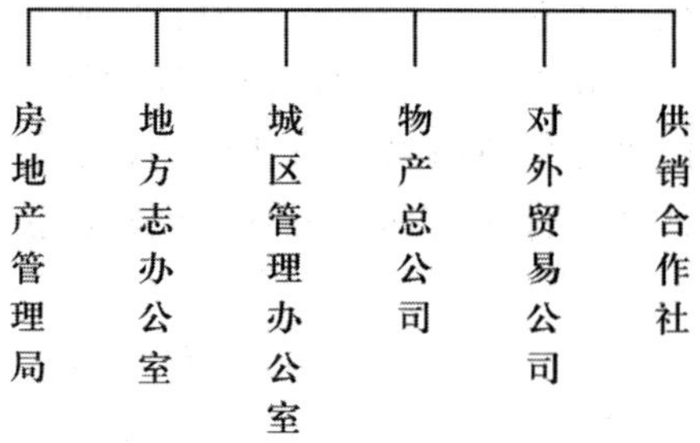

三、乡镇改革

1996 年，巨鹿县原 17 个乡（镇）政府。改为 10 个，辛庄乡合到巨鹿镇、何寨乡合到观寨乡、董营乡合到官亭镇、楼张镇乡合到苏家营乡、林庄乡合到阎疃镇、王六村乡合到张王疃乡、贾庄乡合到堤村乡，王虎寨、小吕寨、西郭城三个镇保留。合并前的原乡镇政府人财物不变改为办事处。2005 年乡镇机构改革，将原 17 个乡（镇）、办事处，包括人财物全部合到 10 个乡（镇）。到 2008 年，县政府辖巨鹿、阎疃、官亭、小吕寨、西郭城、王虎寨 6 个镇政府；堤村、张王疃、苏家营、观寨 4 个乡政府。

第二节　领导班子

1982～2008年巨鹿县历届人民政府县长、副县长任职一览表

表15-1-7

届次	职　务	姓　名	性别	任职时间	籍　贯	备注
第七届	县长	滑福恒	男	1982.03～1984.01	巨鹿县西旧城	
	代县长	李荣平	男	1984.01～1984.12	平乡县	
	副县长	杨书波	男	1982.03～1984.12	巨鹿县城南街	
		杨锡鹏	男	1982.03～1984.12	巨鹿县东杨庄	
		张乐平	男	1982.03～1982.09	巨鹿县神堂坡	
		廖栖凤	男	1982.03～1984.12	巨鹿县官亭	
		王存录	男	1982.03～1984.12	巨鹿县白家寨	
		霍继江	男	1982.03～1984.12	任县	
		张文泽	男	1982.03～1984.12	南宫市	
		杲东阁	男	1982.03～1984.12	南宫市	
		李荣平	男	1983.07～1984.01	平乡县	
		张继增	男	1983.07～1984.12	巨鹿县张村	
第八届	县长	马德俊	男	1984.12～1985.11	邢台县	
		曹能仁	男	1985.11～1987.10	邢台县	
	副县长	王存录	男	1984.12～1987.05	巨鹿县白家寨	
		秦庆恩	男	1984.12～1987.10	巨鹿县观寨	
		王荣道	男	1984.12～1987.10	巨鹿县东徐庄	
		曹元奇	男	1987.05～1987.10	隆尧县	
		郝增波	男	1987.05～1987.10	巨鹿县王六村	
第九届	县长	曹能仁	男	1987.11～1988.11	邢台县	
	代县长	赵海成	男	1988.11～1989.03	威县	
	县长	赵海成	男	1989.03～1990.04	威县	
	副县长	秦庆恩	男	1987.11～1990.04	巨鹿县观寨	
		王荣道	男	1987.11～1990.04	巨鹿县东徐庄	
		郝增波	男	1987.11～1990.04	巨鹿县王六村	
		曹元奇	男	1987.11～1989.03	隆尧县	
		刘雪海	男	1988.07～1990.04	柏乡县	科技
		郭秋生	男	1989.01～1990.04	内丘县	
		董金月	女	1989.11～1990.04	巨鹿县小留庄	

续表

届次	职　务	姓　名	性别	任职时间	籍　　贯	备注
第十届	县长	赵海成	男	1990.04～1991.07	威县	
	代县长	刘新年	男	1991.07～1992.03	河南省鄢陵县	
	县长	刘新年	男	1992.03～1992.09	河南省鄢陵县	
	代县长	杜福贞	男	1992.09～1992.12	清河县	
	副县长	郭秋生	男	1990.04～1992.12	内丘县	
		王荣道	男	1990.04～1992.12	巨鹿县东徐庄	
		董金月	女	1990.04～1992.12	巨鹿县小留庄	
		郝增波	男	1990.04～1992.12	巨鹿县王六村	
		周绍印	男	1990.04～1991.04	巨鹿县大河道	
		阎敬岭	男	1990.04～1992.12	巨鹿县阎桥	
		巩兆选	男	1991.03～1992.12	南宫市	
第十一届	县长	杜福贞	男	1993.01～1995.04	清河县	
	代县长	菅新月	男	1995.04～1995.04	南宫市	
	县长	菅新月	男	1995.04～1998.02	南宫市	
	副县长	王荣道	男	1993.01～1996.09	巨鹿县东徐庄	
		阎敬岭	男	1993.01～1998.02	巨鹿县阎桥	
		李国民	男	1993.01～1998.02	巨鹿县大前屯	
		关立泽	男	1993.01～1998.02	南宫市	
		霍春书	男	1993.01～1995.08	沙河市	
		董金月	女	1993.01～1995.08	巨鹿县小留庄	
		孙林吉	男	1995.08～1998.02	宁晋县	
		孔祥友	男	1996.03～1998.02	清河县	
		董振录	男	1996.03～1998.02	巨鹿县何寨	
		贾月芳	女	1996.09～1998.02	广宗县	
		赵子庆	男	1997.01～1998.02	临西县	
		刘华山	男	1998.01～1998.02	威县	
		张　云	男	1995.11～1998.02	南宫市	科技
第十二届	县长	菅新月	男	1998.02～2000.01	南宫市	
	代县长	孙学良	男	2000.02～2000.03	临西县	
	县长	孙学良	男	2000.03～2001.06	临西县	
	代县长	徐兰军	男	2001.06～2002.01	任县	
	县长	徐兰军	男	2002.01～2003.04	任县	
	副县长	孔祥友	男	1998.02～1999.01	清河县	
		李国民	男	1998.02～2003.04	巨鹿县大前屯	
		董振录	男	1998.02～2003.04	巨鹿县何寨	
		贾月芳	女	1998.02～2003.04	广宗县	
		赵子庆	男	1998.02～2003.04	临西县	
		刘华山	男	1998.02～2003.04	威县	
		张　云	男	1998.02～2003.04	南宫市	科技
		张良国	男	1998.04～2003.04	巨鹿县神堂坡	
		郭　丽	女	1998.07～1999.10	平乡县	
		赵郁强	男	1998.12～2003.04	昌黎县	挂职
		马海印	男	2000.07～2003.04	清河县	
		秦绍伟	男	2001.03～2003.04	新河县	
		王耀民	男	2002.09～2003.04	巨鹿县大王庄	

续表

届次	职　务	姓　名	性别	任职时间	籍　　贯	备注
第十三届	县长	徐兰军	男	2003.04～2006.01	任县	
	代县长	王素平	女	2006.01～2006.03	隆尧县	
	县长	王素平	女	2006.03～2007.04	隆尧县	
	副县长	赵子庆	男	2003.04～2006.01	临西县	
		张良国	男	2003.04～2006.04	巨鹿县神堂坡	
		董振录	男	2003.04～2006.04	巨鹿县何寨	
		刘华山	男	2003.04～2007.04	威县	
		秦绍伟	男	2003.04～2006.05	新河县	
		王耀民	男	2003.04～2007.04	巨鹿县大王庄	
		贾立宁	男	2006.05～2007.04	宁晋县	
		刘会军	男	2006.05～2007.04	巨鹿县大张庄	
		焦立君	男	2006.05～2007.04	南和县	
		赵志华	男	2006.05～2007.04	任县	
		刘志刚	男	2007.04～2007.04	隆尧县	
		张　云	男	2003.04～2006.04	南宫市	科技
第十四届	县长	王素平	女	2007.04～	隆尧县	
	副县长	刘华山	男	2007.04～	威县	
		贾立宁	男	2007.04～	宁晋县	
		王耀民	男	2007.04～	巨鹿县大王庄	
		刘会军	男	2007.04～	巨鹿县大张庄	
		赵志华	男	2007.04～	任　县	
		刘志刚	男	2007.04～	隆尧县	
		马永刚	男	2007.05～	河北省人事厅	挂职

第二章　县政府施政方式

巨鹿县政府结合实际，主要采取统一领导、分工负责及召开会议、下发文件、执法检查等方式，指导、引导和督促政府各部门认真落实党和国家的有关方针政策、重要决策和目标任务等。随着政府职能的不断转变，其施政方式越来越灵活，越注重其服务职能和依法施政及实效。

第一节　会议部署

会议包括县政府全体会议、县政府常务会议、县长办公会议、调度会、全县性大会等。

一、县政府全体会议

县政府全体会议由县长召集并主持，不定期召开。会议主要内容是：传达贯彻省委、省政府和市委、市政府决定事项；讨论决定县政府工作中的重大事项；通报全县经济社会发展形势和有关重要情况，安排部署县政府重要工作；讨论需要由县政府全体会议决定的事项。1979～2008 年共召开 300 多次。

二、县政府常务会议

县政府常务会议由县长或县长委托常务副县长召集并主持，一般每两个月召开一次。如有需要可临时召开。具体时间按会议通知确定。参加人员为县长、副县长、有关部门、乡镇主要领导，办公室主任、研究室、督察室主任列席。会议主要内容有：研究审议全县国民经济和社会发展的长远规划、年度计划、县级财政预算；讨论通过提请县人民代表大会或其常务委员会审议的政府工作报告草案和有关议案；讨论通过由县人民政府发布的规范性文件；讨论审议全县经济社会发展全局性、长远性问题；通报或听取全国、全省及全市的会议精神、重要出国访问和考察情况；讨论通过需由县政府常务会议决定的其他事项。

附：部分县政府常务会议纪要

1995年7月6日，在县政府县长会议室召开县政府常务会议，县长菅新月在会议上讲话并指出：全县夏粮喜获丰收，单产创历史最高水平；1994年在全省139个县市排位中，巨鹿县综合经济实力在全省名列121名。在全市357个乡镇综合评比中，巨鹿县排位最前的是西郭城镇，占第106位，排位最后的是何寨乡，占289位。会上提出“五子登科”促发展的工作要求：（1）换脑子；（2）明路子；（3）用才子；（4）治乱子；（5）压担子。

2003年11月26日，第六次县政府常务会议，县长徐兰军讲话。会议议题是：找准优势突出重点认真搞好明年工作谋划。会议指出：（1）立足银花、枸杞、杏三大特色资源，加大结构调整和推进产业化经营；（2）提升棉纺织、食品两大主导行业，增加工业经济实力；（3）创新思维方式，破解企业发展资金短缺难题；（4）全力优化发展环境，为企业发展提供保障；（5）拓宽发展思路，做活经营城市文章；（6）坚持以项目为抓手，加大投入力度；（7）加快对外开放，提升县域经济；（8）找准发展优势，实现快速发展突破。

三、县长办公会议

县长办公会议不定期召开，由县长或有关县长主持，有关部门参加。主要研究决定县政府日常工作中涉及全面工作以及需要统筹安排的事项；听取县政府部分部门及有关方面重要工作汇报；讨论研究需要提交县政府全体会议、常务会议讨论的事项；审议超预算收入安排意见；研究专项资金的安排使用；讨论研究县长、副县长和有关部门提出的其他重要事项或工作等。

四、全县性大会

县政府全县性工作会议主要指县政府召开的部署重要工作的会议，不定期召开。由县长或副县长召开，县长或副县长出席并讲话，视具体情况由副县长或县政府办公室主任主持。全县性会议由县政府办公室组织，具体会务由主管部门承办。有的是和县委共同召开，每年的经济工作会议，一般是县长主持，县委书记讲话，会议对上一年度的工作进行总结回顾、对先进单位和个人实施表彰奖励、对下一年度的工作安排部署。部分全县性大会：

（一）1986年1月28日，在县影院召开全县经济工作会议。县直部门、乡镇副科级以上干部和各村主要负责人参加，县政府代县长曹能仁讲话。会议对“六五”（1981～1985年）期间的经济工作进行了回顾总结，明确了“七五”（1986～1990年）期间和1986年全县国民经济和社会发展的指导思想和奋斗目标。

“六五”期间，全县工农业总产值由1980年的6375万元增加到15011万元，平均每年增长18.7%。其中，农业总产值平均每年增长15.2%，工业增长22.3%。人均收入1980年只有30元，1985年达到259元，增长7.6倍，平均每年增长53.9%。

1986年农业生产虽然春旱秋涝，全县工农业总产值仍比上年增长19.7%。国民经济持续发展，稳定上升。农业除秋粮和棉花、油料受灾减产外，其他行业都有较大的发展，小麦总产达到3550万千克，林牧业总产值分别比上年增长16.3%和55.3%。乡镇企业和第三产业蓬勃发展，总值达到3224万元，比上年增长129%。农业经济总收入达到12080万元，比历史最高水平的1984年增长9.2%。县、乡工业总产值完成5245万元，比上年增长42%。实现利润139万元，上交税金246万元，分别比上年增长15.6%和16.5%。全县社会商品零售额完成5011万元，比上年增长7%，财政状况明显好转，改变了吃补贴的局面。

1986～1990年，国民经济和社会发展总的指导思想是：坚持把改革放在首位，以提高经济效益为中心，速度、效益同步走，“两个文明”一起抓，尽快实现党风、社会风气和财政经济状况的根本好转。巨鹿县的行动口号是：“粮棉生产迈大步，远抓林果近抓牧，四级工业齐发展，治穷致富创新路。”

（二）1990年8月28日，在县政府招待所会议室召开全县清理农民负担动员会议。县直单位和乡镇主要负责人参加会议，县长赵海成在会议上讲话。

会议传达了《国务院关于切实减轻农民负担的通知》和县政府关于切实减轻农民负担的意见。会议指出：《人民日报》、《河北日报》、《邢台日报》三级党报都分别对巨鹿县切实减轻农民负担的做法进行了报道。同时，省委书记邢崇智致信《河北日报》，号召全省要以巨鹿县为榜样，学习巨鹿县的做法。从调查中发现，近些年，农民负担日益加重，其项目之多、款额之大、增长之快非常惊人。1989年，农民负担一般都在20项以上，年人均负担一般40～100元左右，年人均负担增长大大超过了农民人均收入的年增长速度。在所有摊派款中，大多都源于行政干预，硬性摊派，强制推行，对集体提留和统筹，相当普遍的做法是以征收农民税为名，下面带着许许多多的名目，采取在农民交售农副产品时借机扣除的办法，强制提取，农民交了什么钱都不清楚，这种现象都引起了农民的强烈不满。

为迅速改变这种状况，县政府责成副县长王荣道主抓这项工作，并专门成立了清理农民不合理负担办公室，重点清理1988年、1989年各部门给农民的各种摊派、集资等负担，根据是什么，收了多少钱，办了哪些事。要求县直部门在9月5号前完成清理工作。

（三）1992年2月20日，在县影院召开全县乡镇企业总结表彰暨动员大会。县直单位主要负责人和乡镇党委书记、乡镇长及有关企业负责人参加会议，县委书记刘新年在会上讲话。

会议对1991年乡镇企业发展情况进行了基本评估：乡镇企业完成总产值33823万元，其中工业总产值23843万元，均比上年增长16%，占全县工农业总产值的58%。上交税金444万元，比上年增长28%，占全县工商税三分之一、财政收入的四分之一多。乡镇企业升级达标取得新进展。西郭城、张王疃、贾庄、阎疃4个乡镇升级，官亭、林庄、楼张镇3个乡镇达标。年内减少乡镇企业白点乡7个、白点村47个，新上年产值50万元以上企业61家。

会议对1992年乡镇企业工作提出了新要求：一是解放思想，增强开放意识；二是从难点和热点问题入手，实现重点突破。年内几家银行要保证对乡镇企业投入达到600万元，争取突破1000万元。县保险公司要成立贷款担保科或集团，为乡镇企业担保，增大股份制。

（四）1992年5月5日，在县长会议室召开全县农口改革座谈会。农口各单位主要负责人参加会议，副县长王荣道在座谈会上讲话，要求农口各单位，一是以国务院关于加强农村社会化服务的20号文件和中央1、2号文件为指针，以“三个有利于”为改革目标，打破老框框，更新旧观念，冲破各种旧的思想束缚和各种思想顾虑，大胆尝试，大胆探索，努力加快农口改革步伐。二是各局技术干部除少数坚持日常工作外，下乡搞技术承包和参与办实体的都不得少于三分之一，总体要求是各局要抽出60%～80%的干部职工从机关分离出来兴办实体，参与实体，开展有偿服务。三是要加强管理，每个局级领导都要参与1～2个实体的具体工作，明确目标，分工承包。

（五）1993年3月31日，在县长会议室召开全县金融通资会议。县直单位和乡镇主要负责人参加会议，县长杜福贞在会议上讲话。会议目的是：学习推广宁晋融资经验，积极探索和开辟多形式的融通渠道，加大乡镇企业投入，促进全县乡镇企业高速度，超常规发展。

会议议定：1. 建立农村合作基金会。条件具备的乡镇立即着手进行，争取一半以上的乡镇建立起农村合作基金会，第二年达到普及。2. 发展农民股份合作企业。3. 企业内部银行。也叫厂内储蓄，就是企业吸引本厂职工和群众到企业储蓄存款。4. 银企集团，吸引信用社向因资金困难濒临倒闭的企业注入资金。5. 横向拆借引进资金。6. 发展三资企业。积极向本乡的外籍华人取得联系，鼓励他们到家乡投资办厂，共同发展。7. 正确引导消费，把企业利润用到扩大再生产上。

（六）1993 年 10 月 14 日，在县社招待所召开全县治乱纠风大会。县直职能部门一把手和乡镇党委书记参加会议，副县长王荣道在会上讲话。会议的中心议题是：贯彻落实中纪委二次全会和省党风廉政建设工作会议精神，深入扎实开展治理“三乱”纠正行业不正之风。

清理和纠正范围：包括所有党政机关、执法执纪部门、经济主管部门和企事业单位，自 1992 年 1 月 1 日以来的所有收费、集资、罚款项目以及各种行业不正之风。重点清理擅自扩大收费和罚款范围，任意提高收费、罚款标准，把工作业务改为有偿服务，擅自制定下达创收目标的以及利用行业职权和条件吃拿卡要，敲诈勒索等行业不正之风。

（七）1996 年 1 月 27 日，在县影院召开全县经济工作会议。县直单位和乡镇副科级以上干部及各村支部书记、村主任参加会议，县长营新月在会上讲话。会议对 1995 年全县经济工作进行了回顾，提出了 1996 年全县经济工作的指导思想及目标任务。

1996 年经济工作的指导思想是：以中共十四届四中、五中全会和省、市经济工作会议精神为指针，坚持“四个稳于”（群众稳于致富、干部稳于事业、经济稳于发展、社会稳于秩序），实施“跨越工程”，解放思想，更新观念，县办工业立足改革求发展，乡镇企业狠抓扩散上规模，稳定基础地位，发展“两红两白”（枸杞、串枝红杏、金银花、棉花）高效特色农业。夯实基础，加快发展，为三年跨入全市先进行列而奋斗。主要奋斗目标是：国民生产总值 7.7 亿元，比上年增长 26.2%；农业总产值 2.37 亿元，增长 9.2%；全部工业总产值 15.05 亿元，增长 42.1%；全社会固定资产投入 2.13 亿元，增长 41.9%；实际利用外资额 100 万美元，增长 66.7%，外贸收购总值 0.4 亿元，增长 8.3%；全部财政收入 3393 万元，增长 18.1%；农民人均纯收入达到 1300 元，增长 31.7%；人口自然增长率控制在 8.9‰以内；社会零售商品总额 2.8 亿元，增长 25%。

（八）1997 年 10 月 21 日，在县社招待所召开全县企业产权制度改革工作会议。县直有关部门主要领导和有关企业负责人参加会议，县长营新月在会上讲话。会议指出：固定工（包括 1973 年以前的合同工），只要本人愿意，新企业就要无条件接收，纳入合同制管理，也可以买断工龄或挂职不在册。离退休职工可由县社会保险所负担其工资，也可根据职工要求，结合工作年限，一次性发给经济补偿。此次会议，拉开了全县企业产权制度改革的序幕。

（九）1998 年 4 月 14 日，在县影院召开全县项目建设工作会议。县直单位主要领导和乡镇党委书记、乡镇长参加会议，县长营新月在会上讲话。会议的议题是：抓住发展机遇，加快项目建设，确保巨鹿县国民经济持续快速发展。会议的背景是：4 月 10 日，市委、市政府按照党中央、国务院有关文件精神，召开了全市项目建设工作会议，结合这次会议精神，进一步增加项目建设的紧迫感和责任感。

会议明确了巨鹿县项目建设工作的总体思路：认真贯彻落实全市项目建设工作会议精神，牢牢抓住当前加快经济发展的重要机遇，坚持以市场为导向，以提高投资效益为中心，充分发挥本地资源和现有企业、产业、产品优势，大力实施“三立工程”（立县、立乡、立村项目），国有、集体、个人各种成分一齐上，各行各业同力抓，全民发动，人人参与，扩总量，上规模，上档次，上水平，锲而不舍地抓项目、增投入、打基础、增后劲，确保全县经济持续快速健康发展。

会议指出：截至 1997 年底，全县个体工商户注册数达 10880 个，每年增加近 2000 家，1996 年新上重点项目 38 个，完成投资 1.32 亿元，有 33 个项目建成并投入使用，其中，投资 50 万元以上的农业和社会项目 10 个，投资 100 万元以上的工交项目 28 个，投资 500 万元以上的规模型工业项目 4 个。中心市场改建项目被列为市管重点项目。1997年全县共谋划、筛选重点项目84个，计划总投资3.11亿元，年度计划2.27亿元，其中，投资100万元以上的工业项目39个，投资50万元以上的农业、社会事业项目32个。

（十）2000年5月26日，在县财政局会议室召开全县农村税费改革工作会议。县直有关单位和乡镇主要负责人参加会议，副县长李国民参加会议并讲话。会议背景是：贯彻落实中央、国务院《关于实行农村税费改革试点工作的通知》和省农村税费改革座谈会及全市农村税费试点工作会议精神，规范农村税费制度，进一步促进农村经济健康发展和农村社会稳定，安排部署巨鹿县的税费改革工作。邢台是河北省农村税费改革重点市，巨鹿县是市委、市政府确定的四个试点县（市）之一。

会议指出：这次农村税费改革的主要内容可以概括为“三取消、两调整、一改革”。取消乡统筹和农村教育集资专门面向农民征收的行政事业性收费和政府性基金、集资，取消屠宰税，逐步取消统一规定的劳动积累工和义务工；调整农业税政策，调整农业特产税政策；改革现行的村提留征收使用办法。

（十一）2001年2月26日，在县政府招待所召开全县乡镇企业重点项目和开放工作发展计划会议，县委副书记王洪飞主持，副县长刘华山讲话。会议的议题是：上大项目，求大发展，努力实现乡镇企业重点项目和开放工作新跨越。会议总结了2000年工作，安排部署了2001年工作。

会议指出巨鹿县乡镇企业重点项目和开放工作的指导思想是：高举邓小平理论的伟大旗帜，认真贯彻“三个代表”重要思想，总结经验，发挥优势，掀起项目建设新高潮，抓扩散，靠群体摊点富民，上规模，靠大规模企业立县，加大投入，加强管理，促进创新，扩大开放，形成大龙头带大行业，新龙头带新行业的发展新格局。

奋斗目标是：乡镇企业实现总产值65亿元，增加值15亿元，上交国家税金6300万元，同比增加18%、17.6%。全县乡镇企业总投入达到5.2亿元，突出抓好“十大工程和工业园区”建设工作；谋划安排重点建设项目87个，计划总投资43824万元。开放工作全年计划利用外资260万美元，引进国内县外资金16900万元。

（十二）2002年7月12日，在县政府招待所会议室召开全县经济工作会议。县直单位和乡镇主要负责人参加会议，县长徐兰军在会上讲话。会议对上半年的工作进行了总结，对下半年的工作进行了安排。

会议指出：上半年巨鹿县新发展金银花399.60万平方米，新植改良枸杞599.40万平方米，新植改良杏532.80万平方米；新增养殖专业户225户，达到5565户，新发展牧草266.40万平方米。新打机井70眼，扩大水浇地面积1398.60万平方米，埋设防渗管道18万米，安喷灌266.40万平方米。3月份，巨鹿县被省政府确定为“河北杏之乡”、“河北枸杞之乡”。工业生产平稳运行。全县入统工业总产值完成2.48亿元，工业增加值完成7815万元，实现利税2500万元，同比分别增长18.2%、9.6%和25.6%，其中国有企业完成总产值1684万元，增加值990万元，利税390万元。乡镇企业健康持续发展。乡镇企业总产值完成34.54亿元，增加值7.895亿元，税金3342万元，分别占年计划的51.5%、50.9%和51.5%，同比分别增长10%、8.5%和9.3%。招商引资工作进展较快。上半年，全县实际利用外资152万美元，占年任务69%，引进内资7857万元，占年任务的64.9%。财政收入上半年累计完成4012万元，占任务的59.2%，同比增长1.9%。1～6月份，全县金融机构各项存款余额为15.3亿元，比年初增加1.28亿元。其中居民储蓄存款为13.76亿元，比年初增加9956万元。贷款余额为14.43亿元，比年初增加7148万元。固定资产投资完成较好。地方固定资产投资完成2.1亿元，占计划的60.4%，同比增加24.2%。其中：国有完成6587万元，占计划的50.8%，同比增26%；城乡集体投资完成1.45亿元，占计划的66.1%，同比增9.3%。城镇基础设施建设进展顺利。上半年市政基础设施和公益项目总投资1636.7万元。公园一期建设如期完成并顺利开园。完成了健康东路、建设街、东关街、新华街等部分路面的挖补盖被和政府街两侧1600多米排水沟的疏通、清淤。县城绿化新栽乔木3.1万棵，灌木35.9万棵。健康中路拆迁工程，单位拆迁任务已完成，第二阶段居民拆迁工作正在进行；西环路南延北进工程已经完成勘察、测量定线、规划设计；东环路北进工程已完成工程设计、路基垫土和路床整形；新华北街两侧绿化工程已全部完成；城区改水降氟工程已完成征地工作；广电中心已完成征地工作；政府院改建广场工程，围合建筑主体已基本完成。对南环路小桥进行了加宽，新建排水涵洞一座。重点项目建设力度加大。

下半年工作总的要求是：以跨越式发展总揽工作全局，继续坚持稳定和发展的根本指导方针，紧紧围绕财政增收，人民致富两大目标，突出特色农业、乡镇企业、城镇建设三项重点，狠抓项目建设，扩大内外开放，强化税收征管，确保全年各项目标任务完成或超额完成，努力实现全县经济和各项社会事业跨越式发展。

（十三）2003年1月17日，在县政府会议室召开全县退耕还林工作会议。县直有关部门和乡镇主要负责人参加会议，副县长赵子庆出席会议并讲话。会议的议题是：抢抓机遇强化措施迅速掀起退耕还林项目建设高潮。会议要求认真贯彻落实省、市退耕还林工作会议精神，认真做好巨鹿县退耕还林工作。

会议指出：2003年巨鹿县退耕还林任务1065.60万平方米，其中退耕532.80万平方米，匹配532.80万平方米。还林任务安排在邢德线沿路两侧，东西长25千米，绿化宽度最低100米。

（十四）2003年2月20日，在县政府会议室召开全县财税工作会议。县直有关部门和乡镇主要负责人参加会议，县委常委、常务副县长李国民出席会议。会议总结回顾了前五年财税工作，对2003年财税工作进行了安排部署。

会议指出：五年来，每年完成或超额完成市下达的财税任务。2002年全县财政收入完成7105万元，按可比增幅占全市第八位，比1997年的4842万元增加了2263万元，增长了47%。无论从收入数量、质量还是可用财力，2002年都是巨鹿县历史上最好的一年；五年里，共争取工资性转移支付资金7541万元，有效地缓解了县乡公教人员工资发放与财力不足的矛盾。全县公教人员工资水平由1998年人均月收入470元，提高到2002年的750元；农村税费改革取得了阶段性成果，巨鹿县从2000年进行了农村税费改革，农民人均负担由改革前的86元降至改革后的56元，降幅达34%，每亩人均负担从41元降至27元，下降33%。三年共减轻农民负担2808万元，基本做到了户户受益，村村减负。

2003年财税工作的奋斗目标是：全县财政收入为7481万元，同比增长5.29%。

（十五）2003年4月25日，在县政府会议室召开防治“非典”紧急会议。县直单位一把手和乡镇党委书记参加会议，县长徐兰军、县委副书记李国民参加。会议背景是：进入4月份后，南方几个省份出现“非典”疫情，4月18日巨鹿县成立了防治“非典”领导小组，24日上午召开了县直部门防“非典”工作会议，分别和大家通报了“非典”防治预案，县委、县政府对“非典”防治工作高度重视，办公室和各小组的各项工作已全面启动。

会议要求：1. 迅速掀起春季爱国卫生运动高潮。2. “非典”领导小组办公室，成立6个小组，即综合信息组、突发疫情处置组、技术指导组、后勤保障组、宣传组、市场监管组和社会稳定组，并做到24小时值班。3. 突出工作重点，切断疫情输入，严格控制返乡人群。

（十六）2003年7月9日，在县委六楼会议室召开全县民营经济工作会议。县直单位和乡镇主要负责人参加会议，县委书记孙学良主持，县长徐兰军讲话。会议总结回顾了上半年全县经济发展情况，提出了下一步全县民营经济发展的主要目标和任务。

会议指出：上半年全县经济运行情况良好，到2002年底全县民营企业达3803家，呈现出了良好的发展势头。会议要求：要进一步提高认识，把发展民营经济放到发展县域经济的战略地位。重点发展食品、棉纺两大支柱产业。抓好县城工业园区和县棉纺工业园区、王虎寨机垫工业园区、堤村杝银工业园区、楼张镇服装工业园区五大工业园区建设。经济发展实现“四化”，即工业化、民营化、国际化、城镇化。

（十七）2003 年 11 月 12 日，在县政府会议室召开全县县属企业改革会议。县直有关部门和企业主要负责人参加会议，县长徐兰军讲话。会议议题是：加快推进县属企业改革促进巨鹿县跨越式发展。会议背景是：自 1997 年以后，巨鹿县县属 79 家工商企业，已有 51 家企业进行了改制，1078 名职工进行了身份置换，其中交社保所离退休职工 362 人，领取一次性经济补偿、自谋职业自交养老保险不再保留企业职工身份的 716 人，尚有 28 家企业未改制或改制不到位，职工身份未得到置换。

会议议定基本完成县属 28 家企业的改制工作，第二年 7 月份至 10 月份扫尾。

（十八）2003 年 12 月 2 日，在县政府会议室召开全县项目建设会议。县直单位和乡镇主要负责人参加会议，会议指出：2003 年是巨鹿县历年来列入省市重点项目最多的一年，共有 10 个项目纳入了省市盘子，总投资 5 个亿，省市项目个数比 2002 年增加了 1 倍多，投资额同比增长 78%。其中，省、市重点项目 1～10 月份完成投资 3.99 亿元，占年计划的 121.6%，已超额完成年初市下达的投资计划。列入县级重点项目 50 个，总投资 6 亿元，年内计划投资 4.5 亿元。1～10 月份，全县 50 个项目共完成投资 4.2 亿元。经过初步筛选，将投资 300 万元以上的项目进行汇总，共计 35 个，总投资 8.9 亿元，其中投资 1000 万元以上的项目 12 个；500～1000 万元项目 9 个；300～500 万元项目 14 个。

（十九）2004 年 2 月 12 日，在县政府会议室召开全县防治高致病禽流感工作会议。县直有关部门和乡镇主要负责人参加会议，县长徐兰军参加会议并讲话。

会议背景是：元月 17 日，接到农业部紧急通知和市政府明传电报后，从元月 18 日开始，巨鹿县防治高致病禽流感工作全面展开，成立了防治高致病性禽流感工作指挥部，制定了《巨鹿县重大动物疫病防治应急预案》，通过全县上下的共同努力，巨鹿县防治禽流感取得了较好的成绩。全县猪、牛、羊、禽分别完成免疫 1.1 万头、1.0 万头、1.6 万头、55.3 万只，分别占存栏数的 14.5%、23.3%、21.3%、62.9%。

会议要求下一步工作：1. 认清形势、高度重视，切实把高致病禽流感防治作为一件大事来抓；2. 强化防治措施，把握关键环节，务求高致病禽流感防治工作取得实效；3. 彻底开展疫情普查，认真搞好免疫工作；4. 严格疫情报告制度，密切关注疫情动态。

（二十）2004 年 2 月 20 日，在华丰宾馆四楼会议室召开全县人口与计划生育工作会议。县直单位和乡镇主要负责人及股级以上计生干部参加会议，副县长秦绍伟参加并讲话。

会议肯定了 2003 年计划生育工作所取得的成绩，经市委、市政府综合考评，巨鹿县计划生育整体工作跨入全市一档达标县行列，较 2002 年又升了 3 个位次。对 2004 年人口与计划生育工作提出了新要求：人口出生率控制在 13.9‰以下，计生率达到 92% 以上，出生统计求实率达到 93% 以上，群众对计划生育工作满意率达到 86%。

（二十一）2004 年 3 月 19 日，在县影院召开农村经济工作会议。县直有关部门和乡镇主要负责人参加会议，副县长董振录参加并讲话。

会议总结回顾了 2003 年农村经济工作所取得的成绩：巨鹿县被评为“河北金银花之乡”；农田水利基本建设荣获省政府“海河杯”评比一等奖；农业综合开发被评为“省级农业开发红旗县”；农村低保工作实现了新突破，在全市率先出台了农村低保机制，为 990 户 1160 人农村困难群众发放低保金 11.66 万元，发放救灾款 34 万元，为 60 名特困大学生发放救济 1.8 万元。

会议安排部署了 2004 年农村经济工作：全县农业总产值实现 7.3 亿元，年增 7% 以上，其中牧渔业总产值达到 1.85 亿元，同比增长 20%。农民人均纯收入年增 139 元，达到 2455 元，年增 6%（按照农口部门测算，2004 年可实现农民人均纯收入年增 241 元，达到 2557 元，实现年增 10%。其中来自传统农作物 68 元）。

（二十二）2005年1月14日，在县政府会议室召开全县食品行业治理整顿暨打假工作会议。县直单位和乡镇主要负责人参加会议，县长徐兰军、副县长张良国、刘华山等参加会议。

针对人民网1月5日登载的巨鹿县大张庄糖果生产采用劣质原料问题召开专题大会。会上，县政府同各乡镇签订了打假目标责任状，宣读了《巨鹿县关于对食品生产加工行业进行全面治理整顿的实施方案》，并要求有关部门围绕整治重点，切实抓好食品加工、流通、消费三个环节的监督检查，严厉打击生产销售假冒伪劣和有毒有害食品的违法犯罪行为。

（二十三）2005年10月11日，在华丰宾馆四楼会议室召开全县农业综合开发工作会议。县直单位和乡镇主要负责人参加，县长徐兰军、邢台市开发办主任王友富、副县长董振录参加会议。分别做了《举全县之力打响秋冬会战努力开创全县农业综合开发新局面》、《强化领导全民发动强力推进全县农业综合开发工作再上新台阶》等讲话。提出了巨鹿县今后五年（十一五期间）农业综合开发工作的总目标和今冬明春的主要任务。

（二十四）2007年4月27日，在县文化活动中心召开全县经济工作会议，县长王素平作了政府工作报告。报告对过去四年的工作进行了回顾，提出了今后五年政府工作思路和目标。

过去四年的工作回顾：

1. 经济实现健康快速增长。2006年，全县生产总值达到27.2亿元，比上年增长16.9%，比2002年增长67.9%，四年平均递增13.8%；全社会固定资产投资完成21.8亿元，比上年增长33%，比2002年增长2.2倍，四年累计完成投资60.8亿元。

2. 财政金融保障能力增强。2006年，全部财政收入完成10199万元，比上年增长25.7%，比2002年增长43.5%，年均递增9.5%，实现财政收入上台阶；财政净支出完成1.8亿元，比上年增长28.2%，财政供养人员月平均工资达到1343元，比2002年增长了80%；辖内金融机构贷款余额达到16亿元，较上年增加1.6亿元。

3. 农民收入稳步增长。2006年，农民人均纯收入达到2980元，比2002年增长793元，年均递增8%。

4. 开放招商成效明显。2006年，实际利用域外资金4.2亿元，比2002年增长1.5倍；全县进出口总值完成1584.7万美元，比上年增长4倍，其中出口创汇964.3万美元，总量居邢台市第五位。

县委通过了《关于实施工业化率先突破的决定》，明确了巨鹿县今后五年的总体思路：继续坚持以科学发展观为统领，紧紧围绕加快发展、关注民生两条主线，强力实施“工业化率先突破，建设纺织食品产业强县”发展战略，开拓创新，求真务实，加快实现“两个赶超”奋斗目标，实现经济社会更好更快发展。

今后五年全县经济社会发展的总体目标是：全县生产总值年均增长15%以上，全部财政收入年均增长16%以上，农民人均纯收入年均增长6.7%，人口自然增长率控制在7‰以内。到“十一五”末，全部工业增加值达到28亿元，年均增长25%，占GDP的比重达到50%以上，人均GDP达到2000美元，达到工业化中期向工业化后期过渡阶段。

（二十五）2008年1月22日，在县文化活动中心召开全县经济工作会议。县直单位和乡镇副科级以上干部及村党支部书记、村主任参加会议，县长王素平就“抢抓新机遇谋求新发展扎扎实实推进巨鹿经济又好又快发展”发表讲话。讲话对2007年的经济工作进行了回顾，提出了2008年经济工作的总体思路和实施措施。

2007年经济回顾：2007年全县生产总值完成31.1亿元，增长15%，高于全市平均增幅；全部财政收入完成12099万元，增长18.6%，地方一般预算收入完成4123万元，增长28.3%；全社会固定资产投资完成28.4亿元，增长35.9%，其中城镇固定资产投资完成17.4亿元，增长48.5%；社会消费品零售总额完成12.3亿元，增长19.8%；农民人均纯收入达到3094元，增长3.8%；主要经济指标在全市第二平台县位居前列。

1. 开放招商成效明显。一是经济发展后劲进一步增强。全年共完成招商项目277个，总投资73亿元，其中，投产项目72个，在建项目81个，达成合作意向124个，成功引进了神州巨电、宏福PVC手套、亨瑞特钢等一批超亿元大项目，提升了巨鹿县产业层次，进一步奠定了发展后劲。二是进一步宣传推介了巨鹿。成功举办了杏节、魏氏恳亲会、百日招商等大型招商活动，邀请并吸引客商前来考察900多人次，宣传了巨鹿，提高了巨鹿的知名度。三是干部群众的思想进一步解放。通过全民招商，更多的老板、干部走了出去，思想理念进一步解放，这是巨鹿发展的思想基础，而且已经显现出成效。2007年，全年实际利用县外资金4.6亿元，占年计划的147.7%，增长37.5%，实际利用外资1152万美元，占年计划的108.5%。全年共向上争取各类无偿资金3.77亿元，比上年增加1.5亿元。

2. 项目建设快速推进。2007年，全县重点建设项目完成投资18.3亿元，增长6.4%。

3. 支柱产业不断壮大。积极实施核心企业带动战略，重点支持骨干企业谋划、建设项目16个，总投资6亿多元，使纺织、食品、机件、橡塑四大主导产业不断改造升级，对县域经济的支撑作用明显增强。产业规模扩大。纺织企业达到150家，食品产业企业达到130家。2007年四大产业纳税占到全县工业企业纳税总额的四分之三，其中纳税万元以上企业税收完成3832万元。工人工资水平快速提高，月工资平均达到了800元左右，技术工人在1000元以上。经济外向度明显增强。外贸进出口总额完成了4003万美元，增长152.6%，总额完成居全市第4位。

4. 农业产业化进程加快。启动实施了农业财政资金整合、国家级小杂粮基地等项目，扶持了26家中药材加工企业；引进了灏华科技、天棋中药材等产业化龙头项目。2007年，仅枸杞、金银花价格上升，推动全县农民增加收入1.5亿元，人均增收300元。

5. 城市建设取得新进展。投资7775万元，加大县城基础设施建设。黄巾大道东延、西平街北扩、小街小巷治理等工程顺利实施，拉大了城市框架，方便了群众出行；管道天然气、垃圾处理厂、住宅小区等民心工程加快建设，居民生活环境将进一步改善；规划启动了23平方千米的县城新区，实现工业与城建相互促进、良性循环发展。2007年，邢台市城建工作现场会在巨鹿县召开，在全市城建观摩评比中，巨鹿县名列第一。在全市城市化建设大会上，巨鹿县被评为全市城镇化工作先进县。

2008年全县经济社会总体思路是：坚持以科学发展观为统领，认真贯彻中共十七大精神，紧紧围绕“加快发展、关注民生”两条主线，强力实施“工业化率先突破，建设食品纺织产业强县”发展战略，在加大投入上用气力，在开放招商上下功夫，在科技型项目上搞突破，在现有企业转型上搞创新，做到以“好”字为先，“快”字为要，走循环经济发展之路，改善民生，促进和谐，推进“幸福巨鹿”建设，实现经济社会又好又快发展。主要目标是：全县生产总值达到36.8亿元，增长15%以上；农民人均纯收入达到3249元，增长5%以上；全社会固定资产投资达到35.5亿元，增长25%以上。

做好2008年工作，必须突出做好四个方面工作：1. 狠抓项目建设和开放招商，靠投资拉动经济快速增长。2008年，全县固定资产投资超千万元的重点项目要达到94个，较上年增加10个，总投资58.4亿元，增加19亿元，其中工业项目65个，市级以上重点项目5个，省级重点项目3个。招商引资上，2008年，争取利用县外资金突破5.5亿元，增长20%，利用外资1200万美元，增长4.2%。通过增上项目，解决3000个就业岗位。各乡镇和部门都要在大项目上搞突破：巨鹿镇、西郭城镇、王虎寨镇3个经济强镇要增上1~3个投资超亿元项目，实现率先发展，争先创优，打造工业经济垄起带；其他乡镇都要谋划2个到3个投资超5000万元项目，实现大项目建设新突破。这个目标是底线，各乡镇还要加大力度，争取每个乡镇都有亿元以上的大项目。2. 狠抓结构调整，靠循环经济实现又好又快发展。3、狠抓县城和工业新区建设，靠魅力巨鹿推动经济发展。围绕打造宜业宜居城市和全省一流的县级城市目标，不断加大基础设施投入力度，狠抓重点工程，狠抓城区秩序，提升管理水平，提升县城品位。4、狠抓环境建设，靠环境品牌推动经济快速发展。环境是生产力，是竞争力，是最大的品牌。

第二节　制发公文

文件包括上级来文和下发文件，政府文件有大头文件、小头文件，办公室文件（也分大小头），还有内部通报、会议纪要、通告、公告、县政府令等。上级来文一般通过召开专门会议或转发文件落实。涉及全局、工作重心和大事用大头文件，涉及部分部门承办的需要行文时用小头文件，颁布政令用政府令，催办、落实政府决策用通报或办公室文件。内部通报多用转发县长、副县长在会议上的讲话全文或摘要。涉及县委部门用县委文件头和县委联合行文。2000～2008年，政府发大头文件累计267份，小头文件累计694份，政府令累计15份，公告通告累计10份。办公室文件累计大头58份、小头333份，内部通报累计215份，会议纪要累计154份。

第三章　县政府施政纪略

历届巨鹿县政府依照党和国家的方针政策，从巨鹿县实际出发，在政治、经济和社会发展等方面相继制定出台了系列重要措施、重大决策，对富民强县、促进全县政治、经济和社会的协调发展起到了积极作用。

第一节　发展工农业生产

一、推进和完善家庭联产承包责任制

从1979年2月开始，按照党的农村政策，县革委会把推行家庭联产承包责任制作为一件大事来抓，先组织实施联产到组，1981年下半年实施包产到户。到1982年底，全县45954万平方米耕地（包括果林）全部承包到户，彻底改变了原来由生产队统一土地经营模式。针对初期承包年限三年、五年长短不一，1990年全县统一将土地承包合同延长到十五年以上。2000年又将承包期限延长到三十年不变，并由县政府给农民颁发土地承包使用证，让农民吃了“定心丸”。

二、调整农业结构、大力发展特色农业

1986年县委、县政府围绕提高农业集约化经营水平和综合生产能力，积极调整种植结构，大力推广“两红一白（枸杞、红杏、棉花）”生产，狠抓枸杞、串枝红杏、棉花、山药四个商品生产基地建设。同时随市场形势变化，不断调整农业种植方向。1988年又组织建设串枝红杏、枸杞、皮肉兔、良棉繁育四个基地。1990年，提出实施“开发杏杞、富民强县”战略，确定大力发展“两红两白（杏、枸杞、金银花、棉花）”，建设高效特色农业。到1992年，以“两红”为主的基地建设取得可喜进展，串枝红杏和枸杞种植分别达到3330万平方米，成为巨鹿县重要支柱产业。随后围绕实施“开发杏杞”战略，提出“农业抓开发、创高优，县乡工业上技改、上规模”发展路子，在抓好“两红”基地建设基础上，先后实施“杏茶”、“活性枸杞”两个高科技大项目，初步形成农业产业化发展格局。

2000年后，着力发展特色种养业。在全县种植杏、枸杞各3330万平方米的基础上，金银花种植面积达到2331万平方米，瓜菜3196.8万平方米，苹果、梨、桃、枣等杂果3330万平方米，紫花苜蓿、鲁梅克斯等牧草666万平方米。特别是金银花种植，两年发展1864.8万平方米，逐步形成全县支柱产业。粮经作物比例由“八五”末的6.2∶3.8调整为5.5∶4.5。畜牧养殖业向专业化、规模化发展，鸡、猪、牛、羊、兔存栏大幅增长。出现了一批龙头养殖场，其中，军彪养殖场被确定为“河北省重点种猪场”，绿园种兔场被定为“邢台市重点种兔场”，巨鹿黄兔配套系研究项目被列入市“星火计划”项目。农业示范园建设取得重大突破。全县共建成各类示范园区30多个，其中后辛庄高科技示范园被市政府

定为“邢台市农业综合开发示范区”。农业产业化经营水平进一步提高，服务体系逐步完善，建立了金银花、养鸡、兔业等行业协会。农业生产条件明显改善，农业开发向纵深发展。2000 年底农业总产值实现 3.5 亿元（1990 年价），比上年增长 24.6%，年均递增 10.1%。粮、棉、油、肉、蛋、奶产量均有较大增长。

2001～2005 年五年间，县政府围绕农民增收，强化农业结构调整力度，特色农业格局基本形成。全县金银花、枸杞和杏种植面积分别达到 5194.8 万平方米、4195.8 万平方米和 5394.6 万平方米，特色农业成为农民增收的重要来源；传统种植业结构调整加快，粮食经济作物比例进一步优化。到 2006 年，金银花、枸杞、红杏、谷子四大主导特色农业产业初步形成，并被列为国家级优质小杂粮良种繁育基地县和全省中药材整合资金试点县，成为农民增收的重要支撑。同时大力推进农业产业化，全县市级以上产业化龙头企业达到 8 家，农民专业合作社达到 126 个。年底来自特色农业和劳动力转移输出收入比重占据农民人均纯收入的 67%。

2007 年，巨鹿县实施财政资金整合、小杂粮基地建设、灏华科技等一批产业化项目，推进中药材产业和特色农业产业化发展，2007 年底金银花、枸杞两项带动农民增收 1.5 亿元，人均增收 300 元。新增农村合作经济组织 33 个，达到 100 个，3 万农民进入合作组织，农村产业组织化程度再次提高。

2008 年，县政府重点扶持培育了灏华、天棋、路路通、鑫苑等一批产业化龙头企业，吸引王老吉饮料等一批企业前来洽谈投资，特色农业进一步提升，产业化进程加快。金银花、枸杞、红杏种植面积分别达到 5194.8 万平方米、4329 万平方米和 5394.6 万平方米，年产干银花 900 万千克、枸杞干果 1500 万千克、鲜杏 8000 万千克，年产值达到 11 亿元，农民人均增收 2500 元。

三、突出农业综合开发

1988 年国务院确定实施农业综合开发战略，巨鹿县政府高度重视，随即建立专门机构—农业综合开发办公室，精心组织、安排部署，层层召开农业综合开发动员大会，向全县广大农民群众积极宣传农业开发的好处，充分动员广大基层干部群众参与，相继建成观寨乡、小吕寨镇、阎疃镇、张王疃乡、堤村乡等农业综合开发项目区，大大改善全县农业生产条件，促进生产力的提升。

至 2008 年底，全县实现农业开发土地治理面积 22211.1 万平方米，种草 1198.8 万平方米，改造中低产田 666 万平方米，实施农业综合开发产业化经营项目 4 个，累计投入资金 1.31 亿元，其中争取市级以上财政投资 6778.4 万元、县级财政配套资金 642.3 万元、农行贷款 689.9 万元、群众自筹资金 4997.8 万元，并完成利用世界银行贷款项目投资 1941.3 万元，其中银行贷款 1122.7 万元，省市财政资金 537.4 万元，群众自筹资金 281.2 万元。2002～2008 年，巨鹿县连续 6 年被河北省开发办授予“全省农业综合开发项目建设红旗县”称号。巨鹿县农业综合开发工作经验受到国家和省市领导好评和关注，多次到县专题调研，全省和全市农业综合开发现场会多次在巨鹿县召开。通过 20 年的农业综合开发，巨鹿县建成了全省连片面积最大的农业综合开发项目区，项目区年新增产值 6000 万元，人均增收 610 元，10 万余农民受益。

四、致力发展民营企业

中共十一届三中全会以后，县委、县政府致力县办企业体制改革，同时大力推行股份合作制，加快乡镇企业发展步伐，坚持走新型工业化发展道路。1990～1992 年三年间，通过开展“质量品种效益年”活动，先后投资 4909 万元，完成较大技改项目 23 个，工业生产每年以 16% 的速度稳步发展。同时，通过开展乡镇企业升级达标活动，推行“三力合一”机制，大力发展股份合作企业，民营企业总产值达到 4.12 亿元，成为全县经济的“半壁江山”。

“十五”期间，县政府紧紧围绕财政增收、人民致富两大目标，突出特色农业、乡镇企业、城镇建设三项重点，深入实施科教兴县、开放兴县、可持续发展三大战略，特别是把发展民营经济作为主体战略去实施，大力扶持培育，大胆放手发展，棉纺织、玉米淀粉两大产业快速提升。民营经济主力军作用日益突出，燕南、昌隆、三昌、方正、喜德来等一批骨干民营企业，纳税占全县工商税收的近50%。“十五”末，棉纺织产业产值达到9亿元，纺纱能力达到15万锭，在建能力10万锭；织布机达到3000台，在建能力2000台，棉纺织产业发展成为巨鹿县的支柱产业。

五、重点抓好企业体制改革、实现工业化率先突破

1996年，县委、县政府制定“跨越工程”，坚持“四个稳于”（群众稳于致富、干部稳于事业、经济稳于发展、社会稳于秩序），全面推进县办工业企业改革，狠抓乡镇企业规模辐射扩散，划定三年跨入全市先进行列目标。

1998年底，全县经济顺利实现“第一次跨越”。县办企业改制完成53家，全县工业总产值完成28.11亿元，增加值7.2亿元，全年实际利用外资271.11万美元、内资6729万元，双双超额完成任务，乡镇企业完成总产值34.5亿元，比1996年增加7.89亿元，纳税20万元以上的企业11家，产值超亿元的乡镇（办事处）达到16个，果浆、枸杞、绒布、橡胶等特色产品打出国门。

1999年开始实施“第二次跨越”，大力调整农业种植结构，加快发展农业产业化经营，多种改制形式并举，努力完成县办企业改革，扩大内外开放，放手发展非公有制经济。到“九五”末，全县79家县办工商企业全部完成产权制度改革；乡镇企业发展实现新突破，全县乡镇企业累计完成投入12.5亿元，其中，固定资产投资5.6亿元，技改投资2.2亿元。新上固定资产投入万元以上项目1240个（100万元以上120个），全县乡镇企业摊点达到4650个，比“八五”末增加740个，从业人员达到3.8万人。其中，食品饮料、橡塑、棉纺织、机件制造等特色行业企业及摊点累计达到2144个，年产值23.1亿元。涌现出了天帅集团、燕南公司、海斯德公司、喜德来公司、巨武公司等一批规模龙头企业和利税大户。沿邢德线经济长廊发展企业80多家，同时乡镇企业区域布局不断优化。

2006年，县委、县政府《关于实施工业化率先突破的决定》颁布后，县政府紧紧围绕加快发展、关注民生两条主线，强力实施“工业化率先突破，建设纺织食品产业强县”发展战略。通过重点推进一批工业大项目建设，培育纺织、食品两大立县支柱产业，规划建设棉纺织和淀粉加工两大工业园区，打造项目集聚平台，引导产业集聚发展；指导巨鹿镇、王虎寨镇、西郭城镇率先发展，打造三大工业强镇，推进工业实力不断壮大，打造工业经济垄起带；强力推进招商引资和民营经济两大工程等一系列举措，同时，致力于打造良好金融生态环境，积极搭建银企对接平台，为中小企业协调金融贷款，促进了纺织、食品、机件、橡塑四大产业迅速壮大。年底全县生产总值达到27.2亿元，比上年增长16.9%，全部财政收入完成10199万元，比上年增长25.7%，进出口总值完成1584.7万美元，比上年增长4倍，其中，出口创汇964.3万美元，总量居全市第五位。四大产业纳税超过全县工业企业的四分之三，当年新上重点项目60个，新增投资16.6亿元，新增税收1100多万元。

六、发动全民招商引资、抓好项目建设

2007年，全县上下一心一意建项目，集中精力抓招商。通过举办红杏商务节、魏氏恳亲会、百日招商等大型活动，先后赴天津滨海新区、山东、北京等地开展上门招商，成功引进神州巨电、宏福塑业、亨瑞特钢等一批投资规模大、带动力强的大项目，进一步增强发展后劲。全县128个重点建设项目完成投资18.3亿元，项目开工率达81%，61个项目竣工或投产。项目建设呈现出大项目多、工业项目多、高科技项目多、项目集中度高的良好发展态势。其中，列入省、市重点项目11个，总投资30.2亿元，投资额居全市第二平台县前列。全年工业企业完成增加值13.8亿元，同比增长17.7%，工业化率达到

44.4%。纺织、食品、机件、橡塑四大主导产业成为税收的支柱财源。外贸进出口总额完成4003万美元，增长1.5倍，完成总额居全市第4位。

2008年，面对世界金融危机带来的不利影响，县委、县政府坚持特殊时期采取特殊举措，及时出台《关于支持燕南集团等规模企业持续发展的决定》等专件，成立了金融生态环境建设工作领导小组，实行县级领导分包企业和部门帮扶机制等一些措施，保持了重点企业的正常运转，并在经济普遍下滑的形势下，增上了神州巨电、宏福PVC手套等一批项目，培育形成了新的工业经济增长点，引进了欧特福、福源德、生福等大型超市和物流企业，各类市场繁荣活跃。全年规模以上工业企业完成增加值6亿元，实现利税1.97亿元。外贸进出口总额完成4541万美元，增长12.9%。社会消费品零售总额完成15.2亿元，增长23.9%。

第二节　城市建设及其他

一、县城建设

县政府始终重视县城建设，围绕建设邢台东部商埠中心目标，每年投资数千万元乃至上亿元，不断强化改善县城基础设施，完善城市功能，强力推进城市化进程，下气力打造宜居宜业的魅力新巨鹿。

“九五”期间，县城建设总投资2.7亿元，是“八五”期间的20倍，先后开通了东关街、健康东路、建设北街、新华北街，县城框架基本形成。新建古郡新市场、巨鹿公园、电力大楼、商贸城、搬迁了县医院等；丰富了城市内涵，完善了配套设施；电力年供电能力由1995年的4.6亿千瓦时扩大到2000年的7.44亿千瓦时；县城亮化、绿化、净化取得显著成效，城容城貌出现较大改观。“九五”以后，县城基础设施建设成效更加明显，城镇化进程明显加快。

2001年，县政府坚持“小城镇大战略”和“人民城市人民建”的方针，按照“科学规划、超前布局、整体推进、突出精新、强化管理、完善功能”的总体思路，进一步强化经营城市意识，采取政府垄断土地一级市场、以地生财等多种形式，积累城建资金，全年基础设施建设投资达7182.3万元，完成了新华综合批发市场、第二高中一期工程、县医院一期工程、电力调度大楼及公园设施建设等十大城建工程，新修街道11条，规范改造街道5条，硬化街道、人行便道10.7万平方米，建设商业门店1.6万平方米，住宅1.3万平方米，铺设街道1.6万平方米，翻修神无线6.7千米，新修乡村公路7.8千米，城市功能不断完善。

2002~2006年，县委、县政府牢固树立“抓城建就是抓经济”的理念，高起点规划，大手笔运作，按照县城发展总体规划和“北扩西进”总体布局，不断加快县城基础设施建设步伐，县城建设规模、城市功能快速提升。四年间，投资13.8亿元，高标准修订了县城总体规划，新建了黄巾大道、东安街、西平街、健康路、风清路、万盛街等主干街道，升级改造了新华街、富强路，建成了广电中心、文化中心、居民小区、行政新区等一批精品工程，并对主要街道实施“硬化、绿化、美化、亮化、净化”包装，县城人居环境跨上新台阶。2006年底，巨鹿县被市委市政府授予城市容貌“燕赵杯”金奖。

2007年，县委、政府积极响应省委、省政府实施城镇面貌“一年一大步，三年大变样”战略，投资1.27亿元，实施了黄巾大道东延、西平街北扩、小街小巷治理等市政工程，城市框架基本形成；加快建设管道天然气、垃圾处理场、住宅小区等民心工程，居民生活环境进一步改善；同时开展了“城区秩序专项治理活动”，县城秩序明显好转。规划启动了23平方千米的县城新区，加快工业与城建相互促进、良性循环发展。2007年全市城建工作现场会在巨鹿县召开，在全市城建观摩评比中，巨鹿县名列第一。

2008年，县政府扎实推进城镇面貌“三年大变样”建设，巨鹿县连续五年被市政府评为城市建设先进县。年底建成高标准三星级华丰宾馆、巨鹿公园、文化中心、休闲广场等一批精品工程，城区控制性详细规划基本完成，建设了方圆、世纪康城、联邦花园等一批住宅小区，城市功能日趋完善。同时，修建了魏徵铜像、古郡文化大型石雕，彰显了巨鹿文化魅力。高标准完成了富强东路、建设北街、东安街等主要街道的绿化亮化，对小街小巷实施改造治理，城区面貌焕然一新。规划建设了23平方千米的工业新区和县城新区，城区面积达到9.5平方千米，城区人口由1979年初的年1.1万人升至8.5万人，城市化率达到35.1%。同时，还建成了明珠商业广场、新华批发市场、商贸城、家具城、古郡新市场等五大市场，形成服装、摩托、家具、家电通讯和日用百货批发等五大商贸行业，引进生福、福源德等一批现代物流贸易企业，拥有各类商铺2000多家，巨鹿县城成为邢台市东部的商贸流通中心。

二、抗击非典年完成十件实事

2003年正值抗击非典型性肺炎年，县政府在奋力抗灾的同时，完成十件实事：投资200多万元，改造县城排污系统，解决了城区多年排污不畅问题；投资419万元，对新华街实行改造、包装、亮化，建成县城迎宾线；投资160万元，建成了老年福利中心；投资5200万元，新打人畜饮水和灌溉机井89眼，新修村级公路7段、24千米，埋设防渗管道16万米，扩大节水灌溉面积999万平方米，完成中低产田改造799.2万平方米；争取国债和中央预算内资金684万元，加快县疾控中心、水厂等社会公益项目建设；投资1822万元实施滏阳河开卡一期工程，防洪达到了20年一遇标准；投资9000多万元，建成居民新区，改善了居民居住环境；投资9000万元，新建贾庄22万伏变电站一座，从根本上缓解了用电压力；“非典”期间采取多种形式帮助杏农促销，使4700万千克鲜杏顺利外销，避免了农民损失；对农村中小学全部实行“一费制”收费政策，遏制了学校乱收费，减轻农民负担180多万元。

三、重点发展科技教育事业

“九五”期间，县政府将1995年定为科技教育年。科技方面，推广农业先进适用技术85项，完成市级以上科研成果12项，开发新产品8项，加快推进科技进步，积极探索农村科技推广新形式，多形式、宽领域培训农民技术骨干，积极引进推广农作物新品种和农业先进适用技术，科技对农业增长的贡献率达到46%。教育方面，翻修、新建小学92所、乡镇中学20所，办学条件得到改善，“普六”、“普九”顺利通过验收。2002～2006年四年中，教育设施建设累计投资9924万元，新建农村幼儿园110所，建设完善了一中、二中、新华、育红等学校，改造危房投入1700万元，基础教育办学条件明显改善；“两免一补”政策全面落实，减少农民农村义务教育支出1023万元；教育水平稳中有升，高考连年取得好成绩；职业技术教育扎实推进，培养了一大批有一技之长的新型农民和技工，为农民脱贫致富和县域经济发展提供了人才保障，巨鹿县职教中心被国家七部委评为“全国农村青年就业工作先进单位”。

四、推进卫生计划生育事业

2003年以后，成功防控了“非典”疫情；新建县医院及外科病房大楼、县疾控中心、小吕寨中心医院，城乡就医条件明显改善。加大计划生育整治力度，进一步夯实了计划生育基础工作，稳定了低生育水平，计划生育不断强化基层基础工作，加大了治假求实力度，实现了人口控制目标。计划生育整体工作跨入全市一档县先进行列。

五、改善生态环境

2006年巨鹿县被列入国家生态示范区，县政府组织全县20多个部门经过三年积极创建，2008年顺利通过“国家级生态示范区”验收，成为邢台市首批生态示范区建成县，巨鹿县对外形象明显提升。

六、推行农村社会保障

2006年，县政府在全省贫困县中率先探索建立了农村低保制度，3110人享受了低保，农村特困群众基本生活得到有效保障，年底支付各类社会保障金2752万元；“阳光培训工程”深入开展，全年培训转移劳动力8000人，全县在外务工人员收入达到2.3亿元；“扶贫攻坚工程”扎实有效，76个村、1.8万户贫困农民直接受益；“社会保障工程”扎实推进，保障能力明显增强。全县养老、失业、医疗、工伤四大保险新增扩面6528人，达到4.4万人；城乡低保覆盖人数达到10733人，且标准不断提高，实现了动态应保尽保；创新建立了县乡村三级社会救助服务网络，政府花钱买岗位，聘请社会救助员102人，对1600名农村救助对象实施救助，使特困农民生活有了保障，这一做法，受到国家民政部和省、市民政部门的充分肯定，荣获全国“社会救助工作探索创新奖”。

七、发展交通电力电信事业

至2008年底，投资1.3亿元，完成杨官线西段、定魏线拓宽改造工程；新建桥梁15座；投资5800万元完成农网改造和城网改造，全县已拥有220千伏变电站1座、110千伏变电站3座；全县固定电话装机户数达到4.5万户，移动电话用户达到5万户。

八、实现自来水村村通工程

自2005年开始，着力解决农村人口饮水问题。到2007年，全县完成“户户通自来水工程”，农民家家户户吃上自来水，饮水问题得到根本解决。

九、加快新农村建设步伐

“农村新能源工程”进展顺利，截至2008年，新建沼气池1350座；投资3000多万元，建设乡村公路140条281千米，全县实现村村通公路，通车里程达到486千米，乡村通车率达到100%；“乡村客运站工程”运行良好，初步实现了村村通公交车，方便了群众出行，群众的致富之路越来越宽，越来越通畅；“万村千乡市场工程”加快发展，农村超市达到260家，消费市场日益活跃；投入3290万元，在120个村硬化街道164千米，农村街道硬化工程全面完成。

十、人口普查

第三次人口普查。1980年，国家决定在1982年以7月1日零时为标准时间实施第三次人口普查。“三普”登记内容共19项，登记资料汇总方式分为：手工汇总和机器汇总，手工汇总在基层完成，主要靠打算盘。机器汇总由省级完成，录入员将登记结果译成编码，输入电脑，进而分析。

第四次人口普查。1990年7月1日零时为第四次全国人口普查时间。普查登记项目21项，利用普查员入户点查询问、当场填报方式进行。普查按常住人口登记的原则，普查登记后实施复查核实。经检查验收，各个项目差错率均低于国家规定的误差指标。普查结果显示，1990年6月30日全县人口总数为321013人。

第五次人口普查。2000年11月1日零时为第五次全国人口普查时间。全县共选调各级普查指导员及普查员2000人，按时完成了人口普查现场登记和复查工作。汇总结果，全县总人口为356054人（包括外来人口，不包括外出人口），其中县城人口25741人。全县总人口与第四次人口普查总人口相比，10年零4个月增加35041人，增长10.92%，年平均递增1.01%。

第四章　办公室工作

1982年3月，巨鹿县县政府恢复建立后，设县政府办公室，内设秘书科、财贸科、农业科3个科室。1987年增设科教科，1988年10月增设行政科，1989年12月增设法制科，1990年12月增设工交科，1992年7月增设督查科。到2008年12月底，县政府办公室有股（室）11个，秘书股、财贸股、科教股、农业股、工业股、乡镇企业股、建设交通股、督查室、法制办公室、研究室、机关事务管理局。

第一节　办　文

一、收文

凡上级发至本单位的所有文件、材料等，收

文处理要经签收、登记、批办、承办、注结、归档等环节。

签收 来文收到后，首先看清是否属本单位收文，然后清点，核实来文数量、封皮编号与投递是否相符，检查文件装封是否破散，经查无误后，签字、盖章、注时。

拆封 上级来文均由文件专管人员拆封，其他人员不得拆看。遇有注明某个部门或个人亲收的文件，登记后转送有关部门或个人签收。

核对 文件拆封后，对照发文通知单核对文件种类和份数。有回执的，在回执单上签字、盖章后，退回发文单位。同时，检查文件是否有未装订、缺页或手续不全等差错，发现问题立即向发文单位查询，予以弥补。

登记 对收到的各类文件先按来文机关或部门实施分类，按收文日期、收文序号、来文单位、来文字号、密级、文件标题、份数、书皮编号等逐项登记。

拟办 收文登记后，填写“上级来文处理卡”，并提出拟办意见。为方便领导批办，将文中提出或与文有关的文件资料附在文后，供领导参阅。

批阅 上级来文由县政府办公室主任批阅。批文时先认真阅文，弄清文件要求，并提出处理意见。需办理件，写清承办单位、承办要求、承办时限等；需阅知，提出阅知范围；对传达件，提出传达范围和时间；需复印，提出翻印份数和发放范围等；最后签名、注时。

分办 对需要办理的文件，要按批办意见，分送有关部门或承办人员办理。

传阅 需传阅的文件，按批示意见组织传阅。传阅中，应先送主要领导和分管领导阅，部门间安排主管部门先看。领导阅文后要签字、注时。有阅批意见，按领导意见，做好补办工作。文件传阅前，要认真登记，阅完后检查，随时掌握文件去向。

承办 单位接到需办文件后，认真及时办理，急件随到随办。需两个以上单位承办文件，主办单位主动会同有关单位协商办理，并负责回复办理结果。

催办 对需送有关部门办理重要文件，定期或跟踪督促检查，并做好催办记录，办完后向分管领导和办公室领导反馈结果。

注结 文件办理完毕，在收文登记簿或公文处理单上注结，注明办理日期，并简要写明办理结果。

归卷 将办理完毕的文件按不同的分类和序号分别归在相应的文件分类盒内，以备查考。

立卷 把对本单位工作有查考利用价值的上级文件、材料收集齐全，按立卷有关规定整理成案卷，并填写案卷目录。

归档 将立好的案卷向县档案馆移交，移交时履行审定、交接手续。

销毁 对没有存档价值的文件以及其他材料，经鉴定、批准后，可自行销毁。销毁秘密文件，要由专人（两人以上）到指定的造纸厂监销，严禁向废品收购部门或个人出售。

1979～2008年，共收国务院、省、市政府等各类文件1000多份，均认真分发处理未出现失误。

二、发文

县政府各部门代拟以县政府、政府办公室名义签发的文件一律送交县政府办公室，先由主管股（室）核稿，县政府办公室主任审阅后报经主管县长、县长签发（县政府大头文件请县长签字），最后由秘书股编写文号、登记后印发。

需要会签的文件由主办单位负责协调有关部门审议，待有关部门领导签字后由主办单位送政府办公室按程序签发。办公室直接起草的县政府、县政府办公室文件，经手人签字后，送县政府办公室主任核稿签字并送有关领导审阅签发。涉及政策、法规性文件由县政府法制办公室审核，审核签发完毕后由县政府办公室编号、缮印、校对、加盖印章、登记后按收文对象分发。

第二节 办 会

县政府全体会议、常务会议、县长办公会议、县长碰头会、全县性大会、其他专题会议均按程序审批。县政府办公室根据领导安排在会议召开前，对有关事项提出拟办意见，经县政府办公室主任审核后，报县政府县长审批。

确定议题范围。根据县领导指示，部门根据工作实际需要，提出议题及与会人员范围，包括列席人员范围、邀请与会人员范围和旁听人员范围。如需扩大出席人员范围，由县政府办公室提出，报县长或县长委托常务副县长审定。

会务准备服务。由县政府办公室负责，具体内容有安排会场布置、收集印发会议通知及会议材料、会场检查、签到、会议记录等。

会后落实。包括拟定会议纪要、敦促落实会议决定和会议资料归档等方面。

第五章　县政府法制工作

1990年7月，在县政府办公室设法制科，为县政府办公室内设股室。1996年10月更名县政府法制办公室，仍为县政府办公室内设股室。2002年4月升为正科级机构，挂靠县政府办公室，对外保留名称。在规范性文件制订、备案、行政执法监督检查、行政复议、应诉案件办理等方面逐步规范。2005年巨鹿县获河北省人民政府法制办公室规范性文件备案示范县。2007年获河北省人民政府依法行政示范县光荣称号。

第一节　文件规范

2000年前，对县政府文件审核注重实体忽视程序。经过反复讨论，对规范性文件制定把关逐步形成一整套体系。2000年县政府印发《巨鹿县制定规范性文件程序规定》，严格按要求审核。中国加入世贸组织后，县委、县政府两办于2001年印发《关于适应我国加入世界贸易组织进程清理规范性文件和其他政策措施的实施方案》，对2001年以前的规范性文件进行全面清理，同年12月以县政府令形式发布《关于废止247个文件的决定》，对已不适应形式发展、被新文件代替、内容不合理等文件宣布废止。

2002年《立法法》实施后，县政府规范性文件的制定坚持依照《河北省地方政府立法规定》、《邢台市制定规范性文件程序规定》，按立项、起草、审查、审议、公布、备案等严格把关。

2007年，以县政府印发《关于进一步加强规范性文件备案审查工作的通知》，对规范性文件备案审查程序、备案审查工作领导机制、备案审查工作机构和队伍建设等进一步提出明确要求。当年12月，印发《巨鹿县规范性文件管理办法(试行)》，对乡（镇）党委、政府及县政府有关部门发布的规范性文件前置性审核备案的相关程序和规范性文件实施后的评估工作进行了规范。至2008年，县法制办公室共审核政府规范性文件约300多件，备案约300多件。

第二节　协调监督

随着经济的发展，各方面矛盾纠纷逐步增多，县政府为强化行政调解工作，明确由县法制办公室牵头行政调解。

2001年7月26日，县政府发出《关于设立“经济环境110”的通知》，成立以县长任组长，常务副县长任副组长的“经济环境110”领导小组，下设办公室，办公地点设在县法制办公室，办理对全县所有行政执法部门的执法投诉案件。全县10个乡镇和38个部门建立了一把手任组长的行政调解工作领导小组，设立了专门的排调中心、行政调解庭（室），在全县形成了纵横交错，相互衔接的行政调解网络。

2002年，县政府设立了“企业发展县长热线”，公布举报电话，协调督促有关部门，解决企业发展过程中的占地、办证、资金等困难，并及时向领导反馈企业发展中的热点、难点问题。随着依法行政、建设法治政府的深入，行政决策程序渐趋完善，实体更趋合法合理。决策前通过社会公示或听证会等形式，广泛征求公众意见，充分听取各方面的意见和建议。坚持重大行政决策集体决定制度，经集体讨论决定，杜绝滥用权力现象发生。《行政许可法》实施后，县办公室印发《关于全面清理行政许可工作的通知》，对全县行政许可项目、行政许可收费实施清理，重新明确县政府各部门在行政许可方面的职权。

2005年，县政府印发《关于推行行政执法责任制的实施意见》，指导执法部门梳理执法依据，分解执法职权、确定执法责任、制定评议考核制度。2007年印发《巨鹿县人民政府关于贯彻落实〈中华人民共和国行政许可法〉的意见》，再次对行政许可项目、依据、实施主体清理，完善配套制度，严格许可事项内容。同年5月，印发《巨鹿县行政机关行政调解工作程序规定（试行）》，对行政机关办理行政调解案件程序进一步规范。县法制办公室印发了《行政调解法律文书格式》，对行政调解申请书、案件受理审批表、受理通知书等文书格式统一制式。同年，由于人员变动，县政府印发《关于调整巨鹿县依法行政工作领导小组成员的通知》，小组成员实施调整，并下设办公室，办公室设在县法制办公室，具体负责依法行政的日常组织协调工作。各乡镇政府、县政府各部门也成立了相应机构。

2008年3月，县政务公开暨行政权力公开透明运行工作领导小组发布《关于认真做好施行〈政府信息公开条例〉准备工作的紧急通知》，开始探索行政审批推行统一办理、联合办理、集中办理制度，县政府各部门编制了《政府信息公开目录》和《指南》，及时予以公开，建立了县政府门户网站，开设政府信息公开专栏，及时公布更新。同年，县政府办公室发出《关于成立巨鹿县政府信息公开协调小组的通知》，随时解决行政审批运行中的各种问题。

县法制办公室组织执法监督检查，每年罚没许可证年检期间，县法制办公室和县财政局均依法确定各执法部门的行政执法主体资格，并认真对受检单位罚没项目、罚没依据实施审验、修改，对相关罚没票据、案卷进行检查，发现执法过程中的问题，填写年检建议书，督促执法部门改正。行政执法证件年检期间，认真审核行政执法人员执法资格，杜绝合同工、临时工等不符合条件人员顶占执法岗位。同时深入执法部门开展行政执法监督检查，指导部门改正错误，切实规范行政处罚和行政许可行为。

在协调监督的同时，为实现依法行政避免执法人员在执法实体、程序方面不出问题，始终注重执法人员的培训，每年对行政执法人员实施年度轮训，工作人员申领执法证需经培训合格。2007年，县政府印发《关于巨鹿县人民政府领导干部学法制度（试行）的通知》，并采取专家讲座、集中研讨等方式，安排县政府领导干部系统学习《宪法》、《行政许可法》、《行政复议法》等。同年，县委组织部、县法制办公室印发《关于对新提拔科级干部任职前进行法律知识考试的暂行办法》，对全县新提拔的正、副科级干部任职前均实施统一法律知识考试。不定期开展执法实践培训、新法规培训等。

第三节　行政复议

1999年，《行政复议法》、《土地权属争议调查处理办法》等法律法规陆续出台后，行政案件和要求复议特别是涉及土地方面案件逐步增多。法制办公室及时制定《办理行政复议案件工作规则》，从申请、受理、审查到作出决定等环节对行政复议程序规范完善。标出行政复议、行政处理案件办理流程图，实现办案有章可循。1999～2008年底，县法制办公室严格按照《行政复议法》、《行政诉讼法》、《土地权属争议调查处理办法》等相关规定，共办理各类行政案件200多件，行政复议100多件，做到所办案件事实清楚、程序合法、使用依据正确，无一件被撤销。

第六章
外事侨务及宗教管理

1997年成立巨鹿县外事办公室，在县政府办公室增挂外事办公室牌子，负责外事归口管理。1997～2008年，全县累计申办因公出国境团组9个、16人次，主要出访东南亚、北美、西欧，开展经贸、考察、培训等活动。

第一节　来访接待

随着改革开放的不断深入，外国人等到中国考察访问的日益增多。县外事办公室积极协调有关部门做好外国人、华人华侨及港、澳、台胞的来访接待工作。仅 2000 年以后，共接待到巨鹿县考察学习、投资、省亲的外国人士 10 多批次 300 余人。

2002 年，法国人葛根到巨鹿县考察杏资源与原杏茶厂加工设备。2004 年，韩国两名科考人员到巨鹿县考察县城旧址。2005 ~ 2007 年，县第二中学先后聘请喀麦隆、菲律宾两名外教到校任教。2007 年，匈牙利客商茉莉莉到巨鹿县合资兴建永安活性碳生产项目。2007 年 10 月，第四届世界魏氏宗亲恳亲大会在巨鹿县隆重召开，来自新加坡、马来西亚、印尼等国家和台湾地区及内陆各地的魏氏宗亲代表 300 余人参加了盛会。2008 年 6 月，蒙古国财政部经济政策协调司司长贾格赛克罕率蒙古扶贫工作考察团一行 11 人到巨鹿县考察学习扶贫工作。

第二节　宗教管理

改革开放后，县委、县政府加强对宗教活动的管理。1984 年清理宗教房产时妥善处理了“文化大革命”期间天主教、基督教被占房产，归还了其土地。1987 年，建立了以县委副书记为组长、副县长为副组长，统战、民政、公安为成员的宗教领导小组，县民政局建立宗教股，成立了县天主教教务领导小组和基督教“三自”爱国领导小组。1998 年，宗教工作开始实行目标责任制，县对乡、乡对村均签订目标责任书，量化细化宗教工作目标，全县宗教活动堂点实施登记年检。并在全县开展以评选“文明户“和“文明宗教场所”为主要内容的文明创建活动。

2004 年 5 月建立县佛教协会，会长释印宏，办公地点设在苦草观音寺，后搬迁到城区古郡念佛堂。

1998 年巨鹿县建立基督教“三自”（自传、自治、自养）爱国运动委员会，主席刘禄辰；2003 年建立天主教爱国联络组，主任张元贵。同年成立基督教协会。

第七章　调研活动

县政府研究室在日常工作中紧密围绕县政府工作中心，针对县域产业发展、城市建设、招商引资、园区建设、企业用工、农民增收、环境优化等方面展开调研活动，广泛收集国家的政策法规、行业数据、发展态势等各类信息，为领导决策提供参考。

第一节　管理机构

1989 年 6 月，在县政府办公室设研究室，为局级单位。下设综合科、调研科。1992 年 7 月增设政务信息科。1996 年 6 月，研究室并入县政府办公室，在县政府办公室内设置相对独立的机构。主要负责重要政策的调查研究、重要文件和领导讲话的起草及为领导决策当好参谋等项工作。

第二节　调研工作及成果

县政府研究室成立后，结合县域情况作了大量的调研工作，取得了不少研究成果。

在巨鹿县经济发展方面，分别针对三大产业完成了《抢抓机遇、发挥优势，全力打造立县支柱产业——关于巨鹿县做大做强棉纺织产业的调查与思考》、《宁夏枸杞产业化发展现状及思考》、《巨鹿县关于承接广济药业 5000 吨核黄素项目前期调研情况》、《壮大家庭工业，实现富民强县——全县机件家庭工业发展情况的调查》、《巨鹿县发展循环经济情况的调查》、《关于我县乡镇企业发展现状的调查报告》、《巨鹿县大力发展银花产业促进农民增收》等多篇调研文章，为各项政策、措施的决策、出台提供了参考依据。

在城市建设方面，完成了《关于巨鹿县强力

推进县城建设的调查》、《贫困县是如何建起精品县城的——关于巨鹿县加快县城建设的调查》等多篇调研文章，为加快城市化进程提供信息支撑。

在社会事业及文化建设方面，完成了《关于巨鹿县广播电视事业发展情况的调查》、《关于巨鹿县率先探索建立农村最低生活保障机制的调查》、《化解乡村债务的对策与建议》、《巨鹿县“村村通自来水”工作调查》、《关于巨鹿县社会救助工作运行情况的调查》、《关于巨鹿县加快培育“创业文化”的调查》等多篇调研文章，为各项社会事业的建设提供借鉴作用。

第十六编

政协地方组织

政协巨鹿县委员会（以下简称县政协）成立于1959年11月，至2008年历经12届。受“文化大革命”影响，曾一度停止活动。1982年2月23日至26日，县政协召开第五届第一次会议，选举产生了新一届县政协领导班子并恢复工作。在中共巨鹿县委领导下，高举社会主义和爱国主义旗帜，牢牢把握团结和民主两大主题，围绕全县中心工作，认真履行人民政协职能，通过视察、调研等形式，组织社会团体和各界人士参政议政，在维护全县政治安定、振兴经济、发展社会事业、构建和谐社会中发挥了不可替代的作用。

第一章　县政协组织机构

第一节　工作机构

1982年2月县政协恢复工作，下设办公室，负责机关文秘、机关后勤和日常政务等工作。1990年6月增设组织宣传科、文史资料科，负责组织宣传、文史资料征集、整理和编印等工作。1991年6月增设经济技术开发科，负责为经济建设搞服务。1996年12月受县委委托，设立巨鹿县支持外地客商办公室（挂靠在经济技术开发科），负责向外地客商提供咨询、沟通联络、督促协调有关部门解决外地客商在经济活动中遇到的问题、维护外地客商合法权益。2002年4月机构改革，设综合性办公室1个。办公室设3科（组织宣传科、文史科、经济发展科）1室（支持外地客商办公室挂靠在经发科），至2008年底。

第二节　领导班子

县政协领导班子由主席、副主席组成。主席、副主席由委员选举产生。

1982～2008年巨鹿县政协主席、副主席一览表

表16－3－1

届次	职　务	姓　名	性别	任职时间	籍　　贯
第五届	主　席	党三省	男	1982.02～1984.02	巨鹿县曹辛庄
	副主席	樊洪如	男	1982.02～1984.02	巨鹿县小韩寨
		滑玉民	男	1982.02～1984.02	巨鹿县西旧城
		雷　锋	男	1982.02～1984.02	深泽县西赵庄
		郭春海	男	1982.02～1984.12	巨鹿县东郭城
		赵东初	男	1982.02～1984.12	巨鹿县大屯头
		宋华甫	男	1982.02～1984.12	巨鹿县于家庄
第六届	主　席	孙清田	男	1984.12～1987.05	巨鹿县孙河镇
	副主席	郭春海	男	1984.12～1985.12	巨鹿县东郭城
		赵东初	男	1984.12～1987.05	巨鹿县大屯头
		宋华甫	男	1984.12～1985.12	巨鹿县于家庄
		张继增	男	1984.12～1987.05	巨鹿县张村
第七届	主　席	孙清田	男	1987.05～1990.04	巨鹿县孙河镇
	副主席	王存录	男	1987.05～1990.04	巨鹿县白寨
		张继增	男	1987.05～1990.04	巨鹿县张村
		王文元	男	1987.05～1990.04	北京市
		商清章	男	1988.03～1990.04	巨鹿县赵庄
		董仁年	男	1989.04～1990.04	巨鹿县何寨
第八届	主　席	王存录	男	1990.04～1993.01	巨鹿县白寨
	副主席	商清章	男	1990.04～1993.01	巨鹿县赵庄
		董仁年	男	1990.04～1993.01	巨鹿县何寨
		张继增	男	1990.04～1991.04	巨鹿县张村
		王文元	男	1990.04～1993.01	北京市
		王麟本	男	1990.04～1993.01	唐山市滦南县
		宋恒仓	男	1990.04～1993.01	巨鹿县东宋庄
第九届	主　席	杲东阁	男	1993.01～1997.03	南宫市
		贾春英	男	1997.03～1998.02	巨鹿县野场
	副主席	王文元	男	1993.01～1996	北京市
		王麟本	男	1993.01～1998.02	唐山市滦南县
		宋恒仓	男	1993.01～1998.02	巨鹿县宋庄
		王金淼	男	1993.01～1998.02	巨鹿县西辛庄
		董金月	女	1996.03～1998.02	巨鹿县小留庄

续表

届次	职　务	姓　名	性别	任职时间	籍　贯
第十届	主　席	贾春英	男	1998.02～2003.04	巨鹿县野场
	副主席	王金森	男	1998.02～2003.04	巨鹿县西辛庄
		董金月	女	1998.02～2003.04	巨鹿县小留庄
		孙存根	男	1999.03～2003.04	巨鹿县张起营
		王贵林	男	1998.02～2003.04	巨鹿县大王庄
		王麟本	男	1998.02～2003.04	唐山市滦南县
		宋恒仓	男	1998.02～2003.04	巨鹿县宋庄
		杨瑞坤	男	2000.03～2003.04	巨鹿县一里庄
第十一届	主　席	贾春英	男	2003.04～2006.03	巨鹿县野场
		李国民	男	2006.03～2007.04	巨鹿县大前屯
	副主席	王金森	男	2003.04～2007.04	巨鹿县西辛庄
		杨瑞坤	男	2003.04～2007.04	巨鹿县一里庄
		王建国	男	2003.04～2007.04	巨鹿县魏家庄
		张西周	男	2003.04～2007.04	巨鹿县西郗寨
		乔敬科	男	2003.04～2007.04	巨鹿县后辛庄
		刘君红	女	2005.01～2007.04	巨鹿县南哈口
第十二届	主　席	李国民	男	2007.04～	巨鹿县大前屯
	副主席	王建国	男	2007.04～	巨鹿县魏家庄
		张西周	男	2007.04～	巨鹿县西郗寨
		乔敬科	男	2007.04～	巨鹿县后辛庄
		刘君红	女	2007.04～	巨鹿县南哈口

第二章　政协委员

第一节　委员产生

县政协第五届委员会委员，是中共巨鹿县委组织有关部门与各人民团体、无党派民主人士、社会各界等民主协商提名，经县政协筹备委员会讨论通过产生。以后第六届至第十二届政协委员的产生，均按照政协章程和各地方委员会参加单位、委员数额和委员界别，由上一届政协常委会协商，结合巨鹿县实际情况确定。

第二节　委员构成

一、数额

第五届委员会委员47人，闭会期间增补2人，共计49人。第六届委员会委员54人。第七届委员会委员64人。第八届委员会委员97人。第九届委员会委员102人，闭会期间增补13人，共计115人。第十届委员会委员178人，闭会期间分3次增补26人，共计204人。第十一届委员会委员168人，闭会期间分4次增补26人，免去4人，共计190人。第十二届委员会委员187人，闭会期间分2次增补13人，免去2人，共计198人。

二、构成

第五届至第十二届巨鹿县政协委员构成情况一览表

表 16－2－2

届次	委员总数	界别及所占比例																无党派及比例		妇女及比例	
		党政		文教卫生		科技		工交财税		经济		工青妇民族宗教		农林		中共党员及比例					
		人数	占总额%	人数	占总额%	人数	占总额%	人数	占总额%	人数	占总额%	人数	占总额%	人数	占总额%	人数	占总额%	占总额%	人数	占总额%	人数
第五届	49															20	40.8	27	55.1	4	8.1
第六届	54	13	24	11	20.3	3	5.5	5	9	12	22	8	14.8	2	3.7	21	39	33	61	6	11
第七届	64	17	26.6	11	17	6	9.3	16	25	8	12.5	11	17	5	7.8	25	39.1	39	60.9	8	12.5
第八届	97	23	23.7	18	18.5	22	22.6	12	12.3	9	9.2	6	6.1	7	7.2	38	39.2	59	60.8	6	6.1
第九届	115	12	10.4	27	23.5	3	2.6	32	27.8	5	4	10	8.6	15	13	41	35.7	61	53	19	16.5
第十届	204	20	9.8	24	11.7	20	9.8	22	10.7	45	22.1	22	10.7	21	10.3	74	36.3	102	0.5	29	14.2
第十一届	190	19	0.1	22	11.5	19	0.1	20	10.5	46	24.2	19	0.1	18	9.4	67	35.3	101	53.1	32	16.8
第十二届	198	23	12	25	13	21	11	25	13	49	25	22	11	22	11	96	48.4	91	46	30	15.1

第三章　县政协例会

第一节　历届委员全体会议

县政协恢复后，共召开 28 次全体会议，一般一年举行 1 次，1990 年举行 2 次。

1982～2008 年巨鹿县政协委员会全体会议一览表

表 16－2－1　　　　单位：人

届别	次别	召开时间	应到人数	实到人数	内容
第五届 1982.02～1984.11	第一次会议	1982.02.23～1982.02.26	47	47	大会主席团由 11 人组成，设秘书长 1 人 1. 听取审议政协巨鹿县第五届筹备委员会工作报告 2. 列席县七届人大一次会议，听取讨论县人民政府工作报告 3. 选举党三省为主席，樊洪如、滑玉民、雷锋、郭春海、赵东初、宋华甫为副主席，魏辛卯、张殿辰、孙章礼、李耀东为常务委员，陈振连为秘书长
	第二次会议	1983.03.19	49	43	会议听取审议县政协第五届常务委员会工作报告

续表

届别	次别	召开时间	应到人数	实到人数	内容
第六届 1984. 12 ~ 1987. 04	第一次会议	1984. 12. 23 ~ 1984. 12. 26	54	45	大会在县社招待所召开，大会主席团由 17 人组成，设正、副秘书长各 1 人 1. 会议听取讨论县委领导成员在巨鹿县政协六届委员会第一次会议上的讲话 2. 列席县人大八届一次会议，听取讨论县人民政府工作报告 3. 学习政协章程 4. 选举孙清田为主席，郭春海、赵东初、宋华甫、张继增为副主席，陈振连、朱增福、张殿辰、孙章礼、王文元、路湘、韦秀玲（女）、庞万仁、马国录、李庆酉为常务委员，陈振连为秘书长
	第二次会议	1986. 04. 06 ~ 1986. 04. 10	54	40	1. 会议听取县政协六届一次会议以来的工作报告 2. 学习全国政协、全国人大会议文件精神 3. 列席了县人大八届二次会议
第七届 1987. 05 ~ 1990. 03	第一次会议	1987. 05. 02 ~ 1987. 05. 05	64	56	大会在县社招待所召开，大会主席团由 11 人组成 1. 会议听取和审议县政协六届常务委员会工作报告 2. 列席了县人大九届一次会议，听取县人民政府、县人民法院、县人民检察院工作报告 3. 选举孙清田为主席，王存录、张继增、王文元为副主席，陈振连、孟钦、路湘、陈晓峰、马国录、庞万仁、张兰芬（女）为常务委员，陈振连为秘书长
	第二次会议	1988. 03. 28 ~ 1988. 03. 30	64	63	大会在县商业局北关旅馆召开 1. 听取审议并通过政协巨鹿县第七届委员会常务委员会工作报告 2. 列席县第九届人民代表大会第二次会议，听取讨论县政府的工作报告 3. 听取审议并通过了政协巨鹿县委员会 1988 年工作总结及 1989 年工作安排 4. 通过政协巨鹿县第七届委员会第二次会议决议 5. 补选商清章为副主席
	第三次会议	1989. 04. 11 ~ 1989. 04. 13	64	60	大会在县社招待所召开 1. 会议听取和审议县政协第七届委员会常务委员会工作报告 2. 列席县人大九届三次会议； 3、补选董仁年为副主席，张洪霄为秘书长

续表

届别	次别	召开时间	应到人数	实到人数	内容
第八届 1990.04～1992.12	第一次会议	1990.04.01～1990.04.03	97	95	大会在县商业局北关旅馆召开，大会主席团由17人组成 1. 会议听取和审议政协巨鹿县第七届委员会常务委员会工作报告 2. 列席县十届人大一次会议，听取和讨论县人民政府工作报告 3. 通过中国人民政治协商会议巨鹿县第八届委员会第一次会议决议 4. 选举王存录为主席，商清章、董仁年、张继增、王文元、王麟本、宋恒仓为副主席，张洪霄、陈晓峰、樊自明、孟钦、路湘、马国录、魏兰印、吉志广、苑成波、刘恒均为常务委员，张洪霄为秘书长
	第二次会议	1990.09.21～1990.09.23	97	81	大会在县商业局北关旅馆召开 1. 会议听取和审议政协巨鹿县第八届委员会常务委员会工作报告 2. 传达中发〔1990〕10号文件
	第三次会议	1991.04.15～1991.04.17	97	79	大会在县社招待所召开 1. 会议听取和审议通过政协巨鹿县第八届委员会常务委员会工作报告和政协巨鹿县第八届委员会第二次会议以来提案工作情况的报告 2. 列席县十届人大三次会议 3. 通过政协巨鹿县第八届委员会第三次会议各项决议
	第四次会议	1992.03.25～1992.03.27	97	82	大会在县供电局四楼会议室召开 1. 会议听取、审议通过政协巨鹿县第八届委员会常务委员会工作报告 2. 列席县十届人大四次会议 3. 通过政协巨鹿县第八届委员会第四次会议各项决议
第九届 1993.01～1998.01	第一次会议	1993.01.07～1993.01.10	102	102	大会在县社招待所召开会议由大会主席团主持，大会主席团由19人组成 1. 会议听取、审议通过政协巨鹿县第八届常务委员会工作报告 2. 列席县人大十一届一次会议 3. 通过政协巨鹿县第九届委员会第一次会议政治决议 4. 选举杲东阁为主席，王文远、王麟本、宋恒仓、王金森为副主席，樊自明、马国录、苑成波、刘恒均、夏庆周、吉如林、刘会军、王耀民、李步信、乔化峰、赵凤山、安胜国、吉志广为常务委员，张洪霄为秘书长
	第二次会议	1994.04.06～1994.04.08	102	101	大会在北关旅馆召开 1. 会议听取、审议通过政协巨鹿县第九届常务委员会工作报告 2. 列席县人大十一届三次会议 3. 学习《中国人民政治协商会议章程》 4. 通过政协巨鹿县第二次会议政治决议

续表

届别	次别	召开时间	应到人数	实到人数	内　　容
第九届 1993.01～1998.01	第三次会议	1995.04.12～1995.04.14	102	96	大会在县社招待所召开 1. 会议听取、审议并通过政协巨鹿县第九届委员会常务委员会工作报告 2. 列席县十一届人大四次会议，听取讨论县政府工作报告及其他报告 3. 通过政协巨鹿县第九届委员会第三次会议政治决议
	第四次会议	1996.03.29～1996.03.31	109	98	大会在县社招待所召开 1. 会议听取、审议并通过政协巨鹿县第九届常务委员会工作报告 2. 列席县人大十一届五次会议 3. 通过政协巨鹿县第九届委员会第四次会议政治决议 4. 补选董金月（女）为副主席，李孟贵为常务委员
	第五次会议	1997.03.08～1997.03.10	115	94	大会在县社招待所召开 1. 会议听取、审议通过政协巨鹿县第九届委员会常务委员会工作报告 2. 列席县人大十一届六次会议，听取讨论县政府工作报告及其他报告 3. 通过政协巨鹿县第九届委员会第五次会议政治决议 4. 选举贾春英为主席，刘儒经、傅殿勋、杨瑞坤为常务委员
第十届 1998.02～2003.03	第一次会议	1998.02.17～1998.02.19	178	175	大会在县社招待所召开，会议由大会主席团主持 1. 会议听取、审议并通过政协巨鹿县第九届委员会常务委员会工作报告和政协巨鹿县第九届委员会关于提案工作情况的报告 2. 列席县人大十二届一次会议，听取并讨论了县政府工作报告及其他报告 3. 通过政协巨鹿县第十届委员会第一次会议政治决议 4. 选举贾春英为主席，王金森、董金月（女）、孙存根、王贵林、王麟本、宋恒仓为副主席，杨瑞坤、刘儒经、李步信、乔敬科、刘恒均、王耀民、乔化峰、赵忠勤、徐克猛、张鸿奇、张明材、李平超、赵凤山为常务委员，王金森为秘书长（兼）
	第二次会议	1999.03.27～1999.03.29	178	173	大会在远东饭店召开 1. 会议听取、审议并通过政协巨鹿县第十届委员会常务委员会工作报告和政协巨鹿县第十届委员会一次会议以来提案工作情况的报告 2. 列席县人大十二届二次会议，听取讨论县政府工作报告及其他报告 3. 通过政协巨鹿县第十届委员会第二次会议政治决议
	第三次会议	2000.03.01～2000.03.03	191	178	大会在巨鹿宾馆召开 1. 会议听取、审议并通过县政协工作报告和十一届二次会议以来提案工作情况的报告 2. 列席县人大十二届三次会议，听取并讨论了县政府工作报告及其他报告 3. 通过政协巨鹿县第十届委员会第三次会议政治决议 4. 补选杨瑞坤为副主席

续表

届别	次别	召开时间	应到人数	实到人数	内　　容
第十届 1998.02～ 2003.03	第四次会议	2001.02.27～ 2001.03.01	204	170	大会在巨鹿宾馆召开 1. 会议听取、审议并通过县政协工作报告和提案工作情况的报告 2. 列席县人大十二届四次会议，听取和讨论了县政府工作报告及其他报告 3. 审议通过政协巨鹿县第十届委员会第四次会议有关决议
	第五次会议	2002.01.24～ 2002.01.26	204	168	大会在巨鹿宾馆召开 1. 会议听取、审议并通过政协巨鹿县第十届委员会常务委员会工作报告和十届四次会议以来提案工作情况的报告 2. 列席县人大十二届五次会议，听取和讨论县政府工作报告及其他报告 3. 通过政协巨鹿县第十届委员会第五次会议关于常委会工作报告的决议、关于十届四次会议以来提案工作情况的报告的决议 4. 补选王永计、王广波、武振勇、周平美、李国生、武国峰、张立景（女）为常务委员
第十一届 2003.04～ 2007.03	第一次会议	2003.04.28、29	168	158	大会在巨鹿宾馆召开。受“非典”影响，会期压缩为两天，外地委员只寄送会议文件资料 1. 会议听取、审议并通过政协巨鹿县第十届委员会常务委员会工作和提案工作报告 2. 列席县人大十三届一次会议，听取和讨论县政府工作报告和其他报告 3. 通过政协巨鹿县第十一届委员会第一次会议政治决议及其他决议 4. 选举贾春英为主席，王金森、杨瑞坤、王建国、张西周、乔敬科为副主席，孙存根、张耀东、杨忠彩（女）、董兰敏（女）、张立景（女）、王广波、王永计、赵忠勤、周平美、张丽霞（女）、葛之礼、卢占胜、王中四、李明亮、刘君红（女）、李遵守、李国豪、李步信、刘恒均、郭占勋、李慎平、薛兴辉、曹同学、王保忠、张朝忠为常务委员，王金森为秘书长（兼）
	第二次会议	2004.01.11～ 2004.01.13	180	157	大会在华丰宾馆召开 1. 会议听取、审议并通过政协巨鹿县第十一届委员会常务委员会工作报告和关于十一届一次会议以来提案工作情况的报告； 2. 听取县政府工作报告，并讨论县政府工作报告及其他报告 3. 通过政协巨鹿县第十一届委员会第二次会议政治决议和其他决议 4. 审议通过政协巨鹿县第十一届委员会第二次会议提案审查情况的报告，听取了4名委员的大会发言

续表

届别	次别	召开时间	应到人数	实到人数	内　　容
第十一届 2003.04～2007.03	第三次会议	2005.01.18～2005.01.20	190	161	大会在县委六楼会议室召开 1. 会议听取、审议并通过政协巨鹿县第十一届委员会常务委员会工作报告和关于十一届一次会议以来提案工作情况的报告 2. 听取并讨论县政府工作报告及其他报告 3. 通过政协巨鹿县第十一届委员会第三次会议政治决议和其他决议；审议通过了政协巨鹿县第十一届委员会第三次会议提案审查情况的报告 4. 听取4名委员的大会发言 5. 补选刘君红（女）为副主席，安金盛、邓国蓬、李国彬、孙广军为常务委员，张耀东为秘书长
	第四次会议	2006.03.28～2006.03.29	190	163	大会在县委六楼会议室召开 1. 会议听取、审议并通过县政协十一届常委会工作报告和关于十一届三次会议以来提案工作情况的报告 2. 列席县人大十三届四次会议，听取和讨论《关于巨鹿县国民经济和社会发展第十一个五年规划纲要的报告》及其他报告 3. 通过政协巨鹿县第十一届委员会第三次会议政治决议 4. 选举李国民为主席
第十二届 2007.04～2008.12	第一次会议	2007.04.26～2007.04.27	187	178	大会在县委六楼会议室召开 1. 会议听取、审议并通过县政协十一届常委会工作报告和提案工作报告 2. 列席县人大十四届一次会议，听取和讨论县政府工作报告和其他报告 3. 通过政协巨鹿县第十二届委员会第一次会议有关决议 4. 选举李国民为主席，王建国、张西周、乔敬科、刘君红（女）为副主席，贾春英、王金森、孙存根、王俊堂、张耀东、杨忠彩（女）、张立景（女）、王广波、王永计、邓国蓬、吉存善、姚现广、杨金波、郭胜利、赵忠勤、周平美、张丽霞（女）、葛之礼、李明亮、李遵守、刘恒均、薛兴辉、曹同兴、王保中、李慎平、安金盛、孙广军、陈静为常务委员，张耀东为秘书长
	第二次会议	2008.03.02～2008.03.03	198	176	1. 会议听取、审议并通过县政协十二届委员会工作报告和提案工作报告 2. 列席县人大十四届二次会议，听取和讨论县政府工作报告及其他报告 3. 通过政协巨鹿县第十二届委员会第二次会议有关决议 4. 补选苗泽民、杲守仲、樊存格（女）、成宏为常务委员

第二节　常委会议

县政协1984年12月～2008年12月，共召开112次常务委员会（1982年2月～1984年11月原始资料无记载）。主要学习贯彻中共十一届三中全会精神、十二大精神、新宪法、“三个代表”重要思想等，研究讨论如何把握团结和民主两大主题，主动投身于治理整顿、深化改革、积极参政议政、促进经济建设等工作。第十二届各次常委会重点研究致力建设“幸福巨鹿”，以关注民生、促进和谐为着力点，紧紧围绕“工业化率先突破、建设食品纺织产业强县”的发展战略，如何履行各项职能，为实现巨鹿又好又快发展做贡献。

第四章　县政协主要工作

第一节　参政议政

县政协恢复后，积极参政议政，为巨鹿县各项建设事业发展发挥了重要作用。

1983 年，邀请省科委情报研究所到巨鹿县举办首届科技信息交易会，推动产业结构调整和商品生产。

1984 年，县政协副主席赵东初研究制成“枸杞回春香”、“枸杞晶”等产品，并为枸杞厂引进建厂资金 120 万元，为枸杞深加工，农民增收开辟新途径。

1995 年，省政协将农作物生长促进剂“丰抗素”作为扶贫项目推荐到巨鹿县，县政协以常委会建议案的形式提交县政府，作为 1996 年科技重点项目在全县推广，累计推广面积 73260 万平方米次，创经济效益 5500 多万元。

2001 年 11 月，县政协建立经济社会发展研究会（中心），举办 3 次年会，邀请专家、学者对研究会成员进行培训，组织会员撰写研讨文章 35 篇。

2004 年 6 月，建立巨鹿县企业家联合会，并两次组织联谊活动。邀请专家、学者对县喜德来、昌隆、昌盛、科达有限公司及燕南、方正集团等企业经营管理人员进行培训。联合会理事、会员撰写企业管理、发展方面的文章 16 篇。

2007 年，县政协创立“社情民意、视察调研”专报，为委员知情参政开辟阵地，拓宽上下沟通渠道。将委员有关城建、文教、卫生、民政、社会治安等方面的建议整理编辑 9 期，报送县委、县政府。同年 11 月，组织委员学习贯彻中共十七大精神，出台了关于在县政协组织中开展学习贯彻中共十七大精神的决定。同时将委员分为 7 个小组，开展政协委员调查民生活动，征集意见建议 20 余件，为巨鹿县实施惠民工程提供决策依据。

2008 年，为三昌、燕南、方正集团等企业协调资金上亿元，引进项目 2 个。

第二节　民主协商

县政协积极参与重大事项协商，为巨鹿县发展出谋划策。参与的重大协商事项主要有：

企业调研　1993 年 8 月，针对资金缺乏制约乡镇企业发展的情况，组织委员和机关工作人员到西郭城乡河北庄高新食品集团公司调查股份合作制做法，写出专题调查报告，报送县委、县政府，为决策层提供依据。

农村调研　1994 年，围绕县制定的“小康建设规划”，组织部分常委就如何调整农业种植结构、加快脱贫致富步伐等，深入基层调查，并召开常委会专题协商讨论。提出调整种植结构、加大科技投入、稳定农业科技队伍等 8 条具体建议，被县委、县政府采纳。

县扶贫攻坚计划实施　1995 年，组织农业系统委员召开扶贫工作情况通报会，通报县 1994 年以来扶贫工作情况，与会委员就扶贫措施和工作中的问题提出建议。

城区规划与建设　1996 年，组织常委协商县城规划和建设，就新华街建设、街头摊点分布、县城脏乱差等情况，提出改进意见和建议。1997 年 6 月，提出县城建设要速度和质量并重、强化排水工程、控制建房地基高度、避免劳民伤财等建议。

倾斜“三农”　2001 年，组织相关委员和机关工作人员深入农村、农户、田间地头，实地考察了解农业四大支柱产业发展情况，掌握大量翔实的材料，撰写出《关于大力发展金银花、枸杞、串枝红杏和养兔业四大农业支柱产业的调查报告》，为县委、县政府农业决策提供了科学依据。

工业园区建设及棉纺织产业发展　2003年，组织常委深入县工业园区和部分纺织企业座谈，在充分掌握情况基础上，向县政府提出《关于工业园区和纺织城建设建议案》。

关注农民增收　2004年4月，围绕“农民增收年”任务目标，组织委员和有关单位工作人员对促进农民收入增长实施专题调研，形成“为农民进城务工经商创造条件，促进农民增收”建议案，随后县政府成立“农民进城指导办公室”。

优化发展环境　2004年12月，组织召开外地客商座谈会，40余位外地客商针对巨鹿县经济发展环境方面存在的问题，联系自身实际提出了十分中肯的意见和建议。会后将此汇总及时报告县委、县政府，并督促改进落实。

关注民生　2007年4月，组织委员和有关单位工作人员就县新型农村合作医疗制度推行情况调研，形成“关于巨鹿县推行新型农村合作医疗制度情况”的调查报告。

中小企业融资　2007年8月，针对中小企业融资难组织调研，提出“尽快启动中小企业担保公司的建议”，提交县委、县政府。

丰富农村文化生活　2007年9月，针对农村文化生活匮乏，向县委、县政府提出“活跃农村文化生活，筹建农民心连心艺术团”建议，2008年县政府拨付10万元依托电视台《梨园乡音》栏目，成立了“巨鹿县戏迷俱乐部”。

解决县城适龄儿童入学难　2008年8月，针对城区教育资源紧缺、班容量大、超负荷运行等问题组织调研，在常委会上提出“关于整顿城乡教育资源，解决适龄儿童少年入学难问题的建议案”。

第三节　委员提案

一、提案征集

提案征集主要利用会议集中和平时调研相结合的办法，向委员印发参考题目，提出具体要求，组织参与视察，为委员知情、发现案源创造条件，促使提案数量增加和质量不断提高。1982～2008年共收到提案、建议案906件，立案811件。

1982～2008年巨鹿县政协委员提案一览表

表16－4－4　　单位：件

备注	次别	提案数	立案数
第五届	第一次会议		
	第二次会议		
第六届	第一次会议		
	第二次会议	6	6
第七届	第一次会议	15	9
	第二次会议	10	10
	第三次会议	5	5
第八届	第一次会议	10	10
	第二次会议	9	9
	第三次会议	20	17
	第四次会议	19	16

续表

备注	次别	提案数	立案数
第九届	第一次会议	8	7
	第二次会议	27	19
	第三次会议	21	19
	第四次会议	40	29
	第五次会议	24	19
第十届	第一次会议	15	13
	第二次会议	49	44
	第三次会议	45	39
	第四次会议	100	90
	第五次会议	51	50
第十一届	第一次会议	61	55
	第二次会议	90	85
	第三次会议	54	52
	第四次会议	75	72
第十二届	第一次会议	73	66
	第二次会议	79	70
合计		906	811

二、提案办理

全体会议期间收到的提案，由提案审查委员会逐件审查，向全体会议提出审查报告。会后，据全会关于提案审查报告的决议，由县政协办公室将已立案的分别送请有关单位研究办理；未立案而作为委员意见和建议的，转送有关部门解决或参考。提案办理结果，由县委、县政府两办及时以书面形式转知提案人，并向县政协作出提案办理情况书面报告。

1982 年县政协恢复后，历届历次会议都选择 1 ~ 3 件具有现实性和代表性的社会热点、难点问题，列为重点提案，着力督促督办。提案涉及社会发展的方方面面，主要有教育质量、发展文化事业、促进精神文明建设、发挥科技人员作用、关于私人办学、增加科技“三费”等；归还托欠农民款、农民负担过重、卫生投资应面向农村、科学调整银花发展、农业结构调整、农民增收等；促进工业企业发展、整顿城内交通秩序、加快服务业建设、工业企业资产评估、扭转企业亏损、退还干部为筹建杏茶厂所集资金、重视破产企业重组、加大中小企业投资力度、棉纺行业快速发展、农村公路和街道硬化等；县城排水问题、搬迁育红小学、交通秩序、县城公厕、优化经济发展环境、县城绿化、环境保护、小街小巷环境卫生等；采取强制措施取缔危害少年儿童的电子游戏厅、加强对中小学周边环境的整顿等；加强集体食堂卫生管理防止疾病传播和食物中毒、加强乡镇卫生院建设和管理等；尽快出台有利于全县经济和各项事业发展的人才政策、待业青年的就业安排等。

附：十二届二次会议提案

关于加强巨鹿县汽车站建设提高对外形象的提案

案由：汽车站是县对外的窗口，站前凹陷不平，路面狭窄，严重影响交通。

建议：投资建设，改善交通条件附县交通局对该提案的答复

xxx 委员：

您提出的关于“加强巨鹿县汽车站建设，提高对外形象”的建议已收悉，现答复如下：

1. 现巨鹿汽车站于 20 世纪 50 年代建成，1991 年改建，占地约 10 亩。无站前广场，停发车场狭小，设施设备落后。随着客流量和客运车辆的增加、车型的增大，目前的汽车站已无法满足车辆停发和旅客乘候车的需要。在此情况下，客运公司一方面积极谋划新站建设，另一方面，加强站务管理，加强对站务员及司乘人员的教育，提高服务质量，给人们出行乘车提供好的环境，为旅客提供优质快捷、舒适、文明的服务。

2. 为适应客运市场的发展要求，按照县城建设统一规划，2004 年下半年，巨鹿县汽车客运新站进行了选址定位，2005 年被列入县城重点建设项目单位，2006 年被河北省交通厅列入“十一五”发展规划。巨鹿县汽车客运新站规划选址位于邢德公路以北，东安街以西，一期征地 24533.33 平方米，总投资 500 万元，按照二级汽车客运站标准建设，省交通厅计划投资 600 万元 ~700 万元，需地方政府投资和企业自筹 800 万元 ~1100 万元。目前，项目征用地手续已经省级审批完毕，省交通厅已将巨鹿汽车站项目列入 2008 年工作任务，通水、通电、通路和平整场地工作正在进行，该项目目前已获得规划许可，待获得开工许可后，即可开工建设。该项目效果图已审定，施工图已进行图审，于 2007 年 9 月份进行了公开招标，因街道及广场占地较多 (12400 平方米)，公司拟再征地 15333.33 平方米，分两期进行建设。拟于 2008 年 5 ~6 月份开工进行一期建设，2009 年 3 月份开工进行二期建设，2010 年前启用新站。省交通厅于 2008 年 5 月份对申报建设单位项目进行了督查，车站项目若不能及时开工将会影响该项目的省级立项工作。新站建成后，巨鹿汽车站的形象及运输组织能力将会有一个根本性的转变。

您对我们的办理和答复有何意见和建议，请填写在“咨询意见表”中，以便我们进一步改进工作。

感谢您对我们工作的关心和支持。

第四节　视察调研

县政协十分重视视察调研，每年不定期组织委员和有关部门深入基层开展调查研究，体察民情、督办提案，为巨鹿县社会发展献计献策。

1989 年，会同县人大常委会针对群众反映强烈的经济秩序混乱、物价上涨、出售假冒商品等问题，先后两次组织对县城摊点、门店实施联合大检查，督促有关部门公开查处。

1991 年 5 月，提出农民对搞好棉花生产有“八盼”的调查报告，引起县委、县政府的重视，地区工委转发，全国政协报刊登。

1994 年，两次配合县工商、物价部门实行物价及打假大检查，对制售伪劣假冒商品和哄抬物价等不法行为严厉打击，对维护消费者权益，遏制乱涨价等现象起到一定作用。

1998 年，由县政协牵头，县委督察室参与，对农民负担情况实施调研，提出《切实减轻农民负担的意见》，被县委采纳，出台了“农民负担一定六年不变”的有关规定。

1999 年 5 月，就社会治安和预防青少年犯罪问题，组织市、县政协委员，对县育红小学、小吕寨四中等四所中小学及相关社会治安进行视察，提出意见、建议。同时就巨鹿县初中毕业生数量大，现有高中难以满足初中毕业生就读，提出抓紧筹建第二高中的建议，被县委、县政府纳入工作计划。

2001 年 10 月，组织相关委员视察农业科技示范园养兔厂，提出健康发展建议。

2006 年 4 月，组织部分委员到王虎寨、西郭城两个乡镇检查土地开发整理情况，建议开发沙荒地，增加耕地面积。9 月 1 日，召开工商业主座谈会，整理撰写了“关于个体工商户发展现状”调查报告，指出发展中存在的困难和问题，并提出相应解决办法，促进个体工商业发展。

2007 年 11 月，组织部分委员深入 3 个乡镇 7 个村，就新农村建设提出“抢抓机遇，加快建设步伐；分类指导，实施科学发展；多方筹资，破解建设难题；党政主导，强化建设责任”等四条具体建议。

2008年底，就城镇建设“三年大变样”和农村街道硬化建设情况，组织委员实地察看，听取汇报，针对存在的问题提出意见和建议。

第五节　其他工作

一、台胞接待

1986年后，针对“三胞”（台胞、侨胞、港澳同胞）回乡探亲逐渐增多的情况，深入摸底、走访调查、登记造册、掌握情况。到2008年接待回乡探亲台胞37户、69人。接待中积极宣传中共对台方针政策和巨鹿县招商引资优惠政策，鼓励他们为促进祖国和平统一和巨鹿县经济腾飞做贡献。

二、信息宣传

1987年创办《政协简报》，共出刊300多期。1990年5月开始组织撰写巨鹿县文史资料，至2008年4月共征集文史稿件150篇，近40万字，已出版《巨鹿文史资料》四辑，21万余字。1993年，完成《河北村镇大辞典》巨鹿县部分的编写任务。1998年，与县委宣传部、县招商局联合召开巨鹿县政协宣传及对外开放工作会议，积极宣传巨鹿。1999年，为全国政协《委员风彩》、省政协《春华秋实》、市政协《邢台巨变》撰写资料10余万字，提供图片200余幅。8月，邀请邢台市高级教师讲师团对全县教师进行语文、英语、物理等课程的培训。2002年创办《政协动态》，共出刊98期。2007年创办《社会民意、调研视察》，共出刊12期。2003年2月，邀请枣树专家彭士其教授到巨鹿讲解枣树育管知识，贾庄、阎疃、张王疃、巨鹿镇、小吕寨等乡镇的300多名群众听取讲座，受到群众欢迎。9月，组织开展“向白衣战士捐赠书画”和“移动杯”、“国税杯”书画展等，丰富社会文化活动。信息宣传工作多次受到省、市政协表彰。

第十七编

社会团体

巨鹿县总工会、中国共产主义青年团巨鹿县委、巨鹿县妇女联合会、巨鹿县科学技术协会、巨鹿县工商业联合会等社会团体紧紧围绕县委、县政府改革开放和发展经济等中心工作，积极开展服务基层和服务群众的送温暖工程、希望工程、春蕾计划、扶危济困、光彩事业、扶贫助残、科普培训、成果推广等一系列活动，组织全县广大职工、妇女和团员青年，为促进巨鹿县经济腾飞和精神文明建设发挥重要作用。

第一章　工　　会

巨鹿县总工会（以下简称“县工会”）建于1949年。1979～2008年，县内工业、民营企业迅速发展，职工队伍不断扩大，工会组织逐步健全，在创建劳动关系和谐企业、帮贫济困、维护职工合法权益、密切党群关系等方面发挥着越来越重要的桥梁纽带作用。

第一节　基层组织

一、建立健全基层组织

1979年全县职工人数4420人，建有120个基层工会，410个工会小组，工会会员4000人，占职工总数的90%；1990年职工人数7340人，有基层工会112个，工会小组336个，工会会员7130人，占职工总数的97.7%。1999年职工人数7157人，有166个基层工会，805个工会小组，工会会员6658人，占职工总数的91%。专职工会干部17人。2008年全县职工人数28260人，建有388个基层工会，工会会员达27607人，占职工总数的97%。全县职工主要分布在棉纺织、服装加工、食品加工、机件加工、钢板加工、橡胶制品、建筑安装、商贸服务等行业。

二、抓试点，搞好民主选举

2004年企业工会主席任职由协商任命改由会员民主选举产生。年内县工会将工作重点放在非公企业上，8月初组成直选工作组，深入燕南公司搞试点。9月1日县工会在燕南公司召开第二届工会会员代表大会，县委、县人大常委会、县政府和县工会领导莅临大会，全县规模企业负责人列席大会现场观摩。会议根据《中国工会章程》和《基层工会组织选举工作暂行条例》，与会代表以无记名投票方式民主直选出了工会主席、副主席、委员。2005年7月，《河北工人报》以《巨鹿私企工会主席直选试水》为题报道县直选工会主席的做法。2007年8月《河北工人报》以《巨鹿非公企业工会主席直选实现双赢》为题再次报道县直选工会主席的经验。2008年底，全县已有35家骨干企业民主直选了工会主席。县各企业工会一般分工负责组织宣传、生产生活、技术协作、劳动安全、卫生保护、女工、财务、文体活动等工作。

第二节　会员代表大会

按照《中国工会章程》，县工会会员代表大会一般每五年举行一次。县工会从1979年10月~2008年12月，共召开4次代表大会（第七次至第十次）。

一、第七次代表大会

1979年10月28日，在县委小礼堂召开，出席代表250人、特邀代表9人。大会主要做工作报告，选举产生第七届委员会委员27人。第一次全委会选举产生常务委员7人，主席、副主席各1人，杨少阁任主席。

二、第八次代表大会

1988年12月29日，在北关旅馆会议室召开，会议选举产生第八届委员会委员27人，经费审查委员会委员5人、第一次全委会选举常务委员9人，主席1人、副主席2人，乔清泉任主席。

三、第九次代表大会

1998年5月26日，在县政府招待所三楼会议室召开，出席大会代表137人，特邀代表2人。大会向代表报告工作，选举产生了县工会第九届委员会委员27人，经费审查委员会委员5人。第一次全委会选举常务委员9人，选举县工会主席1人、副主席2人，张呈彬任主席。

四、第十次代表大会

2004年12月31日，在巨鹿宾馆三楼会议室召开，出席大会代表139人、特邀代表8人。大会作了“为实现富民强县的奋斗目标和推进县经济跨越式发展建功立业”的工作报告。会议选举产生县工会第十届委员会委员37人，经费审查委员会委员5人。第一次全委会选举常务委员13人，选举主席1人、副主席3人，高占刚任主席。喜德来公司职工赵建民当选巨鹿县首位农民工委员。

第三节　主要工作

一、创建“劳动关系和谐企业”

2005年县工会开展“劳动关系和谐企业”创建活动。至2008年底，36家企业先后参加创建活动。县供电公司和喜德来公司被授予“河北省AAA级劳动关系和谐企业”称号，燕南等13家企业被授予“邢台市AA级劳动关系和谐企业”称号；有19家企业获“巨鹿县A级劳动关系和谐企业”称号。2008年县工会作为邢台市创建活动三个先进单位之一被评为“河北省推动劳动关系和谐企业创建活动先进单位”。

为搞好特困职工救助工作，县工会自1996年始建立了两个机制：

（一）困难职工动态管理机制。

在各企业建立困难职工联络员制度，县工会建立困难职工帮扶动态档案。每个企业设立一名特困职工联络员，每季度向县工会生活部报送困难职工生活变化情况，对困难职工状况给予及时有效的帮助。全县35家骨干企业的困难职工全部纳入动态管理。

（二）工会会员突发特大困难救助机制。

县工会牵头，以企业职工会员互助为主，实行企业联动，对社会保险解决不了的突发特大困难职工进行救助。

1996年企业体制改革深入进行，全县下岗在册职工300多人，有的下岗职工吃饭穿衣、买药治病、子女上学有问题。县工会于2月6日在县供电局四楼承办全县献爱心送温暖救助特困职工募捐动员大会，号召全县广大职工献爱心，捐款救助下岗特困职工渡过难关。出席会议的县委、县人大常委会、县政府和县政协领导现场带头捐款，会后各单位积极组织募捐，共募捐现金7万元，将其作为特困职工的救助基金。2006年春节前夕，三昌纺织公司工会发现该公司一女职工奶奶年迈、父亲瘫痪在床多年，生活困难。该企业工会积极组织职工募捐现金3800元，企业领导和工会主席亲自带着米、面、油和募捐现金予以慰问。2008年春节前，三昌纺织公司工会会员范树良因患尿毒症急需治疗费30多万元。为挽救职工生命，三昌公司工会向县工会发出求助申请，县工会启动“巨鹿县工会会员突发特大困难救助机制”实施救助，发动各基层工会认真组织职工献爱心、捐善款。三昌公司率先组织员工捐款18429元，县工会、喜德来、海斯德、宏鑫、韩一昌宇、科达、方正、天成、燕南等11个企业共捐款28549元，对范树良实施救助，使其成功做了手术。县工会每年都筹措万余元资金做好特困职工春节前的救助工作，保证困难职工不挨饿、不受冻，吃上饺子过好年。2004～2008年，县工会为11名单亲职工子女和特困职工子女（包括农民工子女）上大学解决学费30000元。

二、维权

县工会十分重视维护职工的合法权益，经常组织开展签订集体劳动合同、召开职工代表大会收集提案、组织募捐扶贫济困等活动。1985年7月，县纺机厂金工车间一职工因上班后伸手合电闸运转车床，电火花将其右手灼伤，该职工请假休息，车间主任认定其操作不当引发事故，按病假处理。县工会介入后，改按工伤对待，同时县工会也送去500元慰问金。2007年春，县通达机械配件有限公司以张师傅为代表的69名职工向县工会反映，公司已停产一年多，尚拖欠69名职工的押金和工资款6万多元。经县工会多次出面协调，当年5月底，69名职工拖欠一年多的工资和押金全部兑现。

三、弘扬劳模精神

县工会始终注重对先进人物和劳动模范的宣传。2000年4月，县工会和县广电局联合拍摄劳模风采录《劳动如歌》专题片，宣传全国劳模薛改芹退休后发挥余热、免费传授养鸡技术、指导下岗职工和贫困群众养鸡脱贫致富的典型事迹。利用“五一”黄金周在县电视台连播省级劳模、县育红小学校长杨绍秋身患癌症，毅然以身作则、勤奋廉洁、教书育人、无私奉献、站好最后一班岗的典型事迹。

第二章　共青团组织

中国共产主义青年团巨鹿县委（以下简称“团县委”），紧紧围绕县委工作中心，充分发挥基层组织作用，带领广大共青团员和青少年积极投身经济建设和青工青农、希望工程、少年先锋队等各项工作。

第一节　基层组织

1979年后，县共青团的基层组织一直比较稳定，团员占青年的比数保持在13%～23%之间。1991年团县委提出把农村团组织建设纳入社教中，开展整体化建设达标竞赛活动，全县团青比例上升到17%，农村团青比例上升到15.2%。1997年团县委下发《关于进一步加强共青团基层团组织建设的意见》，配齐17个乡镇（办事处）和5个县直中学的团委书记以及县直各部门的团支部书记，整建农村松瘫团支部82个，新建企业团组织12个。2005年2月25日，团县委开展基层团建“一带一”工程，何寨办事处团委、方正钢板集团团总支、巨鹿中学团委等先进单位分别与17个帮带对象结成帮扶对子，提高基层团组织的战斗力。2007年5月16日燕南和科达2个非公有制企业建立了团组织。

1979～2008年巨鹿县共青团基层组织发展情况统计表

表17－2－1

年度＼项目	团组织（个）	团总支数	团支部数	团员总数（人）	青年总数（人）	团青比%
1979	17	11	479	12238	50241	23
1980	17	8	473	11796	53412	22
1981	17	8	458	10255	40062	23
1982	17		439	9750	50163	19
1983	18	15	440	9963	66129	15
1984	21	3	441	9615	66711	14
1985	21	17	436	9512	82081	11
1986	23	19	486	11438	79082	14
1987	23	21	497	13797	78513	17
1988	23	22	518	13815	78316	18
1989	23	25	508	10897	71465	15
1990	23	27	512	11278	71174	16
1991	23	27	512	11964	70285	17
1992	23	27	497	12277	71669	17
1993	25	22	385	11382	72821	15
1994	23	22	291	9728	72731	13
1995	23	25	419	9599	73764	13
1996	25	25	419	9672	73826	13
1997	24	25	483	9761	72982	13
1998	24	25	404	9761	72982	13
1999	24	25	469	11692	73110	15
2000	24	27	472	12064	74488	16
2001	24	27	472	12065	74489	16
2002	24	27	473	12069	74491	16
2003	24	28	474	12061	74499	16
2004	24	30	603	12611	76845	16
2005	24	28	534	13950	77262	18
2006	22	27	534	13907	77485	17
2007	22	27	530	13882	77276	17
2008	28	30	540	13900	77480	17

第二节　团代会

团县委由团员代表大会选举产生。团员代表大会每三年举行一次。1979年1月至2008年底，团县委共召开5次（第七次至第十一次）团员代表大会，选举产生5届委员会。

一、第七次代表大会

1982年12月17～18日，在县委机关礼堂召开，出席代表367人。选举高延铎为团县委书记、副书记1人，常委9人。

二、第八次代表大会

1987年4月17～18日，在县社招待所三楼会议室召开，出席代表250人。选举张良国为团县委书记，选举副书记1人、常委9人。

三、第九次代表大会

1992年11月10～11日，在县社招待所会议室召开，出席代表158人。选举刘会军为团县委书记，选举副书记1人、常委9人。

四、第十次代表大会

1995年5月16日，在县政府招待所东三楼会议室召开，选举李宏欣为团县委书记，选举副书记1人、常委9人。

五、第十一次代表大会

2003年11月21日，在县电力局会议室召开，出席代表148人，选举武国峰为团县委书记，选举副书记2人、常委9人。

第三节　主要工作

一、教育宣传

1993年，团县委开展了首届"巨鹿县十大杰出青年"评选活动，县物资局物资宾馆服务员刘立英等10人被评为"巨鹿县十大杰出青年"。1998～2007年，共有50名同志被县委、县政府授予"巨鹿县十大杰出青年"称号，并分别给予记三等功奖励。1997年成立法律服务中心和微机培训中心，同年5月3日建成巨鹿县青年企业家协会，并制定了章程，吸收9名青年企业家和21名团干部为会员，选举产生了第一届理事会。2004年5月，举办"美化城市、共创文明"城建宣传活动。200名青年志愿者走上街头，清理垃圾，劝阻不文明行为。2005年，在巨鹿中学开展以"莘莘清华学子、浓浓母校情怀"为主题，组织清华学子与高中生手拉手志愿行动。2008年为歌颂改革开放30周年祖国取得的辉煌成就和家乡的巨大变化，开展演讲比赛。同年9月，团县委开通团系统QQ群，在巨鹿康益电脑培训学校，对全县100名基层团干部实施网络知识培训。随后组织参加"我的家乡30年——全省农村青年风采大赛"活动，县育红小学田庆焕的《改革开放尽显中国魅力》获全省征文三等奖，国画《山居图》获全省书画手类三等奖，书法《希望》获优秀奖。

二、少年队工作

1985年，团县委组织广大少先队员开展了"全国创造杯"、"我为燕赵描新图"、"全国勤巧小队友谊赛"、"两创四好"、"小专家在行动"、"学雷锋、学赖宁、争做优秀少先队员"等教育活动。全县有3项活动获全国创造杯奖，10项活动获省级创造杯奖。

1990年10月，县育红小学少先队大队长胡晓娜作为邢台市唯一代表，参加全国第二届少年先锋队代表大会。

1998年县育红小学参加了"纪念建国五十周年百所名校红飘带传递活动"。5月份举行全校师生参加的"董存瑞叔叔看我们升国旗——纪念董存瑞牺牲50周年及红飘带传递仪式主题队会"，并向西柏坡、延安的小学生传递红飘带。在赈灾活动中，团县委组织开展全县小学生开展"手拉手情系灾区小伙伴活动"，捐献作业本1万余本、书籍2000余册、衣物2000余件。

2003年11月，团县委在明珠广场开展以

“革除陋习、崇尚文明”为主题的活动启动仪式，全县有1000多名团员青年参加，并在写有“革除陋习、崇尚文明”的长卷上签名。

2008年9月，团县委组织成立“利用网络引导服务青少年文明上网领导小组”，对相关工作实施具体指导和监督。利用巨鹿帖吧招募文明上网义务监督员200人，监督教育引导青少年文明上网。组织“青少年文明上网”演讲比赛、“燕赵小博客”评选和QQ空间大赛等活动，引导青少年正确利用网络。

三、希望工程

1992年6月，县建立“希望工程基金会”后，团省委前来楼张镇、官亭、林庄等8个乡镇为60多名失学儿童颁发了助学金。

1993年，完成希望工程奖券发售任务，收到社会各界捐款4000余元，救助失学少年236人，发放救助款8000余元。同年，天津市西青区城乡建设委员会通过团中央与巨鹿县希望工程领导小组办公室结成“一助一”结对救助关系。1999年6月，天津市西青区城乡建设委员会团员青年代表，向巨鹿县希望工程领导小组办公室捐赠“希望工程”资助款10000元及价值3000余元的学习用品，资助县63名贫困小学生。天津市公路局西青分局团总支多次送来资助款和学习用品。到2008年底，天津市西青区城乡建设委员会累计救助巨鹿县贫困生196人，金额达3.6万余元。

1995年，中国银行国家外汇管理局捐款45万元，上级下拨省特别党团费15万元，地方匹配资金37.1万元。在王六村乡洪水口村建立了中汇希望小学，在巨鹿镇东徐庄、王庄、尼庄三村交界处建立了小太阳希望小学。

1996年，上级下拨河北省希望工程特别团费25万元，地方匹配资金15万元，在西辛庄村建立了西辛庄希望小学。

1997年11月，在阎疃镇黄屯和楼张镇乡外神仙两个贫困村各建希望书库1个。

1998年，中国银行国家外汇管理局捐款25万元，地方匹配资金9万元，在王六村乡小留庄村建起惠民希望小学；天津宝洁公司捐款15万元，地方匹配资金28.6万元，在林庄乡孙河镇村建立了宝洁希望小学。

县政府副县长刘会军（后排左起第四）与捐款企业、受助学生合影

2006年高考结束后，团县委对参加高考符合救助条件的贫困学生进行摸底调查，并建立档案，组织开展“希望工程圆梦大学”行动。7月份联系河北韩一昌宇纺织有限公司、天成建筑安装有限公司等6家民营企业捐款9000元，9名家庭贫困、品学兼优的大学生得到资助。

2007年6月，团县委“希望工程圆梦大学”公益行动，获捐款24000元，资助贫困大学生12人。与河北卫视、河北经济台、河北人民广播电台文艺频道等媒体积极联系，对庞朝前、任圆圆、王树博等贫困生组织电视报道，得到社会各界爱心人士捐款25900元，5名贫困大学生得到救助。

四、鼓励创业

1998年，团县委启动“双百创建”工程。从1998年开始，利用2年时间，每年培养农村200名青年致富能手，使之掌握一项致富技术或领办一个致富项目，每年人均创收1万元。先后建立星火时装裁剪缝纫培训基地、郭清辉良种繁育基地、康益电脑微机培训基地、王虎寨机件加工培训基地，对400名农村团员青年进行科学技术培训，实现或突破了创收计划。星火时装裁缝培训基地被共青团邢台市委命名为“下岗青工就业培训基地”。

第三章　妇女组织

巨鹿县妇女联合会（以下简称“县妇联”），以代表和维护妇女合法权益为职责，努力实现男女平等，组织和带领广大妇女紧紧围绕县委中心工作，积极开展“双学双比”、“巾帼建功”、评选文明家庭等活动，充分发挥“半边天”作用。

第一节　基层组织

县基层妇女组织主要为乡镇妇联会、县直单位妇委会、村妇代会。1979～2006年3月，全县共有17个乡镇妇联会。2006年3月，随合乡并镇合并为10个乡镇妇联会，291个村级妇代会和36个县直妇委会。2008年未变。

第二节　妇女代表大会

县妇女代表大会一般每五年一届，1979～2008年共经历4届（第六届至第九届）。

一、第六次妇女代表大会

1979年1月16日召开，大会选举王翠梅为主任，选举执行委员35人、常委7人。

二、第七次妇女代表大会

1989年6月30日在巨鹿县供电局会议室召开。胡兰省代表第六届执委会作工作报告。选举产生县妇联第七届执行委员会，大会选举胡兰省为主任。

三、第八次妇女代表大会

1994年12月28日在县政府招待所三楼会议室召开。刘淑女代表县第七届执委会作工作报告。选举产生了县妇联第八届执委会。大会选举刘淑女为主席，选举副主席1人、常委7人、执行委员23人。

四、第九次妇女代表大会

1999年11月3日在县政府招待所三楼会议室召开。与会代表110人、特约代表6人。董兰敏代表县妇联第八届执委会作工作报告，选举产生县妇联第九届执委会。大会选举董兰敏为主席，选举副主席3人、常委7人、执行委员23人。

第三节　主要活动

一、“双学双比”

1988年县妇联在广大妇女中组织开展“双学双比”（学文化、学技术、比成绩、比贡献）竞赛活动。联合县农业、林业、水利、科委、教委等12个部门，利用妇女培训学校、示范基地，开展各种实用技术培训，实现“一户一位科技明白人”，提升妇女科技素质和致富能力。妇联系统自办、协办技术培训班1521期，培训妇女63520人，占全县应参赛人数的83%。县妇联与县农业局、畜牧局等部门，组织县乡村技术人员和“双学双比”女能手，推广种、养、加新品种和新技术132项。2007年，建立“河北农大女能手大专班巨鹿函授站”，培养农村妇女科技致富带头人。

二、“巾帼建功”

1990年后，开展“巾帼建功”活动，引导城镇妇女立足本职岗位成才，在两个文明建设中进行风采展示、业务培训、技能比武、创业竞赛，提升妇女职业技能和综合素质，促进下岗女工再就业。2000年10月，县妇联编辑出版了《巨鹿县妇女风采录》一书，编辑收录了“双学双比”女能手、“巾帼建功”女标兵、女企业家、女能人等先进人物事迹36篇。

2001年，全县涌现出巾帼建功示范岗及先进单位9个，其中市级两个、省级一个。县检察院被评为省级巾帼建功示范岗，并连续三年被全国、省、市检察院评为“文明接待室”、“巾帼建功标兵”。2002 年 8 月，联合县工会、劳动服务公司等有关部门，对 200 名下岗女工免费实施技能培训，提供再就业指导服务。

三、评选五好文明家庭

1980 年后，县妇联开展“争创五好家庭”（爱国守法、热心公益好，学习进取、爱岗敬业好，男女平等、尊老爱幼好，移风易俗、少生优育好，勤俭持家、保护环境好）活动，在全县乡村培养、树立、推广各类典型，用典型推动工作。1980 年评出省、地“三八”红旗手 20 人、“五好”家庭 13 户。其中待公婆“一百一”的好儿媳安兰省，1983 年出席了全国“三八”红旗手表彰大会。2007 年县妇联开展和谐家庭典型评选，官亭镇崔兰敏被评选为全国“五好文明家庭”。

四、妇女维权

1984 年 4 月，县妇联建立“法律顾问小组”，负责向广大妇女宣传法律知识、开展法制教育、法律咨询、为妇女提供法律帮助。2004 年 3 月，针对“家暴”案件上升趋势，在各乡镇设立投诉站。建立反“家暴”领导小组，由各乡镇妇联主任任组长。2005 年 8 月，县妇联组织女企业家王林霞、杨书彩联合成立“反家暴庇护所”，让受虐妇女得以保护，并安排在企业打工以维持生活。2007 年 9 月合乡并镇后，县妇联在 10 个乡镇建立健全了妇女维权站，各村配备了信访联络员，制定了接待日制度、首问责任制、重大要案请示汇报制等长效机制。同年 10 月 17 日，全市乡镇“妇女维权站”工作现场经验交流会在巨鹿县召开。《中国妇女报》11 月 1 日头版头条予以报道，河北妇女网、《邢台日报》、《牛城晚报》、邢台电视台先后报道。

五、关爱妇女、儿童

1981 年，巨鹿县成立托幼工作领导小组。1982 年动员全社会筹集少年儿童福利基金，县直 25 个单位捐献基金 2885 元、儿童书籍 310 本、铅笔 300 支。2006 年 6 月 1 日，县妇联以“八荣八耻”为指导思想，以德育教师阎峰、张贵臣编写的童谣、儿歌二十余首和对“八荣八耻”的浅说为教材，在全县少儿中开展德育教育。1997 年 7 月，县妇联对贫困女童摸底调查，为 400 名贫困女童建立档案，救助失学女童 155 名。2002 年 5 月，县妇联联合县委宣传部开展了以家庭为载体，以“读书学史、爱家爱县”为主题的“读书学史”学习教育和竞赛活动。64 个单位的 296 户家庭，获得“十佳家庭”称号。同年 7 月，县妇联举行“我的一点节省，改变她的一生”捐款活动，共募集 33965 元，对全县选出的特困生实施三年跟踪救助。2003 年 10 月 18 日至 26 日，县妇联与县卫生局联合开展妇女健康关爱行动，对 227 名家庭困难的农村妇女进行妇科病检查，减免费用 1 万元。2004 年 5 月，市交通局、邢台“我爱我家”装饰公司主动到巨鹿县奉献爱心，救助贫困学生 32 人。2005 年世界卫生日期间，县妇联协调县妇幼站、中医院、卫生局组织咨询、义诊和大型展览，发放宣传材料 500 份，邀请陕西保健站妇产科主任张文华教授到巨鹿县为广大妇女作《关注女性健康提高保健意识》的报告。

六、其它活动

2001 年 9 月 10 日，县妇联组织中老年妇女健身小组，代表县、市参加了省体协举办的“中老年泰迪无极健身球比赛”，获优秀奖。2002 年 6 月 18 日“中国巨鹿杏节”期间，县妇联组织的大秧歌、腰鼓队、花棒舞，整齐划一，多姿多彩地展现在县城街头，受到各界称赞。2008 年 5 月 12 日，四川汶川发生特大地震后，县妇联带头捐款并组织女性创业俱乐部会员向“抗震救灾、巨鹿有爱”晚会捐款 6000 元，组织女企业家协会捐款 5450 元。

第四章　科学技术协会

巨鹿县科学技术协会（以下简称“县科协”），充分发挥自身职能，积极组织建立基层协会、专业协会、研究会，致力科普宣传、科技推广和服务，为提高全民科技素质，宏扬科技精神，学习运用科技知识，促进各项事业的发展发挥了重要作用。

第一节　管理机构

一、县科协

巨鹿县科协原为1958年6月27日建立的科普协会，当时会员105人。1961年5月20日科普协会解散。1982年4月恢复县科协，实行会员制，由会员代表大会选举产生领导机构。

县科协建立后，协助有关部门建立基层科技组织、召开会员代表大会；会同有关部门开展应用科技宣传推广；牵头或联合相关部门就重要科技专题深入调查研究，为领导决策提供依据；充分调动广大知识分子的积极性和创造性，发挥科学技术在经济建设和社会生活中的重要作用。

二、专业协会

为把科技人员最大限度组织起来发挥作用，县科协按不同行业陆续组建专业协会。通过组织发动、个人申请、组织批准成为协会。先后在全县范围内建立了农学会、林学会、水利学会、畜牧兽医学会、中医学会、西医学会、枸杞研究会、青少年科技辅导协会、美术研究会、教育学会、会计协会、珠算学会、计划生育协会等共发展会员256名。

三、乡村科普协会

2005年5月，县委制发了《中共巨鹿县委关于进一步加强科协工作的意见》，县科协出台了《乡镇科普协会章程》、《关于组建农技协条件审批程序的规定》，明确了各乡镇科普协会主席（政工副书记或副乡长兼任）和秘书长，建立和完善了17个乡镇科普协会，健全了219个村级科普工作委员会，形成了完整的组织网络。2007年4月24日，建立全民科学素质工作领导小组，办公室设在县科协。

第二节　会员代表大会

1979～2008年县科协经历两届会员代表大会。

一、第一届会员代表大会

1982年11月26～28日，在县委小礼堂召开，出席代表160人，其中农林专业代表120人，其他专业代表30人，特邀代表10人。代表听取并审议《巨鹿县科协工作报告》，通过《巨鹿县科学技术协会章程（草案）》、《自然科学专门学会通则》、《大队科普组织条例》。选举产生县科协第一届委员会委员11人，常务委员5人，选举李贵堂为科协主任（兼）。

二、第二届会员代表大会

1998年12月11日，在县政府招待所东三楼会议室召开，出席代表86人。与会代表听取并审议《县科协工作报告》，通过了《巨鹿县科协章程（修订草案）》、《致全县科技工作者的倡议书（草案）》，选举产生县科协第二届委员会委员16人，选举齐恩铎为第二届委员会主任。

第三节　主要工作

一、科普宣传

县科协及各基层组织以印发宣传资料、办黑板报，赶科普大集、科普庙会，放科教电影、幻灯、有线广播和“三下乡”等多种形式宣传科学精神，传播科学知识。

1985年5月1日，会同县科委，创办《巨鹿科技》小报，传递先进实用科技知识和科技信息。1992年1月，联合县教委、司法局在辛庄乡夏旧城村，以“扫三盲”（文盲、科盲、法盲）为主，对农民进行科技知识培训。同时，会同县农、林、牧、农机等单位科技人员204人，深入各乡逐村巡回授课，培训农民28000人次。

1996年1～4月，会同县文明办、司法局，组织20个部门在县城、官亭镇举办科普文明庙会活动，出展牌132块次，发宣传资料8万份，直接受益群众10万人次。1998年农历正月十五，在林庄乡赵庄村举办第一届科技节，通过举办展览、发放宣传资料和科技书籍等，直接受益群众4000余人。之后每年举行。2003年第六届科技节，省、市、县科研单位及县直26个部门的120多名科技人员参加，辐射周围几十里，周边许多农民前来咨询新技术、选购新良种。2003年农历二月初二，举办了西大韩村科普大集。2008年成规模的科普活动又增加了东冯寨里、西铜马、后无尘3个村。

二、科技推广

1988年，农学会推广小麦模式化栽培技术，平均亩产192.85千克，亩增56.5千克。1992年9月，巨鹿县被定为联合国开发计划署援助的"加强谷子良种和原件繁殖能力"项目基地，四年完成。1997年建成谷子包衣万亩示范方，方内平均亩产300千克，亩增产15%，受到援助单位称赞，事迹先后在省市媒体刊播。项目承办单位被邢台市科协授予"先进集体"，会长郭清辉获"邢台市科普突出贡献奖"。1998年，县科协对全县50名家电维修人员进行3～6个月技术培训。

三、科技服务

1985年1月27日，县科协与县科委召开中级知识分子座谈会，围绕全县经济建设调查研究、献策献计，所撰写的《果树优势》、《平原低产区建设生态农业趋势探讨》等16篇论文，为县委、县政府提供决策依据，并被省、地有关部门采纳。同年5月，组织有关学会对全县最穷、最边远、盐碱地最多的楼张镇乡实地考察，提出了脱贫致富具体意见。

1986年1月10～11日，在县城举办大型科技信息交易会。省科协情报研究所提供技术转让项目400项、技术信息500条、样品36件，县科协、县科委、县农业局、县乡镇企业局提供科技信息172条、样品94件、粮蔬优良品种24个、畜禽优种23种、深加工产品47种，接待各方人员42000人次。

四、专题活动

（一）枸杞研究会

1983年，组织会员分别进行了"黑果病防治"、"氮磷肥料与产量对比"、"不同时期剪枝对产量的影响"、"秋果如何增产"的试验，并编写《枸杞栽培技术》一书。1984年5月，西医学会会员赵东初成功研制成枸杞露、枸杞晶等5种产品。

（二）青少年科技辅导协会

1985年暑假，以县育红小学为主体，组织少年夏令营，采集标本，认识益鸟、害虫和季候风等小科技知识，同时开展"劝爸爸戒烟活动"。1986年暑假，组织两批60多人参加的"小能人"夏令营，开展"小论文"、"小制作"活动。共写小论文200余篇，其中6篇获地区三等奖。1990年县育红小学获中国青少年科技辅导员协会奖给邢台地区的唯一一个"小星火杯先进集体"称号。1998年4月20日，县育红小学马宇辉同学的小发明"折叠升降桌"，获省级三等奖。2000年县育红小学宋朝梅发明的"方便牙刷"，获省一等奖。

（三）金银花协会

2002年3月，建成省级科普示范基地，被省科协确定为2002年度重点推广项目，当年巨鹿县重点建设1万亩无公害金银花栽培示范区和烘干技术改造。"巨林碑"金银花茶打入北京、天津、石家庄等大中城市。

第五章　工商业联合会

巨鹿县工商业联合会（以下简称"县工商联"），是由工商界组成的人民团体和商会组织，是县委、县政府联系非公有制经济人士的桥梁和纽带，是政府管理非公有制经济的助手。

第一节　代表大会

县工商联会员代表大会每五年召开1次，由执行委员会召开，选举产生新一届执行委员会委员，主委（主席、会长）、副主委（副主席、副会长）和常委。

1966年5月“文化大革命”开始，县工商联活动中止，1985年10月恢复活动，至2008年共召开6次代表大会（第七至第十二次）。

一、第七次代表大会

1986年12月15~17日在县城召开。出席代表62人、特邀代表5人、列席代表10人。听取并审议《巨鹿县工商业联合会筹备委员会工作报告》，学习《中华全国工商业联合会章程》，选举产生了第七届执行委员会委员13人、主委1人、副主委3人。选举张申平任主委。

二、第八次代表大会

1989年11月30日在县政府会议室召开。出席代表58人、列席代表7人。听取并审议第七届执委会的筹备工作报告、选举产生了第八届执行委员会委员15人、主委1人、副主委4人。选举赵清选任主委。

三、第九次代表大会

1994年5月4日在县城召开。出席代表97人。听取并通过第八届执委会工作报告，选举产生了第九届执委会委员22人、主委1人、副主委5人。选举李茂申任主委。

四、第十次代表大会

1997年11月7日在县社招待所召开。出席代表80人、特邀代表12人。听取并审议第九届执委会工作报告。选举产生了第十届执委会委员29人（暂缺3人）、主席1人、副主席5人。选举邱振湘任主席。

五、第十一次代表大会

2001年11月29日在巨鹿宾馆召开。出席代表121人。听取并审议第十届执委会工作报告。以举手表决形式选举产生了第十一届执行委员31人（暂缺2人）、会长1人、副会长10人。选举王永其任会长。

六、第十二次代表大会

2006年11月29日在县委六楼会议室召开。出席代表138人。听取并审议第十一届执委会工作报告。以举手表决方式选举产生了第十二届执行委员会，选举会长1人、副会长10人、常委23人。选举司建普任会长。

第二节　主要工作

一、建立基层商会

为切实维护私营和个体工商企业的合法权益，使其文明经营，诚实守信，在巨鹿县经济和精神文明建设中做出贡献，根据《全国工商联第九次代表大会》及《中国工商业联合会章程》，2003年9月建立第一个基层商会——古郡市场商会。随后相继在县城建立了新华街、建设街、秦泽路、枸杞银花市场商会。基层商会的建立，使商户有了自己的组织，密切了与政府及部门的关系，经营更加放心、规范。

二、建立基层商会党支部

为加强党对基层商会的领导，在调查研究、充分做好准备工作的基础上，按中共基层组织建设程序，2003年10月在古郡市场商会建立起巨鹿县第一个基层商会党支部。2004年在新华街、建设街商会分别建立商会党支部。2005年3月11日，建立了“中共巨鹿县总商会总支部”，县工商联主席任党总支书记。至2008年底，共吸收发展入党积极分子61人。2006年5月30日，建立“巨鹿县工商联综合服务部”，为自收自支事业单位，编制2人。

第六章　文学艺术界联合会

随着人们物质生活的改善，对精神生活的要求越来越高。县文学艺术界联合会积极组织指导开展系列文学艺术活动，活跃城乡文化生活，促进县域经济建设和社会文明进步。

第一节　管理机构

1994年建立巨鹿县文学艺术界联合会（简称“县文联”），负责对各文学艺术团体联系、协调、服务、指导，承担团体会员需要统筹安排的事宜，协调文艺界同党和政府、与社会各界的联系，为繁荣和发展文学艺术，创造良好的社会环境。县文联为事业编制。

第二节　所属协会及工作

1994～2008年，县文联积极筹划“书画家协会”、“老年书画研究会”、“摄影家协会”、“诗词楹联协会”。2008年6月，筹建县“舞蹈协会”、“曲艺协会”，进一步扩大县文学艺术队伍。

一、书画家协会

书画家协会成立于1994年。顾问张府云，会长董群生。协会吸收巨鹿籍国家级、省级以及国际书画协会会员和县内部分艺术水平较高的书画爱好者参加，是一支文化艺术造诣较深的队伍。该协会在活跃城乡文化生活和书画队伍建设中发挥了重要作用。

二、老年书画研究会

为发挥老年书画爱好者的优势，服务于社会文化建设，2005年成立巨鹿县老年书画研究会。名誉会长杜洪兴、潘孟申，会长李峰奇，常务副会长周平尧。10名副会长中6名为省书协会员，副会长孙汉孜兼任秘书长。理事29人，会员65人。

2008年10月，全县10个乡镇先后成立老年书画分会。“七一”、“十一”、教师节、重阳节、巨鹿“杏节”等重大活动，他们会同书画家协会积极参与，竭诚服务，使节日文化氛围更加浓厚。春节前夕，研究会成员积极义务撰写春联，将春联送到城乡千家万户，为节日增添祥和、愉悦、欢乐的气氛。

三、摄影家协会

巨鹿县摄影家协会，原名“红杏”摄影协会，建立于1995年8月15日。2008年11月27日，经县民政局批准为摄影家协会，原“红杏”摄影协会注销。设名誉会长、顾问、会长、副会长各1人,、副秘书长1人，有会员45人，会长周建。摄影家协会组织指导创作的大量优秀作品，展示了巨鹿县丰富而美好的形象，留下了真实珍贵的历史资料。

四、诗词楹联协会

诗词楹联协会成立于2003年1月2日。中华诗词文化研究所、中华对联文化研究院研究员、中楹会会员王麟本任会长，董群生、王炳南、左宝珍、李智华任副会长。每遇春节，学会都要进行一次春联编纂、培训、征集、评奖活动。2008年该协会已发展成员30余人。

第七章　残疾人联合会

1989年12月20日，巨鹿县残疾人联合会（以下简称“县残联”）成立，副局级单位，隶属县民政局领导，与县民政局合署办公。1996年县残联内设办公室。1999年机构调整，由副科级升格为正科级单位。2007年县残联从县民政局分离，独立办公。2008年县残联由县民政局搬迁至杨街9号。县残联积极为残疾人提供全方位服务。

第一节　残疾人代表大会

县残联自建立后，共举行五届代表大会。

一、第一届全县残疾人代表大会

1989年12月20日在县社招待所召开，出席代表58人，特邀代表4人。大会通过了本会章程，选举产生了主席、副主席，推举产生了县残联常设机构——执行理事会。

二、第二届全县残疾人代表大会

1994年11月4日在县社招待所召开，出席大会代表58人，特邀代表5人。大会审议并通过第一届理事会工作报告，修改了本会章程，选举产生新一届主席团、执行理事会，推举主席、副主席。

三、第三届全县残疾人代表大会

1999年3月25日在县政府招待所召开，出席代表52人，特邀代表3人。大会选举产生了新一届主席团，审议并通过上一届理事会工作报告，修改本会章程，选举产生了主席、副主席，推举产生了新的执行理事会。

四、第四届全县残疾人代表大会

2004年12月22日在巨鹿宾馆召开，出席代表57人，特邀代表5人。大会选举产生了新一届主席团，审议并通过上一届理事会工作报告，选举产生了主席、副主席，推举产生了执行理事会。

五、第五届全县残疾人代表大会

2007年11月30日在巨鹿宾馆召开，出席代表76人，特邀代表2人。大会选举产生了新一届主席团，审议并通过上一届理事会工作报告，选举产生了主席、副主席，推举产生了执行理事会。

第二节 主要活动

一、宣传

依托每年的“全国助残日”、“世界残疾人日”，张贴宣传标语、发放宣传单、组织中小学生上街宣传等，开展助残活动。同时，在《巨鹿晚报》刊发专版6期；各种报刊发表宣传稿件45篇；市、县电视台报道349条，在邢台电台“走进直播间”栏目参加3次直播；组织2次专场大型文艺演出；共组织农村15000人、县乡直各单位4052人参加各种形式的宣传活动，让全社会关心、帮助残疾人的就医、培训、就业和生活。

二、训练矫治

1989～2008年，做儿麻矫治手术409人，聋儿语训164人，肢体训练康复238人，智力残疾人康复164人，配备聋儿助听器23个，救助轮椅34辆，白内障复明手术1570例，精神病防治200例。

1990～2008年巨鹿县残疾人康复情况统计表

表17－7－2　　　　单位：人

年度＼项目	儿麻矫治	白内障复明	聋儿语训	精神病防治	残疾人总数
1990					12400
1991	76	44			
1992	33	38	7		
1993	24	38	6		

续表

年度\项目	儿麻矫治	白内障复明	聋儿语训	精神病防治	残疾人总数
1994	21	40	8		
1995	18	39	9		
1996	18	32	10		
1997	17	33	9		
1998	14	43	8		12480
1999	15	39	6		
2000	18	42	9		
2001	23	54	11		
2002	24	74	12		
2003	26	84	13		
2004	22	121	13		
2005	20	154	11		
2006	14	165	10		19800
2007	10	196	12	100	
2008	16	234	10	100	

三、康复扶贫

（一）向企业投放康复扶贫贷款387.2万元，安置残疾人就业1739人。（二）利用残疾人就业保障金购买家畜，100名残疾人受益；为291名残疾人安装扶贫电话。（三）利用国家公益金救助残疾大学生完成学业，其中中专4人（4000元），大专9人（18000元），本科、研究生6人（18000元）。（四）解决农村残疾人危房改造与修善。2008年向30位残疾人每户投放7000元。至2008年底，全县3450名残疾人摆脱贫困。

四、培训就业

自1991年开始，陆续举办盲人按摩、家电修理、修鞋和种植、养殖等培训班20多期，712名残疾人参训后找到适合自己的岗位就业。与省内外福利企业联姻，推荐残疾人649人就业。协商本县企业安置残疾人78人。依据残疾人特点及条件鼓励自主创业，699名残疾人走上自我发展道路。

1991～2008年巨鹿县残联安置残疾人就业情况统计表

表17－7－3

年份\项目	投放扶贫资金（万元）	帮扶残疾人（人）	安置就业人数（人）	帮扶创业人数（人）	培训残疾人就业人数（人）	介绍残疾人就业（人）
1991			63	13		4
1992	0.3	160	80	24	32	10

续表

年份＼项目	投放扶贫资金（万元）	帮扶残疾人（人）	安置就业人数（人）	帮扶创业人数（人）	培训残疾人就业人数（人）	介绍残疾人就业（人）
1993	0.5	148	50	40	16	21
1994			78	26		35
1995			94	39	28	
1996	80	168	83	34	130	34
1997	50	148	49	29		30
1998			67	39	34	26
1999	0.8	291（户）	74	34		35
2000	0.6	189	68	54	21	48
2001			74	38	35	29
2002	5	134	79	48	23	50
2003	5	112	68	49	30	48
2004			102	36	140	49
2005			84	49	40	56
2006			80	54	60	74
2007	200	159	120	39	74	64
2008			49	54	49	84

第十八编

民政　劳动人事

改革开放后，民政工作以“上为政府分忧，下为百姓解愁”和“以民为本，为民解困，为民服务”为宗旨，全面贯彻农村基层组织有关法律法规，诚信务实、与时俱进、争先创优，城乡低保制度不断完善，救助水平不断提高，民政事业蓬勃发展。劳动就业体制由国家统包统分逐渐转为自主就业。国营企事业单位打破铁饭碗、推行劳动合同制，人员编制日益规范；在私营企业中，推行双向选择、多渠道就业，优化劳动组合。

第一章　民　　政

民政工作主要是研究制定全县民政事业发展战略，编制发展规划和工作计划；负责民政、行政执法监督检查、行政复议；负责基层政权建设日常工作；负责军队离退休干部和退伍军人安置及烈军属优抚；负责社会救灾救济，主管农村社会保障；负责行政区划和地名管理；负责社会团体和民办非企业单位的登记、管理；负责婚姻登记管理、殡葬管理、老年人权益保护；负责社会福利企业认定、报批和管理等。

第一节　管理机构

1982年机构改革后，巨鹿县民政局设秘书股、社会救济股、优抚安置股。1985年，县民政局调整内部机构，撤销优抚安置股，改设优抚股和安置股。1986年增设宗教股。1989年建立县残疾人联合会，由县民政局代管。1991年增设社团管理股。1994年，县政府成立扶贫领导小组办公室（挂靠在县民政局，正局级），同年划出归属县政府直接领导。1996年县机构改革时，县民政局撤销宗教股，将宗教工作移交县政府办公室管理。同时，县政府办公室将地名职能划归县民政局。局内机构改设为办公室、优抚股、救灾救济股、社会事务管理股、社会福利股。县民政局代管县残疾人联合会。2002年，县民政局取消社会福利股，增设民族宗教股。2005年，县民政局增挂民族宗教事务管理局牌子。2007年巨鹿县残疾人联合会从县民政局划出单列。2008年，局内部机构设有办公室、优抚股、救灾救济股、社会事务管理股；下属事业单位有军休所、地名办公室、烈士祠、殡管所、光荣院。

第二节　基层政权建设

农村基层政权建设主要是加强和改进城乡基层政权建设，推进基层民主政治建设；指导村民委员会开展民主选举、民主决策、民主管理和民主监督工作，推进村务公开；指导社区服务体系建设。1984年5月，全县17个公社改为乡的同时，各生产大队管理委员会撤销，选举产生了自治性的村民委员会。1997年，各乡镇陆续开展村委会换届工作，村民委员会由主任、副主任和委员3~7人组成，主任、副主任和委员由选民直接选举产生，每届任期三年，村民委员会成员可以连选连任。

第三节 社团管理

一、社团

1991~2008年，巨鹿县注册社会团体组织93个。其中农业类41个，养殖类6个，宗教类2个，其他44个。社会团体于每年3月31日前向业务主管单位报送上一年度的工作报告，经业务主管单位初审同意后，于5月31日前报送县民政局，接受年度检查。

社会团体在申请登记时弄虚作假骗取登记的，或者自取得《社会团体法人证书》之日起一年未开展活动的，由登记管理机关撤销登记。

申请社团登记应具备的条件有以下几方面：

（一）有50个以上的个人会员或者30个以上的单位会员；个人会员、单位会员混合组成的，会员总数不得少于50个。（二）有规范的名称和相应的组织机构。（三）有固定的场所。（四）有与其业务活动相适应的专业工作人员。（五）有合法的资产和经费来源。（六）有独立承担民事责任的能力。

二、民办非企业单位

1991~2008年，全县注册成立民办非企业单位204个；其中，教育文化类18个，卫生类179个，其他类7个。2006年，县民政局荣获“全省民办非企业单位自律与诚信建设活动最佳组织奖”，巨鹿县新华联校荣获“全省民办非企业单位自律与诚信建设先进单位”。

第四节 拥军优抚

一、拥军活动

巨鹿县双拥（拥军拥政）工作领导小组组长由县委书记兼任。双拥工作领导小组定有小组会议制度、军地联席会议制度、走访慰问制度、检查评比制度等并严格实施。每年春节、“八一”建军节，县委、县人大常委会、县政府、县政协四大班子领导亲自到县人民武装部、武警中队和光荣院慰问。在县法院成立由县人武部、法院等部门组成的“维护军人合法权益法庭”，专门接待和处理军人家属遇到的重点和难点案件。2002年巨鹿县被市委、市政府命名为“拥军优属模范县”。

二、抚恤优待

（一）国家抚恤。1979~2008年间，巨鹿县数次提高优抚对象抚恤补助标准。从1979年开始，给予完全丧失劳动能力且生活困难在乡复员军人定期定量补助。补助标准为每人每月6~10元。2007年8月，补助标准调整为每人每月抗日时期306元，解放时期257元，建国后252元，孤老322元；1979年，烈士军人家属、因公牺牲军人家属定期抚恤金标准每人每月为6~10元。2007年8月起提高到每人每月烈士军人家属300元，因公牺牲军人家属285元，病故军人三属275元。残疾军人抚恤金标准同时提高。

2007 年 8 月巨鹿县抚恤金发放标准一览表

表 18-1-1　　单位：元/年

残疾等级	残疾性质	抚恤金标准	残疾等级	残疾性质	抚恤金标准
一级	因战	18900	六级	因战	7500
	因公	18300		因公	7080
	因病	17700		因病	6000
二级	因战	17100	七级	因战	5700
	因公	16200		因公	5100
	因病	15600	八级	因战	3600
三级	因战	1500		因公	3300
	因公	14100	九级	因战	3000
	因病	13200		因公	2400
四级	因战	12300	十级	因战	2100
	因公	11100		因公	1800
	因病	10200			
五级	因战	9600			
	因公	8400			
	因病	7800			

（二）群众优待。1979 年，群众优待由原来优待劳动日相应改变为优待金。1983 年前，优待金从集体提留中开支。1984 年后，乡村统一筹集，统一兑现。2000 年费改税，优待金改为转移支付。执行标准统一为每人每年 300 元。

第五节　复退军人安置

一、退伍军人安置

1979～2008 年，共接收安置退伍军人 1494 人。建立退伍军地两用人才培训中心。根据国家安置政策，不同时期制定相应的安置办法。1998 年以前，实行政府指令性安置，按“系统分配，包干安置”，由县政府直接向用人单位下达安置任务，本人办理安置手续，到用人单位报到。1999 年以后，实行政府指令性安置就业与自谋职业相结合办法，优先安置转业士官和荣获二等功（含二等功）以上奖励的退伍义务兵城镇复员士官。1999～2008 年，累计安置 328 人，安置率 100%。

二、军队离退休干部安置

1987 年 4 月 18 日，巨鹿县成立军队离退休干部休养所，主要保障和落实军队移交地方政府安置管理的军队离退休干部（含退休士官）的政治、生活待遇、服务管理，并组织开展各项文化体育活动。至 2008 年底，全所共有 11 名军队离退休干部，其中：军队离休干部 1 人，退休干部 7 人，退休士官 3 人。另外，接收军队无军籍职工 1 人。节假日，开展书法、钓鱼、打羽毛球等有益身心健康的活动，适时组织参观旅游。

三、光荣院建设

巨鹿县光荣院 1990 年由后辛庄乡夏旧城村迁至县城幸福路。接收对象为军队离退休干部到原籍居住的人员。2003 年，在万盛小区西侧投资 280 万元新建社会综合服务大楼，集光荣院、社会福利中心、老年公寓于一体。大楼主体四层，占地 3763 平方米，建筑面积 2128 平方米。2005 年 6 月竣工，当年迁入。设健身娱乐活动室、荣誉室、洗浴室、医务室、餐厅等，床位 60 张，室内配套设施齐全。截至 2008 年，住院老人 35 人，工作人员 11 人，配有医护、厨师、会计、出纳等专业人员。

第六节　社会福利

一、五保供养

全县老年、残疾或未满16周岁的村民既无劳动能力、无生活来源，又无法定赡养、抚养、扶养义务人，或者其法定赡养、抚养、扶养义务人无赡养、抚养、扶养能力的，均享受农村五保供养（即：保吃、保穿、保烧、保教、保葬）待遇。2006年3月以前，五保供养所需经费和实物从村提留或乡统筹费中列支。2006年始，安排农村五保供养资金列入县财政预算。集中供养的每人每年2400元，分散供养的每人每年1600元。2006年有1223人纳入农村五保，年发放五保供养金76万元。2008年有2357人纳入农村五保，年发放五保供养金162.64万元。

二、敬老院

1987年，阎疃敬老院（驻阎疃村）和何寨敬老院（驻何寨村）建成并投入使用，各供养五保对象50人。2008年6月，郡东中心敬老院动工建设（位于原林庄办事处旧址），占地面积10560平方米，建筑面积3859平方米。其中主楼建筑面积3219平方米，附属餐厅240平方米，旧房改造400平方米，绿地面积820平方米，设计220张床位，2009年投入使用。

2008年6月巨鹿县郡东中心敬老院举行奠基仪式

第七节　社会救助

一、救助机制

2007年，县委、县政府出台《关于进一步完善社会救助工作运行机制的意见》，形成“政府主导、社会参与、资源整合、网络覆盖”的社会救助工作机制，构成县、乡、村三级社会救助服务网络。县采取“政府购买服务岗位”办法，从社会上挑选有爱心、有善心、有耐心，且乐于奉献的农民担当社会救助员，服务鳏寡孤独、年老多病等生活不能自理或半自理的特困人员。2007年9月，县政府领导和县民政局长作为特邀代表出席全省农村低保暨五保供养工作会议，并做书面发言。民政部《社会救助工作简报》第3期介绍了巨鹿县做法。2008年9月，巨鹿县作为唯一县级单位参加全国救灾救助工作会议并发言，介绍建立完善农村社会救助员制度经验，并获民政部颁发的“社会救助工作探索创新”奖。

2008年9月巨鹿县县长王素平在全国救灾救助工作会议上发言

二、灾情救助

遇有灾情，县委、县政府坚持采取及时安抚慰问灾民、发放救灾物资、组织生产自救等措施实施灾情救助。1988年7月，巨鹿县境内暴雨成灾，农作物成灾面积13986万平方米，绝收5261.4万平方米，房屋损坏3.9万间、倒塌1.6万间，直接经济损失达2300万元。县委、县政府及时组织抗灾救助，发放救灾款39万元，粮食77.5万公斤，煤炭700吨，救助灾民24625人次（6217户）。1989年7月21日，全县普降大雨，雨量300毫米以上，全县积水面积达17982万平方米，县城至林庄、漳河两侧南北11千米一片汪洋，县城至堤村公路，路面积水接近1米，损毁高压线杆35根；23日再次遭93毫米大暴雨袭击。12个乡镇231个村受灾，死亡2人，伤82人，受灾人口15万余人；全县伤大牲畜365头，死亡猪羊1801头、家禽10722只；损坏机井107眼，树木9500棵。全县直接经济损失达2300多万元。灾情发生后，县、乡、村干部群众展开自救，动用机泵206台，疏通渠道763条，挖水沟453条，转移安置灾民1896户、28960人。

1993年7月8日，县城北部遭受特大狂风暴雨冰雹袭击，风力10级以上，地面冰雹厚度30毫米~50毫米，灾害涉及5个乡69个村，房屋损坏2978间、倒塌620间，树木刮倒5600多棵，电杆刮倒355根，死亡3人，砸伤1941人，其中重伤368人，大牲畜死亡18头，受伤457头。县二轻局官亭玛钢厂1700多平方米工房倒塌，将53人砸在里边，死亡2人，重伤11人。农作物受灾严重，全县直接经济损失2亿余元。灾情发生后，县民政局抢拍实况录像派专人急送省政府，为省领导掌握灾情提供可靠依据。灾后，县发放救灾款58万元，救济灾民1.1万户4.7万人，同时发放农药1000公斤、化肥1500吨、棉被250条。1998年6月，观寨乡、张王疃乡、堤村乡、西郭城6乡镇发生蝗灾，密度每平方米5~20粒，受灾面积13320万平方米。灾情发生后，县政府下发了灭蝗紧急通知。县统一配药、统一时间、统一治虫，防止了蝗虫灾害的蔓延。1998年6月，城关、后辛庄等乡镇、办事处遭受大面积特大风雹灾害，风力9~10级，风速24米/秒，冰雹最大直径40毫米，降雨量50毫米，死1人，伤7人，林木倒断1万棵，砸坏房屋10万平方米，折断电杆102根，损坏电线4.7千米、电器1800件。受灾人口21万人，直接经济损失2.55亿元。灾后县委、县政府组成6个检查组立即深入灾区走访调查。随即发放救灾款26.3万元，面粉5.5万千克，棉被340床，衣物1万多件，方便面1000多箱，学生用品8000多件。

2005年7月，巨鹿镇、小吕寨镇、西郭城镇、阎疃镇、堤村乡、张王疃乡、观寨乡等7个乡镇的122个村遭受暴风冰雹突袭25分钟，玉米、谷子大面积倒伏，成片的棉花被砸成光杆，红薯受损残重，果树的果实全部落地，公路两旁和村庄内的大树、通信电杆有的连根拔起，有的拦腰折断。折倒电杆160根、树11600棵，倒塌房屋11间，电缆落地长达8千米。全县受灾人口6616人，成灾面积7964.03万平方米，造成直接经济损失10865.84万元。灾后县委、县政府带领县民政、农业等相关部门人员及时赶到受灾严重的村庄慰问灾民，指导灾民搞好生产自救。2005年，发放救灾款34万元，面粉5万千克，棉被500床，棉衣600件。

三、捐赠活动

1998年，湖北、湖南、江苏等省遭受特大洪灾，县组织开展“心系灾区，奉献爱心”活动，接收社会各界捐款19.67万元，方便面1000箱，棉衣1万余件，学生用品8000余件，随即分运灾区。2003年5月，开展“防非典、献爱心”募捐活动，接收防非捐款13.3万元。2006年11月，组织“送温暖、献爱心”社会捐助活动，接收社会各界捐款13.62万元，衣物2000余件。2007年11月，开展“送温暖、献爱心”社会捐助活动，全县党政机关、群众团体、企事业单位的党员干部和社会各界，为困难群众捐款12.06万元。所捐款物均通过乡村及时分发到救助对象手中。

2008年初，南方部分省市发生低温冰雪灾害，县委、县政府积极组织“献爱心、送温暖”，仅一天时间就接受社会各界捐款34万元。5月12日汶川发生8.0级特大地震，全县又组织抗震救灾募捐活动。县民政局设立抗震救灾募捐活动办公室，接待各界捐款群众，在县工商银行设立抗震救灾捐助专门账户，在新华街设立两个抗震救灾捐助站，接收群众捐款。全县共接受捐款200万元，被褥8床，衣服210件。5月24日，县城建局局长程蕴昭带领60人的巨鹿县赴川援建突击队，援建四川崇州市怀远镇，奋战一个月，建造怀远镇2号、3号工地过渡安置房基础170套、崇州市大北街幼儿园过渡房基础和配套工程1200平方米。2008年冬，向地震灾区募捐棉衣540件，棉被540床。均通过民政部门送往灾区。

第八节　婚姻登记

1979~1999年，全县设18个婚姻登记处，即县民政局设一登记处，每乡镇设一个登记处。县民政局婚姻登记处办理全县非农业户口人员婚姻登记，各乡镇婚姻登记处办理所属乡镇农业户口人员婚姻登记。农业户口人员登记须出具村级证明，工作人员登记须出具单位证明。在当事人登记结婚申领结婚证时，由发证人员当面询问双方基本情况和意愿，以确定是否为近亲或非意愿登记。1999年后，撤销各乡镇婚姻登记处，实行全县集中到县民政局登记。登记时须持双方户口本和村级证明或单位证明。登记处配备证件打印机、数码照相机、复印机等先进办公设备。2004年获“省一星级婚姻登记处”和“婚姻登记先进单位”。

一、结婚登记条件

（一）办理结婚登记须双方或一方为本县户口；结婚年龄，男不得早于二十二周岁，女不得早于二十周岁。

（二）办理结婚登记应当出具下列证件和证明材料：本人的户口簿、身份证；本人无配偶以及与对方当事人没有直系血亲和三代以内旁系血亲关系的签字声明。

二、离婚登记条件

（一）办理离婚登记须双方或一方为本县户口。

（二）双方自愿离婚且无任何争议。

（三）办理离婚登记应当出具下列证件和证明材料：当事人的户口簿、身份证、结婚证、离婚协议书。

第九节　老龄工作

一、机构

2003年6月成立巨鹿县老龄工作委员会（以下简称县老龄委），办公室设在县民政局。县老龄委由县民政局等21个成员单位组成。老龄委办公室为县政府直属事业单位，依照公务员管理，经费渠道财政全额拨款。2003年5月成立老年人法律援助中心。办公室设在县司法局，确定法律援助中心为老年人援助点。截至2008年底，共接待咨询350人次，无偿代理诉讼案件54件，平均每人免诉讼费500元，共计2.7万元。

2003年底，西郭城镇河北庄村建立了老年人退休制度，60岁以上老年人每月可领取30元的养老金。2006年，西郭城镇河北庄村被全国老龄办评选为“全国敬老模范村居”。

2003年，巨鹿县被评为“老年人健身活动省级先进县”，巨鹿镇被评为省级先进镇。

2004年，巨鹿县被省老龄委授予“老龄工作先进县”，县民政局被评为“老龄工作先进单位”。

二、老龄优待

到2008年底，全县60~64岁老人26460人，65~79岁老人18501人，80~99岁老人6917人，100岁以上15人。对老人的优待情况：

（一）百岁老人保健补助金。从2003年开始，对全县一百岁以上老人每人每年发放500元保健补助金，所需资金由县财政支付。2005年5月，百岁老人保健补助金标准提升到每人每年1200元。

（二）优待证发放。从2006年2月开始，按照邢台市老龄办下发的《关于办理河北省老年人优待证的通知》要求，对60岁以上公民进行优待证登记工作，2006年6月发证357本。老人凭证可优先购买车票，优先检票进站、上车；老人因合法权益受到侵害提起诉讼，交纳诉讼费确有困难的，司法部门免费提供法律援助，并实行立案、结案、执行“三优先”。至2008年，已发放高龄老人《优待证》536本。

（三）其他优惠政策。从2005年起，对符合城乡低保条件的60岁以上老年人全部纳入低保范围，对80岁以上病残的贫困老年人发放“就医救助卡”，凭卡在医疗部门享受廉价甚至部分免费的医疗服务。

三、老年服务设施建设

（一）娱乐场所。2003年，县财政拨款50万元，解决老龄委的经费与活动场所的设施建设。先后建起了巨鹿公园、明珠广场、新华广场和万盛广场，并在广场、园内安置了不同类型的健身器材，让老年人有一个休闲娱乐的活动场所。

（二）老年福利服务中心。2003年，县民政局实施星光计划，投资280万元在县城建起老年福利服务中心大楼，该中心地处万盛街西侧，内设老年人居室、老年人活动室、老年人康复室、老年大学和多功能厅等。

（三）老年人协会及老年人活动站。2004年4月，各乡镇、办事处建立老龄工作委员会，村村建立老年人协会，各乡镇建立老年人活动站。2004年巨鹿镇南街村投资12万元盖起了3座120平方米的老年文体活动室，购置了铜鼓、洋号和一面直径两米的大鼓，并添置了铜器、音响和各种体育健身器材100件。截至2008年底，巨鹿镇有17个健身球队，182名队员。

第十节 殡葬管理

1999年，县委、县政府颁布《关于推行火化和平坟扩耕的实施方案》、《关于推行火化和平坟扩耕的通告》，并投资14.7万元购置一台新式火化炉。7～9月火化率由原来8%提高到50%～60%，10～12月，火化率达到100%。1999～2001年，投资34万元陆续铺完通往火葬场的专用柏油路，结束了火葬场几十年行路难问题。

第二章 人 事

人事涵盖干部录用调动、军转干部安置、干部奖惩、工资福利、职称评聘等项工作。改革开放后变化较大，大中专毕业生由包分配改为自谋职业、双向选择，党政机关人员实行公务员制度，人员录用改为公开考试招聘等，人事管理走向规范化。

第一节 管理机构

1980年成立巨鹿县劳动局和人事局。1981年底，知青安置办公室合并到县劳动局。1983年12月，县劳动局和人事局合并，改称县劳动人事局。1998年更名县人事劳动局。2002年改为县人事劳动和社会保障局，更名后职能变化：划入的有：原县民政局承担的农村社会保险职能，原县卫生局承担的公费医疗管理职能；划出的有：安全生产综合管理、职业安全监察职能，交由县经济贸易局承担；锅炉压力容器、电梯、防暴电器等特种设备安全监察职能，交由县质量技术监督局承担；增加的职能有：全县政务公开，全县机关、事业单位工作人员及离退休人员的医疗、工伤、生育保险管理；转变的职能有：将各类培训事务、考试考务、职业技能鉴定、标准拟定、职业技能竞赛的组织、各类培训教材的征订、发放工作交给下属事业单位；对企业招用职工不再进行审批，依照劳动力市场管理法规和劳动合同制度进行管理；原审核县新建国有企业定员标准，改为重点调控企业工资总额及工资水平；下放的职能是：将企业内部分配政策的制定和企业内部工资支付管理职能下放到企业。

县人事劳动和社会保障局设7个行政职能股（室）：办公室、人事人才股、劳动保障监察股（劳动监察大队）、考核任免奖惩股（县政务公开办公室）、保险福利股、工资股、仲裁股。局机关行政编制19人。其中，局长1人，副局长2

人，股级职数9人，工勤人员1人，局机关老干部服务工作人员编制2人。下属5个事业单位：人才中心、医保中心、培训中心、就业服务局、社会保险所。

1980～2008年巨鹿县人事劳动和社会保障局股室设置情况一览表

表18－2－2

<table>
<tr><td rowspan="8">人事工作
主要股室
成立时间</td><td>1984年</td><td>1992年</td><td>1998年3月</td><td>2002年6月</td></tr>
<tr><td>干部科</td><td>科技干部股</td><td>干部股</td><td>人事人才股</td></tr>
<tr><td>1994年</td><td colspan="3" rowspan="2">列为局下属事业单位</td></tr>
<tr><td>人才中心</td></tr>
<tr><td>1989年7月</td><td>1993年3月</td><td>1996年10月</td><td>2002年6月</td></tr>
<tr><td>考核奖惩科</td><td>任免奖惩科</td><td>任免奖惩股</td><td>考核任免奖惩股</td></tr>
<tr><td>1989年7月以前</td><td>1989年7月</td><td>2002年6月</td><td></td></tr>
<tr><td>劳资科</td><td>工资科</td><td>工资股</td><td></td></tr>
<tr><td rowspan="16">劳动工作
主要股室
成立时间</td><td rowspan="3">1989年7月以前</td><td>1989年</td><td>1996年</td><td>2004年7月</td></tr>
<tr><td>劳保科</td><td>劳保股</td><td>保险福利股</td></tr>
<tr><td>1989年</td><td>1996年</td><td>2002年</td></tr>
<tr><td rowspan="3">劳资科</td><td>仲裁科</td><td>仲裁股</td><td>劳动仲裁股</td></tr>
<tr><td>1989年</td><td>1996年</td><td>2002年</td></tr>
<tr><td>劳力科</td><td>劳力股</td><td>劳动监察股（劳动监察大队）</td></tr>
<tr><td>1982年以前</td><td>1998年</td><td>1982年</td><td>2003年</td></tr>
<tr><td>知青办公室</td><td>就业服务所</td><td>劳动服务公司</td><td>就业服务局</td></tr>
<tr><td colspan="3" rowspan="8"></td><td>1986年</td></tr>
<tr><td>社会保险事业管理所</td></tr>
<tr><td>2001</td></tr>
<tr><td>医保中心</td></tr>
<tr><td>2004年</td></tr>
<tr><td>工伤保险管理所</td></tr>
<tr><td>1996年</td></tr>
<tr><td>培训中心</td></tr>
</table>

第二节　干部录用

录用干部主要有三种形式，从以工代干、农村干部和不包分配的大中专毕业生中选拔。

1979～2008 年巨鹿县干部录用情况统计表

表 18－2－3　　单位：人

吸收形式＼年度		1979～1984	1985～1990	1991～1992	1993～1994	1995～1997	1998～1999	2003	2005	2006～2008
职工中招考	工人		2							
机关优秀工人中录用	工人			14						
乡镇中吸收	农民						8			
吸收录用	不包分配的毕业生				9	10				
录用公检法工作人员	不包分配的毕业生				16					
公开招录巡警	不包分配的毕业生							45		
录用公务员	不包分配的毕业生								5	
事业单位招录	不包分配的毕业生									140
共计 249（人）			2	14	25	10	8	45	5	140

2003 年通过教师改行招录巡警 45 人。2005 年，第一次招录公务员，通过网上和电视台发布招录信息，由省招录中心命题出试卷，聘请外县老师担任主考，经过笔试、面试招入 5 名公务员。分别分配到县人事局 1 人、建设局 2 人、水务局 1 人、统计局 1 人。2006 年和 2008 年采用招录公务员形式录用 140 名干部，对象为大学专科以上人员，其中专科 40%。主要充实到乡镇、教育和卫生事业单位中。

第三节　干部任用

巨鹿县人事部门负责承办政府序列各部门、县直事业单位股级干部的任免工作。1988～1996 年，由主管部门负责研究，报县人事局审批备案，其中，1993 年，规范了政府系统县直单位的股级职数、呈报程序和任免权限。1996 年 12 月国家公务员制度实施，经县人事局审核备案，对列入国家公务员制度过渡范围的政府 26 个部门和 17 个乡镇的科员、办事员共 381 人，办理了政府公务员过渡手续。1997 年，为 118 名公务员办理了任职备案手续。2006 年，出台了《巨鹿县关于股级干部任免管理实施意见》（巨人劳【2006】16 号）。截至 2008 年，共任免 2852 人次。

2000 年、2001 年县工商局、县地税局管理体制上划，2003 年底结束对其股级干部任用管理工作。

第四节　干部调配

1984～2008 年，共调动干部 3000 余人，其中县内调整 2591 人，外地调入 400 余人。1997 年，县委、县政府两个办公室下发《关于严格控制机关事业单位调配纪律的暂行规定》，规定党政机关凡进必考，事业单位从严控制，严格控制企业向事业、自收自支及差额事业单位向全额事业单位调动。鼓励支持企业间人才合理流动，对企业要求办理调动手续的，只要企业与个人协商一致，可随时办理。对事业单位按照从严控制，合理调配的原则，1997～2007 年，共调动干部 767 人（包括选调教师进城和重新安置退伍兵上岗就业）。

1997～2007年巨鹿县干部调动情况统计表

表18－2－4　　　　单位：人

调动＼年度	1997	1998	1999	2000	2001	2002	2003	2004	2005	2006	2007
调入	57	58	37	27	32	78	25	31	79	85	122
调出	28	13	24	26	17		28				
共计	85	71	61	53	49	78	53	31	79	85	122

第五节　军转干部安置

1984～2007年，全县共接收军队转业干部305人，全部安置。其中，安置到党政机关230人、事业单位10人、企业60人、自主择业5人。根据单位人才需求、编制余缺、转业干部职务层次、技术专长、立功受奖情况及转业安置要求，坚持专业对口、学以致用原则，把最好的岗位留给军转干部。6名应安排相应职务的副团职全部安排到副科级领导岗位。2001年，根据《军队转业干部安置暂行办法》，3名军队转业干部选择了自主择业的方式。实行军地双方管理，由部队承担工资福利，地方人事部门积极协助第二职业服务工作，均在县规模企业安置就业。

第六节　大中专毕业生分配

1984～1996年，县计划委员会承担大中专毕业生分配职能。其中，师范类毕业生由县教育委员会负责分配，非师范类毕业生由县计划委员会拿出分配方案。对分配到党政机关、事业单位的毕业生，县计划委员会与县人事局根据机关事业单位人才需求情况，拟订就业意见，报县政府审定后派遣。

1996年6月，非师范类大中专毕业生分配工作职能从县计划委员会划归县人事局。

1996～2007年巨鹿县毕业生报到登记曲线图

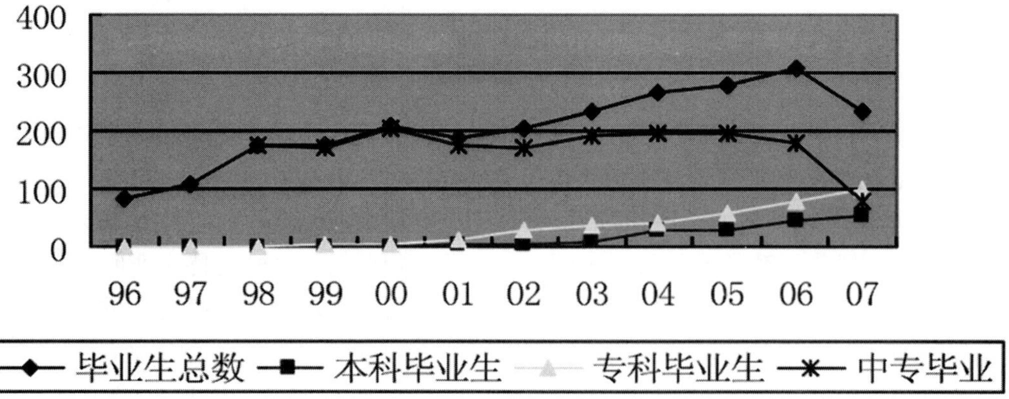

1996～2007年巨鹿县毕业生报到登记统计表

表18－2－5 单位：人

毕业生＼年度	1996	1997	1998	1999	2000	2001	2002	2003	2004	2005	2006	2007
本 科	0	1	0	0	2	3	4	8	29	28	47	56
大 专	1	1	1	4	4	5	30	37	41	58	81	98
中 专	84	106	174	172	204	174	171	190	197	195	181	81
合 计	85	108	175	176	210	182	205	235	267	281	309	235

1997年，毕业生就业开始由政府分配派遣向市场自主就业转变，规定普通中等专业学校毕业生自主择业，落实工作单位后，县人事局办理派遣手续；未落实单位的，两年以后由县人事局按所学专业推荐到主管部门和乡镇，到工作单位后免去见习期。

2004年，本科生也不再依靠政府分配，通过考试录用、双向选择等方式，为毕业生落实就业单位。县人才交流服务中心根据用人单位需求和求职人员意向，组织供求双方见面洽谈，由用人单位填写《聘用制干部审批表》，报县人才交流服务中心审核、县人事局审批，由用人单位与受聘人员按相关规定签订聘用合同。2004～2008年，专本科毕业生通过考试择优分配就业135人，就业登记毕业生1942人。截至2008年底，共办理不包分配的大中专毕业生就业1387人，占报到毕业生总人数的44%。

第七节 干部培训

改革开放以后，巨鹿县劳动人事部门曾多次举办不同类型的人才培训班。

1991年，举办事业单位人员岗位聘任培训班1期64人。1992年，举办公务员制度骨干培训班2期89人、机构改革工作骨干培训班1期23人。1993年，举办企业急需人才培训班10个班次、200多人。1995年，举办公务员过渡考试骨干培训班，培训专业技术人员12000人次、机关工作人员11055人次。2006年，对4595名教师和卫生系统人员进行了创新能力培训。

常规培训：1993年以后，机关人员培训6000人次；1992～1997年，每年举行一期人事政工干部岗位培训班，共计300人次；2003～2008年，对905名公务员实施了信息化与电子政务培训。

第八节 干部奖惩

1989年7月，县劳动人事局成立考核奖惩科，开始在行政单位评定先进工作者，每年以县委、县政府名义表彰颁发荣誉证书。1992年，县委、县政府下发《关于年度先进单位、先进个人评选工作实施意见》。1998年，县人事局下发《关于规范奖励表彰报批程序的通知》。2001年，县政府制定出台《巨鹿县行政奖励表彰规定》，确定县人事局为行政奖励表彰工作主管部门，担负行政奖励表彰工作指导、监督、审核职能，并执行“三个联合”，即：在工作中与拟表彰单位联合拟制方案、联合组织考察、联合行文表彰。每年确定优秀人员约占县财政开支人员的10%。

1989～2007年，全县累计表彰各类先进人员9937人次。从1993年开始，实行个人连续3年评为优秀的上调一级工资，2007年停止执行。

1989～2007 年巨鹿县表彰人数统计表

表 18－2－6　　　　单位：人

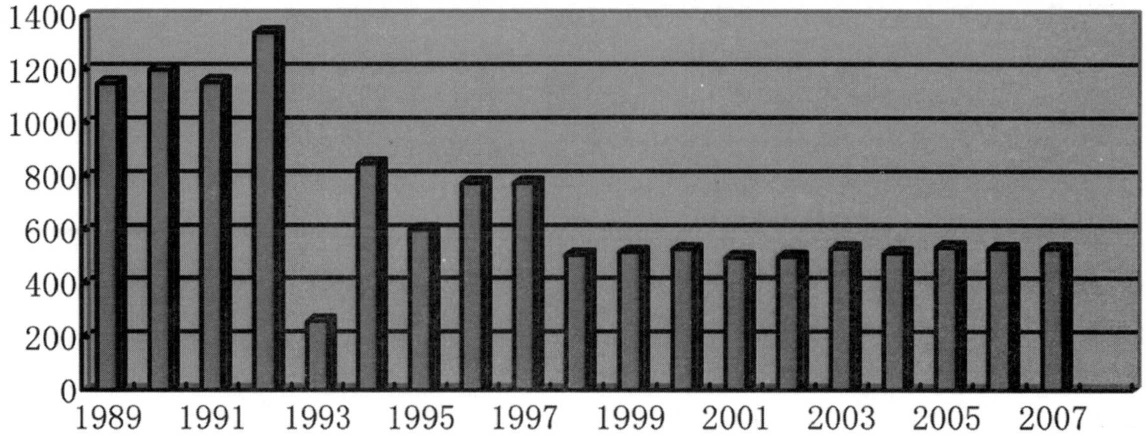

第九节　职称评聘

1986 年 2 月，国务院决定恢复职称评定，实行专业技术职务聘任制度。1988 年，巨鹿县专业技术职称开始评聘。1990 年底，全县具备专业技术职称的人员达到 2903 人。其中，高级职称 73 人，中级职称 866 人，初级职称 1964 人。

1991 年，全县职称评定转入经常化。1993 年，改为评聘分开，对 3558 名符合条件的专业技术人员评定了相应的专业技术资格。同年，经济、统计、审计、会计、计算机等系列，开始进行全国统一资格考试，不再进行评审。

1992 年 5 月，县科委科技干部科职能移交县人事局，县职称改革领导小组办公室随之设在县劳动人事局。

1997 年 6 月开始，对全县申报高、中级专业技术职务人员实行了综合评价量化赋分，按总分自高向低向市申报。

1999 年，把专业考试和计算机考试列为评审条件，并把专业成绩作为量化赋分的依据之一；县劳动人事局印发《关于全面推行竞争聘任专业技术职务实行聘约管理的实施意见》，在事业单位中实行双向选择，竞争聘任。建立了以科学设岗为基础，以加强单位自主聘任为核心的专业技术职务聘任制度。

2002 年 3 月，县乡机构改革后，县人事劳动局调整内部科室，把职改办合并到人事人才股，负责全县专业技术人员的职称评聘及日常管理工作。

2003 年，专业技术职务的评聘实行了评审、考试、职业资格并行制度。至 2008 年，全县职称按专业分为 21 个系列，每个系列分别设正高级、副高级、中级和初级职务。

1995～2008 年巨鹿县职称评定人数统计表

表 18－2－7　　　　单位：人

职称 \ 数量 \ 年度	1995	1996	1997	1998	1999	2000	2001	2002	2003	2004	2005	2006	2007	2008
正高级	0	0	0	0	1	0	0	0	0	0	0	1	0	0
副高级	85	66	58	11	12	65	16	20	100	92	89	109	120	130

续表

数量 年度 职称	1995	1996	1997	1998	1999	2000	2001	2002	2003	2004	2005	2006	2007	2008
中　级	786	753	653	62	49	836	94	105	824	764	687	1023	1113	1207
初　级	1590	1602	1203	505	319	2596	578	416	2695	2383	2886	2937	3093	3264

表中2个正高级分别为县医院薄敬申和吉运磊。

第十节　人才交流

1994年9月，巨鹿县人才交流服务中心成立。2005年3月，在县人事劳动局成功举办首期企业人才招聘暨大中专毕业生供需见面双向洽谈会，进场招聘的企业及部分改制后的社会中介组织共68家，进场求职人员1000余人。

2006年3月，投资1300多万元，在县城黄巾大道北侧建设5340平方米的县人才劳动力市场综合大楼，2008年9月竣工正式对外挂牌办公。办公楼设人才交流大厅和劳动力交流大厅，可同时容纳60多家单位设摊招聘，并能为招聘单位和求职人员提供接待、登记、资料存储等服务。投资18万元，购置了电子屏幕，建起就业信息发布网络平台。开辟了巨鹿县人才网，建起了巨鹿县人才信息库，并与省、市人才服务中心联网运作，开展网上招聘业务，方便了供需双方信息交流。

2008年人才劳动力市场综合楼全貌

一、交流活动

2005年3月和2006年4月，成功举办两届人才劳动力洽谈交流会。共为5家企业引进各类人才488人。其中，燕南集团140人、方正公司38人、科达橡胶制品有限公司60人、喜德来家具公司80人、三昌集团170人。

2005年人才劳动力交流现场

二、人事代理

1997年，县人事劳动局开始为单位、企业、个人开展人事代理工作。到2008年7月，共代理企业、单位20家，200人，个人委托代理1056人。为代理单位和个人进行工资套改、推荐评审职称、组织年度考核、查阅人事档案、出具人事证明等2670多人次。

1997～2008年巨鹿县人劳局人事代理人数统计表

表18－2－8　　单位：人

代理单位	人数	代理单位	人数
巨鹿县房地产交易所	5	巨鹿县审计事务所	9
巨鹿县新华学校	32	巨鹿县房地产管理局	8
巨鹿县汽车站	15	巨鹿县供电有限公司	12
方正钢板有限公司	16	燕南集团	21
天成建筑有限公司	8	韩一昌宇纺织公司	4
三昌纺织集团有限公司	9	桑海锅炉厂	2
喜德来家具有限公司	8	科达橡胶制品有限公司	13
巨鹿县建筑设计室	3	郡南橡塑有限公司	4
宜明家具厂	10	巨鹿县律师事务所	3
河北巨腾密封制品有限公司	6	昌泰纺织有限公司	12
个人代理	1056		
共计	1256		

第三章　机构编制

县机构编制委员会负责县委、县政府主管行政管理体制改革、机构改革和国家机关、事业单位机构设置、建制规格、职能配置、人员编制等工作。县长兼任委员会主任。县机构编制委员会办公室为县机构编制委员会的常设办事机构，负责承办委员会日常工作，与县人事劳动和社会保障局合署办公，编制委员会办公室主任由县人事劳动和社会保障局局长兼任。

第一节　行政事业单位机构编制

1979年，全县机构设置：县委工作部门18个，政府工作部门30个，群众团体4个，民主党派1个，人大、政协、法院、检察院、人武部分别单独设立。到1996年全县行政机关编制总计856人，事业单位389个，人员4769人。

1996年4月，县人武部人员编制收归军队建制。

2002年，全县实行机构改革，县委工作部门8个，县政府工作部门20个。机关行政编制330人，政法编制253人，10个乡镇行政编制334人。全县事业单位389个，编制5149人，在职人员5354人。其中，全额预算单位354个，在职人员4460人；差额预算单位11个，在职人员

227 人；自收自支单位 24 个，在职人员 667 人；　企业化管理单位 24 个。

1979～2008 年巨鹿县机关事业单位人员编制统计表

表 18－3－9　　单位：人

年度＼项目	行政编制	在职	事业编制	在职
1979	532	532	3340	3340
1980	606	624	3567	3567
1981	797	852	3644	3649
1982	886	890	3667	3667
1983	958	944	3798	3802
1984	958	996	3842	3856
1985	976	1004	3891	3867
1986	1037	1062	3891	3864
1987	1084	1084	3964	3872
1988	1084	1084	3964	3872
1989	1149	1147	4007	3115
1990	1153	1153	3890	3870
1991	948	944	3723	3850
1992	948	943	4097	3878
1993	948	943	4892	3259
1994	932	935	4887	3590
1995	932	918	4887	4170
1996	856	882	4769	4281
1997	852	848	4932	4692
1998	886	879	5220	4925
1999	839	859	5154	4496
2000	858	890	5110	4932
2001	866	1017	5117	5123
2002	664	622	5149	5354
2003	884	773	5216	5354
2004	905	906	5216	5354
2005	909	941	5216	5510
2006	942	942	5216	5532

续表

年度＼项目	行政编制	在职	事业编制	在职
2007	997	949	4882	5535
2008	1000	1064	4875	5284

第二节　编制管理

编制变动根据上级要求由县编制委员会研究确定，行政编制变化较小，事业编制增加较多。增加部分主要有三类：退伍兵、军队转业干部安置；2004 年以前大中专毕业生分配；2004 年后本县事业单位招录和省市招录公务员分配到县内单位。

第四章　劳动管理

劳动保护法、工伤条例、职业病防治条例出台后，劳动保护、维护劳动者权益方面更加完善，人才劳动力市场推介、对农民技术培训后向城市、外地输出劳动力等发展较快。

第一节　工资福利

一、工资

1988 年 5 月 1 日起，巨鹿县国家机关、事业单位工资标准由五类区工资标准改按六类区工资标准执行。1989 年，根据国发〔1989〕82 号文件，对全县党政机关和教育、科研、卫生、文化等事业单位的国家正式职工，在本人现行职务工资标准的基础上增加一级工资，从 1989 年 10 月 1 日起执行。

1994 年，按国务院、省政府工资制度改革要求，将机关与事业单位工资脱钩，规定机关工作人员实行职级工资制，分为职务工资、级别工资、基础工资和工龄工资 4 部分；技术工人实行岗位技术等级工资制，工资由岗位工资、技术等级工资和奖金 3 部分；普通工人实行岗位工资制，工资由岗位工资和奖金两部分构成。事业单位对全额拨款、差额拨款、自收自支 3 种不同类型的单位实行分类管理，专业技术人员的工资与职称挂钩；事业单位管理人员，在建立职员职务序列基础上，实行职员职务等级工资制；事业单位的技术工人实行技术等级工资制，普通工人实行等级工资制。全县机关事业单位列入工资制度改革范围的共计 6255 人。

1995 年 10 月，河北省人事厅、财政厅、计委下发《河北省机关事业单位工作人员正常晋升工资档次的实施办法》，规定实行机关、事业单位工资制度的工作人员中，凡 1993 年 10 月 1 日工资制度改革后两年考核成绩均为称职（合格）以上的，可从当年 10 月 1 日起在本职务（技术等级）所对应的职务工资标准内晋升一个工资档次；考核不称职（不合格）以及两年中只有一年考核称职（合格）的，不得晋升。根据该规定，1996～2008 年，分九次为县直机关、事业单位应晋人员实施了工资调整。

1996～2008 年巨鹿县机关事业单位工资调整情况统计表

表 18－4－10

年度＼项目	调资人数（人）	月增资（万元）	人均月增资（元/人）	相关文件
1996	2468	62000	25.1	

续表

年度＼项目	调资人数（人）	月增资（万元）	人均月增资（元/人）	相关文件
1997 年 7 月	6845	256000	37.3	国家人事，部财政部，省人事厅财政厅相关文件
1999 年 9 月	7301	825000	113	冀政办〔1999〕13 号
2000 年 10 月	6234	220000	35.3	邢人发（2000）33 号
2001 年 6 月	8023	890000	111	冀政办〔2001〕10 号
2001 年 12 月	7725	618000	80	冀政办〔2001〕20 号
2003 年 12 月	8727	490000	56	冀政办〔2003〕37 号
2006 年 12 月	6867	1627000	237	冀政办〔2006〕88 号
2008 年 1 月	1670	453000	271	冀政办〔2007〕27 号

二、福利

（一）津贴补贴。1993 年工资改革，改变了 1956 年后一直实行的工资区类别制度和津贴制度，建立地区津贴制度。巨鹿县执行剩余津贴部分。职务补贴按工作人员所任职务和工作年限确定，独生子女保健费为夫妇双方每人每月 5 元。

（二）岗位津贴补贴。1988 年新设立岗位津贴补贴，民政系统殡葬职工执行特殊行业津贴、优抚社会福利事业单位岗位津贴等；政法系统执行警衔津贴，人民法院、人民检察院执行干警岗位津贴，交警防毒防尘津贴等；同时纪检、计生、交通、体育、城建、环保等系统也相继出台一系列特殊岗位津贴、补贴。县按相关规定执行。

（三）伤亡待遇。1. 丧葬费标准，1989 年国家机关、民主党派、人民团体、事业单位的干部职工（包括离、退休职工）去世后，不分职务级别，每人 400 元。2. 死亡一次性抚恤金标准，1986 年标准为：因公牺牲的，按其牺牲时的 20 个月基本工资计发；病故的，按 10 个月基本工资计发。1994 年标准改为：批准为革命烈士的，按本人生前 40 个月基本工资计发；因公死亡的，按本人生前 20 个月基本工资计发；病故的，按本人生前 10 个月基本工资计发。3. 遗属补助，机关、事业、国营集体企业干部、职工病故后，对直系亲属发放遗属补助，离休、退休每人每月 180 元、150 元不等，财政开支人员由县财政局发放，企业由主管部门发放，子女发到 18 周岁。2008 年调整了 320 名财政开支人员遗属补助金标准，每月最高额提高到 216 元。

（四）离退休待遇。1991 年，按照河北省委组织部、省人事局《关于进一步做好干部退（离）休工作有关问题的通知》，为退（离）休干部落实两项待遇（政治、生活待遇），解决他们看病就医、用车、住房、子女就业等实际困难。1993 年，《国家公务员暂行条例》颁布实施，公务员退休制度进一步完善。1994 年，根据国发〔1993〕79 号文件对离退休退职人员离退休退职费重新明确，并为全县 79 名离退休退职人员平均月增资 60 元。2002 年，退休审批实行“先调查，后审批”，年初对达到退休年龄人员进行调查摸底，然后办理退休手续。2007 年底，全县县直机关共有离休人员 689 人，退休干部 1703 人，退休工人 188 人，退职人员 3 人。

第二节　劳动监察仲裁

1989 年 7 月，县劳动人事局成立劳动争议仲裁委员会，建立仲裁科，委员会主任由局长兼任。随着中小企业产权制度改革和私营企业的发展，劳动争议仲裁案件逐年递增。1990～2007年，共接待群众咨询15700余人次，受理劳动争议案件1294件。其中，裁决291件，调解689件，其他方式解决314件，结案率100%，为职工挽回经济损失322万元。

1995年《中华人民共和国劳动法》颁布后，全县企业普遍开始实行劳动合同、集体合同制度。县劳动部门结合年度劳动保障年检，针对用工单位不签订劳动合同、不全员参保、不签订集体合同、不履行集体合同条款等问题，区别情况，采取下达《责令改正通知书》等方式敦促整改，纠正劳动合同和集体合同签订履行中存在的问题，维护职工的合法权益。1995～2008年，鉴证劳动合同57000余份，签订率达到80%以上，敦促纠正违法合同8000余份。

2002年，建立巨鹿县劳动监察股（劳动监察大队）。2003年，设专职监察员3人，兼职监察员5人。2004年，实施劳动用工年检，年检企业205家，补签劳动合同20000余份，处理拖欠农民工资41起，敦促支付农民工工资52.3万元。2005年，针对建筑行业存在拖欠农民工工资情况和保障职工最低工资线（460元/月）规定实施，与县建设局联合，率先在全市建立了农民工工资保障金制度，建立了农民工工资保障金专户。

2005年8月，通过劳动仲裁，为51名农业税协税员解决补偿金21万余元。2006年5月，解决了县交通局原下属集体企业搬运站28名下岗职工及县商务局原下属集体企业20名职工的补交养老保险问题，补偿养老保险费80余万元。2006年被河北省评为“劳动保障监察执法规范化单位”。2007年，按照上级要求对黑砖窑实施排查，查处并送回童工1人。

1990～2007年巨鹿县受理劳动争议案件示意图

单位：人

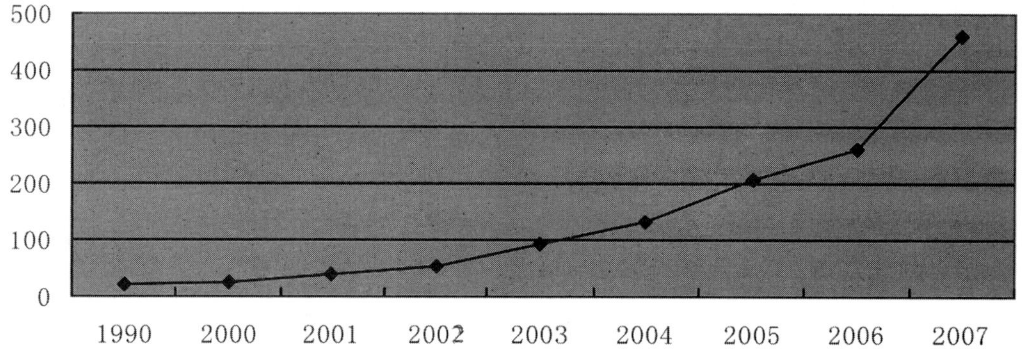

第五章　社会保障制度改革

改革开放后，社会保障制度改革力度加大，发展加快，一系列社会保障措施相继出台。职工就业培训、养老保险、医疗保险、失业保险、工伤保险以及最低生活保障等社会保障措施，让广大农民、城镇职工和居民真正得到了实惠。

第一节　安置就业及农民工培训

1993年，国家号召加快城市建设，城镇人口增长较快。

1996年，县劳动人事局鼓励企业创造就业岗位，和县总工会共同在规模企业建立下岗职工再就业基地，为下岗职工扩大就业再就业提供方便。

2002年9月，中共中央、国务院关于企业下岗职工基本生活保障和就业再就业工作会议后，针对当时全县农村富余劳动力5万余人的情况，出台了《关于进一步促进就业再就业工作有关问题的通知》，建立乡镇劳动保障服务站10个。同年，由于企业经济发展不稳定，全县失业与适龄登记人员6000多人。县劳动就业办公室把劳动就业服务做为工作重点。先后采取五条措施广开就业渠道，加大就业力度：

设立就业再就业服务中心，建立下岗失业职工信息数据库。到2008年，全县纳入数据库的下岗职工6300人。

规范下岗失业人员《再就业优惠证》申领程序、审核办法，建立公示制度和限时承诺制度，接受群众监督。先后为1300余名符合申领条件的下岗失业人员发放《再就业优惠证》。

多方开发就业岗位，落实补贴政策。对下岗失业职工实行求职登记、职业指导、职业介绍、培训申请、鉴定申报、档案管理、接续保险的“一条龙”服务。1993年后，全县安置下岗失业职工1000人，技校毕业生583人，鼓励自谋职业1026人。同时，为下岗失业职工减免税费160万元，落实职业培训补贴22万元，职业介绍补贴7万余元，兑现养老保险补贴10.8万元。

扩大劳务输出。建立县劳务输出网络、劳务输出合作基地。1994～2008年，先后向北京、江苏、昆山、天津、山东等省市输出劳务人员80余批，4万余人次。

实施农村劳动力转移阳光培训工程。先后开设计算机、服装裁剪、纺织、电焊工、机械加工等多个培训班。年培训学员1100余人，合格率达98%以上，推荐到相应岗位就业。

2003～2008年巨鹿县输出劳动力数额统计表

表18－5－11　　　　单位：人

项目 年度	公益性岗位人数	输出农村富余劳动力人数
2003	80	3000
2004	50	5000
2005	67	6000
2006	33	7000
2007	60	7000
2008	50	8000
合　计	340	36000

第二节　社会保险

一、养老保险

1986年9月，成立县社会保险事业管理所。

社会保险经历三个阶段：

（一）县级统筹起步（1986～1991年）。先实行国有企业离退休费社会统筹和单位合同制养老金收缴先易后难原则，单位离退休人员养老金由社会保险机构接收，离退休费由社会保险所直接发放。

（二）差额结算与省级统筹（1992～1999年）。由于企业改制，半数以上企业经济滑坡，陷入停产或半停产状态，统筹金收缴困难，经县政府同意，离退休费由社会保险所直接发放改为拨到单位交企业发放，执行差额结算（差额部分单位补齐）。1992年，实行省级统筹，并打破合同制工人身份界限，养老金也纳入统筹范围，实行统一缴费比例。1996年起，为每个职工建立了个人账户。1991～1999年，按所交数额分档，退休后实行差额结算。

（三）社会化发放和收支两条线管理（2000～2007年）。2000年，按照国务院和省政府规定，离退休费实行社会化发放，基金缺口部分由省级统筹基金调剂。2001年，将集体企业职工和离退休人员也纳入到省级统筹范围。截至2007年，省拨入县调剂金共3000多万元，当时可按时足额领取。后随着集体企业大部分停产或解体，部分企业筹交养老金部分落实不好，存有拖欠。

2004年7月，市劳动和社会保障局召开紧急会议，下发《邢台市补发历史拖欠养老金工作实施方案》。县社会保险所对企业历史拖欠845名离退休人员养老金750.6万元，逐一调查核实，依据原始资料，登记造册。2005年4月，补发了拖欠养老金。对已故离退休人员，由企业确定法定继承人或受益人员，予以补发。

离退休人员养老金调整。1986～2007年（从实行养老保险金制度时起），对全县2364名离退休人员分24批次调整。截至2007年12月，离退休人员养老金由起步时每人月均50元，提高到每人月均900元。2007年，年发放养老金共计2450万元。

企业改制职工养老保险。企业在改制过程中，有78%的企业以“买断”工龄方式，解除了职工的劳动关系。

第一轮改制，1997年，县商业系统下属12个单位、县社系统下属20多个单位、县农机局下属4个单位、纺机厂等改制单位和宣告破产的巨鹿酒厂、巨鹿县服装厂等单位，资产变现后，将欠缴养老保险费列入偿还序列，为广大职工缴纳了养老保险费。将这些单位离退休人员全部纳入社会保险范围，离退休费由社会保险所直接发放。

第二轮改制，2001年，对串枝红公司、巨龙饮料公司、棉织厂、橡胶厂、枸杞厂职工养老保险费核算补缴，敦促其余改制企业对漏报未缴费的职工补缴。统计补交解决率90%以上。

扩面。重点抓国有企业停产半停产造成的下岗失业人员，企业改制中“断保”人员的养老保险关系接续。从2006年10月起，据省、市劳动保障局颁布优惠政策实施养老保险扩面到2008年8月，扩面人数4000人，收缴养老保险费7300万元。养老保险参保人数达到36731人。

截至2008年底，养老保险社会化发放率连续6年达到100%。全县95家企事业单位2672名退休人员全部纳入社会化管理。

二、医疗保险

2002年成立县医疗保险管理中心，先在党政机关启动，单位和个人共同缴费、分步实行、分批纳入。2003年，将全额开支的事业单位和企业化管理事业单位全部纳入。2004年，在部分民营企业启动实施。县医保中心作为投保人启动大病医疗保险，为参保人员向人寿保险公司集体投保。报销起付点由2002年的600元降到300元，报销比例从2002～2004年先后调整3次，由45%调整到75%。2006年，大病医疗由75%调整到85%，报销数额最高15万元。到2007年底，医疗保险参保人数计11650人。

三、失业保险

2002年，县启动失业保险，将原国有企业下岗职工纳入失业保险，并发放《就业失业登记证》，由所在单位和本人按照规定比例履行缴费义务满一年以上（单位按单位工资总额的2%缴费，个人按本人工资总额的1%缴费），从失业保险经办机构领取失业金。失业保险金标准按当地最低工资标准75%～90%发放，缴费年限5年以下发放75%，5年以上10年以下发放80%，10年以上发放85%，27年以上发放90%。发放时间最长不超过24个月。到2008年9月，失业保险参保人数为6192人。

2002～2008 年巨鹿县失业保险金征缴情况统计表

表 18－5－12

年　度（年）	参保人数（人）	领取人数（人）	征缴金额（万元）	发放数额（万元）
2002	7279	51	64.31	32.99
2003	6690	55	25.5	12.9
2004	6518	67	57.86	6.65
2005	6325	147	44.36	113.86
2006	6158	211	166.73	108.86
2007	6579	313	58.73	115.06
2008	6192	310	34.76	92.58

四、工伤保险

国务院 2003 年 4 月颁布《工伤保险条例》，2004 年 1 月 1 日施行，巨鹿县于 2004 年 8 月启动。要求在本县行政区域内的各类企业，有雇工的个体工商户必须参加工伤保险。工伤保险费由用人单位负责。用人单位以本单位全部职工当月工资总额为基数申报，缴纳工伤保险。

由于企业老板认识和经营情况等原因，落实情况不理想，虽然企业投保人数由少到多逐年增加，到 2008 年 8 月，参保人数为 11120 人，但仅占应保人数的 2.3%（不含在人寿保险公司投保数）。

2004～2008 年巨鹿县工伤保险参保情况统计表

表 18－5－13

年　份（年）	累计参保人数（人）	占应保数（%）
2004	2689	0.2
2005	5125	0.4
2006	6145	1.9
2007	10417	2.6
2008	11120	2.3

到 2008 年底，全县各项社会保险费收缴 2.2 亿元，支出 1.31 亿元，滚存结余资金 8900 万元。

第三节　最低生活保障

一、城镇低保

1998 年，巨鹿县建立城镇居民最低生活保障制度。县政府出台文件并建立城镇居民最低生活保障制度建设工作领导小组。首批纳入城镇低保的 5 户 12 人。至 2008 年，城镇低保对象达到 1417 户 2915 人，年发放保障金 500 万元。

二、农村低保

2003 年，县委、县政府出台《关于建立农村最低生活保障机制的暂行办法》，率先在全省贫困县中建立农村低保制度。将新中国成立后长期实行的临时性救济，转变为规范化、制度化长效救助。2005 年，县政府领导和县民政局长在省政府召开的全省农村低保工作会议上作了典型发言。至 2008 年底，农村低保人数由 2003 年的 1166 人增加到 7818 人。年发放低保金由 46.64 万元增加到 370.75 万元。

第十九编
司　　法

改革开放后，县委、县政府强化对司法及司法行政工作的领导，从领导班子配备、廉政建设、队伍建设、硬件建设等各方面给予重视。在协调关系、化解矛盾、遏制腐败、打击犯罪、稳定社会中发挥了重要作用，为巨鹿县经济建设和社会发展做出了积极贡献。

第一章　公　　安

改革开放30年来，遵照中共中央“稳定压倒一切”和“服从、服务经济建设”的精神，巨鹿县公安局在坚持对干警开展政治、文化、业务、法律知识培训，不断加强队伍建设的同时，从维护政治稳定大局出发，根据全县不同区域、不同季节、不同时期出现的不同治安问题和刑事犯罪活动，采取专门集中治理与群防群治相结合、一般打击与组织严打相结合的办法，狠抓防范、全面布控、严厉打击，为全县经济和社会事业的全面发展创造了良好环境。多次被县委、县政府评为实绩突出单位、支持项目工作先进单位。

第一节　机构队伍

一、内设机构

1979年，巨鹿县公安局内设机构为办公室、治安股、政保股、预审股和看守所；1980年，将刑侦业务从治安股分出，增设刑侦队；1982年12月，增设消防股，归属部队现役，接受地方和部队双重领导；1984年增设内保股；1986年底，局内设机构有办公室、刑侦队、治安股、预审股、政保股、内保股、消防股和看守所。

1987年6月，由于刑侦业务工作量不断增大，为进一步加大对各类违法犯罪活动的打击力度，使发生的各类刑事案件能够快侦快破，刑侦队分设为刑侦一中队和刑侦二中队；同年11月，根据国务院《关于改革道路交通管理体制的通知》要求，将县交通局管辖的交通监理站整建制划归县公安局。同时，县公安局抽调人员，组建了“巨鹿县公安交通警察队”，为县公安局直属正股级单位，业务上接受邢台地区公安交警大队指导；1990年12月，县公安局增设政工股、法制股、户政股；1992年4月，交警队归属邢台地区公安交通警察支队，为邢台地区公安交警支队直属正股级单位，人事、财务归邢台地区公安交警支队直接管辖，受邢台地区公安交警支队和县公安局双重领导；1992年6月，消防股更名为公安消防科，正科级单位。

1997年3月，公安消防科更名为公安消防大队；同年6月，成立了“巨鹿县公安局指挥中心”（即110报警服务台），为县公安局直属副科级单位，下设巡警一中队、巡警二中队、巡警三中队；同年9月，邢台地、市合并后，依据邢台市交警体制改革方案要求，交警队更名为“邢台市公安交通警察支队巨鹿县公安交通警察大队”，由正股级单位升格为副科级单位；同年12月，县公安局根据十八、十九次全国公安工作会议《关于改革和加强刑事侦查工作的决定》和上级公安机关对刑侦体制改革的要求，对刑侦体制进行了改革，撤销原刑侦一、二中队和预审股，实行侦审合一，成立了刑侦大队，下设刑侦大队综合科（办公室）、刑侦一、二、三、四中队、刑事技术中队、经济犯罪侦查中队、国税警察队、地税警察队等9个基层单位。同时，根据公安部《公安机关督察条例》的规定，设立了警务督察队；将原政保股更名为政治侦察大队（内设出入境管理股）。

2002年6月，根据县委、县政府机构改革方案精神和县政府办公室《关于印发<巨鹿县公安局职能配置、内设机构和人员编制规定>的通知》（巨政办【2002】31号）要求，对县公安局的组织机构进行了规范设置，撤销了内保股、经济犯罪侦查中队、国税警察队和地税警察队，将巡警一、二、三中队从指挥中心中分出，合并为巡警防暴大队（副科级直属单位），增设公共信息网络安全监察科（简称网监科）、行政拘留所和刑事警察五、六、七、八中队。同时，对原有股室进行了更名规范，并对一些单位由正股级升格为副科级，即政工股更名为政治处（副科级）、法制股更名为法制科、户政股更名为户政科、政治侦察大队更名为国内安全保卫大队（副科级）、治安股更名为治安警察大队、刑侦大队更名为刑事警察大队（副科级直属单位）；指挥中心（副科级）。同年7月，根据邢台市交警体制改革方案要求，交警大队升格为邢台市公安交通警察支队直属正科级单位。2006年，刑事警察五中队更名为刑事科学技术室；刑事警察八中队更名为信息情报中队。2007年，巡警防暴大队更名为巡特警大队；行政拘留所更名为巨鹿县拘留所；出入境管理股从国内安全保卫大队分出单列，更名为出入境管理科（正股级单位）。

2008年，根据《公安部关于县级公安机关机构设置指导意见》和县编委《关于巨鹿县公安局

2008年县公安局机关

规范机构的批复》（巨机编办【2008】3号）的要求，出入境管理科更名为出入境管理大队（正股级单位）、刑事科学技术室更名为刑事技术中队；撤销原刑事警察六、七两个中队；增设经济犯罪侦查大队（内设经济犯罪侦查大队办公室和经济犯罪侦查一、二中队）。局址位于县城秦泽路西大街路北。

二、派出单位

1973年，县公安局设立城关派出所。1982年，按照一乡一所一人的要求，将各乡公安特派员划归公安编制，在全县17个乡镇设立了派出所，即：城关、张王疃、后辛庄、堤村、贾庄、阎疃、林庄、王六村、苏家营、小吕寨、西郭城、王虎寨、何寨、官亭、观寨、董营、楼张镇等17个乡镇派出所。1984年，将全县17个乡镇派出所撤销合并为城关、阎疃、小吕寨、官亭四

2008年统一外观标识后的小吕寨派出所

个中心所。同时，增设城镇派出所，主要负责县城区的社会治安管理。1988年，在县城增设集贸市场派出所，主要负责县城集贸市场的治安管

理。1991年，增设王虎寨、贾庄、苏家营三个派出所。1992年，城镇派出所升格改为城关分局（内设治安、户籍、保卫三个股）。1995年，增设张王疃、堤村、西郭城、辛庄、观寨、楼张镇、董营、林庄、王六村、何寨等10个派出所。同时，城关派出所更名为巨鹿镇派出所，集贸市场派出所更名为市场派出所。2000年8月，撤销城关分局，分管业务全部移交巨鹿镇派出所管辖。2003年6月，市场派出所更名为新华派出所。2005年底，设派出所18个，即：巨鹿镇、阎疃、小吕寨、官亭、王虎寨、贾庄、张王疃、堤村、王六村、林庄、苏家营、楼张镇、董营、观寨、何寨、后辛庄、西郭城派出所和新华派出所。

2006年，县乡机构改革，全县17个乡镇合并为10个乡镇，设在各乡镇的派出所相应合并。撤销贾庄、王六村、林庄、楼张镇、董营、何寨、后辛庄7个派出所。2008年底，设派出所11个，即：巨鹿镇、堤村、观寨、苏家营、阎疃、王虎寨、张王疃、小吕寨所、西郭城、官亭等10个乡镇派出所和新华派出所。

三、队伍建设

1979年，县公安局在职民警45人，局长、教导员各1人，副局长3人，中层干部11人。1984年，扩编至96人（主要是1980年增设刑侦队，1982年设立17个乡派出所等增设机构扩编人员），其中大专以上5人、高中中专29人、初中以下62人；局长、政委各1人，副局长（或副政委）3人，中层以上干部31人。1988年，县公安局在职民警增加至130人（主要是1987年交警队组建后，县交通局所属的交通监理站人员整建制划归县公安局），其中大专以上10人、高中中专40人、初中以下80人；局长、政委各1人、副局长或副政委6人、中层以上干部55人。

1992年4月，县交警队归属邢台地区交警支队直接管辖，将交警队的38名民警的人事关系全部移交，县公安局在职民警降为99人，其中大专以上13人、高中中专54人、初中以下32人。局班子成员8人（局长、政委各1人，副局长或副政委及其他6人），中层以上干部54人。同年9月，按照《人民警察法》规定，全国公安民警队伍首次实行警衔管理制度，公安民警队伍管理走向正规化。在警衔首授中，依据《人民警察警衔条例》规定，全局有22名民警符合录警授衔条件，被授予警衔。其中，被授予二级警督警衔1人、三级警督警衔3人、一级警司警衔9人、二级警司警衔4人、一级警员警衔2人、二级警员警衔3人。1996年，由全县党政机关分流充实到公安局具有中专以上学历年轻干部24人，提高了民警队伍的学历水平。1997年，县公安局成立110巡警队，面向全县招收具有中专以上学历的巡警队员49人。2000年，由全县乡镇分流充实县公安局年轻干部12人。2003年，由县人事部门为县公安局招录巡防队员48人。2005年，从全县教师队伍中分流到县公安局22人。除此之外，县公安局的进人渠道主要为部队转业干部和警校毕业生，所占比例不大。到2008年底，县公安局在职在编人员256人（交警大队人员归邢台市交警支队管辖，不包括在内），其中大专以上学历（含本科）201人、中专学历55人；全局符合录警授衔条件的154人，其中一级警督警衔6人、二级警督警衔15人、三级警督警衔51人、一级警司警衔30人、二级警司警衔32人、三级警司警衔10人、一级警员警衔10人。

县公安局坚持依法治警、从严治警，下大力经常抓民警队伍整顿管理。特别是2003年2月1日《公安部五条禁令》在公安机关施行后，县公安局作出具体规定并严格执行，促进了民警队伍的正规化建设。通过开展“大练兵”、“保持共产党员先进性”、“八荣八耻”、“社会主义法治理念”教育，以及“反特权、正警风、强素质、树形象”等活动，教育民警立警为公、执法为民、勤政廉政，使队伍管理逐步走向制度化、规范化。2001年、2003年县公安局两次获“邢台市优秀公安局”称号，2002年被评为“河北省优秀公安局”。

第二节 刑事案件侦破

中共十一届三中全会后，县域经济发展加快，巨鹿县刑事案件发案率显现上升趋势。1980年，县公安局将刑侦、治安业务分设，组建刑侦队，专门负责各类刑事案件的侦破工作。1997年，县公安局内部改革，组建刑侦大队。刑侦大队下设办公室和一、二、三、四中队，刑事技术中队，经济犯罪侦查中队，税务警察队。人员由14人增加到60人。1997年1月25日，县公安局成立“1·25”旱白鸭专案组，涉及各乡镇养殖户369户，对在全省造成重大影响的“旱白鸭”诈骗案展开集中侦破，犯罪嫌疑人被抓获，并挽回经济损失900多万元。1998年5月30日，巨鹿镇草迷杨村发生一起特大凶杀案，村民侯某某用斧头将本村3户10人杀伤（致5死5伤）后，驾驶摩托车潜逃。案发后，省、县公安局抽调精干警力组成专案组，经过近7个小时的艰苦侦破，一举将犯罪嫌疑人侯某某在河南省新乡县境内抓获。2002年，县公安局强化情报资料搜集、管理和应用，实现由传统的“由案到人”侦查模式，向“由人到案”为主，“由信息到案”、“由资料到案”并用侦查模式的转变，有力地推动了案件的快侦快破，提高了对各类违法犯罪人员的打击力度。2004年4月6日，县公安局组织警力，在河北省公安厅和邢台、邯郸、石家庄等市公安局和元氏县公安局的配合、协助下，经过近5个昼夜辗转邯郸、石家庄、正定、元氏等市、县，行程上万里，打掉一个涉案6人的抢劫犯罪团伙，涉及邢台、邯郸、石家庄、衡水及巨鹿等9个市、县的抢劫案件30余起，涉案被抢现金15万元，机动车6部，在抓捕该团伙成员中因拒捕当场击毙1人，击伤2人。自1997年始，在侦破大要案中，有82个专案组和965人次立功受奖。

1979～2008年巨鹿县刑事案件情况统计表

表19－1－1　　单位：件

年度	一般案件		重大案件		特大案件	
	发案	破案	发案	破案	发案	破案
1979	56	41	2	1		
1980	63	44	8	5		
1981	66	53	8	6		
1982	56	51	5	4		
1983	95	87	8	6		
1984	45	37	11	9	2	2
1985	49	40	8	7	3	2
1986	53	49	4	3	2	1
1987	59	53	11	11	2	1
1988	67	59	13	11	1	1
1989	89	65	32	24	3	2
1990	123	92	36	28	4	3
1991	155	116	57	44	6	5
1992	162	118	31	29	4	3

续表

年　度	一般案件		重大案件		特大案件	
	发　案	破　案	发　案	破　案	发　案	破　案
1993	158	132	34	30	6	5
1994	132	107	32	29	3	3
1995	31	22	33	25	1	1
1996	35	24	33	25	8	6
1997	49	46	26	23	3	3
1998	43	36	15	13	2	2
1999	69	66	15	12	1	1
2000	141	55	59	38	1	1
2001	222	89	149	60	3	2
2002	291	233	106	27	2	2
2003	201	64	89	30	1	1
2004	232	98	91	40		
2005	99	49	73	30		
2006	80	52	61	28		
2007	133	395（破积案 280）	85	270（破积案 200）	2	2
2008	191	108	114	80	1	1

在历年的刑事案件发案中，侵财性犯罪案件发案（盗窃、抢劫、抢夺、诈骗等）所占比例较大，约占刑事案件发案总量的 80% 以上，这是全县刑事案件的发案规律。从全县总的发案趋势看，随着经济的发展，刑事案件的发案呈逐年上升趋势，但是经过严打高压，案件的发案有所下降，经过 1983 年全国范围内的严打，1984 年以后的几年，全县的刑事案件发案与 1983 年以前相比有大幅度下降。1995 ~ 1999 年刑事案件发案低，而 2000 ~ 2004 年刑事案件发案高，是因为从 1995 年起，各级各部门将破案率作为考核基层公安各部门的一项重要指数，出现了片面追求破案率，使基层公安机关“不破不立”或者“由破案数和破案率求发案数”的现象，造成发案数统计不实。从 2000 年起，公安部在全国公安机关开展了纠正立案统计不实的工作，取消了考核破案率，使发、破案件数得到了如实的统计，发、破案件数有了较大的提高。

第三节　治安管理

一、安全保卫

1979 ~ 2005 年，全县内部单位发生各类案件 178 起，15 人被公安机关劳教，85 人被治安处罚。1982 年，全县 124 个县直机关和企事业单位全部建立健全安全保卫组织。2007 年，在县电力局增设电力派出所，在县工业园区设立工业园区派出所，在县医院、县城学校、电信公司、昌隆棉纺厂、方正薄板厂等重点单位均设置治安室。

1990 ~ 2008 年间，在每年巨鹿县“杏节”或遇有全县其他重大活动时，县公安局全体民警倾力参加，积极做好安全保卫工作，确保其顺利安全开展。

二、特种行业管理

特种行业包括旅店业、废旧物品收购、印章刻制、歌厅等娱乐场所、洗浴中心、印刷、典当和机动车修理业。1984 年，县公安局组织警力对全县特种行业展开集中清理、整顿，同时建立治保会和治保小组。1988 年，再次整顿完善全县特种行业，处罚 5 个违规冶炼点。按标准核发 14 个印刷厂点、2 个刻字业、20 个旅店业、11 个冶炼点、30 个废品回收站的特种行业经营许可证。1998 年，开展清理整顿特种行业集中活动，重点制订颁发管理规章制度，签定治安责任书。2002 年，整顿规范歌舞娱乐场所，打击卖淫嫖娼和赌博，查封取缔违法经营场所 14 家，停业 6 家。

三、危险物品管理

1984 年，县公安局依据《中华人民共和国民用爆炸物品管理条例》，对全县生产销售民用爆炸物品的 101 个单位进行了详细调查、造册登记。2002 年，专项清理危险剧毒物品，收缴毒鼠强等剧毒物品针剂 2000 支，散药 30 公斤，在上级公安机关的监督下，进行了集中安全销毁。2005 年，依据公安部《剧毒化学品购买和公路运输许可证件管理办法》，采取平时检查和集中抽查相结合方法，随查随纠，逐步规范了全县剧毒物品安全管理。2007 年，在全县开展专项整治易制毒化学品活动中，依法取缔使用、经营易制毒化学品企业 2 家，处罚非法使用易制毒化学品个人或企业 36 家。

四、农村治安

1984 年，全县 291 个行政村建立健全治保会，落实专职人员，建立村治安巡逻队。1985 年，县社会治安综合治理委员会部署农村治安承包，县公安局率先落实治安承包责任制，与各村签订不同形式的治安承包协议。1988 年，全县建立县、乡、村三级巡逻网，实行县城巡逻队由巨鹿镇派出所管理和乡、村巡逻队由乡（镇）政府和村委会分别管理的办法。

1997 年，依据管辖面积、防范任务、村镇人员构成、治安状况，将全县划分为 65 个警务区。2000 年，县公安局针对全县严重影响人民群众生活安宁的农机具、牲畜被盗案件频发的严峻治安形势，以及违法犯罪分子夜间作案的特点，在各基层派出所、责任区刑警队和巡警队一线实战单位，实行“反时间工作制”。即：这些单位打破常规的上下班制度，根据本单位业务需要，三分之一民警值班、执勤、接受群众报警、报案或处理日常业务工作，其余民警一律夜间上班巡逻、清查、堵截和抓捕、打击盗窃农村水电设施、牲畜及农机具违法犯罪分子。“反时间工作制”实行后，全县农村农机具、耕牛及水电设施被盗突出的治安形势得到有效遏制。2001 年，县公安局集中 140 名民警和 20 名武警战士，对治安混乱的西下疃、魏庄、樊村等村庄进行了集中治理，收缴涉案摩托车、拖拉机、三轮车 93 辆，抓获犯罪嫌疑人 24 人。2007 年，实施农村警务战略，实行警务前移，在全县治安复杂的村庄建立 10 个农村警务室，并派驻民警驻室办公。

五、城镇联防巡逻

1988 年，县公安局巡警队每天组织 15 名巡警采取白天步巡、夜间车巡的形式，对县城区展开 24 小时不间断巡逻。1999 年，依据县政府《城区治安防范实施办法》，建立了 32 个治安联

2003 年巡警在新华南街徒步巡逻

防小区和 5 支业余巡逻队。2003 年，县城城区分为四个巡区，巡警大队与巨鹿镇派出所、城区刑

警队统一安排，全天24小时巡逻。2006年，县公安局为方便群众报警求助，更好地将警力摆到街面上，提高街面见警率，在县城明珠广场建立首个治安岗亭，并在报警求助方面制定措施方便群众。2007年，分别在县城六路口、县医院路口、县广电局路口建立3个治安岗亭，配备巡逻车以及各种警械。在县城区主要出城口、街道安装9个监控探头与公安指挥中心联网。

六、“110”报警服务

1997年，县公安局成立指挥中心，开通公安“110”报警服务台，投资30万元购置集接处警、指挥调度、接报警录音等功能为一体的高科技治安防控设备。2001年，金融系统等重点单位、部门与“110”指挥中心实现自动报警联网。2006年，投资40万元购置集110、119（火警）、122（交警）三台合一报警系统。1997～2008年间，公安“110”报警服务台先后接各类有效警情21874次，其中刑事类警情2894次，治安类警情11328次，交通事故类警情4326次，火灾事故类警情1154次，受理群众求助3019次。处警出动警力372610人次，出动车辆12726台次，破获案件2113起，抓获违法犯罪嫌疑人1572人，救助群众3454人，处置各类群体性事件154起，做到了有警必接、有警必出。

七、治安案件查处

改革开放以后，随着市场经济的发展，经济体制的转轨，各种承包责任制的实施，全县社会治安形势发生了新的变化，各种违反社会治安管理的治安案件发案也产生了较大的变化。人、财、物的大流动，一些寻衅滋事、打架斗殴，以及因债权、债务纠纷引起打架致伤治安案件发生比较多，赌博、卖淫嫖娼、传播淫秽物品等污染社会环境的治安案件时有发生。特别是在农村，随着土地联产承包责任制实施，以及取消农业税征收惠民政策的落实，人民群众对土地看得越来越重，一些因土地承包、周边地界、征地拆迁和宅基地纠纷而引起的打架斗殴、寻衅滋事案件发生较多。农闲时节，特别是冬季，农村赌博案件高发。1986年2月，县公安局为确保全县春节安全，在全县开展查禁赌博活动，抓赌15场，抓获涉赌人员159人。1992年11月，县公安局组织警力对南郝线观寨路段的路边店展开集中清查，清理路边饭店69个，查处卖淫嫖娼案件28起，抓获卖淫嫖娼违法人员26人。

1979～2008年巨鹿县治安案件查处情况统计表

表19－1－2　　单位：起

年　度	受　理	查　处	处　罚	调　解
1979	128	125	87	38
1980	146	146	46	100
1981	166	159	88	69
1982	148	141	79	64
1983	196	196	123	73
1984	271	266	103	153
1985	312	309	109	200
1986	343	341	143	190
1987	386	376	160	216
1988	281	269	123	146
1989	274	260	158	112

续表

年 度	受 理	查 处	处 罚	调 解
1990	340	340	161	189
1991	381	379	170	209
1992	432	427	241	186
1993	669	669	253	416
1994	404	404	200	204
1995	267	267	187	180
1996	637	637	553	184
1997	324	324	212	112
1998	357	357	253	104
1999	192	181	361	124
2000	349	335	265	135
2001	323	310	284	146
2002	603	432	598	120
2003	518	391	554	124
2004	411	299	403	115
2005	289	220	284	160
2006	190	138	195	20
2007	112	112	120	40
2008	164	148	124	8
合计	9613	8958	6637	4137

八、出入境管理

1995～2003年县公安局承办出入境手续。2004～2007年邢台市公安局收回办理权限。2008年9月，县公安局重新开始办理护照。办理期间均严格按相关规定程序审查。

1995～2008年巨鹿县公安局办理因私出境护照统计表

表19－1－3 单位：人

年度	办理人数	年度	办理人数	年度	办理人数
1995	6	2000	18	2005	（市局）
1996	5	2001	20	2006	（市局）
1997	8	2002	26	2007	（市局）
1998	10	2003	53	2008	37
1999	15	2004	（市局）		

第四节 监所管理

一、监所设施

1991年，县公安局改建看守所（水市街西侧），占地3996平方米，建筑面积1300平方米，设置电网、监控、锅炉、水塔等设施。1998年，进一步规范完善设施，看守所达到国家二级验收标准，成为邢台市唯一国家二级看守所。2002年，在看守所院内建成治安拘留所，看守所和治安拘留所分离。

二、在押人员教育

1979年，第三次全国预审工作会议后，县看守所对在押人员实施“教育、感化、挽救”的教育改造形式，对在押人员深入进行思想、政策、法律和前途教育。1980年，《刑法》和《刑事诉讼法》颁布实施后，县看守所监管民警实行监房包干责任制，保证了监所安全。1988年，县看守所推行“半开放型管理教育”方法，增强看守所管教工作透明度，建立所长接待日，向在押人员家属介绍政府有关方针政策和看守所教育、管理情况，以及在押人员的现实思想表现，解答家属提出的有关问题。同时，在监所内配有电教设备，定期为在押人员播放教育片，聘请离退休政法干部讲课。对在押人员实行人性化管理，尊重在押人员的人格尊严，保障在押人员合法权益，改善在押人员的生活条件，关注在押人员思想情绪，满足在押人员的合理要求，适当安排在押人员与家属见面，经常引导在押人员悔过自新、重新做人。

第五节 户籍管理

改革开放后，随着市场经济体制的建立和发展，原有的户籍管理制度已经不能够适应市场经济发展的新要求。1996年，按照公安部统一要求，将户籍管理职责由各乡镇政府代管移交到公安派出所。1997年，进行了非城镇户籍改革试点，完善了农村户口管理制度。2003年，按照《河北省户籍改革实施意见》的要求，取消了实施多年的二元制户口登记制度（即：农业户口和非农业户口），实施常住户口登记制度（即：以居住地为常住户口的登记制度），体现了户口登记的平等。同时，按照公安部三十条便民利民措施，落实了新生婴儿上户口随父母自愿选择，大中专学生入学户口迁移自愿等便民利民措施，使户籍管理便民服务有了很大转变。

一、常住人口管理

户口管理分城镇、农村、集体和暂住户口。实行常住、暂住、出生、死亡、迁出、迁入、变更更正等项登记。1981年，集中整顿户口管理，纠正重（复）、漏、差、错等问题，消除户口管理混乱现象。健全以常住地登记常住人口和以家庭立户为原则的户口管理制度。1994年，实行农村户口城镇化管理。1997年，按照公安部统一要求，完成为期三年的换发常住户口登记表和户口本工作。1998年全县派出所建立人口信息微机管理系统，人口统计开始使用微机管理。

二、流动人口管理

1979年，恢复城镇暂住人口申报登记制度。实行县城区凡居民家里来客暂住5天以上的，必须向城关派出所申报暂住户口制度。1985年，全县普遍实行暂住人口和寄住人口登记制度。暂住时间超过3个月的16周岁以上的人员发“暂住证”；外来经商、办厂、从事服务行业的暂住时间较长的人员，所在地派出所登记为“寄住人口”发给“寄住证”。1990～1993年，外地到巨鹿县3天以上、3个月以内的，办理暂住人口登记手续；3个月以上的填写“暂住人口登记表”，审查后领取“暂住证”；私房出租，经派出所同意并签订治安承包合同书。1995年成立由县政府牵头，公安、工商、城建、劳动人事、卫生、民政、计划生育等部门参加的暂住人口管理领导小组。1998年，全县设立18个流管站，列管流动人口756人，列管率达到80%以上。2007年，县成立流动人口管理办公室，并充实、调整各乡镇流动人口管理服务站，形成流动人口管理网络。

三、制发身份证

1989年，应申领居民身份证而未领到或因原证遗失、损坏尚未补领居民身份证的公民，以及16周岁以上常住户口待定公民，制发有效期为3个月和6个月的临时身份证。1990年，核签常住人口登记表、组织照相、按人编码、填卡、检查验收、制发身份证17万人。1999年10月1日起，巨鹿县和全国同步，建立和实行公民身份号码制度。同年，换发居民身份证35997张。1999～2002年，依据省政府《关于编制公民身份号码工作的通知》，开展了公民身份号码编制工作。2006年，全县开始了第二代居民身份证换发，当年换发二代居民身份证53639张。

2008年县第二代身份证制证大厅

四、农转非

1997年前，农业户口转非农业户口，每年只有少量的名额。转户口需经个人申请、群众评议、派出所审查、集体审批四道程序。1995年，全县仅有12人办理农转非。1997年，巨鹿县被公安部列为城镇户口管理改革试点县之一，按照城镇户口管理的相关政策规定，1998年，县公安局将在县城务工、经商、上学等符合政策规定的人员的户口由农业户口转为非农业户口；同年，巨鹿镇北街村土地被征用，村民已无地可耕种，经报请县政府批准，将北街村民集体转为非农业人口。1998年，全县办理农业户口转为非农业户口6300个。2000年，依照邢台市政府《关于加快城镇户籍制度改革，推进城市化进程的若干规定》，办理城镇户口850人。

第六节 交通监理

一、交通法律法规宣传

定期到学校上交通安全课，深入城镇街道、社区、农村、企业、家庭刷写标语、制作交通事故图片、发放宣传材料、建立宣传栏等形式经常开展道路交通安全宣传。2000年以后，多次利用集市发放宣传材料、利用广播电视办讲座、设栏目深入反复开展宣传。1987年以后，书写宣传标语2000多条，印发宣传材料5万多份。

二、外勤中队巡逻检查

巨鹿县公安交通警察大队管辖县域827.927千米路段。其中省道87.169千米，县道49.193千米，乡道157.035千米，城区43.315千米，村道491.215千米。县公安交警大队采取定点检查和流动巡查的勤务模式，24小时上路执勤巡逻。自1987年接管至2008年间，县公安交警大队出动巡逻警力20万余人次，巡逻车4万余车次。

三、驾驶员管理

县交警大队依据《机动车驾驶证申领和使用规定》，负责摩托车、农用车、轻便车驾驶员驾照的考试、发证及换证、补证和注销管理工作。到2008年底，全县34985人取得驾驶证。其中A1本768人，A2本8257人，B1本368人，B2本3274人，C1本10786人，C3本2479人，C4本2546人，D本2691人，E本3816人。

每年依法依规组织一次驾驶员集中培训，学习道路交通安全法，同时经考核合格准予继续驾驶车辆（考核包括医院检查驾驶员身体证明；公安网络核查驾驶员信息情况）。考核不合格的，再次组织培训，直至合格。

四、机动车管理

2008 年底，全县机动车保有量 35336 辆，其中大型汽车 1036 辆，小型汽车 6747 辆，低速车 8064 辆，普通摩托车 18464 辆，轻骑摩托车 789 辆，挂车 236 辆。

1987 年，实施对机动车核发号牌、行车证，并对摩托车、农用车、轻便车进行注册登记、变更登记、转移登记、抵押登记、注销登记，实行摩托车、农用车、轻便车档案管理。定期或不定期检查车辆。至 2008 年底，处理纠正各类交通违法行为 560 万余起，其中，无牌无证 56 万余起，农用车违法载人 32 万余起，客车超员 10 万余起，超速行驶 280 万余起，假牌假证 30 万余起，灯光不全 58 万余起，不服从交警指挥 83 万起。

五、交通事故处理

1987 ~2008 年，处理各类交通事故 5497 起，事故中死亡 623 人，伤 3625 人，直接经济损失 506. 48 万元。

随着经济快速发展，机动车数量剧增，交通事故也呈上升趋势。仅 2008 年，巨鹿县辖区发生交通事故 165 起，造成 50 人死亡，225 人受伤，直接经济损失 227863 元。事故发生主要原因有超速行驶、无证驾驶、酒后驾驶。其中未按规定让行 38 起，占总事故的 23%；超速行驶 32 起，占总事故的 19%；无证驾驶 35 起，占总事故的 21%；酒后驾驶 22 起，占总事故的 13%；从事故多发路段看，省道、乡村路为事故多发路，辖区邢德线、定魏线、南郝线三条省道发生事故 93 起，占事故总量 57%；从车辆类型看，小型车、低速农用车、二轮摩托车事故较为突出，小型汽车发生事故 39 起，低速农用车 52 起，二轮摩托车 40 起，分别占事故的 24%、32%、24%；从驾驶员年龄段看，16 ~35 岁事故较多，年轻人心高气傲，追求刺激，交通安全意识淡薄，有的无证驾驶、酒后驾驶，导致事故多发，酿成严重后果（2006 年度巨鹿县发生的道路交通事故中，16 ~35 岁驾驶员占 68%）。

1987 ~2008 年巨鹿县交通事故统计表

表 19 －1 －4

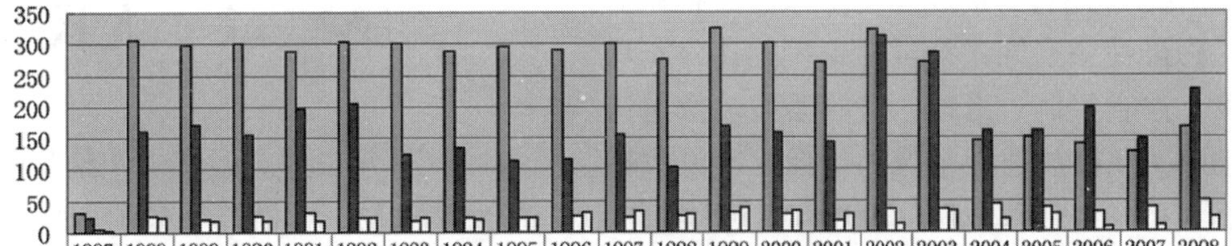

年　度	1987	1988	1989	1990	1991	1992	1993	1994	1995	1996	1997
事故起数	32	307	298	301	287	304	301	289	296	291	302
受伤人数	24	161	172	156	196	204	125	136	115	117	155
死亡人数	4	25	21	26	30	24	18	23	23	25	24
经济损失（万元）	3	24	17	19	18	23	23	20	24	32	33

年　度	1998	1999	2000	2001	2002	2003	2004	2005	2006	2007	2008
事故起数	276	323	301	270	322	269	146	150	140	127	165
受伤人数	104	169	157	142	312	286	161	162	197	149	225
死亡人数	25	32	29	19	37	37	43	39	30	39	50
经济损失（万元）	29	39	34	29	13. 51	32. 48	20. 81	29. 67	8. 61	11. 61	22. 79

六、机动车监测站建设

2008 年前，机动车一律去邢台市检测。2008 年，经邢台市批准在巨鹿县付庄村南建设机动车检测站，9 月 1 日正式启用。检测站地处 234 省道 159 千米 +500 米处，占地 23310 平方米，员工 25 人，主要担负巨鹿、平乡、广宗 3 个县机动车年度合格检测业务，检验项目为灯光、刹车、底盘、尾气、总重等。

第七节　消　　防

自 1984 年开始，依据《关于在全区开展建筑设计防火审核的通知》，对新建建筑实行防火建审制度，消防条件不达标建筑，不允许开工使用。

1988年，全县建立消防组织120个，设义务消防员3650人，配备专职消防干部64人。从20世纪90年代后期，逐步敦促重点消防单位配备机动消防泵、消防栓、消防水带、灭火器、防火水池、石棉被、铁锹、水桶、沙子等必要的消防器具。每年组织查验。同时在夏收、秋收、春节期间，经常深入乡村、企业向群众宣传《消防条例》和防火灭火知识，印发防火宣传材料，为重点消防单位统一订阅消防报刊，定期到单位播放消防宣传录像带，展出防火安全图片，开展防火警示教育。每年利用春节、“五一”劳动节、“十一”国庆节和夏、秋收期间，深入重点单位开展火灾隐患排查，发现安全隐患，当场整改，因故不能当场整改责令限期整改，遇有重大安全隐患，责令其停业整改。2005年购买一辆消防车。2007年，县委、县政府批准县公安局招聘20名消防队员，并投资100万元在县城工业园区内建成消防站。

第八节　专项治理

一、扫黄打非

1990年后，制售、播放淫秽录像违法犯罪活动增多，污染社会空气，毒害青少年。县公安局加大力度，严查复制、出售、播放淫秽录像违法犯罪活动，关闭播放淫秽录像的录像厅，没收播放设备、淫秽录像带和书刊。2004年，开展打击网络淫秽色情专项行动，封堵互联网上的淫秽色情信息。2001～2008年，查封允许未成年人上网、开设色情网络等问题网吧12家，责令停业整顿30家。2008年，全县有合法网吧12家，营业电脑830台。

20世纪90年代，卖淫嫖娼等不良社会风气出现。城区一些娱乐场所和南郝公路观寨段路边店查有迹象。1993年，县公安局开展“扫黄、禁娼”统一行动，查封路边店9个、旅店1个。

二、打击拐卖人口

改革开放后，人员流动量增大，拐卖妇女儿童现象显现。1987年，县公安局逐村摸清、逐人造表登记全县外地流入巨鹿县妇女情况，区别情况处理。1989年，成立专门打击办公室严查严处，1993年解救被拐卖妇女儿童134人，抓获拐卖妇女儿童违法犯罪人员224人。拐卖妇女儿童现象得到扼制。

三、打击车匪路霸

1997年，以县城槐米市场、枸杞市场、批发街市场和西下疃、小寨等6个村为重点，集中开展打击“村霸、街霸、市霸、路霸”等流氓恶势力专项活动，抓获“四霸”犯罪嫌疑人41人，破获案件53起。2000年，打击处理“街霸、村霸、市霸、路霸”21人。

四、治爆缉枪

1984年，组织警力在全县开展公务用枪安全大检查，收回党政干部配枪27支。1996年，开展大规模的治爆缉枪行动，不符合枪支管理规定的社会闲散枪支全部收缴。1982～2008年，收缴各类枪支1908支，炸药20067公斤，雷管50374个，烟花爆竹356万头。

第二章　人民检察

1979年以后，检察工作紧紧围绕服务政治经济发展大局，积极开展各项工作，为县域经济发展、政治稳定、社会安定保驾护航。1998年，整体工作在全市检察系统综合评比中首次进入全市先进行列；2001年，巨鹿县人民检察院被最高人民检察院命名为“全国文明接待室”，获河北省检察院“五好院”和“人民满意的检察院”光荣称号；2004年被河北省检察院授予“省级先进检察院”、“全省十佳反贪局”称号；2005年被最高检察院命名为全国先进检察院；2006年被评为第五届全国优秀青少年维权岗；2008年，巨鹿县人民检察院控告申诉工作再度被最高人民检察院评为“全国文明接待室”、监所检察工作首次被最高人民检察院评为“一级规范化检察室”。

第一节　机构队伍

一、机构

巨鹿县人民检察院始建于1955年3月。1979年内设机构有办公室、刑事检察科、经济检察科、法纪检察科。1980年增设检察委员会和监所检察科。1987年将原刑事检察科分为刑一检察科、刑二检察科，增设控告申诉科。1988年3月建立税务检察室（驻县税务局）。1991年7月增设民事检察科。1992年5月建立物资检察室（驻县物资局），同年7月增设检察技术科。1993年4月建立财税检察室（驻县财政局），6月建立官亭检察室（驻官亭镇）和小吕寨检察室（驻小吕寨镇），12月建立农行检察室（驻县农业银行）。1994年12月建立阎疃检察室（驻阎疃镇）。1996年撤销物资检察室、财税检察室、官亭检察室、农行检察室、阎疃检察室、税务检察室、小吕寨检察室。1996年10月经济检察科更名为巨鹿县人民检察院反贪污贿赂局（下设反贪一科、反贪二科、反贪综合科）。1999年1月增设政工科。1999年10月增设司法警察大队；原刑一检察科（审查批捕科）更名为侦查监督科；原刑二检察科（起诉科）更名为公诉科；原法纪科更名为渎职侵权检察科。2002年1月政工科改为政治处。2003年10月增设人民监督员办公室。

2006年前，县检察院位于县城秦泽西路路北，2006年8月迁入位于黄巾大道北侧的六层检察技术侦查大楼，该楼投资1000多万元。建筑面积6000多平方米。

2006年检察院新技侦综合楼

二、队伍

1979年，县人民检察院在职干警23人，设检察长1人，副检察长2人，在职干警中本科学历1人，中专3人，高中9人，初中10人，全院仅有1人为法律专业。1986年后，为改变学历专业不对口的问题，提高检察人员的专业素质，根据最高人民检察院的要求，检察系统积极推进学历达标工程，县检察院相继组织干警开展了法律专业资格证书培训和全国检察人员基本素质考试及法律专业大专段及本科段的函授学习，努力推进执法水平的提高。

1991～1996年，县检察院陆续增加人员至45人，具有法律大专以上学历23人，且根据上级要求，1994年增设司法警察4人。1995年7月1日，《中华人民共和国检察官法》实施，1998年，12名新进入检察机关人员在石家庄参加了最高人民检察院组织的初任检察官考试，并全部通过。1998年，有检察人员46人，其中检察长1人，副检察长4人，大专以上学历20人，具有专业证书人员16人。2001年，县检察院一部分年龄较大检察官按照县有关政策提前离岗。2004年，有人员49人，其中检察长1人，副检察长3人，副书记2人，纪检组长1人，政治处主任1人，硕士研究生学历1人，本科12人，大专学历26人；四级高级检察官3人，一级检察官8人，二级检察官7人，三级检察官6人，司法警察4人。2008年，县检察院有49人，检察长1人，副检察长3人，党组副书记1人，政治处主任1人，正科级检察员8人，副科级检察员15人，本科学历达到23人，大专学历18人，检察官28人，司法警察4人，工勤人员8人。根据国家规定，初任检察员、助理检察员必须通过国家司法考试，到2008年，通过司法考试人员5人。

三、法警

1999～2008年，县法警队按照省、市院要求，积极落实全国检察机关司法警察工作会议精神和高检院《关于加强和改进司法警察工作的意见》，以履行检察机关司法警察“九条职责”为主线，积极服务于刑事诉讼活动，规范警务，落实好警务工作卷制度，实现一案一卷，严格履行各种法律文件和文书。从派警用警、任务执行、警具使用、交接等各个环节，坚持认真登记、填表建档、工作程序规范化。围绕一熟两懂三会要求努力学习业务和办案技能，使业务素质不断提高，为自侦部门办案提供有力保障。实现了编队管理、参与刑事诉讼、警务区建设、法警队无重大事故四个百分之百。通过总结多年工作经验，制定并推行“五必到”做法，即：（1）对有影响案件、特殊敏感性案件的开庭必到；（2）对存在有安全事故隐患的提审必到；（3）对检察干警外出办案受到不法侵害、纠缠或威胁时必到；（4）监所检察人员对监外执行人员回访考察时必到；（5）针对办案人员在执行搜查任务、查封扣押物品时必到。“五必到”做法受到了市院法警支队的肯定。

第二节　刑事案件检察

一、审查批捕

1979年，经审查批捕9名犯罪分子。1980年，全面开展审查批捕工作。1988年，自侦案件批捕移交刑一检察科审查批捕。1989年，建立“捕后补充侦查意见书”制度。1996年后，国家《刑诉法》、《刑法》相继修改实施，为顺利渡过新旧法磨合期，实行重特大刑事案件提前介入。1997年，受理呈捕案件38件49人，批捕28件37人，退查8件10人，追捕2人，不捕1人。1998～2002年，批捕221件338人，受理呈捕案件76件118人，批捕63件94人。相继快捕草迷杨村村民候某某杀死杀伤10人等一批特大恶性暴力犯罪案件。2004年，受理审查逮捕31件39人，批捕31件39人，其中故意杀人、抢劫、抢夺、强奸等暴力犯罪13件17人，在年内严打百日会战活动中，提前介入重特大案件、引导公安机关侦查20余件；向公安机关提供法庭审理证据意见书39份。1984～2004年，批捕准确率、有罪判决率100%。2005年，批准和决定逮捕37件57人，口头纠正违法11件。2006年，全面落实实体合法化、程序规范化、效果最佳化办案，审查批准和决定逮捕40件52人。2007年，严打整治专项斗争中，审查批准和决定逮捕50件67人，其中批准逮捕47件64人，决定逮捕3件3人，追捕4人。同时，向县公安局提出合理侦查建议50余条。2008年，“打现行、抓逃犯、治乱点”严打整治专项斗争中，批准、决定逮捕46件58人，审查批捕案件审结率、准确率均达100%。重特大案件介入10案次，介入率达100%。至2008年底，无错捕、漏捕现象发生。

二、审查公诉

1979年，县检察院恢复重建后，初步开展检察业务，当年起诉6人，纠正冤假错案36起。1980～1982年，起诉49起82人，出庭支持公诉23次，审结43件54人，其中判刑10起11人。1983～1984年，与公、法、司协同配合，受理移诉案件99件160人，经审查起诉93件154人，摧毁各种犯罪团伙19个98人，向分院移送11件26人。1985～1997年，共受理265件2539人，向县人民法院提起公诉206件315人，出庭支持公诉38次，免诉15件21人，不起诉2人，移送分院11件32人。1998～2003年，受理292件416人，提起公诉52件62人，移送起诉175件223人，报送市院35件93人，追诉22件26人。

2004年，实行公诉普通程序简易审。2005年，实行被告人认罪案件简化审理刑事审判改革。适用简化审案件9件，适用简易程序案件12件。2004～2006年，3年共受理县公安和县法院自侦部门移送起诉152件270人，经审提起公诉129件222人，报送市院16件32人，正在审查3件4人，退回补充侦查4件12人，追诉漏犯3件4人，纠正违法6件8人。

2007年，依法贯彻宽严相济的刑事司法政策，快速办理轻微刑事案件，受理县公安机关和自侦部门移送起诉63件121人，经审查，报送市院5件7人，向县法院提起公诉49件96人，不起诉2件4人，退回补充侦查7件14人，案件审结率及有罪判决率均为100%。追诉漏犯1人，追诉漏罪5起，书面、口头纠正违法2件2人，发出检察建议4件次。

2008年，受理县公安机关和自侦部门移送起诉63件90人，经审查报送市院5件6人，向县法院提起公诉53件78人，退查5件6人，案件的审结率、有罪判决率均为100%。口头或书面纠正违法8起。追诉漏犯5人，追诉漏罪2起。

第三节 诉讼监督

一、刑事审判监督

1979年7月，新《刑事诉讼法》颁布，审判活动监督随起诉业务开展逐步恢复和完善。1983年，严厉打击违法犯罪斗争中，依法派员出席法庭支持公诉，发现问题，及时提出纠正。1998年，执法大检查中，发现县公安局、县法院对证据规格要求认识不一，造成案件不能及时审结，县检察院向县政法委提议召开公、检、法三机关协调会议，联合制定巨鹿县《当前办理刑事案件若干问题的规定》，提高了办案速度和质量。到2008年底，该“规定”一直沿用。

二、侦查监督

1997年，县检察院诉讼监督划分为侦查监督、刑罚执行监督、审判监督。县检察院加强与审判机关、公安机关的沟通协调，积极开展诉讼监督。2001年，通知公安机关说明不立案理由的案件10件，纠正各种违法15起。其中，纠正超期羁押5件，违法收押2件。刑罚执行监督经常深入到全县17个乡镇，考察监督26名监外执行、缓刑人员，及时向执行机关提出强化监管措施的检察建议。2002年，通知公安机关说明不立案理由案件11件，公安机关立案侦查10案17人。2003～2005年，共立案监督29件，移送起诉13件，有罪判决24件，纠正公安不应立而立案件1件，口头和书面纠正违法21件。2006年，立案监督7件，其中应立未立案6件6人，不应立而立1件，应立未立案件已判决4件，报送市院2件，口头和书面纠正违法21件；2007年，立案监督8件，其中应立未立7件7人，不应立而立1件1人。2008年，重点监督刑讯逼供、暴力取证和违法采取强制措施、违反程序的违法作为。书面检察建议、纠正违法以及口头纠正等形式，纠正公安机关的违法作为10次。

第四节 经济检察

1980～1981年受理经济检察案件21起，查清6起，逮捕6人，起诉5人。1981年3月，奋战一个多月查出盗伐林木232户，破获盗伐林木团伙10个，查获被盗伐林木2198棵，树桩3240个，总计收回赃款赃物折款1万余元。逮捕3名首犯，拘留8名影响大的盗窃分子。

1982年，受理经济案件15起，立案侦查5起，查结8起14人，追回赃款赃物12000余元，挽回经济损失25682元。

1986年，打击经济犯罪斗争中，立案侦查12起。其中大案9起，涉及101人，经开展政治攻势，55人投案自首，追回赃款30多万元。

1987～1988年受理经济案件29起，立案侦查15起，其中结案5起，挽回经济损失27.3万元。1989年，受理贪污、贿赂经济案件15起，其中结案6起，挽回经济损失30余万元。

1990年，查处各类经济案件13起，挽回经济损失20余万元，追回欠企业款30余万元，收回漏税50余万元。同年，查出原县人大主任受贿8000元，县原棉织厂厂长贪污、行贿、受贿16万元的犯罪事实，12名犯罪分子落入法网。1991年，受理经济案件13起，立案侦查8起，挽回经济损失13万元。1992年，该院立查各类经济案件6起，挽回经济损失5万余元。受理偷税抗税案件14起，追回税款25万元。

1993～1994年立查各类经济案件16起，其中大案2起，贪污贿赂案6起，挽回经济损失140余万元。其中，为县社、物资局、二轻局等24个经企单位挽回经济损失300万元。帮县财政局征收契税4万余元，农村特产税80余万元，农业税340余万元。查处抗税偷税案件27起，立案2起。

1995～1999 年，立案 103 起，查处经济案件 51 起，共挽回经济损失 1000 万余元。

2000 年，反贪立案 12 件 13 人，其中贪污案件 5 件 5 人，挪用公款案 4 件 4 人，受贿案 1 件 1 人，私分国有资产案 2 件 3 人。2001 年，立案侦查 15 件 17 人。其中，贪污案 6 件 7 人，挪用公款 3 件 4 人，受贿案 6 件 6 人，结案 13 件。查处邢台县土地局、邢台市五金公司受贿窝案，为国家挽回经济损失 400 余万元。2002 年，初查线索 18 件，立案 15 件 15 人，其中受邢台市检察院指定侦查的邢台电厂基建科原科长赵某某百万元特大受贿案被省检察院评为“元月好案”。

2003～2005 年，立案 18 件 36 人，结案、公诉、有罪判决率均为 100%。

2006 年，运用技术手段搜集嫌疑人指纹、照片证据，建立永久性档案立案查处 4 件 10 人，开始实施从搜查、提押到审讯全程录像，并建立在押嫌疑人身体状况健康档案。同年，查清省、市委督办沧州市联社原主任连某某主要犯罪事实，嫌疑人任某某取保候审期间潜逃，四个月后在烟台市抓捕归案。

2007 年，立案侦查 8 件 14 人。其中，贪污贿赂案件 7 件 9 人。当年查处县教文体局一干部涉嫌贪污受贿案，改以往由供到证的办案模式为以证据立案的工作程序，用较短时间予以查清。同年，受省、市检察院指派，办理石家庄市交通局原一名副局长受贿案，因社会效果、法律效果俱佳，受到省检察院好评；与县公安机关密切配合，通过网上通缉抓获潜逃在外 7 年的巨鹿县国税局原所长一名。

2008 年，以预防国有资产流失为重点，初查线索 11 件，立案 8 件 8 人，其中大要案 6 件，移送起诉 6 件 6 人，均已作出有罪判决，为国家挽回经济损失近 200 万元。

第五节　渎职侵权检察

1988 年前，法纪案件很少。1988 年，受理各类法纪案件 10 起，立案查处 6 起，结案 7 起。1989 年，受理各类法纪案件 7 起，结案 3 起。

1990～1991 年受理各类法纪案件 17 起，查处法纪案件 13 起。

1992 年，实行渎职与工作失误界限区分，1992～1994 年，共受理各类法纪案件 33 起，其中大案 1 起，立案查处 5 起。

1995 年，受理案件 13 起，立案查处 4 起，侦破县公安局原副局长、刑侦队副指导员、刑侦队队长执法犯法，纵容包庇奸淫幼女案犯案。

1996～1997 年受理各类法纪案 33 起，立案 11 起，协助外地检察机关到巨鹿县办理人质解救案 8 起。

1998～2002 年，查处渎职、侵权案件 33 件 40 人，其中 2002 年立案 6 件 5 人，当年查处官亭地税所张某、霍某徇私舞弊不征、少征税款案和贪污税款及隆尧县华龙派出所长“帮助犯罪分子逃避处罚”案。

2003 年，侦结、起诉和有罪判决率首次实现 3 个百分之百。

2005～2007 年，立案侦查 8 件 20 人，有罪判决 7 件 15 人，渎职侵权检察连续 5 年立、诉、判均实现百分之百。

2008 年，成功查处公安干警失职渎职案件 2 案 2 人。

第六节　监所检察

监所检察主要承担看守所和劳动教养场所的检察监督和对社会上“五种人”认罪守法表现等方面的检察工作。

1981 年 11 月 4 日凌晨，县看守所在押人犯张某某越狱潜逃被抓回，县检察院对此案件办理依法监察，1983 年对张某某死刑案全部查清，移送邢台地区检察院起诉。

1987～1989 年，监所检察工作基本做到经常化、制度化、规范化，坚持有人驻看守所办公，并按检察管理工作制度组织在押人员上法制课，配合县法院在看守所开宽严大会。通过在押犯共揭发案件线索 47 件，查证落实 34 件，破获重大案件 5 起；1989 年春夏之交，发现看守所有暴乱苗头，随加强日常安全检察，协助看守所实施清仓检查。全年安全检查13次，个别教育36人，确保监所安全未发生事故。

1991～1996年，配合县公安、武警中队多次开展安全检查，组织思想不稳定、存在事故隐患的个别在押犯人实施个别教育，并找监外服刑人员回访，敦促在押犯揭发提供案件线索。

1997年，纠正超期羁押47人次，发送纠正违法通知书14人次，案件催办单9次，口头向办案单位提出纠正违法60余次，监所检察工作受到省市检察院高度评价。

1998～2002年，重点强化刑罚执行监督，预防发生公安、司法机关违法使用侦查手段，变事后监督为事前监督和事中事后并举，纠正各种违法行为68件。其中，纠正违法收押36件，纠正超期羁押32件，保证看守所21年无事故。

2003～2006年，推广实行承德监所检察一体化经验，实现同步录音、录像网络化监督。

2007年，开展监外执行跟踪监督"五种人"（即判处管制、剥夺政治权利、缓刑、假释、暂予监外执行犯人）脱管失控问题监督和检查，发出纠正违法通知书2件，提出书面检察建议2次，由于监督效果突出，年底直接被最高人民检察院评为全国"一级规范化检察室"。

2008年，对看守所工作提书面检察建议2次，发出纠正违法通知书2份，按照"经常化、制度化、规范化"的最新要求，认真填写工作日志和台账，对县公安、县法院环节即将到期案件采取催办函方式及时通知催办，实现全年无超押现象。当年6月14日，高检院监所检察厅领导到巨鹿县检查超期羁押工作时，受到省检察厅领导充分肯定。

第七节　控告申诉检察

1987年控告申诉科重设后，建立信访登记、转办、催办、自办等项制度。根据最高检察院《举报工作若干规定》，订出《处理举报材料暂行规定》、《接听电话举报工作须知》、《处理信函举报工作程序》、《接待当面举报工作须知》等制度，设置接受举报专门机构——控申接待室，同时启用举报电话、举报信箱。

1989～1992年，受理群众来信来访649件，自行查结17件，直接答复69件，转有关部门为其提供案件线索111件。直至1997年，所有受理的案件均做到事事有答复，件件有着落，案案有记载。

1998～2002年，重点引导依法有序上访，作好息诉工作，未发生重复访、越级访。1999年获最高人民检察院"全国文明接待室"称号。

2004年，集中3间办公室用于信访接待，由楼内办公变为临街接待，按全国文明接待室标准逐项落实软件、硬件建设，建立检察长接待日、指名接待制度和人民来访代办制度，创造性地开展"检察信访信息联络员"活动。

2006年、2007年，控申接待工作连年获评全市、全省"文明接待室"，连续三届被评为"全国文明接待室"。

2008年，为确保奥运会和庆祝改革开放30周年之稳定，检察长带领全院中层领导以上干警轮流接访，并由坐等上访变为主动下访，排查化解矛盾、释法解疑，全年无进京、赴省市上访和涉检访案件发生。

第八节　民事行政检察

1998～2003年，民事行政检察工作深研"抗准"（抗诉准）和"提高改判率"。2000年，邢台市检察院在巨鹿县检察院召开会议总结推广"提高改判率"经验。

1998～2008年，民事行政检察工作向市院提请抗诉46件。2004年，抗诉县法院改判1件，向县法院提出检察建议改判5件，向有关单位提出检察建议9件。2005年，提请抗诉7件，改判5件，被县法院采纳检察建议1件。协助收回财政周转金84万元。2006年，重点提请抗诉改判、保护国有资产集体财产，全年受理申诉案件8件，经审查立案2件，再审改判1件，调解1件，支持金融部门起诉41件，审结27件。

2007年，围绕促进和谐社会建设，受理民行申诉案件11件，经审查息诉7件，立案3件，向市院提请抗诉 2 件，县法院再审调解 1 件、改判 1 件。

2008 年，受理申诉案件 16 件，经审查息诉 9 件，立案 7 件，向市院提请抗诉 6 件，县法院开庭再审改判 1 件，向县法院提出再审检察建议 1 件。

第九节 技术检察

1992～2008 年，文书证据审查 48 起，出具伤情鉴定书 48 份。配合刑检、渎检出现场 96 次，参与尸检 49 次，现场拍录 96 次；配合控审、民事行政开展法律宣传 106 次，照相录像 106 次，公诉开庭实况录像 116 次；配合院内整体工作照相 1000 余次、录像 2600 余次，累计拍片近万张。自侦案件监控录像 118 次，打印控审、渎检、反贪、预防等科室照片 4500 余张。2006 年，先后更新办案监控设备服务器、购置数码照相机、高清晰摄像机和 12 台电脑等先进设备，建立健全《技术设备管理规定》等规章制度。2007 年 10 月，县检察院自侦案件全部实行同步录音录像。

第十节
综合治理与预防职务犯罪

1978 年县检察机关重建后，将预防犯罪列为经济检察重要任务。初期，经济犯罪预防工作主要以配合办案为主，通过办案开展综合治理。1997 年《刑法》颁布实施后，进一步强化职务犯罪预防工作。每遇重大节日、集会、庙会组织法律咨询宣传，还深入县交通局、城建局、财政局等重点单位业务、会计岗位人员举办法制讲座，同时办结案件向发案单位发出检察建议。

1998 年后，讲法制课 120 余次。组织法制教育巡回演讲团，到城关镇中、县二中、官亭延龄私立小学、小官庄培英私立中学等 18 所学校巡回演讲，还选派 26 名干警担任中小学法制辅导员。

2004～2005 年，到农村干部、税务系统、教育系统、金融系统易发案群体和部门，以案释法、展牌宣传、举办讲座等形式开展警示教育。

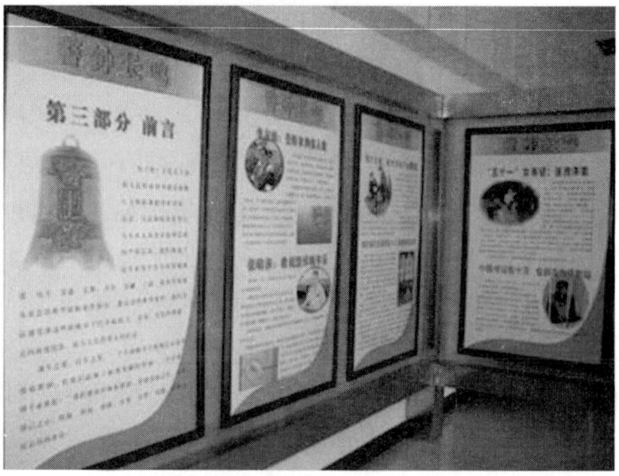

2006 年检察院聘请“方圆杂志社”设计的预防职务犯罪警示教育基地

2006 年，与县直单位和乡镇建立和健全预防职务犯罪组织 50 多个，提出检察建议 2 件，进行 3 次个案预防、6 次专项联合跟踪预防，参加重大工程招投标 4 次。并投资 10 余万元，在新建大楼内，设立职务犯罪预防基地，聘请最高人民检察院“方圆杂志社”设计，内容涵盖不同层次和不同类型的职务犯罪。

2007 年，创造性地实行“一请、一下、一联络”的预防工作模式，“一请”即请进来预防；“一下”即以村级换届为契机下去预防；“一联络”即以调整预防职务犯罪指导委员会为纽带横向预防。

2008 年，跟踪预防招标会现场监督 6 次，全程跟踪监督相关项目的资金来源、工程预算、招投标等环节，发现问题随时处理。

第十一节 人民监督员

2003 年巨鹿县增设人民监督员办公室，主要是加强对拟不捕、拟不诉、不服逮捕决定“三类案件”（人民监督员可以对检察机关直接受理侦查案件被逮捕的犯罪嫌疑人不服逮捕决定的，拟撤销案件的，拟不起诉的案件办理工作进行独立评议，实施监督）和“五种情形”（即应当立案而不立案的；超期羁押的；违法搜查、扣押、冻结的；应当给予刑事赔偿而不依法予以确认或者不执行刑事赔偿决定的；办案人员徇私舞弊、贪赃枉法的五种情况）的监督工作。

2005年，县人大常委会出台《关于加强巨鹿县检察机关人民监督员试点工作的决定》，县编委印发《关于人民检察院设立人民监督员办公室的通知》（巨编办（2005）10号），并设领导职数2人；2007年初，由检察长、主管副检察长与县主要领导及有关部门协商沟通，申请人民监督员专项资金，并从业务部门抽调监督办主任1人、干警1人。技侦大楼竣工使用后，为人民监督员办公室设议事室，配备电脑、办公桌椅、热线电话，制度上墙。至此，人民监督员办公室机构编制办公地点、人员、设施、制度得到全部落实。人民监督员办公室成立后，积极探索人民监督员的选任方式和管理模式，到2008年，已选任两届共30名人民监督员。同时，严格遵照最高人民检察院《若干具体问题的意见》和《河北省检察机关“三类案件”监督实施办法》、《关于人民监督员试点工作中对被逮捕的职务犯罪嫌疑人实行书面告知的通知》。

2008年后，对自侦案件中被逮捕的犯罪嫌疑人全部实行书面告知，“三类案件”全部进入监督程序，杜绝了“漏告知”和“漏案”情况发生，先后监督“五种情形”案件2件。

第三章　审　　判

巨鹿县人民法院不断深化改革，强化审判管理，注重队伍和信息化建设，审判工作逐步实现规范化、现代化。1994年省高院授予集体三等功、1995年获省高院集体二等功、1996年省高院授予二等功和全省法院岗位火车兵庭竞赛优秀奖、同时获得全省十佳称号、2003年获共青团河北省委“优秀青少年维权岗”称号、2006年获河北省高级人民法院“司法警察工作先进单位”、2007年获河北省高级人民法院“全省优秀法院”称号、2008年获河北省高级人民法院集体二等功。

第一节　机构队伍

一、机构

1979年，巨鹿县人民法院设办公室、刑庭、民庭和城关、官亭、阎疃、小吕寨4个派出法庭。1982年7月，增设经济审判庭，负责审理经济合同纠纷案件。1989年4月，增设执行庭、行政庭、告诉申诉庭、法医门诊。1992年2月，增设巨鹿镇法庭。同年7月，增设法警队和王虎寨人民法庭。1994年，法警队开始配合邢台市中级人民法院执行枪决死刑犯任务。1998年2月，经省高院批准，撤销王虎寨人民法庭。2002年1月，增设立案庭。同年4月，县法院行政庭分出专门人员受理、审理计划生育案件，并悬挂计划生育法庭标牌。7月，民事庭更名为民事一庭，经济庭更名为民事二庭。2005年12月，执行庭更名为执行局。2007年，增设政治处、监察室、司法辅助室、行政庭、审监庭。

2007年前，县人民法院在县城秦泽路，2007年5月在黄巾大道北侧建成并迁入综合审判大楼，占地面积19980平方米，建筑面积8000平方米，人均办公用房100平方米。

二、队伍

1979年，巨鹿县法院在职干警17人，其中高中文化程度11人，初中6人。1984年扩编至40人，其中50%以上为部队转业干部。全院只有1名大学生，无一法律专业毕业生。1986年后，县法院开始有计划地组织干警参加最高法院举办的法律专业证书班和相关法律函授学习。1996年，县法院在职干警56人，其中法律本科学历12人，大专学历31人，中专及以下学历13人。

1997年，省法院规定初任审判员、助审员，必须经省法院组织的司法考试。2002年，国家规定，初任审判员或助审员，必须通过由国家司法部统一组织的司法考试。1998年全国法院首次实行法官等级评定制。依照法官职级评定条例，县法院有4人评为四级高级法官，11人评为一级法官，9人评为二级法官，5人评为三级法官，5人评为四级法官，3人评为五级法官。至2007年，县法院有30人通过了司法部、省法院组织的司法考试，被县人大常委会任命为审判员。

2008年底，全院在编干警65人，其中院级10人，中层领导20人。经过教育和专题培训，干警整体素质明显提高，65名干警全部达到法官法要求的本科学历、5名干警通过全国司法考试并取得司法资格证书、3名同志取得研究生学历。全院现有四级高等法官13人、一级法官10人、二级法官11人、三级法官2人、四级法官2人。法官庭审能力、解决疑难案件的水平、制作的法律文书质量均有较大提高。

第二节　立　案

立案庭自2002年1月成立至2008年底，共审查立案8165件，收取各种费用750余万元，依照规定为困难和弱势当事人减、缓、免诉讼费29万余元，解答群众来信来访1252余件，对不符合立案条件或不属法院管辖事项告知求助群众处理方法。

立案庭采取上门立案、电话立案、网上立案、预约立案等多种快捷便利方式大大降低了当事人的诉讼成本，提高了诉讼效率，规范了案件移送，极大地方便了人民群众，树立了人民法院的良好形象。

第三节　分类审判

一、刑事审判

1979~2008年底，共审理各类刑事案件952件，审结952件，结案率100%。其中，抢劫案439件725人，占案件总数的46.11%；盗窃案125件137人，占案件总数的13.13%；贪污案65件130人，占案件总数的6.82%；破坏电力、爆炸、强奸、交通肇事和重大责任事故等案323件664人，占案件总数的33.93%。

二、民事审判

1979~2008年底，共审理各类民事案件15948件。其中，审理婚姻案6988件，占案件总数的43.82%；赡养抚养案3326件，占案件总数的20.85%；宅基纠纷案1225件，占案件总数的7.68%；损害赔偿案1335件，占案件总数的8.37%；继承案1129件，占案件总数的7.08%；合同纠纷案1138件，占案件总数的7.14%；其他案807件，占案件总数的5.06%。1995~1998年，为民事案多发期，平均每年达1652.3起。

三、经济审判

自1982年7月建立经济审判庭至2008年底，共受理经济案7684件，总标的额达5.7亿余元，为企业挽回经济损失3.8亿余元。

依据《民事诉讼法》规定的级别管辖和地域管辖原则，审理案件类型主要是购销、借款、加工、承揽、建筑工程承包和财产租赁等经济合同纠纷案件。随着经济快速发展，经济交往增加和公民法律意识的提高，经济纠纷案件呈现“多、新、难、大”的特点，县法院大胆拓宽服务领域，加强新类型案件研究，在法律运用中掌握有法律规定的按法律规定办，无法律规定的按政策办，法律政策与市场经济发展矛盾的，本着“利于国家、利于社会、利于个人”的原则审理。在经济合同纠纷案件审理中，积极推动县域经济发展。

四、行政审判

1989年4月，行政审判庭建立后，负责审理公民、法人或其他组织认为行政机关和行政机关工作人员具体行政行为侵犯其合法权益而向法院提起诉讼的行政案件。到2008年底，共审理行政案363件。其中，治安案126件、土地案174件、工商和税务案32件、不作为案15件和其他行政案等16件。2007年10月，县法院在全市法院系统行政审判工作会议上典型发言介绍经验。

1990年10月1日，《行政诉讼法》实施后，县法院利用各种形式多方位开展宣传。（1）集中办班、统一辅导，先后举办四期3000人参加的各类行政学习班。派员主讲《行政诉讼法》内容、实施目的和意义。（2）利用电视、广播、板报、报刊等宣传《行政诉讼法》，广泛开展司法建议活动。组织人员撰写《浅析行政案件少的原因及建议》，后被河北省高级人民法院1990年第二期《调查研究》采用推广。（3）开展以案讲法活动，现场宣传《行政诉讼法》。1993年，贾庄乡白伏村一村民因宅基地使用权和别人产生纠纷，不服县政府作出的决定，起诉到行政庭。审判时就案讲法，旁听群众受教育。促使农民自觉学法、用法、依法保护自己权益。行政案件2004年21件，到2008年增加为43件。

第四节　审判监督　执行

一、审判监督

1989年4月设立告诉申诉庭，至2007年12月，共受理审监案371件，审结322件，结案率86.8%。其中，申诉案266件，抗诉案48件，指令再审案57件。先后调解邢台市中院指定审理的广宗县李某诉广宗核桃园乡政府返还23万余元借款案；巨鹿县中原公司建筑费案等一批大案、难案和老案，受到市中院通报表彰。

二、执行

1989年4月成立执行庭后，实行审、执分离制度。1989～2008年底，共执行各类案12940件，执行标的额3.1亿元。在执行过程中，注重区别不同类型案件，实行定人定案分工执行。对暂无执行能力，但生产经营效益好的单位和个人，帮其增强活力和发展后劲。效益不好的，实行定期分步执行。重大难案，实施领导带头，全力以赴执行。

2001年，巨鹿县直属粮库诉山东聊城鲁西化工厂集团精细化工厂一案，诉讼标的150余万元。巨鹿县新兴绒布厂诉重庆纺织品有限公司一案，诉讼标的145万余元，两案被告均以濒临破产为借口，拒不还款。县法院主管副院长亲任审判长，多次去洛阳、赴重庆、奔莘县、下聊城，先后行程1万余千米，经多方调查工商登记和注册资金，核查资金来源，终于查清两被告逃避债务真相，依法将两被告上级单位追加为共同被告，判决两被告及其上级单位依法偿还两原告全部贷款及利息，迫使两案顺利执行。2003年，巨鹿县京龙橡胶厂申请执行华北油田欠款一案，县法院主管副院长带领执行干警三下河间市，如数为巨鹿县京龙橡胶厂追回欠款45.8万元，使企业摆脱困境，重新开工生产。2007年，县法院先后攻克邢台市中级法院指定执行的清河县某厂搬迁案、宁晋县13名职工申请执行返还预售房款案等一批大案、难案和有影响的案件。

第四章　司法行政

司法行政工作主要负责律师、公证业务、法制宣传教育、人民调解、对刑满释放人员安置帮教和司法医学鉴定，对各乡镇法律服务所、司法所及司法助理员的管理和指导，组织管理全县司法行政工作，协调司法机关与立法、执法机关的工作关系等。

第一节　管理机构

一、机构

1981年1月，建立县司法局，局设秘书股和法律顾问处。1983年设立巨鹿县公证处。1988年增设宣传教育工作股。9月建立民事调解工作股。1990年8月，建立县司法局中心法律服务所。1993年1月，机关内设秘书股、宣传教育股、民调股、公证处，民事调解工作股更名为基层工作股。1994年12月，建立县司法局第一、第二、第三直属法律服务所。1996年机构改革，县保留司法局机构。秘书股更名为办公室。同年2月，县第一直属法律服务所更名为巨鹿县蓝天法律服务所，第二直属法律服务所更名为巨鹿县宏阳法律服务所，第三直属法律服务所更名为巨鹿县自强法律服务所。1997年12月，县政府批准，局内设办公室、公证处、宣传教育股（县普法办公室）、基层股。1998年，建立9个乡镇法律服务所。2002年，宣传教育工作股改为法制宣传科（包括县依法治县办公室、普法办公室、司法鉴定委员会办公室）、基层工作股改为基层工作指导科（含安置帮教办公室、县“148”法律服务中心）、增设律师与公证工作指导科，建立巨鹿县司法医学鉴定中心。2003年4月，巨鹿县公证处撤销涉外公证业务。同年8月，公证处改制为事业机构。1981年，县司法局办公在县物资局。1983年迁至县城西大街（原县医院），直至2008年底。

1983年10月，17个乡镇各配备1名司法助理员。1989年，全县291个行政村均建立人民调解委员会。1996年10月，17个乡镇（办事处）建立司法所，所长由司法助理员担任。2003年，17个乡镇均按2名司法人员配齐。2005年，小吕寨、官亭两个标准化司法所建成。2006年，建成巨鹿镇、堤村、张王疃三个标准化司法所。2007年，王虎寨和苏家营司法所办公用房实施改造，办公装备、档案管理、业务工作等硬软件方面都达到了司法所规范化建设标准。8月，成立法律援助中心。2005年1月，县司法局获河北省司法厅“全省司法行政系统严打整治‘百日会战’先进集体”称号

二、队伍

1989年3月，县司法局有四级律师3人。1994年，全局24人，其中高中学历5人，中专学历12人，专科及以上学历者7人。2003年，17个乡镇司法人员34人，其中所长17人。2008年，县司法局共有职工23人。其中，专科及以上学历者20人。为加强司法队伍建设，每年集中一个月时间开展机关作风整顿活动，组织干警学习邓小平理论和科学发展观，系统学习业务知识，分析具体案例，同时经常进行廉政教育，教育干警讲求职业道德。并通过组织考试、张榜公布成绩等激励全体干警的学习积极性，使广大干警的业务能力和执法水平不断提高。

第二节　普法宣传

一、“一五”普法

1986年2月，县建立县委书记任组长、县四大班子分管领导为副组长、有关部门领导为成员的法制宣传教育和依法治县工作领导小组。下设办公室。同年，利用展牌、黑板报、有线广播等各种形式，宣传法律常识。到1990年底，举办法制培训班68次，面授134场次，电视讲座13次，更换户外法律展牌1902块，全县受教育面达到78%。

二、“二五”普法

1991～1995年，“二五”普法“以宪法为核心”、“以专业法为重点”开展学习教育。对象为县、团级以上各级领导干部，特别是党、政、军高级干部，执法人员包括司法人员和行政执法人员，青少年特别是中小学校在校生。“二五”普法教育人数19.6万人，普及率为90%，合格率为80%。

三、“三五”普法

1996年12月，实施法制宣传教育第三个五年规划。1999年，举办法制宣传“一条街”活动，先后5次组织29个执法部门在县城、阎疃、官亭等乡镇集日及大村庙会举办法制宣传，摆放大型展牌107块，巨幅横标29条，散发宣传卡8万余张，咨询者3万余人次，受教育群众9万余人。2000年，到县国税局、地税局、第五中学等机关学校举办法制讲座，并举办全县村支书法律、政策培训班。

四、“四五”普法

2001年，实施“四五”普法规划，分期开展全县学生法制教育。2002年，重点宣传《宪法》、《刑法》、《治安管理条例》、《土地法》《河北土地管理条例》等法律、法规。到乡村集会上宣传，摆放展牌31块，发放法律明白卡5000

份。同年9月，组织全县干部在县影院举办在押犯人（隆尧监狱服刑人员）现身说法警示大会。2003年12月，组织全县32个执法部门，在县城主要街道开展法制宣传，重点宣传本部门法律知识，发放宣传材料3万余份，接受群众咨询8000多人次，张贴宣传画1200余份。

2005年，开展“大接访”（接待群众上访）和让法律进村入户活动。利用县电视台《法在身边》栏目、巨鹿晚报等媒体开展以案说法宣传教育。

为检验“四五”普法效果，对全县71个受检单位实施检查验收，通过听取汇报、查阅档案、实地考察、问卷调查、组织评估和测评等多种方式查验。其中40个单位评为优秀，20个单位为良好，11个单位合格，合格率达到95%以上。

五、“五五”普法

2006年，县委、县政府根据中央、省、市关于“五五”普法精神，结合本地实际，印发《关于在公民中开展法制宣传教育的第五个五年规划》的文件，按照“五五”普法规划确定的工作任务和要求，突出6个重点。1. 以领导干部为重点。县委中心组每年4次开展集中学法。2. 以公务员为重点。将干部学法考试考核情况作为提拔任用依据。3. 以青少年为重点。将法制教育纳入教学大纲，做到计划、课时、师资、教材四落实，定期为学生进行法制讲座；4. 以农村农民为重点。着重培训村两委干部，把普法触角延伸到基层农户；5. 以企业管理人员为重点。带动企业职工参与学法；6. 以减少群众的上访率为重点。各级党委、政府作为中心工作开展法制宣传。“五五”普法期间，利用每年的12·4法制宣传日，3·15消费者权益保护日，6·26国际禁毒日、11·4消防日、12·1艾滋病日等深入开展宣传活动。除沿用传统的讲座、咨询、讲法制课和法律知识考试外，还开办“巨鹿普法网”，在线解答群众的法律咨询。在县城主要干道上建立普法跨街路牌。每个大型社区都建立法制电子宣传窗。面向机关、企事业单位、市场、城镇农村开办《法制宣传周刊》；与县电视台合作开办《法在身边》栏目；制作普法宣传教育片在县电视台和银花市场户外显示屏播放。

第三节　法律服务

法律服务业务主要有刑事案件辩护、民事案件代理、代写法律文书、担任常年法律顾问、非诉讼案件调解等。1990年10月，中国航空工业总公司厦门工贸中心诉江西宜春地区华表有限公司，把巨鹿县物资局列为第三人，要求县物资局赔偿58万元。法律顾问处受县物资局委托赴厦门开元区人民法院到庭应诉，为县物资局挽回经济损失61万余元。1993年律师事务所代理巨鹿县第一起双扶公司破产案，县民政企业脱债300多万元。2004年，为燕南公司追回外债欠款30万元。为昌隆公司和石家庄市棉三公司提供全程法律服务，避免经济损失370万元。

2008年，县司法局律师和法律工作者为燕南、方正、三昌集团等企事业单位担当法律顾问48家，挽回企业、群众经济损失400万元。1983～2008年间，法律服务方面为县避免经济损失1000多万元。

1983～2008年巨鹿县法律服务情况统计表

表19－4－5

项目 年度	顾问单位（家）	民事代理（件）	刑事代理（件）	非诉讼代理（件）	法律文书（件）	法律咨询（件）
1983		6	3	3	50	193
1984		15	2	1	121	212
1985		120	33	20	160	520
1986		28	13	15	170	366

续表

年度\项目	顾问单位（家）	民事代理（件）	刑事代理（件）	非诉讼代理（件）	法律文书（件）	法律咨询（件）
1987		44	16	11	155	600
1988		84	16	16	213	667
1989		160	55	16	176	690
1990	5	95	25	48	189	551
1991	8	60	27	40	190	620
1992	8	66	34	56	198	593
1993	9	116	44	45	360	860
1994	13	153	47	176	278	769
1995	19	189	50	250	390	889
1996	17	133	67	106	312	765
1997	21	368	132	370	426	1011
1998	21	256	144	410	360	1023
1999	28	410	251	200	268	965
2000	28	280	183	120	356	756
2001	288	115	95	50	401	1200
2002	28	199	101	160	530	1102
2003	57	126	54	55	212	4130
2004	41	86	24	61	150	2830
2005	46	120	88	20	198	2360
2006	48	136	64	36	213	3100
2007	48	160	50	50	500	5000
2008	49	152	61	32	538	4800
合计	782	3677	1649	2367	7114	36572

2003年8月，县司法局建立法律援助中心，为社会弱势群体提供法律服务，无偿为孤老残幼、经济困难的弱势群众提供法律援助。2006年，开展“三免一优先”活动，即免费咨询、免费写诉状、免费代理并优先服务。同时，简化审批手续，降低法律援助门槛，多渠道为贫困群众提供法律援助。

2003～2008年巨鹿县法律援助中心提供服务情况统计表

表19－4－6

年度\项目		2003	2004	2005	2006	2007	2008
援助案件（件）	小　计	18	22	25	28	38	36
	刑　事	6	8	10	11	13	12
	民　事	12	14	15	17	25	24

续表

年度 \ 项目		2003	2004	2005	2006	2007	2008
咨询接待（件）	小　计	43	54	70	80	92	98
	婚姻纠纷	14	15	25	25	30	36
	劳务纠纷	10	5	9	10	15	30
	房屋纠纷	4	15	10	10	15	12
	损害赔偿	6	9	15	20	20	5
	债务纠纷	9	10	11	15	12	15
受援对象（人）	妇　女	10	25	20	30	30	33
	老年人	30	10	30	40	35	36
	残疾人	10	25	30	23	35	12
	下岗职工	10	13	15	13	25	18
	外来人员	1	3	0	2	5	5

第四节　公　证

公证是国家的一项法律制度，公证制度是国家司法制度的组成部分。公证具有国家司法证明的性质。公证有两个基本法律效力：一是证据效力，二是强制执行效力。

县公证处为县司法局所管辖，主要办理公民之间的民事权利和经济合同公证。县公证处始建时，由于民众对公证工作认识不足，只是办理一些诸如收养、继承、赡养等公证。随着改革开放的深入，公证作用被广大人民群众认识和接受，公证业务不断拓宽，逐渐发展到房屋买卖、招标拍卖、还款协议，以及婚姻财产公证、遗嘱公证、财产赠予与分割公证等。

1983～2008 年，共办理各类公证 5 万余件，涉及全国 20 多个省、市。

1983～2008 年巨鹿县公证业务情况统计表

表 19－4－7　　单位：件

年份 \ 分类	国内公证			涉外公证
	收养、遗嘱、遗赠抚养、继承权、亲属关系、赠与书	房屋买卖、拆迁协议、贷款合同、招标拍卖、工商企业、农林渔业承包、还款协议、	现场监督、委托书、声明书、其他民事协议	
1983	5	18	13	–
1984	44	108	30	–
1985	108	253	101	–
1986	105	300	57	–
1987	180	280	90	–
1988	99	200	36	–

续表

年份＼分类	国内公证			涉外公证
	收养、遗嘱、遗赠抚养、继承权、亲属关系、赠与书	房屋买卖、拆迁协议、贷款合同、招标拍卖、工商企业、农林渔业承包、还款协议、	现场监督、委托书、声明书、其他民事协议	
1989	367	410	62	6
1990	600	953	123	3
1991	653	1024	200	3
1992	843	1639	362	1
1993	1130	1690	236	1
1994	2323	2986	525	2
1995	1865	3065	562	5
1996	965	1653	219	6
1997	1236	2315	100	1
1998	1356	3620	6	3
1999	2100	3156	570	6
2000	1112	1278	350	3
2001	1003	1109	260	2
2002	410	683	189	–
2003	30	55	2	–
2004	36	61	5	–
2005	66	108	16	–
2006	43	50	7	–
2007	69	91	26	–
2008	70	88	23	–
合计	16818	27193	4170	42

第五节　民事调解

一、组织

1984 年，全县 17 个乡镇各配备 1 名司法助理员。承担宣传法律常识、指导和协调各村调解员工作，调解重大纠纷案件任务。2003 年，组织吸收县内离退休法官、检察官组成司法调解庭，形成了县、乡、村三级调解组织，基本达到小事不出村，大事不出乡，疑难纠纷不出县的调解体系。同年，县成立矛盾纠纷排查调处领导小组，下设办公室，办公室主任由县司法局长兼任。2006 年，全县 291 个行政村全部建立调解组织，调整充实调解人员 180 人，发放调解员证书 501

邢台市“三位一体”调节体系工作会议

个，并建立调解员档案。同年10月，全县10个乡镇司法所长全部为副科级干部待遇（原有3人，后增加7人）。2007年，县司法局干部分片包乡镇，逐村调整、选拔、充实调解人员，用两个月时间，建立健全全县“三级”调解网络。全县拥有调解人员941人。其中，县排调中心调解员23人，乡镇调委会调解员70人，村“四员”（即：民间纠纷排调员、稳定工作信息员、治安巡逻员、法律服务调解员）848人；企业调解委员会7个，调解员21人；市场调解委员会5个，调解员15人。2007年，实施创建“三位一体”（人民调解、行政调解、司法调解）工作操作法，有效提高了调节效果。邢台市“三位一体”调节体系建设工作会议在巨鹿县召开，推广巨鹿县工作经验。

二、矛盾纠纷排查

（一）调处。1988年，开展社会矛盾纠纷排查调处。实行“属地管理”、“谁主管谁负责”、“分级负责，归口调处”和“依法调解、群众自愿”原则，“抓早、抓小、抓苗头”。实施“四不出三减少一提高”，即一般矛盾纠纷不出村，疑难矛盾不出乡镇，重大矛盾不出县，党政机关、企事业单位发生的矛盾不出本单位或本系统。群众进京赴省集体上访减少，群众不满意的热点难点问题减少，影响社会稳定的群体性事件减少，人民群众对党和政府的满意度提高。

2004年，配合县社会治安综合治理办公室创建“四项运行机制”，即预警机制、排查机制、调处机制、激励制约机制，做到了组织、人员、场所三落实。调处纠纷案件制定并实施督办卡、移办卡制度。村村建立“110联防小组”，明确县、乡、村三级排调电话。同年，成功调解南大韩、纪寨、林庄村土地承包纠纷和张王疃村邻里纠纷4起大型群体性纠纷。

（二）帮教。2002～2008年，乡镇司法所人员进村入户，对刑释解教人员摸清底数、登记造册，不漏管、不脱管。建立安置帮教人员台账，做到帮教有措施，帮教活动有记录，实行一人一档管理。全县刑释解教帮教率达100%，安置率达90%以上。刑释解教人员重新犯罪率控制在2%以下。

（三）协调。2005年，县司法局与县妇联、县国土局、县法院、县法制办联合下发《关于设立家庭暴力调解小组、妇女维权工作小组的通知》、《关于进一步加强土地纠纷调解工作意见》、《关于加强人民调解组织调解能力建设的意见》、《关于进一步加大行政调解工作力度的意见》等规范性文件，制定了调解文书格式、移督办卡、调解程序图。编制了《巨鹿县“三位一体”调解工作文件汇编》和《巨鹿县“三位一体”调解实用读本》工具书。同年5月，培训村调委会主任计150人。

1988～2008年，基层调解组织调解各类社会矛盾纠纷5966起，防止矛盾纠纷激化568起，防止群体性事件69起，防止民事转刑事75起，矛盾纠纷调处率97%。

1998～2008年巨鹿县调解纠纷情况统计表

表19－4－8　　单位：件

年度＼项目	受理	调解成功	防止激化
1988	548	541	1
1989	671	671	2
1990	306	301	7
1991	286	286	3
1992	275	275	6
1993	423	423	5
1994	289	289	11
1995	322	321	12
1996	146	146	15
1997	280	273	22
1998	561	561	7
1999	371	371	32
2000	169	169	1
2001	450	432	8
2002	470	486	19
2003	272	272	1
2004	117	108	4
2005	208	198	2
2006	215	209	10
2007	251	245	46
2008	255	249	46
合计	13770	6826	260

第二十编

人民武装

1979～1986年，中国人民解放军河北省巨鹿县人民武装部属军队建制。1986～1996年为地方编制，工作任务不变，人事改由地方管理，改称“河北省巨鹿县人民武装部”。1996年6月改归军队建制，恢复称“中国人民解放军河北省巨鹿县人民武装部”。县人民武装部积极开展国防动员、征兵工作、民兵工作、国防教育、正规化建设等工作，并在维护社会稳定、参加社会主义精神和物质文明建设（以下简称“参建”）、学生军训、军民共建、抢险救灾等工作中取得了明显成绩。

第一章　组织机构

第一节　县人民武装委员会

1952年12月，巨鹿县人民武装委员会成立。1987年9月，调整巨鹿县人民武装委员会，县长为主任，县委副书记、常务副县长、人民武装部政委为副主任，县直9个部、委、办、局的主要领导为委员。2003年，全县17个乡镇建立了由乡镇党政主要领导、武装部长、有关部门负责人和辖区内建有民兵组织的企业事业单位领导参加的基层人民武装委员会。

第二节　县人民武装部

1979年，县人民武装部属军队建制，设部长、政委、副部长、副政委各1人。下设军事科、装备科、政工科。1983年，县人民武装部调整编制，设作训科、动员科、政工科。

1986年4月，县人民武装部由军队建制改为地方建制，设部长、政委各1人，为副县级单位。下设办公室、军事科、政工科。1987年，县人民武装部增设一名副部长编制（正科级）。1990年9月，增设国防教育办公室，为县国防教育领导小组办事机构，挂靠在县人民武装部，由政工科长兼任办公室主任。1993年3月，县人民武装部增设预备役军官登记办公室，政工科长兼任办公室主任。1995年8月，县人民武装部增设装备管理科和以劳养武办公室，分别隶属于军事科和后勤科。

1996年4月，县人民武装由地方编制收归军队建制，设部长、政委和副部长各1人。下设军事科、政工科、后勤科。

第三节　县国防动员委员会

1996年12月，巨鹿县国防动员委员会成立。县委书记为第一主任，县长为主任，县人民武装部部长、政委、主管武装工作的副县长为副主任，11个县直单位主要领导为委员。该委员会下设3个办公室，“人民武装动员办公室”设在军事科，“经济动员办公室”设在县计划局，“交通战备办公室”设在县交通局。2000年3月，巨鹿县国防动员委员会增设“巨鹿县人民防空办公室”，设在县政府办公室，简称县人防办。县政府办公室主任兼任县人民防空办公室主任。2008年5月，定为正科级机构。2003年，将县人民武装部国防教育办公室划归为县国防动员委员会下设机构。2004年，县国防动员委员会下设的办事机构调整为综合、人民武装动员、国民经济动员、交通战备、人民防空、科技动员、信息动员、国防教育8个办公室。

第四节 基层武装部

一、乡镇武装部

1979年，巨鹿县有17个公社武装部。1985年2月，城关乡武装部改为城关镇武装部。1986年11月，官亭、小吕寨两个乡武装部同时改为镇武装部。2006年，巨鹿县将17个乡镇合并为6镇4乡，乡镇武装部由17个调整为10个至2008年底。

二、县直武装部

1979年12月，设巨鹿县县直机关武装部，驻县直机关工委。至2008年县直机关武装部未作调整。

第二章 征兵工作

第一节 征兵程序

1987年前，征集兵员对象为农村青年。此后兵员征集对象增加城镇户口青年（城镇户口青年服役期满，县政府按省规定安排工作）。征集对象的年龄，1979～1989年男性公民为18～22周岁，1990年改为17～21周岁，身高最低为162厘米。1984～1988年，所征集新兵由县人民武装部派员送往部队。1989年，恢复部队派员到地方接兵制度。1990年分春、冬季两次征兵。1991年改为冬季一次征兵。

1979～1983年期间，每年9月底进行征兵调查摸底。将适龄男性公民的数量、质量和分布情况予以造册登记。1984年，巨鹿县建立兵役登记制度。乡镇武装部负责上站公民体格目测和政治初审。县人民武装部依据兵役法规定确定当年征集对象。预征对象按照县人民武装部通知，到指定地点接受体格检查。征兵工作在县征兵领导小组领导下进行。领导小组正副组长分别由分管县委副书记、政府副县长和县人民武装部部长担任，公安、卫生、教育、民政、交通、工会、青年、妇联等有关部门参加。从1987年，县征兵工作领导小组组长改由县长担任。领导小组负责把握征兵政策，定期听取情况汇报，解决存在问题。

每年征兵开始前，都组织征兵工作人员进行为期一周的培训，认真学习兵役法、征兵命令、廉洁征兵政策和其他有关法律法规。总结往年的经验教训，制定完善各种措施，使全体工作人员熟悉征兵政策规定，掌握政审、体检标准、程序和方法，增强责任观念，抵御不正之风，保证新兵质量。

巨鹿县人民政府征兵工作会议
（2008年10月祝长义摄）

第二节 体格检查

一、人员器械装备

1979～2005年，县人民武装部在机关内设置体检站，设有视听、色嗅、五官、血压、内科、外科、主检、统计、放射、化验等体检室和相应的体检器材。抽调县医院、中医院、妇幼保健站、防疫站医生、护士等20～30人，组成体检组，负责上站青年的身体检查工作。

二、严把体检标准

1991～2001年，巨鹿县征兵体检执行国防部颁布的《应征公民体格检查标准》，对体检医生、工作人员职责要求更明确，更具体，并实行封闭式体检。2002年，县征兵体检实行“双盲”体检法，即：体检医生不挂姓名牌，只挂体检医生牌；上站体检青年的体检表不填姓名，只贴照片填编号。2003年10月，将河北省人民政府征兵办公室颁发的《应征公民体格检查》、《应征公民体格检查办法》、《应征公民送检评选条件》辑印成《巨鹿县征兵体检工作手册》。在每年体检前，专门召开会议，组织体检医生护士进行认真学习，严格把握标准，按程序办事。

三、增加检查项目

2006年，征兵体检增加了吸毒史检测和心理检测内容，排除心理异常、有心理疾病或可能引发精神疾病的青年入伍。吸毒史检测在巨鹿县医院进行。

2006～2008年，巨鹿县征兵心理检测站选在巨鹿县职教中心，利用该校教室和40余台电脑对上站青年进行心理检测。将视力标准再次放宽，高中毕业文化程度的由右眼4.9、左眼4.8分别调整为右眼4.7、左眼4.5，大专以上文化程度的调整为右眼4.6、左眼4.5。2008年，体检项目增加了胸腹部B超检查和心电图检测，选在县医院进行。

第三节 政治审查

1979～1995年，新兵政治审查由新兵所在村（单位）和当地派出所负责。1990年，征集对象的户口在县城的非农业青年，必须具有高中以上文化程度；农业户口青年必须具有初中以上文化程度，对户口在乡镇的非农业青年放宽到初中毕业。1996年，开始实行政审组织程序。1998年，实行县、乡（单位、学校）、村（居委会）征兵政审三级联审制度。2008年，所有征集对象必须调整为具有高中以上文化程度（包括技校毕业）。高中应届毕业生实行“两个优先”，即：优先报名应征，优先批准入伍。1979～2008年期间无一政治责任退兵。

第三章 民 兵

第一节 民兵组织

一、恢复退伍军人预备役登记制度

1980年，巨鹿县重新恢复中断20余年的退伍军人预备役登记工作。将符合服预备役条件的35岁以下、在部队服现役期满和服现役一年以上退伍义务兵及退出现役的志愿兵登记入册。1982年6月，除完成1981年底退伍军人预备役登记任务外，还完成1980年以前退伍军人预备役登记补办工作，并建立一套较完整的退伍军人预备役人员管理、教育制度。利用登记入册时发放“民兵预备役职责”手册进行宣传教育。每年3～5月对刚退役回来的民兵组织一到两次训练，并进行思想教育、政策性教育。每次训练半个月左右。适时登记当年退伍军人服预备役，每年6月30日为时间点，审核查对已登记确定服预备役的退伍军人变动情况，将超过28岁的退役人员转为普通民兵，超过35岁则退出普通民兵行列。自2002年开始对退伍军人的预备役实行微机登记管理。

二、民兵组织建设

1981年6月，巨鹿县取消原组建的县民兵师、公社民兵团建制，保留县民兵独立团、公社民兵营的建制。具体做法：

（一）缩小民兵组建的范围。把原规定人民公社、工厂、机关、学校、街道及其他企业事业单位建立民兵组织，改为只在人民公社和工厂等企事业单位建立民兵组织，机关、学校和一些人员少、分散的小单位，不建立民兵组织。

（二）压缩参加民兵的年龄。从1981年开始，男性公民参加民兵的年龄，由16～45岁调整为年满18～35岁。其中基干民兵的年龄为18～28岁，基干民兵排、连、营干部和技术兵的年龄可延长到35岁。

（三）简化民兵组织层次。从1981年开始，由原规定分编普通民兵、基干民兵、武装基干民兵3种组织，改为普通民兵和基干民兵两种组织。凡28岁以下的退伍军人和经过基本训练的人员均编为基干民兵，其余编为普通民兵。女性公民只编基干民兵。基干民兵中的女民兵数控制在10%左右。

（四）严格民兵政治条件。参加民兵组织的必须是适龄公民，拥护中国共产党、热爱社会主义、热爱祖国、热爱劳动、身体健康。具体标准按照《征集兵员的政治条件》和《应征青年体格评选条件》入录。

（五）民兵制度同预备役制度相结合。凡编入民兵组织的公民，也即编入预备役。基干民兵为一类预备役，普通民兵为二类预备役。在平时不建民兵组织的单位，兵员动员和扩建部队所需干部和技术兵员，列入一类预备役单独登记。

1985年始，根据"减少数量、提高质量、抓好重点、打牢基础"的方针，各行政村都建有民兵连，基干民兵以乡镇为单位编连（营），行政村编班（排）；延续基干民兵及专业技术分队编制。1986年，民兵组织进行再次调整。1987年5月，巨鹿县退伍军人技术培训学校在民兵训练基地成立。1989～1998年，重点抓基干民兵、民兵应急分队和专业技术分队建设。将28岁以下的退伍军人和经过基本军事训练、有专业特长的青年编入民兵组织。1989年，在县水泥厂和巨鹿镇分别编组120人的应急分队；在县交通局、公路站成立1支舟桥分队；巨鹿县建立八二五后座力炮、八二迫击炮分队和通讯分队、卫生分队等。

县人武部在官亭镇组织召开民兵整组示范工作现场会（2000年4月党晓通摄）

1999年，县人民武装部组织各乡镇武装部和部分民兵连队在官亭镇召开民兵基层建设现场观摩会，统一全县基层民兵营、连部建设标准。2000年始，将基干民兵集中在乡（镇）企业编组。乡（镇）和村办企业，凡生产比较稳定，行政组织健全，组建民兵排，直接受乡（镇）武装部或村民兵连（营）领导。不建立民兵组织的乡镇企业，符合民兵条件的青年编入户口所在的民兵组织。在巨鹿镇和县直组建民兵应急连。

2001年，建有信息通信、网络攻防、伪装防护、装备维修、工程抢修、防化救援、医疗救护、管线保障等8个专业分队。同年，人防和交通保障分队纳入民兵组织。2001年后，着重抓基层武装机构设置、骨干配备、老新典型的培养。2002年，人防和交通保障分队全部纳入基干民兵序列。2002～2006年，科达橡胶有限责任公司、方正钢板厂、燕南食品有限责任公司、喜德来家具有限公司、三昌纺织有限责任公司、中国网通巨鹿县分公司和八里庄村先后组建民兵队伍。2006年，将基干民兵组织整合为三类队伍，即：勤务保障队伍、应急队伍和其他队伍。同时相应调整建制和编制。

2008年，重点抓民兵干部的配备和基层民兵营部的建设。全县10个基层武装部，按照民兵营（连）部规范化建设要求，统一张挂图板，完善各类图表资料，健全各项规章制度。在基层民兵连队建设中涌现出中国网通巨鹿县分公司民兵连、苏家营二村民兵连、八里庄村民兵连、前堤村民兵连、科达橡胶有限公司民兵连、燕南食品有限公司民兵连、三昌纺织有限公司民兵连、北街民兵连、柴尚庄民兵连等9个先进典型。

第二节　民兵政治教育

按照上级安排部署，根据各个时期不同形势需要，在全面落实民兵政治教育基础上，联系实际，突出重点，选准课题，抓出成效。

1979年后，县人民武装部按照上级军事机关民兵政治教育安排与要求，制定巨鹿县民兵政治教育安排实施意见，开展党的基本路线和方针、政策；民兵性质、任务及其作用；民兵的光荣传统、依法履行兵役义务等教育。每年落实四次民兵政治教育课，重点开展《兵役法》教育。在民兵中培训一批普法教员、辅导员。

1981年，在民兵中开展“四有三讲两不怕”（有理想、有道德、有知识、有体力，讲文明、讲礼貌、讲纪律，不怕艰难困苦、不怕流血牺牲）教育；开展“五讲四美三热爱”（讲文明、讲礼貌、讲卫生、讲秩序、讲道德，心灵美、语言美、行为美、环境美，热爱祖国、热爱共产党、热爱社会主义）活动。

1982年，全县乡村（企业）民兵营连建“青年民兵之家”232个。“青年民兵之家”设施完善、资料齐全、活动经常。基本上都达到“五有”要求，即有房子、有桌椅、有图书资料、有文体器材、有电视机和VCD机等必要的电教化教学设备。

1985年，县人民武装部会同县民政局、教育局在县城中小学举办老山前线巨鹿县籍刘瑞均等4名战士英雄事迹报告会，7000余名中小学生接受爱国主义教育。

20世纪80年代后期，根据新时期民兵流动量大、范围广的特点，利用民兵回乡参加“三夏”、“双秋”和过春节等时机，实施集中课堂教育，受教育人数达1.23万余人；根据企业民兵“定岗、定额、定责”的生产特点，利用停产时机实施集中教育，受教育人数达2.5万余人。1995年，县人民武装部与县委宣传部联合制定并落实《关于在各乡镇建立民兵政治教育流动学校的通知》要求，建立乡镇民兵政治教育流动学校17所，乡镇党委书记任校长，乡镇武装部长、副乡镇长、宣传委员任副校长，实施民兵政治教育。采取网络、电视、电台、报刊、课堂、主题实践形式，组织民兵开展政治教育活动。

2004年，县人民武装部将《民兵誓词》、《民兵之歌》下发到各民兵连队，组织开展《实践民兵誓词，争做合格民兵》教育。结合专武干部理论集训，聘请巨鹿中学音乐教师张文教唱《民兵之歌》。每年春节前后，利用电视、广播、报纸、板报、宣传车、印发资料等形式，宣传《兵役法》、《国防法》、《河北省民兵预备役工作条例》。共书写宣传标语380余条，出动宣传车56台次，出黑板报25期，发放宣传资料1万余份。

2005年，对民兵骨干和部分基干民兵进行“着眼军事斗争准备，培育民兵战斗精神”、始终不渝地听党话跟党走”和《忠实履行新世纪新阶段我军历史使命》教育。

2006年，县人民武装部与县委、县政府联合下发《组织全县民兵为建设社会主义新农村做贡献活动》文件，制作播放《巨鹿县国防后备力量风采》电视专题片，刻录《民兵要始终不渝地听党话跟党走》、《适应新形势，履行新使命》优质授课录像下发民兵营连。征兵、民兵整组和重大节日期间，利用新闻媒体开办“国防动态”、“光荣后备军”等栏目。

2007年7月和8月，县人民武装部与邢台广播电台联合制作两期有关民兵工作新成就、新使命节目，并在直播室接受提问。2008年，县人民武装部对各乡镇武装部和民兵连贯彻落实“邢台市基干民兵全面落实思想政治教育现场观摩会议”情况进行全面认真检查。全县统一喷绘民兵思想政治工作展板，制作宣传标语，刻录教育光盘，购买图书杂志，打印各种计划、方案、名册、文件资料等。

第三节 民兵军事训练

巨鹿县民兵训练分为普通民兵训练、专业技术兵训练、应急分队训练、专业技术对口分队训练和基干民兵的入队训练。各种训练都在巨鹿县民兵训练基地实施。

一、普通民兵训练

1979～1992 年，按年度和分配人数对各公社（乡镇）民兵进行训练。1993～1997 年间，先后对堤村乡、张王疃乡、贾庄乡、苏家营乡、王六村乡、观寨乡、董营乡、王虎寨乡、西郭城等乡镇的民兵进行了训练。2004 年，县人民武装部聘请石家庄陆军学院教授和邢台国教办专家为专武干部授课，并组织参训人员实弹射击考核。同年 9 月 27 日，县人民武装部李增瑞部长及机关人员组织巨鹿镇民兵应急分队进行拉动演练。

2005 年，聘请邢台军分区有关人员对巨鹿县专武干部分两期进行培训、辅导。同时学习新的中国民兵誓词，学唱中国民兵之歌。2006 年，县人民武装部抽调军事训练骨干，对三昌纺织公司入队民兵 500 余人进行了为期 15 天的训练。抽调民兵应急分队 60 人，到南宫市民兵训练基地参加邢台分区组织的训练。

2007 年，按照上级军事机关要求，推进基干民兵由储备后备兵员为主向成建制遂行任务转变、由人力密集型向科技密集型号转变、由保障单一军种作战为主向保障诸军兵种联合作战转变，促进军队后备力量建设由数量规模型向质量效能型的整体跃升，整合 6 镇 4 乡的民兵队伍。2008 年，组织河北神州巨电 260 余名新入队民兵进行为期 10 天的军事训练，并将该企业优秀年龄段职工编入电力抢险分队。至 2008 年，先后培训 35 岁以下退伍军人 4000 余人次。

二、专业技术兵训练

专业技术兵参训对象为民兵干部和新入队未参加过民兵训练的民兵。每年结合民兵组织整顿，由各乡镇和县直单位按照规定的项目、内容、时间、程序和标准搞好专业技术兵的训练。

三、应急分队训练

参训对象是应急分队新任职的民兵干部和新入队未参加过训练的民兵，每年结合民兵组织整顿，分别由堤村、张王疃、观寨、苏家营、王虎寨、西郭城、巨鹿镇、阎疃等乡镇组织实施，按要求搞好训练。

四、专业技术对口分队训练

专业技术对口分队训练对象为新任职的民兵干部和新入队未参加过训练的基干民兵。每年结合民兵组织整顿，由巨鹿镇、观寨，堤村、张王疃、苏家营、西郭城等乡镇和县直组织实施。训练内容包括队列训练、射击训练、投弹训练、爆破训练、班进攻训练、班防御训练。

第四节 民兵活动

巨鹿县人民武装部组织民兵积极投入社会主义经济建设和精神文明建设，在绿化、环保、救灾、安全保卫以及“学雷锋，树新风”等活动中做出了重要贡献。

一、植树造林

1982 年，县人民武装部组织民兵积极参加县经济建设开展种植养殖活动。堤村乡民兵种植金银花、枸杞和杏树 10 余万株，贾庄乡民兵种植桃树、梨树、苹果树和串枝红杏等果树 13 万株等。1992 年 3 月，成建制组织 350 名民兵突击队，同时发动万余名民兵参加绿化工程，植树 5 万余棵，受到县“绿化达标指挥部”表彰。2008 年 3 月份，县人民武装部组织 240 名基干民兵在邢德公路南、西郭城镇西侧约 1 公里处，义务植树 2000 棵。

二、维护社会治安

1983 年 8 月，县人民武装部组织 2200 余名民兵设卡、放哨、堵截和搜捕犯罪嫌疑人；千余名民兵担负执勤、巡逻任务，维护县城和重点目标的安全。1991年，县民兵应急分队和乡镇武装部以民兵为骨干成立治安巡逻分队290个和17个应急小分队，组织1000余名民兵参加专项打击和公判大会。截至2008年底，组建民兵巡逻队、护厂队、护村队等专业性的治安防范组织800余个；配合协助公安部门查处治安案件20余起，打掉犯罪团伙10多个，协助公安部门抓获各类违法犯罪嫌疑人50余人；帮助军属解决宅基地纠纷、交通肇事、邻里矛盾、上访等问题21起。

三、学雷锋树新风

1989年春季征兵期间，县人民武装部组织适龄青年开展学雷锋树新风活动，邀请雷锋团接兵干部举行学习雷锋精神报告会。组织适龄青年栽种“雷锋精神”纪念树。召开适龄青年及家长座谈会。与雷锋团签订培养雷锋式战士和“四有”民兵协议，开展“什么是雷锋精神”大讨论。王虎寨乡应征青年邱庆礼说：“我家是万元户，钱、房、物都有，开展学雷锋活动，使我的思想更宽阔了，理想更远大了，国防观念增强了。国破家则亡，没有国家安宁就没有家庭幸福，我要以国家利益为重，积极报名入伍”。30年党龄的巨鹿镇校区支部书记周达说：“我最小的儿子体检合格了，原准备让他多带些‘上路钱’。通过学雷锋，觉得只用钱关心孩子，不仅影响他的独立生活能力，而且容易使他们‘花’掉艰苦奋斗精神。”同年，县委宣传部和县人民武装部联合下发《关于与雷锋生前所在团开展共学共育活动的通知》，要求在全县开展“雷锋精神在巨鹿”活动。全县成立学雷锋小组2400多个，为军烈属、孤寡老人做好事3万余件。县育红小学700名学生，向抚顺雷锋团提出聘任雷锋班为校外辅导员的请求，至此巨鹿县育红小学成为雷锋班第226所校外辅导学校。邢台军分区转发巨鹿县开展雷锋精神教育经验。结合学雷锋积极开展“刹三风、树新风”活动，组织民兵骨干成立禁赌会、红白事理事会等210多个，表彰爱国拥军模范15人。

四、突发事件应急

1991年7月，县人民武装部组织民兵抢险队150人，实施防汛抗洪抢险实战演练。2003年春，发生“非典”疫情时，县人民武装部迅速成立抗击“非典”领导小组，组织动员8300多名民兵，采取乡自为战、村自为战，在各村头路口查、堵流动人员。利用战友会、同乡会等，劝阻3265名外出民兵返乡，避免疫情传播。

五、服务经济建设

1996年8月，县人民武装部组织民兵万余人（次）开展扶一乡、帮一村、联一户、献一策、实施一项民兵号工程的“五个一”活动。2000年，后辛庄乡民兵带头种植美国红地球特种葡萄、油桃等特色果树。

2003年，县人民武装部在喜德来家具厂、科达橡胶有限公司民兵连开展产品质量免检班组活动。同时带领农村民兵开展“一连带一村、一班帮一组、一兵助一户”帮扶活动，共帮助农民开办农副产品加工厂6家，办畜牧养殖场21家，帮助138户，387名农民脱贫致富。

2004年3月，县人民武装部与团县委联合向广大青年民兵发出倡议，组织青年民兵为巨鹿县建设小康社会做贡献。同年8月份，县人民武装部组织民兵营连干部集训，并组织民兵积极投入小康社会建设。

六、创造文明环境

2005年，巨鹿镇、县直武装部长带领民兵，采取分片包楼、包单元的办法，突击治理生活区，制止乱倒垃圾、乱建房屋、乱堆杂物的现象，还在空地上种植花草，美化环境。2006年，小吕寨镇西孟庄民兵连长孟德坤，带领全村民兵用1周时间，打扫街道800米，清运垃圾360立方米，砖铺村内主要街道800米，粉刷墙壁4000多平方米。前大吕村民兵指导员刘方坤，自己出钱为村里买砖铺路，做好邻居的工作拆除占街房5间。小吕寨镇各村清整街道22条、约14320米，清运垃圾5000余立方米，粉刷墙壁约3.2

县委常委、人武部部长张宗立召开植树动员
（2008 年 3 月祝长义摄）

位于县城西街巨鹿县民兵训练基地大门
（2008 年 3 祝长义摄）

万平方米，植树 1800 棵，书写永久性标语 68 条。2008 年 3 月，县委常委，人武部部长张宗立带领 240 名基干民兵在邢德公路线巨鹿收费站西约 2 公里南义务植树 10000 余棵。据不完全统计，1979～2008 年民兵义务植树 5.6 万人次，植树 22 万株。

第五节　民兵训练基地

1984 年，投资 22 万元建成民兵训练基地，位于巨鹿县城西环路东侧。民兵训练基地设有教研室、军械库、电化教室、资料室、阅览室、游艺室、国防教育室。一次容纳 220 人吃饭、住宿。建有长 65 米、宽 25 米、高 20 米土质靶挡。设有爆破、战术训练和实弹射击场地。1988 年，县民兵训练基地被河北省军区评为先进单位。

1990 年和 1991 年，投资 4 万元，配电视机、收录机、放像机、投影机、幻灯机，建起电化教学室。建成自动报靶射击场和设置 7 种障碍物战术场和军体场。制订作息、训练、教学、考勤等 13 项规章制度并张贴上墙。1993 年，县民兵训练基地被省军区评为“达标单位”，1994 年，被省军区评为达标单位，并颁发铜质奖匾。

1996 年 5 月，民兵训练基地投资 6 万多元，修缮民兵宿舍 39 间、食堂 6 间，加厚装备仓库围墙，修补加厚屋顶，更换仓库大门，维修自动射击靶场，粉刷围墙。

2003 年，投资 30 多万元，更换铝合金门窗 52 个，新换屋门 38 个，吊顶 65 间，新铺地板砖 39 间、980 平方米，更换所有电路，安灯管 390 个，粉刷房屋内外墙 5 万多平方米、围墙 400 多平方米，修建障碍场、器械场、战术场 100 余平方米，硬化路面 600 平方米、操场 750 平方米。2006 年，投资 2 万余元重新修建基地西侧倒塌的围墙。后因县民兵训练基地被居民楼区和公共设施包围，已无法正常使用。

2007 年，巨鹿县人民武装部申请将民兵训练基地搬迁到黄巾大道以北新办公区。2008 年，开始征用原民兵训练基地西侧与西平街之间的土地，与民兵训练基地一起评估、公告、挂牌公开拍卖。

第六节　民兵武器装备

1984 年前，民兵训练武器由各公社保管。弹药库由县人民武装部职工专职看管。同年，民兵武器装备集中到民兵训练基地保管。原弹药库也迁至民兵训练基地。该仓库由县人民武装部值班干部和值班通信员（职工）24 小时昼夜值班。

1988 年，县民兵装备仓库安装国际先进水平的技术防范设备，达到“四有”标准即有武器库、有枪柜、有管理制度、有专人看管，“四无”标准即无丢失、无损失、无锈蚀、无霉烂变质。1990 年，巨鹿县民兵装备仓库被评为省级“标准化仓库”，1993 年，被省军区评为“达标先进单位”。

1998 年 4 月，巨鹿县民兵武器装备仓库将装备及弹药上缴邢台军分区武器装备库集中保管。

第四章　自身建设

第一节　基础设施

一、办公大楼

1992 年，巨鹿县投资 75 万元在县城西街路南建起三层办公楼。1996 年，县人民武装部投资 8 万余元安装空调和铺设地板砖、装修会议室、作战室、值班室。1998 年，县人民武装部被邢台军分区评为“后勤正规化建设达标单位”。2000 年，投资 5 万元重新修建车库、硬化院落、绿化营院。2001 年，县人民武装部投资 35 万元在县机关办公楼北侧（临街）建二层征兵楼。投资 5 万元装修机关食堂、修建影背墙、大门口安装电动门。2007 年 5 月 17 日，中共巨鹿县委议军会议决定：将现武装部办公楼、营院、民兵训练基地及其与西平街之间土地征用后一并出让开发，所得款项用于武装部办公楼选址、新建。至 2008 年，县人民武装部筹备搬迁，完成民兵训练基地西侧土地征用、挂牌出让等手续和武装部机关产权证。

二、办公条件

2005 年，投资 3 万元安装大型号锅炉，保证办公楼取暖，粉刷办公楼室内墙壁。同年 12 月至 2006 年初，投资 13 万元建成连接全军国防信息指挥网，装修改造建成视频会议室和机房，配套购买服务器 1 台、视频指挥电脑 1 台、打印机 2 台和扫描仪等，新购配套会议桌椅和 32 英寸液晶电视。2006 年，购买高配置的微机 2 台、打印机 1 台、空调 2 台。2008 年，各科室配打印机，文印室配备打印机、复印机、扫描仪、碎纸机等设备。

三、生活环境

2007 年，装修改造机关小餐厅、食堂、主副库、客房，并购置空调 3 台、冰柜 1 个、消毒柜 1 个、大餐桌 2 个、单人床 4 张，安装整体浴房 3 套；购买电脑、笔记本电脑 5 台。2008 年，粉刷和维修县人民武装部机关食堂、操作间、主副库、客房。开展节约活动，建设节约型机关。实行专人管理会议招待、车辆维修和耗油经费；定期检查水管，及时维修；将走廊、厕所等公共场所照明改用节能灯具。

第二节　法治思想建设

一、经常性教育

1979 年后，结合学习政治理论每年组织开展 1 次条令学习月活动。组织官兵学习 1 期条令函授作业，结合学习总部的《安全工作条例》、军区的《安全规定》等法规，增强大家的法规意识和依条令条例办事的自觉性。

二、针对性纪律教育

1990 年 5 月，集中 10 天时间实施坚定社会主义信念教育。1991 年，组织干部职工开展为期一年的党风党纪教育。1996 年 4 月，利用 8 天时间，开展遵纪守法教育和作风纪律整顿。针对县人民武装部归部队管理，组织干部职工学习《河北省县（市、区）人武部正规化建设管理规定》，开展“走者愉快，留者安心”和组织纪律教育。1997 年 3 月，集中 6 天时间，开展以“重事业、淡名利、争先创优做好本职工作”为主要内容的共产党人事业观教育，牢固树立正确的人生观、价值观，解决干部职工为谁干事业，怎样干事业问题。

2000 年，开展以“学条令、学职责、学规定、学标准，抓落实、见成效”为主要内容的教育整顿。2005 年 4 月，利用 7 天时间，开展从严治军教育整顿，狠抓军容不整、仪表不端、上班不穿军装、蓄头发、留胡须和“三手”（插手、袖手、背手）等现象。2006 年 1 月，组织全体干部职工（包括 4 名退休干部）开展廉洁自律、反对浪费教育。10 月，利用 7 天时间，组织干部职工开展“端正事业追求，振奋革命精神”教育。

三、战备教育

2001年4月，开展“五一”战备教育，修改完善应急方案，严守值班岗位。节日期间在位值班受到分区首长表扬。2002年2月，干部职工接受战备教育。值班员定时向军分区作战值班室汇报社会动态情况。2003年8月，制定和实行紧急情况、重大事件报告实施办法。同年9月，开展“9·11”（美国世贸大楼遭恐怖主义者袭击日子）战备教育。2004年1月，重点学习《内务条令》、《纪律条令》、《队列条令》、《北京军区安全规定》、《北京军区机关办公保密秩序实施细则》。2007年，修订完善人员、车辆、财务、伙食、值班、卫生、涉密文件和移动存储介质及各类库室管理等20多项管理规定。开展“赞颂新成就、履行新使命、迎接十七大”主题教育活动。2008年开展“安全管理年”活动。

第三节　规章制度建设

一、民兵训练制度

1985年后，县人民武装部依据部队条令、条例和上级正规化建设文件要求，先后制定《民兵训练基地管理规定》、《县民兵训练基地值班执勤制度》等，加强民兵训练制度化建设。1993年，分门别类、归档整理复员军人档案。

二、财务及后勤管理制度

1985年后，相继制定了《民兵食堂伙食管理规定》、《武装装备保养使用管理规定》、《卫生清理办法》等一系列规章制度。1998年，制定和完善《财务管理制度》，实行党委理财，定期听取财务汇报，规定动用现金审批权限。2003年，结合“非典”疫情，狠抓机关人员管理和食堂卫生。2006年制定《车辆使用管理规定》，严格车辆派遣和审批动用制度，杜绝非驾驶员开车、干部开车等违纪违规现象的发生。

三、干部管理及保密制度

2004年，县人民武装部进一步修订和完善《人武部管理细则》、《八小时以外干部职工管理规定》。2005年，开展“百日安全竞赛”、“不违章、不违纪，人人向组织作保证”、“安全月”等活动。组织全县乡镇武装部递交“安全责任保证书”，机关个人向部党委书写“保证书”。同年8月份，利用7天时间，开展保密和“四反”（反渗透、反心战、反策反、反窃密）教育整顿。开展安全保密制度落实情况大检查。

2006年，县人民武装部机关按照有关法规制定完善《干部管理规定》，明确“谁管我，我管谁，怎么管，管什么”责任。2007年，修改制定《人武部正规化建设规章制度》。规定各科办公电脑统一加设三层八位以上开机密码；不得随身携带U盘、移动硬盘、软盘等涉密载体；严禁将办公电脑拿回家上网和办公；严禁私自在国际互联网上处理、存储、传输涉密信息。2008年，修订完善《人武部正规化建设规章制度》。县人民武装部设置涉密文件阅览室，落实文件借阅、归还、复印、登记、销毁等手续。购置大型号复印机设置文印室。

第五章　国防教育与防空

第一节　国防教育机构

1987年，巨鹿县成立国防教育领导小组，县委主管副书记任组长，县委宣传部长、主管副县长和县人民武装部政委任副组长，县委宣传部、县委办公室、县财政局、县民政局、团县委、县妇联、县委党校、县职中、县工会、县广电局等10个部门的一名副职和武装部政工科长为成员。下设办公室，办公室主任由政工科长兼任。办公室设在武装部。

1996年6月，县人民武装部由地方编制归属军队建制，国防教育办公室仍属地方编制，为巨鹿县国防教育领导小组的常设办事机构，办公地点设在县人民武装部。工作业务由县委宣传部和县人民武装部共同负责。其职责：制定全县国防教育工作计划，并组织实施；管理和使用全县的国防教育经费；定期向领导小组报告工作；负责县委、政府交办的事项。

2001年4月，县国防教育办公室主任改由县委宣传部一名副部长兼任，县武装部政工科1名现役干部任副主任，1名武装部干部兼职干事。

2003年4月，根据县领导成员变更，国防教育领导小组成员做相应调整。

第二节　国防教育场所

1987年始，巨鹿县先后建立起3个国防教育场所。

一、国防教育基地

1987年，国防教育基地设在民兵训练基地，建有国防教育展室，制作各类教育展板36块。至2008年，接待学生及群众参观4万多人次。1991年，投资4000余元，再次装修国防教育展室，同时购置教育书籍、录音带和其他设备。各乡镇、村相应建成国防教育活动站（室）194个。全县各乡镇聘请国防教育宣传员291人。

二、成龙少年军校

1993年，巨鹿县堤村乡成立成龙少年军校。学校除安排国家规定的初中课程外，中华武术、国防教育为主要课程。

三、爱华翰苑碑林

爱华翰苑碑林由离休干部左宝珍个人修建，其主题是弘扬爱国主义精神。其中“勿忘国耻”部分主要是革命先烈手迹、八国联军进北京、火烧圆明园和日军侵华等重大国耻铭志。2004年4月，中共巨鹿县委、县政府、县人民武装部将爱华翰苑碑林命名为县国防教育基地。至2008年，接待青年、学生和社会各界群众5万余人次。

第三节　国防教育活动

一、重要节日教育

1987年后，巨鹿县国防教育活动，以“七一”、“八一”、“十一”、“国防教育日（2001年开始，每年9月的第三个星期六为全民国防教育日）”等重大纪念日为契机，组织征文、（县电视台）采访、演讲、文艺演出、学军习武、国防教育知识竞赛活动，参观国防教育基地、爱华翰苑碑林、县烈士祠等，开展国防教育活动。县人民武装部与县民政局每年元旦、春节，结合拥军优属进行国防教育活动。

二、政治思想教育

1989年元月26～28日，县人民武装部组织老山前线战斗功臣组成英模事迹报告团，在县一、二、三、四中和育红小学作巡回报告，4000多人现场聆听。一位姓王的教师讲：“这种教育方式比我们在课堂上空对空讲思想品德强得不止是3倍、5倍，难以用量计算，这样的活动应该多搞。”

三、多种形式教育

1991年、1996年，深入开展《河北省国防教育暂行条例》宣传教育，先后开展首届国防教育征文、《华北民兵》杂志社举办的“人武杯”知识竞赛、纪念毛泽东诞辰100周年系列活动、纪念抗日战争胜利50周年国防知识竞赛等活动。1991年，全县刷写国防教育标语1400多条，组织“国防之声”文艺汇演和国防书法展览。1993年5月，组织“人武杯”国防知识竞赛，干部、民兵、学生、和各界群众4万余人参加。县国防教育办公室荣获河北省组织奖。

四、中小学生教育

1993年，县人民武装部派现役干部担任育红小学校外义务辅导员，首次授国防教育课。学校每星期一举行升旗仪式，2300多名小学生进行国

左保珍老人为育红小学学生讲解碑林进行国防教育

防教育。每年4月，组织学生参观爱华翰苑碑林，开展军事夏令营活动。

1993年，巨鹿县育红小学被邢台市国教办表彰为“国防教育先进单位”，德育处主任阎锋被评为“国防教育先进个人”。同年，创建育红小学业余少年军校，召开国防教育现场会。2001年，业余少年军校被评为河北省国防教育先进单位，育红小学校长杨绍秋被评为先进个人。巨鹿五中、巨中新华联校、镇中、职业教育中心等学校开设国防教育课。2002年，获《人民日报》等34家新闻单位组织的全国国防知识竞赛第二名。至2008年底，累计训练学生、进行国防教育4.5万余人。

五、全民宣传教育

1979年开始，每年组织县级领导干部、各乡镇党委书记、乡镇长、武装部长及县直部分领导干部，过“军事生活”、组织实弹射击、邀请军事专家教授作报告，接收国防教育。2002年，从全县党政干部、离退休人员、教师、农村群众选聘了60名国防教育义务宣传员，在农村、学校、企事业单位普及国防知识。

2003年，组织全县党员、干部、工人、农民、知识分子、学生、离退休干部等参与邢台军分区国防教育征文活动。征文200余篇，获二等奖1篇，三等奖3篇。同年，与县委宣传部、县司法局共同组织全县514名科级以上干部（不含企业），参加国防法规知识考试。2004年，组织

2006年7月县委书记徐兰军（前排左二）县长王素平（前排左三）等县领导学军事

“爱中华、奔小康、强国防”知识竞赛和征文活动。2006年，全县副科以上干部开展的国防知识竞赛答题活动获全市第一名，被邢台军分区评为“国防教育先进单位”。2007年7月，纪念建军80周年“长城”杯知识竞赛，各界人士及民兵2100多人参加，被邢台军分区政治部和邢台日报社评为“先进单位”。2007年、2008年，印发宣传材料1.2万份，出动宣传车25台次，书写宣传标语500多条。先后开展征文活动5次，收到国防教育征文116篇。组织国防知识竞赛4次，文艺汇演2次，参赛人数达10万余人次。中央、省、市等报刊采用200余篇。利用巨鹿电视台播放国防教育内容达150多次。

第四节 人民防空

一、调查摸底

巨鹿县人防办具体负责管理本辖区内人防工程的建设，包括开发利用和维护、管理工作。2005年以后，对辖区内的居民小区及2000平方米以上的建筑进行排查，包括自来水公司职工住宅楼、西街预制厂职工住宅楼、名相华府、育红教师公寓、欣苑小区、风华小区、建华小区、世纪康城、北街居民小区、第一城住宅楼等小区和县电力局、县财政局、县国税局、县法院、县医院、方正中学、县广播电视大楼等办公楼。这些大型建筑都符合相应的人民防空要求。

二、人民防空政策

2007 年 12 月 26 日，县政府常务会议研究并通过《巨鹿县关于加强人防工作的实施意见》，下达《关于印发 < 巨鹿县加强人民防空工作实施办法 > 的通知》（巨政【2007】9 号）。《通知》明确规定，在城区规划范围内 2000 平方米以上的民用建筑，应建设防空地下室，用于战争时期人员的掩蔽、物资储备。若因土层等地理原因不适宜就地建设的，收取相应的易地建设费用。收费标准为 9 层及以下的按地面总建筑面积的 2% 收取，10 层及以上按每平方米 1500 元收取，所收资金交县财政专用账户。开发建设单位在办结人防手续后才能办理规划等手续，规划部门在人防办审批手续办结后才准许办理规划许可证。到 2008 年底全县共收取防空易地建设费 200 万元。所收资金移交县财政建立专户。

第二十一编

教育　科技

1979年后，巨鹿县教育与科技事业焕发出勃勃生机。教育改革，实现了教育资源整合，投入逐年增加；教师队伍通过调整、进修、基本功训练，整体素质明显提高；学前教育发展，私立、实验学校出现，学校布局更趋合理；教学方法改进，多媒体、广播电视教学的应用，为社会培养出了更多的合格人才。科技体制改革，实现了科技与经济的结合，科技人员的主观能动性得到了充分发挥，科研成果成批涌现，技术推广效益明显增强，有力促进了经济发展和社会进步。

第一章　教育改革

教育改革，主要体现于办学形式、办学经费和教学改革。1992年以后，巨鹿县教育由单一的国办向多种形式办学发展。特别是学前儿童教育，随着人们对子女教育的重视，民办幼儿园和民办学校应运而生，呈现出国办与民办教育共同发展的局面。学杂费由多到少直至免收，对贫困学生国家还给予生活补贴，具体体现出国家对教育的重视、支持，促进了教育的发展。

第一节　体制改革

一、管理体制改革

1985年，乡村学校实行“分级办学、分级管理”。2004年，全面实施“分级管理、以县为主”的基础教育管理体制：（一）统一理顺教师工资发放体制。严格实行银行个人工资专户，改变了2001年教师工资“乡征县管”，表面上将乡镇级账户简单上移的做法，确保了教师工资按时发放。（二）建立和完善以县财政拨款为主的基础教育经费投入体制。依照《中华人民共和国教育法》的规定，确保教育经费“三个增长”，逐步提高县财政支出中教育经费所占比例。（三）完善中小学教师和校长管理体制。在本县教育系统内部中小学教师聘用、调配、辞退等均由县教文体局负责管理；中小学教师跨县调动和进出教育系统，按管理权限报人事部门审批；中小学专业技术评聘工作，在人事（职改）部门的统一管理下，由县教育局按照管理权限组织实施；县一中、县二中、教师进修学校、职教中心校长，由县教文体局提名、考察或参与考察，按干部管理权限任用和聘任；其他中小学（幼儿园）校长、校区校长一律由县教文体局直接选拔、任用或聘任。

二、办学形式改革

1979年，全县只有一所县直机关幼儿园；261所小学，在校生40615人；123所初中，在校生14844人；14所高中，在校生3335人。1988年5月，按照“公开、平等、民主、择优”的原则，全县公开招聘中小学及校区校长（详见附文）。20世纪90年代初期，各级各类学校均为国办。国家教委颁布《关于社会办学的若干意见》，明确允许社会办学，私立、联办学校应运而生。1989年底，民办幼儿园、学前班开始出现。1992年6月，小留庄村民徐盛强租房，办起第一所私立小学——春风小学。同年，大留庄希望学校成立。1994年，春风小学筹建新校园，改名盛强私立学校，同年7月招收第一届初中班，学生25人。

1995年，一里庄杨大坤在县城新华北街创办新华学校。1996年，孙河镇村民孙建民等在本村共同创办华夏私立学校。之后，宋庄清华中学、观寨腾龙学校、阎桥育才学校、成龙文武学校等十余所私立学校相继兴建。到2001年，社会力量办学达到23所，其中高中1所，初中6所，小学16所，在校生6200人。2003年增至26所。2004年，天成建筑有限公司董事长赵国生、喜德来家具有限公司董事长王广波依托县育红小学在县城健康西路合资创办育红实验学校。该校占地8.66万平方米，建筑面积4万多平方米，54个教学班，招聘教职员工260多人，在校生2900多人，九年制全封闭寄宿。并与县育红小学联办，实行民办公助，县选聘50多名国办教师到校任教。2007年脱钩改为民办学校，国办教师逐年撤回，至2008年底国办教师尚有30多人。

2004年，县教育文化体育局制定了《巨鹿县幼儿园建设三年规划》和《幼儿园建设实施方案》。依照国家民办教育促进法要求，以地方政府办幼儿园为主，动员社会力量，多渠道办园发展幼儿教育，当年民办幼儿园达到30多所。

2008年12月，全县幼儿园达到128所（其中私立126所，适龄儿童入园率达到88.8%），而部分私立学校因受管理水平、师资队伍、生源不足等情况的影响停办尚存7所，全县小学114所（其中私立5所）、中学25所（其中私立2所）。

附一：关于在全县中小学、校区全面实行校长负责制的决定

一、指导思想和基本原则

实行校长负责制，引入竞争机制。按照公开、平等、民主、择优的原则。通过公开招聘和聘任产生中、小学和校区的校长。进一步加强学校领导班子建设。全面提高教育质量。加强教育事业的发展。

二、受聘校长的条件

拥护党的十一届三中全会以来的路线、方针、政策。忠诚党的教育事业。具有一定的教育行政管理能力。熟悉教学业务。中师、中学的校长，一般应具有大专以上学历，并具有五年以上的教龄；校区、小学的校长，一般应具有中师或高中以上的学历。并具有三年以上教龄。同时，要有适应领导工作的身体素质，县办中学校校长年龄应在55岁以下。校区及乡以下学校校长应在50岁以下。

三、招聘校长的办法和程序

招聘选任校长。要按照规定程序公开进行。一是发布招聘公告；二是组织报名，包括向应聘者介绍招聘单位情况；三是对报名者进行资格、条件审查。筛选确定答辩者；四是组织答辩。由全校教职工投信任票；五是评委（由党、政、教部门负责同志、老教育工作者代表和教师代表组成）讨论、评议确定校长最佳人选，按干部管理权限报批。县办学校校长由县负责；校区校长的审批由县与乡商定；乡中和中心小学校长由校区和乡镇审批。并报主管部门备案。六是受聘校长同教育主管部门签定“任期目标责任书:。制定具体责任目标。明确考核、奖惩办法。任期一般为三年对达不到任期目标或任职期间犯有严重错误的校长，由教育行政部门予以解聘。

四、受聘校长的权利

学校聘任。招聘校长后，一律实行校长负责制。确立校长在学校的中心地位。校长具有以下权利：一是人权，有权提名副校长。聘用学校中层干部和教师、职工；二是财权。在上级政策允许的范围内。有权支配学校、校区经费和勤工俭学收入；三是指挥权。在教学管理上拥有教学决策和行政指挥权；四是奖惩权。对贡献突出者。有权给予精神和物质奖励；对于有失误和不胜任工作的。有权扣罚奖金、工资，直至解聘。

五、完善学校内部的配套改革

学校聘任或招聘校长后，对副校长、中层干部以及教师的任用也要引进竞争机制。并建立健全学校各类人员的岗位责任制。制定创业立功目标和考核奖惩办法。健全各项规章制度。

中共巨鹿县委文件巨发〔1988〕18号

附二：新华学校

新华学校是一所九年制寄宿式民办学校，地处县城新华北街，占地33300平方米，建筑面积30000平方米，累计投资1000多万元。教学楼、宿舍楼各四座，餐厅楼一座，设理化生实验室、微机室、多媒体教室、语音室、图书室等专业教室，配有校园广播、远程教育系统、校园网络等现代化教学设备。体育、健身、洗浴等服务设施齐全。校园绿化面积80%。2008年有45个教学班，在校生2100多人，教职工176人。

学校1995年9月创办，实行董事会聘任校长负责制。2000年，与巨鹿中学联办。该校坚持“敢为天下先”的办学思路，奉行“快乐成长，幸福一生”的教育理念，实施科学、人文、规范、精细化管理，教育教学成绩连年上升，2004～2007年蝉联全县四届中考状元，2004年获省级“自律与诚信单位”。

2008年新华学校大门口

三、办学经费改革

1979年，国办学校主要依靠县财政拨付教师工资和收取学生的学杂费。1982年，各级各类学校开始搞勤工俭学，收入用于补充经费。1985年，国家对乡村学校实行分级办学、分级管理，采取国家补一点，对学生停收学费只收杂费，农村人口按1.5%征收教育费附加。1986年7月，城镇教育费附加开征，比率开始为1%，后逐步增至3%。2004年，贫困学生开始享受“两免一补”。2006年义务教育法实施后，国拨经费由1979年的118万元增至1亿元。2007年3月，全县义务教育阶段学生全免学杂费，近14000名农村贫困生教科书费全免。当年9月，义务教育阶段学生学杂费、课本费全免，2007年前，县职教中心向就读学生收取学杂费。2007年国家开始对职教中心就读学生人均年补助生活费1500元。学杂费减、免、补政策的逐步实施，减轻家庭负担，促进了教育发展。

第二节　教学改革

一、教改实验

巨鹿县小学教改实验主要依托县育红小学。1982年，县育红小学引进邱学华的“尝试教学法”及深圳“引探教学法”实验。1984年，移植东北的“注音识字，提前读写”教改实验，12月招收第一届实验班，学生40人。1985年，引进北京马芯兰数学教改实验，9月招收两个实验班（80名学生）。1986年，开展中国科学院心理研究所举办的《现代小学数学》实验，9月招收两个实验班，（学生80人）。1987年9月，中国社会科学院语言文字委员会宋军、佟乐全等和中国科学院心理研究所研究员张梅玲到县育红小学检查指导“注音识字、提前读写”和“现代小学

1987年中科院宋军、
张梅玲来育红小学检查指导

数学”教改实验。1988年向全县扩展。1990年8月，又开展中央教科所吕敬先“小学生语文能力整体发展”教改实验。同年招收实验班（育红、东张庄小学）、对比班（育红、东杨庄小学）各两个。由于教科所实验人员变动，1992年实验停止。

1993年7月县育红小学获省教委“注音识字、提前读写”实验先进单位。1994年被中国社会科学院语言文字工作委员会定为“注音识字、提前读写”实验基地”。1995年被中国科学院心理研究所定为《现代小学数学》实验点。由于实验班是五年制教材，对比班为六年制教材，教师管理、考核出现困难，1997年9月终止“注音识字、提前读写”和“现代小学数学”两项实验。

1996年9月开展目标教学实验。县第五中学被选为市目标教学实验学校。2000年在县第五中学举办全县目标教学研究会。当年12月，县第五中学被国家教委授予“全国目标教学研究先进单位”。

1998年县第二中学（原阎疃中学）开展全国英语“四位一体”中、高考复习教学法实验。实验教师崔勤国撰写的《英语“四位一体”中、高考复习教学方法实验报告》刊登在英语辅导报上（教师版第25期、26期）。2004年3月巨鹿中学被省教委定为“外研中心外语实验学校”。

2001年7月，全县初中实施第一轮《历史与社会》新教材教学实验。2002年，开展第二轮实验。2003年，全县学校改革考试评价制度，改分数为等级制度。2004年，巨鹿县被定为省新课程改革实验县，义务教育阶段各起始年级全部启用新课程。

二、课题研究

1984年，县育红小学开始“应用题进行基本训练”学法研究，增加训练课。1986年，创出“拼音识字、部件识字、阅读识字”的“三位一体”识字教学法。1992年开始课堂教学结构研究。

1998年后，全县相继开展了“自主学习”、“创新教育”。在开展上述研究的同时，还实施了“我能行成功教育”、“小学生理财教育”、“心理健康消费教育”、“中华民族传统美德教育”等。

“九五”、“十五”、“十一五”期间，全县共承担省级以上课题30余项，市级课题240余项。其中“新时期小学生价值观现状变化特点研究”是全省唯一在国家规划办立项的小学科研课题。

1998年，县一中教师田玮在河北省第二届高中青年数学教师优秀课评比中，荣获一等奖。2000年，县一中教师王炳南论文《性格多样和错综有序的结构》，在第三届“师魂杯”全国优秀教师作文大赛中获奖。县一中教师王登涛论文《培养学生良好的学习习惯是语文学习的目的和归宿》，在省中学语文教育教学优秀论文评选中荣获一等奖。2001年，巨鹿镇中学教师孙建广、霍秋阳合著论文《在初中物理目标教学中发挥教师主导作用的新尝试》，在第十四次全国目标教学观摩研讨会上获二等奖。县育红小学教师杨绍秋、马平格撰写的《发挥情感教学、注重教育实验》获省教育科研成果三等奖。2003年，县育红小学教师张书魁撰写的《留足空间任鸟飞》荣获省创新教育优秀成果二等奖。2004年，县育红小学教师李凯辰撰写的《我能行成功教育》研究报告荣获省论文一等奖。2006年，巨鹿镇中学教师孙建广承担全国“十五”规划一般课题“自主学习自主发展的研究”子课题“合作学习在初中物理教学中的尝试”课题。2007年，县一中教师王登涛的《子路曾皙冉有公西华侍坐》录像课，在中国教育学会中学语文教学专业委员会读写训练研究专题第四届“中华杯”全国语文教师课堂教学大赛中荣获一等奖。

在教育科研中，县育红小学被国家教委选定为“全国心理健康教育实验学校”、河北省“创新教育实验学校”、“教育科研先导性学校”、“小学生自主学习实验学校”和“中华民族传统美德教育实验研究先进单位”。在市科研型校长教师评选中，12名校长被评为科研型校长、18名教师被评为科研型教师，县教文体局教研室连续四次被评为市优秀教研室。

1979～2008年巨鹿县教师在省级及以上期刊发表文章统计表

表21－1－1

刊物名称	期号	文章题目	作者
《河北教育》	1980.11	利用教具改进小学数学教学	孙　波
《河北教育》	1983.07～1983.08	数学教学	孙　波
《小学语文教学》	1986.05	“拼音识字、部件识字、阅读识字”三位一体实验	郝同保
《河北教育》	1987.01	有趣的嵌插卡片	孙　波
《河北教研》	1988.05	加强识字教学	张书魁　郝同保
《河北教育》	1988.09	拼音新法简介	郝同保
《河北教育》	1989.11	课堂结尾三题	张书魁　宋继英
《教育研究通讯》	1990.03	落实德育首要地位　为培养“四有”新人奠基	韩荣彦
《教育研究通讯》	1990.03	我是如何在数学教学中渗透德育的	张书魁
《小学德育》	1990.06	探索新时期小学德育的新方法	杨绍秋
《小学德育》	1991.01	编故事学拼音	张书魁
《实验教学与仪器》	1991.05	研制学具培养能力	张书魁
《河北教育》	1992.07	教师是创造型的劳动者	王炳南
《河北教研》	1994.09	小学数学课堂结构新探	张书魁
《湖南教育》	1998.03	汉语言的组合艺术	王炳南
《河北教育管理》	2001.01	小学生健康消费教育的实验探讨	杨绍秋
《教育理论与实践》	2001.03	搞好创新教育实验　全面提高学生素质	杨绍秋
《教育教学论坛》	2001.08	修辞格中疑难问题辨析	王炳南
《中小学教材教学》	2001年总28期	浅谈思品课中道德情感的培养	杨绍秋　马平阁
《教育理论与实践》	2002.01	教育主体性改革实验研究“三导”“三主”式教育自主化模式构想	杨绍秋
《河北教育管理》	2003.09	丰富校园文化培养合格人才	杨绍秋
《教育实践与研究》	2006.03	“自学启导式”数学教学的探索	李中朝
《教育实践与研究》	2006.10	挖掘小学自然课的魅力　体验学习自然科学的乐趣	李中朝
《小学德育》	2008.07	多彩的春天	马平阁

第二章 普通教育

巨鹿县普通教育主要为学前教育、小学教育、中学（初中、高中）教育和特殊教育。改革开放后，通过教育体制改革、普及九年义务教育、校舍危房改造项目实施、加大教育投入等，学前教育迅速发展，小学教育撤并整合日趋优化，中学教育向县城驻地集中，教育教学质量有了较大提高。到2008年，全县实施普通基础教育的幼儿园128所、小学114所、初中23所、高中2所、特教学校1所。

第一节 学前教育

改革开放后，国家进一步加强学前教育工作，加之人们对幼儿学前教育普遍重视，学前班、幼儿园发展很快。

一、幼儿教育布局

1979年，县城仅有一所县直机关幼儿园，少数村小学设有学前育红班，由学校统一管理。

1984年，县文教局为全县学前班订购河北省统编幼儿教材，对幼儿的智力、生活、体育及教学方法等方面提出具体要求。1987年，县第一职业技术中学培育出43名幼师毕业生分配到乡镇学校，部分村增设了学前班。到1989年底，学前班增至21个，入班儿童1054人。1992年，全县各村均设有学前班。1993年，学前一年入学率达到83%，3～6岁入园率36%。

2000年，全县幼儿园增至10所，学前班达到200个，学前儿童入班4000余人，幼儿教师240人。2001年，学前一年入园率90%，三年入园率超过30%。

2004年，贯彻落实县教育文化体育局关于《巨鹿县幼儿园建设三年规划》和《幼儿园建设实施方案》。实施多渠道办园发展幼儿教育。当年，城关校区、张王疃校区、小吕寨校区和观寨校区各建成3所幼儿园，其他校区也分别建成1～2所。

因农村小学资源富裕，2005年开始提前普及学前教育（省市要求2007年普及学前三年教育，简称“普三”），年底建农村幼儿园79所，其中规范化64所，达到了“三段、两基、五独立”（即三个年龄段为大班、中班、小班；具备基本办学条件、基本卫生保健设施；法人、人员、园舍、财务、管理独立）。年底在园幼儿达到8058人，学前三年入园率83.2%，当年12月顺利通过省政府“普三”验收。

2006年，建成农村规范化幼儿园110所，适龄儿童入园率增至86%。

2007年，农村规范化幼儿园达到126所，其中实行“一餐两点”（提供午餐、上下午加点水果点心）幼儿园30所，入园幼儿8136人，学前教育普及率90%，学前教育跨入全市先进行列。

2008年，22所农村幼儿园实现“一餐两点”。8月在县城健康东路租赁场地，创办县直属第二幼儿园，公开选拔园长、副园长，招聘教师25人，当年招收幼儿230人，设大、中、小8个班。年底全县幼儿园增至128所，入园儿童8187人，入园率88.8%。

二、幼儿园设施

在县城和乡村兴办幼儿园均经县教育局审批，所有幼儿园必须具有宽敞明亮的教室，室内必须设有电视机、VCD、录音机、电子琴等，县城幼儿园还必须设有微机；有符合幼儿特点的桌、椅、凳；有衣帽橱、毛巾柜、保温桶；有图书室、保健室、保育员等；有活动场地，县城要求人均每生6平方米、农村要求人均每生4平方米；室外必须有2～3个大型玩具，如蹦蹦床、滑梯、秋千等；体育器械要求8件，一般有3件；所有幼儿园必须设有小、中、大三个班，根据不同的年龄段施教；幼儿教师必须持有幼儿教师资格证书，大专学历的占一定比例。

附：县直幼儿园

县直幼儿园始建于1958年，原址在县城南大街路西，1973年迁至秦泽东路（原为东大街）的小北街，占地面积2088平方米，建筑面积1066平方米，教职工35人，七个教学班（大、中班各2个、小班3个），2008年入园幼儿300多人。

1984年，使用省统编幼儿教材。1989年，幼儿可全天托管。

1999年，县投资80万元建成一座580平方米的标准化综合教学楼。2000年5月，新建大门口、围墙、硬化院落。教室内设标准幼儿桌、椅、床；有大型滑梯、蹦蹦床、动物秋千、攀登架、跷跷板等大、中、小型玩具。活动室配有家庭影院、钢琴、投影仪等现代化教育教学设施。

2002年，开设舞蹈、美术、电子琴等特色教育。2003年9月，被县教育文化体育局授予“一类幼儿园”。2月，顺利通过“市级一类示范园”评估验收。

2005年6月1日，社会爱心人士杜秀敏为幼儿园捐献电子琴6架。暑假期间，投资2万元用橡胶地垫软化了幼儿玩具场，增添大量教、玩具。2005年11月28日，《河北日报》图片报道县直幼儿园，11月29日《燕赵都市报》转载。

2007年，投资11万元完善全日制配套设施。幼儿活动丰富多彩，在全国青少年精品节目展示中诗歌朗诵《唱响奥运唱响祖国》、小相声《两个蝈蝈吹牛皮》分别荣获省级“一等奖”。

县直第一幼儿园剪影张丽娜摄

第二节　小学教育

一、学校布局和办学条件

1979年全县有小学261所，在校生40615人。次年开始调整学校布局，缩减74所队办高中，缩减学校教师充实到小学。同年，县招待所占用城关校区原小学校舍归还，复建小学。主要招收县直机关干部职工子弟，隶属县文教局直接领导，命名“巨鹿县育红小学”。

1982年，县文教局继续调整学校布局，每公社保留一所重点初中，精减的中学教师到小学任教。县育红小学恢复以后，由于各项工作相对先进，外校学生纷纷转入，班容量急剧增加，为解决招生压力，1984年把城关校区管辖的南街、北街、西街、一里庄四所小学定为育红小学分校，统一管理。1985年，再次调整学校布局，余出中学教师仍然充实到小学。1988年，育红南街分校与育红小学脱钩，改为县师范学校附属小学。随着县育红及分校规模逐步扩大，管理难度增大，1993年，北街、一里庄、西街三所分校改为教委直属学校。分别命名育英小学、育才小学、育杰小学。2000年师范附小更名为育蕾小学，改为县直属小学。

2002年，县再次整合教育资源，调整中小学布局，新建7所项目学校。2003年，撤并农村小学66所，新建小学6所。2004年，撤并农村小学62所，新建项目学校10所，全县小学尚有129所。2007年县政府出台《巨鹿县“十一五”教育资源整合规划》，按照“整合初中、发展小学，整合小学、发展学前教育”思路，坚持“相对就近、整体规划、区域推进、分步实施”原则，撤并小学35所。2008年，撤并小学10所。年底，全县共有小学114所，小学入学率100%，毕业合格率100%。

20世纪80年代，经济发展较快，教育投入相对不足，校舍简陋。1989年7月21日，一场特大暴雨后，80%的校舍漏雨，造成67处校舍、300米围墙、88个厕所倒塌。县委、县政府发出《确保汛期安全的紧急通知》，县教委派出19名干部深入到水灾严重的校区，组织师生修复校舍。10月底，全县各小学恢复正常教学秩序。

1990年，着力改善办学条件，经过两年努力，全县投资34万元，翻新校舍683间，修围墙7547米，新添大门177个，购置桌凳1666套，添置教学仪器4000台件，基本达到省市“一无两有”（无危房、有教室、有桌凳）、“八配套”（门口、大门、旗杆、围墙、操场、水源、花池、厕所）标准。彻底改变了农村学校泥台子，土孩子局面。

1994年，全县小学262所，适龄儿童入学率97%，巩固率96%，教师学历合格率96%，校长合格率57%。全县共有校舍112834平方米，生均建筑面积2.1平方米、图书4册，课桌凳配置率86%。

1995年3月，据省政府安排，实施“普六”工程。1996年4月，成立“普初”（普及初级教育，也叫“普六”）工作指挥部，奋战一年，新建学校92所，建筑面积5.52万平方米（其中教学楼16座），扩建校舍3.7万平方米，维修校舍4.73万平方米，投资120万元购买图书、410万元购买仪器、文、体、劳器材，“普六”共投入资金3342万元，同年12月，顺利通过市政府“普六”验收。

2001年，乡镇中心小学基本实现“四化”（硬化、绿化、净化、美化）标准。当年撤并16所小学后，筹措资金重点增加县直学校和乡镇中心小学专用教室，年底这些学校八室装备基本达到一类标准。

2006年为农村小学接通校园网，装配远程教育设备。2008年全县小学完成取暖设施改造工程，彻底解决取暖问题，有的学校还建有洗浴室。通过教育资源整合调整，政府不断加大教育投入，全县中小学硬件设施得到较大改善，师资力量明显增强。

二、教学工作

1979年，在全县推广县育红小学教师孙波自制教具、直观教学经验，成功举办首届小学教师大比武活动。1980年举办第二届小学教师大比武。1981年，对全县5所重点小学实行开放教学，组织安排县内小学教师到校取经、听课，加大对现有师资力量的培养。1983年，全县小学由五年制改为六年制。1985年2月，县育红小学教师孙波自制的折合卡片和折叠卡片在省自制教具评优表彰会上各获三等奖。12月，自制“数学综合计算器”获二等奖。1991年，县育红小学教师张书魁自制的“小学数学学具箱”在省自制教具表彰大会上获二等奖。

20世纪90年代，县育红小学学生苏明和城关校区李佩英等50多名学生在全国小学奥林匹克竞赛和市小学数学竞赛中分别获奖，巨鹿县连年被评为优胜单位。

2002年，全县组织“名师工程”和“教学标兵”评选，参加省“百千万节优质课”评选活动。2003年春季，因国家部分城市出现非典型肺炎疫情迫使学校停课。为不影响教学，县教文体局启动“空中课堂”。9月10日，全县举办第一届中小学生素质大赛。

2004年，巨鹿县被定为新课程改革实验县。秋季，义务教育阶段起始年级均启用新课程。并开展教学大练兵大比武和评选“五个百”（百本优秀教案、百节优质课、百篇优秀论文、百本优秀作业、百名教学标兵）活动。12月，举办第二届中小学生素质大赛。各种教育教学活动的开展，对提高教师素质和教学质量起到了一定作用。2008年，官亭明德小学、曹辛庄明德小学被定为“河北省明德种子学校”。

附：巨鹿县育红小学

县育红小学位于县城秦泽东路，2008年有32个教学班，学生2100多人，教职工106人。

学校始建于（清）道光十七年（即1837年），史名“广泽书院”。1968年受“候王”建议”影响，曾下放为大队办。1979年恢复公办，命名为“巨鹿县育红小学”。

1988年9月，县育红小学由秦泽中路迁往新址。1986年，开展做“合格的爸爸”和“劝爸爸戒烟”活动，受到卫生部长钱信忠赞誉，称此项活动是“利国利民的伟大创举”。1988年被国家教委授予“全国德育先进校”，团中央授予“全国少先队红旗大队”。

学校重视德育教育。1998年，学校开展“1949～1999年纪念渡江胜利50周年、庆祝共和国成立50周年奔向21世纪”全国百校团队手拉手长江行动。巨幅红飘带曾在革命圣地西柏坡、延安、瑞金、遵义、井冈山等地的中小学校签字传递。至1999年，红飘带回到学校。

2000年7月，学校被教育部授予“全国中小学德育工作先进集体”。

2002年，针对社会上各种不良倾向及西方文化对青少年儿童影响，学校开展了“五百工程”（读百本爱国主义图书，唱百首爱国主义歌曲、集百条爱国主义格言，看百部爱国主义影视，讲百个爱国主义故事）。引起省委、省政府重视，向全省中小学推广。2002年跻身中国名校600家。随后，学校相继开展礼仪教育、感恩教育、社会主义荣辱观教育、中华民族传统美德教育等系列活动。《中国少年报》、《中国儿童报》、《红领巾报》、《小学生报》、《小博士报》、《少年智力开发报》、《小学德育》、《孩子天地》、《辅导员》等报刊杂志先后报道学校少先队活动经验1200余项。

学校积极开展教学研究。1982年，学校引进“尝试教学法”。1984年，开展“注音识字、提前读写”教改实验。1986年，开展“现代小学数学”实验。1994年，被国家语言文字委员会定为“注音识字、提前读写”实验基地。1995年，被中国科学院心理所定为“现代小学数学”实验点。陆续开展了“自主学习”、“创新教育”、“小学生心理健康教育”等课题研究。2000年5月，被省教委定为“省教育科研先导型学校”。“九五”、“十五”、“十一五”期间，共承担省级以上教育科研课题30余项，获省级以上教育科研成果16项。

2005年4月，育红小学被评定为市级示范性小学。2007年，被评为“中国特色教育与项目实践学校”。2008年被聘为第八届中国西部教育顾问单位。

2008 年育红小学新校园（杨丽霞摄）

第三节 中学教育

1979 年，全县高中 14 所，在校生 3335 人，初中 123 所，在校生 14844 人，初中 2 年制改为 3 年制。1981 年社办高中大部停办，保留县办一中（巨鹿中学）、二中（原阎疃中学）、三中（原官亭中学）、四中（原小吕寨中学）4 所高中，在校生 1763 人。1983 年，为改变县中等教育结构单一，把县第二中学改为阎疃农业技术中学。随之开始调整社办初中，除社办重点初中实行双轨制外，其余根据学生来源和师资条件划定轨制。到 1984 年底，中学布局为县办初中 40 处，在校生 9960 人。1985 年，县三中、四中停止招收高中班，高中仅剩巨鹿中学，在校生 660 人。1990 年，阎疃农业中学恢复为“巨鹿县第二中学”，增设 2 个高中班，招收 100 名学生，全县高中增到 2 所，在校学生 710 人，初中 37 处，在校生 11100 人。

1993 年 5 月，县城小学毕业生出现入学难，县政府新建第五中学（初中四轨、简称五中）。1998 年 3 月县投资 50 万元作为启动资金。9 月，3000 平方米南教学楼投入使用，当年招收新生 10 个班，661 名学生。并同时选调教师 29 人，县五中由 4 轨增至 10 轨。同年，巨鹿镇中迁至建设北街，并投资 400 万元，建成 4800 多平方米教学实验楼及 500 平方米餐厅。1999 年，增建学生宿舍楼，成为全县规模最大的乡镇初中。当年为迎接省政府对“普及九年义务教育”验收，春季县组织乡镇主要领导、校区校长、乡镇中校长赴临城、威县考察学习，半年连续召开 4 次调度会和 2 次现场观摩会，全县 20 所乡镇中学硬件边扫尾，边上“七室”配套工程（七室即仪器室、音乐室、美术室、图书室、体育器材室、微机室、少先队活动室）。按照统一要求，统一标准，统一筹资，统一购买原则，秋季开学前，所有初级中学完成图书、仪器、文体器材配置，“七室”和教学用房基本达到省定标准，原县办二中、三中、四中分别合并到乡镇所在地中学。县办初中仅剩五中。12 月底，顺利通过省“普九”验收。

2000 年 4 月，县按省级示范性高中标准筹建第二高中（简称“县二中”），占地 106560 平方米，12 轨制，36 个教学班。7 月，县二中借用教师进修学校校舍招生。首届招收 4 个班，学生 200 人，选调 16 名教师，当年秋季开课。

2002 年，接受“普九”第一轮复查，县教文体局派出 4 名副科干部和 34 名机关干部，脱离机关工作，分包学校，吃住在基层，招回辍学学生 500 多人。县拨款 448 万元，增建专用教室 10000 平方米，使所有初中专用教室由“七室”增到“十六室”。并利用规模企业担保贷款 259 万元，解决图书仪器和现代化教学设备配套，乡镇中学图书仪器达到一类标准，后又采取借款、向微机出售商分期付款方式完成 648 万元的计算机安装工程。建微机室 46 个，装机 1467 台，语音室 25 个，语音 1924 座，25 所中学建成校校通工程。另外，硬化路面、校园环境治理加快。12 月 26 日顺利通过省政府复查。同年，巨鹿中学被定为省示范性高中。

2004 年，县二中通过省级示范性高中验收。同年，县五中探索尝试后勤管理社会化、民办公助股份制办学，吸引社会资金 940 万元，租地 13320 平方米，在原校址南侧兴建教学楼、学生宿舍、食堂，与方正集团联合创办方正中学。方正中学设计初中 6 轨，执行私立学校收费标准，面对全县及周边县市招生。

2005 年，县二中改名魏徵中学。2007 年，省、市教育局确定巨鹿县为教育资源整合试点县。撤并楼张镇、王六村初中 2 所，停止西郭城、何寨、观寨三所初中招生。为顺利通过省政府“普九”二轮复查，上半年，全县校园、文化建设投资280余万元，全面提升学校文化品位。为防止学生辍学，在规范“一费制”收费同时，实行“两免一补”，发放救助金346万元，救助贫困生13936人。为增加学校图书藏量，各中学采取动员教职工开展捐书献爱心活动，捐献图书28万册。下半年，全县新增微机810台、微机室27个，装备多媒体教室36个、语音室20个、语音1120座，新装音乐教室41个，增加图书18万册。12月，省政府教育督导团到县复查验收，评定等级为最高“合格”档次。

2008年，撤并林庄、董营、何寨、观寨4所初中。年底，全县共有普通中学25所，其中高中2所，教学班94个，在校生5783人；初中23所（含民办2所），教学班351个，在校生19003人。其中国办学校在校生16687人、民办学校有2316人。初中学龄人口入学率99%、毕业合格率99%、巩固率99%，分别比2006年提高了1%、3%、3%。中学教职工1501人，专任教师1390人。其中初中专任教师1076人，学历合格率96.1%，高中专任教师314人，学历合格率79.9%。

附一：巨鹿中学

巨鹿中学建于1951年，位于县城西南角，占地86580平方米，建筑面积32000平方米，为河北省重点中学、省示范性高中、国家基础教育研究中心外语实验学校。拥有69个教学班，4000余名学生，专任教师226人，其中高级教师29人，中级教师77人。学校领导班子按县局级配备。

1978年，定为省重点中学，命名“河北巨鹿中学”。

1985年，建400米跑道标准体育场1个。5月，学校代表队获邢台地区中学生田径运动会第四名，女子篮球队获地区重点中学篮球赛第一名。

1993年，高考成绩跃居市第6位。北大、清华、复旦、南开、中科大等名牌大学录取均有巨鹿中学的毕业生。

1997年考生孙晋考入北京大学。

1998年，3600平方米科教楼竣工。设置微机室、教师电子备课室、活动厅等。同年，被市教委授予“德育工作先进学校”。

2001年，建成卫星地面接收站，与知名学校联合开办网校，实施远程教育。当年高考成绩创历史最好水平，总成绩全市排名第6。文科本科上线率全市第一。学生杜瑞孔以609分的成绩喜获全市文科状元，被中国政法大学录取。董耀旗以676分获得全市第二名，被清华大学录取。同年，学校获省“五四红旗团委标兵”，155班、157班获省级先进班集体。

2002年，高考市排名自第6位升至第4位。文科应届上线率居全市第一，文理综合上线率全市第四。获全国纪念建国80周年共青团知识竞赛“集体荣誉奖”和省五四红旗团委创建单位；163班荣获省级先进班集体。

2004年考生韩伟玮以671分、全省第七名成绩摘取市文科状元桂冠，被北京大学录取。10月，在国家体育总局、中国体育报社共同举办的体育法规知识竞赛中获优秀组织奖，是全国25个获奖单位中唯一的获奖中学。

2005年，制定校训、校风、学风、教风。确定校徽、校旗、校歌。校徽的寓意为“天地间有我”，校歌名为《参天树》。

2006年高考升学人数位居市第五位。两名考生获市语文、数学单科成绩第一名。教学中，开展“课前三分钟演讲”“班级日记”“创新感悟纪录”等活动。9月，被评为全国英语“四位一体”教学法优秀实验单位。18班被评为“省先进班集体”。

2008年巨鹿中学校园

2007年注重信息化建设和现代化教学手段应用，分期配备教师专用笔记本电脑，建立学生电子阅览室。增设7个多媒体教室，改、扩建学生微机室，鼓励教师制作教学课件，采用多媒体上课。同年，篮球比赛获河北省高中女子组第七名。

2008年5月开始实行半封闭式管理和签到签退制度。大力推行以学案、练案和教案为一体的“三案一体”和“周测月考”教学法，学案的高效性、练案的针对性、教案的灵活性和“周测月考”的及时性大大提高了教学成绩。

附二：魏徵中学

魏徵中学（县第二高中简称县二中）筹建于2000年4月，2001年9月正式投入使用。该校位于县城东安街西侧，占地106560平方米，建筑面积34000平方米，建有教学、实验、办公、学生公寓楼、多媒体大厅、备课厅、标准篮球场等现代化教文体设施。规模高中12轨，教师150人，学生2200人。学校领导班子按县局级配备。

2008年魏徵中学校园

2003年9月，装备408座位多媒体大厅。2004年9月建起两栋学生公寓楼和餐厅，同时完善8个现代化理化生物实验室。校微机室配置60台电脑，联通全市高水准校园网。图书4万册，并建有音、体、美等专用教室。2003年、2004年两年招聘吉林、黑龙江、甘肃、云南、河南等外省市籍教师20人。2004年12月，学校通过河北省示范性学校验收。

魏徵中学具有自己的办学特色，（1）首家聘请部分外国籍教师教学，封闭式管理。（2）注重学生心理健康教育，建立全市首家学生心理辅导中心。（3）强化师德建设，在全市率先制定并落实《教师职业道德标准实施细则》，实现教师业绩、班主任工作、班级文明量化评比。（4）坚持“求实、创新、发展”指导思想，恪守“求实、尚德、博学、创新”校训，形成“学高、身正、善导、爱生”教风和“乐学、求真、有恒、严谨”学风。2007年被定为中国基础教育英语教学研究科研基地。2008年获河北省学生实践工作先进单位。

附三：巨鹿五中

县第五中学建于1993年，位于县城新华街南端。占地53280平方米，建筑面积18761平方米，16轨制，在校生2900多人，教职工158人。县直属初中。

1993年，县投资80万元，在县城南关征地13320平方米，建设1600平方米二层教学楼，因校舍未建好，先招收学生4个班，临时在县育红小学西院上课。第二年9月校舍竣工迁入五中。1995年，五中增至12个教学班，700余名学生。1999年，毗邻学校南侧购地26660余平方米（40亩），新建300米操场，标准篮球场4个。2000年，新建综合科技楼一座，并配齐“七室”。

2005年五中校园

2002年，投资19万元新添2套多媒体教室设备，招两个多媒体教学实验班，率先在全市用多媒体教学。2003年购置110台微机开设微机课。2004年后，先后增建物理、化学、生物实验室、仪器室，图书、阅览室，音、体、美、劳技专用教室，微机、语音、多媒体教室。2007年，购进30台教师备课用机，利用省、市远程教育设备，建成校园网络。2008年12月，五中与方正中学合并。

1996年在目标教学实验中，获国家级教学设计二等奖3个、说课一等奖3个，教师徐群生撰写的“新课程、新理念下复习课型目标教学”，在全国目标教学学术会议上交流。办学十几年中，共承担省、市教科研课题50余项，结题35项。

学校先后被定为省、市“创新教育实验学校”、“素质教育先进单位”、“实验教学先进学校”、“教育科研先导型学校”、“教学实绩突出学校”、“全国目标教学研究先进单位”。

第四节　特殊教育

巨鹿县有九年制寄宿式特殊教育学校一所，位于县城秦泽西路，占地3762平方米，建筑面积1600平方米。招收听力、视力、智力三类残障儿童。

2008年特教学校聋哑班学生在上课

2005年，县投资57万元将原育杰小学改建为特殊教育学校。学校设有律动室、语训室、综合康复训练室等专用教室。特聘两名邯郸特教师范毕业生任教，其他教师均接受过短期特殊教育培训。学校首期招生26人，基本普及了全县7～15岁视力、听力、智力三类残障少年儿童义务教育。在校生均享受“两免一补”，实行封闭式管理。同年11月顺利通过省、市特殊教育验收。

2006年，特教学校装配价值16万元的远程教育设备。2007年，增设编织、缝纫专用教室。有平乡、广宗等县部分残疾儿童入校。2008年底，校办培智班、聋哑班各2个，在校生52人。

第三章　职业教育

巨鹿县职业教育主要为中等师范教育、中等职业技术教育。依托县师范学校，培养中小学教师，对在职教师进行培训。依托县职业技术中学、县职教中心，为社会培养急需的专业技术人才，开展就业培训等。

第一节　师范教育

巨鹿县师范教育主要由县师范学校负责。1983年5月，在县城南街创办县师范学校，接续了中断23年的师范教育，一方面为中小学培养师资，一方面对在职教师进修、知识更新进行辅导和培训。

附：巨鹿县师范学校

县师范学校位于县城魏徵南街（原南关街）南头，和教师进修学校一套人马两块牌子，初建学校占地16650平方米，建筑面积640平方米。设教导处、总务处和团委三个科室，教职工20人。学校领导班子按县局级配备。

学校成立后的前几年，每年招收1个民师班，48人，学制2年，开设语文、数学、自然、政治、教育学、心理学、教法、音乐、美术、体育、习字等11门课程。生源来自巨鹿、广宗、平乡3个县的民办教师，毕业后转为国办教师。

1986年，县师范学校增设两个中师班，招生100人。招收巨鹿、广宗、平乡3个县的初中毕业生，学制3年。

1990年4月，新建教室、学生宿舍各21间，硬化路面2000平方米，实现教学区与生活区分开。学校增设政教、进修处、妇联三个科室。教职工51人。

1991年，民师班招生范围增加威县，人数由每年48人增至82人，由单轨制变为全区唯一的双轨制县师范学校。

1996年，新建综合楼和学生食堂，修建乡村女教师塑像、小花坛及20间仿古式琴室。1998年，建成标准化公寓楼一栋，装备了微机、语音室。

2000年，县师范学校不再招收中师和民师班，改为单纯教师进修学校。自开办到停止招生，共办民师班16届24个班，巨、广、平三县1414名民办教师通过师范学习转为国办教师。

第二节 职业技术教育

1983年6月，原第二中学改为县农业技术中学，当年招收2个班，87名学生。学制3年，开设政治、语文、数学、物理、化学、植物生长、土壤肥料、作物栽培、植物保护、作物遗传与育种，农业气象等11门课程。

1985年7月，在县城东关创办第一职业技术中学，开办职业高中班，学制三年。开设商业财会、幼儿师范和果林三个专业，学生145人。财会班为学校和县供销合作社联办，幼儿师范班由县教委主办，招收本系统子女入学，毕业后分别由县社、教委安排工作。果林班由学校开设，与县林业局挂钩，由林业局派人讲授专业课，毕业后国家承认学历，不包分配，林业系统择优录用。职业高中班开设语文、数学、政治、历史、地理公共必修课。专业课根据专业不同各异。

随着果林面积扩大，急需专业技术人才，1988年，县将小马庄中学改为初级职业技术中学。当年招收两个果林班，学生105名，学制三年。10月，县第一职业技术中学迁至城西北3.5千米处，白寨村东。1987年、1988年因基建未招新生。1989年7月，招收果林、幼儿师范、卫生3个班。

1989年因专业师资缺乏、生源不足，小马庄初级职业技术中学停止招生。

1990年7月，县农业技术中学撤销，其教学任务由第一职业技术中学承担。恢复县第二中学普通初中教育。

1994年，县第一职业技术中学改为巨鹿职业教育中心，面向全省招生，学校先后开设电力、艺术、计算机、会计电算化、无线寻呼、旅游与宾馆管理、经警、服装设计与制作、医士等十多个专业。

全县职业技术教育学校还有县卫生学校（主管部门县卫生局）、县农广校（主管部门县农业局）。民办职业技术教育学校有痔瘘专科学校、星火裁剪学校、三姐妹裁剪学校和康益、回车电脑学校等。2008年底，民办职业技术学校仅剩康益和回车两所电脑学校，痔瘘专科学校改为恒均医院。

附：河北巨鹿职教中心

县职教中心的前身为县第一职业技术中学。1988年10月迁于县城西北工业区，紧临邢德公路，占地92574平方米，学校建有办公楼、教学楼、宿舍楼、实验楼、多功能厅、图书馆，投资400万元的数控机床培训大厅、特种焊接实习车间、车缝实习室（配有数控、普通机床20台）。80工位氩弧焊、CO2保护焊实习车间，计算机室、语音室、电工电子实验室、多媒体教室、汽车驾驶操练场等培训场地和设备，理、化、生实验室。建筑面积2万余平方米，实习基地732600平方米，总投资2300万元，2008年教师76人，其中副高级职称3人，中级职称28人，在校生3000人。学校融普通、职业中专、职业高中、预备班、高职电大、农广校、技校、卫校、劳动力长短期转移就业培训于一体。

县职教中心为河北省重点中等职业学校、河北省首批职业教育实训基地建设项目学校、河北省阳光工程办公室农村劳动力转移就业培训品牌基地（电工电子）、河北省扶贫办农村劳动力转移就业培训示范基地。

2008年巨鹿县职教中心

学校先后开设普通中专电力、教育、艺术、计算机、财经、计生、农学、医士等专业，为社会培养大批实用型技术人才。普通中专电力专业面向全省电力系统招生，生源充足。教育、艺术专业的毕业生充实到县基础教育。

学校根据市场需求设置专业。2002年和石家庄开拓计算机学校联办职业中专计算机应用专业。同时开设数控技术、幼师、汽车驾驶与维修、电工电子、特种焊接、模具加工机电一体化等专业。学校大胆改革教育教学内容，实行工学交替、半工半读。2003年和石家庄法商职业学院联办“2+3”五年制高职大专班。

学校开展劳动力转移就业培训。2003年向浙江宁波万汇休闲用品有限公司输送260名务工人员；2004年开辟昆山劳动力转移就业基地，全年输送1500名劳动力去昆山规模企业就业，劳动力转移就业培训形成经常化、规模化；2005年致力提高培训输出层次，年输送务工人员3260人，其中技术工人，管理人员占70%。至2008年，累计输送12800名务工人员，每年可获经济收入1.5亿多元。

学校教学成绩受到各级领导和有关部门肯定，省、市领导多次到学校调研考察。1995年8月24日，原省教委主任田洪波到学校视察工作。2005年3月，省委政策研究室到学校调研；4月2日，省电视台《午间视野》播放了学校劳动力转移就业培训工作事迹。11月8日，《中国教育报》第一版以“职教为俺铺就小康路”为题，报道学校劳动力转移就业服务事迹。学校先后荣获“河北省安全文明单位”、“河北省扶贫办农村劳动力转移培训示范基地”、“河北省职业教育先进集体”、“全国农村青年转移就业先进工作单位”等荣誉。

第四章　成人教育

20世纪70年代，成人教育在县文教局内设成人教育办公室。2003年成人教育办公室和职业教育股合并建立职成教股。利用广播、电视、网络媒体、业余学校等渠道，采取培训、函授、辅导等形式，对广大农民、在职干部职工及待业青年实施岗位培训、继续教育、学历或非学历教育等。

第一节　农民业余教育

1981年前，农民业余教育以扫盲为主，部分大队建有扫盲班。1982年后，重点转向既学文化又学政治、科技综合知识，学习内容主要有农业、林业技术、畜牧兽医、农机使用与维修、家庭养殖、食用菌栽培、缝纫刺绣、木工油漆、家电维修、财会、卫生医疗、企业管理。1990年底农民业余技术学校发展到310所，596个班，学员14200人。其中乡办农民业余技术学校17所、25个班，学员1215人；村级285所、571个班，学员12234人；私立农民业余技术学校8所，学员751人。1990年后，业余成人教育转为重点扫科盲、法盲。2000年后，农民业余教育转向学科学、学知识、学技术、提高劳动者素质。

第二节　干部职工教育

主要对在职干部职工实施再教育。形式有短训班、在职培训、脱岗进修、函授等。

进入20世纪80年代，在职职工除正在参加电大、业大、函大等学习进修外，均分期参加继续教育。

20世纪90年代，干部职工教育主要为岗位培训及再就业培训，不同行业培训方法各异。2000年后，逐步转向全方位、多层次、多门类的技术培训、岗位培训，有的转为学历教育。

负责干部职工教育的单位有县委党校、巨鹿电大、县师范和教师进修学校、县卫生学校、县农业广播学校。

第三节　家庭教育

1988年，县育红小学成立家长学校。2001年5月，被省教育厅、省妇联授予省优秀家长学校和示范家长学校。

2006年5月，县教育文化体育局建立中小学家长学校工作指导小组，主管副局长任组长，关心下一代工作委员会主抓，聘请退休老干部、老党员任顾问。8月召开全县家长学校建设专题会。会后，巨鹿镇中、县直第一幼儿园、西郭城校区等十余所学校相继建立家长学校，并购买了有关家庭教育书籍、光盘、教材、报刊等资料，通过讲座、收看录像等形式，累计开班40课时，听课家长2000多人次。

2007年，家长学校达到163所，近万名学生家长走进家长学校课堂。县育红小学组织2000名家长，收看刘凤华教授主讲的《家庭教育系列课程》录像，《巨鹿晚报》连载关工委推荐的家庭教育文章。巨鹿二中特邀南京大学教授举办家庭教育专题讲座。县直幼儿园开展了“家长半日开放”活动。

2008年，县育红小学、西郭城校区、县直第一幼儿园、曹辛庄明德小学被省家长学校命名为“河北省家长学校巨鹿县教学点”。县教育系统关工委被省教育系统关工委授予“河北省教育系统关工委先进集体”。

附：广播电视大学巨鹿分校

广播电视大学巨鹿分校（简称“电大分校”）位于县城秦泽东路，占地4129平方米，建筑面积1500平方米。学校有普通教室8个，设微机室、微机理论室、录放像室、放音室、图书室。配置远程教育卫星IP数据接收系统和微机、录放像机、电视机、录音机以及各学科音像教材等现代化电教设备。在编教职工12人，兼职教师20多人。

电大分校原为县电大工作站，1979年时为文教局成人教育办公室。1982年，招收第一届学生。1996年3月，县电大工作站在建设南街路西租用20间楼房，扩大招生规模。1999年，县电大工作站改为邢台市广播电视大学巨鹿分校。6月，投资160万元在秦泽东路动工兴建新校址，12月底完工后学校迁入新址。

学校先后开办成人大专、双沟通、专业证书、电大中专等学历教育和岗位培训、职业培训等非学历教育，开设中文、汉语言文学、商业企业、工商企业管理、法律、文秘、党政干部、金融、英语、行政管理、农学、计算机应用等专、本科专业。2001年，县电大分校被省电大授予“教学管理先进单位”、“先进办学单位”称号。2006年再次获省电大“教学管理先进单位”。

2007年8月，授牌成立巨鹿电大“奥鹏远程教育学习中心”，2008年春季启动招生，招收汉语言文学教育、小学教育、英语教育、物理教育等本、专科学员26人。

到2008底，累计培养各类毕业生2800余人。非学历教育的岗位培训、职业技能培训等万人以上。

第五章　教师队伍

巨鹿县教师队伍肩负着全县普通基础教育、职业教育、继续教育、岗位培训的重要职责，通过国家分配、招聘和教育培训、规范管理等，不断加大教师队伍建设，提高教师队伍素质，为全县教育事业不断发展奠定基础。

第一节　教师来源及数量

一、教师来源

（一）师范类大中专毕业生。河北师范大学、邢台学院（原邢台师范学校，邢台师范专科学校）、河北威县师范学校、河北隆尧师范学校及县师范学校、外地师范院校毕业生。

2000年及以前毕业的中师毕业生，2001年前毕业的大学专科毕业生，2004年前毕业的大学本科毕业生全部安排到学校。随着教师队伍扩大和学校定编定岗，毕业生不再分配，采取公开招录方式充实教师队伍。2003年，通过考试从2001届师范类中专毕业生中择优录取70人，邢台师专2001届、2002届、2003届中师毕业生中签定委培协议的66人均录用。

2002年、2003年，巨鹿中学和巨鹿二中从外省市招聘本科毕业生57人充实高中教师队伍。

2007年1月，按学科需求，通过考试考查，从2004、2005届、2006届本、专科师范院校毕业生中择优录用本科 29 人、专科 6 人。2008 年 4 月，从本科毕业生中公开招录 20 人，加入教师队伍。

（二）非师范类院校毕业生。1999 年，取消幼儿民办教师和代课教师 600 人，教师队伍缺编。1999 年前县职教中心教育专业毕业生全部分配。非师范类中专毕业生中的公助生和交纳 3 万元集资助教款的委培生，县人事劳动和社会保障局直接安排充实到教师队伍。2000 年 3 月，电大办成人中师班，招收幼儿民办教师 58 人，每人捐献助教款 3 万元，2002 年毕业后全部分配。

（三）回乡知识青年和退伍军人中择优录用。录用后为民办，后通过补充自然减员、中师进修、民办教师转正等形式转为国办教师。

二、教师数量

1979 年，全县共有国办教师 1085 人，民办教师 1657 人。1980 年停止录用民办教师。1987 年省教委规定不再增添民办教师名额。因教师缺编，部分学校聘用代课教师。民办教师则通过县师范民师班深造转为国办、补充自然减员、民办教师转正、不合格民办教师辞退分流等形式，逐步减少民办教师。截止 2000 年底，全县已无民办教师。

1979 ~2001 年巨鹿县国办民办教师数量变化示意图

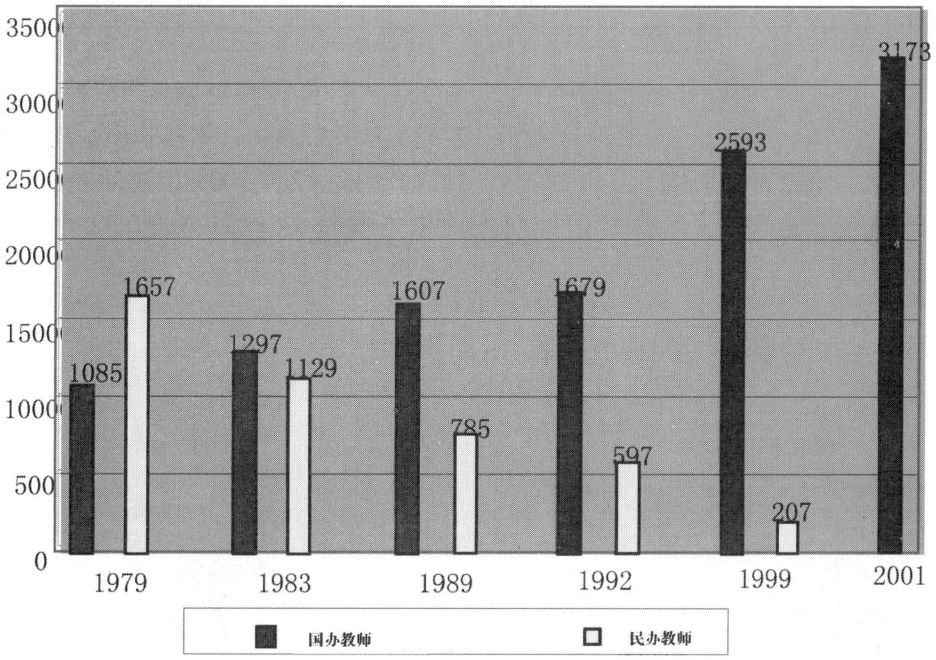

2008 年，全县教职员工 3283 人，教师 3198 人。其中县、镇学校教职工 2205 人，占教职工总数的 67.2%；农村学校教职工 1078 人，占教职工总数的 32.8%。

1979～2008 年巨鹿县在编教师统计表

表 21－5－2 单位：人

年份	数量	年份	数量	年份	数量
1979	1085	1989	1607	1999	2593
1980	1124	1990	1697	2000	2941
1981	1198	1991	1706	2001	3173
1982	1268	1992	1679	2002	3334
1983	1297	1993	1576	2003	3355
1984	1226	1994	1761	2004	3352
1985	1408	1995	1864	2005	3328
1986	1358	1996	1792	2006	3190
1987	1517	1997	2084	2007	3227
1988	1535	1998	2255	2008	3198

第二节 教师结构

一、学历结构

1993 年，全县教师队伍中初、高中学历的尚有 251 人，占教师总数的 15.9%，专科学历的 274 人，占 17.4%，本科学历的仅有 33 人，占教师总数的 2.1%。2008 年教师中已无初、高中毕业生，专科学历的增长 33.3%，本科增长 45.9%。

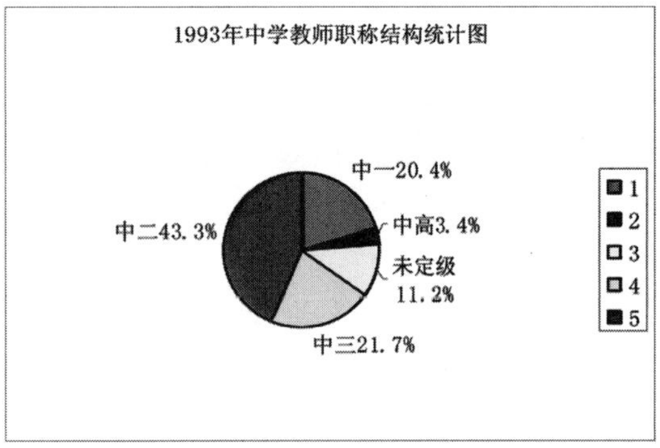

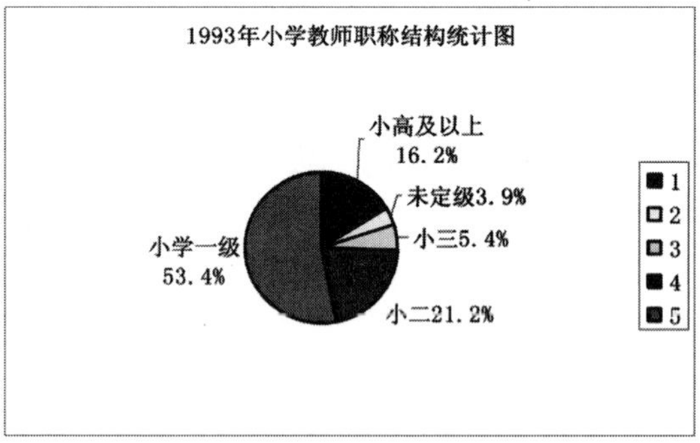

二、职称结构

全县小学教师中，1993 年小学一级占 53.4%，小学高级及以上占 16.2%，小学二级占 21.2%。至 2008 年，小学一级增长了 15.8%，小学高级及以上增长了 8.1%，小学二级及以下减少 14.7%，已无小学二级以下职称的教师。中学教师中，1993 年中学高级、中学一级、中学二级分别占教师总数的 3.4%、20.4%、43.3%。至 2008 年，分别比 1993 年高级增长 1.3%、中一减少 6.4%、中二增长 29.7%。全县教育系统教师副高级职称总计 137 人。

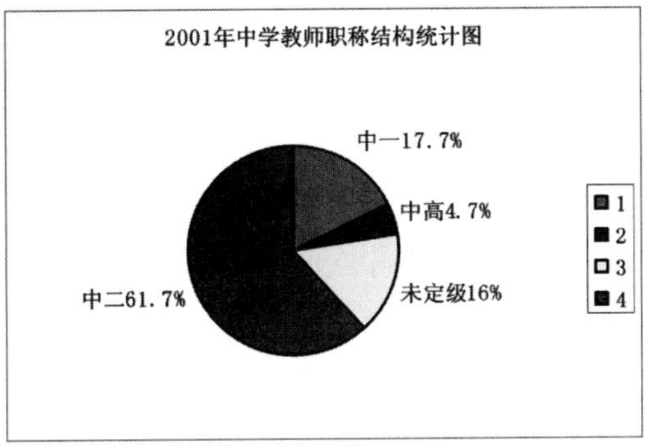

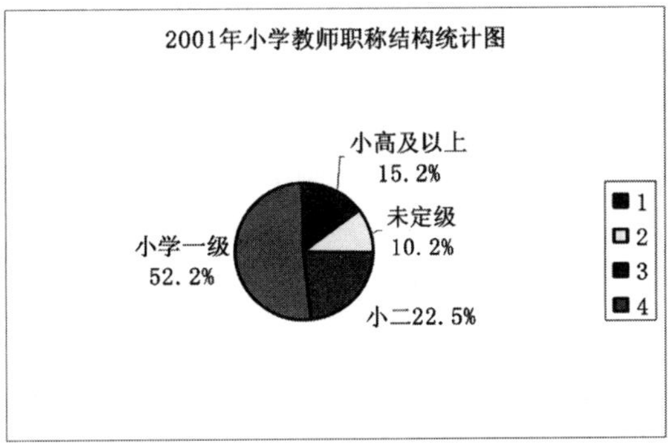

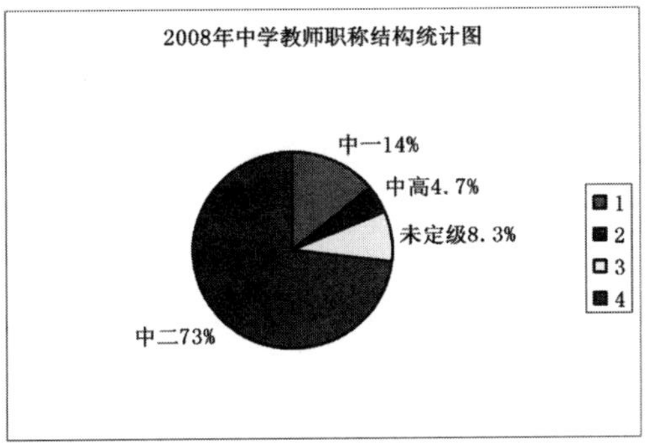

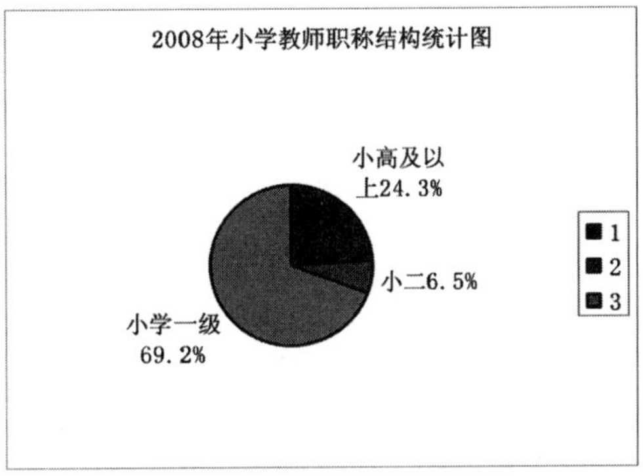

三、年龄结构

2002年后，教师自然减员每年70人左右，至2008年教师队伍7年累计减少500人，累计增加只有146人，教师队伍趋于老龄化。

2008年巨鹿县教师年龄结构统计表

表21－5－3

类别	30岁以下	31～40岁	41～50岁	51岁以上
高中	12%	30.8%	31.8%	25.4%
初中	10.7%	31.5%	27.6%	30.2%
小学	12.9%	31.5%	27.6%	32.1%
幼儿园	12.7%	29.7%	25.7%	29.7%

第三节　队伍建设

1979～1980年，连续两年举办小学教师大比武活动。以后每年组织教师开展教改试验和教学研究，参加省、市、县各级召开的教学年会和优质课评选、优秀论文评选及说课活动。1996年开始，先后组织教师开展“三笔字”（毛笔、钢笔、粉笔）基本功训练、专业知识进修、素质教育进课堂、3年“岗位大练兵”、暑假全县校长政治思想学习培训班等活动，提高教师队伍素质。2000年，全县评出百名优秀教师和百名学科带头人。2002 年，县政府组织清理教师抽调及教师离岗现象，敦促 140 名教师归队上岗。

2003 年，启动“教学星火燎原计划”，在教师队伍中开展“五个百”评选活动（百名教学标兵、百节优质课、百篇优秀论文、百本优质教案、百本优秀学生作业）。并举办首届教师技能大赛和骨干教师、学科带头人培训班，专业教室管理培训班，新课程改革教材培训班和英特尔未来教育师资培训班。

2004 年，指导各学校制定“教师工作量化考核细则”，建立教师业务档案。聘请国家、省、市 30 多名教育专家，分期对参加课改教师实施学科培训，培训课改学科带头人 123 人，教师 2000 多人次。举办两期末位教师脱产培训班，培训教师 230 人。《燕赵都市报》报道了对末位教师实施培训的做法。

2006 年，启动城镇教师支教工程。2007 年，按编制标准对全县中小学进行核编定岗，任课教师重新调配。2008 年，组织“送课帮扶，城乡牵手，名师引领”活动。同年，在市教师素质大赛中，15 人参赛全部获奖。

第四节　教师进修

1979 年，全县高中、初中教师定期到县一中请高中骨干教师、教研室教研员集中辅导，小学教师定期到校区辅导。重点帮助教师度过教材、教法关。1980 年，县文教局撤销校区辅导站，在城关、阎疃、小吕寨、官亭四片建立辅导站。1982 年，全县小学教师参加教材、教法考试，合格率为 33%。

1983 年县教师进修学校建立后，随即招收未达到中师学历的小学教师 800 人，请专职教师全科系统辅导。到 1986 年，通过考试 509 人领取“中师函授毕业证书”，其余 291 人，经过两年补习，于 1988 年全部毕业。当时全县有 40 名中学教师参加河北师范大学函授学习，65 名中学教师参加邢台教育学院函授学习。1985 年，有 4 名中学教师获河北师大的本科函授毕业证书。37 名中学教师获邢台学院专科函授毕业证书。1985 年后，每年有中学教师进入高师自费函授学习。至 1990 年，全县 124 名中学教师参加各类大专院校的函授学习。其中 76 人获专科函授毕业证书，11 人获本科函授毕业证书。

1992 年，县教师进修学校定为邢师高专助学单位。当年和 1995 年，两届招收初中教师“三沟通”专科学员 213 人，设中文、政治、历史、英语四个专业。学校组织学员参加面授辅导，带领学员外出参加考试，有 182 人取得专科学历。

1996 年，启动中小学教师继续教育工程。1997～2003 年，抽组专职教师下校区巡回授课，先后对全县中小学教师实施《现代教育理论与方法概要》、《中小学语文数学教学论》、《现代教育思想》、《班主任工作理论与实践》、《中小学生创造心理发展与能力培养》、《教师职业道德修养》、《教育观念的转变与更新》、《信息技术教育》培训。1997 年，教师进修学校被省教委评为达标教师进修学校。

2002 年后，对全县中小学教师信息技术开展全员培训，每半年一期，共办 6 期，培训教师 2700 人。

2003～2008 年，全县中小学教师中，学历提高培训 560 人，技能培训 457 人，岗前培训 98 人，骨干教师培训 650 人，中小学校长培训 1100 人次。普通话培训 3860 人次，其中达到一级乙等 416 人，二级甲等 1232 人，二级乙等 914 人，三级甲等 12 人。

2006 年，县教师进修学校被河北省继续教育中心授予 2004 年、2005 年度河北省英特尔未来教育项目优秀培训点。

县负责教师进修的还有，市广播电视大学巨鹿分校，负责部分教师的高等学历进修；县人事劳动和社会保障局，负责教师的计算机培训和部分继续教育培训；县教文体局招生办公室，负责教师的高等院校自学考试。

第五节　教师待遇

一、政治地位

每年教师节，县委、县政府均组织尊师重教

活动，慰问离退休教师，评选、表彰模范、优秀教师。平时注重请教师参政议政，每届人代会和政协会都有教师代表参加。县育红小学校长杨绍秋，先后当选为第五届县委委员、第九、十届县人大代表、第八届省政协委员。县教研室副主任孟玉波曾当选为第十届县人大代表、第十一届市人大代表和第十届省人大代表。

自1985年开始，不定期评定、推荐教育世家（直系亲属连续三代以上，其中有一代仍在教育教学一线），省以上教育世家子女高考时享受加分。附限内省级教育世家简介：

王炳南　男，1944年1月生，2004年退休。河北省昌黎县人，中共党员。1960年6月参加工作，1964.9—1968.10在河北大学调干学习，大学毕业后分配到河北巨鹿一中工作，曾任高中语文教师、教研组长、年级主任、业务副校长。1989年4月河北电台曾播报他做班主任工作的先进事迹。1994年他担任高中理科复习班语文课，兼任班主任、业务副校长，该班有92名学生，其中86人升入大专院校，高考成绩1994年名列邢台市第一名，他本人荣获县委县政府“人民教师特别奖”。王炳南先后获河北省优秀园丁称号、河北省名师、河北省德育先进工作者、邢台市一等功，1996年被评为中学语文特级教师。

王炳南的曾祖王培，是清代大学士，为皇太子老师；高祖王钟珊，是该县有名的痒序教师；祖父王清俭，是本县私塾有名的老师；父亲王桂馥，也是本县私塾教师，解放前病逝。

1998年5月河北省人民政府授予王炳南一家为“河北省优秀教育世家”称号。

王兆兰　女，巨鹿镇南街村人，1949年3月出生，1968年参加工作。退休前，在巨鹿县育蕾小学（南街小学）任教。她工作兢兢业业、尽职尽责，多次被授予巨鹿县“优秀教师”、“先进工作者”、“优秀班主任”、“学科带头人”等荣誉称号。王兆兰的女儿马肖锋，现任巨鹿县第五中学教师。

王兆兰的父亲王英洲，1928年起从事教育事业，曾先后在巨鹿、任县、平乡、石家庄、天津等地任教。“文化大革命”期间，由于他会日、英、法三种语言，而被戴上“日本特务”、“国民党反革命分子”等帽子。“文化大革命”后，党和政府为他平了反。由于他擅长日语，1982年6月，经县文教局批准，年过古稀的他在家里创办了巨鹿县第一所也是唯一的一所日语讲习班。他生前多次被评为邢台地区成人教育先进工作者、优秀教师。1985年出席了邢台地区成人教育积极分子大会，并作典型发言。《河北日报》、河北人民广播电台、《邢台日报》、巨鹿县广播站多次报道其先进事迹。

2000年5月，王兆兰一家被河北省人民政府授予“河北省优秀教育世家”称号。

左玲娜　女，巨鹿县东旧城二村人，毕业于河北省隆尧师范学校，1997年9月参加工作。她认真钻研教材，努力探索教学规律，勇于创新，在巨鹿县教文体局开展的公开课、优质课、说课等活动中多次获奖。所带班级，多次被评为学优、品优“双优班级”。2004年被评为“县优秀班主任”、荣获县政府嘉奖；2005年被评为“邢台市优秀少先队辅导员”、“县师德标兵”、荣获三等功奖励；2006年被评为“邢台市新进青年教师”、“县巾帼建功标兵”；2007年被评为“河北省优秀少先队辅导员”、荣获县政府嘉奖；2008年被评为“邢台市教坛新秀”、“县骨干教师”。

左玲娜的外祖父赵祥彬，生前在南宫市大村乡中任教。母亲赵翠平，1966年参加工作，历任小学教师、班主任，1982年任阎疃校区阎庄小学校长。

2006年5月，左玲娜一家被河北省人民政府授予“河北省优秀教育世家称号”。

二、工资福利

（一）工资

国办教师　1979年，全县40%的教职工调升工资。11月，中小学教师增发班主任津贴，中学5～7元，小学4～6元。随着副食品涨价，县财政对教职工每人按5元/月发副食品补贴。1981年教师工资再次调整。1194名教师中，升一级的65%、升两级16%，靠级19%。全县中小学教师月平均工资65.42元。1983年发放行政经费，每人每月5元增收节支奖金。1984年2月1日，公办教师始发洗理费。增发专业技术干部图书资料费。1985年工资改革，教师工资改由五部分即基础工资、职务工资、教龄津贴、工龄津贴、奖励工资组成。此后取消行政经费和副食品价格补贴。1986年1月1日起，增发奖励工资10元/人·月。1987年10月，增至18元/人·月。1987~1990年10月，教职工先后9次工资调整。教职工月工资平均每人增加36.84元，是建国初的6倍。1988年5月恢复副食品价格补贴。1993年10月，机关事业单位工资改革。年终考核称职的教职工每2年晋升一级工资，获2次以上优秀者，可升一级工资。1997年、1999年两次调升工资标准。

20世纪90年代，全县教师工资比市及部分发达县市低（地区差），乡财政发薪教师比县财政发薪教师工资低，且不能按时发放，部分乡镇教师工资有拖欠。2001年，全县教师工资实现乡征县管，银行卡发放，教师工资实现无拖欠。2002年2月、10月，两次调整工资标准。2004年，据冀政办［2003］37号文，工资标准又一次调整。2006年8月，依照地方政策，调整津贴标准，每人增资140元。2007年6月工资改革，每年晋升级薪工资一档。2008年教师月平均工资2005元，比1979年的65.42元增长近30倍。

民办教师 1979年，全县民办教师按农村中等劳动力记工分。另外，中学民办教师每人每月由国家补助14元（7元交大队记工分，个人生活补助7元）；小学民办教师每人每月补助13元（7元交大队记工分，个人生活补助6元）；出村任教，生活补助增加一倍。1981年，国拨民办教师补助费不再交大队，而按工作态度好坏、业务水平高低等条件，分三等直接发给本人。中学14元、13元、12元；小学13元、12元、11元。1983年，县下达“民办教师工资标准”。据工作态度、业务水平、教学效果核定工资标准，中学三个等级分别为47元、45元、43元；小学三个等级分别为43元、39元、36元。其中，县财政按每人每月平均18元拨付，其余由社队筹集。1988年9月，县下达《关于提高农村中小学民办教师工资标准的暂行规定》。将小学民办教师月工资定为56.5元，中学民办教师月工资定为62.5元。并增发工龄、教龄津贴和班主任补贴，标准与国办教师相同。工资来源除国家补助外，不足部分由所在乡镇征收教育附加费解决。同年12月，为民办教师评定专业技术职称。在原工资基础上，高级增加30%、中级增加20%、助理级增加15%、技术员级增加10%、小学三级保持原工资。1990年，民办教师月基本工资（不含教龄、工龄津贴）平均升至68元。2000年，民办教师最后一批转国办，工资待遇平均每月176元。

（二）福利

1988年7月前，全县女教职工享有产假56天，后改为90天。国办教职工实行公费医疗。1983年，医疗费用实行定额发放，按工龄每人每年360元~720元。2003年1月，施行医疗保险制度。教职工牺牲、病故，火化的享受抚恤金。教职工冬季享有取暖补贴。

第六章　德育教育

1989年，县成立德育工作领导小组。之后，各学校相继成立相应组织或德育处。中学德育工作由政教处主抓，小学由少先大队负责。县育红小学1988年就在全国小学中率先成立德育处。韩荣彦、杨绍秋两任校长在德育工作方面动脑筋、下功夫，敢为人先，摸索了许多经验，为全县中小学德育工作做了表率。

第一节　德育活动

1981年，县文教局在全县中小学开展“五讲、四美、三热爱”（讲文明、讲礼貌、讲道德、讲纪律、讲卫生，心灵美、语言美、行为美、环境美，爱祖国、爱人民、爱社会主义）教育活动。

1985年，县育红小学在全国“万名创造杯”活动中，荣获国家级“创造杯”3个，省级“创造杯”11个。1986年，县育红小学开展的“劝爸爸戒烟活动”，在《羊城晚报》和《健康报》头版头条报道。“五好活动”（读好书、唱好歌、讲好故事、做好游戏、集好谚语），《中国教育报》进行了报道。

1986年后，学生中出现新的“读书无用论”。部分小学生过早从工、务农或经商，全县小学生流失率达到3.8%，个别学校竟达6%～10%。小学教师弃教经商达到2%。1988年，县育红小学学生袁雪峰以“我的苦恼”一封信，寄给《中国少年报》知心姐姐，引发了全国“读书究竟有没有用”的大讨论。教育部长何东昌亲笔写下《不做现代化的盲人》的文章。同年，县教委在全县推广县育红小学“五育并举，德育为首”经验，县育红小学被全国小学德育研究会定为省唯一一所全国德育实验学校。1989年底，全县小学生巩固率达到99.8%，比省市要求标准高0.33%。

同年，县育红小学开展的“戴洁净红领巾，做廉洁小公民”活动，受到国务院总理李鹏的重视。1990年5月，省委、省教委在县育红小学召开德育活动现场会。6月1日，省长岳岐峰为育红小学题词：“小学德育一枝花”。下半年，地区教育委员会在县育红小学举办了4期德育培训班。培训各县德育重点学校骨干校长、模范班主任和骨干教师，共计200余人。

2000年后，县教文体局先后组织各学校开展“礼仪教育”、“理财教育”、“心理健康教育”、“革命传统教育”、“中华民族传统美德教育”、“崇尚科学远离邪教”、“廉政文化进校园”等项活动。2006年，各学校利用多种形式，宣传学习胡锦涛总书记的“八荣八耻”，对学生进行社会主义荣辱观教育。2007年，县育红小学发出倡议，在全县开展感恩教育系列活动。2008年，结合5·12汶川抗震救灾活动，对学生实施了“一方有难八方支援”中华民族传统美德教育。

第二节 法制安全教育

针对未成年人违法犯罪率逐年上升的情况，2005年，县教文体局专门设立法制安全教育办公室，学校配备了法制安全教育副校长。在法制课进课堂基础上，采取聘请校外法制辅导员讲课等多种形式实施普法教育。全县开展了“为了明天”大型法制教育巡回图片展和法律知识竞赛。

2007年，组织了法律知识进校园活动，邀请县公安局、司法局派员在全县中学开展巡回法律知识讲座。全县中学成立综合治理办公室、治安室22个，各占中学总数的80%。县教文体局建立安全工作领导小组，组长由局长兼任。县教文体局和县直学校、校区校长签订《教育系统安全工作目标管理责任书》，实行捆绑责任制和责任追究制，各学校制定《安全事故应急预案》和《学校安全事故责任追究办法》，多次组织有关人员开展学校安全隐患大排查。县育红小学楼梯上悬挂“楼梯提醒你，上下别拥挤”、“上下不打闹，楼梯对我笑”等人性化安全警示语。县教文体局免费向中小学生发放《中小学安全知识》课本3500册，印发问卷5万余份。县育红小学与县交警大队联合举办的交通安全知识讲座和咨询活动照片刊在《河北日报》、《人民日报》。

育红小学与县交警大队
联合举办交通安全知识讲座

第三节 校园文化建设

2000年后，各学校开始注重校园文化建设，县育红小学、巨鹿中学、第五中学等学校先后明确了校徽、校训、校风、学风。2005年，全县中小学春季绿化、美化总投资80万元，建塑像、植花草、刷墙壁、写标语、建橱窗、设报栏。

2006 年，学校校园基本实现硬化、净化、亮化和美化。校园文化开始向特色化、人文化发展。县育红小学写出醒目大标语“千教万教教人求真，千学万学学做真人”、“勤奋学习报效祖国”等，催人向上。走廊中“科技之窗”、“古诗配画”、“二十四孝故事”，大厅内的“古典名句篆刻”都不时给师生以熏陶。

2007 年，巨鹿中学、魏徵中学、巨鹿镇中确定了校歌。2008 年，小吕寨镇中、铜马镇小学、西郭城中心小学等学校的校园文化建设，也形成各自的特色。校园文化建设得到全县各学校的普遍重视。

第七章　机构经费

县教育文化体育局主管全县的教育事业，原为县文教局。历经几次体制改革，于 1996 年改为县教育文化体育局（简称“县教文体局”）。其经费来源主要以国拨经费为主，学杂费、勤工俭学和社会捐助为辅。

第一节　管理机构

1979 年，巨鹿县文教局位于县城魏徵南街路西。设文化、秘书、人事、计财、老干部、职教、教育、成人教育、教研等股室。辖城关、阎疃、官亭、小吕寨 4 片 17 个校区（每乡镇 1 个校区）。1983 年 11 月，局建立勤工俭学公司。

1986～1996 年 10 月，县文教局改为县教育委员会。主任由政府主管教育的副县长兼任，常务副主任抓全面工作。1987 年设立县电大工作站。1990 年增设纪检小组（副科级）。1993 年增设招生办公室，内部其他股室未变。

1996 年，县文化局、县体委合并到县教育委员会，县教育委员会改称县教育文化体育局。县教文体局下设文化办公室和体育运动办公室，分别主抓文化、体育工作（人员、财务独立）。县教文体局秘书股改为办公室，增设督导室和体卫股。1998 年，县教文体局在健康东路建成办公楼，12 月搬迁新址。同年，邢台市广播电视大学巨鹿分校成立，县电大工作站撤销。2000 年，勤工俭学公司改为校办产业管理站。2003 年，职教股和成人教育办公室合并为职成教股。2005 年，增设法制安全办公室，9 月增挂新闻出版局牌子。2008 年局机关设股室 14 个。辖 2 所直属幼儿园、10 所直属学校、17 个校区。

第二节　经费来源

县教育经费主要来源于国拨经费、学杂费、勤工俭学收入和社会捐助四项。

一、国拨经费

1985 年，乡村学校实行分级办学、分级管理，经费乡筹县管、国家补助。按人均收入的 1%～2% 征收教育费附加，实行乡征县管。即乡镇财政统一征收，县财政统一管理，以解决民办教师工资、福利待遇、补充国拨经费，随着人均收入增长，征收数额逐年增加。

1986 年 7 月，增加城镇教育费附加，按工商企业增值税、营业税总额的 1% 征收，比率逐年提高，最后到 3%。城市教育附加费全部用于教育。

2006 年，新《义务教育法》颁布实施。2007 年，开始实施义务教育经费保障机制，国拨经费由 1979 年的 118.3 万元提高到 2008 年超亿元。

二、学杂费

1979 年，学杂费标准为：农村小学，每生每年 1～3 年级 3 元，4～6 年级 4 元；初中 5 元；高中 8 元；学杂费按实征数 20% 上交县教文体局，80% 学校支配。

1986 年，小学和初中停收学费，只收杂费。1988 年，省教委、财政厅、物价局联合发文，规定中小学收费标准为：每学期城市小学 1～4 年级 4 元/人，5～6 年级 5 元/人；乡村小学按此标准减 1 元。初中学生城市每学期 6 元/人，乡镇减 1 元，重点高中每学期 10 元/人，其他高中 8

元。

1990 年，据物价上涨和群众承受能力变化，收费标准又作调整，城市小学 1～3 年级每学期每生收杂费 6 元。

2004 年秋，农村义务教育阶段贫困学生开始享受国家“两免一补”政策。到 2007 年春季，全县 45136 名义务教育阶段学生全部免除学杂费，13938 名农村贫困家庭学生教科书费全免，300 名农村贫困家庭寄宿生生活费政府买单。2007 年秋季，义务教育阶段学生全部免除学杂费和课本费，并提高贫困寄宿生生活补助标准。国家还对在职教中心就读学生每学年发放 1500 元生活补助。

2008 年县委、县政府启动“高中贫困生资助工程”，对 700 多名家庭贫困的高中在校生资助金额达 77.58 万元。

第三节　勤工俭学

1982 年，各学校普遍开展小型勤工俭学活动。1983 年，教育部等四部（委）《关于进一步开展勤工俭学活动》和《全国中小学勤工俭学暂行工作条例》等文件相继出台，国家规定校办企业享受优惠政策。当年 11 月，县文教局建立勤工俭学公司。随后，全县建大型学生劳动实践基地 10 个，学生学到的课本知识可在基地实践。1985 年，勤工俭学产值达到 35 万元，荣获地区勤工俭学先进单位。1989 年，勤工俭学产值 78 万元，比 1985 年翻了一番，获河北省勤工俭学先进单位。县勤工俭学公司经理贾庆绍被省教育协会聘为会员，其事迹载入《中国校办企业名人录》。

县职业技术中学勤工俭学获地区先进单位，且代表地区出席全省勤工俭学代表会议。该校从 1987 年起，先后创办木器、服装用品加工厂、地毯厂、防水布厂、机电修配、电器焊、丝网刻板门市七家企业。地毯厂生产的“东方地毯”远销波斯湾沿岸诸国；物理教师孟恒修首创的“无功功率自动跟踪补偿器”获国家专利。勤工俭学收入每年一两万元。1988 年 10 月 6 日，国家教委中小学教育基金会秘书处处长韩云昌亲临学校视察指导。1989 年春季，省教育生产管理站在该校地毯技术培训中心召开全省勤工俭学经验交流会，推广该校教学、生产、科研、经营、服务五位一体勤工俭学经验。省、市电视台报道其勤工俭学事迹。

1991 年 5 月，勤工俭学公司建起印刷厂，负责教委机关文件、笔记本及各学校教师教案、学生作业本的印刷。2000 年，勤工俭学公司改为校办产业管理站，性质逐步由原来创收型转向服务型，主要协助学校采购质高价廉桌凳、作业本等办公用品。2003 年 3 月，省教育厅授予县教育文体局校办产业管理站 2000～2002 年度勤工俭学、校办产业先进集体。

第四节　社会捐助

1995～1999 年期间，团县委牵头建成 5 所希望学校（见表 21－7－4）。2003 年，台湾爱心人士张史闻馨给堤村乡白佛村捐资 20 万元，加上村民筹资 56 万元兴建一所东初爱心小学。2006 年，香港沈炳燐应善良福利基金会捐赠 26.4 万元，兴建铜马镇小学；台塑集团捐资 40 万元，在官亭镇创建第一所明德小学。2007 年，香港邵逸夫捐资 10 万港币，在堤村乡前安村创建逸夫小学；台塑集团捐资 45 万元，在张王疃乡曹辛庄村创建第二所明德小学。2008 年，台塑集团捐资 45 万元，在王虎寨镇大寨村创建第三所明德小学。1995～2008 年各界累计捐助 310.8 万元人民币。

巨鹿团县委 1995～1999 年牵头建设希望学校一览表

表 21－7－4

名　称	建校时间	校址	资金渠道	资助额
中汇希望学校	1995. 10～1996. 6	洪水口村	国家外汇总局	45 万元
小太阳希望学校	1995. 11～1996. 6	东王庄村	河北省特别党费	15 万元
西辛庄希望学校	1996. 6～1996. 9	西辛庄村	河北省希望工程特别团费	25 万元
慧民希望学校	1998. 3～1998. 8	小留庄村	国家外汇总局	25 万元
宝洁希望学校	1998. 3～1999. 8	孙河镇村	天津宝洁公司	15 万元

第五节　经费使用

县教育经费使用严格执行《河北省农村中小学公用经费支出管理暂行办法》。公用经费开支范围，主要有教学业务与管理、教师培训、实验实习、文体活动、水电、取暖、交通差旅、邮电、仪器设备及图书资料购置；房屋、建筑物及仪器设备日常维修维护等。中小学公用经费使用既依据在校生人数，同时又适当向条件薄弱学校倾斜，教师培训费按学校年度公用经费预算总额的 5% 安排。

“普九”期间，中小学大力开展学校基础设施建设。全县累计欠债 3000 多万元。2008 年 10 月，县政府牵头，县监察局、审计局、财政局、教文体局联合成立“普九”债务审计小组，重点对 1996～2005 年“普九”工作中建房工程欠款和教职工借款等问题进行清理、核实、锁定和化解。以 2007 年经费收支情况为例。

2007 年度巨鹿县教育经费收支情况一览表

表 21－7－5　　单位：万元

<table>
<tr><th colspan="5">总　收　入</th></tr>
<tr><td colspan="2">项　目</td><td colspan="3">总　计</td></tr>
<tr><td colspan="2">总　计</td><td colspan="3">10880. 4</td></tr>
<tr><td colspan="2">一、国家财政性教育经费</td><td colspan="3">10009. 9</td></tr>
<tr><td colspan="2">1. 预算内教育经费</td><td colspan="3">9323. 8</td></tr>
<tr><td colspan="2">2. 各级政府收入用于教育的税费</td><td colspan="3">686. 1</td></tr>
<tr><td colspan="2">二、社会捐赠经费</td><td colspan="3">87. 9</td></tr>
<tr><td colspan="2">三、事业收入</td><td colspan="3">782. 6</td></tr>
<tr><td rowspan="2">项　目</td><td rowspan="2">总　计</td><td colspan="3">事业性经费支出</td></tr>
<tr><td colspan="2">个人部分</td><td rowspan="2">公用部分</td></tr>
<tr><td></td><td></td><td>工资福利支出</td><td>对个人和家庭的补助支出</td></tr>
</table>

续表

总　支　出			
总　　计	10880.4	5994.	1953.8
一、高等学校	46.2	22.4	13.8
二、中等职业学校	489.2	201.2	165.6
三、中学	4195.8	2223.2	752.9
四、小学	5642.8	3278.4	909.4
五、特殊学校	75.6	47.9	15.4
六、幼儿园	139.2	89.4	15.5
七、教育事业单位	244.7	114	80.8
八、其他	46.9	17.5	0.4

第八章　科技体制改革

中共十一届三中全会后，巨鹿县着力推进科技体制改革，致力于实现科技与经济的结合，积极推行科技“双放”，为科技工作提供了许多优惠政策，有力促进了科技进步和经济发展。

第一节　科技“双放”

科技“双放”（放活科研机构、放活科技人员），是推动科技发展的重大举措。1985年，县政府制定了“科技体制改革和加强科技工作的意见”。1987年和1989年先后出台了《关于进一步放宽放活科技人员的十项规定》、《关于科技人员承租、领办企业的暂行规定》、《关于开展星期日工程师活动的意见》。1987年后，先后动员327名科技人员，并从外地吸引来85名科技人员，承包领办了11个经济实体，承包粮、棉、林、果面积9457.2万平方米，办起8个技术服务中心、17个乡镇技术服务站、125个村技术服务站、23个专业技术服务队，全县选定4个科技示范乡、100个科技示范村、1000个科技示范户，搞了1398.6万平方米试验、示范田。成批的科技人员活跃在工厂企业和农村，有力促进了科学技术大普及，促进了经济大发展。1987～1989年，巨鹿县连续被省、市评为科技双放先进单位。

2002年、2005年制定了《关于建立科技示范网络的意见》、《关于组织农口科技人员开展技术承包的意见》。一系列文件为科技人员打破条条框框的束缚、实现向经济主战场的转移提供了许多便利条件和优惠政策。

第二节　民办科技

1989年，县科委建立技术市场管理科（对外称办公室），依照国家科技政策法规，实施对民营科技机构审批、年审及技术市场的管理工作。县域内先后办起民营科研机构68家，建起专业技术服务站、队140多家，从业者达4000余人，活动领域涉及粮棉种植、果树栽培、畜禽养殖、食用菌栽培、优种繁育、病虫害防治、新产品开发、服装裁剪加工、地毯加工、食糖加工、医疗卫生等十几个专业领域，为推动社会经济发展起到了重要作用。农作物良种繁育协会引进谷子、小麦、花生、大豆、山药等34个新品种，繁育良种近3万千克。食用菌研究会，带动千余户农民栽培银耳、蘑菇，收入超过了粮棉种植业。星火和三姐妹缝纫裁剪学校，培训出万名学员，涉及于服装加工行业。农民副主任医师刘恒均兴办的肛肠病研究会，培训3260名学员，涉及全国各地包括港澳台地区及加拿大、美国、德国、菲律宾、朝鲜、阿根廷等国家，引起全国20多位专家教授的重视，被阿根廷中医协会聘为医学顾问，《世界日报》、《菲华时报》及国内多家报刊予以报道。与此同时，民间的科研也很活跃。1994～2008年，全县民间的发明创造获10项国家专利。

1994～2008年巨鹿县科技发明获专利情况统计表

表21－8－6

序号	名　称	专利权人	申请时间	专利号
1	气轮机尾气冷凝装置	李中年	1994.1	CN94201677.7
2	气压控制阀及其刹车制动管路系统	李彦波	2001.1	ZL01200091.4
3	双腔助力继动阀及其刹车制动管路系统	李彦波	2001.12	ZL01275809.4
4	电控助力继动阀及其刹车管路系统	李彦波	2002.8	ZL02247221.5
5	一种合成复合型食用变性淀粉的方法	河北燕南食品集团有限公司	2003.9	ZL03159153.1
6	一种治疗骨伤的药	李敬忍	2004.7	CN200410068992.8
7	小型机动采棉机	薄朝礼	2006.2	ZL200620160278.6
8	无管潜水泵	张建淼	2007.1	ZL200720102787
9	一种药灸装置	王卫平	2007.2	ZL200720139708.0
10	一种助力挂车阀	李彦波	2007.8	ZL200720102135.4

获四项发明专利的李彦波系邢台市众开制动器厂经理、巨鹿县政协委员、河北省第四届优秀发明者。2001年在巨鹿县创办"巨鹿刹车王——中国连锁网络"，2008年底全国维修网店发展到2200家，巨鹿县有4000人在其各地网点从事汽车改装、维修，打工收入超亿元。

第三节　激励政策

为鼓励科技人员从事科技工作，1986年县政府制定了《巨鹿县科学技术进步奖励试行办法》，特设"科技兴巨县长特别奖"。当年召开全县科技大会，对做出重大贡献的先进集体和个人实行重奖，颁发科技进步二等奖3个（水仙花低度大曲酒、80－24冬小麦育种、农作物优种研究）、三等奖4个（枸杞回春香饮料、光固化清漆、枣龟甲蜡虫生活习性观察及其防治、杏树资源调查研究与利用）。

1986年后，对工作在基层的专业技术干部家属子女，实行了"农转非"（农业户口转为非农业户口）。1988～1992年，对企事业单位的专业技术人员，开展了专业技术职务的评定工作，为4787人（含87名农民专业技术人员）评定了技术职称，并兑现了技术职务工资。1991年，县政府出台《关于评选科技红旗和科技明星的通知》，经层层筛选评出10面科技红旗（先进集体）和10名科技明星（先进个人），为其颁发了镜匾及荣誉证书，事迹编印成书。使科技人员的主观能动性得到了充分发挥。

第四节　管理机构

巨鹿县科学技术委员会（简称"县科委"），建于1976年，1985年增设科技干部科；1989年，增设办公室、计划管理科、技术市场管理科；1990年又增设科技情报研究所。"三科一室一所”的办事机构，使工作人员由1987年的13人，增到了19人，工作效率明显提高。

为适应改革开放的新形势，1989年县科委组织科长以上的干部到外地参观学习，在工作上实现了“四个转轨变型”（即由“科技型”转变为“科技经济型”、由“项目型”转变为“宏观决策型”、由“垂直型”转变为“组织协调型”、由“单纯行政型”转变为“科技服务型”）。对此，县政府召开县直各单位一把手会议，专门让县科委介绍了经验，省科委将巨鹿县命名为科技示范县，拨款10万元给予支持。年底全县开展“下评上”活动，县科委名列前茅。

1989年，县政府增设科技副县长。同年12月和1990年10月，先后分两批，为全县17个乡镇配齐了科技副乡镇长，并建立了乡镇科委。273个行政村还配备了村科技副主任，建立了村科委。

1992年，职称评定职能转交县劳动人事局，科技干部科取消。1996年机构改革，县科委改为巨鹿县科学技术局（简称“县科技局”），与县技术监督局合并（人员、财务各自独立）。2002年机构改革，和县技术监督局分离，县地震办公室合并到县科技局（内部独立，对外仍挂两个牌子），局设社会发展与科技计划股、科技成果与技术市场管理股。2006年，随乡镇改革再次为全县10个乡镇配全了科技副乡镇长。至2008年，县、乡、村科技管理体系基本健全。

第九章　科研及推广

改革开放以后，全县科学技术研究、推广应用、培训等进入一个快速发展时期。特别是“科技兴巨”战略的实施，为科技工作营造了一个良好的发展氛围，科技人员积极参与科学技术研究和新产品开发应用。新科技、新技术广泛应用于工农业生产和人们的日常生活，促进了县域经济的发展和社会文明进步。

第一节　科研成果

全县科技工作者积极开展科学研究，县多数企事业单位和专业技术部门建有科技攻关小组，每年都有一些研究课题在省、市科委立项，获得了显著成果。截至2008年底，全县承担科研项目118项，取得科研成果75项，其中27项居国内领先水平。

1979～2008年巨鹿县科技人员参研科技项目成果统计表

表21－9－7

序号	时间	成果名称	承担单位	鉴定单位	鉴定时间	获奖情况
1	1984	小麦优良品种的选育	巨鹿县科委	邢台市科委	1985.12.5	
2	1984	串枝红杏丰产栽培技术示范试验	巨鹿县科委	邢台市科委	1984.10.20	
3	1984	尼龙帘子布的研制	巨鹿县棉织厂	邢台市科委	1984.10.25	
4	1984	金银花栽培技术研究	巨鹿县科委	邢台市科委	1984.12.9	
5	1985	自行车外胎新型骨架材料的研究	巨鹿县橡胶厂	邢台市科委	1985.5.26	邢台市科技进步三等奖
6	1985	枸杞饮料	巨鹿县枸杞制品总厂	邢台市科委	1985.12.11	邢台市科技进步三等奖

续表

序号	时间	成果名称	承担单位	鉴定单位	鉴定时间	获奖情况
7	1985	水泥安定剂	巨鹿水泥厂	邢台市经委	1985. 10. 17	邢台市科技讲步三等奖
8	1988	杏树丰产栽培技术	巨鹿县科委	邢台市科委	1988. 6. 18	
9	1990	串枝红杏幼树大面积早期丰产综合技术研究	巨鹿县科委	河北省科委	1990. 2. 22	邢台市科技进步二等奖
10	1993	活性枸杞	河北枸杞发展总公司	邢台市科技局		邢台市科技进步三等奖
11	1993	杏茶——带肉杏汁研制开发	巨鹿县冀南果品厂	河北省科委	1993. 1. 17	邢台市科技措步三等奖
12	1993	麦谷双四百公斤综合配套技术	巨鹿县农业局	邢台市科技局		邢台市科技讲步三等奖
13	1994	杏新品种选育	巨鹿县科委	河北省科委	1994. 6. 22	
14	1994	枸杞珍	河北枸杞发展总公司	邢台市科技局		邢台市科技进步三等奖
15	1995	枸杞冲剂	河北二月花集团公司	邢台市科技局	1995	
16	1995	LKG－280 冷冻真空干燥机	巨鹿县暖通设备厂	邢台市科技局		邢台市科技进步二等奖
17	1995	强力杏精	河北二月花集团公司	邢台市科技局	1995	
18	1996	杏高产优质栽培及系列产品加工技术开发	巨鹿县科技局	河北省科委	1996	邢台市科技进步三等奖
19	1996	银花珍	河北二月花集团公司	邢台市科技局		邢台市科技进步三等奖
20	1997	系列卷铁芯变压器	巨鹿县变压器厂	邢台市科技局		邢台市科技进步三等奖
21	1998	枸杞支柱产业发展研究	巨鹿县科技局	河北省科委	1997. 8. 12	邢台市科技进步三等奖
22	1999	预付费峰瓷电度表	巨鹿县电力局	邢台市科技局	1999. 11. 15	
23	1999	夏谷亩产 400 公斤高产优质高效示范乡	堤村乡	邢台市科技局	1999. 11. 15	邢台市科技进步一等奖
24	2001	巨鹿农业高科技示范园区	巨鹿县农业科技示范园区管委会	邢台市科技局	2003. 8. 16	
25	2004	酯化玉米淀粉	河北燕南食品集团有限公司	河北省科技厅	2004. 5. 18	
26	2006	麦芽糖脂肪酸酯	河北燕南食品集团有限公司	河北省科技厅	2006. 12. 23	
27	2006	食物纤维口服液	河北燕南食品集团有限公司	河北省科技厅	2006. 12. 23	

第二节　技术推广

1979年开始，巨鹿县十分重视科技成果引进和推广。1988年县科委组织部分乡村参观学习藁城县高温冷库新技术，帮农民建起6座冷库，水果、蔬菜储藏量达2000吨，年可创收80万元。县政府行文称，这是“一条科技致富的门路”。同年引进单晶体冰糖加工技术，比传统加工效益提高两倍。

县每年都明确科技成果推广的项目，名曰：“24推”、“40推”、“60推”，将任务落实各职能单位和科技人员，定期检查，兑现奖惩。1988～1992年，全县累计推广常规技术42项，农作物新品种25个，新成果26项，累计推广面积226440万平方米。小麦、棉花、花生等主要农作物品种四年间更新1到2次。

1991年，邀请国家级7家科研机构和企业单位召开植物生长调节剂新闻发布会暨技术辅导会，当年推广微肥、植物生长调节剂41304万平方米，仅此一项节约和增加经济效益达1200万元。1995年，从武汉大学请来以汪涛教授为首的32名师生帮助推广BT－7216生物菌剂防治棉铃虫技术，推广无毒棉1332万平方米，地膜棉1998万平方米，BT生物农药6660万平方米，71－3小麦1665万平方米，限水条件下冬小麦模式化栽培约8000万平方米，大棚菜33.3万平方米。

1996～1998年，结合县情每年挑选20多项先进实用新技术推广，重点推广了鹿泉市政协委员、民盟会员张玉生研制的ZT－1丰抗素，这种高科技产品投入产出比可达1∶90，年推广应用53280万平方米次，纯增技术经济效益400万元。2007年重点推广优种杂交谷张杂8号、清水藕、晚秋黄梨、芦笋、瓜棉间作、金美特杏等一批先进、实用成熟的新品种、新技术、新成果。全县主要农作物优种实现引进、示范、繁育、推广四配套，先进实用技术覆盖率达到75%以上，良种覆盖率98%以上，科技在农产品总量增加中的贡献率达到46%以上。工业方面推广功率因数补偿器、电子节能交流节能器，实现节能30%以上。

第三节　技术培训

1988年，县科委邀请擅长林果技术的河北农大教授吕增仁和石家庄果树研究所所长、研究员常振田到巨鹿县担任技术顾问，开展技术服务长达6年。1989年，从河北农大等大专院校聘请48名教师，开设13个专业49个培训班，培训时间1000个课时，参训者1329人。1995年，从中国棉花研究所、河北农科院、河北农大聘请17名专家，从县技术部门抽组30名科技人员配合举办技术培训班101期，培训技术骨干5200人次，培训农民10万人次。1990年，县政府开展高层次技术培训的做法，曾在省、市两级介绍经验。

1998～2008年，每年在赵庄、西大韩、杨武乡、辛庄等开展科技、文化、卫生三下乡活动，涉及县农、林、牧、水、农机等17个部门，各类专业技术人员累计参与400多人。“三下乡”活动不仅本县农用物资经销商积极响应，还吸引山东、石家庄、邢台、南宫、隆尧、威县、宁晋等外地大批农用物资经销商前来参加。每年发放图书、宣传画册及各类技术资料6万余份，技术咨询2万人次，人们的科技意识普遍提高。

第二十二编

文化　体育

自1979年改革开放后，巨鹿县文化、体育事业得到了较快发展，文体基础设施不断完善，文体活动日益丰富多彩；县电视台的建立，增添了新的舆论宣传阵地，更加丰富了群众的文化活动；但随着电视的普及，电影、戏曲显得萧条，有些地方优秀剧种濒临绝迹；文物、档案、地方志工作取得了长足发展，成为县域文化事业的重要组成部分。

第一章　文化事业

巨鹿县文化事业蓬勃发展，文化市场管理不断加强和规范，在丰富和活跃城乡文化生活、加强全民精神文明建设、提高文化素质等方面，取得了显著成绩。

第一节　管理机构

1979年，县文化事业管理由县文化教育局管理。1986年7月，县文化局从县文化教育局列出，在图书馆楼办公，设办公室、文艺股，编制5人。下属单位有县文化馆、图书馆、电影公司、新华书店。1995年迁至秦泽西路北侧（老礼堂处），当年新华书店交县委宣传部管理。

1997年机构改革，县文化局并入县教育文化体育局，改称文化办公室（人员、财务仍独立）。2007年，投资2500多万元，建成建筑面积1.4万余平方米的文化活动中心，同年文化办公室及下属单位县文化馆、图书馆、电影公司迁入办公。至2008年底未变。

第二节　图书馆

1985年投资12万元在新华南街新建巨鹿县图书馆楼房三层24间，建筑面积625平方米。图书馆为股级事业单位，编制8人。1987年开馆，藏书量11240册。1995年图书馆楼转让，迁至秦泽西路（老礼堂处），新建楼房两层，建筑面积277平方米，与县文化局合用。

县图书供县直机关、企事业单位工作人员及青少年学生阅览、借阅，年阅览量3000人次。2004年始，国家实施送书下乡工程，小吕寨、巨鹿镇、巨鹿镇中学等单位接受国家部分图书捐赠。2006年，全国文化信息资源共享工程对县图书馆、巨鹿镇文化站分别各捐赠电视机、电脑、信号接受器一套。至2007年，县图书馆累计受赠图书3837册，乡镇受赠9330册。

2007年，省图书馆学会在全省开展“公共图书馆燕赵少年读书”系列活动，县图书馆获市优秀辅导老师奖和“共享读书成果”、“读书报刊制作”大赛一等奖。2008年图书存量11300册。

2008 年巨鹿县图书馆图书类目数量统计表

表 22－1－1　　单位：册

马列主义、毛泽东思想、邓小平理论	哲学宗教	社会科学	自然科学	综合性图书	合计
330	490	6200	4000	280	11300

第三节　文化馆　文化站

一、文化馆

县文化馆初建在西大街路北基督教堂故址。1980 年，在原基础上翻修（保留临街门市 7 间），院内改建二层楼房 14 间，建筑面积 456.7 平方米。2008 年底工作人员 9 人。

县文化馆工作主要是组织科技文化普及、文学艺术创作、文化娱乐活动和文化宣传教育、服务等，组织、辅导、研究相结合。改革开放后，每年利用“五一”、“七一”、中秋节等节日，组织书画展等文化活动。1981 年 7 月，文化部颁发《文化馆工作试行条例》，县文化馆侧重宣传教育、繁荣群众文化艺术活动和搜集民间文化遗产等职能。20 世纪 90 年代后，每年利用巨鹿杏节、春节等组织大型乡艺汇演，丰富城乡文化生活。

二、文化站

1986 年 5 月，巨鹿县建立城关、小吕寨、王虎寨、官亭四个乡镇文化站。每站 1～2 人，使用乡镇房屋办公。1987 年增设阎疃、楼张镇文化站。到 1990 年 11 月，全县各乡镇均建有文化站，配合乡镇组织文化活动。2006 年合乡并镇时改为 10 个，办公地点仍在所属乡镇。2007 年，省开始拨款援建乡镇文化站。当年，小吕寨镇第一个获补 20 万元。2008 年阎疃、王虎寨镇各获补助 20 万元。

第四节　电影公司　影剧院

一、电影公司

1979 年，巨鹿县电影发行放映机构称电影管理站。负责 17 个人民公社放映队的发行、技术指导与管理。1984 年，电影管理站更名为电影发行放映公司。财务由县财政差额补贴改为自负盈亏，属股级事业单位。有干部职工 31 人，其中经济师 1 人、美术师 1 人、技师 9 人。1992 年，与影院合并。

二、影院

巨鹿县影院开始为电影公司下属单位，原址在水市街，1983 年 4 月投资 40 余万元，在县城北街路东重建（钢筋水泥结构），舞台 224 平方米，观众席 672 平方米，1133 个座位，前庭 360 平方米，总计 1256 平方米，1984 年开业。除开展原有业务外，还承办大型会议，其业绩一直位居全区前茅。

1984～1990 年，电影业务红火，平均年放电影 1000 场，观众 50 万人次。1990 年后受电视节目影响，电影观众渐少，影院天天放电影的历史被迫停止。1992 年和电影公司合并。

2006 年 6 月，县影院拍卖 401 万元，交县政府用于黄巾大道南侧文化中心建设。2007 年 11 月，县影院迁至县文化中心，新影院采用软座席、环绕立体声组合音响，观众厅面积 1200 平方米，舞台面积 1000 平方米，是全市唯一一家功能齐全的县级影剧院。但电影事业仍显萧条，营业收入逐年减少。

1979～2008年巨鹿影院电影收入情况统计表

表22－1－2

年度	场次	观众（人）	票房收入（元）
1979	156	33640	5632
1980	173	38752	4587
1981	185	53095	9557
1982	195	57128	11426
1983	211	63300	13926
1984	360	139320	32044
1985	490	168360	37039
1986	570	194940	44836
1987	690	262790	64749
1988	850	296216	68129
1989	841	283202	67216
1990	621	203161	50790
1991	530	171602	61776
1992	401	49200	32524
1993	240	36000	21240
1994	216	25270	30248
1995	156	18002	27009
1996	161	17600	29920
1997	147	14406	27371
1998	138	12972	25944
1999	141	12692	25384
2000	111	9570	21054
2001	103	7900	19070
2002	98	8428	21070
2003	102	7650	19890
2004	109	7957	22279
2005	91	7200	21600
2006	82	7320	21960
2007	57	4047	20235
2008	46	2438	12190

三、农村电影

1979年，各公社均建有社办放映队，负责各辖区的电影放映。年上交片租21万元。1983年民营电影队出现，1989年发展到70余家，年放电影7000～10000场。2000年始，国家实施农村电影“2131”工程（在21世纪初，一村一月放一场电影）。2002～2004年，省文化厅先后资助县电影公司放映机6台，发电机3台，奖励农村电影放映流动大棚一个，价值2万余元，为每村每月放电影提供基础保障。1997年、2004年、2005年、2007年巨鹿县电影公司被评为全省农村电影放映先进单位。

第五节　新华书店

一、机构

1979年，县新华书店店址在秦泽西路南侧，建有二层楼，建筑面积834.5平方米。2003年7月，迁至新华街新建三层楼，建筑面积1800多平方米。1990年有职工13人。1994年前为股级事业单位（企业管理），当年改为科级。1995年前由县文化局主管，此后交移县委宣传部管理，当时有干部职工31人。2008年有26人。

二、业务

新华书店经销与发行图书、年画、音像、学生教材、辅导资料等。营业室面积搬迁前为180平方米，搬迁后增至400平方米。销售收入1990年72.5万元，1995年341.7万元（利润16.58万元）。学生辅导资料大部分由其经营，虽然县城个体书店已增至10多家，再加上微机普及等因素，但2008年销售收入仍达620万元（利润34.5万元）。1988年、1992年、1993年获省级先进单位。1999～2008年，连续10年获市级先进单位。

1993～1995年巨鹿县新华书店基本业务情况一览表

表22－1－3

项目＼年度	1993年		1994年		1995年	
一、销售总额（千元）	1479	1651	1999	1803	3552	3843
销售收入（千元）	1479	1651	1999	1606	3552	3417
县的零售（千元）	－	1132	－	1050	－	1152
二、购进总额（千元）	1507	1643	2017	1868	－	－
三、年末库存（千册）	208	146	201	165	－	－
四、图书周转次数（次）	11.32		11.60		18.71	
五、费用总额	26.88		32.69		55.44	
费用率（%）	16.28		20.34		15.93	
六、利润总额	2.16		2.62		16.58	
利润率（%）	1.30		1.63		4.85	
七、图书发行总机构数（处）	33		33		33	
县（处）	2		2		2	

续表

项目　年度	1993年		1994年		1995年	
县以下（处）	31	31	31			
八、图书发行总人数（人）	53	53	57			
九、国营书店售书点（处）	3	3	3			
综合门市部（处）	1	1	1			

第六节　文化市场管理

1998年10月，巨鹿县文化市场稽查队组建，由县文化办1名副主任兼队长，从影院借调2人，实施对全县歌舞厅、印刷企业、网吧、书店、打字社和音像制品市场的监督管理。对文化市场经营者实施“稽查制度”、“举报制度”、“承诺制度”等，文化市场逐步健康有序发展。

一、娱乐场所管理

20世纪90年代，有金龙大酒店、外贸宾馆、巨鹿宾馆等大型宾馆饭店，均设有歌厅、舞厅，最多达20家，红火一时。随着卡拉OK、健身房、电脑等多种娱乐形式的出现，2000年后歌厅、舞厅相继停业，仅剩华丰宾馆一家。2007年，查出门店开业庆典不健康低俗歌舞演出3起。对演出团体一律实施备案登记。

二、网吧管理

2002年3月，县城出现第一家网吧，后陆续增多。2003年按规定审核批准17家，稽查队经常对其检查整顿。至2008年，县城有14家正规网吧、拥有设备1000余套，从业人员60余人。网吧均安装监控设备，逐步趋于标准化、规范化。

三、印刷业管理

20世纪70~90年代，印刷企业多为小规模、家庭式企业。2000年以后，规模企业逐渐增多，投资300万元以上10家，50万元以上5家，从业人员600余人，年产值5000万元。规模最大的为振华印刷厂，占地1998平方米，建筑面积2000平方米，当时购置国内最先进日本三菱五色印刷机。至2008年底全县印刷企业达到16家。县文化局对此建有台账，每年至少对厂长经理集中培训一次，组织其学习印刷行业法律法规，督导法人依法经营。

四、音像制品市场管理

音像制品市场开始由县文化局管理，1998年5月据上级文件交县广电局管理，2000年7月又转回县文化办公室。2000年以前音像制品经销多为地摊、零散销售，以后VCD光盘大量进入普通家庭，盗版较多。1999年后，每年集中扫黄打非4次以上，2000年查出盗版光碟2万多张，对低俗内容的当众销毁，并处罚经营者，促其逐步走向门店执照规范经营，盗版率大大降低。2008年底，正规音像店12家，无门店间断经营10多家。

五、书刊市场管理

20世纪70~90年代初，经销书刊门店只有新华书店、邮政局2家，现已发展各类书屋、报刊厅13家。2000年以后文化市场稽查队连续检查抽查，查出盗版书刊近万册，对低俗内容的书籍没收，对屡教不改的给予处罚。

第七节　新闻出版管理

1998年初，成立巨鹿县新闻出版局，局长由县文化局长兼任，和县文化局一套人马两块牌子。2005年9月，县新闻出版局划归县教育文化体育局，局长由县教文体局局长兼任。

第二章　广播电视报刊

改革开放后，巨鹿县广播电视、报刊呈大发展趋势，电视台从无到有，不断发展壮大。从面向社会招聘播音员，到多方筹集资金建成11层广电中心大楼，硬件、软件及节目质量，均位居全市先进行列。《巨鹿晚报》的创办，刊登巨鹿县的真人真事真作，版容量逐年增加。舆论宣传阵地的加强，为传播信息、宣传党的方针政策、活跃群众文化生活发挥了重要作用。

第一节　管理机构

1979年，巨鹿县广播事业管理局与县广播站两个牌子，一套人员，属县委宣传部领导，有干部职工10人。1984年7月，县广播事业管理局撤销，县广播站划归县文教局主管。同年9月，县广播电视局建立。设人秘、技术、编播股、广播电视服务部，归属县政府序列。1991年12月，增设电视节目制作股。此前，办公地址在县城老十字街北50米路东，占地1998平方米。年底，局办公迁至朝阳路。占地1999平方米，建有560平方米的二层楼一座。1998年5月，音像制品管理职能由县文化局交县广播电视局，2000年7月，又转回县文化局。2001年1月，建立新闻、广告、技播、网络四个中心。2001年7月，设立广播电视网络传输有限公司。

2005年11月，投资1600万元，在新华北街建成巨鹿县广电中心大楼并投入使用。占地5330平方米，主体11层，内设新闻中心、社教中心、文艺中心、广告中心、广播电视节目制作中心、发射播控中心、有线电视网络传输中心、技术保障中心、1号演播大厅，装配中央空调、电梯、自动报警喷淋灭火消防系统。

2008年，县广播电视局有干部职工101人。评聘专业职称15人，其中初级12人、中级3人。县广播电视局与电视台实行局台合一管理体制。局内设办公室、总编室。下设新闻专题部、广告文体部、制作播出部、技术部、有线广播电视台。

2004年朝阳路县广播电视局办公楼

2008年新华北街广电中心大楼（谢双显摄）

第二节　广　播

一、有线广播

1979年，建设县城至各公社广播专用线路142千米。广播入户率80%。1990年，全县设17个乡镇广播放大站，214个村通广播。后逐步被无线广播代替。

二、无线广播

1988年11月，巨鹿人民广播电台开始播音。电台置调频广播发射机一部，覆盖半径25千米。每天早、午、晚播音三次，时长6小时零5分。

自办节目有本县新闻、全县联播、科技与信息、文艺、戏曲、天气预报。既播放县委、县政府重大活动，也传播科学种田、文化娱乐、天气预报等信息。1994 年 6 月，因电视增多冲击广播停办。

2006 年 11 月，县广播电台重新试播。至 2008 年 12 月，全天播音 11 小时零 5 分。设真情点播、新闻一刻钟、农村天地、祝您健康、戏曲欣赏、音乐地带等栏目。“真情点播”热线电话大多是车间工人、田间农民或司机等。

2007 年 6 月，启动广播村村通工程，至 2008 年底在阎疃、观寨、巨鹿镇、张王疃等乡镇的 100 个村安装无线调频收扩机 100 台，喇叭 200 只。

三、广播台报用稿

1980～1992 年，平均每年在河北人民广播电台上稿 20 余篇。1984 年，在《乡镇企业报》上稿 5 篇。1985 年，在《专业户经营报》上稿 6 篇。1986 年，在《健康报》上稿 1 篇。同年，县广播站被河北人民广播电台评为“集体记者”，全省有 10 个县级广播站获评。

2000～2008 年，每年在《农民日报》上稿 4 篇。

1980～2008 年巨鹿县上报省级及以上广播稿获奖统计表

表 22－2－4

时　间	作　品	设奖单位	等　级	创编人员
1988. 12	巨鹿印刷厂拒印假商标	河北人民广播电台	优秀	王振刚　张志桓
1992. 05	起名	河北省好新闻评选委员会	三等奖	王振刚　李志棉
	有钱还得会花	河北省好新闻评选委员会	三等奖	王振刚　卢彦华
1993. 04	赞信函取经	河北省好新闻评选委员会	三等奖	王振刚
1994. 11	巨鹿县果树热升温	河北省新闻评奖委员会	二等奖	王振刚
1995. 04	省委书记到车间	河北省新闻评奖委员会	二等奖	王振刚　王胜路
1997	农民坐轿跑项目　干部骑驴搞服务	河北省新闻评奖委员会	三等奖	王振刚
2000. 04	焦占奎又包地 400 亩	河北省广播电视学会	三等奖	王振刚　卢彦华
	巨鹿创汇培育新亮点	河北省广播电视学会	二等奖	王振刚
2003. 02	书本就是我的老师	中央电台、中宣部、文化部	二等奖	王振刚
2005. 09	巨鹿县首创农村外出党员委托制	河北省新闻评奖委员会	三等奖	卢彦华

第三节　电　视

一、无线电视

1987 年 11 月，在县广播电视局院内建成高 53 米电视发射塔一座。12 月，电视差转台 12 频道开播。覆盖半径 15 千米。1991 年 9 月，添加 18 频道，覆盖半径 40 千米。2000 年 5 月，电视发射塔加高至 78 米。2002 年 1 月，18 频道定为新闻综合频道，12 频道定为财经文艺频道。2003 年 1 月，18 频道覆盖半径增加到 80 千米，2004 年 3 月，12 频道覆盖半径增加到 65 千米。

2005 年 10 月，新华北街广电中心新建高 150 米广播电视发射塔一座。原朝阳路发射塔拆除。

1990～2008 年巨鹿县电视台摄录编播器材统计表

表 22－2－5　　单位：台套

<table>
<tr><th>时　间</th><th>名　称</th><th>牌　号</th><th>型　号</th><th>数　量</th></tr>
<tr><td rowspan="3">1990. 11</td><td>摄像机</td><td rowspan="2">松下</td><td>M7</td><td>1</td></tr>
<tr><td>录放机</td><td>L15</td><td>2</td></tr>
<tr><td>双卡录音机</td><td>熊猫</td><td></td><td>1</td></tr>
<tr><td rowspan="2">1992. 06</td><td>摄像机</td><td>松下</td><td>M8000</td><td>1</td></tr>
<tr><td>字幕机</td><td></td><td>286</td><td>1</td></tr>
<tr><td rowspan="6">1997. 04</td><td rowspan="5">摄像机</td><td rowspan="4">松下</td><td>M3000</td><td>1</td></tr>
<tr><td>M9000</td><td>1</td></tr>
<tr><td>AG455</td><td>1</td></tr>
<tr><td>AGL15</td><td>1</td></tr>
<tr><td>夏普</td><td>88</td><td>1</td></tr>
<tr><td>编辑机</td><td>松下</td><td>JVC368</td><td>2</td></tr>
<tr><td rowspan="2">2001. 12</td><td>摄像机</td><td>松下</td><td>数字</td><td>4</td></tr>
<tr><td>编辑机</td><td>松下</td><td>非线性</td><td>2</td></tr>
<tr><td rowspan="8">2008. 12</td><td>摄像摇臂</td><td></td><td></td><td>1</td></tr>
<tr><td>轨道车</td><td></td><td></td><td>1</td></tr>
<tr><td>大小演播厅设备</td><td></td><td>各一套</td><td></td></tr>
<tr><td>录放像机</td><td>松下</td><td>数字</td><td>5</td></tr>
<tr><td>导播系统</td><td></td><td colspan="2">1</td></tr>
<tr><td>摄像机</td><td>数字</td><td colspan="2">12</td></tr>
<tr><td>编辑机</td><td>非线性</td><td colspan="2">10</td></tr>
<tr><td>发电机组</td><td></td><td colspan="2">1</td></tr>
</table>

二、有线电视及传输网络

1996 年，县广播电视局与四川昌虹公司合资设站建网，设置频道 12 个，当年发展用户 600 户。当时县邮电局也办有线电视，全县两家。1999 年 9 月，依据《广播电视管理条例》，县邮电局有线电视网合并到县广播电视局。年底，用户达到 3500 户。2002 年冬，启动有线电视村村通工程，节目 40 套。2004 年，连接 10 个乡镇广播电视宽带信息光缆主干网竣工，设有光传二级工作站 6 个，有线电视村村通全面铺开。2008 年，居民小区集中安装开展优惠活动，用户达到 2.8 万户，农村使用有线电视率 55%。

1996～2008 年巨鹿县部分年份有线电视安装情况统计表

表 22－2－6

时　间	频道（个）	用户（户）	初装费（元）	年收入（元）
1996	12	600	400	50000

续表

时　间	频道（个）	用户（户）	初装费（元）	年收入（元）
1999	12	3500	400	350000
2002	40	5000	350	900000
2005	40	10000	350	1500000
2008	40	28000	350	2000000

三、电视制作宣传

（一）制作宣传。1987 年 12 月开始，主要转播中央电视台一套和河北电视台一套节目。逢年过节，自办部分文艺节目。同年春节期间播出第一部电视剧《射雕英雄传》，收视率极高。1990 年 1 月 18 日，为县武装部录制第一部电视片《雷锋精神在巨鹿》，片长 30 分钟。同年 3 月，县电视台购买第一台摄像机和二台兼有简单编辑功能的录像机。县广播电视局派人到地区电视台学习。1991 年 3 月，电视台第一次公开招聘播音员，经海选、初赛、复赛和试播。4 月 25 日晚，由县委、县政府两办和县人事局、宣传部等相关部门组成评委会。现场播音综合评定后，前三名调入县电视台工作。

2002 年，中央七台“乡村大世界”栏目在巨鹿县录制节目现场直播；县电视台被中国电视协会农村电视委员会评选为“千县工程”先进单位。2003 年 1 月，首次举办巨鹿电视台春节联欢晚会，首创县级台举办春节文艺晚会。2004 年 2 月，举办 2003 年度巨鹿县新闻人物评选活动，首试县级台评选活动连续报道。2005 年 1 月 1 日，县电视台启用新台标，充分展示设备更新、栏目精品、县级强台崭新风貌。

2005 年 1 月 1 日巨鹿电视台台标

2006 年 1 月 6 日，市广电事业建设观摩暨巨鹿广电中心落成典礼在县广播电视局举行，中共邢台市委副书记石玉春和邢台市各县广电系统负责人参加；县电视台同日推出“光荣与梦想”纪念建台十五周年大型文艺演出，县电视台职工自编自演，在大演播厅直录。厅内灯光、音响齐全，轨道、摇臂等多形式、多机位拍摄，台上台下互动，整个大厅从舞台到全景立体化、现代化，拍摄现场设有六个摄像机位。

2006 年 1 月纪念建台十五周年
大型文艺演出现场（谢双显摄）

当月还推出《两会直通车》，对县人大、政协两会热点跟踪报道。随后举行巨鹿电视台动感地带首届主持人大赛，历时四个月，盛况空前。同年 3 月，全市广播电视系统新闻协作会议在巨鹿县召开，县电视台典型发言。6 月杏节期间，和邢台电视台联合录制戏曲联欢会“魅力巨鹿”在省、市台播出。6 月，省委常委、省总工会主席臧胜业到县广电中心调查研究。

2007 年 1 月，县电视台首部自编自拍电视剧

2006年6月省委常委、省总工会主席
臧胜业（右一）到巨鹿广电中心调研

《欢天喜地过大年》开拍，于2月春节期间播出。2月集中报道十大创业人物评选活动及颁奖现场。3月世界著名男低音歌唱家孙禹在县电视台举办“绿叶对根的情意”回报家乡独唱音乐会。6月18日，与河北电视台农民频道共同录制《第十六届中国巨鹿红杏商务节文艺联欢会》，随后在省台播出。10月录放第四届世界魏氏宗亲大会文艺演出《巨鹿之夜》。

2003～2008年，每年春节推出一台文艺联欢会。

（二）主要栏目。随着县电视台基础设施条件的逐步改善和专业技术人才的不断增加，县电视台自办节目逐渐增多。有些栏目在周边县市具有一定影响。

1. 巨鹿新闻　第一条新闻“县委、县政府在观寨乡召开抗旱现场会。”1991年2月10日在12频道播出。2～3月，不定期试播。同年4月改为每周2期，每期10分钟，内容有县委、县政府召开各种会议，县直部门、乡镇的活动，县域重大或突发事件。遇重大政治活动设专题子栏目增加播出，以正面报道为主。1992年8月13日，反映县城脏、乱、差的新闻《建个文明城》首次播出。第二天，县政府召集相关部门和电视记者研究城市管理问题。当年播出自采新闻550条。1998年1月，每周两期改为三期，全年播发980余条。1999年，在省电视台上稿7篇，《巨鹿银花香飘海外》在中央电视台新闻节目中播出。2007年5月，《巨鹿县实施村村通自来水工程》在央视七套和河北卫视“新闻联播”中播出。1999～2008年，每年播出新闻800～1000条，同时选送好新闻到市电视台。

1997～2008年巨鹿县在邢台电视台新闻栏目上稿统计表

表22-2-7

时　间	篇　数	市名次
1997	78	6
2002	110	5
2005	145	7
2008	168	6

注：名次以19个县市区电视台采用情况排列。

2. 专题　1991年5月，县电视台制作医疗专题片《巨鹿医院在改革中前进》；8月，制作电力专题片《综合电价是利国惠民的举措》；1992年5月，制作的人物专题片《精诚曲》，获市委组织部电教专题片特别奖；1993年10月，广告文艺部推出农业专题片《走向高效农业的西郭城人》、1993年前，每年制作专题片10余部；1994年，制作播出专题片40部。计划生育专题片《4·17楼张镇乡计划生育工作纪实》、农业专题片《圆您一个金娃梦》等有较大影响；1998年，制作播出专题片50部。《一枝红杏出墙来》、《跨越中的巨鹿》专题节目荣获市电视台第一轮“八面来风”第一名；2003年6月，抗击非典专题片在中央电视台7套“乡村大世界”播出；2005年6月，与中央电视台共同录制《魏徵故里谱新篇》，7月5日，在中央电视台第七套播出。2001～2008年，每年制作播出专题片70～90部，每部约10分钟。

3. *新闻周刊* 2000年8月初，时任县委宣传部部长刘建峰到县广播电视局调研指导电视栏目，现场议定初期拍摄方案和商定栏目负责人。栏目命名为“巨鹿新闻·社会版”，每周一期。8月12日，播出第一期，其篇目有“四老板走南闯北长见识，回故乡调整种植干在前”、“只要人不懒，到处有金钱”等。

该栏目特点主要是关注道德和伦理建设，推出公安、交警案例和警戒铭心，敢于曝光，注重趣味性。从《文摘报》等报刊采播各地新闻。采访普通人的真实生活反映时代变迁，主持风格不是一味地庄重严肃，似讲故事般亲和、幽默、灵活。标题对仗，既传统典雅又现代幽默，群众参与，消息灵。2001年2月10日，栏目创刊半年后更名为“新闻周刊”。2004年初，首次在新闻周刊试行制片人制度，栏目负责人换位为制片人。2006年10月，县电视台举办新闻周刊创办六周年特别节目—“走进寻常百姓家”。栏目再一次全新改版，有“民生关注”、“报读天下”、“话题征集”等。

2006年10月新闻周刊开播六周年（谢双显摄）

4. *梨园乡音* 2002年8月筹办，县电视台、东光艺术团、金龙大酒店三方实行股份制（分摊人员、场地、设备）分别拍摄，每两周一期。9月11日，播出第一期“梨园乡音”。当年12月改为县电视台单独承办。“梨园乡音”是自办地方戏曲节目，设擂台赛、大奖赛等，深受观众好评，不仅掀起收视热潮。还吸引南宫、广宗、平乡、隆尧、威县、邢台、宁晋及曲周、鸡泽、赵县等十几个县市戏迷参与。

5. *乡村风* 2005年1月，县广播电视局与县农业局联合开办。县电视台出技术和人员，使用县农业局部分摄录设备。2月，播出第一期。栏目分“三农热线”、“致富信息”、“沃土情”、“拉家常”、“露一手”等板块。“乡村风”特别注重对农民精神世界的挖掘。“剪纸”、“猫头鞋”、“农民书法家”、“武术擂台”等节目，展示了新时期农民的多彩生活。《寻虎村纪实》、《天地一片开发新》、《充满希望的脱贫大道》、《银杞花开富万家》等充分展示了巨鹿县的三农变革。当年9月，“乡村风”跟踪报道“巨鹿中秋演武节”，连续下乡以电视宣传鼓舞演武者。纪录片《中秋武术汇演》展示34个自然村，35支武术班的表演盛况，掀起农村武术热。同年12月，“乡村风”报道县民间武术队参加邢台武协杯争夺盛况。“风火轮”和“对梢子”被安排为开幕式表演项目。有8人12项获一等奖，6人4项获优秀表演奖，7人获二、三等奖。2006年7月改由县电视台独立承办。

6. *走近* 2004年3月创办的人物情感类栏目，隔周1期。2005年8月，“走近”特别节目“历史的审判”再现巨鹿县人民抗日斗争，声讨汉奸张百奎的罪恶，引起观众较强反响。2006年，“走近”系列节目《在他乡》远赴京、津、石三地拍摄，制作播出5期。2007年2月，因主持人调整而停办。

7. *百姓* 2007年5月11日播出第一期。关键词：民生、情感。隔周一期。

8. *法在身边* 创办于2004年3月，法制栏目。每3周1期。

9. *点播台* 1993年1月创办。点歌娱乐节目，每周1期。1999年4月停办。

10. *周末综艺* 1999年5月开办，文艺类栏目，每周1期。2001年12月停办。

11. *综艺时空* 2002年1月开办，文艺类栏目，每周2期。

12. *娱乐星工场* 2007年2月开播，观众自娱自乐节目。该栏目形式新颖、互动性强，报名参与者十分火爆，青少年为主要观众群。本县及周边县市均有参与，每两周1期。此外还有“精彩导视”、“天气预报”及为行业部门开设的“健康家园”、“城建之光”、“建行新声”、“财政之光”等栏目。

（三）广告。1990年开始制作广告，第一则自制广告为“治疗皮肤病”，录制方式原始简陋。后设备不断增加，广告量越来越大。2008年，广告收入已达330万元。

巨鹿县电视台部分年份广告收入情况统计表

表22－2－8　　单位：万元

时　间	数　额	备　注
1991	3	
2001	150	全市创收先进行列
2008	330	

（四）上报作品。对采编的电视作品，除在本县播出外，有的同时报送上级电视台，有不少作品获得省以上奖励。2000～2008年巨鹿县报送省级电视台获奖作品5件，报送国家级获奖作品2件。

2000～2008年巨鹿县报送省级电视台获奖作品统计表

表22－2－9

时　间	作　品	奖　项	等级	创编人
2001	八面来风	河北广播电视新闻奖对农节目	三等奖	刘君红　谢双显　王花锋
2003	“首发责任制”带来的	省广播电视学会	二等奖	郝丽双　谢双显　王花锋
2004	林霞和她的林场	省广播电视新闻奖	三等奖	刘君红　谢双显　王花锋
2005.09	巨鹿县首创农民外出党员委托制	省广播电视新闻奖	三等奖	卢彦华
2006.05	乡村风	省农业科教电视兴农奖	一等奖	王胜路　梁　丽　张国金

巨鹿县电视台报送国家级获奖作品统计表

表22－2－10

时间	作品	奖　项	等级	创编人
2002	余音	中国广播电视学会《中华汇萃》优秀纪录片	三等奖	刘君红　谢双显　王花锋
	四股弦	中国广播电视学会《中华汇萃》优秀纪录片	二等奖	刘君红　谢双显　王花锋

1998年后，县广播电视局多次被评为全市广播电视系统先进单位、市级文明单位。2002年被中国电视协会农视委评为“千县工程”先进单位，2003～2005年被评为省广播电视系统先进县级广播电视局，2005～2007年连续三年被邢台市评为对上报道先进单位。

第四节　巨鹿晚报

《巨鹿晚报》于2000年5月16日创刊，开始为县委宣传部主办，每周一张四版。2002年5月改为县文联主办，当年8月扩到每周两张八版。2004年使用打字排版系统，2007年12月改方正排版系统、胶片印刷。

晚报设综合、社会新闻、农村天地、家庭生活、串枝红等栏目，既刊载县委、县政府活动，也登载社情民意。既有生活小窍门也有散文小说。既有书法也有照片，图文并茂，题材丰富多彩，深受读者喜爱。2002年后，曾多次举办诗词楹联、书画比赛暨交流。2008年8月，开辟专栏“回顾30年喜看巨鹿变化”及改革开放30年我身边的故事征文，集中版面刊登各行各业30年发生的显著变化，引起强烈反响。

《巨鹿晚报》是巨鹿县人民自己的晚报，为广大文学爱好者提供了一个展示水平和发挥本领的平台，促进了巨鹿县文化传播与交流，晚报创办之初，没有稿费，一大批热心人为自己的报纸写稿，退休教师秦玉珂（笔名贾禾）每周从贾庄骑车到县城送稿，淳朴活泼、饱含真情的文章，成为深受群众喜爱的乡土文学；文化馆长潘忠绿的《巨鹿史话》，将巨鹿县的历史用通俗的手法记录下来，使人们了解了自己的历史；党凤田的《巨鹿县有这样一位村支书》，使人们读懂了优秀村党支部书记张仁礼的一生；张志波的杂文，王炳南的散文，张府云等人的书法。一大批文人运用各自巧妙的笔法和丰富多彩的文体，通过晚报把巨鹿文化事业推向一个繁荣的新阶段。

第三章　文学艺术

改革开放以后，巨鹿县群众性文艺活动丰富多彩，参与文学艺术创作的人越来越多，作品质量不断提高，文艺战线空前活跃。

第一节　文艺活动

1979年后，巨鹿县城乡群众文艺活动广泛开展，日益活跃，每年春节都要搞一次大型的乡艺汇演。从1991年起，每年的6月18日还要举办“中国巨鹿杏节”，一年两次组织乡间艺人进城沿主要街道搞大型乡艺游演，表演秧歌、架子鼓、军乐、舞龙舞狮、扭大头、拉碌碡、推小车、划旱船、武术等节目。杏节期间还要举办大型的戏曲、歌舞晚会（2003年因“非典”停办一届）。2005年，第十四届杏节举办大型戏曲演出，河南省电视台梨园春剧组到县演出。观众多达2万人。2004年后，县老年体协在每年的杏节、重阳节和全民健身日，都要举办大型的中老年人健身展示演出或比赛，表演健身秧歌、健身球、广场舞、民族舞、交谊舞、花棍舞、腰鼓、太极拳、瑜珈、柔力球、红歌和戏曲演唱等，参演者超千人。春节期间，还多次组团下乡巡回演出人民群众喜闻乐见的各种文艺节目。

巨鹿县杏节健身汇演（靳德祥摄）

第二节 文学创作

伴随改革开放、经济发展，巨鹿县的文学创作日益活跃，创作队伍不断成长壮大，包括巨鹿籍在外地工作的人员在内，既有专业创作人员，又有兼职创作人员和众多业余爱好者，各种优秀作品源源不断地由《巨鹿晚报》及各级各类报刊登载或由各家出版社出版发行，其中不少作品获奖。

一、小说 杂文 散文创作

河北省作家协会会员党凤田，巨鹿县曹辛庄村人，曾就读于河北北京师院语言文学系，连任三届河北省杂文学会理事，曾任巨鹿县杂文学会会长。1989年出版长篇小说《蔫儿和他的四个媳妇》，获邢台地区第二届文学振兴奖；1993年出版杂文集《文明呼唤》，获河北省“金蔷薇”奖。1979～2008年先后在省级以上报刊发表中篇报告文学30多篇，创作杂文、中短篇小说、故事等200多篇，获全国、省、市级26个奖项。其中《高尚的企业文化人格》获1992年度河北省优秀文学作品奖。反映改革开放的长篇小说《天堂》业已完成定稿待出版。

长期在邢台地区文联从事专业创作、被评为河北儿歌大王的王玉民，巨鹿县樊家村人。创作了许多优秀文学作品，多次获奖。其作品被列入邢台学院2001年科研课题，教授程精棉、乔丽娜等以“王玉民诗歌诗味探讨”、“做生活的有心人”、“朴实、清新、哲理”为题发表研讨文章。

1979～2008年王玉民部分获奖诗歌一览表

表22－3－11

体 裁	作品名称	报刊或出版社	发行或发表时间	奖 项
儿歌集104首	《儿歌》	河北人民出版社	1984	评为河北儿歌大王
散 集	《意马无羁走天台》	中国文联出版公司	1998	样本藏入中国现代文学馆
散 文	《昆仑桥下的感悟》	《河北文学》	1990. 03	获河北省第四届“金牛”文学奖
散 文	《喜上至喜亭》	《光明日报》	1992. 50	被湖北宜昌三游洞景区收藏
散 文	《昆仑桥下的感悟》	《昆仑明珠格尔木》	1993. 09	获青海省“昆仑明珠格尔木”文学征文奖
散 文	《山河情结》	《光明日报》	1994. 05	获河北省第四届“金牛”文学奖

经过近40年军旅生活历练的王云国，是中国作家协会会员，巨鹿县前堤村村人。曾任山西省晋城市委常委、晋城军分区党委书记。在工作之余，喜欢文学创作。2004年，由解放军海潮出版社出版了第一部诗集《踏雪的遐想》，之后出版了诗集《海浪花》和理论文集《绿色畅想曲》、《多彩的田园》、《难忘的家园》；中国文联出版社出版了诗文集《战车行》；山西出版社出版了散文集和理论文集《白云飘飘》、《绿舟扬帆》；国防大学出版社出版了散文集《约会春天》，有50多篇文章获军地报刊大奖和解放军文艺奖。

二、传统诗词

诗歌创作自古有之，1979—2008年，巨鹿县诗人皆为业余爱好者。

原任巨鹿县政协副主席，中华诗词文化研究所和中华对联文化研究院研究员、中楹会会员王麟本，河北滦南县人，现居巨鹿县城。自15岁学诗，继而研读有关理论书籍。迄今共积诗词文稿420余首，已零散发表200余首，其中“冒风雪独赏李树嫁接红梅”、“金陵怀古”、“春从天上来·胡连历史性握手”等19篇作品，在2006年、2007年北京龙腾图书编著中心举办的首届“龙腾杯”全球汉诗大赛和北京恒文图书编著中心举办的首届“李杜杯”世界华文诗词艺术大赛中，分别获得特等奖和金奖。其名入编《中国当代诗词艺术家大辞典》、《世界传世诗词艺术家大辞典》。北京作家出版社出版的《中华诗词十佳精品选》第一卷和第三卷共选入其356首诗词。被北京博文图书编著中心授予“中国十佳杰出诗人”、中国作家学会授予“中国一级著作家”称号，被中国诗词研究会评为“中华诗词一级著作家”。

附：王麟本部分获得特等奖作品

冒风雪独赏李树嫁接红梅

2002．3．2

江南美景移河北，冒雪赏梅第一回。
碧蕾丛中红蕊绽，金蜂巢里暗香催。
玉盈世界珍珠艳，寒彻人间铁骨微。
得意狂风歌且舞，诗翁树下忆明妃。

摘自《中华诗词十佳精品选》（第一卷）43页

春从天上来·胡连历史性握手

台岛茕茕。似游子孤鸿，阔别亲朋。梦绕魂系，两岸同宗。阿扁竟要分庭。毁人民福祉，仗倭犬、借美凶鹰。拒和谈、设鸿沟万里，横阻三通。

鸡年吉星高照，破两党坚冰。峰会京城。笑遍天涯，歌飞海角，到处胞谊浓浓。正春光明媚，花千树、醉啭黄莺。两心同、辟一和平路，共育骄龙。

摘自《中华诗词十佳精品选》第一卷46页

金陵怀古

2005．8．28

秦淮艳水贯城流，忆昔金陵几度羞？
建业孙吴三代灭，开元明祖两朝休。
中山力竭金山卧，中正技穷海岛囚。
国运缘何皆不久？清风细雨逗凉秋。

摘自《中华诗词十佳精品选》（第一卷）47页

三、理论作品

著名理论家和企业文化、企业形象、企业战略专家贾春峰，巨鹿县野场村人，居北京。早年毕业于中国人民大学哲学系研究生班。曾任中共中央书记处研究室理论组副组长、中宣部理论局副局长、正局长级调研员、研究员、中国市场经济研究会副会长、中国企业文化研究会副理事长。在学术界最早提出并着力研究加强市场经济中“文化力”的观点，论述了经济与文化“一体化”发展的10大特征。1993年提出“‘文化力’是综合国力的重要组成部分”、“21世纪的经济格局将在很大程度上取决于‘文化力’的较量”，就企业文化、企业形象、企业战略与地区形象、地区战略、城市发展等提出了一系列原创性、独特的新观点、新理念、新视觉。倡导的“好识好记好用”的中国化CI设计方略，具有重要实践价值，广为流传。主要学术专著有《文化力》、《文化力观》、《企业力》、《文化力启动经济力》、《文化力制胜》、《踏着实践的足迹》、《在新起点上的拓展与深化》、《碧波万顷望无极》等11部。发表论文300多篇。被誉为文化力“研究之父”、“文化力研究第一人”。

四、戏剧　曲艺　歌曲

巨鹿县创作的戏剧、曲艺主要有评剧、河南坠子、快板书、相声、小品、歌曲等。这些作品贴近生活，贴近群众，具有浓厚的巨鹿地方乡土气息，广大群众喜闻乐见。

1979～2008年巨鹿县部分戏剧曲艺作品创作情况一览表

表22－3－12

时　间	作　者	作品及获奖
1979年	李景林	评剧《部队来信》获邢台市专业剧团优秀剧目奖
1993年11月	孙中伏	河南坠子《考女婿儿》获中国建设银行河北省分行汇演一等奖
1997年6月	孙中伏	相声《香港，我的爱人》获中国建设银行河北省分行张家口迎香港回归汇演表演三等奖.
1999年	肖　飞	歌曲《你舍得我难过》获石家庄市喜迎千年杯青年歌手大赛第三名
2006年10月	孙中伏	河南坠子《考媳妇儿》获河北省金融系统反假币汇演表演一等奖
2007年	李景林　孙中伏	小品《情暖千万家》在《河北财经报》发表

第三节　美术　书法　摄影

一、美术

美术主要是绘画，包括国画、油画、山水画。巨鹿县不仅有国画名家，还有不少业余作者和大量的爱好者。

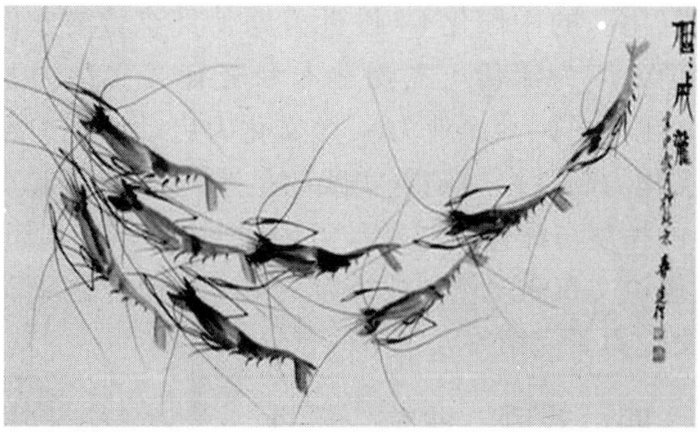

李春造作品

中国书画联谊会理事、中山书画研究社会员、中华名人画院花鸟画家、中原书画研究院高级画师、北京美术家协会会员、中国翰墨轩书画院副院长李春造，号巨鹿山人，男，1936年生，巨鹿县西郭城村人，居北京。1957年入中央美术学院学习，受著名国画大师娄师白、董寿平、王雪涛、黄胄、李苦禅先生亲传指点，专攻花鸟，尤擅画虾。享有“当代虾王”之美誉，名入《书画名人录》、《世界名人书画大全》。经常到全国各地搞个人画展，其作品多次在东南亚各国及加拿大、美国等地展出，多幅画作被人民大会堂、中南海、故宫博物馆收藏。在全国纪念抗日战争胜利65周年书画大展中作品《瑞雪吉祥》获金奖。为纪念建国60周年，国家邮政局特将李春造国画精品印制发行纪念邮票一套。1985年编著的《画虾技法》一书，畅销海内外，销量达十余万册。

原巨鹿县文化馆副馆长、国际ISO9000A书画艺术家资格认证委员会副主席及评审委员、中国国际书画研究院高级研究员、中原书画研究院客座教授、国家美术家联合会理事、中日韩新书画家联盟副秘书长、高级名誉院士、中国文学艺术终身成就艺术家赵胜堂，笔名盛唐，男，1949年生，巨鹿县西孟庄村人。1975年毕业于河北师范学院，后在天津美术学院进修。其作品常参加全国及国际大展，多次荣获国际金、银大奖。其作品《腾飞》在2000年世纪开元全国大展中荣获特别金奖，作品《日出东方》在纪念中国共产党建党八十周年全国绘画大展中荣获金奖，被国家博物馆永久珍藏。2007年作品《紫丛曲涧听涛声》参加韩国国际招待展（20个国家参加）荣获金牌。

赵胜堂作品

中国美术家协会会员、职业画家刘立勇，字石虹，号古风堂主、马房画人，男，1970 年生，巨鹿县大马房村人，现居北京。2001 年进修于中国美术家协会山水画高研班，2005 年入中国画研究院李宝林工作室为访问学者，2007 年入中国国家画院范扬工作室为访问学者。擅长国画山水画。作品《大山春晓》荣获中国国家画院主办的第二届中国山水画艺术双年展金奖、《山路》荣获中国美术家协会主办的第五届中国西部大地情中国画、油画作品展银奖。作品入编《美术》、

刘立勇的《大山春晓》

《中国画研究》、《美术家通讯》、《河北百名画家作品集》、《中国书画报》、《美术报》等百余部大典及各种专业刊物。曾在成都、杭州、大连、天津、广东、辽东等地举办个人画展或联展。其作品被中国美协、博物馆、艺术机构及海内外收藏家收藏。

魏徵国画院院长、河北省美术家协协会员、中国国画家协会理事、中日新文化联盟理事周钦波，男，1973 年 3 月出生，巨鹿县午时村人。自幼爱好绘画，毕业于河北省轻工业管理学校美术系，主攻山水，毕业后应征入伍，在部队投师于河南著名画家白春堂、白海学习山水。其书画作品多刊登于《河北日报》、《美术报》等报刊，有的被收入《中国美术选集》。

周钦波的《山水画》

全县的美术爱好者和业余作者颇多，县每年举办迎七一、十一、春节书画作品展，每次展出作品 80～100 幅，参观者上千人。1984 年和 2010 年举办了巨鹿籍在京画家李春造两次画展。1986 年，举办优生优育实物图书展、农民画展、武文甫画展。1988 年 12 幅书画作品参加地区画展，并在各县巡回展出。1989 年先后举办书画展 7 次，其中 5 幅油画作品参加地区首届艺术节展。1992 年举办“纪念毛泽东文艺座谈会发表讲话 50 周年”书画展、“庆祝十四大”书画展。1997 年举办“李山楼个人板画”展。1998 年举办

“张忠信油画展”、“农民剪纸展”。2003 年举办“向白衣战士献爱心”书画展。2004 年 2 月 13 日举办“孙书奇”画展。2007 年 10 月举办“魏徵宗亲恳亲大会”大型书画展。

1985～2008 年巨鹿县美术作品参展获奖情况一览表

表 22－3－14

时　间	作　者	参展获奖情况
1985	孙汉孜	国画《猫咪葡萄》邢台地区参展
		国画《黄山游记》邢台地区参展
1986	孙汉孜	油画《葫茄十八拍》获邢台地区书画展二等奖
1987	张忠信	油画《枝繁叶茂》获邢台地区书画展纪念奖
	张爱萍	国画《秋实》邢台地区书画展纪念奖
	赵胜堂	山水画《太行秋色》邢台地区书画展纪念奖
1989	张爱萍	油画《农家女》获邢台地区书画展三等奖
	孙汉孜	油画《蔡文姬》获邢台地区文化馆工作人员美术作品展二等奖
2004	张爱萍	国画作品获邢台市建国五十五周年书画展铜奖
2005	赵胜堂	图画作品在河南省书画院举办的“第四届王子杯海峡两岸书画大展”中获荣誉金奖
		国画作品《血魂》获邢台市“纪念抗战胜利暨邢台解放 60 周年美术书法作品展览”金奖

民间还有彩绘，绘有松柏、翠竹、花鸟、山水、家簿、神像、寺庙彩绘及书写的鸟字画等。

2007 年 12 月集市上摆放的彩绘家谱

王虎寨镇坚台村有业余画家谱者在集市上摆出销售。阎疃镇樊家堂村民孙敬宇，绘画技术较高。绘画作品多为自娱自乐，有时也搞有偿服务。

二、书法　篆刻

2000 年以后，除原来书法爱好者外，新增部分离岗退休老干部、在岗领导加入书法行列。书法爱好者建有协会，不定期进行书法研讨、交流活动，经常在节假日举办书画展。1996 年举办“纪念抗震救灾 30 周年”书法展。以后每年都有 2～3 次展出。有时选送一些作品上报参展。

在县书法协会的带动培养、影响下，先后涌现出了一批如张府云、潘恒庚、董群生、孟繁生、周平尧、李茂国、孙汉孜、武群印等在当地较有影响的书法人才。

县经委（后改为县工业促进局）退休干部武群印，酷爱书法，先后被聘为中国书法协会会员、国家一级书法家，获国际奖 5 次，全国性大奖 45 次，先后有 20 部大型书画集入选其作品，1994 年国家文化部特邀赴京挥毫，聘为国家文化部书法研修员，2004年荣获国际书画赛金奖，2005年获中国文艺金爵奖，同年被省老年书画研究会聘为会员。著有《正楷简易法》和《草书技法》两部作品。

篆刻多为爱好书画者兼刻图章自用，1989年以后篆刻作品渐少。

1993～2006年巨鹿县书法作品参展获奖情况一览表

表22－3－15

时　间	作　者	参　展　情　况
1993	孙汉孜	书法作品在省政协、书法家协会、美术家协会举办的“纪念毛泽东同志诞辰一百周年”大型书画展中参展
2005	孙汉孜	书法作品在“纪念抗战胜利暨邢台解放60周年美术书法作品展览”中获金奖
2006	董群生	书法作品入选省文化厅主办“省第八届燕赵群星奖”书法展览
	李茂国	书法作品入选省文化厅主办“省第八届燕赵群星奖”书法展览
	潘恒庚	书法作品入选省文化厅主办“省第八届燕赵群星奖”书法展览
	孙汉孜	书法作品入选省文化厅主办“省第八届燕赵群星奖”书法展览

三、摄影

20世纪90年代中期，涌现出一批摄影爱好者。1995年8月，时任县建设局局长的周建牵头组织注册登记“红杏”摄影协会。协会经常组织参与县重要活动和纪实创作，用相机记录社会各个方面发生的事件、历程和变化。拍摄了国家外汇管理局捐建中汇希望小学仪式剪彩、世界银行考察团视察巨鹿县种草养畜项目、原海军少将副参谋长范朝福在育红小学作革命传统报告、时任水利部部长钮茂生和副省长顾二熊视察巨鹿县滞洪区等一批纪实作品，积累不少珍贵资料。

1998年9月28日，县委宣传部与“红杏”摄影协会举办“海斯德杯”迎国庆、实施跨越工程三周年摄影展。参展作品60多幅，观者上千人次。2000年周建作品“无田何以成福”获“河北省廉政文化建设杯三等奖”；2008年7月县委举办“庆七一”摄影作品展，参展作品参加《中国巨鹿》通册编辑与图片摄影。同年10月红杏摄影协会与县文学艺术联合会共同举办“纪念改革开放三十周年摄影展”。

2008年11月，在邢台市腾龙杯摄影比赛中，巨鹿县会员王德志作品《坝上秋雪图》获三等奖，会员邵华作品《坝上秋雪》、程蕴昭作品《专注》获优秀奖。同时，会员作品多次在《河北日报》、《中华时报》、《邢台日报》、河北省政府《共富天地》、《河北法制报》等报纸、杂志上刊发。

20世纪60年代的摄影爱好者吉路林，1981年被中国摄影家协会河北分会、中国新闻摄影学会吸收为会员，邢台摄影家协会当选为理事，河北法学会刑事技术研究会会员，《中国现代摄影报》特约记者。1992年后其个人词条先后编入大型工具书《中国摄影家大辞典》、《中国现代艺术界名人录》、《中国摄影家全集》和大型文献《中华魂·中国百业领导英才大典》。1979～1992年，被国家、省、地市各级报刊刊用的黑白、彩色照片300余张。

第四节　民间文学艺术

一、民间撰著

改革开放后，民间的写作著书呈发展趋势，撰著的主要内容有民谣谚语、医疗保健知识、民俗应酬、家谱、村史、回忆录、人生感悟等。

原有《中国民间文学集成巨鹿县歌谣谚语卷》，由潘忠禄、张超智、王麟本等人搜集编撰。2006年9月，王振勇、田遂芳编撰《民间谚语集萃》，搜集整理了巨鹿县百姓常用谚语2300余条。2001年以后，樊进忠相继搜集编印《健身集锦》一、二、三卷，共收集养生保健、祖传秘方、医病验方、食疗验方、卫生理疗、保健理疗等健身知识1400多条。李计波1993年搜集编辑《古今民间应酬》，2001年以后，陆续撰写了《民间婚俗》、《西郭城·我可爱的故乡》(村史)、《平凡人生路》(回忆录)、《李氏家谱》、《巨鹿县四大灾害》等书。原有家谱、族谱的如小马庄马氏家族、小留庄董氏家族等，后又搞了再撰续。李峰奇、张宏亮、王永奇、张振英等也都为自己的家族撰写了家谱（族谱）。魏辛志、樊进忠、谷保清、郭春海、齐登雨等人也都撰写了自己的回忆录。2002年李庆怀搜集印发了《笑对人生》。王炳南的《心灵之悟》根据自己的经历体会，撰写了276则对人生哲理的感悟。这些撰著者，多为自己出资印书，内部小范围发行保管使用。

二、戏剧

中华人民共和国建立初期，巨鹿县的戏曲较为活跃，种类较多。主要有评剧、曲剧、四股弦、乱弹、河北梆子、京剧、豫剧、丝弦、秧歌等。听戏看戏是当时人们主要的娱乐喜好。但随着时代的变迁，戏曲不再是人们娱乐的唯一喜好，戏曲市场逐渐低迷。原县评剧团，1982年解体，演职员被分散到文化、教育系统和企业。社会团体原有曲剧团、河北梆子剧团、西路乱弹等。均因业务不景气相继解体，后形成小班型，主要服务于红白喜事等各项社会活动，剧种传承主要靠老艺人口授心传，继承人越来越少。

（一）四股弦。原流传于河北省南部、河南省北部、山东省西部。是稀有剧种。改革开放后，县文化办深入农村，走访四股弦老艺人，挖掘整理民间艺术。2006年6月，堤村乡纪家寨村“四股弦”列为河北省非物质文化遗产，2008年6月国务院批准为国家级第二批非物质文化遗产。(详见第五节)

（二）乱弹。是以方言为基本语言的地方戏曲，2009年被列为省级非物质文化遗产。

三、鼓乐

随时代变迁，原有的锣、鼓相继发展到架鼓、堂鼓及太平鼓，与鼓乐相配应的大镲、铙、低音、高音锣、旗、镗锣、小钹相应而生，形成混合音响，有宏伟、肃穆、振奋之音效。不同的鼓谱迎合不同活动，巨鹿县鼓乐清朝光绪年间为鼎盛时期，“文化大革命”时曾一度停顿。改革开放特别是2000年后，随着物质生活的提高，大部分村庄自发购置锣鼓，用于自娱、祭祀、庆祝活动等。

鼓乐与吹乐关联的有堂鼓，配置小锣、钹、钗儿等打击节奏，与吹奏曲子融合，多用于喜庆、节日等场合。

四、现代音乐

（一）1990年出现军乐队。军乐队配有小、长号，大、小军鼓，大、小钹和指挥，队员一般为20人左右。2002年后出现电声乐，电吉他、电贝司、电子琴和架子鼓等组成，一般4人，伴奏通俗歌曲，用于歌舞演出、婚庆、生日宴会、开业庆典、周年店庆等活动。

（二）交际舞。1992年跳交际舞者较多，不仅在舞厅，在街头、广场、工作之余随时起舞。是群众休闲、娱乐的一种方式。舞种主要有华尔兹、布鲁斯、伦巴、狐步、快步舞、吉特巴、探戈、迪斯科、拉丁舞、恰恰恰、桑巴、牛仔舞等。1997年8月县曾举办群众交际舞大赛。

1990～2008年巨鹿县舞蹈作品上报及获奖情况一览表

表22－3－16

时　间	作　者	参　展　情　况
1994	王仁霞	浅谈民间群众舞蹈继承与发展在《河北省群苑艺友》，1994年第三期发表
1998	王仁霞	60名机关干部表演的大型秧歌舞在市第一届群众体育艺术节中获特等奖，在省第一届群众体育艺术节中获优秀奖，破格参加闭幕式演出
	孙汉孜 王仁霞	孙河镇村农民演出双狮舞，在市第一届群众体育艺术节获特等奖
2000	王仁霞	编排“人民警察之歌”获市公安系统文艺汇演一等奖
2001	王仁霞	12名退休干部表演无极健身球舞获市一等奖，省优胜奖

第五节　四股弦

四股弦，又名一勾勾、四根弦、西河柳、五腔调、拴老婆橛、北调、北调二胡等。“文化大革命”期间，濒临绝迹危险，1980年以后，四股弦才获得新生。2006年6月被批准为省级非物质文化遗产，2008年6月国务院批准为国家级第二批非物质文化遗产。

一、发祥与分布

四股弦现主要分布在巨鹿县，省内延至河北省的石家庄、邢台、邯郸；外延南至河南省安阳、濮阳、林县、清风、内黄；东至山东省德州、惠民、夏津、聊城、泰安、荷泽；横跨河北、河南、山东三省的大部分县市。

四股弦是借清代“花部”诸腔蓬勃发展之势，于道光年间（1821～1850年）兴起于冀南一带的地方小戏。据传，道光十九年（1839年），秧歌艺人王不当因在演唱秧歌时没有敬神的资格，只好在农村演出“赌戏”和“罗圈戏”；生活艰难，常受土豪劣绅、地痞流氓的欺侮。这时又遇上官府禁演秧歌，就迫使他不得不另谋生路，以求生存。在他唱“门戏”乞讨时，与一位靠自拉自唱小曲卖艺糊口的民间艺人齐大牙相遇，用齐大牙的乐器来伴奏王不当的演唱。二人在艺术上相互磋合，遂创了一种王氏秧歌和齐氏小曲相结合的新曲调。这种新的曲调，因其当时仅有一件伴唱乐器的名称而命名。由此，四股弦得以诞生，并很快在威县章台村办起了一个娃娃戏班，并开始排演剧目。同治九年（1870年），王不当的弟子王玉堂（威县人）与演员罗九，琴师夏大水等人在河北省巨鹿县王虎寨村创办了四股弦的第二个科班。随着科班的创建和连续几年的演出活动，四股弦逐步由偏居一隅向四处扩展，在巨鹿、邢台、沙河、永年、魏县、清河及山东、河南等地广为流传。

为使本剧种在艺术上得到生存和发展，四股弦艺人王玉堂曾于光绪十八年（1892年）先后聘请了河北梆子老生演员小茶壶（本名吴玉顺）和乱弹花脸演员一声雷等到班传艺。一方面学习了河北梆子和乱弹的一批“袍带戏”，另一方面也学习了两个剧种的表演艺术和伴奏方法。从此四股弦的剧目改以“袍带戏”为主，演出也逐渐由“罗圈”、“板凳头”走向“高台”。

1905年，著名四股弦艺人张平欣率班首先由巨鹿、任县进入顺德府（今邢台市），一举演红。之后，又沿沙河、永年、武安等县辗转进入彰德府（今安阳）及其周围诸县。由于语言的接近和唱腔的优美、易学，唱词的通俗易懂，加之张平欣一路演出，一路收徒传艺，四股弦不久便在豫北地区风靡。安阳、林县、清丰、内黄、濮阳等县先后出现了一大批四股弦班社，许多落子腔艺人也纷纷跳班或组班改唱四股弦。与此同时，邢台、邯郸诸县也有一批四股弦班社相继成立。在此期间由于大名府一带闹灾荒，四股弦艺人随逃荒人群来到山东曹州，与当地的两夹弦合作演出而新创其中的一种板腔叫“北词”，流传至今。从1923年起，四股弦有了女演员。第一位登台成名的是郭素娥（小名三棒），以后又有王海棠、王海秀、尹秀珍、马凤仙等陆续出现。南北两地班社林立，艺人队伍不断壮大，特别是女演员的出现，使四股弦进入了鼎盛时期。

1958年，邢台地区成立了四股弦戏校；招收学员30余人。1963年安阳地区戏校设立四股弦班，为四股弦艺术发展培养了一批新生力量。1966年后由于“极左”路线影响，四股弦曾一度成为绝响。直至1980年以后，四股弦才获得新生。陆续出现小型班社的演出活动，他们的演出场所多在农村和山区。

二、传承发展脉络

四股弦传代人详细情况见下表。

四股弦传代人情况一览表

表22－3－17

代别	姓　名	性别	生卒年代	行　当	传承关系	籍　贯	备　注
第一代	王不当	男	1809～?		四股弦创始人	河北省	
	齐大牙	男	1806～?	乐师	四股弦创始人	山东省	
	罗九	男	1810～?	花脸	四股弦创始人	河北威县	王玉堂之舅父
第二代	王玉堂	男	1845～?	花脸	师承王不当、罗九	河北威县	早期四股弦代表人物，为四股弦发展做出重大贡献
	张平欣	男	1869～?	花旦、青衣	师承王不当	河南南乐	早期四股弦代表人物，为四股弦发展做出重大贡献
	王玉山	男	1882～?	乐师		河南安阳	王福学之父
	夏大水	男	1815～?	琴师		河北巨鹿	盲人
第三代	董朝凤	男	1889～1973	架子花脸	师承王玉堂	河北巨鹿	1958年应河北省戏研室之邀，口述记录了70余首四股弦传统剧目
	王福学	男	1904～1953	青衣	师承张平欣	河南安阳	王玉山之子，有名望的旦角演员
	马凤云	女	1879～?	旦角	师承张平欣	河北武安	著名旦角演员
	张春山	男	1903～1963	花旦	师承张平欣	河北永年	著名旦角演员
	马凤仙	女	1919～1967	旦角	师承张平欣	河北临漳	著名演员：折了房子卖砖，不能不看马凤仙
	尹秀珍	女	1920～2001	青衣	师承张平欣	河北永年	
	郝志泉	男	1906～1966	花脸	师承王玉堂	河北永年	
	刘春山	男	1902～?	花脸	师承王玉堂	河北邢台	
	王增昌	男	1901～?	琴师	师承夏大水	河北邢台	马凤仙之夫
	王增林	男	1904～?	琴师	师承夏大水	河北邢台	王增昌之弟

续表

代别	姓　名	性别	生卒年代	行　当	传承关系	籍　贯	备　注
第四代	解永申	男	1904～1985	胡生	师承董朝凤	河北巨鹿县	
	靳福存	男	1937～	老生	师承刘春山	河北巨鹿县	
	苏英谭	男	1962～	琴师	师承王增昌	河北巨鹿县	
	孟繁震	男	1900～1980	小旦、老旦	师承马凤云	河北巨鹿县	
	张兰香	女	1934～	刀马	师承马凤仙	河北邯郸	
	吴素英	女	1943～	旦角	师承马凤仙	河北宁晋县	
	王保章	男	1930～	花脸	师承董朝凤	河北广宗县	
	高保兴	男	1931～2004	黑脸	师承小和	河北广宗县	
	贾玉和	男	1922～	丑	师承贾志泉	河北邢台	
	解章申	男	1920～1981	唢呐	家传	河北巨鹿县	
第五代	解黄浦	男	1935～	刀马、丑	师承解永申	河北巨鹿县	
	纪长春	男	1934～	老生	师承解永申	河北巨鹿县	
	纪速坤	男	1932～	武生、花脸	师承解永申	河北巨鹿县	
	张承美	男	1929～2005	小生、花脸	师承孟繁震	河北南和县	
	张连奎	男	1937～	小丑	师承孟繁震	河北南和县	
	张起会	男	1926～	丑	师承孟繁震	河北南和县	
	侯小红	女	1966～	小生	家传	河北沙河	其母为王凤珍
	张丽	女	1966～	小旦	师承吴素英	河北邢台	
第六代	解会谦	男	1963～	花脸	师承纪长春	河北巨鹿县	
	薄云雪	女	1964～	老生	师承纪速坤	河北巨鹿县	
	安凤敏	女	1962～	刀马旦	师承解黄浦	河北巨鹿县	
	解立行	男	1962～	小生	师承纪长春	河北巨鹿县	
	解庆英	男	1961～	花脸	师承纪长春	河北巨鹿县	
	解会岭	男	1965～	武生	师承纪长春	河北巨鹿县	
	解敬格	女	1965～	文小生	师承纪长春	河北巨鹿县	

三、剧种特征

四股弦有“南府派”和“北府派”之说。由于演出班社分布的地域不同，受当地文化的影响，四股弦逐渐形成了以马凤仙为首的“北府派”和以王福学为首的“南府派”两大派系。北府派的演唱和伴奏更多地吸取了河北梆子、丝弦、乱弹等地方戏的音乐素材，而南府派则更多地采用了豫剧、平调、落子等地方戏的艺术风格。南北两个流派演唱风格各异，各有所长。在长期的演出中又互相交流影响，又都移植了很多优秀剧目，丰富了演出内容，提高了演出水平。

四股弦“生、旦、净、末、丑”行当齐全，演唱方法各异、扮相落落大方，人物特点鲜明，文戏、武戏并重。四股弦的音乐是由唱腔、伴奏和曲牌三大部分组成。

唱腔是四股弦音乐的主体部分，以板腔体为主，辅以少量曲牌体。四股弦演出规范，前台、后台管理严格，演员、乐队、服装、化妆、道具、灯光、布景、音响一应俱全，演出效果精良，是个功能齐全、较完整的地方剧种，演出剧目200余出。

四股弦自（清）道光年间形成以来，距今已有100多年的历史。由于她在发展当中不断吸收其他剧种的艺术风格来丰富自己。使得这一土色土香的艺术表演形式更具魅力，特色甚为鲜明，尤其是演唱风格别具一格。唱腔板式齐全，表现能力非常丰富。

（一）调式及旋律特点。四股弦唱腔的音乐调式有宫调式和徵调式两种。按其功能和作用可分为文乐、武乐两大部分。文乐主要伴奏唱腔和配合表演动作奏曲牌，武乐则用于唱腔的各种开头和收头，以及用于配合人物上场、下场、念白、身段和武打等。曲牌系四股弦音乐中纯器乐演奏部分。按其演奏时所用主要乐器之不同共分两类，一类是“弦笛曲牌”，另一类是“唢呐曲牌”。构成了四股弦唱腔既高亢激越，又流畅、明快的音乐风格。

（二）邢台方言与四股弦唱腔。四股弦所用语言从大的范围来讲系北方语系的中州韵。就河北省而言，作为四股弦兴盛和活动中心之一的邢台地方语言，在四股弦剧种中占有绝对成分。邢台方言上声为高平调型，而阴平则为低升调型，其余两声均为降调型。此种语言特点使四股弦唱腔在乐音进行上体现出旋律多为级进下行；上声字用音一般较前音为高，或者同度；去声字除出现在句首一般用音较前音为低，或者同度（尾部翻高处除外）。

（三）演唱方法。四股弦剧种的表演行当生、旦、净、丑四行齐全，但在唱腔方面各行当间并无根本区别，仅有男腔和女腔之分，男腔略低，女腔略高。其次是旋律方面的差别，八度以上的大跳音程多在男腔旋律中出现，八度之内的跳进音程多在女腔旋律中出现。在实际演唱时，生、净、丑行各类角色从男腔，旦行各类角色从女腔。演唱方法以真声为主，辅以假声或真假混合声。其他行当均为常规演唱方法。

（四）唱腔词格及韵脚。四股弦的音乐体制是以板腔体为主，辅以少量曲牌体，因而其词格形式多为三、三、四式十言和二、二、三式七言的上下对偶句式。

（五）乐队组成。四股弦的乐队由文场和武场两部分组成。文场：四胡（主奏）、板胡、笛子、二胡、笙、唢呐。武场：板鼓（领奏）、大锣、铙钹、小锣、堂鼓、小镲、梆子。文场中的四胡、板胡、笛子、二胡、笙等五种乐器为常用乐器，其主要作用是伴奏唱腔和演奏各类弦笛曲牌。

（六）文场乐器的沿革。文场所用乐器，早年仅一把四胡，后逐渐发展为“老三手”，即四胡、板胡、笛子三件乐器。约在1940年后，又增添了二胡和笙两件乐器，从而逐渐变为“老五手”。从1951年起到60年代初期。曾陆续加进过三弦、琵琶、中阮中胡、小提琴、大提琴、闷子、黑管、扬琴等乐器，但由于种种原因，现今除三弦、大提琴偶尔使用外，其它乐器均未得到保留。因而，四股弦乐队的文场常用乐器基本固定为以四胡为主奏乐器的“老五手”。

（七）伴奏方法。乐器的定弦、音高及基本演奏方法，文场在伴奏唱腔时，其突出的特点是重在演奏过门。对于演员的演唱，或停止不奏，或尾部进入，或于旋律骨干音处轻轻点缀等等，全无完全跟腔的现象。

四、相关制品及其作品

四股弦主奏乐器四胡结构。琴杆、琴轴为红木或紫檀木等硬质木料制成，琴筒为白铜或黄铜制成，蒙蟒皮。竹制弓杆，上系马尾分两缕分夹于第一、二、三、四弦之间，弦为丝弦。另外伴奏乐器还有（文乐）板胡、二胡、笛子、笙、唢呐，条件好的团体还加上三弦、琵琶、中阮、中胡、大提琴等；（武乐）板鼓、大锣、铙钹、小锣、小堂鼓、大堂鼓、梆子（个别板式专用）等。

1954年，河北省第一届戏曲观摩大会演出时，“利群”四股弦剧团演出的《贺后骂殿》和《刘金定灌药》，分别获表演奖和演员奖。1958年4月，省文化局戏曲研究室，挖掘记录四股弦剧目200余出并从中筛选优秀剧目60余本，由天津百花文艺出版社出版。1963年河北人民广播电台录制了四股弦《杨立贝》、《栓娃娃》等剧目。1986年河北电视台录制了四股弦传统戏《二进宫》并已播出。1993年花山文艺出版社出版了宋锋的专著《四股弦音乐》。

五、价值与成就

四股弦在自我完善过程中，吸收了其他剧种的韵腔，形成了独具一格的韵腔方式，可以说四股弦弥补了其他剧种都不存在的一项空白。四股弦以邢台和巨鹿县方言为基本语音，丰富了戏曲艺术的行腔吐字，四股弦不失燕赵高亢激越的特点，唱起来悠闲自得，感人肺腑，其跌宕起伏的唱腔，使人留连忘返，在当地引起共鸣。

四股弦的四胡、板胡、二胡、笙、笛各行其道，形成自然复调的伴奏方式，与其他剧种不同，可以说四股弦的伴奏丰富了戏曲的表现艺术。为中国音乐自然复调研究提了宝贵资料，也为戏曲韵腔宝库中不可多得的一个腔种。主要剧目有《忠保国》、《打鸾驾》、《拴娃娃》、《天赐禄》、《贺后骂殿》、《斩姚琪》、《二进宫》、《单刀会》、《铡美案》、《天子禄》、《双合印》、《庞文搜楼》《小坐楼》、《花打朝》、《五凤楼》、《双凤钗》、《李陵碑》、《穆桂英挂帅》、《秦香莲》《保皇娘》、《打金枝》、《铡赵王》等。

六、濒危与保护

1966年后，四股弦曾一度绝响。直至1980年以后，四股弦才获得新生。原来各地的专业四股弦剧团均已解体，从业人员因生活所迫纷纷弃艺离队，演职人员逐年减少，只有少数业余剧团仍在勉强维持演出活动。活动在民间的半职业剧团所剩无几。人员老化，后继无人，设备落后。这些闲散在农村的艺人如果不组织起来，不培养新人，四股弦有濒临绝迹的危险。为此，巨鹿县委、县政府高度重视。2007年建立巨鹿县非物质文化遗产保护工作领导小组，县政府主管县长任组长，县政府办主管主任、县文化办主任为副组长，县文化办、县发展改革委员会、县财政局、县教文体局、县建设局、县民政局、各乡镇人民政府为成员单位，各有关部门根据有关法律、法规和县政府赋予的职能开展工作。设立以县文化办主任为直接负责人的巨鹿县四股弦戏曲普查工作队进行普查。县委、县政府已将四股弦的保护与传承工作列入了每年的政府工作计划。县政府加大资金投入力度，将保护资金列入地方财政预算，建立了有效的资金保障机制。

巨鹿县和邻县的四股弦艺人数10人，每到农闲组班演出或自娱自乐，或演出于庙会中，或演唱在红、白喜事上。冬闲时艺人们组团演出，农忙时从事农业生产。近年来，老一代四股弦艺人纷纷谢世，年轻一些的纷纷改行，能够上场的演员越来越少。为了使这一地方传统剧种流传下来并传承下去。从1990年开始，解会谦为四股弦剧团团长，自己组织剧团，并通过贷款和多方筹资一万多元，置办了戏装和设备。每年演出不低于300余场次，演出地点主要在邯郸市的武安、广平、魏县、曲周、临漳，石家庄市的赵县、高邑以及周围的平乡、广宗、威县、邢台、任县、南和等县市，到2008年底已经培养学员30余人。解会谦本人被批为省级四股弦传承人。

第六节 文化协会

一、书法协会

1994年，建立巨鹿县书法协会。理事长张府云。该协会会员大多为书法业务爱好者和离退休老干部，不定期组织书法交流、研讨，重要节日举办书法展，丰富和活跃城乡文化生活。

协会理事长张府云（字筱雲），自幼酷爱书法，他闻鸡起舞，每天起早贪黑在地面、废报纸上用毛笔蘸水苦练不辍，先师从广宗县书法名家石岫海，特别是从师欧阳中石、王世征、高惠敏后进步更快。他淡泊名利，经常毫无保留地向书法爱好者倾囊相授，在邢台市各县享有盛誉。1984年他将自己编写的《书法入门》一书自费印制几千份分发给学员，每年还自费购买一些笔墨、字帖赠送家庭贫困又喜爱书法的学生，受到广泛赞誉。30年中他累计授课、辅导学校教师、中小学生6000多人次，为校园培养出在县、市、省乃至全国书法展中获奖的小书法家近百人。他不懈追求，收获颇丰。1987年12月获河北省书法教育创作奖；1994年春获河北省楹联书法二等奖；2003年1月获全国教育规范汉字书写一等奖；2005年9月获纪念抗日战争胜利60周年全国书法展金奖；2007年8月获纪念中国人民解放军建军80周年全国书法展金奖等。2008年中国文联出版社出版了《张筱雲书法选》一书。

二、摄影协会

1995年8月，周建牵头组织注册登记巨鹿县“红杏”摄影协会。到2008年共发展会员45人。协会活动见本章第三节。

三、诗词楹联学会

2003年1月2日，建立巨鹿县楹联学会，会长王麟本。到2008年共有会员30人。楹联爱好者多在春节前举办诗词楹联比赛活动，会员带自己创作的对联参加评选，获奖入围作品发表在《巨鹿晚报》。

四、京剧协会

1980年建立了巨鹿县京剧协会，先后有孙寿田、孙清田、刘路林、孙孟繁等任会长。开始每星期六下午活动，后改为每周二、四、六上午活动。为提高演唱水平，协会曾先后聘请京剧名家谭元寿、马长礼、刘长喻、孟广禄、李维康、李胜素等多次来传授技艺。

2008年协会会员发展到130多人，下设官亭、大官庄、王六村、柏舍、东杨庄五个分会。该协会主要通过县电视台梨园乡音栏目、文艺下乡、节日联欢等形式组织演出活动，丰富人们的文化生活。

第四章　文　物

巨鹿县历史悠久，历史文物较多。但由于战争和“文化大革命”的破坏，所剩无几。1979年以后，县加强了对现存文物资料的搜集和保护工作。

第一节　古遗迹

2007年前，古遗址、古建筑由县文化馆管理，2007年建立文物保管所（县文化办下属股级事业单位）后，交其管理。时有古迹文物26处。

2007年4月全国第三次文物普查，新发现县内不可移动文物63处。全县境内共发现古迹文物89处，其中遗址61处（最早的是战国时期）、古墓葬18处、近现代重要史迹及代表性建筑4处、石碑石刻6通，均为县级文物保护单位。

一、金阁寺

金阁寺遗址位于堤村集东侧，建于唐贞观年间，1940年被侵华日军焚毁，1987年定为县重点文物保护单位。1996年6月省佛教协会派人组织重修。同年，在寺内新建万佛塔一座。全寺建筑面积6000平方米，僧尼人员10人。当年对外开放，庙会、传统节日香火旺盛。

二、三明寺妙严殿碑

三明寺始建于隋代开皇十年（590年），政和五年（1115年）曾受业于三明寺的证悟大师率众求资第三次重建，宣和三年（1121年）落成，命名妙严殿。此殿由于年久失修于1958年废毁（巨鹿中学所在地），后妙严殿碑弃失。2004年5月，在县城四通街原糖烟酒公司（2007年建成名相华府居民小区）处从废墟中寻回妙严殿碑，基本完好。碑文记载了唐代巨鹿县城因盗贼猖獗成为空城，垂拱元年（685年）县址由夏旧城迁至现址和宋大观二年（1108年）黄河旧堤决口，县城被淤埋于地下两丈多深之特大水灾等重大历史事件，堪称县之瑰宝。现保存于爱华翰苑碑林。

附：妙严殿碑碑文

巨鹿县三明寺妙　殿记

讲因明唯识□论□□乘□赐紫沙门

证悟大师义雨立石

承节郎信德府巨鹿县尉专切管句教

阅保□刘用之书

通直郎新差知洋州西乡县管句劝农

公事兼兵马都监李□篆额

奉议郎知信德府巨鹿县事管句劝农

公事专切管句教阅□□李桓撰

宣和二年秋，证悟大师义雨来谒于予。曰：三明寺旧有行香大殿，近以水坏，栋宇埋没，今愿再有建焉。太守钱公既可其许，乃即旧址经营，将底于成，属予以记其事。按《图经》，巨鹿县本禹贡大陆之地，更汉晋后魏置县，不同隋于南纝故城，改置巨鹿。开皇十年，置三明寺，旋以盗贼民，庶潜居寺，遂废。唐正观元年，以县属邢州十四年建寺于旧地后因水患人不莫居寺亦随废垂拱元年徙旧县于东南十有一里之新城乃今邑地有释智良与其徒行湛智达希寂善琳大辩乞地创立逮天宝十有二年寺始就绪粤有大殿正居寺地之中南向有塔旁有廊庑而以众院环列于外虽其瓦木之类移自旧城而此殿之建自此地始

国家重熙累洽以迄今日

圣天子在御百度俱举庶政惟新四海肃清人物繁阜天下之民无有远迩沐浴

圣泽蒙被

嘉惠莫不讴歌鼓舞願祝

天子万年之寿由是郡邑梵宇务加修崇於时天宁邑之官属与其士庶启建道场仰祝

圣寿独就此殿遂名曰行香大殿大观二年秋河决旧堤流行邑中寺之所存塔与罗汉阁尔水既东下退淤之地高余二丈政和五年既复邑证悟来自邢台以上生院旧當授业刻意完茸凡六年有殿有堂有庖有室率其法眷居之當语于众曰

朝廷广阔净土崇饰精蓝所以使人迁善远罪期有补于世也我辈归依法门务广真教上报

天子之恩德大殿之役尤不可缓惟工用浩大建立为难乃携锡持钵之磁之洺之北都之庆源随其多寡乞诸民间巨细之材不累月而足因其近便之地鸠工治材置场于邢台沙河南和平乡采石于尧山方冬盛寒水洞路夷牛牵人挽车相属者数百□材石既集土工继兴远近翕然乐为就功越今年二月丁卯建木而落成于六月之丁未殿崇六十有五尺其修七十有二尺广八十有四尺规模宏壮气象高爽有轮奂之美而不溢于华有敦厚之势而不入于陋揭其名曰妙严盖以至妙之理而致事佛之严也塑迦叶释迦弥勒佛于殿中文殊普贤日光月耀菩萨于左右列图天宫内院六事因行西方净土九品化生于东西壁以致三千化佛十地菩萨十六罗汉各以其类炳然见于设色之□有先有后若相□付有因有果不妄分别有侍御卫护之仪有演说听受之意自无有法相行之于有相究无所从来名之于如来其理至妙其法至严观其檐宇张大像魏严严君子瞻之必以自存知善之不可不为小人过之必以自悔知恶之不可不去于以尊

君报

上而□华封之祝则名殿之意不其韪欤予被

命为邑始至之日以民居未复城郭未完田野虽阔疆界未尽明桑柘虽茂林木未可用遽兴此后當叹其难而证悟以戒行素服于□□□檀越欣然附之其立意甚坚其成功甚敏遂采前世兴废之迹与其置殿立名之意书之宣和三年六月十五日东莱李桓记

尧山程宗信　　　刊□□□□

三、皇恩四世牌坊

巨鹿县“皇恩四世”牌坊，始建于清顺治十七年（1660年），至康熙四年（1665年）落成。是明通政使，清工部左侍郎张绍先及其祖父张汝、父亲

碑林中收藏的皇恩四世牌坊匾额

张尔德、长子张俭为表四世共享皇帝恩宠所建。被誉为“天下第一坊”。1968年痛遭毁坏，其匾宽1米，长5米，上书“皇恩四世”四字，皇恩四世牌坊巨匾被砸坏砌入县城排水口，多次填埋后已入地面以下一米有余。2003年，经爱华翰苑碑林创始人左保珍慎细挖掘，精心拼凑，四个大字复原如初，现存放爱华翰苑碑林。

四、苦草寺遗址

苦草寺遗址位于阎疃镇黄马庄村。遗址坐落在一个高台地上，整体高出周围地势1米左右，南部被当地居民取土破坏严重，有2.5米深的大坑，在断崖处可见文化层厚1.5米，地表散见大量残砖碎片。有布纹板瓦、筒瓦、兽面瓦当、屋脊陶兽残件等。遗址有石碑二通，其一，青石质，残失下半截，碑文首题“观音寺碑记”，款“康熙四十九年岁次庚寅元月中旬”；其二，青石质，高2.44米、宽0.92米、厚0.29米。碑文首题“观音寺重建佛阁大殿落成碑记”，全文16行，每行64字，款“万历四□□岁次丁巳仲冬十一月二十日”。石碑首一个，高1.12米、宽0.98米、厚0.32米。高浮雕四龙盘顶，长方形额楷书“碑阴题名”二行四字。石雕佛像二尊，均无头。此遗址根据遗物推知为明代遗存。

五、上玄寺遗址

上玄寺遗址位于县城东北苏家营乡齐石鹿村，始建于北魏时期，历经隋唐、宋元、明清诸朝代重修扩建，至民国鼎盛时期拥有前后大殿五座，东西厢房五十余间，为石家庄封龙山白草寺上院，时为一方名院。抗日战争时期八路军多次居住此寺，日寇得知进行报复，放火焚烧，寺院毁于日寇之手，解放后修缮，改为学校。

巨鹿县文物保护单位名录

表22－3－18

名 称	地 址	类 别	年 代	保护级别
金阁寺遗址	堤村乡堤村集村	古遗址	清	县级
卢公墓碑	堤村乡孔寨村	石窟寺及石刻	明	县级
后土元君行宫遗址	王虎寨乡后塔寺村	古遗址	明	县级
菩萨庙遗址	西郭城乡西郭城村	古遗址	明	县级
谷景昌墓	小吕寨镇大韩村	古墓葬	清	县级
马允中墓	巨鹿镇老马庄村	古墓葬	明	县级
巨鹿县烈士祠	巨鹿镇西街村	近现代重要史迹及代表性建筑	1983年	县级
巨鹿宋故城遗址	巨鹿镇南街村	古遗址	宋	省级
张氏墓群	巨鹿镇西张庄村	古墓葬	明	县级
弥陀佛寺遗址	张王疃乡李家窝村	古遗址	明	县级
琉璃寺村段氏家族墓群	张王疃乡琉璃寺村	古墓葬	清	县级
赫慎修墓	张王疃乡辛集村	古墓葬	清	县级
西大寺遗址	观寨乡何寨村	古遗址	明	县级
商店佛爷庙遗址	官厅镇商店村	古遗址	明	县级
佛爷庙遗址	苏家营乡里神仙村	古遗址	明	县级
天齐庙遗址	苏家营乡西孟村	古遗址	明	县级

续表

名 称	地 址	类 别	年 代	保护级别
东大佛寺遗址	苏家营乡大陆村	古遗址	明	县级
柴王城遗址	阎疃镇柴城村	古遗址	后周	县级
苦草寺遗址	阎疃镇黄马庄村	古遗址	明	县级
兴福寺遗址	阎疃镇大留庄村	古遗址	明	县级
刘泽长圣旨碑	堤村乡刘酒务村	碑刻	明	县级
乔公墓表碑	小吕寨乡屯里村	碑刻	明	县级
八面佛幢	巨鹿公园碑林	石雕	宋、金	县级
文庙碑	巨鹿公园碑林	碑刻	元	县级
张绍先撰书墓表碑	西张庄张氏墓群内	碑刻	明	县级
齐石鹿上玄寺	寺庙遗址	苏营乡齐石鹿村	明、清	县级
菜园村遗址	巨鹿镇菜园村	古遗址	元	县级
小马庄墓群	巨鹿镇小马庄村	古墓葬	金元	县级
菜园村西北遗址	巨鹿镇菜园村	古遗址	元	县级
中张王疃关爷庙遗址	张王疃乡中张王疃村	古遗址	金元	县级
高马庄李氏墓群	张王疃乡高马庄村	古墓葬	光绪十四年(1888年)	县级
八里庄遗址	张王疃乡八里庄村	古遗址	金元	县级
张威村后庄户地遗址	小吕寨镇张威村	古遗址	金元	县级
大前屯村西北遗址	张王疃乡大前屯村	古遗址	唐	县级
大前屯村墓地	张王疃乡大前屯村	古墓葬	元	县级
王柏社遗址	堤村乡王柏社村	古遗址	金元	县级
王柏社靳雪民居	堤村乡王柏社村	近现代重要史迹及代表性建筑	民国	县级
小王路村龙洼池遗址	堤村乡小王路村	古遗址	金	县级
王堤村遗址	堤村乡王堤村	古遗址	元	县级
刘酒务村墓地	堤村乡刘酒务村	古墓葬	元至明清	县级
东甄庄遗址	堤村乡东甄庄村	古遗址	元	县级
金玉庄墓地	堤村乡金玉庄村	古墓葬	清	县级
纪家寨村王庄遗址	堤村乡纪家寨村	古遗址	元	县级
徐家庄遗址	堤村乡野井村	古遗址	元明	县级
安庄村遗址	堤村乡安庄村	古遗址	宋	县级
陈庄村遗址	堤村乡陈庄村	古遗址	宋金	县级
寻虎村遗址	王虎寨乡寻虎村	古遗址	宋	县级

续表

名　称	地　址	类　别	年　代	保护级别
铁刘庄遗址	王虎寨乡铁刘庄村	古遗址	元	县级
后塔寺口村墓群	王虎寨乡后塔寺口村	古墓葬	元	县级
后塔寺口村遗址	王虎寨乡后塔寺口村	古遗址	元明	县级
西大韩村墓群	小吕寨镇西大韩村	古墓葬	元、明至清	县级
东郗寨村遗址	王虎寨乡东郗寨村	古遗址	宋金	县级
杨家寨村遗址	王虎寨乡杨家寨村	古遗址	元	县级
田寨村遗址	王虎寨乡田寨村	古遗址	战汉、宋	县级
袁坚台村墓地	王虎寨乡袁坚台村	古墓葬	宋	县级
袁坚台村遗址	王虎寨乡袁坚台村	古遗址	宋	县级
西坚台村遗址	王虎寨乡西坚台村	古遗址	宋	县级
南原庄窑址	王虎寨乡南原庄村	古遗址	战汉	县级
西郭城村遗址	西郭城乡西郭城村	古遗址	战汉	县级
东郭城村西南遗址	西郭城乡东郭城村	古遗址	宋金	县级
东郭城村西遗址	西郭城乡东郭城村	古遗址	商周至战汉	县级
进虎寨遗址	西郭城乡进虎寨村	古遗址	元、明	县级
马家营村庙址	西郭城乡马家营村	古遗址	明清	县级
后大吕村遗址	小吕寨镇后大吕村	古遗址	宋金	县级
小马庄东南墓地	巨鹿镇小马庄村	古墓葬	宋金	县级
小马庄西南遗址	巨鹿镇小马庄村	古遗址	宋金	县级
黄马庄观音寺遗址	阎疃镇黄马庄村	古遗址	宋金～明清	县级
东阎庄墓地	阎疃镇东阎庄村	古墓葬	清	县级
阎疃村北遗址	阎疃镇阎疃村	古遗址	宋、元	县级
赵庄墓群	阎疃镇赵庄村	古墓葬	清	县级
郝鲁遗址	阎疃镇郝鲁村	古遗址	宋、元	县级
于庄申兴民居	阎疃镇于庄村	近现代重要史迹及代表性建筑	民国	县级
樊家堂遗址	阎疃镇樊家堂村	古遗址	宋、元	县级
黄马庄西北遗址	阎疃镇黄马庄村	古遗址	宋元	县级
外神仙遗址	苏家营乡外神仙村	古遗址	宋～清	县级
楼张镇遗址	苏家营乡楼张镇村	古遗址	明清	县级
苏石鹿遗址	苏家营乡苏石鹿村	古遗址	清	县级
团城三官庙遗址	苏家营乡团城村	古遗址	明	县级
团城墓群	苏家营乡团城村	古墓葬	明清	县级

续表

名　称	地　址	类　别	年　代	保护级别
大陆遗址	苏家营乡大陆村	古遗址	宋元	县级
苏家营二村龙潭寺遗址	苏家营乡苏家营二村	古遗址	明	县级
赵家庄净土寺遗址	官亭镇赵家庄村	古遗址	明清	县级
赵家庄西南遗址	官亭镇赵家庄村	古遗址	明清	县级
官亭墓群	官亭镇官亭村	古墓葬	清	县级
观寨奶奶庙遗址	观寨乡观寨村	古遗址	明清	县级
三河道遗址	观寨乡三河道村	古遗址	清	县级
四一渠	观寨乡何寨村	近现代重要史迹及代表性建筑	1978 年	县级
周于庄遗址	观寨乡周于庄村	古遗址	唐宋	县级
柳茂寺庙遗址	观寨乡柳茂村	古遗址	明	县级

第二节　碑　林

2001 年由县政府在巨鹿公园提供土地 12387 平方米，由离休干部左宝珍以个人投资为主创建，树碑 246 方，修建观赏道路 500 米，种植松、柏、竹、槐等花木 3000 余株，收回散落民间石刻文物 86 件。为融人文景观与自然景观为一苑的花园式文化景点，名为“爱华翰苑碑林”。该碑林被市委、市政府确定为邢台市爱国主义教育基地，县委、县政府和县人武部分别确定为巨鹿县爱国主义教育基地和国防教育基地。

碑林以爱国主义教育为主题，含四个部分：（一）“中华墨宝”。从书法宝库中遴选书作精品；（二）“民族之魂”。展示民族英雄、革命先烈和各界精英人物的墨宝、诗词和名言；（三）“勿忘国耻”。将鸦片战争、八国联军侵华战争和抗日战争等重大国耻刻碑铭志；（四）“古郡沧桑”。铭刻巨鹿县古今名人和重大历史事件。

该碑林精心筹措，严格把关，做到“三个一流”，即选用书法作品一流，聘请首都师范大学教授、古文字学家、书法艺术教育家王世征先生为艺术顾问，亲临指导，选定碑文书作；选用石料一流，精选中国黑 2 号花岗岩为载体，石质坚硬，永不风化，和山河共存，与日月同辉；刻工

碑林中的元代碑

（左宝珍提供照片）

一流，从 10 多个竞标厂家中挑选雕刻之乡曲阳县 4 名优秀刻工到巨鹿，县亲自监工，精雕细

刻，确保件件是精品，收到了预期的效果。

2002 年，开展抢救石刻文物行动，经过多年努力，收回散落民间古碑古石 86 件，大都具有很高的历史价值和艺术价值。有的弥足珍贵，如宋代三明寺妙严殿碑，距今已有 890 年之久，碑体高大，刻工精细，记载了巨鹿县多件重大历史事件，堪称镇县之宝。清代被誉为“天下第一坊”的皇恩四世碑坊被毁后，写有“皇恩四世”四字的 5 米巨匾被砸碎，埋入地下 1 米多深，长达 40 余年之久，经精心挖找，拼凑复原如初，展示于碑林，成为全县父老广为庆幸的大喜事。

碑林落成后，迄今观瞻者已达 30 多万人次，国际友人也慕名而来，美国南加州大学博士生导师西蒙教授两次到碑林，给予高度评价：“从碑林看到了中国人的伟大精神，中华民族是不屈不挠的民族！是不可战胜的民族！”

为了使碑林得以更好地建设和发展，左宝珍于 2010 年 8 月 25 日将碑林无偿转交县政府，县政府交由县文广新体局管理。并隆重举行移交仪式。县委、县政府授予“巨鹿县文化事业特别贡献奖”，县政府聘请其为碑林终身顾问，为碑林贡献力量。

大元加号大成碑记

赐进士及第奉议大夫□□平□威州事霍希贤撰并书篆额

皇元奄有天下偃武修文
世皇肇开科举初未暇行追
成宗践祚以十四条诏颁行天下其一曰夫□之道垂宁万世有国家者即当崇奉
庙学书院 者有禁恩至渥也及夫
武宗为崇儒术为至尊圣人宜加封事下翰林议莫大成若
制曰可厥既以太牢告祀林庙而复有佥江南浙西道廉访司事吴举言理宜檄下府路勒
诸贞珉昭示将来巨鹿监邑塔海公尹杜忽里罕簿潘英尉刘德元相与协谋谓
天子之崇圣人可谓至矣极矣吾曹小人敢□挂墙之责谨砻巨石大书
制语于阳而又进其士类而教之曰自今伊始凡为吾民当子孝其父父励其子兄勉其弟
弟敬其兄推此而行弗犯名教则县官为□罢软示吾民为易教今而后岂惟知
圣天子尊圣人之诚又有以知扶纲常于千万世不可毁也士其不勉思

泰定四年岁次丁卯七月吉日 建 石 匠尧峰魏伯谦镌

乡进士王元亨许元 □□焕 王士荣 李学古 孙光祖
孟 张庆 李□□ □□□ □□南孙 肃刘文远宋秉直
教 谕 □ 希 贤
司吏潘艺 王□彝潘弘信 窦荣祖 张彦文 刘进通
典 史 张 祯
巨 鹿 县 尉 刘 德 元
将 仕 佐 郎 巨 鹿 县 主 簿 潘 英
承务郎巨鹿县尹兼管本县诸军奥鲁劝农事杜忽里罕
进义校尉巨鹿县达鲁化赤兼管本县诸军奥鲁劝农事塔海

大元加号
大成之制

上天眷命
皇帝圣旨盖闻先孔子而圣者非孔子无以明后
孔子而圣者非孔子无以法所谓祖述尧舜宪章
文武仪范百王师表万世者也朕纂承丕绪敬仰
休风循治古之良规举追风之盛典加号
大成至圣文宣王遣使阙里祀以太牢於戏父子
之亲君臣之义永惟圣教之尊天地之大日月之
明奚罄名言之妙尚资神化祚我
皇元主者施行
大德十一年七月十九日

元代碑文（左宝珍提供照片）

（注：为介绍古碑的碑文内容，爱华翰苑碑林创建人左宝珍组织鲍西刚等人于2008年逐字誊写后，用简化字打印成文）

第五章　档案管理

改革开放后，全县档案事业得到较快发展，档案管理体制进一步健全，档案门类和载体呈现多样化格局，档案管理范围由国家机关、团体、企事业单位向民营企业、农村和家庭延伸，档案管理条件逐步改善，并向现代化、信息化、规范化发展，档案利用由封闭半封闭型向开放型转变，档案在社会各项建设事业中发挥着越来越重要的不可替代作用。

第一节　管理机构

原县档案馆隶属县委办公室，负责全县档案工作。1981 年 9 月建立县档案局，属正局级单位，定编 5 人。时属县委领导，县档案馆为县档案局下属股级机构。1984 年机构改革县档案局改为科，保留档案馆建制。1986 年 6 月，改称县档案局，列为政府序列，定编 4 人，受县委、县政府双重领导，局、馆合署办公。1987 年底局馆人员增至 11 人，县档案馆为股级事业机构。1996 年 7 月机构改革时改为县政府直属事业单位，内部保留档案馆，增设办公室，定编 8 人。2002 年 6 月机构改革时仍为县政府直属事业机构，局馆合一，设综合性办公室一个，定编 6 人。1988 年，县档案局荣立县集体三等功。

第二节　档案工作

1979 年，县档案管理工作主要局限于县直党政机关和国有企事业单位及各乡镇，且以立卷归档、保管为主。1987 年 9 月《中华人民共和国档案法》颁布实施，档案工作步入法治轨道。工作重点转向规范机关、团体、企事业单位档案管理和加强档案利用服务方面。1989 年，在全县机关、团体和企事业单位中开展档案工作上等升级活动，以此推动机关档案管理工作上质量、上档次、上水平。1990 年，县档案局配备行政执法人员 3 人，1994 年增至 4 人，持证上岗，平时实行四监督，即“检查、制度、质量、跟踪监督”。每年不定期对县直各立档单位实施档案行政执法检查。1999 年制定实施档案行政执法过错责任追究制及管理规定。

1998 年开展农村建档工作，到 2000 年，先后有阎疃、阎口、阎庄、白伏一、魏庄和西辛庄等 6 个行政村被省局评为农村档案工作先进单位，并获省“农村档案工作先进档案室”称号。2003 年，配合全县抗击“非典”，强化对“非典”档案的管理和接收整理。接收全县 28 个相关单位的防治“非典”档案 1170 余件（含有关音像资料），作为专题经系统整理归档专橱保管。

2004 年，开展民营企业建档工作，当年指导燕南、海斯德等 10 余家规模型民营企业建立了档案。

2006 年开展家庭建档工作，年底全县有 200 多个家庭建立了家庭档案。2007 年 4 月，市档案局在巨鹿县召开全市家庭建档现场会，推广巨鹿县经验。

2008 年底，全县 86 个县直机关和 10 个乡镇，均设立机关档案室，并建立健全档案管理制度，明确分管领导，配备专兼职档案员，档案管理体制日渐完善。逐步形成以文书、科技、会计档案为主，以专门、专业档案为辅的多样化、多载体的门类格局。全县室藏各类纸质档案总计 72041 卷，36271 件。乡镇、县直单位档案室大都配备了档案装具、温湿度计、灭火器、窗帘、防盗门窗等设施，大部分单位添置了计算机、复印机、打印机、扫描仪、空调、防磁柜、摄像、照相机等现代化管理设备。全县有 43 个单位的档案工作先后达标升级，其中省一级 15 个、省二级 5 个、省三级 19 个，省级先进企业 4 个。

第三节　馆藏档案

县档案馆有库房面积 500 平方米，档案橱 91 套，配有灭火器、吸尘器、温湿度计、空调、微机、激光打印机、传真机等设备，库房门窗安有防盗设施，橱内放有防虫剂。制定有档案保密、借阅利用、鉴定销毁、登记统计、安全保管及接收征集等项规章制度，有效保证了馆藏档案安全。

县档案馆馆藏档案时限为中华人民共和国建立后至1983年（个别单位到2000年），主要为县直机关形成的文书、会计、科技、土地延包档案等，计有123个全宗，28873卷（册）。其中，馆藏档案15062卷，资料13811册。另有土地承包、延包档案606卷，46318份。馆藏档案以纸质为主，也有照片、音像、光盘、实物等。其中，较珍贵的有1966年周恩来总理和李先念副总理来巨鹿县慰问地震灾民时的讲话和清光绪十二年（1886年）的《巨鹿县志》等。

2005年配备了微机和激光打印机，馆藏档案实现计算机管理，截至2008年底，录入文件级目录2万余条。

第四节　档案利用

档案利用方式主要有：一是按法律规定对已满30年的档案定期开放。到2008年底，馆藏1977年以前应开放档案全部开放完毕，共开放61个全宗，3738卷。二是日常提供。年均接待各界利用者800余人次，提供档案资料年均1800卷册次，为有关单位编史修志、领导决策、工作查考、调解纠纷、解决干部职工及群众个人问题提供依据和参考资料等。三是利用馆藏实施编研。相继编写《巨鹿县大事记》、《巨鹿农村经济发展中的明珠——枸杞》、《在冀南农民暴动中张家村地下交通始末》、《巨鹿县1966年抗震救灾资料汇编》、《民间谚语集萃》等材料5种10余万字。

2004年10月，建立“现行文件服务中心”，面向社会公众提供阅览服务。时已收集2000～2008年县委、县政府及县直单位已公开性现行文件144件，为广大群众及时查阅利用现行文件提供服务。

第六章　地方志工作

巨鹿县政府地方志办公室负责组织、指导、督促和检查地方志工作；组织编纂地方志书、编纂地方综合年鉴；搜集、保存地方志文献和资料；组织整理旧志，推动方志理论研究；组织开发利用地方志资源。客观、真实、全面地记录县域政治、经济、科教文化发展历史，以服务当代和昭示后世。

第一节　管理机构

巨鹿县政府地方志办公室建于1986年2月，与县地名办公室合署办公（一套班子两个牌子），为县政府办公室下属股级单位，在县政府院内办公。1988年8月，改为局级单位。1991年1月，据省编委文件，地名职能划归县民政局。2002年随县政府迁至新华北街政府办公楼。至2008年，巨鹿县政府地方志办公室设股级科室1个，定编6人。

第二节　方志编修

一、第一轮修志

第一轮修志于1989年6月启动（上限不限，下限1990年底），先设编目，采用大编体。8月完成编目初稿，随后召开座谈会在县级领导和县志编纂委员会成员中征求意见。12月，召开第一次县直、乡镇主要领导参加的编修县志动员会，县长赵海成讲话，明确修志工作方法、步骤和整体规划，县地方志办公室具体组织安排、协调联络、督促检查、业务指导。

1990年初，县地方志办公室组织培训分志编修人员，同时展开资料搜集，往返石家庄、北京、南京图书馆、档案馆查阅大量旧志、报刊杂志及史籍，复印资料450万字，走访、信访知情者400余人次，搜集口碑资料20余万字，年底资料收集基本完成。

1991年初，进入总纂阶段，“明确分工，限期完成”。随后认真审核、查证、补充修改。11月完成初稿，经修改于1992年3月打印出征求意见稿，送发县领导及有关部门审阅。

1992年5月11～14日，《巨鹿县志》评稿会在县政府招待所三楼大会议室召开，省、市领导和各县地方志主任及主编参与评审。会后归纳整理评审意见，拟定出修改方案。部分章节调整，后经半年反复修改，11月完成送审稿。1993年初完成终审稿。

1994年5月，第一轮县志历经5载出版，共计128.5万字。

二、第二轮修志

第二轮修志于2007年11月启动，县委、县政府建立县志编纂委员会、印发修志工作实施方案。编辑室除县方志办人员外，聘请两位退休老干部（副县级）为顾问，聘任三名离岗干部为执行主编、副主编。2007年12月5日在县政府招待所三楼大会议室召开动员会，县长王素平参加会议并讲话，县委、县人大、县政府、县政协有关领导出席会议。县直、乡镇110个单位主要领导及办公室主任参加会议，与会人员260人。

会议要求，第二轮县志上限1979年，下限2007年底，（和第一轮县志重叠12年）。县委、县政府对修志工作非常重视，县委书记、县长亲自动员部署，经常了解情况、过问进度；各乡镇、县直部门积极组织人员，查找资料，认真撰写分志，反复修改，主要领导亲自审定；社会各界仁人志士也非常关注，纷纷提供资料信息予以支持。2008年7月根据省市统一安排，将下限调整为2008年底。

三、年鉴编辑

1991～2008年，每年编写《河北年鉴·巨鹿》。1999～2008年，每年编写《邢台年鉴·巨鹿》。资料源于县直单位及乡镇，内容涵盖政治、经济、文化、教育、城乡建设、社会生活各领域。

《河北年鉴·巨鹿》，宏观概述与重点记述相结合，主要记述巨鹿县每年综合情况与突出特点，兼有部分年度比较。

《邢台年鉴·巨鹿》除综合记述外，兼记乡镇基本情况和县域特色，综合记述巨鹿县的发展变化。

四、乡土志编写暨方志论著

1998年，多方收集县情资料，编撰出《河北省志·巨鹿县区域志》，内容包括区域、经济、政治、文化、名人要事。

2000年，专题总结第一轮修志并开展方志理论探讨，县地方志办公室撰写的《人物在志书中的作用》、《巨鹿的地理环境变迁》、《浅谈县志资料的收集与整理》三篇论文编入《邢台修志实践与理论探讨》一书。

2003年4月，完成10集电视专题片《邢襄古风》第五集《千古诤臣——魏徵》编撰工作。8月，其《续志述体浅议》论文在市地方志办公室组织的有省修志专家参加的方志理论研讨会上作交流发言。2006年，二轮修志开始前，完成《修志人员应具备的两种素质和五种能力》、《续志要突出地方特色》两篇论文。

五、地名资料征集编纂

1981年，全县开展地名普查，第一次系统调查地名。1982年，编撰出版《巨鹿县地名资料汇编》。该书以地名普查收集的资料为主，收编县标准地名示意图一幅；县、社和其他地名概况39篇；自然村现状及沿革278篇；各类标准地名共634条，有关的参考文、图分别收入概况和附录中。1990年，设置农村地名碑及城镇街道标准牌，启动第二代地名工具书《巨鹿县地名志》编撰，1992年8月第一次印刷。本志共收入地名407条。其中现行乡、镇17条，自然村和城区主要街道319条，自然地名5条，具有地名意义的重要经济实体30条，文化单位和设施26条，历史地名8条。

1994年合乡并镇后（部分乡改办事处），及时绘制了《巨鹿县行政区划图》。

所。

第七章　体　　育

改革开放以后，巨鹿县的体育事业发展较快，财政投入不断加大，体育、健身设施设备不断完善，学校体育、群众体育及全民健身活动异常活跃，人们的健康水平明显提高。

第一节　管理机构及设施

一、管理机构

1979年，巨鹿县体育管理机构为县体育运动委员会。1996年6月机构改革，撤销县体育运动委员会，合到县教育文化体育局，设县体育运动办公室（人员、经费独立）至2008年底。

二、体育设施

2008年底，全县有标准田径场5个，分别位于巨鹿中学、魏徵中学、五中、城关镇中、新育红实验学校。一处青少年活动中心（县文化中心），有小田径场30多个，篮球场80多个，乒乓球案150余个，台球案100余处，游泳池3个，保龄球馆1个，全民健身路径16条。

第二节　学校体育

1979年始，学校体育逐步规范，按照《学校体育工作条例》，推行《学生体育健康标准》，组织学生开展“两课两操”活动，年年举办中小学生运动会。同时，阎疃中学女篮被省定为业训点，巨鹿中学被授予省篮球、田径等体育传统项目学校。

1985年巨鹿中学承担地区女篮代培训任务，先后向高一级运动队和大中专院校输送优秀运动员48人。2003年县魏徵中学、五中、巨鹿镇中、育红小学被市命名为体育传统项目学校，新华学校被确定为篮球训练基地。至此体育传统项目学校达到12所，其中省级1所，市级5所，县级6所。

第三节　群众体育

一、职工体育

1979年，组织职工开展篮球、乒乓球、象棋等传统项目比赛。20世纪80年代，各机关单位利用节假日经常举办小型多样的职工体育活动。进入90年代，每年节假日举办体育比赛。1998年县电力局被授予省职工体育先进单位，2000年县建设银行被授予省职工体育先进单位。县电力局篮球队多次代表县参加市举办的比赛，为巨鹿县赢得荣誉。县工商银行、移动公司、联社、交通局、财政局先后被市体委评为职工体育先进单位。县直机关企事业单位均有健身队伍。

二、农民体育

改革开放以后，农民生活逐步提高，对体育健身有了新认识，民间传统体育项目遍及全县每个村庄。主要有跑步、象棋、乒乓球、篮球、武术、健身球、秧歌、钓鱼、拔河、柔力球、健身操等项目。各级各类体育运动协会相继成立，1984年建立武术协会，同年阎疃乡被省命名为篮球之乡。1993年建立农民体育协会，乡镇村也有相应组织，武术、乒乓球、秧歌队、狮子、舞龙、大鼓队、棋社等多支农村体育队伍遍布城乡。1998年苏家营乡被省、市体育局评为体育先进乡镇，乡长马金刚被命名为河北省体育先进乡镇长。

2004年县承办市第三届农民运动会象棋比赛。2006年3月市群众体育工作会议在巨鹿县召开，巨鹿县作典型发言。2007年县钓鱼协会成立并成功举办全县首届钓鱼比赛。2008年承办市农民运动会钓鱼比赛，1998～2008年，连续11年被邢台市体委评为群众体育工作先进县，2007年高少儒被评为河北省农民体育先进个人。全县有农村社会体育指导员167人。其中，国家级1人，国家一级18人，二级26人，三级122人。1998年8月孙河镇狮子队和县组织100余人的秧歌队参加邢台市首届群众体育艺术节，获得仅有的两个特等奖，并获优秀组织奖。9月县秧歌队代表市参加在石家庄举行的河北省首届群众体育艺术节，获农民体育优秀表演奖。

2003年邢台市第二届农民运动会上，健身操队获一等奖，女子篮球队获第二名，男篮获第三名。2004年参加市第三届农民运动会获象棋团体第一名，个人名次第二名。健身球队获团体第一名。2005年承办市第四届农民运动会乒乓球比赛，巨鹿县乒乓球队获团体第二名，并获优秀组织奖。

三、老年体育

随着生活水平的提高和老龄化社会的提前到来，老年人的健身活动随之兴起。县老年人体育协会始建于1996年，县委、县政府高度重视，相关部门积极配合，2004年，各乡镇、村也建起了老年体协。老年体育活动项目主要有健身球、秧歌、广场舞、民族舞、交际舞、健身操、腰鼓、太极拳（剑、扇）、瑜珈、健步走、自行车、舞龙舞狮、划旱船、推小车、乒乓球、钓鱼、象棋等十多种。各种健身队伍遍布城乡，仅县城活动站点就有10多处。参加日常健身活动的达3万余人。

2010年“重阳节”在文化广场
健身展示（闫培亮摄）

自2004年起，在每年的杏节、春节、国庆节、重阳节和全民健身日（8月8日）都要举行全县性的大型展示演出或比赛，每年都要组队参加一两次省级以上的展示比赛，获金奖4次、银奖5次。2006年、2008年，西郭城镇、巨鹿镇及西郭城村、小王路村、堤村集老体协工作达到“五好”、“四化”标准，经省老年体协验收挂牌授予“老年体育示范区”光荣称号。县老年体协连续10年被评为省、市先进单位。2003年、2005年省、市老体协先后两次来县召开现场会，2004年应邀出席华北五省市自治区老体工作理论研讨会并介绍经验，2006年出席全国老年体协工作会议。2008年被评为全国老年人健步走先进单位，同年省老年体协拨款5万元给予支持。

第四节 竞技体育

巨鹿县竞技体育主要集中在学校开展。从小学到中学每年春季都举办校级运动会，并组织选派学生参加上级体育比赛。1998～2001年，巨鹿中学女子篮球队连续四年参加市体育传统项目比赛，取得“四连冠”；并多次代表市参加省比赛。巨鹿中学、育红小学田径队多次参加省市传统项目比赛，成绩优秀。

第五节 体育彩票

县体委（体育办公室）于1994年、1996年和1998～2000年五次举办即开型中国体育彩票销售活动，总销售量100万张。2000年，市体育局拨给县2台电脑体育彩票终端机，开始以门店形式常年对外销售电脑体育彩票。电脑体育彩票设排列7和29选7等多种开奖形式，有国家体育总局统一管理、摇号、兑奖。2003年后又相继追加6台，均设在县城。

第六节 武 术

巨鹿县武术源远流长，历代传承，至2008年185个村建有武术队，巨鹿镇西街、夏旧城、孔寨、白伏、西大韩、胡林寨、寻虎、西冯寨、柳茂、进虎寨等村庄活动较多。每逢农闲、中秋节、春节期间组织演练，拳种主要有太极、大小洪拳、猴拳、小架子等，器械主要有刀、枪、棍、剑、鞭等。

2005年9月，县电视台连续下乡录制了系列纪录片《中秋武术汇演》，展示34个自然村的35支武术班的表演盛况。邢台电视台“沃土”栏目也来拍摄并在市电台播出。使习武者受到很大鼓舞，并掀起农村武术热。同年12月，县民间武术队参加邢台武协杯比赛。“风火轮”和“对梢子”被安排为开幕式表演项目，有8人12项获一等奖，6人4项获优秀表演奖，7人获二、三等奖。2006年11月中旬，省武术文化协会第二届交流大会在石家庄召开，民间武术队45人参加，有34人13个项目获优胜奖。

夏旧城村夏氏武术

夏旧城村夏氏始祖乃浙江绍兴府会稽市南山坡人。南宋年间浙江绍兴府一带闹水灾、瘟疫，时有“南少林寺”武僧洪空和尚路过先祖家门，身染瘟疫、生命垂危，先祖粗通医道，救治家中，三月余病愈，感其恩，教其先人之后代学武技，自此家传父子，一代传一代，从不外示。后几经辗转于明永乐二年（1404年）同表亲萧源一同迁到巨鹿县夏旧城。夏氏练武班规旨在强身，注重武德，拳术分为严手打空、周拳六趟、虎捕拳等八种。器械类有单刀、大枪、三人棍、软鞭等十多种。在省市历次武术比赛中，枪、刀、拳、棍术项目均获得较好名次，1980年，武术班夏赵方、夏敬全参加河北省传统武术赛，获一等纪念奖；1984年夏全勋获河北省武术赛太极拳第二名。黄马庄、柳茂、阎桥村村民曾到夏旧城学徒，宁晋、任县、邢台等周边县常有人前来切磋学习。其徒弟3000人以上。

附：夏旧城武术传人之一——夏云飞

夏云飞，字中兴，1963年7月3日出生，巨鹿县夏旧城村人。

夏云飞自幼喜欢习武。1994年投资1600万元创办中兴武馆，1995年河北文化艺术影视中心根据夏云飞的经历编写了一部《武魂》，并由夏云飞担任主演。1996年5月当选为河北省武术协会副主席。1998年5月，夏云飞创办的河北省中兴武术馆改为河北省中兴武术院。10月作为“中国红拳”的继承人被载入《中华武术图典》。1999年7月中央电视台摄制了夏云飞演唱的MTV《顶天汉》荣获99中国“蓝田杯”广播电视新歌大奖赛大奖，8月率领学员参加了美国制作、成龙主演的《龙旋风》。11月加入中国民盟。

2000年3月夏云飞走出国门，在美国旧金山开办了分院，并当选为世界武术联盟总会副主席，6月率中华绝技艺术团在乌兹别克斯坦进行演出，引起轰动，乌国首脑、中国大使亲自到场祝贺，被乌国武协特聘为名誉主席。11月，作为中国功夫的代表参加了在美国举办的“第四届国际武术锦标赛暨名师表演赛”荣获金奖。2001年，被省委、省政府授予“河北省十大优秀青年”称号。2004年10月中旬，夏云飞率领河北夏云飞影视特技队参加在河南郑州举办的首届世界传统武术节的开幕式的演出，当年被指定为首届武术形象大赛形象代言人。2005年6月12日，由中央电视台少儿部、河北小洋人乳业有限公司、河北中兴武术学院联合拍摄的全国首部童话武打剧《石鼠传奇》在河北中兴武术学院开机。2008年3月夏云飞被聘为2008年奥运会残奥帆船比赛启动仪式闭幕联欢晚会特技总设计。12月，武术学院成立“云飞俱乐部”，成为参加武林大会参赛人员的培训基地。

第二十三编
卫　　生

改革开放以后，巨鹿县医疗卫生事业得到较快发展，特别是通过卫生体制改革，为医疗卫生事业带来了生机和活力，多种形式的医疗机构应运而生，卫生队伍逐步壮大，医疗技术水平不断提高，先进的医疗设备不断引进和完善，防病灭病能力明显增强，医疗保险和农村合作医疗的实施，大大缓解了人们看病难的问题。

第一章　医疗卫生体制改革

20世纪90年代，随着全国医疗卫生体制改革的开展，巨鹿县也相应进行了医疗卫生体制改革。通过改革，县、乡、村医疗卫生服务体系进一步健全，城镇职工医疗保险、新型农村合作医疗进一步完善，民营医疗机构迅速发展，大大方便了群众看病就医。

第一节　农村医疗体制改革

一、村级医疗

1980年以后，原村级合作医疗站逐渐解体，改由个人经营。1983年，赤脚医生改称乡村医生。1985年底，全县有494名乡村医生通过考试、考核，颁发证件。2004年，对全县符合注册条件的乡村医生按标准注册，暂不符合注册条件的人员，组织培训学习，参加省统一考试，考试合格后补注，当年共注册669人。到2008年全县共有村卫生室565个。

二、新型农村合作医疗

2007年1月6日，巨鹿县被列为新型农村合作医疗新增试点县。县组建新农合领导小组及管委会、监委会和经办机构，3月底完成前期准备工作，4月1日正式运行。新型农村合作医疗由国家、省、市、县四级财政按人均40元拨付，农民自筹10元。2008年改为国家、省、市、县四级财政按人均80元拨付，农民每人自筹10元。2008年，全县有293328位农民参加新型农村合作医疗，参合率86.7%。至年底，补偿参加新农合农民199432人次，总计报销2164.72万元，累计补偿达到封顶线20000元的13人，累计补偿万元以上116人，累计补偿5000元以上487人。2009年全县参合农民315117人，参合率达到90.22%。

2008 年巨鹿县村民住院补偿比例一览表

表 23－1－1　　单位：元

级　别	起付点	补偿比例	封顶线
乡级	100	75%	20000
县级	200	65%	20000
县外	2000	55%	20000

第二节　医疗机构所有制改革

20 世纪 70 年代初期，县橡胶厂、纺织机械厂、酒厂、企业局、农机局、化肥厂、水泥厂、二轻局、小马庄五七中学等企事业单位先后兴办医务室。80 年代初期，企事业单位医务室先后转由个人经营或停业，个体医疗诊所相继出现。特别是个体行医放开后，多种形式的办医形式应运而生。具有祖传医疗技术的率先建起了医疗门诊。2000 年后，个体诊所不断增多，为群众就医看病提供方便。2006 年 12 月，民营医疗单位巨鹿县健民医院建成，该医院位于巨鹿、任县、隆尧三县交界的大张庄村，占地 3500 平方米，建筑面积 1300 平方米，有职工 23 人，设预防保健、内、外、妇产、中医科、急诊室等临床科室及手术室、化验室、X 光室，床位 20 张，为新农合定点医疗机构。县城个体诊所 1984 年有 6 家，2008 年增至 41 家。

第二章　医疗队伍

巨鹿县十分注重医疗队伍建设，通过培训、进修、人才招聘等，不断壮大医疗队伍、提高医疗水平，全县医疗专业技术人员配备、技术结构日趋合理，促进了医疗卫生事业的发展。

第一节　中西医

中华人民共和国建立后，以中医学为主导的传统医学体系逐步向西医为主导的近代医学转变，西医事业发展较快。至 2008 年底，全县在岗西医 442 人，其中，副主任医师 7 人，主治医师 87 人，医师 142 人。另有口腔医师 15 人、公共卫生医师 18 人、执业护师 70 人。全县有中医人员 125 人。其中，主任医师 2 人，副主任医师 2 人，主治医师 11 人，医师 106 人。另有中西医结合人员 37 人。因研究学习中医人员渐少，中医辨病的诊疗模式渐趋萧条。

第二节　医务人员分布

1979 年，全县从事卫生工作人员 361 人，以后通过外出进修、举办培训班及接纳医学院校大中专毕业生等形式，不断充实提高医疗队伍。2008 年底，全县已有卫生专业技术人员 632 人，注册执业医师 389 人，其中主任医师 1 人，副主任医师 9 人，主治医师 95 人。另有乡村医生 655 人，设病床 800 张。

1979年巨鹿县卫生工作人员情况统计表

表23-2-2 单位：人

	单位	人数	男	女	大专	中专
全民单位	卫生局	10	9	1	1	2
	妇幼站	4		4		1
	防疫站	22	16	6	1	8
	县医院	113	67	46	20	27
	阎疃医院	35	21	14	4	12
	官亭医院	33	22	11	1	12
	小吕寨医院	46	32	14	6	9
集体单位	城关卫生院	8	5	3		3
	贾庄卫生院	7	6	1		
	辛庄卫生院	9	6	3		1
	堤村卫生院	6	4	2		2
	张王疃卫生院	9	6	3		2
	王六村卫生院	7	6	1		1
	林庄卫生院	4	4			
	苏家营卫生院	7	7			1
	楼张镇卫生院	5	4	1		
	董营卫生院	6	6			1
	观寨卫生院	6	5	1		1
	何寨卫生院	7	6	1		1
	西郭城卫生院	8	6	2		2
	王虎寨卫生院	9	8	1		1
合计		361	246	115	33	87

2008年巨鹿县卫生专业技术人员基本情况统计表

表23-2-3 单位：人

单 位	现有人数	女	学历				专业技术职称			技术工人			年龄			
			本科	专科	中专	高中及以下	高级	中级	初级	高级工	中级工	初级工	35岁以下	36～45岁	46～54岁	55岁以上
卫 校	25	10	4	6	14	1		5	11	2	1	5	12	10	2	1
防疫站	88	39	1	10	35	42		8	30	6	6	38	28	33	23	4
县医院	215	113	20	37	103	55	8	48	109	30	5	15	71	79	54	11
中医院（巨鹿镇）	59	32	2	10	19	28	1	6	14	16	4	1	20	21	14	4
妇幼院	94	66	1	7	55	31	1	23	25	7	2	36	27	36	22	9
小吕寨中心卫生院	17	11		3	6	8			3	1		13	7	7	3	
官亭卫生院	43	21		4	18	21		3	10	4		26	18	9	12	4
阎疃卫生院	30	17		4	7	19		1	6	1	2	29	7	9	6	8

续表

单 位	现有人数	女	学历				专业技术职称			技术工人			年龄			
			本科	专科	中专	高中及以下	高级	中级	初级	高级工	中级工	初级工	35岁以下	36~45岁	46~54岁	55岁以上
张王疃卫生院	18	8			6	12			3	5	2	8	7	4	1	6
王虎寨卫生院	6	3			1	5						6	1	1	4	
苏家营卫生院	11	3				11				2	1	8	1	7	2	1
观寨卫生院	10	3			2	8			1	1	1	7	2	6	1	1
堤村卫生院	9	5			2	7		1		2		7	1	3	4	1
西郭城卫生院	7	2			2	5			1			6	3	2	2	
合 计	632	333	28	81	270	253	10	95	213	77	24	196	205	227	150	50

第三章 医疗机构

巨鹿县医疗机构主要有县医院、中医院和9个乡镇卫生院，负责全县医疗卫生服务工作。其中，县医院的医疗水平较高，对周边县、市具有一定影响。

第一节 县属医院

一、巨鹿县医院

1978年9月，巨鹿县医院由秦泽西路迁往健康中路，占地25308平方米，有床位126张，设内、外、妇产、中医、五官、放射、儿科，手术室、心电图室、化验室、中西药房、制剂室、收费处、挂号处、理疗室、办公室、总务科、住院部。1987年获市“文明医院”称号。1988年4月，增设预防保健科。1990年11月增设财务科、保卫科。1992年7月增设供应室、急诊室。1995年12月顺利通过市局评审，获“二级甲等医院”证书。1997年12月建立急救中心。

2002年6月迁往健康东路，占地50000平方米，建筑面积18600平方米。建有8个病区，开放床位260张，设有心内、神经内、外科、心胸外科、妇产、骨、儿科、急诊、传染、中医、眼、耳鼻喉等13个临床专业科室，有检验、放射、药剂、器械、功能、病理、中心供应7个医技科室，另有孕产妇危重症抢救、白内障复明、司法医学鉴定3个中心。

2004年，投资280万元建成建筑面积1100平方米的传染病区。2005年5月，投资3500万元始建主体建筑11层、面积18950平方米高标准外科病房楼。2007年12月竣工投入使用。2006年，购得县人事局办公楼改为医院行政办公楼。2008年底，县医院占地86580平方米，建筑面积40000平方米，共有医护人员420人，其中主任医师2人，副主任医师20人。设13个病区，15个临床专业科室，开放床位620张，当年出入院病人24000人次，开展大中型手术5000例，门诊病人20万人次。病床平均使用率75%以上，平均日住院病人500人，服务范围遍及周边6个县、市。

2005年，引进了全省第一台“动脉硬化检测仪”，是中国北方地区开展此项检测最好的单位之一。为卫生部定点“十年百项血管病变早期检测推广基地”。先后与省儿童医院、北京军区总医院建立技术协作关系，与北京军区总医院联合开展相关项目课题研究。2006年1月，面向社会征集院徽、院旗、院歌、院训、医院精神，创办《巨鹿县医院院报》，筹建巨鹿县医院网站。当年，在全市医院管理年检查评比中，获同级医院第一名，并被定为全国第三个“胡大一爱心工程基地”。2007 年，与县电视台合办“健康家园”专题栏目及“健康教育大课堂”节目，每月一期，为广大群众提供健康咨询和讲座。

县医院是巨鹿县唯一住院医师规范化培训基地，并分别被河北工程大学医学部、邢台医专确定为临床教学医院。并设有洗衣房、增设被服，开展中心供氧、中心吸氧等项目。全院实行信息化管理，逐步成为集医疗、教学、科研、预防、保健为一体的综合医院。

二、巨鹿县中医院

1987 年 6 月，原巨鹿县中医第一门诊部、第二门诊部及城关卫生院三家合为中医门诊部。1988 年 7 月，在中医门诊部基础上成立巨鹿县中医院（局级事业单位），设妇科、外科、中医肝肾病及老年病等专科门诊。当时有医护人员 27 人，中医药人员占全院 70%，中医中药治疗处方 70% 以上，中医中药收入占总业务流水的 65% 以上。县中医院成立初期只有旧瓦房 12 间，后购置门面房 10 间，1992 年在原址建二层病房楼 18 间，1997 年增建临街门诊楼两层 14 间，建筑面积达到 1200 平方米。1995 年开始普外手术。2005 年 11 月，迁往原县物资局物资宾馆，占地 1665 平方米，建筑面积 2000 平方米。

县中医院系省中医院、市第一医院定点协作单位。2008 年底，有医护人员 56 人，其中，副主任医师 2 人，主治医师 4 人。开设内、外、妇、儿、口腔、耳鼻喉、眼、皮肤、骨、中医科、推拿按摩、针灸理疗等临床科室及放射、化验、心电图、B 超、脑电地形图等辅助科室，开放床位 40 张。拥有日本津岛 800mA 遥控胃肠机、心电工作站、多功能 B 超、经颅多普勒、麻醉呼吸机、心电监护仪、全自动生化仪、血流变、新生儿培养箱等设备。外、骨科开展手创伤外科、多发性神经瘤清扫、胃大部切并空——回肠吻合、甲状腺次全切、乳腺癌根治、腰椎间盘减压等新型术式。因老中医陆续退休或离世，传统中医药萎缩西化，中医药事业经费不足，中医药人员已不足 30%，中医中药处方不足 50%，中医中药收入不足 20%。

1988～2008 年巨鹿县中医院部分年份运行情况一览表

表 23－3－4

指标＼年份	1988	1999	2002	2004	2008
职工总数（人）	27	38	42	48	56
月均流水（万元）	1.5	3.6	4.3	5.1	10.6
资产总额（万元）	20	58	69.6	140	280
人均办公面积（平方米）	3.3	19.5	21.9	21.6	40.1
财政工资拨付比例	80%	70%	56%	50%	48%
年内门诊患者数（人次）	11362	20243	28952	33720	40100

第二节　乡镇卫生院

1979 年，全县有阎疃、小吕寨、官亭三个地段医院，亦称县分院，系全民所有制单位。其余为公社卫生所，系集体所有制单位。1984 年，14 个公社卫生所改称乡镇卫生院，人员、科室设置初具规模。1988 年 7 月，小吕寨分院改为县肿瘤医院（股级事业单位）。1997 年，阎疃分院、县肿瘤医院、官亭分院改称中心卫生院。2004 年，乡镇卫生院随合乡并镇而合并，设10所乡镇卫生院。其中，辛庄乡卫生院合到巨鹿镇卫生院，何寨乡卫生院合到观寨乡卫生院，董营乡卫生院合到官亭中心卫生院，林庄乡卫生院合到阎疃中心卫生院，贾庄乡卫生院合到堤村乡卫生院，楼张镇乡卫生院合到苏家营乡卫生院。

2007～2008年，省、市财政共投资521万元对9所乡镇卫生院进行翻建或改建，乡镇卫生院的基础设施大为改善。

2007年、2008年巨鹿县乡镇卫生院建设情况统计表

表23－3－5 单位：平方米、万元

项目单位	建设性质	建筑面积	资金投入	竣工时间
张王疃乡卫生院	新建	1200	72	2007
观寨乡卫生院	新建	1000	60	2007
王虎寨镇卫生院	新建	1000	60	2008
西郭城镇卫生院	原址新建	700	42	2008
堤村乡卫生院	新建	1200	72	2008
阎疃中心卫生院	原址新建	1000	60	2008
苏家营乡卫生院	新建	1100	66	2008
巨鹿镇卫生院	原址新建	600	36	2008
小吕寨中心卫生院	原址新建	新建300，改建600	53	
合计		8700	521	

2007年，官亭中心卫生院与石家庄市第一医院合作投资800万元，新建9000平方米门诊、病房楼，改善住院条件。石家庄市第一医院派技术骨干定期坐诊，使该院成为县城北部较大、较有影响的乡镇卫生院。

第四章　预防保健

巨鹿县预防保健工作随着社会的进步和县域经济的增强，取得长足发展。县卫生防疫、妇幼保健部门的基础设施条件得到较大改善，技术队伍不断壮大。县疾控中心的建立，进一步提高了防疫防病能力，对保障全县人民的健康起到了积极作用。

第一节　疾病预防控制

1979年巨鹿县卫生防疫站位于健康中路南侧，1998年7月迁至新华北街。2003年“非典”过后，国家投资改扩建办公楼，建筑面积达到2150平方米，2004年7月投入使用并改名疾病预防控制中心（以下简称县疾控中心）。2005年6月增建结核病防治门诊楼，建筑面积480平方米，新增仪器设备88台件。2008年，县疾控中心设有办公室、防疫、卫生、检验、职业卫生、宣教、地方病科、结核病、卫生监督所，共有工作人员88人，其中卫生技术人员52人，卫生监督执法人员32人。

一、传染病防治

（一）艾滋病。2005 年，县疾控中心建立艾滋病病毒抗体初筛实验室，通过省验收。同年 9 月，对 1990 年以后的有偿献血人员和羁押劳教人员进行免费艾滋病抗体筛查。

（二）肺结核。1994 年，县疾控中心建立结核病防治所，调配工作人员 8 人，配置门诊登记室、痰检室、放射科。购置双目显微镜、X 光机、痰检、紫外线等设备。

1993 年世界银行贷款项目卫生Ⅴ项目在巨鹿县开始实施结核病患者的免费治疗。项目覆盖全县范围辖区 10 个乡镇，291 个行政村（居委会）。在结核病项目的支持下，通过政府严格履行承诺，完善结核病人归口管理，大力开展健康教育，提高全民结核病防治知识知晓率以及加大对各级医务人员的培训工作，均如期实现了 DOTS 策略 100% 覆盖率，新涂阳病人 70% 的发现率和新发涂阳病人 85% 的治愈率等各项指标。项目实施期间共治疗各类肺结核病人 1271 人。2000 年配备微机，对病人情况实施网络专报。2001 年因结核病防治工作成绩突出，被国家卫生部评为全国结核病防治工作先进集体。1993 ~ 2008 年底，累计发现肺结核病人 2528 例，全部免费治疗。

2002 ~ 2008 年巨鹿县肺结核病人治疗情况统计表

表 23 – 3 – 5

年 度	初治涂阳病人数（人）	治愈病人数（人）	治愈率%	治疗失败人数（人）				
				死亡	药物反应	未治愈	其他	合计
2002	48	45	93.5	0	0	0	3	3
2003	143	142	99.3	0	0	1	0	1
2004	159	149	93.7	6	0	0	4	10
2005	136	129	95.0	4	0	0	3	7
2006	140	129	92.1	6	0	0	5	11
2007	122	118	96.7	1	1	1	1	4
2008	155	148	95.4	1	0	0	6	7

二、职业病防治

2002 年 5 月 1 日《职业病防治法》颁布实施后，县疾控中心随后增设职业卫生科，并投资 6 万余元购置职业病防治设备，2005 年 12 月取得职业卫生技术服务机构资质，2006 年取得职业健康检查机构资质。

三、流行病防治

1979 年后的十几年间，县流行病预防主要针对几种常见流行病实行疫苗接种，由于人们的认识问题，接种率不是很高。1992 年以后，陆续采取查漏补种方法，对乙肝、脊灰、麻疹、流脑、乙脑疫苗普服、普种和强化免疫，普服、普种率 85% 以上。自 2001 年始，年均投资 2 万余元，改善疫苗冷链运转设备，保证各类疫苗的效价。2004 年，启用中国免疫规划监测信息系统，免疫报表实现网络报送。2005 ~ 2008 年，连续对 0 ~ 15 岁儿童麻疹强化免疫，强化率达 95% 以上。

四、卫生监督、监测

（一）食品卫生监督。1983 年 7 月，《中华人民共和国食品卫生法》试行，当时有食品卫生监督人员 6 人，2008 年增加到 32 人。2005 年，各类食品检测合格率 98.1%，2003 ~ 2008 年，卫生许可证发放率 95.8%，食品从业人员健康体检率97.7%，查出“五病”调离率100%，没收各类假冒伪劣食品1000余千克，饮料890瓶。2005～2008年，连续4年对全县21所学校的食堂开展专项整顿，未发生食物中毒事件。

2007年以后，每年对县城餐饮经营单位开展专项整治，健全完善各项卫生管理制度。陆续制定“食品添加剂卫生管理制度”、“索证制度”、“餐饮业食品安全承诺书”、“卫生监督公示牌”，对所有餐饮单位进行量化分级管理。对达不到等级条件的，立即责令停业整顿或予以取缔。2008年整顿89家，取缔3家。

（二）学校卫生监督。1979年后，县卫生监督人员不定期对县内学校卫生进行检查。1990年国务院《学校卫生工作条例》颁布后，加强了对巨鹿一中、育红小学及各乡镇中小学学生的健康体检工作，对学生的常见病如沙眼、近视、龋齿等，及时提出防治意见，积极开展防治。2008年底，学生健康知识知晓率96%，健康体检合格率90%。并建立学生健康档案，建档率达到95%。

（三）放射卫生监测。2001年，按照卫生部颁布的《放射卫生防护管理办法》，以后每年对全县医用X光机实施防护监测，对23名放射工作人员配备个人剂量计，建立了X光机管理档案和个人剂量档案。

第二节 妇幼保健

1979年，巨鹿县妇幼保健站在县城杨家街，无床位、无门诊、无医疗设备。1987年，县妇幼保健站在新华南路（当时商品街）建二层楼，建筑面积1024平方米，设基层保健、儿童保健、妇女保健、儿科和妇产科门诊。2002年，在原楼上增建第三层，面积达到1536平方米，设内、外、儿、中医、妇、产科等一线科室和药房、供应、消毒、化验、X光、B超等辅助科室，床位38张。2005年，县妇幼站通过省“县级妇幼保健院规范化建设”达标验收，更名为巨鹿县妇幼保健院，妇幼保健站同时撤销。

一、妇幼保健

（一）新法接生。1979年全县17个公社卫生院均设妇幼保健医生1人，同年选派3人去地区卫校学习，14人参加地区培训班。同时，县妇幼保健站对全县120名村级接生员进行为期40天的专业培训，县、乡、村三级保健网络初步形成。县妇幼保健站为乡村购置刮宫器械、产包、胎心听筒、医用手套、新法接生模型及挂图等。新法接生率由1979年的不足10%提高到40%。1986年，实施产包以乡镇为单位集中管理，高压消毒，产妇和新生儿破伤风发生率由1985年以前的25人/万降为17人/万。随着医务人员技术水平的提高，2008年底新生儿死亡率6.13‰，新生儿破伤风为0。

（二）住院分娩。20世纪80年代初期，农村仍有部分妇女习惯在家分娩，住院分娩率不是很高。为提高孕妇住院分娩率，县卫生和妇幼保健部门一方面加大宣传引导力度，一方面不断加强技术力量和改善住院条件。2002年，在落实省政府《母亲安全工程实施方案》中，县卫生局通过对全县医疗保健单位评审，确定县医院、妇幼站、中医院和小吕寨、官亭、阎疃等中心卫生院为合法接生单位。接生单位均购置救护车，开通孕产妇住院分娩绿色通道，免费接送，24小时畅通。至2008年底，孕产妇住院分娩率上升到99%。

（三）妇女病防治。1976～1984年，在全县开展以防治子宫脱垂和尿瘘为重点的妇女病普查普治，省、地拨款8000元，查出子宫脱垂病人622人，尿瘘2人。对患者实施免费手术和药物治疗，治疗子宫脱垂510人，治愈率81.9%；2名尿瘘患者全部治愈。1985～1989年，县妇幼保健站组织开展妇女宫颈癌和乳腺癌普查防治，采用宫颈刮片和乳腺透照技术，查出宫颈癌患者9人，治愈3人，好转5人，死亡1人；未发现乳腺癌患者。

2007年5月12日至8月20日，县妇幼保健院重点实施中国初级卫生保健基金会，健康扶贫组委会大型妇女病普查普治扶贫项目。对县内已婚至60岁妇女33589人免费检查，占总人数14%，查出患各种妇科疾病23964例，患病率71.3%。前五种疾病顺位为宫颈疾病、阴道炎、乳腺疾病、子宫肌瘤、盆腔炎。用高新科技“海极星聚焦超声治疗仪对4263例宫颈炎、宫颈糜烂患者进行治疗，一次性治愈90%；对126例子宫肌瘤患者进行手术切除治疗；对其余妇女病患者制定治疗方案。为参检妇女减少经济开支550余万元。

二、儿童保健

（一）疾病防治。1979年，县妇幼站对全县40000名1～7岁儿童开展蛔虫病普查普治，查出患儿38000人，一律免费治疗，治愈率100%。1980年，对小儿营养不良性贫血和佝偻病普查普治，使患病率分别由1978年的7‰、10‰下降到4‰、2‰。

1985年，县妇幼站对0～6岁儿童实行3·2·1健康体检（即一周岁检3次/年，二周岁2次/年，三周岁1次/年，三周岁以上每年检1次），落实儿童保健系统管理，发现异常指导保健，发现疾病随时治疗。对预防佝偻病发生、落实VD2预防投药方面，实行生1个投药1个。2005年，实施降低孕产妇死亡率、消除新生儿破伤风项目，孕产妇住院分娩率由2004年的75.5%上升到95.3%，无新生儿破伤风病例。2008年，新生儿病筛查6000余人。

（二）营养调查。1988年，县妇幼站对全县30万人群遗传性“进行性肌营养不良症”开展调查。摸清大群体类型、遗传方式和发病规律，制定预防措施。《30万人群进行性肌营养不良症流行病学调查分析》科研论文，获省卫生厅科学进步二等奖。同时被“全国第二届优生科学研讨会”选用，纳入会议汇编，该站医生夏殿印应邀参加研讨会并发言，论文在《优生与遗传》杂志1990年第二期发表。

1989年，对15万人群婴儿死亡实施回顾调查，摸清婴儿死亡率和死亡病因，为制定儿童保健战略提供依据。并成立了托幼机构体检服务队，每年都对托幼机构教师及儿童体检。2008年，为7000名儿童进行体检。

（三）爱婴行动。1998年，县妇幼站经省卫生厅评审验收达标，建成县级爱婴医院。在全县积极推广新出生婴儿4～6个月纯母乳喂养爱婴行动，母亲康复和婴儿健康状况明显改善。

1989～2008年巨鹿县部分年份孕产妇及婴儿健康状况统计表

表23－4－6　　　　单位：人

年　份	孕产妇				婴　　儿			
	活产数	住院分娩率（%）	孕产妇死亡数	死亡率/10万	婴儿死亡总数	死亡率（‰）	5岁以下儿童死亡率数	死亡率（‰）
1989	6008	31.6	7	116.5	96	41.54	74	32.02
1994	2304	61	1	42.4	67	26.56	62	26.9
1999	2304	69.5	2	86.8	48	20.83	38	16.49
2001	3097	60	2	64.5	44	14.22	40	12.91
2002	3102	71.5	2	64.4	40	12.89	36	11.60
2003	2725	74.7	2	73.3	38	13.94	30	11.00
2004	3499	74.9	2	57.1	49	14.00	44	12.57
2005	4064	96.3	1	24.6	36	8.85	29	7.13
2006	4408	97.9	1	22.6	39	8.84	36	8.16
2007	4415	98.6	2	45.3	30	6.79	28	6.34

续表

年份	孕产妇				婴儿			
	活产数	住院分娩率（%）	孕产妇死亡数	死亡率/10万	婴儿死亡总数	死亡率（‰）	5岁以下儿童死亡率数	死亡率（‰）
2008	4727	99.0	1	21.15	31	6.56	34	7.19
合计	40653		23		518		451	

三、妇幼项目

1989年，巨鹿县被省政府定为世界卫生组织人口基金会、儿童基金会“加强中国基层妇幼卫生、计划生育服务”（1990～1994年）合作项目县，当时孕产妇死亡率为116.5/10万，婴儿死亡率41.54‰。1990年项目正式启动，项目期间分次拨付无偿援助资金60万元，为17个乡镇卫生院配置妇幼保健和妇儿科基础设备；对全县妇幼保健员和妇产科人员开展专业知识和技能培训，提高服务能力；县政府以发放误工补贴形式落实乡、村级保健人员待遇；为县妇幼站配置价值1万美元的尼桑客货项目专用车。1993年项目通过国家组织的中期评审。1994年顺利通过省政府组织的终期评审验收。项目的实施使全县基层妇幼卫生服务设施和能力大幅提高，孕产妇死亡率降为42.4/10万，婴儿死亡率降为26.56‰，分别比1989年下降63.3%、36.06%。

2005年，实施“降低孕产妇死亡率和消除新生儿破伤风”项目，此项目主要为降低孕产妇死亡率，消除新生儿破伤风，提高贫困地区妇女儿童健康水平和妇幼卫生服务能力而设立的国家级项目，巨鹿县是河北省50个“降消”项目县之一。至2008年，共接收使用项目资金128.022万元，孕产妇住院分娩救助率、住院分娩率逐年提高，孕产妇死亡率逐年下降，未发生新生儿破伤风，全县母婴健康水平明显提高。

第五章 医疗技术 医学研究

改革开放后，巨鹿县医疗卫生部门注重医疗技术设备的更新、引进和医学研究工作。以县医院为代表的医疗单位，一些高、新、尖端诊疗设备不断引进，医学研究成果不断增多，对常见病及疑、难、杂症的医疗水平不断提高。

第一节 设备

1979年，县医疗单位大件设备仅有X光机和简单的化验设备。随着经济的发展，医疗投入不断加大，县医疗单位的基础设施设备得到较大改善。到2008年底，县级医疗卫生单位（不含个体）大都有心电图、脑电图、心电工作站、血流检测仪、洗胃机、麻醉机、B超、胃镜、彩超。县医院已拥有CT、CR成像系统、多普勒、大型彩超、日本奥林巴斯电子胃镜、结肠镜、动脉硬化检测仪、血液透析机，骨密度检测仪、德国腹腔镜、血管造影机（C形臂）、氩气刀、百康生物共振过敏检测治疗系统、量子共振、钴-60、日本和美国雅培全自动生化分析仪、日本日立核磁共振、全自动生化分析仪、婴儿培养箱、运动平板、宫腔镜、碎石机、电测听等高、精、尖医疗设备。

第二节 技术

1979年，县医院主要开展乳癌、胆囊、胃大部切除、直肠癌、结肠癌、开颅、甲状腺、阑尾、疝气等手术。2000年后，随着诊疗设备的完善，医护人员的医疗技术水平不断提高。2005年，县医院开展冠状动脉造形术、支架植入术，填补了邢台市县级医院开展心血管介入治疗的空白。

到2008年，县医院相继开展心脏介入、射频消融、先心病封堵、脑血管介入、颅脑定位碎吸、腹腔镜胆囊切除、腹腔镜子宫全切、腹腔镜上消化道穿孔修补、腹腔镜疝修补、前列腺电切、纤维神经外科、脊柱、关节置换、断肢再植、臭氧微创治疗等高难技术。先后增设新生儿监护室、神经内科脑血管疾病康复室、儿科脑瘫康复室、孕妇学校，增加了水中分娩、产后按摩、新生儿游泳、中药熏蒸、免疫组化、液基细胞学检查、牙科正畸等新技术。

第三节　医学教育及研究

一、医学教育

1976年建立巨鹿县卫生进修学校，占地400平方米，建筑面积500平方米，当时有教职员工25人，其中副主任医师2人，主治医师7人，医师8人，置有各种挂图、模型、幻灯机、投影、电视等教学设备。1989年与县职业中学联合举办两年制医士班，1990年招收三年制乡村医生中等医学教育全日制在校生班，2006年招收成人大专业余函授班。至2008年底，共培养中专水平乡村医生1200余人。

二、医学研究

1992年，以老中医尹庆高为首的《肝硬化腹水中医药诊治》课题研究项目通过省级专家组验收（著名中医内科专家、原北京中医药大学校长、中国中医研究院院长王永炎院士任专家验收组组长）；2007年，县中医院院长钮征国的《纸筋板治疗克里氏骨折》课题申报市级项目并向全县乡村医生推广；主治医师杨建刚在国家、省级刊物发表论文10余篇；副主任医师郑金玲在省级刊物发表论文3篇。

县医院副院长、副主任医师杨金波2000年后开始研究国内最大宗的动脉硬化早期检测病例，其论文在2007年6月8日至10日北京第二届国际血管健康学会亚太地区会议上交流。为此，国家卫生部和中国医师协会将血管病变早期检测基地设在县医院。他和县医院同仁一起开展全脑血管造影技术，并成功开展动脉内溶栓治疗急性脑梗死、颈动脉、椎动脉狭窄支架成型术和蛛网膜下腔出血动脉瘤栓塞术200余例。2008年开展立体定向脑出血治疗。其临床《微创内减压治疗大面积脑梗死初探》研究成果，在中华医学会神经病学分会第九届全国脑血管病学术会议上交流。另外，开展氯吡格雷和倍他乐克治疗急性心肌梗死研究（1999～2005年）（COMMIT/CCS－2），研究成果发表在国际著名的《柳叶刀》杂志上。此项研究是由英国牛津大学和中国医学科学院阜外心血管病医院共同组织实施的一项国际性大规模临床试验。成果对全球急性心肌梗死的治疗产生重要的指导作用。至2008年底，杨金波陆续在国内外核心学术期刊发表论文30余篇。

第四节　抗击非典型性肺炎

2003年4月，中国南部部分城市出现非典型性肺炎，属传染性疾病。县委、县政府立即组织卫生系统医护人员投入紧急防治，建立巨鹿县传染性非典型性肺炎防治领导小组，下设医疗救护、流行病学调查、卫生知识宣传及后勤保障、疫情报告、疫情处置等专业队伍，制定“防非”预案，昼夜鏖战，完成全县9472名外地返乡人员流行病学调查和发热门诊60名就诊患者的流行病学调查、跟踪观察任务，流调率100%。为疫区返乡人员、发热病人住所及公共场所消毒房屋3709间，防护服消毒4100套次，车辆消毒1026车次，无偿提供消毒药品5557千克，印发宣传材料7万余份，业务培训800余人次。

县卫生局医政股长苗立善为做好宣传编辑了“防非”顺口溜：冠状病毒真是凶，传染“非典”病不轻；发热咳嗽加气促，血象不高肺片影；起病急骤变化快，赶快救治不得松；输液吸氧对症治，抗毒抗菌激素用；中医治疗要辨证，气管血热属瘟症；综合治疗效果好，大家一定要记清；“非典”预防尤为重，晒被并兼常通风；经常喷洒消毒液，每日照射紫外灯；出门经常戴口罩，口罩超过12层；不要赶集上庙会，探视病人行不通；经常户外去锻炼，增强体质抗病情；大家齐心防“非典”，身体健康财富增。经审批后向全县群众印发。为抗击非典型性肺炎，普及防病知识，收到良好效果。

通过抗击非典型性肺炎，健全完善了县、乡、村疫情网络直报系统，为10个乡镇卫生院全部配齐微机和直报电话。

第六章　卫生行政管理

卫生行政管理主要体现于医政管理、卫生经费管理。改革开放以后，巨鹿县不断充实卫生管理队伍，健全和完善管理机构，加大经费投入，加强卫生行政管理工作，促进了全县卫生事业的发展。

第一节　管理机构

巨鹿县卫生行政管理机构为巨鹿县卫生局。1979年1月，县卫生局设秘书股、医政股、人事股。1988年11月建立公费医疗管理股，1990年11月增建药品检验所，1991年11月设立药政股，和药品检验所一套人马两个牌子。1997年公费管理股更名为公费医疗管理所，2002年将职能转入县人事劳动局后随之撤销。2002年4月，药政股（药品检验所）随县药品监督局建立而撤销。2008年底，县卫生局设医政股、办公室、人事股，共有干部职工23人。

第二节　医政管理

1979年，县卫生局在全县卫生系统推行院长负责制，引导各医疗单位对内部管理、分配制度进行改革，建立浮动工资制。1994年，国家《医疗机构管理条例》颁布实施后，对全县医疗卫生机构施行医疗机构执业许可证制度。药政股每年对药品经营单位集中检查或交替抽查，发现问题随即处理。

2000年，在全县开展诚信医院活动，努力改善医疗服务环境，提高社会满意度。2006年后，对个体诊所和村卫生室实施标准化建设，强制落实“三室独立”（诊室、治疗室、药房），统一制作规范匾牌。

2007年，市、县分别对乡镇卫生院技术人员进行培训。其中，市第一医院分5期（每期1个月）为10所乡镇卫生院免费培训74名卫生技术人员；县医院为乡镇卫生院培训12名卫生技术人员。县对乡镇10名卫生院院长、100名卫生技术人员和655名乡村医生均实施免费培训。

2008年，实施“千名医师支援农村卫生工程”。县组织6支下乡医疗队，先后派出医务人员443人，深入农村诊疗（咨询）病人2320人次，赠送药品价值597元。县级医院对口支援乡镇卫生院医务人员12人，累计586天，诊疗（咨询）病人784人，手术15例，帮助开展新技术项目2项，免费承接进修人员14人次，举办培训班14期，培训乡村医生726人次。赠送设备器械10台件，价值3.25万元。

第三节　卫生经费

巨鹿县卫生部门经费主要源于县财政拨款（人头费）、罚没收入返还、业务收入及捐助。

一、财政拨款

巨鹿县卫生局人员为县财政全额拨款。20世纪90年代初，县卫生系统其他单位执行差额拨付。县医院实行定额补助，乡镇中心卫生院和县中医院、一般卫生院分别按2003年工资标准的56%、48%拨付，乡镇防疫员、妇幼员按2003年工资标准的72%拨付，不足部分靠业务收入补充。2008年县疾控中心、妇幼保健院全额人员按工资额的81%拨付，县疾控中心靠收费、罚没返还补充。县卫生局收费、罚没收入上缴县财政后返还部分作为办公经费（2002年以前返还70%，后为50%）。

二、业务收入

全县卫生系统业务收入逐年递增。2008年底，县医院达到5346万元，县妇幼院300万元，县中医院101万元。纯收入主要用于建造业务用房和购置医疗设备，收入少的单位事业发展受到限制。

三、项目补助

（一）专项补助。县卫生医疗部门重视上级有关项目的申报落实工作，并逐年加大项目申报争取力度，先后有不少相关卫生项目落户巨鹿。1979～2008年底，累计实施妇幼合作、降低孕产妇死亡率、艾滋病防治、肺结核防治、农村基本公共卫生服务补助、乡村医疗卫生单位设备购置等9个项目，共获省以上卫生专项补助资金1400万元。

（二）基建补助。至2008年底，累计获省和国家基建补助资金1200万元，用于10所乡镇卫生院新建、修缮和左石鹿、普圣营2所村卫生室建设。

四、社会捐助

2006年，张王疃和观寨乡卫生院接收台湾慈心慈善基金会30万元善款捐助，用于卫生院建设，每所15万元。同期接收村民现场捐款1423元。

第七章　药品　药政

改革开放以后，县内药品经营部门逐渐增多，药品购销渠道拓宽，为规范药品经营市场，打击伪劣假冒药品，保障人民身心健康，县药政管理部门不断加大监督检查力度，使县内药品经营市场日渐规范。

第一节　管理机构

2002年3月，巨鹿县药品监督管理局建立，时有4人，驻县政府院内。县卫生局药政职能同时撤销。2003年2月，县药品监督管理局实行省下垂直管理，编制14人，内设办公室、药品监督股、稽查股。2006年3月，改称巨鹿县食品药品监督管理局，增设食品安全股。2008年局设办公室、药品监督股、稽查股、食品安全股。

第二节　药政管理及药品监督

一、药政管理

巨鹿县药品监督管理局建立后，利用举办培训班形式，对药品经营企业和医疗单位直接接触药品人员实施药械法规培训7期，培训人员1200人次。

2004年，以防治H1N1禽流感为契机，对制售假劣药械、无证经营、出租证照、挂靠经营药品等违法活动集中开展专项整治活动，先后出动执法车辆180辆次、执法人员540人次，清理无证经营2家，没收按原价计算2万余元的过期失效药品。同年12月，县药材公司所属3个药品批发企业，12个零售企业顺利通过省GSP认证（药品经营质量管理规范认证）。2006年底，县域零售药店全部通过省GSP认证。至2008年底，县食品药品监督管理局负责监督邢台华鑫源医药有限责任公司、邢台康盛药械有限公司医药批发部、县医药药材公司批发企业、零售企业、3家县级医疗机构（县医院、中医院、妇幼保健院）及413家乡镇及以下医疗机构，共计447家。

二、药品监督

2003年4月，配合县抗击“非典”工作，县药品监督管理局加大药械市场整顿规范力度，加强对中药材及制剂的监督检查。特别对巨鹿县特产金银花实施重点监督，查获劣质金银花100千克。2005年，重点开展“农村药品两网”建设，全县聘请27名药品协管员和190名信息员，初步形成农村供应、监督两个网络。2008年，集中开展以含兴奋剂药品为重点的“迎奥运、保安全”药品安全专项整治活动，对辖区内药品批发、零售企业进行排查，查出违规经营蛋白同化制剂、肽类激素行为等随即依法处理。同时，严厉打击药品违法广告，整顿规范药品广告市场秩序，保证了商品广告的真实性和合法性。

第二十四编 社会生活

巨鹿县民风淳厚，有着许多优良传统和习俗。中共十一届三中全会以后，全县工农业生产不断发展，居民收入日益增加，生活水平不断提高，生活内容更加丰富多彩，社会主义精神文明建设不断深入，良风美德得以发扬，促进了社会的稳定与和谐。

第一章 人民生活

改革开放30年，伴随着国民经济的迅猛发展，县域综合实力显著增强，巨鹿县城乡居民生活水平大幅提高。由讲求温饱到讲究生活质量、生活品味，衣、食、住、行等发生了巨大变化。

第一节 居民生活

改革开放后，全县城乡居民生活水平显著提高。食物丰富多样，蔬菜品种繁多，鲜菜鲜果四季不断。超市中各种食品应有尽有，食品销售门店到处可见。人们的生活观念发生较大变化。由为填饱肚子而吃，变为追求营养搭配，合理膳食。由逢年过节改善生活，变为一年四季肉、菜、蛋、奶成家常便饭。衣着由讲求实惠耐用，变为讲究美观时尚。居所由讲求遮风避雨，变为讲究宽敞舒适、楼房别墅。出行由骑自行车，变为骑摩托车、坐汽车、自驾车等，方便快捷。

一、饮食

20世纪70年代前，日常饮食生活，一日三餐，用高粱、玉米、谷子、薯干等磨面，蒸制窝头为食，贫寒之家口粮不足，常掺些野菜、青菜、干菜、麸糠之类。因此，素有“糠菜半年粮”之说。汤类更为简单，早晚以小米汤或玉米粥居多，中午以白面、杂面、混合面、疙瘩汤居多。菜类多为盐腌渍生白菜、白萝卜。1984年以后，人们生活水平不断提高，饭菜品种日益丰富。全年主食以小麦面为主，蒸、包、煎、烙形式多样。各类蔬菜煮、炒、爆、炸、拌等享饪多种方式。21世纪，人们的饮食不仅讲究色香五味，而且注重营养搭配、荤素搭配、粗细粮搭配。还有一些追求时尚的人热衷于西式餐点。

传统风味食品：主要有烧鸡、稣鱼、油条、油炸糕、糖糕、粘糕、粽子（又名角黍）、水煎包、小笼包等。

肉类：以猪肉、牛肉、羊肉、鸡肉、鸭肉、鱼肉为主，杂以驴肉、鹅肉、兔肉等。猪肉肥肉不再吃香，猪瘦肉、猪下水、猪耳、猪蹄成大多人的喜好。

青菜类：主要有西红柿、豆角、芸豆、土豆、芹菜、萝卜（红、白）、芫荽、大白菜、黄瓜、丝瓜、苦瓜、眉豆、蒜苗、菠菜、莜麦菜、油菜、紫甘蓝、茼蒿、空心菜、圆椒、尖辣椒、西葫芦、韭菜、韭菜花、蒜薹、茄子、菜花（白色、绿色）、冬瓜、南瓜、北瓜应有尽有。

干菜类：主要有木耳、金针（黄花菜）、香菇、蘑菇、干白菜、蔓菁缨、芥菜缨等。

加工食品类：主要有豆腐、豆腐脑、豆浆、臭豆腐、粉皮、凉粉、粉条等。

二、居住

改革开放以后，巨鹿县人均住房面积较解放前提高了几倍至十几倍，住房档次越来越高，人们居住观念发生了巨大改变，房屋不仅是遮风挡雨的处所，而且是身心休憩的港湾。不但讲究温馨、实用，还要美观、豪华、宽敞、舒适。房屋结构也经历了土木结构、砖木结构、钢筋水泥结构三个主要阶段。

20 世纪 80 年代初，农村多为四面表砖平房，有的农民还住土坯房，人均不到一间。90 年代中期，多数农户旧房翻建，正房大多为 3～5 间砖木带抱厦结构，三面配房齐全，独门独户的四合院建筑。21 世纪后，多数村庄统一规划，硬化村内街道，农民住房也在不断升档。为便于拖拉机、三轮车等车辆进院，新建住宅大都设置宽大街门，门口或前面墙面均贴瓷砖或瓷砖壁画，多数还贴上“紫气东来”、“幸福之家”之类的瓷砖门楣联和各种瓷砖对联，美观气派。部分农户已建二层楼房。为方便孩子上学或冬天取暖或改善居住条件，有些富裕农户在县城住宅小区购买单元楼房。

20 世纪 80 年代，县城建筑大部为平房，人均居住面积很小。机关工作人员大部分住集体宿舍，县棉纺厂家属单元楼是县城第一批住宅楼房。90 年代后，有的单位开始建家属院，不少居民开始自建住房，城镇居民居住条件逐步改善。2000 年后，商品房、住宅小区建设越来越多。第一城、联邦花园、世纪康城等高档住宅小区相继建成，一般为 6 层，户型面积多在 90 平方米～130 平方米，经济实用。欣苑小区、万盛小区等高档居民小区先后竣工。单元楼采取集中供暖、供水、供电、供气，设有物业管理，很受业主欢迎。2008 年，县城出现第一个电梯住宅楼——广播电视中心家属楼。住宅楼建设开始向高层发展。

三、服饰

20 世纪 80 年代初，人们的服饰较为单一，冬有棉、夏有单、春秋有衣能更换为大多数人的衣着条件。流行色为正青正蓝，面料多为土布、的确良、涤纶、涤卡、条绒等，且大都是加工定做或自己缝制。随着改革开放不断深入，人们的生活水平不断提高，衣着服饰开始讲究起来，追求美观、漂亮、舒适、时髦成为时尚。一人多套、一季多款成为人们的必备。皮衣、皮草、羊毛、羊绒等成为很多人的首选，风雪衣、翻毛大衣、羽绒服、防寒服、筒裤、健美裤、高筒靴流行开来。20 世纪末，各种保暖内衣、羊绒大衣、西装、时装等名牌服装走进平常家庭。服装市场生意兴隆，各种服饰名品店、专营店随处可见，人们购买服装极为方便。

四、生活用品

20 世纪 80 年代初，人们的日常生活用品较为简单。多数家庭备有自行车、缝纫机、大衣柜，有条件的家庭才有黑白电视机。上班族戴手表，条件好的备有 BB 机，部分经商的老板才有大哥大（一种无线通讯设备）。20 世纪 90 年代后，经济快速发展，人们生活提高，手机、无线电话、电脑、笔记本（手提电脑）、彩色电视机、液晶电视、冰箱、洗衣机、空调、微波炉、烤箱、电压力锅、电磁炉、组合家具、电动车、轿车等开始进入普通居民家庭。到 2008 年，农村大部分农户备有三轮车、拖拉机。户户备有电视机，1/4 户安有固定电话，成年人均有手机。普通家庭基本都有摩托车、电动车，条件好的家庭备有面包车、小轿车。人们的日常生活用品日渐丰富。

第二节 收 入

1979 年初全县农民人均纯收入 44 元，1990 年提高到 412 元，1996 年达到 1497 元，1999 年达到 2025 元，2008 年达到 3172 元。城乡居民储蓄存款余额由1979年初的62万元，增加到1990　　年的8303万元，2008年达到20.7亿元。

1979～2008年巨鹿县乡镇部分年份农民人均纯收入统计表

表24－1－1　　单位：元

年度＼乡镇	巨鹿镇	西郭城镇	小吕寨镇	王虎寨镇	观寨乡	官亭镇	堤村乡	张王疃乡	苏家营乡	阎疃镇
1979	68.4	47	43	46	38	41	48	53	38	43
1980	52	36	31	277	22	26	33	34	19	23
1985	414	418	196	272	179	252	306	260	206	160
1990	519	630	382	500	386	395	435	408	409	367
1995	1119	1209	795	1363	717	939	822	858	841	832
2000	2416	2495	1888	2480	1747	2140	2016	1894	2006	1833
2001	2410	2496	1920	2400	1666	2134	2046	1900	2008	1817
2002	2418	2497	1980	2406	1746	2240	2196	1950	2068	1835
2003	2592	2498	2228	2408	1753	2388	2376	2229	2208	1908
2004	2696	2699	2490	2676	1762	2412	2566	2491	2473	2118
2005	2778	2900	2688	2781	1803	2612	2720	2687	2648	2289
2006	2998	3110	2990	2996	2368	2620	2866	2997	2886	2526
2007	3088	3265	3110	3116	2510	2740	3010	3147	3030	2678
2008	3146	3318	3150	3176	2560	2795	3010	3188	3065	2758

1993～1999年巨鹿县百户农民调查农民纯收入情况统计表（表一）

表24－1－2　　单位：元

项目＼年度	1993	1994	1995	1996	1997	1998	1999
一、全年总收入	186974	549317	845879	1019001	1111649	1136663	1103575
（1）家庭经营收入	150224	479975	724323	846709	811734	901039	836177
（2）劳动者报酬收入	20169	47134	82973	128917	247211	184106	200261
（3）转移性收入	10425	20491	33231	37137	44088	24464	19712
（4）财产性收入	6156	1717	5352	6238	8616	27054	47425
二、全年纯收入	119942	307456	498616	734855	830768	894257	923577
三、人均纯收入	484	621	987	1497	1760	1936	2025

2000～2008年巨鹿县百户农民调查农民纯收入情况统计表（表二）

表24－1－3　　　　单位：元

项目＼年度	2000	2001	2002	2003	2004	2005	2006	2007	2008
一、全年总收入	1106085	1107222	1085087	1140047	1303560	1383156	149339	1650841	1674706
（1）家庭经营收入	773810	865330	850716	875997	1014558	931975	791026	918211	930676
（2）工资性收入	284694	285626	197560	218942	251366	424371	650986	650985	664177
（3）转移性收入	15295	10680	21161	29189	10746	5445	15294	15294	54222
（4）财产性收入	32286	－54414	15650	15919	26890	21365	36043	66351	25631
二、全年纯收入	907394	894871	881188	933461	1056044	1177305	1230590	1287249	1306769
三、人均纯收入	2125	2120	2187	2316	2601	2816	2980	3094	3172

1979～2008年巨鹿县部分年份职工月均工资统计表

表24－1－4　　　　单位：元

年　度	全　民	集　体	备　注
1979	46	34.6	
1980	51	37	
1985	73	60.6	
1990	137	106	
1995	289	172	
2000	526	374	
2001	611	459	
2002	668	473	
2003	699	500	
2004	791	558	
2005	818	818	
2006	919	919	
2007	1244	1244	
2008	1601	1601	

注：2005年后全民集体工资情况合为一块。

第三节 消 费

从消费结构上看，30年间人们由单纯的生存消费，向衣、食、住、行和文化娱乐等综合性消费转变。1979年，城乡居民用于吃和穿的开支占到全部生活费支出的95%以上，满足生存需求的特性明显。1990年，在农民的生活消费支出中，食品支出占40.1%，衣着支出占10.3%，居住支出占28.4%，医疗保健支出占3.7%。2000年以后，农民的生活消费支出结构变化明显，吃、穿、住等生存性消费支出所占比重明显下降，用于自身发展和享受生活的消费支出比重增加。到2008年，农民的生活消费支出中，食品支出占22%，衣着支出占7.3%，居住支出占20.6%，医疗保健支出占8%，交通通讯支出占11.8%，文教娱乐支出占10.3%。食品、衣着和居住支出分别比1990年下降18.1个、3个和7.8个百分点。

1993～1999年巨鹿县百户农民调查农民支出情况统计表（表一）

表24－1－5　　单位：元

项目＼年度	1993	1994	1995	1996	1997	1998	1999
一、全年总支出	172908	501018	825019	744027	807508	963080	994730
（1）家庭经营费用支出	35653	197473	284774	217037	208821	161959	111135
（2）购置生产用固定资产支出	4924	3767	38428	39587	19067	38608	200458
（3）交纳税金	2466	11394	13044	13787	17432	20041	7534
（4）上交集体承包任务	2205	3799	4433	1888	1112	3520	521
（5）集体提留和摊派	304	17141	19280	22996	16807	19551	6738
（6）生活消费支出	114468	259185	459440	441177	527749	612757	561274
（7）其他非借贷支出	12888	8259	5620	7555	16520	106644	97070

2000～2008年巨鹿县百户农民调查农民支出情况统计表（表二）

表24－1－6　　单位：元

项目＼年度	2000	2001	2002	2003	2004	2005	2006	2007	2008
一、全年总支出	1004233	1233481	901511	743720	811343	812192	710562	1071356	1149152
（1）家庭经营费用支出	137780	154369	119751	116378	174311	173877	155596	259016	280620
（2）购置生产用品固定资产支出	94698	54170	37870	9394	20073	33428	8662	28555	7580
（3）税费支出	16561	9719	14069	18002	6918	827	45	3040	1300
（4）生产性固定资产折旧	41510	53446	56918	56287	－	－	－	－	－
（5）财产性支出	25386	422	150	1519	3671	5373	1919	5340	685

续表

项目＼年度	2000	2001	2002	2003	2004	2005	2006	2007	2008
（6）生活消费支出	657385	947762	658972	536478	601879	590253	541916	764339	810085
（7）转移性支出	30913	13593	13781	5662	4491	8434	2424	11066	48882

第二章　民　　俗

改革开放以后，人们继承和发扬传统的民间习俗和优良的传统美德，保持着淳朴的民风民俗。同时，随着社会的进步，一些不合时宜的旧风俗、旧习惯逐渐淡化简化。人们破除迷信、崇尚科学、实行新事新办，努力创建和睦家庭、构建和谐社会。

第一节　民　风

巨鹿县民风淳朴，勤劳节俭，讲究礼仪。每逢客人来访，必迎于门外，入室后，泡茶敬烟，有的留餐留宿。客出主送，口说“招待不周”、“走好”、“再见”等谦词。每逢喜庆，设宴招待亲朋。入席时，讲究座位，请长辈或贵客坐“上席”，席间频频敬酒敬菜。平时交往亦诚而有礼，路遇亲朋，点头握手，相互招呼问候。走路请长辈在前，平时不直呼长辈姓名。亲朋家遇病痛之事，登门慰问。逢婚嫁、寿辰前去住处祝贺；遇白事，亲临吊唁致礼。

一、倡勤崇俭

种植业是百分之九十农民家庭生活的主要来源，因此对勤劳耕种，不违农时十分重视。民谚云：“人勤地不懒，人误地一时，地误人一年”。农民常以早起晚睡、披星戴月被称道，也会因庄稼长得好产量高而自豪。每逢麦收、秋收、采摘金银花季节，家家无闲人，饭做熟之后，送饭到田间，抢收抢种，忙得不亦乐乎。对于好吃懒做的人，男的被称为“懒汉”或“二流子”；女的则被称“懒老婆”，人皆嗤之以鼻。

家家户户节俭度日，习以为常。尽管年景好，粮棉丰收，生活富足也不改初衷。有些农户为了节俭，自己腌咸菜，自己织布、缝衣、做鞋。一日三餐，粗细搭配，不是逢年过节、盖房修屋、婚丧嫁娶，不置办酒席。在穿戴上，虽然注重仪表，但不崇尚华丽，干净、整洁是标准。早年民间盛行“新三年，旧三年，缝缝补补又三年”。20世纪80年代以后，生活条件改善，服装鞋帽多由市场购置，大都以经济实用、物美价廉为主，仍不崇尚华丽。如有不顾经济条件好坏而讲吃讲穿的，人皆耻笑，说其“不会过日子”，儿娶女嫁也因此受到影响。勤劳节俭的传统美德，被视为教育后人的重要内容，代代传承。

二、尊教尚礼

古老的传统文化，哺育了巨鹿县一代又一代人。由于历史的原因，老一代人缺少文化教育，饱受愚昧之苦。写家信，读来函，看文书，打官司样样求“先生”。因为不识字，消息闭塞，对社会发展状况了解较少，家庭致富受到影响。因此，户户重视教育，盼子女成才、知书达理。有的家庭虽然家境较差，但也想方设法让子女求学深造。20世纪90年代，国家先后开展“普及小学义务教育”、“普及九年义务教育”，全县教育状况大为改观，文盲已不复存在。随着科学技术进步，社会发展，人们对教育的追求与时俱进，家家户户从孩子的婴幼儿开始，就注重文化教育，学前教育成为家长的一项重要职责，不少年轻夫妇开始重视胎教、早教。成年人不懂电脑成了新时代的文盲。20世纪80年代末到90年代，初中、中专还受欢迎。2005年后，大学专科、本科已很普遍，有的攻读硕士、博士研究生，有条件的青年学子，还追求出国学习深造。

讲究礼仪是巨鹿县人民的传统美德。在日常生活中，具体体现在敬老爱幼、尊崇贤达、待人礼貌、交友真诚、不欺不诈、互相帮助、见义勇为等行为中。对于横行乡里、以强凌弱、贪污盗窃之徒，人人深恶痛绝。

第二节　习　俗

巨鹿县人民不仅继承了各种传统节日，对新兴的纪念日、节假日也很重视。随着时代的变化，其节日的庆贺方式也在变化。有的旧节俗逐渐淡化，而新兴节日成为人们庆贺的重点。

一、岁时习俗

（一）**年节**。俗称“过年”，是民间最隆重、最热闹的一个古老传统节日，也是一年中最盛大节日。从年三十到初五均称年节。巨鹿县人民“过年”保持着许多传统的风俗习惯，首先家家户户都要置办年货，一般从腊月二十三开始，杀猪宰羊、磨豆腐、蒸枣花、买肉买菜、备烟备酒、置烟花爆竹、购春联福字及干鲜果品等，一应俱全。21 世纪后，随着物质的丰富，人们置办年货不再讲究多少，而讲究精、鲜、营养、高档、时尚。再是讲究家人团聚、吃饺子、祭祀、拜年、燃放鞭炮、走亲访友等。

腊月二十三　俗称“小年”、“糖瓜祭灶二十三”。农村家家供有灶王爷神像，大多都购买糖瓜（一种麦芽糖）。当夜家家供糖瓜祭灶，送灶王爷上天，意在灶王爷吃了糖瓜嘴甜，会“上天言好事，回宫降吉祥”。夜静后焚香烧纸，并将灶王爷神像揭下焚烧，谓之“送灶王爷上天”，待年三十中午贴挂新神像。

除夕　又叫年三十，是农历的一年之末。此日，贴对联、包饺子、改善生活，迎接春节到来。同时，要到墓地或村头烧纸引香，请先祖回家过年，后挂家谱、摆供桌、一日三餐供奉。年三十中午熬大锅菜，晚上吃饺子、喝辞年酒、守岁。1983 年开始，看中央电视台春节联欢晚会逐渐成为家家户户守岁的一项主要内容。到零时，放鞭炮庆贺新年到来。2000 年后，有部分居民在饭店订餐，全家在饭店吃年夜饭，庆祝除夕，县城各饭店春节照常营业。

春节　正月初一，是年节中最重要的一天。初一早晨吃饺子后开始拜年，一般先拜祖先、再拜族长、最后拜街坊，晚辈走家串户拜年磕头。2005 年后，农村逐渐淡化早起磕头拜年的习俗，提倡走走看看、互相拜访。电话、手机、电脑的普及，为新的拜年方式提供了便利，兴起了电话拜年、短信拜年、网络拜年等。儿童给长辈拜年，长辈要给压岁钱，压岁钱的多少视其经济条件而定。

初二开始外甥给舅舅、侄子给姑姑拜年或走亲访友，出嫁的闺女携女婿回娘家拜年。初五举行送先祖、收家谱活动，有的村正月十六举行。家族较大的，举行集中送祭，人群涌动，鞭炮不断，非常隆重。

正月初十　烬鞋底排、老鼠娶媳妇。早年巨鹿县大部村庄有新媳妇过门的家庭都要烬鞋底排，孩子们从个人家里拿旧鞋凑在一起晚上在门口烧鞋底，旧鞋燃起红彤彤的篝火，大家围着火喊呀跳呀，有的撅着屁股在火上边烤边喊“烤烤腚不牙痛”，还有的从家里拿粘窝窝或枣卷在上面烤出黄铬馇吃。传说吃了鞋底火烤的食物化食、一年不生病。20 世纪 80 年代后期，布鞋底逐步被塑料鞋底和胶鞋底所代替，烤鞋底罗逐步消失。有的村传说初十晚上老鼠娶媳妇，这一天不能使用刀剪，不然，家里易出现老鼠咬衣物。县城东部有些村庄过正月十二。

元宵节　正月十五元宵节又称上元节、灯节。节日期间家家吃元宵，夜晚观灯、看烟火。县文化、宣传部门年年组织灯展、猜灯谜活动，部门、乡镇、企业制作展牌和花灯，连展三日。20 世纪 90 年代后期，正月十五夜晚，县举办灯火晚会，燃放焰火。正月十六有些村庄像孔寨，日出之前人们早早起来在十字路口堆起柏枝燃放，烤身体各部位，名曰“烤百病”，意思是这种火烤到的部位，一年不染杂病。

正月二十五　年节中的最后一个节。这一天日出前农村家家户户在屋内、院子里用草木灰撒成圆形，画成囤的样子，中间放上麦子、玉米、棉花、钱币等用砖压住，在囤内放鞭炮称“打囤”，傍晚再放鞭炮称为“崩囤”，意味着丰收后大囤小囤都满得崩了囤，期盼今年大丰收。过了此节年就过完，出了正月农民又开始一年辛勤劳作。

（二）**传统节日**。巨鹿县十分重视过传统节日，每逢节日则按传统习俗或改善生活或开展节日活动等。

龙头节 农历二月初二，俗称“龙头节”、“二月二龙抬头”。家有属龙的人怕切到龙头，在出太阳前不让用刀。故在这一天早晨每家每户有摊煎饼、煎黏饼的习惯，意在避开用刀。有些村庄举办打醮、送老母等活动。

清明节（也称寒食节） 每年公历4月5日，前后清明节。这一天家家户户到坟上给先人烧纸、添坟，祭祀祖先。县城学校则利用清明节组织学生到县烈士陵园扫墓，开展爱国主义教育。2008年开始，国家规定清明节放假1天。

端午节 又称端阳节，农历五月初五。端是“开端”、“初”的意思，初五可称为端午。农历以地支纪月，正月建寅，二月为卯，顺次至五月为午，因此称五月为午月，“五”与“午”通，“五”又为阳数，所以有些地方又将端午节称之为五月节、夏节。此日为纪念屈原，有吃粽子习俗。2008年开始，国家规定端午节假日1天。

七夕节 农历七月初七，也叫乞巧节。传说是牛郎和织女相会的日子，这一天若要下雨，意为牛郎和织女久别重逢会落泪。传说午夜12点时牛郎星和织女星会越过天河聚到一起，在葡萄架下可听到牛郎织女对话。是中国传统节日中最具浪漫色彩的节日，被称为中国的情人节。

中秋节 农历八月十五，又称仲秋。家人要团圆，吃月饼，夜晚供瓜果祭月、赏月，是一个欢快祥和的节日。也是一年中比较重要的传统节日。这一天，在外工作的子女一般都会回家与家人团聚。2008年开始，国家规定假日1天。

重阳节 农历九月初九，《易经》中把“九”定位“阳”，日月重阳，所以此日又谓九九重阳节，也称老人节。县文化部门常在此节日举办文艺表演、书法展览等尊老活动，颂扬尊老、敬老、爱老的良好风尚。

寒衣节 农历十月初一，又称“祭祖节”。是上坟祭祖的日子。此日到墓地给已故父母、先人烧纸、冥币，烧纸糊的衣服、电视、家具等祭品，悼念已故亲人。

冬至 一般在公历12月21日或22日，是24节气之一。民间俗说“冬至十天阳历年”、“冬至吃羊肉，一冬不冷”。县域东部农村有过此节日之习俗，冬至这一天大都吃羊肉馅的饺子或羊肉，祈求一冬不受冻。

腊八节 农历腊月初八。据说这是一年中最冷的一天，“有腊七腊八，出门冻煞”之说，巨鹿县在这一天吃腊八粥，腊八粥用江米、大米、小米、红枣、花生米、莲子、薏米仁等熬粥食用，以抗御冬日严寒。有的人在这一天开始用醋腌制“腊八蒜”，以备春节吃饺子食用。

（三）**法定节日**。巨鹿县人民对国家的法定节日也较重视，每逢节假日或单位组织活动，或家庭外出旅游等，丰富生活。

妇女节 3月8日，又称“三八国际妇女节”，是国际性节假日。县妇联常在此日组织广大妇女开展庆祝活动或召开妇女表彰会。

劳动节 5月1日，称“国际劳动节”，是国际性节日。国务院曾规定国家机关人员放假3天，调整前后双休日后，集中假日7天，旅游单位称为“五一黄金周”。2008年开始，国家调整假日为1天。

儿童节 6月1日，国际儿童节。这天学校组织少年儿童表演节目，县领导组织相关部门到一些幼儿园去慰问，有的学校在此日举行少先队员入队仪式。

建党节 7月1日，为纪念中国共产党成立而设的节日。节前党中央领导发表重要讲话，报刊发表重要文章（社论或特邀评论员文章），中共巨鹿县党组织举行党员先进事迹报告会、表彰会等活动。

建军节 8月1日，为纪念“八一”南昌起义中华人民共和国建立军队而设的节日。节日前后，县党政领导对县武装部、县中队、当地驻军、烈军属进行慰问，并组织开展拥军爱民活动。

国庆节 10月1日，是纪念中华人民共和国建国日。2008年，国务院规定假日3天，调整双休日后，集中放假7天，亦称“旅游黄金周”。地方政府组织开展挂国旗、写标语等多种庆祝活动。

（四）其他节日 随着社会的发展，国家规定了一些新的专门节日。同时，西方的一些传统节日也相继传入巨鹿县，成为年轻人热衷的节日。

植树节 3月12日，正值植树时节，是开展全民植树活动的节日。此日县、乡政府都组织机关干部、职工深入到乡镇、村，开展植树活动。

护士节 5月12日，是国际性节日。近年来人们越来越重视，县医疗卫生系统在此节日会开展一些活动。或组织护士外出旅游，或对护理人员进行表彰。

母亲节 5月的第二个星期日，是美国的法定节日。母亲节是个充满人间温情的节日，20世纪90年代，巨鹿县过母亲节的人逐步增多。值此节日，儿女们做让母亲高兴的事儿，即使远在异地的孩子，也要打电话向母亲问候，送上儿女的祝福。有的还为母亲赠送礼物。

父亲节 世界通行的父亲节是每年6月份的第三个星期日。2000年以后，巨鹿县有些人过此节。节日时，儿女们以种种形式感谢父亲对家庭及社会的贡献。过父亲节的比过母亲节的较少。

教师节 9月10日，是庆祝教师的节日。县教育系统一般会举行先进教师表彰会，有的乡镇、村为学校教师发放节日礼品等。

圣诞节 12月25日，是西方的宗教节日。近年，因商家炒作和其他方面的原因国内过者渐多。圣诞节前一天平安夜年轻人彻夜不眠，尽情欢乐。商店门口内外竖起圣诞树，开展促销活动。

二、人生礼俗

（一）生孩子。巨鹿县人民对家中添子增孙十分重视，从孩子出生到取名、过天、过满月，都有一定的讲究和习俗。

取名 子女出生后，由长辈或请有文化的人为孩子取名，到当地户籍部门报户口。在巨鹿县农村，男孩取名按照族中的辈分排列，一般取3个字，前为姓、中为辈、后为名，也有中为名后为辈的。除姓、辈一致外，起名用字上讲究用统一偏旁部首或吉祥词语。从前有的男孩先唤小名，长大后再取大名，并取字、号。成年男子的名、字在公众场所不呼，只上册造籍时使用，被公开称呼的是号，又叫大号。20世纪80年代后，逐渐兴起既起小名，又起大名，喝号者逐渐消失。

过天 在巨鹿县无论城乡，家里添子增孙是一大喜事，都要择日庆贺，称为孩子“过天”。一般过5天、12天。过天时，亲戚朋友带上五色彩礼或婴幼儿服饰、玩具、用品前来道贺。女眷到内房看孩子要给“看钱”，孩子的姑姑、姥姥、姨的看钱比常人要多。主家设宴答谢来客，并包饺子、办酒席，给灶王爷、送子娘娘上供。21世纪以后，多在饭店举行过天喜宴。

住满月 女人生孩子后，待身体康复，由娘家把女儿和婴儿接回家中，住到孩子满月后才送回婆家，俗称住满月。期间大人、婴儿，全由娘家照应。

（二）过寿。又叫过生日，是晚辈对长辈表示敬重的一种礼俗。老人满60岁，儿女开始为父母筹办寿诞，称为“60大寿”，说明父母在人生的旅途中已走完一个“花甲”，步入老年的行列。巨鹿县多数老年人不公开过寿，寿诞之日多由儿女小聚，私下祝寿。有一定地位或经济条件较好的人，本人或父母寿诞时，有同事、下属、亲朋送寿礼祝贺。文人雅士送寿联、寿诗、寿字等书画作品。老年人一旦开始过寿，每年都要过，不能间断，否则被视为不吉利。

（三）婚俗。早年婚礼习俗比较繁杂，随着社会的进步，除保留主要的婚俗习惯外，讲究新事新办，并逐渐融入新观念、新方法，运用现代高科技手段举办婚礼。2000年后，婚礼越来越隆重、豪华。

1. 婚姻形式 男子娶妻为立婚，女子出阁为之嫁。由于民间世俗观念不同，形成多种婚姻形式。20世纪80年代后，父母包办婚姻已不多见，绝大部分青年婚姻自主，自由恋爱结婚已成主流。但讲究“门当户对”、“信仰一致”的婚姻观念仍然较重。

1979年以后，县内缔结婚约的方式有：自由恋爱、女到男家结婚、男到女家落户、离婚改嫁等。父母包办、换亲转亲、买卖婚姻或变相买卖婚姻的已经越来越少。普遍流行的缔结婚约形式为媒人说和或两人建立恋爱关系后，再找一介绍人给双方家长沟通。

自由恋爱 多为同学、同事、同乡、朋友，经常接触的男女青年。由于常在一起学习、工作、交流，相互了解较多，日久生情，相互爱慕，或自我道破、或请媒人说合缔结婚约。

包办婚姻 儿女成年后，父母请媒人提亲，或媒人上门提亲，双方见面后，经过交往、了解，便缔结婚约。有的青年性格内向，羞于开口，成婚由父母做主，在父母的安排下订婚、结婚，但出现婚后夫妻不和、生活不幸福而闹离婚者较多。

换亲转亲 是贫困家庭产生的一种不得已的婚姻缔结形式，大都有违青年人（特别是女青年）意愿。20世纪七八十年代常见，2000年以后基本绝迹。当时，贫困家庭中的男孩，到了结婚年龄，娶不上媳妇，父母怕儿子娶不上媳妇，断了香火，央媒人找同等情况的人家，将女儿嫁到男方，换得男方闺女给自己家儿子作媳妇，称“换亲”，多家换亲称“转亲”。如此成婚的男女，多数心情压抑，生活幸福指数低。

买卖婚姻 20世纪七八十年代，个别经济贫困户，男子成年后长时间娶不上媳妇，结婚无望。有的拿钱到四川、云南、贵州等经济欠发达的山区去找媳妇。也有人贩子从南方领回女青年卖给本地大龄青年，其价钱在数千元之间。有的女青年不适应本地生活习惯，偷跑回南方，使买婚者人财两空。有的被法律部门视为非法婚姻，解救送回。也有的妇女被多次转卖，使婚姻成为商品。

招赘 又叫男到女家落户。从前有女无男家庭，为给自己养老送终，将闺女或一位闺女留家招上门女婿。家境较差娶不上媳妇的男青年自愿到女方。招女婿上门要立字据，改名换姓。20世纪80年代以后，独生子女逐渐增多，男到女家落户已很普遍，男青年结婚后经常吃住在女方家中，其子女也由女方老人照看。女子和男子同样享有继承权和赡养义务。生育后代有随男姓者也有随女姓者，有的也不再立字据。

再婚 指男女双方感情不和离婚再嫁（娶），或一方伤亡，男方再找配偶、女方改嫁。近年离婚率上升，女子再嫁受法律保护。女子改嫁一般十分慎重。男子再婚，设宴庆贺，女子再婚一切从简。

冥婚 又叫娶骨椋，是活人给已死去的男性亲人娶已故女人做妻子。“先办喜事后办丧事”，主家先把死人娶回家，举行婚礼，然后和已故男性合葬。20世纪90年代前比较简单，有女孩意外死亡，有人介绍便让其娶走。90年代后，一般需花费一定的现金。

2. **订婚** 通过媒人介绍或个人交往，男女青年情投意合，两情相悦，便相邀举行订婚仪式。有的订婚仪式较为简单，双方互换“小书”和物品后，便为订婚；有的相对隆重，双方互换物品和男方下聘礼后，男方在家或饭店设宴招待双方亲朋好友，以示祝贺和见证。然后便可领结婚证，再看日子举行结婚仪式。

3. **陪送** 闺女出阁，娘家要给女儿陪送，数量视其经济条件而定。20世纪80年代，陪送大衣柜、四铺四盖、自行车、缝纫机、电风扇、收录机和日常生活用品；90年代，陪送电视机、摩托车、组合家具、洗衣机、电冰箱、毛毯等高档生活用品；进入21世纪以后，陪送大屏幕彩色电视机、摩托车、名牌组合家具、全自动洗衣机、立式空调机，生活富裕的人家，有的陪送楼房、现金或小汽车。陪嫁品，在结婚前一天由男方出车从女家拉走或结婚当天随车队送到男方。

4、**婚礼** 多数男家在结婚前请人看日子，挑选黄道吉日成婚。一般给出两、三个日子，男方送去由女方挑选。婚期前一天男方派人到女方看路，定好第二天迎亲时间、压嫁妆钱数额、送亲人数等。结婚当日，男方组成迎亲团到女方家接亲，女方组成送亲团送亲。接送人员一般为双数，四男四女或六男六女。新娘身穿喜庆红色嫁衣，后又时兴穿白色婚纱。20 世纪 80 年代，多用马车、自行车、摩托车接送新娘。90 年代以后，均用小汽车，迎送车辆越来越多。新郎、新娘乘的车称为“彩车”，“彩车”多用红色轿车，以预示将来日子红红火火，生活兴旺。2000 年后，也有用白色轿车做“彩车”，取意“白头偕老”。新娘到家要下轿礼，多为 660 元或 880 元，有“六六顺”、“八八发”的寓意。新人到家举行婚礼后，再宴请亲朋，农村多在家设宴，城镇多在饭店举行，席间男方父母和新郎新娘要逐席敬酒，以示谢意。结婚全程摄像，事后刻盘保存，作为永久纪念。男女结婚时，亲朋好友、乡里乡邻均要随礼，20 世纪 80 年代中期，礼钱多为 3 元、5 元、10 元、20 元，或送被面、脸盆、毛巾被、床单等生活用品。20 世纪 90 年代，宴客多在饭店进行，宴席每桌多为 12 ~ 14 个菜，以鸡鸭鱼肉为主，其烟酒档次不断提高。其礼金 30 元、50 元、60 元、100 元不等。工作人员宴客大部分在婚礼前几天，宴请一般集中在节假日或公休日。也有的宴客、结婚在同一日，请礼仪公司安排，其场面隆重、热闹。

少数民族婚俗。巨鹿县少数民族以回族为主，其他民族人数很少。且入乡随俗，很多习俗都随当地居民。

（四）丧葬。丧葬是人生的最终一站，县城东、西部稍有差异。

1. **备丧**　在农村，人活到六七十岁，视其身体状况，有些老年人提前就为自己准备寿衣。男人的寿衣有夹裤、夹袄、棉裤、棉袄，外有罩袍及鞋帽，多为仿清衣冠，机关工作人员则按流行服饰准备；女人的寿衣有棉裤、红棉袄，上有罩衣、下有裙子，头戴尼绒帽，上插九连环，脚蹬绣花鞋。也有提前准备寿木、寿材的，常年患病卧床者，儿女会提前为其准备寿木、孝布等丧葬用品。

2. **停丧**　人死后殡埋前叫停丧。老人病危，要在断气前穿上寿衣，抬到柩床上，在老人手中塞一手帕，内包一块干粮，俗称“打狗饼”。老人咽下最后一口气后，用老人的裤子装上由闺女买的九斤四两烧纸在门前焚化，称为上路钱。用五彩线拴一铜钱放入死者口中，旧称“寝口钱”，现叫“口令”。然后，出丧牌、纸骨朵。丧牌按家中年长者出，纸骨朵按死者年龄每岁一条，有的村用白纸、有的村用烧纸，按男左女右摆放在街门口。在农村，老人死后儿女等晚辈要报庙（土地庙），一日三次，以告亲邻。县城工作人员大部分火化。本县停丧一般为 3 天、5 天，称排 3 或排 5。入葬当日，丧家举行辞灵、入殓、送盘缠等仪式。辞灵，指亲戚、家人在柩前大哭一场，以与死者告别；入殓，则是将死人装入棺木，揭开被单，由子女依次用新棉花沾清水给老人擦脸，最后把蒙脸的被单前头撕下来，送给闺女，称为“扒福”，把柩床上的提带依次给长子、次子、三子、长孙，然后盖棺钉扣；送盘缠，是家人和亲戚，将纸骨朵请进纸轿内，一路哭着送到村西的十字路口烧掉。20 世纪 90 年代后，冷冻棺盛行，在夏天去世的人，在出殡前才装入棺材入殓，仪式照常举行。人死之后，在柩前放有纸糊的花盆、花篮、碑、楼、童男童女及牛或马（女牛，男马），被称为“柩前七件”，有的还请吹唱班吹唱，直至下葬。

3. **报丧**　老人去世，由近门长者或族长组织治丧，有的村由辈分长着和村干部组成红白理事会。首先给亲戚、朋友报丧，亲戚报丧必须报到家门，朋友多以电话通知。

4. **吊唁**　停丧期间，亲朋好友前来吊唁，亲戚多带烧纸、果盒、礼布。朋友吊唁，上礼金。20 世纪 80 年代，10 元、20 元；2000 年后，30 元、50 元、100 元不等。单位吊唁，多送花圈。

5. **出殡**　逢七不出殡。如遇特殊情况要先杀一只公鸡，意为防止出重丧。棺木的前头是金色的“寿字”或“奠”字，两旁画八仙或盘龙及云纹，棺木多为本色或漆成紫色。出殡前的家祭叫“行殿”。行殿时吹鼓手配合祭奠，十分热闹。有的人家雇人忏灵，有艺人身穿孝服，连哭带唱，悲悲切切，在吹鼓手的合作下，大段哭唱，成为出殡时的一大看点。路祭，将棺木抬至大街中心，按亲戚支脉的远近进行路祭，有五拜、九拜、二十四拜之分，最后由孝子祭典。20 世纪

90年代后，改抬棺为柩车拉棺。有的村在12点前出殡，然后回家筵客；有的村则先筵客再出殡，多数在12点后起柩，天黑前殡完。出殡时，孝子在前执幡引路，女眷在后坐车，称为压柩。有的长媳压柩车（第一辆车），也有的长女压柩车。年轻媳妇故后在外寄埋，不入祖穴，待男人死后一起入祖坟。

6. **祭日** 从人死出殡之日起，都要“排七”，开始安排祭日，一般每七天一祭日，共七个祭日。逢祭日都要祭祀，特别是逢“三七”、“五七”“尽七（七、七）”，子女都要到坟前祭祀，过完“尽七”，其表事才算过完，再到“百日”、“周年”晚辈墓祭。此后，每年清明、农历十月初一、周年上坟祭奠。

第三章　精神文明建设

1983年3月，县委建立“五讲四美三热爱”活动委员会以及下属的办公室。1987年底将原“五四三”活动委员会及其办公室撤销，建立由主管书记任主任的精神文明建设委员会，同时成立精神文明办公室，为行政科级机构。

第一节　思想道德教育

一、五讲四美三热爱

20世纪80年代初，在全县广泛开展“五讲四美三热爱”活动。随后开展了移风易俗、学习共产主义道德风尚活动。第一，以共产主义思想教育为核心，从爱国主义和社会主义教育入手，结合各部门、单位实际，开展共产主义理想、信念、道德教育和职业道德、职业责任、职业纪律教育以及民主与法制教育，开展正确的审美观念和社会主义生活方式的教育。第二，开展“十一提倡、十一反对活动”（提倡节俭，反对大办婚事；提倡男女平等，敬养老人，反对歧视虐待妇女、老人；提倡相信科学，反对封建迷信；提倡健康的文化娱乐，反对赌博；提倡体现共产主义、爱国主义、集体主义的新道德、新风尚，反对各种旧思想、旧风俗和不良风气等），以树立正确道德观，增强爱国主义、集体主义风尚。

二、“全民文明礼貌月”活动

1982年3月，“全民文明礼貌月”活动拉开帷幕。1983年开始，巨鹿县主要围绕“三优一学”（优质服务、优良秩序、优美环境，学习雷锋和先进人物），积极开展六项活动：大力治脏，优化美化环境；大力治差，开展优质服务活动；发动全民搞好义务植树活动；开展宪法和法制宣传教育，搞好社会秩序；广泛深入开展学雷锋学先进活动；对党员进行党风教育，以党风带动民风。通过开展文明礼貌月活动，全县人民讲文明礼貌蔚然成风。

三、“三爱、四有”教育活动

1992年12月至1998年1月，为提高全县干部群众思想道德素质，增强科技意识，先后开展“岗位学雷锋、行业树新风”活动、“科技进步年”活动、以“三爱”（爱家、爱乡、爱县）为主题的大型读书演讲活动、形势报告会、爱国主义歌曲大奖赛等，并在全县中小学校开展“升国旗、忆传统”等活动。通过多种形式的教育活动，提高了全县人民的科学文化素养，涌现出一批奋发向上、勇于奉献的“四有”（有理想、有道德、有文化、有纪律）新人，树立了良好的社会道德风尚，推动了全县精神文明建设。在精神文明建设中涌现出许多新人新事新风尚。有老当益壮、离休未敢忘忧国，矢志不渝建碑林的老干部左宝珍、热心关心下一代工作的离休干部张云修、抗震救灾党员先锋韩超等，他们为精神文明建设做出了积极贡献。

左宝珍，1930年出生于巨鹿县苏家营乡东旧城村。7岁就参加了抗日儿童团，1948年从邢台公学毕业参加工作，1956年加入中国共产党。先后从事青年、民兵、人事、档案等工作。1991年离休后继续发挥余热，为精神文明建设做出积极贡献。应聘担任5所中小学的少先队志愿辅导员，与万余名青少年和儿童成为忘年之交，多次去学校作报告，循循善诱，奉献爱心。在纪念抗日战争胜利60周年活动中，向孩子们讲述了中国人用鲜血写出的三个数字：3500万（全国伤亡人数），30万（南京大屠杀被害人数），27万（细菌战杀害人数）。血和泪的事实，让孩子们入脑入心，产生爱国共鸣。2000年，县政府在公园内为其提供土地12387平方米，举全家之力，建成一座以爱国主义教育为主题的大型碑林——爱华翰苑碑林，树碑240余方立米，抢救散落民间石刻文物近百件，种植花木3000余株，成为融人文景观与自然景观于一苑的文化景点，深得社会各界赞誉，观瞻者达30万余人次。施工期间他年逾古稀，不畏苦累，骑自行车共计往返工地近2万千米。

左宝珍年逾八旬，仍不辞劳苦，笔耕不止，以文育人，撰写《启迪后人，勿忘国耻》、《奇耻大辱，血海深仇》等爱国主义教育文稿百余篇，自费印发上万份。对于少数青少年精神颓废甚至走向违法犯罪道路的问题，他非常痛心，曾以一名老团员（儿童团员）、老党员和老干部的三重身份，向全县青少年写了一封题为《焕发青春光彩，打造精品人生》的公开信，通过电视、报刊、印发材料等形式，向社会宣传，引起强烈反响，取得良好效果。2005年，被中国关工委、中央文明办授予“全国关心下一代先进工作者”称号；2009年，被中组部授予“全国离退休干部先进个人”称号；两次被团省委授予“河北省优秀少先队志愿辅导员”称号。其事迹载入省委所编《满目青山夕照明》、市委所编《邢襄之子》、县委所编《巨鹿先锋颂》等典籍。

张云修，1924年出生于巨鹿县阎疃镇孟庄村。人老心不老，离休后，坚持学习，开拓创新，与时俱进。以“三个代表”重要思想为指导，发扬党的优良传统和老八路的优良作风，默默付出无私奉献、勤恳投入，积极从事关心下一代成长工作。走进学校，与校领导和老师、同学们座谈，搭起了一座关心下一代成长的金桥，定期或不定期地到学校辅导，向青少年学生进行“讲政治、讲理想、讲道德、讲文明”等有关内容的辅导，还以自己的亲身经历开展革命传统教育和爱国主义教育，引导他们上进求学健康成长。被巨鹿五中、巨鹿镇中、巨鹿育红小学、巨鹿育英小学等学校聘请为校外辅导员，青少年也把他当成了朋友，互相来往、相互促进、共同进步。

张云修购买大量的书籍，从中摘录道德格言、名人名言，累计花费2万多元，印制《人生格言》。亲自到各学校，发给同学们阅读，激励学生奋发向上，努力学习，严以律己，自觉规范和约束学生的行为规范。从而，对学生的成长进步起到了一定的促进作用，受到广大师生的好评，得到社会的认可。

韩超，1977年5月出生，巨鹿县交通运输局稽查大队一名普通职工。2008年5月12日，四川省汶川境内发生里氏8.0级特大震灾，韩超从当天新闻中得知消息后，只身赶赴灾区做了第一批抗灾救援的志愿者。到达灾区后，冒着接连不断的余震，将自备的价值3000元的外伤药、绷带和药棉等物品，送到当时救灾物品急需的救助医疗点。随即投入紧张的搜救工作，冒着山体滑坡的危险，硬是跪趴着从山上救下了多人，磨破了手臂和腿脚，致使双膝和脚踝落下了后遗症。

在救灾指挥部的安排下，他被分配到德阳地区什邡市灾民安置点负责管理工作。为解决灾后孩子们就学问题，用自己栖身的小帐篷创办了整个灾区第一所供学生读书的学校，韩超给这个“学校”命名为“军民爱心帐篷小学”。后又相继在都江堰承办起两所“爱心帐篷小学”。韩超被大家亲切地尊称为“最牛校长”。当时在国内各大新闻媒体、网站广泛传颂。先后荣获共青团河北省委授予的“第八届河北省十大杰出青年志愿者”、邢台市委授予的“抗震救灾优秀共产党员”、四川省德阳地区什邡市授予“荣誉市民”等荣誉称号。

巨鹿晚报作为全县宣传载体，对在两个文明建设中涌现出来的许多新人新事新风尚相继进行宣传报道。有一心为民、无私奉献的好支书李计领，身残志坚、求学上进的中学生楚敬民，心系家乡、无私捐助的老人潘自莲，爱生如子、鞠躬尽瘁的人民教师王雪温，情系乡亲、传授技术的土专家解风岭，奋不顾身、舍己救人的少年英雄董浩阳……。一个个鲜活生动的先进人物，通过报道走入人们的视线，走进千家万户，成为全县人民学习的榜样，激励着人们的行为。

第二节 文明创建活动

一、文明城建设

1983年8月，邢台市委确定巨鹿县为文明县城建设重点县。县委确定以治脏为突破口，发动干部群众打扫卫生，净化美化环境；按照统一规划，归行划市原则，整顿农贸市场，拆迁违章建筑；依法从重从快打击各种刑事犯罪分子，整顿县城社会秩序；组织学习《邓小平文选》，广泛开展学雷锋、学张海迪、热爱祖国、热爱河北、为家乡增光添彩活动。积极推广军民共建、警民共建、工农共建、厂街共建、干群共建，使文明城建设向横宽纵深发展。

二、文明单位创建

1984年初，县委组织开展创建文明机关、文明所（站）、文明工厂、文明车间（班组）、文明商店（柜组）、文明岗位活动。当年9月，将各类创建活动统一确定为文明单位评比。1987年省、市、县相继制定了《文明单位管理办法》，对文明单位的级别、基本条件（标准）、评比命名、表彰和奖励、日常管理等问题做出明确规定，全县文明单位评比创建活动步入规范化轨道。先后被评为省级文明单位的有县电力局、财政局、电信局、国土局、育红小学、交通局、国税局、人民银行等。

三、创建省级卫生城市

1985年县委、县政府组织开展创建花园式单位活动。统一订购50多万株冬青灌木，发放到机关单位，在部分街道景点种植。并深入开展卫生检查、评比、表彰先进活动，检查评比名次张榜公布。1988年底召开大型爱国卫生工作表彰会，会上对先进单位通报表彰，颁发奖匾、奖金。巨鹿县爱国卫生运动工作一直名列全市前茅。1991年度荣获全市卫生检查评比第一名。同年底统计花园式单位达到16个。到2008年，县城及机关单位植树6万棵，建花畦50个，街道小景5处，县城人均绿化面积由创建前的1.6平方米提高到2.8平方米。

1994年8月，大规模开展创建省级卫生县城活动。县政府成立创建指挥部，下设办公室，主管县长任指挥长，抽调城建、公安、工商、卫生、县社等职能部门参加。实行机关包街、干部包段、责任到人，多形式、多渠道筹集资金。同年底增铺水泥路面5500米，硬化人行道2400平方米，新铺邢南路下水道1700米，修复老西街、老北街等下水道2350米，修建排水渠道6000米，增设垃圾箱（池）果皮箱若干个。并在城北增设大型垃圾场，逐步实现垃圾粪便无害化处理。继商品街农贸市场被评为“省级文明市场”后，继续修复、喷刷高标准售货棚台800米，粉刷沿街门店1.5万平方米。清理“马路仓库”30摊，拆除违章建筑20余处，解决乱摆摊点30余家。对县城内40余家公共场所从业人员实施定期严格体检，体检率达到99.07%。

1994年巨鹿县荣获“省级卫生县城”称号，在当时通过验收的沙河市、宁晋县、临城县、南宫市等六县市中累计分数最高，时任县政府办公室副主任的李忠印获河北省爱卫工作贡献奖章，并代表巨鹿县政府在新河县召开的“邢台地区创建省级卫生县城总结表彰会”上介绍经验。

四、“十星级文明户”创评

1997年10月，在全县开展“十星级文明户”创评活动，县文明委制订下发《关于在全县开展“十星级文明户”创评活动的实施意见》，明确“勤劳致富、学用科技、计划生育、遵纪守法、学文重教、敬老爱幼、家庭和睦、义务奉献、讲究卫生、移风易俗”为“十星”标准。创评活动采取“农户认星、村民小组评星、村委定星”的“三榜定星”办法。同年，在各乡镇开展“十星级文明户”创评试点，1998年，在全县50%的乡村中开展。为部署开展创建“十星级文明户”工作，县、乡设立“十星级文明户”评比档案，创建活动全面展开。到2000年，已有50%的村开展了“十星级文明户”评选。全县评出“十星级文明户”4000余户。

五、创建文明生态村

2004年4月，省委在唐山召开全省创建文明生态村工作会议，巨鹿县积极开展文明生态村创建活动。县委把创建文明生态村作为县、乡、村三级书记工程，建立以县委书记挂帅的文明生态村创建小组，明确县委常委、县农工委书记具体抓，在县农工委组成专门创建办公室，各乡镇成立了相应机构，明确专人专门抓创建。采取分批次抓创建、县领导包乡镇、县直部门包村工作机制。县委、县政府根据巨鹿县实际，以提高农民素质和生活质量为目的，以“经济建设、民主健全、精神充实、环境良好”为主要内容，以实现“四化”（绿化、硬化、亮化、净化），改善农村人居环境为突破口，以实现“五个好”（生态环境好、道德风尚好、治安秩序好、经济发展好、领导班子好）为目标，开展文明生态村创建活动。主要办法为以村集体和农民自筹一点；县、乡财政“以奖代补”拿一点；包村单位和有关部门的专项资金帮扶倾斜一点；动员社会力量捐助一点的“四个一”投入机制。并制定了创建目标（2005年完成第一批30个村的文明生态村创建目标，2006年完成第二批20个村，2007年完成20个村）。

第四章　传统工艺

巨鹿县农村有很多传统工艺，如编席、编排子、打箔、织草帽缏等。席，主要用高粱秆皮或芦苇编制，在农村用于铺炕；排子，是用麦秸与高粱秸皮编制，在农村用作锅盖；打箔，主要用高粱秆或较粗的芦苇与麻线编制，农村盖房用作铺顶之用；草帽缏用来制作草帽。这些工艺品都直接采用农村的柳、荆、榆条、高粱秸秆、玉米穗皮、麦秸莛制作，随着技术的进步和先进工艺的出现，有些工艺几近绝迹，但有些手工艺品却依然受人青睐，像手工猫头鞋、手织粗布、高粱苗的笤帚、炊具等。

第一节　手织布　猫头鞋

手织布　使用传统织布机手工织成的土布，全部采用纯棉线制作，制造工艺极为复杂，从采棉纺线到上机织布，主要工序有：轧花、弹花、纺线、打线、染线、浆线、沌线、落线、经线、刷线、作综、闯杼、掏综、吊机子、栓布、织布、了机等大大小小72道工序，全部采用手工

织布工在上机织布

制作。按织布繁简可分为二经、四经、八经，花色以条状、方格、柳条、彩条为基础，可以用22种基本色线任意组合搭配，编制出几千种不同色彩、不同图案的面料。以前农村妇女一生都在忙纺线、织布，一为谋生，二为姑娘出嫁作陪送。20世纪80年代后，机械织机取代了以往的手工

部分手织布产品

纺车，农村妇女从事纺线织布的已很少。但随着生活水平的提高，手织粗布又成了一些人的需求。从20世纪90年代开始，先后涌现出多家生产手织粗布的专业户和厂家。2006年后，成立了巨鹿县七夕乞巧、巧夺天工等民间土布工艺品有限公司，他们集设计、研发、生产、贸易于一体，按传统手工方法生产纯棉制品，主要生产床上用品、服装、工艺壁挂、台布、坐垫等产品，主要销往各大城市。2007年，巨鹿县手织粗布被列为市"非物质文化遗产"，2008年被河北省老区建设促进会指定为推荐产品。

手工猫头鞋 专为婴幼儿制作，比较肥大，适宜婴幼儿冬天穿连脚棉裤时穿。原为虎头鞋，意思为虎是百兽之王，小孩儿穿着可以避邪。后为穿着方便，逐渐演变为猫头鞋。起初的虎头鞋形状完全像虎，后面还带着一个长尾巴。在城市、农村婴幼儿都时兴穿这种鞋。小吕寨村有专门生产这种鞋的白氏猫头鞋厂，为喜迎2008年北京奥运会，该村村民白彩平历时7个多月，加工制作了五只样式仿真的奥运福娃猫头鞋，每只鞋长0.85米，宽0.53米，倾注了巨鹿县妇女对北京奥运的一片真情。

部分手织布产品

第二节 其他工艺

条编 条编原料为柳、荆、榆条、塑料绳等，成品有帽、篮、筐、簸箕、笸箩、篓儿等。既是用具又是艺术品。用各色细塑料绳编成的鱼、虾等小动物极雅致。这些制品多销售当地。2000年后，传统条编被塑料、竹木和其他材料代替，条编用品逐渐萎缩。

篓子

草编 草编原料有麦秸莛、玉米皮、高粱秸秆等。2007年后，一些草编品出口美国、东南亚、新加坡等国，但产量很小。

锅排子

柳编 巨鹿县柳编技艺由来已久，距今已有300多年历史。主要特点是用柳条编制成家用器具、工艺品等。柳条砍下后趁湿捋去皮，在阴凉处放置几天，具有柔韧性以后方能编制各种制品。柳编对湿度要求很严，一般情况下，需要到地窖中完成制作。巨鹿县地处黄河冲积平原，土地沙碱参半，为防沙抗盐碱，村庄周围栽种了许多柳棵子（柳条），这就为柳编业打下了物质基础。柳编使用工具主要有镰刀、锥子（环锥、草锥）、麻绳、线刀，这些工具都是艺人自制的。所有制品的大小、宽窄、高低、式样都靠艺人的制作灵感和制作经验。其制品有簸箕、篮子、圆簸箩、方簸箩、盒子簸箩、盛面粉用的八斗、结婚时女人用的八角盒子、矿工帽等，形式多样。柳编源于清代，世代相传，口传心授，没有形成完整的文字材料，主要有家传和师传两种形式。

20 世纪 70 年代，巨鹿县董坚台村的柳编事业蓬勃发展，柳编加工成为该村主导副业，也因柳编而出名。随着时代的变迁，柳编的实用价值在日常生活中逐渐减少，学习柳编的人也越来越少。

柳编制品不仅精美、漂亮、实用，还有很高的观赏性。经过多年的积累，具有一套非常完整的工序。虽经历了几百年的风雨传承而唯独没有改变其精美的艺术风格。集自然之美和创作之美于一体，把历史、文化的精髓得以更好的表现，有很高的艺术价值和欣赏价值。2006 年，巨鹿县柳编被列为市“非物质文化遗产”。

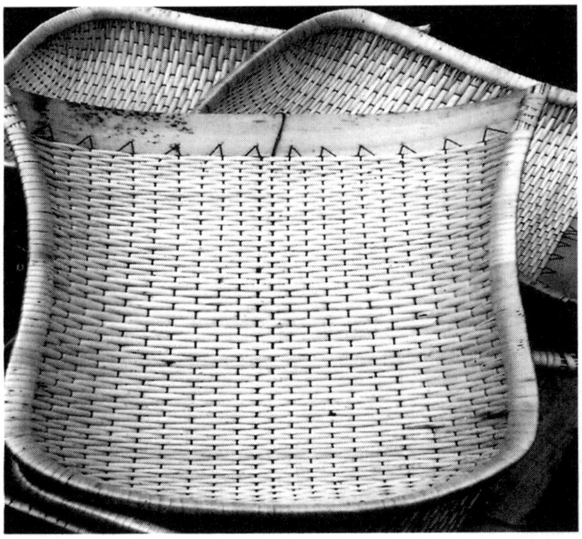

柳条簸箕

印染　印染使用软套板印染。有包袱、被面、褥面、门帘等。随着科学技术的进步逐步减少，1987 年尚有，后基本消亡。

偶类　偶类主要有布偶、皮偶等。王虎寨村尚有一家制作偶类的民间艺人。

剪纸　剪纸分立体花、贴花。立体花有纸花、扯不断、纸车、纸马、纸人、风筝、蜈蚣、老鹰、风葫芦带纸皮鼓、花絮、花篮等。贴花如富贵、无头、生生不息、如意勾、万字花、寿字花、双喜、如意、盘肠葫芦、扣碗、灯花、扒花、马、牛、羊、猴、天女散花、花瓶、鸟、蝴蝶等。

剪　纸

张毛庄村张世烽剪纸技艺高超，1985 年县文化馆举办“张世烽个人剪纸展”，同年 8 月其被“中国民间艺术协会”吸收为会员。1986 年举办首届农民剪纸展。

育红小学陈智爽剪纸（杨丽霞摄）

勾编　主要编台布、床围、茶具盖、枕头、头巾、围巾、窗帘、各式毛衣裤等，造型美观大方，多用于生活。因费工费时，2000 年后逐渐减少。

刺绣　刺绣有绣花鞋、猫头鞋、绣花枕、荷包、门帘、童包、花衣、绣花台布等。绣花鞋、绣花枕、绣荷包、绣花衣多用于姑娘陪嫁，绣花

白氏绣花鞋

门帘、绣花台布用于生活。刺绣艺术品，随时代发展而变化。

雕塑 雕塑有浮雕和立体雕（圆雕）。原料多为青石、汉白玉及杨、杏、梨、桃、枣木等。显像为花鸟、人物、神像、佛像。崇偶（龙、狮、凤凰等）雕塑多出现在寺庙及机关、企业、学校的院落和大门口。

巨鹿县雕塑艺人甚少。何寨村村民李印全技术精湛，1996年为洪水口中汇小学创作了校园雕塑《少年》。同年，为邢台市中兴武术学院练武厅创作大型贴金壁画《瑰宝》，并入编《中华武术图典》。其作品《关公》在2006年全国雕塑展中被评为银奖。泥塑《送子娘》获全国“华夏风采”作品大赛一等奖。同时，在“中国民间艺术高层论坛”大会上被评为一级雕塑家，《河北文化》刊登其事迹。2006～2008年间，《观音系列》石、玉雕销往台湾、香港地区及韩国、印度、新加坡、马来西亚等国家。《罗汉系列》入编大型备案文献《中国民间艺术》、《中国工艺美术精品集》。李印全的事迹及部分优秀作品被大型文献《共和国儿女》和多种媒体刊载。时为“中国世界华人作家艺术家协会会员”、“中华伏羲文化研究会”会员、“河北省工艺美术家协会”会员、“河北省雕塑专业委员会”会员。

雕刻 雕刻有木、石、砖刻等。篆字、匾额、脊兽（鸱吻）、鸱枭用于现代仿古建筑门口、屋脊。桌牙、条几牙，用于现代仿古家具（出口产品），销往东南亚一带。陶模、灶王、天地、冥国票模、月饼模用于制作中秋月饼、民俗祭祖等。

铸造 铸造是人类掌握比较早的一种金属热加工工艺，是将金属熔炼成符合一定要求的液体并浇进铸型里，经冷却凝固、清整处理后得到有预定形状、尺寸和性能的铸件工艺过程。铸造业发展较快，造型优美、工艺手法细腻。引用现代科技手段、新工艺，扩展到机械制造和配件。如：铸造农机具机身，制作飞机、轮船、摩托等铜铁铸配件等，多在王虎寨镇各村。

打铁 打铁是把冶炼的熟铁加工成生产生活用具的过程。在本地的打铁业中，多为旧农具翻新，或加工、改造为其他农具。在不少农村，有称之为铁匠铺的铁器加工点。冬天在室内，其余季节在室外搭棚。主要加工有铁锨、三齿、扳厥、镰刀等农具和门环、门吊、门插、菜刀、锅铲、火钳等生活用具。熟铁的来源以废旧农具为主，打造镰刀的最好钢材为废弃的铁轨。20世纪80年代以后，各种机制农具越来越多，其做工精细、物美价廉，打铁行业越来越萧条。

錾磨 石碾、石磨是新石器时期代表性产物，伴随着人们的生活，走过了上千年历史。到20世纪80年代末期，由于电磨问世，人们才告别了推碾子推磨的历史。在电磨问世以前，人们生活中米面的来源都要靠石碾子石磨一点点的加工，每个村庄都有碾棚、磨棚。一般村有碾子、磨三四盘以上，部分人家还有加工豆腐用的水磨和做菜饭用的小手磨。大磨每三五个月就要錾一次，水磨每年要錾一次，手磨视其用的程度数年錾一次。錾磨是用合金器具，把磨平的磨槽打深的过程，同时还要把磨口（周边）垛出豁口。年代久远的旧磨还要把中间多出的石头去掉，叫做起盘。经錾过的磨磨面快而且细。由于磨的拥有量较大。錾磨也就成了部分石匠赖以养家糊口的行当。他们带上工具走村串巷满街吆喝。20世纪80年代末、90年代初，人们彻底告别了石碾、石磨加工米面的时代，推碾子推磨已经成为成年人历史中的记忆。唯有手磨，因其加工方便，磨出的豆浆口感好，部分农户还在使用。

补锅 在广大农村，多数家庭中还用铸铁锅，因其比较大，可用柴草做饭，比较实用，深受农民喜欢。一口铁锅一般可用3至5年。铁锅的使用随着时间的推移会出现氧化反应，出现漏洞，为了延长铁锅的使用年限，就出现了补锅的行业。20世纪50至60年代，在农村集市上有补锅的匠人，他们推一小车，带着煤炭、风箱、生铁片和特制的小炉子，在集头比较宽敞的地点生起火来，把坩埚放在炉火中间，坩埚里装上生铁片，待炉火上升到一定温度，坩埚里的生铁片就会化为铁汁，补锅匠用小铁锤把洞口周围打清，在洞口下方垫一湿布团，用铁勺舀出铁汁倒在洞口上，并迅速用一较平整的物件（常用旧布鞋底）把铁汁压成铁饼，随着温度的下降，铁饼就牢牢地堵住了洞口。大的洞口要连补几次才能成功。被补的锅用不了几个月又会出现漏洞，所以补锅业比较兴盛。到20世纪70至80年代，铁制品价格下降，补旧锅不如买新锅，补锅行业结束。

锔盆锔碗　盆、碗、罐、壶等是人们的生活器具，从灰陶、红陶到紫砂、釉瓷，再到精美的瓷贡器，经历了数千年的变化，形成了丰富多彩的瓷文化。由于历史原因，人们生活还不富裕，作为生活用具和观赏的瓷器都比较贵重，一旦损坏，马上寻求补救的办法，由此产生了锔、镶行业。被锔的器具大到瓷缸、瓷盆，小到酒杯、烟壶，无所不锔，所用材料为铜、铁，偶有用其他金属者，十分罕见。锔盆锔碗，讲究用锔子的大小一致、排列整齐、美观耐用。细瓷器用金刚钻打眼，使小铜锔扒锔；大缸、瓷盆用錾子凿眼，用大铁锔扒锔。由于瓷文化的兴盛，同时也产生了锔文化。匠人在很精致的瓷器上打扒锔，作为装饰；还有人在新买的紫砂壶中装上豆子，用水浸泡把壶撑裂，按其自然纹路打上扒锔；有的故意把壶嘴打掉，再用三色铜片把壶嘴包上去，整个壶是铜錾、铜嘴、铜盖、铜扒锔，显得古朴、雅观。在宋代，定窑出品的贡碗，由于芒口，一出窑就镶上金边、银边，一是经久耐用，二是美观、大方、贵重。2000年后，锔盆锔碗已销声匿迹。

磨刀磨剪子　刀、剪是人们家庭生活的常用品。由于使用率高，每隔一段时间就要打磨一次，不然就会影响使用效果。由于数量大，使用率高，打磨频繁，随之产生了磨刀、磨剪子的行业。

磨刀人肩扛一条板凳，一头固定着磨刀石，另一头是一个布褡，里面装的是锤子、戗子、钳子、峁钉、细石、布条等用具。细石是磨梯头刀用的。每到一村，高声吆喝“磨剪子来——戗菜刀!”。人们听到喊声，就会找出应该收拾的剪子、菜刀送出来。这个行业一进腊月最忙，只要进到一个村，一天都有干不完的活。因为快过年了，家家都要用菜刀剁肉，用剪刀剪窗花、做新衣服。磨刀人一边磨，一边争求客户的意见，并不时地在布条上作着试验，直到客户满意为止。磨一把菜刀或剪刀也就是几角钱的事，有时客户会说：“当家的不在，下回再给钱吧!”，匠人回一声“行喽，你先用去吧!”，从来不会出现口舌，倒是有几分淳朴和默契。

20世纪80年代以后，由于钢材质量的提高和剪子的使用率越来越低，活路越来越少，且又不能挣大钱，上街匠人寥寥无几。现在的磨刀人，板凳上的磨刀石已变成了手摇砂轮。为数不多的从业者多为老年人，他们不是为了养家糊口，而是一种生活乐趣，是为了活动筋骨，解解闷。在村里，要是听到一声“磨剪子、戗菜刀”的吆喝声，倒成了一件稀罕事。

缚笤帚　20世纪80年代前，农民每年都要种少量的黍子。一是为春节时吃粘面窝窝；二是为收黍苗缚笤帚。有此手艺的匠人多在农闲时出来找活干，夏天找一荫凉地，春秋天找一避风地，冬天找一太阳地，打地摊干活。各家抱来的黍苗把匠人围在中间，匠人不慌不忙，按顺序精心地操作。使用原材料为黍子苗或高粱苗，工具有镰头、蹬子、麻绳（现在用尼绒绳）。工序是先把黍子苗或高粱苗捡好，再用水把苗潮湿，停2至3小时后备用。用秫秸当笤帚皮，长短不等，用木棒砸砸就行了。然后就开始缚了，第一束要大一点，共用5束或6束，然后再将笤帚把儿填上。用秫秸等柴禾填匀后捆住就可以了。笤帚的样式在于手艺如何，过去笤帚为家家户户必备之用品，现在市场上出现了许多样式新、款式多，机器缚的笤帚，但在农村有的家庭常年使用自己缚的笤帚。2000年后，走街串巷缚笤帚的工匠已很少见，多为在家加工，在集市上买。

第五章　宗　　教

巨鹿县有佛教、道教、伊斯兰教、天主教、基督教。宗教活动场所26处，宗教信众3万多人。2008年，全县有佛教、道教、天主教、基督教等教徒2.4万人。其中，佛教、道教1.2万人、天主教5500多人，基督教6500多人。

第一节　宗教类别

佛教　巨鹿县佛教历史悠久，可追溯到南北朝时期，县域内有三明寺、金阁寺、苫草观音寺、白佛寺、寿圣寺等，在历史上久负盛名。2008年，全县皈依信众1.5万人，住寺和尚4人。经县民宗部门批准正式开放的传教活动场所6处，分别为金阁寺、圆照寺、苫草观音寺、田寨莲花庵、韩长路念佛堂、古郡念佛堂，这6处宗教活动场所的信众主要分布在巨鹿镇、堤村乡、王虎寨镇、阎疃镇和官亭镇等地。

道教　巨鹿县为太平道发源地，但全县信众并不多，约500人。无固定活动场所，也没明确的组织。信众主要集中在阎疃、甄庄等村自发活动。

伊斯兰教　巨鹿县伊斯兰教主要来自新疆、甘肃、青海、宁夏的经商人员，在聚居地组织宗教信仰活动。

天主教　天主教为正定主教公署派RIERA于1910年前来巨鹿县建立分堂传教。2008年，全县信众约5500余人，设有5个活动堂点。全县天主教徒主要分布在巨鹿镇、官亭镇、苏家营乡、堤村乡、王虎寨镇、张王疃乡、阎疃镇等地。巨鹿县教区有神甫2人，分别来自石家庄市藁城和邢台市后东裕。

基督教　巨鹿县基督教为北美长老会米道杨牧师于1912年传教到巨鹿县。现有牧师1人、长老8人、执事10人，教徒约6500余人，设15个宗教活动点。主要分布在巨鹿镇、王虎寨镇、小吕寨镇、阎疃镇、张王疃乡、堤村乡、观寨乡和苏家营乡等地。

第二节　宗教活动

道教主要组织打醮活动。打醮即道士设坛做法事，多在冬春两季或神诞日举行。届时，农民自愿组织搭醮棚，正层为万寿宫，悬挂彩灯，粘贴剪纸，布置得五彩缤纷，后有两殿挂满各路神仙和历代名人。打醮一般为三天，第二天为正本领，各方亲朋云集，既可欣赏古朴典雅的道教音乐，又可消灾除难、劝人向善。打醮之期，除道士做法事外，醮棚外有吹鼓手迎送善男信女，放炮鸣锣开道；各村唱扇鼓腔的人们成群结队，边舞边唱；狮子、花船、太平车、大架鼓也争相献艺，锣鼓喧天，形成一个庞大的“交响乐队”。在各种音乐演奏过程中，其舞蹈动作有“8”字、梅花字、倒卷帘、龙摆尾、舞剑、踏罡、四门走等。打醮一般需20～30名道士组成乐队，道教音乐的演奏（唱）形式分为吹打曲和经曲两部分，吹打曲有打击乐伴奏，经曲分为带乐器经和带钢器经，另有木鱼经属半说半唱，近似喧伤叙调。钢器又分大钢器和小钢器，各种不同的乐器结合，形成了各种不同的音响。其音乐分16/4极慢板、8/4慢板、4/4二板、1/4快板，经曲多为4/4。击乐分大套和小套等。

天主教、基督教平时过礼拜，有时请神父、牧师讲经，无大的活动。圣诞节、遇有教徒领洗时，参加人数较多。

第二十五编
人　　物

巨鹿县人杰地灵，名人辈出。抗日战争和解放战争时期，革命先烈为祖国的解放事业献出了自己宝贵的生命；社会主义建设时期的先进模范人物为巨鹿县的各项建设事业奋斗终生；专业技术人才在现代化建设事业中兢兢业业、做出了显著贡献。他们的先进事迹将是后人宝贵的精神财富和物质财富。

第一章　人物传

人物传所载人物按照实事求是、生不立传的原则。人物传记载以生年先后为序。另外，对上轮县志应录因故未录的予以补录。

马凤岗

马凤岗　（1898.10～1983.1），字超凡，号金榜，男，巨鹿县官亭镇常家营村人。1913～1917年就读于直隶省顺德中学。1918年8月考入保定陆军军官学校第八期工兵科，1922年7月毕业，先后服役奉军、直军。历任东北军连副、连长、营副、团副等职。后在国民革命军晋军第五师、第三十七师、第三军、晋绥军第七十师任参谋、营长、团副等职。后又在晋绥军第十九军第七十师任团长、旅长、师长，参加了忻口战役，曾获“华胄一级勋章”。后在第十三集团军总司令部任额外部副、第二战区长司令部高考。陆军中将军衔。后因负伤在家养伤。1949年后在解放军川西军区起义部队高级研究班、西南军政大学教导总队直属大队、西南军政大学高级研究班二部学习改造，是民革陕西省委联系的社会人士。1983年1月在西安病逝。

刘凤鸣

刘凤鸣　（1908.12～1988.3），绰号刘一包，男，巨鹿县东宋家庄村人。1937年3月加入中国共产党。在抗日战争时期，刘凤鸣任尧山县首任县长、救国会二分区改善部部长。解放后历任邯郸专区地质局、冶金局、工业局党组书记，地质局局长，城建局副局长兼丛台公园主任，邢台专区疗养院荣誉院长、卫生局顾问（地厅级）。

在抗日战争中，刘凤鸣英勇善战，打游击、端炮楼、炸碉堡，机智勇敢，不屈不挠，不怕牺牲，屡建奇功。他是工农干部，没有什么文化。组织决定让他担任救国会二分区改善部部长，在办理工作交接时，曾把印章、文件、名单、资料等统统包在一起，在与接任者办理交代时，一边递给接任者，一边说：“一包在内”。从此，“刘凤鸣办交代——一包在内”的故事，后演变成为一句谒后语，在家乡、在邢台地区各县、在冀南、在更广范围、更高层次广为流传，成为工农干部大公无私、忠诚于党的事业的一段佳话。就连在城乡沿街叫卖缝衣针的商贩，都依此唱出了顺口溜，“大针、小针、绣花针，缝衣、绣鞋、绣花被，刘凤鸣办交代，一包在内喽！”

尹俊杰

尹俊杰 （1910～1997.5），化名马臣，男，巨鹿县阎桥村人。1938年1月前务农、经商。1938年1月参加抗日战争，在本县组织武装抗日工作队，担任武工队队长。在马房、观寨等地组织发动群众抗日，并经常带领一二个或三五个武工队员化装成农民进城除奸，日军和皇协军闻风丧胆。敌人为捉拿他，一方面经常半夜抄家，另一方面悬赏，对捉到尹俊杰者赏三千银元。当地群众为掩护他就在社会上传说：“尹俊杰已死多年，早没有这个人了”，并为其造了假坟，以此迷惑敌人。

1945年巨鹿县解放后，先后担任本县一区区长、县供销社主任。1953年调邢台工作。先后担任市委常委、财贸部长、市政协常务副主席。离休后，1985年开始学习民间工笔国画，先后创作了《巾帼英雄红娘子》、《张果老倒骑驴》、《百鹤图》、《喜鹊闹梅》等作品，多次参加邢台市、河北省和全国举办的画展。生前为河北省老年书画研究会会员、中国老年书画研究会会员，先后编入《河北省当代文艺家名典》和《中国老年书画家大辞典》。1997年5月6日病故。

李世农

李世农 （1911～2006.12），男，巨鹿县大官庄村人。1930年3月加入中国共产主义青年团，同年夏加入中国共产党。1931年春至1934年底，先后任河北省大名县团中心县委书记，共青团北平市委组织部长，共青团唐山市委书记、组织部长，共青团中央交通员。1934年1月25日在上海被捕，关押在国民党南京陆军监狱。1937年8月，经党组织营救出狱。同年11月任中共皖中工委书记。1938年4月任中共安徽省工委委员、组织部长。1939年4月任中共皖东省委委员、组织部长，同年7月兼任中共皖东津浦路东工委书记。1940年6月任淮南津浦路东地委副书记、书记。1945年10月任中共苏皖边区委员会副书记兼华中第三军分区政治委员。1946年10月任华中干校校长。1947年1月任中共淮南工委书记，同年7月兼任淮南支队政治委员。1948年2月兼任中共淮南区委副书记，同年5月至1951年12月先后任中共江淮区党委副书记、中共皖北区党委副书记、组织部长，中共蚌埠市委书记、军管会副主任兼市警备司令部政委。1951年12月任中共安徽省委委员、组织部长。1954年4月～1958年1月，先后任中共安徽省委副书记、书记处书记、副省长。1958年1月被错划为“右派”，下放劳动。1962年7月平反后，任中共安徽省委书记处书记。“文化大革命”中受迫害。1978年10月～1983年3月，先后任中共安徽省委书记、省人大常委会副主任、省纪委第一书记、省委顾问、中共安徽省顾问委员会（筹）主任、第五届全国人大代表。1985年5月离休，于2006年12月28日21时30分在合肥病逝。

杨寿山

杨寿山 （1913～1988.8），男，巨鹿县鱼营村人。1937年9月参加革命工作，同年加入中国共产党。抗日战争期间，他在冀南、鲁西、冀鲁豫等地区工作，组织和领导了当地的抗日斗争，为争取抗日战争的胜利作出了贡献。解放战争时期，杨寿山随同第二野战军转战南北，英勇战斗。曾任任县县长、八路军任县第四游击大队大队长、冀鲁豫行署工商管理局局长、冀南行署财政处处长、冀鲁豫六专署副专员、鄂豫行署秘书长、第二野战军供给部副部长、南京市税务局局长。中华人民共和国成立后，历任中共自贡市委第一书记、川南区经委副主任、西南地方工业局局长、第三机械工业部局长、电机制造工业部部长助理、第一机械工业部副部长、北京市副市长、中共北京市委书记。1978年调任卫生部副部长兼国家医药管理总局局长，第四届全国人大代表。1988年8月11日逝世。

张文彬

张文彬　（1913.4～1992.8），男，汉族，巨鹿县后无尘村人。1935年6月参加革命工作、加入中国共产党。中华人民共和国成立前，历任巨鹿县五区区委委员、区委书记，巨鹿县委组织部长，冀南二地委秘书长，尧山县委组织部长，宁南县委组织部长、副书记、书记；中华人民共和国建立后，历任宁晋县委副书记、隆尧县委书记、柏乡县委书记、河北省供销社干部处处长、省供销社邢台办事处主任、省供销社计划处处长、省商业厅计划处处长、省人委驻上海办事处副主任（主持全面工作）、邢台地区商业局副局长、地区供销社副主任、地区财贸办公室副主任、地区工商局党组书记、局长。1980年7月任邢台地区行政公署副专员。1983年12月，经中共河北省委组织部批准离休。

张文彬早在土地革命时期，就出生入死，积极参加冀南农民暴动，组织群众开展打土豪、分粮斗争。在抗日战争时期，积极投身抗日斗争，带领群众打日寇、反伪奸。在被捕入狱后，面对敌人的严刑拷打，始终坚贞不屈、视死如归，表现了一个共产党员的胆识和气魄；解放战争时期，他组织领导群众拥军支前，开展土改工作。中华人民共和国建立后，他长期担任商业、供销等财贸部门的领导职务，对财贸战线特别是商业和供销合作事业的发展付出了艰辛努力，受到各方面好评。

"文化大革命"中，张文彬受到了极左路线的迫害。但他矢志不渝，坚守共产主义信仰，坚持党性原则，对极左路线进行有力抵制。中共十三届三中全会以后，在政治上坚持与党中央保持一致，认真贯彻执行党的基本路线，勤勤恳恳工作，在发展商贸流通、繁荣经济工作中做出了显著成绩。担任行署副专员后，十分重视深入实际，善于研究新问题，总结新经验，指导财贸工作有效开展。1983年离休后，仍然关心国家大事、两个文明建设，特别是在经济工作中提出不少好的建议，体现了一个老共产党员为党的事业鞠躬尽瘁的高尚品德。1992年8月26日23时15分因病在邢台逝世。

李乃午

李乃午　（1915～1988），男，汉族，无党派人士，巨鹿县阎桥村人。1931年到邢台顺德宏道书院读书。19岁考入基督教北美长老会创办的邢台福音医院附属高护学校学习。毕业后留校做帮医，期间学习了天津医学院函授课程，并获得该校毕业证书。在外籍医师指导下，系统地接受了西方先进医疗理论和临床技术，后被誉为邢台西医元老之一。

1942年，在邢台市花市街开办益众诊所。1954年，响应党和政府号召，积极组织、筹建联合诊所（将分散的个体私营诊所合并），任新组建后的同仁诊所所长兼医师。1956年邢台市医院成立，任邢台市医院第一任业务副院长（医务级八级）。

早年从事医疗卫生事业，精通西医内科、儿科，尤以儿科最为专长，享有盛誉。他不仅医术高明，而且医德高尚，对病人关怀备至，对工作极端负责，一生从医，精益求精，担任领导，鞠躬尽瘁，在当地人民群众中享有较高威望。曾当选为邢台市第一、二、三、四、五届人民代表和市人民委员会委员、人大常委；邢台市第一、二、三、四、五届政协委员，第四届、五届政协常委，第五届政协副主席。"文化大革命"期间，遭受迫害。粉碎"江青反革命集团"后，担任邢台市政协副主席。

信俊杰

信俊杰　（1915.9～1993.8），男，汉族，巨鹿县于家庄村人。1935年9月加入中国共产党。土地革命战争时期，在当地从事党的秘密工作，参加了冀南农民暴动。1938年3月参加八路军。抗日战争时期，任第一二九师东进纵队第一

团战士，新编第七旅十九团司务长，司令部参谋，企之县大队大队长，新编第一旅司令部通信队队长，太行军区第四军分区长治独立营营长，第十七军分区五十三团团长。参加过百团大战和冀南、太行抗日根据地反“扫荡”和凌高等重大战役。解放战争时期，任晋冀鲁豫军区太行军区第四军分区参谋长，中共晋冀鲁豫中央局党校学员，晋冀鲁豫野战军第十纵队二十九旅八十六团参谋长、副团长、团长，第二野战军暨中原军区河南军区第五十八军一七三师五一八团团长。参加了上党、邯郸、进军大别山、大别山反“清剿”和解放邓县、宛东、襄樊、花园襄樊等战役。1947年，在邓县战役中荣立三等功。中华人民共和国成立后，任河南军区许昌军分区参谋长、副司令员，武汉军区司令部动员部部长，湖北省公安机关军管会主任。1955年9月被授予上校军衔。1960年晋升为大校。荣获二级独立自由勋章、二级解放勋章。1969年12月任湖北省军区司令员兼湖北省生产建设兵团司令员，兼湖北省革委会副主任。1975年9月任江西省军区司令员兼江西省革委会副主任、江西省军区司令员。当选为第四届全国人民代表大会代表，中国共产党第十二次全国人民代表大会代表。1986年11月离休。1988年7月荣获二级红星功勋荣誉章。1993年8月15日因病医治无效于武汉去世。

张森平

张森平 (1916.3~1991.5)，男，汉族，巨鹿县林庄村人，1935年加入中国共产主义青年团并参加革命工作，同年参加冀南农民暴动。1938年加入中国共产党，在土地革命、抗日战争和解放战争时期与敌人进行英勇斗争。中华人民共和国建立后，张森平同志在不同岗位上，工作认真负责，勤勤恳恳，不畏艰难困苦，奋力进取，为社会主义革命建设事业，做出了贡献。历任冀南二地委组织部干事、科长、青委组织部长、青委书记、党校教育科长、校长；巨鹿县武装科教导员；隆平县委组织部长、公安局长；巨鹿县师范学校副校长、巨鹿中学校长；邢台冶金厂办公室副主任、邢台市总工会副主席、市计划生育办公室主任、中共桥西区委副书记等职。

1983年12月离休（享受地专级政治、生活待遇）。1991年5月18日22时20分因病医治无效在邢台市逝世。

杨怀年

杨怀年 (1917.1~1991.5)，男，汉族，巨鹿县官亭村人。1938年1月参加八路军，同年10月加入中国共产党。抗日战争时期，任第一二九师三八六旅新一团班长、排长、第十六团连长、太岳军区第二军分区十六团连长、陕甘宁晋绥联防军新编第四旅十六团副营长、营长。参加了百团大战和太岳抗日根据地反“扫荡”等战役。解放战争时期，任陕甘宁晋绥联防军新编第四旅十六团营长，西北野战军第六纵队新编第四旅十六团营长，中国人民解放军第一野战军第二兵团六军十七师五十团团长。参加了爷台山、延安、青化砭、羊马河、蟠龙、沙家店、宜川、西北1948年冬季攻势、扶郿、兰州、河西等战役。中华人民共和国成立后，任中国人民解放军空军西北航空处兰州航空站站长、西北军区空军司令部组织动员处处长、兰州军区空军司令部军务处处长、兰州军区空军司令部参谋长助理兼指挥所所长、兰州军区空军司令部副参谋长、兰州军区空军司令部顾问。参加了西藏平叛和中印边界自卫反击战、国土防空等战斗。1955年9月被授予中校军衔。荣获三级独立自由勋章、三级解放勋章。1960年晋升为上校。1988年7月荣获独立功勋荣誉章。1991年5月27日在陕西省西安市病逝。

苏博一

苏博一 (1918.5~1997.9)，男，汉族，巨鹿县石鹿村人。1934年加入中国共产主义青年团，1935年加入中国共产党。在新民主主义革命时期，历任中共河北省巨鹿县二区、四区、八区区委组织委员、区委副书记、书记，巨鹿县委委员、青年团县委书记、县武装部长等职务。在抗日战争中，带领群众展开敌后斗争，救国救民奋不顾身。1941～1942年在日军扫荡极其频繁残酷、处境极为困难的情况下，坚持斗争，出生入死，不怕牺牲。坚决贯彻党的工作方针，认真执行减租减息政策，领导农民发展生产，改善群众生活，为粉碎敌人的“强化治安运动”作出了贡献。解放战争时期，积极参加土地改革，组织群众参军参战，积极支前，为巩固人民民主政权、建立新中国努力工作。

新中国成立后，历任华北局办公厅发行科科长、党支部书记，秘书处副处长、党总支书记；华北局干部疗养院副院长、党总支书记；中央直属干部医院筹备处主任；北京医院副院长、党总支副书记；中国医学科学院流行病学微生物学研究所和放射医学研究所党委书记、副所长，中国医学科学院党委委员，中国医学科学院革委会副主任、党核心组成员、党核心组副组长，中国医学科学院分院党委书记，中国医学科学院医学信息研究所、图书馆党委书记等职务。在社会主义革命和社会主义建设时期，他长期在医学科学研究部门从事领导工作。曾深入到新疆、甘肃、内蒙古、云南、黑龙江等边穷地区科研防治现场，与科研人员一起同吃同住，开展调查研究，深入细致地做好思想工作。三年自然灾害时期，他与干部群众同甘共苦，共渡难关。以高涨的革命热情影响和感染着干部群众，极大地调动了广大干部群众的工作积极性。为鼠疫、布鲁菌病、克山病等防治和流行病学研究事业作出了贡献。他具有坚强的党性和高度的组织纪律性，在“文化大革命”期间，一直坚持在四川分院工作。他顶住压力，克服各种困难，做了大量的思想工作。尽最大可能改善科研人员的办公条件，关心干部群众的生活，解决其后顾之忧，保障科研和各项工作顺利进行。中国医学科学院分院的科研工作因此取得了突出成绩，在“文化大革命”结束后，全国举行的第一次科学工作大会上多项成果获奖。1983年离休后，以乐观的态度对待生活。其工作业绩多次受到上级嘉奖，被评为先进工作者、优秀共产党员。在群众中有很高的威望。1997年9月3日18时25分因病在北京逝世。

苗树人

苗树人　(1918.7～2003.1)，男，汉族，巨鹿县苗家庄人。1935年10月，加入中国共产党。他靠“推车挑担”为掩护给地下党送信。历任战士、锄奸干事、特派员、参谋、教导队队长、营长、高炮第504团参谋长、高炮第506团参谋长、团长、师副参谋长、副师长、福建龙溪军分区副司令员、军分区顾问等职（离休后享受副军级待遇）。曾参加过邢台、邯郸、临汾、广宗、南宫、常辛店、潍县、百团大战、德州、孟良崮、石家庄、新乡、辽沈、平津、抗美援朝等战役。1952年4月13日在抗美援朝战争保卫长甸河、鸭绿江桥对空作战中，任高炮第506团团长，首创击落美军F－86战斗机1架。三年多对空作战120余次，击落、击伤美机20余架。荣立一等功1次、二等功2次、三等功4次，获二级红星功勋荣誉章、金日成勋章、三级独立自由勋章、三级解放勋章各一枚。

1951年3月开始，苗树人负责地跨中朝两国的鸭绿江桥的空中安全任务，保证援朝物资运输畅通。1952年4月13日上午9时10分，4架F－86型战斗机与中方两架米格－15飞机相遇，中方战鹰不顾敌众我寡与敌机展开激战。1架敌机受轻伤后，在另3架掩护下，向南偏西方向逃去。苗树人判断敌机企图飞向朝鲜境内，以逃避侵略中国领空罪责，当即命令一、三连中高炮射击，击中受伤敌机（机号0636）。敌少校驾驶员跳伞后坠地毙命，其余3架仓皇逃窜。首创击落美机坠于中国境内的辉煌战绩，受到军委通令嘉奖，为对空作战提供了经验。

1952年8月以后，敌机在鸭绿江沿岸地区疯狂轰炸。10月1日凌晨1时，敌B－29重型轰炸机30架，沿鸭绿江上空，每批1架、间隔1分钟向中方阵地袭来。苗树人命令，在敌机飞行航路的前方，部署一道由60发炮弹组成的宽1500

米、高250米的火墙。敌机在我强大炮火连续阻击下，多数偏离航道，一颗颗重磅炸弹误投在清水镇附近山头上，保住了大桥。半小时后，又一批敌B－29重型轰炸机约20架再次来袭，苗树人立即指挥开炮猛烈狙击，数架敌机在炮火猛烈阻击下，偏离航线进入中国境内。10月8日，《人民日报》第一版报道了美机这次轰炸情况。

1980年春，苗树人从福建龙溪军分区顾问岗位离休，定居厦门。离休后，他继续发挥余热，坚持阅读报刊了解国家政策；关注厦门改革开放，为厦门的发展出谋献策；特别关心青少年的成长，常常受邀到厦门中小学讲述革命经历，激励中小学生的爱国情怀；多次向厦门红十字会、慈善机构捐款捐物，资助厦门家庭困难群众。1996年10月，在纪念红军长征胜利60周年时，把福建省军区给他的2200元慰问金全部转赠给希望工程。苗树人常说："许多革命同志在战争中英勇牺牲了，我们这些侥幸活下来的人实在没有什么好值得夸耀的，更没有资格向国家索要什么，唯有尽心尽力把我们的国家建设好，为人民服务好"。

信绍彦

信绍彦 （1918.7～2001.8），字士杰，男，汉族，巨鹿县于庄村人。是巨鹿县的农民律师，对《民法》、《刑法》、《刑诉法》及《宪法》等能背诵上口。从事律师和人民调解工作四十余年，1982年2月获得"河北省人民调解先进工作者"称号；1987年当选为巨鹿县第九届人民代表大会代表。

1933～1936年，在第三高小任堂役期间，积极协助学校地下党工作，受到地下党组织的信任。1937～1944年，担任巨鹿县南区战委会主任，第七自卫队大队长，参加抗日救国工作。1954～1955年，独自组织30多户农民成立初级农业合作社，任社长，1955年被推选为巨鹿县人民法院陪审员，常驻东旧城法庭陪审。1956～1962年，调县法院代书处任代书，担任陪审工作。七年间，共代写诉讼文书和有关法律事务文件3160件；担任民事诉讼代理和刑事辩护人58起。

1962年底，回乡务农至1978年。期间担任村大队调解委员、贫下中农管理学校代表等职。1979～1981年，被县人民法院聘请为陪审员。曾在处理一起宅基纠纷案中，开庭时，对方出示一民国期间的地契，经他一看，当即指出地契系伪造。对方质问理由，他说："你出示的地契落款为民国＊＊年＊＊月＊＊日，据我所知，民国年间的国字为繁体字，即"國"，可是你的地契落款民国的"国"字却是简体字"国"，这岂不是现代人伪造的地契？"一句话，对方代理人哑口无言，一字之差竟解决了多年的宅基纠纷案。

1982年，县司法局成立，信绍彦便由法院转到司法局法律顾问处工作，担任法律顾问。到1998年，经他亲手接管的经济案件150余起，为当事人挽回经济损失上千万元。

为培养法律人才，他把自己承办的所有案卷如代理词、辩护词、答辩状等都存放在法律顾问处，供年轻律师学习参考，把办案经验，新老法律知识和记忆诀窍都无私的传授给下一代年轻律师。他常说："法律是尊严的，但要靠人去执行，人是有感情的，作为一名合格律师，在办理案件时，首先要一碗水端平，不要感情用事。其次，要良心发现，把自己置身于当事人中，你就会恰当地运用法律条文，维护当事人的合法权益，避免冤假错案的发生。"2001年8月，因病逝世，安葬在本村。

李　泊

李　泊 （1918.7～2012.3），女，巨鹿县付庄村人，1938年2月加入中国共产党。在抗日战争和解放战争时期历任巨鹿县妇救会部长、副主任、主任，冀南妇救总会组织部副部长，冀南工农妇民先驻五分区代表团团长，冀南妇救总会代理主任兼行署主任，冀南区党委科长、妇联主任，豫西区党委工作团团员，河南妇联筹委会副主

任、妇委副书记等职。在新中国成立后，历任河南省妇联筹委会副主任、妇委副书记，河南省妇联副主任、主任、妇委书记，中南总工会女工部部长兼中南纺织工会主席，中华妇女联合会委员，中国纺织工会委员，武汉国棉一厂党委第二书记兼中南工委委员，中南妇联副主任，中南妇委第三书记，武汉国棉一厂党委书记，中共武汉市委工业部副部长，中共武汉市委组织部第一副部长、市革委会五七干校校长、市委组织部副部长，武汉市第六、七届人民代表大会常务委员会副主任。1988 年 4 月离休，经中央批准，享受副省级医疗待遇。

李泊离休后，仍然密切关注国际国内形势，时刻关心武汉市改革开放和现代化建设事业，特别关心妇女、老年事业和少年儿童教育事业，积极参加武汉市关心下一代工作委员会的各项活动，并担任武汉市儿童福利基金会理事长，表现出一个老共产党员对党的事业的无限忠诚和热爱。2012 年 3 月 31 日病故于湖北省武汉市。

高志忠

高志忠　（1919～2004. 2），原名孙玲爱，女，巨鹿县东孟庄村人，1936 年加入中国共产党。历任政治交通员、区妇联主任、县妇联代主任、县妇幼站、防疫站站长等职。1981 年离休，享受地级和老红军待遇。

1938 年确定在其家建立秘密交通站，为政治交通员，负责党、政、军重要物资、文件的管理、联系、传递等项任务。在石鹿村建立秘密交通站后，二、四地委和青纵队的同志常来交通站住宿、开会，成为早年抗日和对敌斗争活动的中心。她不仅积极完成党交给的本职工作，而且舍命保护共产党、八路军。对来往于二、四地委之间的女同志，千方百计绕过敌人危险区，安全转送到四地委地带。一家人不分昼夜经常为在她家居住、开会的共产党、八路军站岗放哨。在关键时刻，不怕牺牲，利用大智大勇保护了杨秀峰（女）、张玉金、杜梅森、张麻章等许多党的主要领导脱离险境。

高志忠及家人积极抗日，舍命保护共产党、八路军，她家成为抗日和对敌斗争的堡垒户，敌人恼羞成怒，疯狂对其报复反扑，全家先后有四口人（包括其丈夫）遭日伪残害（其中烈士两人）。在敌强我弱、环境恶劣形势下，高志忠还让自己唯一的弟弟参加抗日，后来牺牲在抗日战场上，为国捐躯。

高志忠及其全家在抗日和对敌斗争中的事迹，受到原二、四地委和青纵队主要领导的肯定和赞扬。肯定高志忠及其一家“在革命斗争中有很大的贡献”，“对革命有很大的帮助”。新中国成立后，高志忠一方面积极工作，一方面维护和拯救经过抗日战争和解放战争惨遭伤害的家庭，为革命烈士及受害者留下的老人尽忠尽孝，为留下的遗孀、儿女尽职尽责，为革命和家庭付出了毕生心血，深受家庭和社会各界的尊敬和爱戴。2004 年 2 月 12 日病故于巨鹿县城。

陈　坚

陈　坚　（1919. 6～1987. 8），男，巨鹿县西乔庄村人。十六岁因家庭生活困难被迫退学，到西安一家商店当学徒谋生。1938 年 10 月参加革命，并进入抗日军政大学学习。1939 年 3 月加入中国共产党，抗日战争时期，他在新四旅十六团，历任青年干事、宣传队长、副政治指导员、政治指导员、连长、军需股长等职。解放战争时期，所在部队改编为西北野战军第六军十七师五十团，历任股长、团参谋、副处长等职；1949 年随部队进入新疆，历任伊犁地委办公室副主任、库尔勒地委秘书长、专署副专员、自治区天龙钢铁厂副厂长、乌鲁木齐市西郊管理处处长、党委书记、乌鲁木齐市交通处处长、党委书记、中共乌鲁木齐市委办公室主任、市委副书记、市委纪律检查委员会书记、市政协主席等职。1984 年 9 月离休，1987 年 8 月 2 日因病逝世。

庞书臣

庞书臣　（1921. 3～2005. 5），字赞襄，男，巨鹿县小王路村人。出身于中医眼科世家，其家族从清朝末年起攻眼科，其曾祖父庞凤岐为邢台区域内中医眼科创始人，其父庞金庆为第二代庞氏中医眼科继承人。庞赞襄从14岁开始随父学习眼科，18岁即在邢台市自立庞赞襄中医眼科诊所，1955年建立邢台市联合医院，次年更名为邢台市医院，任眼科主任。9月调河北省中医研究院，历任眼科临床组组长、眼科研究组组长、眼科副主任。1965年调河北省医院，先后任眼科副主任、主任、副院长等职。

庞赞襄在60多年的中医眼科行医历程中，善于撷取内、外科之长，以补中医眼科之不足，把整体观念和分证论治灵活运用于中医眼科临床实践，同时积极学习西医现代检验方法，不断提高眼病诊断率和治愈率。他还潜心攻研眼科疑难病治疗，对角膜病、中浆病、视网膜静脉周围炎、视神经萎缩、麻痹形斜视、小儿皮质盲等，经过反复实践摸索，探索了一套有效地治疗方法。经他亲手治愈的疑难病例无数，积累了丰富的临床经验，形成了独特的学术思想。他医术精湛，全国除台湾、西藏外，其他省市都有患者找他治疗眼疾，还有不少美国、加拿大、新加坡、印度尼西亚、联邦德国和港澳同胞眼疾患者，慕名投书求治眼病。不管国内国外，只要投书者，他都在百忙中认真分析病性，制定严谨的治疗方案，做到件件有回音，病病有诊断。他用“遥寄药方”的“邮诊”方法，治愈了许多未见面的眼病患者，被誉为“光明使者”，“友谊的桥梁”。对此，屡有国内外患者寄函“光明日报”、“人民日报”予以表扬。感谢、表扬信更是无数。

庞赞襄著有《中医眼科临床实践》，1976年、1979年两次由河北人民出版社出版，全国发行。1984年河北省卫生厅中医处印发了《庞赞襄中医眼科临床经验选编》，在国家级、省级医学杂志上发表学术论文20余篇，其中“中医治疗中心性网膜炎204例”被载入1984年《中国医学年鉴》期刊。他研制的“银花复明汤”、“养阴清热汤”、“泻肝解郁汤、“清肝解郁益阴渗湿汤”等，被列入全国高等中医院校的《中医眼科学》教材。近年出版的《眼科临床实践》、《眼科学》、《中国医学百科全书·中医眼科学》等著作均引用过庞赞襄先生的学术观点和方剂。

庞赞襄曾任中华医学会中医学会第一届理事，河北省中医学会副理事长，中华医学会河北省眼科分会副主任委员，河北省聋哑人协会理事。后任中华医学会中医学会顾问，河北省中医学会眼科学会名誉主任委员，《河北中医》杂志顾问，河北省药品评审委员会委员，河北省医院中医眼科名誉主任，第四、五届河北省政协委员，1978年4月曾参加全国科学大会，受到表彰。6月参加全国医药卫生科学大会获奖。同年参加河北省科学技术先进集体和先进个人代表大会，受到省政府表彰。1979年12月国务院授予他“全国劳动模范”称号，荣获金质奖章和证书。1982年2月中共河北省委、河北省政府授予“河北省劳动模范”称号，当年9月光荣出席中国共产党第十二次全国代表大会。1983年卫生部授予“全国卫生先进工作者”称号。1987年获卫生部全国精神文明先进工作者，1991年7月批准享受“国务院特殊津贴专家”，1995年3月被评为“河北省省管优秀专家”，2002年2月被评为“河北省资深省管优秀专家”。

庞赞襄一生致力于中医眼科和卫生管理事业，为人宽厚，医德高尚，医术精湛，治学严谨，具有高深的学术造诣和丰富的临床工作经验，被国家卫生部中医药管理局批准为首批名老中医带徒导师。他80多岁时，年事虽高，又患疾病，仍热情接待求诊患者，并指导年轻医生开展中医眼科临床和科研工作，发挥余热。几十年中，庞赞襄的学生遍及祖国各地，远至海外的菲律宾、新加坡、马来西亚、韩国等地。庞赞襄先生因病于2005年5月在石家庄逝世。

杨　杰

杨　杰　（1921.5～2007.5），男，汉族，巨鹿县阎桥村人。1938年1月参加革命。先后任中共巨鹿县委宣传部部长、地委副秘书长、政治处宣传教育股股长等职。参加了抗日根据地的开创和建设工作，带领群众粉碎了日军对抗日根据地多次大扫荡。1940年8月，他调任冀南抗日根据地第五军分区工作。先后任27团政治处主任、分区政治部组织科科长，参加了闻名中外的“百团大战”。1945 年 10 月 ~ 1947 年 8 月，任第二野战军二纵五旅 14 团政治委员。转战冀鲁豫战场，参加了聊博、陇海、定陶、豫北反攻战等众多战役。1947 年 9 月，任鄂豫一旅霍固县指挥部政委兼县委书记，随第二野战军强渡黄河，参加了鲁西南战役、千里跃进大别山。1948 年 9 月任豫鄂一分区政治部副主任。1949 年 2 月任第二野战军后勤兵站政治部副主任。1950 年 1 月调任西南军区后勤运输部副政委、政委。1952 年 8 月任西南军区司令部军事交通处处长。1955 年 7 月调任总参谋部军事交通部训练处处长。1966 年 3 月任总参军事交通部副部长。1967 年任铁道部军事管制委员会副主任、主任。1970 年任交通部部长。任职期间，在极其困难的条件下指挥修通了成昆、焦枝、襄渝等重要铁路干线，援助修建坦赞铁路及一些发展中国家的公路。1975 年 5 月任总参谋部管理局政治委员。1978 年 10 月任基建工程兵副政治委员。1987 年 2 月经中央军委批准离休，1988 年 6 月被中央军委授予二级独立功勋荣誉章、二级解放勋章。是中国共产党第九次、十次代表大会代表，第六届全国人民代表大会代表。2007 年 5 月 21 日因病医治无效在北京逝世。

刘志达

刘志达 （1921. 12 ~ 1997. 10），女，汉族，巨鹿县小留庄村人。1938 年 11 月加入中国共产党，同年参加革命。历任新河县二区小学教员，本村妇女救国会副主任，广宗县北董里小学教员，巨鹿县二区政工队组织干事，隆平县救国会组织干事、主任，四地委土改工作组组长，南宫四区委组织委员，南宫县妇联会副主任，巨鹿县妇联会主任、县委常委、副县长，南宫县委委员、副县长，邯郸、邢台专署商业局党委副书记、副局长，邢台专署卫生局党支部书记、副局长，地革委卫生局党委副书记、副局长，邢台地区行政公署卫生局党组成员、副局长，长期兼任省中医学会常务理事，邢台地区中医学会理事长、护理学会理事长。1983 年 12 月离职休养，享受地专级待遇。

在革命战争年代，她立场坚定，不畏艰险，出生入死，为人民的解放事业和新中国的建立做出了积极贡献。新中国成立后，刘志达在县政府和专署商业局担当领导工作期间，兢兢业业，勤奋工作，恪尽职守，为邢台的经济发展做了大量卓有成效的工作。1997 年 10 月 1 日 10 时 30 分因病医治无效在邢台市逝世。

张惠忠

张惠忠 （1921. 12 ~ 2007. 4），女，汉族，巨鹿县东孟庄村人，1938 年 2 月加入中国共产党，3 月参加革命工作，历任冀南二特委宣传部、巨鹿县政工队干事，巨鹿县、新河县妇救会副主任、主任，巨鹿县师范学校教导主任，县委宣传部部长，邢台专署文化科副科长，邢台冶金厂党委宣传部部长，邢台市文教局局长，邢台市革委文办室副主任，市委宣传部副部长，市人大常委会副主任。1983 年 12 月离休。

张惠忠早年受进步思想影响，追求革命真理，在近半个世纪的革命和工作生涯中，把毕生的精力献给了党和人民的事业。抗战期间，从事群众工作，经常深入敌后发动群众，开展游击战争，为民族解放事业做出了贡献。“文化大革命”期间，她曾一度受到不公正待遇，但对党的忠诚始终未变。恢复工作后，更加勤奋，恪尽职守，尽职尽责，在担任市委宣传部副部长期间，经常深入一线，解决实际问题，重视并善于调查研究，做了大量卓有成效的工作。她在全市民主和法制建设中，积极探索监督方式，加大监督力度，增强监督实效，认真履行宪法和法律赋予的职责，为全市人大工作做出了积极贡献。离休后，不顾年高，坚持学习，始终关心国家大事和邢台人大的工作。表现了一个共产党人的高尚品质和道德风范，身体力行地实践了一个共产党员为共产主义奋斗终生的誓言。2007 年 4 月 2 日 8 时因病医治无效在邢台市逝世。

刘德琛

刘德琛（1922.10～2007.10），原名刘得身，男，汉族，巨鹿县赵家庄村人，1938年1月参加革命，6月加入中国共产党，8月参加八路军。抗日战争时期，任巨鹿县战委会宣传员，任县战委会区宣传部部长，八路军第一二九师教导大队学员，第一二九师随营学校学员、文化教员、政治教员，抗日军政大学第一分校学员，抗日军政大学总校学员，第一二九师三八六旅政治部巡视员。参加了百团大战和太岳抗日根据地反“扫荡”等战役。解放战争时期，任晋冀鲁豫军区太岳军区第二十四旅司令部作战科科长、晋冀鲁豫野战军第四纵队十二旅司令部作战科科长，中原军区陕南军区军政大学副校长，陕南军区商雒军分区第四团团长兼政治委员。参加了霍县、显县、汾孝、吕梁等战役。中华人民共和国成立后，任中国人民解放军第一野战军暨西北军区陕南军区安康军分区第十四团团长兼政治委员，安康军分区参谋长，西北军区司令部军务处处长、副师长兼参谋长，南京军事学院高级系学员、兰州军区司令部军务部部长、陕西省军区参谋长。1978年8月任中国人民解放军甘肃省军区副司令员、顾问（正军职）。1955年9月被授予上校军衔。荣获三级独立自由勋章、二级解放勋章。1960年晋升为大校军衔。1986年11月离休。1988年7月荣获独立功勋荣誉章。2007年10月8日因病在西安逝世。

张 钟

张 钟 （1922.12～2002.1），原名张庆金，男，汉族，巨鹿县辛庄村人。1938年5月参加八路军。1939年9月加入中国共产党。1951年毕业于空军第七航校。抗日战争时期，任第一二九师青年抗日游击纵队战士，中国人民抗日军政大学第五队学员，第一二九师政治部宣传部干事，第一二九师轮训队图书保管员，第一二九师三八五旅轮训队政治教员，太行军区第四军分区轮训队党支部书记，第四军分区潞城独立营第三区干队副政治委员。参加了百团大战和太行抗日根据地反“扫荡”等战役。解放战争时期，任晋冀鲁豫军区第六纵队十七旅五十一团连政治指导员，营政治教导员，第五十一团政治处主任，第四野战军兼华中军区湖北军区黄岗军分区教导队政治委员，黄岗军分区独立团政治处主任。参加了上党、邯郸、金乡、羊山集、汤阴、大别山反“清剿”、何家铺、张家咀、英山等战役。中华人民共和国成立后，任中国人民解放军空军第七航空学校飞行大队政治委员，第七航空学校飞行学员，理论训练处处长，第七航空学校副参谋长、参谋长、副校长、校长，沈阳军区空军参谋长，空军司令部副参谋长，空军指挥学院副院长（副团职）。参加过湖北黄岗地区剿匪。中国共产党第九次全国代表大会代表。1955年9月被授予空军中校军衔。荣获三级独立自由勋章、三级解放勋章。1958年晋升为空军上校军衔。1987年荣获空军飞行荣誉证书和纪念章。1988年7月荣获独立功勋荣誉章。著有《领导干部要善于学习真正成为办校的内行》、《恶性循环与良性循环——对保证飞行安全规律的认识》、《建立一支高水平的飞行指挥员队伍》等，参加编写的有《中国大百科全书·军事卷》等。1988年2月离休，为中国老年书画研究会、海淀区老年书画研究会会员。其作品曾在中国老年、北京海淀区、中国空军书画展中展出，1997年获中国当代艺术名人辞典编委和中国老年书画研究会画家证书。其作品曾入选《中华各民族大团圆万岁——99喜迎澳门回归祖国大型书画集》、《共和国百位将军（暨书画名家）书画精品集》等书中。曾获中华世纪之光中国书画大展特别荣誉奖及金奖、世界名家书画证书。因病于2002年1月22日在北京逝世。

薛峻山

薛峻山 （1923.2～1995.8），男，巨鹿县西旧城村人。1943年参加革命，1945年加入中国共产党。抗日战争和解放战争时期，先后任巨

鹿县二区民兵队长、县武装委员会干事、司务长、总务。1949年2月南下，任冀南四大队班长，当年8月至1953年8月，先后任湖南省慈利县六区、九区区长，九区区委副书记兼区长、区委书记、中共慈利县县委委员兼区委书记。参加过“湘西剿匪”、“三反”、“五反”、“土改”、“整风”等多次运动，在运动中对党有深厚感情，工作积极肯干，坚持原则，经常深入调查研究，实事求是地处理各种错综复杂问题，党性党悟高，组织观念强，为人公道正派，办事讲原则讲纪律，处理问题注意方式方法，严于律己，克己奉公，在群众中享有崇高威信。

1953～1955年，就读于省行政学院工农干部文化补习学校。1955～1968年，先后任湖南省农业厅家畜保育所所长、畜牧兽医站站长、畜牧兽医处副处长、处长，湖南省农业厅畜牧局副局长、局长。“文化大革命”期间，下放到贯塘“五七”干校，任副主任，1972～1977年任湖南省农业厅畜牧水产处处长，1977～1978年任湖南省农业厅畜牧处处长，1979～1981年任湖南省畜牧局局长，1982～1983年任湖南省农业厅党组成员、副厅长。薛峻山在畜牧战线奋斗将近三十年，为湖南畜牧业的发展做出了重大贡献。特别是在建设全省畜牧业良种繁育推广、畜禽疫病防治、饲料生产供应三大技术服务体系以及加强全省畜牧兽医队伍建设等方面，做了大量卓有成效的工作。他曾多次登上城步南山牧场，与澳大利亚专家一道开展种草养畜示范工作，在短短的几年时间里，将南山牧场建设成为全国唯一的现代化山地牧场，不但为开发湖南草地资源起到了很好的示范作用，而且为开发南方草场资源提供了成功的经验，曾多次获得农业部的高度评价。1983年10月离职休养。离休后，他积极参加政治学习，关心国家大事，在其担任老干部支部书记期间仍以身作则，处处起模范带头作用，积极组织老干部并带头募捐，时刻把党和人民的利益放在心上，充分体现了一个离休老干部的崇高品德。因病于1995年8月29日11时10分在湖南省长沙市逝世。

孙克华

孙克华　（1923～2005.7），又名孙春田，男，巨鹿县孙河镇村人。1939年5月参加革命。曾任广宗县第一抗日高小救国会主任，冀南党委平原出版社科员、股长，中原分局党校六中队学员，支部秘书，冀南工委秘书。抗战胜利后，历任河北省柏乡县第三区委书记，南下二支队六中队指导员兼中队长，桐柏区泌西县三、四区委书记，河南省泌阳县政府副县长。中华人民共和国建立后，历任中南行政委员会办公厅一科科长，秘书处副处长、处长，国营八四三厂党委副书记、厂长。“文化大革命”中受到冲击，1970年4月任国营二四八厂革命委员会副主任，先后任陕西省国防工办二局局长、电子工业局党组书记、局长、省经委主任。1982年12月，担任陕西省副省长兼经济委员会主任，分管全省工交工作。1986年3月，在陕西省六届人大四次会议上，当选省人大常委会副主任、党组书记。第七届全国人大代表。1996年离休。2005年7月14日在西安病故。

金　坦

金　坦　（1923.11～1999.3），原名靳朝君，男，汉族，巨鹿县王堤村人。1938年4月参加八路军，同年6月加入中国共产党。抗日战争时期，任第一二九师独立旅二团战士、连文书，青年抗日纵队二团营青年干事，第一二九师无线电教导队学员，第三八五旅司令部电台报务员，八路军总司令部通信教导队学员，总司令部电台报务员，冀南军区整风队学员，冀鲁豫军区五十二军分区司令部电台报务员、报务主任。参加过百团大战和太行、冀鲁豫抗日根据地反“扫荡”等战役。荣获二级模范奖励。解放战争时期，任晋冀鲁豫军区第六军分区司令部电台区队长，曾获冀鲁豫军区英模、三级独立自由勋章、三级解放勋章。豫皖苏军区第一军分区司令部通信股股长，第二野战军第五兵团十六军四十八师司令部通信股股长，作战科副科长。参加了淮海、渡江、进军西南、成都等战役。中华人民共和国成立后，任中国人民解放军第二野战军第五兵团十六军四十八师司令部作战科副科长，西南军区川南军区司令部作战科副科长、科长，空军第十二航空学校训练处副处长、处长，1955 年 9 月被授予空军少校军衔。1961 年晋升为空军中校军衔。1964 年晋升为空军上校军衔。后任中国人民解放军空军团司令部副参谋长、参谋长、副团长，空军第二航空学校副校长，成都军区空军指挥所司令部副参谋长（副军职）。1988 年 7 月荣获独立功勋荣誉章。1999 年 3 月 23 日因病医治无效病故于成都。

齐玉恩

齐玉恩 （1924. 2 ~ 1992. 1），男，巨鹿县齐石鹿村人，1939 年 2 月在南宫县磨盘井村参加抗日游击队，1940 年 6 月加入中国共产党。在抗日战争和解放战争时期，先后担任河北省巨鹿县抗日政府通讯员、冀南军区后勤部被服科科员、军区党校供给科会计、五兵团十七军供给部财粮科、供给科副科长等职务。中华人民共和国建立以后，1956 年 8 月 ~ 1959 年 1 月，在中央党校学习；1959 年 1 月 ~ 1973 年 2 月，在贵州省商业厅医药贸易局、医药公司先后任党委书记、局长、经理；1973 年 2 月 ~ 1978 年 2 月，任中共贵州省委行政处处长；1978 年 2 月 ~ 1984 年 3 月，任贵州省人民政府机关事务管理局党委副书记、副局长；1984 年 3 月 ~ 1989 年 1 月，任贵州省人民政府办公厅顾问（正厅级）。

齐玉恩少年时代投身革命，曾加入抗日儿童团，在枪林弹雨中，出生入死，转战南北，英勇作战，数次受伤，多次立功受奖。在五十多年的革命生涯中，忠于党、忠于人民，为中国人民的解放事业和社会主义建设努力工作，贡献毕生精力。在长期从事后勤保障工作中，一贯勤勤恳恳、兢兢业业、坚持实事求是、服务第一的原则，注重调查研究，讲求工作实效，对机关后勤事业的发展、改革呕心沥血。“文化大革命”期间，曾遭受迫害，但没有动摇对共产党的信念，始终在政治上、思想上和党中央保持一致。1992 年 1 月病逝。

刘玉峰

刘玉峰 （1925. 4 ~ 1996. 4），原名李增璞，男，汉族，巨鹿县大留庄村人。1938 年 7 月参加革命，1944 年 4 月加入中国共产党。解放前任巨鹿县二区抗救会儿童部部长，五区交通站站长。中华人民共和国建立后任共青团隆尧县县委副书记、宁晋县委和邢台市委副书记、书记，邢台县城郊人民公社副书记、社长，中共邢台市委农办主任，邢台市副市长。“文化大革命”后出任邢台农办第一副主任，中共邢台市委统战部副部长、部长，邢台市革命委员会副主任，邢台市人民政府副市长、顾问，中共邢台市政法委员会副书记，邢台市地方志编纂委员会常务副主任，邢台市地名委员会主任，1984 年任河北省驻保定整党联络组组长。1989 年 1 月离休。

刘玉峰长期担任领导工作，他以高度的革命事业心和责任感，勤勤恳恳，兢兢业业，全心全意为人民服务，与人民群众同甘共苦，患难与共。特别是在 1963 年的抗洪抢险斗争中，他亲自组织和带领有关部门四处求援，实地察看灾情，及时组织灾民赈灾，精心安排群众的生产和生活，鼓励群众奋发图强、重建家园。

刘玉峰具有很强的党性，在大是大非面前，旗帜鲜明、立场坚定。1986 年，他主持对越自卫反击战的“支前”工作，亲自筹划，精心组织，日夜操劳。在他人生历程的最后十几年中，他一直关心支持、并亲自参加地名管理和地方志工作，使邢台市两项工作在全国和全省名列前茅。他离休之后仍以对社会高度负责的精神，坚持工作，发挥余热，编写出了 30 万字的自传《秋实录》，以坎坷而光辉的历程昭示后人。1996 年 4 月 25 日 18 时 30 分因病医治无效在邢台市逝世，安葬在冀南烈士陵园。

郑林波

郑林波　(1925.7～2007.9)，原名靳洪义，男，巨鹿县塔堤村人，1945年7月参加革命，1947年1月加入中国共产党。1985年12月离休。抗日战争和解放战争时期，历任战士、班长、排长指导员、副营长等职。参加了解放德州、邯郸、石家庄、挺进大别山、淮海、渡江、解放大西南等战役。新中国成立后，历任海军南海舰队巡逻艇大队中队长、副大队长、川岛巡防区参谋长、防救大队大队长、海口水警区副司令员、舰队司令部防救处处长、舰队军事办正师研究员等职。1974年1月20日参加西沙海战，任护卫艇编队总指挥员，联合陆军登陆收复了甘泉、珊瑚、金银三岛，西沙群岛全部回到祖国怀抱。曾荣立二等功2次，并荣获独立勋章和解放勋章。2007年9月因病医治无效在广东省湛江市逝世。

薛清晨

薛清晨　(1927.12～1985.4)，原名薛殿瑞，男，巨鹿县西旧城村人。1943年3月参加地方武装，1945年9月在河北省威县参军入伍。1946年7月加入中国共产党。1955年11月被授予大尉军衔，1960年5月晋升少校，1963年9月晋升中校。参加过抗日战争、解放战争、抗美援朝。抗日战争时期，因战斗勇敢记大功一次。1949年10月获得渡江纪念奖章一枚。1953年9月获朝鲜最高人民会议常任委员会颁发的三级国旗勋章一枚。1957年8月获解放奖章一枚。

薛清晨历任河北省巨鹿县第二区分队粮秣员、巨鹿县武委会总务股通讯员、威县冀南军区话务局战士、第二野战军二纵队队部话务队班长及排长、解放军第十军军部工兵营副特派员、志愿军工兵三团教导队政治指导员、三团政治处保卫股股长、三团政治处政治协理员、哈尔滨军事工程学院工兵工程系政治处政治协理员、西安工程兵工程学院政治部保卫部政治协理员、西安工程兵工程学院三系发供电教研室主任、南京工程兵学校校务部副政治委员、南京工程兵工程学院人防工程系政治委员（行政13级，正师职）。

薛清晨参加过著名的鲁西南战役、羊山战役、宛西（东）战役、淮海战役、渡江战役及解放大西南战役。他在战斗中执行命令坚决，作战勇敢。跟随部队千里跃进大别山，经受了艰苦环境考验。在抗美援朝中，参加了著名的上甘岭“坑道战”。他身为学院领导，经常深入基层，在群众中有较高的威信。1985年4月，经组织批准离休回乡探亲，突发心脏病在家乡去世。

信存忠

信存忠　(1931.4～2001.5)，男，巨鹿县于家庄村人。1935年4月投身革命并加入中国共产党，1937年9月参加八路军。曾历任冀南东进纵队独立营连长、政治指导员；冀南广宗县独立营政治指导员、冀南企之县大队副政委、冀南二纵队五旅十四团政治处主任、鄂豫军区一分区固始县指挥部副政委、河南军区独立团七团政委、河南潢川分区干部管理部部长、中央军委高级通校干部部部长、中央军委军事电信工程学院院务部政委等职，副军级待遇。1955年9月授予上校军衔，1966年离职休养。

信存忠在土地革命时期参加革命，从事党的地下工作，曾参加过共产党领导的冀南暴动和地下党领导的抗日别动队，荣获二级红星功勋荣誉章。在抗日战争时期，参加过太行山歼匪战役、“百团大战”和解放冀鲁豫地区的战斗，在战斗中光荣负伤，评为二等革命残废军人。在解放战争时期，参加过著名的平汉战役、定陶战役、龙凤战役、郾南战役、豫皖边战役、豫北战役、鲁西南战役。跟随刘邓大军挺进大别山，在潢川、固始、立煌、霍邱一带进行游击战争，多次荣立战功，曾荣获华北解放、中原解放、大别山剿匪胜利纪念章、三级解放勋章、三级独立勋章。为土地革命、抗日战争、解放战争、新中国国防建设作出了贡献。2001年5月2日因病治疗无效在邯郸逝世，安葬在邯郸烈士陵园。

张仁礼

张仁礼 （1934.12～2001.11），男，巨鹿县前无尘村人。从1953年历任村团支书、大队长、党支部书记，直至去世，48年从未间断，其中任党支部书记41年。在此期间，连续当选县乡人代会、党代会代表，曾任公社党委委员、县委委员。多次当选为省、市级劳动模范。前无尘村多次被评为省、地（市）、县红旗村、文明村和全国计划生育先进集体。张仁礼是农村干部的旗帜、楷模。

河北省作家协会会员党风田的报告文学《巨鹿县有这样一位村支书》（刊于邢台市文联的《清风》杂志），客观、生动地反映了张仁礼长期的“村官”生涯。他去世后，县委宣传部在《巨鹿宣传》刊出《特定时期农村的中坚力量——“张仁礼现象”及内涵》，从党的执政基础及本人的党性原则、思想品德、群众观念、思维方式、工作方法等方面进行了概括和总结。

他文化水平不高，但虚心好学，肯于钻研，善于总结，持之以恒，努力把党的政策和农村实际有机结合起来，逐步形成了一套便于群众接受的“土哲学”、“土办法”，有效地解决了本村问题，还影响全县部分乡村。他珍惜党和人民给予的权力，从农民的需要出发，竭尽全力组织、指导、帮扶农民发展经济，增加收入。他公道正派，坦荡明快，与人为善，待人宽厚，因此本村村民，甚至外界有的人，不乏机关干部，遇到家长里短以及困难、矛盾和问题，也要找他或商量咨询，或协调解决，或指条明路。

他站得正，行得端，底气足，威信高，善表达，为维护农民的合法权益，敢于主持正义，不畏强权，仗义执言，据理力争。在长期复杂多变的工作实践中，练就了他的独立人格、过人胆略、丰富经验和语言风格，工作方法也多样、灵活、智慧、有效。

他一生坚持在任何形势下锲而不舍地为群众办实事、办好事。1953年，他组织了全村第一个互助组，帮助穷苦农户生产自救。1957年，组织青年突击队打砖井，几次遇到生命危险不退缩，打井48眼；1969年，推大锅锥井24眼；1977年，打铁管井6眼；1996年，大搞农田建设，建成两座大型扬水站，埋设防渗管道14000米，修大垄沟7000米，实现了林、田、路、渠一体化，旱、涝保收。1979年建成自来水塔，在全县率先让村民用上了自来水。建校、办电、建砖厂、组织村民外出搞副业、新农村规划建设、引进宁夏枸杞，样样走在前面，发挥了带头作用。

2001年11月16日在本村工作岗位上逝世，安葬在本村。

庞万敏

庞万敏 （1935.11～2005.5），男，巨鹿县小王路村人。为庞氏中医眼科第四代传承人的代表。受家风影响，从小立志学医，随其三叔庞赞襄在邢台就读小学至高中，毕业后随其三叔学习中医眼科。先后在石家庄横街联合诊所、石家庄市桥西区新华路保健站、巨鹿县何寨卫生院工作。1971年因邢台地区卫生局选拔人才，将其调到邢台地区眼科医院组建中医眼科，由最初1人发展到后来的医护人员20余人，床位60余张，成为集医、教、研为一体全国规模最大的中医眼科。

庞万敏历任邢台眼科医院中医眼科主任、主治医师、副主任医师、主任医师、副院长；1987年始，任邢台市第五、六届政协委员，第七、八、九届政协常委，河北省第七届政协委员；中国中医眼科学会理事、全国中医治疗眼底出血协作组组长；中国中医药学会眼科委员会理事、《中国中医眼科杂志》编委、河北省中医学会理事、河北省中医眼科委员会副主任委员、邢台中医学会副理事长。

他从事中医眼科50余年，继承家传精华，又经多年的临床实践，总结出眼病的三个特点和治疗原则，一是目病多郁论，治宜开郁通络。二是治眼须重脾胃，据脾胃虚实宜补宜泻兼顾。三是热性眼病与杂性眼病学说。因而在治疗眼病过程中灵活掌握、据症分型、辨证施治，收到良好效果。根据多年的临床实践，与家传秘方相结合，研制出了“复明丸”来医治视神经萎缩者数百例，总结出多种有效地治疗方剂，复明丸其组方简单、易用、效果显著。

他系统50年的临床经验，先后在国家、省级以上期刊杂志发表论文120余篇，编著《中医治疗眼底病》一书，1992年由河北科技出版社出版。参编了《灵偏验方治百病》、《中医眼科全书》等著作。

他十分重视培养新人，把自己几十年的临床经验毫不保留地传给下一代，先后为石家庄市卫协针灸学习班、河北省中医眼科学习班、邢台地区卫生学校中医班讲学，在邢台眼科医院，带教8人，其中有郝永香、张铭连（主任医师，邢台市眼科医院院长、国务院特贴专家）等。

他倡导医务人员心中时刻想着患者，视患者为亲人。他五十年如一日，率先做到。南到海南，北到黑龙江，西到青海、新疆都有患者慕名前来投医，发来信函求医者一一复信邮诊。近十几年中，收到求医信函达几千封，都认真答复。通过“鸿雁传书”治好许多从未见过面的患者，收到了许多患者的感谢信件，有的患者为表谢意，连续十多年通信不断，有的还寄物品致谢。逢年过节，他收到患者寄来的贺年卡、明信片无以计数。

他积极参政议政，兼任河北省政协委员、邢台市政协常委等职期间，向有关部门提交政协委员提案十余次。其中“建立河北省中医眼科研究所”、“关于发展农村基层卫生事业”等提案，得到主管部门和有关领导的采纳和重视。2005年5月8日庞万敏突发心脏病在巨鹿县逝世。

杨绍秋

杨绍秋（1951.6～2005.9），男，巨鹿县南街村人，县育红小学原校长。杨绍秋致力于教育教学改革，潜心钻研教育理论，创出了“五育并

举，德育为首，内外结合（课内课外结合，校内校外结合），全面发展”的办学新路子。他善于把握时代脉搏，捕捉教育热点，特别注重教育的实践性和实效性，有针对性地设计组织开展了800余次各种教育活动，有405次在省级以上报刊宣传报道，其中，“戴洁净红领巾，做廉洁小公民”活动受到时任国务院总理李鹏的重视和鼓励，在全国予以推广。其主持实施的“三主”、“三导”式课堂教学改革，效果显著，受到河北省教育厅主要领导的重视和推广。杨绍秋公开发表教育教学论文（论著）668篇（部），获得省级以上教育科研成果奖38项，其中26项曾代表河北省参加全国学术交流会42次。他还参加了教育部《中小学德育纲要》、新《小学生守则》、《小学生日常行为规范》的制定修订等项工作。荣获“全国教育系统劳动模范”、“全国新长征突击手”、“全国星星火炬一级奖章”、“河北省优秀专家”、“河北省优秀共产党员”、“享受国务院政府特殊津贴”等荣誉称号和奖励120余次。

由于长期的操劳和超负荷工作，杨绍秋患上了高血压、脑动脉硬化等疾病，但他依然坚持工作。2002年暑假，他做了脾、胆全切，肝右叶切除2/5的大手术，开学后只休息了十几天就投入到学校迎“普九”复查的紧张工作中。2004年11月，被确诊为肝癌，无论在医院治疗，还是住院复查，他时刻关心着学校的工作。从医院回来马上到校工作。2005年9月14日19时15分在巨鹿县城病逝。

高景祥

高景祥　（1970～1993.2），男，汉族，巨鹿县高庄村人，中国共产主义青年团团员。1990年12月，他应征到沈阳军区守备第七师当兵，入伍后，担任过炊事员、饲养员。无论干什么工作，都任劳任怨，积极主动干好本职工作，多次受到领导表彰。1991年12月，被沈阳军区守备第七师后勤部授予三等功。后因工作需要调入中国人民武装警察部队邢台消防支队司令部高度室

任战士、上等兵警衔。1993年2月22日17时20分，高景祥参加了邢台市东关新村特大爆炸火灾扑救。他负责通信联络保障任务，为保障战斗中的通信联络，表现出了一位革命军人大无畏的英雄气概。在此次扑救中不幸光荣牺牲，献出了自己年仅23岁的宝贵青春，当年被追认为烈士。

传记补录

张同坤

张同坤 (1890～1956.12)，字义泉，男，汉族，巨鹿县李吾营村人。青年学医，精《伤寒论》，善针灸，是20世纪四五十年代巨鹿县北部一位较有影响的老中医，因医德双馨，被一方百姓誉为“济世神医”。1950年，巨鹿县成立县医疗协会，被聘为委员，在县城行医。1954年，任县医院副院长。在此期间，收徒授业，传承医术。他幼年好诗书，青年时代，遇巨鹿大洪大疫，眼见亲友受难，无法相助，便潜心学医十年，终有成果，于1927年布医施药。其行医最重医德，病人贫富，一视同仁，诊治先后，尤偏贫困，遇雨送伞，遇寒送衣。解放前，瘟疫频发，为防病，他经常投放避疫草药于井中，村人多受益，其高尚医德被众人传诵。其善用《伤寒论》之六经辩证法，重脉象，辨证施治。针灸技艺高超，对中风、半身不遂、口眼歪斜等疑难杂症均有独特疗法。

同坤穷其一生，救人尢数，泽及乡里。1956年12月病逝，葬于本村。

杜梅森

杜梅森 (1910～1968.8)，男，巨鹿县张王疃村人，1935年加入中国共产党并参加工作。1938～1941年先后在巨鹿县二、三、四区任区长；1942～1947年先后任巨鹿县粮秣科科长、行政科科长、公安科科长、县委委员；1948年任巨鹿县县长；1949年初带队南下，任湖南省慈利县县长；1950年11月～1956年3月任湖南省常德地委副书记、行署专员；1956年4月～1968年8月任湖南省林业厅厅长等职。

杜梅森出身贫苦，对共产党有着极其深厚的感情，具有强烈的民族意识和爱国精神。入党后他积极发展壮大党的力量，积极主动张贴标语、发放传单等秘密革命活动。抗日时期，他怀着强烈的爱国主义热情，依靠大智大勇，参与组织本县东、南、西部农村的抗日工作，杜梅森的名字深深扎根于全县人民心中。“杜梅森”这三个字使敌人闻风丧胆。1942年前后，敌人实行“囚笼政策”，对抗日根据地人民和共产党人实施大屠杀，白色恐怖笼罩全县，在敌强我弱形势极端恶劣情况下，他毫不退缩，坚定不移抗日。他的英勇无畏和顽强抗日，激怒日伪军，敌人“悬赏十万”捉拿“杜大个”。由于他胆大心细，和群众关系密切，广大群众舍命保护他，使他先后在东孟庄、石鹿、王虎寨等村躲过敌人抓捕，在抗日和对敌斗争中创造了奇迹。1968年8月在湖南长沙市病故，随后安葬本村。

信锡华

信锡华 (1915.5～1972.12)，原名信福超，男，巨鹿县于家庄村人。1926～1932年在本村上小学。1931年参加抗日活动，1932年参加共产党领导下的读书会。1933年高小毕业任小学教员，同年加入中国共产主义青年团，1934年春加入中国共产党。后任本村党支部书记、中共巨（鹿）任（县）隆（平）工委书记。1935年参加中共直南特委发动领导的冀南暴动，任中共直南团特委秘书兼少年先锋报编辑。1936年春直南农民运动被国民党重兵“围剿”失败后，坚持斗争，担任共青团广宗县委书记、共青团巨鹿中心县委书记、兼领导南（宫）清（河）团工作委员会、直南团特委宣传部部长。1936年5月，按照党组织指示，到东北军冯占海部当兵并做兵运工作。不久奉命回中共直南特委工作，并以所开中药铺和医院为党组织秘密联络点，掩护秘密活动，赚取活动经费。同年12月至1937年，两次被党组织派到东北军第五十三军第一一九师第六五四团二、三营机枪连当兵，后因开展进步活动遭通缉。全国抗战爆发后，同党组织接上关系，恢复党组织工作。1938～1939年先后任直南特委党校教务主任、巨鹿县委书记、冀南区第五特别区委员会书记、中共冀南区第五地委书记、中共冀南区委委员、第四地委书记、中共冀南区豫北地委代理书记。1940～1942年，先后任中共冀鲁豫区委组织部部长、社会部部长、组织部副部长。1943年春在北方局整风班参加整风学习，同年秋奉命到延安参加中共七大，因大会延期，进中共中央党校一部第三支部学习。1945年4～6月作为晋冀鲁豫代表团成员参加中共七大。同年冬从延安回到冀南，任中共冀南区委组织部副部长。1947年12月因被控告犯有严重错误被开除党籍。1949年2月被安排到石家庄大兴纱厂职工工会工作，同年9月至1951年，任石家庄市总工会文教部部长。1952年到区增产节约委员会工作。1955～1960年曾因病修养。1964年到河北农业大学农场总场当秘书。1972年12月26日因病在保定逝世，葬在保定。1987年8月北京军区军事法院通知撤销原判，经军区纪律检查委员会审理，恢复党籍。

潘增仁

潘增仁　(1918～1965.1)(化名寿安)，男，巨鹿县西冯寨村人，汉族。1938年4月加入中国共产党。曾任巨鹿三区区长、区委书记、县医院院长、政府副县长、峰峰矿物局五矿矿长、局福利生产处处长、邯郸焦化工厂党委书记。

潘增仁自幼家境贫寒，曾在本村参加反封建、反压迫的农民组织红枪会。15岁时入小学读书学习一年半。1935年17岁即离乡背井去山西省武乡县蟠龙镇为地主商人当店员，饱受屈辱。偶然机会，遇到一位红军长征干部，接受了革命思想，积极投入抗日救国洪流。在对敌斗争极其严峻的形势下，他把家作为共产党地下交通站，并以开饭店为名，机智勇敢，舍生忘死，千方百计掩护共产党、八路军。1945年巨鹿县解放后，曾率巨鹿县工作队赴南宫县苏村一带领导土地改革运动，由于工作出色，受到地委表彰；在任县医院院长期间，辛勤工作，为巨鹿县医疗卫生事业的发展奠定了好的基础；任副县长期间，曾带领全县3510名民工，赴邢台市开挖华庄泉、珍珠泉、和尚泉，日夜和民工奋战在一起，出色完成任务，被誉为“满手糨子的战地指挥官”。1965年1月病故，葬于本村。

党怀森

党怀森　(1919.10～1958.1)，原名党锡怀，男，巨鹿县西张王疃村人，1938年7月加入中国共产党、参加工作。曾在本县任区公所书记、区小队分队长、公安助理、县委会宣传干事及六、三、五区区长等职。在环境恶劣形势下，革命意志坚定，舍生忘死，同日本侵略者和国民党反动派进行坚决斗争，为巨鹿县的解放和革命胜利做出重要贡献。

1947年6月，作为负责人之一，服从革命需要，率本县第一批干部南下，在河南省桐柏山一带开辟革命根据地，建立革命政权。曾在西平、遂平县任区长、区委书记、县长等职。在残酷战争年代曾多次负伤，和平建设时期热爱党的事业，恪尽职守，经常带病在第一线工作，致积劳成疾，后并发多种疾病，1958年1月16日经抢救无效逝世，将生命献给河南人民。被河南省人民政府批准为烈士，故后葬于本村。

刘冷光

刘冷光　(1920～1944.1)，男，巨鹿县大吕寨村人。1935年在巨鹿完小读书时加入中国共产党，从事党的活动。1937～1938年赴太行、延安学习，1939年回太行工作。1940年任尧山

（隆尧）县尧山区委书记、县委副书记、书记兼武工大队政委等职。

在领导抗日和对敌斗争中，刘冷光以大无畏精神和智慧，经常乔装打扮，深入土匪内部做工作，使尧山县土匪头子谭金良投靠共产党，并团结争取其他土匪，削弱敌人，壮大力量。1944年1月，县委组织武工队在尧山范贾商定武工队如何配合作战，由于汉奸告密，被日伪军团团包围，在一片树林与敌人展开激战。因敌强我弱，不少武工队员牺牲。当时敌人想收买其投降，大喊："刘队长，只要你放下武器，要钱给你钱，要官给你官，不然死路一条！"面对凶残敌人的诱惑和威逼，刘冷光毫不迟疑、退缩，指挥武工队员顽强抗击。在子弹用尽情况下，带领十余名武工队员高呼："宁死不当亡国奴，打倒日本侵略者！"壮烈牺牲在战斗中，时年24岁，后葬于本村。

第二章　人　物　表

人物表入志范围为党政军副处（团）及以上实职或曾任相应实职者、科技文艺等副高级及以上职称者、省以上劳动模范等。本籍在外人员以姓氏笔画为序；副高级及以上职称者以评定职称时间为序；省级以上劳动模范以评定时间排序；烈士以生年时间自前向后排序。

第一节　巨鹿籍在外地工作县团及以上职务和副高级职称及以上科技人员

一、巨鹿县在外地工作县团级及以上人员

至2008年底，据不完全统计巨鹿籍在外地工作县团及以上人员341人。

1979～2008年巨鹿籍在外地工作县团及以上职务人员一览表

表25－2－1

姓　名	性别	出生年月	籍贯	工作单位及职务	备　注
丁国军	男		观　寨	山西省长治市检察院副检察长	退休
于　龙	男		周于庄	北京南苑机场团政委	
于仁书	男		周于庄	湖北省民政厅副厅长	
于立峰	男	1966	崔　寨	石家庄军分区（团级）	
于振彦	男		周于庄	邢台市保密局副局长	
于跃刚	男		周于庄	长春市装甲兵技术学院团长	
马书科	男		西佛寨	河北省农工委副部长	
马东印	男		东下疃	北京军区第一老干所所长	
马成涛	男	1953.10	田　寨	天津警备区后勤部老干部往房建设办公室主任（正团）	
马辛春	男	1925.02	田　寨	济南军区副司令员兼海军北海舰队司令员（中将）	
马祥波	男	1964.09	马　庄	武警第81师702团参谋长（副团）	转业
马跃栋	男		田　寨	河北省农业厅培训中心主任	

续表

姓　名	性别	出生年月	籍贯	工作单位及职务	备　注
马敬波	男		东下疃	中国国际体育旅游公司党委书记	
马登岐	男	1940.02	后无尘	河北省环保局局长、省政协常委	
马瑞华	男		常　营	邯郸市国税局副局长	
尹志华	男		田　寨	武警北京指挥学院副政委	
尹志林	男	1952	武　庄	河北省知识产权局处长	
方占营	男		官　亭	邢台市人民医院副院长	
牛洪恩	男		小　寨	二炮后勤（团级）	退休
牛跃峰	男	1964	崔　寨	石家庄军分区（师级）	
王　泽	男	1946	前堤村	河北省化工设计院副院长	
王　瑞	男		南孟村	邢台冶金厂书记	
王云国	男	1954.11	前堤村	山西晋城市委常委晋城军区党委书记	
王天坤	男		王柏社	太原市干休所（正师）	退休
王文义	男		前安子	江西省经委主任	退休
王计民	男		南张庄	邢台市老干局局长	退休
王令民	男	1962.10	乍补寨	天津警备区驻天津科技大学后备军官选拔培训工作办公室主任（副师）	
王令钟	男	1961	乍补寨	石家庄市交管局政治部主任	
王兰章	男	1957.10	吕　庄	国家统计局邢台调查队副队长	
王汉仁	男	1963	小韩寨	北京园林局（正团）	
王玉印	男		樊　堂	北京科技大学纪委书记	
王玉璋	男		樊家村	海军司令部研究员（副军）	退休
王会英	男		周于庄	邢台市桥西区人大副主任	
王会勇	男	1960.03	周于庄	河北省政府副秘书长	
王庆仁	男		周于庄	邢台地区医专校长	退休
王庆吉	男		大王庄	兰州军区师长	
王宏瑞	男	1953.01	巨鹿县	西安解放军龙泉医院院长	
王志忠	男	1950.07	贾　庄	天津市河北区建昌道街办事处副书记	
王秀堂	男		白伏二村	石家庄钢铁有限责任公司后勤科科长（正处）	退休
王辛如	男		南张庄	国家安全部（副部）	退休
王国平	男		前　屯	广东开平市公安局副局长	
王学义	男		孙　屯	邢台市工商局副局长	
王建盈	男	1951.12	东徐庄	北京军区联勤部副部长	少将

续表

姓　名	性别	出生年月	籍贯	工作单位及职务	备　注
王忠义	男	1952.08	商　店	天津市河北区新开河街办事处副主任	
王拥军	男	1967	官亭镇	石家庄市民政局社团管理处处长	
王林普	男	1958.03	东王庄	邢台市食品药品监督局副局长	
王治洪	男	1966	前安子	河北省人行调统处处长	
王俊成	男	1966.07	大张庄	邢台市七里河开发区副主任（副处）	
王俊甫	男	1935.05	王柏社	邢台市政府对外开放办公室副主任	
王俊肖	男	1959.11	王柏社	总参谋部某部通信装备维修中心主任兼高级工程师	
王宪忠	男		白伏四村	邢台市物价局调研员	
王彦田	男		白家寨	河北省中医院院长	退休
王恒达	男	1929.01	王柏社	邯郸市医学院书记	
王洪瑞	男		台　头	西安市军区（正团）	
王胜伟	男	1964	王　庄	邢台市宣传部宣传科科长（副处）	
王贵田	男	1948.09	东王庄	武警天津市总队六支队参谋长	
王贵斌	男	1963	南盐池	总后勤部直属供应保障局处长	
王殿军	男		高家庄	河北省环保局副局长	已故
付俊杰	男	1951.10	沙　井	武警天津市总队一支队政委	
付恒杰	男		大河道	邢台师范学院副院长	
卢文震	男	1967	小官庄	石家庄邮电职业技术学院计算机系统处副处长	
卢存刚	男	1953.09	孔　寨	北京市西城区工商联合会书记	
卢春恒	男		小官庄	国家统计局副局长	退休
司存喜	男		司　庄	保定市纪委书记	
尼群周	男		东佛寨	石家庄中科院所长	
左志平	男	1946.12	东旧城	总参谋部保障供应部天津基地副主任（副师）	
左建水	男	1963.08	东旧城一村	任县检察院检察长	
田　涛	男		小　寨	总参谋部外事局副局长	
田仁才	男	1964.01	董　营	陕西警官学院副院长	
田同禹	男		大　陆	北京铁路局书记	
田庆彦	男	1964.06	小　寨	西安市第四军医大学附属医院后勤部部长	
田建功	男	1969.11	田　庄	河北省体育局机关党委副书记	
田忠斌	男	1951.05	岳石鹿	天津市河东区政法委（副处）	

续表

姓　名	性别	出生年月	籍贯	工作单位及职务	备　注
田忠琪	男	1963.04	岳石鹿	解放军总后勤部基建营房部工程局局长（正师）	
田恒雨	男	1950.03	楼张镇	北京二炮（正师）	
田清波	男		县城北街	二十七军干部处处长	
白少玉	男		吉陈庄	原邢台地区林业局局长	已故
白荣虎	男	1938.10	东郭城	石家庄公交公司党委书记	
乔丁卯	男	1963	沙　井	内蒙锡林郭勤盟（师级）	
乔志芳	女	1945	后辛庄	河北省建材工业研究院院长	
乔贵敏	女		柳　茂	邢台市工会副主席	
乔殿通	男	1952.10	南乔庄	天津警备区后勤部副部长	
任晓龙	男	1957.08	王堤村	邢台市广播电视台副台长	
刘书堂	男		刘　营	邢台市纪委常委	
刘平福	男		刘　寨	邢台市公安局副局长	
刘庆云	男	1940.04	东旧城五村	邢台市国土局副局长	
刘武昌	男		南哈口	国家建材部副部长	
刘奎宾	男		刘　寨	邢台市工商局局长	
刘彦平	男	1970.10	小张庄	武警天津市总队干休所所长（副处）	
刘彦岭	男	1969	刘　营	河北省中医院按摩科主任	
刘恒锁	男	1926.09	宋　庄	石家庄地区五交化总公司（正团）	
刘政豪	男		瓜刘庄	广西壮族自治区公安厅副厅长	
刘顺通	男		刘　营	北京市（团级）	
刘梦义	男		陈者营	北京市委政策研究室党组书记	
刘勤修	男	1948.12	寨　外	武警天津市总队政治部宣传处处长	
刘新印	男	1961	东刘庄	河北省财政厅预算局预算处处长	
吕文国	男		白家寨	通州老干部局（正团）	
吕进修	男		白家寨	河北省第四医院书记院长	退休
吕景顺	男		白家寨	邢台水利局副局长	
孙国恒	男		王虎寨	河北省社科院人事处处长	
孙英文	男	1946.10	孙河镇	国家工商局（副厅）	
孙洪钊	男		观　寨	邢台市审计局副局长	
孙晨光	女	1973	孙河镇	河北省工行处长	

续表

姓　名	性别	出生年月	籍贯	工作单位及职务	备　注
孙清仕	男		孙河镇	国家建设部总编	
孙章龄	男	1966	王虎寨	河北省电力公司处长	
孙鸿俊（郑继安）	男	1918.06	王虎寨	天津市二轻局党委书记	已故
孙惠莽	男	1971	大屯头	河北省委办公厅干部处副处长	
孙增印	男		大孟庄	天津市市政工程局局长	退休
孙德强	男	1966.10	辛　庄	西安卫星测控中心工程师（正处）	
安建波	男	1961.10	安　庄	南宫市政府市长	
安金胜	男		安　庄	北京煤炭行业协会常务副会长	
安密峰	男		安　庄	河北水电设计院处长	
师俊峰	男		北马庄	内蒙古通辽县人武部部长	
师献州	男	1953.06	后无尘	武警天津市总队指挥学校（副处）	
成令波	男		张　威	邢台市建设局副局长	
成庆泰	男		张　威	中国科学院海洋动物研究所所长	已故
曲　溪	男	1961	北陈庄	石铁客运站工会主席	
邢立明	男	1967	于　庄	广州军区司令部秘书处办公室主任（正团）	
邢恒国	男	1956	西徐庄	河北省二院功能科主任	
闫立国	男	1964	阎　庄	66345部队山西省长治市坦克训练基地副师长	
齐肖飞	男		齐石鹿	国家宗教管理局副局长	
吴自勤	女	1948	纸　房	石家庄市中医院皮肤科主任	
宋小桃	男	1945.07	宋　庄	北京气象局副局长	
宋永朝	男	1968.07	苏家营二村	广州军区联勤第二十分部（中国人民解放军76140部队）财务处处长（正团）	
宋　刚	男	1965.11	于　庄	内蒙古清水河县人武部副部长	
宋国军	男		西宋庄	河北省监狱管理局监狱管理处处长	
宋昆刚	男		巨鹿西街	中国乳制品工业协会理事长	
宋恒勋	男	1951.06	宋　庄	武警天津市总队指挥学校（副处）	
宋春英	男		西宋庄	河北省环保局副局长	
宋敬忠	男	1965	辛　寨	河北省正定民航管理局副书记兼纪委书记	
张　华	男		苏营三村	石家庄市铁路局党委书记	
张　雷	男	1977	白家寨	河北省一院信息中心副主任	

续表

姓　名	性别	出生年月	籍贯	工作单位及职务	备　注
张文耕	男	1956	神堂坡	河北省总工会副主席	
张计箱	男		北张庄	邢台市直事务局副局长	
张计敏	男		北张庄	邢台市劳动局副局长	
张世顿	男		凌石屯	大同市公安局局长	
张丙善	男		樊　堂	民政部地名司司长	
张玉田	男	1933	大王路	邢台金属回收公司书记	
张玉杰	男	1958. 09	大　陆	邢台市公安局副局长	
张会英	男	1955	小韩寨	邢台市住房公积金主任	
张华锋	男		魏家庄	总参谋部防化指挥工程学院系主任	
张如栋	男		大潘庄	北京市铁路局书记处书记	
张庆朝	男	1954. 09	新建庄	河北省纪委驻省检察院纪律检查组副书记兼人民检察处处长	
张廷召	男		白家寨	中国人民解放军第二炮兵设计院副院长	
张廷辉	男		张　庄	总参谋部通讯部（正师）	大校
张志锁	男		外神仙	邢台市人大常委会副主任	
张芹格	女	1965. 07	王义寨	邢台市财政局副局长	
张孟年	男		瓜刘庄	石家庄装甲兵学院主任	退休
张建勋	男		西柏社	贵州省老干局处长	
张忠勇	男	1951. 05	南孟村	邢台市发改委书记	
张金星	男		王六村	66296 部队副队长	
张修亮	男		西柏社	沧州市公安局处长	
张彦春	男	1955	神堂坡	石家庄市发改委副主任	
张栋才	男		柳　林	河北省技术监督局纪检书记	
张炳善	男		樊家堂	民政部区划司司长	
张胜国	男		杨　寨	河北省食品药品管理局培训中心主任	
张贵臣	男	1940. 04	柴　城	总参谋部二部政治部主任	少将
张振山	男	1934. 12	张　村	中共中央编辑部行政处副处长	
张祥仁	男	1957. 02	大　陆	北京军区后勤部财务部（正师）	
张祥竟	男	1954	大　陆	河北医科大学校基建处处长	
张培庆	男	1956	辛　集	河北经贸大学旅游学院副院长	
张超群	男		东张庄	天安门防所所长	

续表

姓　名	性别	出生年月	籍贯	工作单位及职务	备　注
张瑞祥	男		北张庄	中央编译局工会主席	
张增亮	男	1953.12	团　城	河北大学人民武装学院政委	
李　亚	男	1959	野　场	河北省档案局培训中心主任	
李小兵	男	1975.10	进虎寨	河北省委秘书处副处长	
李书奎	男		野　场	河北省老干部局处长	退休
李文轩	男	1918	大留庄	南宁警备区副军职顾问	上校
李计忠	男	1953	进虎寨	北京军区总参谋部（团级）	
李东明	男	1953.12	阎　桥	邢台市扶贫开发办公室主任	
李东波	男		辛　庄	邢台市卫生监督所副所长	
李发生	男		白伏四村	邢台市桥西区法院院长	退休
李永戈	男	1956.05	郝　鲁	河北省军区政治部主任	
李华琴	男	1957	后辛庄	河北省金园粮库书记	
李印双	男	1952.11	大留庄	邢台市国际税收研究会副会长（正处）	
李同治	男	1972	石佛店	国务院财务部主任	
李存路	男		大河道	邢台市政府外事办处长	
李庆周	男		赵　庄	福建省对台办主任	
李延强	男		何　寨	北部湾（广西）经济区规划建设管理委员会办公室主任	
李红新（路军）	男	1980.08	路　庄	柏乡县县委副书记	
李志波	男	1965.04	小张庄	邯郸市卫生局医政处处长	
李志耀	男	1949.04	任李乡	武警天津市总队指挥学校副政委	
李步磊	男	1969.03	李　街	天津预备役高炮师副团长	
李秀国	女	1962	张王疃	河北省国税局计财处处长	
李秀贤	男	1964.11	小张庄	邢台县电力局党委书记	
李迎超	男	1964	大河道	东庞煤矿副矿长	
李国印	男	1962.12	后大吕	邢台市规划局党委书记局长兼市政府副秘书长	
李国庆	男	1949	石佛店	石家庄陆军学院（副师）	
李建峰	男		后塔口	邢台市委组织部督查室主任	
李忠义	男	1964.06	神堂坡	总后勤部房地产管理局局长	大校
李现忠	男		西徐庄	北京空军装备研究所政委	
李茂刚	男		苏营二村	北京市老干部局局长	

续表

姓　名	性别	出生年月	籍贯	工作单位及职务	备　注
李俊林	男	1954.09	西郗寨	北京军区后勤部副参谋长	
李振修	男	1965	进虎寨	河北医科大学四院办公室主任	
李跃辉	男		三河道	邢台市矿务局工会主席	
李惠忠	男	1952.05	琉璃寺	西安市人民银行工程师（正处）	
杜三栋	男	1950.11	小韩寨	武警天津市总队指挥学校（副处）	
杜绍慧	男	1952	柳　茂	石家庄武警医院副院长	
杜剑平	男	1956.11	张王疃	邢台市检察院副检察长	
杜娥生	男		东旧城一村	福建省粮食局局长	已故
杨广顺	男	1951.11	小马房	天津市河西区总工会副处长	
杨双举	男	1953.10	后辛庄	西藏军区副政委	少将
杨文豪	男		贾　庄	山西省太原机场党委书记	
杨兴发	男		魏家庄	河北省粮食局副局长	
杨庆刚	男		官　亭	北京309医院政委	退休
杨庆奎	男	1959.05	杨堤村	邢台市建设局副局长	
杨庆爽	男	1952.11	杨堤村	天津警备区（副团）	
杨国平	男	1957	张王疃	河北省消防局副政委	
杨国林	男		张长路	北京市305医院副院长	
杨建超	男		后辛庄	北京水利部下属公司科长	
杨贵通	男		杨堤村	国家地震局处长	
杨顺成	男		小马房	邢台市工会主席	退休
杨海波	男	1962	东辛庄	河北省水文局纪检书记	
杨敬麒	男	1950.05	东杨庄	武警天津市总队政治部计生办主任	
杨登信	男	1948.10	堤村集	天津市河北区王串场街道办事处书记	
杨增海	男	1927	柳　茂	临城县武装部部长	
沈冰阳	男	1966	巨鹿镇	河北省二院保卫处副处长	
谷忠卫	男		大王路	二十冶宝钢集团后勤供应处处长	
辛庆芳	男	1946.03	小王路	陕西省石化厅纪检主任	
陈同辉	男	1970	常　营	华夏银行保定分行行长	
陈丽娜	女		吉陈庄	商务部世贸组织研究会办公室主任	退休
陈志良	男		二河道	湖南益阳市副书记	已故
陈祥谦	男		西冯寨	乌鲁木齐市铁路处处长	

续表

姓　名	性别	出生年月	籍贯	工作单位及职务	备　注
陈新涛	男		吉陈庄	邢台市纪委纠风办主任	
陈福禄	男		柳　茂	河南团政委	已故
陈德春	男	1963.02	苏营一村	解放军总后勤部（副师）	
单春光	男	1966	柴　庄	河北省二院耳鼻喉科主任	
周　涛	男	1979	阎　疃	邢台市商务局副局长	
周平飞	男	1964.05	大　陆	大连海军基地（正师）	
周平伦	男	1957.05	大　陆	石家庄陆军学院（正师）	
孟凡俭	男	1958.07	西大韩	天津港务局正处	
孟凡晓	男		西孟村	衡水市冀县县长	已故
孟平英	女	1959	西孟村	河北省财政厅副处长	
孟华兴	男	1964	西孟庄	河北经贸大学工商管理学院副院长	
孟庆华	男	1948.11	西大韩	武警天津市总队五支队副政委	
孟德长	男		孟　庄	天津武警总队后勤处处长	
岳　稳	男	1971.08	后柳行	西安卫星测控中心司令部副处长	
庞胜宽	男	1950.12	小王路	邢台市招商局正处级调研员	
庞振华	男		小王路	北京轻工业部科技情报所所长	
庞瑞敬	男	1972.10	小王路	北京市房地产勘察测绘所所长	
林　浓	男	1922	姚　庄	石家庄市教委党组书记	
武殿明	男		进头营	河北省监察厅副厅长	退休
苗元军	男	1959.12	苗　庄	邢台市残联党组书记、理事长（正处）	
苗泽华	男	1965	苗　庄	石家庄商学院院长	
苗庭宽	男		苗　庄	邢台市检察院党组副书记	
郑自波	男	1944	白伏三村	邢台市电力局局长	
郑俊怀	男	1949	前堤村	河北省政府法制局处长	
郑洪亮	男	1940	前堤村	河北省食品药品监督管理局处长	
郑振考	男	1951.10	贾　街	中国人民解放军通信工程学院（正师）	
信增瑞	男	1962	于　庄	深圳市盐田区招商局局长	
姚　江	男		贾　庄	邢台市人事局纪检组长	
姚玉申	男	1954	柳　洼	国家安全部（正处）	
姚现军	男		柳　洼	沙河市检察院检察长	
姚保华	男	1978.08	郝　鲁	最高人民法院副院长助理	

续表

姓　名	性别	出生年月	籍贯	工作单位及职务	备　注
段永生	男	1948.03	吕　庄	邢台市建设局副局长	
段芝英	男		柳　茂	湖北沙洋农场党委书记	已故
段朝林	男	1954.11	琉璃寺	石家庄市画院副院长	
胡瑞兴	男	1951.12	小王庄	西安市地税局工会主席	
赵云斗	男		后路寨	邢台市消防大队后勤处处长	
赵志国	男		后路寨	石家庄空军医院院长	退休
赵保卿	男	1958.11	东张王疃	北京工商大学商学院副院长总支书记	
赵彦军	男	1965	大屯头	河北省质量技术监督局计财处处长	
赵彦华	男	1972	赵家庄	华夏银行金马支行行长	
赵振华	男		樊家村	杭州大学组织部长	
赵晨亮	男		乍补寨	邢台市广电局副局长	
赵雪峰	男	1966.03	薄　庄	南和县委副书记	
赵群豪	男	1966.07	赵　村	呼伦贝尔市海拉尔区人武部部长区委常委	
郝增沛	男		王六村	二炮后勤部军需部部长	
党汉岭	男	1938.01	西张王疃	中共中国电子科技集团公司54所 纪委纪检监察员（正处、高级政工师）	
党延峰	男	1957.08	曹辛庄	河北省军区石家庄干休所 党委书记、副局级所长（副师）	
党耀宁	男	1969	曹辛庄	河北省扶贫办移民培训处处长	
唐英雪	男	1951.12	新建庄	天津铁路分局（副处）	
唐俊彦	男	1949.11	张起营	天津市河北区公安分局（副处）	
夏立新	男	1970	夏旧城	河北省国税局副处长	
徐世达	男		魏家庄	河北省政府办公室主任	
徐汉珍	男	1943	小留庄	河北省人民代表大会某处处长	
徐百锁	男		黄　屯	北京军区总医院党委书记	
徐学军	男	1959	西下疃	河北省医院泌尿科主任	
徐胜洪	男	1957	西下疃	河北省人大法制委主任	
徐瑞杰	男		西下疃二村	天津市工商分局办公室主任	
栾建英	男	1965	西下疃	石家庄市裕华区委副书记	
秦书顺	男	1947.11	贾　庄	总参谋部保障供应部天津基地科长（副团）	
袁孟义	男	1964.11	西辛庄	西安卫星测控中心通信站团长	
袁保行	男		西辛庄	沧州空军基地（师级）	

续表

姓　名	性别	出生年月	籍贯	工作单位及职务	备　注
贾志亮	男	1960	官　亭	石家庄车辆厂企划部部长	
贾明恩	男	1955	贾　庄	河北省法院执法总队队长	
贾春峰	男	1938.02	野　场	中宣部理论局正局级调研员	
贾振江	男	1934.08	南孟村	最高人民法院庭长	
贾祥瑞	男	1951.05	贾　街	河南桐柏油矿管理局副局长	
郭剑平	男		郭　庄	邢台地区检察院检察长	退休
钱彦方	男		小官庄	海军总医院副院长	
高　娟	女	1959	柴　庄	石家庄科协副主席	
高顺强	男	1964	安　庄	河北省四院皮肤科主任	
曹印忠	男	1970	观　寨	河北省车管所副所长	
黄毕臣	女	1944	大马房	河北农大党委书记	
彭西峰	男	1938.08	杨堤村	邢台市卫校副校长	
滑　杰	男	1972.03	林　庄	海南 92474 部队装备部修理科科长	
滑保坤	男		高家庄	北京市房山区纪检书记	
滑梦恩	男	1937.06	西旧城	邢钢生活部副部长（副处）	
滑福恒	男	1933.08	西旧城	邢台市检察院检察长	
滑增跃	男	1955.06	西旧城	邢台市司法局副局长	
焦印通	男	1947	南盐池	河北省工程建设质量研究会书记	
程　研	男		白伏四村	河北师大数学系党委书记	
程　煊	男		白伏四村	北京市物资部副处长	
程　辉	男		白伏四村	河北邮电总局副局长	
程齐波	男	1954.03	前堤村	北京军区总医院院长	少将
董敬实	女	1949	小留庄	河北省省教委处长	
谢本朝	男	1939	东佛寨	河北省农科院情报所书记	
谢林毅	男		小马庄	国家安全部台湾局局长	
谢群英	男		东佛寨	邢台质监局局长	
韩仁辰	男	1945.10	孙河镇	天津警备区守备第 35 团团长	
楚广群	男		东铜马	邢台市安监局（正处）	
解　方	男		小吕寨	全国供销社副主任	退休
解印录	男		小吕寨	山西武警总医院院长	
解庆西	男	1950.01	大王路	北京军区政治部联络部（正师）	

续表

姓　名	性别	出生年月	籍贯	工作单位及职务	备　注
解西爽	男		小吕寨	北京海淀区环保局副局长	
解英波	男		小吕寨	北京二炮（正师）	
路庆华	男		路　街	廊坊市房管局副局长	
路建安	男	1957.10	寨　里	邢台市政法委副书记	
路恒福	男	1963.05	路　庄	清河县检察院检察长	
路根雪	男		寨　里	南和县武装部部长	
路韩丰	男	1922.10	寨　里	新疆军区二十三医院政委	
路耀州	男	1947.06	路　庄	邢台市建行副行长	
靳士华	男		塔堤村	衡水地区中医院院长	退休
靳书慈	男	1950.02	堤村集	武警天津市总队指挥学校副处	
靳世豪	男		塔堤村	太原市地税局局长	
靳墨林	男		庙王庄	天津理工大学系主任	
裴石增	男	1960	堤　村	石家庄市审计局金融处处长	
赫文普	男	1934.11	辛　集	石家庄棉纺七厂党委书记	
樊汉国	男	1955	小韩寨	公安部道路交通安全协会常务副会长	
樊彦坤	男	1958	小韩寨	沧州市电力局局长	
潘利民	男	1962	西冯寨	河北省安监局协调处处长	
潘现彬	男		西冯寨	张家口陆军学院（副师）	退休
潘恒忠	男	1934	西冯寨	邢台市老干局局长	
潘恒儒	男	1938	西冯寨	河北省人事厅处长	
薄书平	男	1958.11	薄　庄	国家安全生产监督总局培训中心处长	
薄国纯	男		薄　庄	邢台日报副总编	
薄洪波	男	1948.04	西甄庄	武警部队医学院宣传处处长	
薄慕平	男	1947	寻　虎	河北省医科院附属医院外科	
薛志泽	男	1968.07	西旧城	总参谋部南京干休所（团级）	
魏宪亮	男	1969	魏家庄	河北省邢台沙河武装部部长	

二、巨鹿藉在外地工作副高级及以上职称人员

1979～2008年巨鹿县在外地工作的副高级及以上职称人员共34人。

1979～2008 年巨鹿籍在外地工作副高级及以上职称人员一览表

表 25－2－2

姓名	性别	出生年月	籍贯	工作单位及职务	备 注
马恒通	男	1943	屈 庄	河北师大教授	
王洪彬	男		商 店	北京市城建设计院工程师	
卢俊才	男		小官庄	天津大学客座教授	退休
白朝林	男	1941.10	县城莲花盆街	贵阳医学院附属医院眼科主任医师、教授	
刘平贵	男	1949	刘家寨	中国地质科学院水文地质环境研究所高级工程师	
吕 航	男		白家寨	海军某部学院教授	
吕中强	男		白家寨	河北省二院脑外科主任医师	
孙晨华	女	1963	孙河镇	五十四所高级工程师	
成 刚	男		张 威	青岛大学理工系副教授	
成汉昌	男		张 威	北京大学历史系副教授	
成庆华	男		张 威	北京建筑学院历史系教授	
张 超	男		柳 林	北京交通大学教授	
张玉印	男	1939.01	大 陆	河北省二院教授	
张寿功	男	1942	神堂坡	五十四所高级工程师	
张孟年	男	1938	瓜刘庄	陆军学院教授	
张祥红	男	1957.02	大 陆	河北医科大学博导教授	
张祥建	男	1961.01	大 陆	河北省二院主任医师教授	
李春林	男		胡林寨	中国政法大学教授	
李胜波	男	1951.06	大留庄	解放军 61320 部队工程师	
李增瑞	男		大留庄	中国人民解放军军械工程学院教授	退休
杨玉瑞	男	1958	小马房	河北省省电力公司调度局副总工程师	
谷大坤	男		北大韩寨	河北师大教授	
辛 岗	男		柴尚庄	北京外资企业工程师	
孟庆典	男	1939.06	县城西街	矿区服务事业部徐水基地管理处高级工程师	
郑自俭	男	1956	白伏三村	邢台市党校教授	
赵志礼	男	1939.05	阎 疃	邢台市三环太阳能公司工程师	
夏顺宝	男		夏旧城	天津南开大学教授	
徐怀亮	男		官 亭	邢台市环保局总工程师	
董辰年	男	1944	何 寨	五十四所高级工程师	

续表

姓名	性别	出生年月	籍贯	工作单位及职务	备　注
董国防	男		小留庄	邢台供电公司总工程师	
靳子辉	男		塔堤村	廊坊市石油管理局工程师	
赫建华	女	1938.	辛　集	一级跳伞裁判员	
薄敬华	男	1944.08	薄　庄	河北省中医院教授	
薄慕真	男	1946	寻　虎	河北省中医院教授	

第二节　先进人物表

第一轮县志（下限1990年）和第二轮县志（上限1979年）上下限交叉12年，为方便查阅，将交叉年限第一轮中未录的和第二轮应录的整理列表共32人。

1979～2008年巨鹿县省以上劳动模范（先进工作者）一览表

表25－2－3

姓名	性别	出生年月	获评时单位	现工作单位	获评时间	授予单位	荣誉称号
张振经	男	1944.11	物资局	物资局退休	1979	物资部	先进工作者
李树根	男	1933.11	北关旅馆	北关旅馆退休	1981	省政府	劳动模范
马少林	男	1936.03	农机厂	农机厂退休	1981	省政府	劳动模范
孙　波	男	1936.09	育红小学	育红小学退休	1981	省政府	劳动模范
孟庆坤	男	1949.03	六十三军	商务局	1981	北京军区	先进个人
朱忠温	男	1934	骨胶厂	骨胶厂退休	1981	省政府	劳动模范
田庆旭	男	1934.09	特教学校	特教学校	1982.08	省政府	省模范班主任
					1984.04	全国七大著名报社	全国优秀班主任
刘玉珍	男		橡胶厂		1988	省政府	劳动模范
田遂芳	男	1938.12	楼张镇乡	楼张镇乡退休	1988	省政府	先进工作者
杨更须	男	1939.10	纺机厂	纺机厂退休	1989	省政府	劳动模范
苗永超	男	1932	县电影公司	电影公司退休	1989	广播电影电视部	先进工作者
杜怀昌	男	1933.05	西郭城校区	西郭城校区退休	1989	国家教委	全国优秀教师
杨景辉	男	1933	一中	一中退休	1989	国家教委	全国优秀教师
刘恒军	男	1956	医疗痔瘘学校	痔瘘医院	1989	省政府	新长征突击手
					1990		
商清波	男	1933	建设局	建设局退休	1990	国家建设部	劳动模范
吉路林	男	1944.06	公安局	公安局退休	1990.11	省委、省政府	亚运卫士

续表

姓名	性别	出生年月	获评时单位	现工作单位	获评时间	授予单位	荣誉称号
韩荣彦	男	1937.08	育红小学	教委退休	1991	国家教委	先进工作者
杜西珍	男		工商局	工商局退休	1992	国家工商局	全国优秀工商管理人员
张彦江	女	1938.01	农业局	农业局退休	1992	省政府	劳动模范
程廷英	男	1941.11	城关校区	城关校区退休	1995	教育部、人事部、总工会	劳动模范
李彦平	男	1960	县医院	县医院	1995	省政府	劳动模范
杨绍秋	男	1951	育红小学	育红小学	1985	团中央	全国新长征突击手
					1989	国家教委	劳动模范
					1997.09	省政府	省特级教师
王炳南	男	1942.01	一中	一中退休	1997.09	省政府	省特级教师
陈淑华	女	1967.07	育红小学	育红小学	1997	教育部	全国优秀教师
张书魁	男	1951.06	育红小学	育红小学	1999.10	省政府	省特级教师
王庆坤	男	1948.09	城建局	城建局退休	1999	省政府	劳动模范
贝焕平	女	1960.01	巨鹿五中	巨鹿五中	2001	教育部	全国优秀教师
张　民	男	1961.11	财政局	财政局	2004	省政府	先进工作者
夏瑞群	女	1966.12	育红小学	育红小学	2004	教育部	全国优秀教师
王永计	男	1954.01	河北燕南食品集团有限公司	河北燕南食品集团有限公司	2004.12 2005.04	农业部 省政府	全国乡镇企业家 2003年、2004年度河北省优秀民营企业家
左宝珍	男	1930.06	档案局	档案局离休	2005	中国关工委 中央文明办	全国关心下一代先进工作者
秦国卫	男	1971.10	新华学校	新华学校	2007.09	教育部	全国优秀教师

注：第一轮和第二轮不一致以第二轮录入为准

第三节　专业技术职务人员

巨鹿县副高级及以上职称人员集中在教育、卫生系统，其他系统较少。全县有高级职称的2人，副高级202人。

1979～2008年巨鹿县教育系统副高级及以上职称人员一览表

表25－2－4

姓　名	性别	出生年月	学历	职称	评定时间	工作单位	备注
白仁海	男	1937.01	本科	中高	1982.06	小吕寨校区	退休
田庆旭	男	1934.09	中专	中高	1987.08	特教学校	退休

续表

姓　名	性别	出生年月	学历	职称	评定时间	工作单位	备注
刘江申	男	1934.01	专科	中高	1988.01	教育局	退休
宋　镇	男	1933.03	中师	中高	1988.01	教育局	退休
董玉良	男	1937.12	专科	中高	1988.02	五中	退休
李月巧	女	1943.07	本科	中高	1988.04	教育局	退休
杨经周	男	1938.12	本科	中高	1988.05	教育局	退休
高春平	男	1949.08	双专	中高	1988.06	辛庄校区	退休
杜怀昌	男	1933.05	中师	中高	1988.06	西郭城校区	退休
王银楼	男	1932.12	本科	高级讲师	1988.07	进修学校	退休
卢春录	男	1935.01	本科	高级讲师	1988.07	进修学校	退休
董朝民	男	1936.03	本科	中高	1988.07	电大	退休
孙　波	男	1936.08	专科	中高	1988.07	育红小学	退休
张三辰	男	1936.11	中专	中高	1990.01	职教中心	退休
张金岭	男	1937.05	中专	中高	1991.02	职教中心	退休
荣新召	男	1935.07	本科	中高	1991.04	官亭校区	退休
乔振明	男	1930.01	专科	中高	1991.04	官亭校区	退休
刘国通	男	1938.01	专科	高级讲师	1992.01	进修学校	退休
孟令彩	男	1947.11	专科	中高	1992.03	小吕寨校区	退休
李兰君	男	1932.08	专科	中高	1993.01	一中	退休
薄文起	男	1939.12	专科	中高	1993.01	贾庄校区	退休
田卫平	男	1945.12	专科	中高	1993.03	官亭校区	退休
吉锁中	男	1939.09	专科	中高	1993.07	教育局	退休
刘同祥	男	1943.11	本科	中高	1993.07	巨鹿镇校区	退休
薛殿民	男	1936.07	专科	中高	1993.07	小吕寨校区	退休
张改焕	女	1939.12	专科	中高	1993.08	教育局	退休
王庆存	男	1945.07	本科	中高	1993.08	教育局	退休
董振安	男	1946.11	专科	中高	1993.08	一中	退休
杨学存	男	1948.04	专科	中高	1993.08	一中	退休
马存英	男	1948.12	本科	中高	1993.08	一中	退休
王东升	男	1948.08	专科	中高	1993.08	一中	退休
雷登乾	男	1941.11	专科	中高	1993.08	二中	离岗
王宽心	男	1934.01	中师	中高	1993.12	教育局	退休

续表

姓　名	性别	出生年月	学历	职称	评定时间	工作单位	备注
李遂真	女	1948.03	本科	高级讲师	1994.01	进修学校	退休
王双印	男	1935.02	本科	中高	1994.04	一中	退休
刘　毅	男	1936.05	本科	中高	1994.06	何寨校区	退休
陈步云	男	1934.01	中师	中高	1994.11	一中	退休
施宅湘	男	1934.07	本科	中高	1994.12	一中	退休
刘奎锁	男	1933.01	专科	中高	1995.01	一中	退休
郭舒婷	女	1936.03	专科	中高	1995.03	一中	退休
李朝杰	男	1939.12	专科	中高	1995.07	教育局	退休
田金岩	男	1937.11	专科	中高	1995.07	教育局	退休
樊洪振	男	1935.01	专科	中高	1995.12	一中	退休
吕西振	男	1935.01	专科	中高	1995.12	一中	退休
何哲民	男	1935.01	本科	中高	1995.12	一中	退休
卢西英	男	1956.02	专科	中高	1996.08	一中	
闫廷雨	男	1950.03	专科	中高	1996.08	五中	离岗
张景佩	男	1936.01	专科	中高	1996.12	一中	退休
张文林	男	1936.11	专科	中高	1997.01	一中	退休
李文年	男	1959.01	专科	中高	1997.08	教育局	
董文安	男	1943.05	专科	中高	1997.08	五中	退休
张志勤	男	1956.07	大普	中高	1997.08	二中	离岗
武祥周	男	1939.11	中专	中高	1997.08	官亭校区	退休
乔书申	男	1946.04	专科	中高	1997.12	一中	退休
绳夫全	男	1942.08	专科	中高	1997.12	巨鹿镇校区	退休
梁云卿	女	1959.08	专科	中高	1998.01	巨鹿镇校区	
王建修	男	1946.05	专科	中高	1998.04	王虎寨校区	退休
刘仁洪	男	1938.06	本科	中高	1998.07	一中	退休
高西琢	男	1944.08	专科	中高	1998.08	一中	退休
刘兴武	男	1959.09	本科	高级讲师	1998.09	进修学校	
赵瑞肖	男	1965.07	本科	中高	1998.11	二中	
王兰州	男	1933.01	本科	副教授	1999.01	电大	退休
张延贵	男	1939.07	本科	中高	1999.07	一中	退休
高绍铎	男	1962.10	专科	中高	1999.09	育红小学	

续表

姓　名	性别	出生年月	学历	职称	评定时间	工作单位	备注
王保中	男	1963.02	本科	中高	1999.09	一中	
杨　辉	女	1964.10	双专	中高	1999.09	一中	
董彦岭	男	1943.12	专科	中高	1999.12	教育局	退休
樊东文	女	1963.01	本科	中高	2000.02	巨鹿镇校区	
刘志芹	女	1945.06	专科	中高	2000.07	一中	退休
孙会林	男	1940.12	本科	中高	2000.12	一中	退休
宁恒彬	男	1950.12	专科	中高	2001.02	教育局	
张彩霞	女	1958.02	专科	中高	2001.02	进修学校	
刘汉方	男	1964.03	本科	中高	2001.02	一中	
任丙强	男	1962.11	双专	中高	2001.02	巨鹿镇校区	
王胜波	男	1957.06	专科	中高	2001.02	小吕寨校区	
武玉贵	男	1941.02	本科	中高	2001.02	一中	退休
张之绪	男	1957.06	专科	中高	2001.02	二中	离岗
乔存格	女	1959.08	专科	中高	2001.12	教育局	
薛绍仑	男	1959.10	专科	中高	2001.12	教育局	
徐群生	男	1963.08	本科	中高	2001.12	五中	
岳国庆	男	1963.08	本科	中高	2001.12	一中	
赵焕芹	女	1964.10	本科	中高	2001.12	一中	
董运芳	女	1959.03	双专	中高	2001.12	一中	
赵现平	男	1963.04	本科	中高	2001.12	一中	
杨立印	男	1964.09	本科	中高	2001.12	二中	
王士斗	男	1957.03	专科	中高	2001.12	巨鹿镇校区	
薄书秒	男	1950.03	专科	中高	2001.12	贾庄校区	
谷宏国	男	1959.01	专科	中高	2001.12	小吕寨校区	
陈建格	女	1954.03	大普	中高	2001.12	职教中心	退休
王炳南	男	1942.01	本科	中高	2002.01	一中	退休
郭西群	男	1945.05	专科	中高	2002.06	巨鹿镇校区	退休
王桂林	男	1949.02	本科	中高	2002.06	巨鹿镇校区	退休
张惠君	男	1964.11	本科	中高	2002.12	职教中心	
杨青山	男	1963.04	专科	中高	2002.12	一中	
郑秀珍	女	1965.10	本科	中高	2002.12	一中	

续表

姓　名	性别	出生年月	学历	职称	评定时间	工作单位	备注
朱平杰	男	1963.02	专科	中高	2002.12	一中	
樊建峰	男	1958.01	专科	中高	2002.12	堤村校区	
崔勤国	男	1951.06	专科	中高	2002.12	阎疃校区	
杨旭九	女	1949.01	大普	中高	2002.12	教育局	退休
刘志雄	男	1959.01	专科	中高	2002.12	官亭校区	
庞云鹏	男	1944.01	专科	中高	2003.01	贾庄校区	退休
张国平	男	1950.04	专科	中高	2003.12	五中	
王凤军	男	1961.12	专科	中高	2003.12	五中	
张鑫艳	女	1963.01	本科	高级讲师	2003.12	进修学校	
高彦广	男	1964.03	本科	中高	2003.12	职教中心	
高满喜	男	1965.03	本科	中高	2003.12	一中	
张振朝	男	1963.05	本科	中高	2003.12	一中	
段增仕	男	1960.11	本科	中高	2003.12	一中	
高林祥	男	1964.02	本科	中高	2003.12	一中	
白巧娥	女	1964.03	本科	中高	2003.12	一中	
赵怀波	男	1959.12	专科	高级政工师	2003.12	二中	
王新增	男	1964.05	本科	中高	2003.12	二中	
郑林杰	男	1965.01	本科	中高	2003.12	小吕寨校区	
张华民	男	1962.05	专科	中高	2003.12	西郭城校区	
韩所祥	男	1945.11	专科	中高	2003.12	官亭校区	退休
韩金钟	男	1957.05	专科	中高	2003.12	五中	离岗
王双印	男	1947.07	专科	中高	2004.01	一中	退休
张同亮	男	1943.01	专科	中高	2004.01	贾庄校区	退休
王齐平	男	1948.06	专科	中高	2004.01	观寨校区	退休
夏瑞群	女	1967.12	专科	中高	2004.11	育红小学	
于保军	男	1963.11	本科	中高	2004.11	一中	
李彦森	男	1968.07	双专	高级政工师	2004.11	一中	
任国芳	男	1955.03	专科	中高	2004.11	一中	
孙民峰	女	1964.10	双专	中高	2004.12	电大	
陈　丽	女	1965.04	本科	中高	2004.12	教育局	
苏文桥	男	1970.05	本科	中高	2004.12	教育局	

续表

姓　名	性别	出生年月	学历	职称	评定时间	工作单位	备注
王敬珍	女	1965.01	双专	中高	2005.06	一中	
马建彬	男	1945.06	本科	中高	2005.06	一中	退休
王配合	男	1944.06	本科	中高	2005.06	一中	退休
杨拥军	女	1970.12	本科	中高	2005.11	教育局	
白现平	女	1960.12	专科	中高	2005.11	五中	
李瑞平	女	1958.12	专科	中高	2005.11	五中	
张义科	男	1958.08	本科	中高	2005.11	五中	
杨书义	男	1956.12	专科	中高	2005.11	一中	
胡群显	男	1960.08	专科	中高	2005.12	职教中心	
任书军	男	1959.12	专科	中高	2006.11	五中	
田　玮	女	1970.08	本科	中高	2006.11	一中	
闫淑峰	女	1957.02	本科	中高	2006.11	一中	
刘庆辰	男	1956.01	专科	中高	2006.11	贾庄校区	
薛志豪	男	1957.11	本科	中高	2006.11	苏家营校区	
张国方	男	1966.03	本科	中高	2007.11	一中	
孟庆仓	男	1965.03	本科	中高	2007.11	一中	
潘绍玉	男	1956.08	专科	中高	2007.11	何寨校区	
张新民	男	1964.08	专科	中高	2007.12	二中	
田春娟	女	1958.12	专科	中高	2008.11	五中	
杨建国	男	1957.01	专科	中高	2008.11	一中	
解丽肖	女	1967.11	本科	中高	2008.11	一中	
张华敏	女	1960.11	本科	中高	2008.12	特教学校	
钮计彬	男	1968.03	本科	中高	2008.12	进修学校	
徐成行	男	1963.07	双专	中高	2008.12	张王疃校区	
孙丽英	女	1964.01	专科	中高	2008.12	王虎寨校区	

注：高级讲师、中学高级（简称中高）、高级政工师、副教授均为副高级职称

1979～2008年巨鹿县卫生系统副高级及以上职称人员一览表（在职）

表25－2－5

姓　名	性别	出生年月	学历	职　称	评定时间	工作单位	备注
张志荣	男	1951.09	本科	副主任医师	1996	县医院	

续表

姓　名	性别	出生年月	学历	职　称	评定时间	工作单位	备注
夏殿印	男	1947.04	专科	副主任医师	1998	妇幼院	
孙会轩	男	1956.06	专科	副主任医师	2001	县医院	
杨医通	男	1970.02	本科	副主任医师	2001	县医院	
马彩国	女	1966.11	本科	副主任医师	2002	县医院	
郑金玲	女	1956.02	中专	副主任医师	2002	中医院	
崔瑞兵	男	1964.06	本科	副主任医师	2003	县医院	
杨金波	男	1963.07	专科	副主任医师	2005	县医院	
吉运磊	男	1964.07	本科	主任医师	2007	县医院	
常万民	男	1964.12	专科	副主任医师	2008	县医院	

1979～2008 年巨鹿县卫生系统副高级及以上职称人员一览表（离退休）

表 25－2－6

姓　名	性别	出生年月	职称	评定时间	工作单位	备注
信怀波	男	1935	副主任医师		防疫站	
杨建印	男	1936.11	副主任医师		县卫校	
张淑玲	女	1937.10	副主任医师		县医院	
张凡文	男	1938	副主任医师		防疫站	
陈东营	男	1940	副主任医师		妇幼保健院	
李西廷	男	1940	副主任医师		县医院	返聘
李连霞	女	1940	副主任医师		县医院	
薄敬申	男	1940.03	主任医师	1999.04	县医院	返聘
马俊堂	男	1940.03	副主任医师		县医院	
马玉坤	男	1941.01	副主任医师	1993.09	中医院	
付殿勋	男	1941.10	副主任医师		县医院	
张连芹	女	1942.05	副主任医师		县医院	返聘
杨洪亮	男	1943.09	副主任医师		县医院	
乔恒标	男	1943.09	副主任医师	1999.01	县医院	返聘
薛绍印	男	1943.11	副主任医师		县医院	返聘
董怀民	男	1944	副主任医师		县医院	
张兰芬	女	1944.10	副主任医师	1999.01	县医院	
陈焕多	女	1945.02	副主任医师		县医院	返聘

续表

姓　名	性别	出生年月	职称	评定时间	工作单位	备注
刘一成	男	1945.06	副主任医师		妇幼保健院	
王庆玉	男	1945.11	副主任医师	1996.12	小吕寨中心卫生院	返聘
高振报	男	1946.03	副主任医师		县医院	
孟凡锁	男	1946.04	副主任医师		县医院	返聘
张成如	男	1946.07	副主任医师		县医院	
马恩谦	男	1946.09	副主任医师		县医院	返聘
刘彩茹	女	1947.01	副主任医师		县医院	
张会芬	女	1949.09	副主任医师	2001.06	县医院	

1979～2008 年巨鹿县其他单位副高级及以上职称人员一览表

表 25－2－7

姓名	性别	出生年月	职称	评定时间	工作单位	备注
张会珍	女	1945.12	高级工程师	1994.01	林业局	
路　湘	男	1934.11	高级工程师	1994.01	水利局	
叶玉森	男	1937.12	高级工程师	1994.01	地震办	
杜文科	男	1938.10	高级工程师	1994.01	县社某厂	
谢江申	男	1943.06	高级工程师	1994.05	纺织厂	
马国录	男	1936.11	高级工程师	1994.05	酒厂	
李书波	男	1948.07	高级经济师	1994.08	自来水公司	
王双喜	女	1941.09	高级农艺师	1995.05	农业局	
李金灿	男	1953.08	高级农艺师	1996.12	农业局	
张志勤	男	1955.07	高级讲师	2000.01	人劳局	
潘忠禄	男	1943.08	副研究馆员	2000.01	文化局	
王玉珂	男	1941.10	高级讲师	2000.01	技校	
苏文典	男	1958.03	高级工程师	2000.01	电力局	
苑雪民	女	1953.12	高级工程师	2001.06	农业局	
陈敬超	男	1952.04	高级讲师	2001.06	人劳局	
靳金果	女	1957.09	高级工程师	2001.08	水利局	
安胜国	男	1957.04	高级工程师	2001.08	水利局	

两部分共8人。

第四节 烈士名表

烈士记述含限内追认为烈士的及限内牺牲的

1979~2008年巨鹿县烈士一览表

表25-2-8

姓名	性别	出生年月	籍贯	牺牲时间	牺牲地点	备注
吉清峰	男	1892	吉陈庄	1936.02	吉陈庄	1989年追认烈士
马文海	男	1916	东下疃	1941.10	阎桥村	1988年追认烈士
范泽湖	男	1895	范街村	1943年秋	巨鹿县城	1988年追认烈士
王挺赞	男	1907	寨里村	1942.07	邢台市郊区	1988年追认烈士
蔡计成	男	1911		1943		1988年追认烈士
左刚岭	男	1960	东旧城村	1979.11	新疆	
杨广恩	男	1959	沙井村	1980.07	丰宁县	
高景祥	男	1970.11	高庄村	1993.2	邢台桥东区	1993.2追认烈士

第二十六编

乡贤魏徵

据清光绪十二年《巨鹿县志》载：魏文贞公祠在文庙西，元泰定四年（1327 年）县尹杜忽里罕创建。明洪武十年（1377 年）巨鹿知县王深源又重修。即巨鹿县把魏徵列为乡贤迄今至少已有 680 余年。上溯唐宋两朝是否列为乡贤？因巨鹿县曾历黄河、漳水改道，两次遭灭顶之灾，阖境陷没，故无文字或遗迹可考，不可杜撰。而至 1985 年底，河北省地方志办公室编写《河北市县概况》，时任巨鹿县方志办主任的王麟本受命编写巨鹿条，在查阅清光绪十二年《巨鹿县志》时，发现魏徵故里为巨鹿县。转而查阅《新唐书》、《旧唐书》诸文献却诸说不一，唯《贞观政要》载为巨鹿人。为厘清此事，巨鹿县组建魏徵故里研究会，王麟本兼任会长。开始了对魏徵的研究。历届县领导都很重视此事，尤其是县委书记孙学良于 2004 年曾亲自率团赴马来西亚参加世界魏氏宗亲总会第三届恳亲大会，并邀请第四届恳亲会在巨鹿县召开。经过 20 多年对魏徵故里的寻根探源，去伪存真地研究，魏徵故里是今之巨鹿县无疑。

第一章　生平与业绩

魏徵是中国唐初伟大的政治家、思想家和杰出的历史学家，是名垂千古的良臣贤相。辅佐唐太宗 17 年，以“犯颜直谏”而闻名。他那种“上不负时主，下不阿权贵，中不侈亲戚，外不为朋党，不以逢时改节，不以图位卖忠”的精神，千余年来，一直被传为佳话。

第一节　生　平

魏徵（580～643 年），字玄成，生于北周静帝大象二年（580 年）之襄国郡巨鹿县（今之邢台市巨鹿县）。少家境孤贫，有大志，不事生业，出家为道士。好读书，尤其注重研究合纵连横之术。大业末，瓦岗军首领李密见徵所属文颇有见识，召之。徵连进十策，密知为奇谋而不能用。后河北义军首领窦建德攻陷黎阳，俘获魏徵，任为起居舍人。

建德败，徵投奔隐太子李建成，深受器重，拜为洗马[①]。徵见太宗与隐太子勾心斗角，阴相倾夺，每劝建成早订计谋，预为除之，遂酿成玄武门之变，太宗率众射杀兄建成与弟元吉。不久，太子党人士纷纷逃亡，魏徵却依然故我。有一天太宗严厉责问魏徵：“你为什么要离间我们兄弟关系呢?”，在场官员个个畏惧不已。徵慷慨自若，从容对答：“皇太子若从臣言，必无今日之祸”。太宗听后转怒为喜，倍加敬重，封为詹事主簿[②]，后改任谏议大夫[③]，步步高升。太宗多次将魏徵引入后宫卧室，访求治国安邦之术。徵颇具治理国家之才干，性格又刚正不阿，无私无畏。太宗每次与他谈话，都没有不喜悦的。徵也喜逢知己之明主，竭尽全力相辅佐。太宗又赞赏魏徵说：“爱卿所提意见前后共200余条，都称朕的心意。若不是爱卿对国家忠心赤胆，怎能做到这样！”。

贞观三年（629年）累迁秘书监[4]，参与朝政，深谋远算。太宗曾与魏徵说：“卿之罪比管仲射中齐桓公的带钩还重，可朕用卿超过了齐桓公重用管仲。近代君臣相得能有像朕与卿这样亲密无间的吗?”。六年（632年），太宗幸九成宫，设宴招待近臣。长孙无忌[5]说：“王珪、魏徵以前事息隐[6]，臣见他们若仇敌。不知怎么今日又同此宴?”，太宗说：“魏徵过去确实是我的仇敌。但他尽心所事，有十足的好处，朕能提拔重用他，何惭古贤王之美德？徵每犯颜切谏，不许我做错事，我所以器重他啊！”，徵再拜说：“陛下引导臣使我发言，臣所以敢发言，臣也不敢犯龙鳞、触忌讳呀！”，太宗大悦，各赐钱十五万。

贞观七年（633年），魏徵代王珪为侍中[7]，累封郑国公[8]。不久以病请辞职，当散官。太宗说：“朕从敌俘行列中把你提拔出来，委以枢要之职，见朕之非，未尝不谏。魏公您唯独不见金子在矿石中，何足为贵呀！但经良工巧匠冶炼铸造为器具后，才被人们视为宝物。朕正好把自己比作金子，把卿视为良工巧匠。您虽有病，但未衰老，岂得当散官图自在呀！”，徵方打消辞职念头。后又坚辞，任其便，解去侍中职务，授以特进[9]，仍主管门下省[10]。十二年（638年），太宗喜得皇孙，设宴公卿，帝极其高兴，对侍臣说：“贞观之前，跟从我平定天下，克服艰险，玄龄[11]之功无所谦让；贞观之后，尽心与我，献纳直言，安国利人，成就我今日之功业，被天下人所称道者，唯有魏徵而已。古之名臣，谁比他更强?”，于是解佩刀赐给二人。庶人承乾[12]在春宫，不修德业。魏王泰[13]对其宠爱日深。内外众同僚都有异议。太宗闻之深感厌恶。于是对侍臣说：“当今朝臣，忠贞直言，无有像魏徵的。我派他做皇太子师傅。用此以绝天下某些人的非分之望。”

贞观十七年（643年）遂授魏徵以太子太师，掌门下事如故。徵陈述自己有病，太宗答道：“太子是宗社之本，没有师傅，故选中正之人辅佐。我知道您老而有病，可以不拘君臣常礼，卧而教护他。”，徵方才就职。不久徵犯病。其宅内先无正堂，太宗立刻停建正施工的小殿，用其材为徵建造正堂，五日竣工。并遣中使赐以布衾素褥，以投合魏徵平生崇尚节俭之品性。徵病危重，太宗赐遗药膳无数，亲趋魏府问候，交谈终日；又携太子并至，徵强撑病躯著朝服拖带，太宗更加悲伤烦闷，安慰魏徵。将衡山公主下嫁徵子叔玉。太宗说：“魏公强打精神看看新儿媳！”，徵不能谢，至晨薨（音洪，天子死曰崩，诸侯死曰薨）。帝亲临恸哭，罢朝五日，太子举哀西华堂。诏内外百官朝集都参加葬礼。晋王奉诏致祭，陪葬昭陵[14]。太宗登苑西楼，望哭尽哀。赠司空[15]，谥曰文贞。太宗亲为制碑文，复自书于石。特赐其家食实封九百户。太宗后曾对侍臣说：“人磨铜为镜对照，可以正衣冠；以史为鉴对照，可以知国家的兴衰；以人为镜对照，可以明了自己的得失。朕常保此三镜，以防自己做错事。今魏徵不幸逝世，我因此失掉一面镜子啊！”，为此长时间抽泣不止。于是诏告侍臣说：“过去唯有魏徵常指明我的过错。自其死后，虽有过错，也显不出来。朕难道独昔时有错，今日都对？其缘故也是众卿苟且顺从，难于触龙鳞、怕获罪吧？所以我虚心向外征求意见，为解开这个谜我向内心反省。意见提的不恰当，没有用，我也甘心倾听。可是想接受意见而不提，这是谁的责任啊？自此以后，众卿要各尽赤诚。我若有是非，请直言，要知无不言，言无不尽。”。

魏徵是唐初著名政治家，曾提出“兼听则明、偏听则暗”，多次劝太宗以隋亡为鉴。引荀子语，谓君似舟，民似水，“水能载舟，亦能覆舟”。力言必须“居安思危，戒奢以俭”，“任贤受谏”，“薄赋敛，轻租税”。其言论见于《贞观政要》。著作有《隋书》的序论与《梁书》、《陈书》、《齐书》的总论，并主编《群书治要》。

注释：

①洗马：汉有是职，太子出，则当直者前驱清道。唐制，东宫左春坊司经局置洗马。掌经史子集四库籍刊辑之事，凡天下之图书上东宫者，皆受而藏之。

②詹事主簿：官名，秦汉置詹事，掌皇后太子家。唐建为詹事府，设太子詹事，少詹事，总东宫内外庶务。历朝因之。清光绪时废。

③谏议大夫：官名，省称谏议。秦置谏大夫，掌议论，无常员。汉属光禄勋，后改称为谏议大夫，历代因之，属门下省。宋置左右谏议大夫，为谏垣之长。元因其制，明不设。

④秘书监：官名，汉置，历代因之。隋置秘书省，以监为长官，少监次之。唐宋因其制，元始以秘书监为官署之称，而置秘书监，卿为长官。大监、少监、监丞等属之，明不置。

⑤长孙无忌：复姓长孙，名无忌，字辅机。文德皇后之兄，从太宗征讨有功，累擢比部郎中。贞观初，迁吏部尚书，封齐国公，复进策司空，为太子太傅。高宗时，以沮立武后，削官爵，置黔州，卒。

⑥息隐：皇太子李建成在玄武门之变中被射杀。太宗登基后，为清除不良影响，礼葬皇太子，特地追封建成为息王，谥曰隐，故称息隐。

⑦侍中：官名，汉以侍中为加官，分掌乘舆服物，与中官俱止禁中。魏晋以后为门下省之长官。

⑧国公：爵名，隋始有国公之名号，位次郡王，自唐迄明皆因之。清代唯宗室及藩部得封镇国公，辅国公。

⑨特进：官名，汉置诸侯、王公、将军，功德优盛，朝廷所敬异者，赐位特进。位在三公下，魏晋以后因之，皆为加官，隋唐改为散官。明以特进为正一品。清废。

⑩门下省：官署名，后汉谓之侍中寺，晋时给事、黄门侍郎与侍中俱管门下众事，始谓之门下省。南北朝因之，侍中为长官，领给事、黄门侍郎、散骑常侍、给事中、谏议大夫等官。掌献纳谏正及司进御之职。唐尝改为东台、为鸾合、为黄门省。旋复为门下省。宋因之，掌受天下成事、审命令、驳正违失，受发通进奏状，进请宝印。元废。

⑪玄龄：姓房、名乔，字玄龄，唐之名相，临淄人。太宗为秦王时，玄龄为记室，居十八学士之首。从征伐，富有谋略，太宗比之萧何、累官尚书左仆射，居相位十五年，举贤才，兴文教，致贞观之治，封梁国公，卒谥文昭。

⑫承乾：太宗初立长子承乾为太子，封魏王，后以罪废为庶人。

⑬魏王泰：字惠褒，太宗第四子，封魏王，好士，善属文，后贬王濮，谥曰恭。

⑭太子太师：唐制，太子太师、太傅、太保为三师，掌以道德辅导皇太子。

⑮昭陵：唐太宗陵，在今陕西醴泉县东北九嵕山。《长安志》陵古蓬蒲村下，宫去陵十八里，封内周一百二十里。陪葬诸王七，公主二十一，妃嫔八，宰相十二，丞郎三品等五十三人，功臣大将军以下六十四人，所乘六骏石像在陵后。

⑯司空：官名，少昊时所制，唐虞以后因之，周时为六卿之一，曰冬官大司空，掌水土之事。汉改御史大夫为大司空，与大司马、大司徒并列三公，旋去大字称司空，历代因之。明废。后人通称工部尚书为大司空。

第二节　业　绩

一、甘做良臣

据2002年第2期《炎黄春秋》“李世民纳谏的前后变化”一文载：太宗的诚于纳谏之举，确实在封建历史上少有。从武德九年到贞观十七年（626～643）魏徵为巩固唐王朝江山社稷，光明磊落，嫉恶如仇，犯颜直谏，前后向太宗谏奏200多条。如“兼听则明、偏信则暗”、“水能载舟，亦能覆舟”、“居安思危”、“戒奢以俭”、“任善人则国安，用恶人则国弊”、“任贤受谏”、“任贤无猜，可以兴矣”、“薄赋敛轻租税”等等。这些谏奏都为唐太宗采纳，对唐王朝的巩固和强盛起到了重要作用。魏徵直言，常为某一件事和太宗争得面红耳赤，弄得太宗难看，下不了台，事后太宗仔细一想，觉得魏徵坚持得对，言虽逆耳，却是忠言，又感激魏徵的忠诚。为表彰魏徵赐书写道：“疾风知劲草，板荡识忠臣。”，魏徵接过赐书看一看，摇头说：“谢陛下赐书。不过臣不愿做忠臣”。太宗疑惑地问：“爱卿此乃何意?”，魏徵回答说：“臣不愿做忠臣，愿做良臣”。太宗仍不解其意，继而追问道：“这忠良有何不同?”，魏徵说：“做臣子的对人君言听计从，

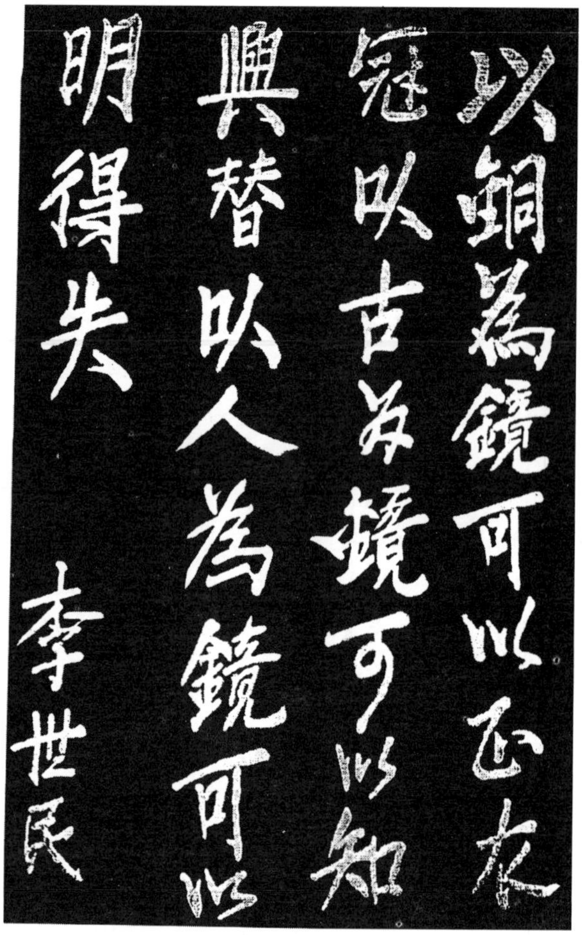

《魏氏大宗谱》唐太宗李世民题词

忠贞不贰，乃忠臣也；直言进谏，匡正人君过失，君臣协力者为良臣也。”。太宗听得连连称赞，提笔将忠字改为良字。

又据《贞观政要》载：贞观六年（632 年），有人告尚书右丞魏徵，言其阿党亲戚。太宗使御史大夫温彦博案验其事，乃言者不直。彦博奏称，徵即为人所道，虽在无私，亦有可责。遂令彦博谓徵曰：“尔谏正我数百条，岂以此小事，便损众美。自今以后，不得不存形迹。”。居数日，太宗问徵曰：“昨来在外闻，有何不是事?”，徵曰：“前日令彦博宣敕语臣云因：何不存形迹？此言大不是。臣闻君臣同气，义均一体。未闻不存公道，惟事形迹。若君臣上下，同遵此路，则邦国之兴丧，或未可知”！太宗瞿然改容曰：“前发此语，寻已悔之。实大不是，君亦不得遂怀隐避。”徵乃拜而言曰：“臣以身许国，直道而行，必不敢有所欺。但愿陛下使臣为良臣，勿使臣为忠臣。”，太宗曰：“忠良有异乎?”，徵曰：“良臣使身获美名，君受显号。子孙传世，福禄无疆。忠臣身受诛夷，君陷大恶。家国并丧，独有其名。以此而言，相去远矣。”，太宗曰：“君但莫违此言，我必不忘社稷之计。”，乃赐绢二百匹。贞观十七年魏徵死，太宗思念不已，叹息道：“以铜为镜可以正衣冠，以古为镜可以知兴替，以人为镜可以知得失。魏徵殁，朕亡一镜矣……”。

魏徵恪守“良禽择木而栖，贤士择主而事”的古训。即可事即事，不可事则弃，决不做任何封主的附庸。如李密不听其良言，便毅然弃之。因为如不遇明主而事之，往往事昏君则一事无成，事暴君则助纣为虐；做忠臣便招杀身之祸。岳飞、袁崇焕便是最典型的例子。遗憾的是：历朝历代人们但知忠臣光荣，且争做忠臣。而对魏徵的“良臣论”却知者甚少。因此便为培养昏暴之君创造了肥土沃壤，致使国弱民穷。天灾人祸频仍，人民苦不堪言。

二、敢谏善谏

魏徵辅佐唐太宗 17 年，以“犯颜直谏”闻名。魏徵进谏有 3 个特点：（一）数量多。魏徵向唐太宗进谏知无不言，言无不尽，前后二百余事，数十万言。（二）质量上乘。魏徵谏言无论疏文、谈话，观点鲜明，文辞犀利，具有很强的思想性和哲理性。一般都能使唐太宗折服或猛醒，从而达到进谏的目的。在魏徵所有谏言中，尤以贞观十一年上奏的《谏太宗十思疏》和贞观十三年上奏的《十渐不克终疏》两篇疏文最为著名，被历代史学家称为“万世师表“。（三）谏技高超。魏徵以敢于直谏而闻名于世，但也不是不讲方式方法，一味地顶撞和冒犯皇帝。在长达 17 年的漫长岁月中，魏徵之所以屡谏屡胜，而唐太宗能够言听计从，与魏徵善于进谏，能把道理讲清说透有很大关系。

贞观二年（628 年），魏徵被授秘书监，并参掌朝政。不久，长孙皇后听说一位姓郑的官员有一位年仅十六七岁的女儿，才貌出众，京城之内，绝无仅有，便告诉了太宗，请求将其纳入宫中，备为嫔妃。太宗便下诏将这一女子聘为妃子。魏徵听说这位女子已经许配陆家，便立即入宫进谏：“陛下为人父母，抚爱百姓，当忧其所忧，乐其所乐。居住在宫室台榭之中，要想到百姓都有屋宇之安；吃着山珍海味，要想到百姓无饥寒之患；嫔妃满院，要想到百姓有室家之欢。现在郑民之女，早已许配陆家，陛下未加详细查问，便将她纳入宫中，如果传闻出去，难道是为民父母的道理吗?”，太宗听后大惊，当即深表内疚，并决定收回成命。但房玄龄等人却认为郑氏许人之事，子虚乌有，坚持诏令有效。陆家也派人递上表章，声明以前虽有资财往来，并无订亲之事。这时，唐太宗半信半疑，又召来魏徵询问。魏徵直截了当地说：“陆家之所以否认此事，是害怕陛下以后借此加害于他。其中缘故十分清楚，不足为怪”。太宗这才恍然大悟，便坚决地收回了诏令。

由于魏徵能够犯颜直谏，即使太宗在大怒之际，他也敢面折廷争，从不退让。所以，唐太宗有时对他也会产生敬畏之心。有一次，唐太宗想要去秦岭山中打猎取乐，行装都已准备停当，但却迟迟未能成行。后来，魏徵问及此事，太宗笑着答道：当初确有这个想法，但害怕你又要直言进谏，所以很快又打消了这个念头。还有一次太宗得到了一只上好的鹞鹰，把它放在自己的肩膀上，很是得意。但当他看见魏徵远远地向他走来时，便赶紧把鸟藏在怀中。魏徵故意奏事很久，致使鹞子闷死在怀中。

贞观六年（632 年），群臣都请求太宗去泰山封禅。借以炫耀功德和国家富强，只有魏徵表示反对。唐太宗觉得奇怪，便向魏徵问道：“你不主张进行封禅，是不是认为我的功劳不高、德行不尊、中国未安、四夷未服、年谷未丰、祥瑞未至吗？魏徵回答说：陛下虽有以上六德，但自从隋末天下大乱以来，直到现在，户口并未恢复，仓库尚为空虚，而车驾东巡，千骑万乘，耗费巨大，沿途百姓承受不了。况且陛下封禅，必然万国咸集，远夷君长也要扈从。而如今中原一带，人烟稀少，灌木丛生，万国使者和远夷君长看到中国如此虚弱，岂不产生轻视之心？如果赏赐不周，就不会满足这些远人的欲望；免除赋役，也远远不能报偿百姓的破费。如此仅图虚名而受实害的事，陛下为什么要干呢?”。不久，正逢中原数州暴发了洪水，封禅之事从此停止。

在魏徵的身上，永远看不到臣子对君王的奴颜婢膝，看到的是中国古代知识分子身上那种远比忠贞的节操更为可贵的东西，那是一种最原始的平等观念。

李世民开创了贞观盛世的辉煌业绩，而李世民的成功又与魏徵的直谏分不开。正如《贞观政要·魏徵传》所载：“太宗曰：朕拔卿于仇虏中，任卿以枢要之职，见朕之非，未尝不谏。公独不见金之在矿，何足贵哉？良冶锻而为器便为人所宝。朕言自比于金，以卿为良工”。

三、著书立说

魏徵一生著述甚丰，有《大唐仪礼》、《群书治要》等 260 余卷。

贞观十年（636 年），魏徵奉命主持编写《隋书》、《周书》、《梁书》、《陈书》、《齐书》（时称五代史）等，历时 7 年。魏徵著有《隋书》的《序论》和梁、陈、齐各书的《总论》，另有《次礼记》20 卷，和虞世南、褚亮等合编的《群书治要》50 卷。

贞观十一年（637 年），魏徵等礼官学士修改旧礼，制订出《新礼》138 篇，其中《吉礼》61 篇，《宾礼》4 篇，《军礼》20 篇，《嘉礼》42 篇，《凶礼》6 篇，《国恤》5 篇，分为 100 卷。

魏徵为后人留下了许多名言，至今仍是人们修身齐家治国平天下的座右铭，如“兼听则明，偏听则暗”；“傲不可长，欲不可纵，乐不可极，志不可满”；“居安思危，戒奢以俭”；“念高危，则思谦冲而自牧；惧满盈，则思江海下百川”等等。这些精神财富在巨鹿人身上留下深深的烙印，逐步形成了仁义传世、崇尚文化、勤俭持家、德礼诚信等巨鹿乡魄民魂。

魏徵的历史功绩，李世民曾给予“贞观以前，从我平定天下，周旋难险，玄龄之功无所与让。贞观之后，尽心于我，献纳忠说，安国利人，成我今日功业，为天下所称者，惟魏徵而已。古之名臣，何以加也。”的极高评价。

第二章 故里考证

1986年成立魏徵研究会，至2008年，历时22年，通过查阅大量的历史文献，外出调查，实地考察魏徵故里遗址，走访魏徵出生地等周边多个村庄，经反复考证，魏徵故里确属河北巨鹿县。

第一节 故里遗址

据清光绪十二年《巨鹿县志》载：明洪武十年（1377年），巨鹿知县王深源重修魏相祠，并作记云：“此巨鹿为公桑梓，铜马之墟，印垄榛莽……”。意指巨鹿县铜马镇北1000米，周于庄村西500米的相交处，有一片废墟，野树杂草丛生，群众俗称魏庄地，已垦为田亩，即魏徵的故里。1969年挖排水渠时，曾于此两米深处挖出锅灶，确系古村落遗址。

1918年，河北巨鹿县遇大旱，漳河水干，民众打井自救，无意中挖出大批古陶瓷，顿时引起国内外轰动，知识界与考古界极为震惊，天津博物院于1920年亲临巨鹿进行考古调查，1921年，北京历史博物馆对巨鹿故城三明寺进行正式发掘。考古发现：巨鹿县城南门内路东靠北有一处唐代建筑物“魏徵祠堂”，祠堂内有唐代所铸的魏徵铁像。有人要发掘该祠堂。因南门外有一小村村民皆姓魏，言称为魏徵后人，前来阻止发掘，所以保存未毁。魏徵像在唐代用铁铸成。

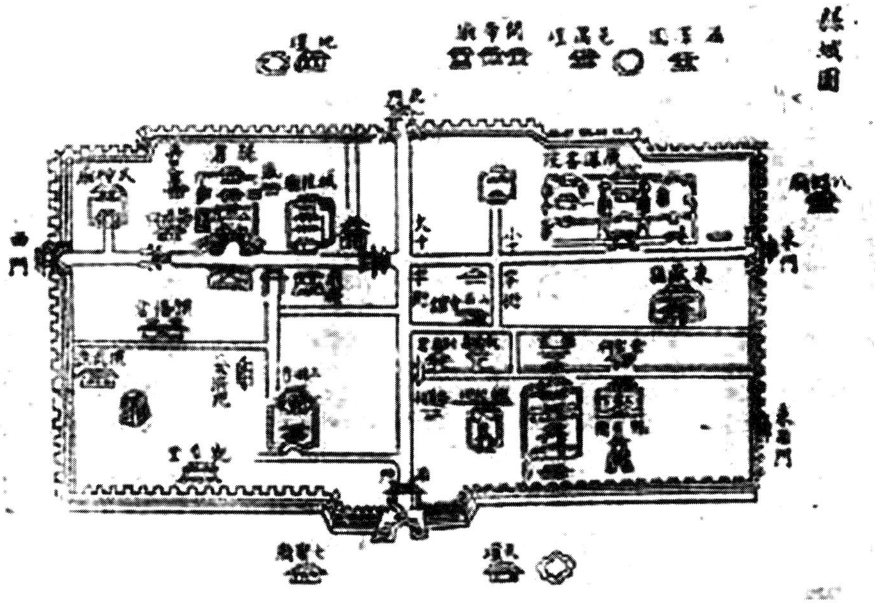

清光绪十二年（1886年）县城平面图（标有魏相祠位置）

第二节 故里文存

一、《魏文贞公·宋文贞公祠堂记》（元朝学士虞集）

至大四年七月，中山王公结，自集贤直学士出守顺德。明年，郡以治，闲居无事，乃按传记而叹，曰：“魏文贞公徵，巨鹿人；宋文贞公璟，沙河人。今二邑隶顺德，则二公皆郡人。守其土，祀其先民，礼也。”于是作宫学宫东南，考求当时衣冠之盛，肖二公仪形而合祀焉。郡人梁、苏各以财来助，司狱崔某、学正杨某董其役，以延祐元年二月告成。泰定元年，天子始开经筵，王公在集贤侍读以经，从幸上都。集与行在间，以祀事语集，将篆诸石以识。集曰：“治民者当示之以好恶。乡背之正，则民志一，而事有所据，特教之疏节耳！而世犹迂之甚矣，其不

魏文貞公宋文貞公祠堂記

至大四年七月中山王公結自集賢直學士出守順德明年郡以治閑居無事乃按傳記而嘆曰魏文貞公徵鉅鹿人宋文貞公璟沙河人今二邑隸順德則二公皆郡人守其土祀其先民禮也於是作宮學宮東南考求當時衣冠之盛肖二公儀形而合祀焉郡人梁蘇各以財來助司獄崔某學正楊某董其役以延祐元年二月告成泰定元年天子始開經筵王公在集賢侍讀以經從幸上都集與行在間以祀事語集將篆諸石以識集曰治民者當示之以好惡鄉背之正則民志一而事有所據特教之疏節耳而世猶迂之甚矣其不知本也天下之患常出於巽懦無耻巽懦者苟且無耻者無忌憚苟且而無忌憚人心始不可收而至於無所不至君子蓋深憂之若二公者誠足以表礪振起於斯人哉唐有天下二百餘歲莫治於貞觀莫盛於開元之初一時名臣衆多近代蓋莫之及然而尚論剛正能諫諍有古大臣之風者則未有逾於二公者也夫二公之鄉非有百里之遠也二公之相去非有異世之隔也邦人頌其事而知其德豈一朝一夕之積而合祀之禮曠久未舉固亦有待也耶昔仁宗皇帝在御慨然憫習俗之弊於文法頽壞淪靡而莫之救乃出獨斷以圖治凡所揀拔常出不次一時作新之志貞觀開元不足爲也向使有若二公出乎其間則氣類之合風節所屬庶幾少荅聖明之萬一乎始王公受知仁宗於東宮及承大統而已在外服其祀二公也特因其職分之所得爲而已通者論經之餘亦嘗竊取二公言事之要而陳之辭之所達萬不及一徒想見其遺風餘烈之不可復作南瞻祠宇悠然有千載之嘆焉噫豈吾二人之私也哉故作享神之詩曰侃侃正辭高風相望恭敬不忘有合其鄉於昭顧懷庶其在此俾後民克享世有君子

學士虞集撰文

元延祐元年春立

清乾隆十五年《顺德府志》（下）《魏文贞公宋文贞公祠堂记》碑刻

知本也。天下之患常出于巽懦无耻。巽懦者，苟且；无耻者，无忌惮。苟且而无忌惮，人心始不可收。而至于无所不至，君子盖深忧之。若二公者，诚足以表砺振起于斯人哉！唐有天下二百余岁，莫治于贞观，莫盛于开元之初，一时名臣众多，近代盖莫之及。然而尚论刚正能谏诤，有古大臣之风者，则未有逾于二公者也。夫二公之乡，非有百里之远也；二公之相去非有异世之隔也；邦人颂其事而知德，岂一朝一夕之积！而合祀之礼，旷久未举，固亦有待也耶。昔仁宗皇帝在御，慨然悯习俗之弊，于文法颓坏沦靡，而莫之救，乃出独断以图治。凡所拣拔常出，不次一时作新之志，贞观、开元不足为也。向使有若二公出乎其间，则气类之合，风节所厉，庶几少答圣明之万一乎！始王公受知仁宗于东宫，及承大统而已在外服。其祀二公也，特因其职分之所得为而已。迩者论经之余，亦尝窃取二公言事之要，而陈之辞之所达万不及一。徒想见其遗风余烈之不可复作。”南瞻祠宇，悠然有千载之叹焉。噫！岂吾二人之私也哉？故作享神之诗，曰：“侃侃正辞，高风相望。恭敬不忘，有合其乡。于昭雇怀，庶其在此，俾后民克享，世有君子。”

注：虞集（1272～1348），元学者，文学家，字伯生，人称邵庵先生。祖籍仁寿（今属四川），迁崇仁（今属江西）。成宗大德初年到大都（今北京）任国子助教。仁宗时为集贤修撰，泰定帝时，升任翰林直学士，兼国子祭酒。

二、《魏相祠记》

（明巨鹿知县王深源）

於戏！明良相逢，古昔然也。盖有唐、虞、汤、武之君，则有夔、皋、伊、周之臣，夫岂偶然哉！惟公生隋末，当群雄角逐之时。济世安民之君作，而公际其会。故虎啸而风生，龙兴而云致，气类感召有自来矣！故公以出类拔萃之才，亲授河汾之学，相唐太宗于贞观之年，忠言谠论闻于朝，卒能遂其致君泽民之心，其所以恢弘唐三百年之基业者，著在史册班班可考。末学小子奚敢赞一辞！眷此巨鹿，为公桑梓，铜马之墟，印垅榛莽。县治之东，独庙貌存焉。洪武十年冬，深源膺朝命忝令斯邑，始至瞻谒祠下。睹其周垣颓圮，庭庑荒秽，栋梁榱桷，风雨震凌，丹垩浸坏，弗妥其灵。用是惕然于怀，谓寮采曰：“忠臣烈士载在祀典，况公一代伟人实生兹土，丰功盛烈卓贯古今。有庙弗葺，祀事不举，其可乎？”于是以公暇日，率僚属各捐资，以鸠工悉缮修而新之。不浃旬日，栋宇峻起，檐阿轮奂而轩翔；仪容俨然，衣冠完整而华美。乃更峻其垣墉，饰其匾额。盖将使经行者，入门必瞻，车过必式，孰敢不起其敬慕之心，而知宰相灵爽之在是也。诗不云乎：“高山仰止，景行行止。”既而得卜吉以祭，或曰山川毓灵，笃生钜人。今公殁虽久，而在天之灵弗昧。若岁时致享，于公生辰，庶几福之。访诸耆年，莫之知也。公之嗣孙——济南魏监者出仕于朝。他日遣人询焉，实得知为二月十八日。爰于斯辰，虔备牲醴，率其吏民暨公子姓而来，各执豆笾，式陈庑下，以伸一奠，神其格思。夫享不在于物，享于克诚。而自今伊始，祀事孔明，不敢有坠。尤虑久而堙没不传，谨识其日月，俾后之来者有引勿替，幸公血食于无阙也。深源辄不自揣，敢进而言今，筮仕州县，事神治民，诚有未孚。徒縻廪禄，战惧渊冰，莫知补报，惟公之灵尚鉴厥衷。倘他日入觐于宸，立玉阶之方寸，仰天威之咫尺，使深源得以扬眉吐气，正色直言，庶几致君泽民，企公之万一。上不负天子，下不负所学，勉焉，孜孜愿学而未能也。呜呼！噫嘻！微斯人，吾谁与归？

魏相祠記

於戲明良相逢古昔然也葢有唐虞湯武之君則有夔皋伊周之臣夫豈偶然哉惟公生隋末當群雄角逐之時濟
安民之君作而公際其會故虎嘯而風生龍興而雲致氣類感召有自來矣故公以出類拔萃之才親授河汾之學
唐太宗於貞觀之年忠言讜論聞于朝卒能遂其致君澤民之心其所以恢宏唐三百年之基業者著在史册班班
考末學小子奚敢贊一辭睠此鉅鹿爲公桑梓鋼馬之墟印巃嵸莽縣治之東獨廟貌存焉洪武十年冬深源齎朝
忝令斯邑始至瞻謁祠下覩其周垣頹圮庭廡蕪穢棟梁榱桷風雨震凌丹堊浸壞弗妥其靈用是惕然于懷謂寮
曰忠臣烈士載在祀典况公一代偉人實生茲土豐功盛烈卓貫古今有廟弗葺祀事不舉其可乎于是以公暇日
僚屬各捐資以鳩工悉繕修而新之不浹旬日棟宇峻起檐阿輪奐而軒翔儀容儼然衣冠完整而華美乃更峻其
墉飾其匾額葢將使經行者入門必瞻車過必式孰敢不起其敬慕之心而知宰相靈爽之在是也詩不云乎高山
止景行行止既而得卜吉以祭或曰山川毓靈篤生鉅人今公殁雖久而在天之靈弗昧若歲時致享於公生辰庶
福之訪諸耆年莫之知也公之嗣孫濟南魏監者出仕於朝他日遣人詢焉實得知爲二月十八日爰於斯辰虔備
醴率其吏民暨公子姓而來各執豆籩式陳廡下以伸一奠神其格思夫享不在於物享于克誠而自今伊始祀事
明不敢有墜尤慮久而湮没不傳謹識其日月俾后之來者有引勿替幸公血食於無闕也深源輒不自揣敢進而
今筮仕州縣事神治民誠有未孚徒靡廩禄戰懼淵冰莫知補報惟公之靈尚鑒厥衷倘他日入覲於宸立玉階之
寸仰天威之咫尺使深源得以揚眉吐氣正色直言庶幾致君澤民企公之萬一上不負天子下不負所學勉焉致
願學而未能也嗚呼噫嘻微斯人吾誰與歸

知縣王深源撰文
明洪武十年春立

清光绪十二年《巨鹿县志》中《魏相祠》碑刻

第三节　故里研究

魏徵生身故里因史载不详，致使古说有三（即巨鹿曲城、魏州曲城和巨鹿），今说有四（即河北省馆陶县、晋县、山东省掖县和巨鹿县）。那么，魏徵故里究竟为何处呢？经数年考证，确系今之巨鹿县无疑。现对诸说辨析如下：

一、山东掖县说

据《唐诗选》（中国社会科学院文学研究所编，1978 年人民文学出版社）注释：魏徵“魏州曲城（今山东掖县）人”。按查《中国历史地名辞典》，本无“曲城”县，而只有”曲成”县，“曲成县：西汉置，治所在今山东掖县东北。东汉改为国，后复为县。北魏皇兴中析置东曲城县，改曲成县为西曲城县。北齐废。唐武德四年（621 年）复置；六年（623 年）废。”由此查《中国历史地图集》，北魏皇兴中析置之东、西曲城县属东莱郡，唐武德四至六年置曲城县属莱州，皆与魏州毫不相干，故此说不能成立。

二、巨鹿曲城、魏州曲城说

据《旧唐书》载魏徵系“巨鹿曲城”人，《新唐书》则载为“魏州曲城”人。经查阅《中国历史地名辞典》、《中国历史地图集》、《河北省政区沿革志》及隋、唐两代魏州和巨鹿郡辖区内，均无“巨鹿曲城”和“魏州曲城”其名。虽据《新唐书　地理二　河南道》有“莱州东莱郡……县四：掖、昌阳、胶水、即墨。”及在“掖”下注有“贞观元年省曲城、当利、曲台三县人焉”之记载，但无论是莱州东莱郡还是其下辖之掖县，皆与巨鹿乃至魏州风马牛不相及，故此两说亦难成立。

三、馆陶县说

据《新唐书　宰相世系表》载：“魏徵的五世祖珉居馆陶。”那么，是祖居、寄居还是客居呢？这里没有详细记载，但即便是祖居，也只能说明魏徵的祖籍一度曾是馆陶，而不能以此推论魏徵的故里也是馆陶。因为，其五世祖珉之后，不知历经几代方至魏徵玄祖处、曾祖钊、祖父彦、父长贤，况近四代人并没有资料载明所居何处，故此说仍难成立。

四、晋县说

归纳所有文献资料，无一处证明魏徵故里为今之晋县的直接记载，故所谓“晋县说”仅乃推论而已。根据有二：（一）据赵武所著《魏徵传》（中华书局，1962 年版）中注释，《北史·魏长贤传》：“长贤一家是巨鹿下曲阳（今河北晋县西）魏氏的一支。”，此处且不究其根据及真伪，仅就这句话的原意分析，说明了三点：（1）魏长贤一家曾与今之晋县西魏氏同宗。（2）魏徵祖辈的某代已与今晋县西魏氏分支。（3）魏长贤一家（包括其父、乃至祖父……）的居住地不是下曲阳（今之晋县）。但何朝何代由何处分支的呢？此处没有确切记载，只能待考。（二）据《北史·魏长贤传》云：“魏长贤，收之族叔也。”，那么，“收”何许人也？据《辞海》载“魏收（505～572）。北齐下曲阳人”。由此说明，魏收下曲阳（今之晋县）人无疑。但据《北史》、《北齐书》查魏徵家谱“徵、长贤、彦、钊、处”与魏收家谱“收、子建、悦、缉、溥、攀”相对照，上溯五、六代，历经百余年，却无一同名人作为两支的交汇点。据此可以肯定两个问题：（1）如果两魏确曾同属一支的话，分支的时间应早于魏徵玄祖“处”以前。（2）在上溯五、六代以前，魏徵祖辈的居住地即不是下曲阳，更何况魏徵乎？因此，魏徵故里“晋具说”更显无根无据。

另据《中国历史地图集》标注：（一）始于西汉，废于南北朝后期的“下曲阳”（今晋县），在隋、唐时期已更名为“鼓城”，隋朝属赵郡，唐朝属定州。（二）隋、唐时期，巨鹿县先属襄国郡（辖县：龙冈、沙河、南和、平乡、巨鹿、柏仁、内丘），后属邢州（辖县：龙冈、沙河、南和、任县、平乡、巨鹿、柏仁、内丘、青山）。由此说明，在魏徵出生后的隋、唐时期：（1）已不存在“巨鹿下曲阳”其名。（2）今之晋县

(当时“鼓城”) 与巨鹿县已分治两郡或州再无任何牵连，故魏徵故里“晋县说”甚为牵强。

五、巨鹿县说

魏徵故里系今巨鹿县根据有十：

(一) 据《贞观政要》作者吴兢 (670～749) 载:“魏徵巨鹿人也，近徙家相州之内黄。”。研究魏徵具有权威性的文献主要有《旧唐书》、《新唐书》和《贞观政要》。但《旧唐书》成书于后晋，《新唐书》成书于北宋，皆与初唐相距三四百年之久，且其间屡经战乱。而《贞观政要》则成书于唐玄宗时期 (约 720 年)，距魏徵去世仅 70 余年，况其间社会稳定，政权连贯，且是本朝人记当代事，尤其是此书曾经玄宗为首之统治集团阅览。因此，权衡诸书的真实性、准确性，则应以《贞观政要》为最。此书所记魏徵故里当为滥觞。

(二) 据赵克尧、许道勋著《唐太宗传》(1987 年，人民出版社) 载:“魏徵……，周静帝大象二年 (580 年) 生于襄国郡巨鹿县。”其注云:“参见王先恭《魏文贞公年谱》、《新唐书·魏徵传》误作魏州曲城人。”。按《唐太宗传》作者赵克尧、许道勋均系复旦大学历史系教授。他们在该书内不仅肯定魏徵生于巨鹿县，并且明确指出了《新唐书·魏徵传》的贻误之处——即把魏徵错写为“魏州曲城人”。

(三) 据《辞海》(缩印本，1989 年版，上海辞书出版社。1999 年版“魏徵”条同上) 载:“魏徵 (580～643) 唐初政治家，字玄成，巨(钜) 鹿 (今属河北) 人，后移居相州内黄 (今河南内黄西)。”。缩印本《辞海》不仅将原版 (1979 年) 所载“魏徵馆陶人”改为与《贞观政要》所记相同，而且将魏徵后裔由巨鹿徙居相州内黄县后的具体方位一 (河南内黄西) 也了解的很清楚。同时，该书还把今之通用的 (巨鹿县)“巨”字后加括 (1967 年前) 金字旁“钜”，且在其后仍标注“(今属河北) 人”。至此不言而喻，今属河北省之巨鹿县舍其无二，那么魏徵故里系今之巨鹿县当准确无误。

(四) 据清乾隆十五年《顺德府志》中《魏文贞公宋文贞公祠堂记》载:“至大四年 (1311 年) 七月，中山 (今安徽宣城县) 王公结，自集贤直学士出守顺德。明年郡以治，闲居无事，乃按传记而叹，曰:‘魏文贞公徵，巨鹿人；宋文贞公璟，沙河人。今二邑隶顺德，二公皆郡人。守其土，祀其先民，礼也。’于是作宫……以延祐元年 (1314 年) 二月告成。泰定元年 (1324 年) 天子始开经筵，王公在集贤侍读以经，从幸上都。集与行在间，以祀事语集，将篆诸石以识。”(注: 此文作者虞集系元集贤殿学士、翰林院编修)。

(五) 据清光绪十二年《巨鹿县志》载:“魏文贞公祠在文庙西，元泰定四年 (1327 年) 县尹杜忽里罕创建 (注: 即顺德府建“魏徵、宋璟合祀祠堂于 1324 年皇上恩准刻碑立传后三年)。

(六) 据清光绪十二年《巨鹿县志》载:“明洪武十年 (1377 年)，巨鹿知县王深源重修《魏相祠记》云:‘此巨鹿为公桑梓，铜马之墟，印垄榛莽……’。”，即指今铜马镇村北 1000 米处一古村遗址，便是魏徵的生身故里。原碎砖烂瓦，野树杂草丛生。今已垦为田亩，百姓习称“魏庄地”。

(七) 据清光绪十二年《巨鹿县志》载:“公之嗣孙——济南魏监者出仕于朝……，爰于斯辰 (魏徵诞辰——二月十八日)，虔备牲醴，率其吏民暨公子姓而来，各执豆笾，式陈庑下，以伸一奠。”。此处意指时隔两个朝代后的明朝，魏徵的嫡系嗣孙魏监，在已授职南京上任前，亲率其眷属易南辕而北其辙，千里迢迢赴巨鹿，在魏相祠前举行了隆重地祭奠仪式。

(八)《唐贤相魏文贞公故里》碑，原设在旧县衙 (今县公安局) 门前屏风西侧，至今本县六旬以上者皆记忆犹新。

(九) 据“世界魏氏宗亲总会”《成立十周年纪念特刊》载: 台北市魏氏宗亲会自称为“钜鹿衍派”，其会内设“钜鹿画库”。另有: 台湾“魏氏祖祠钜鹿光裕堂”、“福建南靖钜鹿衍派光裕堂”、“福建梅林魏氏宗祠钜鹿堂”、“福建永定黄竹烟钜鹿堂永祀祠”、“漳州龙海角玉江村钜

世界魏氏宗亲总会专刊

鹿堂宗祠”、“丰原市魏氏钜鹿堂”等。特别是“福建省建瓯市房道镇繁商路24号”魏长青携带自产生魏姓起，下排106世“钜鹿堂”《魏氏宗谱》，于2000年3月20日专程到巨鹿县认祖归宗。并有台湾漳化县永靖乡魏家四昆仲（魏应州、魏应交、魏应充、魏应行）之一的魏应行（任北京圆山大酒店常务董事等职），称其祖籍河南，其先祖魏徵是巨鹿县人。贵阳市律师魏朝元，曾于1986年两次来信，了解其先祖魏徵故里——今巨鹿县的概况，并索要魏徵有关资料以作纪念。据此可见，魏徵故里原本为今巨鹿县，古今皆为世所公认。

（十）世界魏氏宗亲总会于1999年8月22日，在高雄市创办“中华魏徵文化事业发展促进会”，并由该会定期出版“钜鹿会刊”专刊，以阐扬“魏徵治世理念”为宗旨，以“增进感情、促进文化交流”为主题。《钜鹿会刊》是魏氏宗族仅有的定期刊物，它不仅用“钜鹿”命名，且“钜鹿”二字均为近横三竖四厘米之大，赫然醒目。这不能不使人想到，魏氏宗族之大，研究会之多，分布之广，可为空前少有。而其所办唯一刊物，独用“钜鹿”命名，充分说明魏氏宗族与“钜鹿”有着不可分离的亲情关系，不可割断的血缘关系和千丝万缕的故土乡谊。

总之，一代历史伟人魏徵之生身故里，虽古载不一，今说有异，但经数年考证以及以上辨析，去伪存真诸说归一，即今巨鹿县当不容置疑。

附：“魏徵故里追本溯源巍巍巨鹿当之无愧”

魏徵故里究为何处？已成为热门话题。

据赵武所著《魏徵传》载：“长贤一家是钜鹿下曲阳（今河北晋县西）魏氏的一支”。又据《北史·魏长贤传》云：“魏长贤，收之族叔也”。其传尾载“子徵”。意即魏徵之父长贤是下曲阳的一支，论辈分魏徵之父长贤是收之族叔。

那么“收”何许人也？据《辞海》载：“魏收（505～572），北齐下曲阳人”。即今之晋县人。而魏徵生于公元580年，小于魏收，自然称为族弟。但收死后八年才有徵，二人并未谋面。

然而这两家到底有怎样的瓜葛相连呢？近查《顺德府志·清乾隆十五年版卷之十一人物上》发现：“汉：魏攀，巨鹿人，知人好士，名盛一时，闻高邑睦夷，少有大度，耽好书传，高尚不仕，寄情邱壑。乃以女妻之，情同朋好，未尝备翁婿之礼。夷亦故朋友论以答之。辞义为时所称。”

在此须赘述几句。即此“巨鹿”乃巨鹿县之略称，高邑亦高邑县之略称。因为此府志修于乾隆十五年（1750年），修志者不会把郡县混淆不清。况且查《河北市县概况》，高邑县从未设过郡。巨鹿虽设过郡，但按文学同一律推断，不可能“巨鹿”是郡之略称，而高邑则是县之略称。所以，那些把巨鹿县与巨鹿郡混为一谈，借以偷梁换柱之伎俩是不明智的。

那么巨鹿魏攀与晋县魏攀是否一人，尚待考证。若是，则此两家瓜葛便已揭晓。但攀又是何时迁居晋县亦需考证。然而至少说明远在汉朝巨鹿县便有魏氏定居。再查《顺德府志》发现与魏徵同时代的隋朝亦有魏氏显官。如“魏德深，巨鹿人。以阳武书佐迁贵乡长，为政清净，不严而治。会兴辽东之役，征税百端，使人往来，责成郡县，所在征敛，民不堪命。唯德深有无相通，不竭其力，所求皆给，百姓不扰。寻转馆陶。将行，士民送之，号泣之声沿路不绝。父老诣阙请留，诏许之。馆陶父老复诣郡相讼，郡不能决。会使者至两县，断从贵乡。馆陶民从之者数百家”。至唐肃宗复有巨鹿县魏少游，官至刑部尚书、国公，卒赠太子太师。由此观之巨鹿魏氏向为旺族，代出贤能。所以魏徵并非侨居或流落巨鹿县，而是世居巨鹿县。不然，其生身故里就不会叫魏庄。洪水淹没后又习称魏庄地。

又据浙江省台州市魏玉生先生于2004年给笔者来信谈：“我在一份资料上看到有关魏徵故里的争议，现将我们台州魏氏族谱中的记载提供给你们参考。

1. 魏徵是巨鹿县人。台州魏氏在清光绪十年（1884年）修谱序言中记载：‘魏徵厥里居固直隶顺德府钜鹿县人’。

2. 台州魏氏始祖魏宗谅也是钜鹿县人。族谱中记载：魏徵子叔瑜、孙华、曾孙宗谅。魏宗谅生于唐咸亨庚午（670年）十月十五日。唐景云元年（710年）任台州刺史，卸任后定居郡城临海。他的子孙现散居在台州近20个村镇。族谱中记载魏宗谅的家乡是‘直隶顺德府钜鹿县’……”。

徵子叔瑜按《魏氏大宗谱》载当为徵之四子。

这封信已明白无误地告诉人们：魏徵故里是现今之河北省邢台市巨鹿县。同时也揭开了一个谜，即《贞观政要·魏徵传》载：“魏徵巨鹿人也，近徙家相州之内黄”，其“近”在何时？据查《贞观政要》约成书于720年。而魏宗谅于公元710年之任台州刺史。由此推断则徙家当为710至720年之间，方可谓“近”。

结束语：综上所述，巨鹿县自汉以降便有魏氏定居在“魏庄”村，且代有名人显宦，如魏攀、魏德深、魏徵、魏宗谅、魏少游等。尤其魏徵乃世居巨鹿县，而非侨居或流落巨鹿县。因此，魏徵故里追本溯源，乃巍巍巨鹿当之无愧。至于魏攀是一人或两人皆无关紧要。若是一人则说明晋县一支是由巨鹿县衍生出的一支。而其根仍在巨鹿县。若是两人则当别论。为此，近几年来，有许多魏氏宗亲纷纷至巨鹿县寻根问祖。诸如：1998年台湾省魏氏宗亲总会会长魏开匾、秘书长魏炳煌、副秘书长魏邦等一行9人到巨鹿考察，2005年福建省漳州市魏国奎老先生一行10人到巨鹿县参加杏节，特别到魏徵出生地——铜马镇北魏庄遗址考察，并将遗址前魏徵少时读书的马武庙废墟上的一片汉瓦带回去置于祠堂中，以示永不忘本，此情此景感人至深。

巨鹿县魏徵研究会会长　王麟本

2006年5月8日

第三章　文化传承

为弘扬、传承魏徵文化，方便与世界魏氏宗亲总会和世界魏氏团体联系，巨鹿县于2006年成立“魏氏宗亲联谊会”。2007年10月世界魏氏宗亲总会第四届恳亲大会在巨鹿县召开，通过举办联谊会、恳亲大会、魏徵文化研讨会，建立魏徵中学，成立魏徵国画院，在巨鹿公园敬塑魏徵铜像等多种形式不断开展文化传承活动。

第一节　传承活动

一、联谊会

1999年8月，世界魏氏宗亲总会在高雄召开“中华魏徵文化事业发展促进会”成立大会，特邀巨鹿县派团参加。2001年9月，世界魏氏宗亲总会在汕头市举办“巨鹿县国际贸易洽谈大会”。对传播魏徵精神和魏徵文化起了积极的推动作用。

巨鹿县魏氏宗亲联谊会，下设综合协调、组织宣传等工作小组，按照世界魏氏宗亲总会的有关章程、制度，制订了《巨鹿县魏氏宗亲联谊会章程》，对县内魏姓人士进行了登记造册。选举产生了理事长、副理事长、秘书长。会员110名。为与世界魏氏宗亲提供了弘扬魏徵思想、加强文化交流、加深宗亲情谊的重要平台。

二、恳亲大会

2004年10月7～15日，巨鹿县应台湾魏氏宗亲总会的邀请，组成以县委书记孙学良为团长的招商团，参加在马来西亚举行的第三届魏氏宗亲恳亲大会——巨鹿之夜晚会，在“魏徵文化讲座”上，中华魏徵文化事业发展促进会常务理事魏鸿灯讲到：“巍巍魏氏，炎黄世胄，……千百代以降，……都公认‘巨鹿’乃吾人之发祥地，此后根深叶茂，开枝散叶，遍布于中原，至以巨鹿为望焉”。会上发布巨鹿宣传画100本，招商项目36个，营造了巨鹿县全力求发展的浓厚氛围。在“魏徵文化研讨会”上，王麟本演讲了《魏徵故里探源》一文，孙学良即兴讲话，并正式邀请第四届恳亲大会在巨鹿县召开。在“巨鹿之夜”晚会上，刘君红登台演唱了歌曲“我可爱的巨鹿”。

第四届世界魏氏宗亲恳亲大会巨鹿座谈会
2007年10月摄于华丰宾馆

2007年10月26～29日，“世界魏氏宗亲第四届恳亲大会”在巨鹿县召开，主题为“巍巍巨鹿，魏氏发祥，传承开创，再造辉煌”。来自新加坡、马来西亚、印度尼西亚等国家以及广东、江西、福建、山东、湖北、湖南、浙江、安徽、北京等省市的360位魏氏宗亲代表及部分企业、文化界人士共500人。27日上午，世界魏氏宗亲总会理事长魏三郎率各地宗亲在巨鹿文化中心举行祭祖大典，全体裔孙宗亲向唐贤相魏徵金身塑像行三鞠躬礼，唱世界魏氏宗亲总会会歌，行五献礼，恭读魏氏祖训。下午，进行“魏氏宗族家谱研讨会”和“魏徵思想研讨会”。在研讨会上，王麟本发表了《浅论魏徵文化》一文。指出贞观之治乃是在唐太宗李世民领导下，全面推行魏徵治国理念的结果。围绕主题，各地魏氏宗亲加强了解，加深了感情，代表踊跃发言，畅谈以魏徵为代表的魏氏文化在中华民族文化史上的卓越贡献。更深刻领会了祖先留下的文化精髓。中央、省、市、县电视台，中新网、中华网、魏网等20多家新闻媒体报道。

第四届世界魏氏宗亲恳亲大会巨鹿座谈会
2007年10月摄于华丰宾馆

这种以亲情为纽带的恳亲活动激发了魏氏宗亲的投资热情，对促进巨鹿经济、文化等各项事业的发展起到了积极作用。

第二节　文化产业与设施

一、魏徵街

魏徵是巨鹿人民的骄傲和荣耀，为纪念这位彪炳千古的良臣贤相，2003年经县委、政府研究决定，将四通街、北关街、北大街、南大街、南关街更名为魏徵街。

二、魏徵中学

魏徵是巨鹿先贤的杰出代表，他的政治思想，为官之道，对中国社会的发展曾产生过深远的影响，为宣传魏徵文化，增强巨鹿学生的自豪感，激励他们学习先贤、报效祖国的思想感情，2005 年经邢台市教育局批准，将巨鹿县第二中学改名为“魏徵中学”，并创作了校歌《启航》：

古郡巨鹿，桃李芬芳；风清路旁，书声朗朗，美丽的魏徵中学是我们求知的殿堂。德为先，勤为径，学海泛舟忙。启航，启航，继承名相风范，求实创新发展；启航，启航，继承名相风范，誓做祖国栋梁。古郡巨鹿，桃李芬芳；十思亭下，翰墨飘香，可爱的巨鹿二中是我们成长的地方。求超越，当自强，求索路漫长。启航，启航，星辰照亮梦想，阳光点燃希望；启航，启航，星辰照亮梦想，誓做祖国栋梁。（详情见教育科技编）

三、巨鹿县魏徵国画院

魏徵国画院是在巨鹿县宣传部，文化体育局及县文联领导下的民间书画艺术团体。组织从事中国画的创作、交流与联谊活动，开展形式多样的美术教育，培养书画人才，弘扬民族文化，继承和发展中国书画艺术，促进县书画艺术交流。画院设在巨鹿县青少年文化活动中心。

四、魏徵酒

魏徵博古通今，艺涉诸端，善于酿酒，其中有两种名酒，一种叫“醽醁”，一种叫“翠涛”。唐太宗对这两种酒十分赏识，特别写诗加以赞美：“醽醁胜兰生，翠涛过玉薤。千日醉不醒，十年味不败”。饮后戏称“黄金一斗，不如魏徵一口”。盛唐的这一句饮酒歌谣盛传民间载于《中国酒事大典》。

河北巨鹿县中原酒厂，传承古代魏徵酿酒工艺，结合现代科学技术，采用五种粮食酿造生产的“魏徵故里”系列白酒，高中低档产品有 20 多个品种，具有高品位的五粮型优质白酒的特点，魏徵故里酒以其优良的品质被巨鹿县委、县政府定为公务接待专供酒。（详情见工业建筑业编）

五、魏徵铜像

为弘扬魏徵精神，于 2008 年 10 月 18 日，由河北燕南食品集团有限公司董事长王永计独家捐资 30 余万元雕铸一尊魏徵铜像，竖立在巨鹿公

巨鹿公园魏徵铜像

园。全铜铸造，整座雕塑高达 9 米。铜面厚度 0.8 厘米～1 厘米，外表层为古铜色工艺处理，铜身高度 580 厘米，寓意魏徵出生于公元 580 年。雕塑底座高 320 厘米，为大理石铸成。底座正前方刻有“魏徵”的隶书碑文，后方刻有“魏徵（公元 580～643），唐初著名政治家，官至谏议大夫、秘书监、尚书右丞等职，因其鼎力辅佐唐太宗实现贞观盛世而名垂青史，也因其真诚、正气、无私和敢于直谏而铸就了前无古人、后无来者的历史地位。《贞观政要》记载魏徵巨鹿人也。《辞海·1989 年版》载即今之河北省巨鹿县人”的释文。

整座雕塑巍巍壮观，神态逼真，工艺精湛，气度非凡，勾画出一代名相的风范。此雕像与巨鹿公园相伴其两侧的《魏文贞公宋文贞公祠堂记》和《魏相祠记》两通碑刻相得益彰，更加丰富了魏徵故里巨鹿县的历史文化底蕴。

第四章　谏文诗词选

魏徵敢于犯颜直谏，有许多优秀的谏文，最著名的是《谏太宗十思疏》。他才华横溢，文思敏锐，不仅有谏文，而且有诗传世，流传最广的是《述怀》。这些作品体现了魏徵爱国忧民的高尚情怀。

第一节　谏　文

魏徵辅佐唐太宗十七年，纳谏200余篇，今录其一篇

《谏太宗十思疏》

臣闻求木之长者，必固其根本；欲流之远者，必浚其泉源；思国之安者，必积其德义。源不深而望流之远，根不固而求木之长；德不厚而思国之安，臣虽下愚，知其不可，而况于明哲乎？人君当神器之重，居域中之大，不念居安思危，戒奢以俭，斯亦伐根以求木茂，塞源而欲流长也。

凡昔元首，承天景命，善始者实繁，克终者盖寡。岂取之易，守之难乎？盖在殷忧，必竭诚以待下；既得志，则纵情以傲物；竭诚则吴越为一体。傲物则骨肉为行路。虽董之以严刑，振之以威怒，终苟免而不怀仁，貌恭而不心服。怨不在大，可畏惟人；载舟覆舟，所宜深慎。

诚能见可欲，则思知足以自戒；将有作，则思知止以安人；念高危，则思谦冲而自牧；惧满盈，则思江海下百川；乐盘游，则思三驱以为度；忧懈怠，则思慎始而敬终；虑壅蔽，则思虚心以纳下；惧谗邪，则思正身以黜恶；恩所加，则思无因喜以谬赏；罚所及，则思无以怒而滥刑。总此十思，宏兹九德，简能而任之，择善而从之，则智者尽其谋，勇者竭其力，仁者播其惠，信者效其忠；文武并用，垂拱而治。何必劳神苦思，代百司之职役哉？

译文：臣听说若要树木长得高大，先要巩固它的根本；若要河水流得长远，先要挖深它的水源；若要国家长治久安，先要积累朝廷对人民的德义。水源不挖深怎能希望河水流得长远，根本不稳固怎能要求树木长得高大，德义不深厚却想使国家长治久安，即使我这样愚笨的人，也知道那是不可能的，更何况是聪明的人呢？人君身居帝王重位，统治广大天下，如果不知道在安逸时想到危险，用节俭来革除奢侈，这就如同砍伐树根却要求树木茂盛，堵塞水源却要水流长远啊。

所有过去的帝王，秉承上天伟大的使命，有好开始的实在很多，能持续到最后的却很少。难道是创业容易而守成困难吗？忧患深重时，必定竭尽诚意地对待属下；一旦得志，便放纵情欲而傲视他人。能够竭尽忠诚，就是战国时的吴国和越国的人都会休戚与共；若是傲视他人，就是骨肉亲人也会像过路的人漠不相关。虽然用严刑峻法来督正，用威严震怒来恐吓，人民最终也只是苟且求免刑罚而不是感怀仁政，外表恭敬却不是心悦诚服。怨恨不在于大小，可怕的是人民。人民像水一样，可以载舟，也可以覆舟，应该非常谨慎。

做人君的，见到可爱的事物，就该想到以知足来警戒自己；将有所作为，就该想到以知止来安定人民；担心权位高而危险大，就该想到以谦虚来修养自己；惧怕自满骄盈，就该想到江海能容纳百川；喜爱打猎游乐，就该想到一年以三次为限；忧心松懈怠惰，就该想到自始至终都小心谨慎；顾虑受到蒙蔽，就该想到虚心接纳属下的谏言；怕有奸人进谗言，就该想到端正自身来斥退坏人；施恩于人，就该想到不要因一时高兴而胡乱赏赐；处罚别人，就该想到不要因一时恼怒而滥用刑罚。总括这十种反省的工夫，发扬那种种古来的美德。选用贤能的人，听从善良的意见，那么，有才智的人就会提供他的计谋，勇武的人就会竭尽他的力量，仁德的人就会广布他的恩惠，诚信的人就会奉献他的忠心。文臣武将一起任用，垂衣拱手、不亲自处理政务，天下就能治理好。为什么一定自己劳神费思，代替百官的职责呢？

第二节　诗　词

一、魏徵自作诗

述　怀

中原初逐鹿，投笔事戎轩。
纵横计不就，慷慨志犹存。
杖策谒天子，驱马出关门。
请缨系南越，凭轼下东藩。
郁纡陟高岫，出没望平原。
古木鸣寒鸟，空山啼夜猿。
既伤千里目，还惊久逝魂。
岂不惮艰险，深怀国士恩。
季布无二诺，侯嬴重一言。
人生感意气，功名谁复论。

赋西汉

受降临轵道，争长去鸿门。
驱传渭桥上，观兵细柳屯。
夜宴经柏谷，朝游出杜原。
终籍叔孙李，方知皇帝尊。

暮秋言怀

首夏别京辅，杪秋滞三河。
沉沉蓬莱阁，日夕乡思多。
霜剪凉阶蕙，风削幽渚荷。
岁芳坐沦歇，感此式微歌。

奉和正月临朝应诏

百灵侍轩后，万国会涂山。
岂如今睿哲，迈古独光前。
声教溢四海，朝宗引百川。
锵锵鸣玉佩，灼烁耀金蝉。
淑景辉雕辇，高旌扬翠烟。
庭实超王会，广乐盛均天。
既欣东户日，复咏南风篇。
愿奉光华庆，从斯亿万年。

五郊乐章·皇帝宫音

黄中正位，含章居贞。既长六律，兼和五声。
毕陈万舞，乃荐斯牲。神其下降，永祚休平。

五郊乐章·肃和

眇眇方舆，苍苍圜盖。至哉枢纽，宅中图大。
气调四序，风和万籁。祚我明德，时雍道泰。

五郊乐章·雍和

金悬夕肆，玉俎朝陈。飨荐黄道，芳流紫辰。
乃诚乃敬，载享载淳。崇荐斯在，唯皇是宾。

五郊乐章·舒和

御征乘宫出郊甸，安歌率舞递将迎。
自有云门符帝赏，犹持雷鼓答天成。

五郊乐章·青帝角音

鹤云旦起，鸟星昏集。律候新风，阳开初蛰。
至德可鄉，行潦斯挹。锡以无疆，烝人乃粒。

五郊乐章·肃和

玄鸟司春，苍龙登岁。节物变柳，光风转蕙。
瑶席降神，朱弦飨帝。诚备祝嘏，礼殚珪币。

五郊乐章·雍和

大乐稀音，至诚简礼。文物棣棣，声名济济。
六变有成，三登无体。乃眷丰絜，思覃恺悌。

五郊乐章·舒和

笙歌籥舞属年韶，鹭鼓凫钟展时豫。
调露处迎绮春节，承云遽践苍霄驭。

五郊乐章·赤帝徵音

青阳告谢，朱明戒序。咸长是祈，敬陈椒醑。
博硕斯荐，笙镛备举。庶尽肃拱，非馨稷黍。

五郊乐章·肃和

离位克明，火中霄见。峰云暮起，景风晨扇。
木槿初荣，含桃可荐。芬馥百品，铿锵三变。

五郊乐章・雍和

昭昭丹陆，帝帝炎方。礼陈牲币，乐备篪簧。
琼羞溢俎，玉醑浮觞，恭惟正直，歆此馨香。

五郊乐章・舒和

千里温风飘降羽，十枝炎景媵朱干。
陈觞荐俎歌三献，拊石摐金会七盘。

五郊乐章・白帝商音

白藏应节，天高气清。岁功既阜，庶类收成。
万方静谧，九土和平。馨香是荐，受祚聪明。

五郊乐章・肃和

金行在节，素灵居正。气肃霜严，林凋草劲。
豺祭隼击，潦收川镜。九谷已登，万箱流咏。

五郊乐章・雍和

律应西成，气躔南吕。珪币咸列，笙竽备举。
苾苾兰羞，芬芬桂醑。式资宴贶，用调霜序。

五郊乐章・舒和

璿仪气爽惊缇籥，玉吕灰飞含素商。
鸣鞞奏管芳羞荐，会舞安歌葆眊扬。

五郊乐章・黑帝羽音

严冬季月，星回风厉。享祀报功，方祚来岁。

五郊乐章・肃和

律周玉琯，星回金度。次极阳乌，纪穷阴兔。
火林散雪，阳泉凝沍。八蜡已登，三农息务。

五郊乐章・雍和

阳月斯纪，应钟在候。载絜牲牷，爰登俎豆。
既高既远，无声无臭。静言格思，惟神保祐。

五郊乐章・舒和

执籥持羽初终曲，朱干玉戚始分行。
七德九功咸已畅，明灵降福具穰穰。

二、歌颂魏徵诗词

（一）唐太宗李世民望送魏徵葬诗

阊阖总金鞍，上林移玉辇，
野郊怆新别，河桥非旧饯。
惨日映峰沉，愁云随盖转，
哀笳时断续，悲旌乍舒卷。
望望情何极，浪浪泪空泫，
无复昔时人，芳春共谁遣？

（二）唐边塞诗人高适咏魏徵

郑公经纶日，隋氏风尘昏。
济代取高位，逢时敢直言。
道光先帝业，义激旧君恩。
寂寞卧龙处，英灵千载魂。

（三）王麟本诗词二首

魏氏宗亲来巨鹿寻根感赋

问祖寻根不怕难，征程漫漫日炎炎。
巍巍巨鹿究何在？滚滚漳河灌杏园。
铜马废墟出铜镜，良臣故土变良田。
千年谜底今方晓，治世金科代相传。

念奴娇・巨鹿怀古

——步坡仙原玉

汉南栾地，少山水、却出经纶英物。铜马墟中，曾发现，魏相村居断壁。历尽沧桑，黄漳改道，横溢高山雪。寒门孤子，辞乡广结豪杰。

玄武事变成因，众官都捏汗，从容言发。屡触龙鳞，匡帝过、长鉴周兴隋灭。倚重良臣，神州臻鼎盛，早凋华发。贞观铜镜，贵于天上明月。

附　　录

附录一：志　　补

对于前志因故未记或记述不详的个别内容补录如下：

一、农业合作社

农业合作社是新中国建立后农村工作的一件大事，影响深远。时任县委互助合作办公室主任、后任县农工部长的魏辛志和时任县委互助合作办公室干事、农业合作社会计辅导员的谷保清，本着对历史负责的精神，通过回忆和翻查当时的工作记录，整理了如下材料：

巨鹿县农业合作社运动的发展历程，变革生产关系需要有个发展过程。巨鹿县在领导农民从互助组到实现合作化过程中，大致经历了三个阶段：

一是组织农业生产互助组（简称互助组）。互助组是农民在个体经济基础上，按照自愿互利的原则组织起来的。解决了组员之间因缺劳少畜造成的耕作困难。从1949年起，全县组织互助组332个，参加组户1164户。至1954年发展到1927个，参加组户9826户，占总户数的23.88%。互助组分常年互助组、季节性互助组两种形式。它带有社会主义萌芽性质，是向初级农业生产合作社过渡的阶梯。

二是建立初级农业生产合作社（简称初级社）。1951年，省党代会提出每县可试办一、两个初级社。进一步明确了引导农民走社会主义道路的方向。1952年冬至1953年初，在小吕寨村，建起了第一个解文章农业社。合作社加强麦田管理，小麦产量显著提高，立即吸引了农民视线。到1954年，全县已有952户参加的初级社65个。1955年，通过认真贯彻毛主席《关于农业合作化问题》的报告和中央七届六中全会通过的《关于农业合作化问题的决议》，掀起了合作化高潮，加速了合作化的进程。秋收前后，全县初级社已达270个，入社农户5515户；年底，发展到796个，入社农户42167户，占全县总农户的99.95%，实现了时称“半社会主义性质的合作化”。

三是发展高级农业生产合作社（简称高级社）。高级社取消了土地分红，农民的土地无代价地归集体所有（初级社，一般按劳五、地五或劳六、地四分红）。分期分批地将初级社过渡为高级社。全县在实现半社会主义合作化之后，紧接着于1956年又掀起完全社会主义合作化高潮，将全县796个初级社全部转升为232个高级社。有些互助组、单干农户，直接进入高级社。至此，全县对农业的社会主义改造基本完成。

1958年“大跃进”运动中，高级社又跃入人民公社。

二、农业机械

（一）耕播机械及作业水平

农业机械始于中华人民共和国建立后农业合作化时期。1955年10月建拖拉机站，站址在小吕寨村，当时选派12名农业中学毕业生和转业军人，时有9台拖拉机，第二年增至37台，全部为匈牙利、捷克等进口机型。配套农具有机引犁、机引耙。1956年夏巨鹿县遭水灾，机站被淹，秋后迁址夏旧城。1958年巨鹿县增建城关、官亭、阎疃、小吕寨4个公社机站，县机站大部分人员和拖拉机下放到四个公社机站。1961年又收回县，四个机站改名第1、2、3、4机耕队，仍在原地驻扎。1963年洪水后，国营机站人员和机具全部迁到县城北关，和县农机局毗邻。1961~1970年期间，东方红——54型陆续取代外国机型。1971年，县机站大部分放到公社经营，改为国、社两级经营。1975年后，有的生产大、小队开始购拖拉机，变为国、社、队营。1979年，国产大中型拖拉机发展到134台，小型拖拉机从1976年兴起，1979年达到137台。主要有东方红——12型、河北——12型等。

机耕 1955~1979年，年均耕地10656万平方米，占总面积23.2%。1965年为机耕数量最多年份，全年23643万平方米，占总面积的51.2%。

机播 开始棉花机播较多，1963~1979年年均机播棉花383.62万平方米，1972年机播799.2万平方米，占棉播面积的24.4%。小麦机播1976年开始，时播321.68万平方米，1979年最高5194.8万平方米，占总播种面积的23.6%。

机割 小麦机割1965年前开始，1965年中断，1978年再兴，当年机割55.74万平方米，因茬高不好捆运，不受欢迎，1979年再次停止。

耙压 1964年开始拖拉机耙、压作业，多少不一，最多是1978年，达到2997万平方米。

运输 1963年后，拖拉机运输作业逐年增加，1970年占作业总量的41.4%。1975年上升到55%，1979年达到59%。

（二）排灌机械

蒸汽机 1956年全县有锅托机5台，1958年增添煤汽机。1964年锅托机发展到47台，煤汽机102台。1965年后逐年减少，1967年全部报废淘汰。

柴油机 1965年前巨鹿县仅有6台，210千瓦。1965年后发展较快，到1976年底，累计增加2373台。1976年以后，水泥管机井大量报废被铁管井代替，小型柴油机数量逐年下降；大中型柴油机增速加快，1979年增至248台。

电动机 从1965年后开始兴起，起步晚，发展快，1979年达到2526台，21445千瓦。1975年前多为17千瓦以下，当年17千瓦以上电动机45台，到1979年增至278台。

农用水泵 1965年有离心泵25台，到1976年，发展深井泵1485台。1979年因地下水位下降，4吋离心泵由1978年2000台减少到947台，4吋深井泵由1300台减少到1121台，6吋深井泵由1975年的21台增至279台。1976年起使用潜水泵，当时喷灌机械全县仅6套。1979年发展到38台。

（三）农副产品加工机械

1965年农村通电后农副产品加工机械兴起，截至1979年，拥有各种加工机械3789台。主要有碾米机、磨面机、轧花机、弹花机、榨油机、饲料粉碎机、铡草机、打浆机等。

附录二：文件选辑

中共巨鹿县委
巨鹿县人民政府
关于成立县志编纂委员会的通知

各乡镇、县直各单位：

地方志书是审视以往、服务现实和昭示后世最可靠信史的基础，是最具权威性的“官书”，在经济建设中发挥着资政、存史、教化的重要作用。按照《地方志工作条例》要求，根据邢台市第二轮修志工作动员会议精神，我县于2007年启动二轮修志工作，为确保修志工作的顺利进行，圆满完成《巨鹿县志》（1979~2007）编修任务。经县委、县政府研究，决定成立“巨鹿县志编纂委员会”，组成人员如下：

名誉主任：徐兰军　县委书记

主　　任：王素平　县委副书记、政府县长

副 主 任：刘华山　县委常委、政府常务副县长

薄东平　县委常委、办公室主任

李步信　县人大副主任

王耀民　县政府副县长

乔敬科　县政协副主席

乔英立　县武装部副部长

宋光华　县政府办公室主任

成　　员：高登伦　县政府办公室副主任

郭芹磊　县地方志办公室主任

张蔚霞　县委宣传部常务副部长

张　民　县财政局局长

李　锋　县发展改革局局长

吉存善　县人事劳动局局长

田文平　县教育文化体育局局长

张忠琪　县民政局局长

王国敏　县统计局局长

张平奎　县档案局局长

樊存格　县党史办主任

王西川　县文化办主任

吴建民　县委保密局局长

杜忠超　中国人民银行巨鹿县支行行长

注：上文是县委、县人民政府2007年11月印发的巨字〔2007〕33号文件关于建立二轮县志编撰委员会的通知

巨鹿县县志编纂委员会关于设立县志编辑室的通知

各乡镇、县直各单位：

按照《地方志工作条例》要求，根据邢台市第二轮修志工作动员会议精神，我县于2007年启动二轮修志工作，为确保修志工作的顺利进行，圆满完成《巨鹿县志》（1979～2007）编修任务，决定设立“县志编辑室”，人员组成如下：

顾　　问：刘增朴　周绍印

主　　编：郭芹磊

执行主编：司建普

执行副主编：李忠印　张绍国

编　　辑：梁秀丽　卢改焕

校　　对：司建普　李忠印　张绍国　梁秀丽　卢改焕

参与分志初稿编写的人员为各乡镇、各单位撰稿人员。县地方志办公室副科级干部梁秀丽同志负责《巨鹿县志》二轮修志的日常工作。

二〇〇七年十一月二十七日

中共巨鹿县委 巨鹿县人民政府关于调整县志编纂委员会的通知

各乡镇、县直各单位：

我县于2007年启动二轮修志工作，鉴于人事变动，为确保修志工作的顺利进行，圆满完成《巨鹿县志》（1979～2008）编修任务。经县委、县政府研究，决定调整“巨鹿县志编纂委员会”组成人员，调整后人员名单如下：

名誉主任：王素平　县委书记

主　　任：孙保祥　县委副书记、政府县长

副 主 任：薄东平　县委常委、政府常务副县长

赵志华　县委常委、办公室主任

李步信　县人大副主任

王耀民　县政府副县长

乔敬科　县政协副主席

董瑞强　县武装部副部长

宋光华　县政府办公室主任

成　　员：滑春改　县地方志办公室主任

张蔚霞　县委宣传部常务副部长

张　民　县财政局局长

赵洪义　县发展改革局局长

吉存善　县人事劳动和社会保障局局长

苑广华　县教育文化体育局局长

薛辰良　县民政局局长

王国敏　县统计局局长
张平奎　县档案局局长
樊存格　县党史办主任
王西川　县文化办主任
吴建民　县委保密局局长
李恒波　人民银行巨鹿支行行长

注：上文是县委、县人民政府2010年5月印发的巨字【2010】16号文件关于调整编纂委员会的通知

巨鹿县县志编纂委员会 关于调整县志编辑室的通知

各乡镇、县直各单位：

按照《地方志工作条例》要求，根据邢台市第二轮修志工作动员会议精神，我县于2007年启动二轮修志工作，为确保修志工作的顺利进行，圆满完成《巨鹿县志》（1979～2008）编修任务，决定调整“县志编辑室”，人员组成如下：

顾　　问：刘增朴　周绍印
主　　编：滑春改
执行副主编：李忠印　张绍国
编　　辑：梁秀丽　卢改焕
校　　对：滑春改　李忠印　张绍国
　　　　　梁秀丽　卢改焕　王立伟

参与分志初稿编写的人员为各乡镇、各单位撰稿人员。县地方志办公室主任滑春改同志负责《巨鹿县志》二轮修志的日常工作。

二〇一〇年三月十一日

中共巨鹿县委 巨鹿县人民政府 关于调整县志编纂委员会的通　　知

各乡镇、经济开发区、县直各单位：

我县于2007年启动二轮修志工作，鉴于人事变动，为确保修志工作的顺利进行，圆满完成《巨鹿县志》（1979～2008）编修任务。经县委、县政府研究，决定调整“巨鹿县志编纂委员会”组成人员，调整后人员如下：

名誉主任：王志伟　县委书记
主　　任：孙保祥　县委副书记、县政府县长
副 主 任：赵泽波　县委常委、县政府常务副县长
　　　　　周　建　县委常委、县委办公室主任
　　　　　李步信　县人大副主任
　　　　　刘君红　县政府副县长
　　　　　乔敬科　县政协副主席
　　　　　张　民　县政协副主席、财政局局长
　　　　　张文山　县人武部副部长
　　　　　宋光华　县政府办公室主任
成　　员：滑春改　县地方志办公室主任
　　　　　张蔚霞　县委宣传部常务副部长、文明办主任、县文广新体局局长
　　　　　潘　雷　县委办公室副主任、保密局局长
　　　　　赵洪义　县发展改革局局长
　　　　　王克非　县人力资源和社会保障局局长
　　　　　苑广华　县教育局局长
　　　　　李振普　县民政局局长
　　　　　武志江　县档案局局长
　　　　　贾文涛　县党史研究室主任
　　　　　李恒波　人民银行巨鹿支行行长
　　　　　杨胜军　县统计局副局长

附：县志编辑室人员名单

顾　　问：刘增朴　周绍印
主　　编：滑春改
副 主 编：张平奎　李忠印
编　　辑：王运平　梁秀丽　卢改焕
　　　　　孟运晓
校　　对：滑春改　张平奎　王运平
　　　　　杨胜军　梁秀丽　卢改焕
　　　　　孟运晓　滑绍标　刘慧茹

张立双　王　立

曾参加修志人员：

李峰奇　王麟本　李计波

郭芹磊　司建普　张绍国

薛志豪　王立伟

注：上文是县委、县人民政府2012年4月印发的巨字【2012】19号文件关于调整编纂委员会的通知

中共巨鹿县委
巨鹿县人民政府
关于开展续修《巨鹿县志》
工作的通知

各乡镇、县直各单位：

为认真贯彻落实国务院颁布的《地方志工作条例》，全面反映我县自党的十一届三中全会以来改革开放和现代化建设所取得的重大成就，县委、县政府决定续修《巨鹿县志》（1979～2007年）。为高标准、高质量、高效率完成《巨鹿县志》的续修工作，特作如下通知：

一、续修《巨鹿县志》的重要意义

编纂地方志，是中华民族优良的文化传统，是进行社会主义物质文明、政治文明和精神文明建设的需要。地方志书是一个地方的“百科全书”，它系统地记载当地自然和社会的历史与现状。它是审视以往、服务现实和昭示后世最可靠的信史，是最具权威性的“官书”，其作用既在于存史、教化，更重要的是在于资政。续修《巨鹿县志》，对于总结、展示我县改革开放和经济建设的伟大成果，激发全县人民爱国、爱乡、奋发向上的热情，对于各级领导指导改革开放、进行科学决策，对于进一步扩大巨鹿县的知名度，加大招商引资和对外开放工作力度，加快实施“工业化率先突破”战略，提高全县人民精神文明水平，构建和谐巨鹿，都具有极其重要的现实意义和深远的历史意义。各乡镇、县直各单位要切实提高认识，增强续修《巨鹿县志》工作的责任感，将其列入重要工作日程，采取得力措施，真正履行好义不容辞的“官职、官责”。

二、编纂计划

新编《巨鹿县志》上限为1979年，下限为2007年12月31日，总字数预计80余万字。新编《巨鹿县志》工作计划是：新编《巨鹿县志》的完成时间是2009年12月底，各分志的完成时间是2008年3月底以前。各承编单位要按照《巨鹿县志》篇目，明确各自任务和要求，组织人员进行撰写。同时，要报送能反映全县及本单位改革开放取得成就的新旧图片5～10幅。志稿要打印一式两份，并报送电子版文件。2008年为县志总编纂阶段。2009年召开评审会，进行修改、补充、考证资料，报省方志办终审，2009年12月31日前出版。

三、编纂的指导思想与原则

1. 本次续志工作坚持以马列主义、毛泽东思想、邓小平理论和“三个代表”重要思想为指导，认真贯彻党的路线、方针、政策，严格遵循辩证唯物主义和历史唯物主义的立场、观点和方法，牢牢把握续志工作的政治方向。

2. 本次启动的续志工作，要以经济建设为记叙重点，并与1990年版《巨鹿县志》相衔接。要把这一时期我县经济建设取得的宏伟成果和实践经验，进行全面总结和记叙。同时，还要注重对政治文明、精神文明建设的记叙，充分体现全面、协调、可持续发展的科学发展观。

3. 本次续志要以“高、新、全、深、实”为编纂基本思路，充分体现时代气息和地方特色，全面提高志书质量。

“高”。要从高起点上来考虑整个编写工作，从高层次上认识各方面的事物及其发展变化，辩证唯物地看待这一历史发展过程的改革开放成果。

“新”。要充分展示社会主义市场经济改革发展的新政策、新思路、新体制、新举措，以及由此而产生和带来的新变化、新成果、新事物、新人物、新观念、新风尚。

“全”。对篇目门类的设置以及内容要全面，

做到“横不缺项，纵不断线”，门类合理齐全，内容严谨全面。

“深”。对收入志书的资料，必须经过严格的筛选，科学的考证，认真的消化和吸收，弄清事物的来龙去脉，反映和体现事物的发展规律。对所记事物，不仅要记叙其表现形式，更要述明其背景、根源、发展脉络、结果和产生的影响。

“实”。真实是志书的生命线。凡入志的资料，都必须真实、可靠、可信，能经得起历史的考验。对正面事物、成绩，不虚夸、不扩大；对失误、反面事物不掩饰、不缩小，使志书真真正正地、实实在在地成为一部信史。

四、编纂体例

1. 断限。本次续志上限始于 1979 年，下限止于 2007 年。但对某些有内在联系、不往前追溯不足以述明原委和彰明因果的事物，可引用原志资料或往前追溯；对有些连续性强、需要述明结果的大事、要事，则可越限至搁笔时止。

2. 体裁。继续采用“述”、“记”、“志”、“传”、“图”（含照片、插图）、“表”、“录”、“考”等八种形式。以“志”为主，其他则据内容灵活运用，力争达到简洁明了、文图并茂。

3. 文体。一般采用规范的现代语进行记叙，个别地方可根据需要引用原古汉语记叙体，即“春秋”体。戒用公文式、书信式、文艺式、教科书式、论文式、技术规程式、新闻报告式、讲话总结式、汇报式等写法。使用第三人称，戒用第一、二人称。要直呼其职务、姓名，戒用同志、先生等。要实事求是，秉笔直书，述而不论，文风要严谨、朴实、生动、明了。

五、落实条件

各乡镇、各单位要认真落实“一纳入、五到位”的要求。“一纳入”，就是要把修志工作切实纳入各承编单位的议事日程。“五到位”，就是领导到位、机构到位、经费到位、队伍到位、条件到位。各承编单位都要组建编写班子，要把本单位政治业务素质强、掌握综合情况的人抽出来做执笔人，主持资料征集和分志编纂工作，必要时还要把本单位的离退休人员或社会上其他人才吸收进来参与编修工作。在人员配备上，大单位要配备 2—3 人，小单位 1—2 人。各单位参加分志编修的人员名单要于 12 月 3 日前报县方志办公室备案。参与修志工作的人员，在业务上接受县志编纂委员会的统一领导，修志期间不再承担其他工作，直至所承担的分志稿通过评审。

六、强化领导

新编《巨鹿县志》是一项浩繁的文化工程，是我县的百科全书，涉及到工农财文、党政群团，上下左右，方方面面。国务院办公厅《关于进一步加强地方志编纂工作的通知》要求“地方各级人民政府要继续重视地方志编纂工作，切实加强领导”。为加强对二轮修志工作的领导，县委、县政府将成立由县主要领导及有关部门负责人参加的县地方志编纂委员会，加强对《巨鹿县志》编纂工作的具体领导和指导。各单位也都要把这项工作当作一件大事来抓，一把手负总责，并明确一名副职主抓，在时间、经费、车辆等方面也要予以保障，以确保各单位分志按时完成。

七、加强督查指导

由县地方志办公室牵头，切实负起《巨鹿县志》的编修责任。一要对各承编单位的修志人员进行培训和指导，使其业务能力胜任修志工作；二要加强对全县各承编单位的资料编写进展情况的调度和督查，使其按时完成修志任务；三要认真做好各交叉单位的协调工作，同时按时完成总纂、修改、评审等各项工作任务，确保新编《巨鹿县志》在 2009 年出版。同时，要加强对续修县志工作的宣传，提高全社会对续修县志工作的认识和参与的积极性。社会各界知名人士、企业家要积极解囊捐助，支持全县的方志事业，其功德将载入史册。

注：上文是县委、县人民政府 2007 年 11 月印发的巨字【2007】34 号文件关于续修《巨鹿县志》工作的通知

县长王素平在第二轮修志工作动员大会上的讲话

（2007年12月5日）

同志们：

今天这次会议是经县委、县政府研究决定召开的，会议的中心议题非常明确，就是安排启动二轮修志工作。刚才薄主任把几个文件都宣读了，具体的内容、要求都说的非常清楚了，希望同志们认真贯彻执行，我在这里强调三点：

一、统一思想，充分认识第二轮修志工作的重要性，增强做好这项工作的自觉性与主动性

古人讲“治天下者，以史为鉴；治郡国者，以志为鉴”，中华民族历来十分重视写史修志工作。实际上国外也非常重视修志工作，只是说法、要求与咱们不一样。志书是一个地方经济、社会事业发展的一个总的工具书，也是一个全书，就像咱们看辞海一样，到一个地方可能要看这些东西，志书是这个地方整个资料的汇编，对于了解这个地方的自然情况、风土人情、方针政策以及指导我们的工作，都是非常有意义的。从机构设置上，大家也可以看出来，几次机构改革后，对部门和编制都卡的非常死，但是每一级政府都保留了方志办，有专门的机构、专门的人员、专门的领导职数，就说明从中央到地方对这项工作都非常重视。事实上作为一个部门的一把手，作为一个地方的领导，重视修志工作，应该说是一个起码的要求，咱们看县一级部门，财政有财政志，税务有税务志。因为它是总结工作、指导工作的一个非常重要的工具书。为什么说同样的人，有的人进步的快、有的人进步的慢，有的人工作中有思路、有办法，有的人这方面就欠缺些，那就是说有的人善于总结，善于总结前人的经验教训，并结合自己的工作，指导自己的工作，所以说志书的作用很大，要求我们高度重视志书编纂工作。另外，刚才咱们讲到，这次修志是30年，这30年正是改革开放的30年，也是我们巨鹿县历史上发展变化最大、成绩最突出的30年，把这30年的改革实践总结好、记录好是我们这代人的责任，希望各个部门高度重视。这次修志的指导思想是：以党的十七大精神为指导，本着尊重历史、服务现实、实事求是、突出个性、体现特点的原则，保证时间，保证质量，又好又快的完成我县二轮修志任务。同时修志工作也是从国务院到省市各级的具体要求，对于时间上的要求讲的也很明确。这次修志的30年，是整个中国历史上改革开放和现代化建设进程的特殊时期，也是巨鹿县的一个特殊时期，特别是十七大以后，对我们做好巨鹿县的工作，总结巨鹿县这30年改革开放的成果、经验不足和教训，指导我们今后的工作非常有益。因此，我们这一届政府、我们这一代人参与第二轮修志，是历史的选择。这次修志具有非常重要的历史意义、现实意义和长远意义。

第一，是加快经济发展的需要。地方志工作应当为我县经济社会的全面发展服务。实践证明，地方志书对地方经济的发展有多方面的促进作用。一是可以为领导决策提供可靠的依据资料。志书全面记述了地方历史与现状、自然与社会的发展历程，记述历史上的成败得失，既有前人的经验，也有教训，是各级领导全面了解县情，作出正确决策的可靠依据。二是为招商引资和项目论证提供全方位的信息资料。志书是外来投资者了解地方投资环境最直接、最便捷、最权威的资料。三是具有对外交流、乡友联谊的桥梁和媒介作用。我县在外出招商或乡友联谊中以志书相赠，加强了在外游子的乡土观念，使在外工作多年的老同志看到了家乡的发展变化，必将激起他们回乡投资回报桑梓的心愿。四是为社会发展提供服务。志书，作为地方百科全书，不但有资政作用，而且具有更深的教化作用。志书记载的乡风民俗、美德良风、历史人物，激励和鞭策子孙后代做好人、行善事，自觉为家乡建设作贡献。

第二，是社会主义文化建设的需要。构建社会主义和谐社会，需要坚实的思想基础和健康丰富的文化引导与支撑。国无文不立，县无文不强。社会主义先进文化，不仅为社会的全面发展提供强大思想动力和精神支持，也是全面建设小康社会的重要内容。不重视县域文化的挖掘、建设和铸造，就难以实现经济大县、强县的建设目标。地方志不仅是地方文化的基础和源头，也是地方经济、政治、文化和社会历史的丰富载体，在全面建设小康社会的系统工程中具有不可替代的重要作用。我们要站在巨鹿县域文化建设的高度，充分认识二轮修志对于推进全县整体工作的重大作用，对于我县今后的发展也具有至关重要的借鉴和参考价值。

第三，是总结经验，开拓未来的需要。30年来，我县发生了历史性巨变。续修《巨鹿县志》就是要把近30年的历史巨变载入史册，就是要为全县人民建设美好家园的丰硕成果树碑立传，就是要更好地展示我县良好的投资环境和崭新风貌。“前事不忘，后事之师”，我们要以修志为契机，全面总结30年工作中的经验教训，更加深刻地认识历史，面向未来，提高执政能力，推动我县经济、文化和社会事业的持续发展。

二、强化责任，按期高质量地完成分志编修任务

志书编纂是一项浩繁的系统工程，需要做大量的资料搜集和整理工作，不是哪一个部门、哪一个单位能够独立完成的。我们每个单位的工作只是全部志书的一个组成部分。“众手成志”是新时期修志工作的一条基本规律，也是前一轮修志取得成功的经验之一。县方志办的同志在借鉴外地经验的基础上，精心设计编写了续志篇目，制定了任务分解方案，政府已经研究通过，各单位要按照分解方案，搞好资料的搜集、整理、分类和编写工作。在这里，我对分志的编写提出四点要求：

第一，要强化全局意识。修志工作是各级政府、各个部门的法定职责，是一项必须完成的政治任务。各单位一定要树立和强化全局观念，服从县委、县政府的统一部署，通力协作，密切配合。会后，各单位要认真审阅续志篇目和分解方案，明确各自应承担的编写任务，召开领导班子专题会议，对承编任务进行认真研究和梳理。在广泛征求单位科室人员、离退休人员和社会知情人士意见的基础上，对所编内容进行修改完善，报县地方志办公室审定后，组织人员进行编写。在这里应特别强调，各单位对分配的任务要不折不扣地完成，没有讨价还价的余地。由于机构的调整，有些部门的职能发生了变化，方案原则上仍按原有职能进行分工。同时，有些内容可能涉及到两个甚至更多的部门和系统，方案只明确了一个牵头单位，其他相关单位要积极配合，主动提供资料，在工作中不能推诿扯皮。

第二，要强化精品意识。“经世致用，质量第一”，是地方志工作的一贯方针。质量是志书的生命，志书的质量展示一个县的形象和素质。各级领导和编写人员要树立精品意识，实施精品战略。全体修志人员要自觉克服“应付交差”的思想，以对历史负责、对后人负责的态度，把精品意识贯穿于修志的全过程的每个环节。要走出去，走访事件的当事人、知情人和离退休老同志。各单位领导是工作的指挥者、决策者、重大事情的参与者，了解情况最深刻、最全面，因此我们提倡领导亲自执笔撰写，单位一把手要严格审查、认真把关，上报志稿要有一把手和责任编辑的签字和单位公章。

第三，要强化特色意识。《巨鹿县志》要用巨鹿话。一部好的志书要突出特色。没有特色就没有区别，没有区别就会千书一面，就很难说是《巨鹿县志》。具体讲就是要充分体现出时代特色和地方特色。所谓“突出时代特色”就是要反映出时代发展的客观规律，写出时代的精神风貌，具体做到三个“充分反映”：一是充分反映县域经济发展的巨大成就；二是充分反映我县各个领域改革开放以来发生的深刻变化；三是充分反映我县对外开放所带来的无限生机。所谓“突出地方特色”，不仅要详细记述我县的地理环境、自然条件、资源分布、生活习俗，更应该记述我县在贯彻党的路线、方针、政策时的重大举措，特别是那些“人无我有，人有我强，人少我多”的重点工程，要浓笔重彩，加以很好的记述。体现个性和特点就要有详有略、详略得当，力求用微观、具体、鲜活、生动的事物反映个性和特点。

第四，要强化创新意识。地方志书也要与时俱进。党的十一届三中全会以来，伴随着我国在经济、政治、文化等各个领域发生的巨大变化，出现了一系列的新生事物和新的情况。因此，全体修志人员要坚持与时俱进、勇于探索、大胆创新，打破固有的思维方式，对新志书的体例、记述方式进行革新，力求做到思想性、科学性、资料性、可读性和实用性的有机统一，以活泼明快的方式，展示我县各项事业的新变化、新成就、新经验、新面貌。

三、强化领导，确保二轮修志圆满完成

地方志书是审视以往、服务现代和昭示后人最可靠的信史。编修地方志书是各级、各部门责无旁贷的“官责”。

第一，确保领导到位。为了切实加强对这项工作的领导，县委、县政府充实了县地方志编纂委员会的人员，让懂历史、有文化、重事业、有责任心和德高望重的同志投入这项工作。各单位要成立专门的领导机构，做到一把手负总责，明确一名副职主管，对于工作中出现的问题和困难要及时解决。同时，各单位之间要密切配合，主动提供资料，统计局、档案局、组织部、党史办等资料集中的单位，不仅要完成所承编的任务，还要对查阅资料的单位大开绿灯，给予大力支持。

第二，确保人员到位。各单位，无论任务大小，都要抽调事业心强、业务能力好、有较高文字水平的同志组成编写班子。任务少的单位1~2人，任务较大的单位2~4人。会后，各单位要将修志人员的名单、联系电话报送地方志办公室。为了方便指导，保证质量和进度，要强化各单位修志人员与县志办的联系和沟通，在县志办需要时，要随叫随到。

第三，确保工作条件到位。修志工作内容多，任务重，标准高，各单位领导要体谅工作人员的辛苦，要从办公条件、经费、交通等方面，为修志人员创造良好的工作环境，搞好服务。在时间要求上，任务比较小的单位要在2~3个月之内交稿，任务比较重的单位也要在半年之内交稿，全县要在9个月内完稿，最迟不能超过明年年底。各单位要按照这个总体要求及早进行安排，组织实施。哪个单位拖了全县修志的后腿，我们将直接调度一把手问责。

同志们，盛世修志，惠泽千秋。志书是工具，也是一个地方文化水平、文学素质的集体体现，所以，历朝历代都十分重视修志工作，能参与修志工作，也是一件十分荣耀的事情。编修续志的任务已经明确，各乡镇政府、县直各单位要发扬艰苦奋斗、勇于奉献的优良传统，以高度的责任感投入到修志工作中，确保又好又快地完成全县修志任务。

副县长王耀民在第二轮修志工作动员大会上

（2007年12月5日）

同志们：

刚才，薄主任传达了三个文件，王县长代表县委、县政府，根据党的十七大精神和上级关于修志的指导意见，就我县续修《巨鹿县志》的重大意义、指导思想、领导问题、编写组织和注意事项提出了明确具体的意见和要求，同志们要认真抓好落实。下面，我重点讲一下写作问题。

一、二轮续志的主要内容

续修的《巨鹿县志》共有28编、149章、583节，涉及全县各个单位、各个领域、多条战线。具体到哪一个单位、涉及的相关内容要体现在相关的章节里面。具体而言，县志的主要内容原则上应当包括：

（一）改革开放30年的发展变化。我们主要续写的30年正值改革开放，这30年的变化用翻天覆地来表述毫不为过，胡锦涛总书记在党的十七大报告中对于改革开放的伟大进程和历史性变化做了全面、深刻、精辟、准确的概括。我们续修县志就是要以改革开放为主线，以党的十七大报告为指导，用我们巨鹿县30年来经济、政治、文化、社会的发展变化，人们的思想、观念、意识、精神和思维方式、生活方式的深刻变化，城乡人民的吃饭、住房、衣着、交通、通讯等方面的变化，来体现胡锦涛总书记对改革开放30年历史性变化的概括。我们写这30年的变化要着重从具体、微观上来表述。同时，要用对比的方法反映变化，把这些变化渗透到二轮县志的有关章节中去，而不是作为一个问题予以直观的、表面的回答。因此，所有参与续修县志的人员都必须逐页、逐段、逐句、逐字地学习党的十七大报告，深刻理解和准确把握十七大的精神实质，这是搞好修志的强大思想武器和理论武器。

（二）要把30年来改革开放的重要过程反映出来。就我县而言，改革开放不是一帆风顺的，而是经过了诸多的反复和曲折，遇到了重重阻力，尤其是人们思想观念上的阻力和“左”的影响。改革开放每前进一步，都伴随着一次生动、深刻、甚至是激烈的思想大讨论。把这个过程记录下来、反映出来，不仅有利于当前改革的深化，而且有利于后人在发展中吸取经验教训，少走弯路。

（三）30年历史性变化的根本原因。第一，就全县而言，县委、县政府作为改革开放发展的组织者和领导者，认真学习、准确掌握中央关于各项改革的文件精神，在调查研究的基础上，有针对性地解决自身和各阶层在不同时期和不同问题上的思想障碍，及时召开会议，形成文件，做出决议。第二，尊重各个领域的创造，总结人们在改革发展实践中的新鲜经验，推动全县改革。第三，组织大批干部和群众代表到广东、深圳、珠海、山东、江苏和本省改革开放的先进地区学习考察。坚持在考察中反思，在反思中考察，使我们的思想得以解放，观念得以更新，为我县改革开放奠定了思想基础。第四，在30年的改革开放实践中，县委、县政府始终坚持组织各级干部认真学习邓小平理论、“三个代表”重要思想和科学发展观等中国化的马克思主义，使我县干部群众掌握了改革开放的理论武器，增强了改革开放的自觉性、主动性和坚定性。

（四）各个时期的重要人物。伴随着30年波澜壮阔改革开放的伟大实践，涌现出大批可歌可泣的优秀人物。正是在这些代表先进生产力、先进文化、中国最广大人民的根本利益的模范人物的影响和带动下，我县的改革开放和经济发展有声有色，卓有成效。因此，要把这些优秀人物以及他们的业绩和经验写进我们的县志。同时，我们巨鹿人杰地灵，其中有一大批人员在外地做生意、干事业，取得了光彩夺目的业绩，并始终不忘乡亲，为家乡建设贡献力量，也要把他们写进去。

（五）历史事件和人物的拾遗补缺。对党的十届三中全会以前的重大事件和重要人物，要以对历史负责的态度，根据我们近年来搜集和掌握的新资料，进行拾遗补缺，使之更完善、更丰富、更准确、更能反映历史的本来面目，以实现县志之间的衔接。

二、如何写好巨鹿县志

（一）大事记

大事记贯穿全书，是志书的主线，因此，写好大事记是一项重要的任务。大事记是指在本地域内发生的带有时代特色的大事、首事、要事、奇事，要众手成志，其收录标准有如下几个方面：（1）建置和政区的重大变动；（2）主要组织机构的建立和撤销；（3）党、政重要会议的召开和决议；（4）重大的政治改革和政事活动；（5）重要的制度、方针、政策、法令的颁布和落实；（6）著名人物在境内的活动；（7）重大著述的发行和科技成果的推广；（8）先进模范人物的突出事迹；（9）重大技术革新和改造；（10）重大创造和发明；（11）重大工程的兴建；（12）省、部级以上领导人视察、指导工作；（13）重要的外事活动和涉外事件；（14）人口、民族的重大变化或迁徙；（15）严重的自然灾害及抗灾情况；（16）重大案件的发生和侦破；（17）重大安全事故；（18）古迹和文物的发现与保护；（19）重大体育赛事；（20）重大庆典演出；（21）奇异的自然现象和奇人奇事。当然还不止这些，所列内容只起一个抛砖引玉的作用。

（二）关于资料的搜集工作

资料是志书的根基，没有翔实的资料写不出好的志书，常言讲“巧媳妇难做无米之炊”。

首先，资料的分类。按科学领域可分为：政治资料、经济资料、人物资料、自然资料；按形态可分为：文字资料、实物资料、口碑资料。文字资料包括：档案、书籍、杂志、谱牒、报纸、文件条例、会议记录、章程、总结、电文、书信等一切用文字记录的东西。实物资料包括：历史文物、革命文物、碑刻、印章、讣告、古建筑、古遗址及在考察中对实地所做的照相、录像、绘图等。口碑资料包括：民间传说、民歌、民谣、谚语等；按资料的作用可分为：主体资料、旁证资料、背景资料。

其次，资料的搜集方式。文字资料的搜集。文字资料是志书的主体，内容非常广泛，重点是：档案、图书、报纸、刊物、历代地方志书。此外还有公报、文件、会议记录、章程、总结、电文、布告、通知、宣言、传单、公物、谱牒、契物、诉状、合同、账簿、手稿、书信、笔记、会刊、简报等，只要是涉及编写内容的文字，都在收搜之列。文字资料的搜集顺序一般是先内后外、先近后远、先今后古、先易后难。先内后外，就是先查阅本单位、本系统的资料，然后再去查阅外单位、外系统的资料；先近后远，就是在本地档案馆、图书馆、资料室查阅资料，然后根据需要扩而远之；先今后古，就是先把当代的资料查清楚，然后再追本溯源，找出根据；先易后难就是先把容易搜集的资料整理出来，再根据需要一点一滴地攻克难点。实物资料的搜集。实物资料是文字资料的佐证。对古遗址、古建筑、古文物要进行实地考察，对于奖状、奖旗、奖章、印章、证书等实物资料要分类登记。比如我县的杨少秋是河北省劳模、还是全国劳模，有证书可以说明。而有的同志没有资料依据，凭空想象。说明了实物资料的重要性。口碑资料的搜集。口碑资料即口头资料，指社会上流传的民歌、民谣、历史事件。这些多数是当事人经历的见证资料，具有较高的史料价值。口碑资料的征集方式就是登门拜访、开座谈会、发调查函，向历史事件的知情者、参与者、当事人进行调查。目前，有些历史事件的知情人年事已高，应当抓紧采访，这叫做“抢救活资料”，一旦当事人离世，很多情况就难以说清道明。

（三）关于数据资料的来源与应用

数据是说话的根据。比如，我们要说清楚近30年的经济状况，那就要用数字作比较，小麦产量由联产承包前的亩产不过百斤，到现在的亩产近千斤，是近十倍的增长，人均工资由改革前的人均月工资不过40元，到现在的1000多元又是数倍的增长。什么能说明问题？数字最能说明问题。有时写一大篇文字不如列一个表格说得清楚，所以志书提倡用表格说明问题。那么表格的数字从哪里来呢？我们法定的数字是统计资料上的统计数字，这是我们志书依靠的主要数字。如果统计资料上没有的数字，就要用单位有记录的月报、季报、年报数字或者领导人的笔记数字，最起码也应是当事人的回忆数字。在这个问题上不准估摸，更不准造。每一个执笔人要对自己写出来的文字和数据负责任，这叫做文责自负。为了运用好数字资料，提出如下要求：一是运用的数据必须具有权威性、准确性、正确性。要使用国家统计部门公布的数字；二是全书上下的数字必须一致；三是运用的数据要有可比性，不能把所有的数字罗列出来，让人看不出规律。

（四）关于文风问题

县志要求用记述体文字，要通俗易懂，既要有较高的史料价值和科学性，又有实用性，要运用简明的语言说明较复杂的问题，在写作上叫做提高文字的信息含量。这里提出六点要求：一是文字语言要朴实。新编志书切记浮词堆砌，空话、大话、套话、俗话连篇，华而不实。不要出现报告式的写法和定义性的语言。新志书的文字语言一定要朴实无华，做到“朴实、精炼、简洁、通俗、明快、典雅”这六条，在写作方法上叫做“述而不论，述而不作”，“其文直、其文核，不虚美、不隐匿”，也叫做直笔书史。二是语言精炼。新编志书的文字语言一定要精炼，就是所用文字语言精华完美、质纯无杂，说明问题无多余的字，力求做到“增一字则多，减一字则少”，恰到好处。三是语言要通俗，使人一目了然。志书切忌写成教科书，不能让平常人看不懂，看不懂就起不到“资治、教化、存史”的作用。四是语言要简洁。所谓文字简洁。就是直截了当，不拐弯抹角，不拖泥带水，不用模糊语言。五是语言要明快。一定要做到“简明、准确、明白、流畅”。六是文词要规范。有些词语要用全称，避免引起歧义。在这方面，大家可以参照《中华人民共和国国家通用语言文字法》等有关规定。

（五）关于志书人物入志问题

人物入志是地方志书的一项重要内容。这里分三个层次予以记载：一是人物传记，必须是已经过世的，即“生不立传”。二是本县籍在外任县团级以上党政军领导人或省级以上劳模或专家、学者、著名演员。只列表作一介绍。三是在志书的章目中，我们列有机构设置一节，在这一节可记述机构设置的时间，内部科室、科室职能和科室人数，还可记述该单位一把手的任职时间和更替情况，但只记正局级一把手，其余记数量不记名字。

最后，我再讲一下志书的交叉问题：

前部《巨鹿县志》上起事物开端，下至1990年，我们这次要从1979年写起，其中重复相延又有十几年的资料，这是一个比较棘手的问题，如何能使这些资料：不重复又有整体性，这是一个重要的技术问题。这就要求我们：其一，尽量避开原有的资料，深挖更有历史价值的资料；其二，通过各种考证补充完善已有的资料；其三，利用新的观点和方法实事求是地纠正错误的资料；其四，利用图、表、录、传的方式改变原有的写作格式。总之，要在原有资料的基础上加以提高，使旧资料焕发新生机，使两部志书有机结合、统为一体。

同志们，志书的写作要求还有很多，我只是讲了一下大面上的要求。更深刻更细致的理解和操作，要多与县方志办联系，探讨各章节的具体写法，参看资料，交流做法，归根到底一句话，所有参加编写县志的部门一定要同心协力、高标准、严要求，共同完成巨鹿志书的编写任务，打造一部传世的经典志书。

巨鹿县人大常委会关于对国家工作人员进行评议的暂行办法

（1999年2月9日县十二届人大常委会第七次会议通过）

为了加强人大常委会对国家工作人员的监督，保证宪法、法律和党的重大决策的贯彻实施，维护我县稳定和发展的大局，实现“富民、强县、争先”和“二次跨越”的战略目标，根据《宪法》、《地方组织法》的有关规定和省、市人大的要求，并借鉴外地经验，结合我县实际，特制定本办法。

一、指导思想

以邓小平理论为指导，以宪法、法律、法规和党的政策为依据，坚持实事求是，注重实绩的原则，全面、客观、公正、公平地对国家工作人员进行评议。通过评议，促进国家工作人员全面提高政治，业务素质，进一步树立人民意识、公仆意识、法治意识、服务意识，为我县两个文明建设的健康发展提供强有力的组织保证。

二、评议的对象和时间

评议的对象是：由县人大常委会依法任命的人员。主要是县政府各办、局主任、局长和县人民法院副院长，县人民检察院副检察长。每年年终或次年年初集中时间进行一次评议。其他被任命人员的述职评议将根据实际情况和需要另行安排。

三、评议内容

1. 遵守执行宪法、法律、法规情况；

2. 执行上级和本级人民代表大会及其常委会决议、决定及办理代表议案、建议、批评、意见和人大常委会交办事项的落实情况；

3. 廉洁勤政及思想、工作作风情况；

4. 为基层、为群众办实事的情况；

5. 有无受部门利益驱使，乱收费、乱集资、乱摊派、乱罚款的情况；

6. 影响较大和较为重要的事项。

四、评议的方法、步骤

评议采取自下而上的方法，广泛听取和征求各级人大代表和广大群众的意见，整个述职评议分三步进行。

1. 准备阶段。县人大常委会通知国家工作人员做好准备，实事求是地写出述职报告，呈报县人大常委会。

2. 调查了解和测评阶段。县人大常委会将国家工作人员的述职报告发给各乡镇人大和县直代表小组，由各乡镇人大主席和县直代表小组采取座谈、走访及书面征求意见等方式，广泛听取各级人大代表，广大群众和各界人士的意见，全面、准确掌握被评议人员履行职责的情况。县人大常委会组成人员要深入被评议人员所在及有关单位调查了解其履行职责的情况，并进行民主测评。

3. 综合评改阶段。召开县人大常委会会议、听取各乡镇人大主席、县直代表小组调查了解情况和测评结果的汇报，人大常委会组成人员本着实事求是、公平、公正、客观的原则，对评议对象履行职责情况进行综合分析、评议、并填写评议票。经过评议，对廉洁奉公、政绩突出的给予通报表扬或建议“一府两院”予以表彰；一次评议差的，提出批评，限期改正；两次评议差的，提出警告；连续三次评议仍差和问题严重的，人大常委会将依照干部管理法定程序撤销其职务。

五、注意事项

1. 国家工作人员述职前，应认真征求本单位干部群众的意见，起草好述职报告，并经主管领导审阅，签署意见。述职报告要实事求是、简明扼要，一般不超过 2000 字。

2. 国家工作人员要正确对待评议，不得运用任何形式干扰评议工作。

3. 评议中，常委会组成人员和各乡镇人大、县直代表小组要坚持原则，摒弃偏见，排除干扰，公平、公正，全面地对国家工作人员做出准确、客观评价。

六、本暂行办法，由县人大常委会负责解释。本办法自通过之日起实施。

注：上文是县人大常委会 1999 年 1 月印发的巨人常【1999】7 号文件

“以穷治穷”，发展农村商品经济

中共巨鹿县委

巨鹿县位于黑龙港地区，有十七个乡（镇），二百九十一个行政村，二十九万人，六十七万二千五百亩耕地。由于自然条件差，加上长期“左”的影响，一九七八年人均收入仅四十四元。

近几年来，我们引导农民从巨鹿穷这个基本事实出发，努力探索贫困地区农村商品生产的特点和规律，从实践中初步摸索出一些“以穷治穷”的办法，走出了一条适合本县农村经济发展的路子。目前，全县农村已经形成以废品回收、劳务输出、机垫加工、粉条加工、建材、制糖为主要内容的六个区域性行业。一九八五年，全县农业总产值比一九七八年增长百分之一百八十八点六，人均收入增长四点九倍。全县有百分之六十的困难户摆脱了贫困，百分之二十的困难户走向富裕，为全县经济增添了生机和活力。

（一）

前几年，由于在农民中存在着发展商品生产“小的看不起，大的干不成”的倾向，全县农村经济发展缓慢，一九八一年，农村人均收入才五十一元三角九分。事实使我们认识到：各地农村都有自己的特点和经济发展规律，只有认清自己的“长”和“短”，在利用自己优势上巧作文章，创造性地贯彻中央的方针政策，根据自己的情况，走自己的路子，才能加快致富步伐。我们组织各职能部门，对本县自然资源、地理环境、经济状况、科学文化发展情况等深入进行调查研究和综合分析论证，认清了巨鹿县农村经济发展的劣势和优势。主要劣势：一是自然资源贫乏，不靠山、不近海，没有矿山、森林和水利资源可以利用，水浇地占耕地面积的百分之二十七，而且旱、沙、碱三害俱全，土地肥力低；二是经济环境差，远离大中城市和铁路干线，城市经济对巨鹿县的辐射力和吸引力较小，县办工业和乡村工业落后；三是资金负担能力差，多数乡、村长期处于“三靠”状态，发展大型工副业缺乏资金；四是文化水平低，技术落后。一九八三年，每万人中平均自然科技人员数比邢台地区低百分之二十二，每万人中的在校中专生比全区低百分之七十九；每万人中的中学生数比全区低百分之九。主要优势：一是农民具有脱贫致富的强烈要求和艰苦奋斗、发愤图强的精神。同农业条件好的地区比，满足现状、因循守旧的思想较少；二是劳力资源丰富，一九八一年在全县农村劳力中，按常年工时和出勤计算，有近百分之六十的剩余劳动力；三是有一定的传统技术，掌握了一些对付穷的办法；四是具有一定的棉花、山药、油料、果品、药材资源。根据以上情况，我们认识到，全县农村经济的发展必须立足于落后的经济条件，发展起步性商品生产项目，其形式只能是土的，初级的，而不能是洋的，高级的；只能是小型多样的，不能是大规模、专业性的。为此，我们确立了“因地制宜，量力而行，慢中求快，循序渐进”的农村经济工作指导思想，并提出了“以穷治穷“这个行动口号。

（二）

从“以穷治穷”的指导思想出发，我们动员和引导全县农民了选择一些“投资少、见效快；技术性差、群众性强；竞争对手少、保险系数大”的“穷办法”，去推动商品生产的发展。

——废品回收。楼张镇乡是巨鹿县有名的“北大荒”。党的十一届三中全会后的一段时间里，农民仍处于想种地地碱，想做买卖没钱，想办企业没技术的困境，一九八一年人均收入仅三十元六角七分。一九八三年秋，新乐县两个农民来该乡神堂坡村收购废品，不到三个月就赚了一万多元。该村农民郭书平从中受到启发，当年十月也搞起废品回收，一年获利万余元。群众说，“收破烂儿”看起来不起眼，说起来不好听，干起来很容易，是个不需要多少资金，不需要什么技术、不需要机器设备的“三不企业”，是一桩脱贫起步的好买卖。他们争相效法，很快在全村、全乡形成了废品回收“热”。去年，该乡投入废品回收的劳力有四千六百八十六人，占全乡劳力总数的百分之六十八点四。为了提高经济效益，他们注意不断在旧形式里注入新内容，采用新办法，一是变现金购买为实物换购。起初，他们以质论价，现款交易。一九八四年六月，神堂坡村张志广等三人从邢台购回一卡车瓷碗换购废品，受到群众欢迎后，全乡很快有四十五户也搞起瓷碗运销，仅去年就盈利了十八万元，户均四千元。二是改原样交售为分类加工销售。比如，他们把收购来的旧塑料底鞋的帮和底分开，再把塑料底洗净，把鞋帮、布条打成捆，分别卖给有关部门。仅此一项，一年就可得加工费八万元。三是改走村串户就近收购为到外地设点收购。随着资金和经验的不断积累，他们逐步将收购范围扩大到四个省的十二个地区，雇用拖拉机、汽车到外地设点收购，从增加数量中增加收入。去年，仅此一项，神堂坡村收入九十七万元，人均四百一十六元，占全年人均收入的百分之七十三点六。楼张镇乡去年人均收入达到三百五十七元，其中废品回收收入占百分之五十二点九。

——劳务输出。我们发挥劳动力资源丰富的优势，积极组织剩余劳力进城进矿从事建筑、装卸、搬运等行业。何寨乡有十三个村，一万三千六百八十口人，过去多数村人均收入在百元以下。一九八四年以来，全乡组织各种包工队三十二个，分别到山西、辽宁、新疆、北京、延边朝鲜族自治州等地搞建筑施工，从业人数达一千七百二十人，占全乡劳力总数的百分之三十，每年收入二百万元。去年，全乡购买汽车十二辆、拖拉机二十四台，建面粉厂三个、小型砖厂十八座，有六个村改变了贫困面貌。楼张镇乡前无尘村，有三百四十二户、一千三百七十五人。近两年，他们组织一百四十人到大港油田搞装卸、运输，年收入三十五万元。去年，全村总收入达到八十一万四千三百元，比一九七八年增长七倍；人均收入四百零三元，比一九七八年增长九倍。

——办小型家庭工业。我们坚持走“避开热

点钻空档，拾遗补缺搞服务”的路子，引导农民上规模小、投资少、小而专、少而廉、少批量、多品种的家庭工业项目。一九七八年，王虎寨乡田寨村一个农民投资百元购置了一台小冲床，从工厂买回边角余料，从价值几分钱的纸垫做起，搞起了机垫加工。由于它产品规格繁多，大工厂生产不方便，不愿干，适宜家庭经营；生产技术、程序简单，农民容易掌握；产品以销定产、销路、收入有保障；投资少，有一、二百元就能撑起摊子干，所以很受农民欢迎。现在，全乡搞这个行业的已发展到十二个村、三百七十户、二千六百人，产品种类由四种发展到十三种，规格由十八个发展到几千个，产品行销全国二十九个省、市、自治区，年收入四百一十万元，人均一百九十三元八角，比一九七八年增加了五倍。

——农产品加工。主要是利用山药、棉花资源比较丰富的优势，搞山药、棉花的加工增值。以山药加工为例，巨鹿县山药种植已有六十多年的历史，现在年种植面积已达到十万亩左右，占粮食作物面积的百分之二十一。过去由于不在加工增值上动脑筋，尽管山药产量很高，但经济价值一直很低。近年来，我们引导农民大搞山药加工，制作粉条，提高了经济效益。苏家营乡去年人均种山药六分，秋季家家户户制作粉条，到外地以粉条换回玉米、小麦，然后再出售，使每斤山药由五分钱增值到一角三分，增值一点六倍。去年，该乡共加工鲜山药三千八百八十万斤，多收入三百一十万四千元，人均一百六十元，全乡人均收入比一九八一年增加四倍。

——发展传统项目。西郭城乡大张庄村过去是个穷村，可是这个村有捏糖人、制冰糖的传统技术。“文化大革命”中，这项副业被当成资本主义尾巴割掉了，一九八一年后又逐步发展起来。目前，在全村二百三十户中，除八户搞运输和加工挂面外，户户制糖。他们还吸收邻村一百五十户入股，合资经营，每个月加工糖五百吨左右。面对社会需糖量增加和同行业的竞争，他们不断改进生产工艺，提高机械化生产水平，增加花色品种，目前，产品已行销十一个省市和地区。去年，加工食糖六千七百吨，产值九百九十三万元，占全村社会总值的百分之八十二，人均收入八百元，是一九八O年的二十倍。这个村制糖业的发展，还使邻村二千多人搞起食糖包装，增收九万元。

——发展劳力密集型行业。目前，全县规模较大的劳力密集型行业已有建材、地毯、孵鸡、制糖、枣加工等多种。巨鹿县北部乡村盐碱地面积大，而土质适宜制砖，农民又有烧砖的技术。去年，在制止乱占耕地的同时，全县有计划地办了一批小型砖厂，产值达一千三百八十万元。织地毯也是一项用工多、技术简单的行业。县地毯厂和农村联营，提供技术、原料、图纸，把三分之一的特高档东方地毯生产任务交给农民。一年多来，产量增加了三十倍，利润增加了二十倍，农民也增加了收入。去年，地毯加工业已发展到二十八个村，产值二百一十万元。林庄乡发展了八十九盘制毯架子，共用女劳力三百五十六人，年总收入三十六万元，人均千元，使三百多户农民人均收入增加二百元。

——不断变换“招数”。就是说，根据各自优势和季节变化、市场需求等因素，随时转产跳行，灵活经营，不搞“一刀切”，不搞固定模式。苏家营乡由于条件限制，多数农户不便搞常年性工副业项目，乡党委、乡政府就引导群众春季烧砖窑，秋季制粉条，冬季赶车去拉脚。全乡建砖窖十一座，年收入四十二万元；有一百四十九户搞畜力运输，户均收入千元以上；除秋季两个月搞粉条加工外，还组织了十三个建筑队到外地搞施工；全乡有一千一百多人回收废品。这样，使这个乡的二千四百多名劳力常年有收入，共计一百八十七万三千元。

另外，不少地方还发展起了压胶、纺纱、糕点、罐头、苇箔、屠宰、皮革、草编等二十多个不同规模的行业，“八仙过海，各显神通”，为积累资金、发展生产起到了增斤添两的作用。

（三）

组织农民“以穷治穷”，必须加强指导，搞好服务。我们主要抓了以下几项工作：

1. 宣传政策，搞好思想教育。一是利用多种形式培训农村干部。为了把县委“以穷治穷”的指导思想变为全县干部群众的行动，我们首先组织各级干部结合总结本县农村经济工作中的经验教训，认真学习中央几个一号文件，学习经济理论和经济管理知识，使他们牢固树立起从本地实际出发，千方百计组织发动群众积极发展农村商品生产的思想。二是利用典型教育群众。我们组织专门班子撰写了《巨鹿县百名农民企业家》，辑印成册，发到乡、村、户，使广大农民从这些生动具体的典型事例中，充分认识因地制宜，从实际出发的必要性。同时，还调查总结了三十六家联合企业破产的教训，使大家认清了好高骛远、搞押宝、撞运气、盲目上马搞企业的危害性，自觉地在“穷”字上想办法，动脑筋，把思想统一到县委的指导思想上来。三是深入进行政策、法制和职业道德教育，避免和制止了见利忘义、非法致富等现象，使农民始终在政策和法律允许的范围内活动。

2. 抓好典型，以点带面。我们在学习外地先进经验的同时，注意发现本地的好典型，积极扶持，大力推广。县委主要领导同志去年五月从调查中发现神堂坡村回收废品搞得挺“红火”，敏锐地觉察到这是贫困乡村脱贫起步的好办法，立即总结推广了他们的经验，组织穷村农民去取经，很快使许多乡村的农民做起了这个买卖。去年，在农业遭受旱、雹、阴雨等自然灾害的情况下，由于及时推广了楼张镇乡、西郭城乡“粮食丢了乡村企业补”的经验，鼓励农民大力从事各种商品生产活动，使去年全县农村社会总产值比上年增长了百分之二十二点二，农村总收入增长了百分之九点二，人均收入比上年也有所增加。

3. 教育职能部门搞好业务服务。我们把为农村发展商品生产搞服务，作为职能部门端正业务工作指导思想的重要内容，并进行经常性、针对性的教育。西郭城乡大张庄村因缺乏资金，影响食糖加工业的发展，县农业银行及时予以扶持，先后解决贷款一百六十万元。官亭、董营乡部分村有编草帽辫的技术，为帮助农民发展这一行业，县联社和乡镇企业局投资两万元，扶持魏庄、神堂坡村建起了两个草帽辫加工厂，并进行技术指导，去年当地农民从中多收入二十万元。一九八四年到一九八五年，金融部门为农民提供贷款八百九十万元，企业、商业、县联社为农民预付生产资金、原料总值二十六万元，信息部门组织二百四十人次深入农村，和一千八百多户农民建立了信息联系，提供信息四千八百多条，上项目六十七个，使全县六十九个村新上三百二十六个项目，三千六百户开辟了新的生产门路。为提高农民科学技术水平，县还建立了食品、建筑、果林、畜牧等十个科技协会，办培训班六十六期，培训农民六千八百二十名。

4. 及时引导农民由“穷办法”向“富办法”过渡。实行“穷办法”，目的是为了给实行“富办法”、“洋办法”创造条件。为此，我们坚持发扬自力更生精神，依靠自己的“造血”功能，采取“滚雪球”的办法，从抓起步性的生产经营项目中积累发展资金，引导农民及时由“穷办法”向“富办法”过渡。楼张镇村十二户农民用“穷办法”积累资金后，去年联合投资三万元，购买了一套联合榨油机，盖厂房十间，建起了有三十个工人的小型榨油厂，实行从脱绒、炒籽到榨油、净化连续作业的系列化生产，年加工棉籽二百万公斤，产油三百六十吨，一年就收回了全部投资。楼张镇乡各村还利用回收废品等项资金积累，筹建了罐头厂、电缆厂、橡胶厂、砖厂等一些设备好、规模大的定型企业。

目前，巨鹿县农村经济仍然比较落后。我们要进一步发展和完善“以穷治穷”的办法，努力进行新的探索，争取农村经济有个更快的发展。

注：上文摘自 1986 年 6 月 20 日《河北建设》16 期刊登的《巨鹿县发展农村商品经济的做法》。

巨鹿非公企业工会主席直选实现多赢

三级培训保障职工生命健康权；用人单位每年向职工食堂补贴 6 万元，用于改善职工伙食；企业保证全体职工平均每年递增工资 1000 元以上……。近日，记者在巨鹿县采访中发现，该县总工会在非公企业推行工会主席直选，让职工和企业都尝到了甜头。

巨鹿县在非公企业务工的农民工达到11564人，占全县职工总数的一半以上。为让工会组织在非公企业中发挥职能作用，切实维护农民工的合法权益，2004年初，巨鹿县总工会组织了一次针对非公企业基层组织建设的调研。在征求职工意见、与企业老板座谈中发现，有的企业工会组织徒有虚名，有的企业虽有工会组织，却是让企业其他行政部门领导兼管，职能作用难以发挥充分。县总工会适时地向企业和职工表达推行企业工会主席直选的好处，大多数企业都表示同意县总工会的思路，但哪家企业也不愿做“领头羊”。经分析，县总工会选择了条件较为成熟的河北燕南食品集团有限公司。6月份，经过公司全体会员民主选举，生产车间主任王志刚当选工会主席。职工们提起直选工会主席发挥的作用，个个赞叹不已。当年工会就争取到公司10万元资金，让集团及以上的30多名劳模、先进工作者带着家属分批到海南旅游；针对全体职工的投入也在逐年增加，按照工会每年年初订的培训计划，集团投资从外聘请专家，对全体职工进行三级培训：一级培训是关于企业文化的内容，让职工了解公司的规章制度、管理制度和员工守则；二级培训是分公司培训与职工工作岗位相关的劳动技能、安全生产、生产工艺操作规程等使用知识；三级培训则是师傅带徒弟，在该企业，每名职工上岗之前，必须在师傅具体指导下操作。通过培训，职工的综合素质大大提高，产品质量明显提高。目前，该公司将企业内部巨大的凝聚力升华为市场竞争力，一跃成为巨鹿县第一利税大户。

燕南食品集团工会组织发挥的巨大作用，在当地非公规模企业中带了个好头。很快，其他10家非公规模企业陆续实现了工会主席直选，同时，科达橡胶公司、天成建安公司等几家公司当选的工会主席也是农民工。

在这些直选出的工会主席中，即使是原来的工会干部当选，其工作面貌也大不相同了。河北方正钢板集团就是老工会主席安存波高票顺利通过了直选。让职工们感觉不一样的是，安主席尽管身份没有变，但对工会工作的认真态度却发生了不小的变化。用安主席的话说，现在的工会主席是职工们投票选出来的，依法维权，就显得底气更足了。当选之初，有职工提出食堂的饭菜品种太单调，而且卫生条件较差。经调查情况属实，他立即找到食堂的主管，要求增加饭菜的花样和种类，并具体列举了职工们对饭菜的具体要求。随后，他就伙食质量与职工体能与精力充沛的密切关系，与公司管理层交换意见，董事长郭占勋当即决定，每年为职工食堂补贴6万元，用于改善职工伙食。此外，工会提出的每月按时发放工资、并逐年提高职工工资待遇的要求得到落实，从2005年开始，该企业保证全体职工平均每年涨工资1000元以上。

工会组织在非公企业的作用，不单单是维护职工的合法权益，在促进企业发展方面作用也不可小视。两年前的春季，方正钢板公司遭遇发展瓶颈，企业的工会组织职工想办法、找思路，通过革新生产工艺，实现了轧辊预热器预热时间从原来的三天三夜，缩减到后来的一天一夜，大大争取了生产时间，使生产效率明显提高。通过工会和全体职工的努力，企业效益实现了逐年“爬坡”，该企业2005年产值突破2亿元，2006年年产值达到3.4亿元。目前，意识到工会巨大作用的企业老板，开始改变对工会的看法，邀请工会主席列席集团决策、管理会议，提出的建议和意见多数被采纳。

注：上文摘自《河北工人报》2007年8月29日第三版

实施“村村通自来水”工程
扎实推进社会主义新农村建设

巨鹿县人民政府县长　王素平

（2007年2月5日）

各位领导、同志们：

下面，我把巨鹿县“村村通自来水”工作向大家作一汇报。

2006年，巨鹿县委、政府从本地实际出发，提出了“创新工作思路，凝聚全社会力量建设新农村”的指导方针，把解决农民最关心、最直接、最迫切的饮水问题作为新农村建设的切入点和突破口来抓。2006年7月份以来，我县在省、市水利部门的关心支持下，特别是在韩厅长的关心下，在位厅长的亲自指导下，在省农水处各位领导和技术人员的大力支持下，按照“农村供水城市化、城乡供水一体化、供水经营规模化、供水管理专业化”的总体要求，采取“政府主导、科学规划、政策激励、市场运作”的工作思路，以“联村供水”为主导形式，利用半年时间，完成阶段性投入4785万元，全县建成8处联村供水站，打专用饮水井16眼，埋设管道220余万米，使全县10个乡镇、267个村、7万多农户通上了自来水，30万农民的饮水安全问题得到了基本解决。我们的主要做法是：

一、摸清底数，明确思路，探索农村供水新模式

为加快社会主义新农村建设步伐，从根本上解决农村饮水困难和饮水不安全问题，2006年初，我县围绕推进新农村建设，坚持立党为公，执政为民，以人为本，求计于民的原则，采用“从群众中来，到群众中去”的方法，组织开展了“千名干部入万户访民情”调研活动，求计于基层，求计于群众，为推进新农村建设提供第一手材料。通过调查发现，农村饮水状况令人担忧，农民要求解决饮水困难和饮水安全的呼声十分强烈。我县有69个村、7.6万人饮用高氟水；有209个村、25.8万人饮用家庭水窖水；有48个村、5万人饮用苦咸水；有17个村、2万人从村外拉水或买水吃。调查还发现，原有单村供水模式存在建设标准低、人均投资大、管理粗放、用水保证率低等弊端。为此，县委召开常委扩大会议，专题研究农村饮水问题。在借鉴外地经验的基础上，县委、政府提出，我县地势平坦，村庄密集，电力、交通等条件便利，在全县推广集中联村供水工程比较适宜，并且通过测算，联村供水工程与单村供水工程相比，投资相对较低，供水标准高，能够充分发挥工程效益。基于此，我县确定在全县实施以联村供水工程为主导的“村村通自来水”工程，并要求各级各部门把该工程作为一项政治任务来抓，作为一项民心工程、德政工程来抓，让群众得到实惠。

二、加强领导，党政齐抓，确保工程顺利实施

为抓好这项惠民工程的落实，县委、政府主要领导坚持事必躬亲，亲自挂帅，全程督办，经常带领相关部门在一线搞协调，抓落实。一是党政齐抓，协调联动。成立了由书记、县长挂帅的“村村通自来水”工程指挥部和工程建设办公室，出台了《关于“村村通自来水”工程实施意见》，建立了县级领导和部门分包乡镇责任制。县委、县政府主要领导分头督导，包乡县级领导深入工地，现场解决问题；乡镇干部责任到人，干在一线，逐村、逐户安排工程，真正把工作抓实、抓到位。县委、县政府明确要求各有关部门要协调联动，全力支持这项公益事业，减免各种规费，竭力提供便利条件，确保工程顺利推进。二是大力宣传，发动造势。充分利用广播、电视、报纸等媒体，大力宣传工程的任务、目的和意义，努力营造浓厚的工程建设氛围。县电视台开辟了专栏，每天对工程进行报道，每周播发一期专题；组织宣传小组到各乡村进行宣传发动；组织乡村干部和群众代表到先进村参观，激发广大群众的参与热情和建设动力，全县形成了推动工作的整体合力。三是强化督查，严明奖惩。工程启动后，县政府对各乡镇工程进展情况每月进行排位，通报全县，并列入乡镇年终考核目标。对年底能够完成任务、且建立供水保障长效机制的乡镇，授予先进称号，年终考评加分，给予乡村干部一次性现金奖励；对年底前完不成任务的通报批评。

三、因地制宜，科学规划，构建农村供水保障体系

任何工程的实施，都需要规划先行。我县聘请自来水规划、设计专家，打破传统的农村单井供水模式，打破行政区域界限，根据全县地势和水源条件，因地制宜，规划设计了全县联村集中供水工程。明确提出了“三个结合、三个坚持、三个统筹”的建设原则，即：近期供水与远期供水相结合、新建工程与已建工程相结合、集中供水与分散供水相结合；坚持联网宜大则大、宜小则小，坚持能联村不单村、能延伸不新建，坚持能用工程措施解决水质问题的不重复上水处理设施；统筹城乡供水一体化，统筹水源管理与开发，统筹饮水安全村与不安全村工程建设，确保了工程建设的质量和效益。目前，我县已有237个村实现大联网，20个村实现小联网，10个村单村供水。县城周围10公里半径，尤其是地处高氟区的堤村、张王疃乡等乡镇全部由县城水厂供水，有15万农民群众和县城居民喝上了一个水厂里的水，实现了城乡供水一体化。

四、政府主导、市场运作，建立完善的工程运行机制

农村供水工程投资大、筹资难。为尽快启动，我县在广泛征求群众意见、降低农民负担的前提下，提出了“政府主导、全民参与、政策激励、市场运作”的运行机制。一是多渠道投入。采取“政府补、企业投、银行贷、群众集”的多渠道、多元化融资办法，实行“以奖代补、先干后补”的激励政策，将各类农村饮水项目资金进行整合，统一纳入“自来水”工程；县政府按每户100元的标准对工程进行补贴，降低农民负担，使每户集资不超过200元。同时鼓励社会捐资和金融部门贷款倾斜。二是实行企业化管理，放开供水经营权。我县按照市场化运作、公司化运营的思路，坚持“明晰所有权、开放建设权、搞好经营权”原则，建立了有偿供水、以水养水机制，供水企业进行水费管理和工程的维修维护，自主经营，自负盈亏。通过对供水企业投入和回收期进行测算，合理确定了阶梯水价，给企业收回投资吃了“定心丸”，既减轻农民负担，又能使企业微利经营，保证了公司和群众双方利益。三是农民广泛参与。组织引导农民建立各类监督服务组织，推行农民全程参与式管理，在工程规划布局、水源选址、工程设计、建设监理和水价制定等各个环节，充分尊重群众意愿，听取群众意见，提高工程的民主决策、民主管理和民主监督水平。

五、试点带动，整体推进，调动农民与企业参与积极性

为使自来水工程既达到群众满意，又调动供水企业投资积极性，我县首先选择了两个吃水最困难的村搞试点。每户农民筹资200元，县自来水公司投资20多万元把自来水通到了两村的每家每户。两村与自来水公司签定了经营管理合同，明确了双方的权利和义务，自来水公司负责工程的管理、维修、维护和水费收取。运行几个月以来，群众非常满意。试点的成功经验，坚定了我县实施“村村通自来水”工程的信心，县政府组织乡村干部和各村村民代表到试点村参观，有效激发了各村的建设积极性。通过试点带动，推动了工程在全县全面实施，原计划一年的工程，仅用半年时间基本完成。自来水工程顺应了民意，工程涉及8万多户农民，人人需要发动，户户需要集资，却没有发生一起上访事件，而且群众集资踊跃，工程进度超出了县委、政府的预期。

六、加强监管，注重长效，确保工程长期发挥效益

为确保群众能够长期饮用既方便又安全的自来水，我县采取了一系列有力措施。一是严格水源选择。我们坚持把选择合格水源作为工程建设的首要环节，每一项工程开工前都对水源、水量和水质进行充分论证，由职能部门出具水质监测报告，水源水质不合格的坚决不开工。同时，我们把新建的16眼饮水专用井划定为水源保护区，在水源地保护区内严禁开发活动和排污行为。二是严格设备材料采购。所有工程设备公开招标，集中采购，择优采用，杜绝了只讲价格不讲质量的现象发生。三是严把施工质量关。统一施工技术，统一施工标准，并聘请监理人员，全程监控，保证了工程质量和进度。

巨鹿县通过实施“村村通自来水”工程，收到了很好的社会效果，探索了一条推进新农村建设的成功路子。该工程不仅解决了农民吃水问题，也促进了农民生活方式的转变，促进了农村经济发展。群众称这是一次“砸缸填窖”运动，干部称这是农村一场“饮水革命”。群众深切感到：自来水的“户户通”就是党和政府温暖的

"户户通"。

我县"村村通自来水"工作仅用了半年时间就基本完成，受到了全县30多万父老乡亲的同声赞誉，群众的喜悦之情，写在脸上，挂在嘴上，甜在心上。这是省、市水利部门关心支持的结果，是省发改委、省财政厅关心支持的结果，是我县各部门协同作战，各乡镇密切配合，广大群众踊跃参与的结果。但还有许多问题需要进一步研究和探索，希望各级领导在今后的工作中继续给予关心和支持。我们将以这次会议为契机，学习兄弟县市的先进经验，进一步加大工作力度，把"村村通自来水"工程建设好、管理好，让农民长期受益，扎实推进社会主义新农村建设。

汇报完毕，敬请领导和同志们批评指正。

注：上文是巨鹿县人民政府县长王素平在2007年2月全省农田水利基本建设工作会议上的发言

政府花钱买岗位 村村设立救助员

巨鹿县人民政府县长　王素平

（2008年9月26日）

尊敬的各位领导、同志们：

我发言的题目是：政府花钱买岗位，村村设立救助员。

巨鹿县位于贫瘠多灾的黑龙港流域，人口36.7万，是国家级贫困县，2007年全部财政收入1.2亿元，地方预算收入仅4000万元。县委县政府认为，越是贫困县越应重视民生和弱势群体的工作。在财力紧缺的情况下，2003年我县第一个在全省贫困县中建立了农村最低生活保障制度；2006年建立了县社会救助体系，民政、教育、卫生、司法等部门出台了一系列帮扶办法。2007年建立了县乡村三级社会救助网络，县设社会救助中心，乡镇设社会救助所，村设救助员。特别是，我们试行了由政府出资建立农村救助员，照料生活不能自理或仅能半自理、又无直系亲属照顾的农村五保户等特困群体生活的救助办法，对完善农村特困群体的生活救助制度进行了初步尝试。现将具体做法汇报如下：

一、设立农村救助员的起因

随着农村救助工作的深入，我县绝大多数贫困群众的生活都得到了保障。但是，我们在工作中发现，当前农村还有一个特殊的困难群体。他们的最大的困难是：生活不能自理或仅能半自理，又无直系亲属照顾，生的做不熟，有钱花不了。我们认为，当前他们是农村最可怜、最无助的群体，是最容易"被人遗忘的角落"。在我国经济社会快速发展的今天，保障他们的基本生活，使他们能够享受天年，是时代的要求，也是政府的责任。经多次研究，我们决定建立一套农村特困群体生活救助制度。具体办法是：由县财政出资，建立农村救助员队伍；其职责是：重点照料农村特困群众的日常生活，同时协助乡救助所做好各项救助工作。截至目前，全县共聘用农村救助员312人，1256名特困群众得到救助。我们算了一笔账，财政拿出20多万元，就能有效地保障全县农村特困群众的基本生活，使他们不会因无人照顾而发生饿死冻死的现象，消除了农村救助的一个盲区，是非常值得。

二、农村救助员制度的运行

在救助员选聘上，我们采取了两种形式：一是政府选聘。程序是：个人申请、村委会审议、乡政府审批、县民政局备案、签订合同。二是救助对象自选。政府给救助对象发放服务券，救助对象自选服务人员，服务人员凭服务券兑换补贴。在救助员管理上，县民政局制定了相关守则，统一组织岗前培训；救助员实行工作日志制度，每半月向乡镇救助所汇报一次工作，突发性问题及时汇报；乡镇救助所定期回访救助对象，对不合格的救助员予以辞退。在救助员经费保障上，救助员每人每年补贴720元，不享受其他待遇。救助员补贴由县财政列支。

农村救助员是农村救助工作的一种新形式，在工作中我们注意处理好三个关系。一是农村救助员要在村党支部和村委会的领导下开展工作。二是救助员制度要与发扬邻里互助的优良传统紧密结合。三是要注重农村救助员队伍的思想建设。我们要求救助员要有爱心、孝心和奉献精神。现在党员、干部、教师、医生等占救助员队伍的35%，使救助员队伍的整体素质得到提高。

三、农村救助员制度的效果

农村救助员制度的建立受到了社会各界的好评。一是改善了特困群众的生活。救助员充分发挥就近的优势，为救助对象在吃穿住行医等方面提供“保姆式”服务。马家营村82岁的五保老人朱清俊深有感触地说：“6年前我和老伴都瘫痪了，两人躺在炕上，你看着我，我看着你，谁也动不了，有饭吃不到嘴里。现在有救助员一日三餐伺候我，真比亲生儿女照顾还好！”二是密切了党群关系。救助员挂牌上岗，代表政府为特困群体服务，使每一个特困群众都享受到党的阳光的温暖，把共产党的根深深扎在了老百姓的心里。三是培育了文明新风。照顾好一个孤寡老人就是树立起一面道德旗帜，全县孝敬父母、助孤扶弱的道德风尚得到进一步弘扬。黄马庄村有一村民不孝敬父母，致使父母以捡破烂为生，救助员的事迹深深感化了他，他把父母接回家中精心照料，去年被评为县“十星级文明户”。救助员工作的开展进一步解除了无子女户的后顾之忧，转变了“养儿防老”的落后观念，培育了计划生育等文明新风，为建设“幸福巨鹿、和谐巨鹿”奠定了坚实基础。

发言完毕，谢谢！

注：此文是巨鹿县人民政府县长的王素平在国务院召开的全国救灾救助会议上的发言，2008年9月25日全文刊登在《中国社会报》上

巨鹿我可爱的故乡

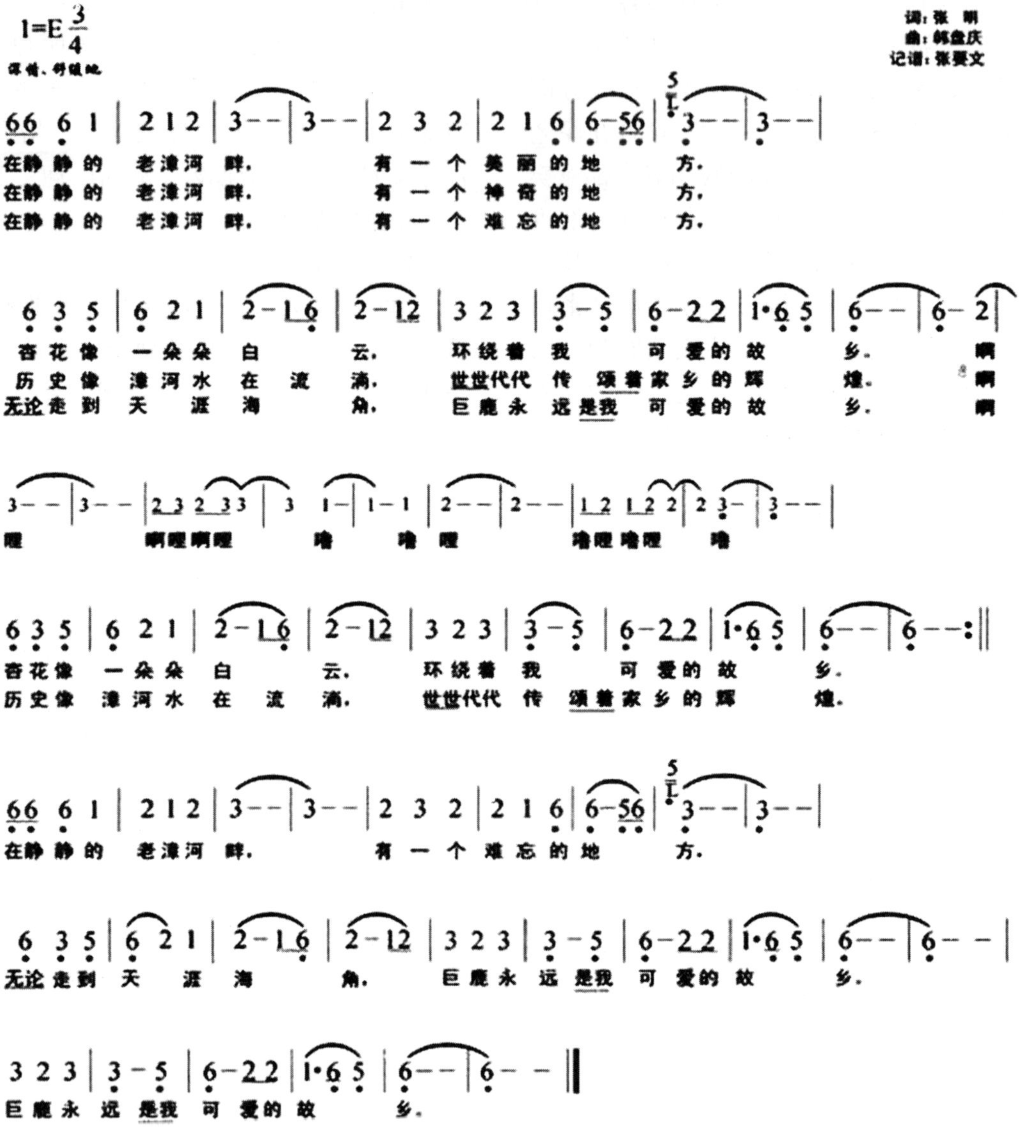

注：此歌是巨鹿县歌

附录三：限后辑要

一、2009～2012年四大班子领导任职情况

2009～2012中共巨鹿县委常委会领导任职一览表

表1

届次	职务	姓　名	性别	任职时间	籍　贯	备注
第九届	县委书记	王素平	女	2009.01～2011.08	隆尧县	
		王志伟	男	2011.08～2011.09	衡水市深州市	
	副书记	孙保祥	男	2009.01～2011.09	新河县	
		王增耀	男	2009.01～2009.03	隆尧县	
		贺连双	男	2009.03～2011.06	广宗县	
		郑更须	男	2011.06～2011.09	内丘县	
	常委	王素平	女	2009.01～2011.08	隆尧县	
		王志伟	男	2011.08～2011.09	衡水市深州市	
		孙保祥	男	2009.01～2011.09	新河县	
		王增耀	男	2009.01～2009.03	隆尧县	
		张宗立	男	2009.01～2011.09	柏乡县	
		薄东平	男	2009.01～2011.03	巨鹿县寻虎	
		李胜敏	女	2009.01～2009.03	保定市望都县	
		张晓东	男	2009.01～2011.06	任　县	
		刘华山	男	2009.01～2010.04	威　县	
		贾立宁	男	2009.01～2010.04	宁晋县	
		陈国平	男	2009.01～2011.06	广宗县	
		张保起	男	2009.01～2010.12	石家庄市晋州市	挂职
		贺连双	男	2009.03～2011.06	广宗县	
		李志雄	男	2009.03～2011.06	新河县	
		郑更须	男	2009.03～2011.09	内丘县	
		焦　璞	男	2010.04～2011.06	邢台市	
		赵志华	男	2010.04～2011.09	任　县	
		赵泽波	男	2011.03～2011.09	广宗县	
		刘志刚	男	2011.06～2011.09	任　县	
		蔡普辉	男	2011.06～2011.09	清河县	
		绳建廷	男	2011.06～2011.09	巨鹿县南街	
		李信华	男	2011.06～2011.09	南宫市	
		周　建	男	2011.06～2011.09	隆尧县	

续表

届次	职务	姓　名	性别	任职时间	籍　贯	备注
第十届	县委书记	王志伟	男	2011.09 ~	衡水市深州市	
	副书记	孙保祥	男	2011.09 ~	新河县	
		郑更须	男	2011.09 ~	内丘县	
	常委	王志伟	男	2011.09 ~	衡水市深州市	
		孙保祥	男	2011.09 ~	新河县	
		郑更须	男	2011.09 ~	内丘县	
		张宗立	男	2011.09 ~ 2012.08	柏乡县	
		赵泽波	男	2011.09 ~	广宗县	
		赵志华	男	2011.09 ~	任县	
		刘志刚	男	2011.09 ~	任县	
		蔡普辉	男	2011.09 ~	清河县	
		绳建廷	男	2011.09 ~	巨鹿县南街	
		李信华	男	2011.09 ~	南宫市	
		周　建	男	2011.09 ~	隆尧县	
		高刘克	男	2012.08 ~	南宫市	

2009 ~ 2012 县人大常委会主任、副主任任职一览表

表 2

届次	职务	姓　名	性别	任职时间	籍　贯	备注
第十四届	主　任	潘孟申	男	2009.01 ~ 2012.01	巨鹿县乍补寨	
	副主任	杨瑞坤	男	2009.01 ~ 2012.01	巨鹿县一里庄	
		高占刚	男	2009.01 ~ 2012.01	巨鹿县高庄	
		牛恒璞	男	2009.01 ~ 2012.01	隆尧县南哈口	
		李步信	男	2009.01 ~ 2012.01	巨鹿县大留庄	
		薄东平	男	2011.03 ~ 2012.01	巨鹿县寻虎	增补
第十五届	主　任	薄东平	男	2012.01 ~	巨鹿县寻虎	
	副主任	牛恒璞	男	2012.01 ~	隆尧县南哈口	
		李步信	男	2012.01 ~	巨鹿县大留庄	
		陈旭庚	男	2012.01 ~	巨鹿县北街	
		吉存善	男	2012.01 ~	巨鹿县吉屯	

2009～2012 年巨鹿县人民政府县长、副县长任职一览表

表 3

届次	职务	姓　名	性别	任职时间	籍　贯
第十四届	县　长	孙保祥	男	2009.01～2012.01	新河县
	副县长	刘华山	男	2009.01～2010.10	威县
		贾立宁	男	2009.01～2010.04	宁晋县
		王耀民	男	2009.01～2011.09	巨鹿县大王庄
		赵志华	男	2009.01～2010.04	任　县
		刘志刚	男	2009.01～2011.06	任　县
		张新华	男	2009.01～2011.06	宁晋县
		薄东平	男	2010.04～2011.03	巨鹿县寻虎
		焦　璞	男	2010.04～2011.06	邢台市
		秦中堂	男	2010.04～2012.01	内丘县
		陈建民	男	2010.12～2012.01	临城县
		赵泽波	男	2011.03～2012.01	广宗县
		郭帅军	男	2011.03～2011.09	巨鹿县安庄
		蔡普辉	男	2011.06～2012.01	清河县
		王晓彦	男	2011.06～2012.01	隆尧县
		刘君红	女	2012.01～2012.01	巨鹿县南哈口
		刘兴武	男	2012.01～2012.01	石家庄市平山县
第十五届	县　长	孙保祥	男	2012.02～	新河县
	副县长	赵泽波	男	2012.02～	广宗县
		蔡普辉	男	2012.02～	清河县
		秦中堂	男	2012.02～	内丘县
		刘君红	女	2012.02～	巨鹿县南哈口
		王晓彦	男	2012.02～	隆尧县
		陈建民	男	2012.02～	临城县
		刘兴武	男	2012.02～	石家庄市平山县
		李　波	男	2012.02～	石家庄市新乐县

2009～2012 年巨鹿县政协主席、副主席任职一览表

表 4

届次	职务	姓　名	性别	任职时间	籍　贯	备注
第十二届	主　席	李国民	男	2009.01～2012.01	巨鹿县大前屯	
	副主席	王建国	男	2009.01～2011.03	巨鹿县魏庄	
		张西周	男	2009.01～2012.01	巨鹿县西郗寨	
		乔敬科	男	2009.01～2012.01	巨鹿县后辛庄	
		刘君红	女	2009.01～2012.01	巨鹿县南哈口	
		张民	男	2011.03～2012.01	巨鹿县东张庄	

续表

届次	职务	姓　名	性别	任职时间	籍　贯	备注
第十三届	主　席	焦　璞	男	2012.01～	邢台市	
		张　民	男	2011.03～2012.01	巨鹿县东张庄	
	副主席	乔敬科	男	2012.01～	巨鹿县后辛庄	
		张　民	男	2012.01～	巨鹿县东张庄	
		薛辰良	男	2012.01～	巨鹿县西旧城	
		刘笑莉	女	2012.01～	沈阳市	

二、大事记

2009 年

2 月 6～7 日　政协巨鹿县第十二届委员会第三次会议在县委六楼会议室召开。

2 月 7～8 日　巨鹿县第十四届人民代表大会第三次会议在县文化中心召开。大会选举孙保祥为巨鹿县人民政府县长。

2 月 20 日　教育部、国台办和全国 29 个省教育厅（教委）、台办等 150 人到张王疃乡曹辛庄明德小学进行观摩。

4 月 30 日　巨鹿县行政服务中心揭牌运营，财政、国税、地税、发改、计生、水务、公安、环保、住建等 27 个单位首批入驻。

6 月 18 日　第十八届中国·巨鹿红杏商务节在县文化中心广场举行。

10 月 15 日　河北省农业综合开发工作现场观摩会在巨鹿县召开。副省长张和带领省农工委、财政厅、农业厅、开发办等 13 个省直部门及 11 个市主管副市长、开发办主任、财政局主管副职等 70 余人视察了巨鹿县三田千头奶牛养殖小区、小吕寨镇中低产田改造项目区和张王疃乡高标准农田建设项目区，并向全省推广巨鹿县农业综合开发工作经验。

10 月　巨鹿县被河北省委、省政府列为全省 10 个统筹城乡发展试点县之一。

11 月 10 日　河北省省长胡春华，省长助理、省政府秘书长尹亚力一行到巨鹿县调研工作，视察了巨鹿县燕南集团、河北庄新民居建设、河北宏福塑料制品有限公司、神州巨电新能源科技开发有限公司、县文化中心、纪寨金银花示范方、公长路设施蔬菜等调研点。

11 月 11 日　巨鹿县遭遇 50 年一遇暴雪，最大积雪深度达 24 厘米。全县各乡镇农作物均遭不同程度损害。

12 月 3 日　邢台学院巨鹿研究所成立。邢台学院院长王建勋、市科技局局长赫光磊、县委书记王素平、县长孙保祥等出席成立仪式。邢台学院巨鹿研究所是邢台学院在全市建立的第一家县级研究机构。

12 月 31 日　国务院扶贫办主任范小建到观寨乡南哈口村调研指导扶贫工作。河北省副省长张和、省扶贫办主任扈双龙、市委书记姜德果、市长刘大群等领导陪同。

12 月　政协巨鹿县委员会编辑出版《巨鹿县政协史志》，为建国 60 周年、全国政协成立 60 周年、县政协成立 50 周年献礼。

2010 年

1 月 15 日　中共巨鹿县第九届委员会第六次全体会议暨全县经济工作会议在县文化中心举行。县委书记王素平代表县委常委会作工作报告。

1 月 15～16 日　政协巨鹿县第十二届委员会第四次会议在县委六楼会议室召开。

1月16～17日 巨鹿县第十四届人民代表大会第四次会议在县文化中心召开。

3月19日 全省推广巨鹿县小额信贷经验现场会在巨鹿县召开，省扶贫办主任扈双龙，副主任哈增友、徐阔廷、毕振水，邢台市委副书记张平等领导出席会议。

5月 巨鹿县国土资源局把“巨鹿公园”更名为“魏徵公园”。

6月18日 第十九届中国·巨鹿红杏商务节在巨鹿县文化中心广场举行，国务院发展研究中心科技组负责人吴平博士，邢台市委常委、政法委书记柴冠景，副市长李博等出席开幕式。

8月25日 左宝珍将爱华翰苑碑林无偿捐献给国家，并隆重举行移交仪式，县文广新体局接管。

9月12日 中共中央政治局委员、国务院副总理回良玉对巨鹿县“两个组织”工作经验文稿《搭建金融组织与贫困群体之间的绿色安全通道——河北巨鹿县‘两个组织’小额信贷扶贫模式的探索与思考》做了亲笔批示。

9月28日 “巨鹿金银花”、“巨鹿串枝红杏”全国地理标志证明商标在国家商标局注册成功。

9月 巨鹿县工业聚集区管委会成立，巨鹿镇的东韩庄村、西韩庄村、西王杨村、西张庄村、西徐庄村、辛寨村、西街，小吕寨镇的瓜刘庄村、白家寨村，王虎寨镇的前塔寺口村、后塔寺口村、铁刘庄村等12个村（居委会）划归工业聚集区管委会管理。

10月28日 “巨鹿枸杞”全国地理标志证明商标在国家商标局注册成功。

11月16日 巨鹿县新型农村社会养老保险试点工作动员会在县文化中心召开。全县4.9万60岁以上符合条件的老人可享受每月55元的养老补贴政策。

12月14日 中国共产党巨鹿县第九届委员会第七次全委（扩大）会议召开。县委书记王素平作常委会工作报告。会议通过了《关于制定巨鹿县国民经济和社会发展第十二个五年规划建议》。

12月18日 国务院副总理回良玉对“巨鹿县认真落实回良玉副总理重要批示精神，进一步做好‘两个组织’小额信贷扶贫工作”中办信息予以肯定批示。

12月 联合国亚太城市发展研究中心、联合国人居环境发展促进会、中国城市建设发展促进会、中国开发区发展促进会、中国品牌管理协会、商务时报品牌研究中心等联合授予巨鹿县“中国最佳投资环境县”和“中国最佳生态宜居县”称号。

12月31日 巨鹿县老年科协理事会成立。

2011年

3月21～22日 政协巨鹿县第十二届委员会第五次会议在县委六楼会议室召开。

3月22～23日 巨鹿县第十四届人民代表大会第五次会议在县文化中心举行，薄东平当选为第十四届人民代表大会常务委员会副主任。

3月 巨鹿县被中国经济林协会授予“中国金银花之乡”称号。

5月31日 国家教育部公布巨鹿县职教中心晋升为国家级重点中专。

6月11日 河北省历史学会、邢台学院和巨鹿县委、县政府联合举办的“千年古郡——巨鹿历史文化研讨会”在华丰宾馆四楼会议室举行，来自国务院地方志办公室、河北省历史学会、邢台学院等省内外高校和社科机构的60余名专家参加会议。

6月18日 首届中国金银花节、第二十届中国·巨鹿红杏商务节在巨鹿县文化中心广场举行。活动期间，巨鹿县被中国药文化研究会、中国道地药材文化建设工程组织委员会授予“中国金银花道地药材产业之乡”、“中国枸杞示范基地”称号。

6月19日 河北省金银花行业协会成立大会在巨鹿县召开。大会通过了《河北省金银花行业协会章程》、协会组织机构及协会常务理事名单。全国农业技术推广中心副处长李莉、省农业厅副厅长张文军等出席会议。

7月 河北省人民政府批准巨鹿县工业园区为省级经济开发区。

7月 巨鹿县被列为河北省2011年城镇居民社会养老保险试点县。

9月6~7日 中国共产党巨鹿县第十次代表大会在县文化中心召开。

9月8日 全省杂交谷子现场观摩会在巨鹿县召开。

10月18日 埃塞俄比亚、埃及、肯尼亚、马拉维、布隆迪五个国家的11名政府官员到巨鹿县考察杂交谷子。

10月18日 河北省农村公路建设“七公开”现场会在巨鹿县召开。国家交通运输部纪检组长杨利民、省交通运输厅厅长高金浩出席会议并讲话。

11月23日 邢台银行巨鹿支行建成并投入运营。

12月19日 民政部社会救助司副巡视员周萍、民政部区划地名司原司长张炳善等到巨鹿县就农村社会救助工作进行调研，对巨鹿县农村救助工作给予高度评价。

12月 巨鹿县被授予“省级园林县城”称号。西郭城镇工业园被市政府批准为西郭城镇市级产业园区。

12月 河北省委决定将巨鹿县定为省委书记张庆黎扶贫联系点、创先争优活动联系点，将巨鹿县的苏家营二村农家书屋确定为帮扶联系点。

12月30日 省委书记张庆黎专程到巨鹿县慰问群众、指导工作。张庆黎一行先后到苏家营二村和纪寨村金银花标准种植示范方、南哈口村蔬菜大棚扶贫产业种植基地、三田乳业标准化千头奶牛养殖场进行调研。

2012年

1月7~8日 政协巨鹿县第十三届委员会第一次会议在县委六楼会议室召开，会议选举焦璞为县政协主席。

1月8~10日 巨鹿县第十五届人民代表大会第一次会议在县文化中心举行。会议选举薄东平为县人大常委会主任。

2月13日 河北省委常委、秘书长景春华带领省委办公厅有关负责人，到巨鹿县调研并看望省委办公厅驻苏家营二村、东王庄村工作队。市委书记王爱民，市委常委、秘书长李凤刚等陪同。

4月18日 国家交通运输部副部长冯正霖到巨鹿县调研农村公路建设工作。省交通运输厅厅长高金浩，市委常委、纪委书记范建巡，副市长任树堂等陪同调研。

6月18日 第二届中国金银花节、第二十一届中国·巨鹿红杏商务节在巨鹿县文化中心广场举行。邢台市委常委、统战部长王素平，市人大常委会副主任徐兰军，副市长刘劲松，市政协副主席回增群出席开幕式。

7月 巨鹿县被授予“省级卫生县城”称号。

三、重要决策

（一）实施四个新突破，建设幸福新巨鹿

2009年2月6日，全县经济工作会议提出按照县委九届五次全会确定的“实施四个新突破，建设幸福新巨鹿”的战略目标，决定以科学发展观为指导，以建设“幸福新巨鹿”为总体目标，围绕实施工业发展、农村建设、县城建设、民生事业“四个新突破”，组织带领全县干部群众克难攻坚、团结奋进，努力实现经济社会健康快速发展。实施工业化新突破，把纺织、农产品加工、机件制造作为立县产业支撑，集中力量促其壮大发展。实施农村发展新突破，以“富民美村”活动为载体，以城乡统筹发展为手段，加快农村发展，加大新农村建设力度。实施县城建设新突破，以“城镇面貌三年大变样”为契机，以打造“邢台东部商埠中心”为目标，每年县城建设投入保持在1亿元以上。实施民生事业新突破，以提高全县人民群众的生活幸福指数为目标，以解决群众生活生产中的难点热点问题为重点，创新和拓展民享覆盖面，提高民享水平。

（二）干部作风建设

2009年2月23，按照省市委统一部署，巨鹿县召开“干部作风建设年”动员大会。会议指出：以建设“幸福新巨鹿”为出发点和落脚点，以全县党政机关干部，特别是有行政审批权、执法权、收费权、罚没权等与发展联系密切的职能部门为主体，重点解决干部作风、机关效能方面存在的突出问题，效果明显。

（三）构建“一区两新三基四特一中心”经济新格局

2011年9月6～7日，中国共产党巨鹿县第十次代表大会在县文化中心召开。会议对巨鹿县今后五年经济社会发展作了科学全面的部署：以科学发展观为指导，紧紧围绕建设“幸福新巨鹿”总目标，大力发展现代工业、现代农业、现代服务业，加快推进城乡统筹、公共事业、社会管理创新，全面加强党的思想建设、组织建设、作风建设和反腐倡廉建设，全力打造“一区两新三基四特一中心”（一区：省级经济开发区；两新：新能源、新医药两大新兴产业；三基：机械装备制造、纺织服装、食品加工三大基础性传统产业；四特：中药材、小杂粮、设施蔬菜、畜牧养殖四大特色农业产业；一中心：邢台东部商埠中心）经济发展新格局，努力实现经济更加繁荣、基础更加完善、人民更加富裕、社会更加和谐的“幸福新巨鹿”。

（四）“一二三四”总体发展战略

2011年10月11日，全县领导干部会议在华丰宾馆四楼会议室举行。会议对县第十次党代会确定的思路目标进行了进一步完善，县委书记王志伟在会上提出了建设“邢东强县、幸福巨鹿”的“一二三四”总体发展思路：以建设“邢东强县、幸福巨鹿”为总目标，以加速转型、赶超跨越为主线，大力实施“工业强县、特色兴县、商贸活县”三大战略，致力建设实力巨鹿、活力巨鹿、生态巨鹿、和谐巨鹿，努力把巨鹿打造成为邢台东部强县。实力巨鹿是指经济结构更优、发展后劲更足、市场竞争力更强，综合经济实力明显提升；财政有实力、有潜力、有能力；群众就业充分，增收加快，生活殷实富裕。活力巨鹿是指干部有活力、经济有活力、社会有活力，一切积极因素竞相迸发，经济社会发展活力旺盛。生态巨鹿是指突出水、突出绿、突出净，发展路径更生态、更科学、可持续，县域环境更绿、更靓、更宜居宜业，争创“国家级园林县城”。和谐巨鹿是指公共社会资源城乡共享，社会管理日趋完善，各种社会关系和谐融洽，群众生活安定舒适，精神文化生活健康丰富，群众的幸福指数明显提高。

（五）环境卫生集中整治

2011年12月31日，召开全县环境卫生综合整治活动动员大会。会议决定在全县开展农村环境卫生集中整治活动，要求彻底解决农村存在的“脏、乱、差”现象，同时下发《巨鹿县城乡环境卫生综合整治实施方案》。

（六）“幸福乡村”建设

2012年1月，县委围绕贯彻落实省委书记张庆黎视察巨鹿县重要指示精神，按照市委“一年变个样”总要求，以建设全省“幸福乡村”示范村为总目标，按照“产业发展形成新格局、村庄面貌呈现新变化、村庄民俗倡导新风尚、村庄治理健全新机制”的发展思路，对张庆黎书记联系点——苏家营二村进行了整体发展谋划。按照“立足当前，着眼长远，惠及苏家营二村，带动巨鹿东北区域发展”的原则，共谋划产业发展项目6个、新村建设及社会事业建设项目10个、基础设施建设项目6个。

（七）创新实行“一组九部”工作模式

2012年1月，按照市委书记王爱民对巨鹿县提出的“一年变个样”的要求，县委决定从经济发展、城乡面貌、群众脱贫致富、民生事业、和谐稳定、干部精神风貌等六个方面力促巨鹿县大发展、快变样，并明确建设“效能巨鹿”、干部考核、重点工作推动三项抓落实工作机制。对涉及全局、关系全县赶超跨越的重点工作、重点工程实行“一组九部”工作推进模式。“一组”，即成立“一年变个样”工作领导小组，由县委书记王志伟任组长，县长孙保祥任常务副组长，县委副书记郑更须、县人大主任薄东平和政协主席焦璞任副组长；“九部”，指对黑龙港流域发展与扶贫攻坚先行先试实验区建设，领导联系点建设，“绿廊工程”建设，“平安巨鹿”建设，招商引资、园区建设、项目建设，创先争优及“幸福乡村”示范工程建设，优化发展环境及干部作风建设，城市建设及洪溢河生态新区建设，公路建设等九项重点工作、重点工程，分别组建由县党政班子成员任指挥长的工程指挥部。

（八）建设“生态巨鹿”

2012年7月23日，召开全县“两个环境”建设暨经济工作会议，会议提出把“两个环境”建设作为统领全县工作的一个中心和抓手，明确了重点抓好“生态巨鹿”、“效能巨鹿”、“诚信巨鹿”、“平安巨鹿”建设的新举措。围绕建设“生态巨鹿”，明确了重点实施生态巨鹿规划、国家级园林县城创建、生态基础设施建设、水治理工程、农村环境卫生综合整治、节能减排、特色农业和休闲旅游、生态产业、城乡交通及沿途环境整治、人文生态建设十项工程，举全县之力推进“发展环境”、“生态环境”建设。

四、施政纪要

（一）工业经济

2009年，按照“存量调强、增量调优”的工作思路，一手抓传统产业改造，一手抓新兴产业培育，支持和引导食品、纺织、机件和橡塑等传统企业广泛应用新技术、新工艺、新装备，加快开发新产品。建设了神州巨电、宏福手套、燕翔甲维盐、永安活性炭等一批科技效益型企业，全县初步扭转了以传统技术为主导的产业发展格局。全县共组织实施县以上重点工业项目66个，完成投资14.4亿元，竣工投产项目38个。河北汇工、宏福二期、神州巨电、永安活性炭、方盛塑业、中冶一重、燕翔甲维盐、常州联美等11个省市重点项目超额完成全年任务。实现工业增加值15.3亿元，同比增长12.5%；规模以上工业增加值7亿元，同比增长13.2%。积极推进企业品牌建设，燕南、方盛、喜德来通过省著名商标认定。同时，为节能减排，坚决把高污染、高能耗项目拒之门外，先后组织实施了燕南、三昌、昌盛、鑫泰等公司污水处理工程，对18家不稳定达标排放的锅炉进行了限期治理，确保了企业废水废气排放稳定达标。2009年，每万元地区生产总值能耗降低3%，县内重点河流水质断面监测达到省控制标准，主要污染物化学需氧量削减198吨，二氧化硫排放量削减319吨。

2010年，统筹推进经济发展提速提质，经济结构进一步优化。粮食总产达到17.4万吨，农业产业化经营率达到60%，市级以上农业产业化龙头企业达到8家，促进了农村群众富裕水平持续提高。装备制造、纺织服装、食品加工三大基础产业持续壮大，培育了5个省著名商标，主营业务收入2000万元以上规模企业达到27家；建设了一批科技型项目，新能源、新医药两大新兴产业蓄势成长，工业对全县经济增长的支撑作用明显增强。引进了家乐园、明珠等大型超市，发展了一批现代物流企业，服务业增加值占全县生产总值的比重达到29.6%，年均增长11.9%。节能减排扎实推进，实施了一批重点企业节能技术改造项目，万元GDP能耗比2005年累计下降20%，化学需氧量和二氧化硫排放量分别削减19%和15%，均完成省定目标，被评为国家级生态示范区。

2011年，围绕保运行、促升级，持续加大项目投入和推进力度，千方百计指导和帮扶企业健康发展，力推工业经济加快转型升级。抓帮扶，保运行，以引进金融资本为主渠道，着力帮扶企业解决融资难题。邢台银行巨鹿支行、巨鹿合企小额贷款担保公司正式投入运营。与河北省中小企业信用担保中心签署融资担保战略合作协议，每年可优先为巨鹿县20家企业提供贷款担保，协调市担保中心、河北银行为巨鹿县骨干企业融资4700万元。抓技改，促升级，以企业“对标”行动为抓手，瞄准技术、装备、产品更新升级，加大技改项目申报和建设力度，加快推进传统“三基”企业升级转型。15项技改项目列入省重点技改项目库，项目个数位列全市第二，已有4项得到批复，批复项目个数位居全市第一，并获得省级技改专项资金869万元。抓平台，增效益，围绕做大产业集聚发展平台，新增投入3.7亿元完善开发区基础设施建设，县经济开发区成功升格为省级经济开发区。同时，依托基础较好、实力雄厚的规模企业，在全省县域中率先建立了中小企业孵化园，吸纳40多家中小企业签约入驻。

2012年，以保运行稳增长，以强“对标”促升级，为14家重点企业协调资金1.43亿元，争列省技改项目21个，建成省级中小企业培训基地，全县新增5个省中小企业名牌产品和2个省著名商标。1～7月份，全县规模以上工业增加值完成5.3亿元，同比增长2.4%，工业购电量完成10449万千瓦时，同比增长16.7%。

（二）农业发展

2009年，抓住国家政策向“三农”倾斜的有利条件，全面加快农业经济发展及新农村建设。加强农业基础设施建设，投资4435万元开发和整理土地2664万平方米，新建成一批农业基础设施，实现了农业开发红旗县“八连冠”，被列为全省首批高标准农田建设示范县。农业龙头企业不断壮大，培育和引进了一批农产品深加工龙头企业，新上畜牧龙头企业8家，标准化规模养殖场230个，农村经济合作组织发展到126个，涉及农户4万多户，发展设施蔬菜重点村16个，新上各类大棚5000多个，蔬菜种植面积达到3110.22万平方米，设施蔬菜成为巨鹿县特色经济新的增长点。特色农业优势进一步扩大，大力推进金银花GAP和枸杞绿色食品认证工作，申报了枸杞、金银花、杏地理标识注册，受市场利好带动，金银花、枸杞年促农民增收2.1亿元，人均600多元，现代农业正在成为农村经济的重要支撑。新农村建设进一步推进，村镇规划工作全面展开，西郭城、小吕寨2个镇已全部完成，7个乡镇正在抓紧编制。同时，河北庄等5个省新民居示范村建设顺利进行。

2010年，农业综合生产能力显著提高，累计投资超过3亿元，实施了一批中低产田改造、土地开发整理、咸淡混浇等农业基础设施项目，在全省贫困县中率先建立了4个农业技术区域推广站，实现了农业开发红旗县“九连冠”，顺利通过全省首批高标准农田建设示范县验收，农田水利基本建设在全省保持先进。中药材、小杂粮、设施蔬菜、畜牧养殖等特色农业快速发展，一次性成功注册了巨鹿金银花、红杏、枸杞地理标志证明商标，金银花产业规模跃居全国第一；2004年，巨鹿县培育出全国乃至全世界第一个杂交谷子新品种——张杂谷8号，具有“高产、优质、省工”三个显著特点，2010年全县种植张杂谷面积达到2664万平方米，成为冀南最大夏播谷种植区；6家畜牧企业被农业部列为无公害畜产品生产基地。严格落实发放粮食直补、综合直补、良种补贴等各项补贴，每年补贴44622万平方米以上，全县8万农户、30多万农民从中受益。大力改善农村面貌，实施了一批农村水、电、路等基础设施建设工程，基本实现了户户通自来水、村村街道硬化、村村公路联网、村村通公交，农村交通建设投资达到1.4亿元。

2011年，建设了10个金银花标准化种植示范方，金银花标准化种植面积超过1332万平方米；精心实施国家级“连片开发”产业扶贫项目，巩固壮大了4个设施蔬菜产业示范区，新发展各类瓜菜266.4万平方米，成功认证无公害、绿色农产品生产基地3个，并规划启动了百里万亩大棚菜产业长廊工程，瓜菜种植面积达到4395.6万平方米；新发展各类农民专业合作社26个，新增1个省级示范社、6个市级示范社，省级示范社总数达到5家。新增市级以上农业产业化龙头企业4家，总数达到12家。其中，河北燕南食品有限公司跻身“河北省产业集群龙头企业”行列。同时，加快特色产业科技化发展步伐，成功争取到联合国粮农组织出资50万美元与巨鹿县开展金银花技术合作项目，金银花、张杂谷产业发展被国家科技部列入国家级科研项目，成立了“巨鹿金银花研究所”，全面完成了金银花GAP认证基础工作和试论证，并组建了由中国农业大学等14位专家、教授组成的巨鹿县金银花产业科技专家库。6月18日，在巨鹿县文化中心广场举办了第二十届中国·巨鹿红杏商务节暨首届中国金银花节。期间，巨鹿县被中国药文化研究会、中国道地药材文化建设工程组织委员会授予“中国金银花道地药材产业之乡”、“中国枸杞示范基地”称号，巨鹿县被命名为“中国金银花之乡”

2012年，与中国农业大学农学与生物技术学院缔结为友好合作院县，共同建立高效农业深加工产业基地、金银花产业基地及校外实验基地；启动了联合国粮农组织“金银花生产及产后处理提高项目”。新引进三丰饮品及化妆品生产等4个超亿元产业化龙头项目，新增市级以上农业产业化重点龙头企业4家，总数达到16家，进入“一县一绝”扶持计划，加快特色产业电子商务平台建设，搭起产业化发展的新平台。新发展蔬菜大棚133.2万平方米，百里万亩蔬菜长廊初具规模；新认证无公害蔬菜基地1998万余平方米、蔬菜品种19个；新建标准化肉鸡养殖小区10个，全县肉鸡存栏68万只，出栏230万只。启动1751.58万平方米高标准农田建设项目，实施了引黄西线配套、神仙渠改造、现代农业节水灌溉、农网大修、春灌抗旱保电等工程建设，完成调蓄水2000万立方米，小麦生产实现了“九连增”目标。

附一：首届中国金银花节，第20届中国巨鹿红杏商务节

2011年6月18日，首届中国金银花节，第20届中国巨鹿红杏商务节在巨鹿县文化中心广场召开。来自韩国、马来西亚、西班牙、台湾和京津冀豫浙等220名国内外客商齐聚一堂，开展为期三天的洽谈考察活动。

首届中国金银花节由中国药文化研究会、中国经济林协会、河北省农业厅、河北省林业局、邢台市政府主办，巨鹿县委、县政府承办；第20届中国巨鹿红杏商务节由邢台市政府主办，巨鹿县委、县政府承办。期间，开展了杏节百日招商、金银花采摘比赛、大动力锂电池高峰论坛、巨鹿历史文化研讨会、大型工农业产品展览、工业新区及特色农业观光、金银花产业发展论坛及中药材研讨会、投资环境说明会暨项目签约仪式等系列活动。现场签约项目24项，总投资46亿元。河北省金银花行业协会在巨鹿县选举成立。会议通过《河北省金银花行业协会章程》。选举产生了第一届30名理事会成员。

附二：第21届巨鹿红杏商务节暨第2届金银花节

2012年6月18日，由中国药文化研究会、中国中药协会、河北省林业厅、邢台市人民政府、河北省金银花行业协会等单位主办，巨鹿县委、县政府承办的第21届中国巨鹿红杏商务节暨第二届中国金银花节在巨鹿县文化中心广场召开。来自韩国、香港和京、津、沪、冀、鲁、浙、晋、粤等地的180多名国内外客商参加仪式，现场签约项目24项，协议总投资127.7亿元。

巨鹿县是“中国金银花之乡”，目前金银花面积达13万亩，标准化种植2万亩，年产干银花1300万公斤，产量占全国的60%以上，产业规模位居全国第一。巨鹿县红杏种植面积8.1万亩，年产鲜杏8000万公斤，是全国最大的串枝红杏种植基地，全国“杏良种示范推广基地”、“国家级串枝红杏标准化示范区”，栽培面积和产量均居全国第一。“巨鹿金银花”、“巨鹿枸杞”和“巨鹿串枝红杏”都已通过国家地理标志证明商标认证。

本届红杏商务节暨金银花节以“政府引导、市场运作、突出商贸、简约务实”为原则，以“交流合作、互利共赢、共谋发展”为主题，通过开展商务洽谈、环境推介、产业论坛、项目签约、产品展览等活动，推介宣传巨鹿县优良的投资环境和合作优势。

2012年中国金银花节和中国巨鹿红杏商务节节徽（刘美瑞摄）

（三）城市建设

2009年，巨鹿县被确定为全省城乡统筹发展试点县。园区建设完成23平方千米县城工业新区规划；启动了总投资5400万元的县工业新区起步区基础设施建设，新修道路8条，总长10.6千米。县纺织工业聚集区被列入省振兴纺织产业重点支持园区之一；西郭城食品、王虎寨机件、官亭输送带、进虎寨机件等乡镇和村级工业聚集区进入实质发展阶段。城市规划建设完成了县城总体规划新一轮修编，建设了城乡规划展馆；完成城市建设投资3.7亿元，实施了文化中心广场、垃圾处理场、污水处理厂等23项市政工程，长途汽车站完成主体建设，公园南部完成升级改造，管道天然气站投入使用，城区燃气主管道覆盖率达95%，安装使用天燃气3000余户。按照城市三年大变样的规划，提前一年完成三年拆迁任务。城市管理逐步规范，组建了房地产市场秩序综合执法队伍，对违法占地建设和房地产项目规费大力进行专项清理整顿，查处和制止各类土地违法行为72件，强行拆除26宗，维护了巨鹿县房地产市场秩序；投资70多万元，对城区主次街道施划了交通标示线和停车泊位，在主要路口安装了交通信号灯，城区交通秩序得到有效规范。城区居民生活环境有了新改善，新建居民小区全部实现了集中供热；筹集资金446万元，对城区3条主干道和15条小街巷进行亮化，安装路灯653基；实行了城区卫生网格化承包管理，增上了一批环卫设备，有效提升了城区环卫水平；开展了大规模绿化活动，新增绿化面积9万平方米，城区绿化覆盖率达到33%；对城区各主要街道和两侧实体墙进行了景观整治和拆墙透绿，对新华街、黄巾大道沿街31个办公楼、商场、标志性建筑全部安装了景观照明设施，进一步提升了县城景观水平。城市服务业发展了安顺、生福、福源德等一批现代物流企业，纳税同比增长9.8%。引进了家乐园大型超市，形成了餐饮、娱乐、服装、电器、家具等一批特色街道，县城商贸格局更加合理。

2010年，继续围绕加快邢东商埠中心建设，以城乡统筹发展为统领，以工业化、城市化“双轮驱动”为主线，扎实推进城镇面貌三年大变样。以超过改革开放后30年投资总额2倍的投入力度，拉起了“一带、两区、四轴、多点”（洪溢河生态景观带、经济开发区和城区、县城四条主要街道、城区内多个公共设施中心）的城市发展框架。控制性详细规划在全市率先实现了全覆盖，完成了四环路网、文化中心、全省首家县级3D影城等一批重点工程，开发建成了第一城等居民新区，配建、改建廉租住房1100套、筹建经济适用房1200套，废品收购场全部实现围场作业，新安装交通标示牌246个，治安监控实现了城区重点部位全覆盖，全城基本消灭了无灯路，县城建成区人均道路面积达到17平方米，生活垃圾集中处理率达到100%，连续五年被市评为城市建设先进县。现代商贸服务业初具规模，培育了家具、家电、摩托、服装等商业街区，兴建了一批专业市场，各类商铺达2700多家，县城的人气和商业活力不断提升，“邢东商埠中心”辐射力进一步增强。23平方千米工业聚集区通过了省级“三规一评”，成立了工业聚集区管理委员会，完成道路、水、电等基础设施建设投资2.8亿元，县工业聚集区进驻企业达到40家。

2011年，以创建省级园林县城为载体，安排实施了总投资37.3亿元的107项建设工程。建成了投资6800万元的110千伏的变电站和投资8720万元的天然气门站；完成了迎宾街改造、风清路拓宽配套及照明、南华路便道及照明、东安街配套、北荣路便道、黄巾大道西延、狼窝渠治理等市政工程，共修筑路面2.75万平方米，硬化便道4万多平方米，埋设排水管道近万米。建成省市级园林单位37个，开展了环境卫生、牌匾广告、经营秩序、交通秩序、弱电管线、城市亮化等市容市貌综合整治活动，成为2011年全市三个被省政府批准命名为省级园林城市的县城之一。同时，还谋划启动了总投资8.5亿元的环城水系建设、投资3亿元的古文化街和规划占地4.6平方千米的洪溢河生态新区建设等3项重大城建工程，致力于塑造巨鹿文化和生态标志性形象，努力把巨鹿县建设成为省级生态城市。重点工程邢衡高速、邢黄铁路巨鹿段拆迁工作基本完成，道路建设顺利实施；投资8000多万元，新改建农村联网公路22千米、桥梁3座，全县公路总里程达到847.4千米，总长度位列全省各县市第一；率先在全市投入15辆混合燃料动力公交车，实现县城主要街道公交全覆盖。2011年开工建设保障性住房1986套，超额完成市下达任务的2.4倍。农村危房改造和新民居建设积极推进，共争跑安排工程资金7437万元，完成了1300套农村危房改造任务；东郭城、前路寨、阎桥、平安社区等4个省级新民居联建示范村已开工建设。申报的南华苑、堤村集、官亭、神堂坡4个省级示范点全部审批通过。

2012年，着力做强城市的资源、产业、环境三个承载力，全力拉大发展空间，提升发展活力。做强资源承载力，全年安排实施了总投资23亿元的39项重点建设工程（年度计划投资12.3亿元），包括净、硬、亮、绿、美“五化”工程，以及路网等基础设施、行政功能区等工程，已完工9项，其余各工程均按计划推进。近13千米的“邢衡高速”——巨鹿连接线年内开工建设，邢德线过城段北移工程完成预审。做强产业承载力，围绕“邢东商埠中心”建设，优先发展生产性服务业，完善发展传统服务业，积极发展新兴服务业，推进火车站综合物流园、汉凰物流园、雨润物流配送中心、南宁建材家居市场等重点项目建设，打造一批“邢东叫得响”的购物、餐饮、休闲等消费服务“名牌”，增强消费“辐射力”。振诚物流大楼完成主体建设，天凡贸易大楼、万达酒店正在加紧建设。同时，规划设计了占地2.5平方千米的西平街生态新区，打造集居住、休闲娱乐为一体的“城市客厅”，拓展商贸服务业发展空间。做强环境承载力，以争创国家级园林县城为目标，积极推进环境友好型城市建设。规划了环城水系，启动了洪溢河生态景观区建设，实施了环城、环水和通道绿化，县城绿化覆盖率达42%。

（四）社会事业

2009年，围绕建设“幸福巨鹿”，针对群众关心关注的问题，组织全县力量，明确责任目标，加大工作力度，使更多的群众享受了发展成果。城镇新增就业3774人，城镇登记失业率3.7%，城镇职工养老、失业、医疗、工伤四项保险参保人数4.4万人，培训转移农村富余劳动力8000余人。投资2440万元，实施了农村道路联网工程，建成联网路57条、122千米，投资总量位居全市之首，占全市任务1100千米的11%。郡东养老院投入运行，创造性地实施了农村五保户集中供养村居点建设，建设村居点63个，“五保”集中供养率达到68.9%，位居全市第一，这一做法荣获全国农村社会救助创新奖。扶贫开发趟出了新路径，以政府作为主体参与，以公务人员工资担保为核心，创建了贫困群众贷款“两个组织”，帮助贫困户争取扶贫贷款700多万元，调动了群众创业主动性。教育事业有了新进步，统筹实施了教育资源整合工程，建成标准化初中5所、小学9所、幼儿园126所，有效缓解了教育资源紧张局面。在全市率先完成住房补贴发放，廉租住房建设资金争取量全市第一，困难群众安居得到有效保障。投资1350万元实施了防洪保安工程，农田水利基本建设在全省“海河杯”评选中，位列平原县第一名，调水抗旱工作经验在全省推广。群众看病难题进一步缓解，新农合参合率达到91.14%，全年报销补偿33.5万人次，报销医疗费3032万元。启动了城镇居民医疗保险，参保人数达到2.9万人。惠农政策更加普及，发放粮食直补、综合直补、良种补贴等各项补贴4230万元。开展村级“一事一议”奖补工作，为农村社会事业发展争取财政奖补资金723万元，全县92%的村从中受益，申报项目村数和财政奖补数额居全市第一位。投资531万元，建设沼气池1400个，更多群众用上了清洁能源。群众文化活动日益丰富，组织挖掘整理22项非物质文化遗产，杨武乡“西路乱弹”被列入省级非物质文化遗产。开展“百场惠民演出”和科技、文化、卫生“三下乡”活动，进一步丰富了群众文化生活。安全稳定工作，以“事要解决”为核心，突出“早发现、早防范、早解决”，落实信访工作各项制度，保证了国庆60周年期间无一起越级访、集体访。打击“两抢一盗”侵财性、伤害性犯罪等社会治安活动，侦破各类刑事治安案件220起。

2010年，在建设“幸福巨鹿”中，全面推进社会事业进步。全县“五保”集中供养率位居全市第一，并被列入国家新型农村养老保险工作试点县。新农保参保率超过90%，有4万多名60周岁以上农村群众拿到了每人每年660元的基础养老金，领取率达到97.1%。社会保障扩面提标，职工养老、失业、医疗、工伤四大保险实现全覆盖，低保金、五保供养金标准达到全省平均水平；教育事业持续发展，城乡免费义务教育全面实施，教育资源整合工程顺利推进，巨鹿职教中心成为国家级重点学校，并被国家七部委评为“全国农村青年就业工作先进单位”；卫生事业协调进步，新建了县医院外科大楼，启动了投资6500万元的内科大楼工程，10个乡镇卫生院和80%的村卫生室医疗设施基本达到标准化建设要求，人均基本公共卫生服务经费达到15元，新型农村合作医疗参合率达到96.69%；人口计生工作得到加强，人口自增率控制在7‰以下。

2011年，就业工作取得新进展，开发公益性岗位31个，就业见习基地4个，实现创业带动就业120人；城镇新增就业人数完成目标任务的96%，城镇失业率始终控制在3.8%以内；培训转移农村劳动力7650人，完成省下达全年任务的118%。教育事业有了新突破，拥有省级、市级示范幼儿园各1所，城市和农村一类幼儿园14所；实验中学、五中新教学楼投入使用，在全省率先实现了初中学生全部进城就学；巨鹿中学获得向中国人民大学推荐高中毕业生的资格，全省仅有4所学校获此殊荣；3所中小学被评为邢台市现代教育技术实验学校；改扩建农村小学5所，新建特教学校1所。医疗卫生事业改革加快，顺利完成了对全县10所乡镇卫生院的基本药物、人事管理、分配、保障等制度改革，乡镇卫生院全部实现药品“零差率”销售，42个标准化卫生室建设项目被列入省“十二五”规划，巨鹿县医院成为全市唯一一家被省政府确定的公立医院综合改革试点医院。同时，科学调整了新农合实施方案，提高了门诊统筹费用和住院补偿比例，群众“看病难”问题进一步缓解。农村文化体育事业呈现新局面，农家书屋工程稳步推进，为150个项目实施村配送了价值2万余元的图书，建试点村22个，建乡镇文体站6个，参加了邢台市第13届农民运动会并取得全市第三名；社会保障和救助水平显著提高，社保体系实现城乡全覆盖；新农保覆盖人数完成省下达任务的98%；各项社保待遇稳步提高并按时足额发放，建设了4个农村养老服务中心试点，建成农村幸福院66家，构建起社会化机构养老体系；创建了“三保一推”农村低保评定长效机制，累计保障城乡低保对象1.26万人，发放低保金1300万元；成功启动了新十年首批35个试点村扶持工作，形成了南哈口、孟庄、公长路、吉屯四大设施蔬菜产业片区，建成了30个设施蔬菜精品园区；自然生态环境进一步改善，新增林网控制面积2117.88万平方米，造林466.2平方米，林木面积达到17649万平方米，森林覆盖率达到27%；水资源保障和利用水平进一步提高，全县河渠坑塘综合治理工程已启动，投资10亿元的蓄滞洪区安全建设项目，已完成人口、经济等基础数据的统计等前期准备工作；社会和谐稳定局面进一步巩固，相继开展了“清网”“清源”等集中统一行动。联合接访中心正式启用，“三位一体”信访调解机制落实，使各类信访积案得以化解。

2012年，以保障民生抓安居为主线，大力推进安居工程，市下达巨鹿县保障性住房建设任务725套，危房改造任务1500户，新增廉租住房租赁补贴140户。其中，200套廉租住房，140套公共租赁住房建设任务已列入御品江山等3个商品房建设项目配套建设；省级示范项目滨河家园保障性安居工程主体已全部封顶，年前具备入住条件；金帝豪庭、润新东方家园2个棚户区改造项目目前已全部开工；50套经济适用房建设任务列入锦绣花园开发项目集中新建，于5月份开工；廉租住房租赁补贴工作同步推进。农村危房改造将以集中建设为主，压缩农户新建房比例，加大修缮加固数量。年前已完成1560户申报、审批工作，开工建设1392户，完工561户。

五、重点工作

（一）农业综合开发

2009年农业综合开发土地治理项目总投资2935万元，改造中低产田1178.82万平方米。被评为省项目建设“先进县”，实现了全省“红旗县”、“先进县”八连冠。高标准农田建设示范工程项目总投资1241万元，建设规模666万平方米，通过省级验收，荣获全省第一。

2010年农业综合开发项目争取财政资金1875万元（土地治理项目1800万元、产业化项目75万元），投资规模位居全省前列。农业综合开发项目规模999万平方米，总投资2040万元，被评为全省项目建设“先进县”，实现“红旗县”、“先进县”九连冠。

2011年土地治理项目总投资3647万元，治理规模2117.88万平方米。其中：高标准农田项目建设投资2058万元，开发面积999万平方米；中低产田改造总投资1589万元，面积1118.88万平方米。代表全省接受国家农业开发检查验收中以零问题通过验收，实现了全省“红旗县”、“先进县”十连冠。

（二）经济开发区建设

2009年，高起点完成23平方千米县城工业新区规划，启动了总投资5400万元的县工业新区起步区基础设施建设，新修道路8条、10.6千米。

2010年10月14日，下发《巨鹿县工业聚集区管辖范围的函》，所辖西街、东韩庄、西韩庄、辛寨、西王杨、西徐庄、西张庄、白家寨、瓜刘庄、前塔寺口、后塔寺口、铁刘庄等村（居委会）共计12个。2010年12月13日，下发巨办字〔2011〕23号文《中共巨鹿县委办公室巨鹿县人民政府办公室关于启用中国共产党巨鹿县工业聚集区委员会、巨鹿县工业聚集区管理委员会印章的通知》，2010年12月15日启用“中国共产党巨鹿县工业聚集区委员会”、“巨鹿县工业聚集区管理委员会”两枚新印章。12月27日，以巨政复字〔2010〕42号文件，批复巨鹿经济开发区规划范围为北至邢德公路，西至王虎寨镇东，东至县城西平街，南至南华路，规划总建设用地14.04平方千米。同日，下发〔2010〕16号文件《巨鹿县人民政府关于进一步加快河北巨鹿经济开发区建设的实施意见》，对开发区建设实施提出了指导性方向，并批准执行《巨鹿县人民政府办公室关于印发河北巨鹿经济开发区主要职责内设机构和人员编制规定的通知》、《巨鹿县人民政府关于印发<巨鹿县招商引资、项目建设特别优惠办法（暂行）>的通知》。

2011年7月6日，河北省人民政府下发冀政函〔2011〕109号文《河北省人民政府关于同意设立沙河等7个经济开发区的批复》，同意设立河北巨鹿经济开发区纳入省级开发区管理序列。9月5日，河北省开发区协会下发冀开协批〔2011〕13号文《关于同意巨鹿经济开发区加入河北省开发区协会的批复》，同意巨鹿县经济开发区加入河北省开发区协会。

（三）县城面貌三年大变样

从2008年开始，按照省、市城镇面貌三年大变样总体部署，努力打造宜居宜业的新县城。三年大变样的五项基本目标、19类、60个指标全部完成。累计拆违拆迁51.8万平方米，占计划的2.2倍；建设投资26.2亿元，是改革开放后30年总额的2.1倍，县城功能日趋完善，县城品位进一步提升。

（1）围绕建设中等小城市目标，坚持“拉大框架、路网先行”的思路，先后修建了黄巾大道、东安街、西平街、南华路等四条环城路，打通了风清路、富强路两条断头路，新修、翻修建设街、秦泽路、健康路等城区街道22条，形成了“六横六纵”的路网交通格局，搭建起了“城内成网、城外成环、环网相连、畅通便捷”的城市主干路网，小城市的主体框架基本形成。

（2）根据城市规划，实行了分区、分功能建设，完善和新建了巨鹿公园、生态植物园、文化中心广场、万盛广场、明珠广场等一批居民休闲娱乐区；新建了交通大厦、人武大楼等，法院楼、检察院楼、国税楼、财政楼实施了亮化工程；提升和新建了冀南一流的县级医院、自来水厂、行政服务中心、广电中心、人才交流市场、文化活动中心、汽运站、河北首家县级3D影城等一批市政工程和文化工程；开发建成了第一城、世纪康城、联邦花园、阳光家园、中央馨府等居民新区，配建、改建廉租住房1100套，筹建经济适用房1200套。

（3）围绕建设生态园林城市目标，全面实施了“净、硬、亮、绿、美”五化工程。三年中，共对全县36条小街小巷进行了硬化整治，新修、翻修城区街道16万平方米，县城建成区人均道路面积达到17平方米；对城区各主干道、15条小街巷以及临街的52个办公楼、商场、标志性建筑等进行了景观亮化，安装路灯653基，全城基本消灭了无灯路；大力推进减污减排工程，垃圾处理场、污水处理厂全面投入运营，全县垃圾处理率达到100%，2009年，全年好于二级标准天数达到350天。同时，投资1350万元对横贯城区北部的狼窝渠进行了雨污分流和景观改造，埋设污水管道1600米，安装了景观灯和音乐喷泉，昔日的污水沟变成了景色怡人的生态景观带；制定了巨鹿县绿地系统详细规划，对城区实施“无缝式”绿化，新增绿化面积179万平方米，城市主干道绿地率达到20%以上，2012年建成区绿化覆盖率达到42%，绿地率达到36.2%，给城区居民营造了清新、洁净的大气环境。

（4）围绕“邢东商埠中心”建设，大力发展商贸服务业，以兴业促进兴城。引进发展了一批现代物流企业，建成了冀南金银花、梁园建材等大型专业市场，培育了餐饮、娱乐、服装、电器、家具等一批特色街道，引进了明珠、欧特福等一批连锁超市，各类商铺达2500多家，县城的人气、商业活力不断提升，特别是引进的投资5600万元的家乐园巨鹿店，进一步扩大了巨鹿县作为“邢东商埠中心”的辐射圈。投资800多万元建成的全省首家县级3D影城，带动了巨鹿县“夜经济”的繁荣，为全县商贸文化日益繁荣注入了新的活力与动力。

（四）农村环境卫生综合整治

2012年初，巨鹿县按照市委、市政府部署，集中力量，全员发动，强化措施，狠抓落实，大力开展农村环境卫生综合整治活动。

（1）组建城乡环境卫生综合整治指挥部和领导小组办公室，县四大班子领导带头停休节假日，分包乡镇或区域亲临一线协调指挥，全县上下形成“一级做给一级看、一级带着一级干”的浓厚氛围。（2）制定《巨鹿乡镇、村环境卫生综合整治标准》，明确道路、道路两侧、农村环境卫生的整治标准。细化苗木的种类、规格、种植、管护等具体要求。取缔公路沿线沙场26个、煤厂38个、废品回收点12个。（3）把农村环境卫生整治作为“一把手”工程，加强对各乡镇的督查、考核，规定各乡镇书记、乡镇长必须盯在一线，干在一线。截至2012年4月份，全县共投入资金1798余万元，人力32万余人次，动用大型机械车辆3.5万车次，共清理干线公路及乡村道路1760条，清运垃圾、杂物143.6万立方米，清理各类场所2000多个；建垃圾集中填埋点272个，垃圾池2000个；按照500人设一个环卫岗位的标准，共核定727个环卫岗位，配备脚蹬箱式三轮727辆，保洁服装727件。（4）由集中整治阶段转向长效管理阶段，制定了《巨鹿县农村环境卫生长效机制管理办法》，探索和建立了教育养成、垃圾处置、经费保障、监督管理等六项长效机制，农村环境卫生工作实现了有章可循、有序运转。

（五）通道绿化

2012年，紧紧围绕“还邢台青山绿水，走生态发展之路”，以打造“河北平原地区最绿的县域”为目标，大力实施通道绿化工程。制定《巨鹿县通道绿化规划设计图》，将境内146.5千米的6条县级以上交通干线和县城西环、南环12.39千米全部纳入绿化范围，并将邢德线、定魏线、南郝线3条省道的两侧林带宽度延伸至60米，比市定标准每侧拓宽10米。自3月8日至3月18日，投入1212.5万元，栽植树木60.5万株，绿化面积732.6万平方米，占任务的121%。

（六）民生工作

（1）苏家营二村幸福乡村建设

苏家营二村位于巨鹿县东北20千米处，隶属巨鹿县苏家营乡，是传统农业村，邢台市民主法治示范村、新农村建设先进村。2011年12月，省委书记张庆黎视察巨鹿县时提出了“建好一村、带动一域”的原则。苏家营二村在各级领导的帮助指导下，详细制定了村庄变样“路线图”，涉及产业发展、社会事业、基础设施等5大类23个项目。谋划实施了23.31万平方米钢构拱棚、73260平方米日光温室棚、标准化肉鸡养殖小区、油脂加工等项目，大力发展设施蔬菜、肉鸡养殖等特色产业，为该村大变样提供永续动力。规划了“一心一带一轴四组团”的新村发展格局，谋划了新民居、供水站、道路建设、电网改造、文化活动中心、神仙渠改造、村庄绿化等工程，全面提升群众生活环境条件。引进了年产10万吨食用油项目，可解决上百名农民就业，带动周边乡村4~5万多户群众增收。建设了沼气站、乡卫生院、中心小学、民政服务中心等项目。

（2）初中生全部进城就学

巨鹿县实验中学位于县城东安街以东，风清路北侧，定魏线西侧，总投资1.5亿元，工程占地10.85万平方米，其中，校园占地75790.8平方米。项目总建筑面积11.1万平方米，其中，学校教学、生活用房建筑面积4.1万平方米，教师公寓建筑面积7万平方米。学校设计招生规模20轨，可容纳学生3000人。2011年9月，巨鹿实验中学投入使用，城区连同原有的三所高中，率先在河北省实现了初中学生全部进城就学。

（3）农村公路养管“七公开”

2008年后，巨鹿县在加快农村路网建设中，以建设“阳光路”、树立“民心碑”为追求，创新实施了“三强化一延伸”的“七公开”（发展规划和建设计划、资金补助政策、招标过程、施工过程管理、质量监督、竣工验收、资金使用）推进机制，有效破解了“路由谁来修、钱该怎么花、质量谁保证、修好怎么管”等公路建设难点问题。累计投入资金7900万元，相继实施了“村村通公路”、“村村街道硬化”、“农村道路联网”等惠民工程，彻底解决了群众出行难题。2011年10月18日，全省农村公路建设阳光工程“七公开”现场会在巨鹿县召开。2011年11月25日，省委常委、纪委书记臧胜业就农村公路建设“七公开”工作赴巨鹿县进行专题调研，要求在全省推广巨鹿经验。

（4）“两个组织”小额信贷扶贫模式

2009年初，调研发现，扶贫资金有限、自筹资金能力弱、贷款渠道不畅、产业项目资金缺口大，已经成为阻碍贫困户增收致富和制约农村经济发展的瓶颈。在省、市扶贫办的指导下，以学习科学发展观和“干部作风建设年”为契机，创建了巨鹿县“扶贫信贷担保自愿者组织”和“贫困村诚信自律者联谊会”（简称“两个组织”），在金融部门与贫困户之间搭建了一个分担风险、诚信自律的桥梁，在贫困地区走出了一条以群众诚信自律为基础，以公职人员自愿担保为补充，以开发扶贫产业项目为依托，以金融部门为主导的金融扶贫之路。随后，“两个组织”小额信贷扶贫模式在全省推广。国务院扶贫办主任范小建、原省长陈全国、省委副书记赵勇、省纪委书记臧胜业等领导对此给予充分肯定。2010年，国务院副总理回良玉就就此给予两次批示。

国务院扶贫办主任范小建（右一）
与邢台市市长刘大群（右二）
视察巨鹿县扶贫工作

（5）建立“三位一体”机构养老体系

围绕实现农村“五保”老人“老有所养”，2011年出台《巨鹿县建立“三位一体”机构养老体系实施意见》，实现以中心敬老院、乡镇敬老院为枢纽，以集中居住点供养为支撑的“三位一体”（村办、公办、民办）供养模式，搭建起了全县农村“老有所养”保障网。2011年全县共建成农村幸福院66个，所配备310个社会救助员，由县财政每人每月发放60元补贴。村办幸福院拥有床位658张，入住五保对象449人、社会老人182人；3家公办敬老院，床位280个，入住五保老人176人、社会老人40人；民办敬老院2家，床位60个，入住五保老人31人、社会老人20人。

六、重要会议

2011年9月6~7日，中国共产党巨鹿县第十次代表大会在县文化中心召开。县委书记王志伟代表中共巨鹿县第九届委员会向大会作题为《加速转型赶超跨越为加快推进“幸福新巨鹿”建设而努力奋斗》的工作报告。会议选举产生了33名中国共产党巨鹿县第十届委员会委员、17名中国共产党巨鹿县纪律检查委员会委员、18名出席邢台市第八次党代会代表。

2012年1月8~10日，巨鹿县第十五届人民代表大会第一次会议在县文化中心召开。会议主要听取和审议了政府、人大、法院、检察院工作报告，审议了发改局、财政局书面工作报告。会议选举薄东平为县人大常委会主任；牛恒璞、李步信、陈旭庚、吉存善为县人大常委会副主任；王庆璞、王辰良、王朋飞、王国敏、尤明献、吉增良、吕林、孙西岭、李俊广、李振普、杨瑞坤、周华、夏斐娜、高占刚、郭占勋、郭运华、梁密格、路会平（按姓氏笔画为序）为县人大常委会委员。选举孙保祥为政府县长；赵泽波、蔡普辉、秦中堂、刘君红、王晓彦、陈建民为县政府副县长。选举梁雪峰为县法院院长；李晓波为县检察院院长。

2012年1月7~8日，政协巨鹿县第十三届委员会第一次会议在县委六楼会议室召开。会议听取和审议了县政协十二届常委会工作报告和提案工作报告；列席了县人大十五届一次会议，听取和讨论了县政府工作报告及其他报告；选举焦璞任政协巨鹿县第十三届委员会主席，乔敬科、张民、薛辰良、刘笑莉任副主席，张耀东任秘书长，杨忠彩、苗泽民、薄东升等35名同志任常务委员；通过了政协巨鹿县第十三届委员会第一次会议政治决议。

编　后　记

《巨鹿县志（1979～2008）》自2007年11月启动，期间数易其稿，到付梓出版历经4年多。

2007年春，巨鹿县委、县政府根据河北省人民政府关于开展续修市县（区）地方志的通知精神，决定续修《巨鹿县志（1979～2007）》。2007年11月，建立编纂委员会和编辑室并召开动员大会。县委、县政府对续志工作非常重视，县委书记、县长亲自动员部署，经常了解情况、过问进度。各乡镇、县直各单位积极组织人员，查找资料，认真撰写分志，反复修改，主要领导亲自审定。社会各界仁人志士非常关注，纷纷提供资料，提出意见、建议，表现出极大热情。2008年7月，根据省市统一安排，将下限调整为2008年底。编撰过程中，省、市方志办领导多次深入督查指导，尤其是市方志办主任孟朋文多次提出指导性修改意见，江苏省方志办指导处副处长薛志泽向我们介绍修志经验，还寄来了江苏省方志办编写的《续修县志二十讲》等修志资料。清河李靖、广宗谷华池、平乡马计军、宁晋耿增华等兄弟县市同行先后具体指导、帮助审改，提出了不少宝贵意见和建议，在此深表谢意！

2011年12月5日至7日召开省级评审会，对《巨鹿县志（1979～2008）》志稿进行评审，与会专家对志稿提出了不少很好的修改意见和建议。中共巨鹿县委、县人大、县政府、县政协主要领导参加并讲话，县委常委、副县长赵泽波自始至终参加评审会，并在会议结束时代表巨鹿县向全国专家及省市领导表示，要投入必要的人力、物力，集中时间把志稿修好。县编辑室全体同志认真吸收采纳专家意见，增设了特色种植业（杏、枸杞、金银花）和乡贤魏徵两编，将政府编与综合政务部分内容合并，分设民政、劳动人事，将志书调整为26编137章510节，并对大部分章节内容进行了调整、补充。编委顾问刘增朴、周绍印亲自参与编写和修改，特别为特色农业升编提供大量详实资料；并在其提议下，先后聘请县政协原副主席王麟本重点编写乡贤魏徵编，县人大原副主任李峰奇和县科委原主任李计波参与部分编章的修改把关；主编滑春改总揽全局，编修结合，严格把关；副主编张平奎通览全稿，字斟句酌，精心推敲修改；编辑王运平、梁秀丽、卢改焕等从资料收（搜）集，到组稿、编辑、修改，各司其职，各负其责；同时抽调孟运晓、张俊峰等帮助进行资料整理与修改。志书到付梓出版历时五载，字数由60余万增至百万余言，先后几上几下，数易其稿，5次评审，其调整、补充、修改、完善从未间断。

值得提出的是，先后主管方志工作的副县长王耀民、刘君红都亲自审稿修改，原县方志办主任、主编郭芹磊，原县工商联会长、执行主编司建普，原县政法委副书记、执行副主编张绍国均为志稿编纂付出了艰辛和努力，原县环保局书记、执行副主编李忠印自2010年9月到2011年11月志稿提交省评审前，一直承担执行主编的任务，肩负总纂的重担。

续修《巨鹿县志（1979～2008）》是一项浩大的文化工程，志稿编纂成书，倾注了全县修志人员的智慧和心血。编纂班子、修志顾问和方志办全体人员，淡泊名利，克服困难，不辞辛劳，尽职尽责，精益求精，经常利用节假日、双休日、晚上加班加点，全身心投入修志工作，表现对历史高度负责的精神。

尽管经县、市、省、国家级和出版社逐级评审，反复修改、补充、完善，但由于《巨鹿县志（1979～2008）》涉及巨鹿环境、经济、政治、军事、文化体育、社会等方方面面，记述难度较大，个别单位缺乏足够的重视，有的因机构人员变动形成资料缺失，个别内容应记而未能记述下来。征集巨鹿籍在外地工作人员的情况，采取各乡镇收集，电视、街道屏幕打字幕，县政府领导打电话联系，与各地老乡会沟通等多种形式，仍有些内容不够齐全。《巨鹿县志（1979～2008）》的编撰人员多为初次介入方志编修，对相关理论研究不深，修志业务不够精通，记述、校核的疏漏讹错在所难免，有的记述不尽人意，有的地方仍然留下遗憾，恳请读志用志者指正赐教。

编　者

2012 年 12 月